中国互联网
与数字出版研究指南

（2014～2015）

中国新闻出版研究院
北京印刷学院 ⊙ 编
中文集团协助编撰

中国书籍出版社
China Book Press

图书在版编目（CIP）数据

中国互联网与数字出版研究指南.2014~2015／中国新闻出版研究院，北京印刷学院编.
— 北京：中国书籍出版社，2015.12
ISBN 978 - 7 - 5068 - 5331 - 6

Ⅰ.①中… Ⅱ.①中…②北… Ⅲ.①计算机网络 - 应用 - 出版工作 - 中国 - 文集
②电子出版物 - 出版工作 - 中国 - 文集 Ⅳ.①G230.7 - 53②G237.6 - 53

中国版本图书馆 CIP 数据核字（2015）第 287903 号

中国互联网与数字出版研究指南.2014~2015

中国新闻出版研究院　北京印刷学院　编

责任编辑　庞　元
责任校对　刘一迪　王　菲　武向娜
责任印制　孙马飞　马　芝
封面设计　鹿耀世
出版发行　中国书籍出版社
地　　址　北京市丰台区三路居路 97 号（邮编：100073）
电　　话　(010) 52257143（总编室）　　(010) 52257153（发行部）
电子邮箱　chinabp@ vip. sina. com
经　　销　全国新华书店
印　　刷　北京航天伟业印刷有限公司
开　　本　787 毫米×1092 毫米　1/16
印　　张　43.5
字　　数　1600 千字
版　　次　2016 年 1 月第 1 版　2016 年 1 月第 1 次印刷
书　　号　ISBN 978 - 7 - 5068 - 5331 - 6
定　　价　368.00 元

编委会名单

数字出版
精灵相伴

We are the specialist
your best partner
we are
the leader of
digital publishing

ME微杂志下载

ME微杂志微信

序一

深刻变革中的中国数字出版业

近年来,数字信息技术的高速发展,正在深刻地改变着我们的生活、工作和思维方式。同样,全球出版传媒业也正在面临由此所带来的深刻变革,信息内容的生产、传播与呈现方式发生着巨大改变,出版业的产业环境与产业结构正在重新塑造。如何把握时代赋予我们的机遇,寻求最佳的发展方向、选择最适合的发展路径,激发更大的发展动力,是我们共同的话题。

一、数字出版产业快速发展,移动出版前景广阔

近年来,中国数字出版产业顺应全球数字化潮流,发展速度迅猛,产值逐年提升,从 2006 年的 213 亿元猛增到 2014 年的 3388 亿元,在不到十年的时间里实现了近 15 倍的增长。数字出版作为中国新闻出版业内增速最快的板块,近几年来一直以年均 30% 以上的速度在增长,不仅成为中国新闻出版业产业结构调整,实现融合发展的重要方向,也成为出版产业发展的一道亮点。

得益于移动互联网的持续快速发展,移动出版又是数字出版中发展最快的形态。目前,中国的 3G 网络广泛普及,4G 网络加速发展,智能终端不断升级,手机用户规模屡创新高。据中国工信部的最新数据显示,截至 2015 年 9 月,中国的移动用户规模已接近 13 亿,使用手机上网的用户已突破 9 亿。手机已成为中国第一上网终端,移动数据业务大幅提升。今年,中国的"双十一"购物节掀起了消费狂潮,24 小时内成交金额达 912 亿元(将近 150 亿美元),其中 70% 以上是通过移动终端支付的。如此庞大的用户规模同样为中国的数字出版提供了广阔的消费市场,带来了更加多元的消费需求。2014 年,中国移动出版收入 785 亿元。占数字出版收入 23%。手机阅读率 51.8%,较 2013 年上升了 9.9 个百分点。

二、传统出版单位高度重视数字出版业务,转型升级步伐不断加速

传统出版与新兴出版的融合发展是包括数字出版在内的中国新闻业的发展方向与阶段性目标,数字化转型升级是实现融合发展的必然途径。传统出版单位转型升级、融合发展的主动性日益加强,主要表现在:建立独立的、专职的数字运营公司,探索组织机构的重塑再造,建立更加灵活的内部运行机制,加强了对行业前沿的关注,加大对技术和产品研发的投入力度,以项目为抓手,实现企业资源整合、技术应用、产品创新的突破升级。同时,传统出版单位通过与技术公司的合作,弥补自身在技术、人才等方面不足。经过多年探索,中国传统出版单位基本形成了较为清晰的、适合自身的融合发展路径。专业出版单位的特色资源数据库和知识服务探索,教育出版单位多样化的数字产品与服务,大众出版单位差异化的全媒体产品体系构建,都取得了较大突破,实现了社会效益和经济效益的统一。

三、互联网企业加速布局数字出版,融合发展进程日趋深入

越来越多的互联网企业参与到内容生产、信息加工、内容投送等环节中。近年来,中国数字出版的快速发展,一方面得益于传统出版单位的积极探索,另一方面,互联网企业、电子商务企业等同样发挥了不容忽视的重要作用。

中国新兴出版企业为出版业带来了新的活力,加速推动出版业的理念更新、技术革新与模式创新,带来了更多的新形态、新产品、新体验。以百度、阿里巴巴、腾讯为代表的互联网企业凭借他们在技术研发、用户聚集平台运营等方面的突出优势,强势进军数字出版产业,通过并购、收购、跨界合作等方式在数字内容领域展开深

I

入布局。2014 年以来,BAT 相继成立了独立的网络文学运营机构,并涉足网络游戏、网络影视等领域,逐步打通了数字内容生产与传播的全产业链,也令 IP 运营热度持续高涨。

四、政府引导扶持产业发展,规划顶层设计日臻完备

中国政府高度重视数字出版业的发展,中央政府和政府有关部门主要做了三件事,来推动数字出版发展。

一是出台相关政策,加强引导。2014 年以来,中央政府和有关部门出台了《关于推动传统媒体和新兴媒体融合发展的指导意见》《关于积极推进互联网＋行动的指导意见》,《关于促进大数据发展的行动纲要》《关于推动新闻出版业数字化转型升级的指导意见》《关于推动传统出版与新兴出版融合发展的指导意见》等一系列与数字出版紧密相关的文件,对传统媒体与新兴媒体指明方向。

二是实施了一系列重大项目重大工程,实行项目带动战略。近年来政府相关部门组织实施了国家数字复合出版工程、国家数字版权保护技术研发工程、国家知识资源库工程,试点了专业数字内容知识服务试点等,带动了数字出版技术研发、产品创新等。

三是资金扶植。近几年来,中央财政每年都拿出几十亿资金,支持文化产业发挥发展。其中,数字化转型,传统媒体与新兴媒体融合发展,是扶植重点方向,通过资金的扶植,一批传统出版单位转型升级进入快车道。

目前,中国政府正在制定第十三个五年规划,新闻出版业的"十三五"规划也正在制定过程中。持续推进传统出版和新兴出版融合发展,将是中国新闻出版业"十三五"期间的重要发展目标和重点战略任务。未来五年,中国数字出版产业将会获得更快更好发展。

世界出版业正面临互联网发展所带来的深刻变革,在这场变革中,中国出版业应时而动,顺势而为。我们诚挚期待能够与各国出版界的朋友们携手共进,同创世界出版业繁荣发展的美好明天!

中国新闻出版研究院院长

2015 年 11 月 18 日

2014 年互联网与数字出版研究状况综述

如果从时效性来看,站在 2015 年的年末对 2014 年中国互联网与数字出版的研究进行回顾和梳理,难免有"慢半拍"之嫌。但如果从学术史的演进历程来看,这样的一段时间跨度反而有可能使以下所做的分析更趋审慎与冷静。

回望 2014 年基于互联网发展的相关研究,最有价值和最具启发的成果主要集中在媒体融合与互联网思维、版权产业、数字营销、数字传播、数字阅读、数字出版人才培养和动漫网游等七大领域。全景展示和客观评价上述领域所呈现出的新情况、新发现和新观点,有利于深入系统地探讨中国数字出版与数字传播的相关问题。

一、媒体融合与互联网思维

2014 年 8 月 18 日,中央全面深化改革领导小组第四次会议审议通过了《关于推动传统媒体和新兴媒体融合发展的指导意见》。尽管从官方表述来看,"媒体融合"最初并未明确指涉出版领域,但环顾当下,出版的全产业链条与全行业发展几乎都浸润在媒介融合的影响之中,因此综观 2014 年的业界和学术理论界,"媒介融合"当仁不让地跃升为出版研究的第一关键词。

对于出版行业而言,媒体融合既是必须充分考量的大的时代背景,也是今后发展的大势所趋。通过对中国知网数据库的相关检索发现,传统出版企业数字化转型、电子书和自助出版的发展是 2014 年学界该领域的三大研究重点。在有关传统出版企业数字化转型的讨论中,学界比较集中地关注了数字出版机构如何实现盈利的问题。针对当前数字出版机构因盈利而产生的集体焦虑,有学者结合业界实践提出了媒体融合影响下数字出版的三种盈利模式,即线上线下互动增值模式、移动传媒订阅与销售模式和门户网站的收费模式①。对以电子书为代表的数字读物的发展,有学者聚焦了三种已经出现的商业模式,即以电子阅读器为主导、以复制亚马逊为特征的全产业链模式;利用平台优势,专注于提供资源的平台服务模式以及优化阅读软件,提供极致阅读体验的精品策略模式。而几乎与此同时,2014 年学界也开始了对自助出版模式的研究。有学者认为,国内数字出版、自媒体的盛行以及微支付的逐渐普及都为自助出版这一出版业的新兴业态提供了潜在的发展空间,但其也存在着诸如不易把关和管理、出版资质限制等问题,因此一些出版企业的自助出版业务也有放缓的趋势。②

2014 年,在媒体融合与数字出版的战略思考中,很多研究都不约而同地将视角聚焦于如何运用互联网思维推动出版工作。一些学界和业界的领军人物纷纷对此展开讨论。中国编辑学会会长郝振省在《互联网思维下数字出版发展新趋势》中,明确提出互联网思维是传统出版数字转型的"重中之重",在其带动下,传统出版未来要完成从版权售卖模式向内容增值模式、由生产管理向服务运营、由激烈竞争向合作共赢的三大转向。③龙源期刊网总裁汤潮则撰文从用户思维、简约思维、极致思维、社会化思维、平台思维、大数据思维、跨界思维、免费思维等入手,深入解读如何把对互联网的认识从一个新技术形态或工具提升到一个可以应用到所有行业

---

① 张耀元:基于媒介融合视角的数字出版分析,出版广角,2014 年 10 月合刊。
② 肖冉、李晓芳:浅析我国自助出版的发展现状,新闻世界,2014 年第 8 期。
③ 郝振省:互联网思维下数字出版发展新趋势,出版发行研究,2014 年第 4 期。

的思维方式。① 当然,在对互联网思维积极响应和热烈讨论的过程中,也有研究注意到了凭借其助力出版业态发展所蕴含的不确定性,因而对基于互联网思维的众筹模式出版、社区书店、碎片化阅读等持审慎乐观甚至是持续观望的态度②

二、版权产业

2014 年伊始,有研究者慨叹"版权保护问题不以人的意志为转移地被时代和社会凸显在我们面前",并且明确指出"版权是融合的焦点"。③这充分体现了当前理论界对版权保护问题的高度重视和与时俱进的理性思考。循此思路,我们更欣喜地发现这一年很多学术成果对版权保护问题的研究已然跃升到了版权产业的层面,"版权保护要和版权产业发展并重"④的认知使得版权保护的内涵更为完整,外延更为周全,学术探讨更为理性。

总的来看,2014 年从产业视角进行的版权研究几乎就"版权是一种重要资产"达成了共识,并逐渐形成了以下一些新的特点。

第一,对基于版权价值挖掘的研究更加注重技术因素。当前网络技术给版权产业带来的变革引发了学界的积极回应,开放存取的数字出版运营模式即为其中的研究热点之一。有学者提出开放存取出版对网络支撑技术的要求较高,应将其纳入规范发展轨道,以平衡作者、出版仓储机构和用户三位一体的传统出版经济利益分配格局。⑤

第二,对数字作品版权保护的研究更多引入了管理和服务的创新思维。有研究者就专门围绕数字版权唯一标识符 DCI 体系开展了数字版权管理服务平台的应用设计,并对数字版权登记平台的标示问题和海量存储问题提出了相应的解决方案。⑥

第三,对版权风险的研究日益深入,问题意识凸显。有学者基于云计算的技术发展,预警了现行版权专有权利体系和传统守门人版权保护机制面临的双重失灵危险。⑦ 而有的学者则指出了数字出版产业在版权"入口"和版权"出口"分别具有未获授权的侵权风险和私设权利技术保护措施规避的侵权否定性风险。⑧

第四,对版权保护的对策研究更注重宏观视野和系统性的方法论。有研究者立足于数字出版的实际需求,从版权产业链的各个重要环节入手,提出应通过法律的救济机制、内部的管理机制、ERP 企业资源规划管理系统和相关技术手段⑨来破解版权保护的难题。

三、数字营销

有关数字营销的研究在 2014 年形成了三大热点。

首先,大数据技术毫无悬念地成为 2014 年数字营销研究的重要变量和拉动力。而围绕出版组织如何掘金大数据的研究中,有研究者清晰地指出,大数据给传统出版企业带来了新的机遇,但要真正通过大数据获得"大利润""大发展"殊非易事,做什么(构建大数据库、部署云环境)和怎么做(精准营销、数据产品生产与数据创意服务提供)、数据规模化与数据价值挖掘需要同步开展。⑩ 事实上,大数据技术的广泛应用在使众多传统出版机构进行自上而下、由内到外的全面转型的同时,也正在形成以数据成为资产、行业垂直整合以及泛互联网化

① 汤潮:数字出版的"互联网思维",出版参考,2014 年 5 月下旬。
② 孙献涛:互联网思维在似是而非的出版间穿行,出版广角,2014 年 7 月上。
③ 辰目:版权是融合的一个焦点,传媒,2014 年 23 期,卷首语。
④ 李苑:版权保护要和版权产业并重——访国家版权局副局长阎晓宏,光明日报,2014 年 9 月 29 日第 007 版。
⑤ 王宇红等:开放存取的版权保护机制新探,情报理论与实践,2014 年第 12 期。
⑥ 吴洁明等:DCI 体系下数字版权管理服务平台的设计,计算机应用与软件,2014 年 4 月。
⑦ 杜健:版权现实困境与未来发展研究——以云计算技术为研究视角,出版科学,2011 年第 5 期。
⑧ 刘铁光:数字出版产业入口与出口的版权风险及解决路径,中国出版,2014 年 12 月下。
⑨ 刘建:数字出版时代的版权保护难题与举措探析,出版发行研究,2014 年第 2 期。
⑩ 姚永春:出版企业掘金大数据的两个层面,出版广角,2014 年 2 月下。

为核心的出版产业变革和出版企业未来发展的顶层逻辑之一。①

其次,微博、微信等社交媒体成为数字出版营销的重要平台。在当下这样一个"微时代",社交媒体最为擅长的是口碑营销,出版社对微博、微信的使用不仅使传统出版社的品牌形象建设和图书推广在媒介的利用上有了更为多元的选择②,同时也是对整合营销传播最好的实践③。可以说,网络自媒体环境下的出版为图书"金字招牌"的打造提供了实实在在的便利,张立宪和《读库》的个案足以说明各种新旧媒体的交融互动是图书营销的必然趋势。然而,一份有关出版社使用微信现状的调查也显示,出版社在微信运营方面虽然具有一定的表现和作为,但互动性还有待加强,互动信息还不够完善和及时,不能及时对用户的需求与疑问做出回应。④

最后,书报刊数字营销渠道的多样化问题和数字内容资产的版权定价问题为学界所关注。有研究指出,在数字时代,多渠道、立体化的营销渠道将是出版企业的必然选择,要结合自身实力、出版物类型以及电子商务应用等情况进行合理的选择,才能最大限度地发挥渠道的作用和效益。⑤ 关于版权定价,有学者指出,目前可用于参考的数字媒体内容资产的版权定价方法主要基于用户意愿、成本、供需方和收益四个方面,较为适用的是基于顾客的需求和感知价值,对市场进行细分并采取差异化的定价方法。⑥

四、数字传播

从学术研究的边界来看,数字传播所辐射的外延既包括传播理论,也包括传播实务。就传播理论的研究而言,2014 年学界对经典传播理论在新的传播技术环境下的创新性阐释成为一种重要的研究取向。比如以科技接受模式和创新扩散理论来探讨移动即时通讯软件 WeChat 的使用动机⑦,以社会网络理论和话语理论来测量社会化媒体的传播结构及身处其中的意见领袖的话语传播策略⑧。而就传播实务的研究而言,日趋丰富的数字传播品类给学界提供了很多新鲜而有价值的研究对象。比如关于众筹新闻的生产,有研究指出其目前具备了环境优势、平台优势和受众优势,但问题也比较集中,比如新闻作品整体水平较低、有沦为商业新闻和被别有用心者利用等风险⑨。比如有研究以"澎湃新闻"为例,认为新闻客户端的运营应当在组织模式、媒介渠道、内容信息和生产平台等方面进行移动战略部署,以更好地植入移动互联网基因⑩。此外有关互联网应用发展和用户行为的对应性解析⑪和有关新媒体传播对转发意愿及品牌态度的影响研究⑫等等也共同构成了 2014 年数字传播的研究热点。

五、数字阅读

2014 年,在全民阅读立法的推动下,公民阅读数字化转型问题、特别是青少年移动阅读正在成为学术研究的显要话题。有研究者借助问卷调查的方法,并运用使用与满足理论全面、系统地分析了中日韩三国大学生移动阅读的使用动机和用户评价,发现娱乐性需求、资讯性需求和互动性需求是三国青年人移动阅读的主要动机。⑬ 而具体到当前我国大学生的手机阅读,内容庞杂、缺少精品原创内容,交互性不强、阅读体验有待提升,

① 石佳靓:大数据:出版产业的机遇与实践,中国出版,2014 年 6 月上。
② 汪全莉、张玉:出版社使用微信现状调查与分析,中国出版,2014 年 4 月上。
③ 王微微:"微时代"出版微博营销的战略选择,出版广角,2014 年 2 月下。
④ 汪全莉、张玉:出版社使用微信现状调查与分析,中国出版,2014 年 4 月上。
⑤ 李宝玲:数字时代出版企业营销渠道的选择,科技与出版,2014 年第 10 期。
⑥ 宋培义等:数字媒体内容资产的版权定价方法研究,价格理论与实践,2014 年第 10 期。
⑦ 夏文质:经济与社会发展研究,2014 年第 9 期。
⑧ 陈雪奇:社会化媒体中意见领袖的话语传播策略,四川大学学报(哲学社会科学版),2014 年第 6 期。
⑨ 赵荣水、舒咏平:众筹新闻生产的现状、特征与趋势展望,新闻界,2014 年第 23 期。
⑩ 郭泽德:澎湃新闻的移动战略研究,新闻研究导刊,2014 年第 12 期。
⑪ 胡晓女:互联网应用发展和用户行为解析,互联网天地,2014 年第 3 期。
⑫ 陈静宇等:新媒体传播对转发意愿及品牌态度的影响研究,2014 年第 6 期。
⑬ 李武等:大学生移动阅读的使用动机和用户评价研究——基于中日韩的跨国研究,出版科学,2014 年 6 期。

以及与大学生专业学习未能紧密结合等三大缺陷严重影响了大学生手机阅读的满意率①,值得重视。事实上,基于阅读的重要性和数字化阅读的发展趋势,当前世界主要发达国家均非常重视新媒体阅读的推广,例如美国的《卓越阅读法》(1998 年)、《不让一个孩子落后法案》(2002 年),日本的《关于推进儿童读书活动的法律》(2001 年),韩国的《读书振兴法》(1994 年)、《读书文化振兴法》(2009 年),俄罗斯的《民族阅读大纲》(2012年)等,大都以立法的形式保障了国民阅读能力的提高与积累②。这些研究也很好地回应了全民阅读立法在国内引发的一些批评与争议。

另外值得注意的是,尽管当前数字阅读的产业规模在不断扩大,数字阅读的内容和形式在不断丰富,但数字阅读的国家规范仍有待进一步完善③,以企业资质获得为核心的行业准入机制的形成势在必行。相信,随着数字阅读标准化工作的不断推进,数字阅读产业链条中存在的格式标准缺乏、版权限制等问题都将得到解决,而网络运营商、终端厂商和内容提供商各自为战的无序竞争状态也将得到扭转④。

六、数字出版人才培养

数字出版人才培养研究涵盖两大领域。一是对于数字编辑人才和版权人才的专门研究;二是立足于编辑出版的学科建设,对课程转型和教师转型等问题展开的讨论。基于业界的实际需求,有研究聚焦了数字时代编辑作为新的把关人,应当在三个方面做出角色调试,一是成为网络意见领袖;二是成为数字产品的架构者;三是成为数字内容的深度加工者⑤。而围绕这个话题,有研究特别关注了云出版条件下编辑面临的诸多挑战,提出编辑需要准确定位角色、改变工作流程、精进工作内容、培养复合能力⑥。关于版权销售高手的培养,有研究着眼于中国图书"走出去"的时代背景,提出了掌握海外读者的阅读需求、与客户建立和保持有效的关系以及进入国际版权代理精英圈子等三条经过实践检验的可行路径⑦。

2014 年新闻传播相关学科的教学研究,紧紧围绕了产学研结合的思路,充分显示出贯穿于应用学科教学改革中的务实导向。有学者提出编辑出版学专业课程教学改革可资借鉴的 5 种模式,分别是学科交叉模式、第二课堂模式、专题训练模式、案例分享模式以及积分制考核模式,从而实现出版教育与出版行业、高校与企业的真正对接⑧。有学者则通过高校调研和数据分析提出,新媒体专业教育定位的根本点就在于交叉学科如何实现交叉,将"网络与新媒体专业"与新媒体传播形式创新能力的培养相联系则是回答上述问题的关键所在⑨。

从某种角度来看,数字阅读和数字出版人才培养的相关研究,不仅报告了"读书之人"与"做书之人"因媒介融合连接得空前紧密的社会现实,同时也传递出了"人"作为数字出版的两极终端,所正在感受和经历着的由媒体融合裹挟而来的巨大压力和无限可能。敏感于这种变化,有学者从出版历史的角度提出了"人"的阅读需求贯穿出版媒介发展变迁的全过程,"人"的社会想象主导出版媒介变迁的大趋势的基本判断⑩。

七、动漫网游

2014 年的动漫网游研究在内容层面、技术层面和运营层面均有涉及。首先来看内容层面,有研究者注意到了我国动漫产业从"原产"到"原创"的重要变化,肯定了动漫行业内部自我调整的积极意义,为我国从动漫大国到动漫强国的发展指明了方向⑪。其次,有研究者提出利用大数据和网络技术驱动动漫产业从"小边界"

---

① 刘畅:当前我国大学生手机阅读的特征、缺陷与对策,浙江传媒学院学报,2014 年第 3 期。
② 赵霞:新媒体对青少年阅读的影响研究,
③ 高立:近年来我国数字阅读发展研究,图书馆学研究,2014 年 22 期。
④ 史建农:数字阅读产业链分析,科技与出版,2014 年第 7 期。
⑤ 张文鸯:新"把关人":数字时代编辑的角色调试,科技与出版,2014 年第 3 期。
⑥ 刘治超、张君浩:云出版条件下编辑角色行为的思考,前沿,2014 年第 2 期。
⑦ 姜汉忠:版权销售高手是如何炼成的? 对外传播,2014 年第 11 期。
⑧ 陈洁、陈佳:产学研一体化视野下编辑出版学专业课程教学改革模式探索,中国出版,2014 年 1 月下。
⑨ 鲍立泉、胡佩延:新媒体专业教育定位研究——以媒介形态创新为视角,现代传播,2014 年第 8 期。
⑩ 曹继东:融媒体时代"人"和出版媒介之间的互动融合发展研究,出版广角,2014 年 5 月下。
⑪ 肖昕:从原产到原创——我国动漫产业发展的必经之路,民族艺术研究,2014 年第 4 期。

到"大边界",实现"技术＋内容"的双轨发展,推动动漫产业向多元模式的跨越,最终建构一个与动漫用户需求精准匹配的现代动漫产业发展体系①。关于全媒体时代动漫网游的运营,有研究者提出了行业"联合运营"的思路,其中游戏开发商与游戏运营商之间的联运模式将成为主流②。

回顾2014年互联网与数字出版的相关研究,仍有一些问题需要重视。

一是关于数字传播与数字出版的基础理论工作亟待加强。相较于日新月异的新媒体技术形态的勃兴和新闻出版业态的不断变革,数字传播与数字出版的基础性研究则稍显滞后与薄弱,一些关键问题至今仍停留在概念辨析、自说自话的层面。如果说目前互联网与数字出版的相关研究中还有哪些领域仍为尚待开掘的"蓝海",基础性研究必定名列其中。

二是一些学院派研究成果的应用价值还有待提升。在评审论文的过程中,不难发现一些业界关心的"真问题"难以迅速进入学界的研究领域。即便是被讨论,囿于产学研用结合的程度不够,很多研究也无法为业界提供真正可行的解决方案。这是今后需要改进的地方。

三是个案研究水平有待提高,田野调查尚未得到重视。长期以来,学界有关出版组织、出版物、出版人、出版经验等的研究,大多采用个案研究方法。但结合2014年整体的研究现状来看,个案研究所采用的多为二手材料,扎实的田野调查应该被更多提倡。

总的来看,2014年互联网驱动下的数字出版与数字传播研究呈现出了以下三个显著特点,第一是"媒体融合元年"奠基了新闻出版领域的核心话语,学界对由"融合"引发的一切行业变革均显示出了持续的研究热忱,这些研究既涉及宏观政策的阐发,也不乏典型案例的剖析,既有积极肯定的声音,也不乏观望否定的论调。第二是由新技术引发的数字出版与数字传播各种议题的相关讨论,并没有突破性的进展,而这正折射出了新闻出版业在新媒体环境下不断探索和不断试错的真实状态。第三,在日趋立体而丰富的学术讨论中,对"内容为王"与"用户思维"的推崇,可以视为当前国内基于互联网技术的数字出版与数字传播研究已经达成的"某种共识",当然这也仅仅代表了一种阶段性的认知水平。

在2014年的研究基础上,我们也注意到2015年的互联网与数字出版研究走上了一条"快车道"。一边是行业变革更加如火如荼,一边则是理论研究的不断拓展和不断深化。特别值得注意的是,2015年一些大型出版集团的成功经验开始显现出了行业示范意义,甚至堪称为数字出版的"标本",对这些经典案例的研究仿佛为当前该领域的研究打开了一扇窗,引领着研究者"在实践中找寻研究的方向,在实践中找寻更有价值的问题"。可以说,这种研究转向很好地打通了学术话语与实践话语之间潜在的鸿沟,使有限的学术资源能够更好地聚焦那些行业变革中涌现的"真问题"。

从2014年到2015年,学术研究与行业变革的继往开来,始终召唤着我们更加努力地探索未知,获取新知。这是一个技术不断创新的年代,身处这样的年代,多元、多样、理性、客观的研究将为学界所乐见,从而推动数字出版与数字传播实践更加蓬勃、健康的发展!

北京印刷学院、清华大学在站博士后　王艳

---

①　解学芳:大数据、网络技术与现代动漫产业发展体系建构,学术论坛,2014年第3期。
②　徐江帆等,网游行业联合运营问题研究,现代物业·现代经济,2014年第13卷第2-4期。

目　录
Contents

IV

示范案例篇

报业集团

出版集团

报纸单位

期刊单位

走稳走快走好融合发展之路

蒋建国

推动传统媒体和新兴媒体融合发展,是党中央着眼巩固宣传思想文化阵地、壮大主流思想舆论作出的重大战略部署。习近平总书记强调,要加快传统媒体和新兴媒体融合发展,充分运用新技术新应用创新媒体传播方式,占领信息传播制高点。学习贯彻习总书记重要讲话精神,贯彻落实中央办公厅和国务院办公厅《关于推动传统媒体和新兴媒体融合发展的指导意见》,研究讨论在出版领域如何推动融合发展,很多单位进行了有益的探索,取得的经验很丰富、很宝贵、很管用。但融合发展尚处于探索前进之中,既有不少问题已经比较清晰,也有一些问题仍待厘清,可以说是收获与疑惑同在、定论与争论并存。我们可以多讨论、少争执,边研究、边行动,边探索、边总结,在解放思想的过程中进一步统一思想认识、增强行动自觉。

一、是什么

孔夫子讲:名不正则言不顺,言不顺则事不成。在出版领域推动融合发展,首先要明确出版领域的融合发展到底是什么、应该叫什么?

关于叫什么。经过研究,我们倾向于采用“传统出版和新兴出版融合发展”的表述。这既体现了中央的精神,也符合出版业的实际。关于是什么,目前还难以给出一个标准答案。从大家的研讨中也可以看出,我们在认识和实践上,都还没有形成高度一致。当然,我们不是搞学术研究而是做实际工作,在条件不具备的情况下,也无须急于对融合发展的概念、内涵、外延作出准确的界定,可以“草鞋无样,边打边像”。问题的关键在于,如何理解融合发展?我看还是要用中央精神来帮助我们加深理解、统一认识。习总书记重要讲话中有这样一句高度凝练的话:“坚持传统媒体和新兴媒体优势互补、一体发展,坚持先进

技术为支撑、内容建设为根本,推动传统媒体和新兴媒体在内容、渠道、平台、经营、管理等方面的深度融合”;中央文件中有这样一句表述:“积极开拓媒体发展领域,把传统媒体的影响力向网络空间延伸”。习总书记重要讲话和中央文件的这些论述,至少包括这样几层含义:第一,传统媒体和新兴媒体各有优势。从理论研究和实际情况来看,传统出版的优势在内容,新兴出版的优势在技术,融合发展要做到优势互补。第二,传统媒体和新兴媒体要一体发展。有人认为,一体发展就是“内容+技术”。但“内容+技术”也有主次之分。我们认为,应该是内容为本、技术为用,内容为体、技术为翼,用先进技术传播先进文化。有同志说,传统出版是做“布鞋”的,新兴出版是做“皮鞋”的,看起来都做“鞋”,但实际上已经是两个行当。我们认为,即使已经是两个行当,但都是做“鞋”的,做“鞋”这个“本”还是没有变。对出版来说,就是内容这个“本”始终没有变,无论怎样融合都必须紧紧抓住不放。第三,融合发展要立足传统媒体。我们说话办事都有一个立足点的问题,没有立足点,就只能悬在空中,就不可能前进。融合发展的立足点就是传统出版,推动传统出版运用新技术、拓展新领域。第四,传统媒体要走向网络空间。就是传统出版要把覆盖面和影响力向网络空间延伸。为什么要向网络空间延伸?用政治语言说,“人民”到网上去了;用社会语言说,“民众”到网上去了;用文化语言说,“受众”到网上去了;用行业语言说,“读者”到网上去了;用商业语言说,“用户”到网上去了;用网络语言说,“粉丝”到网上去了。所以,传统出版必须延伸到网络空间。传统出版延伸到网络空间,不是不编书、不印书、不发书了,而是用适应网络传播的方式编书、印书、发书。归结起来,就是习总书记指出的那样,就是要“在内容、渠道、平台、经营、管理等方面深度融合”。

把习总书记重要讲话和中央文件关于融合发展的精神落脚到出版业，可以用四句话来概括。这就是：立足传统出版，发挥内容优势，运用先进技术，走向网络空间。其中，最核心的是立足传统出版。传统出版仍然是根基所在，不能因为发展新兴出版就弃之不顾，也不能简单地用发展新兴出版来代替融合发展。如果走向网络空间就把传统出版舍弃了，这不是融合发展的初衷，不是党和国家交给我们的任务，不是社会分工体系对我们的要求。我们必须立足本职、干好本行，读者到哪里、受众到哪里，就得把出版延伸到哪里。

在这样的要求下，融合发展的运行方式与传统出版截然不同。在传统出版下，做一个选题往往就是为了出一种书，搞得最好、最热闹的也不过就是四个版本：平装本、精装本、口袋本、线装本，到此为止。书出来后，卖得完就算赚了，销不出去就进仓库、化纸浆。融合发展则是一个内容、多种创意，一个创意、多次开发，一次开发、多种产品，一种产品、多个形态，一次销售、多条渠道，一次投入、多次产出，一次产出、多次增值。这种运行方式，只有融合发展才能做到，只有立足传统出版、运用先进技术才能做到，仅仅停留在传统出版上是无法企及的。

我再举三个例子。第一个例子是时代出版传媒集团。他们有个出版产品，先出版了纸质图书，接着开发数字版权，同时改编成影视作品，又在影视作品的基础上制作动漫，在动漫制作过程中再进行音乐创作，然后延伸到艺术品、学习用品、日用品的开发等。这就是融合发展的体现，是传统出版利用新技术、开发新产品、拓展新载体实现的多次增值。如果每一家出版社都有能力这样做，我们根本就不用每年出版40多万种图书了。不少出版单位还在追求品种的增加、数量的提升、规模的扩大，现在已经到了考虑改变这种状况的时候了。对小出版社包括中等规模的出版社来说，在某种意义上可以提倡"一本书主义"，就是策划一本好书、实现多次增值，一本书就赚了，就富了，就可以支撑一个单位的发展。第二个例子是《爸爸去哪儿》。《爸爸去哪儿》最初是电视节目，随后作为视频在网上传播，形成高收视率、高点击率。大红以后改编成电影，赢得了高票房。同时又开发游戏，之后又出版图书，每一个环节都收益颇丰。假设我们把整个流程换个开头，是一家出版社有这个创意，先推出图书，然后再做下去，就可以算作出版的融合发展。第三个例子是广东的A8音乐网站。这个网站有

些类似于网络版的音乐出版社，只不过其作者群由专业人士变成了草根网民。网民自己写词、谱曲、演唱，发送到网站，网站将其储存下来，经过编辑整理、包装推介，然后提供网民在线欣赏、付费下载。在这个模式中，既有作者也有编者还有读者，同出版单位的运行流程是完全一样的。假设这种模式产生于出版社，由出版社采取这样的网络平台采集、编辑、推介音乐作品，通过点击率等大数据分析哪些是经典，然后编辑成书、上市发行，也就是出版的融合发展。

对照上述理解，当前融合发展究竟处于什么样的状况呢？从新闻媒体领域来看，有人对传统媒体和新兴媒体融合发展的现状概括了四种情形：一是"借船"，就是传统媒体把自己的信息内容拿到别人的网络平台上去传播；二是"造船"，就是自己办网站、推出手机报等来传播传统信息内容；三是"买船"，就是收购别人的新兴媒体来传播信息内容；四是"卖船"，就是转变经营重心，不干传统媒体的本行了，把重心转到新媒体上去了。这几种情形，一定程度上在出版业也有反映。总的来说，我们涉足新兴出版时间比较早、速度比较快、规模比较大、成效比较好，多年前就提出转型升级，目前数字出版营业收入每年以30%以上速度增长，2013年规模达到2500多亿元。同时必须看到的是，这其中大部分只是在发展新兴出版，而不是融合发展。具体来说，大致有五种情况：一是涉足新兴媒体，但不是发展新兴出版，实际上是转行，丢掉了原有的基础和根本；二是在发展新兴出版上采取了一些措施，但处于初级阶段，基本停留在"三办两转"上，即办个网站、办个手机报、办个官方微博或者微信公众号，把书报刊转成电子版、再转上互联网；三是传统出版和新兴出版两手都在抓，但却是"两张皮"，彼此之间没有联系、没有融合，传统出版的劣势尽显无遗，新兴出版的优势无从发挥，长腿成了短腿，短腿却没拉长；四是在融合发展上布了局、做了事，但叫好不叫座，或者既不叫好也不叫座，没有找到合适的商业模式，难以持续发展下去；五是严重雷同，重复建设，既同向又同质，缺乏创新。形象地说，目前出版单位的融合发展，有的像商贸城，开着各种各样的小门店，各卖各的东西；有的像大杂院，各干各的活，各吃各的饭；有的则像小厨房，摊子不大却什么都做，五味杂陈。这种状况，有的只能算凑合，有的只能算组合，有的只能算结合，很少有真正意义上的融合。

二、怎么看

认识源自客观存在。正确看待融合发展，必须立足客观实际，审视现实生活中出现了什么新形势新情况，对我们提出了什么新挑战新要求，然后在此基础上准确把握目标任务和努力方向。

那么，客观现实中到底发生了什么呢？简单地说，就是出现了互联网，出现了一系列新技术，包括智能终端、通信技术、云计算、大数据、社交网络等。这些新技术的运用与用户的需求相互促进，催生了网站、博客、微博、微信、客户端等一系列新型产品。互联网新技术的发展突飞猛进、日新月异，下一步会发展到什么程度谁也无法预料，未知远远大于已知。互联网以及由此产生的新技术给传统出版带来了什么样的挑战？从表象来看，一部分人把书报刊扔在一边了，从读纸变成读屏。从本质上看，新技术重新定义了人们获取信息包括获取知识、获取能力的方式，不但导致传统出版失去体制的优势、内容的优势、渠道的优势、队伍的优势，更可能导致国家利益、国家安全、民族文化乃至党的执政基础受到损害。

当然，上面说的既是已经部分发生的事实，也是一种趋势。如果要对此作进一步分析，还可以得到这样几个基本判断：第一，纸质读物的需求和市场潜力还比较大，也就是还存在回暖的可能。2014年实体书店零售就出现了逆势增长的情况，上半年同比增长4.22%，7月同比增长3.02%，8月同比增长6.56%。第二，读纸和读屏共生并行和交替的阶段将会比较长，也就是还存在回旋的余地。部分习惯读纸的人还会读纸，有些人可能既读纸又读屏，读纸和读屏存在一个共生并行和交替的时期。第三，网上阅读的人对传统纸质形式和图书内容还有一定的留恋，也就是还存在回归的现象。信息内容的生产提供是一项专业性很强的工作。现在大家发现网上制作的内容存在不专业、不权威、不准确的问题，受众需要有质量有品位的产品，新兴出版行业也需要权威内行的人加入。当然，这种回归不是单纯回到纸质书上，而是对传统出版在权威内容提供和专业制作方式上的一种回归。

尽管以上三点判断让我们可以聊以自慰，但这从根本上改变不了一个大趋势，即读者正在走向网络，传统出版和新兴出版正在走向交替。这就决定了必须推动传统出版发挥自身优势，拓展发展领域，延伸网络空间，实现融合发展。对此，我们一定要认识到：这是占领文化阵地的迫切需要。传统出版是宣传党

的创新理论、巩固党的执政基础的重要渠道，肩负着用正确思想、正面舆论、先进文化占领宣传思想阵地，维护文化安全、意识形态安全、国家安全的使命。互联网的发展和普及，极大地拓展了宣传思想阵地。阵地拓展到哪里，意识形态工作就必须跟进到哪里。这就要求加快推动融合发展。这是履行文化职责的迫切需要。出版业肩负着精神文化产品创作生产的重要职责，是传播社会主义核心价值观的主流渠道，是文化传承创新的重要载体，是对外文化传播的有效手段，在提高国家文化软实力中发挥着基础性作用。如果不能适应形势发展的要求，必然陷入失去读者、失去受众、失去用户、失去市场，自说自话、自拉自唱、自娱自乐、自我欣赏的境地，何谈传承文化、传播知识、传扬正气？要避免出现这种状况，也必须推动融合发展。这是自身生存发展的迫切需要。20世纪90年代在经济领域曾出现的企业大规模倒闭破产现象，在出版业还没有真正出现过，但并不等于就一定不会出现。近年来，党和政府高度重视文化建设，对包括出版业在内的文化领域采取了一系列扶持措施，深化了文化体制改革，在一定程度上推动文化领域焕发了生机活力，延缓了生存危机。但这也只是推迟了危机到来的时间，并没有也不可能从根本上改变市场竞争、优胜劣汰的规律。特别是以互联网为代表的信息技术快速发展，对出版业带来全方位、深层次、颠覆性的冲击，如果不主动适应、主动调整，传统出版被淘汰就近在眼前。要避免出现生产下滑、企业倒闭、人员下岗的严重局面，出路还是融合发展。

关于媒体发展，舆论界有两个"不可能"的观点：其一，认为一种媒体要完全取代另一种媒体几乎不可能；其二，认为在传统媒体上成长出新兴媒体几乎不可能。对这两个"不可能"，我们要辩证地看，增强信心和勇气，拿出智慧和办法，坚信第一个"不可能"，打破第二个"不可能"，趋利避害，走向未来。对未来发展的走势应该如何判断？现在不少网络名人都在发表看法，有的认为未来属于发挥互联网优势去提升改造传统产业的人，有的认为未来属于那些传统产业里懂互联网而不是那些懂得互联网但不懂传统产业的人。如果这些判断是准确的，对出版业无疑是一种鼓舞。但我们不能满足现状、坐等未来，而是要真抓实干、攻坚克难，在融合发展之路上奋起直追，取得实实在在的成效。

三、怎么干

习总书记重要讲话明确提出了融合发展的方针

原则、目标方向和任务要求，为推动传统出版与新兴出版融合发展提供了强大思想武器和科学行动指南，是我们做好工作的基本遵循。我们一定要认真学习、深刻领会，将其转化为推动工作的实际行动。

下一步具体怎么干？我理解，核心是全面深化改革。中央关于融合发展的文件是经过习总书记担任组长的中央全面深化改革领导小组开会审议通过的，这就说明融合发展是纳入改革范畴的重要工作，而且是进入中央视野、提上全局高度的重要改革。融合发展的实质，就是先进生产力发展对生产方式、生产关系带来的变革。因为技术的进步带来产品的更新，产品的更新带来需求的变化，需求的变化带来生产经营方式的变革，生产经营方式变革本身包含着并且进一步带来生产关系的深刻变革和全面改革。

改革，是坚持和发展的有机统一，本身就包括改与不改两个方面。习总书记明确指出，"我们的改革是有方向、有立场、有原则的""有些不能改的，再过多长时间也是不改"。在文化领域，有些东西是必须要改的，不改就不足以图存、不足以发展、不足以创新；但有些东西则是根本性的、制度性的、基础性的，什么时候都不能改。具体到融合发展，我们既要继续保持固有的优势，又要坚决改变那些不适应形势的东西。

我感到，推动融合发展有三个方面的优势要继续保持。一是要保持体制优势。就是坚持党的领导、坚持党管媒体、坚持党管出版。出版传媒是党的宣传思想文化阵地，坚持党的领导主要体现为坚持主管主办制度。这是我们的体制优势，必须始终保持，过多久也不能改。二是要保持内容优势。就是坚持正确导向，坚持弘扬社会主义核心价值观，真正发挥出版记录历史、传承文明、宣传真理、普及科学、咨政育人的作用，为实现中华民族伟大复兴的中国梦提供思想保证、精神动力、文化支持、智力支撑。三是要保持队伍的优势。从总体上来说，出版队伍是忠诚可靠、专业权威的，这支队伍里有坚强的党组织，有一大批优秀的共产党员和领导干部，有政治强、业务精、纪律严、作风正的从业者队伍，是推动文化建设、维护文化安全的中坚力量，这个优势必须保持。当然，保持并不是说一成不变，而是在坚持的前提下改进、创新、提高，但不能从根本上改变甚至改掉。

在保持优势的同时，推动融合发展还要做到三个转变：

第一，转变观念思维。融合发展需要树立什么样的思维方式？就是习总书记强调的互联网思维。互联网思维不是传统编书、印书、发书的思维，更不是要书号、分书号、卖书号的思维，而是在互联网新技术发展条件下，对出版业的市场、用户、销售、产品、生产、企业进行重新审视和定义的全新思维。综合各方面的观点，我认为互联网思维主要包括用户思维、极致思维、简约思维、换代思维、流量思维、社会化思维、大数据思维、平台思维、跨界思维等。要强化互联网思维，就必须打破思维定势，打破行为惯性，打破路径依赖，按照全新的理念来谋划出版的生产经营服务。

第二，转变生产经营。在融合发展条件下，出版业的生产经营离不开这样四句话：用户为上、内容为本、产品为体、服务为王。其中用户是第一位的问题、核心的问题，争夺用户是关键所在、要害所在。有人说，这是"存人失地，人地皆得；存地失人，人地皆失"的重大问题，只要保持住读者群体、受众群体，一切皆有可为。要从面向读者变为抓住用户，从内容生产变为服务提供，收集用户信息，关注用户体验，注重与用户交流互动，满足用户多样化和个性化需求。打个比喻，以前是你端什么菜他吃什么菜，现在是他点什么菜你做什么菜，甚至要你猜他想吃什么菜，做好了给他端上来。

转变生产经营要选准突破口。一是建设资源库，以此为基础开发新产品。资源库建设可以分为两类：一类是公益性的，是政府部门的任务；一类是市场化的，是企业的任务。在很大程度上说，资源库建设主要依靠市场化的途径，即使是公益性的建设任务，政府也可以通过向市场采购的方式来实现。在资源库建设问题上，不是所有出版单位都要做，但如果在这一点上取得突破，可能就会走出一条新路。二是应用大数据技术，以此为基础掌握和满足用户需求。传统体制下，出版社是我编我的、不管读者要不要，书店是我卖我的、不管读者买不买，对多样化不研究，对分众化不了解，对个性化不重视，基本不知道用户的真正需求。推动融合发展，必须利用大数据来分析了解用户需求，进而以分众化的方式来满足用户个性化的需求。三是通过社交网站推动销售。通过微博、微信等社交网络载体，用户可以参与、分享、互动，出版企业可以进行低成本、高精度营销，这完全可能成为一种有效的营销方式。总之，推动融合发展，并不一定都要大投入、大制作，动不动就几千万、几个亿。要尽可能从小处着手、从一点突破，以此打开局面、带动融合发展。

第三,转变体制机制。观念思维和生产经营的转变,必然要求出版业的生产流程、平台建设、内容管理等随之转变,要求运行机制、管理体制、组织架构、资本构成等随之转变,要求人力配置、人才选拔、劳动分工、收入分配等随之转变。没有体制机制转变的配套,观念思维和生产经营的转变也无法落到实处、见到实效。

归结起来,推动融合发展要实现各种媒介资源、生产要素的有效整合,实现信息内容、技术应用、平台终端、人才队伍的共享融通,形成一体化的组织结构、传播体系和管理体制,使传统出版和新兴出版优势互补、并行并重、紧密协同、此长彼长,巩固线上和线下两个阵地。

传统出版和新兴出版的融合发展,既是"大孩子"的游戏,也是"小孩子"的游戏。所谓"大孩子"的游戏,就是融合发展需要砸钱,投入量大、投资期长,小企业难以承担,大企业有实力有优势。所谓"小孩子"的游戏,就是要看到在互联网世界里很多大企业都是从小企业起家的,最后玩出了大平台。这方面的例子很多。这也是互联网时代特有的现象,新技术为人们创新创造创业提供了无穷的可能。新技术大企业可以用、小企业也可以用,不存在要不要融合的问题,而是怎样融合的问题。对小企业来说,关键是要选好点、选准路,把自己擅长的领域做专、做精、做深、做优,做到别人难以代替,就能在竞争中赢得一席之地,甚至实现超常规、跨越式发展。

四、怎么管

习总书记在重要讲话中强调,要一手抓融合,一手抓管理,确保融合发展沿着正确方向推进。这为我们加强管理、强化保障指明了方向。抓管理,是融合发展的题中应有之义,也是政府部门、社会组织、企事业法人共同的责任。

对于政府部门来说,管理就是服务。下一步,要围绕融合发展重点抓好六项工作。一是起草推动传统出版和新兴出版融合发展的专门指导意见;二是做

好"十三五"规划,把融合发展作为其中一个重要方面、重要内容,并与发改委对接、向财政部争取,取得国家支持;三是充实新闻出版改革发展项目库,在符合条件的前提下,向融合发展的项目倾斜;四是利用专项基金和资金对融合发展给予重点支持;五是完善标准体系,提供技术支撑;六是加强两栖人才的培训,培养更多人才。政府部门要通过抓好以上六个方面的工作,进一步完善政策、细化措施、强化管理、优化服务,为融合发展提供支持和保障。同时,有些管理工作需要政府部门和出版单位共同抓好,主要包括三项:

一是加强导向管理。导向是红线、是生命线,必须牢牢把握。如果出版单位在融合发展的过程中不能把握好正确导向,不仅不能激发出版单位活力,而且会把自己推向危险的边缘。

二是加强版权管理。政府部门要完善法律制度,加强日常监管,严厉打击侵权盗版行为,营造保护版权的社会氛围;出版单位要增强依法维权的意识,敢于主张权利,善于维护权利,主动与政府部门沟通配合,形成保护版权的合力。

三是加强市场管理。政府部门要强化监督管理,完善市场准入和退出机制,优化市场秩序,深入开展"扫黄打非",严厉打击各类非法出版物,打击网上淫秽色情信息,打击新闻敲诈、假新闻和假媒体假记者站假记者等。出版单位要严格遵纪守法,凡是法律法规不允许的都不要涉足。党的十八届四中全会对依法治国作出了全面部署,在新形势下,政府行政主管部门依法管理的力度只会加大、不会削弱,要求只会更高、不会降低。各出版单位不要心存侥幸、以身试法,当反面典型。

总之,我们要进一步深入学习领会习总书记重要讲话精神,贯彻落实中央决策部署,结合实际创造性地推动工作,在融合发展之路上走稳走快走好,不断提高自我发展水平和服务大局能力。

(本文作者系国家新闻出版广电总局党组书记、副局长,原载《新湘评论》2015年第1期)

树立广电传统媒体与新兴媒体融合发展高度自觉

——深入学习贯彻习近平同志关于媒体融合发展的重要论述

聂辰席

在中央全面深化改革领导小组第四次会议上，习近平同志就媒体融合发展发表重要讲话，深刻阐述媒体融合的工作理念、实现路径、目标任务和总体要求。这一重要讲话具有战略性、指导性和针对性，是新时期加快媒体发展的行动纲领。面对媒体发展新趋势、新格局、新变化，广播影视实现转型升级，必须深入学习贯彻习近平同志重要讲话精神，把融合发展作为一项长期战略任务，在融合中焕发生机活力，努力构建现代化广播影视立体传播体系。

一、把握"两个规律"，树立广电传统媒体与新兴媒体融合发展高度自觉

习近平同志指出，推动传统媒体和新兴媒体融合发展，要遵循新闻传播规律和新兴媒体发展规律。融合发展是大势所趋，广电转型刻不容缓。我们必须增强问题意识、忧患意识、责任意识，创新理念手段，投身融合实践，尽快在媒体融合发展上见到成效、取得突破。

推动传统媒体与新兴媒体融合发展，是巩固宣传思想文化阵地、壮大主流思想舆论的必然要求。当前，网络和数字技术裂变式发展，云计算、大数据等新一代信息技术广泛应用，不但带来了媒体格局深刻调整，也使舆论生态发生重大变化。互联网特别是微博、微信等新兴媒体，重新定义了人们获取信息的方式和舆论生成的方式，成为影响社会舆论的重要力量。如果我们不有效占领新兴舆论阵地，噪音杂音充斥其间，舆论工作主导权和话语权就会受到挑战。增强新媒体环境下宣传思想工作实效性，必须在巩固发展传统业务基础上，加快数字化、网络化、移动化转型步伐，通过传统媒体与新兴媒体无缝对接、同步壮大，做到宣传思想文化阵地无缝对接、主流思想舆论不断巩固壮大。

推动传统媒体与新兴媒体融合发展，是增强主流媒体信息内容传播力、影响力、竞争力的重要途径。对于新闻媒体来说，内容永远是根本，是决定其生存发展的关键所在。然而，在互联网时代，无限丰富的信息稀释了传统媒体的内容价值，"内容为王"的运作逻辑受到挑战。新兴媒体诞生和发展的过程，实际上是网络技术和信息内容结合与发展的过程。推动媒体深度融合，运用云计算、大数据等新的传播技术和社交化、分众化、精准化等新的传播理念，可以有效实现内容与技术相互支撑、内容与渠道有机结合，给传统内容资源带来新附加值，不断提升内容传播的有效性和感染力，增强媒体信息内容的核心竞争力，最大限度将内容优势转化为发展优势。今年两会期间，广播电视广泛使用云计算、大数据等新媒体技术，用跨界比对、图表模拟、3D演示等方式，解读方针政策、关注百姓需求，取得了良好传播效果。

推动传统媒体与新兴媒体融合发展，是广播影视行业转型升级的必由之路。媒体格局的深刻调整和舆论生态的重大变化，对广电发展格局、发展空间、发展模式产生重大而深远的影响。在新的传播环境下，广播影视生产制作社会化、传输方式多样化、服务形态多元化，形成多元参与、开放融合、多重叠加、价值重构的发展局面。置身风起云涌的互联网时代，广播影视行业已经到了革新图强的重要关口。要以深度融合转变广电传播模式，实现传统媒体与网络媒体、手机媒体、社交媒体等新媒体之间的聚合互动；以深度融合转变广电运营模式，通过跨媒体、跨区域、跨行业的合作运营，促使单一的、分散的运营模式向集约化、规模化方向转变；以深度融合转变广电服务模式，实现由简单服务向精细化服务转变，更好地满足用户多平台、多终端、多样化的文化需求。

二、以先进技术为支撑，在融合发展中打造广播影视行业新优势

习近平同志指出，推动媒体融合发展要坚持传统媒体与新兴媒体优势互补。当前，传统媒体与新媒体"互补效应"在增强，两者动态聚合特征更加明显，竞合共生关系愈发凸显。广电传统媒体要顺应互联网传播移动化、社交化、视频化的趋势,瞄准和利用最新最好技术,增强借力发展意识,加快"四个转变",争创广电媒体发展新优势。

从覆盖优势向受众优势转变。受众是广播影视发展的基础,只有掌握了受众才能占领舆论阵地、抢占信息制高点。近年来,广播影视行业基本构建了技术先进、覆盖广泛的现代传播体系,初步形成统筹有线、无线、卫星的广播电视传输覆盖网,广播电视覆盖率持续攀升。新兴媒体对传统媒体的冲击,最直接地体现在与受众的关系上。传统媒体与新兴媒体融合,不能只追求外在形式的改变,而应强化受众意识,为受众精心服务,与受众共创价值。随着信息技术的演进,广播影视需要坚持"人民至上"的理念,努力增强有效传播能力和抵达受众能力,不断巩固扩大主流思想舆论阵地。要以服务受众为核心,致力于改善受众体验,提升服务用户的质量;以受众为本,时刻关注受众需求变化,做好受众行为习惯分析,做到量身定做、精准传播;加强与受众的互动交流,提高受众的关注度和参与度,在互动中参与、在参与中传播。

从数字化成果优势向传播力优势转变。先进技术是驱动广播影视发展创新的关键要素,必须紧盯技术前沿,瞄准发展趋势,不断以新技术新应用引领和推动媒体融合发展。当前,我国广播影视数字化改造取得了长足进步,节目内容不断丰富,生产效率不断提高,为提升传播力奠定了坚实基础。而以互联网为基础的新兴媒体已从数字化迈向了新的发展阶段,逐步向智能化、万物互联和大数据演进。广播影视要巩固和扩大数字化成果,充分利用新一代信息技术,努力提升面向多终端、多用户、多业务的智能化水平,不断提高广播影视的生产力和传播力。

从媒体优势向平台优势转变。媒体平台化是融合发展的重要趋势。从以新闻传播为主要功能的媒体转变为集信息生产、交换、消费等多功能于一体的服务平台,有利于使广播影视在新的传播格局中不断拓展提升自身价值。要始终坚持"内容为王",打造一体化、多元化平台,在传统业务基础上开发融合视听节目、社会服务、民生信息、医疗健康、互动游戏等多种业务形态的内容资源,为用户提供个性化多样化的产品和服务。

从内容安全管理优势向全媒体融合管理优势转变。安全播出是广播电视的生命线,广播电视历来高度重视安全播出工作。当前,广播影视业务形态、用户需求、监管对象日趋复杂多样,给科学管理、依法管理带来新课题。在传统媒体和新兴媒体融合过程中,必须一手抓融合,一手抓管理。要加强融合发展中的内容监管和播出安全保障,实现对融合网络、业务、终端、用户的统一监测监管和多层级联动、跨区域协同的监测监管;加强新媒体信息安全风险评估研究,全面掌握信息安全状况,及时发现信息安全隐患,不断强化全行业信息安全风险防控意识和信息安全防护水平。

三、以重点项目为抓手,推动形成一体化业务流程、平台渠道、服务方式和管理手段

习近平同志指出,要牢固树立一体化发展观念,推动传统媒体和新兴媒体在内容、渠道、平台、经营、管理等方面的深度融合。一体化发展,是媒体融合的内在要求和基本方向。要实施重大项目带动战略,通过流程优化、平台再造,实现各种媒介资源、生产要素的有效整合,实现信息内容、技术应用、平台终端、管理手段的共融互通,不断提升集成服务水平。

优化生产业务流程,加速生产融合。适应"融媒时代"的变革,搭建涵盖采集、制作、加工、共享等环节,实现节目创作技术化、制作流程一体化、资源共享便捷化的内容制作平台。一是改革内容生产方式。使内容生产从粗放单一向高效集约转变,从封闭独立向开放多元转变,从专业化生产向受众参与转变,实现内容产品深度开发和多次增值。二是强化内容共享。进一步提升内容资源的共享利用水平,科学分析应用场景,打通关键环节,构建内容交换接口,形成取用便捷、资源共享的广播影视资源系统。三是优化业务流程。加快推进"采、编、播、存、用"制播流程再造和优化升级,实现从节目创意到技术制作的内容生产全流程一体化,进一步推动业务层面实质性的深度融合。

优化传输业务流程,加速传播融合。适应广电传播和服务体系向双向、协同、智能转变的发展需要,构建支撑全业务集成、全方位运营、全媒体服务的集成播控平台。一是实现协同覆盖。推进有线、无线、卫星传输网络的互联互通和智能协同覆盖,做到全程全网、无缝连接,使用户随时随地接收综合信息服务。二是实现融合播控。适配广电网络与电信网络传输,面向多终端全媒体,集内容集成、服务封装、认证计费、用户管理等多功能于一体,实现内容的碎片化集成、亮点化索取、最优化组合。三是实现智能分发。加强广播电视网与电信网、互联网的业务互联能力建

设,更好地满足对交互型业务与多媒体业务的支撑。加快构建宽带、融合、安全、泛在的新一代广电信息化基础设施,提升内容分发智能化水平。

优化管理业务流程,加速管理融合。加快建设集制度规范、运行机制、技术标准、研判分析、及时处置于一体的监测监管平台。一是强化全方位监管。整合优化监管资源,覆盖传播平台、通道和终端等环节,实现对视听节目监测、监管、指挥、调度的有机统一。二是提高分析研判能力。针对监测监管信息的属性结构和内在关联,进行多特征、多维度的分析与研判,提高监测预警、主动发现和辅助决策实效。三是完善技术标准。科学规划融合监测监管平台体系架构,制定规范数据标准和数据交换接口标准,促进广播影视信息安全体系建设和运行维护的系统化、规范化。

优化服务业务流程,加速服务融合。适应新需求、走向服务端,建设面向用户、互动体验、多元智能、内容丰富的服务新体系。一是服务融合化。加强广电与物联网、数字家庭等新技术的融合应用,推广智能家庭、电子支付、民生服务等新业务,提供便捷的多媒体综合服务。二是服务多样化。推进影视内容的多终端、多屏幕传播,并将社交属性引入传统媒体节目以增强互动性,在保障用户多渠道、多选择收看内容的同时做到内容精准投放。三是服务智能化。推进终端智能化,加快研发推广标准化、智能化的终端设备,做到操控简便、反应迅速;推进业务的智能感知,实现自动关联与推荐,更好地满足用户个性化需求。

（本文作者系国家新闻出版广电总局党组副书记、副局长,原载《人民日报》2014年10月9日）

在新起点上推动数字出版产业健康繁荣发展

孙寿山

2013年,新闻出版总署和国家广播电影电视总局合并成立了国家新闻出版广电总局。这是中央深化机构改革、转变政府职能的重大战略决策,必将对新闻出版和广播影视业的未来发展产生深远影响,带来传媒领域全面深度融合格局的加快形成。在机构整合、职能转变、精简编制的背景下,国务院下发的总局"三定"规定中明确提出,要加强数字出版工作,这充分体现出中央对这项工作的高度重视,将对数字出版产业发展起到巨大推动作用,开辟广阔发展空间。我们一定要深入学习贯彻落实中央一系列重大决策部署,紧紧围绕加快发展这一核心任务,牢牢把握稳中求进、改革创新的总基调,严格履行管理职责,通过全面深化改革和科技进步,推动数字出版产业又好又快发展。

一、深刻认识数字出版工作 面临的新形势

当前,我国数字出版产业发展站到了一个新的历史起点上,面临着不少新情况新问题,需要我们引起高度重视,保持清醒头脑,增强自信自觉。

第一,数字出版在意识形态和文化安全中的重要作用日益突显,坚守阵地面临着新要求。习近平总书记指出,意识形态工作是党的一项极端重要的工作,事关党的前途命运、事关国家长治久安、事关民族凝聚力和向心力。习近平总书记特别强调,要把网上舆论工作作为宣传思想工作的重中之重来抓,尽快掌握这个舆论场上的主动权,不能被边缘化了。这对意识形态部门和宣传思想战线工作者提出了明确要求。新闻出版广电行业是重要的意识形态阵地,我们必须以高度的政治责任感承担起这一光荣而艰巨的使命,把围绕中心、服务大局作为基本职责,胸怀大局、把握大势、着眼大事,找准工作切入点和着力点。在意识形态和文化领域复杂激烈的斗争中,当前这个"势"到底体现在哪里,我理解,其中一个重要方面,就是习总书记告诫我们的"互联网已经成为舆论斗争的主战场"。只有抓住这个主战场,我们才能因势而谋、应势而动、顺势而为。从这个角度说,数字出版在我国意识形态和文化安全中的重要作用不容低估,作为新闻出版业中的重要新兴产业,数字出版的意识形态属性不仅不会改变和弱化,相反会更加凸显。

第二,数字出版已经具备成为新闻出版核心产业的现实基础,加快发展面临着新机遇。经过多年的发展,我国数字出版产业在规模数量、产业形态、技术支

撑、消费趋势等方面已经发生根本性变化，加快发展的基础更加坚实。一是政策基础。近十年来，中央有关文件和国家规划一直都将推进文化科技创新作为文化产业发展的战略方向，数字出版无疑是其重要组成部分，正在和将要得到有力的扶持。二是技术基础。数字出版的相关技术研发和应用不断取得新突破，新闻出版企业对相关技术应用的自觉性显著增强，技术短板正在得到有效弥补。三是市场基础。随着全球范围内信息技术创新的持续加快，信息领域的新产品、新服务、新模式大量涌现，不断激发出新的市场消费需求，信息日益成为活跃的消费热点。四是实践基础。近年来，部分传统出版企业在内容数据库、电子书包、数字内容平台建设、数字内容消费服务等方面开展了许多有益有效的尝试，取得了重要成果。得益于这些坚实基础，数字出版必将迎来更加光明的发展前景。

第三，数字出版呈现出与传统出版产业完全不同的特性，完善监管面临着新挑战。数字出版既是传统出版产业在数字化、信息化时代的延伸发展，又与传统出版产业具有极大的不同。一是主体多元。参与数字出版业务的不仅有传统出版单位、国有新媒体单位，还有数量众多的民营企业，甚至合资合作、股份制企业都参与其中。二是产品多样。不仅包括电子图书、数字报刊、网络文学、网络动漫、网络游戏、数据库出版物、网络学术出版物、手机出版物等相对成熟的产品类型，而且，伴随着技术的发展变化，新的数字出版产品形态还将不断涌现。三是传播快捷。数字出版产品传播的突出特点是即时性和互动性强，其传播速度和覆盖范围都是传统出版发行无法相提并论的。四是产业链长。目前数字出版产业链主要由内容提供商、技术服务商、加工制作商、网络出版商、产品分销商、硬件制造商等共同构成，与由编、印、发构成的传统出版产业体系存在明显差异。如此复杂的管理对象，必然对监管工作提出有别于传统出版的新的更高的要求。

面对新的形势，我们在数字出版领域的工作职责，就是要在规范内容导向、规范市场环境和规范从业行为基础上，持续推动传统出版业转型升级，积极发展壮大新兴数字出版产业。

二、准确把握新起点上数字出版工作的新任务

近些年数字出版产业的发展，一直是与观望、质疑甚至非议相伴而行的。通过多年的持续努力，是我们行业的先行者们，不怕风险、不畏艰辛，用扎扎实实的发展成绩为数字出版定了位、正了名。当前，数字出版产业进入了加快发展、取得突破的关键时期，面临着新的发展任务。我们一定要勇敢担负起应尽的职责，推动数字出版产业实现更高水平、更好质量的发展。

一是要把数字出版打造成新闻出版业的生力军。目前，我国图书、报刊、音像电子等传统出版领域正面临着以互联网为代表的新技术、新业态的严峻挑战，从品种、销售数量以及经济效益等各方面看，要么呈现出增速放缓趋势，要么呈现出持续下滑迹象，与之密切相关的出版物印刷、发行等领域，也受到相应影响。面对这一态势，传统出版必须加快转型升级，舍此将没有未来。从数字出版产业看，虽然已经具有一定规模，但结构却不尽合理，主要表现在基于传统出版内容资源的数字出版产品和服务开发远远不够。只有大众数字出版、教育数字出版和专业数字出版切实发展起来，数字出版产业才算得上步入了健康良性的发展轨道，也才称得上新闻出版业的生力军。差距就是潜力。要加快进度、加大力度，把大众对主体数字出版内容的消费需求尽快激发出来，把数字教育市场尽快打开，把专业数字出版的应用和服务不断深化和拓展开来。要始终坚持社会效益第一的原则，注重产品数量和质量的相互协调，从以数量增长为主转变到以质量提高为主，决不能为了发展，而忽视了导向和质量的要求。

二是要在新闻出版业全面深化改革中勇当排头兵。党的十八届三中全会对全面深化改革作出了战略部署，新闻出版行业必须按照这一部署，全面深化、有序推进各方面改革。新闻出版业数十年的实践充分证明，唯有改革才能创新机制、释放活力、获得动力和赢得发展。数字出版本身就处于不断变化之中，新情况、新问题层出不穷，同样需要改革创新，试图以不变应万变，迟早要走入发展的死胡同。数字出版作为新兴业态具有一定优势，大都没有传统包袱，体制机制相对灵活，具备轻装上阵、大胆探索、担当新闻出版领域深化改革排头兵的良好条件。要想完成好这个光荣任务，一要具有坚定改革的意识，二要保持锐意进取的精神，三要秉持求真务实的态度，四要拿出实实在在的成果，五要及时总结推广先进经验。数字出版企业必须积极行动起来，按照科学合理、有序改革的要求，当好排头兵，打好改革仗，取得新成绩，谋求新发展。

三是要切实筑牢网络文化建设和管理的主阵地。习近平总书记在中共中央政治局第十二次集体学习时指出,提高国家文化软实力,关系"两个一百年"奋斗目标和中华民族伟大复兴中国梦的实现。新闻出版业肩负着创作生产文化精品的重要职责,是传播社会主义核心价值观的主流渠道、文化传承创新的重要载体、对外文化传播的有效手段,在提高国家文化软实力中发挥着基础性作用。对数字出版特别是网络出版作为新闻出版业这一新业态而言,其核心任务和基本功能同样如此。要倾力抓好网络出版导向,弘扬主旋律,传播正能量,努力使健康向上的出版内容牢牢占领网络宣传思想文化的主阵地。各级管理部门要敢于亮剑、敢于管理、敢于担当,采取得力措施,制定制度,如自查自纠、抽查审读、适时通报等,将监管职责落到实处,尽快使网络出版空间清朗起来。

四是要成为文化与科技完美融合的示范区。不断与新兴科技深度融合,是当代文化的显著特征之一,数字出版即是新闻出版与科技融合的典型形态。对此我们必须具有清醒的认识和高度的自觉,使数字出版在行业转型升级进程中,切实成为新闻出版与科技融合的示范区。首先,要作率先融合的示范。要提高对新的技术信息的敏感度,加快对新技术成果的消化、吸收、转化和再创造,及时跟踪、预判、研究和引领新技术的应用方向。其次,要作全面融合的示范。与新技术的融合,不是局部的融合,而是全过程的融合,需要把科技进步的最新成果渗透到创作、生产、传播和消费的每一个环节。第三,要作高水准融合的示范。数字出版生产与市场需求之间是对应关系,对应的精度直接影响融合的深度。只有善于弯道超车、后来居上,我们才有可能领风气之先,担当好高水平融合的示范。第四,要作创新融合模式的示范。要深入分析自身的优势与短板,果断开展跨行业、跨地域、跨所有制合作,以赢得用户、赢得市场为目标,在拓展数字出版多元融合新路径、构建多元融合新模式方面勇当开路先锋。

三、不断推出促进数字出版产业发展的新举措

行政管理部门肩负着推动发展和加强管理的双重任务,要把发展这个第一要务与管理这个第一责任结合起来,积极探索创新,掌握内在规律,不断推出新的工作举措。

一是通过推动新闻出版业数字化转型升级,带动产业整体发展。新技术的普及应用日新月异,不仅传统出版产业面临转型的压力,新兴业态同样也有不断升级的要求。只有持续不断创新前行,才能带动数字出版产业整体发展。要完善法规政策,营造良好政策法制环境,为数字出版产业的发展保驾护航。要树立典型示范,开展数字出版示范评选工作,为数字出版产业的发展树立标杆与样板。要资助转型项目,重点解决资源加工、技术装备改造升级问题,为数字出版产业发展创造更好的条件。

二是鼓励多元主体进入数字出版领域,激发产业整体活力。党的十八届三中全会明确提出,要建立健全现代文化市场体系,鼓励非公有制文化企业发展,降低社会资本进入门槛,允许参与网络出版。要认真落实中央这一要求,积极推进多元市场主体进入数字出版领域,充分激发数字出版产业整体活力。要在推动传统出版单位转型升级的同时,研究拟定支持、鼓励在数字出版业务中引入社会和民营资本、建立股份制公司或进行股份制改造的具体办法,在坚持网络出版权特许经营前提下,允许社会资本广泛进入数字出版产品研发创作、技术服务、加工制作、传播分销等非特许环节,鼓励金融资本、社会资本、文化资源在数字出版领域合理流动。要进一步完善数字出版市场准入和退出机制,确保各类市场主体公平竞争、优胜劣汰,促进数字出版资源在全国范围内科学、合理、有效配置。

三是占据标准制高点,寻求数字出版产业发展的突破口。在新技术条件下,数字出版产业的发展离不开标准的引导与规范。要加强国际标准化工作,力争ISLI国际标准注册中心落户中国,推动中国迈入标识符标准大国行列。要注重发挥技术的支撑作用,关注技术与标准之间的互动,为标准应用推广提供可靠的技术环境。要鼓励企业开展标准化工作,提高标准化工作对市场需求的准确把握能力,及时总结推广技术成果,不断丰富数字出版标准的层次。要推进数字出版标准的产业化应用,按照试点先行、示范推广、行业应用的模式,鼓励新闻出版企业积极采用相关国际标准、国家标准和行业标准。

四是创新管理方法,营造数字出版产业发展的良好市场环境。面对新形势下繁重的管理任务和更高的管理要求,必须探索创新符合国情的数字出版特别是网络出版管理方法,坚持依法管理、科学管理和有效管理,加快形成法律规范、行政监管、行业自律、技术保障、公众监督、社会教育相结合的网络出版管理体系,不断提高网络出版管理效能。要在严格依法管理基础上,突出管理重点,强化内容导向和质量管理,引导数字出版企业完善管理体系,确立严格标准,抓好贯彻执行,把质量意识变为内化于心的理念和外化于行的实践。地方行政管理部门要结合本地区实际，强化监管队伍和技术手段建设，不断提升监管能力；努力化解人才短缺等深层问题，积极与网宣、通信、公安、"扫黄打非"、文化市场综合执法等相关部门协同配合，形成工作合力，构建全新管理格局。

实践是检验真理的唯一标准，也是化解各种质疑、破解发展难题的有效方法。面对扑面而来的信息化和数字化浪潮，我国的数字出版产业能否顺应时代潮流，迎头赶超，挺立潮头，关键取决于广大新闻出版从业者是否有决心、有信心、有毅力积极探索和勇于实践。未来五年，将非常关键。让我们高举中国特色社会主义伟大旗帜，以习近平总书记系列重要讲话精神为指导，携起手来，凝神聚力、开拓进取、扎实工作，用数字出版发展的丰硕成果和靓丽业绩，向党向国家向人民，向新闻出版行业交出一份合格的答卷。

（本文作者系国家新闻出版广电总局党组成员、副局长，原载《中国新闻出版报》2014 年 4 月 17 日）

大数据时代的版权与文化

阎晓宏

现代信息技术飞速发展，移动互联网和大数据极大地改变了人们的交流方式和文化传播方式，为版权产品和版权使用形式的创新、版权保护和管理能力的提升以及版权产业的发展创造了良好的技术条件，也带来了诸多挑战。在这样一个背景下，大家以"大数据时代的文化与版权"为主题，探讨在移动互联网普遍使用的情况下，如何运用大数据技术来充分发挥版权在推动文化产业发展中的重要作用，视野更加开阔，时代特征鲜明，也很有现实意义。对此问题，我谈三点看法。

一、文化与版权的关系

文化和版权的关系密不可分，且相互促进。我们曾有一段时间认为文化如果对版权的关注过多，会制约文化的发展，实际上从世界发展的历史进程来看，无序、盗版和不经授权的随意使用才会扼杀文化，而版权恰恰是激发文化创造力的法律制度保障，是助推文化发展的动力。

版权的主体是作品的创造者，版权的客体是文学、科学和艺术领域内的一切成果，诸如各类出版物、影视戏剧、音乐舞蹈、美术摄影、建筑外观雕塑、实用工艺，甚至计算机软件，可以说涵盖了文化的各个方面。版权的主客体是文化的基础。因此，如果脱离了作品的创造者、脱离了丰富多彩的文化作品，文化就会成为无源之水、无本之木，失去产业生存发展的基础。

版权制度的产生，保障了作品创作者和传播者的利益，鼓励了优秀作品的涌现，使作品通过有序传播和转让实现市场价值。表面上看，它在平衡作者和传播者两者的利益，但版权制度的最终目的是促进文化的发展，从而使公众受益。

作品是作者的智力结晶，对创作者而言，创作作品既是一种高尚的精神活动，同时也是其赖以谋生的手段。智力成果的使用应当遵循一定的市场交换原则和规则，使创作者能够得到回报，才能进行新的创作活动。版权保护制度正是一种对这种创造活动从产权角度进行激励的制度，它以激励创新、保护创造性智力成果为基本出发点，通过保护权利人的利益，激励其创作更多的优秀作品，用不断涌现的优秀作品为人类文化发展作出贡献。

版权制度通过赋予作者权利，允许作者让渡权利，以及对权利进行必要的限制，以此来促进作品更有序更广泛地传播。而作品的广泛传播不仅使公众更多地享有知识和文化，也推进了文化的发展和社会进步。

二、网络时代的版权保护

在我国，版权制度起步虽然晚，与发达国家相比存在不小的差距，但经过多年努力，我国的版权保护环境有了很大的改善和提高，得到了国际社会的广泛认可和好评。特别表现在互联网版权保护方面。近年来，随着互联网的迅猛发展和快速普及，互联网领域的版权问题日益突出，不仅成为国际知识产权领域关注的焦点，也是制约我国互联网产业发展和文化安全的突出问题。互联网的快速发展，既带来了挑战，也带来了很大机遇。在十几年前，突出的问题，一是立法欠缺，二是网络侵权盗版泛滥、网络执法十分薄弱。针对这些新情况、新问题，国家版权局一方面积极推动网络版权法律体系的构建和完善，2001年修订的《著作权法》明确了作者对其作品享有信息网络传播权，2005年颁布的《互联网著作权行政保护办法》重点规范了网络服务运营商的版权行政责任，2006年颁布了文化领域第一个互联网的行政法规——《信息网络传播权保护条例》，由于网络新技术发展快，现在又有修法、修订条例的紧迫需求，但从全国来看，网络版权法律、法规建设仍然是走在前面的，这为网络版权执法监管工作提供了有力的法律依据；另一个薄弱环节是网络版权执法。国家版权局是中央国家各部门中最早在网络领域开展版权执法工作的。自2005年开始，联合工信部（原信息产业部）、公安部（近年来又加入网信办）在网络领域组织开展打击侵权盗版专项行动——"剑网行动"，至今已连续开展了10年，每年都能查办一批大案要案，仅今年一年查破的重点案件就开了两次新闻发布会，向社会公布了案件查处的情况，有效打击和震慑了网络侵权盗版活动，网络版权秩序明显好转。

总的来说，关于版权保护，无论在物理空间还是网络空间都应遵守同样的原则，要遵循法律的精神，要尊重知识、尊重创造，要使作品能够按照法律的要求有序传播。正是基于这一点，国家版权局这些年坚持不懈地开展了在物理环境和网络环境中打击侵权盗版的活动。现在中央对网络管理提出了更高的要求，而且认为网络是关系到我们国家命运前途的一个重要领域。"剑网行动"中大批网络侵权盗版案件的查处，一方面说明我国的网络版权保护是卓有成效的，同时也说明网络侵权盗版仍然存在，网络版权保护形势依然严峻，因此，贯彻落实中央精神，依法规范网络版权秩序、净化网络空间，推进网络空间法治化，仍需不断加大对侵权盗版的打击力度。

三、移动互联网和大数据时代版权价值的实现

版权的本身包含了创新、使用、管理和保护等诸多方面，多年来，随着国家知识产权和创新驱动战略的实施，作为知识产权主体部分的版权，地位和作用越来越重要，我国的版权管理和保护水平也不断提升，版权工作逐步进入一个新的阶段，这个新阶段的标志是：从注重版权保护，到版权创新、版权使用与版权保护、版权管理并重。

现在我们讨论在移动互联网和大数据时代，如何发挥版权的积极作用，如何通过充分发挥版权在文化发展中的基础性、资源性作用，来充分挖掘版权价值、推动产业的发展。对此，我有三点思考，供大家参考。

今年8月，中央全面深化改革领导小组审议通过了《关于推动传统媒体和新兴媒体融合发展的指导意见》，这是一个重要的决定，为我们文化、出版和版权工作者在新技术新形势下开展工作指明了方向。无论是传统出版企业还是新兴互联网企业，我们都时常提到互联网思维，提到要运用互联网思维，那么什么是互联网思维？除了大家总结的"在线""互动""免费＋增值"这些特征以外，我个人的理解是，当互联网产生以后，互联网发展有它特定的规律，我们要认识这个规律，按照这个规律开展我们的工作。从唯物主义的观点来讲，是存在决定意识的，当事物向前发展以后，我们的思维一定要跟得上，如果没有跟得上就会出现滞后，落后于事物的发展。因此，互联网思维最基本的就是实事求是，就是按照事物规律办事。在互联网和大数据时代，我们要看到文化产品的生产和传播方式发生了根本的变化，甚至它的创作方式也发生了很大的变化。比如，盛大文学的一部文学作品，每天有上千万人在阅读，不仅阅读，同时还在评价，并且对小说作者提出下面章节该怎样去写，该怎样去修改等等很多建议。可以说，作品的创作过程、生产过程和传播过程几乎完全融为一体。而在传统出版企业里，工作流程都是分段、分环节的。做生产的就是出版社，做发行的就是新华书店或者是发行公司。互联网中文化产品的生产传播方式和传统文化生产传播方式很不一样，因此，在互联网中进行文化传播时，我们就要遵循其规律，否则可能会有很多投入，但是却看不到产出，做了很多事，但是却看不到相应的效果，大家在这方面会比较困惑。简单来说，对于互联网思维，我的理解就是需要按照互联网的规律办事，只有按照客观规律办事才有可能产生好的效果。

版权的价值在国际上是得到认同的，美国人最先认识到这一点，并开展调研。那么其调研什么呢？调研版权在经济和社会发展中的贡献究竟有多大。比如一部小说出来以后，在传播过程中能够产生多少价值、带动多少就业和财富增长，等等。随后，世界知识产权组织在几十个国家开展了研究，这个研究表明版权在后工业时代，其价值是很高的。版权不是在大量地消耗能源、资料和资源，而是依靠、依托了一些创造

出来的智力成果,在传播过程中来产生很大的价值。近年来我国也在开展这方面的调研,并且得到了中央领导和社会大众的关注和好评。总体来说,认识版权的价值,就是要认识到在文化发展中,版权是基础性的、战略性的,如果脱离了文学、音乐、舞蹈、艺术、影视等作品,我们去传播什么呢?

如何把优秀的版权资源从无数版权中遴选出来,这是一个很大的课题。中国是一个有13亿人口的大国,创造是非常踊跃的,数量也是非常大的,这就使得很多好的作品可能会被淹没掉,而很多没有价值的作品却被传播。所以,把优质的版权资源从无数的版权、无价值的版权中遴选出来,这是一个非常重要的问题。另一方面,在互联网时代特别是移动互联网时代,如何把优质的版权资源整合、集约起来,而不是单打独斗,这也是我们需要思考的一个非常重要的问题。现在应该说大家对这个问题都有一些认识,我也认为在未来的3~5年,不会很长的时间,一定会有很大的变化。现在大家能够看到,在网络视频领域,这

种整合已经产生了很明显的效果,比如说优酷、爱奇艺和腾讯视频,已经有相当的资源积累,也有了相当的影响力和市场份额。与网络视频相比较,当前的网络音乐和文字领域是薄弱环节,当然也有像盛大文学这样做的很好的企业,但整体上还是处于小、散、乱的阶段。客观原因是音乐、文字领域的权利人更分散、更薄弱,但缺乏联名、集约和对等谈判则是更为重要的原因。从现状来看,现在文字和音乐同样也是最具潜力的领域,这一点我认为将很快被实践证明,机遇只给予具有远见卓识而又能迅速行动起来的人。

党的十八大提出唱响主旋律,三中全会、四中全会提出发挥市场的决定性作用和依法治国的总方针,我相信,在大家的共同努力下,在法制和理性的指引下,汇聚智慧、融合共赢,一定能够充分发挥版权的价值,推动文化的进步和发展。

(本文系国家新闻出版广电总局副局长阎晓宏在2014年11月15日第七届中国版权年会主题论坛上的演讲,原载《传媒》2014年23期)

积极推进传统出版与新兴媒体融合发展
实现中国出版业繁荣发展的新未来

吴尚之

当前全球出版业面临着一场深刻变革,以互联网和移动互联网为代表的新兴媒体呈现蓬勃发展之势,内容呈现与传播方式发生了深刻变革,出版业的产业结构出现了重大变化。如何在新形势、新变革中,寻求最佳的发展方向、选择最适合的发展路径,以激发更大的发展动力,相信这是全球出版业面临的共同问题。我们认为,在全新传媒格局下,推进传统出版与新兴媒体的融合发展,是提升出版业整体实力和核心竞争力的必然路径。

一、中国出版业发展的新特点和新趋势

2013年,全球经济格局深度调整,国际竞争日趋激烈,在错综复杂的形势下,中国经济依然实现了超预期发展。与经济发展的形势相适应,中国出版产业

的发展也整体向好。传统出版在保持良好发展态势的同时,积极顺应产业发展趋势,呈现与新兴媒体不断融合的态势。

(一)出版业整体平稳增长,规模持续扩大

在过去三年里,中国出版业整体指标平稳增长,规模持续扩大。2013年,中国出版、印刷和发行服务实现营业收入18246亿元,比2012年增长9.7%,比2011年增长25.2%;利润总额达1440.2亿元,比2012增长9.3%,比2011年增长27.7%。从中可以看出,2013年营业收入和利润总额的同比增长率均增速虽然有所放缓,但仍处于平稳增长的态势。表明中国传统出版在种种压力和挑战的形势下仍然展现着勃勃生机。

指标名称	2013 年	2012 年	2011 年	2013 年较 2012 年增长率（%）	2013 年较 2011 年增长率（%）
营业收入（亿元）	18246.4	16635.3	14568.6	9.7	25.2
利润总额（亿元）	1440.2	1317.4	1128.0	9.3	27.7

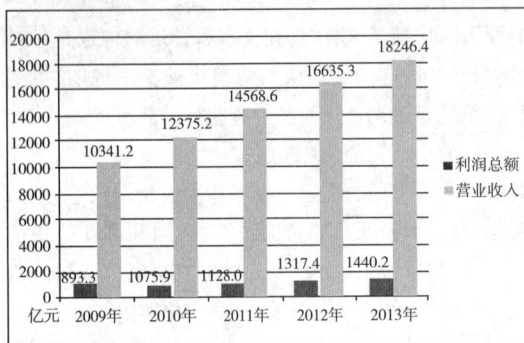

图　2011～2013 年中国出版业各项主要指标情况对比

（二）传统出版呈现良好发展态势，由追求数量规模向提高质量效益转变

在人民群众日益多样的精神文化需求和新兴出版业态的蓬勃发展推动下，中国传统出版保持着持续良好发展态势。过去三年里，图书出版稳步增长，效益稳步提升。2013 年，中国图书总印数为 83 亿册（张），比 2012 年增长 4.9%，比 2011 年增长 7.8%；2013 年图书出版实现营业收入 770 亿元，比 2012 年增长 6.5%，比 2011 年增长 19.6%；利润总额 118 亿元，比 2012 年增长 2.9%，比 2011 年增长 25.9%。从中可以看出，在新媒体环境下，传统图书出版仍然呈现较为旺盛的生命力，保持良好发展势头。值得注意的是，2013 年中国出版图书 44.4 万种，比 2012 年增长 7.4%，品种增长幅度比上年下降 4.7%。其中，重印、重版图书品种增长 9.6%，增速提高 3.4 个百分点；新版图书增长幅度下降 10.8%。表明出版业精品意识、质量意识逐步增强，中国图书出版正在推进由追求数量规模向提高质量效益的转变。

表 1　2011～2013 年中国图书出版各项指标对比

指标名称	2013 年图书出版	2012 年图书出版	2011 年图书出版	2013 年较 2012 年增长率（%）	2013 年较 2011 年增长率（%）
品种数（万种）	44.4	41.4	37.0	7.4	20.0
总印数（亿册）	83.1	79.3	77.1	4.9	7.8
营业收入（亿元）	770.8	723.5	644.4	6.5	19.6
利润总额（亿元）	118.6	115.2	94.2	2.9	25.9
重版重印（万种）	18.8	17.2	16.2	9.6	16.0
新版图书（万种）	25.6	24.2	20.8	5.8	23.1

2013 年，中国共出版期刊 9877 种，比 2012 年增长 0.1%，比 2011 年增长 0.3%；总印数 32.7 亿册，比 2012 年下降 2.3%，比 2011 年下降 0.6%；2013 年期刊出版实现营业收入 222.0 亿元，比 2012 年增长 0.5%，比 2011 年增长 36.5%；利润总额 28.6 亿元，比 2012 年增长 13.1%，比 2011 年增长 24.9%。从中可以看出，虽然 2013 年期刊出版的总印数有所下降，品种数和营业收入增速放缓，然而营业收入和利润仍呈现上升趋势，可见期刊出版在新媒体环境下仍具有发展空间。

表2 2011~2013年中国期刊出版各项指标对比

指标名称	2013年期刊出版	2012年期刊出版	2011年期刊出版	2013年较2012年增长率(%)	2013年较2011年增长率(%)
品种数(种)	9877	9867	9849	0.1	0.3
总印数(亿册)	32.7	33.5	32.9	-2.3	-0.6
营业收入(亿元)	222.0	220.9	162.6	0.5	36.5
利润总额(亿元)	28.6	25.3	22.9	13.1	24.9

2013年,中国共出版报纸1915种,比2012年下降0.2%,比2011年下降0.7%;总印数482.4亿份,与2012年基本持平,与2011年相比上升3.2%;2013年报纸出版实现营业收入776.7亿元,比2012年下降8.9%,比2011年下降5.2%;利润总额87.7亿元,比2012年下降11.7%,比2011年下降11.1%。从中可以看出,2013年报纸出版总印数虽然保持平稳,但营业收入、利润均呈明显下降趋势。表明新媒体对报纸出版的挑战日趋严峻,报业亟须探索创新型商业模式,寻求新产业环境下的发展新路径。

表3 2011~2013年中国报纸出版各项指标对比

指标名称	2013年报纸出版	2012年报纸出版	2011年报纸出版	2013年较2012年增长率(%)	2013年较2011年增长率(%)
品种数(种)	1915	1918	1928	-0.2	-0.7
总印数(亿册)	482.4	482.3	467.4	-2.3	3.2
营业收入(亿元)	776.7	852.3	818.9	-8.9	-5.2
利润总额(亿元)	87.7	99.2	98.6	-11.7	-11.1

(三)骨干出版传媒集团实力提升,竞争力不断增强

出版传媒集团作为中国出版业的生力军,实力不断提升,骨干地位进一步凸显,着重表现在两个方面。首先是经济效益的提升。2013年,江西省出版集团公司与安徽新华发行(集团)控股有限公司的主营业务收入和资产总额均超过100亿元,与江苏凤凰出版传媒集团有限公司、湖南出版投资控股集团有限公司、安徽出版集团有限责任公司、山东出版集团有限公司一起,共同跻身"双百亿"出版传媒集团行列,"双百亿"出版集团的数量由4家增至6家,表明中国出版传媒骨干企业的实力在持续提升。其次是国际竞争力的增强。2014年6月,据美国《出版商周刊》、英国《书商》、法国《图书周刊》、德国《图书报道》等媒体共同发布的"2014全球出版业50强

排行榜"显示,中国出版集团和中国教育出版传媒集团的排名较去年分别上升8位和9位,分列第14位和第21位。充分体现了中国深化文化体制改革的重要成果,为中国出版业"走出去"、赢得更多国际话语权创造了更好条件。

(四)数字出版发展势头强劲,产业贡献率不断提升

2013年,中国数字出版产业发展势头依然强劲,产业规模继续扩大,整体收入达到2540亿元,比2012年增长了31.25%,占全行业营业收入达13.9%,对出版业的贡献率不断提升。

在政府主管部门持续推进和出版企业自身不断探求下,中国数字出版在内容建设、技术应用、商业模式等多方面取得了有效突破。在内容建设方面,传统出版企业的数字化转型已跳出简单的传统纸质内容数字化的单一模式,而是根据互联网和移动互联网的特点,改变内容加工方式、调整业务流程,推出新型产品;同时互联网企业也加强了在出版业的布局,为中国出版业注入了新兴力量。在技术应用方面,MPR、二维码、云计算等技术在数字出版产品中已经得到广泛应用,并取得一定的市场反响和实际效益。在商业

模式方面,众多出版企业经过积极实践探索,逐渐形成一些较为成熟的模式。如一些出版传媒集团充分整合自身资源,打造系列化、品牌化数字产品;多家新闻出版企业建设了集报刊、网络、手机、音视频等多种现代传播手段为一体的全媒体传播平台。

二、中国出版业发展面临的挑战

传统出版业与新兴媒体正在不断磨合、彼此适应之中。融合发展将是出版产业的一次重要变革,将对中国出版业带来多重挑战,主要体现在以下三个方面。

(一)用户阅读需求变化对出版业内容生产带来挑战

新媒体带来了新的阅读方式和阅读需求,主要表现在:阅读终端的多屏化,阅读内容表现形式和传播形式的多元化。用户需求呼唤市场供给,传统出版企业要推出满足新型需求的内容与产品,继续延续自身的产业发展优势,就必须以新媒体环境为立足点,对用户进行重新定位,对阅读需求重新把握,对阅读产品和服务重新规划。这对于出版业来说,需要一个适应和调整的过程。据第十一次全国国民阅读调查数据显示,中国 2013 年数字化阅读方式的接触率为 50.1%,较 2012 年上升了 9.8 个百分点,表明在新媒体影响下,人们的阅读习惯和方式正在发生转变。同时,手机成为中国第一上网终端,成为中国读者用户,尤其是青年一代阅读的重要方式。如何在坚持出版品质的同时,提升用户对自身内容和产品的注意力和关注度,进而留住用户,是对出版业在当前新媒体环境下的不小挑战。

(二)技术环境变化对出版业创新能力带来挑战

得益于数字技术和网络技术的快速发展,如今出版业的整体信息化水平有了显著提高。同时,出版业面临的外围技术环境在不断发生变化,运用新技术的能力也在不断提高。但是,出版业整体的技术水平、依托新技术的新产品研发能力和创新能力仍然有限,对新技术的认识与把握程度依然存在不足。内容产品生产与技术的结合程度,标志着出版企业转型的深度。

以信息技术为代表的新技术对我们人类生产、生活正在和将要产生的影响是深刻的。出版业只有融入新媒体产业环境,提高产品与服务的技术含量,才能最终强化自身的核心竞争力,在竞争激烈的市场中立于不败之地。

(三)产业竞争主体变化对出版业运营机制带来挑战

随着信息传播全媒体化,传统出版企业的市场竞争对手已经不单是原来出版业的同行,而是扩张到了互联网、移动互联网等新媒体企业,甚至是其他行业。传统出版企业的体制机制难以适应新的产业竞争环境。从产业体量和规模上来说,出版企业,包括目前一些上市的出版传媒集团与互联网企业相比,存在着较大差距。从体制来说,虽然出版企业已经完成了转企改制的任务,但与新兴媒体企业完全适应市场的灵活多变的企业管理相比还有一定的差距。如何运用灵活的体制机制,以应对新媒体产业格局下日益激烈的市场竞争,需要企业观念上的根本转变,以及企业结构的全面调整。

三、中国出版业未来发展的思路

当前,全球出版业格局发生巨大变革,传统出版与新兴媒体共同组成出版业的两支生力军,必将在产业发展中起到主宰作用。传统出版与新兴媒体的融合,不仅是传统出版自身在互联网时代下实现根本转型的必要手段,也是传统出版与新兴媒体发展的共同选择。需要看到的是,新兴媒体虽然给传统出版带来了各种挑战,但更应该看到的是也为出版业带来了更多的发展机遇和全新的发展空间。中国出版业将以融合作为产业发展核心目标,寻求融合思维下的有效发展路径,激发持续的发展动力。我们将按照中央全面深化改革领导小组第四次会议通过的《关于推动传统媒体和新兴媒体融合发展的指导意见》的精神,着力做好以下四个方面工作。

(一)以政策为引导,支持推动出版业融合发展

政府管理部门针对出版业数字化转型升级提出指导意见,为出版业的转型升级指明方向,切实解决出版企业转型过程中资源加工、技术改造升级等方面的实质性难题。2014 年 4 月,国家新闻出版广电总局和财政部联合发布《关于推动新闻出版业数字化转型升级的指导意见》,提出"通过三年时间,支持一批新闻出版企业、实施一批转型升级项目,带动和加快新闻出版业整体转型升级步伐。基本完成优质、有效内容的高度聚合,盘活出版资源;再造数字出版流程、丰富产品表现形式,提升新闻出版企业的技术应用水平;实现行业信息数据共享,构建数字出版产业链,初步建立起一整套数字化内容生产、传播、服务的标准体系和规范;促进新闻出版业建立全新的服务模式,实现经营模式和服务方式的有效转变"的主要任务目标；同时提出开展数字化转型升级标准化工作、提升数字化转型升级技术装备水平、加强数字出版人才队伍建设、探索数字化转型升级新模式等四项推进转型升级的主要任务；并将通过加大财政扶持、充分利用新闻出版改革与发展项目库、加强组织实施等三项措施推动新闻出版业转型升级的顺利进行。

今后，政府部门将加强推进融合发展的统筹规划，进一步明确推进转型、促进融合的各项工作任务，进一步完善产业管理机制，优化新媒体格局下的产业发展空间，营造良性市场竞争环境，推动中国出版业在新形势、新起点的繁荣发展。

（二）以内容建设为根本，着力打造优质品牌

内容建设是出版业的核心，是决定出版企业生存与发展的关键所在。出版业实现融合发展，在内容建设上要做到以下五点：一是始终坚持"内容为王"。新媒体改变的是内容呈现方式和传播方式，却并未改变人们对优质内容的需求。因此在出版业转型中，强调技术应用的同时，仍要将内容建设放在首要位置。二是注重提升内容品质。持续在内容生产上追求专业权威、精耕细作，不断提升内容品质，通过融合发展，使传统出版业的内容优势得到充分发挥，并延伸和拓展至新兴媒体。三是实施精品战略。生产出一批导向正确、内容丰富、题材广泛、特点鲜明的优质传统出版物和数字出版产品，打造融合发展时代精品出版物品牌，同时积极推进优秀内容进行图书出版、动漫、游戏、影视作品等领域多重开发，实现优质内容的多维传播。四是加强创新。创新是出版业发展的源泉。要鼓励支持多出原创作品，多推新人新作。不仅要强调出版内容创新，还要强调出版形式创新，以不断适应读者的阅读需求。五是要遵循新媒体传播规律。融合发展要求出版业遵循新媒体的传播规律，根据新媒体的特点进行内容加工，根据不同的产品形态、传播方式、传播渠道对内容予以差异化呈现。同时注重分众化互动式内容推送，既要提供具有市场共性需求的产品和服务，也要根据用户的不同需求，在内容和服务供给上做到量身定做、精准传播，丰富人们的阅读体验。

（三）以先进技术为支撑，驱动出版业融合发展

出版业的发展，既离不开内容建设，也离不开先进技术的有力推动。技术建设与内容建设具有同等重要的地位，二者有机结合形成产业高速发展的有效推力。出版业要站在媒体发展前沿，不断以新技术新应用引领和推动融合发展，将当今可用技术充分囊括到我们的视野中，寻求技术与自身优势的切合点，借助新技术充分发挥内容的影响力、传播力和竞争力。一是利用大数据和云计算技术推进内容生产，优化内容资源制作、存储、分发流程，提升数据处理能力，实现信息资源整合的现代化、专业化和规模化，夯实出版业的信息资源基础，充分挖掘信息内容潜在价值，扩宽内容来源渠道，实现市场需求的精准预测、个性化内容和服务的精准推送。二是充分利用移动互联网技术，借助移动通信技术平台，创办有特色、有影响的移动互联网创新产品，扩大在移动终端的覆盖面和影响力，把握移动互联网的市场发展机遇。

当前，信息网络技术发展日新月异，更新换代的周期越来越短，出版业需树立借力意识，充分借助已经成熟的技术，有效弥补自身的技术短板。出版业需强化互联网思维，培养用户服务意识，尊重用户需求，注重用户体验，利用最佳、最适合的技术，达到最好的水准，实现业务流程的革新和产品形态的创新，为用户提供高质量的内容、产品及服务，实现从内容提供到信息服务再到知识服务的功能转变。

（四）以全局化视角拓展产业服务边界

融合发展要求出版业坚持全局化视角，跳出传统出版的思维定势和业务范畴。未来出版业的产业格局将被重构，出版企业的产业角色和定位将被重塑，乃至出版业的内涵与外延也将在不断拓展中被赋予新的诠释。出版企业只有树立共赢意识，树立"大传媒""大文化""大出版"观念，树立融合一体化意识，树立开放共享的理念，才能真正实现融合发展。

一是要强化产业共赢意识，开展产业深度协作。产业协作是产业迈向成熟的重要标志。要树立借力意识，充分的产业协作即是发挥借力作用的有效途径。产业协作既包括出版行业内部加强合作，通过资源整合，共建平台，共享渠道，实现出版实力的共同提升，转型升级、融合发展进程的共同加快；也包括传统出版与新兴媒体之间的合作，与新兴媒体在内容、渠道、平台、经营、管理等方面的优势互补和深度融合。

二是放宽眼界，开放思维。积极开展跨地域、跨领域、跨行业、跨产业合作。出版业不能仅仅局限于传统出版，要充分借助其他产业的资源、渠道、市场，以拓展出版业的产业边界和服务范畴。近年来出版业在医药、旅游领域也有所拓展，期待未来这样的跨界合作越来越多，取得更大突破。三是放眼全球，走

向世界。在全球出版业竞争加剧的环境下,加强中国出版业与国际出版业的深度合作与交流,共同推动出版业的融合发展。

未来的出版业将是传统出版与新兴媒体、内容与技术深度融合的全新业态。在新媒介环境下实现出版业的繁荣发展,需要传统出版与新兴媒体共同携手,开拓创新,同创产业发展新格局。

(本文系国家新闻出版广电总局副局长吴尚之2014年8月26日在北京国际出版论坛上的主旨演讲,原载《中国出版》2014年9月上)

政 策 法 规 篇

关于推动新闻出版业数字化转型升级的指导意见

发文单位:国家新闻出版广电总局　财政部

文　　号:新广出发〔2014〕52 号

发布日期:2014 年 4 月 24 日

各省、自治区、直辖市新闻出版广电局、财政厅(局),各计划单列市新闻出版广电局、财政厅(局),新疆生产建设兵团新闻出版广电局、财务局:

面对数字化与信息化带来的挑战与机遇,传统新闻出版业只有主动开展数字化转型升级,才能实现跨越与发展。开展数字化转型升级是进一步巩固新闻出版业作为文化主阵地主力军地位的客观需要,是抢占未来发展制高点、参与国际竞争的重要途径。经过几年的探索和积累,目前新闻出版业已经具备了实现整体转型升级的思想基础、技术基础、组织基础和工作基础,但还存在资源聚集度不高、行业信息数据体系不健全、技术装备配置水平较低、对新技术与新标准的应用不充分、市场模式不清晰、人才不足等问题。为贯彻党的十八大关于加快文化与科技融合的精神,落实《国家"十二五"时期文化改革发展规划纲要》关于"出版业要推动产业结构调整和升级,加快从主要依赖传统纸介质出版物向多种介质形态出版物的数字出版产业转型"的要求,推动新闻出版业健康快速发展,特制定本意见。

一、总体要求

(一)指导思想

深入贯彻落实党的十八大、十八届三中全会精神,充分发挥市场机制作用,通过政府引导、以企业为主体,加速新闻出版与科技融合,推动传统新闻出版业转型升级,提高新闻出版业在数字时代的生产力、传播力和影响力,为人民群众的知识学习、信息消费提供服务,为国民经济其他领域的产业发展提供知识支撑,更好更多地提供生活性服务与生产性服务,推动新闻出版业成为文化产业的中坚和骨干,为把文化产业打造成国民经济支柱性产业作出积极贡献。

(二)主要目标

通过三年时间,支持一批新闻出版企业、实施一批转型升级项目,带动和加快新闻出版业整体转型升级步伐。基本完成优质、有效内容的高度聚合,盘活出版资源;再造数字出版流程、丰富产品表现形式,提升新闻出版企业的技术应用水平;实现行业信息数据共享,构建数字出版产业链,初步建立起一整套数字化内容生产、传播、服务的标准体系和规范;促进新闻出版业建立全新的服务模式,实现经营模式和服务方式的有效转变。

(三)基本原则

改革先行、扶优助强、鼓励创新、示范推广。优先扶持已完成出版体制改革、具备一定数字化转型升级工作基础的新闻出版企业,鼓励新闻出版企业在数字化转型升级进程中大胆创新,探索新产品形态、新服务方式、新市场模式,形成示范项目并进行推广。

分步启动、并行实施、叠加推进、市场调节。优先支持已经先行启动转型升级项目的企业,对不同支持方向的转型升级项目并行推进,正确处理政府与市场关系,充分发挥财政资金引导示范作用,培养企业市场风险意识,提高企业市场应对能力。

二、主要任务

(一)开展数字化转型升级标准化工作

支持企业对《中国出版物在线信息交换(CNONIX)》国家标准开展应用。重点支持图书出版和发行集团。

包括:支持企业研制企业级应用标准;采购基于CNONIX标准的数据录入、采集、整理、分析、符合性测试软件工具,开展出版端系统改造与数据规范化采集示范;搭建出版、发行数据交换小型试验系统,实现出版与发行环节的数据交换;开展实体书店、电子商务(网店)、物流各应用角度基于CNONIX标准的数据采集、市场分析、对出版端反馈的应用示范。

支持企业对《多媒体印刷读物(MPR)》国家标准开展应用。重点支持教育、少儿、少数民族语言等出版单位,推动企业从单一产品形态向多媒体、复合出版产品形态,从产品提供向内容服务的数字化转型升级。包括:研制企业级应用标准;部署相应软件系统;完成选题策划、资源采集,研发教材教辅产品、少儿、少数民族文字阅读产品;开展底层技术兼容性研究与应用;建设MPR出版资源数据库;创新产品销售体系,构建从实体店到电子商务的立体销售体系。

支持企业面向数字化转型升级开展企业标准研制。支持出版企业研制企业标准,以及开展国家标准、行业标准的应用研究;支持、鼓励相关技术企业研制基于自主知识产权技术的企业标准;支持以企业标准为基础申报行业标准、国家标准乃至国际标准。

(二)提升数字化转型升级技术装备水平

支持企业采购用于出版资源深度加工的设备及软件系统。以实现出版资源的知识结构化、信息碎片化、呈现精细化为目标,支持企业采购出版资源专业化的深度加工服务;支持部分专业出版单位采购专用的扫描设备、识别软件等资源录入设备及软件。

支持企业采购用于出版业务流程改造、复合出版产品生产与投送的软件及系统。以数字环境下出版业务流程再造、实现出版业务流程完整性为目标,支持采购出版内容资源数字化加工软件、内容资源管理系统、编辑加工系统、产品发布系统等软件及系统;以实现出版产品表现形式完整性为目标,支持采购关联标识符编码嵌入软件、复合出版物生产和投送系统等软件及系统。

支持企业采购版权资产管理工具与系统。以支撑新闻出版企业版权运营多元化为目标,为全面开展版权运营奠定基础,支持采购版权资产管理工具与系统,包括:自有版权资产与外购版权资产数据输入模块,以控制版权资产的规范化输入;授权管理模块,以控制版权资产的规范化输出;版权管理模块和业务支撑管理模块,以记录版权资产状况、控制版权运营策略;与出版企业其他生产业务流程系统进行对接,以实现对版权资产的精细化管理,对存量版权资产的清查和增量版权资产的管控。

(三)加强数字出版人才队伍建设

支持出版企业与高校、研究机构联合开展基础人才培养,开展定向培养。支持、鼓励高校设立专业课程,联合研究机构,培养面向出版企业数字化转型升级的专业人才,定向输送出版与科技专业知识相融合的基础性人才。

支持相关技术企业与高校、研究机构联合开展数字出版业务高级人才培养。支持、鼓励技术企业提供技术支撑,参与高校、研究机构的高级人才培养计划,开展面向出版企业在岗高级数字出版人才的培养。

(四)探索数字化转型升级新模式

支持教育出版转型升级模式探索。重点支持部分以教育出版为主的出版企业开展电子书包应用服务项目。包括:研制电子书包(数字出版教育应用服务)系列标准;以课程标准和完整的教材教辅内容框架为基础,整合内容资源,开发富媒体、网络化数字教材,开展立体化的教育出版内容资源数字化开发,打造数字资源库,为电子书包试验的顺利推进奠定内容基础;构建对教育出版内容的价值评测、质量评测的完整评测系统;研发包括下载与推送、使用统计等功能的教育出版内容资源服务系统;构建包括教学策略服务、过程性评测、个性化内容推送、内容互动服务等教学应用服务支撑体系,并开展入校落地试验;基于用户数据分析技术开展个性化定向投送平台建设(B2C模式),基于集团化学习的出版资源投送平台建设(B2B模式)。

支持专业出版转型升级模式探索。重点支持部分专业出版企业按服务领域划分、联合开展专业数字内容资源知识服务模式探索。包括:开展知识挖掘、语义分析等知识服务领域关键技术的应用,基于专业内容的知识服务标准研制,基于专业出版内容的知识资源数据库建设,基于知识资源数据库的知识服务平台建设。

支持大众出版转型升级模式探索。重点支持出版企业在关注阅读者需求、引导大众阅读方向的模式创新。包括:建设作者资源管理系统,选题热点推荐与评估系统;开展生产与消费互动的定制化服务模式探索,形成线上与线下互动(O2O)的出版内容投送新模式;建设经典阅读、精品阅读产品投送平台。

三、保障措施

(一)加大财政扶持

加大财政对新闻出版业数字化转型升级的支持力度,将新闻出版业数字化转型升级项目作为重大项目纳入中央文化产业发展专项资金扶持范围,分步实施、逐年推进。发挥财政资金杠杆作用,推动重点企业的转型升级工作,引导企业实施转型升级项目。

(二)充分利用新闻出版改革与发展项目库

进一步完善新闻出版改革与发展项目库建设,征集符合本指导意见并具有较强示范带动效应的新闻出版业数字化转型升级项目,加强对重点项目的组织、管理、协调、支持和服务。

(三)加强组织实施

各级新闻出版广电行政部门、财政部门要按照本意见要求,在党委、政府的领导下,结合本地区实际,切实加强新闻出版业数字化转型升级工作的组织领导,同时加强跨地区、跨部门协作,确保各项任务的执行和落实。

关于印发《新闻从业人员职务行为信息管理办法》的通知

发文单位:国家新闻出版广电总局
发文日期:2014 年 6 月 30 日

各省(区、市)新闻出版广电局,新疆生产建设兵团新闻出版局,中央和国家机关各部委、各民主党派、各人民团体报刊主管部门,中央主要新闻单位:

近年来,新闻从业人员滥用职务行为信息的现象时有出现。有的违反保密法规随意散布、传播涉密信息,有的擅自将职务活动中知悉的信息通过网络平台发布,有的将本新闻单位未播发的报道交由其他境内外媒体刊播,有的利用新闻单位资源谋取不正当利益,干扰了正常的新闻传播秩序,损害了党和国家利益。为切实加强新闻从业人员职务行为信息的管理,根据《保守国家秘密法》等有关法律法规,总局制定了《新闻从业人员职务行为信息管理办法》,现予以印发,请认真贯彻执行。

国家新闻出版广电总局
2014 年 6 月 30 日

新闻从业人员职务行为信息管理办法

第一条 为加强新闻从业人员职务行为信息的管理,规范新闻传播秩序,根据《保守国家秘密法》《劳动合同法》《著作权法》等有关法律法规,制定本办法。

第二条 本办法所称新闻从业人员职务行为信息,是指新闻单位的记者、编辑、播音员、主持人等新闻采编人员及提供技术支持等辅助活动的其他新闻从业人员,在从事采访、参加会议、听取传达、阅读文件等职务活动中,获取的各类信息、素材以及所采制的新闻作品,其中包含国家秘密、商业秘密、未公开披露的信息等。

第三条 新闻单位要坚持依法依规、趋利避害、善管善用、可管可控的原则,加强职务行为信息管理,确保新闻从业人员职务行为信息使用科学合理、规范有序。

第四条 新闻单位应健全保密制度,对新闻从业人员在职务行为中接触的国家秘密信息,应明确知悉范围和保密期限,健全国家秘密载体的收发、传递、使用、复制、保存和销毁制度,禁止非法复制、记录、存储国家秘密,禁止在任何媒体以任何形式传递国家秘密,禁止在私人交往和通信中涉及国家秘密。

新闻从业人员上岗应当经过保密教育培训,并签订保密承诺书。

第五条 新闻单位应按照《劳动合同法》的有关规定,与新闻从业人员就职务行为信息中的商业秘密、未公开披露的信息、职务作品等与知识产权相关的保密事项,签订职务行为信息保密协议,建立职务行为信息统一管理制度。

保密协议须分类明确新闻从业人员职务行为信息的权利归属、使用规范、离岗离职后的义务和违约责任。

新闻从业人员不得违反保密协议的约定,向其他境内外媒体、网站提供职务行为信息,或者担任境外媒体的"特约记者""特约通讯员""特约撰稿人"或专栏作者等。

第六条 新闻从业人员不得利用职务行为信息谋取不正当利益。

第七条 新闻从业人员以职务身份开设博客、微博、微信等,须经所在新闻单位批准备案,所在单位负有日常监管职责。

新闻从业人员不得违反保密协议的约定,通过博客、微博、微信公众账号或个人账号等任何渠道,以及论坛、讲座等任何场所,透露、发布职务行为信息。

第八条 新闻从业人员离岗离职要交回所有涉密材料、文件,在法律规定或协议约定的保密期限内履行保密义务。

第九条 新闻单位须将签署保密承诺书和职务行为信息保密协议,作为新闻从业人员劳动聘用和职务任用的必要条件,未签订的不得聘用和任用。

第十条 新闻采编人员申领、换领新闻记者证,须按照《新闻记者证管理办法》的规定提交有关申报材料,申报材料中未包含保密承诺书和职务行为信息保密协议的,不予核发新闻记者证。

第十一条 新闻单位应在参加新闻记者证年度核验时,向新闻出版广电行政部门报告新闻从业人员

保密承诺书和保密协议签订、执行情况。

第十二条 新闻从业人员违反保密承诺和保密协议、擅自使用职务行为信息的,新闻单位应依照合同追究违约责任,视情节作出行政处理或纪律处分,并追究其民事责任。

第十三条 新闻单位的主管主办单位应督促所属新闻单位健全保密承诺和保密协议制度,履行管理责任;新闻出版广电行政部门应加强本行政区域内新闻单位职务行为信息管理情况的日常监督检查。

第十四条 新闻从业人员擅自发布职务行为信息造成严重后果的,由新闻出版广电行政部门依法吊销新闻记者证,列入不良从业行为记录,做出禁业或限业处理。

第十五条 新闻单位对新闻从业人员职务行为信息管理混乱,造成失密泄密、敲诈勒索、侵权等严重问题的,由新闻出版广电行政部门等依法查处,责令整改,对拒不改正或整改不到位的不予通过年度核验,情节严重的撤销许可证,并依法追究新闻单位负责人和直接责任人的责任。

第十六条 新闻从业人员违反规定使用职务行为信息造成失密泄密的,依法追究相关人员责任,涉嫌违法犯罪的移送司法机关处理。

第十七条 本办法自发布之日起施行。

关于印发《关于推动网络文学健康发展的指导意见》的通知

发文单位:国家新闻出版广电总局

文　　号:新广出发〔2014〕133 号

发布日期:2014 年 12 月 18 日

各省、自治区、直辖市新闻出版广电局,新疆生产建设兵团新闻出版局,解放军总政治部宣传部新闻出版局,中央和国家机关各部委、各民主党派、各人民团体新闻出版广电主管部门,中国出版集团公司,有关互联网出版机构:

为深入贯彻党的十八大和十八届三中、四中全会部署,认真落实习近平总书记在文艺工作座谈会上的重要讲话精神,推动网络文学健康有序发展,现将《关于推动网络文学健康发展的指导意见》印发你们,请认真贯彻落实。各地区、各有关部门要充分认识促进网络文学健康发展的重要意义,加强组织领导,采取有力措施,扎实推进各项工作,不断引导

网络文学践行社会主义核心价值观,弘扬真善美,传播正能量。

国家新闻出版广电总局
2014 年 12 月 18 日

关于推动网络文学健康发展的指导意见

网络文学是依托互联网创作和传播文学作品的新形态,具有内容丰富、形式多样、题材多元、传播广泛、消费便捷等特点。近年来,网络文学迅速发展,已成为我国数字出版产业的重要组成部分和网络文艺的重要类型,广受众多文学爱好者及青少年喜爱。同

时必须看到,目前网络文学也存在数量大质量低,有"高原"缺"高峰",抄袭模仿、内容雷同,机械化生产、快餐式消费以及片面追求市场效益,侵权盗版屡打不绝,市场主体良莠不齐,管理规则不健全,市场监管不完善等突出问题。

推动网络文学健康有序发展,对繁荣文学创作,引导文艺创新,提升数字出版产品质量和服务水平,培育出版产业新的增长点,丰富网络内容建设,激发民族文化创造活力,满足人民群众精神文化需求,增强国家文化软实力等都具有重要意义。现就网络文学健康发展提出如下指导意见。

一、指导思想、基本原则和发展目标

(一)指导思想。坚持为人民服务、为社会主义服务根本方向,高扬社会主义核心价值观旗帜,追求真善美,传播正能量;紧跟时代发展,把握人民需求,以中国梦为时代主题,以爱国主义为主旋律,以中国精神为灵魂,以中华优秀传统文化为根基,始终把创作生产优秀作品作为中心环节,推出更多人民喜闻乐见的优秀作品,使人民群众精神文化生活更加丰富和积极向上。

(二)基本原则。坚持百花齐放、百家争鸣方针,提倡体裁、题材、形式、手段充分发展;把社会效益和社会价值放在首位,实现社会效益与经济效益、社会价值与市场价值相统一;坚持深化改革与促进发展并重,规范管理与扶持引导并举,形成精品力作不断涌现、优秀人才脱颖而出的生动局面;加快科技创新和成果运用,以精品战略、品牌战略和重点项目为带动,激发网络文学产业链各个环节的创造热情,构建优势互补、良性竞争、有序发展的产业格局。

(三)发展目标。用3至5年时间,使创作导向更加健康,创作质量明显提升,陆续推出一批思想精深、艺术精湛、制作精良、深受群众喜爱的原创网络文学精品;使运营和服务的模式更加成熟,与图书影视、戏剧表演、动漫游戏、文化创意等相关产业形成多层次、多领域深度融合发展,在网络内容建设和文艺创新中的作用更加突出;培育一批原创能力强、投送规模大、覆盖范围广、管理有章法的网络文学出版和集成投送骨干企业,打造一批具有市场竞争力的品牌,为弘扬社会主义先进文化、丰富人民群众精神文化生活,推动数字出版和文化产业繁荣发展发挥重要作用。

二、重点任务

(四)把握正确导向。引导网络文学创作者牢固树立马克思主义文艺观,坚持以人民为中心的创作导向,把人民作为创作表现的主体,作为审美的鉴赏者和评判者,把满足人民精神文化需求作为内容创作和传播的出发点、落脚点;引导网络文学创作植根现实生活,为人民抒写、为人民抒情、为人民抒怀;倡导网络文学创作塑造美好心灵,引领社会风尚,使网络文学价值引导、精神引领、审美启迪等方面作用得到充分发挥。

(五)实施精品工程。引导网络文学企业把出版优秀作品作为中心环节,努力推出更多传播当代中国价值观念、体现中华文化精神、反映中国人审美追求,思想性、艺术性、观赏性有机统一的优秀作品;引导网络文学企业以社会主义核心价值观为引领,大力弘扬中国精神,唱响爱国主义主旋律,聚焦中国梦的时代主题,传承中华优秀传统文化,展示中国文化独特魅力;倡导网络文学企业把创新精神贯穿创作生产全过程,不断增强网络文学的吸引力和感染力;推动设立"网络文学精品工程",支持网络文学企业积极承担国家重点出版工程项目,在选题立项、作品生产、评选、评奖、表彰和宣传推广等方面加大扶持力度。

(六)不断提升作品质量。把内容质量作为网络文学的生命线,积极引导网络文学讲品位、重格调,弃粗鄙、戒恶搞;建立网络文学内容质量管理长效机制,健全作品抽查、阅评制度,完善符合网络文学作品出版特点的审读流程及管理办法;支持网络文学企业根据自身特点,建立有利于精品力作不断涌现的编、审、发出版全过程质量评估体系和控制机制。

(七)健全编辑管理机制。完善网络文学编辑人员管理机制,落实持证上岗制度,建立健全网络文学发表作品的作者实名注册、责任编辑及出版单位署名等管理制度;以明确范围、规范程序、强化监督和责任追溯为重点,加强网络文学编辑人员内容导向判断和艺术水准把关的发稿能力建设,加强网络文学编辑人员的职业道德教育和业务培训,引导企业建立有利于落实编辑责任制的考评办法和激励机制。

(八)建立完善作品管理制度。坚持有利于企业管理、有利于公众查询、有利于版权保护及利用的原则,加快推动网络文学作品登记识别、标识申领、存储分类等作品管理技术标准研发,建立兼容性强、使用便捷的原创网络文学作品编目系统、版权信息系统和社会公示及查询系统,逐步建立完善海量网络文学作品有效管理制度,为网络文学产业链深度开发和多重使用提供有效信息、科学数据及可靠支撑。

（九）推动内容投送平台建设。鼓励企业充分利用互联网、移动互联网，以图文、音频、视频等不同形式，对优秀原创网络文学作品进行全方位、多终端化开发利用及传播，实现一次开发生产、多种载体发布；支持网络文学企业与电子商务、金融、物流、通信等不同类型企业进行战略合作和资源整合，构建线上和线下流通相结合的投送传播体系；发挥集成汇编类文学网站作品数量大、品种多、目标用户定位准等特点，打造开放式、综合性、多功能网络文学作品投送平台，提高投送实效性和用户满意度，扩大优秀网络文学作品的覆盖范围。

（十）大力培育市场主体。鼓励拥有优质资源、创新能力强、市场化程度高的国有出版企业开展网络文学出版业务，尽快做大做强，发挥网络文学生产创作引领作用；在国家许可范围内，引导社会资本以独资、控股、收购、并购等多种形式参与网络文学出版，对导向正确、主业突出、管理规范、实力雄厚、核心竞争力强的民营文化企业授予网络文学出版资质，发挥其产品策划、资本运作、技术运用、生产管理、市场营销等多方面优势，使网络文学发展路径更加宽阔。

（十一）开展对外交流，推动"走出去"。支持网络文学作品在坚守中华文化立场，传承中华优秀文化，展示中华审美风范的基础上，学习借鉴世界优秀文化成果和艺术形式；鼓励网络文学作品积极进入国际市场，在世界舞台讲好中国故事、传播好中国声音、阐发中国精神、展示中国风貌；支持有条件的网络文学企业通过海外并购、联合经营、设立分支机构等方式开拓海外市场，加大对优秀网络文学作品对外贸易、版权输出、合作出版传播渠道的拓展扶持力度；鼓励以技术、标准、产品、品牌、知识产权、差异化服务等自身优势和特点参与国际竞争。

三、保障措施

（十二）开展网络文学评论引导。充分发挥文学评论褒优贬劣、激浊扬清的作用，在艺术质量和水平上实事求是，在大是大非问题上表明立场，说真话、讲道理；遵循网络文学创作传播的规律和特点，积极开展多种形式的网络文学作品内容研讨和评论，坚持把人民群众满意认可作为衡量标准，综合作品价值取向、艺术水准、审美情趣、读者口碑，凝聚社会共识，逐步建立科学的网络文学作品评价体系，切实改变文学网站单纯追求点击率倾向。

（十三）发挥科技创新引领作用。加大推动网络

文学与新媒体的融合力度，创新融合发展模式，促进多种内容资源、媒介渠道、技术应用、人才队伍的共享融通、优势互补；支持网络文学企业加快信息应用技术、数字版权保护技术、产品技术标准等高新技术的研发研制及应用推广；鼓励网络文学在选题管理、制作生产、内容表现、编校审读、作品传播、增值服务等诸多环节的技术更新，发挥科技创新在推动网络文学健康发展过程中的引领、示范和带动作用。

（十四）切实加强版权保护。健全法律法规，加强日常监管，持续打击网络文学作品侵权盗版行为，保障著作权人合法权益，构建网络文学版权保护的长效机制；鼓励企业建立规范的版权资产登记、使用、流转等环节管理制度，提高存量版权资产评估和增量版权资产使用水平；加快网络文学作品版权保护技术及标准研发和运用，逐步形成司法、行政、技术和标准相结合的版权保护体系；加大版权保护宣传力度，引导产业链各环节及社会公众树立和强化版权保护意识。

（十五）依法规范市场秩序。坚持依法行政、依法管理，加快推进网络出版监管属地管理体制机制建设，加强管理部门网络出版执法队伍和监管能力建设，发挥"扫黄打非"综合协调作用，综合运用法律、行政、经济等多种方式，加大对利用网络文学传播淫秽、色情等有害内容的打击力度；大力整治扰乱市场秩序、侵害用户利益等行为，引导网络文学产业链各环节建立透明、诚信的收益分成机制；督促网络文学企业加强对签约、注册作者和自由撰稿人的规范化管理；搭建数字化社会舆论监督的便捷通道，简化读者举报受理流程，探索引入公众参与监督的便捷途径。

（十六）加大政策扶持力度。积极争取各级财政对网络文学发展的扶持，加大对优质原创内容支持；完善相关出版基金和专项资金的支持方式，重点扶持符合国家文化创新和精品生产、具有示范性和导向性的网络文学出版产业项目研发，以财政资金引导带动更多社会资本的参与；积极推动网络文学出版等环节增值税优惠政策的落实。

（十七）加快人才培养。加强网络文学从业者思想道德建设，深化马克思主义文艺观教育，引导网络文学创作、编辑、出版、传播等环节自觉践行社会主义核心价值观，培养造就一批思想、业务、道德水平高的名作家、名编辑；完善网络文学出版人才培养体系，着力培养管理人才、营销人才、策划人才，切实解决高层次、专业化、复合型人才短缺问题；依托社会组织、行业协会、大专院校开展多种形式的专业人才技术培

训,完善人才评价标准,形成人才培养、引进、使用、考核、晋升、退出等全过程良性互动机制,为网络文学繁荣持续发展提供源源不断的人才保障。

(十八)加强行业自律。支持网络文学企业组建行业组织,研究新问题,交流新经验,加强产业链各环节间的充分沟通、互利合作,更好地履行协调、监督、服务、维权等职能,健全行业规范,完善行业自律管理;支持行业协会依照相关法规和章程,开展版权代理、评估鉴定、技术交易、推介咨询等服务,促进共同发展。

各地新闻出版广电行政部门要在党委领导下,紧依靠网络文学工作者,尊重和遵循文艺规律,切实加强对网络文学工作的指导和扶持,加强对网络文学从业者的引导和团结,坚持守土有责、守土尽责;要从激发民族文化创造活力,增强国家文化软实力的高度,充分认识推动网络文学健康发展的重要意义,抓紧研究制定本地区做好新形势下网络文学工作的意见,进一步明确政策措施、具体路径和有效办法;要结合本地区实际情况,确保各项任务措施落到实处,切实解决发展中存在的突出问题,营造有利于网络文学持续、健康发展的良好环境和条件。

关于规范学术期刊出版秩序促进学术期刊健康发展的通知

发文单位:国家新闻出版广电总局
文　　　号:新广出发〔2014〕46 号
发布日期:2014 年 4 月 3 日

各省、自治区、直辖市新闻出版广电局,新疆生产建设兵团新闻出版广电局,解放军总政治部宣传部新闻出版局,中央和国家机关各部委、各民主党派、各人民团体期刊主管部门,各学术期刊网络出版服务机构:

习近平总书记指出,提高国家文化软实力,关系"两个一百年"奋斗目标和中华民族伟大复兴中国梦的实现。学术期刊是国家科研和国家文化软实力的重要组成部分,在繁荣学术研究,推动文化创新,促进经济社会发展和科学技术进步等方面发挥着不可替代的作用。改革开放 30 多年来,我国学术期刊品种数量迅速增长,出版质量和学术影响力也得到了较快提升,已初步形成学科门类齐全、基本满足科研学术交流需要的学术期刊出版体系,涌现出了一批在国内外有影响的知名品牌期刊。但是,目前学术期刊出版仍然存在着一些问题,主要表现为:分散弱小、结构不合理的状况未根本改变,规模化集约化水平较低;整体质量不高,国际竞争力不强,还不能适应科教兴国、建设创新型国家的战略要求;现行的科研人才评价机制造成论文发表需求过旺,学术期刊功能出现异化现象;一些学术期刊片面追求经济利益,放松审核把关,造成学术质量下降;特别是一些不具备学术出版条件的期刊超越业务范围或一号多版、出租、出售、转让出版权给个人及中介公司,刊发质量低劣学术论文牟利,造成不良的社会影响。为规范学术期刊出版秩序,优化学术期刊出版环境,提高学术期刊出版质量,促进学术期刊健康发展,根据《出版管理条例》《期刊出版管理规定》等相关法规规章,现就有关问题通知如下。

一、严格学术期刊出版资质和要求,建立完善学术期刊出版准入制度

(一)本通知所称学术期刊是指经国家新闻出版行政主管部门批准,持有国内统一连续出版物号,领取期刊出版许可证,以刊载研究发现和创新成果的学术论文、文献为主的定期连续出版物。学术期刊由国家新闻出版广电总局认定,应符合以下条件:由科研教学机构、学术团体或具备学术出版能力的出版社、报刊社主办;经国家新闻出版行政主管部门批准的办刊宗旨及业务范围明确为学术研究与交流等;出版单位拥有相应的符合条件的学术编辑人员和其他必需的办刊条件;刊发的学术论文、文献或在理论上有创新见解,或在实践中有创新应用,或具有重要的文化积累价值;刊发的学术论文、文献具有严谨的格式规范;执行严格规范的组稿、编辑、审稿和同行评议制度。

(二)严格按照办刊宗旨和业务范围出版。学术期刊要立足自身学科和研究领域,注重专业化发展,发挥学术优势,不断提升学术水平和学术影响力;非学术期刊不得出版理论版、学术版等,不得收取论文发表费。

(三)遵守学术出版规范,严格执行国家相关质量标准。学术期刊刊发学术论文、文献的摘要、引文、注释、参考文献等要完备准确;期刊内容、编校、装帧设计、印制质量须符合《出版管理条例》《期刊出版管理规定》《社会科学期刊质量管理标准》(试行)、《科学技术期刊质量要求》等相关法规规章和标准。

(四)学术期刊要规范编辑出版流程,努力提高学术质量。学术期刊出版单位要建立完善内部编辑审稿制度、编委会制度和同行评议制度等质量保障机制;认真做好选题策划、稿件组织工作,科学评估稿件的学术水平、创新成果及发表价值,确保出版质量;注重学术道德和学术诚信建设,自觉抵制学术不端行为,禁止由其他单位和个人代理发表论文,杜绝刊发抄袭、剽窃他人成果的文章。

(五)学术期刊要加强编辑队伍建设,提高编辑人员素质。学术期刊出版单位应严格执行国家出版专业技术人员职业资格制度,通过建立完善编辑人员准入、考评、监督、继续教育等制度,提升从业人员专业素养,不断提高学术期刊出版水平。

二、完善扶持激励政策和保障体系,构建学术期刊发展长效机制

(六)积极推动学术期刊出版单位体制改革。通过深化改革、调整结构、整合资源,创新体制机制,增强学术期刊发展能力。逐步推进学术期刊编辑部体制改革,探索建立学术期刊编辑部分散组稿审稿、出版企业统一出版发行的运营模式。依托优质学术资源或优势出版平台,组建具有学术品牌影响力和综合发展实力的学术出版集团,构建国家重点学术期刊数字化平台,引导学术期刊集约化发展和数字化转型。鼓励专业性强、办刊特色突出的学术期刊,走"专、精、特、新"的发展路径,支持其差异化发展。

(七)积极开展学术期刊质量评估工作。国家新闻出版行政主管部门制定完善学术期刊出版质量综合评估标准,组织有关机构开展评估,建立学术期刊评价体系及引导激励机制。各省级新闻出版行政部门要积极开展本地区学术期刊质量评估工作,并运用评估结果,对评估不达标的学术期刊限期整改,整改不合格的,予以退出;对出版质量高、学术影响力强的学术期刊予以政策扶持,提升学术期刊整体质量。

(八)积极推进国家重点学术期刊建设工程。通过"中国出版政府奖期刊奖"、"百强期刊"推荐活动及"科技期刊影响力提升计划"等,加大对精品学术期刊宣传推介和政策扶持力度,对在相关学科领域处于领先地位、具有较大发展潜力的学术期刊,在资金扶持、重大项目、资源配置、数字化转型、国际化合作等方面予以政策倾斜,大力推动优秀学术期刊加强品牌建设,形成精品学术期刊群,不断提升中国学术期刊竞争力和影响力。

三、落实责任,强化管理,切实推动学术期刊健康有序发展

(九)各级新闻出版行政主管部门要加强对刊发学术论文期刊的监督管理,充分利用网络手段,加强审读和监测,严格依法行政。按照《出版管理条例》《期刊出版管理规定》的有关规定,进一步规范期刊变更名称、业务范围、刊期审批条件和程序,对擅自偏离办刊宗旨及超越业务范围刊发论文、违规从事一号多刊、买卖刊号等活动的期刊,依法予以严肃查处并公开通报;对学术期刊出版质量低劣、刊载拼凑或剽窃论文的依法予以行政处罚;对以书号形式出版"学术期刊"、学术集刊的出版单位予以处理和规范;对伪造刊号、利用境外刊号出版"学术期刊"收取版面费的非法出版活动,依法予以严厉打击并取缔。广泛发动群众积极举报期刊违法违规行为,查办一批重点案件,并通过新闻媒体予以曝光。

(十)学术期刊主管主办单位要强化管理责任,切实履行管导向、管资产、管队伍职责。要加大对学术期刊的扶持力度,保证有足够的办刊人员和设备场所,不断提高期刊编辑出版的现代化水平;充分发挥自身优势,在学术资源、资金方面予以保障,促进学术期刊健康发展。

(十一)学术期刊网络出版服务机构要认真履行社会责任,建立健全学术期刊收录、审核、网络出版制度,认真执行期刊出版、版权有关规定,严格审核委托单位期刊出版许可证和学术出版资质,不得收录非学术期刊、内部资料性出版物、以书号形式出版的"学术期刊"、利用境外刊号出版的"学术期刊"及其他非法学术期刊,自觉维护学术期刊出版秩序。

(十二)国家新闻出版行政主管部门将开展学术期刊清理和资质认定工作。由各省级新闻出版行政部门和中央期刊主管单位按照学术期刊认定标准,审核报送本地区本单位学术期刊名单。总局组织专家对名单进行审定后,对符合学术期刊条件的予以认定并分期分批向社会公布;对主办单位符合条件、经批准办刊宗旨及业务范围明确为学术研究与交流等,但其他条件不符合本通知要求的,责令限期整改,整改仍达不到要求的,予以调整或退出。

各省级新闻出版行政部门和中央期刊主管单位接本通知后,要立即组织对所辖所属刊发学术论文的期刊进行一次全面核查,严肃查处和纠正期刊违规行为;各期刊出版单位要按照本通知要求,认真进行自查,针对存在的问题进行整改,切实规范学术期刊出版秩序,确保学术期刊健康有序发展,为不断提高国家文化软实力做出更大贡献。

2014 新闻出版改革发展确定八项要点

◆ 着力完善新闻出版管理体制
◆ 稳步推进经营性新闻出版单位体制改革
◆ 大力推动新闻出版企业兼并重组
◆ 建立健全多层次新闻出版产品市场和要素市场
◆ 加快推进新闻出版产业转型升级
◆ 鼓励支持社会资本有序参与出版经营活动
◆ 构建和完善新闻出版现代公共服务体系
◆ 提升新闻出版开放水平

通知提出,2014 年是全面贯彻落实党的十八届三中全会精神、全面深化改革的第一年。新闻出版改革发展工作必须深入学习贯彻党的十八大、十八届三中全会精神,贯彻落实习近平总书记系列重要讲话精神,按照中央和中央文化体制改革和发展工作领导小组的部署,以强烈的进取意识、机遇意识、责任意识,在新的更高起点上推进新闻出版改革发展。

通知对着力完善新闻出版管理体制做出明确规范,提出,着手推动党政部门与其所属新闻出版企事业单位进一步理顺关系,推动党委和政府监管国有文化资产的管理机构与新闻出版企业进一步理顺关系,实现管人管事管资产导向相统一;修订《网络出版服务管理办法》及其配套规章和规范性文件,加强对网络出版的引导和服务;科学界定和划分网络出版业务范围,规范出版物内容网络传播的准入资质;推动并统一规划将新闻出版工作者职业资格制度纳入全国专业技术人员职业资格制度;完善出版专业技术人员职业资格制度,建立新闻采编人员职业资格制度;研究制定新闻采编专业技术人员职业资格考试暂行规定及其实施办法;研究建立新闻出版从业单位信用信息公示系统;完善全国联网的新闻出版从业人员不良从业行为记录数据库。

在稳步推进经营性新闻出版单位体制改革方面,通知提出,继续推进生活、科普等非时政类报刊出版单位转企改制;进一步落实《关于报刊编辑部体制改革的实施办法》,继续推进不具有独立法人资格的报刊编辑部体制改革;探索重点科技期刊和学术期刊编辑部组稿审稿、交由出版企业统一出版发行的运营模式;推动已转制的国有新华书店、图书出版社、电子音像出版社、非时政类报刊社等新闻出版企业进行公司制、股份制改造,完善法人治理结构;根据中央统一部署,选择若干家已转制的重要国有新闻出版企业,开展特殊管理股制度试点;探索国有新闻出版企业股权激励机制,经批准允许有条件的国有新闻出版企业开展股权激励试点;在坚持党管媒体、党管干部、确保正确舆论导向的前提下,推动将公益性新闻出版单位中经营性部分转制为企业,进行公司制、股份制运作,增强市场运营能力。

在大力推动新闻出版企业兼并重组方面,通知提出,支持中国出版集团、中国教育出版传媒集团、中国科技出版传媒集团等中央出版传媒集团兼并重组业务相近、资源相通的中央各部门各单位所属新闻出版企业和地方新闻出版企业;支持地方出版传媒集团兼并重组本区域及中央各部门各单位所属新闻出版企业;支持国有新闻出版企业兼并重组非公有制文化企业;推动中国社会科学院、中国科学院整合所属报刊出版资源,组建中国社科报刊出版传媒集团、中国科技报刊出版传媒集团;支持符合条件的新闻出版企业在主板、创业板或全国中小企业股份转让系统发行上市或挂牌交易,利用资本市场进行兼并重组。

在建立健全多层次的新闻出版产品市场和要素市场方面,通知提出,进一步争取和落实财政资金及税收优惠政策,支持实体书店发展;完善新闻出版产品评价体系,严格新闻出版市场准入退出机制,对不具备从事新闻出版基本条件和内容导向存在严重问题以及严重违规出版的新闻出版单位依法吊销、撤销许可,予以关停;推进国家版权监管平台建设;进一步推动网络转载等使用作品依法付费;完善"扫黄打非"和版权保护工作机制,依法严惩侵权盗版等行为,维护著作权人合法权益,形成一创成名、一创致富、一创终身享有、一创利及后人的环境。

此外,通知还对加快推进新闻出版产业转型升级、鼓励支持社会资本有序参与出版经营活动、构建和完善新闻出版现代公共服务体系、提升新闻出版开放水平等4个方面提出了明确要求。

关于贯彻落实《2014年文化系统体制改革工作要点》及其《分工实施方案》的通知

发文单位:文化部
发布日期:2014年4月30日

各省、自治区、直辖市文化厅(局),新疆生产建设兵团文化广播电视局,各计划单列市文化局,文化部各司局,国家文物局,文化部各直属单位:

为贯彻落实中央关于深化文化体制改革的决策和部署,明确当前工作目标和重点,文化部文化体制改革工作领导小组研究通过了《2014年文化系统体制改革工作要点》及其《分工实施方案》。现将文件印发给你们,请抓好贯彻落实工作。

文化部文化体制改革工作领导小组
2014年4月4日

2014年是全面贯彻落实党的十八届三中全会精神、全面深化改革的第一年。在新的更高起点上推进文化改革发展,必须高举中国特色社会主义伟大旗帜,以邓小平理论、"三个代表"重要思想、科学发展观为指导,深入贯彻落实党的十八大和十八届二中、三中全会精神,贯彻落实习近平总书记系列讲话精神,贯彻落实中央全面深化改革领导小组工作部署,始终坚持社会主义先进文化前进方向,坚持中国特色社会主义文化发展道路,坚持以人民为中心的工作导向,坚持把社会效益放在首位、社会效益和经济效益相统一,推进文化体制机制创新,进一步解放和发展文化生产力,促进文化事业全面繁荣、文化产业快速发展、传统文化传承弘扬,增强国家文化软实力。现对2014年文化系统体制改革工作要点作出如下安排。

一、深入推进国有文艺院团体制改革

建立督查机制,督促各地出台实施细则,深入贯彻落实九部门《关于支持转企改制国有文艺院团改革发展的指导意见》。对于已转企的国有文艺院团,转变政府投入方式,通过购买服务、原创剧目补贴、以奖代补等,扶持艺术创作生产。研究制定并适时出台培育骨干演艺企业的政策文件。支持中小转制院团走专、精、特发展道路,促进形成一批有特色、有实力的演艺企业。推动保留事业体制的文艺院团探索实行企业化管理。制定并组织实施《全国演艺企业经营管理人才培训规划》。推动成立中国演艺发展学会,开展演艺业战略性问题研究,促进演艺业创新成果转化。举办演艺创业创意沙龙,发掘优质演艺机构和项目,搭建演艺领域政策和信息支持平台,推动演艺业持续健康发展。

二、加快转变文化行政部门职能

深化行政审批制度改革,进一步转变职能、简政放权,加强过程管理与事后监督。进一步加大投入力度,改善投入方式,充分发挥国家艺术基金和财政专项资金的杠杆作用,鼓励社会力量参与文艺创作和非物质文化遗产保护。加快推进《公共图书馆法》《博物馆条例》立法进程,加强《公共文化服务保障法》《文化产业促进法》以及艺术创作、文化市场管理、对外文化交流等方面的立法调研工作。结合文化系统实际,探索建立管人管事管资产管导向相结合的国有文化资产管理的具体实现方式。推动艺术科学理论建设,完善文化产品评价体系,改革评奖制度,坚持文艺评论评奖的正确价值取向。推动成立中国文化娱乐行业协会、中国艺术品行业协会、中国文化馆协会、中国美术馆协会、中国画院协会等,引导行业协会和中介组织等社会力量充分发挥积极作用。

三、统筹构建现代公共文化服务体系

按照中央的部署和要求,设立"国家公共文化服务体系建设协调组",明确各部门职责分工,建立公共文化服务统筹协调机制。推动建设乡村综合性文化服务中心,实现资源整合,共建共享。制定基本公共文化服务保障标准、技术标准和评价标准,促进基本公共文化服务标准化、均等化。积极开展流动服务、数字文化服务,通过增加专项资金、转移支付等手段,增加对中西部地区、少数民族地区、边疆地区、革命老区文化设施建设和文化惠民工程的专项补助,促进公共文化资源在区域和城乡之间的合理配置。深化全国公共图书馆、博物馆、美术馆、文化馆(站)免费开放工作,建立和完善长效经费保障机制,加强监督管理和绩效评价,切实保障人民群众享有基本公共文化服务的权益。引入竞争机制,推动公共文化服务社会化发展,推动文化志愿服务工作制度化、常态化。研究推动把农村、基层群众和特殊群体看演出纳入公共文化服务体系。

四、推进文化企事业单位改革

推动国有文化企业加快公司制、股份制改造,完善法人治理结构,建立现代企业制度,健全坚持把社会效益放在首位、实现社会效益和经济效益相统一的体制机制。支持骨干文化企业做大做强,鼓励文化企业以资本为纽带,进行跨地区跨行业跨所有制的兼并重组。继续稳步推进文化系统非时政类报刊出版单位转企改制。按照中央的总体要求,分类推进文化事业单位改革,明确不同文化事业单位功能定位,完善绩效考核机制,深化事业单位内部人事、收入分配、社会保障制度改革。理顺政府与事业单位的关系,积极探索政事分开、管办分离的有效形式。推动文化馆、图书馆、博物馆、美术馆等组建理事会试点工作,吸纳有关方面代表、专业人士、各界群众参与管理,完善决策和监督机制,提高服务水平,提升使用效率。

五、建立健全现代文化市场体系

加快发展演出、娱乐、动漫、游戏、数字文化等产品市场,有序发展产权、版权、技术、信息等要素市场。着力抓好互联网上网服务营业场所转型升级试点。进一步深化文化市场综合执法改革,完善省级文化市场管理工作领导小组办公室工作机制。研究制定《文化市场综合执法管理条例》,完善综合执法标准规范和制度建设,实施中西部综合执法能力提升计划,加强文化市场重点领域执法监督,提高文化市场综合执法效率。提出加强和改进文化市场事中事后监管指导意见。规范文化市场秩序,加强和改进上网服务企业、娱乐、演出、艺术品、网络文化等市场监管。建设全国文化市场技术监管与服务平台,提升文化市场信息化管理水平。加强文化市场诚信建设,建立健全文化市场基础数据和信用信息,为公众和政府提供征信服务。推动文化市场经营与管理区域化合作,配合国家自贸区建设,将文化市场先行先试政策"点对点"输送到位。

六、推动文化产业转型升级

制定出台推进文化创意和设计服务与相关产业融合发展配套政策措施及推动特色文化产业发展的指导性文件,制定深化文化金融合作、扶持小微文化企业的专项政策,研究拉动文化消费的政策措施,加快完善文化产业政策体系,组织实施文化创业创意人才扶持、重点文化设施经营管理人才培养,成长型小微文化企业扶持和中国民族歌舞走出去四个计划和特色文化产业发展工程,藏羌彝文化产业走廊、丝绸之路文化产业带等重点工程。促进国家文化产业示范园区和基地转型升级,推动特色文化产业示范区建设,提高发展水平和带动能力。深化文化金融合作,建设文化金融合作信贷项目库和文化金融服务中心,适时创建文化金融合作试验区。鼓励和引导民间资本投资文化产业。推动动漫产业转型提质,评选中国文化艺术政府奖第二届动漫奖,引导和支持原创动漫创作生产与宣传推广,继续推动手机(移动终端)动漫标准示范应用推广工程。做好第十届深圳文博会轮值主办工作,以义乌文交会转型为重点推动文化产业会展升级,提高市场化、专业化、国际化水平。整合丰富国家文化产业项目资源库,完善文化产业项目服务平台功能,深入开发文化产业项目特色展示分析系统,逐步推进项目版权交易。推进文化品牌实验室工作,发布文化企业品牌排行榜,推进文化品牌价值评估。

七、建设优秀传统文化传承体系

完善新型城镇化中的文物保护,特别是古城中的文物保护工作机制。推动重大文物保护工程、古村落保护利用综合试点和文物保护样板工程。推动制定文物保护、博物馆等领域的国家标准和行业标准。加强古籍保护工作,提高古籍保护整理、利用水平。加大新型城镇化和新农村建设中的非物质文化遗产保护力度,不断完善非物质文化遗产抢救性、整体性、生产性保护机制,处理好保护与利用的关系。制定《非物质文化遗产法》配套规章,制定鼓励和支持社会参与非遗保护的具体办法。评审第四批国家级非物质文化遗产代表性项目,开展国家级非物质文化遗产项目代表性传承人抢救性记录。推进非物质文化遗产保护利用基础设施试点和数字化管理试点项目。重视发现和培养扎根基层的乡土文化能人、非物质文化遗产项目代表性传承人,充分发挥文化非营利机构和基层群众性文化组织的作用。命名和建设一批民间文化艺术之乡和国家级文化生态保护区。制定《全国中长期戏曲教育发展规划(2015~2025)》,大力发展戏曲教育。加强地方戏曲剧种传承与推广,实施地方戏曲剧种保护与扶持计划。

八、不断提高文化开放水平

提高对外文化交流与合作的水平、质量和效益,着力打造对外文化交流品牌项目,组织实施好"欢乐春节"活动,进一步扩大重要国际性艺术节的影响力。

持续举办"汉学家与中外文化交流"座谈会和中外文化论坛等活动,实施青年汉学家研修计划,加强思想交流,促进对外文化交流向思想层面提升。加快海外中国文化中心布点,鼓励地方政府、社会组织、外向型文化企业、中资机构等参与海外中国文化中心建设,提高海外中国文化中心运营和管理水平。制定文化遗产对外交流与合作重要项目奖励暂行办法,加大文物外展、外援力度。研究制定关于加快发展对外文化贸易的政策和措施,进一步完善文化产品和服务出口指导目录。推进北京、上海、深圳等对外文化贸易基地建设,建立外向型文化产业聚集区,不断完善对外文化贸易服务平台。充分利用上海自贸区先行先试的经验,着力推动对外文化贸易的发展与创新。

九、加大改革工作的组织保障力度

按照《深化文化体制改革实施方案》的要求,制定实施《文化系统深化文化体制改革实施方案》,明确责任分工,强化督促检查。举办文化体制改革和相关政策培训班。改进学风、会风和文风,积极做好文化系统体制改革调研工作,加强调研成果的转化与运用。举办文艺茶座,充分听取社会各界对文化改革发展的意见和建议。针对新形势、新任务,开展文化体制改革重大理论课题的研究。加大文化体制改革工作队伍建设力度。充分发挥改革联络员、信息员的作用,促进改革工作信息交流常态化、规范化、制度化。扎实开展文化体制改革宣传工作。

《2014年文化系统体制改革工作要点》分工实施方案

为确保2014年文化系统体制改革工作要点落到实处,现就文化部改革办成员司局及有关单位2014年重点工作任务作如下安排:

一

1. 建立督查机制,督促各地出台实施细则。深入贯彻落实九部门《关于支持转企改制国有文艺院团改革发展的指导意见》。(政策法规司)

2. 对于已转企的国有文艺院团,转变政府投入方式,通过购买服务、原创剧目补贴、以奖代补等,扶

持艺术创作生产。(政策法规司牵头,财务司、艺术司参与)

3. 研究制定并适时出台培育骨干演艺企业的政策文件。支持中小转制院团走专、精、特发展道路,促进形成一批有特色、有实力的演艺企业。(政策法规司牵头,部改革办成员司局参与)

4. 推动保留事业体制的文艺院团探索实行企业化管理。(财务司牵头,艺术司、人事司参与)

5. 制定并组织实施《全国演艺企业经营管理人才培训规划》。(政策法规司)

6. 推动成立中国演艺发展学会，开展演艺业战略性问题研究，促进演艺业创新成果转化。（政策法规司、办公厅）

7. 举办演艺创业创意沙龙，发掘优质演艺机构和项目，搭建演艺领域政策和信息支持平台，推动演艺业持续健康发展。（政策法规司牵头，文化产业司参与）

二

8. 深化行政审批制度改革，进一步转变职能、简政放权，加强过程管理与事后监督。（文化市场司、对外文化联络局牵头，政策法规司参与）

9. 进一步加大投入力度，改善投入方式，充分发挥国家艺术基金和财政专项资金的杠杆作用，鼓励社会力量参与文艺创作和非物质文化遗产保护。（财务司、艺术司、非物质文化遗产司）

10. 加快推进《公共图书馆法》《博物馆条例》立法进程，加强《公共文化服务保障法》《文化产业促进法》以及艺术创作、文化市场管理、对外文化交流等方面的立法调研工作。（公共文化司、文化产业司、国家文物局、艺术司、文化市场司、对外文化联络局、政策法规司）

11. 结合文化系统实际，探索建立管人管事管资产管导向相结合的国有文化资产管理的具体实现方式。（政策法规司牵头，人事司、财务司、国家文物局参与）

12. 推动艺术科学理论建设，完善文化产品评价体系，改革评奖制度，坚持文艺评论评奖的正确价值取向。（艺术司、文化科技司、文化产业司、公共文化司）

13. 推动成立中国文化娱乐行业协会、中国艺术品行业协会、中国文化馆协会、中国美术馆协会、中国画院协会等，引导行业协会和中介组织等社会力量充分发挥积极作用。（艺术司、文化市场司、公共文化司、办公厅）

三

14. 按照中央的部署和要求，设立"国家公共文化服务体系建设协调组"，明确各部门职责分工，建立公共文化服务统筹协调机制。（公共文化司牵头，办公厅、财务司参与）

15. 推动建设乡村综合性文化服务中心，实现资源整合、共建共享。（公共文化司牵头，财务司、非遗司参与）

16. 制定基本公共文化服务保障标准、技术标准和评价标准，促进基本公共文化服务标准化、均等化。（财务司牵头，公共文化司、人事司、文化科技司、国家文物局参与）

17. 积极开展流动服务、数字文化服务。（公共文化司牵头，艺术司参与）

18. 通过增加专项资金、转移支付等手段，增加对中西部地区、少数民族地区、边疆地区、革命老区文化设施建设和文化惠民工程的专项补助，促进公共文化资源在区域和城乡之间的合理配置。（财务司牵头，公共文化司参与）

19. 深化全国公共图书馆、博物馆、美术馆、文化馆（站）免费开放工作，建立和完善长效经费保障机制，加强监督管理和绩效评价，切实保障人民群众享有基本公共文化服务的权益。（公共文化司、财务司）

20. 引入竞争机制，推动公共文化服务社会化发展，推动文化志愿服务工作制度化、常态化。（财务司、办公厅牵头，相关司局参与）

21. 研究推动把农村、基层群众和特殊群体看演出纳入公共文化服务体系。（艺术司牵头，公共文化司、政策法规司参与）

四

22. 推动国有文化企业加快公司制、股份制改造，完善法人治理结构，建立现代企业制度，健全坚持把社会效益放在首位、实现社会效益和经济效益相统一的体制机制。（政策法规司牵头，部改革办成员司局参与）

23. 支持骨干文化企业做大做强，鼓励文化企业以资本为纽带，进行跨地区跨行业跨所有制的兼并重组。（政策法规司牵头，部改革办成员司局参与）

24. 继续稳步推进文化系统非时政类报刊出版单位转企改制。（政策法规司牵头，部改革办成员司局参与）

25. 按照中央的总体要求，分类推进文化事业单位改革，明确不同文化事业单位功能定位，完善绩效考核机制，深化事业单位内部人事、收入分配、社会保障制度改革。（人事司牵头，财务司参与）

26. 推动文化馆、图书馆、博物馆、美术馆等组建理事会试点工作，吸纳有关方面代表、专业人士、各界群众参与管理，完善决策和监督机制，提高服务水平，提升使用效率。（公共文化司牵头，国家文物局、艺术

司参与)

五

27. 加快发展演出、娱乐、动漫、游戏、数字文化等产品市场,有序发展产权、版权、技术、信息等要素市场。(文化市场司、文化产业司)

28. 着力抓好互联网上网服务营业场所转型升级试点。(文化市场司)

29. 进一步深化文化市场综合执法改革,完善省级文化市场管理工作领导小组办公室工作机制。研究制定《文化市场综合执法管理条例》,完善综合执法标准规范和制度建设,实施中西部综合执法能力提升计划,加强文化市场重点领域执法监督,提高文化市场综合执法效率。(文化市场司)

30. 提出加强和改进文化市场事中、事后监管指导意见。(文化市场司)

31. 规范文化市场秩序,加强和改进上网服务企业、娱乐、演出、艺术品、网络文化等市场监管。(文化市场司)

32. 建设全国文化市场技术监管与服务平台,提升文化市场信息化管理水平。(文化市场司)

33. 加强文化市场诚信建设,建立健全文化市场基础数据和信用信息,为公众和政府提供征信服务。(文化市场司)

34. 推动文化市场经营与管理区域化合作,配合国家自贸区建设,将文化市场先行先试政策"点对点"输送到位。(文化市场司)

六

35. 制定出台推进文化创意和设计服务与相关产业融合发展配套政策措施及推动特色文化产业发展的指导性文件,制定深化文化金融合作、扶持小微文化企业的专项政策,研究拉动文化消费的政策措施,加快完善文化产业政策体系。(文化产业司)

36. 组织实施文化创业创意人才扶持、重点文化设施经营管理人才培养、成长型小微文化企业扶持和中国民族歌舞走出去四个计划和特色文化产业发展工程、藏羌彝文化产业走廊、丝绸之路文化产业带等重点工程。(文化产业司)

37. 促进国家文化产业示范园区和基地转型升级,推动特色文化产业示范区建设,提高发展水平和带动能力。(文化产业司)

38. 深化文化金融合作,建设文化金融合作信贷项目库和文化金融服务中心,适时创建文化金融合作试验区,鼓励和引导民间资本投资文化产业。(文化产业司)

39. 推动动漫产业转型提质,评选中国文化艺术政府奖第二届动漫奖,引导和支持原创动漫创作生产与宣传推广,继续推动手机(移动终端)动漫标准示范应用推广工程。(文化产业司)

40. 做好第十届深圳文博会轮值主办工作。(文化产业司)

41. 以义乌文交会转型为重点推动文化产业会展升级,提高市场化、专业化、国际化水平。(文化产业司)

42. 整合丰富国家文化产业项目资源库,完善文化产业项目服务平台功能,深入开发文化产业项目特色展示分析系统,逐步推进项目版权交易。(文化产业司)

43. 推进文化品牌实验室工作,发布文化企业品牌排行榜,推进文化品牌价值评估。(文化产业司)

七

44. 完善新型城镇化中的文物保护,特别是古城中的文物保护工作机制。(国家文物局)

45. 推动重大文物保护工程、古村落保护利用综合试点和文物保护样板工程。(国家文物局)

46. 推动制定文物保护、博物馆等领域的国家标准和行业标准。(国家文物局)

47. 加强古籍保护工作,提高古籍保护整理、利用水平。(公共文化司)

48. 加大新型城镇化和新农村建设中的非物质文化遗产保护力度,不断完善非物质文化遗产抢救性、整体性、生产性保护机制,处理好保护与利用的关系。(非物质文化遗产司)

49. 制定《非物质文化遗产法》配套规章,制定鼓励和支持社会参与非遗保护的具体办法。(非物质文化遗产司牵头,政策法规司参与)

50. 评审第四批国家级非物质文化遗产代表性项目,开展国家级非遗项目代表性传承人抢救性记录。(非物质文化遗产司)

51. 推进非遗保护利用基础设施试点和数字化管理试点项目。(非物质文化遗产司、财务司)

52. 重视发现和培养扎根基层的乡土文化能人、非物质文化遗产项目代表性传承人,充分发挥文化非营利机构和基层群众性文化组织的作用。(非物质文

化遗产司、公共文化司)

53. 命名和建设一批民间文化艺术之乡和国家级文化生态保护区。(公共文化司、非物质文化遗产司)

54. 制定《全国中长期戏曲教育发展纲要(2015~2025)》,大力发展戏曲教育。(文化科技司)

55. 加强地方戏曲剧种传承与推广,实施地方戏曲剧种保护与扶持计划。(艺术司)

八

56. 提高对外文化交流与合作的水平、质量和效益,着力打造对外文化交流品牌项目,组织实施好"欢乐春节"活动,进一步扩大重要国际性艺术节的影响力。(对外文化联络局)

57. 持续举办"汉学家与中外文化交流"座谈会和中外文化论坛等活动,实施青年汉学家研修计划,加强思想交流,促进对外文化交流向思想层面提升。(对外文化联络局)

58. 加快海外中国文化中心布点,鼓励地方政府、社会组织、外向型文化企业、中资机构等参与海外中国文化中心建设,提高海外中国文化中心运营和管理水平。(对外文化联络局牵头,人事司、财务司参与)

59. 制定文化遗产对外交流与合作重要项目奖励暂行办法,加大文物外展、外援力度。(国家文物局)

60. 研究制定关于加快发展对外文化贸易的政策和措施,进一步完善文化产品和服务出口指导目录。(对外文化联络局)

61. 推进北京、上海、深圳等对外文化贸易基地建设,建立外向型文化产业聚集区,不断完善对外文化贸易服务平台。(对外文化联络局)

62. 充分利用上海自贸区先行先试的经验,着力推动对外文化贸易的发展与创新。(对外文化联络局)

九

63. 按照《深化文化体制改革实施方案》的要求,制定实施《文化系统深化文化体制改革实施方案》。(政策法规司)

64. 举办文化体制改革和相关政策培训班。(政策法规司)

65. 改进学风、会风和文风,积极做好文化系统体制改革调研工作,加强调研成果的转化与运用。(政策法规司牵头,部改革办成员司局参与)

66. 举办文艺茶座,充分听取社会各界对文化改革发展的意见和建议。(政策法规司牵头,部改革办成员司局参与)

67. 针对新形势、新任务,开展文化改革重大理论课题的研究。(政策法规司牵头,部改革办成员司局参与)

68. 加大文化体制改革人才工作队伍建设力度。(人事司、政策法规司)

69. 充分发挥改革联络员、信息员的作用,促进改革工作信息交流常态化、规范化、制度化。(政策法规司牵头,部改革办成员司局参与)

70. 扎实开展文化体制改革宣传工作。(办公厅、政策法规司)

2014～2015中国数字出版产业年度报告（摘编）

中国新闻出版研究院

一、数字出版产业新环境

（一）顶层设计助推产业转型升级、融合发展

2014年8月18日，中央全面深化改革领导小组第四次会议审议通过了《关于推动传统媒体和新兴媒体融合发展的指导意见》，习总书记也作了重要讲话。2015年，李克强总理在政府工作报告中提出政府的工作重点："互联网＋"行动计划、"大众创业，万众创新"。

2014年，中央财政下达文化产业发展专项资金50亿元，比2013年增加4.2%，共支持项目800个。2014年新闻出版项目获中央文化产业发展专项资金支持21亿元，其中获得中央文资办支持的数字出版转型升级项目达77个，获拨文化产业发展专项资金6.27亿元。2015年2月，财政部发布的《关于申报2015年度文化产业发展专项资金的通知》中，将"推动传统媒体和新兴媒体融合发展"纳入重点支持内容之一。

（二）文化产业对经济发展驱动力加强，与金融融合渐趋深入

据《文化及相关产业统计概览·2015》指出，2014年文化产业增加值为24017亿元，占GDP的比重为3.77%，可以看到在经济下行压力加大的情况下，文化产业的增长速度仍为12.5%，高于GDP7.4%的增长。

一是我国文化产业投资基金发展迅速。据统计，2014年一年内新增加了51支文化产业投资基金，所披露的40支基金总募资金额高达1196.85亿元，主要投向移动互联网。

二是出版产业迎来上市风潮。2014年，中国科技出版传媒股份有限公司、南方出版传媒股份有限公司、读者出版传媒股份有限公司等先后预披露公开发行股票招股说明书，中国出版集团、中国教育出版传媒集团、山东出版集团等出版企业正积极筹备上市。2014年12月5日，中文在线在创业板上市的申请获得中国证券监督管理委员会创业板发行审核委员会审核通过。

三是文化企业借助金融工具拓展文化金融新业态，借力金融谋求新发展。如中文传媒等企业成立担保公司与投资公司；凤凰出版传媒集团依托上海金融事业部拓展文化贸易金融、艺术金融领域；中南传媒成立全国文化行业首家企业集团财务公司；时代出版等企业通过发行债券实现融资等。

四是文化传媒行业并购整合加剧。据不完全统计，2014年共发生169起文化传媒行业的并购，涉及资本约1605亿元。特别是文化企业跨地区、跨行业、跨所有制并购重组在2014年持续升温。

（三）数字阅读率快速上升，移动端电子书阅读量增长显著

据中国新闻出版研究院"第十二次全国国民阅读调查"数据显示：2014年数字化阅读方式（网络在线阅读、手机阅读、电子阅读器阅读、光盘阅读、Pad阅读等）的接触率为58.1%，较2013年的50.1%上升了8.0个百分点，首次超过了图书阅读率。

2014年我国成年国民电子书阅读率为22.3%，较2013年的19.2%上升了3.1个百分点；电子报的阅读率为10.0%，较2013年的8.5%上升了1.5个百分点；电子期刊的阅读率为8.0%，较2013年的5.0%上升了3.0个百分点。

二、数字出版产业新规模

（一）收入规模持续上升

2014年我国数字出版产业收入为3387.7亿元，

比2013年增长33.36%。数字出版产业收入在新闻出版产业收入的占比由2013年的13.9%提升至17.1%。

其中:互联网期刊收入14.3亿元;电子书(含网络原创出版物)45亿元;数字报纸(不含手机报)10.5亿元;博客33.2亿元;在线音乐52.4亿元;网络动漫38亿元;移动出版(手机彩铃、铃音、移动游戏等)784.9亿元;网络游戏869.4亿元;互联网广告1540亿元。

从上图可以看出,移动出版和网络游戏的收入分别为784.9亿元和869.4亿元,在数字出版总收入中所占比例分别为23.17%和25.66%,两者合计占比48.83%,接近总收入规模的一半,这说明移动出版和网络游戏依然是拉动数字出版产业收入的主力军,也意味着休闲、娱乐类产品在数字出版产业中占据了相当比重。

值得我们重视的是:互联网期刊收入从2006年的5亿元增长至2014年的14.3亿元,8年增加近2倍。

电子图书(e-book)收入,2006年为1.5亿元,2014年为45亿元,8年间增加了29倍。虽然与纸版图书销售收入相比依然很少,但从2012年开始,呈现快速增长态势,年平均增长幅度达20.5%。

网络游戏和互联网广告在2006年至2014年,都实现了大幅度增长,表现出强劲的发展势头。

(二)用户规模保持平稳

截至2014年年底,我国数字出版产业的累计用户规模达到12.48亿人(家/个)(包含重复注册和历年尘封的用户等)。

在线音乐、网络游戏的用户规模数在2008年至2014年呈现跨越式的大幅增长。

原创网络文学注册用户数也保持着高速增长的势头。

博客的用户规模数则出现了下降,这与微信等社交媒体的迅猛发展不无关系。

三、数字出版产业新发展

(一)转型升级,融合发展进入新阶段

2014年4月,国家新闻出版广电总局与财政部联合发布《关于推动新闻出版业数字化转型升级的指导意见》,提出用三年时间支持一批新闻出版企业、实施一批转型升级项目,带动和加快新闻出版业整体转型升级步伐。

2015年4月总局与财政部联合出台《关于推动传统出版和新兴出版融合发展的指导意见》,提出"力争用3~25年的时间,研发和应用一批新技术新产品新业态,确立一批示范单位、示范项目、示范基地(园区),打造一批形态多样、手段先进、市场竞争力强的新型出版机构,建设若干家具有强大实力和传播力公信力影响力的新型出版传媒集团"的工作目标。

2014年,总局下发了《关于开展2014年传统出版单位转型示范工作的通知》,要求继续深化转型示范工作,并开展由省级行业主管部门主导的转型示范工作。

第二批转型示范单位名单于7月7日进行公示,共计100家,包括10家报业集团、30家报纸单位、29家期刊单位、5家出版集团、26家图书(含音像电子)出版单位。目前全国数字出版转型示范单位共计170家。

新闻出版单位加快设立数字出版分公司、子公司,推进组织机构和出版流程再造,推行融合发展运营机制。

财政部、科技部等支持项目向新闻出版业倾斜,企业申报项目更加积极。

互联网公司人才和出版业人才双向流动更加频繁。

互联网企业通过并购等方式积极向新闻出版等文化产业靠拢。2014年11月百度文学成立,腾讯的阅文集团和阿里巴巴的阿里文学也相继于2015年3月和4月成立。通过吸引名家、名作者等资源和并购影视公司、游戏公司等方式,打通了从出版的上游内容提供方到下游影视改编、游戏创作、动漫创作等多种传播渠道的文化传播产业链,力求开拓多元的融合发展路径。

(二)产品及服务形态更加丰富

一是特色资源数据库建设。通过专业出版资源的数据化、结构化、多维化,实现海量出版资源在数据库中的聚集来打造专业领域优质内容服务平台。有的特色资源数据库针对特定群体的特定需求而开发,也有针对特定主题而开发的。如人民军医出版社打造的医学资源数据库,社科文献出版社为"一带一路"打造的特色资源数据库等已经取得良好的"双效"收益。

二是移动端产品的可视化、多维化创新。很多新闻客户端,通过图文、短视频、动画、动漫、游戏等多种形式呈现新闻报道，实现了一维到多维、可读到可视、平面到立体的服务转化。如新华社的新闻客户端推出了"动新闻"栏目，用3D技术还原新闻现场。

三是以慕课为代表的数字教育产品与服务形态迅速崛起。很多教育出版社和专业出版社都搭建了自己的慕课平台，开发了基于自身内容资源的慕课课程。如人民卫生出版社开发了中国首套国家级医学数字教材，并联合全国180余家高等医学院校成立了中国医学教育慕课联盟，搭建了人卫慕课平台。

（三）服务平台建设迈向"云"端

随着"互联网＋"行动计划的落实，越来越多的实体经济走向了在线化、数据化。出版行业也不例外。出版资源的在线化、数据化带来的直接结果就是新闻出版行业数据每年的几何级增长态势。要承载这些资源，实现它们的有效运转，公共服务领域的云平台建设已被提上日程。

初步计划建设全国新闻出版基础数据服务平台，建立编辑大数据中心、营销大数据中心和用户行为大数据中心等。实现数据服务上的快速下载能力，服务分析、服务预测、模型构建能力，以及机器学习能力，让大数据产生智慧和服务。最终通过云平台和大数据中心的建立，使新闻出版业的公共服务及内容生产能力迈上新台阶。

（四）技术应用加速产业创新

当前，大数据、云计算、移动互联网等技术已成为主流技术，而语义技术、人工智能等智能化信息服务技术也在数字出版领域逐渐兴起。

各种可穿戴产品和智能设备让提供实时化的智能服务成为可能，大量的实时性、相关性的数据成为数字内容的创新来源。利用数据分析、人工智能等先进技术的个性化服务性产品正在迅速抢占市场。

技术应用水平不断提升。以二维码技术为例。新闻出版业对二维码技术的应用不再仅仅是产品信息获取的渠道，而是与产品本身有了更充分的结合。

（五）跨界合作延伸产业边界

2014年3月，国务院发布了《关于推进文化创意和设计服务与相关产业融合发展的若干意见》，鼓励包括新闻出版业在内的文化产业与建筑业、信息业、旅游业等重点领域融合发展，为新闻出版业的跨界合作提供了基本思路。

目前，开展跨界合作的途径主要有两个方面，一是与多方开展战略合作，二是开展跨领域并购重组。

譬如，安徽出版集团在跨界融合方面有着较为突出的实践成果，已将业务布局延伸至旅游、金融、医药、建筑等多个领域，企业的资本化、产业化、规模化、集约化、专业化程度不断提升。

（六）保障体系提供有力支撑

数字出版标准体系建设进入新阶段。由中国提出的首个新闻出版领域的国际标准《国际标准关联标识符（ISLI）》，已经由国际标准化组织（ISO）今年5月正式发布。ISO并将ISLI国际注册中心的承办权授予总部位于中国香港的国际信息内容产业协会（ICIA），这也是首个落户中国的国际标准注册中心。

数字版权保护标准建设正在有序推进。全国新闻出版标准化技术委员会制定的数字版权保护技术研发工程标准研发包的25项标准已经完成了审查、报批工作，并根据要求组织了标准培训。

数字版权立法保护工作取得新进展。2014年7月，《中华人民共和国著作权法（修订草案送审稿）》社会公开征求意见结束。2014年9月开始实施的《使用文字作品支付报酬办法》提高了原创作品的基本稿酬，并将使用文字作品付酬标准的适用范围从出版领域扩大到数字网络等领域。2014年10月公布的《最高人民法院关于审理利用信息网络侵害人身权益民事纠纷案件适用法律若干问题的规定》，明确了利用自媒体等转载网络信息行为的过错及程度认定问题。

系列数字出版工程全面推进。国家数字版权保护技术研发工程今年即将完成，并投入试点。国家数字复合出版工程全面启动。国家知识资源服务中心建设积极筹备。专业知识资源数据库建设已经启动。

四、数字出版产业新趋势

（一）产业政策引导更加精准到位

政府相关部门推动数字出版产业发展的政策举措将更加细致、精准、到位，切合产业发展实际。2014年以来，总局先后出台《关于推动网络文学健康发展的指导意见》《关于传统出版与新兴出版融合发展的指导意见》等行业政策指导文件。可以看出，面对产业结构多元化、文化消费需求多样化，政策制定也将更具针对性、实践性和前瞻性，针对具体领域、具体项目制定相关政策，出台相应举措，导向规制措施将更加有力，依法管理的思路手段更加明确。

（二）现代数字出版产业格局渐趋形成

出版传媒集团将进一步加大战略并购、资产重组的力度,上市或准备上市的出版企业,将不断扩大规模,积极拓展市场,加强产业布局,提高经营实力,成为数字出版的领头羊。专业出版单位,依托内容资源优势,开始迈向知识服务新领域。传统报刊出版单位,依托采编优势和品牌力量,开始构建新的社区服务与客户端服务模式。以百度、腾讯、阿里巴巴为代表的互联网巨头在数字内容产业的战略布局效果开始显现。

(三)需求多元将促进市场不断细分

费层次与消费需求日趋多样,这将极大地激发数字出版产业的创新活力。年龄、地域、职业、文化水平、消费能力、消费动机等方面的差别,都能构成消费需求上的差异,进而形成多元化的市场需求结构。

探索细分市场,注重细分市场的培育,不断创新产品概念和形态,将成为数字出版企业未来发展的重点。开拓细分市场有助于调整企业的业务布局和发展思路,树立自身品牌,丰富产业的产品形态和模式,扩大产品规模,构建多层次、多类型的产品格局,形成产业错位竞争环境。

(四)移动阅读将成为数字阅读的主要方向

截至2015年1月,我国TD-LTE 4G用户规模已经突破1亿。2月27日,工信部向中国电信和中国联通发放FDD经营许可证,4G用户规模有望实现飞跃式突破,中国全面进入4G时代。

当前我国国民数字阅读的主要方式是移动阅读。移动阅读的个性化需求,持续影响移动阅读产品多元化,市场竞争日益激烈。未来的移动阅读产品需要在消除同质化上下功夫,提高内容质量、提升用户体验,注重产品创新,注重加强用户参与感,形成多元化、差异化的发展格局。

(五)新型媒介定制化、生态化趋势明显

数字产品的社区化带动了定制化和生态化的趋势发展。当前多数客户端产品都具有一定社交功能。未来媒介将着力构造"信息+服务+社区"产品生态链,打造以内容为入口,通过社群聚拢用户,通过服务实现产品价值的商业模式。

O2O将成为常态的数字产品运营模式,无论是B2B,还是B2C,无论是数字教育、还是新闻资讯类客户端,都可以把线上运营延伸至线下,综合运用不同渠道和模式,打造完整的产品服务生态圈,实现价值的最大化。

(六)国际影响力日趋增强

近年来,我国出版业的国际传播力、影响力、竞争力不断增强,数字出版逐渐成为"走出去"一大热点,出现了一批通过数字版权海外输出的大部头、专业性强的出版物。

商务印书馆的工具书数据库和工具书在线平台,面向全球用户提供商业服务,汇聚了100余种中外文精品工具书,涵盖20多个语种。中国出版集团的数字资源交易与服务平台"易阅通"已集聚了海外电子书达200万种、电子期刊近1万种、全文500多万篇,成为国内最大、国际领先的数字资源中盘商。

积极探索面向全球的数字出版产品及信息服务模式,与国际出版商开展合作。如同方知网提出的中英文丝路文献数据库多国合作项目,即被列入"丝路书香"工程的出版物数据库推广类的首批项目。"丝路书香"工程,被纳入"一带一路"战略,是中国出版业"走出去"借力国家战略实现突破的重要举措。

(来源:中国出版网)

2014 全国新闻出版业网站运营分析报告

中国新闻出版研究院　北京缔元信

一、研究背景

为了客观反映出版业互联网发展现状,中国新闻出版研究院联合缔元信数据,连续几年布码监测、发布年度报告,希望能给行业发展提供参考。本次报告对2014年1月1日至12月31日的网站运营情况进行监测,在延续上年分析模型的基础上,增加了用户特征分析,并将行业网站分为以电子商务、在线教育、数字出版平台、新闻门户、企业门户五个类别做大数据分析。

二、新闻出版业网站总体情况

（一）新闻出版业网站整体规模

根据 CNNIC 第 34 次《中国互联网络发展状况统计报告》统计，截至 2014 年 6 月，我国网民规模达 6.32 亿。本次研究报告监测新闻出版行业网站 160 家，用户规模总计达到 1.07 亿，占我国网民的 16.9%。总计产生页面浏览量 4.39 亿。

（二）新闻出版业网站成长性

2014 年 1 月至 12 月月度页面浏览量、独立用户数与上年同期对比，整体下降。页面浏览量 5 月是高峰，11 月最低，而独立用户数上半年较好，下半年独立用户明显减少，9 月和 11 月是全年最低。总访问次数环比下滑，从 2014 年 1 月至 12 月总访问次数与上年同期对比，整体下降。由于 1 月底至 2 月初之间过春节，指标下滑明显，总访问次数 11 月最低。上半年整体好于下半年。由于下半年电商网站发起一轮又一轮购物季，行业网站受到一定影响。

2014 年与 2013 年月度独立用户数对比趋势图

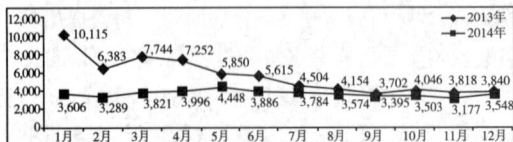

2014 年与 2013 年月度页面浏览量对比趋势图

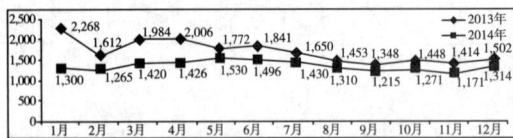

2014 年与 2013 年月度总访问次数对比趋势图

（三）新闻出版行业网站服务效率

衡量网站服务效率通常从三个指标入手：用户访问频率、用户访问深度以及用户访问停留时长。

三个指标经历 2013 年的增长之后，2014 年与 2013 年同期对比，有所下降。用户访问频次每天不到 2 次，用户访问停留时长为 3.74 分钟，比去年（4.2 分钟）同期减少了 0.46 分钟，人均浏览页数为 3.1 页，比去年（4.2 页）减少了 1.1 页。

（四）新闻出版行业网站用户忠诚度

日均用户回访率和直接来源导入率是衡量一个网站用户忠诚的基本指标。

2014 年出版网站的回访用户比例环比下降 4 个百分点，虽然幅度不大，但这意味着用户黏性和转化效果受损。在网站整体用户数没有大幅增长的情况下，回访用户比例的下降预示着用户对网站兴趣减退、活跃性降低，最终将影响用户积累和网站成长。

2014 年用户进入出版网站的主要渠道是直接来源，环比 2013 年下降 5 个百分点。说明出版行业网站的用户忠诚度较高，他们对这些网站的品牌认知比较深刻。这也说明行业网站可以将市场品牌影响力与网站影响力结合起来，形成用户线上关注力。

这一现象充分体现了新闻出版业网站的发展趋势：

（1）从互联网获取信息的方式在增多，网站的访问量在下降，访问次数虽说没有下降，但访问停留时长和访问深度被分流，在下滑。

（2）发展移动端以及其他各种媒介迫在眉睫。

三、新闻出版业网站分类分析

根据新闻出版业网站的主要功能，我们将行业网站分为五大类：数字出版、数字教育、电子商务、新闻门户、企业门户，选取连续都有完整数据的样本网站追踪比较，本次报告主要选取 2014 与 2013 年的同期数据进行比较。

对各类别网站的分析主要是从网站影响力、成长性、服务效率进行分析，并采用大数据技术对用户访问行为分析后，获取了各类别用户画像和用户兴趣。这一结果将对新闻出版业网站的内容调整、发展模式的拓展有着重要的意义。

（一）数字出版平台

1. 网站影响力：大幅上升

数据显示，在同等监测范围内，2014 年数字出版平台月均独立用户数和月均页面浏览量大幅增长，分别比 2013 年提高 38.8% 和 63.4%。这说明数字出版平台在过去的一年里发展速度快。

2. 网站成长性:高于上年,增幅明显

数字出版平台类网站处于成长期,波动较大;虽然2014年网站用户规模高于2013年水平,但走势有较大起伏,且下半年有下降趋势。这说明网站运营活动和运营水平还不够稳定,需要从中期、长期发展规划着手予以改进。

2014年,数字出版平台是所有类别网站中表现最突出的。用户发展规模明显提升,页面浏览量、独立用户数和总访问次数三个指标均超过2013年,说明数字化转型的成果逐渐有所显现,数字出版平台的发展潜力巨大。与行业网站一致的是,春节前后和双11前后依然是数字出版平台的最低点。

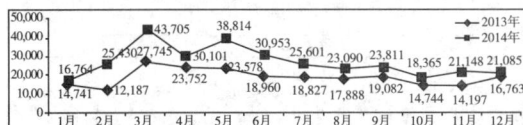

2014年与2013年月度独立用户数对比趋势图

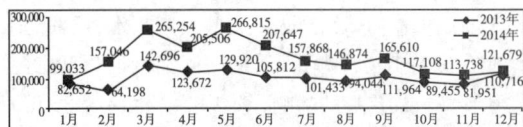

2014年与2013年月度页面浏览量对比趋势图

2014年与2013年月度总访问次数对比趋势图

3. 网站服务效率:略有提升

从访问频率、访问深度和平均访问时长来看,数字出版平台的服务效率较2013年略有提升,也高于出版业网站平均水平。说明此类网站受用户关注度较高,有较大的成长机会和空间。

4. 用户忠诚度:下半年上升

数字出版平台类网站的回访用户比例与2013年基本相当,2月受春节影响,回访用户率跌入全年最低点,值得关注的是6月以后用户回访率一路飙升,说明用户积累还有较大的提升空间,网站需要注意提升用户黏性和用户转化。

用户进入数字出版平台网站的主要途径是站外其他网站,其次是搜索引擎和直接来源。直接来源导入量比例达到27%,说明数字出版平台类型网站也积累了一部分忠诚用户,同时,搜索引擎导入量占比12.87%,效率一般。说明数字出版平台知名度和忠

诚度还有待提高。

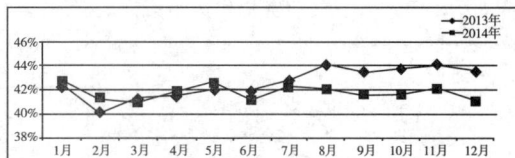

2014年与2013年日均回访用户率对比趋势图

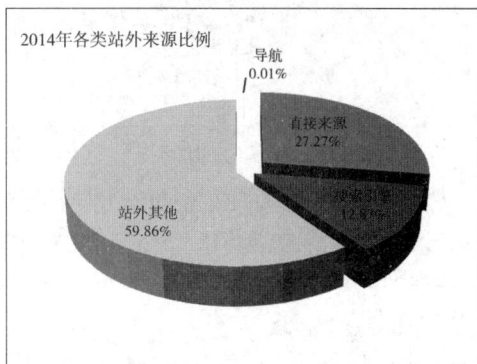

5. 用户访问时段:与互联网整体吻合

数字出版平台网站的用户访问时段集中在上午10时至11时以及下午15时至17时。这与中国网民的整体访问行为基本吻合。

6. 用户特征:男多女少,40岁以上最多

在数字出版平台用户中,具有男性特征的用户比例占62%,女性为38%。在数字出版平台,网站用户年龄分布与互联网整体水平相比,40~49岁、30~39岁的网民群体高于互联网平均值,19~29岁基本接近互联网平均值。

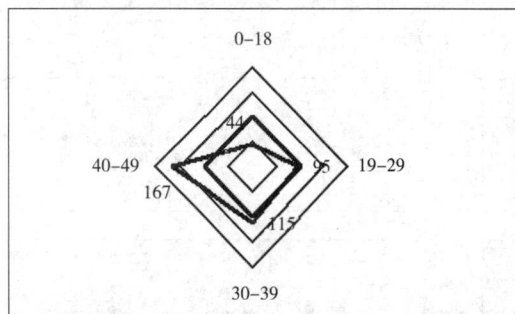

注:灰色粗框表示标准值100,即与互联网水平值一致,高于此值为此维度优于互联网水平。

7. 用户兴趣:最爱财经

用户兴趣是以用户跨网行为为基础,通过算法模型分析得出的内容偏好和兴趣方向,其应用价值主要体现在三方面:1. 分析网站用户特征与网站目标受众的契合度;2. 根据用户兴趣及偏好推送内容,培养

用户忠诚度;3.对出版业而言,详细的用户兴趣分析可以为出版物、产品或服务提供选题策划依据。

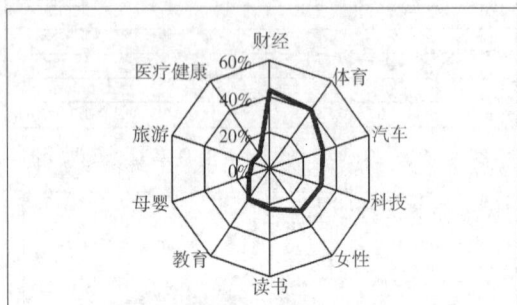

用户兴趣(比例)图

从用户兴趣雷达图可以看出,数字出版平台的用户兴趣,财经类最高,依次为体育、汽车、科技、女性、读书、教育、母婴。

(二)数字教育网站

1. 网站影响力:下降不少

数据显示,2014年数字教育网站月均独立用户数和月均页面浏览量较2013年下降,降幅分别为21.4%和19.2%。

2. 网站成长性:竞争加剧,创新不够

数字教育网站季节性非常明显:1、2月份与上年同期相比,明显上升,6月份由于考试密集,出现全年高峰,但没有超过2013年的高峰。下半年指标持续下滑,均低于上年同期。综合三年数据比较,2013年数字教育表现最为突出,所有指标均超过2012年,但2014年只在1~5月超出2013年。说明数字教育网站竞争加剧,用户分流。同时也说明传统出版单位在数字教育方面的创新依然不够。

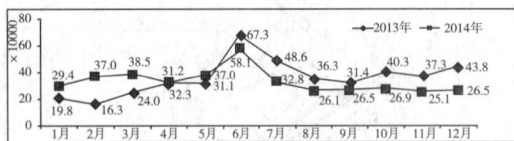

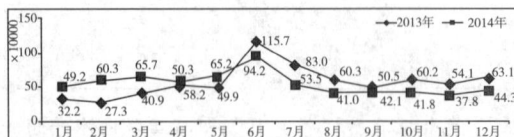

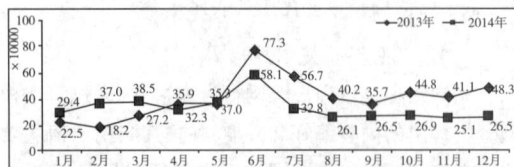

2014年与2013年月度独立用户数对比趋势图

3. 网站服务效率:基本持平

从访问频率、访问深度和平均访问时长来看,数字教育网站的服务效率与2013年基本持平,访问频率略有增长,但与互联网平均水平相比有一定差距。

4. 用户忠诚度:用户黏性有待提高

2014年,数字教育网站的回访用户率在2月春节最低,9月后呈现上涨趋势,考虑到9月是一年一度的开学日,教育类网站呈现用户活跃态势。除了内容生产和推广以外,网站应对教育类用户的用户需求、用户体验予以高度重视。

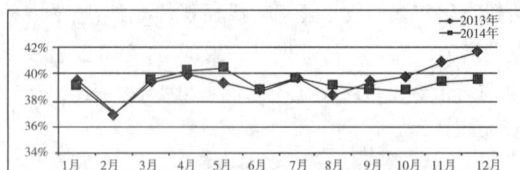

2014年与2013年日均回访用户率对比趋势图

用户进入数字教育平台的主要渠道是搜索引擎和直接来源,两者导入量占比91%,说明网民对教育资源的需求迫切。结合人均访问页数来看,这种需求并没有达到满足,用户进入网站浏览不足2页,再考虑到收藏页或首页的影响,基本上用户没有发生页面跳转。用户黏性(即内容价值和用户兴趣)是影响数字教育网站运营和发展的主要原因。

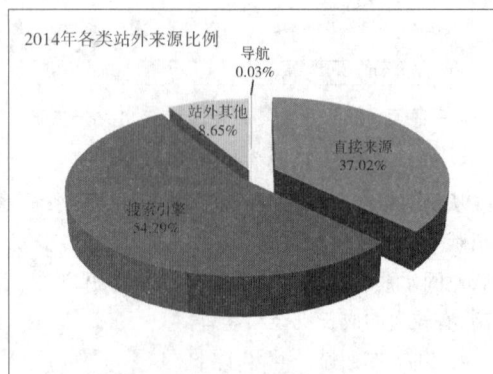

5. 用户访问高峰:晚间20时至23时

数字教育平台的用户访问集中在晚间20时至23时,该时段通常是在校学生晚间学习的时段,也是成人下班后的休闲阶段,体现出行业网站的个性差异。数字教育平台应基于这种差异制定运营策略,包括内容发布和推荐,结合日间高峰期的推广和预告,支持和培养用户的访问习惯,达到积累用户的效果。

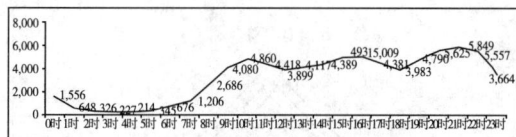

2014 年用户数时间趋势

6. 用户特征:男女均衡

数字教育网站用户中,具有男性特征的用户占比51%,具有女性特征的用户占比49%。

在数字教育网站用户年龄分布中,与互联网整体水平相比,19～29 岁、40 岁以上用户集中度高,30～39 岁的群体低于以上两类。0～18 岁最低,但也达到72,高于其他类别网站。

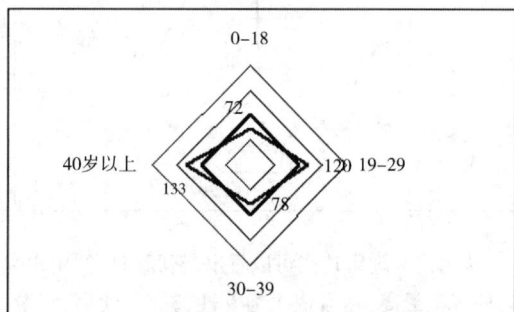

注:灰色粗框表示标准值100,即与互联网水平值一致,高于此值为此维度优于互联网水平。

7. 用户兴趣:最喜欢的是体育

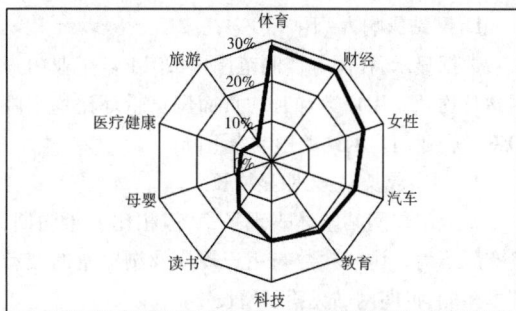

从用户兴趣雷达图可以看出,数字教育平台的用户兴趣:体育类最高,依次为财经、女性、汽车、教育、科技、读书、母婴、医疗,旅游最低。数字教育网站可以与体育类网站或体育类内容合作导流或增加体育赛事新闻、体育节目等相关内容。

(三)新闻门户网站

1. 网站影响力:浅阅读用户多

数据显示,2014 年新闻门户网站月均独立用户数环比增长59%,月均页面浏览量环比下降1.7%。

这种不对称变化表明,新闻门户网站的用户增长并没有带来浏览量提升,浅阅读用户居多。

2. 网站成长性:下半年下滑明显

从 2014 年 1 月至 7 月,用户数和浏览量都得到较大幅度增长,但下半年略有回落,说明网站在增强用户黏性、吸引用户回访等策略上略显不足。

新闻门户网站各项指标1～7 月呈上升势头,5～9 月所有指标都超过了上年同期。但之后有所下滑,可能也受到电商购物季的影响。

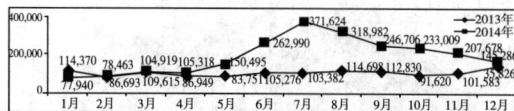

2014 年与 2013 年月度独立用户数对比趋势图

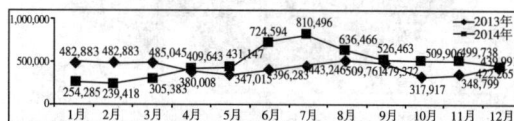

2014 年与 2013 年月度页面浏览量对比趋势图

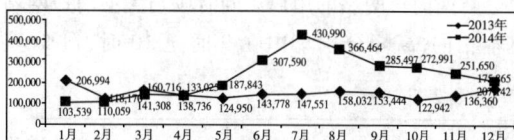

2014 年与 2013 年月度总访问次数对比趋势图

3. 网站服务效率:整体下降

从访问频率、访问深度和平均访问时长来看,新闻门户网站的服务效率与2013 年相比整体下降,与互联网平均水平相比有一定差距。

4. 用户忠诚度:回访用户下降

2014 年,新闻门户网站的回访用户比例环比下降 4 个百分点,说明用户黏性和转化效果受损。虽然网站曾经有用户规模大幅增长时期,但增长用户没有有效驻留。

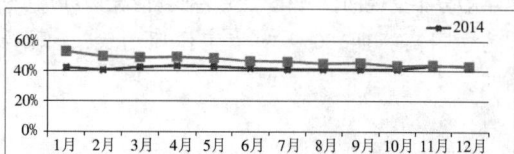

2014 年与 2013 年日均回访用户率对比趋势图

用户进入新闻门户网站的主要途径是搜索引擎和直接来源,两者导入量占比接近98%。前者与新闻的特性有关,用户对事件的全面了解和持续关注多通过搜索行为完成,直接来源的比例说明网站拥有一批忠诚用户收藏了相关页面。新闻门户可结合新闻本身的特性以及用户搜索习惯制定内容生产策略以及关键词优化策略。

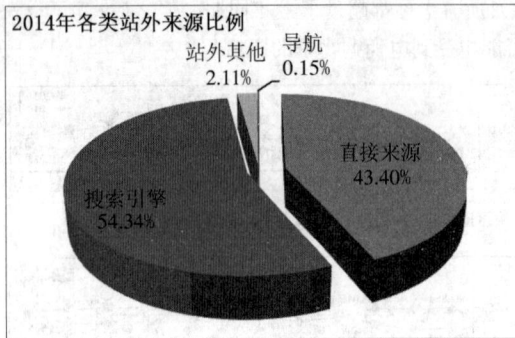

2014年各类站外来源比例

- 站外其他 2.11%
- 导航 0.15%
- 直接来源 43.40%
- 搜索引擎 54.34%

5. 用户访问时段:9 时至 10 时和 14 时至 16 时

新闻门户网站的用户访问时段与大型门户网站基本相同,高峰分别集中在 9 时至 10 时、14 时至 16 时。

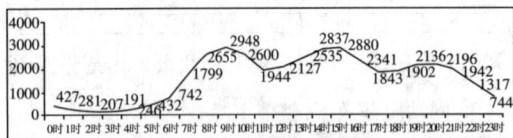

2014 年用户数时间趋势

6. 用户特征:40 岁以上女性更关注新闻

新闻门户网站用户中,具有男性特征与女性特征的用户占比分别为39%和61%。而之前的电子商务网站用户的男女占比与这个比例正好相反,为61%和39%。数字出版平台用户的男女比例为62%和38%,可以根据此比例推测出男性用户更关注电子商务和数字出版平台类网站,而女性用户则更为专注新闻门户网站。

在新闻门户网站的用户年龄分布中,与互联网整体水平相比,0 ~ 18 岁、40 岁以上用户集中度高。用户年龄分布呈现两极分化状态。推测情况是:19 ~ 29 岁为学习高峰期,30 ~ 39 岁工作压力大,无暇看新闻。

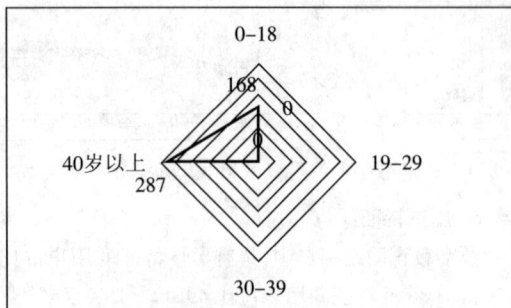

7. 用户兴趣:对博客类内容更关注

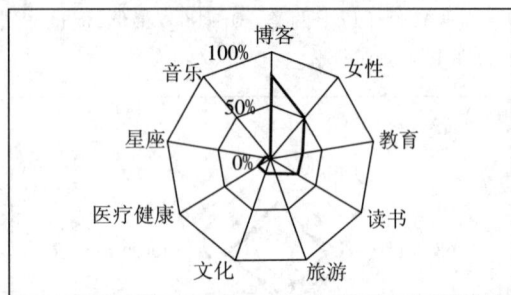

从用户兴趣雷达图可以看出,新闻门户的用户兴趣,博客类最高,然后依次为女性、教育、读书、旅游、文化。博客类用户兴趣比例最高,可能与女性对专家、名人的信赖度更高些有关。专家、名家博客对提升用户访问量有帮助。

(四)企业门户网站

1. 网站影响力:下降10%

数据显示,在同等监测范围内,2014 年企业门户网站月均独立用户数和月均页面浏览量环比均下降10%。企业门户网站的影响力下降。

2. 网站成长性:无明显增长

企业门户网站整体表现平稳,但相比上年同期,略有所下滑。访问次数与用户规模及浏览量的波动基本相同,说明网站无明显增长。

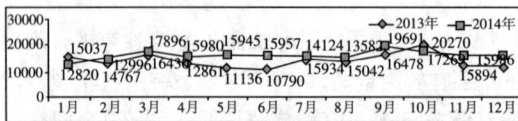

2014 年与 2013 年月度独立用户数对比趋势图

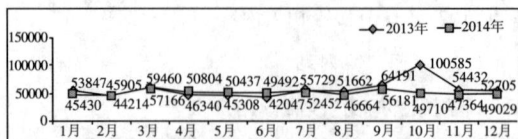

2014 年与 2013 年月度页面浏览量对比趋势图

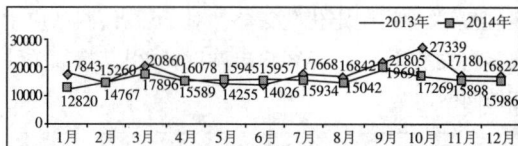

2014 年与 2013 年月度总访问次数对比趋势图

3. 网站服务效率：基本持平

从访问频率、访问深度和平均访问时长来看，企业门户网站的服务效率与 2013 年基本持平。

4. 用户忠诚度

企业门户网站是企业官网，该类型网站的特点决定了用户成长

稳定，监测数据显示，连续两年的日均回访用户率变化不大。同时与数字教育类网站在 9 月以后呈相反趋势，9 月以后呈整体下跌趋势。

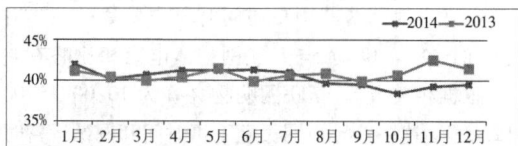

2014 年与 2013 年日均回访用户率对比趋势图

用户进入企业门户网站的主要途径是搜索引擎来源，导入量占比 42%。网站可结合企业自身特性、用户定位、品牌、口碑以及用户搜索习惯制定关键词优化策略。另外直接来源导入量占比 29%，与 2013 年基本持平。

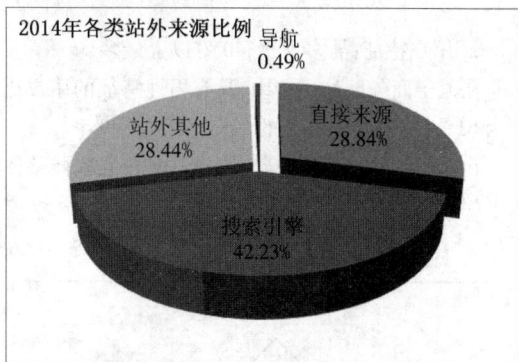

5. 用户访问时段：高峰延迟

企业门户网站的用户访问时段与网民通常习惯基本相同，但高峰时段呈现略微延迟的现象。10 时至 12 时、15～17 时是用户相对集中。网站可利用这一特性制定运营策略。

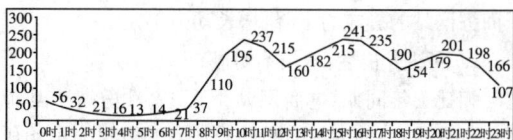

2014 年用户数时间趋势

6. 用户特征：男女均衡，40 岁以上的最多

在企业门户网站用户中，具有男性特征的用户比例为 57%，具有女性特征的用户比例为 43%，相对比较均衡。

在企业门户网站用户年龄分布中，与互联网整体水平相比，40 岁以上用户集中度高。19～29 岁、30～39 岁用户比例与互联网水平基本一致。

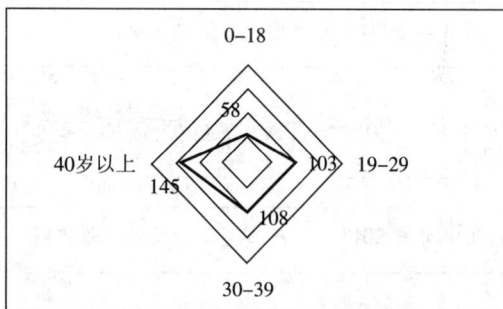

注：灰色粗框表示标准值 100，即与互联网水平值一致，高于此值为此维度优于互联网水平。

7. 用户兴趣：最爱财经

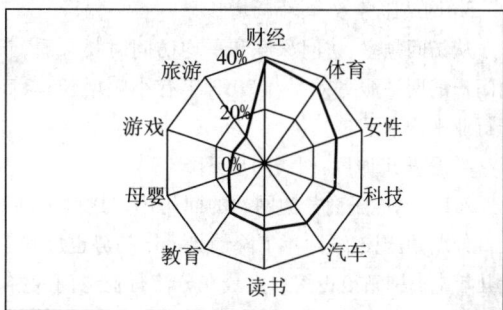

从用户兴趣雷达图可以看出，企业门户的用户兴趣，财经类最高，然后依次为体育、女性、科技、汽车和读书、教育。这些兴趣还可以进一步细分，对出版业借助大数据实现定制化出版有一定价值。

（五）电子商务网站

1. 网站影响力：增长动力不足

数据显示，2014 年电子商务网站月均独立用户数和月均页面浏览量环比分别下降 12% 和 25%。电

子商务网站的影响力下降,增长动力不足。

2. 网站成长性:增长不明显

相比去年同期,电商网站 1、2、12 月份高于其他月份,可能与假期图书网购增长有关。但与去年相比指标有所下滑。与 2013 年的 12 月所有指标下降相比,电商网站 2014 年 12 月指标明显上扬,但依然没有超过上年的数据。说明行业电商网站增长不明显,要充分借助大电商平台导流用户,丰富产品,积极探索满足用户需求的方式才能求得进一步发展。

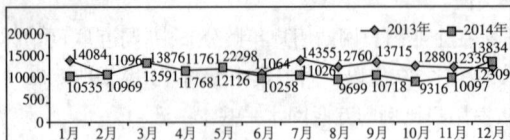

2014 年与 2013 年月度独立用户数对比趋势图

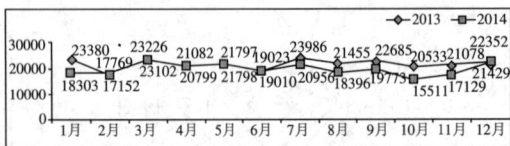

2014 年与 2013 年月度页面浏览量对比趋势图

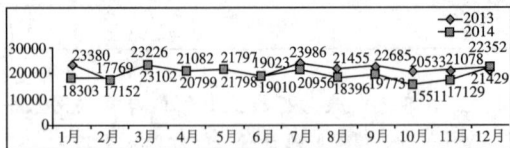

2014 年与 2013 年月度总访问次数对比趋势图

3. 网站服务效率:小幅增长

从访问频率、访问深度和平均访问时长来看,新闻门户的网站服务效率与 2013 年有小幅增长,略高于行业平均水平。

4. 用户忠诚度:回访用户下降

2014 年,电子商务类网站的回访用户比例下降 6 个百分点,呈现连续两年下降趋势。该趋势也反映了近几年电商网站抢占用户大战在分流行业电商人群,行业电商网站也要采取策略吸引新用户、维护老用户。

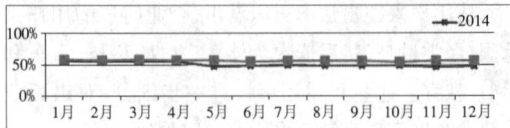

2014 年与 2013 年日均回访用户率对比趋势图

用户进入电子商务网站的主要途径是搜索引擎来源,导入量占比 54%。这与电子商务网站的特点有关,用户搜索商品进入网站,或者收藏页面直接访问。对于前者,网站可结合商品特性以及用户搜索习惯、搜索关键词制定优化策略。对于后者,网站应重视客户关系管理,培养客户忠诚度,吸引其持续关注和访问网站。

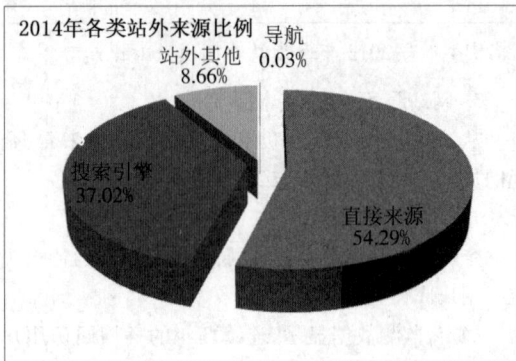

5. 用户访问时段:没有网购晚高峰

行业电商网站的用户访问时段主要集中在 9 时至 11 时、15 至 17 时,与互联网整体电商相比略有差异。根据相关报告,互联网购物高峰为 10:00、15:00 和 22:00。这一差异与网民上下班时间和网站运营时间有关。行业电商一般 17:30 下班。下班后,用户分流,没有出现网购晚高峰。

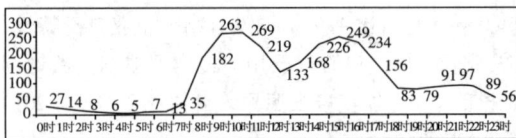

2014 年用户数时间趋势

6. 用户特征:男多女少,40 岁以上最多

在电子商务网站用户中,具有男性特征的用户比例为 61%,具有女性特征的用户比例为 39%。

在电子商务网站用户年龄分布中,与互联网整体水平相比,40 岁以上用户集中度高,其次是 30~39 岁用户。

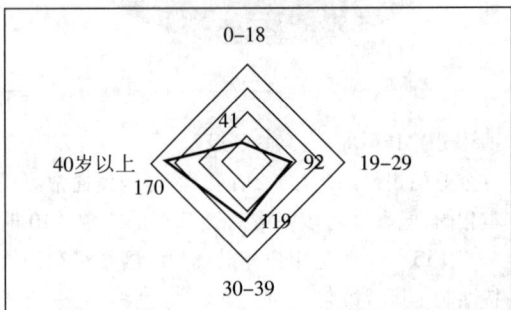

注:灰色粗框表示标准值 100,即与互联网水平值一致,高于此值为此维度优于互联网水平。

7. 用户兴趣

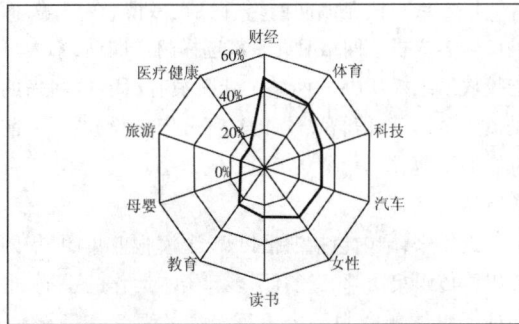

从用户兴趣雷达图可以看出,电商网站的用户兴趣,财经类最高,然后依次为体育、科技、汽车,这几类多为男性喜欢。女性、读书、教育、母婴排在其后,这些一般是女性喜欢,说明用户特征与兴趣基本匹配。

四、总结与建议

出版业网站目前面临的主要问题有以下三个方面:

一是在传统媒体向数字媒体转型过程中,缺少网站运营、新媒体运营经验;二是互联网思维以及数据分析思维的意识不强,数据分析经验不足;三是"大众

传播"意识浓厚,"用户营销"思维不足,缺乏对自身用户以及互联网网民的了解。

这需要网站适应互联网大数据环境,利用数据为网站运营、用户推荐、用户营销提供决策依据。

不同类型网站具有不同的特点,在运营策略、活动推广、用户培养等方面也有不同的方式和方法,网站应在数据分析的基础上实现这些环节的细化,将运营指标与经营目标结合起来,让数据充分发挥效力。

数字出版平台显现出优势和潜力,未来增长空间巨大,出版单位要抓住机会,尽快建成优质、特色、专业的内容平台,实现融合发展。

电子商务网站要主动打通与大型电商平台的联系,借势发展新用户,稳定忠实用户,提升转化率。数字教育网站面对日趋激烈的竞争,要积极在内容资源的深度和用户体验上下功夫,在人无我有、人有我优、人优我特上发挥优势。新闻门户网站要紧抓媒体融合发展的机遇,利用多种终端,多种信息通道吸引用户访问。企业门户网站需要开拓更多的传播渠道,如微信、微博等,将企业信息广而告之。企业大数据运营已经显现机会,准确把握用户特征和兴趣,才能有的放矢,满足需求。

2014～2015中国出版传媒业融合发展创新报告

中国出版传媒商报

2014 年被称为中国新闻发展史上的"媒体融合元年"。2014 年 8 月 18 日,中央深改组召开第四次会议,审议通过《关于推动传统媒体和新兴媒体融合发展的指导意见》。这无疑是一个极具分量的信号,不仅意味着中央对媒体发展与变革的深刻洞察与远见卓识,更表明中央决意下好改革"先手棋",着手媒体战略布局,占领舆论制高点,在媒体新格局中掌握主动权。《中国出版传媒商报》通过认真调研,特别发布《2014～2015 中国出版传媒业融合发展创新报告》,从媒体融合概念范畴、驱动力、媒体融合元年表现、模式、误区、趋势预测和政策建议 6 个部分,力图全方位详尽阐述媒体融合前世今生及演变。

一、"媒体融合"的概念范畴

媒体融合是一场革命。传统媒体和新兴媒体的"融合"就是要一体发展。内容转型难,媒体可以用产业转型"养内容",以"转场养转型"。

"媒体融合"(Media Convergence),最早由美国马萨诸塞州理工大学教授浦尔提出,原意是指各种媒介呈现多功能一体化的趋势。其概念包括狭义和广义两种,狭义的概念是指将不同的媒介形态"融合"在一起,产生"质变",形成一种新的媒介形态,如电子杂志、博客新闻等;而广义的"媒体融合"则范围广阔,包括一切媒介及其有关要素的结合、汇聚甚至融合,不仅包括媒介形态的融合,还包括媒介功能、传播手段、所有权、组织结构等要素的融合。也就是说,

"媒体融合"是信息传输通道的多元化下的新作业模式,是把报刊、电视台、电台等传统媒体,与互联网、手机、移动智能终端等新兴媒体传播通道有效结合起来,资源共享,集中处理,衍生出不同形式的信息产品,然后通过不同的平台传播给受众。

美国新闻学会媒介研究中心主任 Andrew Nachison 将"媒体融合"定义为"印刷的、音频的、视频的、互动性数字媒体组织之间的战略的、操作的、文化的联盟",他强调的"媒体融合"更多是指各个媒介之间的合作和联盟。

《关于推动传统媒体和新兴媒体融合发展的指导意见》对媒体融合的方向做了基本的概括,要将技术建设和内容建设摆在同等重要位置。要顺应互联网传播移动化、社交化、视频化的趋势,积极运用大数据、云计算等技术,发展移动客户端、手机网站等新应用新业态,不断提高技术研发水平,以新技术引领媒体融合发展、驱动媒体转型升级。同时,要适应新兴媒体传播特点,加强内容建设,创新采编流程,优化信息服务,以内容优势赢得发展优势。

二、媒体融合的驱动力

媒体融合是出版传媒业创新的内在需求。受众在哪里,主流就在哪里,年轻人在哪里,新媒体的未来就一定在哪里。

中国传媒业当下面临着新旧三重叠加危机:传统的体制机制束缚带来的生存危机、新媒体冲击带来的竞争危机、行业不景气带来的发展危机。

在这种危机下,传统媒体必须通过融合创新发展摆脱自身的困境,在全新的媒体环境中建立自己的影响力和品牌价值。

科技总是成就新媒体,总是逼着传统媒体让渡历史舞台上的追光。互联网的迅猛发展,开启了传播者与受众的全新关系,二者正在融合为一体。

人民网董事长马利指出:"受众在哪里,主流就在哪里,年轻人在哪里,新媒体的未来就一定在哪里。"年轻人在哪里?年轻人追随着科技的脚步,在向新媒体飞奔,你必须在新媒体上与他们进行有效的对话,只有在开放、平等的新媒体上,才有可能进行更为高效、认真的对话。

根据中国互联网络信息中心相关报告,截至 2014 年 6 月,中国网民规模达 6.32 亿,其中手机网民 5.27 亿,互联网普及率达到 46.9%。中国新兴媒体应用移动化趋势明显,网民上网设备中,手机使用率达

83.4%,手机上网比例首次超越传统 PC 上网比例。

广告现正快速流向网络、微信、微博、客户端,而且广告客户投放网络时几乎都选择门户网站,不大可能投放给纸媒所办的网站。纸媒最有可能拉回来的是流向微博、微信、客户端的这部分广告投放,但目前纸媒的微博、微信、APP 产生效应微乎其微,都处于资源输送的状态。

近年来,国内包括浙报传媒、上海报业集团、华闻传媒等传媒集团都已经有了多起资本运作的手笔,也印证了媒体融合中一个不可忽视的要素——资本。2014 年一批骨干级的新型传媒集团通过兼并收购等方式完成业务重构。作为体制内的媒体集团,通过资源换资本也成为媒体融合可行的通道。对于国有媒体所属的传媒公司,积极借助上市融资方式,发挥金融、基金、股市、证券的投融资功能,通过媒体产权融合,积极打造新媒体投资平台;通过跨区域、跨所有制收购一起有潜质的新媒体项目和网络平台,实现经营方式的转型,扩大传媒业规模,提升市场影响力。

三、"媒体融合元年"概况

从全球范围看,媒体融合普遍经历了三个阶段:

第一阶段,早在上世纪 90 年代末期,包括英国 BBC 在内的一些媒体就开始提"数字化"概念,对自己的技术手段进行数字化改造,这个阶段可叫"数字化过程";第二个阶段,网台或者网报联动的阶段,在报社或者电台、电视台旗下成立新媒体部,进行资源的适度共享,但这一阶段只是传统媒体融合发展的初级阶段;第三阶段,国际上一些大媒体像英国《卫报》、BBC 和美国《纽约时报》《华尔街日报》等,主要是从组织架构调整和流程改造入手。以 BBC 为例,BBC 的新闻中心是统一的,并不按广播、电视和网站这样的媒体平台去划分。到了这个阶段,才能叫媒体融合阶段(或全媒体构建阶段)。当下的全球传媒业正处于这个阶段。

2014 年,中国传媒业进入以国家战略高度启动的全新媒体融合阶段,呈现出以下 3 个显著特点:主流媒体客户端建设成为媒体融合发展新阵地、传统出版业加速数字化转型升级、出版传媒企业发生组织结构裂变。

主流媒体客户端建设成为媒体融合发展新阵地。

2014 年 6 月 11 日,由新华社推出的"新华社发布"客户端上线,6 月 12 日,人民日报客户端发布,成为中央主流媒体探索移动互联网背景下媒体形态的

典型代表。

2014年7月，上海报业集团旗下《东方早报》推出新媒体项目——澎湃新闻。2014年9月，上海报业集团又联手小米科技、360、海通证券、国泰君安、联想弘毅等推出新一代财经商业新闻网站"界面"。

"澎湃"APP没有跟风拷贝新媒体的内容生产模式，而是反其道而行之，坚持原创。同样，不同于以往任何一家网站，"界面"是一家全民参与的商业新闻网站，点击"界面"网站进入选题会，用户将和记者们一起讨论报道细节，报道哪家公司也将由用户来决定。它不仅愿意为内容的权威性和愉悦感负责，还致力于让用户深入参与到新闻生产的各个环节中，以此改变新闻生产的流程和效率。

在媒体融合方面，上海报业集团重点推的是3大新媒体项目：上海观察、澎湃新闻、界面。除此之外，还有立体报纸、百日千里APP等几个小型项目投入。

2014年1~9月，全国259份主流报纸在101家新闻门户网站上的新闻转载总量达到135万篇，259家报纸在新浪、腾讯、搜狐、网易四大微博粉丝累计达到13亿，全国报纸在互联网网站的新闻整体占比在40%。

在传统媒体与新兴媒体融合发展的大趋势下，传统电视台开始试水新媒体转型之路。作为有着《爸爸去哪儿》《我是歌手》等强势综艺节目湖南卫视，开卫视网络独播之先河，2014年上半年重磅推出的《花儿与少年》开始在芒果TV上进行独播，以后将逐步把独播战略扩展到其他的综艺节目。

2014年5月28日，中国广播电视网络有限公司正式挂牌，该公司由国务院批准成立，中央财政单独出资45亿元作为注册资本金。其目的就是要加快有线数字电视网络建设和整合，实现"三网融合"。

中国视听新媒体产业迎来发展的黄金期，成为视听传媒产业主力军，其与传统广播影视的融合，深刻改变着视听传媒的发展格局。各级网络广播电视台在促进台网融合、占据新兴舆论阵地方面发挥了积极作用。中国网络电视台以重点产品为抓手，发力构建覆盖多屏的新媒体传播体系，央视网月度独立访问用户数突破5亿，"央视影音"客户端下载量突破3.3亿。央广新媒体推出《倾听中南海》《央广快新闻》等移动客户端。

2014年，中央文资办会同国家新闻出版广电总局一起推动新闻出版业数字化转型升级，当年安排文化产业发展专项资金6.27亿元，支持了77家企业。值得一提的是，因为专业内容更适合做数字化的开发

和传播且需求相对刚性，教育社的资源积累和资本积累相对雄厚且用户群庞大，目前出版领域的融合发展具体呈现出"专业社领跑，教育社跟随，大众社迷茫"的态势。

出版传媒2014年以重点项目推动战略转型，推动传统出版向数字出版多元化业态转型。公司出版数字出版产品1677种，占纸质图书的49%，数字出版项目15项，有近70%的项目开始收益。

凤凰传媒2014年上半年财报显示，旗下数字传媒公司销售收入1.06亿元，增长443.38%，利润3352.94万元，增长1163.88%。数字产业、新兴板块正越来越快地成为凤凰传媒持续快速发展的动力。

2014年，天舟文化开始步入新的发展期。在稳步发展原青少年读物出版发行业务的基础上，推动战略转型升级，并购国内优质手游企业神奇时代，实现了在移动互联网领域的突破。天舟文化2014年上半年财报中，新增了移动网游戏（手游）业务收入，实现营业总收入17471.41万元，同比增长35.68%。

2014年12月1日，广州日报报业集团中央编辑部正式运作，在崭新的全媒体平台上发出了第一批稿件。这是广州日报报业集团推动媒体融合发展的又一重大举措。中央编辑部由夜编中心、大洋网、全媒体中心、音视频部、数字新闻实验室等部门组成，搭建跨越纸媒和新媒体的新闻统筹平台，将把新闻生产带入"滚动采集、滚动发布；统一指挥、统一把关；多元呈现、多媒传播"的融合发展新时代。

2014年，财新传媒做互联网业务的人数首次超过做杂志的。

2014年10月，国内首家以"融媒体"名义出现的媒体集团大象融媒（河南大象融媒体集团有限公司）成立，是河南广电整合旗下4家传统媒体单位和8个媒体公司组建成立的新型集团公司。大象融媒公司拥有报纸、杂志、广播、电视、网站、音视频网站、IPTV（网络电视台）、手机报、手机电台、手机电视、电话广播、手机客户端、移动电视、户外大屏等14类主流媒体业态和38个媒体传播平台。大象融媒以全媒体平台为核心，对传统媒体和新兴媒体进行二次整合、深度融合、一体发展，真正实现了信息的"一次采集、多种生成、多元传播"。

2014年，《南方都市报》版面优化升级、数据化可视化新闻生产的尝试性突破，南都网新推出的移动版数字报南都iPaper和数字阅读墙、与淘宝合作的码上淘项目、汽车事业中心试驾网上线、地产运营中心虚

拟平台的微运营、南都民调中心等举措齐头并进。

中南出版传媒集团股份有限公司以全产业链进入数字化生存为主题，以重点项目带动转型升级为路径，致力于将企业打造成为全媒介内容运营商和现代化综合传播平台。在策略上，与华为、腾讯、日本角川集团等业外和境外资本合作，组建专业公司研究、探索和挖掘市场机会，引领传统内容单位依托自有优势资源开发数字内容产品，并与专业公司共同运营，在此过程中，打造一支战略上高度统一、战术上齐心合力的数字出版团队。

四、媒体融合的模式

"平台型媒体"称呼始于2014年。加快大传媒产业布局，成为传统媒体和新兴媒体融合发展重要路径之一。当互联网进入中国20周年时，形势发生了惊天逆转，互联网媒体更有优势，对传统媒体"倒整合"就成为趋势。

我们认为，媒体融合的模式（路径）目前可以概括为三种：

（一）平台型媒体战略

"平台型媒体"称呼始于2014年。英语表达为"Platisher"，是Platform（平台商）和Publisher（出版商）两个字合成后，人为"杜撰"的一个新词。由美国一位新媒体创业者乔纳森·格里克（JonathanGlick）在2014年2月提出。所谓"平台型媒体"，就是既拥有媒体的专业编辑权威性，又拥有面向用户平台所特有开放性的数字内容实体。战略源自于互联网。过去两年，是中国互联网走向开放的一个重要阶段。阿里巴巴、百度、新浪微博、360和腾讯等互联网巨头的开放平台逐渐形成，彻底改变了中国互联网的游戏规则，而新的商业模式在这个过程中被不断创造出来。

平台融合包括对内和对外两个层面的融合，在媒体内部，要强化用户意识，在采集、制作、存储、发布上实现流程再造，形成"一次采集、多种生成、多元传播"的信息工作模式；在媒体外部，要重视整合优质资源，开放平台，打造完整的生态系统。

（二）大传媒产业拓展战略

随着社会的发展，出版传媒集团必将链接更为广泛的社会资源，以机制的创新更有效地实现跨地区、跨媒体、跨行业的优化配置和资源整合，带动产业优化升级，最终提升出版传媒集团的核心竞争力。

跨行业经营是出版传媒集团为适应战略环境的

要求，通过战略性资产重组以及人、财、物等资源的再整合，将内部资源向非媒体行业渗透和扩张，同时生产和提供两种以上不同用途的产品或服务，达到以主业为主，涉足多行业目的。

2014年开始，浙报传媒加快构建以互联网用户为基础的智慧服务产业平台，重点推进"钱报有礼"社区电商、网络医院、养老服务产业和县市区域门户集群等创新项目建设。同时，积极拓展传媒和文化产业投资，以东方星空创投公司为主要投资平台，构建有利于浙报传媒转型升级的传媒生态链。东方星空运行以来，累计对外投资6.07亿元，投资市值达19.1亿元。2012年至今，浙报传媒累计对外投资4.42亿元，先后投资华奥星空、起凡游戏和唐人影视等。

通过资本运作和产业拓展，浙报传媒主营业务结构转换，产业格局发生根本性变化，2014年公司互联网业务利润贡献首次超过传媒主业。

2014年，立足于期刊出版的时尚传媒集团全面转型升级，通过其影响力拉动在教育、投资及产业领域的拓展，带来全业务线的发展。时尚传媒集团现有投资项目包括时尚生活门户YOKA时尚网、成都移联创科技有限公司、一站式时尚百货购买应用Monogram，高端鲜花电商品牌RoseOnly、健康医疗服务与可穿戴设备的康诺云，以及TechCrunch中国官方合作伙伴的原创科技博客动点科技。教育板块从2013年开始，与清华大学等4所国际高等学院合作的高端奢侈品课程已成功开班。

从长远来看，全产业链发展将成为时尚传媒集团新的支撑点和利润增长点，从目前模式上看，时尚传媒集团将不再是一家传媒企业，而是一个以传媒为核心业务的综合性企业。

2014年9月，凤凰传媒将3.71亿元的专项资金用于投资网络视频服务商PPTV，这是视频网站与传统出版集团的一次成功跨界整合。类似的，还有中文传媒并购智明星通、北京百分在线、福建思迈网络等互联网平台企业，积极推进新媒体转型与影视剧投资；时代出版重点打造的中国最大的文化生活类自出版社交平台"时光流影Timeface"，更被媒体称为中国版Facebook；成功收购神奇时代，使天舟文化转变为横跨不同文化业态的综合性文化企业。

同样的，新华文轩出版传媒股份有限公司在业内率先推行出版物电子商务、数字阅读产品推送、数字内容资源建设和按需出版印刷系统建设方案；推进全流程数字化再造和在线协同编辑出版；探讨了数字教育产品生产、销售的市场机制和商业模式；积极构建数字时代上下游业务相互依存的无障碍产业链。

（三）反向融合（倒整合）

当互联网进入中国20周年时，形势发生了惊天逆转，互联网媒体更有优势，对传统媒体"倒整合"就成为趋势。所谓"倒整合"，就是互联网媒体整合传统媒体，这是相对于传统媒体的"整合"概念来说的。

2013年8月，美国最知名的报纸之一——《华盛顿邮报》被亚马逊CEO贝索斯以私人身份用2.5亿美元收购。可以看出传统媒体整合互联网媒体的美梦基本上已经破灭，而互联网媒体收购传统媒体的"倒整合"时代已经到来。在中国，这种"倒整合"主要表现为其他行业特别是互联网媒体对出版传媒行业的反向整合，如腾讯对报刊、文学出版资源的整合，视频网站对电视台的整合。

腾讯借助自身庞大的用户基础，积极实施区域化媒体合作战略。目前已经在重庆、广州、上海、武汉、杭州、郑州、长沙、沈阳、成都、西安和福州等地打造了很多"大"字号的媒体。尤其需要指出的是，与当地媒体合作的大渝网、大粤网、大申网、大楚网、大浙网、大渝网、大辽网都由腾讯控股，其本质是腾讯对当地传统媒体资源的延伸和整合。此外，腾讯还在积极布局与传统媒体在报纸上合办相关的栏目，由腾讯出内容，并打上腾讯的LOGO。

阿里巴巴于2009年与浙江日报报业集团合办《淘宝天下》，与浙江出版联合集团合办《天下网商》，开始传统媒体的试水。实际上，自2006年以来，马云先后注资华谊兄弟、新浪微博、文化中国等传媒企业。除了华谊兄弟、文化中国等影视剧制作企业，马云更是对传统的财经媒体情有独钟。投资传统财经媒体方面，腾讯走在阿里之前，早在2012年7月，腾讯就入股了财新传媒。

贝佐斯把《华盛顿邮报》纳入亚马逊体系，通过将华盛顿邮报的内容植入KindleFire拓展内容的用户，寻求突破。虽然还没有看到华丽转身，但近期从《华盛顿邮报》传来的消息，几乎全部都是正面的。

五、媒体融合的误区

纵观2014年媒体融合表现，尽管已经涌现出一些较为正确的方向，但并未有实质性的实施，一是大多数出版传媒集团并没有实质上的媒体融合，更多是一种姿态性的尝试；二是尚未建立全新的赢利模式，报业集团在新型赢利模式、运营模式等方面没有实质

性的突破；三是无法建立现代企业制度，限于体制因素，出版传媒集团内部难以建立真正的现代企业制度和创新的治理机制。

误区一：伪融合

现在很多传媒的改革思路是在原来传统媒体基础上叠加新媒体，即"媒体融合＝传统媒体＋新媒体"，比如办网站、开微博微信公众号、建客户端等，很难说是一体化发展。我们要建立的是立足于新技术基础上的"现代传播体系"，一个完全不同于原来的传统媒体系统，因而需要观念的变革。

传统媒体转型，如果不是站在互联网的逻辑上嵌入互联网，仅仅是站在自身发展的逻辑角度上，把互联网看作是延伸产品、延伸价值的工具，只是在原有的发展逻辑上进行改良式量变，增加网络版、客户端、官方微博或微信公众号，实际上并没有看到互联网究竟给传播带来了哪些革命性改变，就不可能取得根本性的成功。

误区二：泛融合

在传统出版传媒业面临产业危机时，要清醒地意识到，媒体融合并非灵丹妙药。"融合"也有边界，也有"范围经济"，要在新的媒体环境下重新审视和认知媒体的公信力和品牌力量，以市场和用户的需求变化，有针对性地进行产品优化和运营创新，明确媒体融合之可为与不可为。

很多出版传媒企业太相信融合，认为媒体融合可以解决所有危机。如何利用体制优势去避免劣势，才是媒体融合发展中最大的难题。

误区三：主体性消融

出版传媒业首先是一份事业，这是推进行业转型发展时必须牢记的信念，在媒体融合中应该坚持媒体属性不变、社会责任担当不变。

媒体融合是一项复杂、艰巨的任务，既是舆论引导能力如何加强的政治问题，也是如何寻求新型产业模式的经济问题，还是新闻生产流程再造和内容品质提升的行业问题，需要兼顾和平衡政治利益、商业利益和公共利益。具体来说，国家利益需要媒体在多元化的舆论场中彰显引导力，这关系到社会的团结、稳定；商业利益需要媒体在激烈的市场竞争中独具优势，这关系到自身的生存、发展；公众利益需要媒体在涉及国计民生的大事小情上发出民众呼声，履行社会守望者的职责。

六、媒体融合趋势预测和政策建议

中央在媒体融合方面的制度设计如何展开,管理者如何用与新媒体逻辑匹配的方式管理新媒体,这是媒体融合过程中必须率先解决的问题。全球媒体融合五大趋势:

趋势一,新闻业内联盟将增多。近来,一股合作之风正在国际传媒业逐步兴起,最明显的特征是越来越多新闻联盟的出现。名叫"Hackers"的全球新闻民间联盟项目在5年内就招募了6万余人参与,遍布全球80多个地区。

趋势二,社交媒体叙事趋势愈发明显。过去三四年间,新闻机构已经开始通过社交媒体讲述新闻故事,这一趋势在2015年将会更加明显。

趋势三,能快速阅读的新闻APP将大受欢迎。社交参与感以及能给人带来成就感的新闻APP产品,都是未来新闻机构吸引读者的关键。

趋势四,新闻网站的订阅操作将借鉴Uber的案例。美国打车应用软件Uber的出现颠覆了手机的支付方式,用户只需对准银行卡拍照,即可添加他们的个人付款信息。

趋势五,社交媒体上的新闻短片将会增多。用户在社交媒体上传的新闻短片在2015年将会继续备受追捧,数量相信也会激增。

(来源:中国出版传媒商报)

2014年全国政务新媒体发展研究报告

新华网舆情监测分析中心

一、概 述

今天的我们都能感受到这样的一个事实:飞速发展的移动互联网,以及微博、微信、客户端等新媒体正在改变着信息流的传播路径,重构信息传播格局。单一的"信息发布"功能已无法适应社交舆论环境下官民互动与沟通的需要,社交媒体在提升政务信息传播的效率、推动官民对话和舆论引导方面正在发挥着越来越重要的作用。2013年10月15日,国务院办公厅印发《关于进一步加强政府信息公开、回应社会关切提升政府公信力的意见》,鼓励各地区、各部门积极探索利用新媒体,及时发布各类权威政务信息;2014年9月,国家网信办下发通知,要求全国各地网信部门推动党政机关、企事业单位和人民团体积极运用即时通讯工具开展政务信息服务工作。数据显示,2014年全国各级政务新媒体活跃度继续提升,内容更加趋向于多元化,风格更加亲民,互动更加明显,包括政务微博、政务微信、政务APP在内的政务新媒体,已成为各级政府部门发布权威信息、加强政民互动、引导网络舆论、提升社会治理能力的一个重要组成部分。

本报告以新华政务直通车大数据技术为依托,涵盖2014年1月1日至2014年11月30日的全国各级单位政务微博、微信、APP运营数据,是国内首个对全国各级政府机关在政务新媒体平台(微博、微信、APP)运营表现进行综合研判的大型政府新媒体研究项目。

二、参考指数说明

(一)评估对象

评估对象为在微博、微信平台通过认证的中央国家机关,各省、自治区、直辖市,省直机关,副省级城市、地级市,市属机关,市辖区、县、县级市政务新媒体账号。

(二)评估时间范围

2014年1月1日至2014年11月30日。

(三)评估指标

表1　政务新媒体研究指标体系

一级指标	二级指标	说明
互动指数	互动频率	微博、微信、APP 被转发、评论数;微信点赞量
	互动质量	微博、微信、APP 在评估期内被评论数和转发数的比值
受众指数	受众数	微博、微信、APP 粉丝数
	认证时间	账号通过认证天数
	活跃受众	有传播动作的活跃粉丝数
传播指数	发布量	微博、微信、APP 发布信息总条数
	转发数	转发其他新媒体信息数量
	发布质量	发布的原创信息占比
成长指数	日均增粉量	日均增加粉丝量
	发布量同比增长	发布量较去年同期同比增长
	原创信息量同比增长	原创信息量较去年同期同比增长
	月均转发 + 评论量同比增长	月均转发 + 评论量、点赞量较去年同期同比增长
内容指数	政务信息	政务信息在发布量中的占比
	民生信息	民生信息在发布量中的占比
	"B类"信息	"心灵鸡汤、商业抽奖"等信息在发布量中占比的负数
集群指数	覆盖度	下属单位中开通政务新媒体的比例
	上级互动	转发评论上级单位发布信息的次数
	下级联动	被下属单位转发评论次数

注:成长指数一项中的数值均为某账号考量值和行业平均值的比值

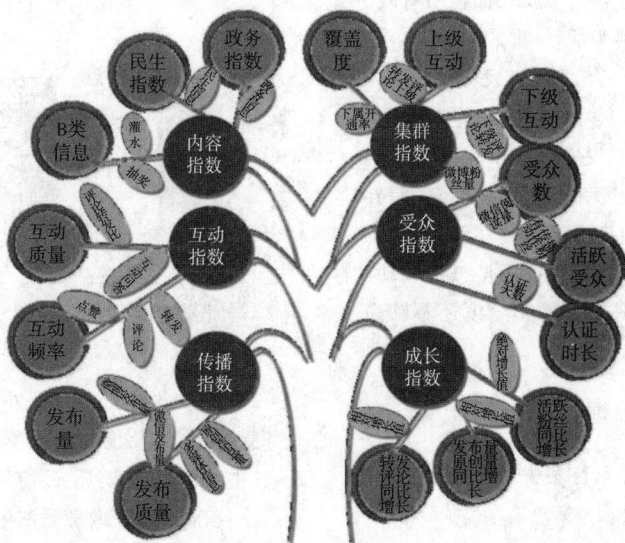

图1　中国政务新媒体排行榜评估体系树状图

三、政务新媒体综合影响力分析

(一)中央国家机关政务新媒体

2014 年,中央国家机关微博累计发布内容超过 30 万条,累计覆盖超过 2.3 亿人次,微信累计推送内容超过 1 万次。其中,"公安部打四黑除四害""中国政府网"等账号在两大微博平台的覆盖人数在 1000 万人以上,且排名前十的中国国家机关政务新媒体原创度均达到了 90% 以上。

(二)省级政务新媒体

截至 2014 年 11 月 30 日,全国各地方省份政务微博累计覆盖超过 1 亿人次,发布内容超过 10 万条,被转发评论超过 200 万次,全国地方省份政务微博开通率达到 70% 以上(不含港澳台地区);"上海发布""北京发布""重庆微发布"等账号的综合实力排名全国前列。

(三)城市政务新媒体

2014 年,各地市政务新媒体在内容建设工作中的整体表现呈现上升趋势,"0 发布"的城市微博占比较之 2013 年同比下降 16.5%,"心灵鸡汤""商业抽奖""灌水"类内容的占比明显走低,民生类信息同比上涨 17.9%。

(四)省、市级机关政务新媒体

2014 年,"微博矩阵"联动发声成为"大势所趋",各省级、市级机关政务新媒体成为省级单位政务新媒体的"左膀右臂",外宣、党建、公安、教育、民政、共青团、交通、司法、旅游、气象、地震等多个系统的政务新媒体发展迅猛,其中公安系统政务新媒体在所有政务新媒体中占比最高,表现最为活跃。

(五)政务新媒体存在的问题与不足

政务新媒体在迅猛发展中也暴露出一些需要我们共同来关注的问题,比方说发展的不均衡,各地区新媒体发布的数量、质量、互动性方面存在较大差异;二是信息的沟通和发布趋势不能适应移动互联网舆论场的要求,专业性和亲和力不足;三是忽视联动功能;四是新媒体与传统媒体的资源整合度还不够高,信息内容存在断层的现象。

四、政务新媒体运营分析

(一)2014 年全国政务微博发展情况

1. 全国政务微博运营情况概览

如图 2 所示,截至 2014 年 11 月底,我国政务微博认证账号(含新浪微博、腾讯两大平台)达到 27.7 万个,累计覆盖 43.9 亿人次,中央国家机关政务微博认证账号达到 219 个,累计覆盖 2.7 亿人次,省级及以下各级单位政务微博认证账号超过 19.4 万个,累计覆盖 20.8 亿人次。

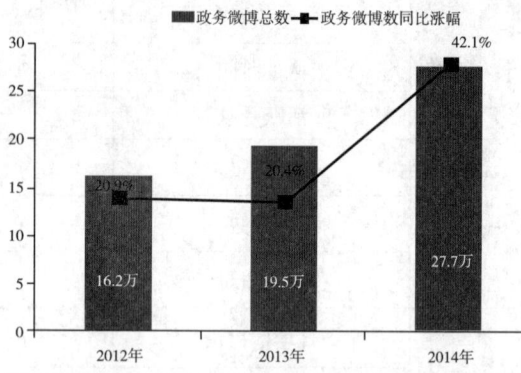

图 2　中国政务微博账号数量增长情况

2. 全国政务微博运营成长情况

2014 年,"微博国家队"在各大微博平台中均成为传播最为活跃的第一梯队成员,全国 27.7 万个政务微博累计吸引关注账号超过 40 亿个,2014 年粉丝量累计同比增长达 42.1%,我国人均关注政务微博账号为 3.2 个。

截至 2014 年 12 月,中国政务微博年发布量达到 1782.3 万余条,同比增长 20.1%,转发评论量达 2.3 亿条,同比增长 17.5%。在发布量明显增长的同时,评论转发比、原创微博量方面也有明显提升。

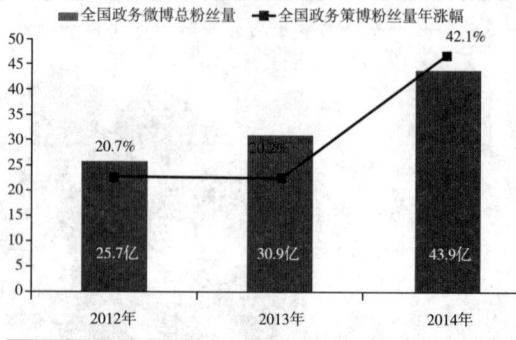

图 3　中国政务微博粉丝增长情况

3. 全国政务微博账号职能分布

2014 年,共青团、公安、外宣、司法、组织部门的政务微博在全国政务微博中覆盖度最广,表现最为活跃,其中共青团、公安类、政府外宣类政务微博账号数量占比较高,构成了政务微博中的第一梯队。

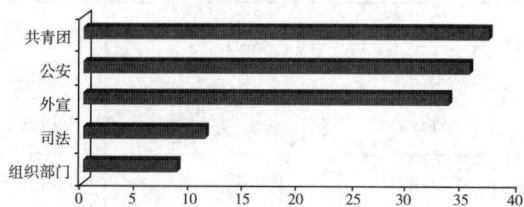

图4 全国政务微博账号主要行业系统分布

(二)政务微信发展情况

1. 政务微信运营概览

本次报告共统计全国 17217 个政务微信公众账号，截至 2014 年 11 月 30 日，推送内容超过 300 万次，推送微信文章达到 1200 余万次，累计阅读量超过 15.3 亿次，各项数据较 2013 年同期均有明显提升。

2. 政务微信账号分布情况

如图 5 所示，在统计范围内的全国政务微信账号中，超过半数账号来自于各级政府职能部门，来自党委、人大、政协、宣传部、组织部等部门的账号占比也接近两成。

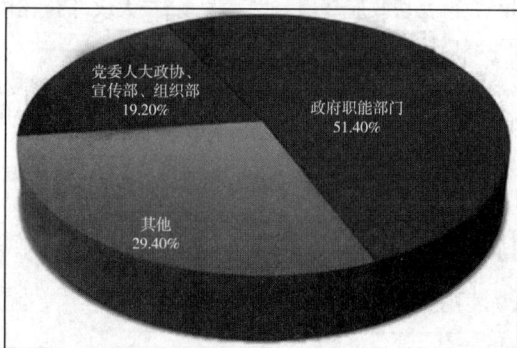

图5 全国政务微信账号分布图

如图 6 所示，在统计范围之内的政务微信账号推送内容中，政务类信息、民生类信息、文化类信息的占比最高，一些优质政务微信账号中的政务、民生类信息占比在 80% 以上。

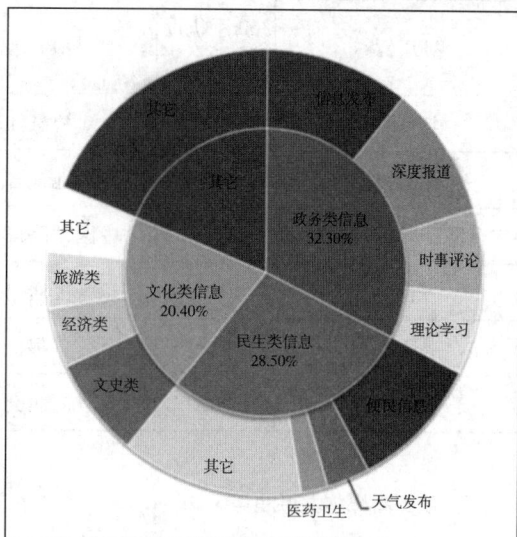

图6 全国政务微信内容分布

(三)政务 APP 发展状况

1. 政务 APP 平台分布

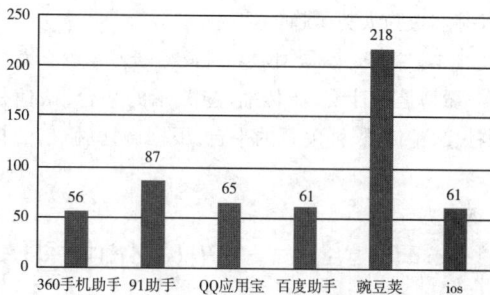

图7 六大应用商店政务 APP 数量分布

2. 政务 APP 下载量统计

从三大平台排行前十的 APP 来看，稳居各大平台政务 APP 下载量榜首。热门政务 APP 大致可分如下几类：一是交通类，包括火车、飞机、地铁等；二是公安类，尤为突出的是各地的交警；三是天气类，由气象局推出的应用成为不少人的必备软件。

表2 三大平台下载量前十的政务 APP

APP 名称	360 手机助手下载量	APP 名称	QQ 应用宝下载量	APP 名称	豌豆荚下载量
12306 官方版	8670000	12306 官方版	3960000	12306 官方版	12330000
北京地铁	390000	买火车票——12306 订票	120000	中国天气通	2390000
广州地铁官方 APP	280000	北京地铁	87000	深圳交警	110000
深圳地铁	170000	广州地铁官方 APP	59000	警民通	50000

APP 名称	360 手机助手下载量	APP 名称	QQ 应用宝下载量	APP 名称	豌豆荚下载量
上海地铁	170000	智慧江苏	56000	深圳天气	50000
武汉交警	50000	上海地铁官方指南	26000	天翼警民通	44000
广东警民通出入境连线	50000	中国铁路订票平台	20000	武汉交警	38000
河北交警	40000	广东警民通出入境连线	14000	美天气	34000
南京地铁	20000	首都机场	12000	广东警民通出入境连线	23000
东莞旅游	20000	河北交警	10000	香港政府通知你	23000

四、政务新媒体发展趋势

（一）政务新媒体矩阵建设提速协调一致共同发声

2015 年，"集群力"对于政务新媒体实现跨越式发展具有战略意义，"独唱"的格局将被打破，而"合唱团"将成为大势所趋。

（二）"双微"融合对接推进政务新媒体综合发展

微博是浅社交、泛传播、弱关系的平台，微信是深社交、精传播、强关系的平台，根据微博、微信的自身特点，二者相互协作、互为补充的模式将成为政务新媒体发展的新趋势。

（三）平台整合能力提升"政务O2O"时代开启

政务新媒体整合区域内资源的作用日益显现。一方面，通过政务新媒体整合信息发布资源，回应群众关切，营造有利的舆论环境；另一方面，线上线下相结合，密切政府部门与网民关系，扩大政务新媒体群众基础。

（来源：新华网）

2014 年中国传媒创新报告（摘编）

中国新闻出版研究院

2014 年，党和国家一系列关于媒体创新与融合新政的出台，以及业界的融合创新实践，使该年度成为新世纪以来，乃至改革开放以来，传媒行业创新发展以及影响未来传媒行业创新发展最重要的年份。

一、2014 年传媒创新背景

2013 年 3 月，新闻出版总署与国家广电总局合并成立国家新闻出版广电总局，将分管报刊和广电的两大部委合并，开启了传媒行业机构整合的序幕。

2014 年，我国出台了十几项关于媒体改革发展的新政，其中，《关于推动传统媒体和新兴媒体融合发展的指导意见》以及 2014 年 10 月 15 日习近平总书记主持召开的文艺工作座谈会最为重要。习近平总书记强调，传统媒体和新兴媒体要优势互补、一体发展，坚持先进技术为支撑、内容建设为根本，推动传统媒体和新兴媒体在内容、渠道、平台、经营、管理等方面的深度整合。提出"文艺是时代前进的号角，最能代表一个时代的风貌，最能引领一个时代的风气"。

近年来财政对传媒行业的扶植力度屡创新高。据《中国新闻出版报》报道，2014 年，全国财政一般公共预算文化体育与传媒支出达到了 2753 亿元，中央文化产业发展专项资金支持新闻出版项目 21 亿元。

无论关于移动互联网元年、移动互联网金融元年之说是否准确，但 2014 年是移动互联网对媒体融合推动巨大的一年，应该是不争的事实。

二、2014 年传媒创新呈现的特点

传统媒体与新媒体通过资源重新配置，逐步向实现资源共享、从而取得双赢的目标前进,迅速形成了传统媒体与新媒体展开互动、探索双赢的新局面。

社交媒体的崛起,反映出传统媒体与社交媒体融合的趋势,很多传统媒体与社交媒体融合发展,收到很好的效果。比如多数传统媒体建立起了自己的官方微博、微信,并建立起自己的客户端,使其传播力、影响力、公信力得到极大提升。

传统媒体在不断尝试探索媒体融合的不同模式,重点突出三个方面:一是充分发挥新媒体平台功能。二是积极推进传统媒体探索新媒体业务。三是按照传统媒体与新媒体融合发展的要求进行内容生产。

把读者、观众变成用户,提供产品化服务;变单向传播为双向传播,提供互动化服务;对读者、观众进行市场细分,提供精准化服务;运用大数据分析,对用户提供深层次全方位服务。

三、2014 报刊业创新十大案例

光明日报社率先提出"融媒体"的概念,从理念、流程、技术、产品、渠道、人才、市场、资本等 8 个方面统筹融媒体的发展,把《光明日报》的核心价值、影响力与光明网的传播力有机融合,通过光明云媒、云端读报等新媒体产品,以及诗词中国、核心价值观百场讲坛等活动,形成新的传播链,实现融媒体价值。

2014 年 7 月 22 日凌晨,澎湃新闻网站、APP 正式上线,澎湃新闻由《东方早报》采编团队运作,是根植于上海的时政思想类互联网平台。自上线以来,已经做出了一批有影响力的栏目,如《中国政库》《打虎记》《人事风向》《一号专案》《舆论场》等。

2014 年 12 月 1 日,《广州日报》迎来了 62 周岁的生日,在这个特殊的日子里,广州日报报业集团中央编辑部正式运作。中央编辑部的定位从三个方面概括:第一,"统一指挥,统一把关";第二,"滚动采访,滚动发布";第三,"多元呈现,多媒传播"。

2014 年 4 月 14 日,《浙报集团媒体融合发展方案》获得浙江省委常委会批准,集团上下加快推进"三圈环流"新媒体矩阵建设,集中精力打造核心圈拳头产品,探索推进边锋网络平台媒体化改造,开拓了主流新闻传播新平台新模式;以新闻传播价值,以服务集聚用户,在全国率先提出"新闻 + 服务"的融合发展路径,并努力践行;2014 年,浙报集团紧紧把握媒体融合的重大机遇,全年实现营收和净利润增长 20% 左右,其中来自互联网等新媒体服务的收入占到集团营收近 40%,利润占到 50% 以上。

2014 年 12 月 18 日华西都市报社提出了全新的融合发展战略——i 战略,并部署向资讯(i - Media)、社交(i - Link)、电子商务(i - EB)、互联网金融(i - Finance)四个方向突破,推出全新的新媒体精准投放广告系统(i - Delivery),实现指数级增长(Induced Exponential Growth),着力构建"小前端、大平台、富生态"的传媒融合发展新格局。

杭州日报报业集团提出"建设'1 + 3'现代传播体系"的战略目标,即建立一支紧密合作的全媒体采编队伍,一套融合报纸、网站和移动终端等"3"种媒体发布渠道的运作体系,实现报纸、网站、APP 客户端、微博、微信五大平台协同,全时段发布、实时发布、多屏发布、立体发布。

截至 2014 年 12 月,都市快报系各类产品用户数达到 5000 万,其中,微信公众号与人民日报、央视新闻、参考消息等一起进入国内媒体影响力第一阵营。其中"都市快报微信矩阵"已达 88 个产品,涉及各个垂直行业领域,总"粉丝"数量已过 130 万,成为杭州广告主们投放新媒体的首选。

在由上海报业集团主办的"2014 中国报业新趋势论坛"中,有 52 家报社与阿里巴巴签署了合作意向书,探索"码上淘"的模式,"媒体电商"正在进一步拓展合作的深度与广度。报纸读者可以通过扫"淘宝码"买到价廉物美的商品,近千万张报纸不再是一个孤立的端口,除了提供新闻之外,报纸还将成为散布城市各社区、各家庭的"移动商品柜台"。

作为国内时尚类四大传媒企业之一,《瑞丽》杂志很早就开始了平面杂志与数字媒体的融合。微电影、轻应用、手机 APP……其中"瑞丽美妆"智能手机客户端,自 2012 年 10 月上线以来,已聚集 40 万用户,日均活跃用户达 3 万人。

为充分挖掘读者资源的价值,《浙商》杂志打造了一系列服务浙商群体的纸质杂志产品群:《浙商·金融家》《浙商·商会圈》《浙商·收藏家》《浙商·悦生活》等系列杂志,与主刊《浙商》一起,为浙商提供财经资讯服务。线上考虑与移动互联网结合,线下继续深耕浙商群体,通过打造一个枢纽型的"浙商圈"平台,形成"新闻 + 资讯 + 社交 + 服务"的生态圈,让成长型浙商、成熟型浙商、商会组织以及政府,形成互动和交易,实现各自价值和商业利益。

四、2014 广电业十大创新案例

2014 年 4 月,湖南广播电视台启动独播战略,被

称为"传统电视台向互联网打响第一枪"。湖南卫视4月20日启动独播,其效果是6月份的时候仅PC端最高峰时日均用户数已突破1400万。这再次证明,用户是跟着内容走的。

为落实台网实质融合、全台共同办网方针,PC端网站与BTV各频道共同"运维"频道网页,自2014年1月正式上线以来,ALEXA全球排名稳定在2600名,在全国省级网络广播电视台中排名第一,品牌影响力和流量呈现急速上升趋势。

2014年9月,天津卫视联合新浪、中广天择传媒共同制作的全球首档台网联动社交生存真人秀《百万粉丝》实现了"台网联动"的双屏合作。这样的制作模式对于中国现有真人秀节目是一次革命性的改变,将彻底颠覆电视人群固有的收视习惯,将互联网人群与电视受众进行有效的捆绑。

2014年1月,"听听FM"成立,12月30日Android和iOS系统平台正式发布1.2.1版本。"听听FM"一期产品已经收录国内外广播电台频率上千个、全国广播电台主播7000多人、草根播客近2000个,点播音频300多万条。全面收录中国大陆、港澳台地区、海外地区的广播电台,是中国覆盖面最大的网络收音机。

2014年12月24日,中央电视台与中国移动通信集团公司在北京正式签署战略合作框架协议,共同创建4G视频传播中心。据统计,截止2014年年底,我国手机视频用户达2.94亿,年增长率为84.1%。4G的广泛应用将为移动视频带来巨大的发展空间和广阔前景。

歌华有线公司于2014年11月27日发布"云平台",通过此平台实现对云体感、云教育和云旅游等全媒体内容聚合,面向互联网、手机、移动终端提供多屏交互电视服务;歌华有线已在2014年年底前后对北京市的用户全部进行升级,2015年起将大力推广OTT盒子。

由东方卫视和广东百合蓝色火焰文化传媒股份有限公司携手打造的国内首档明星跨界时尚真人秀《女神的新衣》颠覆性地打破综艺对于电视的局限,将电视和互联网完美联动,开创了电视业的全新玩法——从单纯观赏行为到直接消费行为,让用户真正为内容买单。

湖南卫视真人秀节目《爸爸去哪儿》是将节目内容转换为IP资源的成功典范。2014年年初,不到一周就完成拍摄的同名电影大获成功,其帮助湖南卫视收获7亿多元的票房。

所谓IP,即英文"Intellectual Property"的缩写,直译为"知识产权",在影视范畴里,指的是某个品牌多种开放的项目总称。广电业通过内容系统的IP化,打通了原本媒体和文化产业间的壁垒,形成了市场扩散效应,使内容变产品、观众变用户,这种产业策略被整个市场所逐渐认可,并继续引领广电业2015年的发展方向。

2014年12月,CCTV-6推出了电视真人秀节目《来吧!灰姑娘》,其从大量"草根"用户上传的以"灰姑娘"为标签的短视频中选取真人秀节目的女主角。这不仅大大降低了电视台的制作和人力成本,同时也增加和丰富了平台自身的内容,成为一种新的节目模式。

2011年12月,基于iOS和Android平台的全媒体软件系统,苏州广电总台打造了苏州本地首个门户手机客户端——"无线苏州"。截至2014年11月,"无线苏州"下载用户量已达160万,日均访问量2400万人次,月使用流量达52T,成为中国城市无线互联网传播平台的标杆和中国新媒体30强。

五、未来媒体融合总体发展趋势

媒体融合有很多趋势,从不同的角度解释会有不同的结果。本报告从主趋向、主战场、主导性三个方面判断未来媒体融合趋势。

2014年8月7日,国家互联网信息办公室印发了《即时通信工具公众信息服务发展管理暂行规定》。8月18日《关于推动传统媒体和新兴媒体融合发展的指导意见》的出台。8月26日,国务院下发《国务院关于授权国家互联网信息办公室负责互联网信息内容管理工作的通知》。这些密集的管理举措,均是政府加大主导融合发展力度的具体举措。

目前我国4G手机用户已经突破1个亿,预计到2015年底将达到4个亿。今年2月27日,工信部向中国电信和中国联通发放FDD经营许可证,未来两年内,4G网络覆盖人口将达10亿以上,我国将全面进入4G时代。移动互联网和智能终端的技术进步,成为媒体融合发展的助推器。

传统媒体在长期发展过程中积累了巨大的政治优势、资源优势、人才优势,只要这些有实力的传统媒体认准了融合发展的方向,并发力去做,这些优势就会发挥巨大作用。例如,新华社新媒体中心成立仅仅两年多的时间,发展迅速,新华社发布客户端用户数实现爆发式增长。到今年 2 月 27 日,总用户数达到 3100 余万,比 2014 年底新增用户数 1161 万。再如,湖北日报报业集团以荆楚网为新媒体发展平台,于 2014 年 7 月实现了在"新三板"上市,其《湖北手机报》订阅用户已破 500 万,"神码"用户规模达 70 万,"东湖社区"注册用户破 100 万,《湖北日报》官方微博和荆楚网官方微博"粉丝"超 110 万。

六、未来媒体创新热点领域

近年来,一股联盟之风正在我国传媒业逐步兴起,云媒体联盟、自媒体联盟、新媒体版权联盟、中国移动媒体联盟等不断涌现。与以往松散性联盟相比,这些新联盟更注重实际合作和实际效果,未来随着媒体融合的进一步深化,这种联盟将成为行业发展热点。

过去三四年间,传统媒体已经开始通过社交媒体讲述新闻故事,这一趋势在 2015 年将会更加明显。并且,社交媒体上的新闻短片将会增多,用户在社交媒体上传的新闻短片在 2015 年将会继续备受追捧,数量和关注度会激增。

参与感以及能给人带来成就感的新闻 APP 产品,是未来传统媒体吸引读者的关键。能让读者在短时间内完成阅读的 APP 将成为新闻产品市场的未来趋势。

截至 2014 年 11 月底,我国政务微博认证账号(含新浪微博、腾讯两大平台)达到 27.7 万个,累计覆盖人数达 43.9 亿人;中央国家机关政务微博认证账号达到 219 个,累计覆盖人数达 2.7 亿人;省级及以下各级单位政务微博认证账号超过 19.4 万个,累计覆盖人数达 20.8 亿人。上述政务新媒体的影响力日益凸显,标志着我国"政务 O2O"时代已经开启。未来政务新媒体将继续保持多元化的发展趋势,在政务新媒体矩阵建设、双微融合对接和平台资源整合等方面将取得进一步突破。

原载《传媒》2015 年 4 月下

传媒蓝皮书:中国传媒产业发展报告(2015)(摘编)

清华大学新闻与传播学院　　　社科文献出版社

一、2014 年全年传媒产业总值首次超过万亿元大关

2014 年的中国传媒产业在调整中稳步前进,在融合中寻求突破。从宏观层面看,十八大以来,我国在政治、经济、社会各个领域呈现出崭新面貌,经济增长速度平缓稳定,2014 年国内生产总值(GDP)达 63.64 万亿元,同比增长 7.4%。特别值得一提的是互联网信息技术带动传统产业升级的影响已直接映射在产业规模的增长上,新兴产业不断涌现,催生新的经济增长点,文化传媒业亦成为其中不可忽视的一支力量。同时,传媒产业的结构性调整走向深化,互联网不但对传统媒体具有替代效应,也通过媒体融合形成促进力,使传媒产业保持整体稳定增长的态势。根据清华大学传媒经济与管理研究中心的统计测算,2014 年全年传媒产业总值达 11361.8 亿元,首次超过万亿元大关,较上年同比增长 15.8%。

二、2014 年网络广告收入首次超过电视广告,报纸已处于市场生命周期的衰退期

随着互联网等新兴媒体的快速崛起,传媒产业呈现整体繁荣、局部下滑的局面。相较我国其他国民经济支柱产业,传媒产业规模还比较小,对 GDP 的贡献率仅为 1.5%,但近年来一直保持两位数以上的增长。2014 年在 GDP 增长放缓的情况下,中国传媒产业年增长率仍小幅上扬,从 2013 年的 15.5% 上升至 2014 年的 15.8%,超过 GDP 增长率 2 倍多。然而,传媒产业整体发展的良好态势主要依赖于基于互联网的新兴媒体。2014 年互联网与移动增值市场的份额不但一举超过传统媒体市场份额总和,领先优势达到 10.3%,并且差距还有继续扩大的趋势。尽管传媒产业是中国乃至全球范围内的朝阳产业,然而以报纸为代表的部分传统媒介产品已经处于其市场生命周期的衰退期。

传统媒体的预势还直接体现在传媒细分行业 2014 年的数据中,广播广告经营额、电影广告收入、

图书销售收入和移动内容及增值收入呈现较好增长趋势。电视广告市场的增长趋于平缓，连续两年增长率低于两位数。下降幅度最大的是报纸发行收入，报纸广告收入则是连续4年下降，2014年的下降幅度更是达到15%。电视和报纸都面临着前所未有的巨大危机。与此同时，网络广告收入和网络游戏收入的增长速度尽管有所放缓，但仍保持了较高的增长，特别是网络广告收入首次超过电视广告，收入规模超过1500亿元。

三、报业"断崖式"下滑，2015年发展形势严峻

2014年，《新闻晚报》悄然停刊，"澎湃新闻"横空出世，既是新旧交替的符号，也标志着纸媒的没落。2014年全国报纸印刷用纸量约为270万吨，比2013年减少了近1/4。这说明尽管各家报社对发行量讳莫如深，但报纸发行量事实上下降了25%左右。同时，报业赖以生存的广告市场连续4年负增长，2014年的下降幅度甚至达到两位数。广告和发行量双双折载，报业步入衰退期已难挽颓势，甚至有专家称报业正遭遇"断崖式"滑落。由于缺少行政力量的庇护，发行量下降的报纸主要集中在市场化程度高的都市类报纸、东部沿海地区省级党报及部分经济发达的地市级报纸。蓝皮书课题组对30多家都市类报纸的最新调查结果显示，2015年第一季度报业广告下滑更为严重，普遍下降20%以上，个别报纸下降幅度高达30%，发行量也普遍下降，其中汽车、房地产等传统广告大户的流失情况最为严重。宏观经济发展速度放缓，加上新媒体对传统媒体广告市场的不断挤压，预计2015年报业发展形势将更为严峻。

四、2014年是互联网国家战略地位确立的一年，粗放式成长时代已经结束

2014年是互联网国家战略地位确立的一年。从马云、李彦宏等互联网业界大佬频频出现在国家级访问和重要国际会议名单上，到首届世界互联网大会的召开，到正式提出《关于推动传统媒体和新兴媒体融合发展的指导意见》，再到将网络安全上升至国家安全战略层面……党和国家正逐步释放出将互联网作为国家主流媒体渠道，确立其国家战略地位的信号。这既是互联网快速发展的必然结果，也标志着互联网发展进入了新的历史阶段。

时至今日，全球范围内的网络空间需要建立一种新秩序，互联网也将承担更多的社会责任，受到更为严格和规范的监管。虽然互联网让我们的生活更快捷、便利、高效，互联网的开放性和用户内容生产的便捷性，也促进了公民社会的构建和媒介社会责任的实现；但是，开放式的生产模式容易带来信息内容的泛滥，未加鉴别的意见交织容易造成无意义的喧哗，缺乏自律的用户群体导致的网络"水军"横行和"网络审判"等问题，以及众多权利主体界定不等引发的利益冲突……这些问题都将成为政府亟须解决的问题，也将推动互联网规制体系的建立和完善。可以预见，互联网粗放式成长时代已经结束，整个行业将走上更加规律和有序的发展道路。

五、移动媒体成为媒介融合的连结点，移动广告超越传统互联网广告指日可待

《报告》中，清华大学传媒经济与管理研究中心勾勒传媒产业四大板块格局，平面、广电、互联网和移动互联网四分天下，其中移动互联网表现尤为亮眼。2014年6月，中国手机上网人数首次超过PC，手机支付、手机银行、手机网购、手机旅行预订成为用户覆盖率增长最快的应用。《报告》引用艾瑞咨询统计数据称，2014年中国移动广告市场规模达296.9亿元，同比增长122.1%，增长率连续3年超过100%，预计到2016年，市场规模将超过1000亿人民币。百度移动端广告收入在2014年末超越PC端。主打移动营销的上市公司也受到资本市场的大力追捧。另据2015年5月的国外媒体最新报道，谷歌在美国等10个国家的市场上，移动设备已经超越个人电脑，成为了用户搜索查询的主要平台。种种迹象表明，无论是在国内还是全球市场，移动互联网正快速成长为传媒产业的支柱板块，并成为媒介融合的关键连结点。

六、20:45～22:00为浏览网络新闻高峰

蓝皮书作者进行了"移动互联网时代我国城市居民媒介接触使用状况"大型调研，通过随机采样获得了来自天津(762个)、青岛(683个)和西安(759个)三个城市共计2204个有效随机样本。

网络新闻的接触率从6:00开始逐渐攀升，9:00～9:15达到2%，形成第一个峰值，之后一直维持在1%～2%之间，到了20:00以后开始再一次攀升，到20:45～21:45达到晚间峰值4%，22:00以后逐渐回落。因此一天中网络新闻接触率最高的时段是20:45～22:00。

标准网络新闻用户主要在自己住所的客厅、自己

住所的卧室以及工作（学习）场所浏览网络新闻,在这类空间浏览网络新闻的日均时长分别占浏览网络新闻日均总时长的33%、26%和23%。

标准网络新闻用户浏览网络新闻主要发生在与家人在一起、独自一人以及与同事或其他相识的人在一起的关系情境下,占比分别为40%、33%和23%;发生在与亲戚或朋友、与陌生人在一起的关系情境下,占比总合为4%。

七、2014年平均每月出现3部票房过亿元的国产片,中国已经成为全球电影产业中最为活跃的区域

2015年5月9日,由清华大学新闻与传播学院及社会科学文献出版社共同举办的《传媒蓝皮书:中国传媒产业发展报告(2015)》发布会在京举行。

全年内地院线发行电影388部,有66部票房过亿元,其中国产片占36部。平均每个月有近6部票房过亿元影片上映。国产片总收入161.55亿元,占比54%;进口片占比46%。在配额限制和市场调控背景下,国产片份额优势勉强维持。全年票房冠军则由好莱坞电影《变形金刚4》获得,其19.8亿元的票房收入,不仅超过该片在北美本土市场的成绩,也成为中国电影市场上遥遥领先的单片票房纪录。

2014年,全球电影市场多少有些老气横秋,作为世界第一大电影市场的北美地区,其票房甚至稳中有降。而中国电影市场则仍然青春焕发,产业数据喜人,市场要素积极,中国在全球电影市场的大国地位进一步巩固。与此同时,全球电影市场也对中国电影市场刮目相看、倍加重视。中国已成为全球电影产业中最活跃的区域。

八、审查分级、高端人才、高新技术、版权保护、市场规则,是中国电影未来发展必须迈过的五道坎

对于未来中国电影产业来说,行政管理的当务之急也许并不是微观促进某部电影的票房,而应确立并保障电影的市场规则,让电影竞争健康有序,减少恶性竞争带给电影的负面影响;应该加强电影的法制化管理,尽快推动中国特色的电影分级管理体系,清晰划分普通级、辅导级和不宜级别的不同审查标准;应该把有限的电影基金用于国际化的高端人才、电影技术人才的培养;应该推动建立市场化的数字时代的电影制作基地;应该完善和改进电影合拍规则,促使中国电影与世界电影更广泛的合作;应该支持多样化的电影批评,为电影健康发展营造既政策宽松但又有舆论监督的良性环境。

中国电影仍然处在蜕旧变新的过程中,创作者的新老交替正在进行,新市场新观众带来的电影美学观念的调整还在摸索过程中,市场机制尚未成熟,电影价值观的探索和表达还缺乏自觉意识,甚至高新技术带来的对电影创作观念的冲击也还没有完全适应,中国从一个电影大国成为电影强国的目标还任重道远。审查分级、高端人才、高新技术、版权保护、市场规则,是中国电影未来发展必须迈过的五道坎,也是中国从电影大国到电影强国之间的真正距离。

九、政策资金门槛倒逼出现视频自制元年

由于境外视频内容的审控加紧以及引进成本增加,自制剧、自制栏目纷纷成为各家视频网站内容来源的现实路径。2014年国内网络自制剧迎来了井喷之年,行业正在迎接着巨大转折。从自制剧的类型来看,视频网站涉足的内容从单一的迷你剧、清新剧向剧情剧、类型剧转变;制作成本大幅提高,甚至高于传统制作的电视剧。从自制栏目看,视频网站的自制能力大幅提高,从单纯的娱乐脱口秀节目逐渐发展到细分的专业财经、历史脱口秀等节目,并瞄准精准的分众市场。部分视频网站开始尝试引进国外真人秀节目版权,自主进行本土化的研发和生产。

如搜狐视频投资拍摄的网络自制剧《匆匆那年》,成为第一部单集投入超过一百万元的网络自制剧,用高成本制作刷新了业界对网剧粗制滥造、成本低廉的认识,其制作水准已经接近甚至达到了院线电影的同级水平,营销推广也达到了电影量级,并且获得不错的市场反响,迅速收回了投入成本。爱奇艺2014年重点打造的大型脱口秀节目《奇葩说》成为年度自制栏目的热点,无论是广告赞助、点播量,还是社交媒体讨论热度都大获成功。在网络视频内容越来越精分和垂直的环境下,爱奇艺还打造了一批专业类脱口秀节目,如《晓松奇谈》《吴晓波频道》《超级脱口》等。一些新兴的新媒体视频内容制作公司也获得热捧,如成立于2012年的万合天宜。得益于其独特的网络亚文化和草根话语形态的影像表达能力,万天合宜制作的网络迷你喜剧《万万没想到》和《报告老板》获得市场热捧,甚至成为新的网络文化原生地,此外万合天宜的成功也得益于优酷新的用户分成商业模式。

（来源:人民网）

2014～2015 中国网络新媒体用户研究报告（简版）

艾瑞咨询集团

报告摘要

（1）年轻和高学历是新媒体用户主要特征

新媒体男性用户占比为 57.3%，女性用户占比为 42.7%；近一半用户集中于 80 后（26～35 岁），占比为 49.5%；用户中大学本科及以上人群占 55.8%，大学专科人群占比为 27.2%。

（2）各终端观看内容相互补充

新媒体用户在传统电视端观看的内容以电视剧和综艺节目为主，比例分别为 65.0% 和 57.8%；互联网电视与平板电脑端观看内容相似，均以电影和电视剧为主；智能手机端则以新闻资讯和电影为主，比例分别为 51.8% 和 50.1%。

（3）移动端阅读满足用户八卦欲

社会新闻资讯是新媒体用户在移动端最喜欢的阅读内容，占比为 54.5%；其次是娱乐新闻资讯，占比为 47.6%；第三是财经新闻资讯，占比为 39.1%。

（4）家庭休闲、出行是移动音频 APP 的主要使用场景

家庭休闲和出行场景是移动音频类 APP 的主要使用场景。其中无车族家庭使用场景占比为41.2%，公共交通使用场景占比为 20.8%；有车族家庭使用场景占比为 38.9%，车内场景占比为 38.6%，公共交通场景占比为 19.2%。

（5）3G/4G 资费贵，Wi－Fi 成智能手机用户看视频的主要途径

74% 的新媒体用户通过 Wi－Fi 网络观看视频，15% 的用户是通过 3G 或者 4G 网络观看视频，11% 的用户两者的使用频次相当。

（6）新媒体用户付费意愿相对较高

30.3% 的新媒体用户愿意为视频或文字内容付费。

一、用户属性分析

（一）80 后、男性是新媒体用户主力军

艾瑞调研数据显示，新媒体男性用户占比为 57.3%，女性用户占比为 42.7%，同整体网民性别分布基本一致；从年龄分布来看，新媒体用户中近一半集中于 80 后（26～35 岁），占比为 49.5%，年龄中位数为 29.9 岁，相较于整体网民年龄中位数 21.9 而言，新媒体用户平均年龄偏高，较为成熟。结合分析可见，80 后、男性是新媒体用户主力军。

艾瑞分析认为，80 后的成长伴随中国互联网的快速发展，互联网对这一代人有着深刻的影响，80 后对互联网有非常高的依赖性。此外，80 后一代逐渐实现经济独立，有能力购买智能手机、平板电脑等新媒体终端设备。因此，新媒体用户主要以 80 后为主。

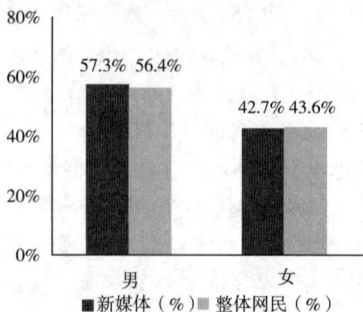

2014年中国新媒体用户与整体网

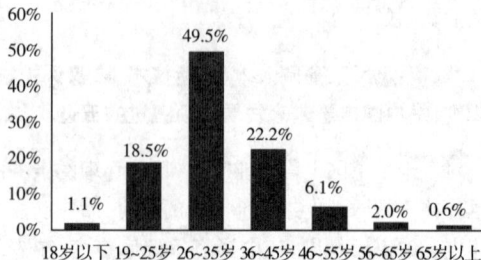

2014年中国新媒体用户年龄分布

来源：整体网民性别分布数据来自 CNNIC《第 35 次中国互联网络发展状况统计报告》。

样本：N＝3446；于 2014 年 12 月至 2015 年 1 月通过 iUser Survey 在 iClick 社区上联机调研获得。

（二）新媒体用户集中分布于东部省份

艾瑞调研数据显示，新媒体用户覆盖率 TOP5 的省市分别为：广东省（覆盖率为 12.4%）、山东省（覆

60　中国互联网与数字出版研究指南（2014～2015）

盖率为 10.5%)、江苏省(覆盖率为 8.4%)、北京市(覆盖率为 6.9%)和上海市(覆盖率为 6.6%)。从地区来看,东部地区新媒体用户覆盖率达 67.5%,中部地区为 22.8%,西部地区为 9.7%。新媒体用户分布与整体网民分布一致,并且新媒体用户集中分布于网民较为成熟的省份。

艾瑞分析认为,东部省份经济发达,网络基础设施较为完善,网民接触互联网较早,网民较为成熟。同时,东部省份人均 GDP 全国领先,人们生活富足,在精神文化和休闲娱乐层次有较高需求。

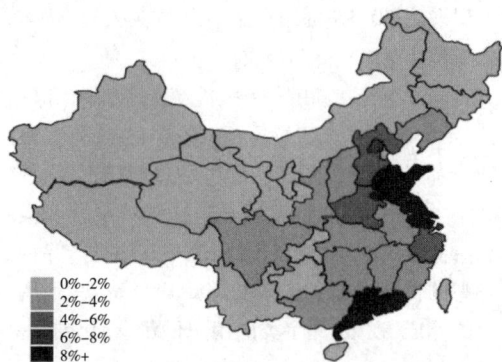

注释:港澳台地区数据缺失。
样本:N = 3446;于 2014 年 12 月至 2015 年 1 月通过 iUserSurvey 在 iClick 社区上联机调研获得。

二、用户使用行为分析

(一)PC 及智能手机拥有率高

此次调研显示新媒体用户群体大多有跨屏使用行为,该类人群的互联网使用较为成熟,其中新媒体用户台式机及笔记本电脑的拥有率为 80.1%,智能手机的拥有率为 79.5%,传统电视拥有率为 54.2%,互联网电视的拥有率为 45.5%,平板电脑的拥有率为 43.6%,PC 及智能手机的拥有率远高于传统电视、互联网电视和平板电脑的拥有率。

艾瑞分析认为,互联网电视及平板电脑的普及率还有非常大的提升空间。智能化、个性化和移动化是未来生活的发展趋势,互联网电视除提供传统电视功能外,还支持用户自主选择观看内容,符合智能化和个性化的趋势;未来随着 Wi-Fi 覆盖范围的拓宽,平板电脑的普及率将会有较大幅度的提升。

(二)各终端观看内容相互补充

艾瑞调研数据显示,新媒体用户在传统电视端观看的内容以电视剧和综艺节目为主,比例分别为

65.0% 和 57.8%;互联网电视与平板电脑端观看内容相似,均以电影和电视剧为主;智能手机端则以新闻资讯和电影为主,比例分别为 51.8% 和 50.1%。

艾瑞分析认为,各终端主要观看内容相互补充。传统电视节目以电视剧和综艺节目为主,电视节目缺少用户自主选择性;互联网电视和平板电脑由于联网,实现观看内容的自主选择,用户可选择观看传统电视收看不到的或错过的内容,在一定程度上对传统电视内容进行补充;智能手机具有非常强的可移动性,满足用户碎片化时间的观看需求,适合观看新闻等短视频或缓冲好的电影。

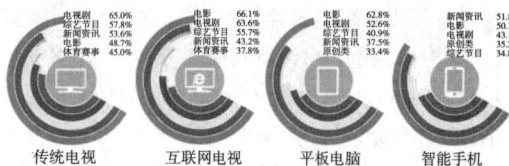

样本:N = 3446;于 2014 年 12 月至 2015 年 1 月通过 iUserSurvey 在 iClick 社区上联机调研获得。

(三)电视和平板高峰在晚间,智能手机高峰在午休时段

艾瑞调研数据显示,电视(包含互联网电视)在 18 时前覆盖人数较小,18 时至 22 时覆盖人数比例达到高峰 62.0%,之后迅速下降;平板电脑全天覆盖人数比例变化与电视类似;智能手机从早上 8 时开始至 22 时,整个苏醒时段覆盖人数比例均在 40% 以上。与电视和平板电脑不同的是,智能手机使用高峰时段不是 18 时至 22 时,而是出现在 12 时至 14 时的午休时段。

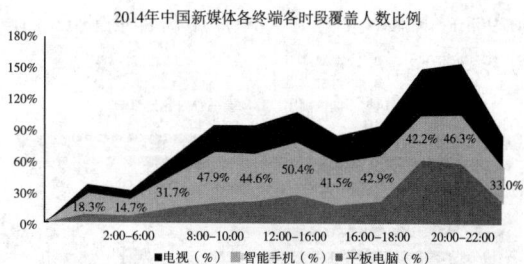

2014年中国新媒体各终端各时段覆盖人数比例

样本:N = 3446;于 2014 年 12 月至 2015 年 1 月通过 iUserSurvey 在 iClick 社区上联机调研获得。

艾瑞分析认为,智能手机由于其具有非常高的可移动性,满足用户随时随地观看视频和阅读的需求,并能填充年轻白领碎片化的休闲时间,因此覆盖了传统电视媒体难以达到的"灰色时间带"。

三、不同用户使用行为分析

(一)年轻人偏爱小说和娱乐新闻

艾瑞调研数据显示,未成年在移动端阅读内容 TOP3 分别为:小说(占比为 58.3%)、社会新闻资讯(占比为 45.8%)、娱乐新闻资讯(占比为 33.3%);90 后移动端阅读内容 TOP3 分别为:娱乐新闻资讯(占比为 58.0%)、社会新闻资讯(占比为 48.9%)、小说(占比为 45.7%);80 后移动端阅读内容 TOP3 分别为:社会新闻资讯(占比为 52.4%)、娱乐新闻资讯(占比为 48.4%)、财经新闻资讯(占比为 37.7%);70 后及以前移动端阅读内容 TOP 分别为:社会新闻资讯(占比为 61.4%)、财经新闻资讯(占比为 50.8%)、娱乐新闻资讯(占比为 40.6%)。可见,年轻人更偏爱小说及娱乐新闻等休闲娱乐类型,而中老年人更为偏爱社会新闻和财经新闻等文字内容。

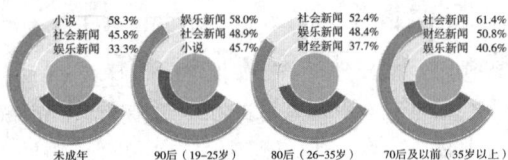

未成年	90后(19~25岁)	80后(26~35岁)	70后及以前(35岁以上)
小说 58.3%	娱乐新闻 58.0%	社会新闻 52.4%	社会新闻 61.4%
社会新闻 45.8%	社会新闻 48.9%	娱乐新闻 48.4%	财经新闻 50.8%
娱乐新闻 33.3%	小说 45.7%	财经新闻 37.7%	娱乐新闻 40.6%

样本:N = 3446;于 2014 年 12 月至 2015 年 1 月通过 iUserSurvey 在 iClick 社区上联机调研获得。

(二)男人爱新闻,女人爱追剧

艾瑞调研数据显示,男性新媒体用户移动端观看内容 TOP3 分别为:新闻资讯(占比为 53.7%)、电影(占比为 50.7%)、电视剧(占比为 37.0%);女性用户移动端观看内容 TOP3 分别为:电视剧(占比为 50.9%)、电影(占比为 49.3%)、新闻资讯(占比为 49.3%)。

2014年不同性别用户移动端观看内容分布

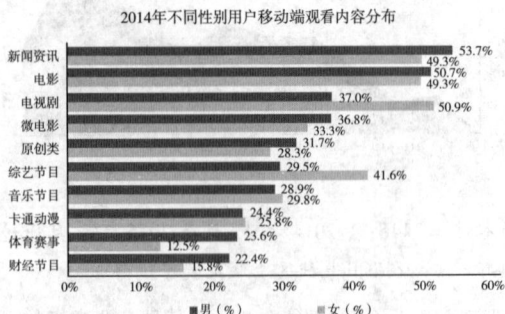

	男(%)	女(%)
新闻资讯	53.7%	49.3%
电影	50.7%	49.3%
电视剧	37.0%	50.9%
微电影	36.8%	33.3%
原创类	31.7%	28.3%
综艺节目	29.5%	41.6%
音乐节目	28.9%	29.8%
卡通动漫	24.4%	23.8%
体育赛事	23.6%	12.5%
财经节目	22.4%	15.8%

样本:N = 3446;于 2014 年 12 月至 2015 年 1 月通过 iUserSurvey 在 iClick 社区上联机调研获得。

此外,女性用户在电视剧上高于男性 13.9 个百分点,在综艺节目上高于男性 12.1 个百分点;男性用户则在体育赛事高于女性 11.1 个百分点,在财经节目上高于女性 6.6 个百分点。

四、用户付费意愿分析

(一)新媒体用户付费意愿相对较高

艾瑞调研数据显示,69.7% 的新媒体用户不愿意为视频或文字内容付费,30.3% 的新媒体用户愿意为视频或文字内容付费。结合移动网民付费的网络服务类型来看,30.3% 的用户愿意为视频或文字内容付费处于付费意愿较高的档次。

艾瑞分析认为,由于网民传统免费观看和阅读习惯,及我国知识产权意思相对薄弱,当前网民对除游戏产品外的互联网产品的付费意愿仍不高,视频及文字类的付费意愿在 30.3% 虽相较于游戏类付费意愿低近 32 个百分点,但相较于其他类产品而言有较高的付费意愿。未来随着用户付费观看、阅读习惯的养成,视频、文字类的用户付费意愿会有一定提升空间。

2014年中国新媒体用户付费意愿　　2014年移动网民网络服务付费意愿

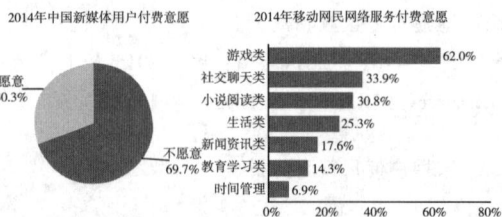

愿意 30.3%	
不愿意 69.7%	

游戏类	62.0%
社交聊天类	33.9%
小说阅读类	30.8%
生活类	25.3%
新闻资讯类	17.6%
教育学习类	14.3%
时间管理	6.9%

来源:2014 年移动网民网络服务付费意愿数据,来自 CNNIC《2013 ~ 2014 年中国移动互联网调查研究报告》。

样本:N = 3446;于 2014 年 12 月至 2015 年 1 月通过 iUserSurvey 在 iClick 社区上联机调研获得。

(二)用户倾向按次和包月方式,且付费金额不高

艾瑞调研数据显示:①从付费方式来看,49.2% 的新媒体用户倾向于包月付费的形式,46.0% 的用户倾向按次付费的形式,24.9% 的用户倾向包年付费的方式。②从付费金额来看,愿意包月付费的用户中有 86.9% 的用户接受小于 20 元/月的费用;愿意按次付费的用户中有 85.3% 的用户接受小于 10 元/次的费用;愿意包年付费的用户中有 57.9% 的用户接受 150 元/年的费用。可见,新媒体用户倾向按次和包月的付费方式,并且一次性支付金额不高。

2014年中国新媒体用户愿意付费方式　　2014年中国新媒体用户付费金额

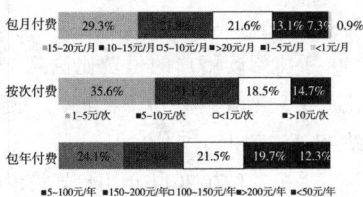

样本:N = 3446;于 2014 年 12 月至 2015 年 1 月通过 iUserSurvey 在 iClick 社区上联机调研获得。

（三）电影、小说和教育类用户付费意愿最高

艾瑞调研数据显示,新媒体用户愿意付费视频/文字类型 TOP5 分别为:电影（占比为 53.4%）、小说（占比为 31.0%）、教育类（占比为 28.2%）、电视剧（占比为 26.8%）、演唱会（占比为 26.2%）。

艾瑞分析认为,电影、小说等相关视频和文字的付费意愿最高,反映出用户对热门电影及小说有较高的兴趣,并愿意为其感兴趣的内容付费;在教育类视频或文字上付费意愿高,说明用户在提升自我方面更愿意投入。

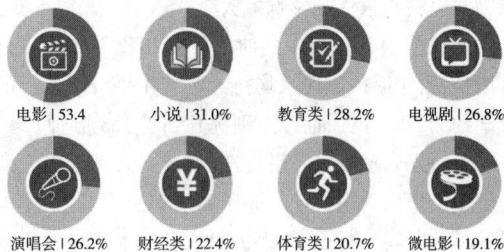

电影 | 53.4　小说 | 31.0%　教育类 | 28.2%　电视剧 | 26.8%

演唱会 | 26.2%　财经类 | 22.4%　体育类 | 20.7%　微电影 | 19.1%

样本:N = 3446;于 2014 年 12 月至 2015 年 1 月通过 iUserSurvey 在 iClick 社区上联机调研获得。

（来源:艾瑞网）

2014 年中国手机网民娱乐行为研究报告

CNNIC 中国互联网络信息中心

一、调查介绍

（一）调查对象

中国有手机的 6 岁及以上常住居民,最近半年使用手机接入过互联网,且进行过手机娱乐活动的手机网民。

（二）调查规模

本次调查截止时间为 2014 年 12 月 30 日,成功样本量共为 2029 个,覆盖中国大陆一至五线城市。

其中,涉及规模数据采用 CNNIC 第 35 次中国互联网调查项目执行,样本量 76000 个。

（三）调查样本分布

电话调查的目标总体是中国大陆（除港、澳、台三地）手机网民。

CNNIC 随机抽取华北、东北、华东、华南、华中、西北、西南 7 大区域内的各级城市。

根据城市所有手机局号,通过随机生成手机号码的方式,抽取手机用户进行访问,最终样本量为 2029 个,样本满足在置信度为 95% 时,估计的最大允许绝对误差小于 5%。

（四）调查方式

通过计算机辅助电话访问系统（CATI）进行调查,随机生成电话号码,全部为手机号。

（五）调查随机性和准确性控制方法

拨打号码的随机生成 CNNIC 研究人员完成,以保障抽取样品的随机性,完成调查后,电话调查公司须提供所有电话的拨打明细情况给 CNNIC,进行抽查。

为避免接通率对随机性的影响,对号码无法接通的情况,采取至少拨打三遍的方式。

为避免访问员个人观点对访问造成的影响,规定不需要读出的选择一律不加以任何提示,并追问到位。

电话调查结束后对数据进行预处理、核对了变量的取值和变量之间的逻辑关系等,对于不合格的样本给予整体删除处理。

二、报告摘要

手机娱乐因其随身、随时、私人化的特点在网民的日常生活中扮演着越来越重要的角色,98% 的手机网民在过去半年内曾使用过音乐、视频、游戏、阅读等

娱乐性手机应用。

手机娱乐对网民的日常娱乐活动产生的影响较小,只有24.4%的手机网民认为自己因为进行手机娱乐而减少了其他日常娱乐活动,但有46%的网民认为对电脑娱乐活动影响极大。

网民使用手机娱乐的时间长度相比去年有了显著增长,去年手机网民平均每天花费在手机娱乐上的时间约为109分钟,而今年则提升到了158分钟。

手机娱乐场景分布呈高度集中趋势,周末或假期使用手机娱乐的网民比率高于乘坐交通工具、工作空隙等零碎时间,这标志着手机娱乐已经逐渐突破原本单纯依靠碎片化时间的模式,开始朝着耗时长、重度化应用的方向过渡。

截止至2014年12月,我国手机游戏用户已达2.48亿人,使用率为44.6%,较去年同期增长了1.5个百分点。在这些手机游戏用户中,49.7%的玩家都是2年以内的新用户。

在用户选择一款手机游戏时,54.9%的手机游戏玩家会根据游戏类型选择试玩一款新游戏,48.6%的手机游戏玩家会因为周围的朋友在玩一款手机游戏而愿意试玩。

77.4%的用户直接通过无线网络从应用商店的游戏专区下载游戏,通过搜索引擎、微信、游戏网站等渠道下载游戏的比率都接近25%,而愿意点击应用内广告下载游戏的比率则较低,只有12%。

手机视频在2014年迅猛发展,全年新增手机视频用户达6611万人,使用率由49.3%提升至56.2%,增加了6.9个百分点。

电视剧和电影依然是手机视频用户们的最爱,使用比率超过50%,综艺娱乐类节目和新闻、时尚类资讯,用户收看比率均达到41.6%。

手机视频用户的付费比例达到11.3%,其中月均花费在10~50元的用户比例最高,达到45.6%,其次为月均付费6~10元的用户,比例为30.7%。

2014年底,我国使用手机网上看新闻的用户和手机网络文学用户分别达到4.15亿和2.26亿,市场前景巨大。

在包括纸质书籍、电脑、手机、平板电脑在内的阅读方式中,手机阅读的使用比例最高,达到84.6%,远超其他阅读方式。

手机阅读用户中,使用过手机听书软件的用户比例接近全部用户的五分之一,作为新生事物未来有较大的发展空间。

手机网民在手机端阅读主要以新闻资讯和小说为主,分别占80%和48.4%。

手机阅读用户的付费比例到13.1%,其中月均花费在5元以下和10.5元的用户是主要群体,分别站42.1%和35.3%。

手机音乐在2014年用户规模增长7538万,总体规模达到366亿,使用率增长了7.6个百分点,达到65.8%,是使用率增长最大的手机娱乐类应用。

在使用手机听音乐的用户中,24.3%的用户会使用手机自带的播放器收听音乐,而75.7%的用户选择使用自己下载的其他播放器收听音乐。

界面简洁美观和乐曲资源丰富是用户选择手机音乐类应用的最重要因素,影响用户选择的比例分别达到51.2%和51.1%,而对于能否收看歌曲MV、是否支持多中音频格式、是否可以自行上传歌曲等功能则侧重度较低。

手机音乐用户的付费能力普遍较低,为手机音乐付过费的用户占总体的5.9%,且其中42.6%的用户月均付费在5元以下。

三、手机网民娱乐行为分析

近年来,随着智能手机的快速普及和移动网络基础建设的日趋完善,我国手机网民规模快速增长的同时也对手机网上娱乐提出了更加多样化、精品化的需求。手机娱乐因其随身、随时、私人化的特点在网民的日常生活中扮演着越来越重要的角色,据调查,98%的手机网民在过去半年内曾使用过音乐、视频、游戏、阅读等娱乐性手机应用,其巨大的潜在商业价值促使大量掌握高新技术的年轻创业者涌入移动互联网行业,加上传统互联网巨头的资本注入,共同推动了手机娱乐类应用快速发展,当前娱乐类应用已经同互联网广告、电子商务类应用共同成为移动互联网产业收入的三大核心支柱。

手机音乐在智能手机问世前就是手机的主要娱乐功能,因此使用率最高,占手机网民的65.8%,较去年增长了7.6个百分点,而排名第二的手机视频也有较大增幅,由去年的49.3%增长到今年56.2%,增加了6.8个百分点。手机游戏与手机阅读小说的用户使用率变化不大,分别为44.6%和40.6%,但造成这种结果的原因却完全不同,手机游戏的用户流失率较高,但因为手机游戏用户整体规模的不断扩大导致用户数量稳中有升,而手机阅读小说的用户群体相对稳定,用户不易流失,但手机阅读的新用户也较少,因此能够总体保持稳定。值得注意的是,对于优秀作品的版权争夺在各手机娱乐类应用的领域里都被企业视为发展布局的重中之重,这种趋势在未来将表现的日益明显。

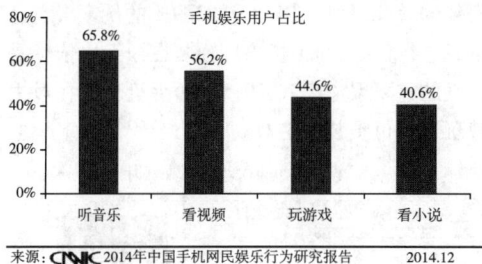

图 1　手机娱乐用户占比

（一）手机娱乐对其他娱乐方式的影响

手机娱乐对网民的日常娱乐活动产生的影响较小,但对网民的电脑娱乐活动时长影响极大。据调查,在所有被访者中,只有 24.4% 的手机网民认为自己因为进行手机娱乐而减少了其他日常娱乐活动,但当被问及是否因使用手机娱乐而造成了使用电脑娱乐的时长减少时,比率则上升至 46%。其原因在于,过去的一年中手机音乐类、视频类应用的高速普及以及移动宽带业务的迅猛发展,为手机流媒体播放提供了物质基础,而手机本身具有的便携性、随时性优势,使得用户收听收看音乐和视频的时间成本大大下降,大批用户在使用这些应用时由 PC 端转向手机端。而手机游戏市场的日趋成熟和游戏品质不断提升也吸引了大量电脑游戏玩家开始兼顾手机游戏和电脑游戏;再加上手机阅读的体验本身就远好于使用电脑进行 阅读,使得各类手机娱乐应用都从电脑端吸引了大量用户,从而对电脑娱乐产生了极大冲击。

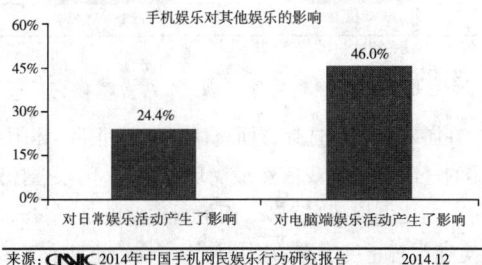

图 2　手机娱乐对其他娱乐的影响

（二）手机娱乐时长情况

网民使用手机娱乐的时间长度相比去年有了显著增长,根据调查,去年手机网民平均每天花费在手机娱乐上的时间约为 109 分钟,而今年则提升到了 158 分钟,这主要是由于视频、游戏等内容的品质提升造成。拥有优秀内容的产品不仅可以吸引大量用户,而且对于提升用户的留存率甚至付费率也有明显帮助,可以断定未来优秀内容的版权依然将是各娱乐应用厂商角逐的重点领域。

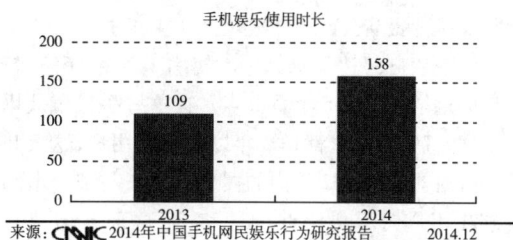

图 3　手机娱乐使用时长

手机娱乐的时间长度不仅有所提升,手机网民对其依赖程度也日渐明显,66.1% 的手机网民认为音乐、视频等娱乐功能是其使用手机的常用功能,远高于网民对购物、打车、摄影等工具类应用的依赖性,而与原本作为手机核心的通信功能差距逐渐缩小。

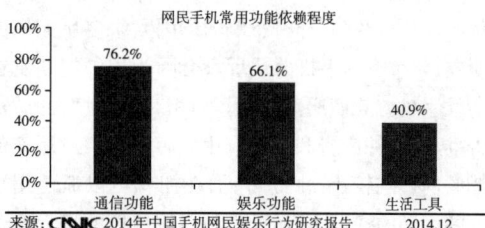

图 4　网民手机常用功能依赖程度

（三）手机娱乐场景

手机娱乐场景分布呈高度集中趋势,在午休和傍晚等业余时间达到最高峰,使用比率为 86.6%,而值得注意的是周末或假期使用手机娱乐的网民比率高于乘坐交通工具、工作空隙等零碎时间,这标志着手机娱乐已经逐渐突破原本单纯依靠碎片化时间的模式,开始朝着耗时长、重度化应用的方向过渡。

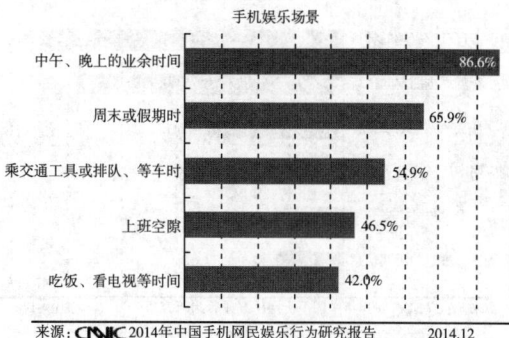

图 5　手机娱乐场景

四、典型手机娱乐行为分析

（一）手机游戏行为分析

根据 CNNIC 发布的《第 35 次中国互联网络发展状况统计报告》显示，截止至 2014 年 12 月，我国手机游戏用户已达 2.48 亿人，使用率为 44.6%，较去年同期增长了 1.5 个百分点。在这些手机游戏用户中，49.7% 的玩家都是 2 年以内的新用户，这反映了手机游戏在最近 2 年内的爆发式增长与部分电脑端游戏用户向手机游戏的迁移，而这种高增速在 2014 年底已经放缓，未来如何增强自身赢利能力、为玩家提供更好的游戏体验将成为各游戏厂商关注的核心问题。

1. 手机游戏选择行为

（1）手机游戏选择倾向。根据调查，在用户选择一款手机游戏时，影响最大的因素是玩家对游戏类型的偏好，54.9% 的手机游戏玩家会根据游戏类型选择试玩一款新游戏，同样有影响力的因素来自玩家周围的朋友，48.6% 的手机游戏玩家会因为周围的朋友在玩一款手机游戏而愿意试玩。而相对的，付费的游戏广告推送、户外广告和手机应用商店等因素对玩家的选择倾向影响较小，由此可见，在拥有可以抓住用户痛点的产品的情况下，通过良好口碑传播的病毒式营销对于手机游戏的宣传推广往往能起到更好的效果，而单纯依靠渠道排名和展现广告的方式推广游戏则可能付出相当大的营销成本。过去一年曾经非常火爆的《flappy bird》和 HTML5 游戏《围住神经猫》就是这种成功的经典范例，这两款游戏都没有任何营销费用，甚至自身的制作成本都非常低，但都在极短的时间内通过用户的自发传播吸引了大量新用户，创造了零营销成本的奇迹。

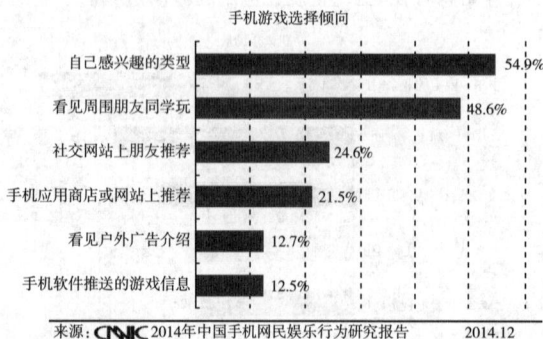

图 6　手机游戏选择倾向

（2）手机游戏类型选择

在功能机时代，手机预装的游戏一直是手机游戏的玩家主要选择，而自进入智能机时代以来，手机游戏玩家的选择逐渐由手机预装游戏向玩家自行下载后安装的游戏过渡。据调查，92.9% 的玩家会自己下载游戏进行安装，而手机出厂预装在今天也依然是手游分发的重要渠道之一，29.5% 的手机玩家在过去半年曾玩过手机预装的游戏。

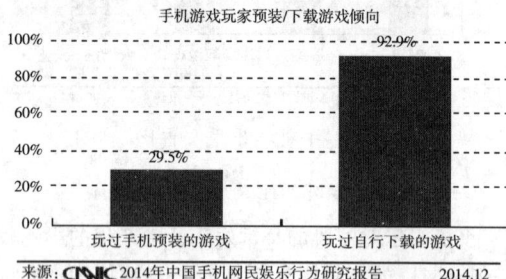

图 7　手机游戏玩家预装/下载游戏倾向

越来越多的手机游戏玩家也开始从单机游戏向联网游戏过渡，这主要归因于网络游戏在社交性、互动性上的优势以及移动宽带网络的日益完善。值得注意的是，网络游戏玩家的付费能力远远超过单机游戏玩家的付费能力，这预示着随着网络游戏市场比例的升高，付费玩家的群体会逐渐扩大、付费能力将逐渐提升，因此未来手机游戏的市场前景依然广阔。

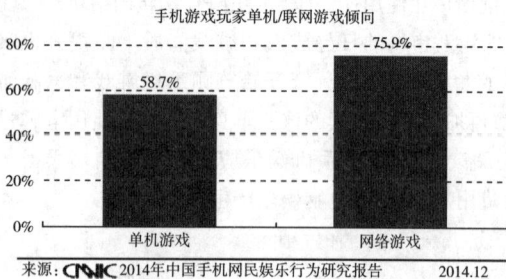

图 8　手机游戏玩家单机/联网游戏倾向

在游戏类型的选择方面，棋牌、跑酷、消除、休闲益智类的轻度手机游戏依然最受玩家青睐，玩家选择这些游戏的比例均超过 45%，而值得注意的是，射击、动作、竞技类等重度手游的用户使用率也均超过了 20%。相比轻度手游，重度手游的制作成本普遍较高，玩家在游戏内所花费的时间也较长，且需要较高的集中力和更好的操作环境，这一方面要求游戏自身的不断精品化同时还对如手机游戏手柄等外设提供了新的需求，加上重度手游用户的付费能力本身就比轻度手游用户高出很多，其潜在市场价值非常巨大。

手机游戏类型偏好

来源：CNNIC 2014年中国手机网民娱乐行为研究报告　　　　2014.12

图9　手机游戏类型偏好

2. 手机游戏下载行为

（1）手机游戏下载方式。随着 Wi－Fi 环境的日益普及，通过先在电脑上下载游戏安装包在连接手机进行安装的方式逐渐退出历史舞台，使用率仅为31.8%，直接通过无线网络从应用商店的游戏专区下载目前已经完全成为主流，77.4%的用户通过该种方式下载游戏。通过搜索引擎、微信、游戏网站等渠道下载游戏的比率都接近 25%，同样不容忽视。而愿意点击应用内广告下载游戏的比率则较低，只有 12%。

手机游戏下载方式

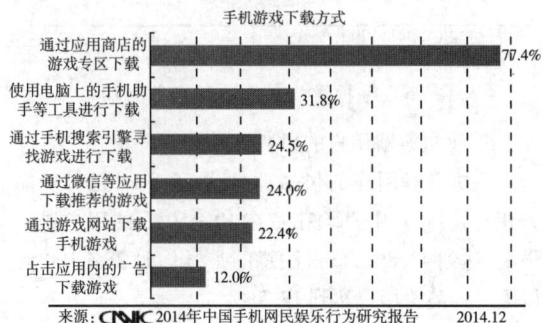

来源：CNNIC 2014年中国手机网民娱乐行为研究报告　　　　2014.12

图10　手机游戏下载方式

（2）手机游戏下载渠道。基于安卓和 IOS 系统的手机游戏作为最近几年的新生事物，其用户群体随着智能手机的普及快速增长，而对于数量庞大且没有辨别能力的新生用户群，游戏下载渠道的产品推送往往是决定一款新上市的手机游戏能否被用户认知并下载的核心因素，因此对于手机游戏运营商而言，在市场尚未成熟的快速增长时期下载渠道是手机游戏产业的主要战场。

在使用 PC 下载手机游戏的用户中，过去半年使用 360 手机助手的用户比例最高，达到 49%，而通过电脑端搜索引擎寻找游戏并下载安装包的用户比例也相当高，达到 42%，其他较大的手机游戏分发渠道如腾讯应用宝、豌豆荚、安卓市场、91 助手在 PC 端用户的使用率也都超过了 25%。

手机游戏在PC端的主要下载渠道

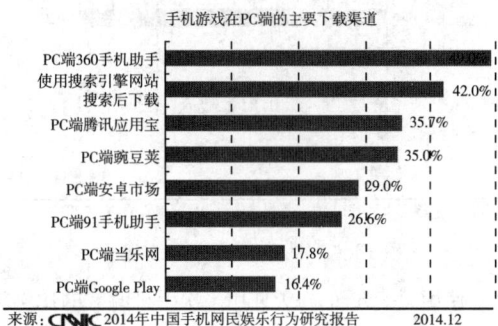

来源：CNNIC 2014年中国手机网民娱乐行为研究报告　　　　2014.12

图11　手机游戏在 PC 端的主要下载渠道

在通过手机应用商店直接下载游戏的渠道方面，腾讯、百度、360 等互联网巨头都拥有市场占有率基本稳定且分发量相当可观的渠道；与此同时，各手机硬件厂商也不甘落后，纷纷借助手机出厂预装优势推广自己的应用商店，其中以小米应用商店在过去一年的表现最为突出，用户使用率达到 18.6%，这主要得益于小米手机在国内市场占有率的不断提升。

手机游戏直接下载渠道TOP10

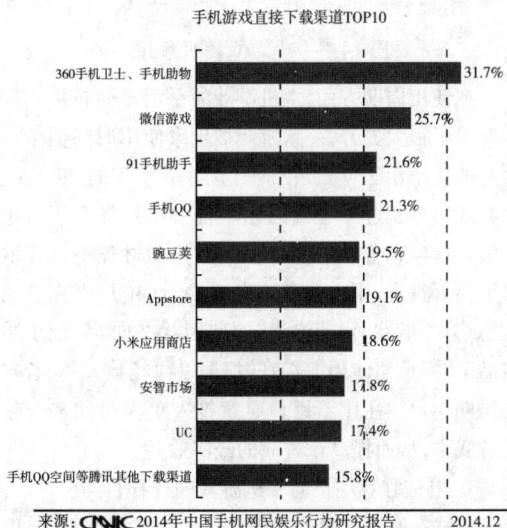

来源：CNNIC 2014年中国手机网民娱乐行为研究报告　　　　2014.12

图12　手机游戏直接下载渠道 TOP10

3. 手机游戏使用行为

手机游戏的使用时长和使用频率相比去年都有了大幅度提升。使用时长方面，去年进行手机游戏不足一小时的比例为88.5%，进行游戏 1～2 小时的比例仅有 7.9%，而今年进行手机游戏不足一小时的比例下降到 42.6%, 进行游戏 1~2 小时的比例提升至 40.2%, 这反映着我国手机游戏当前虽仍然以轻度游戏为主, 但已经开始了向中重度手游的过渡趋势。

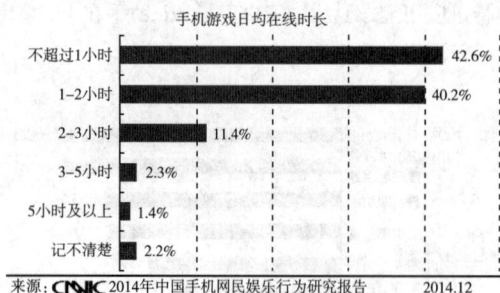

图 13　手机游戏日均在线时长

使用频率方面, 每天使用多次手机游戏的比例较去年增长了 14.7 个百分点, 达到 44.8%, 表明手机游戏在手机游戏玩家的生活中所扮演的地位越来越重要。

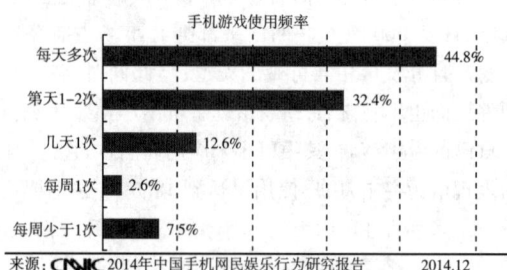

图 14　手机游戏使用频率

在使用周期方面, 手机游戏的平均寿命较去年同样获得了很大提升, 一款游戏被玩家使用时间低于一个月的比率由去年的 49.3% 下降至今年的 38.6%, 而游戏留存超过三个月的比率较去年均提升了将近一倍。这标志着手机游戏在精品化的过程中已经取得了显著进步, 用户黏性不断升高, 而用户也逐渐从 "尝试多个游戏, 快速淘汰" 的使用状态向 "只玩少数精品游戏, 长期使用" 过渡。根据以往经验, 一款游戏的长期用户往往比新用户愿意投入更多时间和金钱到游戏中, 从而提高该游戏的经济效益。

4. 电脑游戏用户向手机游戏的迁移行为

虽然在游戏类型和操作方式上存在很大不同, 但手机游戏的兴起依然对电脑游戏市场造成了一定冲击。厂商方面, 拥有强大技术开发能力的端游公司纷纷涉足手游, 从客观上提升了手机游戏市场的竞争水

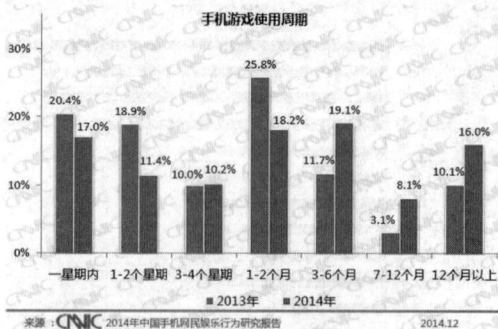

图 15　手机游戏使用周期

平, 而玩家方面, 通过数量客观的碎片化时间积累造成玩家对手机游戏的心理依赖, 使得部分电脑游戏玩家开始转向手机游戏。数据显示, 25.3% 的玩家因为玩手机游戏而造成了其电脑游戏的使用减少, 同时有 24.3% 的手机游戏玩家在此之前完全不玩电脑游戏。

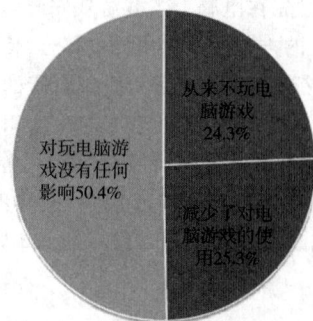

图 16　手机游戏对电脑游戏的影响

5. 手机游戏用户的付费行为

手机游戏用户的付费比例为 15.8%, 且付费能力相对较强, 其中月均花费在 10~50 元的用户比例最高, 达到 43.8%, 值得注意的是月均付费在 100 元以上的高消费用户达到 17.5%。

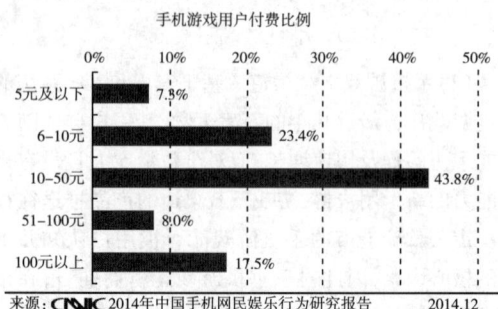

图 17　手机游戏用户付费比例

（二）手机视频行为分析

4G 网络的普及、智能手机的发展、智能电视的兴起、韩剧美剧的火热和国内视频网站对视频版权的竞争共同促成了手机视频在 2014 年的迅猛发展,全年新增手机视频用户达 6611 万人,使用率由 49.3% 提升至 56.2%,增加了 6.9 个百分点,仅就已经公开的搜狐 2014 年第四季度财务报告显示,搜狐视频在当季度的营收同比增长超过 60%,其中约有 1/3 的营收来自移动端。而在高速发展的背后,版权争夺所带来的成本问题则给各大视频网站带来了沉重的经济负担,从整体来看,视频行业的用户量虽然增长迅速,但整体依然入不敷出,需要强势资本在背后为其"输血"。56 网在 2011 年先被人人网收购,又在 2014 年底被搜狐收购,同时优酷土豆也与阿里巴巴达成合作并获得后者的投资,如何扭亏为盈正成为 2015 年所有视频企业所共同面临的问题。

1. 手机视频的选择行为

（1）手机视频用户的品牌选择。"内容为王"的特点在视频行业变现尤其明显,相对于手机视频软件的选择,用户更加关注的是该视频应用能否提供他们想看的内容,因此手机视频的用户忠诚度一直较低。获得阿里巴巴投资不久的优酷土豆目前用户使用率第一,达到 51.5%,而百度子公司爱奇艺与腾讯视频分列第二、第三名,使用率在 45% 左右。

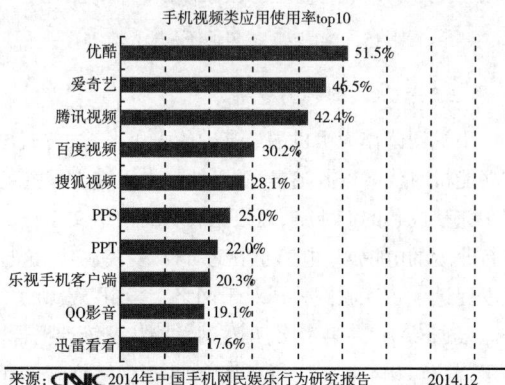

图 18　手机视频类应用使用率 TOP10

（2）手机视频用户的内容选择。在手机视频用户的内容选择方面,电视剧和电影依然是用户们的最爱,使用比率超过 50%,而同样深受用户青睐的还有综艺娱乐类节目和新闻、时尚类资讯,用户收看

比率均达到 41.6%。这些节目大多与电视节目重合,由于手机便携、随时、个人化的优势从电视端分流了大批用户。而用户特点相对明显的如音乐、体育、动漫、科教娱乐类节目的用户分布均匀,使用率在 15% ~ 25%

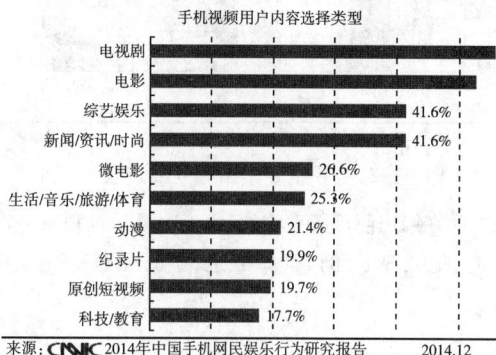

图 19　手机视频用户内容选择类型

2. 手机视频的使用行为

（1）手机视频用户的收看方式。移动宽带网络的普及大幅降低了用户使用手机收看视频的操作成本,越来越多的用户选择使用手机在线直播视频而非使用电脑或手机先下载之后再收看。使用手机在线直播收看视频的用户达到 71%,较去年增长了 14 个百分点,而使用电脑和手机先下载再收看视频的用户比例分别降低了 20.2% 和 15.9%。

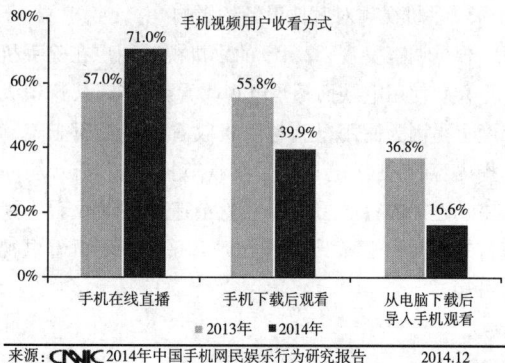

图 20　手机视频用户收看方式

（2）手机视频用户的收看时长与频率。用户在使用手机收看视频的时间长度和频率上较 2013 年也都有了大幅提升。首先在用户收看时长方面,在使用手机收看视频的用户中,平均每天使用手机收看视频超过一小时的用户上升了 23.7%。

手机视频用户收看方式

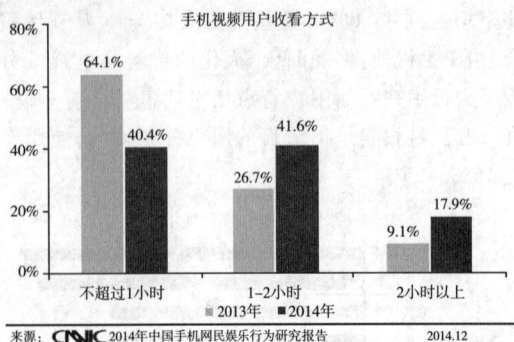

图 21　手机视频用户收看时长

而在用户使用频率方面,每天收看手机视频一次以上的用户比例比去年也增加了 17.9%,达到 58.8%。

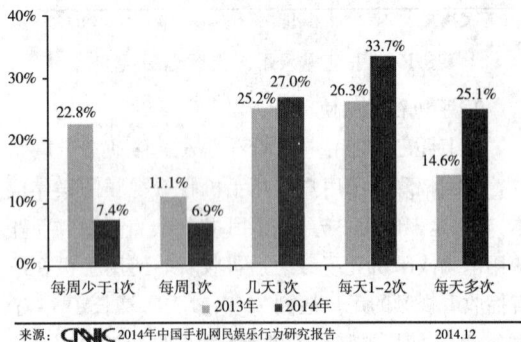

图 22　手机视频用户收看频率

3. 手机视频对其他设备的影响

根据调查发现,82.4% 的手机视频用户在除手机外更喜欢使用电脑而不是电视收看影视节目,这很大程度上是因为使用电脑与手机收看视频都属于主动选择内容,而使用电视收看影视节目则相对被动,一旦主动选择内容的习惯养成就会造成被动收看影视节目的时间大幅降低,甚至出现几乎完全不再看电视的可能。

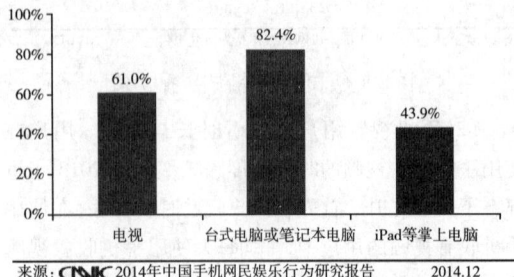

图 23　手机视频用户其他设备使用情况

52.3% 的用户在不同程度上因为使用手机收看视频影响了其使用电视收看影视节目的时间,其中

24% 的重度用户因此几乎不再收看电视了,而剩下的 28.3% 的用户也认为其收看电视的兴趣受到影响,且一部分节目依然更喜欢通过手机收看。

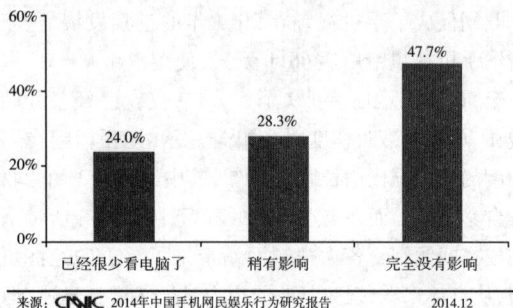

图 24　手机视频对用户收看电影的影响

4. 手机视频用户的付费行为

手机视频用户的付费比例达到 11.3%,其中月均花费在 10~50 元的用户比例最高,达到 45.6%,其次为月均付费 6~10 元的用户,比例为 30.7%。

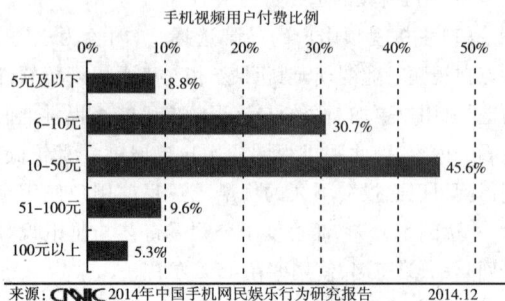

图 25　手机视频用户付费比例

(三)手机阅读行为分析

手机阅读作为手机端最基础的娱乐形式之一,早在功能机时代就以其随身、随时的特点迅速发展并拥有了完整成熟的产业链,而根据成功的网络文学作品进行改编的电视剧、电影也在近年来屡获成功,这也越发促进了各互联网公司对于网络文学 IP 资源的争夺。根据 CNNIC《第 35 次互联网发展状况统计报告》显示,截至 2014 年年底,我国已有 5.2 亿网络新闻用户和 2.94 亿网络文学用户,其中使用手机网上看新闻的用户和手机网络文学用户分别达到 4.15 亿和 2.26 亿,市场前景巨大。

调查同时显示,包括纸质书籍、电脑、手机、平板电脑在内的阅读方式中,手机阅读的使用比例最高,达到 84.6%,远超其他阅读方式。

1. 手机阅读选择行为

(1)手机阅读用户的阅读方式选择。网络文学在进入智能机时代后，逐渐衍生出了一种新的阅读方式——听书。手机听书软件不仅方便使用、在阅读过程中不耽误其他工作，而且不会造成普通阅读方式产生的眼疲劳，因此受到很多网民的青睐。据调查，手机阅读用户中，使用过手机听书软件的用户比例接近全部用户的五分之一，且作为新生事物未来仍有较大发展空间。

图 26　手机阅读方式使用比例

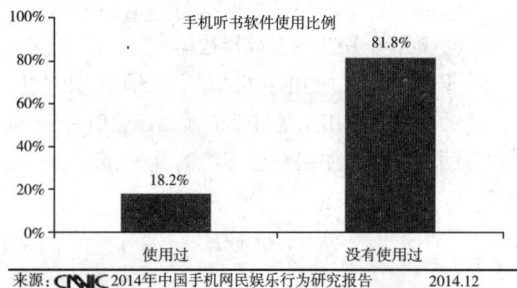

图 27　手机听书软件使用比例

（2）手机阅读用户的内容选择。手机网民在手机端阅读主要以新闻资讯和小说为主，分别占80.8%和48.4%。手机端实时更新的新闻内容大大降低了网民获取新闻所需的成本，而网络小说则填补了网民零碎时间的娱乐需求。

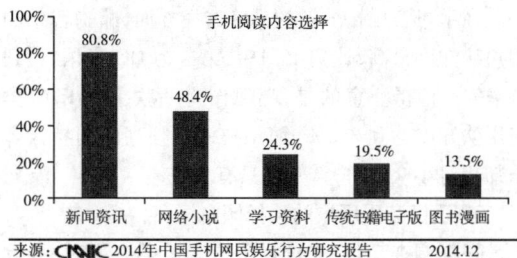

图 28　手机阅读内容选择

（3）手机阅读用户的品牌选择。在手机阅读类应用的品牌中，QQ 阅读的使用率最高，达到 30.1%，书旗免费小说、掌阅 iReader 和网易云阅读的使用率

分别为 14.6%、14.1% 和 13.3%，其他手机阅读类应用的使用率在 10% 以下。

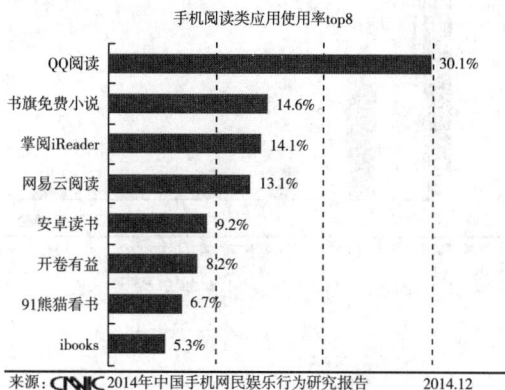

图 29　手机阅读类应用使用率 TOP8

2. 手机阅读使用行为

（1）手机阅读的阅读方式。在进行手机阅读时，使用阅读软件在线阅读的比例最高，为 33.9%，其次是使用手机阅读软件下载后进行阅读，比例为31.9%。而值得注意的是，不使用阅读软件而直接在浏览器上阅读的用户群体比例远高于其他群体，达到 66.1%。

（2）手机阅读用户的阅读时长和频率。相比其他手机娱乐方式来说，手机阅读的碎片化特征非常明显，用户平均每天的阅读时间较短，但频率较高。据调查，84.2% 的用户平均每天使用手机阅读时间在 2小时以内，其中 54.3% 的用户平均每天使用手机阅读不会超过 1 小时。可见阅读相比于视频、游戏等其他类型娱乐方式更加"轻度"。

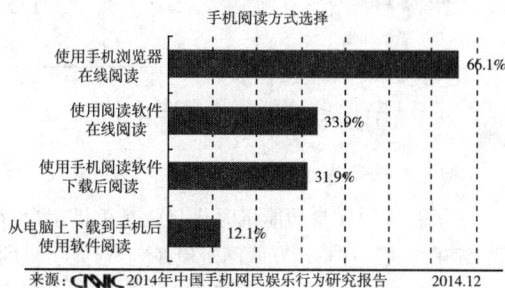

图 30　手机阅读方式选择

3. 手机阅读对其他阅读方式的影响

手机阅读对用户其他阅读方式的影响较小，58.1% 的用户认为手机阅读对他们采用其他阅读方式没有产生任何影响，而只有 17% 的用户认为手机阅读极大地减少了他们使用其他方式阅读的可能。

手机阅读用户使用时长

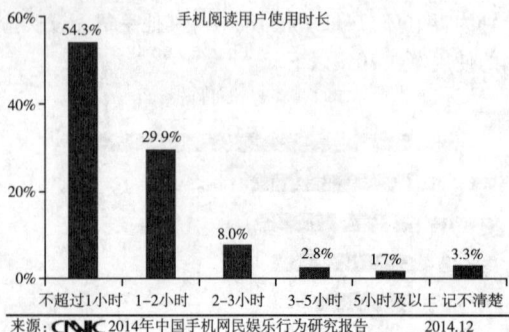

图 31　手机阅读用户使用时长

手机阅读对用户其他阅读方式的影响

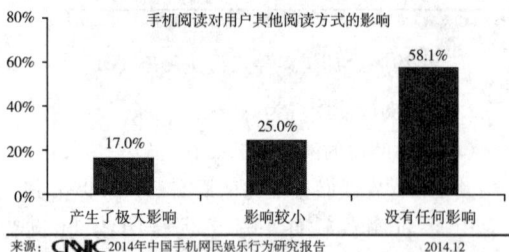

图 32　手机阅读对用户其他阅读方式的影响

4. 手机阅读用户的付费行为

手机阅读用户的付费比例达到 13.1%,其中月均花费在 5 元以下和 10～50 元的用户是主要群体,分别占 42.1% 和 35.3%。

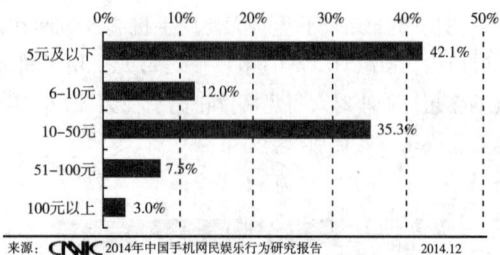

图 33　手机阅读用户付费比例

(四)手机音乐行为分析

手机音乐同样自功能机时代起就是手机用户重要的娱乐方式。在移动互联网时代,随着智能手机的普及、音乐类应用的多样化和无线宽带网络的出现令手机收听音乐选择更广、资源更丰富、收听方式更多样,根据用户收听音乐进行分类后向用户推送新歌的技术使得手机音乐类应用更懂用户的同时更加人性化,技术上的巨大进步促进了手机音乐的繁荣。根据CNNIC《第 35 次互联网发展状况统计报告》的数据显示,手机音乐在 2014 年用户规模增长 7538 万,总体规模达到 3.66 亿,使用率较去年增长了 7.6 个百分

点,达到 65.8%,是使用率增幅最大的手机娱乐类应用。

1. 手机音乐用户的收听方式

在手机音乐的收听方式上,当前用户主要使用的仍然是将音乐下载到手机中存储后再播放,这种收听方式的比例高达 68.6%,而随着 Wi-Fi 的普及,用户在线直接收听音乐的比例有了很大增长,使用比例达到 47.3%。

手机音乐收听方式

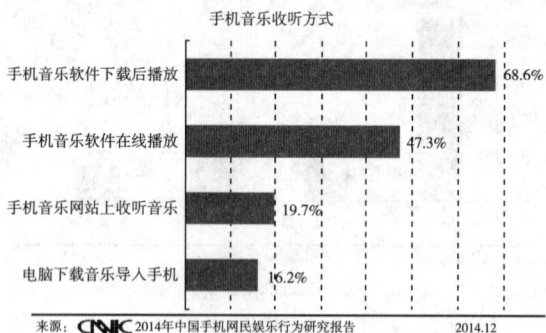

图 34　手机音乐收听方式

2. 手机音乐用户的播放器选择

根据调查,在使用手机收听音乐的用户中,24.3% 的用户会使用手机自带的播放器收听音乐,而75.7% 的用户选择使用自己下载的其他播放器收听音乐。

手机音乐播放器选择

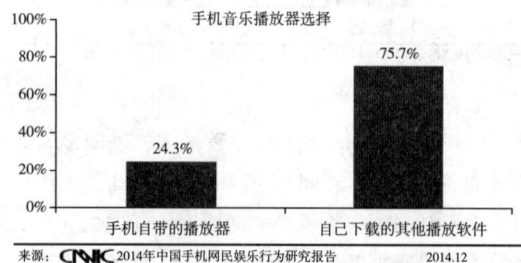

图 35　手机音乐播放器选择

在手机音乐播放器的品牌选择方面,酷狗音乐的用户认知度最高,达到 45.1%,第二为 QQ 音乐,达到31.9%。值得注意的是,唱吧作为一款手机 KTV 类应用认知度达到 3.8%,而用户评价颇高的网易云音乐却相对小众,用户认知度只有 3.3%。

3. 手机音乐用户的选择倾向

根据调查,用户在选择手机音乐类应用时,最重视的因素为界面简洁美观和歌曲资源丰富,这两点的用户选择比例分别达到 51.2% 和 51.1%,而对于能否收看歌曲 MV、是否支持多种音频格式、是否可以自行上传歌曲等功能则重视度较低。

手机音乐类应用用户认知率top10

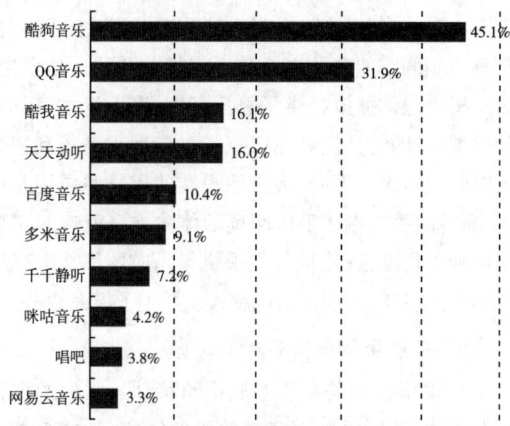

图36 手机音乐类应用用户认知率 TOP10

- 酷狗音乐 45.1%
- QQ音乐 31.9%
- 酷我音乐 16.1%
- 天天动听 16.0%
- 百度音乐 10.4%
- 多米音乐 9.1%
- 千千静听 7.2%
- 咪咕音乐 4.2%
- 唱吧 3.8%
- 网易云音乐 3.3%

来源：CNNIC 2014年中国手机网民娱乐行为研究报告 2014.12

手机音乐应用选择因素

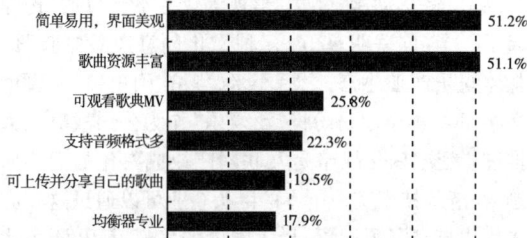

图37 手机音乐应用选择因素

- 简单易用，界面美观 51.2%
- 歌曲资源丰富 51.1%
- 可观看歌典MV 25.8%
- 支持音频格式多 22.3%
- 可上传并分享自己的歌曲 19.5%
- 均衡器专业 17.9%

来源：CNNIC 2014年中国手机网民娱乐行为研究报告 2014.12

4. 手机音乐用户的付费行为

手机音乐用户的付费能力普遍较低，为手机音乐付过费的用户占总体的5.9%，且其中42.6%的用户月均付费在5元以下。

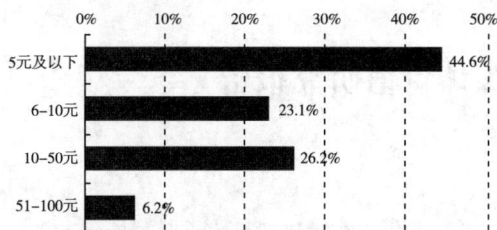

手机音乐用户付费比例

- 5元及以下 44.6%
- 6-10元 23.1%
- 10-50元 26.2%
- 51-100元 6.2%

来源：CNNIC 2014年中国手机网民娱乐行为研究报告 2014.12

图38 手机音乐用户付费比例

而在为手机音乐付费的用户中，51.5%的被访者曾经为下载高品质的单曲付过费，另外购买过QQ音乐流量包和QQ绿钻等VIP会员的用户比例非别为35.3%和30.9%。

手机音乐用户的付费倾向

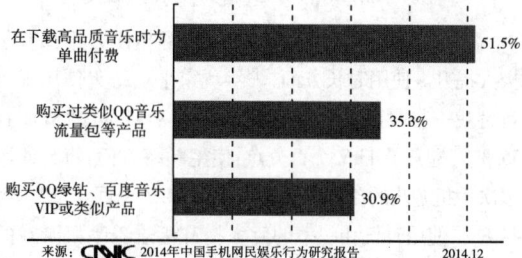

- 在下载高品质音乐时为单曲付费 51.5%
- 购买过类似QQ音乐流量包等产品 35.3%
- 购买QQ绿钻、百度音乐VIP或类似产品 30.9%

来源：CNNIC 2014年中国手机网民娱乐行为研究报告 2014.12

图39 手机音乐用户付费倾向

五、总 结

(一)各类娱乐用户规模稳定增长，用户依赖性逐渐增强

手机娱乐类应用的渗透率在2014年得到了稳定增长，98%的手机网民在过去半年内曾使用过音乐、视频、游戏、阅读等娱乐性手机应用。其中，手机音乐和手机视频的使用率增幅最大，分别达到了7.6和6.8个百分点，而手机游戏与手机阅读小说的用户使用率基本保持稳定。另外，网民使用手机娱乐的时间长度相比去年的109分钟，提升至今年的158分钟，增长了45%。这种大幅度的增长可以归因于视频内容与手机游戏的品质在过去的一年里的显著提升，66.1%的用户认为自己对手机娱乐产生了依赖性。

(二)内容版权成为手机娱乐行业争夺的重点

对于优秀内容版权的争夺在过去的一年中成为各类手机娱乐企业的战略重点。视频网站不惜血本购买热门影视剧的版权，导致大多数国内视频网站目前仍处于亏损状态；手机游戏通过移植小说、电影等优秀产品的内容，成功地转化了大量读者与观众成为手游玩家，但同时也造成了对"三国""仙侠"等免费IP的过度挖掘产生的市场同质化严重的问题；音乐方面，手机音乐厂商纷纷通过与艺人签约的方式获得在自己平台独家发布新单曲并以此吸引歌迷的优势；而网络文学领域的巨头——盛大文学则被腾讯收购，利用其第一手的优质知识产权资源为其他娱乐方式"供血"。

在可以预见的未来，知识产权的争夺将随着市场的正规化进程表现得更加激烈，各厂商将逐渐通过优秀作品的版权建立竞争壁垒，内容产业中的巨头通过维权手段打击竞争对手的现象将更加普遍。这种情况在初期可能会对用户的使用造成一定影响，但市场的长期发展来看，维权意识的增强则是市场成熟化的真正表现。

(三)手机游戏重度化、精品化成为大趋势

手机游戏的使用时长和使用频率相比去年都有了极大提升。使用时长方面,去年玩家平均每天使用手机玩游戏一小时以上的比例仅为 11.6%,今年则增加到 55.3%,提升了 43.7 个百分点;使用频率方面,每天使用多次手机游戏的比例较去年增长了 14.7 个百分点,达到 44.8%,使用时长和频率的巨大提升标志着手机游戏的用户黏性在过去一年中有了显著提高,而造成这种结果的主要原因则在于游戏类型的重度化和精品化。

研究表明,重度化、精品化的游戏在增强用户依赖性的同时,还可以大幅提升用户的付费能力,月均为手机游戏付费超过 10 元的用户比例由去年的 46.7% 增长到今年的 69.3%,其中月均付费超过 100 元的用户群体由去年的 8.1% 增加到今年的 17.5%,增长幅度超过 100%。因此几乎可以断定,手机游戏的重度化、精品化的过程仍将长期持续,而在这个过程将逐渐抬高手机游戏的研发成本与技术门槛,经济与技术实力较差的小型手机游戏开发商将面临更多生存挑战,寻求差异化的游戏体验与玩法才可能在未来的竞争中脱颖而出。

(四)对其他娱乐方式的影响

手机娱乐因其碎片化的特点,对网民的日常娱乐——如逛街购物、体育运动等活动产生的影响较小,只有 24.4% 的手机网民认为自己因为进行手机娱乐而减少了其他日常娱乐活动,但对网民使用电脑进行娱乐的活动时长影响极大,当被问及是否因使用手机娱乐而造成了使用电脑娱乐的时长减少时,这个比率上升至 46%。其原因在于,过去的一年中手机音乐类、视频类应用的高速普及以及移动宽带业务的迅猛发展,为手机流媒体播放提供了物质基础,而手机本身具有的便携性、随时性优势,使得用户收听收看音乐和视频的时间成本大大下降,大批用户在使用这些应用时由 PC 端转向手机端。手机阅读的体验本身就远好于使用电脑进行阅读,使得各类手机娱乐应用都从电脑端吸引了大量用户,从而对电脑娱乐产生了极大冲击。

(五)泛娱乐化战略兴起

泛娱乐指的是基于互联网与移动互联网的多领域共生,打造明星知识产权的粉丝经济,其核心是拥有巨大粉丝规模的 IP(知识产权),而这一概念在目前国内最早的践行者是腾讯。腾讯互娱在腾讯游戏基础上,将其动漫、文学、影视等业务平台打通,构建起了一个"同一明星 IP、多种文化创意产品体验"的整体娱乐产业生态,之后小米、华谊、阿里数娱、百度文学、360 等企业纷纷将"泛娱乐"作为公司战略大力推进。泛娱乐化战略是互联网产业成熟化的大势所趋,经济与技术实力丰厚的巨头企业可以通过这一方式优化自身资源配置,最大限度的发挥其 IP 资源优势,同时这也给经济实力不足以购买优秀 IP 资源的中小型企业施加了很大压力,迫使其更加重视自主创新,从宏观上推动了行业的健康发展。

(来源:中国互联网络信息中心)

2014～2015 微信公众号媒体价值研究报告

艾瑞咨询集团

一、微信媒体发展概况

(一)微信和微博 APP 月度覆盖人数

从月度覆盖人数的变化趋势看,微信和微博 APP 均呈现上升趋势,但微信 2014 年 12 月与年初相比增长了 1.05 亿,远超微博 APP 的 2778.9 万;从月度覆盖人数上看,微信的月度活跃用户在 2014 年的 12 月份达到了 3.3 亿,是微博 APP 活跃用户数的近 3 倍。

2014年微信和微博App月度覆盖人数变化趋势对比

来源:mUserTracker. 2014.12,mUserTracker 由艾瑞咨询集团自主研发,基于超过 15 万移动智能终端用户样本的使用行为监测的第三方数据产品。

（二）微信和微博 APP 月度总使用次数

从月度总使用次数的变化趋势看,微信和微博 APP 均呈现上升趋势,但微信 2014 年 12 月与年初相比增长了 159.8 亿次,远超微博 APP 的 10.5 亿次;从月度总使用次数上看,微信在 2014 年的 12 月份达到了 547.5 亿次,是微博 APP 的 10 倍。

2014年微信和微博APP月度总使用次数变化趋势对比

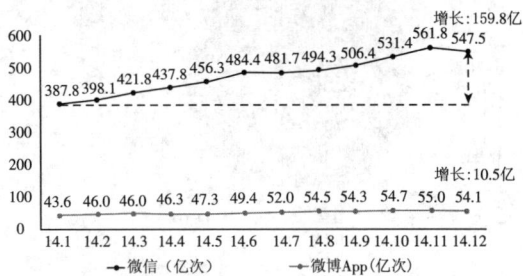

增长:159.8亿

387.8 398.1 421.8 437.8 456.3 484.4 481.7 494.3 506.4 531.4 561.8 547.5

增长:10.5亿

43.6 46.0 46.0 46.3 47.3 49.4 52.0 54.5 54.3 54.7 55.0 54.1

14.1 14.2 14.3 14.4 14.5 14.6 14.7 14.8 14.9 14.10 14.11 14.12

── 微信（亿次） ── 微博App（亿次）

来源:mUserTracker. 2014.12,mUserTracker 由艾瑞咨询集团自主研发,基于超过 15 万移动智能终端用户样本的使用行为监测的第三方数据产品。

（三）微信和微博 APP 月度总有效使用时间

从总有效使用时间的变化趋势看,微信和微博 APP 均呈现上升趋势,但微信 2014 年 12 月与年初相比增长了 7 亿小时,远超微博 APP 的 0.8 亿小时;从总有效使用时间上看,微信在 2014 年的 12 月份达到了 20.6 亿小时,是微博 APP 的近 7 倍。

2014年微信和微博App月度总有效使用时间变化趋势对比

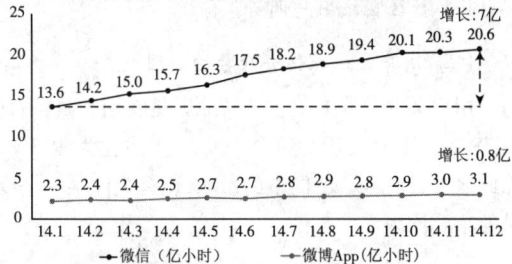

增长:7亿

13.6 14.2 15.0 15.7 16.3 17.5 18.2 18.9 19.4 20.1 20.3 20.6

增长:0.8亿

2.3 2.4 2.4 2.5 2.7 2.7 2.8 2.9 2.8 2.9 3.0 3.1

14.1 14.2 14.3 14.4 14.5 14.6 14.7 14.8 14.9 14.10 14.11 14.12

── 微信（亿小时） ── 微博App（亿小时）

来源:mUserTracker. 2014.12,mUserTracker 由艾瑞咨询集团自主研发,基于超过 15 万移动智能终端用户样本的使用行为监测的第三方数据产品。

（四）微信和微博 APP 使用次数和时间

从人均单日使用次数看,微信用户的为 7.8 次,远超微博 APP 用户的 1.8 次,用户使用频繁度高;从人均单日有效使用时间看,微信用户的为 18 分钟,远超微博 APP 用户的 4.2 分钟;微信已经成为移动互联网用户生活中密不可缺少的一部分。

2014年12月微信和微博App人均单日使用次数对比

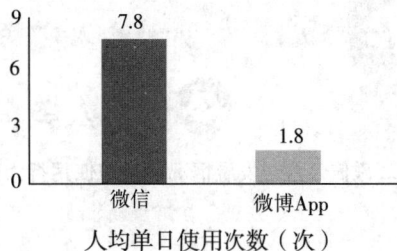

7.8

1.8

微信   微博App

人均单日使用次数（次）

2014年12月微信和微博App人均单日使用时间对比

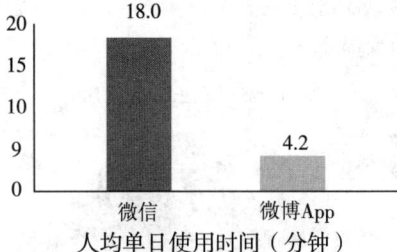

18.0

4.2

微信   微博App

人均单日使用时间（分钟）

来源:mUserTracker. 2014.12,mUserTracker 由艾瑞咨询集团自主研发,基于超过 15 万移动智能终端用户样本的使用行为监测的第三方数据产品。

（五）微信,不仅是个 APP

微信平台的功能越来越完善,正一步步的实现其连接一切的目标,与此同时,微信功能的完善也逐渐使用户将更多的零碎时光(每个人都是有限的)花费在微信的使用上,从而会减少对其他 APP 的使用。

人   货币

即时通讯,社交平台   微信支付,并向商家开放支付入口

公众平台, O2O   微信公众平台开放设备接入能力

服务   物

（六）公众号在微信平台中的地位

微信公众号通过服务号、订阅号、企业号实现了将人与商品、服务、资讯、信息及企业的连接,对微信"连接一切"的使命起着关键的支撑作用。

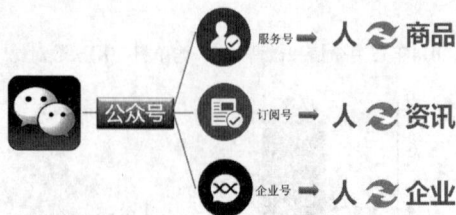

二、微信公众号发展情况及用户使用行为分析

(一)微信用户关注公众号的比例

所有微信用户中,有 79.3% 的用户关注了微信公众号,说明对于用户来说,公众号是其日常微信操作的重要部分。

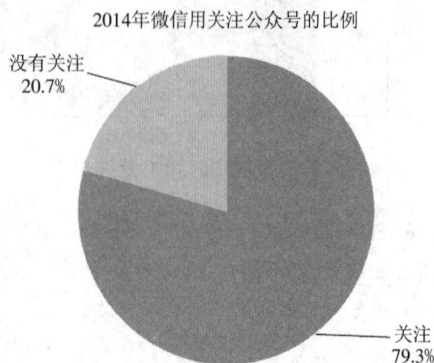

2014年微信用关注公众号的比例

没有关注 20.7%

关注 79.3%

来源:《微信社会经济影响力研究报告》,2014 年 12 月,中国信息通信研究院政策与经济研究所。

(二)微信公众号和微信朋友圈的完美结合

20%的用户选择从订阅号里挑选内容阅读,而80%的用户选择从朋友圈里寻找阅读内容,由此可见,订阅号文章被分享的次数越多,则被阅读的次数也就越多。

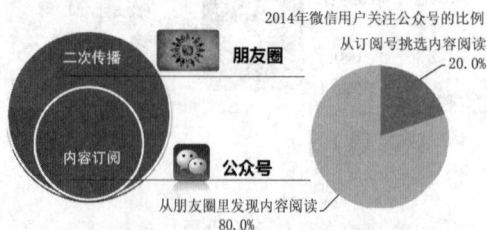

2014年微信用户关注公众号的比例

从订阅号挑选内容阅读 20.0%

从朋友圈里发现内容阅读 80.0%

来源:阅读公众号文章的方式源自微信事业群总裁张小龙 2014 年 12 月公开演讲。

(三)微信用户阅读文章数量

42%的用户,每天阅读 5 篇或 5 篇以上的文章,人均每天阅读 6 篇文章。

(四)微信用户关注公众号的数量

关注微信公众号的用户中,关注公众号的数量主要集中在 6 ~ 15 个,占比 47.8%。说明对于用户来说,公众号是其日常微信操作的重要部分。

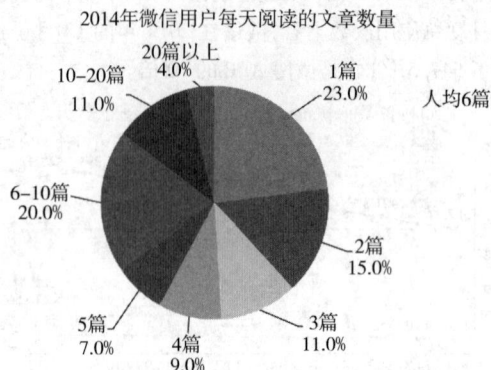

2014年微信用户每天阅读的文章数量

20篇以上 4.0%
10~20篇 11.0%
1篇 23.0%
人均6篇
6~10篇 20.0%
2篇 15.0%
5篇 7.0%
4篇 9.0%
3篇 11.0%

来源:2014 年 9 月阅读文章的数量源自微信官方数据。

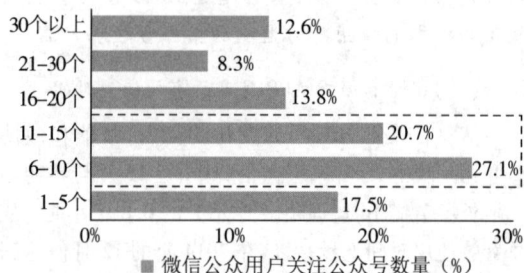

2014年微信用户关注公众号的数量

30个以上 12.6%
21-30个 8.3%
16-20个 13.8%
11-15个 20.7%
6-10个 27.1%
1-5个 17.5%

■ 微信公众用户关注公众号数量(%)

样本:微信公众号用户 N = 928;于 2015 年 1 月通过艾瑞 iClick 社区在线用户调研获得。

(五)用户关注微信公众号的原因

用户关注公众号最主要的原因是实用工具,占比为 75.2%,其次是因为符合个人兴趣,占比为69.3%。除此之外,周围朋友、同事的影响,也是关注某一公众号的重要原因。

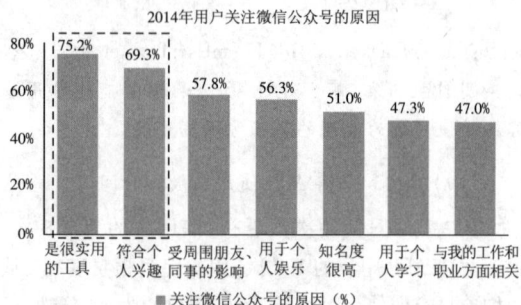

2014年用户关注微信公众号的原因

是很实用的工具 75.2%
符合个人兴趣 69.3%
受周围朋友、同事的影响 57.8%
用于个人娱乐 56.3%
知名度很高 51.0%
用于个人学习 47.3%
与我的工作和职业方面相关 47.0%

■关注微信公众号的原因(%)

样本:微信公众号用户 N = 928;于 2015 年 1 月通过艾瑞 iClick 社区在线用户调研获得。

2014年公众号用户的推荐意愿

不太愿意 0.5%
一般 10.6%
非常愿意 38.0%
愿意 50.9%

2014年公众号用户的实际推荐情况

还没有推荐过 14.7%
1—3人 35.3%
4—6人 26.1%
61.4%
7—10人 13.3%
11—15人 4.1%
16人及以上 6.5%

0%　25%　50%

■ 公众号实际推荐情况（%）

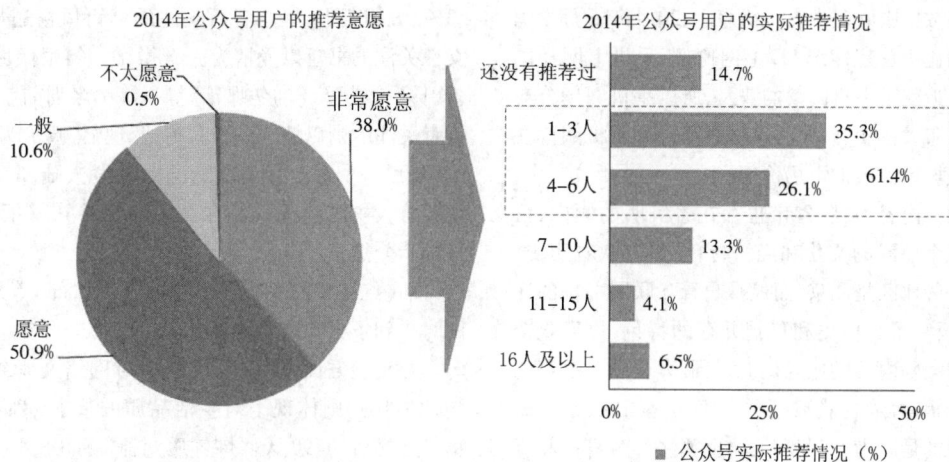

样本：微信公众号用户 N=928；于 2015 年 1 月通过艾瑞 iClick 社区在线用户调研获得。

（六）公众号用户的推荐情况

38%的用户非常愿意向他人推荐自己关注的公众号，50.9%的用户表示愿意推荐，两者合计占比88.9%。

85.3%的公众号用户实际向他人推荐过自己关注的公众号，其中有 61.4%的用户向 1~6 个人推荐过公众号。

（七）用户对公众号使用愿景

微信公众号用户中，有 99.4%的人表示，未来会增加对微信公众号的关注。表示未来不会增加关注的用户，仅占 0.6%。

2014年用户未来会增加对微信公众号关注的比例

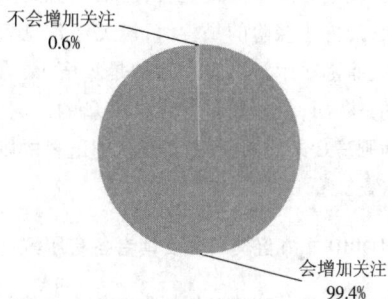

不会增加关注 0.6%
会增加关注 99.4%

样本：微信公众号用户 N=928；于 2015 年 1 月通过艾瑞 iClick 社区在线用户调研获得。

（来源：艾瑞网）

2014 年中国移动阅读分析报告（简版）

掌阅 iReader

该报告由掌阅 iReader 应用用户群在 2014 年的海量消费及阅读数据统计分析而成，覆盖国内及全球 188 个国家和地区，以不同题材及地域为维度，趣味地展示了不同类型消费者的阅读特征和偏好。

据了解，截至 2014 年底，掌阅科技为超过 3.5 亿的用户提供高品质的图书内容及智能化的用户体验，目前拥有畅销、生活、文学等类别的优质图书数字版权 35 万册，年发行图书 10 亿册。而掌阅 iReader 是掌阅科技的主打产品，在中国移动阅读市场占有率稳居第一。

一、广东阅读人数居首　北京上海出前十

掌阅 iReader 阅读分析报告显示，2014 年，广东省移动阅读用户数量全国居首，而排在第二到第十位的省份分别是山东、河南、江苏、四川、河北、浙江、湖南、湖北，而经济最发达的北京排在第 16 位，上海排在第 21 位。这一排名与全国人口省份排行榜基本吻合，人口最多的十个省份中，只有安徽被湖北替代，其他只是名次有所调整。

掌阅数据中心负责人张敏表示,2014年6月中国手机上网比例首超传统PC上网比例,手机上网在国内的普及造就了手机阅读的普及,所以手机阅读分布与人口分布大体相当,同时这也显示出了手机阅读在二三四线城市巨大的市场价值。

在阅读内容上,各省市也存在着鲜明的倾向,可反映出各个地域的文化和经济特色:最喜欢看历史、政治书籍的地区是北京,而最喜欢看互联网书籍的还是北京,反映了其历史和科技并存的特色;最喜欢金融和自我激励内容的地区是上海,最喜欢理财书籍的是广东和福建,最喜欢数据类书籍的是浙江;最喜欢言情小说的是湖南,江苏和天津也关注都市言情和青春言情,最喜欢武侠小说的则是四川,山东、山西两个省份的读者则更关注文史、朝堂类书籍;最关注纪实作品的地区是内蒙古,最关注侦探推理书籍的地区是辽宁,最关注灵异故事的则是吉林;最关注婚姻书籍的是新疆,最关注探险的是青海,最关注常见病预防的是云南,而喜欢生活百态书籍的是重庆,最喜欢乡土文学的是陕西;最喜欢科普工具书籍的是河南,河北和江西则喜欢杂文期刊,最喜欢科幻题材的则是港澳台地区。

二、TOP10 本本经典　男女读者各有所好

在掌阅iReader阅读分析报告的年度最热门出版图书排行榜上,第一名为《何以笙箫默》,而二至十名分别为《红高粱》《大漠谣》《致我们终将逝去的青春》《洗脑术》《货币战争》《青春》《小时代3.0刺金时代》《纸牌屋》《后宫·如懿传》。

而莫言的《红高粱》《蛙》《丰乳肥臀》三部作品在排行榜中都十分靠前,表现出读者对其的高度认可。

在性别比例方面,男性用户占47%,女性用户占53%,大体相当,但两者所关注的书籍风格迥异。在女性关注的书籍以爱情为主,《微微一笑很倾城》《华胥引》《大漠谣》《匆匆那年》等书籍都名列前茅;男性读者关注的则以惊悚、玄幻、传记、理财、政治为主,其中《最后一个道士》《盗墓笔记》《斗罗大陆》《时寒冰说经济大棋局》《兄弟我在义乌的发财史》《纸牌屋》等都十分热销。

而《红高粱》《何以笙箫默》《天龙八部》等作品则同时受到了男女读者的喜爱。

在机型方面,安卓手机用户对网络文学钟爱有加,IOS用户则体现了对生活品质的追求,例如在安卓排行靠后的《90天修炼气质女神》在IOS平台排行榜中就十分靠前。

而在分类图书方面,在财经传记领域,马云成为年度最热门传记人物,前十名图书中占据三本;在文学传记书籍中,仓央嘉措、林徽因、张爱玲、三毛仍被人们关注;名人传记方面,康熙、曾国藩,以及拿破仑、普京都受到读者的关注;在文艺明星方面,孟非的《随遇而安》和大鹏的《在难搞的日子笑出声来》十分畅销,不分伯仲;小说方面,无论是《时光的尽头》《匆匆那年》,还是《趁一切都来得及》,都跟时间密切相关;在经济类书籍中,《货币战争》和《大数据》题材十分的火热;在电子商务书籍方面,《如何开网店》《玩微信》《如何进行互联网营销》成为人们关注的热点;此外,销售技巧和管理经验,以及演讲口才仍然是大家学习的热门材料;在机械书籍方面,《汽车维修》《电脑维修》《手机维修》仍然名列前三,而《挖掘机维修》也紧随《电工维修》之后,超越了《摩托车维修》,位居该类书籍第五名。

（来源:新华网）

第35次中国互联网络发展状况统计报告(简版)
CNNIC 中国互联网络信息中心

一、中国网民规模增幅持续收窄,非网民转化难度进一步扩大

2014年,我国新增网民3117万人,增幅明显收窄。非网民的上网意愿持续下降,表示未来会上网的比例从2011年的16.3%下降到2014年的11.1%,网民规模的增速将继续减缓。非网民不上网的原因主要是不懂电脑、网络,比例为61.3%,互联网知识与应用技能的缺乏是造成网民与非网民之间互联网使用鸿沟的重要原因。

二、平板电脑成为网民重要上网设备，网络电视开启家庭娱乐新模式

平板电脑的娱乐性和便捷性特点使其成为网民的重要娱乐设备，2014 年底使用率已达 34.8%，并在高学历（本科及以上学历网民使用率 51%）、高收入人群（月收入 5000 元以上网民使用率 43%）中拥有更高使用率；随着网络技术和宽带技术的发展，网络电视融传统电视和网络为一身，其共享性、智能性和可控性迎合现代家庭娱乐需求，逐渐成为一种新兴的家庭娱乐模式，截至 2014 年 12 月，网络电视使用率已达 15.6%。

三、即时通信的基础地位进一步稳固

即时通信作为第一大上网应用，在网民中的使用率继续上升，达到 90.6%。2014 年，手机端即时通信使用也一直保持着稳步增长的趋势。截至 2014 年 12 月，手机即时通信使用率为 91.2%，较 2013 年底提升了 5.1 个百分点。手机即时通信由于其随身、随时、拥有社交属性和可以提供用户位置的特点，自身定位逐渐从以前单一的通信工具演变成支付、游戏、O2O 等高附加值业务的用户入口，以其庞大的用户基数为其他服务提供了巨大的潜在商业价值。

四、手机旅行预订进入爆发增长期

2014 年，中国网民手机商务应用发展大爆发，手机网购、手机支付、手机银行等手机商务应用用户年增长分别为 63.5%、73.2% 和 69.2%，远超其他手机应用增长幅度。而长期处于低位的手机旅行预订，2014 年用户年增长达到 194.6%，是增长最为快速的移动商务类应用。随着我国国民休闲体系的形成，手机旅行预订发展已经进入新阶段。

五、互联网理财热度消减、规模稳定

截至 2014 年 12 月，购买过网络理财产品的网民规模达到 7849 万，较 2014 年 6 月增长 1465 万人。在网民中使用率为 12.1%，较 2014 年 6 月使用率增长 2 个百分点。由于收益率下滑和中国股市回暖带来的分流作用，互联网理财已基本结束了其用户规模爆发式增长的态势，增速开始放缓，同时新产品扩容速度也有所放慢。

六、企业互联网普及已达到较高水平，实际应用将随互联网商业模式创新发展有所突破

我国企业互联网基础设施普及工作已基本完成，在办公中使用计算机的比例基本保持在 90% 左右的水平上，互联网的普及率也保持在 80% 左右，在使用互联网办公的企业中，固定宽带的接入率也连续多年超过 95%。但互联网实际应用水平仍存在很大的提升空间。一方面，是采取提升内部运营效率措施的企业比例较低；另一方面，营销推广、电子商务等外部运营方面开展互联网活动的企业比例较低，且在实际应用容易受限于传统的经营理念，照搬传统方法。随着各类互联网商业模式的发展，互联网与经济活动的全面结合深度、对传统商业模式的影响和改革程度将进一步扩大，传统企业与互联网企业的分界将越来越模糊，互联网将成为企业日常经营中不可分割的部分。

七、一线城市 O2O 发展由增量向提质转变，全国医疗、家政 O2O 市场需求亟待释放

O2O 企业在一线城市率先布局，通过迎合用户需求迅速集聚大量 O2O 用户的同时，用户较高的消费能力和互联网应用水平使得深度用户数量更多，一线城市 O2O 中度和重度用户占比共 39.2%，其 O2O 消费正在由数量增长向质量提升转变；二三线城市 O2O 业务布局正在逐步展开，巨大的消费潜力将使 O2O 市场进入增量增长阶段。餐饮、休闲伴随团购市场发展起步较早，O2O 市场模式趋向于成熟，正在向服务精细化发展。与此同时，医疗和家政 O2O 的发展刚刚起步，用户需求较为强烈，未来将具有较大的发展潜力。

八、手机超越 PC，成为收看网络视频节目的第一终端

2014 年，网络视频用户整体规模仍在增长，但使用率略有下降，手机视频的用户规模和使用率仍然保持增长态势，但增速已明显放缓，网络视频行业步入平稳发展期。近两年，用户在 PC 端收看视频节目的比例在持续下降，而手机端的比例则在持续上升。截至 2014 年 12 月，71.9% 的视频用户选择用手机收看视频，其次是台式电脑、笔记本电脑，使用率为 71.2%，手机成为收看网络视频节目的第一终端。平板电脑、电视的使用率都在 23% 左右，是网络视频节目的重要收看设备。

九、PC 网游仍是市场中坚，手机网游份额将进一步扩大，电视游戏成为新的市场热点

从用户规模、在线时长以及游戏收入等方面来

看,PC 网游吸引了最具价值的深度用户,仍然是游戏市场的中坚。但网民增长的整体放缓,人口结构导致的低龄网民的比例下降,以及 PC 网游用户随着年龄增长的自然流失,都是导致 PC 网游增长放缓的原因。而另一方面,PC 网游也在不断探索着适合于自己的新商业模式。比如将线上游戏与线下活动、甚至电视节目相结合,竞技游戏与竞技体育相融合,逐步形成成熟的商业化运作模式,有望成为 PC 网游新的发展方向。手机游戏的爆发式增长在 2014 年上半年达到最高峰,下半年开始逐渐进入洗牌期,并表现出稳中有降的趋势,而预计 2015 年在延续这一趋势的同时,

手机网游的份额将进一步扩大。2014 年游戏主机的解禁政策使得电视游戏成为新的市场焦点。但从目前电视游戏市场的发展态势来看,未来 1 年内将迅速占领市场的不是游戏主机,而是互联网电视/盒子。互联网电视/盒子在用户规模、用户增长率、市场推广都要快于游戏主机,而面临成本、渠道、政策等诸多因素,游戏主机厂商仍持谨慎的观望态度,并没有急于推进。因此,预计 2015 年电视游戏市场将先由互联网电视/盒子引爆,而游戏主机还有较长的路要走。

(来源:中国互联网络信息中心)

优秀论文篇

产业观察

媒介融合:图书出版业独特融合之道

聂震宁

一

传统媒介与新兴媒介融合,这不仅已是传媒业界的共识,更已经成为传媒业发展的现实。由于是现实,故而通常情形下已经不需要在学术上作出求证。进入21世纪,新兴媒介挟新兴技术的优势,对传统媒介构成日盛一日的冲击。传统报业、期刊业、广播电视业乃至图书业,有的一直在进军新兴技术以实现自我救赎,有的在寻求新兴媒介合作以"借船出海",有的实体则勉力支撑,等待丧钟敲响。传媒世界所谓"以不变应万变"之类的豪言壮语渐渐成了"夜过坟场"用以壮胆的口哨。如果说新兴媒介和传统媒介这十多年来一直处于博弈状态的话,那么,现在传媒业已经基本进入新兴媒介的节奏。"媒介融合",美国马萨诸塞州理工大学伊契尔·索勒·普尔教授早在1983年提出来的这个传播学概念,不曾想20多年后竟然成了传统媒介走出数字化困境的"诺亚方舟"。传统媒介无论是通过新兴技术自救还是与新兴媒介合作发展,本质上都可以看成是"媒介融合"。

然而,事物的差异性普遍存在,倘若以为所有媒介都已经或正在实现传统和新兴的融合,显然不符合我们正在亲历的现实。譬如图书业,尽管出现了电子书、网络出版和移动阅读、微阅读,但是许多出版实体还是按部就班地像操作手工活一样地精细地做着传统的图书;又譬如电视业,还在有线传送的同时谋划着直播星落地,仿佛网络视频传播不曾有过一般。从事物发展的差异性规律来看,甚至我们还不能认为传

播业各个分支都必然最终达到同等程度的融合。融合只是一种趋势。不同媒介的融合并不具备同一的标准。现在,对于传媒业的每一个分支,重要的不在于是否承认融合,重要的在于要做到心中有数:对于自身究竟意味着将形成怎样的传播形态,各种传媒实体将如何应对那未知的明天。

二

最重要的一个疑问是,媒介融合是怎样成为人们无需求证的现实的。

首先是数字出版迅猛发展的态势造成媒介融合的紧迫感。自2006年以来,我国数字出版年度收入增长速度加快。数字出版的新兴特征十分明显。

与此同时,是纸介质新闻出版行业十余年来发展趋缓的现实造成了媒介融合的紧迫感。仅就中国新闻出版研究院发布的近三年统计情况看,全国图书业、报纸业和期刊业年度销售收入增幅就明显落后于数字出版。报纸和期刊的收入中有相当部分还是来自于报刊实体自身数字传播业务。概括起来说,那就是:增长幅度不大,下降趋势显现,传统媒介危机感强烈。

新型阅读的社会景象给人们带来媒介融合趋势的认同。十多年来,社会阅读载体渐次发生变化和替代,特别是近几年的变化和替代速率加快。电脑、互联网、电子阅读器、平板电脑、智能手机,移动互联网技术的发展,终端设备的更新,培育出了无处不在的"低头一族"。忽如一夜之间,公共场合忽然涌现出

一群群低头读屏的人,蔚为大观,给人以旧貌换新颜的冲击和引导。

"三网融合"打破了各种媒介之间的壁垒,极大地方便了人们大面积接触各种媒介的内容和终端。"三网融合"包括内容融合、渠道融合、终端融合,从而使得各类纷繁复杂的内容可以在一个平台上运营,电视、手机、电脑、Pad以及其他通讯设备终端实现了广泛的融合。当人们在网络上可以观看所有电视节目,当人人可以在移动互联网上成为自媒体,原先那些高深莫测的媒体顿时褪去了神秘的面纱,传媒业已经进入寻常百姓人家。

媒介融合最鲜明的特征是技术的融合,媒介融合的原动力就在于数字技术的发展和成熟。媒介融合最具震撼力的是新兴媒介实体的发展壮大,百度、腾讯等新兴实体的迅速壮大,使得各界人士很快就把怜悯眼光投向传统媒介实体特别是传统纸媒实体。

对媒介发展不全面也不完全符合事实的社会评价,也一定程度上造成了媒介融合的紧迫感,这是需要社会媒体管理者反思的。在媒介融合,新兴媒介崛起的趋势之下,最传统的出版业也深恐落于人后。危言耸听通常是新闻媒体的拿手好戏。事实当然并非如此,甚至可以说是远非如此,但紧迫感已经就此形成。

三

媒介融合在图书出版业这里遭遇了最大的质疑,图书出版业的媒介融合还处于需要求证而又难以求证的现实。

还是从2009年的数字出版统计引起出版业内外紧张的那件事情说起。

2009年度全国图书出版销售收入为477.7亿元,而与图书业具有直接可比性的数字出版只是电子书,其年度收入只是14亿元,其中有10亿元还是出售电子阅读器所得,电子书产品销售只有4亿元。数字出版799.79亿元中有互联网广告206亿元、网络游戏256亿元、手机出版(铃声、彩铃下载、手机游戏等)314亿元,这三大项共776亿元。

应当承认,即便2009年全国电子书销售收入与纸介质图书相比较虽然算不上什么,可是其增长率却是可观的。在上一年度,这项统计还只是3亿元。此后,数字出版中的电子书出版销售收入依然大幅度增长,2010年电子书(含网络原创出版物,下同)为24.8亿元,2011年为16.5亿元,2012年为31亿元,2013

年为38亿元。令人疑惑的是,图书出版业并没有在新闻唱衰中就此衰落,2012年全国图书出版实现营业收入723.5亿元,2013年则是770.8亿元,与2009年的477.7亿元相比,增长幅度也是不容小觑的。

与图书业相对平稳的情形相比较,报纸业则比较复杂。在媒介融合下,数字报纸的发展增幅也不小,但总量也还比较小。数字报纸(网络版)年度销售收入2009年为3.1亿元,2010年为6亿元,2011年为12亿元(不含手机报,下同),2012年为15.9亿元,2013年为11.6亿元。纸介质报纸的发展则令人担心。全国报纸实现营业收入(含广告收入)2009年为646亿元,2010年为734.9亿元,2011年为818.9亿元,2012年为852.3亿元,2013年为776.7亿元,可谓如前所述,图书业与报业同为纸介质传媒,在数字化时代的遭遇却并不完全一致。其中原因自然是多样的,最重要的有两点,一是行业经济支柱遭遇冲击的情况不同,报业的主要经济支柱广告业务正在大幅度地往移动互联网方向流失,而图书业的主要经济支柱即图书销售业务并没有发生流失——尽管网店售书冲击了地面实体书店,但图书出版实体收入主导权还掌握在自己手中,这大约就是二者最明显的不同;二是遭遇移动互联网海量快捷信息传播能力的冲击程度不同,图书业无疑也受到冲击,但毕竟不如报纸期刊这些以信息传播为主要内容的媒体受到的冲击大,这些年有多少人已经基本上从读报改为读网、读屏、读手机,而读网、读屏、读手机目前还是替代不了读书,这也是图书业一直保持稳定发展的重要原因。

四

也许,由于图书业在主要经济支柱和传播能力方面受到新兴媒介的冲击不大的缘故,也由于图书业数字出版赢利模式尚未形成的缘故,我国图书出版业在数字技术运用上进展不大。这一点与欧盟国家有些相似。

美国出版业的专家也有介绍。美国书业研究组织(BISG)与美国出版商协会联合开展了"图书业数据统计",与鲍克市场研究公司联合开展了"读者对电子书阅读和消费态度调查"。前者的数据显示,2009年11月~2012年5月,美国电子书的消费群体从4%增长到24%;而后者的数据显示,在成人虚构类的图书中,电子介质产品的销售数量已超过其他任何材质的产品,如精装本和平装本,只是在收入上由于定价的原因电子书所占到的份额目前还不能与销售数量形成比例。2011年1月,"给力"读者(即至少每周都购买电子书产品的读者)群的比重达到高峰,紧随其后便是美国两个月的国民休假时期,为此第一季度和第二季度,读者数量趋于平缓。然而,进入5月后,读者数量猛增。

电子书出版要实现可持续发展,关键在于阅读终端的使用率。在苹果iPad用户群中调查,电子书阅读功能的使用只占一半,60%的用户使用网页浏览和文件编辑功能,59%的用户使用收发邮件或即时信息。亚马逊Kindle用户使用情况稍有不同,有六成的人表示会频繁购买和阅读电子书,30%的人用它来上网编辑文件,25%的人用来传递资讯。

这种调查情况给我们最强烈的印象,一是美国图书业在电子书业务开拓方面已经形成规模化趋势;二是"增加销售额"和"满足消费者需求"往往是服务业开疆拓土的策略,紧随其后的将是市场收益;三是美国读者的良好阅读习惯正在转移到新兴载体上,阅读终端的使用率有着基本的保证。

五

在中国出版业许多人士看来,美国图书出版业在媒介融合上所做出的努力,实在是主动进取的态度。从一定意义来看,他们并非是被融合,而是主动去融合。尽管苹果、亚马逊很强势,可兰登书屋、哈珀·柯林斯、西蒙与舒斯特、企鹅、威利等也绝不是任人融合的小公司,双方之间的融合基本上是在商业理性的平台上运作的。所以,据权威人士估计,美国图书出版业从电子书、网络书上的收入已经占到行业年度收入的40%~50%。美同行们不像我们整天在讨论"居安思危"还是"居危思危",他们是退而结网,走出了媒介融合下的图书出版发展的独特之路。

那么,问题还要回到中国。首先,我国图书业内容生产的掌控能力确实是相当强的,这使得电子书生产经营者短时间内难于逾越这一内容生产高地,使得我国图书业目前尚能安坐如山;其次,我国图书业实体迄今为止尚未从电子书市场感受到严重的危机感,因而仍然是不见兔子不撒鹰,轻易不肯投资进入电子书市场,更不像许多报纸很快就放弃了电子版上线的利益诉求,这使得电子书市场最有实力的出版实体至今没有形成;再有,我国移动互联网广大用户至今还在为一定程度的舆论开放狂欢,为碎片化阅读、信息化阅读、街谈巷议式的阅读乐此不疲,整体性、深度阅读还不是他们所关注的对象,加之国民阅读习惯尚未养成,因而使得电子书市场的需求也还没有形成规模。这就是我国图书业在媒介融合过程中依然特立独行。有危机感,但似乎只是天气预报,暴风雨还离得很远;有紧迫感,有时候天边打闪,结果是光打雷不下雨。于是似乎造成了且行且看的观望状态。古人说:人无远虑,必有近忧。近忧何时到来,谁也说不准,也许是若干年后,也许就在明天。美国图书业正是把明天作为他们走出危机的起点,在媒介融合上做出主动进取的抉择,已经形成了纸介质和数字介质图书综合生产经营的相对有序的格局。从长远趋势来看,传媒数字化是必然的,多媒体出版也是必然的。趋势即命运。我们的图书业为什么就不能主动地去把握自己未来的命运呢?

(作者单位:北京印刷学院新闻出版学院)
摘编自《科技与出版》2014年第9期

融媒体时代"人"和出版媒介之间的互动融合发展研究

曹继东

在浩瀚的人类文明发展史上,出版媒介作为记载文明、传承文化的重要文化载体,成为文化研究、科技研究、传播与媒介研究领域的重要课题。加拿大著名学者麦克卢汉提出了"媒介是人的延伸"的重要论断。按照麦克卢汉的论断推理,出版媒介同样是人的延伸。"人"参与和控制出版媒介的发生发展和创新演变。"人"参与和控制出版媒介发展的过程,是"人"和出版媒介互动、融合、发展的过程。研究探讨"人"和出版媒介之间互动、融合、发展这一课题,是探讨文化和科技互动融合的途径、方式、规律的重要理论视角,对促进文化和科技融合,发展新型文化业态,提高文化产业规模化、集约化、专业化水平具有重要学术价值。

"人"和出版媒介之间的融合，简而言之就是将"人"和出版媒介合成一体。融合的过程是"人"的精神、需求、文化、思想、意志逐步渗透到出版媒介中，出版媒介依托技术的创造、发明、进步不断适应"人"的需要并与"人"融为一体，成为"人化"的出版媒介的过程，最终实现麦克卢汉所预言的目标：出版媒介成为"人"的延伸。

一、出版媒介技术发展和出版形态变革

(一)基于造纸技术、印刷技术、激光技术的出版媒介技术发展与出版形态

我国古代造纸技术、印刷技术在漫长的科技文化实践过程中被能工巧匠蔡伦、毕昇所创造发明，并对我国乃至世界出版媒介技术的发展产生了深远影响。公元6世纪，中国人发明了木板雕刻印刷术。100年后，中国的造纸技术传入中东和欧洲。1439年，古登堡在德国发明了印刷机，现代意义上的出版开始诞生。造纸技术、印刷技术发明以后，书籍这种出版形态开始登上人类出版实践的舞台。基于造纸技术和印刷技术的书籍出现，是出版形态的第一次形态变革。出版媒介技术发展推动了出版形态的变革，使得出版形态更加适合人类的精神文化需求，完成了出版媒介技术的第一次"人化"过程。

(二)基于电子技术、网络技术、数字技术的出版媒介技术发展与出版形态

电子技术、网络技术、数字技术出现以后，出版媒介尝试性地使用并获得了人类阅读活动的接纳。与电子技术、网络技术、数字技术渗透出版媒介相伴随的是出版新形态的出现，电子出版、网络出版、数字出版等新的出版概念、新的出版形态成为业界和学界共同关注的热点出版现象。对于电子出版、网络出版、数字出版的研究，始于出版媒介技术的发展，相关的学术探讨多立足于出版媒介技术实验和出版实践。20世纪90年代，出版媒介技术电子化、网络化、数字化在我国出版行业渐露端倪。近20年的出版实践证明，基于电子技术、网络技术、数字技术的出版媒介技术发展在出版形态、出版业态、出版产业等方面对中国出版业的大发展大繁荣产生了巨大作用。电子出版、网络出版、数字出版逐步成为出版行政管理部门、出版行业、出版技术支撑企业所重点关注的业务。数字出版工艺的出现、成熟和完善是出版形态在出版发展史上的第二次形态变革。数字出版工艺成熟以后，

出版的外延被进一步拓展。

(三)出版媒介全媒体技术发展和出版形态融合发展趋势

当下，出版形态的融合发展成为出版业界和学界广泛的共识。对于出版形态融合发展的研究，是基于对出版媒介全媒体技术发展的认识和实践产生的新的研究课题。在出版形态融合的初级阶段，出版业尚未产生最佳的技术组合、技术选择，而出版的发展赋予出版媒介技术工程的使命是在出版实践中获得最佳的出版媒介技术组合和技术选择。出版媒介技术全面融合，是出版媒介技术工程带有尝试性和实验性的技术选择。

出版形态融合发展如果是出版的大趋势，那么融合发展的未来图景、框架、秩序又将是怎样呢，人类社会究竟需要什么样的媒介体系、媒介框架和传媒秩序？出版媒介全媒体技术发展中的最佳技术组合和技术选择将是解决出版形态融合发展的重要技术支撑。

二、"人"对出版媒介发展变迁的参与和控制

人的思想、人的意志、人的需要是技术发展的动力。在出版媒介技术发展、出版形态变革的历史进程中，人对出版媒介发展变迁的参与和控制，是按照媒介发展规律、技术发展规律、人文演进路径、社会科学进步的规律逐渐渗透到出版媒介的发展进程中去，并在实践中促使出版媒介更加人性化、更加适应和满足"人"的需要。

(一)"人"的阅读需求贯穿出版媒介发展变迁的全过程

出版媒介的发展变迁是一个文化与科技相互融合发展的过程，在融合的过程中，"人"的因素至关重要，"人"的阅读需求贯穿整个出版媒介发展变迁的全过程。出版媒介的发展变迁是基于社会发展变迁、科技发展变迁、文化发展变迁而发生的。人类社会的发展变迁，伴随着政治的发展变迁和经济的发展变迁，按照马克思的观点，人类社会发展变迁的方向是对"人"的解放。"人"的解放在不同的社会形态中有不同的表现形式。"人"的解放在不同的社会形态中在文化方面的符号表征是对"人"的思想的解放、启蒙。

传统形态的出版媒介从业者在出版实践中不断创新发展，从技术和文化两个层面拓展传统形态出版媒介发展的内涵和外延，以便创造更为适合"人"使用的出版媒介来满足统治阶级、精英阶层的阅读需求。

（二）"人"的社会想象主导出版媒介发展变迁的大趋势

"人"的社会想象，对于人类的出版媒介发展而言，是"人"参与和控制出版媒介的一种精神和意志的方式与途径。人类精英的社会想象是建立在人类的劳动实践的基础上的。人类文化精英的智慧和劳动者的技术实践活动在文化和科技融合的基础上互动发展，建构起出版媒介发展的社会想象，作用于出版实践并主导出版媒介发展变迁的全过程，决定着出版媒介发展的未来方向和大趋势。出版媒介发展的大趋势就是融合，特别是"人"和出版媒介之间的互动融合。

（三）"人"和出版媒介之间的互动融合发展基于"人"的参与和控制

"人"和出版媒介之间的互动融合发展表现在出版实践活动中是"人"对出版媒介发展的参与和控制。"人"参与和控制出版媒介的发展，出版媒介在适应"人"的需要的过程中，不断创新发展并成为人类文明发展不可或缺的重要文化载体。一方面，"人"和出版媒介之间产生矛盾、调和矛盾、解决矛盾，最终出版媒介融合发展；另一方面，人和人之间在对待出版媒介融合发展的问题上也存在意见分歧、技术矛盾，人和人之间为了解决矛盾而进行的理论研究、学术探讨、技术实验和出版实践，共同构成了"人"对出版媒介的参与和控制。

三、"人"和出版媒介之间互动融合发展的路径

"人"和出版媒介之间的互动融合发展，是基于人和人的关系、人和出版媒介技术的关系进行意义建构和文化选择的。正是由于历史的必然性和文化的偶然性，最终促成了"人"和出版媒介之间的互动融合发展。

（一）"人"和出版媒介的意义建构

"所谓传播活动，就是人类使用媒介进行信息传播过程中的所有活动。在传播活动过程中，通过'意义建构'，人和媒介的关系得以确立并不断调适。借助于媒介，人们建立起属于自己并被社会共享的'符号表征系统'，并借此建构起来各种各样的复杂的社会关系网络。媒介成为人类社会文化意义的基础，假如没有媒介，任何人类文化意义也就不复存在。因此，探究媒介，就必须要探究媒介的文化意义构成，以及由媒介和文化构成的社会现实。""人"和出版媒介的意义建构是人类使用出版媒介进行出版传播过程中不断调适"人"和出版媒介的关系进而建构起来的属于人类自身并能够为人类社会所共享的"出版符号表征系统"。据此而建构的整个社会关系网络，就是客观存在于社会现实中的出版系统，复杂的出版系统成为人类社会出版文化的意义基础。

（二）"人"和出版媒介的文化选择

"从现实的媒介技术发展演变的角度看，各类新兴媒体不断出现并不断更新、补充和颠覆传统媒体，但仅仅从技术层面上的媒介变迁认识媒介，显然无法全面解释媒介的特征。因此，媒介批评理论必须要将媒介置于人类社会和文化背景之下，将媒介发展视作连续性的文化整体进行探究。"考察"人"和出版媒介的文化选择，是将处于出版传播活动中的出版媒介从出版人际传播到出版大众传播整合起来，作为连续性的出版文化构成加以系统考察。文化通常包括物质的、制度的、心理的三个层面。"人"和出版媒介的文化选择，在物质层面表现为对于出版介质、出版形态的取舍、扬弃、选择；在制度层面表现为针对不断出现的新的出版形态而制定的法律、法规、政策等；在心理层面表现为各类读者对新的出版形态的心理认可与接纳。

（三）历史的必然性和文化的偶然性促成了"人"和出版媒介之间的互动融合发展

出版媒介发展的历史，既是出版媒介技术发展的历史，又是出版媒介文化发展的历史，同时也是整个人类社会发展的历史。在整个人类社会发展的历史长河中，人类选择什么样的文化方式、科技方式、传播方式，不选择什么样的文化方式、科技方式、传播方式，是由人类自己来决定的。同样，人类选择什么样的出版媒介技术，选择什么样的出版媒介文化作为传承文明的载体，最终还是取决于"人"的选择。笔者将人类历史发展中出现的这种"人"的文化选择的可能性称之为"文化的偶然性"。"人"对出版媒介的参与和控制及其二者之间的互动融合发展是近现代出版文化传播方式与途径的演进规律，是文化传播与媒介科技的互动图谱。为什么现代出版呈现出来的是当下的规模、形态、模式、范式、规制？这就是人与技术、人与人、出版与技术、媒介与技术之间互相作用、长期融合的结果。基于"人"和出版媒介之间的互动融合发展这一路径分析、考察、判断，可以得出结论：出版媒介发展到当下所呈现出来的规模、形态、模式、范式、规制具有历史的必然性。

综上所述，"人"和出版媒介之间的互动融合发展研究的是人和媒介的关系、媒介和技术的关系、人

和技术的关系、文化和科技的关系。"人"和出版媒介之间的互动融合发展本身是出版媒介自身发展的客观规律。媒介是人的延伸,"人"和出版媒介之间的互动融合发展,最终促使出版媒介的融合发展更加接近"人",更加适应"人"。因此,"人"和出版媒介之间的互动融合发展规律是出版,即文化和科技融合发展演进的规律。

(作者单位:中国传媒大学)

摘编自《出版广角》2014 年第 10 期

中国出版产业国际竞争力研究

黄先蓉　田常清

出版产业是中国文化产业的重要组成部分,也是推进文化强国建设、推动国民经济发展、提升国际地位的关键一环。长期以来,随着体制改革的日益深化以及走出去战略的全面实施,中国出版产业发展迅速,国际化步伐日渐迈进,已成为名副其实的出版大国。如何正确分析、判断中国出版产业国际竞争力水平以及在世界上所处地位,进而有的放矢地找到提升路径是值得深思且亟待解决的问题。

一、出版产业国际竞争力的评价方法及指标选择

出版产业国际竞争力是一个新的研究领域,也是国际竞争力理论在中观产业层面的延伸和运用。结合哈佛商学院教授迈克尔·波特以及国内学者金碚对"产业国际竞争力"这一概念的界定,出版产业国际竞争力可以理解为一国的出版产业能够比其他国家的出版产业更有效地向国际市场提供出版产品的综合素质。这种素质主要表现为一国向接近完全竞争的国际市场所提供的出版产品相对于其他国家的比较优势尤其是竞争优势,以及持续保持这种优势的能力和潜力。如今,随着世界各国竞争战略重点由经济向文化的过渡和转移,国际出版市场的竞争日趋激烈,出版产业国际竞争力的强弱已逐渐成为考察一国经济、文化发展水平以及综合国力的重要标志。

(一)评价方法的选择

从国内外现有研究成果看,产业国际竞争力的常用评价方法主要是多因素综合评价法和贸易绩效研究法两大类。前者用于解释竞争力的来源,又称因素分析法,是目前运用最为普遍的评价方法。它的关键在于尽可能逐层分解出决定和影响竞争力形成的各种内、外部因素,并对各因素进行加权计算,得出竞争力综合指数。后者用于衡量竞争力的结果,又称进出口数据法、经济指标法,即借助产品或服务的进出口贸易数据,通过计算某些特定形式的综合指标的指数,对各比较对象的竞争力进行直观描述与差距对比。

(二)评价指标的确定

一般而言,围绕以上两种不同的评价方法与路径,即可分别细化出两种不同的竞争力评价指标,即分析性指标和显示性指标。从目前研究现状看,衡量产业国际竞争力大小的指标不外乎这两大类。其中,分析性指标主要包括直接原因指标和间接原因指标。学者们多借助最具影响力的国际竞争力分析模型——迈克尔·波特的国家竞争优势理论,尤其是考察竞争优势来源的"钻石模型"展开出版产业竞争力各项影响因素的探讨。如蔡继辉围绕生产要素、需求状况、相关产业集群、政府行为和出版企业战略五大要素设计了大学生粗入学率、出版市场开放程度、人文发展指数、出版社管理水平、政府知识产权保护度等 25 项分析性指标。

基于此前所选定的贸易绩效研究路径与方法,本文用于衡量出版产业国际竞争力的指标则为显示性指标。

为了避免单项指标评价的片面性、弥补指标自身存在的缺陷和不足,同时尽可能使评价简单、可行,本文从以上三类指标中各选其一,最终确定了如表 1 所示的出版产业国际竞争力评价指标:(1)国际市场占有率(MS)。即一国出版产品出口额占世界出版产品出口总额的比重。作为衡量竞争力最直接、最明确的指标,可直观反映产品参与国际贸易的绝对竞争优势。(2)贸易竞争优势指数(TC)。即一国出版产品贸易差额占贸易总额的比重。指数大于 0,表明该国产品生产效率、生产技术水平高于世界平均水平,具有竞争优势;指数小于 0,则说明其生产效率、生产技

术水平低于世界平均水平，具有竞争劣势。（3）显示性比较优势指数（RCA）。即一国出版产品出口额在该国出口总额中所占份额与世界出版产品出口额在世界出口总额中所占份额的比重。指数大于1，表明该国出口竞争力高于世界平均水平，具有比较优势；指数小于1，则说明其出口竞争力低于世界平均水平，具有比较劣势。

表1　出版产业国际竞争力评价指标

分析维度	指标名称	计算公式	指标值涵义
市场占有份额	国际市场占有率（International Market Sharel Index. MS）	$MS_i = X_i/X_w$ X_i 为 i 国出版产品出口额，X_w 世界出版产品出口总额	值越大，产业竞争力越强
贸易收支差额	贸易竞争优势指数（Trade Competitive Index. TC）	$TC_i = (X_i - M_i)/(X_i + M_i)$ X_i 为 i 国出版产品出口额，M_i 为 i 国出版产品进口额	0.8~1，竞争优势非常明显 0.5~0.8，竞争优势较明显 0~0.5，竞争优势不明显 −0.5~0，竞争劣势不明显 −0.8~−0.5，竞争劣势较明显 −1~−0.8，竞争劣势非常明显
出口所占比例	显示性比较优势指数（Revealed Comparative Advantage Index. RCA）	$RCA_i = (X_i/T_i)/(X_w/T_w)$ X_i 为 i 国出版产品出口额，X_w 为世界出版产品出口总额；T_i 为 i 国所有产品出口总额，T_w 为世界所有产品出口总额	>2.5，出口竞争力极强 1.25~2.5，出口竞争力较强 0.8~1.25，出口竞争力中等 <0.8，出口竞争力较弱

二、基于三大指数对我国出版业国际竞争力的总体判断

对中国出版产业国际竞争力的评估拟从动态和静态，亦即纵向和横向两大维度展开。首先，运用评价指标考察2007～2012年六年来中国出版产业国际竞争力的提升演变情况；进而选取美国、英国、德国、法国、俄罗斯、加拿大、新加坡、日本、韩国这九个与中国有较多出版贸易往来的国家作为比较对象，利用指标对比2012年中国与之存在的差距，从而对中国出版产业国际竞争力强弱做出总体判断和立体描述。

基于数据的可获取性以及国际比较的需要，本文

用于计算评价指标指数的原始数据，即各国出版产品进出口数据均来自于海关统计的联合国商品贸易统计数据库（UN Comtrade）。需要指出的是，因本研究数据统计体系的口径较宽，在一定程度上可能高估中国出版产品实际出口额，但因各国统计维度基本一致，具有国际相对可比性，所以暂忽略其中的误差。

另外，因贸易竞争优势指数这一指标受到贸易收支差额影响，考虑到图书出口额中包含印刷领域的较大份额，计算该指数时仅将进出口数据与中国真实情况较相符的第4902条即报纸、杂志和期刊纳入统计范围，具体计算结果如表2所示。

表2　2007～2012年中国出版产业国际竞争力评价指标值

年份	2007	2008	2009	2010	2011	2012
国际市场占有率（MS）/%	4.89	5.53	6.15	7.12	7.47	9.10
贸易竞争优势指数（TC）	−0.71	−0.69	−0.72	−0.80	−0.83	−0.82
显示性比较优势指数（RCA）	0.55	0.62	0.64	0.63	0.55	0.68

（一）国际市场占有率

由表2可以看出，2007～2012年，中国出版产品国际市场占有率呈逐年快速增长的可喜态势，到2012年已接近10%，达9.1%，较2007年的4.89%增长86%，年均增长率13.2%。从历年增幅看，除了2011年低于5%外，其余都保持了两位数增长，到2012年更是快速攀升，增幅高达21.8%，如图1所示。

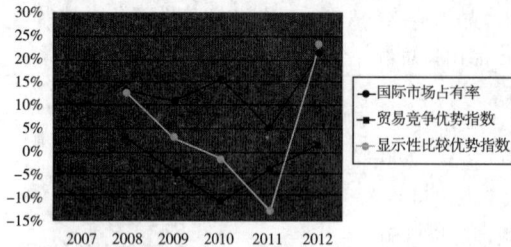

图1　2007－2012年中国出版产业
国际竞争力评价指标增长率

从同期国际比较情况看，2012年中国以9.1%的国际市场占有率在10国中位居第四，仅次于美国、英国、德国，如表3所示。同时，中国还与位列其后的法国拉开了2.35个百分点的差距；和排名最后的韩国相比，中国更是高出8.54个百分点，体现了自身占领国际出版市场的绝对竞争优势和总体实力。然而与世界第一出版强国——美国相比，中国的指标值与之相差高达9.05个百分点，只占其50%。

表3　2012年世界部分国家出版产品
国际市场占有率（MC）及排名

国家	中国	美国	英国	德国	法国
国际市场占有率（MS）/%	9.1	18.15	14.73	11.94	6.75
排名	4	1	2	3	5
国家	俄罗斯	加拿大	新加坡	日本	韩国
国际市场占有率（MS）/%	0.98	1.76	2.65	0.74	0.56
排名	8	7	6	9	10

（二）贸易竞争优势指数

据表4显示，2012年，位列前五的国家的贸易竞争优势指数均大于0，这说明其出版产品的生产效率、生产技术水平高于国际水平，出口能力较强，均为出口导向型产业。其中，位居前二的美国、英国指标

指数分别为0.70、0.52。由表1中贸易竞争优势指数的指标值涵义可知，竞争优势的强弱程度因取值范围不同而呈六大梯队。其中，介于0.8～1为竞争优势非常明显的第一梯队，而位居前二的美国、英国指标指数分别为0.70、0.52，在0.5～0.8的取值范围之间，处于竞争优势较明显的第二梯队；德国、新加坡、法国分别为0.33、0.15、0.06，取值范围为0～0.5，属于竞争优势不明显的第三梯队。其余五国指数则均小于0，这说明其产品的生产效率、生产技术水平低于国际水平，出口能力较弱，存在贸易收支逆差，属于进口导向型产业。其中，日本、韩国竞争劣势不明显，为第四梯队国家；俄罗斯竞争劣势较明显，为第五梯队国家。相比之下，2012年中国的指数仅为－0.83，取值范围为－1～－0.8，在10国中排名第九，和位列最后的加拿大同属竞争劣势非常明显的第六梯队。从国际差距看，相对于指数最高的美国来说，中国所表现出来的弱势地位十分明显，出口能力差，两国可以说分属竞争优劣势的两极，差距相当悬殊。

表4　2012年世界部分国家出版产品
贸易竞争优势指标（TC）及排名

国家	中国	美国	英国	德国	法国
贸易竞争优势指数（TC）	－0.83	0.70	0.52	0.33	0.06
排名	9	1	2	3	5
国家	俄罗斯	加拿大	新加坡	日本	韩国
贸易竞争优势指数（TC）	－0.61	－0.85	0.15	－0.25	－0.49
排名	8	10	4	6	7

（三）显示性比较优势指数

从表1和表5可知，2012年，指数大于1的国家有英国、法国、美国、德国，其产品出口竞争力高于世界平均水平，具有相对出口优势。其中，位居首位的英国指数大于2.5，高达4.65，属第一梯队即极强出口竞争力国家，比较优势最强；后三者介于1.25～2.5之间，属第二梯队即较强出口竞争力国家。其余6国指数均小于1，出口竞争力低于世界平均水平。其中，除新加坡为第三梯队即中等出口竞争力国家之外，中国、俄罗斯、加拿大、日本、韩国均位于出口竞争力较弱的第四梯队。就指数的国际差距而言，2012年，中国指数排名第六，与紧随其后的加拿大相比仅

有 0.09 个点的微弱差距,相对于排名靠后俄罗斯、日本和韩国来说,则与之保持了 0.4 ～ 0.53 个点的优势。然而与前四强相比,中国的指数则显得相当低,与居首位的英国相差甚远,差距高达 3.97 个点,也大大落后于美国、法国和德国。

表5　2012 年世界部分国家出版产品
显示性比较优势指数(RCA)及排名

国家	中国	美国	英国	德国	法国
显示性比较优势指数(RCA)	0.68	1.79	4.65	1.28	1.84
排名	6	3	1	4	2
国家	俄罗斯	加拿大	新加坡	日本	韩国
显示性比较优势指数(RCA)	0.28	0.59	0.99	0.16	0.15
排名	8	7	5	9	10

三、主要结论及相关建议

基于以上指标的动态演变情况与同期国际比较结果,对中国出版产业国际竞争力大致可以得出如下结论。

(1)近年来,中国出版产业在国际贸易中取得长足发展,出口规模日益扩大,国际市场占有份额不断拓展,产业国际竞争力总体上呈逐年增强态势。

(2)美国、英国、德国、法国等发达国家在国际出版市场中处于强势地位,与之相比,中国出版产品体现出非常明显的竞争劣势和较为明显的比较劣势,出口能力低于世界平均水平,产业国际竞争力属于"较弱"梯队。

(3)作为知识密集型、智力密集型产业,中国出版产业相对于美国、英国、德国等出版强国所体现出的明显竞争劣势、比较劣势以及可能越来越弱的产业国际竞争力在很大程度上折射出中国出版产品的知识文化含量普遍较低、内容创新性不足以及生产效率不高、技术水平有限、输出力度和渠道不敌国外等问题。

因此,要实现中国出版产业国际竞争力的提升,除了继续为产业发展营造良好的宏观经济环境、文化环境以及产业政策环境、法制环境、对外贸易环境,加强体制改革和走出去力度之外,重点还应回归到"出版产品"这一关键问题上。把握这一关键点的主体方向有两个:一是如何提高产品质量,二是如何将高质量产品推向世界。对此,提出如下几点建议:第一,深化品牌意识,充分利用现有优势资源要素,全力打造高知识文化含量产品。同时还可通过跨媒介、跨地区、跨行业并购、重组等资本市场运作方式,把海内外知识资源、作者资源、资金资源、技术资源等充分集中到出版产业,优化产品内容和形式,提高产品整体质量和附加值。第二,完善人才培养机制,加强专业人才队伍建设。重视创新型、复合型人才的培育和引进,着力造就一批具有国际战略眼光和国际交流能力,熟悉海外市场运作且精通营销策划、版权贸易、数字出版等领域的外向型人才,为保障产品质量、加快产品输出提供智力支持。第三,加快对外开放的步伐,加大人才、资本、技术投入和国际市场营销力度,积极打通并逐渐完善海外营销网络,为实现走出去提供有效而畅通的贸易渠道。

(作者单位:武汉大学信息管理学院)
摘编自《中国出版》2014 年 2 月上

重构媒体与用户关系

——国际媒体同行的互联网思维经验

陈力丹　史一棋

2014 年 8 月 18 日,习近平主持召开中央全面深化改革领导小组第四次会议,审议通过《关于推动传统媒体和新兴媒体融合发展的指导意见》。习近平要求"强化互联网思维,坚持传统媒体和新兴媒体优势互补、一体发展,坚持先进技术为支撑、内容建设为根本,推动传统媒体和新兴媒体在内容、渠道、平台、经营、管理等方面的深度融合"。互联网的传播方式从传播主体到方式、路径均为发散式的,如果单纯以传统媒体的主体思维模式来领会"传统媒体和新兴媒体融合",必将会与转型的初衷南辕北辙。

"互联网思维"的内容,包括即时提供信息、提供海量信息、互动交流、门户体验、满足公众多样化和个性化的信息需求、充分运用大数据和云计算等六方面的要求。这些没有做到,不能说传统媒体实现了与新兴媒体的融合。

我们现在正在进入"互联网 +"的时代,这个" +"后面可以是各个传统行业。而"互联网 + 传媒业"的理念将颠覆我们过去对于媒体的定义,而这并非意味着互联网和其他媒介形态格格不入,事实上它们之间是互相吸纳,彼此融合的,在这过程中,如何用互联网思维和新媒体传播理念对传统媒体进行转型和升级以强化传统媒体的核心竞争力,才是媒介融合的关键。

纵观国际传媒同行转型改革的探索,我们至少可以从以下几个方面推动自身的改革。

一、新媒体的冲击表现在媒体和用户的关系上

新媒体对传统媒体的冲击,最深刻的表现在媒体和用户的关系上。传统媒体的接受者被称为"受众",媒体在与受众的关系中一直占据着主动权,受众只能等待并按照一定的顺序接受媒体发布的新闻,在有限的时空中选择;媒体的经营方式在于通过自身的用心策划,最大限度地吸引受众。若用互联网思维考量媒体,媒体与受众的地位将反转过来,"受众"变成了提出各种信息要求的"用户",不再主动寻求媒体的新闻报道,而要媒体向他们推送他们所需要的各类信息,包括新闻,但绝不仅仅是新闻。

对媒体来说,用户中心是大势所趋,媒体必须重构与用户而不是受众的关系,主动寻找自己的用户,稳定用户和不断拓展新用户。相比传统新闻学,时兴的对话新闻学便奉以参与和互动为本质特征的互联网思维为圭臬,将新闻生产转变媒体与受众之间的双向沟通、多方互动,比如"嗡嗡喂"等社交新闻网站在短时间内产生轰动效应,其秘诀就在于借助技术实现了受众深度参与新闻内容的生产,成功重构媒体与用户的关系。

英国《卫报》美国版主编珍妮·吉布森持续六年不懈地寻求扩大该报的数字读者规模。在最近的一次演讲中,她对媒体与受众关系的转变做了很好的归纳:"对我来说最难的部分是意识到你不会自动获得受众。对于印刷版背景的人来说,你习惯于这样一个事实:只要(稿件)符合主编的标准,上了报纸,就能找到受众。作为数字记者,则完全是另一种情况,你不得不找到你的受众,他们不会自己过来阅读,这就是一种变革。"

《纽约时报》则在新闻采编部增设一个负责受众拓展的职位,领导一个新的团队。这个职位负责制定新闻采编部在社交媒体、搜索引擎和电子邮件等直接推广业务方面的策略,并努力使报纸的报道更加个性化,这些所有的职能都指向受众拓展团队的使命,即为新闻采编部提供受众拓展的工具与相关培训,以保证新闻报道能够抵达更多的读者。

另外,有些媒体所谓的"媒介融合",就仅仅意味着办一个网站、开一个微博,这是远远不够的,因为这只是披上了一件互联网的外衣,是在内容、渠道和受众等方面做了简单的叠加。是否能够主动寻找用户,并不断追踪用户,重构媒体与用户关系,预测并引导用户行为,是媒体融合发展的一个关键问题。在媒体发展思想的内核中不树立"用户中心、开放分享"的互联网思维和理念,缺乏用户意识和服务意识,改革停留在形式化上的传统媒体只会在新媒体的浪潮中被迅速淘汰。

二、重视用户体验,培养"沉浸"式的用户依赖

对于新媒体,用户才是其最重要的资源,即 UGC(User Generated Content),依靠用户生成内容,把用户的信息作为巨大的财富源泉,最终不是通过传统广告,而是通过为用户提供一系列服务产生的黏性获利,这就是"用户体验"。例如《纽约时报》网站推出了深度报道《面对女囚》,网民可以参与其中并发表意见,这一报道活动之中,推出了一部新剧《女子监狱》,它是以自制剧《纸牌屋》闻名的流媒体网站"奈飞"(Netflix)制作的。彭博新闻社与苏黎世保险集团合作,开发了《风险全视图》的全媒体系列报道,用深度报道、可视化新闻及视频等多种方式聚焦全球商业贸易中潜藏的风险,这些都是网民们感兴趣的事情,无形中配合了苏黎世保险公司的市场需求。

传统媒体要转型,是需要树立并普及"用户体验"理念的。在"用户体验"理念的指导下,传媒不仅拓宽信息源、扩大传播渠道,更重要的是收集用户阅读习惯、生活方式,分析用户需求,强调用户体验。在了解客户基本情况的基础上,精确投递,将更好的产品迅速传递到用户的手中，与用户共鸣，共创价值、价值共享。

2007年1月2日，全新改版的《华尔街日报》在美国全面上摊。在印刷版的"投资理财"版中，金融数据每天以图表形式出现，而从中精选出的部分数据，用户可以免费在网络版的"市场数据中心"获得。这一网络"市场数据中心"是配合《华尔街日报》改版开发的，为关心金融数据的用户提供了大量的市场信息和便捷的使用方式，创新性的功能包括嵌入式新闻标题、股票和指数的快速扫描和绘图功能，以及重要市场消息的私人电子邮件提示。

传播学中有一个"沉浸传播"的概念，是指以人为中心、连接所有媒介形态的人类大环境，为媒介而实现的无时不在、无处不在、无所不能的有效传播。现在的微信初步做到"连接一切"，这便是一种沉浸传播式的尝试，社交、购物、打车、理财都可以在微信平台上得以实现。传统媒体的改革方向之一就是要实现更好的用户体验，让用户产生"沉浸"式的依赖感，此时的媒介无处不在而又润物无声。

纽约时报网通过将服务和内容相互嵌入发展，以培养"沉浸"式的用户依赖，其网站拥有电子商务功能，可提供数千种商品的在线购买服务，但这些商品不是像传统电子商务网站那样按品类陈列，而是嵌入到内容中，如网上书店与书评栏目绑定，网上购电影票与影评栏目绑定，让读者在看书评、影评的时候，随手就能购买图书和电影票。

三、促进采编流程，组织架构，采编运营"三个一体化"

在推动媒体融合发展，传统媒体向新媒体转型的过程中，媒体需要在新闻采编流程一体化，媒体组织架构一体化，新闻采编与运营一体化三个方面下足功夫。

（一）新闻采编流程一体化

在这方面，转型改革中的媒体都在着力建立内容生产流程的整体架构，形成团队工作的合力，实现新闻信息一次采集、多种生成、多元传播。各个媒体可能在具体方式上所有差异，但是整体方向都是促进采编流程再造。

2013年瑞典最大的早报《每日新闻》（Dagens Nyheter）对采编流程做了全新调整，推出了融合纸媒和新媒体平台的"编辑墙"，每天上午11点，执行副总编在这里召开策划会，把当天的新闻需求挂框上墙，由编辑、评论、网络、广告等各个部门自己来填空，实现了流程再造。《华盛顿邮报》则将旗下不同媒体平台的内容生产整合到一个平台，成立统一编辑部，由一个主编统领，负责内容以不同格式在报纸、网络等各媒体平台的编发。《纽约时报》从2005年起将其印刷版和网络版编辑部合并，成立联合编辑部，这种职能再造避免了内容重复采集，降低内容生产协调成本，从而提高了内容生产效率，降低了生产成本。

（二）媒体组织架构一体化

在这方面，许多报社在内部单纯地增设一个新媒体部门来负责运营管理新媒体平台，以为这就达到了媒介融合的要求，这样的想法未免太过天真。作为伴随新闻采编流程一体化而生的必然结果，媒体组织架构一体化也要做"存量改革"，真正从内部的组织结构调整入手，才能适应当今媒介融合的大趋势。

现今欧美的媒体都不约而同地通过建立类似中央厨房式的编辑部门，来合并、打通采编的各个流程，以媒体组织架构的一体化促进新闻采编流程的一体化。美国佛罗里达州坦帕市媒体综合集团Media General，将属下的《坦帕论坛报》及其网站Tampa Bay Online、电视台WFLA - TV、还有集团网站TMO.com的编辑部门集中起来运行，集团设立"多媒体新闻总编辑"，统管三类媒介的新闻报道，使三类媒介在新闻采编方面实现了联动。而早在2007年10月，BBC就开始着手重组编辑部，将电台、电视台和网络三大部门整合成两大"超级编辑部"——多媒体新闻编辑部、多媒体节目部，BBC的新闻资源在两大"超级编辑部"里得到了有效的循环和利用，克服了过去各自为战、重复内耗的问题。

（三）新闻采编与运营一体化

在这方面，在融合媒体的时代，已经不再是过去单一的文字、图片概念，现在强调的是"产品"的概念，因为是产品，就必须有一系列运营、开发的渠道和方法，这就要求媒体寻找一定的商业模式，这也是判断一家媒体融合发展是否成功的一个重要标准。

贝索斯以2.5亿美元收购《华盛顿邮报》之后，任命数名员工进行一个名为"彩虹计划（Project Rainbow）"的秘密项目，更确切地说，该项目是一个将新闻采编与媒体运营相结合的订阅应用部署计划：《华盛顿邮报》内部已投入开发一项新闻导读应用部署，并准备预装在亚马逊日前发布的新一批Fire平板中。关键的是，邮报的内容在Fire平板上将走免费路线，并有望成为 Fire 平板上的一个核心功能。用户只需要拥有一部亚马逊平板，便可以每天免费获取《华盛顿邮报》摘选的精选内容。

以利益为纽带的商业网络，更容易渗入人们的日常生活，发挥出纯粹的文化传播难以起到的作用。接下来媒介融合的方向会不会是报纸与电子商务的交叉直至深度融合，我们拭目以待，但是采编与运营一体化的商业模式起码应当成为我们考察媒体融合的一个新视角。

四、顺应用户阅读习惯，最大限度占有用户注意力资源

在新媒体时代，媒体都在强调要以用户为中心，用户在哪儿媒体就应该跟到哪儿，但是对于用户受众的追踪和服务并不应该是盲目的，其根本目的在于最大限度占有用户有限的注意力资源，而这便需要对用户阅读习惯的深入研究与理性顺应。

媒体报道如果顺应用户阅读习惯便能较大地占有用户注意力，但如果逆用户阅读习惯而行，其结果可能会是破坏性的。作为全球媒体行业的标杆，《纽约时报》在 2014 年 10 月的第一天裁掉了近 100 名新闻采编人员，与此同时，《纽约时报》在数月前创新推出的两个新媒体产品——NYT Opinion 与 NYT Now 手机应用——基本都宣告失败。仅仅在数月前，《纽约时报》高层还寄望于这两个 APP 能开创一个新的商业模式，即时报每天生产大量的优质新闻，并通过一系列定位精准的 APP 推送优质内容，实现用户群体的分众化。但这并非适合所有人阅读习惯，数据显示，《纽约时报》的用户们仍然习惯通过网站付费墙来订阅专栏评论，而不是专注于评论的 APP。

使用新媒体方式进行新闻报道，其意义不只在于拓宽信息渠道，更重要的意义在于对用户阅读习惯的调查与注意力资源的吸引，从而实现与用户共鸣的目的。如今很多媒体都把目光集中在数据新闻领域，殊不知数据新闻的产生与流行不仅归因于新闻形式的创新，更在于通过数据新闻的新颖形式吸引用户，占有用户注意力，而对这些数据的深入挖掘就可能管窥用户阅读习惯的一部分，从而能在顺应用户阅读习惯的基础上推出更优秀的新闻报道。

五、借助技术、资本、人才的力量启动媒介融合引擎

相对于新媒体，传统媒体最缺乏的是新闻传播相关技术的积累与运用，其不能很好地顺应传播技术发展的趋势，更不可能在技术发展的大潮中有所作为，这是传统媒体融合发展的软肋。在技术决定战术，战术决定成败的今天，传统媒体必须关注新技术、了解新技术、研究新技术、运用新技术。

作为软件领域的巨人，微软公司不担心市场，他们现在最关注的是云技术，是大数据的未来发展趋势，并开始将目光对准数据储存，从软件开发走向硬件打造。随着云技术的不断发展，越来越多的客户将自己的数据储存在云端，云端数据的日常保管和安全保障，直接影响到客户群的大小。对微软来说，这一庞大的客户群就是未来市场，就是无限商机。

除了技术和资本因素，对于一家生产丰富优质数字报道的传统媒体要转型为一家能够生产丰富优质报纸的新兴数字媒体，人才战略也非常关键。在新媒体时代，传统媒体必须高度重视数字人才的招募及培训，选拔具有互联网思维的人才作为媒体"掌舵人"，充分发挥其作用以普及互联网思维，提升报道水准。在这方面，《纽约时报》已经做了诸多探索，比如一直努力在整个采编部普及数字技能，并要让报纸网站编辑、社交媒体编辑、制片人、设计师、开发人员等在报道中起到更中心、更重要的作用，其高层认为做好这些工作一个根本前提就是要擢升更多的数字报道记者进入管理团队。

就像苹果重新定义了智能手机一样，亚马逊重新定义了书店，特斯拉重新定义了汽车……这些都是互联网带来的变革，只要互联网进入某一行业，这一行业就会发生天翻地覆的变化。而在"互联网+传媒业"的时代，传统媒体要推进媒体融合，就需要将媒介融合理解为"内容生产+产品形态+渠道占有"的一个整体，而非单纯的"内容为王"，"渠道为王"或者"技术为王"。

新媒体依靠渠道起家，但优质的内容仍然是新闻媒体发展壮大灵魂，怎么强调都不过分。而媒体的内容生产能力，尤其是设置议程的能力，仍然是在媒介市场中竞争最有力的法宝。互联网时代，生产的内容在变，生产的方式在变，传播的路径也在变，但生产优质内容的方向始终不变。与此同时，在这样一个因互联网而起的巨大变革的媒体时代，如果没有一个"以用户为中心"的产品形态，没有一个在互联网平台上的传播渠道，再好的内容，也无法抵达受众，传统媒体必须要适应这种变化，适应这种"酒香也怕巷子深"的现实。所以，传统媒体转型的同时必须同等重视内

容采集,产品设计与渠道拓展,任何时候都不能偏废其一。

正如"媒体融合"概念的提出者普尔所言,互联网作为一种"自由的技术",应当成为媒体乃至于人类社会变革的推动力。践行互联网思维,实现媒介融合,才是传统媒体在以互联网为主导的传播时代中获得新生的不二法门。

（作者单位：中国人民大学新闻与社会发展中心
中国人民大学新闻学院）

摘编自《新闻界》2014年第24期

数字出版模式的多元探索

汤雪梅

目前,我国数字出版产品不少,但赢利不多,自去年开始,新兴互联网服务商与传统出版商运用互联网思维,从出版形态、营销方式、内容生产、融资模式等方面进行了多方探索,为数字出版商业模式的创新开拓了思路。

一、多元生长的自媒体

自媒体,在国内发轫于原创文学网站,之后是各大门户网站的博客与微博。近年来,人们越来越不喜欢接受被"一个的声音"告知对或错,信息多样化、个性化需求越来越普遍。2013年,自媒体有了新的突破,无论PC端还是移动端、单个自媒体与自媒体平台在模式上均进行了较大的创新,在内容上获得快速增长,因此这一年,可以称之为中国自媒体的快速发展年。

在PC端,几大互联网门户网站持续发力,深入打造自媒体阅读平台,8月,网易继UGC精选栏目自"真话"之后,网易云阅读宣布开放自媒体入口,并对自媒体人开放其移动阅读用户;新浪继"专栏"资源聚合之后,在9月发布首款全媒体覆盖型解决方案,特别提到正在开发一套提供自媒体使用的系统平台,包括内容生产工具、专栏、博客、微博以及传播途径等解决方案;12月,腾讯百度介入,腾讯推出自媒体产品平台"大家";百度推出自媒体原创新闻平台"百度百家"。

在移动端,原央视制片人罗振宇的个人自媒体"逻辑思维"只用6个小时即"圈"下160万的"微信平台会员费",高晓松的"晓说"、韩寒的"一个"、80后青年大巴创立的"理财巴士"、梁冬、吴伯凡二人合办的"冬吴相对论",以及脱口秀"百话读史记"、"女孩子卧谈会"、"知识派对"等个人自媒体脱颖而出。

此外,自媒体平台微信朋友圈、公众号、荔枝FM、We-media等自媒体平台也以迅速崛起。

自媒体的蓬勃发展,创造出多元内容生长的媒介生态,有利于互联网的良性发展。目前的主要问题在于优质内容的持续保证,虽然人人都可能是自媒体,但是真正能产生优质内容并能持续产生优质内容的自媒体人却并不多。除去腾讯、百度平台上的付费大家,绝大多数自媒体人,收入朝不保夕,使得自媒体人只能以此作为兼职与副业,反过来又会影响到持续优质内容的产生。此外,受众口味的不断变迁,自媒体的个人品牌持久力难以保证,然而,作为专业媒体的有力补充,自媒体的发展仍将继续,其新的展现形式也将会被不断创新。

二、免费模式的电子书

传统出版的商业模式是版权售卖模式,即内容付费,这正与互联网的主流商业模式——免费模式形成对立。网络上,无论是浏览阅读还是看视频,免费获取已成为网民的思维定式。面对网络中大量盗版的存在与网民对付费内容的漠视,传统出版在数字化的探索中,开始尝试使用"免费"模式。中信出版社电子书中心总编辑黄一琨提出:"与其让盗版占领市场,不如我们自己免费。"2013年,中信出版社开始谨慎地拿了一些书来试水电子书免费加广告营销的模式,与路虎合作的作品《征服者档案》尝试一天免费,其下载量超过了54029册。免费电子书可以最大限度地在网上传播,尤其是高质量的电子书很容易在短时间内被大量的意向用户下载。这种电子书之中会加带一些明显的或隐含的广告,电子书的出版者通过广告为自己带来更多的收益。

当当在电子书销售局面迟迟打不开的情况下,推行免费，遭到众出版商的集体抵制与诟病。然而在电子书推广期，培养读者的电子书下载阅读习惯更为重要，进行适当的免费推荐，是必要的。比起出版商的被动免费，还有一些电子书是主动免费，亚马逊书店上，近年来，通过免费或低价成名的作者比比皆是。

免费电子书的另一个作用是收集用户的信息，这种用户数据库，有一个形象的名字"鱼塘"，路虎5万多下载用户就是这样一个"鱼塘"，他们中的绝大多数都是对路虎、对汽车有着特殊钟爱的客户，这些宝贵的客户资料可以为以后开展深度营销做准备。国外很多电子书出版商都十分重视保留购买过产品的顾客信息。在大数据时代，免费电子书是一个收集客户数据的良好方式。在互联网产业链中，"得用户者，谁得天下"，已经成为行业共识。无论是淘宝类的卖东西，还是谷歌、百度类的卖广告，或者腾讯游戏类的增值产品，其商业模式的前提都是要有海量的用户。

免费是互联网的天然基因，也是迄今为止互联网最为流行的商业模式，早先门户网站以免费的信息供给来吸引网民注意力，以换取广告；继后的谷歌百度以免费的搜索服务获取用户，进行商业竞价排名；腾讯以一款即时通讯软件锁定用户，拓展游戏等增值业务，现已成为世界第6大互联网公司；360以免费杀毒软件绑定用户推荐应用，其收益远超过卖杀毒软件的收益。对于数字出版来说，抗拒与抱怨免费，不如有效运用免费模式。

三、媒介与产品的融合营销

融合营销传播，是指将媒介内容与相关产品进行融合营销，实现内容的产品化和产品的内容化。

阿里巴巴发现很多买实物商品的用户，也有许多与实物商品相关的精神产品需求，比如孕妇在购买怀孕期间以及生了孩子之后的各种用品时，也需要相关阶段的知识指导。实物商品只是最基本的需求，阿里尝试将实物商品与精神产品结合销售，取得了很好的效果。如果说阿里巴巴是以实物销售为入口，融合内容产品的销售，那么一些网站也开始探索以内容资源为入口，进行实物销售的融合营销。

淘宝导购网站果库的出现提供了一种新型数字期刊模式，既电商化期刊模式。以杂志思维做产品，把产品当内容去做。果库联合创始人之一的廖锦有来自《周末画报》，因此，果库带有强烈的媒体特性，打开果库，其与淘宝的区别显而易见。果库的客户端采用了类似杂志的商品图片墙风格为用户进行精选

产品的推荐。果库每天更新120到150件商品，由专业编辑从淘宝的商品中精选出来，从美味的食品、实用的居家，到酷炫的科技产品、别致的新奇玩意，果库想要打造的显然不仅仅是一个电商导购服务，而是一个优质生活指南、一个数字化的时尚消费杂志，让用户通过浏览，慢慢的向更好的生活方式靠近。虽然阅读体验更接近于期刊，但果库的赢利模式已完全不再是期刊的内容售卖或广告售卖，而是形成购买的销售分成。

传统杂志的产品属性也正在变得越来越强，时尚杂志的电商化倾向最为明显。《男人装》手机杂志，通过点击页面上的品牌链接，可以链接到地图，准确告诉读者其实体店位置。赫斯特公司的《Marie Claire》APP 上推出"瞬间购物"项目，通过"时尚入门"，用户可以直接进入电商平台，进行购物。一些时尚杂志还会为用户打出专属牌。《Lucky》杂志与全球知名快速时尚品牌 Net - A - Porter 旗下 Outnet. com 合作推出专门的电子商务项目，为杂志订户提供专属服务——每隔四周的一个周五推出一场特价活动，每次提供1小时的购物时间。这种主打专属性和稀缺性的营销方式，极大地带动了电子期刊的销售。如果用户通过付费订阅带来超过付费的收益，付费就不再成为阻碍。

在互联网时代，未来，一些媒体将会成长为媒体零售商。产品媒体化，媒体产品化，这是一个趋势，产品与媒体正在走向融合。

四、社交化创新媒介及营销模式

早期互联网门户时期，互联网是人与计算机之间的交流工具，Web2.0 兴起之后，社交网络发快速发展，互联网越来越成为人与人之间的一种交流工具，并创新了一系列基于社交化的媒介形态与营销模式。

社会化阅读模式就是这样一种媒介创新，它将传播内容与社交网络结合在一起，置于同一平台上，以类似期刊的形式呈现，实现阅读、互动分享与信息传递三位一体的新型数字期刊模式。社会化阅读尝试将内容与微博等社交化传播结合在一起，改变过去以单一内容为主的建构模式，建立了一种关系加内容的双重建构模式，使平台建构更加立体化。社会化阅读从2006年开始，探索已久，由于涉及领域的专业性，加之这个领域内的激烈竞争，使得目前没有哪一家可以做大。事实证明这种半自组织的内容生成机制，不如微信这种完全自组织的生长模式成长迅速。但专

业信息有专业的用途,对于带有较强目的性的阅读,专业+个性选择的提供方式,依然有它长期存在的价值。

目前最成功的社交化阅读是微信的朋友圈,朋友圈是你自己在微信里所有的朋友形成的圈子,这个圈子构成一个信息发布与共享平台,由于朋友圈是由强关系——亲戚、同学、工作关系所构成。本着新闻接近性原则,其发布会内容在圈子内传播,可以达到效果最大化。其次,工作强关系构成中,专业的共同关注与品味趋同性,使发布内容拥有更大的选择价值。用朋友的质量来保证分享内容的质量,比基于弱关系的微博,拥有更好的阅读体验,朋友圈阅读是社交化自组织的一个经典案例。

社交化不仅带来全新的媒介生产与传播方式,在对传统图书的营销传播方面亦带来新的模式。

制造参与是社交化的重要特点,通过营造口碑来进行推广营销,成为近年来图书营销的新策略。伴随着社群热点的切换,从2013年年开始,新书的微博推介转移到微信,品牌图书公司纷纷开始在微信上开设"微店",来进行图书营销。微店售书主要依靠朋友圈的口碑相传,是一种粉丝营销模式。

在移动互联网时代,出版机构要靠内容把读者聚集起来,读者既是消费主体,也是传播主体,而由强关系构成的微信,其传播公信力远大于弱关系,加之强关系在人群中价值取向的趋同性,其推荐的作品拥有很高的认可度。微店是一个非常高效的粉丝聚合平台,如果微信售书普及开来,将会从电商那里带走一些注重图书品质、追求出版品牌的粉丝读者。未来,社交化将成为互联网阅读所有应有底层设计的必备环节。人际传播是互联网营销的一个重要特点,一些建构于互联网思维模式的创新模式,值得图书业等传统行业好好研究。

五、去中介化的产销模式

2014年3月,足球明星贝克汉姆个人传记《大卫·贝克汉姆》广告,出现在北京各大公交、地铁站,京东集团借此高调宣布:"京东出版"起航,原本处于图书销售一环的电商,撇开传统图书生产模式,开始直接参与策划、生产图书,开创国内电商介入出版前端的先河。亚马逊2011年即宣布自行独立出版纸质版及电子版书籍。虽然传统出版机构纷纷表示电商在内容生产领域没有经验,其做法未必成功,但亚马逊、京东出版图书也并非毫无经验,图书销售的大数据会

为出版提供帮助。电商出书对图书市场到底有多大影响,现在还很难预测,目前传统出版对电商销售平台的依赖越来越大,一些大型出版社与出版公司,网上销售已占其销售总额的50%,在大数据时代,电商握有越来越丰富的消费数据,伴随其分析能力的不断深入,在引入传统出版选题人才的背景下,直接介入选题策略领域,在模式构想上,是可行的。

去中介化是数字出版发展的一大趋势,作为销售商的电商售书平台,将作者—出版商—发行渠道—读者的四环节产业链,减至作者—发行平台—读者三环节。而在未来,让传统出版抱怨不断的电商平台,也将迎来进一步的去中介化趋势,因为,只有作家和读者是不可或缺的,其他连接这两个群体的机构都不是必不可少。2011年7月,哈里波特的作者JK罗琳已建立了自己的人个网站,Pottermore(www. pottermore. com)哈利波特网站,哈迷已不再需要亚马逊平台,而直接与作者建立联系,而作者也将直接掌握其图书购买者的一手数据,从而更加有效地指导创作,作者—读者两维模式出现。

在新的数字出版产销模式建立的过程中,出版商和平台发行商,因其专业的制作水平、人气集聚能力、精准的营销服务,还将会长期存在,但其作为出版一个必要环节的地位将遭受越来越多的冲击。

六、"集资+预购"的众筹出版

众筹,翻译自crowdfunding(大众筹资),是指用"团购+预购"的形式,向网友募集项目资金的模式。众筹利用互联网,让小企业、艺术家或个人对公众展示他们的创意,获取大家的关注和支持,进而获得所需要的资金援助。众筹的兴起源于美国网站kickstarter,2012年,该网站共募集224万民间投资者总计3.197亿美元的投资。

国内知名的众筹网站有众筹网与点名时间两家。众筹备的方向具有多样性,与kickstarter专注于工业消费品和电子科技王领域不同,国内的成功项目多集中于文化产业,其中,众筹出版模式在2013年影响最大,其中,最成功案例是就职腾讯的徐志斌所著的《社交红利》,通过众筹网预售两周即卖出3300本,10万码洋。乐嘉的《本色》、软交所副总裁罗明雄等人所著的《互联网金融》、癌症漫画家熊顿所著《滚蛋吧,肿瘤君》等,都通过众筹出版模式大获成功。除了畅销书,一些小众学术书也在尝试众筹模式,清华大学五道口金融学院与众筹网牵手发布《清华金融评论》

杂志众筹项目,短短三天就达到众筹5万元的预售目标,成国内第一个通过众筹方式成功发行的学术杂志。更众筹一点的做法是从无到有,在写书之前就把项目放到网上来,让读者提供素材和内容。美国作家Seth设置了金额从1美元到999美元不等的支持资金,一美元能够登上书里的感谢名单,而支持999美元获得的回报是作者会以你为主角根据你的想法写一篇短篇或者中篇小说,小说最终会打印出来装帧成精装本送给出资者,成为他独一无二的收藏。出版行业采用众筹模式,不仅可以帮助出版商提前预测市场风向标,还可以帮助上线书籍做好相关营销,为书籍后续影响力的爆发提前做好铺垫。通过众筹平台为图书在出版前筹集资金,还可以验证信心以及潜在的市场,对于购买者来说,出版的参与体验,个人见解受到尊重,在某种程度上比支付或获得多少资金回报更为珍贵。

互联网时代是受众为王的时代,尊重用户,制造用户参与,进行有效的互动,是包括数字出版在内的所有互联网经营中的重要环节。

(作者单位:北京印刷学院)

摘编自《编辑之友》2014年第12期

从知识生产角度看出版业未来使命

韦英平

党的十八届三中全会于2013年11月15日发布的《中共中央关于全面深化改革若干重大问题的决定》(以下简称《决定》),不仅重申了"建设社会主义文化强国,增强国家文化软实力"的目标,还提出了"坚持以人民为中心的工作导向……以激发全民族文化创造活力为中心环节"的文化体制改革新思路。

另一方面,信息技术等新技术,正在给出版业带来巨大的冲击。当"数字化生存"正在从预言变成现实时,一些出版机构却陷入"数字化转型找死,不数字化转型等死"的悖谬和恐慌之中。"报纸的第三次危机:媒介功能替代叫""数字媒体也拯救不了《纽约时报》"等有数据支持的结论,反映了现代出版业正在面临衰退的现实。

回应这些挑战,出版业需要回答:社会发展需要什么样的知识生产?在这方面出版业的使命是什么?出版业回应这些问题时往往不得要领。比如,将注意力过于集中到媒介、技术和体制上,而忽视了出版业最应该聚焦的正是人自身,忽视了人与知识具体而微的关系。只有把关切的眼光放在作为个体的人身上,理解人们对知识的真实需求,我们才能找到出版业落脚的位置;才能超越技术变革带来的恐慌,发现出版的永恒价值和出版业的巨大空间。

一、中国出版业的新使命:为文化强国营造知识资源

党的十一届三中全会提出了"对内改革、对外开放",大规模引进的知识,成为实施这项政策的知识资源。党的十八届三中全会提出"全面深化改革",此次知识资源从哪里来?

(一)引领第二次启蒙,建设文化强国

当前,文化作为一种软实力,对社会经济的渗透和牵引作用日益明显。文化研究者金元浦将这种趋势称为"文化的经济化和经济的文化化""文化的科技化和科技的文化化"。世界正在逐步告别物质匮乏,人类将会迎来以精神消费为中心的发展阶段。因此,中国需要从"世界工厂"变身"文化强国",如此才能保有持续的竞争力。

中国目前已成全球第二大经济体,政治、军事实力也正在迅速发展壮大。经济和军事可以使中国变得强大,但是唯有文化能够使中国变得伟大,使中国和世界的联系,由松散、冰冷的物质交往,深化为紧密、温情的精神交往。中国已具备所需的"文化自觉",正在将文化建设提高到国家战略层面,提出了发展"文化生产力"、推动"文化大发展大繁荣"、提升"文化软实力"、建设"文化强国"的目标。建设"文化强国",首先要解决建设什么文化的问题。我们需要建设新的文化,意味着中国需要迈进新的文明。这是怎样的新文明呢?

新文明的启蒙首先是精神的启蒙,是对精神交往主体的塑造。作为精神交往的主要形态,出版必然要按新文明的要求,发展到新的形态;出版业需要发挥自身优

势,倡导新文明,推动知识的创造,推动二次启蒙。

(二)营造新知识资源,推动中国第三次社会转型

我们知道,"改革开放"是基本国策。香港学者丁学良发现,更确切的说法应该是"开放改革"。中国的"改革"之所以取得巨大社会效果,是因为先行"开放",找到良好的参照系,再进行"改革"。作为开放的结果,20世纪80年代后,中国进入了思想大解放的时代,国外新知识大规模流入。出版业成为这股知识流动的重要承担者。高潮迭起的外国文学经典热、社会科学图书热、经济与管理图书热、计算机图书热等引进版图书浪潮,给中国带来了国外先进的科学技术和文化思想,让中国改革的"东风"借力强劲的知识之"西风"。

我国经济学家朱锡庆朱锡庆认为,中国社会经历了三次转型。第一次转型是从完全封闭、没有外部知识流进转到大开放、外部有很多知识源头流进,这个阶段是学。第二个阶段是现在的集成创新阶段,把引进来的知识集成起来,创造出新的知识流量。第三个阶段,就是自主创新的阶段。能不能原创,有源源不断的新知识产生,这是未来决定中国竞争力的一个很重要的元素。

当前,西方的知识创新面临断流,第三阶段的知识来源在哪里呢?朱锡庆把目光投向了合资大学。从实践来看,引入合资大学存在严重的体制障碍,而国际合作办学的模式,知识创新、普及的规模和效率,还远远不如中国第一次社会转型期。中国"全面深化改革"时,需要新的知识生产方式。这也是出版业所面临的重大课题。

二、中国出版业的变革:如何有效组织知识生产?

为了营造新的知识资源,培育具备创新能力的人,出版业需要进行脱胎换骨的变革。互联网拆除了知识流动的技术障碍,大大降低了提供个性化知识解决方案的成本,为出版业跨越媒介和行业壁垒组织知识生产和知识服务创造了条件。

(一)超越"白背景知识":提供整体知识解决方案

《决定》提出要"使市场在资源配置中起决定性作用",把市场机制的地位从"基础作用"提升到"决定性作用"。市场要发挥作用,需要有准确的市场信号,尽可能消除信息不对称状况。而市场信号的有效利用,还取决于人们掌握科学知识的能力和利用经验

知识的条件。

通过哈耶克、朱锡庆的观察分析我们得知,人们日常工作生活中掌握和应用的知识,绝大部分是经验知识,科学知识所占比重很小。换个角度说,一个人日常所需知识,主要是应对特定场景、特定问题的经验知识或动态信息,这类知识对个人而言非常有价值。对于一个处于社会网络中的人来说,科学知识、公共信息使他(她)能够与其他人保持连接、同步状态,特定知识、专门信息能够满足他(她)进行个性化的决策、生产或消费的需求。

至此,我们认清了人们对出版业需求的实质,即人们对出版物的需求实质上是对知识的需求,而不是对媒介的需求,媒介只是提供了获得知识的工具。因此,当我们看"媒介融合",最重要的不是看媒介之间关系的变化,而是知识与人之间关系的变化。为一个个的个人,提供知识解决方案,尤其是提供与用户特定应用场景相关的知识服务,如此出版业才能充分发挥自身的价值。

(二)知识经济:出版与科研教育的融合

"科教文",这是人们对教育、科研和文化的简称,也体现了人们对这些行业共性的认识。"文化",这是人们对新闻出版、文学艺术等行业的通称,也体现了人们对这些行业共性的认识。人们逐渐认识到,教育、科研和文化的共性就是知识的流动、意义的体验。科研是科学知识的生产。教育是科学知识的传递。文化是意义的创造,也就是说,文化就是知识特定化,把知识和特定的物品、特定的场景结合起来,满足人的个性化需求。

只有特定的个性化需求得到满足,人的创造力才能释放。问题是,"科教文"之间的壁垒阻碍了知识的有效流动。目前报纸、期刊、广播、电视、电影、网站之间存在壁垒,新闻出版业和文化行业之间也存在壁垒,无法满足人们的全方位需求;出版物往往脱离人们工作和生活的场景,无法满足人们的个性化需求;出版业往往把自己定位为知识的复制者、中转人,而不是知识生产的组织者,无形中降低了自身的作用。当前的出版机构如果无法应对知识服务场景化、个性化的挑战,长远来说将空有"出版社""杂志社""报社""电视台""广播电台""通讯社"之名,而逐步被新媒体取代,最终丧失代表出版业的资格。

职业培训、"干中学"和在线教育正在解决知识服务的特定化、场景化问题。职业培训实现了在场学习,按需学习。"干中学"实现了边干边学,学以致

用。移动互联网条件下的在线教育,如 MOOC(大规模网络公开课)、O2O 教育(线上线下结合的教育),实现了随时随地的教学。由于信息网络技术的进展,科研、教育、文化、出版的界限越来越模糊并趋于融合。知识和信息的生产,也就是出版,正在成为人类核心的生产活动。对于知识在社会中的作用,人们的认识正在从模糊到清晰。典型的体现就是"知识经济"热潮兴起。

(三)解放生产力:重新审视合法性的边界

一方面,一些作品即使内容优良,但受制于准入和商业门槛无法实现。法律上出版活动尤其是传统出版,都要接受合法性检验,受到准入控制,只有经过行政审批的机构才能从事出版活动。实践中还要接受商业检验,往往有商业利润的作品才会被出版机构接受。有的作者想出版自己写的书,由于缺乏销量,即使倒贴钱,出版机构也未必愿意出版,更不用说普通人通过出书营利了。

另一方面,实践中大量的出版活动有合理性,却没有合法性。更具普遍性的是,由于微博、微信等社会化媒体的出现,以及盛大文学等产业链一体化生产方式的出现,使得每个人都是潜在的出版人,但是他们往往并没有出版资质。因为没有合法性,因此也就难以有效规制,也就存在法律风险,而且可能因为缺乏监管导致侵犯版权甚至危害社会的内容广为流布。

当合理性的出版现象大量涌现,甚至趋于主流现象时,如何合理调整合法性的边界,就成为需要直面的现实问题。而大数据、云计算技术,也为建立有效监管的公共平台提供了可能。政策正在朝着寻找新平衡的方向行进。以往的文化体制改革,多注重发挥市场的作用,注重把企业塑造为市场主体。《决定》则更重视人作为创造主体的作用。其中,全面深化改革的指导思想就有"坚持以人为本,尊重人民主体地位,发挥群众首创精神,紧紧依靠人民推动改革,促进人的全面发展"。在论述如何进一步深化文化体制改革时,提出要"坚持以人民为中心的工作导向,以激发全民族文化创造活力为中心环节"。

三、出版业未来的使命:满足人的个性化需求

"知识经济"兴起表明人类正在经历一场深刻的变革:社会生产从"基于物质的生产"转变为"基于知识的生产",从规模化生产转变为定制化生产。未来,一切产业都是出版业,新的出版形态是个性化出版。

(一)人类需求结构变迁:从物质转向精神

在马克思那里,精神交往和物质活动一样,是人类生命存在的一部分。现代社会中,精神消费在消费结构中的比重日益增加,这是出版所面临的最深刻的时代背景。

被称为"日本的托夫勒"的大前研一认为,21世纪的定价系统,将以情感定价取代理性定价。理性定价转变为情感定价的临界条件,是个人可自由支配收入占到全部收入的 60%。他的意思是说,在个人总支出中,当弹性较低的衣食住行等部分降到 40% 以下时,人们购买东西将更多凭情绪或感觉,而不像以前那样注重理性算计。人类越发展,越追求意义价值,而专司意义生产的出版,地位将越凸显。

凯文·凯利被看作数字时代的洞察者。在他看来,由于技术进步,物质产品的价格正在趋于零,或者"便宜到可忽略不计"。根据 2002 年国际货币基金组织的报告《商品价格的长期表现》(The Long - Run Behavior of Commodity Price),"在过去 140 年中,商品价格已经出现了每年下降 1% 的趋势"。由此推知,人类在逐步减少对物的依赖。陈力丹在《精神交往论》中研究了马克思、恩格斯的传播观,揭示了人在自由时间、自由个性实现后,也就是摆脱了对人的依赖和对物的依赖以后,精神交往的地位。他指出:"既然人真正成为精神交往的主体,物质不再成为人们日夜缠绕的主要问题,那么,在未来社会中,精神交往,特别是较高级的交往,将占据主要地位。"

(二)超越物质生产:一切产业皆出版业

在对于人类及人类活动信息本质的判断方面,罗振宇、藤本隆宏、邬焜等人的思想不谋而合。我国哲学家邬焜已从物质(质量和能量)守恒定律出发,证明人类生产活动(包括物质生产、精神生产和自身的生产)的实质是信息生产。

日本学者藤本隆宏的《能力构筑竞争:日本的汽车产业为何强盛》一书主要说的是日本汽车产业,但对传播研究富有启发性。他认为,竞争力在于日本汽车产业的独特的"信息写入"能力。他列出了一系列公式:产品 = 信息 + 介质;开发 = 创造信息;生产 = 传递信息;销售 = 对顾客发出信息。遵循其理解,可以说"一切产品皆媒介"。

2013 年 7 月,罗振宇在传媒梦工场沙龙上作了题为《一切产业皆媒体》的演讲,指出一切产业都是媒体产业,不仅仅是将媒体产业的内涵进行拓展,而且

是需要传媒人跨到产业中去探究其中的规律。各种各样的产品正在变身成为人的表达物,一切产业皆是媒体,一切内容未来皆是广告。产业会生产出自己的媒介性质,在垂直产业链当中生产出的媒体性会是未来的生态。

我们由此得到启发:未来主流的出版活动,可能不是在于大众传媒之中,而存在于人类生产和生活的具体情境中。我们现在比以往任何时代更需要从一般化的层面研究人类的出版活动。嵌入一切具体而特定的产品、产业,将是媒体的"个性化"存在方式。未来,一切产业皆出版业,一切生产皆出版。

(三)个性化出版:未来出版形态初露端倪

未来的出版形态需要克服现代出版形态的弊端。现代的出版活动和传播研究,主要围绕媒介(出版物),聚焦于大众传播、职业媒体、规模化出版,往往把人作为研究的客体、控制和影响的对象,忽略了出版活动中人的中心地位。

已经有学者意识到传播学方法论的这个缺陷。胡翼青在《传播学:学科危机与范式革命》一书中指出:"当信息社会来临,传播的技术与方式发生了较大的改变时,传统行为科学的研究方式无法有效地进行理论创新,传播学的学科危机来临了。基于上述缘由,本书呼吁传播学研究的母题应当旗帜鲜明地复归传播的主体——人。"毫无疑问,与经济学和管理学一样,传播学也是一门人学,不过它研究的是人的信息属性。列胡翼青依此提出并论述了"信息人"的概念。

夏德元在专著《电子媒介的崛起:社会的媒介化及人与媒介关系的嬗变》中,根据电子媒介社会的特征提出"电子媒介人"的概念,讨论人与媒介的新型关系在人追求全面而自由的发展过程中的历史和现实意义。马克思把人的自由全面发展视为人类社会发展的最高阶段,他在《1857～1858年经济学手稿》中指出,社会发展将经历对人的依赖、对物的依赖两种形态,最终进入自由个性发展的形态。这是人类物质交往和精神交往上获得自由的状态。

根据人类自由个性实现的要求,出版的形态将发展为个性化出版,即以满足多样化用户异质性需求为导向的定制性出版活动。个性化出版活动,在传统、现代的出版活动中,都在一定程度上存在着。从产业价值链角度看,个性化出版包括个性化创作、个性化生产、个性化推荐、个性化阅读等环节。基于互联网的个性化阅读应用,是个性化出版的早期形态。所谓个性化阅读,指的是内容平台基于用户的需求特征,生成并推荐用户所需内容,从而实现用户获取并阅读其所需内容的过程。目前使用量较多的个性化阅读应用有今日头条、无觅、指阅、阅米等。从阅读开始,个性化出版活动将渗入出版的所有过程。

个性化出版最终将超越中介机构,甚至超越具体的作品成为一种实时"对话服务",实现作者和读者直接交往。所有的中间过程,都融入可以普遍利用的社会化公共平台上。个性化出版将从边缘走向主流。需要特别指出的是,个性化出版并没有排斥同质化、大众化、中介化的现代性出版,而是把现代性的出版当作个性化出版的特例。

(作者单位:中国人民大学新闻学院)
摘编自《中国出版》2014年3月下

创意与整合:大众出版的专业化与数字化

李　旭　　宣晓凤

一、如何界定传统"大众出版"?

大众出版是肇启于大众市场某一主题的专业化创意发掘和基于这一主题内容的整合,它是一种主要以图书为载体的大众传播方式。从题材选择和服务对象上来界定,大众出版是相对于学术出版的"专"和教育出版的"限"(为师生)而言的。

大众出版是分科的。大众出版所走专业化路线,是从大处着眼,从小处着手,题材上专向定位、题目上专域整合、手段上专精创意,形成基于内容的产业价值链延伸,专注某一或某几个细分市场,围绕特定人群形成品牌服务,通过品牌辐射效应,架通不同的图书产品链,整合内容、技术和渠道,从"单子"产品走向"结构"经营。大众出版蓝海一片,捕鱼者抛网收缰,到处撒网是捕不到鱼的。大众出版人练就的出版之眼,要一眼就能看穿平静的水面下哪里有鱼,哪里的鱼群最多,然后才能到鱼群最多的地方捕鱼,用网眼大小最合适的网去捕鱼。

大众出版不仅方向上要专业化,操作手段和运作技巧也要充满无限创意,把一系列创造性的意念、想法贯穿到做书的全过程,使选题有创意,写法有创意,书名有创意,营销宣传也有创意。创意犹如眼睛中的眼神,让人看了有眼睛一亮的感觉,能让自己的新书从满目是书的架子上跳跃出来。

大众出版,表面上是一种出版范围和出书方向,但本质上,大众出版是一种做书的思考方法,一种做书的立场态度。天地间的任何事物、人间的任何话题都是可以做成大众出版的。好内容是天,新媒体是地,好内容的影子只有落到全媒体现实的泥土上,才是踏实的。做大众出版关键是慧眼找点,提速抢位,把脉找穴,发现症结,挠到社会神经的痒处,文化脉络的高处。未来,即便是全面到了数字出版的新时代,好内容始终是数字出版的源头,目前网络上浅阅读喧闹,那只是未来深度大众数字出版的序曲。将来不管阅读的气候怎么变,好内容好故事都是大众出版的天。因为,数字出版是最大众化的大众出版。

大众数字出版在未来将会有另一形态,即"自出版",自己写作同时自己发布,那时传统概念下的出版将不再是少数专业出版人的专利,互联网时代,人人都将是"出版者",大众也不再是"他者",而是包括人人自己在内的"自大众"。

二、谁热衷大众出版?

大众出版是一片蓝海,国外像企鹅兰登书屋、英国 DK 公司等名牌机构早已是声名鹊起,近年间国内 580 多家出版社几乎有一大半都在进军大众出版。几个老牌出版大社,如中华书局大众分社向大众历史文化读物发力,三联书店成立了大众出版中心向生活类图书发力,商务印书馆借助商务国际公司的大众图书室向文化教育类图书发力。

重点选择其中的三家出版社加以比较。第一家是商务印书馆,其下属的北京商务国际公司成立有"大众图书室",他们主打的是与商务印书馆主打文化教育类的出书传统一脉相承的家庭教育、成功励志、大众文化三条产品线。第二家是人民邮电出版

社,他们把大众出版定位在大众生活方向,大众版块图书销售年增 40%,先后立项摄影、旅游、经管、管理实务、人力资源等几个版块,其中摄影和旅游是其两张"王牌",摄影类图书市场占有率 2008 年排到了全国第一,旅游类名列全国前列,经管类排名全国第五。究其经验:一是他们组建了专业团队;二是沿袭了做出版的专业精神,努力在选题上求创新;三是重视读者需求,充分了解市场,从市场的需求中确定实用性的摄影、旅游等版块。第三家是新世界出版社,这是一家专门做大众出版的社科出版机构,其办社理念就明确定位为"关注社会进程,专注大众出版",主攻社科、文学、经营励志、外宣四条图书产品线,每年上千种图书,码洋做到了四五个亿,全国整体市场占有率排名第 18 位左右,几乎与文化出版重镇中华书局不相上下。

所有这些给我们的启示是,做大众图书已不再是"下里巴人",中华书局、三联书店、商务印书馆等大社放下身段,投身大众精品出版;做大众出版,不仅可以像中国外文出版发行事业局下属新世界出版社那样,创造四五个亿的码洋,几可与老牌的中华书局比肩,而且在社会荣誉上,大众出版做得好,照样可以获得最高出版荣誉。这些,都给当下的大众出版热注入了活力和动力。尤其是,在内容版权竞争愈加激烈的全媒体出版时代,大众出版优质内容成为拍摄影视、纪录片、视频的故事来源,成为数字出版的重要策源地之一,大众出版被提到了前所未有的战略性高度。全民阅读的大时代为文化的大普及提供了历史的大契机,看哪路诸侯能够率先在大众出版的某一方向第一步跻身前三甲,进而介入第二步的夺冠争雄。不过,为中国大众出版人遗憾的是,当中国内地还没有诞生出像企鹅兰登级的顶级大众出版商时,互联网时代来临了,中国大众出版业崛起的道路又被蒙上一层厚厚的数字技术面纱,雾时间,各路掠食者蜂拥而至,使早已狼烟四起的书海商海更加硝烟弥漫。

三、大众出版的选题如何炼成?

社会之大,热点之多,大凡做大众出版,随处留心,信手拈来,都会发现新的选题,用新闻手法做大众出版:把新闻的火苗燃成熊熊浓烟,沿一句、一篇、一组新闻线索,做深度延伸、扩充,形成一本具有新闻价值的文化类图书。要善于抢点,铺点成面,让出书本身就是新闻,媒体也乐于配合宣传。

关于用"年份书"的概念拓展选题,听广播"年份

酒"的广告想到"年份书"概念,每年十二属相本命年、每年度历史名人诞辰、每年度全球重大活动等。如明年马年,香港商务有本《马的中国历史》可引进来做成《本命年要读的年份书:中国历史上那些马的故事》,明年"世界杯"赛事在巴西,可做《巴西足球》《巴西的世界遗产》甚至是《巴西美女》等"年份书"。

关于当代人物传记图书的选题,当在微博上看到《河南日报》官方微博报道河南目前唯一的河南籍诺贝尔奖获得者、诺贝尔物理学奖获得者崔琦首回老家河南时,立即给中原出版界有关单位建议应及时给崔琦先生策划出版一本传记,以激励中原学子奋发向上。不久前,看到出生在河南信阳的英籍华人作家韩素音去世的消息,立刻给《信阳日报》建议策划有关专题专版甚或出版一本传记,以激励信阳当地学子。

关于青少年励志类的选题,在报章上看到德国女孩萨布瑞亚的事迹,她虽12岁失明却靠自己不懈努力考入波恩大学,毕业后来到中国拉萨为一万多名盲人发明了藏盲文,创立了西藏第一所盲人学校,让孩子们免费接受教育,脑海里马上想到了一个题目"光明使者——一个了失明的德国女孩在中国",做成一本配录音光盘的励志图书,书名也可以是《发明了藏盲文的光明使者——德国女孩萨布瑞亚》,或者是《光明使者:从莱茵河畔到西藏高原有多远》。

关于企业管理模式创新的选题,收到最新一期的《新华文摘》,看到一篇写海尔"倒三角"管理模式的文章,立刻发微博私信给文章作者,约写拟以《海尔的螺旋:"倒三角"倒出来的正能量》为书名的新书。这种"倒三角"的管理模式是对中国"正三角"管理模式的大胆颠覆和创新,该书就是普及一种管理新理念,就像当年普及"学习的革命"一样,倡导一种"管理的革命"。

如此等等,等等如此。归纳起来,发掘发现大众出版的选题,最常用的思路不外乎这么几种:从读书中发现,从旧书堆中发现,从报纸上发现,从学术专著的普及中发现,从新闻中发现,从历史中发现。总结20多年的人文社科类大众出版心得,最深的一点体会是要善于捕捉历史和现实热点,要时刻跟踪最新学术前沿,要熟悉各种展现内容的新技术形式。

四、做大众数字出版需要怎样的互联网思维?

在网络出版时代,要做好大众出版,必须要具备互联网的新思维。出版人的互联网思维就是为读者用户提供专业化的创意服务的思维,而基于专业化的整合,"整"是为了更好地"合",堆上一包包铁丝,压

出一根根钢锥来。

文化理想与商业精神的合一,将在全媒体互联时代得到高度体现。原先纸质3000册的成本现在要由3万甚至30万用户来分担,商业模式势必变革,而新媒体下文化的最大化传播更加成为可能。所以,新媒体时代是出版人最容易实现文化传播最大化理想的时代。新媒体频出一定是出版人大有可为的黄金时代:不再过多承受传统出版之高昂纸张印制中转成本的经济压力,可借助各种低成本新媒体渠道将最优质的文化最广泛地进行传播,实现文化醒世育人的价值理想。只是,新出版的利润要摊薄下来,文化大众化甚至公益化传播职能将更加凸显。多一点文化成分,少一点商业色彩。

互联网的本质在于一个"互"字,即借助无线或有线网络建立起一种人与人、人与物、人与信息之间的相互关系。微博、微信等各类社交平台建立的是人与人之间的,亚马逊、当当、阿里巴巴等各类购物网建立的是人与物之间的,新浪、搜狐等新闻资讯网建立的是人与信息的。想想如何建立好这种"相互"关系吧!

出版业的三种互联网思维是什么?其商业思维是以量取胜,原先15万字卖给3000个读者每本要卖20元的书,现在要让3万个甚至30万个用户花两块钱甚至两毛钱来阅读,但中间运营商也要吃饭,定价即使提高一倍依然廉价。其产品思维是,多种技术格式适合各类平台或终端发布使用。其文化思维是,最低碳最快捷最大化地传播新信息。

网络时代,"自助出版"(Self–Publishing)日渐流行,自己写"书"在网络出版平台直接"自出版",成为"自出版作家"。有的出版社也开始搭建自出版电子书平台,作者可以直接上传作品,收益由出版社与作家按比例分成。全媒体、自媒体时代,人人都是网络这一超级美食城的介入者,已无"界"可言,或只是网外网内的分野。阅读方式和阅读习惯发生改变:以前需要一本一本地读作者的"书",现在只需一段一段地读,书被拆分了,一年后才能被出版的书被一天天地"即时"推出了。

看来,我们要重新给"出版商"下定义了。未来的出版业态,将不仅仅只是提供内容的编制和发布,还要提供包括代笔、推广教育、培训、会务、改编成影视产品等各种服务,出版者包括大众出版者,将从单纯的内容提供商转向成为多元服务商。

(作者单位:安徽人民出版社安徽少年儿童出版社)

摘编自《现代出版》2014 第1期

传统媒体与新媒体的融合路径

曹继东

2014年8月18日,中央全面深化改革领导小组第四次会议通过了《关于推动传统媒体和新兴媒体融合发展的指导意见》。习近平总书记在会上强调,推动传统媒体和新兴媒体融合发展,着力打造一批形态多样、手段先进、具有竞争力的新型主流媒体,建成几家拥有强大实力和传播力、公信力、影响力的新型媒体集团,形成立体多样、融合发展的现代传播体系。因此,2014年被业界称为"媒体融合年",也是我国传媒业全面深化改革元年。我国媒体规制主体积极推动新旧媒体融合,"融合发展"的政策话语因此成为我国新旧媒体发展的时代语境。在"媒介融合"学术话语的理论支撑下,在"融合发展"的时代语境中,传统媒体与新媒体的融合路径问题成为学界和业界共同关注的焦点。

一、传统媒体与新媒体融合的必要性分析

新媒体,是基于互联网、移动互联网兴起的,以数字介质作为载体、阅读终端的新媒体形态,主要表现为互联网、智能手机、微博、微信等,相对于书籍、报刊、杂志、广播、电影、电视等属于新媒体形态。

传统媒体,是相对于新媒体而言的,互联网出现以前出现的媒介形态,如以纸介质作为载体、阅读终端的书籍、报刊、杂志等,还有曾经被认为是新媒体的广播、电影、电视,在互联网、移动互联网兴起以后,在智能数字终端面前纷纷成为传统媒体形态。

(一)"技术赋权"与"融合发展"

在经济全球化的推动下,文化商品化,传统媒体的发展在参与世界媒体竞争中对于世界市场的占有率和掌控能力明显下降。新媒体在数字技术的推动下异军崛起,迅速占领世界媒体市场,其市场占有率、传播力、影响力大幅度上升,成为世界媒体竞争格局中重要的新锐力量。媒体规制主体在充分考量世界经济的发展、媒体市场的竞争、数字技术的广泛应用等媒体现实的基础上,一方面要照顾传统媒体的千年影响力以及用户长久以来形成的对于传统媒体的依赖和使用习惯,传统媒体的市场贡献,媒体规制主体要继续扶持传

统媒体发展,另一方面要重视传统媒体的经济效益以及其快速增长的客观事实,媒体规制主体要促进新媒体的发展。媒体转型是我国媒体规制主体在早期阶段提出的媒体发展战略,旨在推动传统媒体数字化转型为新媒体。随后,媒体规制主体和业界实践主体认识到单纯的将传统媒体数字化不是最佳解决方案,于是提出传统媒体与新媒体融合发展战略。

(二)"用户行为"与"媒体重构"

对于融合发展,学界普遍认为这不是一个学术话语,仅仅是一个政策话语;业界对于融合发展的认识也并不到位,尤其是部分小微媒体和采编人员甚至认为融合发展和自己无关。事实上,融合发展作为一种新旧媒体的宏观发展战略,对于小微媒体组织和新闻出版传媒工作者个体而言的影响是长远的、根本性的,这种影响不是当下和即时即刻的,因此,他们暂时还感受不到融合发展的影响力和必要性。

新旧媒体融合发展,是现代媒体格局重构、流程再造的必经之路。既要照顾纸媒的发展,又要照顾到数字化媒体的发展,将二者结合起来,宏观从产业、技术、组织、制度等多个层面,微观从内容、载体、终端等多个环节进行系统化、逻辑性的重组和再造,革新中国媒体传播格局,全面提升我国媒体的规模、市场与国际传播力、影响力。传统媒体和新媒体融合十分必要,那么其融合需要从哪些路径切入呢?

二、传统媒体与新媒体融合的路径分析

传统媒体与新媒体融合的路径,在业界的探索中不断明晰,在媒体发展实践的道路上逐渐被证明可行或者不可行,并得到调整和完善,宏观来讲,离不开技术、制度、组织、产业等,微观来讲,离不开内容、载体、终端等。

(一)产业融合路径

产业融合搭建起传统媒体和新媒体融合的业态路径。新媒体产业发展起来以后,传统媒体和新媒体之间的产业边界日渐模糊,两者之间"你中有我,我中

有你"，媒体融合的产业环境逐渐成熟起来。为了获得经济效益，提高自身竞争力，在激烈的媒体竞争中脱颖而出，传统媒体尝试通过数字化转型升级为"融合型"的新媒体企业，新媒体企业探索吸纳传统媒体的内容资源拓展自己的服务渠道和传播终端，传统媒体和新媒体的产业融合之路在探索中不断拓展开来。

我国的传统媒体是沿着"党和政府的喉舌—事业单位企业化管理—转企改制—产业化、集团化、数字化"的发展路径展开的，经济因素、市场因素在传统媒体发展中所起的作用越来越重要。十八届三中全会提出市场在资源配置中起决定性作用，未来我国传统媒体市场在媒体产业发展、媒体资源配置中也将起到决定性作用。传统媒体产业已经成为我国产业经济的重要组成部分，在我国经济发展过程中发挥着重要的作用。

（二）文化融合路径

文化融合是传统媒体和新媒体在提升媒体竞争力过程中对于媒体内容资源的科学配置与创意开拓。无论新媒体还是传统媒体，都需要传播内容，而且是能够吸引用户且用户需要的内容，才能在激烈的媒体竞争中立于不败之地。传统媒体起步早、发展时间长，积累的内容资源丰富；新媒体刚刚起步、发展时间短暂，在内容资源方面十分匮乏。传统媒体和新媒体需要共享内容资源，怎么样共享内容资源，怎么样配置内容资源，新旧媒体面对共享的内容资源如何使用，成为传统媒体和新媒体融合的文化路径。毫无疑问，文化创意是解决新旧媒体融合的重要手段，文化是新旧媒体融合的灵魂所在。

传统媒体是信息服务、文化品位和精神影响的聚合体，在传统媒体发展实践中表现为传统媒体与文化的融合。传统媒体和文化之间的融合目标是要在全球化的条件下创造能够凝聚中华民族精神精华、影响世界的出版文化产品。传统媒体的内容、渠道和传播能力要服务于人类文明进步和产生能够影响世界的思想，要能够代表当代中国的文化精神。传统媒体和文化之间的融合是与生俱来的。传统媒体有史以来是"文化"的代名词。以书、报、刊为载体的传统媒体是历代统治者、知识精英所公认的最有文化的传播媒介。在经济与传统媒体融合程度日深，媒体产业发展起来之后，传统媒体和文化之间的融合发展程度成为媒体产业的核心竞争力。传统媒体和文化之间的融合是传统媒体的"魂"、传统媒体的核心价值和核心竞争力。

（三）技术融合路径

媒介融合的始作俑者是技术融合，技术推动了媒体的发展，数字技术、信息技术等新兴传播技术的发展推动了新媒体的出现，三网融合技术则推动了新旧媒体的技术平台融合。技术的发展，使得传统媒体和新媒体可以在同一技术平台进行信息的采集、编辑、发布、产品营销、增值服务等。新媒体的技术终端可以承载和传播传统媒体的所有内容。技术的融合，从源头上推动了传统媒体和新媒体的融合，并带动了产业、组织、制度等方面的深度变革，重构了媒体的流程，再造了媒体组织。媒体难以想象的速度实现传统媒体和技术之间的融合发展。

数字技术和传统媒体的融合，加速了我国传统媒体由行政力量、市场作用促进媒体融合向由传播手段促进媒体融合转型升级。传统媒体和技术的深度融合，变革了传统媒体的策划、创意、编辑、复制、印刷、发行和消费模式，优化了传统媒体传播流程和组织结构，在传播范式、创新模式、活动方式、传播形态、传播业态、阅读模式等方面颠覆了人们对于传统媒体的认识。传统媒体和技术之间融合以后出现的数字出版、数字媒体等新兴媒体形态，正在不断创新传播业态，对我国传统媒体行业、事业、产业进行转型升级与融合发展，实现我国媒体业跨越式发展是一次难得的历史机遇。

（四）资本融合路径

资本融合是现代传媒集团建立的重要融资途径，融资、上市、并购、组建大型传媒集团，是传统媒体和新媒体融合的又一条路径。新型传媒集团，融合传统媒体和新媒体的优势，进行规模化媒体运作，增强中国传媒国际影响力、传播力，参与世界大型传媒集团的全球传播竞争。

"互联网思维与金融资本的结合已成为推动新业态竞争的关键。"中国出版集团公司引入金融机构的现金集中管理解决方案，建立符合出版集团公司特色的现金管理网络和管理体系。湖北省新闻出版广电局首次向武汉三新书业、亿童文教等民营企业授予出版物全国总发行权，武汉亿童文教登陆新三板市场成为湖北省民营新闻出版广电企业上市第一股。出版产业化、集团化、转企改制等一系列国家出版行政管理政策相继实施以后，我国出版传媒集团发展需要稳定的资金链、产业链，单纯依靠国家财政资金的扶持难以适应日益激烈的国内外出版市场竞争。为此，我国政府在 2012 年专门出台了支持民间资本参与出版经营活动的有关制度安排。我国出版传媒集团可以与民间资本在产品、项目、资本等方面开展深层次的合作。因此,出版传媒企业在完成公司制改造以后,为拓展融资渠道,建立现代企业制度,进一步确立在出版市场的主体地位,积极进行上市融资。在国家支持民间资本参与出版经营活动的制度安排下,不少国有大型出版传媒类上市公司尝试与民间资本进行合作,增强出版竞争力和传播力。同时,为了鼓励纸媒和资本之间融合发展,国家要出台诸如传统媒体技术创新融资、税收优惠等政策,刺激民间资本参与出版经营活动的积极性。

(五)跨界融合路径

跨界融合通常是指跨地区、跨领域、跨行业的媒体融合,跨界融合是对我国传统媒体分业发展、属地管理等现有规制的改革和突破,跨界融合是对传统媒体资源和新媒体资源的重新配置。通过跨界融合,新旧媒体在市场、资本、管理、资源等方面进行重新布局,传统媒体和新媒体在媒体格局重构的过程中实现融合。在我国传统行政管理体制布局下,媒体管理是将新闻、出版、广播、电影、电视等媒体与传播渠道人为分开进行分业管理与控制。而西方发达国家在媒体管理方面对于媒体、渠道、业态之间的边界限定是相对比较宽松的,正因为如此,西方发达国家较早在媒介融合方面取得了先期成果。在经济全球化背景下,我国要实现新闻出版强国的梦想,需要大力推进媒介融合,推进各类媒介形态、各种媒介业态之间的融合发展。2013年3月,新闻出版总署和国家广电总局整合组建国家新闻出版广电总局,为实现传统媒体各业态之间的融合发展在顶层设计、政府管理机构层面重构了国家传媒体系。

传统媒体各业态之间融合发展的初级阶段是跨媒体融合。跨媒体融合,是指各类不同媒体平台之间的重新组合、各类不同媒体形态之间的重新聚合、各类不同媒体业态之间的重新整合。现阶段,对于传统媒体各业态之间的融合,在技术层面上是对传统媒体传播介质的外在形式进行重新组合或对阅读终端通过现代数字技术、通信技术、网络技术进行实验与科技研发;在管理层面上是国家行政主导;在媒体产业发展层面是市场对媒体资源进行优化配置的结果。传统媒体不同业态之间融合的高级阶段是全媒体融合。

(六)中西融合路径

中西融合是中国传统媒体参与世界媒体竞争,实现与新媒体融合的全球传媒战略。"媒体融合"首先发端于西方发达国家。西方发达国家通过媒介融合形成了具有世界影响的大型国际传媒集团,向发展中国家和地区传播西方文明、西方价值观,影响力和传播力巨大。我国媒体发展需要借鉴西方发达国家媒体融合的成功经验,中国媒体与西方媒体的交流、合作是实现传统媒体和新媒体融合的全球路径。"全球化是大势所趋,中国走向世界,不仅要输出产品、技术和资金,更要输出思想、理念和方法,图书是传播先进思想的重要载体。"

对于我国传统媒体和新媒体融合发展路径问题的探讨,具有阶段性。在当前媒体发展阶段,传统媒体和新媒体融合发展主要解决产业融合问题、技术融合问题,在产业融合和技术融合成熟以后,制度融合、组织融合等将会进一步推进,从而实现新旧媒体融合发展的阶段性战略目标。

(作者单位:中国传媒大学)
摘编自《科技传播》2014年10月下

我国数字出版产业市场行为现状分析及规范机制构建研究

——基于产业组织理论视角

尹达

目前,文化产业已成为我国国民经济的支柱产业,而以信息和知识为生产对象、以创意为核心资源、以版权保护和管理为运行基础、以获取受众注意力为目标的数字出版产业则是文化产业的重要组成部分。

据原新闻出版总署统计报告显示,近些年我国数字出版总产出增速较快,但内部结构有欠平衡,如手机出版和网络游戏的营业收入在数字出版营业收入中所占比重为71.3%,而数字期刊、电子书和数字报纸

（网络版）三者营业收入所占比重不足 3%。因此，对整个数字出版产业的产业组织进行系统全面的研究，对产业发展进行合理引导，以促使产业协调、持续发展显得尤为重要。

一、我国数字出版产业市场行为现状及问题剖析

（一）数字出版产业价格行为

1. 定价模式

网络游戏企业由于其产品高固定成本、低边际成本的特殊性，致使网游产品无法采用边际成本定价方法，而是多采用定额收费与从量收费相结合的方式。目前网络游戏的收费模式主要有道具收费模式、时长收费模式、交易收费模式、绿色收费模式等，其中尤以道具收费模式为盛。

电子书领域。盛大文学采取的是"内容 + 终端 + 平台"的全产业链赢利模式。目前，盛大文学在数字出版物定价上采用了免费模式和"千字三分钱"（即 0.03 元 /1000 字）相结合的定价策略。其云中书城 95% 的电子书采用免费模式，仅 5% 的电子书采用"千字三分钱"定价策略。而盛大文学的利润保障主要来自于其"内容 + 终端 + 平台"的全产业链赢利模式和免费电子书中的嵌入广告。

大型商业数据库平台（含电子图书、电子期刊等）。以 CNKI、维普、万方为首的大型数字出版企业由于其消费者多为机构用户，因此也具有一定的市场特殊性，多采用年付费的方式，即每年收取相应平台使用费用。由于市场需求较旺盛，而可替代产品缺乏，加之此类产品目标用户群体多为拥有专业性需求的高端知识型用户，其消费能力相对较高，因而导致此类产品定价相对较高。手机出版领域。手机出版为目前人们快节奏的生活方式提供了一种更为便捷的以娱乐化为主导的"浅阅读"模式，其产品包括手机报、手机电子书、手机游戏、手机软件等。手机出版产品的定价多为付费订阅和手机出版广告模式。

2. 价格竞争

在价格竞争方面，我国数字出版领域存在不顾成本的价格战，甚至部分内容提供商不惜"杀敌八百、自损一千"地去杀价，导致数字图书"白菜价"现象产生。虽然目前我国有超过 5 亿的网民，但大多尚未养成付费阅读的习惯。据 2012 年第九次全民阅读调查结果显示，在接触过数字化阅读方式的国民中仅41.8% 的中国网民愿意接受付费下载阅读。因此，目前境内数字出版类上市公司整体赢利能力比较低，

核心竞争力普遍不高。

综上，数字出版领域价格行为尚存在不合理现象，定价模式较为混乱；价格竞争盲目，忽视内容服务与终端阅读服务首尾呼应的增值服务模式；尚未形成适合数字出版产业的赢利模式。

（二）数字出版产业的非价格行为

1. 新技术研发领域

2012 年 4 月，数字与新媒体产业技术创新联盟成立，由出版单位、高校、科研单位、数字出版技术服务商等多家共同合作，旨在突破数字出版发展领域的关键技术，推动数字出版的发展与推广；数字印刷技术、手机出版技术、数字音乐技术、动漫产业相关技术、网游技术、电子书技术等都得到了不同程度的发展；在跨平台阅读技术、结构化版式技术、MPR 技术、数字版权保护技术、内容结构加工技术、云出版技术等数字出版领域的关键技术均取得一定进展。

但我国数字出版产业领域的核心技术研发相对落后，无论是平台建设、内容建设，抑或终端制造，同质化现象较为严重，恶性竞争不断；同时现有技术的产业转化不足，如国内科大讯飞的智能语音技术在国内外均属一流，但却未能及时在大范围实现商业化应用，白白错失发展良机。

此外，我国数字出版领域行业标准不统一，各类数字出版产品都有其独有的格式，单从阅读格式看，就有超星公司的 PDG、知网的 CAJ、方正的 CEB 等多种格式。这些都给企业的融合、互联互通造成了一定障碍，同时也阻碍了数字出版产品的大范围普及。

2. 新产品开发领域

我国数字出版产业尚未形成经济规模，其产业链上游的内容提供商（出版社）对数字出版期待过高，但传统出版单位相对默然；产业链中游的技术支持商（数字内容加工平台）产品差异化程度不高，相似性较大；而产业链下游内容销售商（图书馆和网络书店）营销过于依赖机构消费者，未能完全市场化运作。数字出版产业新产品开发投入整体上相对不足。

简言之，我国数字出版领域存在的问题主要为：核心技术研发投入不足、研发成果产业转化不足和产业统一标准的缺失。

（三）数字出版产业的组织调整行为

我国数字出版产业的兼并与重组已得到相关管理机构的关注与支持。原新闻出版总署曾在 2012 年发布《关于加快出版传媒集团改革发展的指导意

见》,鼓励出版企业兼并重组。因此,在政府主导下的集团化的融合平台构建和数字出版基地模式的发展在数字出版领域屡见不鲜。

目前,我国出版集团主要通过并购民营公司、并购部委出版社及大学出版社和并购其他出版集团三种模式完成。根据国家新闻出版广电总局统计,截至2012年年底,在中国境内外上市的出版、印刷、发行集团已达32家。

通过这一系列的兼并与重组活动,数字出版产业集中度、产业规模效益得到了一定程度的体现,产业组织获得了进一步的优化。但是,我国数字出版领域的兼并与重组项目多在政府部门的主导下仓促上马,没有形成完善机制,因此,未能取得预期效果。

纵观我国数字出版产业领域的组织调整行为,无论是并购或重组,多为产业内部行为。除去这种产业内部的融合调整之外,还应有跨产业的融合发展路径。因为企业的跨产业并购、重组,不仅能增强公司规模效应,更能促使不同产业的业务融合,降低各产业间的进入壁垒,真正实现产业间的融合发展。

二、数字出版产业市场行为规范机制构建

数字出版产业市场行为方面也存在诸多问题,如每个企业都想在各环节试图实现一家独大、相互竞争、缺乏融合,非理性的价格竞争行为、定价模式模糊、产品内容创新不足、产业的兼并与重组过于行政化等。这些问题的存在,都在一定程度上影响了产业规模效应的形成以及产业体系地位和影响力的提高。

(一)政府管理机制

市场经济的良性发展需要政府管理机制的构建来减少或削弱企业市场行为的盲目性,增强行业内部凝聚力,以便形成规模经济。

1.构建合理的纵向管理体系

在数字出版管理体系方面,目前已有良好的基础。原新闻出版总署与国家广播电影电视总局合并成立国家新闻出版广电总局,为打破业务分割管理局面、实现统一的管理体制奠定了基础,推动了数字出版产业整体的融合。但是,仍需进一步加强政府管理体系构建。

合理的纵向管理体系的构建,可以为数字出版产业的市场引导打造良好的基础,进而在更大程度上消除数字出版领域价格行为的盲目、引导产业研发的投入、推进跨产业融合的进行,从而解决我国数字出版领域出版主体分散、凝聚力不足、难以形成规模经济

的困境,为我国数字出版产业做大做强提供强有力的后盾。

2.搭建数字出版通用服务平台

由政府出面构建统一的数字出版通用服务平台,及时将数字出版相关的政策、法律法规、行业信息公布,并提供个性化咨询服务,同时为各数字出版企业提供信息交流与共享的渠道,使之成为政府管理机构与数字出版行业之间的桥梁,起到上传下达、彼此互通的纽带作用。

3.调动出版主体参与积极性

通过相关的政策倾斜、财政扶持、社会资金引入等多层次措施,充分调动数字出版领域技术服务商、内容提供商、内容销售商、出版商等多方参与积极性,改变现有的技术与服务平台集成服务商和出版商之间单纯的版权授受关系。另外,解决数字出版物的长期保存等问题需大量人、财、物的投入,需有政府出面协调,使得利益各方共同建设,共享成果。

(二)法律约束机制

应出台各种层次、各个细分领域的法律法规,为市场行为中价格行为、非价格行为以及组织调整行为提供相应的法律引导与约束。

1.提高现行法律法规的可操作性

目前,我国适合数字出版产业的法规有《互联网出版管理暂行规定》《网络传播权行政保护办法》《信息网络传播权保护条例》《互联网著作权行政保护规定》;此外,还有《文化产业振兴规划》《关于进一步推动新闻出版产业发展的指导意见》《关于加快我国数字出版产业发展的若干意见》等一系列国家文件出台。国家还提出了"四位一体"发展的整体布局,即社会主义经济建设、政治建设、文化建设、社会建设四位一体发展,将文化产业提高到了一个很高的地位。但这些法规与文件过于笼统,若能在这些文件及法规的框架下再进一步给出可操作性的市场行为约束法律法规,则能对数字出版产业的市场行为起到更好的规范作用。同时应尽可能避免法律法规中出现模糊性条文。

2.建立完善的数字版权制度

版权保护制度的完善程度在很大程度上影响着数字出版产业的成熟与发展。

首先,应构建合理的权利人与数字出版机构之间的版权收益分配机制,在确保权利人利益分配的前提下,通过各种措施鼓励权利人对数字出版企业的授权,以解决创新性优质内容资源不足的问题。其次,

对数字出版产品的用户予以积极引导,逐步培养用户付费阅读的习惯,因为付费阅读是对权利人合法权益的一种肯定和尊重,理应支持;如不能直接实现对用户阅读的收费,可采用广告插入等模式间接收取阅读费用。再次,通过法律法规与技术手段相结合的方式,杜绝盗版现象,确保权利人版权不受侵犯。因为用户对付费阅读的抵触,很大一部分原因来自于盗版的猖獗。

3. 建立统一的数字出版标准体系

在影响我国数字出版的众多问题中,各种标准的不统一也是一个瓶颈。如与传统出版相比较,数字出版缺乏操作性较强的付费机制和标准,致使传统出版物在数字化转换和传播过程中,作者和出版社的权益得不到有效保障。

此外,如前所述,终端阅读技术、阅读格式等方面也都存在着不同程度的标准差异,这些标准差异都在一定程度上阻碍了数字出版产业的发展。因为大型的数字出版项目投入较大,动辄上千万元,在统一标准体系缺失的情况下,出版商往往会难以下定决心投入开发,以免产品的后期开发和二次开发;而各个数字出版机构尝试性投入开发的各种数字阅读终端,又给市场造成了很大的混乱。

因此,国家相关层面的管理及研究机构应加大力度,早日建立统一、完善的数字出版产业标准化体系。

(三)行业自律机制

在目前数字出版产业市场规则尚不清晰、公众版权意识薄弱、适应数字出版需求的编辑人才缺乏、技术手段的管理无法适应行业发展需求的情况下,亟须行业的自律行为。

笔者认为,可以在法律法规的框架下,通过行政手段指导干预,配合行业协会的桥梁作用,加之政策上对自律行为的奖惩机制,使得行业内企业的各类市场行为得以规范化、合理化、理性化、良性化。目前,国内数字出版领域的行业协会建设还处于起步阶段,已有中国音像与数字出版协会、南京数字出版协会等行业协会组织成立,但尚未形成完整体系,还未能对数字出版产业产生引导作用。应进一步鼓励数字出版领域行业协会的成立,使行业协会进一步发挥监管作用,对数字出版行业进行调研、举办相关研讨会、加强会员之间的联系与信息共享等,这方面可借鉴英国的出版商协会和在线出版商协会机制的成功经验。

三、结 语

作为战略性新兴产业,我国数字出版产业收入规模在近几年发展势头迅猛,收入规模大幅提高,自2006年以来一直保持着55%以上的年均增长率,目前业已突破千亿元大关。从产业组织理论视角出发,通过对我国数字出版产业市场行为现状的分析发现,在数字出版产业繁荣的背后也存在着诸多的隐忧:价格行为的盲目、非价格行为的紊乱、组织调整中跨产业融合的缺失等。这些问题在很大程度上影响着数字出版产业的进一步发展,亟待解决。笔者从政府管理机制、法律约束机制、行业自律机制三个层面尝试性地构建了我国数字出版产业市场行为规范机制,以期为数字出版产业的发展提供帮助。

(作者单位:南京大学信息管理学院)

摘编自《中国出版》2014年3月上

从数字新媒体的社会学特征看数字出版策略选择

张小强　　徐晓露

媒介对社会的影响本来就是传播学研究中的一个重要领域,社会学一直被运用来分析媒介的影响,因而,分析数字新媒体不能忽略社会学的运用。数字新媒体已从Web1.0封闭式、圈式的虚拟社区发展为Web2.0开放、链式的社会网络,将来的Web3.0时代所有数字新媒体都将深度的社交网络化和移动化。数字新媒体已经成为社会结构的组成部分,它存在的基础是社会关系,它的传播是虚拟空间与现实空间相重叠的传播而非单纯的虚拟空间传播。在社交网络媒体兴起的背景下,有西方学者提出"社会导向的媒体理论",聚焦于"媒体构成和作用的社会过程",运用社会学而非经济学等其他学科来分析新媒体。这也验证了尼葛洛庞帝在其著作《数字化生存》中所论述的,网络发展的真正价值不在于信息,而在于它创造了社区，并形成了一个全球性、崭新的社会结构。要进行数字出版或营销需理解数字新媒体的社会学特征，本文先从社会学理论上解构数字新媒体的内在规律并指出这些规律如何应用于数字出版实践。

一、社会网络分析理论：数字新媒体的社会学理论支撑

社会学理论中用来分析数字新媒体最多的是社会网络分析理论，近年来它被广泛应用于分析数字新媒体特别是近几年兴起的社交网络媒体。社会网络分析是运用网络理论分析社会关系结构的方法，这种理论的出现远远早于网络新媒体。该理论认为，一个社会网络的构成要素包括三部分：行动者、行动者之间的关系、行动者间连接的途径。主要思想方法是将社会成员看成是相互作用的行动者，即：成员之间由"关系"相互连接，构成网络。社会网络分析的主要方面包括两点：一是网络中的行动者之间的关系及相互影响；二是网络结构对网络中的个体行动者产生的影响力。分析的基本网络模型聚焦于结构性的网络环境，这个环境为行动者的行动提供机会或者约束，模型将社会、经济和政治结构概念化解构为个体之间持久的关系模式。简言之，社会网络分析理论是从社会学角度分析个体与个体之间的相互作用和影响，这有别于网络经济学中从经济的理性人角度分析个体之间的作用方式，也有别于传播学从信息的流动角度解析个体之间的关系。

对于社会资本的研究始于布迪厄，他认为社会资本是"实际的或潜在的资源的集合体，那些资源是同对某种持久性的网络的占有密不可分的，这一网络是大家熟悉的，得到公认的，而且是一种体制化关系的网络。"早在互联网发展前期，就有学者开始关注互联网使用与网民社会资本之间的关系，并且形成了截然不同的两种观点：以罗伯特·特普南为代表的一方认为互联网的使用会降低社会资本，认为互联网会疏离现实社会中的人际关系；以巴瑞威尔曼为代表的一方则认为互联网的使用能够增加网民的社会资本，能够增加人际联系。前者的悲观态度源于仅把互联网的使用者固定在技术精英阶层，因而得出的结论不能够代表广大的互联网使用者，后者的观点在互联网快速发展、数字新媒体不断出现的时代得到了有力的印证。近年来在Facebook等社交网络的应用普及后，国外较多的学者通过实证研究发现社交网络对社会资本有正面影响。

二、数字新媒体在社会资本三个维度上的体现

国外学者Nahapiet和Ghoahal在他们建构的模型中提出了社会资本的三个维度：结构维（Structural Dimension）、认知维（Cognitive Dimension）和关系维（Relational Dimension）。

其中结构维是指社会网络的连接方式、网络节点的粘连度，以及网络的专属组织，也即社会成员、社会关系建立联系的方式、内在结构及所属范围；认知维是指社会网络成员之间的"共享语言""共享符号""共享故事"以及"共享愿景"等，也即成员之间的共通意义空间，其中共通意义空间的尺度决定了成员之间沟通、理解的程度，并对社会资本的积累度产生重要影响；关系维是社会资本的主要维度，包括"信任""规范""认同""义务"四个方面，它强调的是社会网络成员深层次的情感交流，并最终决定社会资本的积累程度。从三个维度反观数字新媒体的传播特点可以发现，随数字新媒体发展而形成的社交网络同样在这三个维度创造新的社会结构，或加强已有的社会网络，并最终实现社会资本的积累。

第一，从结构维分析，数字新媒体不同的传播形式形成了两种不同的网络结构。一种是以虚拟性、开放平台为基础形成的链式传播，粘连度较低，但是传播范围广，如微博；一种是以真实性、特定社会关系为基础形成的封闭性的"圈式"结构，用户之间的粘连度较高，如腾讯QQ、微信等，但传播范围较小。基于数字新媒体传播的不同结构，其拓展用户的社会资本有两种模式：建立新的社会网络联系和加强现有的社会网络内部联系。一个是与用户现有社会网络之外的成员建立新的联系，拓展用户的社会资本，如阅读数字作品时和陌生读者分享读书心得，通过知识共享建立联系；另一个是在用户现有的社会网络之内，加强用户与已熟识的成员之间的联系，如将读书心得和朋友分享并形成深入讨论强化联系。同时，数字新媒体的两种传播结构都可以通过"好友"功能、"标签"功能、"群组"功能等拓展人际网络，为个体用户和企业积累、拓展社会资本提供了良好的基础。

第二，从认知维分析，数字新媒体创造了一系列"共享语言""共享符号"，扩大了用户的共通意义空间，促进了社会资本的积累。同时，QQ空间、微信朋友圈、人人网等社交媒体"转发""分享"的功能也促进了用户"共享愿景"的形成，增加了用户个体间的情感交流与沟通，促进了个体社会资本的拓展与积

累。两种不同的传播结构网络的共通意义空间的范围存在较大差异：以真实社会关系为基础的封闭性系统，如微信、QQ、人人网等，用户之间更容易形成"共享"机制，有利于加强已有的社会资本；以虚拟性为基础开放性系统，如微博，用户之间的"共享"程度较低，但是共享的范围较广，有利于建立新联系，拓展新的社会资本。这与上述结构维的分析结果是一致的。

第三，从关系维分析，数字新媒体的持续互动机制使虚拟空间的人际关系趋向于现实化并产生社会资本。信任和认同感是虚拟空间社会资本形成和积累的关键。数字新媒体通过以下两种方式建立信任与认同感：一是在规范基础上通过用户的自我揭示与互动，不仅是线上的互动，积累社会资本还可以通过线上线下相结合的形成，增强弱关系的强度，延长虚拟社区社会资本的期限。

三、数字新媒体社会学特征与数字出版策略的对接

网络数字新媒体，特别是社交网络媒体能够加强行动者的社会资本。这里的行动者既包括个体也包括企业。也即新媒体不仅可以加强个人用户的社会资本，也能够加强企业的社会资本，提高客户的忠诚度和信任度、提升公司声誉、拓展商业机会、进行市场调研等。

但在进行数字新媒体出版或营销时需要客观地认识其作用，分清数字新媒体出版或营销能够做什么和不能够做什么。在开展数字出版和营销之前，定位要清晰。从上面的分析可以看出，数字新媒体虽然可以加强、拓展用户（不论是企业或个人）的社会资本，但是从来没有学者指出数字新媒体有"颠覆"社会资本的效果。

在正确认识数字新媒体对于社会资本积累的作用之后，数字新媒体出版可以从社会资本积累的三个维度选择相应的出版和营销策略。

第一，从社会资本的结构维看，社交网络连接形态多样，不同的社交网络结构应采取不同的数字出版与营销策略，并且应充分考虑不同社交网络的传播影响力。因此，在进行数字出版时企业如果想自己形成一个数字新媒体，如发布客户端，应充分考虑企业的发展需求选择合适的网络与平台。在进行营销时，同样有类似的选择，如推广新的出版内容、进行拓展性营销，必然要选择一个开放性平台、链式网络结构，如微博；若为了加强与现有客户之间、现有读者之间的联系则适合选择以真实性为基础的、更加封闭的社交网络媒体，如微信或人人网。

第二，从社会资本的认知维看，产品的特色定位能够促进用户"共享语言""共享愿景"的形成。共享机制是用户与用户相互交流、增进理解的基础。用户与用户之间共同意义空间的扩大有利于个体社会资本与企业社会资本的积累。在进行数字出版时应形成产品特色，增加产品的"共享语言""共享符号"，促进"共享"机制的形成和发展。根据"共享机制"的强与弱，企业可选择不同的网络传播结构以实现拓展或加强社会资本的不同目的。

第三，从社会资本的关系维看，良好的互动模式能加强企业与用户、用户与用户之间"弱连接"。虚拟空间中的"强关系"与"弱关系"都存在短暂性，需要通过不同形式的互动才能延长社会资本的期限。数字出版与营销的社会性不分线上和线下，要将线上和线下活动结合起来，目的在于增加用户与用户、用户与企业之间的信任、认同以及对规范的遵守和义务的履行，并最终将"弱连接"强化。上述理论表明，有时候虽然社交网络媒体能够让出版企业聚集一定用户，拓展自身的社会资本，但也要注意有时候出版企业与用户之间的联系是一种"弱连接"，这就要求企业在数字出版或营销时，要不断通过线下活动将线上的"弱连接"不断加强，最终让受众成为出版企业社会网络中的一员，形成"强连接"。也即开展"关系营销"，加强社会资本"关系维"的建设，增强用户对企业的归属感。与用户形成社会性的互动是数字出版成功的关键，而不论这种互动是线上或线下的。线上互动成本低，但建立的"关系"较弱，线下互动成本高，但建立的"关系"较强，二者有机结合才能达到最优效果。

四、结　语

由于数字新媒体不同于传统单一媒体，它既是产品更是服务，既是软件又是媒体，有着非常复杂的运行规律，因而分析数字新媒体单一学科远远不够。此前笔者已经从经济学、传播学分析了数字新媒体的特征对数字出版及营销的意义。在这里又运用社会学原理分析了数字新媒体并指出了分析结果对数字出版和营销的意义。研究数字出版，有两个方面需要引起高度重视，一是如何借鉴其他学科的理论成果，二是运用数字新媒体的理论研究成果来指导数字出版及营销实践，这也是本文所做的有益探索。

（作者单位：重庆大学新闻学院　重庆中科普传媒发展股份有限公司博士后工作站）

摘编自《科技与出版》2014年第2期

数字出版产业结构调整与经济增长关系实证研究

肖洋

产业结构调整是产业和经济发展的永恒主题。当前我国出版产业结构存在诸多不尽合理的地方,如体制性障碍约束了出版生产力的释放,资源性障碍影响了出版的地区分布均衡度,出版企业规模小,整体竞争力不强,出版公共服务体系不健全,公益性出版发展不充分,数字出版有待进一步大发展,新闻出版行业对民营资本的开放力度不够。受此影响,数字出版作为我国新闻出版业战略新兴产业,被当做出版产业结构调整和振兴出版经济的利器,业界对借助数字出版实现资源在出版产业间的重新合理配置寄予厚望。但我国数字出版产业结构本身也表现出产业构成长尾效应突出、产业关系复杂的显著特点。本文运用产业结构理论对我国数字出版产业结构调整的影响、进程和驱动因素进行定量、定性相结合的实证研究,客观全面揭示数字出版产业结构调整的特征与规律。

一、数字出版产业结构调整对出版业的影响

(一)增强出版业的第三产业属性的比重

第三产业是第一产业和第二产业发展到一定历史阶段的必然产物,是社会生产力提高和社会进步的必然结果。出版业一直被认为是横跨第二产业、第三产业的综合型产业,因印刷属于第二产业的制造业"印刷业和记录媒介的复制",发行属于第三产业的批发和零售业,出版被列入第三产业"文化、体育和娱乐业"中的新闻出版业。数字出版产业的结构调整吸纳了更多第三产业属性成分,目前"信息传输、计算机服务和软件业"在数字出版产业中的影响逐步提升,未来数字出版或以金融信息咨询、金融评级、信贷咨询等方式介入第三产业中金融业的证券业或其他金融活动也未尝不可。数字出版产业的结构调整使多年来出版业的物质属性趋于淡化,仅保留信息和精神的本质,派生出的新兴产业形态让传统出版业一直质疑"这到底还算不算出版"的问题。尽管争论不已,但数字出版增强了出版业位于第三产业的成分跨度是不争的事实,更多的服务领域可能会进入数字出版的视野,届时三次产业划分也该面临新的调整。

(二)剥离传统出版企业的旧有优势

数字出版产业结构调整引入越来越多的新技术,技术的进步增大了数字化对传统出版产业的改造力度。数字出版的魅力吸引着硬件生产商、网络运营商等新成员参与出版市场的角逐,并与传统出版企业争夺内容资源,构成强大的竞争对手。新的市场角色注重数字版权的获取,开发原创内容,从源头上攫取传统出版企业的旧有优势,毕竟传统出版企业的内容资

源是由作者配合提供完成的。一旦形势继续发展,传统出版企业旧的内容资源优势得不到开发,新的资源面临断供,谈内容为王的发言主体就不再是传统出版企业了。

(三)提升出版走出去的能力与规模

数字出版产业结构调整为形式灵活多样的出版物的开发提供了宽松环境,且数字出版的介质特点在走出去方面具有先天性优势,因此产业结构调整有助于增强我国出版走出去的规模和能力。我国加入世界贸易组织后,受《服务贸易总协定》影响,在作为成员方被要求逐步开放服务市场的形势下,数字出版产业因具备通讯和分销服务的市场属性,受到的开放市场限制少,市场准入的灵活程度高,比传统出版产业更容易建立国际市场上的优势地位。

(四)缩短出版周期,降低成本与风险

与传统出版方式不同,数字出版具有绿色出版的鲜明属性,其复制过程远快于印刷和装订环节,无须庞大的印刷设备、人员和技术维护,在缩短出版周期的同时降低原料耗损的成本。即使在面对一些需要小批量印制的图书出版任务时,有按需印刷业务可作为传统出版形式的补充。在发行环节免去了仓储、物流和货架成本,真正实现按需出版,摈弃传统纸质图书的库存压力,提高生产效率,必然降低了经营风险。

（五）提高产业集中度，推进出版与生态经济协调发展

数字出版产业结构调整必然会淘汰一部分难以适应市场发展需要的出版企业，它们可抱团取暖，通过企业重组和并购提高产业集中度，调整产业资源整体配置以提高产业的核心竞争力。产业集中度的提高能有效缓解重复建设引发的产能过剩，像近年来的一窝蜂地开发电子书阅读器，各家纷纷打造内容运营平台，等等，企业看到了市场需求的旺盛，却因盲目过度投资影响自身出版产业的正常发展，主要原因可归结于产业集中度较低。数字出版产业结构调整有利于节能降耗，从内容到读者点对点传输，兼具时效性和互动性，实现零纸张和零库存的模式，在传递知识信息的同时也降低环境污染和生态破坏，契合绿色经济和生态经济的发展方向。

二、数字出版产业结构调整与出版经济增长高度正相关

（一）Moore 结构变化值指标选取

产业的 Moore 结构变化值是运用空间向量测定法，将整个产业细分成 n 个产业构成一组 n 维向量，将两个时期之间的两组向量间夹角作为衡量该产业结构变化的指标。计算公式为：

$$M_t = \sum_{i=1}^{n}(M_{i,t} \times M_{i,t+1}) / (\sum_{i=1}^{n} M_{i,t}^2)^{1/2} \times (\sum_{i=1}^{n} M_{i,t-1}^2)^{1/2}$$

其中，M_t 表示 Moore 结构变化值，$M_{i,t}$ 表示 t 期第 i 产业所占比重，$M_{i,t+1}$ 表示 $t+1$ 期第 i 产业所占比重。定义向量之间变化的夹角为 $\theta = arccos M_t$，夹角越大，产业结构变化速率越大。Moore 结构变化值灵敏、细致地揭示了产业结构变化的过程与程度，因此，本文用它来实证研究我国数字出版产业结构调整的速率。

（一）实证检验与分析

1. 数字出版产业 Moore，结构变化值

数字出版产业收入规模逐年呈倍数递增，从 2006 年的 213 亿元跃至 2011 年的 1377.88 亿元。根据《中国数字出版产业年度报告》的数据来源，计算 2006～2007 年、2008～2009 年、2010～2011 年三段时期数字出版产业 Moore 结构变化值如表 1～表 3 所示。

表 1　2006～2007 年数字出版产业 Moore 结构变化值

分类＼时期	2006 年（t）		2007 年（$t+1$）		
	$M_{i,t}$	$M_{i,t}^2$	$M_{i,t+1}$	$M_{i,t+1}^2$	$M_{i,t} \times M_{i,t+1}$
互联网期刊	0.0282	0.00079	0.0210	0.00044	0.00059
电子书	0.0070	0.00005	0.0055	0.00003	0.00004
数字报纸	0.0117	0.00014	0.0276	0.00076	0.00032
博客	0.0305	0.00093	0.0269	0.00072	0.00082
在线音乐	0.0056	0.00003	0.0042	0.00002	0.00002
手机出版	0.3756	0.14107	0.4139	0.17130	0.15545
网络游戏	0.3070	0.09427	0.2917	0.08506	0.08955
网络动漫	0.0005	0.00000	0.0007	0.00000	0.00000
互联网广告	0.2338	0.05466	0.2086	0.04351	0.04877
求和	1.0000	0.29194	1.0000	0.30184	0.29556

$M_{2006～2007} = 0.29556/\sqrt{0.29194 \times 0.30184} = 0.995659$

$\theta_{2006～2007} = arccos M_{2006～2007} = arccos 0.995659 = 5.34°$

表2   2008~2009年数字出版产业Moore结构变化值

时期 分类	2008年(t)		2009年($t+1$)		
	$M_{i,t}$	$M_{i,t}^2$	$M_{i,t+1}$	$M_{i,t+1}^2$	$M_{i,t} \times M_{i,t+1}$
互联网期刊	0.0092	0.00008	0.0075	0.00006	0.00007
电子书	0.0054	0.00003	0.0175	0.00031	0.00009
数字报纸	0.0045	0.00002	0.0039	0.00002	0.00002
手机出版	0.3428	0.11753	0.3928	0.15429	0.13466
网络游戏	0.3302	0.10905	0.3205	0.10271	0.10583
互联网广告	0.3055	0.09334	0.2578	0.06647	0.07877
求和	1.0000	0.32005	1.0000	0.32386	0.31944

$M_{2008~2009} = 0.31944/\sqrt{0.32005 \times 0.32386} = 0.992206$ $\theta_{2008~2009} = \arccos M_{2008~2009} = \arccos 0.992206 = 7.16°$

表3   2010~2011年数字出版产业Moore结构变化值

时期 分类	2010年(t)		2011年($t+1$)		
	$M_{i,t}$	$M_{i,t}^2$	$M_{i,t+1}$	$M_{i,t+1}^2$	$M_{i,t} \times M_{i,t+1}$
互联网期刊	0.0071	0.00005	0.0068	0.00005	0.00005
电子书	0.0236	0.00056	0.0120	0.00014	0.00028
数字报纸	0.0057	0.00003	0.0087	0.00008	0.00005
博客	0.0095	0.00009	0.0174	0.00030	0.00017
在线音乐	0.0027	0.00001	0.0028	0.00001	0.00001
手机出版	0.3326	0.11061	0.2666	0.07107	0.08866
网络游戏	0.3078	0.09472	0.3110	0.09671	0.09571
网络动漫	0.0057	0.00003	0.0025	0.00001	0.00001
互联网广告	0.3054	0.09326	0.3722	0.13856	0.11368
求和	1.0000	0.29936	1.0000	0.30693	0.29862

$M_{2010~2011} = 0.29862/\sqrt{0.29936 \times 0.30693} = 0.98515$ $\theta_{2010~2011} = \arccos M_{2010~2011} = \arccos 0.98515 = 9.89°$

2. 产业结构与经济增长的正相关关系

比较2006~2007年、2008~2009年、2010~2011年三段时期数字出版产业向量夹角的变化,由5.34°至7.16°和9.89°的扩大趋势表明我国数字出版产业结构演变速度在不断加快。根据钱纳里"经济增长是生产结构转变的一个方面"规律性结论在我国的适用性,我国数字出版产业结构呈现加速变动的趋势,必将推动出版经济增长的加速,两者表现出高度的正相关关系。我国数字出版产业结构的不断优化是数字出版产业规模高速增长的一个重要原因。

产业结构调整构成经济增长的量化基础,对于出版产业,在社会投入的劳动力、资本、政策要素均向数字化方向流动的前提下,出版企业如果不能从现有产值比例结构中相应提速,必然形成企业经济发展的结构型瓶颈,僵化的局面使得经济增长只能依靠大量投入的粗放式增长,越来越依赖于资源的耗费,降低资源的合理配置,陷入发展的被动境地。数字出版产业要实现可持续发展,必须找准产业结构演变动力,坚定不移地优化产业结构,并将其作为一项长期战略维系下去。

三、数字出版产业结构调整的驱动因素

(一)产业政策导向

政策导向是数字出版产业结构演变中调控和保障的因素。从政府的角度来看，一方面加强宏观调控，避免盲目和低水平重复性的产业建设，引导和扶持数字出版企业提高技术水平和产业规模，另一方面在遵循市场规律的前提下，通过政府力量为不同产业角色的数字出版企业提供公平竞争的环境。

我国数字出版产业政策导向多以重点产业的扶持和资金税收的优惠为主，对产业结构调整确实给予方向上的引导，但就目前形势来看，政府政策导向的重点应该不仅是为具体产业发展提供资金和其他方面的扶持，更重要的是维护市场的公平竞争。数字出版产业链的纠结现状和产业规模突飞猛进的鲜明对比显示，政府的政策扶持并不是数字出版产业能否快速、稳健发展的决定性因素，而对产业链的直接干预的重要性尤为突出。

(二)数字技术进步

数字技术具体体现在出版领域主要有跨平台阅读技术、结构化版式技术、数字版权保护技术、内容结构加工技术和云出版服务技术等，并不断创新和拓展，呈现出较强的未知性。新的技术必然催生新兴产业的诞生和发展，并实现主导产业的更替。同时技术进步带来生产效率的提高，降低成本，产业的资源流动助力优势产业在产业体系中的比重持续上升。以按需印刷为例，传统的图书印刷由于技术因素导致印数受限，印量少并不能削减成本，出版商

以最低印数起印，多数图书会形成库存压力，造成大量原材料浪费和生产过程的能源消耗。按需印刷则采用全新的技术和系统控制，真正做到一册起印，按照需求的印数精准生产，实现零库存，也为一些个性化书、短版书等提供出版的便利。知识产权出版社将按需印刷技术完美应用于品种多、印量小且时效性强的专利文献和图书等的印刷要求；中国标准出版社也成功应用按需印刷技术解决页码较少的标准类出版物的印张不足量的困难。

(三)读者需求结构升级

读者和市场的需求结构升级对数字出版产业结构调整起着至关重要的风向标作用。生产和消费是一体化关系，消费促使生产活动完成，并提出新的产品需求引导生产进一步优化，消费者的需求结构指明

了市场资源配置的方向。数字出版产业的消费者可近似界定为广义上的读者，读者的选择和需求是一个内容多样化且根据消费差异呈现出层次的结构，与恩格尔定律的阐释一致，读者的消费结构与一定的收入水平相关联。

与需求结构对应的是供给结构，也即产业发展所需的资源，体现为数量和结构的组合。以农家书屋为例，书报刊数量庞大显示国家切实解决农民"买书难、借书难、看书难"问题的决心，也从侧面反映农村地区的阅读水平和阶段，实际运作中农民受文化程度因素的影响，加上手机信号的农村基站覆盖率的提升和资费的调整，手机出版产业已经在悄然改变着农村阅读的需求结构，农家书屋的产品供给结构调整的新任务才刚刚开始。

(四)参与国际分工深度

国际贸易通过外部条件影响产业结构变动，将国际间产品生产的相对优势转移，带动部分国家产业结构、消费结构和贸易结构的调整，与产业在国内不同区域间的转移道理相同。国际贸易带来的技术启示，直接作用于相关产业的技术升级和改造，并刺激优质产业的发展和规模增长，影响产业结构的优化进程。随着我国第二大经济体地位的确立，经济国际化程度的不断加深，国际分工合作的领域越来越宽，国际间利益交汇点越来越多，数字出版产业引领的文化产业业应该在国际分工合作中发挥积极主动的作用。

数字出版产业是全球文化生产的有机组成部分，数字出版国际贸易能将出版企业的生产结构和社会及读者的需求结构有效分离，出版产出的超额部分和欠缺部分可通过出口和进口来解决。数字出版产业不乏经济外向型的市场主体，国际贸易的影响对其产业发展作用重大，数字出版走出去顺应当前产业经济的市场规律。新闻出版业未来的发展走势也强调拓展国际主流营销渠道，扶持一批外向型骨干企业到境外创办出版机构，由走出去发展到"走进去"，推动更多数字出版产品进入国际主流社会。

(五)市场资本积累速度

对数字出版的市场主体而言，资本市场科技聚集资本，快速吸收资金转化成资本，巩固企业的市场地位，并通过产权界定、风险资产价格评估等功能，使资本市场吸收企业风险获取相应的赢利机会，推动数字出版企业的产品结构升级和经济发展。数字出版产业的市场主体资本积累的速度与产业结构从

劳动密集型向资本技术密集型调整的速度呈现正相关关系。

2012年11月23日重庆出版集团公司债券公开发行,作为出版行业的第一只企业债券,它宣告我国出版业在企业债券市场融资方面取得实质性突破,据悉本期募集资金主要用于发展数字传媒出版平台项目。通过并购上市做强做大,是我国出版企业发展壮大的重要路径。

与资本市场积累速度处于同等地位的还有人力资本积累的速度,人力资本是保障经济持续增长的动力源头。人力资本积累速度影响产业新兴技术的改造和国家向知识密集型产业转化的进程。而技术创新是降低生产成本和提高生产率的动力,没有人力资本积累形成的知识复合型人才队伍储备,数字出版产业的持续发展必然受阻,人力资本积累对数字出版产业结构演变的作用可见一斑。

四、结语

产业结构调整是经济发展的迫切要求,也是产业在长期发展过程中的转型背后的推力,科学、合理地优化产业结构是产业经济发展方式转变的根本途径。我国数字出版产业应该在当前深化出版单位体制改革的背景下加快产业结构调整,加强传统出版产业的改造步伐,发展战略性新兴业务,形成传统出版与数字业务的协同发展,提升出版产业基础设施和内容产品素质,坚持出口导向型和内需消费型两条腿走路,以适应现代出版产业结构的格局发展要求。

(作者单位:华东师范大学传播学院)
摘编自《中国出版》2014年1月下

我国数字出版业发展的现实困境与路径选择

梁徐静

2010年4月,由中国出版科学社会研究所发布的"第七次全国国民阅读调查"结果统计数据显示,数字化阅读的人群比例在逐步增长,数字化阅读已经成为大众重要的学习方式。2011年,原国家新闻出版总署强调,要从政策的高度对数字出版产业保驾护航。推行新闻出版业的结构调整和发展方式的战略转型,运用高新技术促进产业的升级,使得非纸类介质出版产业等新兴出版产业持续性发展。在展望数字化出版美好前景的同时,也面临着艰巨的挑战。把传统出版发行方式推向数字化出版方式,虽能减少大量的人力、物资投入,但在整个转化过程中也是举步维艰的。

一、数字出版业的发展前景探析

(一)传统电子出版物市场受到冲击

在过去看来先进的电子出版物,面临高技术含量出版物冲击,也逐步变成传统电子出版物,市场也日渐萎缩。究其原因大致有两个方面:一是传统电子出版物理念匮乏,只是单纯地把载体和技术作为既定的服务者,进行简单的载体搬家,从纸质版转化为电子版,缺乏创意,也没有"电子精神"在里面。

而决定产品未来的是产品内容上的创新和技术上驾轻就熟的嬗变,缺乏这种理念在其中,是不可能实现持续发展的。二是在传统电子产业发展过程中没有形成合理完善的产业链。在移动互联的时代,人们主要依赖手机和网络,其次才是光盘、电视等传统类的阅读方式来得到信息。如果电子出版物还一味地充当产业升级中的过渡品,始终不能形成完整的产业链。加上盗版问题和资金周转等问题,电子出版物会一直以纸质出版物的附属形式而存在,更谈不上发展。数字时代的阅读是高效的、智能的。不能满足大众阅读需求的传统电子产物,其市场逐渐萎缩也在意料之中。

(二)数字出版产业传播渠道的优势

在我国,有五大数字内容投送平台,分别为:互联网门户或信息服务型、文学创作型、电子商务型、电信运营商型和技术服务型平台。联通、移动主推手机阅读业务,其他终端开发甚少。电信除此之外开发了IPTV、可视电话、电子阅读器等载体。实现了无缝多屏阅读,也就是多终端、多网络的全方位式数字阅读。万方数据股份有限公司作为技术服务商代表在推出知识服务平台后，又相继推出了知识社区平台，赋予了知识服务走向知识社区化的新理念，首次在国内将 SNS 衔接在专业的数据平台之上。而龙源期刊网则探索出了一种不受时间、内容、载体限制的动态传送内容模式。这些类型的投送平台各具优势和特色。

（三）移动数字出版业的崛起

随着互联网的迅猛发展和壮大，以手机作为载体的数字出版形式将会成为未来的发展方向。2012年，在 Alliance forAudited Media 公司主持的对北美将近 210 家纸媒的调查中显示，有近 90% 的媒体在移动领域有所动向，其表现形式大体为，聚合媒体新闻阅读器、手机、平板电脑的应用程序。其中 63% 的出版商把平板电脑视为未来出版业的重要数字化通道，22% 的出版商已经开始赢利。同样在我国，各大运营商也很积极地参与到该领域中。使运营商在经营相关业务的同时，依法取得开展数字出版物网络传播业务的资质。

（四）数字出版业横向发展前景

伴随着数字出版业与互联网界限逐渐模糊，媒介也突破了自身的种种技能，无论是传播形式，还是渠道都有了新的发展。更加丰富的音频视频和图文内容得以生产，不断优化的技术得以呈现，更加注重数字平台的打造，期望实现更高层面的运营和赢利模式。在积极探索媒体转型的过程中，依据自身的优势，通过传播、采编流程的再造，向移动终端、网络、手机媒体等新媒体领域前进，达到传统与新媒体之间的整合。在战略的选择和部署上，侧重于跨媒体跨区域合作联盟、产业链上下游传媒企业战略联盟。整合其经营资源，并通过延伸产业链，实现产业效益的最大化。以期通过终端、网络、内容三大方面的融合，来共同促进我国传媒产业的建设。

二、数字出版业发展面临的现实困境

（一）电子出版物规模相当有限，且出现了萎缩趋势

由 Alliance for Audited Media 公司主持的针对北美 210 家纸媒出版社的大规模研究与统计中显示，在这些纸媒出版社中介入移动数字出版业的比例已经高达 90%。在我国以数字化期刊、手机出版、电子书等为代表的出版形式正在迅速发展。这种快速发展也是基于数字出版的强大优势，虽然相对于纸质图书出版而言，其摆脱了书号配发的制度限制以及在技术、资金等方面的发展瓶颈，但是其在强大的互联网发展与互联网服务提供商的竞争中却处于明显劣势。

（二）封装型介质（如 CD－ROM）电子出版物产品市场需求越来越小

近年来由于受到互联网、智能手机以及平板电脑等新兴媒体的冲击，全球封装型出版市场出现了萎缩与下滑的趋势。据相关部门预测，到 2015 年全球蓝光光盘的产量增幅将会大幅度放缓，而 CD 类光盘、DVD 类光盘的复制量将会大幅度下降，其分别可能下降到 2009 年的 17% 和 36%，这种逐年萎缩的态势将会继续持续。

（三）传统电子出版物生存空间面临激烈挤压

近年来商务网站进军电子书市场已经成为热门的行业话题，据业内专家分析，Kindle 打入中国市场使国际运作模式引入了中国，在一定程度上也规范了业内市场。除了亚马逊等商家，电信运营商也正在对数字阅读领域进行布局，并开始新型的基地公司化独立运营。中国联通也采用淘宝模式的内容商合作，对阅读的运营支撑平台和基地技术平台进行专区运营与升级。另外掌阅书城（iReader）等的快速发展使运营商探寻到了数字阅读的潜力，并在电子书平台鼎立的背景下有了更多的选择与话语权。目前电子书行业仍处于培养用户付费习惯与跑马圈地阶段，但是其飞速发展无疑对传统电子出版物的生存空间进行挤压。

（四）电子出版物成为出版社发展的鸡肋

出版社在经历了数字出版领域的拓荒期后，电子出版物也日益成为其发展过程中的鸡肋。从目前的市场情形分析来看，某一出版社或者出版集团建立的网站在发展过程中显示出势单力薄的态势，其影响力也可谓微乎其微，尤其是在渠道商面前更表现出话语权的缺失。

在智能手机迅速普及的发展态势下手机出版迎来了新的机遇，但对于传统出版社而言，由于移动阅读平台中 95% 以上内容是原创的网络文学而非传统出版物，加之分成权、推广权以及标准权等缺失，使得移动阅读的快速发展并未对其带来推动作用。

（五）侵权成本低以及版权归属等问题制约数字出版产业的发展

从我国数字出版产业的现状来看，侵权盗版问题

仍是制约数字出版产业发展的最大瓶颈。侵权的低成本在无形中助长了侵权盗版的气焰。另外纸书版权和数字版权的分离也是除侵权违规低成本之外的重要制约因素，它使得数字出版的版权归属问题难以厘清，在一定程度上制约了行业的发展。

三、我国数字出版业发展的路径选择

（一）树立大数字出版业的理念

我们要顺应科技与社会的发展，切实对数字出版增强关注与投入力度，通过大数字出版业理念的确立来有效推动数字出版业的发展。从政府的角度来看，应该大力推动科技融合下的出版业发展，真正做到科技对出版业发展的支撑作用，加强数字出版业人才培养，积极鼓励正在步入成熟期的传媒企业向数字出版新领域迈进，通过理念的转变，来实现新型产业的高成长性对传统媒体发展的带动作用。

（二）在传播内容与形式上向多元化方向发展

传统数字出版往往呈现出一种整体形态，其在一定程度上属于静态出版，表现为内容与形式的不可分割性。但是随着当今科学技术的蓬勃发展，数字串的主流内容模式应该呈现出多元化的趋势，应该摆脱传统载体内容的静态出版形式，转向动态出版的表现形式。在传播形式方面，数字出版业也应该实现多样化，其中包括图像、视频（3D、4D）、文字等形式，并不断融合方便的链接、动画等手段，使其具有新颖与视觉冲击力的表现形式。增加阅读的感官体验，改变传统数字出版的单一化形式，推动数字出版的发展。

（三）在传播渠道上向互联网和移动终端发展

数字出版发展趋势的移动化已经成为业界共识，并且移动网络的应用日益丰富，其载体与平台也呈现出多元化的形式。移动互联网时代能够实现具备屏功能设备的数字终端化，并能够催生新应用，移动终端的大面积覆盖也会提高未来移动阅读的便利性。在未来发展中除了当今智能手机和 iPad 两大主打，更多的可移动的产品终端将会得到开发，更多的人工智能装置终端得到运用。所以突破地域与时空限制的移动网络平台为数字出版产业带来了新的契机，"移动优先"将成为其不得不考虑的战略方向。

（四）服务模式向大众化和小众化发展

数字产品服务模式与销售手段雷同以及产品的同质化都进一步加剧传媒企业对读者群体的争夺。在这种背景下采用有效的服务模式来增加企业的附加价值，从而提升读者的满意度将成为竞争的重要手段。所以在数字出版业发展的过程中应该在服务模式上下工夫，不断探究服务的新模式，转向读者受众群体的大众化与小众化发展模式。

（五）适度对民间资本开放出版业

民间资本介入出版行业具有其独特的潜力和优势，然而我国之前由于政策的限制，其对出版行业的带动作用却一直未能实现。直至 2012 年原国家新闻出版总署《关于支持民间资本参与出版经营活动的实施细则》的发布才实现了出版行业的民资准入。文化部随后在《关于鼓励和引导民间资本进入文化领域的实施意见》中指出，民营文化企业应在立项审批、项目招投标、申请专项资金、投资核准、享受税收优惠等方面与国有文化企业一视同仁。政府应该积极加强对民间资本进入数字出版业的鼓励与引导，尤其应该提供政策性的保障。在数字出版业适度开放的前提下，民间资本将会切实有效地优化产业投资结构，推进数字出版业的快速发展。

（六）建立专门从事数字出版的网络出版社

网络教育出版、网络学术文献出版和网络游戏出版等构成了我国现今的网络出版产业结构。其中将纸质的出版印刷产品转化成数字产品，并实现互联网传播是最为直接的网络出版形式。网络出版是多媒体出版，已经不是出版社的传统业务延伸。这种颠覆性的彻底无纸化出版给流通方式、出版物的形态和结算方式带来了革命性的变化，所以建立专门的从事数字出版的网络出版社将是专业化发展的必然要求。网络出版社的建立将会弥补传统出版社的不足，通过与数字出版的契合来不断推动数字出版业的快速发展。

（作者单位：广州体育学院学报）
摘编自《出版广角》2014 年 3 月上

基于社会网络分析的数字出版联盟运营机制研究

赵丽梅

一、引 言

数字出版可谓出版业与数字化技术有机整合的产物。它提供的内容不再是传统出版业所生产的简单文本信息与图片信息——这些内容形式在数字化环境下被"数字对象（digital objects）"所替代；除文本和图片外，数字对象还包括其他多种信息形式，诸如音频、视频、三维动画、虚拟现实技术所形成的仿真等。这改变了传统出版境况下以视觉参与为主导的信息接受形式。按照麦克卢汉的媒介技术决定论观点，数字出版又一次改变了受众的感官参与比例，又一次影响了人们理解和思考的习惯，原有印刷媒介环境中的线性、连续、规则、重复和逻辑的思考形式转变为数字化环境中非线性跳跃式的思考方式，这种思考形式很难具有一定的规则性和重复性，其逻辑性也发生了一定的变更。

传统出版单位在这种不可逆转的数字化发展浪潮之下，积极进行数字化转型。在产业链各个环节上具有不同优势的各方积极寻求与他人的合作机会，创设共赢局面，从而促成数字出版联盟的产生。联盟内部各个出版单位在出版内容、版权保护、技术开发、运营服务等方面具有一些共性，决定了出版单位在出版资源的需求方面具有某些相似性。各个出版单位在产业链不同环节上拥有各自的优势，也决定了其对于出版资源的需求具有多样化、个性化的特点。各个成员都有自己的出版特色和目标市场，但都无法独自满足自身目标市场多样化兼个性化的需求，因此不同出版单位都需要其他兄弟单位的支持。这样联盟中各个出版单位之间就存在着出版资源寻求和出版资源贡献的错综复杂的交互式资源流动网络。

总而言之，资源的共建共享是数字出版联盟运作的基本指导思想，共建的是各个出版单位所需的共性资源（如数字出版平台），共享的是联盟所有成员能够掌握和拥有的第 22 卷 JOURNAL 个性化出版资源（如特殊的销售渠道和选题策划方法等）；而"个体参与或进行出版资源建设，集体共享出版资源"是数字出版联盟的基本运作机理。无论是资源共建还是资源共享，最核心的业务环节就是联盟内部出版资源在需求者和拥有者之间的有向流动。如果联盟内部的资源可以被无偿使用或者低成本利用，那么其中势必隐藏着出版资源建设者的个体理性和出版资源共享者的集体理性之间的矛盾与冲突。

二、基于 SNA 的联盟内部出版资源流动网络模型构建

社会网络分析就是运用一定的方法和技术建立各个行动者之间关系网络的模型，对表达这种关系模型的社会网络数据做出恰当的解释，说明网络中各个行动者之间的关系属性与结构。从研究对象的角度看，社会网络分析的基本分析单位不是网络中的行动者，而是行动者之间的资源流动关系或彼此依赖关系，这些关系构成了行动者所组成的群体或组织的社会结构。

数字出版联盟内部的基本行动者是其成员即各个出版单位，这些单位之间存在着网络式的资源流动关系。这种网络式资源流动关系可谓数字出版联盟的生命体征，如果资源流动关系不存在，数字出版联盟就名存实亡了。因此可以采用社会网络分析方法来构建数字出版联盟内部成员之间出版资源流动网络模型，进而分析成员之间的出版资源流动关系。

数字出版联盟绝不仅仅是为各出版单位提供"业务交流"的场所，而是要打造统一的合作和资源共享平台。这个平台就是各出版单位共同的"蛋糕"，所有联盟成员不仅可以从其他成员那里获取所需的出版资源及支持，而且可以从统一的数字出版平台中汲取营养。根据上述分析，数字出版联盟内部的资源流动关系如图 1 所示，图中最大的节点代表联盟的统一平台，这个统一平台是

联盟成员们所需的比较具有代表性的出版资源，其他节点代表联盟内部各个出版单位，节点之间的箭线代表节点之间的出版资源流动关系，箭头节点代表资源寻求者，箭尾节点代表出版资源贡献者，双向箭头表示节点之间双向的资源流动关系，这种流动关系不仅可以通过平台的中介作用产生，而且可以通过双方自行沟通建立。

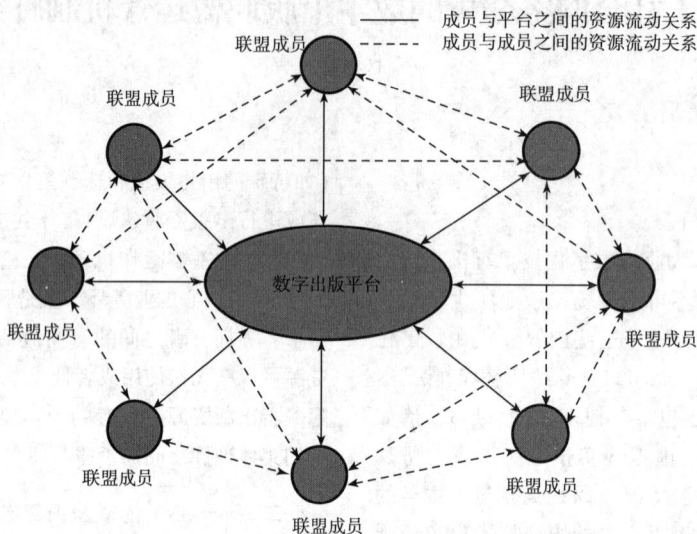

图1 数字出版联盟内部成员之间的资源流动关系

三、基于出版资源流动网络的数字出版联盟运营机制

根据上文所构建的数字出版联盟内部资源流动网络模型和图1可知，联盟成员之间资源流动关系的产生主要有两个渠道：一是通过成员之间的自行沟通产生；二是通过数字出版平台的中介作用产生。数字出版平台可以看作联盟内部的一个虚拟成员，在成员单位之间的资源流动中起中介调节作用，不存在任何个人感情和任何赢利目的，其拥有的出版资源取之于成员单位，也用之于成员单位，遵循"出版资源能量守恒原则"。从出版资源的最初来源和最终流向来看，可暂且不将数字出版平台的中介角色纳入分析范畴，单纯从成员单位之间的资源流动关系来分析运营机制，然后再考虑数字出版平台的中介作用并分析联盟的运营机制。

综上，基于出版资源流动网络的数字出版联盟运营机制主要分为两个部分：①只考虑源端（出版资源的最初来源）和终端（出版资源的最终流向）的数字出版联盟运行机制，本文将其称为数字出版联盟的Ⅰ－型运营机制；②考虑数字出版平台中介作用的数字出版联盟运营机制，本文将其称为数字出版联盟的Ⅱ－型运行机制。

（一）数字出版联盟的Ⅰ－型运营机制

在数字出版联盟内部的资源流动网络中，各个出版单位对于自身出版资源的利用是其内部运作机制，不对联盟出版资源的共建共享产生影响，因此联盟的运营主要体现在数字出版平台的建设以及出版资源的共享中。数字出版平台的建设需要各个联盟成员贡献自身的优质出版资源，各个出版单位优质出版资源的建设需要自行承担成本，因此激励成员单位尽可能多地提供优质资源将成为联盟运营中最重要的问题。只有这样才能强化成员单位参与联盟资源共享的动机，丰富数字出版平台建设的资源基础和提升联盟内部出版资源的利用效率。本部分从出版资源在其最初来源和最终流向之间的流动关系为基本分析对象，来探讨数字出版联盟的Ⅰ－型运营机制。在数字出版联盟内部的资源流动网络系统中，第个成员单位的资源贡献总量为

$$Q_1 = \omega_i q_i + \sum_{j \in N_i^{out}(g)} g_{ij} q_j \qquad (1)$$

其中 q_i 为第 i 个成员单位的优质出版资源可以创造的市场价值（可以认为是其贡献量），w_i 为成员单位的优质出版资源在数字出版平台建设的贡献权重，$w_i q_i$ 为成员单位 i 对数字出版联盟平台建设的有效贡献量。g_{ij} 表示成员单位 i 对成员单位 j 市场价值实现的资源贡献强度，g_{ij} 可以被定义为成员 i 对成员

j 所提供的资源贡献量 S_{ij} 在成员 j 所利用的资源总量 S_j 中所占的比例（S_{ij}/S_j）与成员 i 的优质出版资源在联盟所有出版资源中所占权重 V_i 的乘积，即 $g_{ij}=(S_{ij}/S_j)\cdot V_i$，$g_{ij}q_j$ 表示成员单位 i 对成员单位 j 的贡献总量，即加入数字出版联盟后成员 i 所增加的对其

他任意一个成员的贡献量；Q_i 为成员单位 i 加入联盟后的资源贡献总量。则在数字出版联盟的资源流动系统中，n 个成员单位加入联盟后的贡献增量方程为 $Q=q(w\cdot I_n+G)^T$，其完整表达式为：

$$Q=(q_1,q_2,\cdots,q_i,\cdots,q_n)\begin{pmatrix} \omega_1+g_{11} & g_{21} & \cdots & g_n & & g_{n1} \\ g_{12} & \omega_2+g_{22} & \cdots & g_{l2} & & g_{n2} \\ \vdots & \vdots & & \vdots & & \vdots \\ g_{1t} & g_{2t} & \cdots & \omega_t+g_n & & g_{n3} \\ \vdots & \vdots & & \vdots & & \vdots \\ g_{1n} & g_{2n} & \cdots & g_{tn} & & \omega_n+g_{rn} \end{pmatrix} \quad (2)$$

$$Q^T=\begin{pmatrix} q_1(\omega_1+g_{11} & +q_2g_{12} & +\cdots+ & q_1g_{1t} & +\cdots+ & q_ng_{1n} \\ q_1g_{21} & +q_2(\omega_2+g_{22} & +\cdots+ & q_1g_{2t} & +\cdots+ & q_ng_{2n} \\ \vdots & & \cdots\cdots & & \vdots & \vdots \\ q_1g_{t1} & +q_2g_{l2} & +\cdots+ & q_1(\omega_1+g_{ti} & +\cdots+ & q_ng_m \\ \vdots & & \cdots\cdots & & \vdots & \vdots \\ q_1g_{n1} & +q_2g_{n2} & +\cdots+ & q_1g_nt & +\cdots+ & q_n(\omega_n+g_{nn}) \end{pmatrix} \quad (3)$$

公式（3）中的每一行元素表示每个成员单位对联盟总的出版资源贡献量，而每一列元素是每个出版单位能够利用的出版资源量，既包括自身对数字出版平台的资源贡献量 $q_1(w_1+g_{11})$（其中 g_{11} 为出版单位未提供给联盟平台的个性化优质资源对自身的贡献比率，可将矩阵 G 中对角线上的元素定义为 0，即 $g_{11}=0,i=1,2,\cdots,n$），也包括其他成员单位对它的资源贡献量 $\sum_{j\in N_i^{in}(g)}g_{ji}q_i$，因此出版联盟中的任意成员单位可利用的资源总量为

$$S_i(Q,g)=q_ig_{1i}+q_ig_{2i}+\cdots+q_i(\omega_i+g_{it})+\cdots+q_ig_{ni}$$
$$=q_i(\omega_i+\sum_{j\in N_i^{in}(g)}g_{ji}) \quad (4)$$

从公式（4）中可以看出，任意成员单位在联盟中利用的资源总量包括两个部分，即自身资源比重（用 w_i 表示）和其他成员单位的贡献比重（用 $\sum g_{ij}$ 表示），利用他人的资源越多，付出的成本越大；反之，如果自身资源被他人利用的越多，自身的优势越大，可以获得的潜在收益越大。

（二）数字出版联盟的Ⅱ－型运行机制

公式（4）的 g_{ji} 体现了两部分资源流动关系：一部分包括成员单位 j 通过数字出版平台对成员单位 i 的贡献，即 j 将自身的部分优质资源放到数字出版平台上，供联盟所有成员共享，其他成员单位直接利用该部分优质资源；另一部分成员单位之间通过自行沟通

而产生的资源流动关系。因此可以将通过数字出版平台的资源流动强度定义为 g_{ij}^c，将成员单位之间自行沟通而产生的资源流动强度定义为 g_{ij}^p。

成员单位之间的自行沟通需要大量的沟通成本，而且各个单位关于彼此优势资源的信息并不是对称的。尤其对于新加入联盟的成员单位而言，对其他同行的信息掌握较少，对于资源的利用效率极低。因此如何激励成员单位将自身的优质资源转化为数字出版平台资源，即不仅产生更多的 g_{ij}^c，而且要同时满足资源贡献单位实现预期收益，保障其权利和利益，这将成为数字出版联盟Ⅱ－型运行机制（即考虑数字出版平台中介作用的数字出版联盟运营机制）需要考虑的重点问题。

按照上述分析，为充分利用数字出版联盟内部的优质资源和保障资源交易双方的权益，可采用基于网络平台的商品交易运作模式：数字出版平台列出每个成员单位的优势资源类型和售价，然后成员单位之间以网络购物的方式进行优势资源使用权限的购买，具体合作事宜由合作双方具体商讨，交易费用暂存网络平台的信用账户——支付宝之中；合作结束后，交易费用自动转。这样不仅可以省却成员单位对于优势出版资源信息的获取成本，也可以降低成员单位之间的交易风险。Ⅱ－型数字出版联盟运作机制如图 2 所示，其中实线箭头表示资金流，虚线箭头表示资

源流。

基于社会网络分析视角所得出的上述运营机制可令成员单位对数字出版联盟产生正向的心理预期，不仅可以提升其参与联盟并贡献优质出版资源的积极性，而且可以强化成员单位通过数字出版平台利用联盟资源的信心，同时保障了资源利用单位的权利和资源贡献单位的利益。

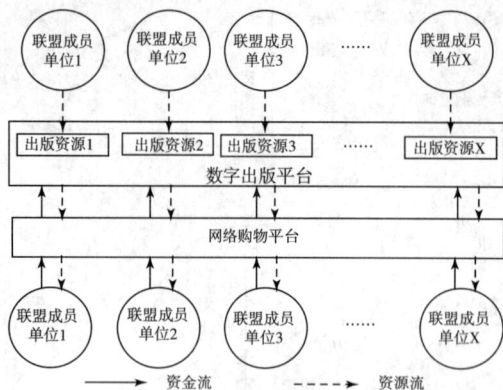

图2　数字出版联盟的运营机制图

四、结　语

本文采用社会网络分析方法分析数字出版联盟内部成员单位之间的资源流动关系，进而对联盟的运营机制进行研究。根据成员单位彼此之间存在的出版资源流动关系，对成员单位的资源流动角色（出版资源寻求者和出版资源贡献者）进行定义，构建了联盟内部成员单位之间的有向资源流动网络。在此基础上，从成员单位贡献出版资源的视角，论述了成员单位利用联盟资源的模型，发现该模型体现了两部分的出版资源流动关系，即通过自行沟通产生的资源流动关系和通过联盟平台沟通产生的资源流动关系，为降低沟通成本和交易风险，在成员单位自行沟通运营机制的基础上，提出了通过数字出版平台进行沟通、并基于网络购物平台进行资源交易的数字出版联盟运营机制。这种运营机制能够提升各出版单位对数字出版联盟的正向心理预期，从而充分发挥联盟内部各个出版单位在优质出版资源建设和出版资源贡献中的积极性，并保障各出版单位的权利和利益。

（作者单位：黑龙江大学信息管理学院）
摘编自《出版科学》2014 年第 6 期

中国出版走出去要有六个转向

周蔚华　钟悠天

一、从出版走出去转向文化走进去

据统计，2003 年至 2012 年，我国版权输出总量为 40498 种，输出数量从 2003 年的 1427 种增加到 2012 年的 9365 种，版权贸易逆差从 2003 年的 15∶1 缩小到 2012 年的 1.91∶1，这个成绩凝聚着全行业的汗水和智慧，确实来之不易。但如果对走出去产品进行深入分析，就会发现，这些走出去的出版物很少真正走进西方主流社会，也很少进入当地国家主流图书发行渠道。我们走出去的产品大多只在当地的华文书店销售，或在华文社区传播，并没有走进国外主流读者圈子，也就无法在当地主流社会得以广泛传播，更谈不上被海外读者认可。如果不能影响读者，也就无法形成较强的国际影响力。

中国出版物难以走进去既有中西文化差异等外在的客观因素，也有国内出版业自身的原因。首先，中西方文化存在巨大差异，西方的文化壁垒阻碍我国出版业走进去。版权输出在一定程度上是文化输出，是跨文化传播，使不同"符号"之间的转换，在此过程中会产生因文化差异而导致的文化误读现象。弗雷德·简特（Fred Edmund Jandt）在《跨文化传播概论》一书中将西方人与亚洲人之间的文化差异列为"不同文化群体之间传播的难度"的首位。这就要求国内出版机构要根据输出对象国家和地区的特殊性，将以消费者为核心的理念贯穿于编辑出版的全流程。其次，中国出版走进去还未找到被世界认同的表达方式。我们往往习惯于利用传统的外宣模式，对国外读者进行"宣传"和"灌输"，没有充分考虑到境外受众的接受心理和接受习惯，常常把走出去等同于对外宣传，把"我想让你知道的"等同于"你想要知道的"，因此很多出版物"自说自话",缺乏针对性,没有吸引力和感染力。要改变这种"自说自话"的局面,要求我们的出版人必须充分了解输出国读者的思维方式,用国际化视野和世界语言讲述中国。再者,高水平翻译人才的匮乏也是重要掣肘。翻译是语言转换的再创造过程,翻译不仅是技巧问题,更是两种不同文化的交融和转换,是一种语言艺术向另一种语言艺术的转换,好的翻译能让作品得以重生。因此,要实现中国出版走进去,我们要加大本土人才国际化与国际人才本土化的培养,一方面要加大本土人才翻译外文的能力培养,同时也应重视在外国人才中培养中文翻译人才。

二、从走出去转向"扎下去"

目前,大多数走出去的中国出版物之所以难以进入主流市场,无法在主流社会中形成影响和共鸣,遭遇"水土不服"尴尬境遇,其重要原因是出版物并未真正在海外落地扎根,因此,中国出版要实现从走出去向"扎下去"的转变。

中国出版从走出去转向"扎下去"是中国出版走向国际市场的内在要求。中国出版走出去后,面临与国内迥异的政治制度、法律制度、文化习俗、道德伦理、市场环境等,这些因素将会对中国出版融入当地社会带来障碍。而本土化经营,利用当地人力资源,避免激烈的文化冲突,实现与当地文化的融合。走出去的出版物是一种凝结着不同国家和民族价值观、意识形态的文化商品,它"传达着一种观念、价值和生活方式"。发达国家依靠其强大的文化产业竞争力,以各种措施构筑自己的文化贸易壁垒,其中"反倾销"往往成为他们构筑贸易壁垒的"利器",而中国经常成为他们"反倾销"的主要对象。中国出版"扎下去"可以有效规避部分国家的关税壁垒、非关税壁垒以及投资壁垒等各种保护性障碍。此外,"扎下去"意味着中国出版业融入当地社会,可得心应手地运用东道国的技术、资金、原材料和人力资源等,实现资源调配、整合,降低综合性生产成本,实现利润最大化。

中国出版要切实扎根海外,需用本土化战略思路来开辟新模式。一是境外设立分支机构。直接在境外设立分支机构,在国外开书店、办分社、设编辑部等,招聘雇佣一批本土的策划选题人才和出版经营人才,提高中国书刊出版的针对性,策划出版适销对路的产品,从而打通海外发行渠道,进入主流市场。二是兼并、参股、收购国外的出版企业,或在海外成立合资公司,与海外企业开展深度合作,建立一批本土化的出版社,研究和了解当地读者的需求,从内容、语种、编辑到印制、营销、发行等各个环节实现本土化。三是提升营销创新能力。

跨国出版机构本土化的过程,本身就是营销创新的过程,从策划选题本土化,到销售渠道本土化,都是其持续的营销策略创新的表现。跨国出版机构的生存与发展在很大程度上取决于其对经营环境的掌控能力、营销的创新、产品的变革能力。

三、从周边输出转向全球流动

我国出版走出去存在的一个问题是长期以来我国版权输出区域结构不平衡,主要为周边国家和地区,而要提升出版走出去质量的一个重要标志就是优化输出地域结构,更多地进入欧美发达国家以及非洲、拉丁美洲等其他地区。

20世纪90年代中期以来,我国大陆的版权输出呈现出明显的区域集中化特点,版权输出地主要集中在台港澳和东南亚文化圈,尤其是我国的台湾、香港以及东南亚等中华传统文化影响大、有大批华人聚居的国家和地区,在欧美等发达国家图书市场的占有率和影响力非常有限。

从历史与现实来看,作为老牌的资本主义强国团体的欧美诸国与作为新兴崛起的社会主义中国,两者之间的冲突是相当错综复杂的。但是,如果从奥地利经济学派的观点来审视,人们之间冲突最核心的问题并非利益问题而是理念问题,那么国家之间冲突的核心问题也并非经济与社会利益问题而是文化与价值理念问题。但是,如同人们之间的理念冲突是可以借由沟通与博弈获得化解或者平衡一样,国家间的文化冲突也是可以借由文明对话与文化交流获得缓冲甚至融合的。我国的出版物能够成功打入西方发达国家文化市场,能够在西方发达国家"走进去""扎下去",能够成为西方民众悦纳的消费读物,无疑会有助于促进中国社会与西方世界的交流与对话,促成中国与西方国家在文化领域的彼此尊重、包容与赏识。而这一点,无疑有利于减缓中国和平崛起的压力与阻力。因此,我国对西方国家加大版权输出数量,提升版权输出质量,不仅仅是一个文化外贸问题,更具有独特的文化外交战略层面的意义。

今后,根据《关于加快我国新闻出版业走出去的若干意见》的要求,要切实扩大版权输出数量,改善进出口比例,加强走出去宏观布局,优化版权输出的区域结构，扩大版权输出数量，加大对西方重点发达国家的输出力度以及东南亚周边国家和地区的输出，开拓非洲、大洋洲等区域的市场，建立起以发达国家、周边国家和地区为重点，以发展中国家为基础，覆盖广泛、重点突出、层次分明的走出去新格局。同时，要进一步加强小语种版权输出，强化单品种多语言的版权输出，不断完善版权输出的语种结构。要扩大版权输出的题材和品种，优化版权输出的内容结构。

四、从人文知识表达走向多元知识传播

长期以来，我国出版输出内容主要以中国传统文化、语言类书籍为主，科技出版类则比较少。2003年，我国图书版权输出总数为811种，其中自然科学、生物科学、天文学、农业科学、生物技术等科技类图书87种，只占当年图书版权输出总数的11%。2011年，我国图书版权输出5922种，科技类图书741种，占输出总数的12.5%。而同期我国科技类出书品种占当年新书出书品种总数超过20%（狭义的科技类，不含文化科学教育体育类）。不仅如此，科技类出版产品的输出形态也较单一，目前只局限在图书产品，2011年，我国科技版权输出中，录音、录像、电子出版物、电影、电视等产品均为0种。

过去，中国输出的具有浓郁地域文化色彩的图书，很难进入西方国家主流社会，而科技类出版物则不同。"科学无国界"，科学技术并无文化鸿沟，其成果为全人类共享。当前，我国已经成为一个科学技术大国，在轨道技术、桥梁技术、隧道技术、水力发电、高速铁路、SARS疫苗、水下机器人等方面的技术已经达到世界领先水平。走不出去的学术难以成为世界一流的学术，要加大国内优秀学者原创英文科技专著，尤其是有引领作用的科学技术出版物走出去的力度，在海内外主流渠道推广、发行，争取得到世界科学共同体的关注、接受和评价，将中国先进的科技成果传播到世界科技舞台，有效扩大中国在国际学术界的影响力和话语权，更有助于回应国际上普遍关注的热点问题、前沿问题，更深入地参与国际科学界的学术对话。

当前，我国科技出版走出去，面临着经济效益不高、选题缺乏、语言障碍、输出渠道不畅等诸多现实问题，尤其是著作质量达不到国际标准，像爱思唯尔、约翰·威利、施普林格等以学术质量著称的国际出版商，其选题论证标准高，而国内科技类图书涉及的选题和技术不少是从国外学术研究成果中移植过来的，

水平相对落后，缺乏国际视野和原创性。再者，科技类图书专业性强，翻译难度大、翻译周期长，翻译成本高，不仅要求翻译人员外语水平过硬而且更要懂得学科专业技术。诸多原因导致中国的科技类图书难以进入欧美主流出版市场。针对以上问题，要维护建立与国外知名出版社的长期合作关系，施普林格、爱思唯尔、约翰·威利等国际出版公司都已与中国出版机构建立良好合作关系；要提高我国科技著作的翻译质量和内容原创性，选题策划、写作方式要遵循国际科学界的共同主题和通用方法。

五、从知识传播转向价值认同

我国出版走出去的目的是要改变信息沟通极不对称的现状，增进理解和信任，提升中国话语的影响力。但在很长一段时间里，我国版权输出的内容以中医、武术等中国传统文化书籍以及汉语工具书为主，而反映具有中国特色的思想、理论、观念、文化等中国文化核心价值思想的，尤其是思想界能够提出独到见解并引领国际社会思潮的出版物寥若晨星。相反，我国引进的版权图书中，反映西方学术思想、西方人生观、价值观的哲学类、文学类、艺术类、经管类、法律类等图书比例高达70%～80%，并对我国国民的价值观、思维方式、行为方式产生了极大的影响。

英国前首相撒切尔夫人曾说过这样一句耐人寻味的话"一个只能出口电视机而不是思想观念的国家，成不了大国"。只有让中国的"核心价值"深入人心，才能赢得世界的理解、尊重与信任，才能形成双赢、多赢的良好局面，才能成为有影响力的世界大国。因此，在未来社会主义文化大发展大繁荣的进程中，要加强内容自主创新，重点推出一批展现社会主义核心价值、展示中华文化独特魅力、反映当代中国精神风貌和学术品质、吻合国外受众文化需求和消费习惯的品牌产品。比如，实现"国家富强、民族振兴、人民幸福"的中国梦，中国特色社会主义，以改革创新为核心的新时代精神，等等。人民出版社出版的《中国开放30年：增长、结构与体制变迁》，中国人民大学出版社出版的《中国的未来》《中国的抉择：和平发展与构建和谐世界》等反映中国模式、中国道路、中国经验、中国梦的主题图书正走向海外，深受国外出版商青睐，不仅有效带动了中国图书和中国出版业国际地位的提升，也在讲好中国故事、传播中国声音方面迈出了扎实的步伐。

六、从单载体输出转向多载体互动

目前,我国版权贸易以纸质图书为主,输出方式单一。

数字出版与传统出版相比,其特有的出版形式和网络发行方式,传播速度更快,传播形式更多样,传播范围更广泛,可不受空间、时间限制,将内容瞬间精准到达客户;具有较强的互动性,可实现双向互动、多向互动,由线性传播变成网状传播;以读者为中心,提供更专业化、个性化的内容服务;无纸化出版、按需印刷,解决库存积压以及运输、保存损耗难题;海量存储,便于内容的检索和整合;简化出版程序,压缩出版时间,缩短信息传播流程,降低制作和发行成本,其赢利模式将无物流、资金流的循环系统,而是出版者发布,读者点击阅读,网上即时支付。据美国一早期网络出版商未来书籍(Futurebook)调查,数字出版可使制作成本在保持给作者的版税不变的情况下降低75%。

随着现代数字传播技术的发展,人们的阅读方式正在发生革命性的变革,从传统阅读向后现代阅读方式转变,后现代阅读方式对人们的生活方式、思维方式产生重大影响,也影响到了出版产业的发展走向,推动了出版形态向数字网络出版转变。后现代阅读所追求的信息的快速性、海量性、便捷性,读者、作者、出版者之间的互动性,角色的相互转换性,客户导向性等等,只有通过数字网络出版这种方式才能实现。2012年12月,亚马逊中国发布了中国亚马逊Kindle(亚马逊的电子阅读器)电子书商城,预示着中国加入了电子书阅读的世界潮流中。数字出版已成为出版业未来的发展方向,也是未来版权输出新的增长点。

当前,我国数字出版走出去,创新网络书店的商业模式,电子阅读器的技术以及数字出版产品形态尤为重要。首先,网络书店是销售数字出版终端产品的重要平台,要创新、开拓体现中国本土特色的网络书店商业模式,为我国数字化出版的未来发展找到明晰的增长点。其次,电子阅读器作为数字出版走出去最直接的载体,要加大对电子阅读器技术的研发和突破,使其具备纸张阅读的舒适感和纸张保存的实在感。最后,要创新数字出版产品形态,发展以有声阅读、电子书包、数字报、精品学术期刊数据库等为代表的数字出版新产品,及以网络出版、手机出版、云出版等为代表的新业态,鼓励企业在新媒体方面的自主创新,培育一批以数字化引领、全媒体经营为特征的新型数字出版传媒集团,以新技术新业态提升出版业的核心竞争力和整体实力。

出版产业进军全球市场在当代多元世界中的意义在传递国家核心价值理念,拓展民族文化在全球的影响力。因此,一个国家出版产业在全球市场的地位,是一个国家文化感染力的直接指标,是一个国家软实力的突出象征。中国出版产业只有实现从数量增长到质量提升的转型升级,才能实现全球布局的宏伟战略,才能真正打造一支令人尊敬的"中国出版军团"。当然,这一目标的实现,不仅依赖于中国出版人的思考与创新,更依赖于国家出版文化体制改革的推进与突破。从这一意义而言,中国出版业进军全球市场将是一个长期的持续拼搏与创新过程。对此,我们要有足够的自信。

(作者单位:中国人民大学新闻学院)
摘编自《中国出版》2014年4月上

传 播 理 论

以互联网思维下数字出版发展新趋势

郝振省

刚刚过去的一年,是国内数字出版的政策大年,国家对信息产业的支持政策给数字出版带来巨大的机会,但互联网的快速发展对传统出版业形成巨大压力。过去一年里,数字出版的产业环境也发生了很大的变化:2013年,《华盛顿邮报》被亚马逊创始人贝索斯收购;《新闻周刊》停止纸质版发行;世界第一大出版集团培生,出售了其金字招牌企鹅出版社;在终端领域,诺基亚被微软收购;摩托罗拉被联想收购;柯达关闭了所有的胶卷市场……工业化时代的纸媒体与模拟技术正在被信息时代的数字技术所全面取代。与此同时,亚马逊书店、苹果、谷歌等国际互联网巨头则进一步加紧对内容产业的渗透,逐步打造起数字终端加内容、上下游通吃的产业生态链。2013年谷歌广告收入已经超过美国报纸和杂志的广告收入之和,传媒业进入'倒整合'时代,互联网和传统媒体的位置正在发生互换,传统的大众传媒生态环境正在被迅速发展的互联网媒介生态所重构。

除了国际三大巨头,国内的互联网公司也对既有数字出版企业形成巨大压力。过去一年,国内互联网巨头三巨头BAT(百度、阿里、腾讯)以更加强势的姿态介入内容产业:腾讯推出创新型自媒体数字阅读微平台——微信朋友圈;挖角盛大文学,收编起点中文网团队,启动创世中文网。阿里巴巴尝试数字商品与内容结合销售,创立融合营销新模式。百度阅读承诺三年零分成,目前已与270家出版机构达成协议,并网罗了一大批优秀作家,志在打造中国最大的电子书阅读平台。

由于数字出版比传统出版具有更大的开放性,除了互联网巨头,其他小型互联网公司、传统教育公司、名人自媒体也不断进入这一领域,参与竞争,给传统出版业带来更大的竞争压力。依互联网思维,传统出版数字化未来将会发生三大转向。

一、从版权售卖走向内容增值模式

传统出版的商业模式是一种基于优质内容的版权经营的商业模式。互联网的海量性、开源性、受众参与性使优质内容资源大量增加,新的传媒环境中,内容不再是稀缺资源,传统的内容收费模式开始失去了赖以生存的基础。数字出版的最主要特征是脱离了传统出版"载体的实物属性",而以数字形式作为出版传播的主体形式,"复制权"灭失,转化为"传播权"。那么新的数字出版商业模式是什么呢?互联网环境中,因为内容的无限性,使得受众注意力成为稀缺,抢占用户成为互联网、移动互联网最大的竞争。

传统出版应尽快走出优质内容售卖的思维局限,以优质内容作为入口资源,吸引最广大的用户,然后经营用户,获取收益。很多传统媒体都报怨说在移动

APP上,免费内容有很高下载率,一旦收费,用户锐减。核心竞争力的免费使用并不等于没有收益,长尾理论创始人,《连线》杂志主编克里斯·安德森的第二本书叫《免费:商业的未来》,预言"免费模式"将成为21世纪的新经济模式。互联网最近10年的发展历程中,"免费"也是其最主要与最成功的商业模式:早先门户网站以免费的信息供给来吸引网民注意力,以换取广告;继后的谷歌百度以免费的搜索服务获取用户,进行商业竞价排名;腾讯以一款即时通讯软件锁定用户,拓展游戏等增值业务,现已成为世界第6大互联网公司;360以免费杀毒软件绑定用户推荐应用,其收益远超过卖杀毒软件的收益。

传统出版领域也有一些公司开始探索以内容资源为入口,结合电商进行产品销售分成的混业经营模式。比如地理杂志,以"地理内容"作为平台,吸引到相关注意力,为客户提供与内容具有关联的各种消费服务,如与所介绍的旅行地相关的GPS定位、在线的机票、酒店预定、户外装备购买、与景区的各种相关服务,进行业务分成。或许不久的将来,人们很难再将媒体与电商、信息消费与实体消费的界限严格分割开来。在未来,优质的内容或许只是吸引受众注意力的一种手段,数字化营销手段的多样性,将远胜于内容售卖所带来的收益。

二、由生产管理走向服务运营

过去,西方学者把与工厂联系在一起的有形产品的生产称之为"production",而将提供服务的活动称为"operations"。前者翻译为生产管理,后者译为运营管理,在传统出版领域,我们是一种对内容生产的管理,而在数字出版时代,则是内容服务运营。两种管理都需要进行数字化流程设计。在数字出版时代,数字出版不仅关注的是出版内容生产的数字化,同样需要关注内容运营的数字化。基于传统出版模式——以内容生产为主导的运营架构,只是实现了传统出版内容的简单数字化,还不是适应网络传播模式的数字出版,真正的数字出版运营管理是将出版策划、技术平台以及网络营销体系三个方面紧密结合起来的管理系统。目前国内,已有博云易讯这样的技术公司借鉴通讯产业的运营管理模式研发出基于服务为主导的数字化管理模式,国内一些出版机构也在尝试采用这种新模式的运营来架构数字化运营管理体系,希望这种有益的探索能够深入展开,使传统出版企业更加顺畅地实现数字出版转型升级。

三、由激烈竞争走向合作共赢

由于全球一体化所产生的规模效应,互联网比传统媒介更易诞生垄断。网络用户数量的增长,将会带动用户总所得效用的平方级增长,导致网络产业容易产生具有支配地位的企业呈"强者恒强,弱者恒弱"的马太效应。同时,由于用户对融合性业务的需求,互联网企业往往进行多业务运营。规模经济与业务融合性导致部分大型企业"赢者通吃",并在实际运营中不断积累优势地位。这也是互联网企业为什么以争夺用户作为第一要务的原因。当下,国内外互联网寡头携强大的资金优势、用户优势进入数字出版领域,对中小型数字出版企业的打击是压迫性、甚至是毁灭性的。

面对严峻的外部环境,需要传统出版企业之间加强内容制作、技术标准、渠道谈判、平台建设等多方合作以御外敌;加强产学研合作,不能只顾低头走路,不知抬头看天;加强与互联网企业、技术公司的合作,取长补短,共同做大。

(作者单位:北京印刷学院数字出版与传媒研究院)

原载《出版发行研究》2014 年 4 月

新媒体传播对转发意愿及品牌态度的影响研究

陈静宇　王春国　唐小飞

本文研究的目的,是以新浪微博为样本,研究回答以下三个问题:其一,企业官方微博传播中,哪些因素影响用户转发或评论? 其二,企业官方微博传播如何影响用户对企业品牌的态度? 第三,企业社会化媒体传播策略的传播效果有何差异?

假设 1:企业官方微博传播会显著正向影响用户对企业品牌的态度。

假设 2:企业官方微博主题会显著影响用户对企业微博的再传播意愿。

假设 3:企业官方微博信息来源账号的身份会显著影响用户的再传播意愿。

假设 4:不同传播组合策略对用户再传播意愿的影响具有显著差异。

假设 4a:对于相关内容主题,用户再传播意愿依信息源从大到小依次是大 V、好友和企业官方账号;

假设 4b:对于非相关内容主题,用户再传播意愿依信息源从大到小依次是大 V、好友和企业官方账号;

假设 4c:对于大 V 转发的微博,用户对非相关内容主题的再传播意愿显著高于相关内容主题微博;

假设 4d:对于好友转发的微博,用户对非相关内容主题的再传播意愿显著高于相关内容主题微博;

假设 4e:对于企业官方账号发布的微博,用户对非相关内容主题的再传播意愿显著高于相关内容主题微博。

假设 5:用户的再传播意愿对其品牌态度有显著的正向影响。

表 1　社会化媒体传播组合策略

		信息源		
		大 V	好友	企业
主题	相关	策略 1	策略 3	策略 5
	非相关	策略 2	策略 4	策略 6

基于上述分析,本文研究基本模型如下:

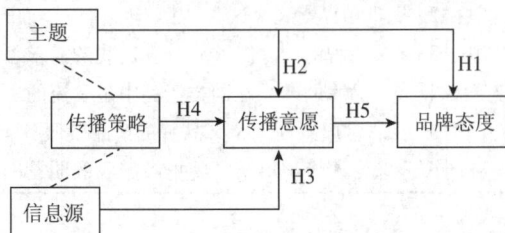

图 1　研究基本模型

一、研究设计

(一)变量设定

微博内容主题。借鉴前述研究成果,结合国内企业官方微博实际内容,本文研究将企业微博主题分为企业相关和非企业相关两大类。其中企业相关主题微博分为企业类、行业类、营销类及客户和公共关系类,非企业相关主题微博分为时事新闻类、哲理感悟类、生活百科类及幽默搞笑类。信息源（转发者）。根据新浪微博用户特征，本文将企业微博发布或转发者分为三类：企业官方微博、用户关注的大V和好友账号。在本研究中，企业官方微博账号为招商银行官方微博账号；大V账号的确定首先从新浪微博大V排名中选出前20位，然后通过对15位微博用户的访谈从中确定了姚晨和任志强两个大V微博账号，并在实验中采用随机匹配的方式出现。好友账号在问卷中采用标注"@你的好友"的方式在实验前向被试说明"@你的好友"即代表被试个人微博中一个好友，由被试自己确定映射的具体好友对象。

再传播意愿。用户的再传播意愿是指用户在阅读了企业官方微博账号发布或经大V或好友微博账号转发的企业官方微博后进行再次转发的意向。采用Likert7级评分法，"1"代表非常不愿意转发（再传播），"7"代表非常愿意转发。

品牌态度。Keller包含6个题项的品牌态度量表得到学术界的普遍认可，本文研究采用这一量表测量品牌态度。具体采用Likert7级评分法，"1"代表非常不同意题项的描述，"7"代表非常同意题项的描述。采用Crochnα一致性系数检验量表的内部一致性，其α信度系数为0.975，高于0.7的临界水平，表明数据具有较高的信度。

表2 品牌态度量表

变量	量表
品牌态度	1. 我对××品牌的总体印象很好 2. 我非常喜爱××这个品脚 3. ××品牌的产品能够充分满足我的需求 4. ××品牌的产品在同类产品中足一流的 5. 我非常愿意使用××品牌的产品及服务 6. 我非常愿意将××品牌推荐给我的朋友们

（二）实验设计

1. 实验刺激设计

由于金融服务已经介入多数人的日常生活，而招商银行具有相当的市场知名度且其官方微博账号粉丝众多，因此本文研究选择招商银行官方微博作为企业官方微博的样本。按照前述主题分类，从招商银行官方微博账号发布的信息中选择了企业相关和非企业相关各6条共12条微博，并约请15位微博用户对其类别进行识别。调查结果表明，两大类、八小类的分类效果很好，大类识别率到100%、小类识别度

达到了92.8%。选定的12条微博依主题、信息源随机匹配，形成72条实验刺激微博。实验量表设计。基于上述实验刺激设计确定的微博，并结合品牌态度测量量表形成了研究实验量表。量表包括三个部分：第一部分为被试基本信息，包括性别、年龄、最高学历等；第二部分是品牌态度量表，测量被试对招商银行的品牌态度；第三部分是实验刺激部分，由从72条实验刺激微博中随机选择的6条微博构成。

2. 实验过程

由于本文研究的一个假设是企业官方微博传播会显著影响用户对企业品牌的态度，因此实验过程分两个阶段：第一阶段，在对实验进行说明后首先调查被试的基本信息（量表第一部分）；然后调查被试的品牌态度（量表第二部分），这是对被试品牌态度的前测；最后让被试阅读6条实验刺激微博（量表第三部分），并测量被试对每一条刺激微博的再传播（转发）意愿。为了避免可能出现的测试效应（Testing Effect），在一周后组织了第二阶段实验，单独对被试的品牌态度再次测量（后测），所用品牌态度量表（量表第三部分）前后一致，通过比较前后测的数值变化即可测量被试的品牌态度变化。

3. 被试选择

通过招募，确定了138名有微博使用经历的被试参加实验，完整参加两轮实验的被试为110名，其中大专生37人（33.6%）、本科生62人（56.4%）、研究生（MBA）11人（10%）、男性57人（51.8%）、女性53人（48.2%），22岁及以下89人（80.9%）、23~32岁21人（19.1%），与新浪企业微博粉丝的构成基本相符。

二、实证分析

对用户实验刺激前后的品牌态度作成对样本t检验。由表3可知，t=7.237、p=0.000小于0.001，说明用户在实验刺激前后的品牌态度有显著差异，且微博传播的实验刺激对用户的品牌态度有显著的正向影响，假设1得到验证。

表3 实验刺激前后用户品牌态度的成对样本t检验分析

	均值	标准差	t	df	Sig.
后测态度	4.6348	.91301	7.237	109	.000
前测态度	4.2879	1.06202			

对微博主题与用户再传播意愿作独立样本 t 检验得表 4,其 F = 0.149、P = 0.699 大于 0.05,在方差齐次下 t = -11.657、P = 0.000 小于 0.001,说明微博主题会显著影响到用户的再传播意愿,进一步比较不同主题再传播意愿的均值可知,用户对非企业相关主题微博的再传播意愿显著大于企业相关主题微博的再传播意愿。假设 2 得到验证。

表4 微博主题与再传播意愿的独立样本 t 检验

主题	N	均值	标准差	方差齐性检验		方差齐次 t 检验		
				F	Sig.	t	df	Sig.
相关	315	3.9429	0.99836	.149	.699	-11.657	658	.000
非相关	345	4.8116	0.91619					

从表 5 信息源与用户再传播意愿的单因素方差分析可知,F = 56.855、P = 0.000 小于 0.001,可以推断信息源对再传播意愿存在显著影响。进一步作多重比较分析(表 6),P 值均为 0.000 小于 0.001,可以推断各信息源之间再传播意愿的均值有显著差异,且由各信息源再传播意愿的均值差可知,用户再传播意愿从高到低依次是大 V、好友和企业官方微博账号,假设 3 得到验证。

表5 信息源与用户再传播意愿的单因素方差分析

	均差平方和	df	均方	F	Sig.
组间变异	107.112	2	53.556	56.855	.000
组内变异	618.882	657	.942		
总变异	725.994	659			

表6 信息源与再传播意愿的多重比较分析

(I)信息源	(J)信息源	均值差(I-J)	标准误	Sig.
企业官方	大 V	-1.01960*	.09666	.000
	好友	-.68651*	.09441	.000
大 V	好友	.33309*	.08892	.000

表 7 为传播策略对再传播意愿影响的单因素方差分析。可知不同传播策略的 F = 65.691、P = 0.000 小于 0.001,可以推断传播策略会显著影响用户再传播意愿。对传播策略的再传播意愿作多重比较分析(表 8),发现策略 1 与策略 6 比较的 P = 0.495、策略 2 与策略 4 比较的 P = 0.068 均大于 0.05,说明策略 1 与策略 6、策略 2 与策略 4 不具有显著差异,但策略

2、策略 4 与策略 6 具有显著差异(其比较的 P 值均为 0.000),由此可以推论假设 4b 部分成立。其他各策略比较的 P 值均小于 0.01,可推论其他各策略对再传播意愿的影响均具有显著差异,假设 4a、4c、4d、4e 成立。而从表 8 中各策略再传播意愿的均值差可知,各传播策略对再传播意愿影响从大到小依次是策略 2 和策略 4、策略 1 和策略 6、策略 3、策略 5。

表7 传播策略与再传播意愿的单因素方差分析

	均差平方和	df	均方	F	Sig.
组间变异	242.715	5	48.543	65.691	0.000
组内变异	483.279	654	0.739		
总变异	725.994	659			

表8 传播策略对再传播意愿影响的多重比较分析

(I)策略	(J)策略	均值差(I-J)	标准误	Sig.
1	2	-0.59277*	0.11458	0.000
	3	0.45778*	0.11414	0.000
	4	-0.39405*	0.11250	0.000
	5	1.32573*	0.12285	0.000
	6	0.08397	0.12285	0.495
2	3	1.05055*	0.11052	0.000
	4	0.19872	0.10882	0.068
	5	1.91850*	0.11949	0.000
	6	0.67674*	0.11949	0.000

(I)策略	(J)策略	均值差 (I − J)	标准误	Sig.
3	4	− 0.85183 *	0.10836	0.000
	5	0.86795 *	0.11907	0.000
	6	− 0.37381	0.11907	0.002
4	5	1.71978 *	0.11749	0.000
	6	0.47802 *	0.11749	0.000
5	6	− 1.24176 *	0.12744	0.000

最后,对用户再传播意愿与用户品牌态度间关系进行分析。首先计算被试再传播意愿的均值,然后对再传播意愿均值与品牌态度变量作相关性分析(表9),用户再传播意愿与品牌态度呈现负相关关系(与后测品牌态度的 Pearson 相关系数为 r = − 0.066),但不显著(P = 0.495),与品牌态度变化也无显著关系(P = 0.587)。后测品牌态度与前测品牌态度具有显著关系(r = 0.881,P = 0.000),品牌态度变化则与用户前测品牌态度呈显著负向关系(r = − 0.512,P = 0.000)。假设 H5 不成立。

表9　再传播意愿与品牌态度相关性分析

	再传播意愿	态度前测	态度后测	态度变化
再传播意愿	1			
态度前测	− 0.081(.398)	1		
态度后测	− 0.066(.495)	0.881 * *(.000)	1	
态度变化	0.052(.587)	− 0.512 * *(.000)	− 0.045(0.640)	1

三、结论及启示

(一)主要结论

本文实证发现,企业官方微博传播能够显著地正向影响用户的品牌态度。这可能是因为反复的微博刺激与互动,促使了用户的品牌学习,从而产生了提高用户对品牌认知的作用。

但用户对企业官方微博的再传播意愿却因微博主题类型而有显著差异,非企业相关主题内容的再传播意愿显著高于企业相关主题内容的再传播意愿。这可能是由于与企业相关的企业微博通常更为正式、严肃,缺乏非企业相关微博的活泼、趣味性特点,不容易唤起用户情感上的共鸣从而刺激其转发行为,而幽默趣味性等可以增加用户对信息的接受度。

研究显示,企业微博传播策略的另一个重要要素——信息源即转发者,对用户再传播意愿有显著影响。相对于企业官方微博账号,用户更倾向于传播那些自己关注的大 V 账号或与自己有亲密关系的好友账号的微博信息,通过转发行为来肯定或强化其与大V、好友间的关系。由微博主题和信息源两因素可以组合成六种企业微博传播策略。研究表明,企业微博传播策略同样对用户再传播意愿有显著影响,其中非企业相关微博主题与大 V(策略 2)、好友(策略 4)的强强组合策略的再传播意愿最大,企业相关主题与企业官方账号(策略 5)的弱弱组合策略的再传播意愿最小,而弱强组合策略(策略 1、3)和强弱组合策略(策略 6)的再传播意愿则居中。

但研究也表明,用户对企业微博再传播意愿对其品牌态度并无显著影响。这可能是由于用户的再传播意愿是基于具体的微博,取决于微博主题和信息源。

(二)管理启示

社会化媒体的发展,极大地改变了企业营销传播的生态环境,企业的营销传播必须寻求创新性的转变。研究表明,社会化媒体的发展为企业提供了与用户互动沟通交流的机会、增加了企业营销传播的途径,有助于企业信息的传播,而且对用户的品牌态度有显著的正向影响,因此社会化媒体应成为企业营销传播策略创新的重要选择。

另一方面,由于社会化媒体所具有的自媒体特点,企业社会化媒体传播策略必须注重两个方面的问题:一是信息主题的选择。非企业相关主题虽然不能直接传递企业的信息,但可以增加与用户的亲密关系,且较大的再传播意愿必然会带来更好的传播效果,因此应成为企业社会化媒体传播的优先选择。二是要注重利用大 V 或吸引用户进行转发。

(作者单位:西南财经大学工商管理学院)

摘编自《科研管理》2014 年 6 月

以科技接受模式和创新扩散理论探讨 WeChat 之使用动机

夏文质

本文希望通过对 WeChat 的研究，了解影响使用者的使用者的使用原因，以及让使用者持续使用的深层次原因。

一、文献回顾

科技接受模式，也称科技接受理论，是由戴维斯（Davis）在 1986 年提出，目前常用以探讨使用者对于新科技的接受度。在该理论中指出影响使用者使用行为因素有三层关系，并且是渐进的。创新扩散理论，起源于创新使用模式是由学者菲利普·利特勒（Philip Kotler）所提出的。创限设消费酱会经历"认知""情感""行为"三个反应阶段，且依此顺序"学习"—"感觉"—"动作"完成新产品的最终购买决策。埃弗雷特·罗杰斯（E. M. Rogers）认为创新是"一种被个人或其他采纳单位视为新颖的观念、时间与事物"。学者埃弗雷特·罗杰斯（E. M. Rogers）对其模式有了不同修正性的解释，也就是创新扩散理论。

（一）科技接受模式

戴维斯（Davis，1989）根据菲什拜因（Fishbein）和阿耶兹（Ajzen）在 1975 提出的理性行为理论与阿耶兹（Ajzen）在 1985 年提出计划行为理论发展而提出科技接受模式，目的是探讨人们对于新科技或新信息系统的接受行为。由美国学者菲什拜因（Fishbein）和阿耶兹（Ajzen）于 1975 年提出，理性行为理论是用于分析态度如何有意识的影响个体行为，并关注于认知信息的态度形成过程，基本假设认定人是理性的，并且在做出某一行为前会思考各种因素，判断自身行为的意义与后果。阿耶兹（Ajzen）于 1985 年提出洲划行为理沦（Theory of planned Behavior，TPB），因为阿耶兹（Ajzen）认为 TRA 虽对行为有预测及解释能力，但却没有个人行为条件与能力，故加人认知行为控制变项。TRA 与 TPB 皆有行为的态度及主观认知为变相，但在 TPB 中多一项认知行为的控制，他能直接对行为产生影响力。所以阿耶兹（Ajzen）在计划行为理论中认为是受到"对该行为所抱持的态度（行为态度）"、"主观准则"及"认知行为控制"三项变项所组成的。

（二）创新扩散理论

创新扩散理论，起源于创新使用模式是由学者菲利普·科特勒（Philip Kotler）所提出的。它假设消费酱会经历"认知""情感""行为"三个反应阶段，且依此顺序"学习"—"感觉"—"动作"完成新产品的最终购买决策。学者埃弗雷特·罗杰斯（E. M. Rogers）对其模式有了不同修正性的解释，也就是创新扩散理论。创新扩散理论是由学者埃弗雷特·罗杰斯（E. M. Rogers）所提出，认为创新是"一种被个人或其他采纳单位视为新颖的观念、时间与事物"，主要包含四大要素：①新事物：被使用的个人或团体认为是新的创意、作法或对象均可称为新事物；凡是被使用的个人或团体认为是新的创意、作法或对象均可称为新事物。但新事物在被使用的过程中并非一成不变，使用者可能去改变或修正它，此称为再创新。②传播管道：创新扩散是一种较特殊的沟通过程，也就是有使用新事物经验的个人或机构，利用各种沟通管道，向没有使用新事物经验的人群散布有关新事物的信息，希望接受信息者能因此改变态度或行为。传播管道以大众传播媒体为最快，但在说服他人方面，则以人际沟通较为有效。大多数正在考虑使用新事物友，而非根据专家的研究。③时间：新事物散播的时间因素可由三个层面来探讨：第一个层面，创新决策过程模型：1983 年罗杰斯（E. M. Rogers）将使用过程模式修正为创新决策过程。个体或决策制订单位，从开始接受创新的知识到形成创新的态度，再决定接受或拒，接着执行新的想法，最后确认决策，上述的流程就是创新决策过程。这个过程可分为五个阶段：知晓—说服—决策—执行—确认。第二个层面，创新使用者类型：在扩散的早期，使用者很少，进展速度也很慢；当使用者人数扩大到居民的 10% ~ 25% 时，进展突然加快，曲线迅速上升并保持这一趋势，即所谓的"起飞期"；在接近饱和点时，进展又会减缓。整个过程类似于一条"S"形的曲线。在创新扩散过程中，早期使用者为后来的起飞作了必要的准备。这个看似"势单力薄"的群体能够在人际传播中发挥很大的作用，劝说他人接受创新。第三个层面，接受速率：根据若干实证研究发现，社会全部人口接受新事物的速率以曲线图表示均呈 S 形，新事物愈早为人接受，S 曲线便愈陡直。④社会系统（Social System）：社会结构是社会系统内的形态分配，会影响新事物的散播。社会系统中，成员建立的行为形态称为行为常模（Norms，可作为成员们的标准指引，这些常模亦会阻碍变迁）。另一种非正式的结构存在于人际网络中，联结系统成员，称为沟通的结构。当人们的信仰、教育程度、和社会经济地位相同，沟通较容易，但问题是参与新事物散播的双方，通常具有相当的差异性，这种差异很容易造成双方缺乏共同的语言，常导致沟通无效。

二、研究方法

本文采用定性研究的研究方法，使用访谈法和归纳法进行抽样和总结归纳。本文采用访谈法进行抽样人群的信息收集。在收集信息后，本文使用归纳法整理资料。归纳法（Inductive Reascning）。归纳论证是一种由个别到一般的论证方法。本文个案选择对于 WeChat 有使用兴趣或已在使用的使用者作为本文的访谈研究对象。

本文采用半结构化的访谈方式，事前先准备访谈题目大纲，受访者访谈内容答案为开放式，依受访者自由意志对访谈问题充分表达自身意见、想法和感觉。访谈前，事先将访谈大纲拟定，并决定访谈的时间、地点、对象、方式等（5W1H），访谈中尽量避免出现引导受访者的情况，尽量让访谈者表达自身的真实感受，采访大纲的问题根据本文理论框架中的科技接受模式与创新扩散理论的变量而提出。

三、研究结果分析

WeChat 是腾讯公司于 2011 年 1 月 21 日推出的一款芝持 AppleIOS, Google Android, Windows Phone 等操作系统的类 Kik 软件。

当移动即时通讯软件使用者与潜在接受者的背景越相近，作为信息来源的可信度越高，对于潜在接受者采用该款移动即时通讯软件的影响就越大，潜在使用者未来使用该款移动即时通讯软件的几率越高。潜在的移动即时通讯软件的使用者，接收的关于移动即时通讯软件的讯息来自于与自身背景相近的使用者，较于其他使用者对于移动即时通讯软件潜在接受

有更大的可信度。当潜在的移动即时通讯软件的使用者，接收背景相近的可信度越高的使用者，传播移动即时通讯软件相关信息时，对于潜在使用者的使用有更高的影响度。

本文认为：背景越相近，对于潜在使用者使用移动即时通讯软件的影响就越大。移动即时通讯软件比传统手机有更好的可试验性，移动即时通讯软件下载安装后通过移动网络环境，使用者可以自行下载其设备兼容的 APP。而传统手机的功能是写死的。由于移动即时通讯软件有较高的可试验性，对于使用者有正向的影响。因此本问认为：移动网络环境有助提升对于移动即时通讯软件的可试验性，因而对移动即时通讯软件的创新扩散有正面的帮助。

潜在使用者对于从与其关系紧密的使用者处得知的信息，有较多的观察的机会，并且有较高的试验的机会，这大大提升了潜在使用者对于移动即时通讯软件的了解。因此，本文认为潜在使用者与创新使用关系越紧密，可增加其在使用中的可试验性与可观察性，对于其使用移动即时通讯软件有正向影响。

在文字、通话等信息传输成本方面，传统的通话方式的成本要高于移动即时通讯软件。传统手机讯息传递成本，通话以分钟计费，并且，对于跨省市通话的费用则更高。而传统短信的传输则以条计费，并有字数上限的限制，传统的通信方式的累积的成本相当高。智能手机与移动即时通讯软件出现之前，对于常常透过手机与他人通讯与讯息传输的使用者，是一笔相当大的成本费用。在不同电信公司之间，与不同的费率方案，常常让使用者对于要节省与他人通讯费用时，需移转到其他电信公司。而智能手机开始普遍，移动即时通讯软件的大量开发，让使用者使用移动网络即可和其他使用者进行通话、讯息传输。因此，本文认为：使用者使用移动即时通讯软件，可以大量降低通话、文字、图片等讯息传输成本，移动即时通讯软件于讯息传递成本相较于传统手机，拥有相当的相对优势，以致让使用者采用软件的意愿大大提升。

使用者所注重的功能不同，年纪大些的使用者，使用移动即时通讯软件时，主要用来传递文字或语音信息，而移动即时通讯软件提供其他的多元化功能，例如：游戏，查找附近的人，扫一扫等，较少使用或未使用。相比之下，年纪较轻的使用者，对于移动即时通讯软件所提供的创新多元化功能，较会比较关注并且会尝试使用。本文认为：使用者的年纪不同，其生活背景与环境的不同，使用者经常使用和注重的移动

即时通讯软件功能会有所不同。当使用者在多种移动即时通讯软件使用时，当多数使用者开始使用其中一种移动即时通讯软件时，该移动即时通讯软件所带来的外部性效益，影响潜在使用者使用该移动即时通讯软件意愿。因为移动即时通讯软件与其他软件的使用者相对较多，潜在使用者使用该软件，能获取较多的资源与协助。因此本文认为：当越多使用者需要经常联络的对象，使用某一移动即时通讯软件时，对于潜在使用者使用该移动即时通讯软件意愿越有帮助。

随着以 iPhone 为代表的智能手机的普及，各式移动即时通讯软件雨后春笋般应运而生，WeChat 开始拥有广大使用者后，其他移动即时通讯软件，例如：陌陌和 Line，它们仿照 WeChat 手法营销软件，并且针对 WeChat 相关缺点进行功能上的补强。其他移动即时通讯软件虽然透过各种沟通渠道与营销方式，大大的提高了其知名度，并且改善 WeChat 软件缺点或新增 WeChat 所未拥有的功能，以增加其创新性，而使用者对其他套软件的使用意愿并未拥有明显的大量提升。WeChat 上市之初，依靠与 QQ 的关联，加人的语音对讲功能以及 LBS 类服务"查看附近的人"，利用车站牌的广告等方式提升知名度，迅速提高占领了几大部分的市场份额。虽然后来者加人改进了一些 WeChat 本身不具备优势的功能，并通过各种营销手法推广，提升了该软件的知名度。但是却不一定能提高使用者使用该软件的意愿。因此本文认为：新的移动即时通讯软件研发，可通过各式营销手法进该移动即时通讯软件营销，让更多使用者知晓该移动即时通讯软件，却不一定能提高使用者使用该软件的意愿。

当移动即时通讯软件有相当大量的使用者，拥有良好的外部性效果时，使用者对于其使用的移动即时通讯软件拥有较高的忠诚度。该移动即时通讯软件比其他移动即时通讯软件有着更高的外部效益，拥有较对较多的优势，即使新移动即时通讯软件提供更多元化的服务与多样化的功能，受其外部效益影响，使用者对于新的移动即时通讯软件使用意愿并不是相当的高。除了使用者对于移动即时通讯软件的使用习惯外，也受到使用者移动设备的限制，在早期的智能手机系统不是十分完善的情况下，安装太多软件可导致系统运行速度降低甚至是死机，影响使用者使用该软件的因素。因此，使用者对于新的移动即时通讯软件在使用上拥有不确定性，而让使用者对于已使用的移动即时通讯软件有较高的忠诚度。

综上所述：由于使用者习惯、移动设备和系统现状，使用者对移动即时通讯软件创新使用的不确定性，使用者对移动即时通讯软件有较高的忠诚度，导致先占优势对于移动即时通讯软件的创新使用有很大的效果。

移动即时通讯软件通讯方式与传统的手机的通讯方式相比较而言，除传统的文字语音通讯与表情图案外，增加了更活泼生动的图标，甚至是支付功能，在软件功能上移动即时通讯软件拥有绝对的优势，虽然，移动即时通讯软件在传输上有时受限于无限网络稳定状况，但是这种优势足以影响使用者的使用意愿。移动即时通讯软件虽然比较依赖移动网络的接人，对于使用者而言有负面的外部变量影响，这种影响可能会影响使用者使用。但是，移动即时通讯软件使通讯多元化，以及更加多元话的功能，例如：表情、适地性服务（LBS），增加了使用者的使用意愿让许多使用者愿意使用移动即时通讯软件。本文认为：相对于传统手机，移动即时通讯软件具有多元化的功能，以及趣味性，促进使用者对此移动即时通讯软件使用意愿。

作为外部因素的中的一部分，软件因素和硬件因素中也在影响使用者的感知有用性和感知易用性，比如移动即时通讯软件的某些功能，以及网络接人的速度与质量等，这些因素对于使用者的使用态度和使用行为产生影响。网络环境，软件本身的功能等等属于外部因素，外部因素对感知有用性和感知易用性有影响，最终会影响使用者的使用态度和使用行为。外部因素分为环境因素，自身因素，软件因素和硬件因素，虽然软件因素和硬件因素对感知有用性和感知易用性产生了负面影响，但是使用者对于移动即时通讯软件的使用意愿并没有大幅度降低，依然在继续使用移动即时通讯软件。显然，环境因素以及自身因素对于感知有用性和感知易用性的影响更大。本文认为：在外部因素中，环境因素，自身因素对于使用者的感知有用性和感知易用性的影响大于软件因素和硬件因素。

根据以上，可回答研究问题中的四个问题：

（1）了解目前 WeChat 的使用概况如何？

根据 WeChat 的公布的数据以及本次调研的显示来看，目前 WeChat 中国大陆知名度很高，覆盖的人群较广，并且各个年龄段都有使用。

（2）使用者特征和背景是否会对潜在使用者产生影响？

使用者特征和背景会对潜在使用者产生影响，并且由于移动即时通讯软件的使用环境与特性,使用者与潜在使用者拥有兼容设备时,可观察关系紧密的使用者使用状况,或者自行下载安装软件实际试验,增加软件的可试验性与可观察性,对于使用者采用移动即时通讯软件有正向影响。

(3)WeChat 使用者在感知特性、使用意愿与继续使用意愿是怎样的?

移动即时通讯软件的多元化功能,以及低于传统通讯成本的成本花费,影响使用者的使用态度进而影响使用者实际使用行为,移动通讯软功能的多元化与大幅降低信息传输成本,相较于传统手机拥有较高相对优势,有助于提升使用者采用意愿。使用者使用移动即时通讯软件状况,不同年龄所注重功能属性有所不同,年龄偏大者主要注重和使用文字、语音传输功能,年龄偏小者除文字、语音传输功能外,对移动即时通讯软件的多元化功能也相当注重。新移动即时通讯软件复杂程度,影响使用者采用意愿,使用者移动设备的新旧程度、使用习惯与外部效益情况的不确定,对于使用者使用移动即时通讯软件有重要影响。

(4)外部因素如何对使用意愿与继续使用意愿的影响?

与潜在使用者背景越相近的使用者传递出信息越可信,对潜在使用者影响越大。在各外部因素中,环境因素,自身因素对于使用者的感知有用性和感知易用性的影响大于软件因素和硬件因素。

四、研究结论

近年来,科技的快速发展．智能手机平板电脑等先进移动设备的出现,带动移动即时通讯软件的发展与应用。由于移动即时通讯软件的使用环境与特性,使用者与潜在使用者拥有兼容设备时,可观察关系紧

密的使用者使用状况,或者自行下载安装软件实际试验,增加软件的可试验性与可观察性,对于使用者采用移动即时通讯软件有正向影响。移动即时通讯软件的多元化功能,以及低于传统通讯成本的成本花费,影响使用者的使用态度进而影响使用者实际使用行为,移动通讯软功能的多元化与大幅降低信息传输成本,相较于传统手机拥有较高相对优势,有助于提升使用者采用意愿。使用者使用移动即时通讯软件状况,不同年龄所注重功能属性有所不同,年龄偏大者主要注重和使用文字、语音传输功能,年龄偏小者除文字、语音传输功能外,对移动即时通讯软件的多元化功能也相当注重。新移动即时通讯软件复杂程度,影响使用者采用意愿,使用者移动设备的新旧程度、使用习惯与外部效益情况的不确定,对于使用者使用移动即时通讯软件有重要影响。与潜在使用者背景越相近的使用者传递出信息越可信,对潜在使用者影响越大。在各外部因素中,环境因素,自身因素对于使用者的感知有用性和感知易用性的影响大于软件因素和硬件因素。

本文为探索性质的研究,探讨使用者对于移动即时通讯软件的使用行为,可能影响使用者采用移动通讯软件因素。移动即时通讯软件的各式营销手法、信息传输成本降低等实际效用,可以让更多使用者愿意使用该软件。除软件本身功能与效益外,本文提出的命题与各理沦数据可提供移动即时通讯软件业者,更加深了解使用者使用对于移动即时通讯软件的需求,除通过大众媒体之外,人际间的互动更是影响潜在使用者使用移动即时通讯软件因素,提供给移动即时通讯软件厂商研发参考。

(作者单位:博仁大学)
摘编自《经济与社会发展研究》2014 年第 9 期

网络舆论监督中的"二级传播"

郭玲珍

网络舆论的形成和发展,并不是没有规律可循的,很多现象可以利用传统理论进行研究和概括。"二级传播"理论就在网络舆论研究中发挥着越来越明显的作用。相对于传统媒体,"意见领袖"在网络舆论的传播过程中的身份特征和作用有了新的变化,

"意见领袖"对舆论的形成起着重要作用。

一、网络舆论监督中的"二级传播"理论

"二级传播"理论出自拉扎斯菲尔德(Paul Lazarsfeld)的著作《人民的选择》。这本书是拉扎斯

菲尔德等人于1940年在俄亥俄州伊里县开展的关于选民如何在总统大选时作决定的研究。"二级传播"理论认为信息的传播并不是单级的而是具有两个传播过程。第一次传播是从新闻媒体传播到意见领袖，而后才是意见领袖对信息加以选择并传递给受众。

（一）网络意见领袖的构成

"二级传播"理论对网络舆论的重要作用是毋庸置疑的。而这种作用主要体现在网络意见领袖的角色身上，所以有必要对网络意见领袖的构成进行系统的分析。与传统媒体相比，网络媒体为人们提供了一个自由开放的空间，在这个空间中，人们可以发表个人的观点而不用顾忌严格的约束。因此，意见领袖产生的范围更加广泛，言论也更具个性色彩。

1. 网络媒体的采编人员

网络媒体在自身运营的时候，其采编人员按照我国的有关法律法规对网站的信息进行适当的取舍。有的网站更是以传播自身的信息为要务，对网站新闻具有直接的决定权。即使是对于一些论坛来说，论坛的编辑人员也会对网站的信息进行一定的取舍，一是要使论文的内容符合法律要求，二是要将网民感兴趣的内容放到突出的位置以便于网民迅速地搜索到。这些网络媒体的采编人员在履行自身工作职责的时候就会成为网络上新闻信息的把关人。他们本身也对信息有取舍的权力，决定什么样的信息能够出现在网民的眼前。他们是网络传播中最为主要的意见领袖。

2. 个人网站的所有者

个人网站的大量涌现使得网络信息更具有了个性化的特点。这些个人网站的所有者往往同时也成为了网站信息编辑的决定者。他们多是知识分子出身，举办某一方面的专业网站，具有一定的影响力。个人网站所有者通过自己的网站来影响网民，也是网络意见领袖的重要组成部分。

3. 网络论坛中的活跃者

虽然网络媒体在传播的广度和自由度上都有很大的提高，网民可以随意发表文章和观点，但在网络传播中，并不是每个网民都会对事件发表自己的观点，有很大一部分网民都会选择作为一个网络的浏览者和沉默者。而那些经常在网络论坛中发表看法的网民就会成为这些沉默者的重要的信息来源。网络论坛中的活跃者在网络论坛中往往是舆论的引导者，他们对网络舆论的形成、发展和最后的影响效果起到了至关重要的作用，也是网络舆论中的重要的意见

领袖。

4. 网络舆论中的知识分子

一些著名学者或社会中有较高地位的人也会经常上网来了解相关信息。其中，有一部分人也会参与到网络舆论当中。他们通过接受网络采访和发表文章等形式表达出自己对某一事件的观点，这样一来就把他们在现实中的影响力带到了网络舆论中，能够使一般网民听到"权威"的声音，对网络舆论起到一定的作用。

（二）网络意见领袖的特点

在网络出现之后，很多学者认为，随着网络的普及，信息渗透到世界的每个角落，二级传播作为传统媒体中的经典理论已经失效。但笔者认为，二级传播理论在现在的多媒体融合的时代仍然大有作为。网络的普及，使人们都有机会参与到网络舆论中去。网络舆论对现实舆论的影响也在不断增强。而在网络"泛众化"的过程及网络舆论的形成过程中，二级传播仍然具有重大影响，最为突出的表现就是意见领袖的存在。与传统媒体的意见领袖相比，网络舆论的意见领袖有诸多自身的特点。

1. 网络舆论的意见领袖更具广泛性和平民化

由于近年来中国网络基础设施的建设和国民素质的提高，网民的数量急剧增加，使舆论更具有代表性，更能反映人民的心声。而在这些网民中，由于技术的增加必然带来的是意见领袖所遍及范围的增加及舆论所讨论内容的覆盖面的增大。同时，网民基数的增加，意味着网络舆论的形成更具有普遍性。也就有越来越多的网民能够担当起意见领袖的角色。各个版主、网络记者、网络论坛的发帖的活跃者等等都可能成为网络舆论的意见领袖。意见领袖的广泛性导致了它的平民化色彩，平民化的意见领袖导致的后果有积极的也有消极的。积极的方面就在于它使得人们有更多的机会和可能参与并引导网络舆论，意见的表达更为广泛和更具普遍性。

2. 意见领袖形成舆论的个性化

网络舆论的形成相对于传统媒体来说，可实现的方式更为多样。网民可以通过"博客""播客"等方式发表自己关于热点事件的观点，也可以通过参与BBS的方式来告知其他网民，更可以开创自己的网站来表达。网络上的博主和论坛版主是较容易寻找的意见领袖。此外，有一些个性鲜明的意见领袖值得格外关注，即技术性意见领袖。技术性意见领袖，顾名思义就是他们对于技术话题更为感兴趣，并且通常在伙伴

间扮演"内行角色"。就网络舆论的作用而言,所有这些意见领袖往往凭借着自身的学识和修养来对事件发表观点,而不是像传统媒体中那样以理性和客观为基础。这就造就了网络意见领袖的情绪化的表现形式,他们的观点具有鲜明的个性色彩。

3. 网络意见领袖的非理性化

与传统媒体相比,网络传播可以说是多种传播形式的融合。它可以集人际传播、组织传播、群体传播、大众传播于一体。而在众多传播形式中,群体传播在网络舆论的形成和发展中发挥了重要的作用。网络意见领袖对网络舆论的影响力也往往表现在群体传播的过程当中。在群体传播中,容易产生群体压力和群体情绪等。这些都在网络舆论暴力的形成过程中产生了明显的影响。网络传播的自由度和开放度的提高,使得网络群体容易形成。网民只要意见、观点、态度,甚至仅仅是年龄基本一致,就可能形成一个网络群体。群体的心理特点主要表现在感染性、从众心理、情绪化三个方面。网络群体也不例外。网络传播的信息的多媒体化使传播者和受众都可以通过信息表达自身的情绪变化。这种情绪化的信息往往并不是思考的结果,这就使得网络意见领袖在对信息进行处理时表现出了鲜明的非理性化的特点。在网络舆论监督的过程中,一旦偏激的或者极端的情绪化观点占了上风,沉默的网民的情绪就会受到影响,被这种非理性化的观点感染,以致造成人多势众的局面,形成群体压力,网络舆论监督就变成了舆论暴力。在这个过程中,网络意见领袖无疑起到了至关重要的作用。网络意见领袖本身是基于其对网络事件的观点来引导事件的进程,其本身也是网络传播群体中的一分子,当受到其他网友的感染时,也会产生从众心理,以致有一些情绪化的表现。情绪化本身往往就是非理性的表现。这种非理性的舆论引导在很大程度上就给网络暴力的产生埋下了隐患。

(三)网络意见领袖的条件

参与到网络舆论当中去的网民人数众多,但并不是每个网民都对网络舆论产生显著的推动作用。要成为网络意见领袖也是受到众多条件限制的。抛开网络工作者和一般网民的界限不说,下面仅就网络舆论的参与者中,意见领袖的条件做一个简要的概述。

1. 网络意见领袖应具有很好的表达和交流能力

这是对网络意见领袖的最基本的要求。要对网络舆论有举足轻重的作用,引导其他网民,就需要在网络言论中处于引导者的地位。而引导就需要具有很好的表达和交流能力。

2. 网络意见领袖要能够经常在网络上发表文章和言论

网络舆论的形成是通过发表言论实现的,这就要求意见领袖在发表言论的数量上应大大超过一般网民。网络媒体的无线拓展性也为网络意见领袖发表言论提供了无限的空间,几乎是意见领袖想发表多少就可以发表多少,而不像传统媒体那样受到版面或时间的限制。

3. 网络意见领袖所发表的言论要能够吸引其他网民的注目

这是对言论质量的要求。网络信息的庞杂使得任何一个网民对网络信息的浏览时间相当短暂,所以想吸引网民的注目,就必须要在言论质量上下功夫。同时,言论质量也对网络舆论的走向有着至关重要的作用。言论质量高,富含知识性,有一定的价值,就能够推动网络舆论走向积极的一面。相反,则会带来像网络暴力这样的负面影响,以致产生严重的社会后果。

(四)网络意见领袖的作用

网络意见领袖对网络舆论的影响是毋庸置疑的。之所以这么说,是因为网民了解和评判网络信息是通过网络意见领袖这一中介人。在网络传播中,网民的数量巨大,但是在网络舆论中发表观点的网民和发表影响强烈观点的网民却是极少数。而这些观点影响大的网民也就是网络舆论中的意见领袖了。相对于其他影响微弱的网民来说,他们是舆论的引导者。那些不发表或观点微弱的网民也就成为了沉默的大多数,他们只是浏览网络信息而不发表意见,成为网络传播过程中被动的一方。他们遇到自己赞成或反对的内容或事件时,偶尔也会发表一些观点,但这些观点往往在海量的网络信息中被淹没了,以致没有产生明显的影响。

同时,网络意见领袖也对网络舆论的走向产生重要的影响。由于网络意见领袖对其他网民的巨大影响,他们对事件的态度和观点往往会有很多的网民赞同和附和。这就使网络意见领袖的观点被网络传播放大,形成了众多网民都认同的观点。这样一来,网络舆论的走向就成为网络意见领袖的观点的延伸。

网络意见领袖的作用也有消极的一面。相对于传统媒体的意见领袖来说,网络意见领袖在社会上的地位上并不是很高,多数是社会生活中的平民,更具草根化色彩。对于网络舆论来说,网络意见领袖的草根性使其更能代表人们的观点。但与此同时,这些人的观点不可避免地会受到自身知识储备等的限制,使他们发表的观点缺少理性的思考,不能从国家和社会的发展的全局和高度来看待事件,具有很强烈的个性化色彩。意见领袖个性化程度高,更容易赢取别人的注意,也容易得到网民的喜欢。但由于缺乏深思熟虑也导致了意见的权威性大大打了折扣。从某种意义上来说,网络文化是一种草根文化,网络意见领袖所能表述的基本上是一种非主流、非正统、非专业的意见。

二、"二级传播"理论在网络舆论监督中的运用

在网络传播中,信息传播与意见交互空前快捷,网络舆论的表达诉求也日益多元。如何加强对网络舆论的及时监测和有效引导,对引导网络舆论向着积极健康的方向发展具有重要的现实意义。由于网民基数庞大,对网络舆论的监测和引导并不能够针对全体的网民。而网络意见领袖在网络传播的过程具有重要的影响,他们往往是网民意见的代表。因此,只要对网络意见领袖加大管理和引导的力度,就能够在很大程度上发挥网络舆论监督的作用。

(一)引导既有的网络意见领袖

做好网络舆论监督,就要确保对网络虚假信息和网络舆论的控制和引导,强化舆论界的职业道德建设,提高网络舆论的社会公信力。所以,要积极开展素质教育,提高网络意见领袖的网络舆论素质。网络意见领袖从专业化角度来看,大体可以分为一般网民和网络从业人员两类。对于一般网民中的网络意见领袖来说,由于其在身份上与一般网民更为接近,他们的观点和意见更易被网民所接受。但同时,由于他们知识水平不一,言论层次往往良莠不齐。对这一类意见领袖,要积极开展网络素养教育,提高他们的责任意识和自律能力。具体来说,就是要对他们进行网络道德教育和网络信息的获取、处理、创新等方面的教育。在网络传播中,网民对特定的社会问题、事件的认识是通过网络信息获得的。所以,信息的准确、全面与否,在一定程度上决定着网络舆论方向的对错。而网民作为信息的浏览者和舆论监督的参与者,也要有自己的理性分析。对于网络从业人员来说,首先要提高网络媒体采编人员的职业素质。这是因为,网络媒体从业人员往往本身就是舆论意见领袖,提高他们的素质,使他们能够从自身做起,树立高尚的职业道德感,正确判断和引导网络舆论,对网络舆论的

引导是极有裨益的。同时,要促使他们提高业务水平和树立社会责任感,引导网络舆论沿着健康和积极的方向进行传播。

(二)培养新兴的网络意见领袖

由于现有的网络意见领袖的草根化色彩所带来的诸多问题,应该倡导提高网络意见领袖的知识水平和道德修养。在这点上,传统媒体的意见领袖的介入是一条可行的路线。传统媒体的意见领袖很多是政府的工作者,著名学者和专家等,他们在舆论引导方面有丰富的经验。如果这些人能够介入到网络舆论当中去,必然会增加网络舆论的公平性和公正性。同时,传统媒体中的意见领袖往往是权威性的化身,他们在网络舆论中可以大有作为。因此,应该组织这些意见领袖以网络发表的形式发布文章和观点来引导网络舆论。这样,既能给传统媒体中的意见领袖提供一个更为广阔的言论空间,也能提高网络舆论的广泛度和权威性,使网络舆论向着更为健康、有序、可持续发展的方向发展。

(三)发挥网络意见领袖的积极作用

网络意见领袖对于网络舆论的影响是巨大的,但也正是由于这种巨大的影响,如果在方向上发生了偏差就会带来严重的后果。这些网络意见领袖在网络舆论中往往被看作是"主流言论",受到众多网民的跟随。这种所谓"主流言论"其实就是网络意见领袖的言论,而不是社会的主流言论。但网络意见领袖的作用是有正反两个方面的。积极作用是能够推动网络舆论的健康发展,消极作用则可能带来严重的舆论后果。所以,在进行网络舆论的引导过程中,要尽量发挥其中的积极成分,淡化甚至抵制消极因素,从而使网络意见领袖的作用的合力向着积极的方向发展,使网络舆论走向健康和理性。

(四)强化针对网络意见领袖的法制化建设

网络在我国普及的时间还不算长,其本身的法制建设仍处在发展阶段,对网络媒体的注册和运行等也尚未形成一套有效的法律法规,对于网络意见领袖的法制化也还没有受到足够的重视。但近年来网络舆论事件的频繁发生,已经不断地在提醒众多法律专家:对网络意见领袖的法制建设已经迫在眉睫,必须形成一定程度的规定来约束他们。对于网络意见领袖的约束,应当是政府相关部门先行,严格控制系统运作的关键点,保证网络的形成和发展过程中都能按照有关规定处理。

（五）发挥主流网络媒体的导向作用

我国的网络媒体总体来讲还处于散乱的阶段。而我国传统媒体在网络上的延伸及其在网络舆论引导方面的作用则能够有效地改善这种情况。在商业网络方面也有一些大型的网站经过多年的发展走上了有序的轨道。这些主流网络在网络舆论中能够发挥表率作用并形成网络舆论的强势，对引导网络舆论起到积极的作用。"应该加强主流网络媒体建设，增强网络舆论的引导功能。对于政府而言，应当通过制定、完善相关法规，加强对网络媒体的管理；通过资金、政策等方面对重点网络媒体予以扶持，形成一支政府管得住、网民信得过的主流网络媒体；通过提高政府网络媒体的新闻宣传工作水平，建立健全社会一体化的网络媒体管理体制，掌握网络舆论宣传阵地的主动权。"对于网络媒体而言，应当加强自身的品牌建设，在网民中形成凝聚力，增强在舆论引导中的作用。

（作者单位：铜仁学院经济与管理学院）

摘编自《铜仁学院学报》2014年5月

Web2.0时代数字媒体艺术的传播探议

涂波 涂芳

一、新媒介的兴起：自媒体传播

自媒体的概念最早出现于美国的谢因·波曼（Shayne Bowman）与克里斯·威理斯（Chris Willis）两人联合做出的"自媒体"研究报告，报告定义"自媒体是普通大众经由数字科技强化，与全球知识体系相连之后，一种开始理解普通大众如何提供与分享他们本身的事实、他们本身的新闻的途径"。简言之，即公民用以发布自己亲眼所见、亲耳所闻事件的载体，如博客、微博、论坛、网络社区等。在传统媒体概念上，各种信息都由电视台、广播、报刊等专业的传媒机构发布，普通民众一般只是被动接受。但在Web2.0时代，网民的力量和智慧显著增强，手机等移动通信设备和微博等网络平台的普及使得普通民众也成了信息的发布者、传播者，形成新型的"自媒体""草根媒体"。现在许多传统媒体的信息来源都已经由以往的报料方式转变为网络报料或者从博客、微博中获取。媒体专家甚至预言，到2021年50%的新闻将由公众提供，主流新闻媒体不得不逐步采纳和实践这种全新的形式。

无论是麦克卢汉的"媒介即信息"，还是后来的尼尔·波兹曼的"媒介即隐喻"，二者的观点都突出了媒介而不是内容对传播形式的重要影响，"某个文化中交流的媒介对于这个文化精神重心和物质重心的形成有着决定性的影响"。信息时代移动设备和网络的普及应用使得媒体的专业台阶大为降低，变成人人都可以"玩一把"的东西了，这也是所谓的"草根媒体"区别于传统媒体的另一特点，就是平民化、随性化。以网络视频媒体为例，近几年在网络上盛行自制视频，如"后舍男孩""蠢爸爸小星"等。这些媒体最大的特点就是制作简单，使用的设备就是普通DV机甚至摄像头，不需要过多的化妆和道具，不用专门的演播室，参演人员也并非专业人员，播报和演出的内容也以社会热点、百姓生活、流行风尚为主，风格上不像专业媒体那样一本正经、严肃，以搞笑、诙谐、讽刺为主。而正是因为它们的亲切、随意、简单，甚至带有一点无厘头的风格，获得了广大网友们追捧。显然，Web2.0时代的多元化特点也决定草根媒体既有漫不经心的反主流文化风格，也有团队合作精心策划和制作的可以媲美传统媒体的后主流风格。草根媒体、自媒体的壮大以及网络个人空间、网络社区的兴起，使得数字媒体艺术的传播也突破传统方式在网络变得风行起来，以往只能通过美术馆、博物馆、艺术机构、专业媒体才能发布和传播的概念变得模糊各种民间的、非主流的、碎片式的艺术形式得以呈现。后现代艺术形式的反传统、反形式、反规则、不确定性、泛创作主体等将成为Web2.0时代数字媒体艺术的最突出特点。

二、速度的扩张：病毒式传播

网络产业具有高速的成长性，Web2.0的概念和模式在近几年又产生了一些新的内涵和变化。比如，几年前博客还被视为Web2.0的代表产物，如今微博、微信已经大行其道，而且微博、微信由于极具特色的简洁性、便捷性、实时性、公众参与性,已经被视为一种革命性媒体力量。另一方面,互联形式也在逐渐发生变化,随着3G、4G通信网络以及各种移动技术和设备的普及,移动互联成为势不可当的趋势。

数字媒体艺术特别是那些本身是由数字方式创作的作品,比如数字绘画、CG动画、网络视频等,由于其创作及展现的平台都是基于数字的特点,因此天然适合于网络传播。传统时代的艺术品靠的是语言、文字、图像相传,速度极慢,传播的范围非常有限,虽然广播电视大大加快了传播的效率,但比起网络特别是移动网络来说只能是甘拜下风。高速度高带宽的3G、4G通信网络可以实时传播影视、动画、视频对话等大数据内容,这意味着不管是自己潜心创作的,还是即兴发挥的,抑或是从他人处得到的数字艺术作品,都可以做到随时发送给朋友或传到网络上和其他人分享,完全不受地域和时空的阻隔,真正实现与世界同步。

Web2.0时代社交网络、自媒体的新兴还使得一种全新的"病毒式传播"成为可能。当信息具备激发传播者身份转变的条件之后,传播的网络便以最快的速度形成,并且不断地扩散延伸。信息在不同的接受者与传播者之间游走,身份的转变也在不断且持续地发生,而且这种传播也可以是反向的。在这种循环往复中,信息接受者每一次身份的转变都会引发无穷的数量及范围的增殖,就如同计算机病毒一样,一旦感染和激发就会迅速地自动复制疯狂传播。这种传播方式会在极短时间里迅速使得某个作品或艺术家为大家熟知,急速蹿红成为社会热点。病毒式传播本质上是基于口碑传播的原理,只不过在Web2.0时代的互联网上,这种"口碑传播"才可以像病毒一样迅速蔓延。2012年韩国歌手PSY在YouTube上发布了一首名为《江南风》的MV,PSY自创的马式舞步、深具感染力的音乐节奏和另类搞笑的嘻哈风格令人疯狂。这首MV在网络发布后,在一些社交网站传播开来,迅速成为YouTube上最火的视频,短短一个月的时间视频点击量已经达到5900万,甚至在全球范围内引起了一股恶搞、模仿的翻唱热潮。这种爆炸式扩张的传播速度和范围正是病毒式传播的巨大力量,在Web2.0时代之前是无法想象的。

三、传播者的双重身份:传播与接受、欣赏与创作

Web2.0时代自媒体信息传播是多向互动的传播过程,信息传播与反馈是同步、即时的,而非传统模式下的线性、单向。Web2.0时代信息的接受者同时可以是传播者,具有双重身份,移动互联下的手机、PAD等使得这种属性更为突出。我们收到一条精彩的彩信,又可以转发给其他的朋友;看到一条好玩的段子,可以转发给其他的网友们。网络和手机传播的这种传播与接受的双重身份特性,使得传播速度和传播范围大大扩展。在人际传播双向反馈、双向影响的过程中,人们分享信息,理解他人的观点并相互影响。自媒体改变了以往媒体由上而下、由一对多的"广播"模式,开始向受众间点对点、多点对多点的"网播"模式转变。而且由于网络的开放性,在传播过程中,人们可以对数字艺术作品进行再次加工,实现作品的再创作。

早在1995年尼葛洛庞蒂(Nicholas Negroponte)就在其《数字化生存》中预言"数字化高速公路使艺术一经完成便不可更改的东西成为历史"。这种双重传播身份的特点,还使得另一种数字作品消费方式成为可能,即一件作品在不同的接受者间呈现不同的面貌。由于接受者的参与创作,传播到下一个接受者时所看到的作品面貌已经是另外一种形式,某一个或一类受众在特定阶段所欣赏到的是与其他人所不同"专属"的艺术作品。就如同传统的故事接龙,数字艺术在传播过程中不断被补充、更改,加入了接受者的创作因素,接受者又传播给下一个受众,把这种"接龙参与"的过程持续进行。

微博、微信的流行使得这个过程更为显著,很多"段子"在"围观""转发"的过程中被网友进行重新创作,形成各种风格的新"艺术作品",在这个过程中参与者完成了接受者到传播者、欣赏者到创作者的双重身份转变。2010年一则由电子商务网站凡客商城发布的广告引起了广大网民的兴趣,大家以极大的热情模仿着这则广告文案的文风创作出无数的"凡客体"作品,一时兴起了全民围观和创作的高潮。整个过程中无数网友参与,所创作的作品中有诙谐幽默的搞笑风格、辛辣尖锐的讽刺风格、反映日常生活的民生风格、模拟名人身份的模仿秀风格等,充分展示了广大网民无限的想象力。同样的案例还有很多,如"给名画穿衣服""回复接龙""信春哥""P背景""杜甫很忙"等,以至于形成了一种独特的"全民网络艺术"形式。

四、传播的群体属性:圈子文化

Web2.0时代网络的交往由之前的泛众式交往向

小众式交往转变,信息传播方式由广播模式向网播模式转变。广播模式由信息发布者将信息向大众散发是中央化、集权化的传播模式;网播模式是由一群人将信息与另一群人平等共享,是一种去中央化、平权化的传播模式。人人都可以参与,人人都可以发言,不一定要成为一个文学家才能发表文章,也不一定要成为一个艺术家才能创作艺术作品,只要你愿意,你可以在任何时候以你的方式表达你的意愿。当然人人都是主体,人人都可以表达,并不代表网络是一个杂乱、无法分类的大拼盘,每个人的个性、兴趣、关注点都不同,类似需求、个性、兴趣的个体集中到一起就形成所谓的"圈子"。现代社会中信息就是资源,而圈子就是一个功能强大的信息库,在生活和工作中人们都需要聚集在某个圈子中,所谓"物以类聚,人以群分",圈子化生存已成为这个时代人们的一种生活状态。借助论坛、QQ群、博客等网络工具,现实生活中的群体现象正在互联网上以虚拟的方式日益流行。

网络上大量各种各样的艺术群体聚集在门类丰富的动漫社区、摄影社区、影视社区、多媒体社区、数字绘画社区中交流艺术观点,评论艺术作品。豆瓣网就是典型的 Web2.0 网络社区,其理念就是"找到和你兴趣相投的人"。该网站目前有 6900 多万用户,由用户自建的兴趣小组已经有 32 万个,内容涵盖读书、影视、音乐、艺术等 13 个大类,主题更是种类丰富、五花八门,每天有无数文化、艺术爱好者在上面交流、分享和评论。同样,像 CGTALK、插画家园、爱酷网等数字媒体艺术网站聚集着大量的艺术爱好者,形成各种人气旺盛、讨论热烈、更新频繁、作品众多的"艺术圈"。网络圈子实现了真正的"志趣相投"和"志同道合",不认识没关系,空间距离没有关系,相似的兴趣爱好或理念想法才是重要的,认同或被认同同样幸福。

(作者单位:华东交通大学艺术学院 江西广播电视大学)

摘编自《出版广角》2014 年 6 月上

众筹新闻生产的现状、特征与趋势展望

赵荣水 舒咏平

所谓的众筹新闻,就是记者通过公开报道计划,面向全社会募集新闻报道项目启动资金,然后落实报道计划。目前,这种新闻生产和运行模式已经在美国、法国和台湾地区得到了广泛应用,并取得了非常显著的成绩。而国内尚处于探索阶段的众筹新闻,将会形成怎样的特征,在复杂的媒体生态环境中将面临着怎样的风险,未来又将何去何从呢?

一、众筹新闻的概念界定

经过近几年的发展,众筹的概念已经得到了广泛普及,众筹这一商业运作模式也迅速被应用于各个领域,但是该模式的应用主要集中于娱乐业,比如筹资帮助才华出众的歌手出唱片,帮助项目优秀但资金不足的人拍摄电影和游戏等。当代社会,每一个人都能够生产和传播新闻,传统的新闻生产模式受到了巨大冲击和挑战,如何实现传媒业的突破创新是所有媒体人亟待解决的问题。新闻业的发展具有自身独特的规律,媒体通过生产信息产品来扩大受众范围,通过受众来实现广告赢利。将众筹模式应用到新闻传播领域,无疑会给传统新闻制播模式带来巨大冲击,受众的角色将发生根本转变,他们不仅可以参与到信息产品的生产过程中,而且还能参与到媒体的经营管理过程中。在此过程中,受众能够自由选择报道内容,切身参与到新闻生产之中,并能够以资金资助的方式成为媒体的潜在经营管理者,对媒体发展产生重要影响。

众筹模式的形成,也为传统新闻模式的突破创新带来了新的契机,将众筹模式应用于新闻传播领域,是一个非常大胆的创新。众筹新闻就是在这种大胆尝试下所形成的,众筹新闻的产生为新闻业注入了新的发展元素。但是如何有效区分众筹新闻与传统新闻呢?这就需要对众筹新闻的概念进行明确节点。众筹新闻,就是记者通过公开报道计划,面向全社会募集新闻报道项目启动资金,然后落实报道计划。这里需要指出的有三点:一是项目发起人顺利完成新闻报道所用的资金来源并非媒体,而是受众;二是新闻项目的选择并非媒体说了算的,而是受众在综合考虑各种因素的前提下自由选择的;三是项目发起人在项目执行过程中,要定期接受受众反馈,并最终向受众提供报道成果。在对众筹新闻概念加以界定时,必须要将其与公益新闻进行严格区分。公益新闻是指不以传播和效益最大化为根本目标,旨在合理利用社会资源为社会公众服务和谋利的新闻报道。

众筹新闻和公益新闻的资金来源都是受众,但是两者之间却存在着本质的不同:首先,众筹新闻的公开募资具有很强的目的性,而公益新闻却没有明确的目的;其次,众筹新闻的内容是受众自由选择决定的,而公益新闻的内容则是由报道者自行决定的;最后,众筹新闻在执行和完成时,需要及时予以受众反馈,而公益新闻则是为了创造和谐的社会环境,受众无法得到实际的汇报和利益。只有明确两者之间的异同,才能更好地把握众筹新闻的内涵,以便对其概念进行明确界定。

二、众筹新闻生产的现状

(一)国内众筹新闻概况

1. 个体和联盟式众筹新闻

以众筹新闻的发展现状来看,个体和联盟式众筹新闻是一大主流模式。个体众筹就是指媒体人以个人身份,利用自媒体平台完成报道项目的介绍、宣传、筹资和执行。联盟式众筹则是指媒体人利用第三方平台,在完成信息登记、审核的基础上,进行报道项目的介绍、宣传和筹资,而所有环节的完成都需要向第三方平台支付佣金。个体众筹平台主要强调的是自媒体品牌效应,媒体人可始终坚持一种类型新闻的生产和传播,以便构建品牌形象。在议题选择、采写角度、新闻发布等方面具有较强的自主性。联盟式众筹可以充分发挥集群效应,可以在短时间内完成资金筹备,在媒体人信息真实性、支付安全性和内容生产质量上都有着很强的可控性。

2. 预付和阅后支付众筹

众筹原本是金融领域的概念,是指为特定项目募集资金。首先公布项目的具体信息,包括主要内容、采写角度、所需资金等,在从受众处筹资到足够的资金后,立即执行新闻报道的具体方案,最后公开发布新闻作品,并及时回馈给投资受众。在预付众筹中,媒体人发布项目信息属于一种推广营销,而投资者的支付行为属于一种"用脚投票",只有得到出资人的

广泛认可才能顺利完成筹资,否则将面临失败,充分体现了市场具有根本决定性的思维模式。而在阅后付费众筹中,没有预付众筹中的市场投票环节,依然是媒体进行议程设置,然后由捐助者受众对项目内容进行可控考核,以便决定是否最终出资。

3. 自媒体为主,传统媒体为辅的众筹平台

成功筹到资金的新闻报道项目中,基本上都是以主流社交媒体作为众筹平台,很少有人将传统纸媒作为众筹平台的。而项目的完成时间也是比较随意的,一般很少会给出严格的时间限定。许多项目在规定时间内无法提供新闻成品。由于国内众筹新闻尚处于探索阶段,对项目进展的控制、经费的合理使用和投资者的回馈都没有形成健全完善的监管体制。

(二)众筹新闻发展的优势

1. 环境优势

在新媒体异军突起的语境下,新闻生产和传播已经不再是媒体说了算,每一个人都能够成为新闻生产者和传播者,这不仅有效丰富了新闻来源,而且也有效强化了受众的新闻意识。受众已经从传统新闻传播模式中的被动接受转变为全民新闻时代的主动寻求,这一受众角色的转变,为众筹新闻的发展创造了极为有利的外部环境。受众的新闻意识强化了,就会追求高品质的新闻信息,众筹新闻正是抓住这一契机,将媒体人和受众进行有效结合,为新闻业的突破创新带来了新出路,并进一步推动了自身的良性发展。

2. 平台优势

信息技术的不断成熟,使得移动网络终端得到了日益全面的普及,受众可以随时随地查询获取所需信息。此外,随着众筹概念的深入人心,许多专业的众筹网站先后建立起来,并表现出了非常好的发展态势,目前国内的众筹网站数量呈逐年攀升趋势,众筹平台的建设体系也得到了有效完善。信息技术的成熟和众筹平台的完善,为众筹新闻的发展奠定了坚实基础,每一个人都能够利用这些平台发布和执行属于自己的众筹新闻项目。

3. 受众优势

我国新闻受众基数非常大,而规模庞大的受众群体正是众筹新闻发展的根本动力。众筹新闻的生产离不开受众的资金支持,受众予以的关注和投资越多,众筹新闻项目的完成就越顺利。而规模庞大的受众群体同样也代表着丰富的资金来源,这无疑为众筹新闻的发展提供了重要的资金保障,为其深入发展开

辟了广阔的发展空间。

（三）众筹新闻发展的问题

1. 降低新闻作品的整体水平

在众筹平台上，众筹项目良莠不齐，进入门槛不高，有可能会对新闻作品的整体水平带来负面影响。此外，互联网具有非常强的开放性，众筹新闻项目要接受所有网络受众的审核，无法避免地会出现迎合受众的倾向。

2. 有可能会沦为商业新闻

众筹原本就是金融领域的一个概念，新闻与经济的结合将会带来两种结果，一是打着新闻的幌子谋取利益；二是迎合受众口味生产新闻，这就违背了新闻客观性原则，无法有效确保新闻的纯粹性。为了避免出现个别出资者彻底掌控整个新闻报道计划，部分众筹平台对出资者的投资比重会有所限定。

3. 被别有用心者利用

尽管在众筹平台上发布新闻项目之前会经过慎重审查，但毕竟是先筹资再执行的模式，而一旦顺利完成筹资，新闻项目的执行与否、质量高低与否、汇报及时与否等问题就很难确保了，更有个别新闻项目发起人在筹资后凭空消失。信用体系的不完善也是制约我国众筹新闻发展的一大因素，因此受众在出资前一定要慎重考虑，仔细辨别。

三、当前众筹新闻生产的特征

（一）众筹新闻本身的特征

1. 具有较强开放性

网络平台是众筹新闻得以存在的重要前提，众筹新闻的生产和运作都离不开网络平台。互联网具有非常强的交互性，网络受众利用互联网，不仅能够快速获取信息，而且能够快速传播信息。互联网的超强开放性使得依托于网络平台而发展的众筹新闻业具有较强开放性，此外，随着信息技术的成熟和网络的全面普及，受众网络使用的时空限制将被全面打破。每一位受众都能够利用网络平台成为众筹新闻项目的发起人，或者随时成为任一新闻项目的出资者，实时参与到众筹新闻的生产和运行中。

2. 众筹新闻项目准入要求低

不管是专业的媒体人，还是普通的受众，只要有自己独特想法，就可以利用专门的众筹平台发布众筹新闻项目。比如，《新京报》记者巫倩姿想要采写一篇有关时尚界金钱交易的新闻报道，于是她利用众筹平台发布了《揭秘金钱左右下的时尚圈》的新闻众筹新闻与传播项目，并在短时间内就完成了资金筹措，随后立即开始执行，并在较短时间内完成了该项目。众筹新闻项目的发起者并不一定非得是专业媒体人，只要有着独特的想法，所有人都能够成为发起人，众筹新闻项目准入要求非常低。

3. 受众是资金来源的主体

众筹的核心观点就是"众多的投资者"，利用网络平台的开放性，能够在短时间内聚集数量可观的参与者。众筹新闻的资金来源就是在这种思想指导下，通过发布相关项目信息向受众募集资金，受众在综合考虑各种因素后自由选择项目和投资额度。单个受众投资额度可能会非常小，但由于网络受众拥有庞大基数，因此最终募集的资金还是非常可观的。

4. 众筹新闻生产过程互动性

传统新闻报道模式中，由媒体人进行议题设置和新闻报道，受众在阅读完新闻作品后能够予以信息反馈。而众筹新闻模式中，受众能够全程参与到新闻生产的过程中去，与项目发起者进行实时互动。在议题设置环节，受众可以支持自己感兴趣的选题，而发起者并没有太大的决定权。在新闻报道环节，樊启哲对采写进度、完成情况和存在问题等向受众及时公布，受众可以和项目发起者共同研讨具体方案调整和问题解决办法等。在新闻报道完成后，发起者要及时向受众反馈报道成果，受众也可以就新闻作品予以信息回馈。受众全程参与了众筹新闻报道的各个环节，与项目发起者保持高度互动。

5. 新闻选题范围非常广

受新闻体制、编辑政策和舆论导向等因素的制约，传统新闻报道在选题方面受到了极大限制，对新闻选题、报道刊发或新闻播出都要进行严格的审查，这也严重制约了传统新闻报道的发展。但众筹新闻与完全不同于传统新闻，在选题方面没有太多因素的制约，每一个具有独特想法的人都能够成为众筹新闻项目的发起者，而项目只要成功募集到预期资金，就能够执行并完成该项目，根本不存在体制、政策和舆论方面的制约，这也使得众筹新闻的选题范围非常广泛，社会热点、奇闻异事、调查新闻和深度新闻都可以成为选题。

（二）众筹新闻的生产和传播特征

1. 社会化生产

在众筹新闻模式中，媒体人利用众筹平台发布项目信息，受众对自己支持的项目进行在线投资，在很大程度上打破了传统组织化生产方式,促进了新闻内容生产的社会化过渡。比如,在对著名的众筹新闻平台 Spot. us 近两年来筹资成功并已完成的一百多个新闻项目加以分析后发现,个人、公益组织和社区广告是众筹新闻项目的三大资金来源,三者所占的比例分别为62%、24%和14%。从2011年2月起的一年之内,《旧金山公共新闻》总共捐赠了3265.16美元,成功资助了十八个新闻报道项目。而社区广告为了维持社区成员的忠诚度,也会对有价值的项目进行投资,并成为了一个重要的资金来源。由此可知,众筹新闻生产已经摆脱了传统组织化生产模式,普通受众扮演着日益重要的角色,他们对新闻价值的认知直接决定了发起者能否在短时间内成功募集到预期资金。同时,为了避免出现上述所讲的被别有用心的人加以利用的问题,Spot. us 对出资人的投资额度进行了严格限定,不可超过筹资总额的20%。

2. 个性化内容生产

在众筹新闻模式中,传统受众与媒体人的关系发生了彻底改变,受众在新闻生产中具有绝对的主导性,他们用个人资金来决定哪些项目应该得到执行,充分体现了受众对新闻价值的判断。而众筹新闻内容生产具有很强的个性化,充分满足了受众个性化的新闻信息需求。比如成立于2009年的Kickstarter,是当下美国经营的最成功的众筹网站,众筹项目非常丰富,包括13个大类和36个小类,而新闻就是出版中的一个小类。而 Spot. us 对新闻报道的主题进行了非常详细的分类,具体包括政治、经济、历史文化、教育、科技、环境与公共卫生、文娱休闲等类别。不难发现,众筹新闻的内容生产日益丰富化,它不仅可以提供政治、经济等具有深度的严肃新闻,而且也提供文娱休闲、历史文化等满足小众需求的个性新闻。比如kickstarter的新闻项目中,文娱休闲类项目占所有项目比重的首位,达到了20%,这也充分证实了众筹新闻个性化内容生产的特征。

3. 开放多元的新闻传播平台

在众筹新闻模式中,新闻传播平台日益开放和多元。新闻作品既可以发布在第三方媒体平台上,也能够发布在自媒体平台上。比如 Spot. us,它首先向媒体兜售相关新闻报道的首发权,若是成功兜售,所得的资金将返还给最初的投资者,以鼓励他们再去为其他新闻项目进行投资;而如果没有兜售出去,那么根据创作共用协议,所有的项目发起者都拥有这个新闻报道的发布权。而在 kickstarter 上,新闻报道既能够

发布在项目发起者的自媒体平台上,也可以发布在与kickstarter 合作的公共媒体平台上。比如极具代表性的众筹新闻项目 Matter,项目发起者创建了专门的网站 Matter,然后利用 kickstarter 众筹平台在短短时间内就成功募集了14万美元,并顺利完成了科技新闻的深入报道,最后他们将完成的新闻报道及时发布在最初建立的Matter网站上,并在同名微博上进行同步更新,点击量在短时间内就突破了百万。除了发布在自己建立的媒体平台上,还可以发布在第三方的公共媒体平台上。比如众筹新闻项目"Prison Time",就获得了北方国家公共广播电台的支持,广播节目除了能够发布在"Prison Time"门户网站上,还能够在北方国家公共广播电台上收听。

四、众筹新闻的发展前景

众筹新闻在国内的发展受到了越来越多的关注,尽管目前众筹新闻还无法取得传统新闻的地位,但是为新闻业的突破创新带来了新的契机。众筹概念能否为新闻业注入新的发展元素,值得广大媒体人的期待。根据对众筹新闻的现状、特征分析,笔者总结了众筹新闻的四条前景之路。

(一)加强选题慎重性

国内众筹新闻运作模式的合法性尚未得到定论,因此2013年年底,出于风险考虑,众筹网上"新闻"类目名称,被改成了"咨讯"。一方面期待尽快完善众筹行业的法律法规体系,推动中小众筹新闻项目的发展,比如,2012年美国政府颁布《创业企业融资法案》,对新兴创业企业在融资上的种种限制加以取消,以此来推动经济发展。另一方面,在现有法律法规体系下,运营平台负责人、发起者、投资者都要加强选题的慎重性,以合理规避风险。

(二)提高垂直行业的认知度

以美国、法国和台湾地区众筹新闻发展现状来看,众筹新闻的最终形式不单单是一篇新闻报道,而是有关专业领域专业范畴的深入报道。这样的深度报道对垂直行业了解自身发展现状、发展前景都提供了较大便利。可以将包括媒体、医疗和环保等机构视为众筹新闻项目的潜力投资者。

(三)实现传统媒体和自媒体的信息回流

众筹新闻不仅要关注自媒体的传播效果,而且要拓展传统媒体的传播渠道。著名的众筹平台 Spot. us 推动新闻机构投放新闻项目,不仅有助于完善传统媒

体资金链,而且有助于实现自媒体和传统媒体的联动整合。

(四)加强众筹平台业务规范性

目前,项目效果的评估已经成为众筹平台的一大发展隐忧。一方面又自媒体人担心出资会影响新闻报道价值取向,最终沦为商业新闻。另一反面投资者对项目发起者的执行进展和完成效果都缺乏有效审查体制。国内众筹平台、自媒体联盟应该构建完善的业务标准体系,加强众筹新闻生产的规范性,提高新闻报道的整体质量。

(作者单位:华中科技大学新闻与信息传播学院 华中科技大学品牌传播研究中心)

摘编自《新闻界》2014年第23期

从英国视角看中国数字出版内容的国际传播

赵树旺 余 红

本文立足于"中国数字出版内容海外需求"的英国调研成果,从英国视角出发探讨中国数字出版内容的国际需求与传播,希望对国内发展数字出版有所裨益。

一、中国数字资源的战略地位及需求

总体来看,英国各大学图书馆采购中国数字出版内容的情况大同小异,牛津大学、剑桥大学、伦敦商学院和爱丁堡大学等四所大学的中国数字资源较好,其他大学图书馆稍差。事实上,中国数字资源在英国的全球数字资源中占比仍旧很小,无论如何,从事中文研究的学生比例终归还是少数,人数增长需要一个过程,甚至不可能变成很大的群体。值得肯定的是,从英国图书馆的整体情况来看,中国的数据库比其他亚洲国家和欧洲国家都要好,英国大学图书馆几乎没有,或很少有日本、韩国的数据库。相比之下,中国的数字出版内容已经够多了。

二、大学图书馆受到经费有限与高价格的困扰

国际社会到底有多少经费购买中国数字资源,购买的原则是什么,他们愿意为这些数字资源支付怎样的价格,这些问题都值得我们认真思考。

经费是影响国际社会购买中文数字资源的一个要素。与中国一样,英国各大学图书馆间的数字资源并未实现全国共享,也就是说,数字资源需要各大学图书馆单独购买。很多中国数字出版公司不太了解牛津大学、剑桥大学、爱丁堡大学等名校图书馆的中文数字资源采购经费,其实,欧洲所有图书馆的此项经费都不太多。

在牛津大学,只有牛津大学图书馆中文分馆购买中文图书资源,其纸本与数字资源的采购经费主要来自总图书馆,经费多少取决于从事中国研究的群体大小,这个群体包括中国学生、华人以及从事中文研究的英国学者。近些年来,这个群体有所增加,牛津大学的中国学生已有800多人,按照常理中文图书的采购经费应该增加,但因为牛津大学图书馆的总预算下降了,所以中文分馆的经费也有所减少,原来每年采购经费在10万欧元(约83万元人民币)以上,现在却不到10万欧元了,英国各名校的中文资源采购经费大都在此数额上下波动。有限的经费导致很难大规模购买中文数字资源,满足要求很困难。牛津大学用这笔经费的50%购买中文数字资源,主要通过数据库公司购买中国知网、方正阿帕比、超星等数据库,有的是一次性付款,有的是按年付款;还有一些购买决策要考虑教师们的想法,即牛津大学的学者是否适用,牛津大学各学院可能需要中文资源,但并不自己购买,而是要求牛津中文图书馆购买。所以,一部分数字资源是常规购买,一部分是为学者的研究课题购买。这给予牛津类似的欧洲大学中文图书馆或中文藏书库都带来很大压力,因为大学内各学院各专业都不太愿意自己花钱购买中文资源,他们更希望中文馆或中文藏书库购买中文资源。

爱丁堡大学的情况稍有不同。通常,如果爱丁堡大学图书馆的中文藏书库管理员看中某个中文资源,首先是筹钱,然后购买试用,试用一段时间觉得挺好,特别想要,就会和图书馆采购部门一起处理购买事宜,并由采购部门最后把关。购买相应的数字

资源是有固定预算的，爱丁堡大学每年会拨给图书馆相关经费。另外，如果大学里一些学院的中国生源比较好或者招收从事中国研究的学生比较多，那些学院就会从学校获得比较多的国际学生培养费用，这些学院也会给图书馆一点经费支持，支持跟该学院相关数字资源的购买，所以这两年爱丁堡大学图书馆中文藏书库基本维持了中文数字资源的购买力。爱丁堡大学图书馆现有电子书30万册以上，其中包括已购买的中文数字资源，如中国超星、方正阿帕比、知网博士硕士论文全文库、上海图书馆的全文晚清期刊以及四库全书电子版等数据库。

价格是影响中文数字资源购买的另外一个要素。即便能够维持一定的购买力，爱丁堡大学仍然认为中文数字资源涨价很厉害，使得图书馆中文库的采购经费总是不太宽裕，很多东西都不能很爽快地购买，要经过反复斟酌和讨论，甚至因为价格太高还不得不放弃购买中国的民国期刊数据库。中国数字资源被认为价格太高的原因有二。首先，英国各大学图书馆普遍认为中国数据库的数据量较少，所以中国的数字资源比其他国家的数字资源相对价格要高；其次，英方认为中国数据库存在双重价格，即在中国国内销售的价格和在国外不一致。中国数字出版企业认为国外图书馆经费充足，所以定价比国内高。但英方认为，英国从事中文研究、利用中国资源的人数毕竟有限，一个大学的几万名学生中，充其量只有几百人在使用中文资源，若是英文资源，全大学都可以使用，这个价格就没有问题，所以，数字资源的价格不能依据大学的大小，而应通过人均使用价值进行判断，中文数字资源海外定价高，但下载量少，致使人均使用价值太低，而人均使用成本又太高，再加上图书馆分配到中文数字资源的采购经费有限，最终影响了英国大学图书馆对中文数字资源的采购。就目前而言，有限经费与高价格之间矛盾的解决尚需时日。

公共图书馆追求到馆人次，排斥数字资源英国国家图书馆是世界上规模很大的图书馆之一，但其数字资源并不太好，或者说英国公共图书馆的数字资源都不太好。之所以如此，是因为英国公共图书馆和大学图书馆的评价标准大相径庭，公共图书馆的评价标准是借阅量或到馆访问人次，并借此证明公共图书馆的存在价值，而大学图书馆的评价标准是藏书量。目前，英国各公共图书馆还未把网站的访问人数或电子书下载量作为到馆人数，所以，尽管各公共图书馆的

网络平台通常有少量英文电子书供读者下载，但各图书馆对于电子资源的开发并无热情，甚至还有排斥情绪。英文数字资源尚且面临此种窘境，遑论中国数字资源了。

一个典型的案例是伦敦威斯敏斯特区的查宁阁图书馆（Charing Cross Library）。作为英国最大的中文公共图书馆，该图书馆向伦敦及周边区域提供中文图书免费借阅服务。英国政府每年给查宁阁的拨款数额为7万英镑左右（约70万元人民币）。在伦敦威斯敏斯特区13个公共图书馆中，查宁阁获得拨款数额是最多的，这是因为中国人喜欢到那里借书，导致查宁阁相关书籍的借阅量较高，而拨款额度主要参考图书馆的借阅量与会员数量。查宁阁图书馆每年都要考核工作量，还要求工作量每年有所提升，所谓工作量就是借阅量和到馆人次。查宁阁全馆藏书保持在7万余册，中文期刊70多种，但该馆并没有中文电子书，也没有中文数据库，因为网站访问人数和下载量不算到馆人次。此外，查宁阁知道中文读者们早已精通从起点中文等网站寻找数字资源的各种办法，因此，中文数字资源的配备就变得更不实用且无意义。甚至，读者的这些做法还影响到了纸本书采购，查宁阁从2013年已停止采购纸本的浪漫小说，因为，那些浪漫小说大部分都来自网络，而读者早已看过，即便购进也不会产生借阅量。

一些中国数据库的封闭性也削弱了英国公共图书馆的购买动力。查宁阁图书馆每年订阅着70多种中文纸本期刊，这笔期刊订阅费用同样可以换购中国知网400多种数字期刊，但换购的尝试并未成功，原因是双重的。一方面，中国知网的理念是校园网或局域网内的有限开放。因为担心公共图书馆对全世界的免费开放会导致版权的失控，知网并不愿意把数据库卖给查宁阁，后来，知网只同意授权查宁阁官网对外开放20个免费账户的权限；另一方面，查宁阁的理念是免费提供中文纸本书刊借阅服务，如果在官网开放中国知网的数字期刊资源，对外开设多少个账户，就意味着相应减少了多少数量的到馆人次，就等于减少了查宁阁的工作量，即便20个网络阅读账户，也是现有体制下的查宁阁无法接受的，而申请下载量等同借阅量的报告也未获得伦敦威斯敏斯特城市委员会批准。于是，双方无法对接、无果而终。所以，除非将来可以把下载量算作借阅量，英国公共图书馆才有可能对中国数字资源感兴趣，但这比较困难，城市委员会在这一方面进展比较缓慢，也还需要向英国政府汇报。

三、格式与系统需要统一

数字出版的格式问题在国内已是一个热门话题，走出去之后就更是一个问题。

首先，各个中文数据库没有统一的、固定的格式，或者说，每个数据库的格式都不一样，也很少有哪个中国公司能提供统一的格式。这导致英国大学图书馆每买一个新的数据库，就要安装一个新的应用，非常麻烦，用户使用成为很大的问题。所以，把格式统一起来很重要。XML被认为是一种很好的通用格式。

其次，很多中文数据库没有统一的系统，各自为政，不能通过统一的网页或平台登录，可能数据库提供商自己并未觉察有什么不便，但给英国用户的使用带来很多麻烦。统一的系统和平台很重要，可以尝试把所有孤立的数据库都关联起来，通过一个入口进入。其最终目的是，无论用户在什么地方，都可以通过简单地登录一个机构或一个大学图书馆，方便快捷地使用这些数字资源。大多数图书馆用户很需要这样一个系统，相较而言，英国的出版社和平台研发商已经有了这个概念。对中国数字出版内容提供商而言，只需要记住一个原则就够了，那就是一切都是为读者服务的，都是为了满足读者的需求，所以，建立因地制宜、方便实用、以客户为中心的统一化格式与系

统是当务之急。

四、标注数据不需要翻译

中国数字出版内容"走出去"的一个重要问题是语言问题。国内致力于此的传播者一般都提倡尽量把相关内容翻译成英文，至少把相关数字文献的标题和摘要翻译成英文，并配置最全的MARK数据（即书目或文章数据，包含图书或文章的标题、作者、分类、简介、索书号等信息），以方便国际受众查找和阅读。但从牛津大学、爱丁堡大学图书馆的做法来看，他们会对采购的数字资源配置MARK数据，不需要中方自己做，而他们所谓的MARK数据就是汉语拼音，根本不做翻译。他们认为，不懂中文的人不会去搞中文研究，而懂中文的人则没必要翻译，一旦翻译了就特别麻烦，之前的确有些中文图书标注了英文书名，导致一些英国人以为是英国文献，下载后才发现是中文文献，所以，中文的内容还是中文标注，直接写拼音就好，读者一看就知道是中文文献，也有利于图书馆的分类。当然还有另外一种情况，有的中国数字出版内容本身就是用英文出版的，则另当别论，标注数据都用英文即可，也不会有误导读者之嫌。

（作者单位：河北大学新闻传播学院　中版集团数字传媒有限公司）

摘编自《出版广角》2014年3月上

互联网应用发展和用户行为解析

胡晓女

一、引　言

中国互联网的发展已从"普及率提升"转换到"使用程度加深"。本文从搜索引擎、社交网站、电子商务、网络视频、网络游戏、移动互联网6个方面对互联网应用发展现状以及各种用户的行为习惯进行研究，最后分析了各种互联网应用的发展趋势。

二、国内搜索多元化发展改变用户搜索习惯

国内搜索行业呈现多元化的发展趋势，新进入的搜索引擎企业和现有搜索企业竞争激烈，不断细分的搜索市场和性能持续提升的终端设备正改变着用户

的搜索习惯。2013年搜索用户使用过综合搜索网站的比例达98%，综合搜索引擎仍然是用户最基本的搜索工具。

（一）综合搜索引擎发展

1. 搜索引擎企业利用自身优势，开发搜索结果类产品

当前，不少搜索引擎已经推出了百科、知道、文库、经验、问答、知识图谱等产品，让用户搜索后直接转向这些产品，找到所需信息。

2. 搜索引擎企业利用搜索引擎导入流量

主要搜索引擎中，不少企业推出了音乐频道、地图频道、阅读频道、旅游频道、应用频道、游戏频道、贴

吧、空间、软件、购物、素材等产品,利用搜索引擎导流优势,取得了较高的市场份额。

3. 通过并购或控股其他垂直产业,扩大自身闭环产业范围

主要搜索引擎中,已相继并购了网址导航、在线旅游、应用分发、音乐、视频、文学等行业网站,通过自身搜索力量导入流量以实现双赢。

(二)语音、二维码扫描带动用户使用新输入方式

2013 年,部分输入法集成了语音以及二维码扫描输入功能,加上很多即时通信、微博等 APP 也都聚集了这些输入功能,带动了用户使用这些新的输入方式,并在搜索信息时使用。虽然用户在手机上搜察手机应用的比例高于电脑端,但仍有 28% 的用户通过电脑搜索手机应用,并通过手机助手等软件直接从电脑上安装手机应用。

三、社交网站用户结构变化

社交类应用是指带有社交元素的互联网应用.包括社交网站(SNS)、微博等应用。进入 2013 年,部分传统社交应用用户使用热度下降,具有社交元素的新应用不断推出,分流了部分网民在社交网站、微博上的使用。

(一)社交网站

社交类网站(包括狭义的社交网站和微博)近年来用户增长趋缓,受替代应用以及网民行为变化的影响,不少社交类网站面临着用户流失、用户结构变化的问题。整体上,社交网站和微博近一年来活跃度下降的用户比例大于活跃度提高的比例.而且社交网站面临着高端用户流失的问题,而微博的高端用户变动非常剧烈。

(二)微 博

微博用户变化中,高层次用户使用时间增减变动较为尉烈,此类用户不仅增加使用微博的比例最高,减少使用的比例也最高。微博吸引了部分高学历、高收入的用户增加使用,但也面临着较大比例高学历、高收入群体流失的问题。

(三)社交类网站用户结构变化原因

社交类网站用户结构变化,对网站自身经营、广告主媒体投放选择都会有一定的影响。社交类网站满足了现代人部分社交需求,已成为人们在网上进行社交和其他活动最重要的平台之一,多方面因素导致社交类网站结构变化,具体表现在以下四方面。

第一,认为"社交类网站浪费时间"是结构变化的首要原因。

第二,其他替代应用的出现,降低了部分网民社交类网站的使用时间。除此之外,其他类似应用出现,也对社交类应用有着替代作用。

第三,用户长期使用社交类网站会缺乏新鲜感,从而减少使用。使用任何应用时间长了都可能缺乏新鲜感,使用热度下降。

第四,与朋友互动减少也是重要原因。朋友更新较少,或者发信息元人回应,会降低网民使用社交网站和微博的积极性。

四、电子商务应用快速发展

(一)手机网络购物成重要消费模式

随着我国移动网络环境的改善和智能手机的普及,我国电子商务类应用在手机端发展迅速。2013 年手机网络购物用户规模达到 1.44 亿,年增长率 160.2% ,使用率高达 28.9% 。手机网络购物已经发展成为网络购物市场的重要补充方式,其用户规模未来还在呈现较快增长。

用户使用手机网络购物的情景较为多元。手机网络购物未来将成为拉动网络购物增长的重要力量。第一,设备与网络购物消费模式转变结合,手机的便携性和 Wi - Fi 环境的发展,让交易随时随地发生。打破了传统购物方式的场景限制,激发了更多的冲动型消费行为;第二,功能与手机使用属性结合,二维码、条形码、购物比较等功能的发展。契合了手机的界面和应用场景,促使更多的消费者开始尝试移动网络购物;第三,应用与用户最新需求相结合,社会化导购、购物分享类 APP 的发展和手机支付的完善,使得手机端购物操作体验逐渐提高,满足了用户多样化的需求,将持续推动网络购物市场的增长。随着智能手机应用的丰富和手机购物体验的完善,手机对 PC 网络购物形成了一定的影响。

(二)购物网站成为用户最常用的购物搜索平台

购物网站已成为用户最常用的购物搜索平台,近年来,由于大型购物平台的崛起,平台内商品种类不断丰富,信息不断完善,用户直接在这些购物平台上搜索的意愿增加。随着电子商务的普及、物流和在线支付服务质量的提升,用户线上购物意愿增强,购物搜索后在线购买的比例增加。用户线上购买的意愿

增加,为搜索企业、商家的收益提升带来了史多机会。

(三)移动智能终端的交互应用促进消费

安装了在线旅游预订 APP 的人绝大多数都在使用该 APP,手机在人们旅行过程中的作用贯穿全程。在旅游过程中与亲人、朋友联络,对于旅行前目的地等行程信息查询、旅游过程中信息导航(LBS 等功能)、旅游过程中分享见闻等智能手机新兴功能,让线上预订用户多于线下预订用户。移动智能终端的发展和应用拓展了在线旅游预订渠道,朋友间的交互作用极大地刺激了旅游需求和旅游消费。未来,随着智能手机的普及和旅游预订 APP 的不断完善,线下用户和潜在旅游用户可能直接转化为手机在线旅游预订用户。

(四)硬性指标促进机票线上线下预订

与线下用户相比,线上用户在进行飞机票预订时主要考虑机票的折扣力度和航班时间,明显高于线下旅行预订用户。线下用户主要考虑航空公司飞行安全性、飞机准点性、空乘人员的服务热情以及飞机餐点可口程度。这与线上线下进行机票预订时所提供的使用环境不同有关,线上预订可以方便地使用多家信息的对比,考虑的是硬性指标;线下预订则主要依赖各航空公司的 El 碑,考虑更多的是软性服务。

用户选择线下预订而菲线上预订,主要是因为其固守以往的消费习惯,尚未被引导到线上。

五、网络视频推动行业发展

中国网络视频行业变化较大,基础环境、网民行为、企业竞争等方面都发生变化。企业竞争向纵深方向发展,除了横向并购外,还与上游内容制作、下游硬件厂商结合,发展模式更加丰富。

(一)围绕互联网电视的客厅争夺战变得激烈

电视屏幕是继电脑、手机之后的第三块网络视频显示屏,是网络视频企业争夺视频显示出口的又一大焦点。当前,不少网络视频企业已经推出了机顶盒、路由器、智能电视以及围绕互联网电视产生的配件产品,以此布局互联网电视产业。

(二)大屏手机和4G网络助推视频网民向移动端转移

以往由于手机性能以及网络环境的限制,视频网民在非 Wi-Fi 环境下的移动场所收看视频的积极性较低,网民需要更好的播放设备和网络环境来支撑移动视频的播放。为了适应硬件和网络技术的提升,视

频网站在移动端的发展步伐进一步加快,推出体验更好的视频播放服务。

(三)电视热播综艺节目版权重新成为争夺焦点

近年来,随着选秀、亲子、婚恋等综艺节目热播,综艺节目的影响力与日俱增,线上播放版权争夺也成为网络视频企业争夺的焦点之一。

2013 年底,围绕综艺节目网络播放权的争夺重新变得激烈,各热播节目频繁易主,被实力更强的视频企业以更高的价格夺走。版权费一直是网络视频企业主要的成本之一,各企业也通过扩大资源共享,加大自制剧的制作等方式来降低版权成本。由于线下热播节目能带给网络视频企业诸多益处,围绕热播综艺节目播放权的资源争夺,重新成为网络视频争夺的焦点。

六、网络游戏整体放缓

(一)游戏发展整体放缓,网页游戏已基本达到顶峰

从用户游戏时间变化来看,游戏年限越长的用户,2013 年后半年游戏时间反而越来越短,老游戏用户黏性降低,热度消退。

多端并存的游戏类型中,网页游戏是用户占比最低的。对非网页游戏用户的调查中发现,该类人群未来会进入网页游戏的可能性相对较小,低于其他游戏,网页游戏未来发展并不乐观。

随着手机游戏的发展,网页游戏的劣势逐步显现:游戏体验上无法与客户端游戏相比;使用方便性也被手机游戏所取代。网页游戏已基本达到顶峰,未来发展空间有限。

(二)客户端游戏用户黏性下降,但仍具有不可替代性

客户端网络游戏用户未来继续此类游戏的意愿明显高于其他游戏类型。随着游戏种类的丰富,多端的发展。尽管客户端网络游戏受到手机游戏和网页游戏的分化作用。但是截至 2013 年底,客户端网络游戏对大部分端游用户而言仍具有不可替代性。客户端网络游戏仍然是目前游戏市场的主流之一,仍旧带来游戏领域的最大营收价值。

(三)手机端游戏热度高。社交元素增强游戏黏性

在整体移动互联网发展的带动下,手机游戏未来还存在着很大的增长空间。一方面,硬件环境促进手机游戏的发展,随着网络环境的进一步改善(包括

Wi-Fi、3G、4G网络的发展），手机性能的继续提升，人们将会在手机端花费越来越长的时间；另一方面，社交元素增强了手机游戏黏性，随着社交关系在手机游戏中的引入，弥补了以往手机游戏缺乏社交性、互动性的缺憾，增强了用户的游戏黏性，延长了游戏的生命周期。最后，手机自身特性决定了手机游戏使用频率高。手机随身性、实时性可以满足用户随时随地进行游戏的需求，黏性更高，融入生活。在这些因素的驱动下，未来手机游戏可能会打破碎片化时间，向"长"时间转变。

七、移动互联网行业加速向日常生活渗透

（一）手机浏览器碎片化特点明显，阅读是核心需求

手机浏览器成为网民接入移动互联网的主要入口。用户在使用手机浏览器的习惯上主要为每天使用多次、每次使用时间较短、碎片化特点明显，这和用户目前使用手机浏览器的主要功能相关，浏览网页和新闻阅读为主。手机浏览器用户浏览最多的网站类型为新闻资讯网站，其次为小说等文学作品网站，可见，阅读是目前手机浏览器用户的核心诉求。

（二）手机娱乐成为一种固定化的生活习惯

手机娱乐发展迅速，成为我国手机网民的主流应用，也带来网民手机娱乐行为新的变化，逐渐从"碎片化"时间向"长"时间发展，由情境驱动娱乐向习惯进行娱乐发展，手机娱乐成为一种固定化的生活习惯。从使用场景来看，手机娱乐在"睡觉前"和"看电视、家里休息"等时间使用比例较多，说明手机娱乐不仅是一种交通工具上的消遣方式，还成为一种家庭娱乐方式。

随着手机娱乐用户从交通工具等场所向家庭等使用场所的扩散，良好的上网环境和充足的上网时间增加了手机娱乐时长，加之各类娱乐应用的不断改进，吸引着网民对手机娱乐的持续使用。

（三）手机地图将成生活信息服务的重要入口

随着智能手机的广泛普及，手机地图的渗透率将持续上升。

从目前来看，用户使用比例最高的仍是地图的路线导航和地点查找等传统功能。手机地图作为导航和查询地点的工具，对用户来说具有一定需求刚性，使手机地图在手机网民中保持相对较高的渗透率。当用户数达到一定的规模，手机地图将成为移动互联网重要的开放性平台。

（作者单位：人民邮电出版社）
摘编自《互联网天地》2014年第3期

社会化媒体中意见领袖的话语传播策略

陈雪奇

本文对社会化媒体的讯息传播模式展开研究，并着重探讨意见领袖作为传播主体的的话语策略。对于"话语"一词，本文选择在比较狭义范围内使用，主要是指书写语言；传播策略则是指为了达成某种目的而使信息有效传递的话语方式。基于复杂社会网络，本文探讨社会化媒体传播结构的变化，进而探讨符合这种变化趋势的话语传播策略。

一、社会化媒体传播方式及关系的改变

互联网正在把一个时空分隔的世界变成一个相互连接的整体，它在真正意义上实现了马歇尔·麦克卢汉（Marshall Mcluhan）关于"地球村"（global village）的预言，人类正在以某种方式和关系结成相互连接的群体，这种连接通过信息沟通得以实现，并维系着群体内部的相对稳定性。

从传播方式的层面来看，社会化媒体改变了传统大众传播媒介一对多、垂直式的传播模式，它为群体内成员间的话语传播提供了较大的自由度、互动性和一对一传播空间。这一重大变化主要基于以下两个重要因素：首先，社会化媒体把关权的分散，使得所有的群体成员都可以自发地贡献和撰写、自主地分享和提取、自由地评价和讨论；其次，Web2.0技术支撑的即时互动模式，使得群体内成员都可以进行一对一的适时互动交流，这与传统媒体所采取的由媒体向用户传播进行单向流动的方式有着本质区别。

从传播关系层面来看，在传统大众传播媒介中，传者与受者之间的关系是固定不变的，受者永远是被动的信息接受者。而在社会化媒体中，由于其传播结构由无数中心节点组成，因而呈现扁平化传播关系，传者与受者之间关系是经常发生变动的。从理论上讲，所有成员既是内容的接受者，也可以是内容的制造者。这种传播关系的改变，是因为"互联网上构建的社会网络，使得结构中的位置要素发生了一定的变化，网络节点这些'位置'的自然的等级关系变得相对平等了，人们在这些位置上去获得资源的规则变得相对公平，行动也变得相对容易了"。因此，从距离、关系或位置入手更能反映出社会化媒体的本质变化。但值得注意的是，扁平化传播关系并不意味着社会网络是个随机生成的世界，相反目前的研究大多证实了中心节点在信息扩散方面的作用。这些拥有众多链接的中心节点，为系统中任意两个节点的联系创造了捷径，在一定时间范围内实现多个一对一的信息传播，并形成对其他节点的影响。

由于信息传播在联结各个节点之间起着关键性作用，因此通过对节点串之间的话语策略研究，不仅有利于信息传播，同时也有利于社会网络系统的稳定。

二、社会化媒体中话语传播的组合策略

Onnela 等人的研究有一个重要发现：社交网络的内部结构及其相互间的联结状况显著地减慢了信息传播的进程，导致交流中的信息流动受限。同时，他们的研究还表明，对于信息流动的受限，无论是弱关系联结点或是强关系联结点都无能为力。这一结论与直觉相悖，尽管我们已经意识到随着节点数增多信息传递受限增大的事实，但实验证明我们不可能利用强关系来改变信息传播的进程。因此，我们只能从联结的方式入手，通过改变节点与节点之间的话语方式，进而改变社会化媒体信息传递的能力。

社会化媒体是由意见领袖和追随者所构成的一个社会网络群体，内部的话语体系主要是靠意见领袖和追随者（粉丝）之间的关联而生成。虽然这种话语联结的方式，既可以表现为意见领袖和追随者之间的关联，也可以表现为追随者之间的相互联系，但按照西格蒙德·弗洛伊德（Sigmund Fread）的观点，在这两种"关联"中，意见领袖与追随者的联系更具决定性的作用，Onnela 等人的研究也证明了弗洛伊德这一说法。按照群体心理学理论，这种"关联"本质上受某种情感主宰，而正是建立在这种情感基础之上的群体规范决定了社会化媒体中的话语传播范式。以下我们所提出并探讨的三种话语组合正是根植于社会化媒体的群体规范基础之上的策略分析。

（一）暗示性话语组合策略

暗示性话语是群体内信息传播最基本的表现形式，这决定于群体的规范及相互间的影响在信息传播过程中所起的作用。"言语行为理论"代表人物约翰·瑟尔（John Searle）认为是规则构成了群体，他指出，"用一种语言说话就是从事于一种由规则制约的行为"。实际上我们也很容易观察到，群体通常都拥有某些规则或标准，这些规则或标准往往被视为成员共同遵守的规范。1930 年代，谢里夫（Muzafer Sherif）实验表明：规则具有巨大的力量，会影响个体的判断，并形成标准答案在群体中流传。1980 年代，本特霍森和莫奈安（Bettenhausen & Murnighan）集中研究了群体成员之间相互影响的问题，这是理解规范形成的关键问题，他们还具体描述了规范形成过程的几个阶段。下面，本文在群体构成规则的研究基础上，进一步探讨以暗示和象征为主体的暗示性话语传播组合。

暗示是一种心理影响，它指用言语、手势、表情等使人不加考虑地接受某种意见或做某件事情。一般而言，暗示可分作两个方面：一方面是一个人对另一个人有一种初步的直接暗示；另一方面是通过一种介质而起作用的非直接暗示。就后者而言，沃尔特·李普曼（Walter Lippmann）认为，大众在读报时，不是在阅读纯粹的新闻，而是在接受对他们有暗示意味的新闻，这些暗示告诉他们要采取某种行动。因此，群体间的信息交流事实上就是一种暗示。根据弗洛伊德的定义：暗示"是一种不以知觉和推理为基础而以爱的联系为基础的确信"。

在这里，他指出了暗示性话语存在的两个因素：首先是群体具有冲动、轻信、单纯、偏执等特点，因而缺乏说理和论证的能力；其次群体规则的构成是建立在情感（即爱）的基础之上。这两个因素相互影响、共同促成暗示性话语在群体成员间的传播。

古斯塔夫·勒庞（Gustave Le Bon）对暗示的过程做了细致分析："群体通常总是处在一种期待的状态中，因此很容易受到暗示。最初的提示，通过相互传染的过程，会很快进入群体中所有人的头脑，群体感情的一致倾向会立刻变成一个既成事实。"并且他还从精神分析角度解释了群体规则形成的心理原因——集体幻觉作用机制，他说："个人可以被带入一种完全失去人格意识的状态,他对使自己失去人格意识的暗示者惟命是从,会做出一些同他的性格和习惯极为矛盾的举动。"因此,群体心理学完全认可语言作为暗示的力量,认为如果语言对词汇和短语进行恰当运用,就会具有一种"魔力"。这种"魔力"可以诱导群体的情感,并使他们的态度能轻易地向某个方面发生极速的改变。当然语言的暗示力量最终要看它是否能唤起群体成员情感和信念的记忆,而在这一进程中关键要考察它所唤起的象征物是否具有精确性和迫切性,这便是下面将要讨论的象征。

象征是根据事物之间的某种联系,借助具体形象来暗示某种抽象的概念、思想和情感。按照群体心理学观点,群体是处于被催眠状态的一群人,他们缺乏思考和推理,只能进行形象思维,容易被形象产生的印象所打动。尽管这一理论在好几个层面都还有待进一步探讨,但勒庞关于暗示的那句表述却不断得到验证:群体成员头脑中的形象是可以用话语来激活的。对此,李普曼也表达了相同的观点:"象征常常具有很大的用处和神奇的力量,词语本身就可以释放出不可思议的魔力。"他还用移情作用解释了群体对形象的忠诚,在他看来语话正是在此基础上迸发出强大力量。

话语通过象征而迸发出的力量,充分表现在2011年3月南京市发生的"砍树"事件中。"南京梧桐树"是因这一事件而结成的一个网络群体,用户@新周刊在群内发布的微博具有标志性意义——"它不是一棵梧桐树,它是一个南京人"。这篇博文把南京市政规划的行政行为,象征为"人民"与"权力"之间的抗争,"梧桐树"被赋予人格化象征,它激活了南京乃至全国网友头脑中的历史文化形象,形成强大的舆论,最后南京市政府宣布全面停止地铁三号线的移树工作。值得注意的是,象征物在群体话语中的运用常常是一些含混不清、意思模糊的指称物,而不是该象征物的本义呈现。在这个案例中,"梧桐树"不再是单纯植物意义上的树,而是更多地象征着"南京人"、"城市符号"、"文化记忆"等。事实上,很多时候语义越是含混不清,其象征就越是具有某种神秘力量,也就越能激发成员的强烈情感。李普曼就认为,"唤起感情的最初图景和话语同感情本身的力量根本不是一回事。在我们从未去过的某地,发生的事情处于我们的视觉和听觉以外,对它们的描述——除了在短暂的想象或者幻觉中——就不会也决不可能囊括整个现实。但是,这种描述却能够唤起全部情感,有时比

现实所能唤起的情感还多"。在此,李普曼揭示出一个意思模糊的指称物能够把深藏于人们心底的见解统一起来的可能性。

在社会化媒体中,话语的"暗示"和"象征"之所以能够把人们内心的见解统一起来,浓缩成一个易于接受的简单、直观的指称物,主要基于社会网络内部共同的情感和信念,它使群体成员之间很容易理解彼此所表达特定行为的意义。在这种传播关系中,传播的内容显得不太重要了,相反传播的方式却需要不断更新,它需要不断给人以新奇感,因为个体成员总是渴望能让他们激动起来的简洁、有力的呈现方式,这样就形成了意见领袖对追随者进行话语传播的暗示性话语策略。

(二)陈述性话语组合策略

从语法上看,陈述句是陈述一个事实或者说话人的看法。约翰·瑟尔提出的言外行为的"声言类"即是一种陈述,他认为陈述是使说话者承诺对命题真实性的支持,它包括了陈述、证实、结论和相信等行为。而被视为后结构主义运动代表的米歇尔·福柯(Michel Foucault),在他的考古学著作中将话语分析看作是从事分析"陈述"的过程,他认为一个话语结构是由适合它的一套结构规则所构成,而这些结构规则是由话语以及非话语的要素结合而成。在福柯看来,连接这些要素的过程就是使话语成为一项社会实践的过程,因此陈述多少都会受到社会背景和语词背景的影响。勒庞则是从群体心理学角度探究陈述所蕴含的力量,勒庞认为这种力量源自群体的观念和信念,并且领袖对成员的影响拥有"三种持续有效的手段:断言法、重复法和传染法"。因此,本文基于社会化媒体的传播特征,提出由肯定、重复和模仿构成的话语组合策略,这是一种带有不妥协、不商量、不争辩的陈述性话语,它具有让个体成员主动接受的力量。

肯定是让陈述形成影响力的开始,它相当于约翰·瑟尔所表达的"陈述"行为和勒庞的"断言法"。肯定的陈述语句所表达出来的是群体内部的一种权威感,这是一种利用群体规则对个体施加影响的结果。意见领袖正是以此来表现自己的坚定立场,维系自己在群体内的权威地位。他们所提出的具有肯定意味的陈述话语非常简单而又让人毋庸置疑,甚至意见领袖不需要提供让人信服的证据、也不需要提供正确的推理方法,他只需在表达方式上给出简洁、有力和感人的肯定语气,就有一种能让个体成员主动理解

和接受的力量。同时，它还给群体外相反的观点划了一条明确的界线，对依附于群内的个体成员而言，他们没有办法去否认它，也没有任何争议和商讨的余地。下面这个例子能说明陈述是如何形成影响力的。2013年1月5日下午5时55分，在新浪微博中出现以"成都警察殴打报警人"为题的博文，这个标题本身是一个带有肯定意味的陈述句（相对于疑问句和祈使句而言），并包含着一个具有现在意味的动词——"殴打"，因而在言外行为类别上具有某种权威性，它使得群体内成员无力、也不愿去质疑，于是这条微博很快就在群体中传播开来。

重复是让陈述产生影响的一个重要方式，它相当于约翰·瑟尔提出的"证实"行为和勒庞的"重复法"。按照群体心理学观点，不断的重复会强化陈述的观点或思想，使之深入个体成员的大脑中而被无意识接受，并使他们对此深信不疑。这是因为重复的过程取代了个体成员思考或推理的环节，当他们在连续地接受这些语言时，以为这是在证实自己想要证实的东西，于是就把这些观点或思想作为已验证了的事实而加以接受。如上举以"成都警察殴打报警人"为题的博文，经过不断的转发、评论和点赞，很快就在2013年1月6日上午8时44分达到395的转发量、487的评论量和50点赞。单就增长的数值，就能够让我们从中观察到话语重复所累聚的传播力量。对大多数群体成员而言，在他们的思维认知层面上总会把重复的过程视作证实的过程，误以为重复频率越高可信度就越高，最终重复就成了让陈述话语产生影响的重要方式。

模仿是让陈述扩散影响的一个重要方式，它相当于约翰·瑟尔提出的"结论""相信"行为和勒庞的"传染法"。群体心理学研究认为，模仿是也是一种暗示行为，通过成员对领袖思想行为、情感信仰的模仿，形成了群体生活的基本机制。从行为上看，模仿与重复具有一种天然紧密的关系，加布里埃尔·塔尔德（Gabriel Tarde）很早就论述了两者之间的关系，他指出，"一切社会的、生命的和物理的重复，也就是模仿的、遗传的或振荡的重复"。他认为社会即是模仿，社会的重复就是模仿的重复，而在他的语境中模仿其实就是一种传播行为。勒庞虽然承认群体的影响要归因于模仿，但他却分裂出另外一个词——传染，并认为模仿是群体间的传染所造成的结果。事实上，勒庞在早期的著作中一直都使用的是模仿一词，如他说过，"历史与模仿的双重作用，从长远看，会使同一个

国家、同一个时代的一切人十分相似"。人类这种模仿天性在社会化媒体中起着重要的维系作用，它帮助建构起了群体的规则，反过来这些规则又对个体接受某些观点形成一种强大的压力，最终让群体有着一个共同的统一模式。

（三）夸张性话语组合策略

夸张作为一种修辞手法，意指为了增强表达效果而运用丰富的想象力，在客观现实的基础上有目的地放大或缩小事物的形象特征。在实际传播过程中，这一手法常常与谣言的传播联系在一起，它主要表现为数量上的夸大和细节上的刻意突出或是隐瞒、并逐步发展到完全脱离原来的主题而形成新的意义。夸张性话语一直在社会化媒体的信息传播过程中起着重要的作用，从理论上讲，根据群体心理学观点，聚合在一起的群体成员缺乏理性思维和判断能力，他们除了容易冲动和急躁而外，情感也极为夸张和简单。因此，面对狂热群体进行劝服传播，弗洛伊德认为，"不必考虑如何使他的论证具有逻辑的力量，而只需危言耸听，只需夸大其词"；埃里克·霍弗（Eric Hoffer）也认为，群体成员的这种狂热"无法被说服，只能被煽动。对他而言，真正重要的不是他所依附的大业的本质，而是他渴望有所依附的情感需要"。事实上，尽管群体的性格特征极容易走向极端，但真正要使他们激动起来还得依靠过度的刺激。从谣言心理学角度来看，夸张性话语则是最重要的刺激物之一。按照奥尔波特（Gordon W. Allport）的观点，这一刺激过程有三个主要类型：简化、强化和同化。下面我们借用这三个类型，并将之置于社会化媒体的背景中分析意见领袖夸张的话语策略。

简化是指省略掉具体细节而抓住主干，从而传达出形象或意念的大致轮廓与内在精髓。奥尔波特在《谣言心理学》中的这一用词是指省略了大量有助于了解事实真相的细节。从简化过程来看，它首先表现为简单句的使用。在语法意义上，简单句主要是由单词或短语构成的独立句子，"词组"是其主要元素。诺曼·费尔克拉夫（Norman Fairclough）认为每一个简单句"都是观念的意义、人际间的（身份和关系的）意义以及文本的意义的结合"。在"成都警察殴打报警人"这一标题中，"殴打""报警人"即是重要词组。尽管若干简单句可以连接成复杂句，本文则主要探讨简单句的某些方面。

群体心理学理论认为，句子越简单表现出来的威力就越大。事实上简单句所传达的意思其实并不

简单,它具有多重功能。当群体成员就简单句的设计和结构做出选择时,事实上他们就是在对如何建构自己的社会身份、社会关系和信仰做出选择。如"成都警察殴打报警人"这一标题,根据话语观念上的意义,它表达了一个特定的个体过程对另一个实体的有形影响;根据话语的人际意义,它是一个陈述句,并包含着一个具有现在意味的动词,因而在言外行为类别上具有权威性。在这里,传播者以一个肯定的陈述简单句告诉社会化媒体中的其他成员发生了什么事;阅读这条信息的某个具体的成员则会主动理解并接受这一话语表述。值得注意的是,上述博文虽然省略了一些关键细节——如成都警察究竟是在什么情况下、如何对报警人实施殴打的,但在群体共同规范的影响下,人们宁愿相信意见领袖话语、选择与群体观点保持一致,也不愿去质疑信息的真实性。最终意见领袖的判断和思维成了整个群体成员共同的判断标准,而简单句则表明他在群体内具有无可争辩的地位。

强化是与简化相对应的过程,当一些细节被省去之后,刻意保留下来的细节就更加突出、更加显要。在上述简单句标题中,"成都警察"被置于主语位置,当各种相关的细节被省去后,"成都警察"的主体地位更得以强化,人们很容易就接受殴打这一具体行为过程。再从句子结构来看,如果这个简单句换成被动句,以"报警者"为主语,即以"报警者被成都警察殴打"为标题,这样就会因为强调主体的不同,从而形成对"成都警察"行为的淡化。进而信息接收者就会认为行为者的行为是无关紧要的,或者在他们看来行为者的行为处于模糊之中,从而其责任同样也处于模糊之中。因此,在意见领袖有目的的话语传递过程中,强化常常把含混不清的事件让人当作真实的事件加以接受。同化是指话语传达的意义要与群体成员的认知相吻合,从而唤起他们情感深处的响应。上述简化与强化的过程总是带有很强目的性,为此,传播的话语就必须与群体成员过去的经验与现在的态度相一致,事实上这一过程也是同化产生的过程。在这一过程中,当个体成员能轻易明白意见领袖的意图后,他们就会积极地采取行动、主动地参与评论和转发。"成都警察殴打报警人"这条微博就符合个体成员对当前社会状况的一般反应——对弱势群体的同情和对权力滥用的愤恨,它唤起的是个体对社会公平、正义渴求的情绪,正是在这种情绪的推动下该微博在社会化媒体中获得快速、广泛的阅读和转发,相比之下其他可能存在的各种情况却被有意忽略了。这如李普曼所言,对于未知的环境我们的感情可能很强烈,但是了解却很肤浅。于是在同化作用下,人们并不去探究是否"成都警察"真的殴打了"报警人",而宁愿把这一事件视为社会公平和正义的象征加以情绪宣泄,意见领袖以此迎合群体内成员的这种态度。这刚好证实了话语所唤起的形象是独立于它们本来意义的观点,其中同化起着重要的作用。

综上所述,在社会化媒体中意见领袖及其追随者(粉丝)之间的联结,是建构复杂社会网络中传播方式及关系的重要基础机制,而他们之间的这种联结主要是靠意见领袖对追随者的话语传播而生成,因此探索意见领袖的话语传播策略不仅有助于弄清社会化媒体的内部关系,同时更是我们研究网络舆论爆发的重要路径。

(作者单位:四川大学文学与新闻学院)
摘编自《四川大学学报(哲学社会科学版)》2014年第6期

微传播语境下的舆情嬗变与问题引导

丁 捷　冯小桐　许一凡

当前微传播语境下的舆情尚不成熟,具有"协同过滤""舆情绑架""应对乏力"等问题,对于舆情的问题引导将在加强网络文化建设、确保网络和信息安全等方面起到积极作用。

一、微传播语境下舆情嬗变

在网络舆情空前活跃的"大众麦克风时代",个人开始以微信、微博、微群、微空间、微直播等一系列微型媒介为载体,以微小的点进行信息连续采集、传播、发布，经过广泛地分享、转发、评论等由点成面，由面成链，发挥了巨大的传播效应，构成了一种新的话语传播体系——微传播语境。在此情况下，新型的裂变式、去中心化和反集权主义精神的舆情逐渐形成，并冲击着传统舆情。

作为"微舆情"主体的无数大众正处在中心节点与长尾节点上，他们以微小的力量产生了巨大的传播效果，这种关注"长尾"，发挥"长尾"效益的传播方式正体现了微语境下的舆情特征。在数字化网络复杂的整体性结构中，它抓住"千万份微小的努力"，以裂变的方式进行多级的碎片化信息传播，舆情嬗变由此实现。

（一）从单一披露到双向互动

随着手机、平板电脑等微移动终端的兴起，信息生产制作的成本得到减少，门槛开始降低，在迎合了人们快捷便利的审美心理的同时，也满足了用户追求精神自由和互动体验的诉求，舆情开始由单一披露嬗变为双向互动。

在双向互动的新型舆情中，作为舆情的生产者和传播者的用户，不仅仅满足于发表看法，更关心话语里的主张能不能被接受，传播的并非只是舆情的动态消息，而是具有了一种新的文化意义和象征意义。这也符合米德的"符号互动论"，即个人与个人、个人与社会、个人与自我之间，通过符号而彼此影响相互确认的行为理论过程。在传播的过程中，意义与用户的社会交往联系便构成了意指功用，通过由特定的微内容（数字、标点、文字、表情、图片、声音等）和微动作（手指轻点即可完成点赞、评论、分享、转发等活动）组成的互动符号系统，用户实现了自身的个性展现、品位彰显、情感诉求、社会认同，从而实现了符号价值。

（二）从线性调控到非线性扩散

微传播语境由于其虚拟性、去中心化、不确定性，打破了线性调控的舆情的拟态环境，微小的言论借助于微媒介传播后，舆情呈井喷式增长，以难以预料的速度急速扩大，最终嬗变为明显的非线性扩散形态。

不管是隐匿的围观者还是外显的言论引导者，微媒介模糊了受众公开与私下的言论行为习惯，每个人都在不同程度上影响着舆情的发展，舆情的传播方式不再遵循线性渐进式的规律。

（三）从完整一致到个性碎片化

在微媒介崛起之前，由于单一的信息来源和有限的传播渠道，舆情的报道方式、选择角度及发展动态上出现标准化、均一化的集群效应，传播内容的同质化导致公众独立参与意识的失落，同时完整海量的信息增加了人们快速获取舆情的难度，于是以个性碎片化为特征的"微内容"崛起。不管是在微直播上同步参与现场播报，用微访谈现场围观并进行个人点评，还是在微群、微吧、微聊中讨论新闻事件、分享生活状态，意见的聚集和舆情形成都处在自由的状态，个性化的表达风格和碎片化的舆情内容能迅速引起他人的关注，如生动形象的文字、简短独特的语音、标榜个性的表情符号。这种嬗变让舆情内容不再是纯粹的信息流动，而成为一种利益主体之间的差异化诉求。

二、微传播语境下舆情嬗变的衍生问题

在当前的微传播语境下，舆情在传播主体、方式、内容上正经历着不同程度的嬗变过程。由于舆情转化的复杂性和传播元素的多元性，这一过程很容易发生变质，衍生出众多问题：一方面，"协同过滤"与"群体极化"现象突出；另一方面，"舆情绑架"与"媒体逼视"现象蔓延，"应对乏力"和"体制偏差"现象严重。这些问题对网络舆情的稳定发展和舆情民主造成了危机。

（一）"协同过滤"与"群体极化"现象突出

美国当代法哲学家凯斯·桑斯坦提出"协同过滤现象"概念（Collaborative Filtering），即网站通过信息的同类搜集和网址链接，在提供方便的同时导致了信息"窄化"。网民个人信息的量身定制与网络空间信息海量性的悖论，导致网络中的民意往往出现自发性的"局部民意"和"狭隘民意"。在信息海量的微传播语境下，集中披露的传统舆情嬗变为双向互动的新型舆情后，每个人都成为舆情的发布者和制造者。在此情况下，公众会潜意识地挑选和过滤出符合自我个性和偏好的内容，导致视角多元性和思维全面化被禁锢，而越是接收同质化的信息，公众则越容易对持其他观点的群体产生排斥心理。在这种"窄化"机制上建立的舆情范式，实际上是价值利益趋同者的自我狂欢，并非真正意义上的舆情民主，一旦失控，单一化的网络舆情便会迅速聚集，出现群体极化传播。

微传播时代下，双向互动性的新型舆情由于自我满足度和他人认同度高，极易形成狭隘的民主氛围，使得协同过滤与群体极化传播趋势愈演愈烈。民意

的互动性聚集极易造成"多数人暴政"的危害,从而使舆情走向混乱化和暴力化。

(二)"舆情绑架"与"媒体审判"现象蔓延

媒体理论家梅罗维茨认为,一方面,大众传播时代新闻媒体迅速而广泛的"传通"能力使得媒体新情境可以轻易聚集海量观众,是最广泛意义上的"公开";另一方面,新闻媒体有限的关注容量和对社会生活"探照灯"式的反应方式本身就使媒体新情境具有"舞台化"的效果,而媒体越是渲染,媒体新情境的"舞台化"的效果就越强烈,给被报道对象赋予的象征意义也就越明显。在微传播语境下,非线性扩散使得舆情的运行整体成为一种自发组织结构,有力地冲击着传统线性调控下的权力中心和集权控制。由于其传播方式的嬗变,舆情的影响力和涉及面扩大,它的工具性也被越来越多的媒体或公共认识所加以利用,"舆情绑架"现象也开始蔓延。

"舆情绑架"与"媒体审判"现象蔓延可能会造成严重的舆情隐患和网络失范。部分媒体为了盲目追求经济利益和轰动效应,往往将一个不起眼的新闻事件的只言片语无限放大,非正式信息滋生并迅速流传,给他人造成舆情压力。这很容易使得部分不明真相的网民也加入讨论中,使得舆情愈演愈烈,一发不可控制从而引发危机。

(三)"应对乏力"和"体制失灵"现象严重

在微传播语境下,网络多元生态系统中的各种媒介元素逐渐兴起,完整一致的传统舆情嬗变为个性碎片化的新型舆情后,在某种程度上削弱了官方舆情的绝对主体地位。面对迅速崛起的民间舆论场和媒体舆论场,政府部门在舆情管理上存在"应对乏力"和"体制失灵"的问题,包括危机管理意识薄弱、研判和引导平台缺乏等。这些问题的存在不仅不利于维持政府的公信力,而且对和谐网络社会的构建造成了危机。

应对乏力主要体现在应对主体上。一些政府官员由于缺乏媒介素养及舆情引导理念淡薄,很容易造成舆情"隐性对立"。微传播语境下的舆情无处不在,通过"微博""维客""播客"等微媒介平台,舆情正以"核裂变"方式扩散传播,但一些地方政府仍沿袭重处置、轻引导及重压制、轻疏通的传统方式来应对舆情。在此情境下,信息不对称使得碎片化的"截取言语"更易成为矛盾激化的导火线。此外,体制失灵表现为应对体制的不健全及应对机制的不完善。目

前的舆情监测和预警机制尚不成熟,研判和引导平台缺乏,这使得政府面对突发舆情时不能制定有效合理的危机应对措施而延误最佳平息时机。在微传播巨能量的语境下,这些问题的存在使得政府在面对突发舆情引导时,极易陷入被动局面。

三、微传播语境下的舆情引导

当前,微传播语境下的舆情空前活跃。一个微小的舆情热点经过"全民参与"可能演变为巨大的"蝴蝶效应",看似毫不起眼的"微用户"正以他们形微实大、不可小觑的力量改变着当前的舆情格局。在辩证看待当前舆情范式存在的问题的基础上,应当对微传播语境下的舆情进行进一步引导,共同打造一个理性、开放、平等、共享的舆情生态环境。

(一)正确培育意见领袖,避免狭隘民意

网络社会中,自我确信度高的特定"少数派"通过网络发表的与媒介舆论相悖的意见,往往会引起受众的反向思维,从而使"沉默的螺旋"迅速"倒戈",形成"反沉默螺旋模式"。

在微传播语境中,公众拥有平等话语权和媒介接近权,改变了舆情以往单向传播的格局,参与性大大提升。在匿名性的隐蔽下,个别网民会无所顾忌地进行炒作,甚至会采取强势、激进、片面乃至错误的言论来误导大多数受众,影响公众对事件的客观冷静的判断,由此出现"协同过滤"与"群体极化"现象。并且,当这种狭隘民意的呼声聚集而越发强势时,公众被"反沉默"的可能性就越大。

在"反沉默螺旋模式"中,意见领袖的正确培育对于促进舆情良性发展起着重要的作用。即使非理性的声音处于强势地位,但如果有意见领袖的合理发声和正确立场,舆情也不会出现失控。在意见领袖的正确培育中,应注意话语权的多样性和多元化,选取不同的声音保持舆情客观公正;意见领袖进行微内容原创转发和微点评时,须多方核实消息来源,减少信息在传播渠道中的变质和失真,从源头上杜绝流言等非正式信息;在发布舆情言论时,意见领袖注意保持态度冷静,切忌自我标榜、哗众取宠。

(二)媒体恪守职业道德,坚持中立立场

微传播语境下,因为其匿名性、隐蔽性、虚拟性的特点,舆情容易出现片面化、情绪化,如舆论审判、流言扩散、网络暴力等。一些未经确认的信息在通过失去中立立场的媒体传播后,会使当事人承受极

大的压力。在这种语境下，媒体不再是发布和传播舆情的中立者，而是在以"社会瞭望者"的名义影响公众对舆情真相的认知，最终会导致大众传播功能的失调。

随着传统媒体的数字化转型和网络媒体的迅速发展，私人领域下的舆情日益显现出公共化趋势。媒体应明确自身严谨、客观、可靠的角色定位，加强从业人员的媒介素养和人文主义关怀；建立健全新闻法律法规，设定明确的行为规范和道德准则；在舆情发布和引导上，在保持传统媒体的权威性的同时，强化微论坛、微博客、微社区等网络媒体的舆论监督功能，做好"把关人"角色，将舆情的焦点和热点重点全方位、立体化地呈现出来。

（三）政府健全舆情机制，避免管理危机

在"现场播报""在线访谈""随手街拍"的微语境下，如何合理引导舆情对于政府公共管理来说至关重要。作为最有力的信息发布者，政府应该健全危机预警机制、信息流动机制、舆情善后机制等舆情机制，应采取积极措施来化解舆情危机，对舆情进行有效的调控和引导。

保持信息公开透明是防止舆情恶化的前提，政府应及时更新官方网站，建立舆情报送反馈渠道，保持消息的通畅，熟悉当前新媒体的传播模式与应用功能，与网民互动贴近。其次，依靠技术手段建立健全网络舆情预警机制，对舆情的焦点问题多加重视，增强预见性，化被动为主动出击。最后，强化舆情善后机制，政府官员应提高自身的媒介素养，积极主动地与媒体和民众进行平等对话、妥善协商，以更诚恳的姿态直视舆情。

（作者单位：湖南大学新闻传播与影视学院）

摘编自《新闻知识》2014 年第 8 期

大 数 据

大数据背景下的舆情决策支持系统研究综述

上海交通大学舆情研究实验室

进入 21 世纪以来，人们对大数据的关注与日俱增。大数据发展给传统的舆情决策支持系统带来严峻挑战，也引起相关研究者的关注。本文将从决策支持系统基础研究、大数据与决策支持相关研究、社会舆情决策支持相关研究三个层面对国内外大数据背景下的舆情决策支持文献进行梳理、分析、评述。

一、决策支持系统基础研究

（一）决策支持系统的含义

目前，对决策支持系统较普遍的描述是：一个以支持非结构型和半结构型的决策为目的，便于用户调用分析—决策模型以及对数据库进行存取的会话系统。概括起来，决策支持系统是以运筹学、管理学、控制论及行为科学为基础，以决策主题为重心，以计算机技术、人工智能处理技术、互联网搜索技术和自然语言处理等多种技术为手段，建立与决策主题相关的规则库、知识库、模型库、方法库，以人机交互方式辅助决策者解决半结构化和非结构化决策问题的信息系统。

（二）决策支持系统主要类别

自 20 世纪 70 年代决策支持系统（DSS）概念提出以来，DSS 技术目前已经取得很大发展。从目前发展情况看，主要有如下几种决策支持系统。

（1）数据驱动的决策支持系统（Data-Driven DSS）。

（2）模型驱动的决策支持系统（Model-Driven DSS）。

（3）知识驱动的决策支持系统（Knowledge-Driven DSS）。

（4）基于 Web 的决策支持系统（Web-Based

DSS)。

（5）基于仿真的决策支持系统（Simulation-Based DSS）。

（6）基于 GIS 的决策支持系统（GIS-Based DSS）。

（7）通信驱动的决策支持系统（Communication-Driven DSS）。

（8）基于数据仓库的决策支持系统（Data Ware-Based DSS）。

（9）群体决策支持系统（Group Decision Supporting System, GDSS）。

（10）分布式决策支持系统（Distributing Decision Supporting System, DDSS）。

（11）智能决策支持系统（Intelligence Decision Supporting System, IDSS）。

（12）自适应决策支持系统（Adaptive Decision Support System, ADSS）。

（三）政府决策支持系统研究

1. 政府决策支持系统的目标及构建

政府决策支持系统总的目标是为政府信息管理、服务水平的提高提供强大的技术和咨询支持。具体的目标有以下几点：构建电子政务资源的数据仓库，为决策提供所需的数据环境；构建电子政务资源的模型库，为决策提供所需的模型；构建电子政务资源的知识库，为决策提供所需的知识及推理机制。

2. 我国政府决策支持系统目前面临的问题

（1）业务数据存储分散化。由于海量数据都是以分布式的形式存在，加上网络带宽的限制，信息资源的安全性、私有性、规模性，以及各个系统不兼容性等原因，对所有数据源进行集中式管理并进行挖掘是不现实的。

（2）数据计算能力有限。

（3）数据挖掘模式匹配问题。各系统的数据多存储在分布式数据仓库中，现有数据管理和决策软件并不支持现有网络环境下的分布式挖掘技术，因而需要构建既能处理分布式数据存储，又能分布式执行数据分析任务的数据挖掘模式。

二、大数据与舆情决策支持相关研究

（一）宏观公共管理视角相关研究

主要从大数据对政府宏观管理的影响角度展开论述。李丹阳（2013）提出当前中国应急管理体制在数据的能力构建、预警预测、传递、关联应用和历史学

习等方面都存在问题。

约翰·卡洛·柏妥（John Carlo Bertot）等人（2014）对大数据与开放数据的政策框架进行了研究，大数据模式应遵循不造成伤害、长远眼光、数据表述、承担责任等原则。

冯秀成（2013）认为大数据时代政府管理部门缺乏"大数据"意识，收集数据的能力较差，数据量少；数据公信力不够，公开和透明度不高。

张洪建、魏岩枫（2013）提出面对大数据，政府要加强对源头统计、部门统计和民间统计的统一指导和规范化管理工作，努力建立"统筹设计、规范运行、监督有效、信息共享、合作开发、互惠双赢"的政府统计管理工作新格局。

（二）信息化建设视角相关研究

主要从信息公开、信息共享等角度对大数据对政府的影响进行研究。丁健认为大数据对政府 2.0 建设具有重大的推进作用（2012）。喻国明（2014）认为有质量的大数据源常常是掌握在政府及大公司手中，如何开放这种大数据源的使用事关社会的发展和人民生活的福祉，必须从制度和机制上给予保障。王伟、曹立春（2013）对大数据时代的政府信息公开制度进行研究。王书伟（2013）对大数据时代政府部门间信息资源共享策略进行研究。王燕等（2014）提出大数据时代基层政府信息化建设，要以用户为导向，适度信息化建设。

（三）网络社会治理相关研究

主要就大数据背景下的虚拟社会治理进行分析。苑雪（2013）指出，实行"循数管理"，是实现政府行为模式创新的路径。于施洋、杨道玲等（2013）分析大数据背景下创新政府互联网治理思路，推行基于大数据的智慧政府门户建设。朱东华等（2013）构建了面向技术创新管理的双向决策模型。何军（2014）认为大数据将加速电子政务向云模式转化，促进政务信息系统的共享和融合，给政务信息资源处理带来深刻变化。

三、社会舆情决策支持相关研究

（一）虚拟社会管理视角相关研究

1. 虚拟社会管理模式研究

在借鉴国外网络治理模式的基础上，不少学者对我国的网络社会管理模式进行了探索。如陈丽丽（2010）提出网络社会秩序治理的三三制模型，即由

信源—政府—法律、信道—网站—技术和信宿—网民—道德三个维度构成的三三制治理体系。张东（2010）提出中国互联网信息治理的综合模式——政府督导下的行业自律和个人自治相结合的综合治理模式。俞国娟（2012）提出"1+5"模式，主要指的是以提高"网络社会管理水平"为主线，拓展网上政府公开渠道、强化主动宣传；搭建网民互动交流平台，架设党群沟通桥梁；构建网络舆情采研机制，发挥信息资政作用；开展基层网络问政实践，推进社会管理创新。

2. 我国虚拟社会管理存在问题与治理策略

郭明飞（2008）总结了国外管制虚拟社会的主要措施。卿立新（2011）提出加强和创新网络虚拟社会管理的对策。谢俊贵（2014）指出要有效实施网络虚拟社会管理，必须设法建构四类工作机制。王国华、毕帅辉等基于国外成功经验，指出加强网络虚拟社会管理是提高我国社会科学化管理水平努力的方向。

（二）电子政务建设视角相关研究

我国当前电子政务建设的困境有：分散建设、重复投资、运行维护成本高；共享机制不畅，信息共享困难；政府应有水平不高，业务协同支撑不足；信息安全管理和保障亟待加强；运行维护服务不规范，运行维护效率低；安全可靠性差。

陈彤童（2012）指出，实施电子政务是各国政府为了顺应信息化社会的发展趋势和公共价值取向变化的客观要求，而在技术和手段、机制和过程、体制和制度、理念和文化四个层面上持续推进政府改革和管理创新的重要举措。

（三）舆情研判与预警视角的相关研究

1. 舆情危机预警指标体系研究

王珊君（2014）从警源和警兆两个总指标对网络舆情危机的预警指标体系进行了建构。其中警源包括议题的敏感度、强度和频度三个细分指标，警兆则包括网民参与度、态度倾向、网站覆盖度、关注度、权威度、议题的扩散度和舆情的强度七个细分指标。

2. 舆情研判预警模型与机制研究

陈亮（2013）提出基于"信息—模型—知识"集成的重大事件预警机制。董坚峰（2014）在 Web 挖掘技术的基础上构建了包含舆情采集层、挖掘层、分析层、预警研判层的突发事件网络舆情预警系统模型。李伟权（2013）在传播者、传播内容、形式和情境四个方面构建了逆反心理指标。

（四）舆情引导与应对视角的相关研究

针对不同的事件类型进行网络舆情引导与应对成为不少学者的共识。黄爱斌（2011）提出应区别对待不同性质的网络舆情。作为舆情引导的重要主体，政府变革管理体制和信息发布机制成为研究者的共识。李跃华和李习文（2012）认为应重视政府新闻议程设置，形成信息发布制度。

鉴于相关法律法规的建设和完善是舆情管理和网络社会治理的重要手段。黄爱斌（2011）认为应"建立以网络道德规范为主的自律规范体系"。由于媒体在网络舆情中具有重要地位和作用，不少研究者也提出从媒体的角度进行网络舆情应对与引导。李鹏（2012）提出媒体联动的舆情管理理念。

（五）应急管理视角相关研究

1. 应急管理之"一案三制"研究

2006 年国务院发布并实施《国家突发公共事件总体应急预案》，之后陆续发布了事故灾难类、自然灾害类、突发公共卫生事件类等的单项应急预案。

面对不断变化的社会环境，薛澜等（2013）指出现有应急管理体系面临一系列新挑战，必须尽快加强顶层设计，构建新一代具有中国特色的应急管理体系。钟开斌（2014）就我国应急管理的发展展开讨论，认为未来第三代应急管理系统必须着眼于全方位的能力建设，提升制度化、规范化、程序化和社会化水平，实现对于突发事件应对的标准运行、全程管理、全员参与、强力保障。

2. 应急管理模型研究

陶鹏、童星（2011）指出，传统应急管理模式通常是利用以"命令—控制"为基础的官僚制组织体系和各类预案来完成对"常态"危机的应对，在深度不确定性下，优化改造当前我国传统应急管理模式为适应性应急管理模式是必然选择。

曹策俊等（2013）运用 X 列表模型，分析云应急体系结构，提出面向云应急的 X 列表体系结构模型，并设计了云应急模式下基于 X 列表的云应急平台的架构。林艳（2013）提出，可将质量管理中的 PDCA 循环模式及 QC 手法应用于突发事件应急管理体系的持续改进。

四、小　结

有关大数据、舆情决策支持的文献较多，不同学科学者从各自学科出发对相关领域展开多面向的研究。综观上述国内外学界相关研究,主要存在以下不足:其一,学科视角单一,跨学科的相关研究不足。大数据环境下的决策支持是一个综合性的社会问题,需要打破学科藩篱,文理交叉,学科融合,集合多学科领域专家学者,共同围绕某一问题开展研究,如此才能保证研究成果真正适应政府决策需要。其二,缺乏数据整合,社会舆情数据与相关外部数据未能有效打

通。目前由于相关的数据开放、关联机制不健全,社会舆情数据与政府的统计数据等外部数据尚未实现有效整合,也未能形成统一的共享体系。因此,有关部门需要通过法律或行政等多种手段,力促舆情数据和多种数据的整合优化、共享,统一分析,为科学决策、有效预警、预测提供数据保障。

(作者单位:上海交通大学)
摘编自《新媒体与社会》2014年第11期

大数据背景下科技期刊编辑知识结构的调整和优化

胡小萍

信息科技和新媒体的迅速发展,信息需求的急速增长虽然威胁着传统科技期刊的生存发展,但也给予科技期刊一个良好的发展机遇。面对新形势、新技术的挑战,科技期刊编辑需要重新审视自己的角色,如何调整原有的工作方式和工作思路,如何提升、优化自己的知识结构来适应时代的变化显得异常重要。

一、科技期刊编辑知识结构调整和优化的必要性

(一)信息需求的增长

大数据的特征是数据量大、数据种类多、非标准化数据的价值最大化。因此,大数据的价值是通过数据共享、交叉复用后获取最大的数据价值。而且大数据时代网民和消费者的界限正在消弭,企业的疆界变得模糊,数据成为核心的资产,并将深刻影响企业的业务模式,甚至重构其文化和组织。随着互联网信息行业的迅速发展,大数据时代已经来临,信息数字化对媒体行业也带来了前所未有的冲击。科技期刊作为发布最先进科学技术和学术成果的渠道,其对于科技内容更新的关注度自然是领先于大部分人群。因此,如何将最前沿的信息传达给其他科研工作者以保证其正确性和时效性成了科技期刊编辑的新目标。

(二)媒体传播方式的改变

科技的发展带来的是人们生活方式的变化,各行各业都以自动化、数字化的标准向着大数据时代的发展方向靠拢,人们的阅读习惯也随之改变。微博、博客、阅读器、平板电脑,更多种形式的阅读方式

正在迅速冲击着传统媒体行业。在我国,数字出版业的收入总体每年都在大幅度的增长,相比之下传统出版业的效益则日渐萎缩。如何将数字化与传统媒体行业相结合,这对科技期刊而言也是一个迫在眉睫的问题。

(三)交叉学科的不断涌现

当今社会科技的迅速发展使得学科的发展向整体化、全面化趋势靠拢,而学科的种类则更加丰富,边缘科学、新兴科学的崛起让编辑需要传达的领域更加广阔。这就要求科技期刊编辑具有更为广阔的视野,更为丰富的知识储备,更为全面的综合素质。因此,调整和优化科技期刊编辑的知识结构对于科技期刊的发展起着不可估量的作用。

二、科技期刊编辑知识结构调整和优化的途径

(一)丰富业务知识

科技期刊编辑业务水平的高低直接影响科技期刊的编排质量。作为一名编辑,文字功底的提升是必不可少的。科技期刊编辑的工作需要严谨科学的态度,需要从大量的信息中捕获、加工、提炼出有价值的科技信息,保证其所刊登文章的科学性、创新性、实用性。而扎实的文字功底可使原本不出彩的文稿脉络清晰、结构严谨、逻辑严密,确保文章的语句通顺,减少歧义,保证文章符号规范,并帮助作者更好地表达其意图。

处在这样一个信息爆炸的年代里,寻求新的信息并不是一件困难的事情。编辑应积极主动地浏览各

大专业网站,掌握动态资讯,多听不同领域的学术报告,以了解当前的一些新技术新思路,同时与不同领域的专业人士交谈也是一种很好的学习交流方式。尽管这些跨学科跨专业的内容并不一定能听懂理解,但是对于今后遇到类似文章,把握作者思路、理解作者所写内容会有很大的帮助。

总而言之,面对大数据时代,编辑的知识面一定要广,生物学、医学、物理学、文学、心理学、经济学等,可以"不求甚解",但需要有一定的了解。

（二）培养创新意识

创新是一切事物赖以生存的基础和发展的不竭动力,创新意识的培养是社会发展的客观要求,也是科技期刊发展壮大的必备条件。编辑的创新能力在如今的大数据时代应获得足够的重视。作为一名科技期刊编辑,拥有创新意识和能力,有助于科技期刊编辑自身科学预见能力的提高,从学术发展的角度发挥自己的特长,传播学术前沿的信息,用自己创新和独到的见识推动科学技术的传播和进步。科技期刊编辑应增加创新意识,更新办刊经验,完善和优化选题策划、组稿审稿、编辑加工、出版发行等相关工作流程,使科技期刊得到持续发展,且始终保持旺盛的发展态势。

（三）熟练运用数码媒体技能

当前,人们的阅读习惯正在改变,手机、平板电脑等数字媒体阅读器渐渐兴起并逐渐代替了传统纸质媒体,纸质期刊逐渐走向数字化,因此科技期刊编辑将不可避免地需要学习软件等来辅佐自己的工作。目前大多数编辑部传送稿件以及与作者交流意见都会以电子邮件等线上的形式进行,编辑手段也从传统的手动书写批注逐渐转向电子稿件的修改,且更为清晰、方便、快捷。而在未来,科技期刊甚至可能拥有自己的科技期刊品牌 APP 应用,这就更需要编辑拥有娴熟的软件应用能力;可视化的演示取材或者相关的网络链接或许都需要编辑来独立完成,未来编辑需要掌握的业务技能也会向高科技化发展。

因此,这些目前看似遥远或者高超的现代科技手段对于编辑现代化的业务手段的提升是及其必要的,相信随着科学技术发展的不断深入,电子科技手段在科技期刊方面的应用将会越来越丰富,科技期刊编辑对于各种计算机技术的学习也迫在眉睫。

（四）注重期刊营销

传统出版的思维方式和赢利模式在如今的出版业依旧占有一席之地,但从新媒体时代的营销特性可看出,传统出版思维的局限性已无法满足当今出版营销的要求。科技期刊的生存和发展需要依靠编辑对于期刊的有效经营和发展,编辑不仅需要注重科技期刊本身的质量的提高,对于经营的方法也需有所了解。科技期刊特有的性质决定了其面向的读者群并不宽广,因此科技期刊编辑应该明晰自己的优势,发展自己固定的作者和读者,拥有固定的收录单位和订阅客户。而大数据时代下数字出版让这样的针对性变得更为明显且更容易操作。电子媒体可针对不同的终端用户制定不同的阅读材料,而科技期刊编辑所需要完成的工作包括对文章进行整理归类,针对不同类型用户进行不同的包装处理以完成相对应的需求等。

同时,读者用户可针对订阅的科技期刊进行及时的反馈和收藏,并成为科技期刊扩大营销范围的一个潜在的良好渠道。有的放矢的推广和良好的互动对于各大科技期刊的自我营销起到促进作用。当然,科技期刊也可以通过提高自身的质量来吸引客户投放广告,在包装上下功夫等手段来提高科技期刊的社会效益和经济效益,而厚实的经济基础与营销手段也是相辅相成、共同促进的。

三、结　语

大数据时代的到来给科技期刊的出版带来了新的生机。科技期刊编辑应抓住时代的脉搏,把握时代发展的方向,充实自己,提升和优化自己的知识结构,以保证科技期刊的可持续发展。

（作者单位:上海电力学院）
摘编自《上海电力学院学报》2014 年 11 月

大数据方法与新闻传播创新：从理论定义到操作路线

喻国明

一、大数据方法与新闻传播创新

（一）何谓大数据

提到大数据的大，一般人认为指的是它数据规模的海量——随着人类在数据记录、获取及传输方面的技术革命，造成了数据获得的便捷与低成本，这便使原有的以高成本方式获得的描述人类态度或行为的、数据有限的小数据已然变成了一个巨大的、海量规模的数据包。这其实是一种不得要领、似是而非的认识。其实，前大数据时代也有海量的数据集，但由于其维度的单一，以及和人或社会有机活动状态的剥离，而使其分析和认识真相的价值极为有限。大数据的真正价值不在于它的大，而在于它的全——空间维度上的多角度、多层次信息的交叉复现，时间维度上的与人或社会有机体的活动相关联的信息的持续呈现。

因此，大数据分析的价值和意义就在于，透过多维度、多层次的数据，以及历时态的关联数据，找到问题的症结，直抵事实的真相。

（二）何谓大数据方法

大数据来自于生活的自然流露，包括在生活中的购物行为、搜索行为、表达行为等等，这些都反映着人的真实生活状态。因此大数据的数据来源本身随着数字化记录、存储和传输技术的日臻完善而变得非常丰富，而且其数据的采集几乎可以与信息的发生同步，获得数据信息的成本又很低，等等。至于大数据分析，现实的情况是，说的人很多，鼓吹其神奇价值的喧嚣声浪很高，却鲜见其实际运用得法的模式和方法。造成这种窘境的原因无外乎有二：一是对于大数据分析的价值逻辑尚缺乏足够深刻的洞察，其次便是大数据分析中的某些重大要件或技术还不成熟。

（三）何谓大数据新闻传播

大数据新闻传播不同于传统新闻报道那样的简单数字交代，而是展示了一种从宏观与中观的层面对与社会某一方面的趋势、动态和结构性的把握。

大数据方法视野下的新闻传播创新包含这样两个层次的内涵：首先，它是新闻形态的一种创新，包括可视化信息、人性化的嵌入。其次，它是一种全新意义上的内容创新，及通过碎片化的数据及文本的挖掘技术，实现了新形态上的"减少和消除不确定性"的新闻内容。

二、大数据在新闻传播领域的实际应用

目前利用大数据资源的实际社会成效、有实际影响力的产品依然屈指可数。数据源的代表性和价值、良好的供给与需求的合作以及有广泛影响力的平台，是大数据应用获得成功的两条重要因素。

大数据已经是一种客观存在。只不过，相当长一段时间人们缺少有效整合这些数据的技术和手段，并且使用起来成本很高。互联网的OTT突破了原来的局限，解决了信息不对称的问题。其中的关键是大数据拥有方的合作与开放。本次作为"据说春运"节目的合作方的百度公司，百度作为最大的中文搜索平台，每天要处理60亿次相关的搜索请求，其海量的数据能够相当翔实地反映中国网民具体的需求、兴趣点，搜索者本人的个人特点，等等。实际上，百度已经可以被视为是中国最大的内容提供者。

三、现阶段大数据方法在新闻传播创新中的难点与关键

（一）大数据与新闻的价值逻辑之间的矛盾

大数据与新闻报道之间存在着几对矛盾。首先，实际上的相关关系在新闻传播中进行因果关系的解读所构成的矛盾。大数据的核心特色是强调伴随性指标的相关关系，大数据方法甚至于公开拒绝因果关系的认识逻辑。但新闻的传统解读却是具有强烈的因果逻辑的。如果在新闻报道的呈现中不把因果关系考虑进去，不但与人们的认识逻辑相悖，而且也容易滋长解读上的随意性和偶然性，这样便使数据对于新闻报道来说失去了核心意义。其次，大数据的内在逻辑与新闻表达的逻辑在某种程度上是相悖的。因

为大数据强调的是信息结构化，抛开故事中心，"去故事化"，这就和传统报道中的故事化诉求有矛盾。如何将结构化的数据表现出人类生活的温度和质感是大数据在应用于新闻传播过程中的一项极为重要的课题。另外，大数据方法与新闻传播所要求的精确性之间也是存在矛盾的，新闻是要讲究精确性，而大数据方法却是以模糊性的呈现和把握为特点的。

（二）数据源的开放问题

在人人都在说大数据的时代，数据源的开放便非常重要了。互联网本身是由开放精神组成的。如果我们无从得到权威的数据源的话，大数据方法就是一句空话。

大数据方法在未来发展中的"行动路线图"是怎样的呢？

首先，大数据分析在方法论上需要解决的问题在于：如何透过多层次、多维度的数据集实现对于某一个人、某一件事或某一种社会状态的现实态势的聚焦，即真相再现；其中的难点就在于，我们需要洞察哪些维度是描述一个人、一件事以及一种社会形态存在状态的最为关键性的维度，并且这些维度之间的关联方式是怎样的，等等。如何在时间序列上离散的、貌似各不相关的数据集合中，找到一种或多种与人的活动、事件的发展以及社会的运作有机联系的连续

性数据的分析逻辑。其中的难点就在于，我们对于离散的、貌似各不相关的数据如何进行属性标签化的分类。概言之，不同类属的数据集的功能聚合模型（用于特定的分析对象）以及数据的标签化技术，是大数据分析的技术关键。

其次，从表现角度来说，嵌入是关键词。我认为，大数据呈现的结果和结论，与人的需求、人的行为、人的认识逻辑需要有一种相适应的嵌入。尤其是在大数据刚刚进入到社会生活领域的时候，一定要顺势而为，跟人的需求相关，跟人的认识行为逻辑相关，这样人们就比较容易去解读它，然后去把握它，去消费它，去使用它。比如，与新闻媒介相结合的时候，新闻媒介自身的传播逻辑、传播规则、传播样式，新闻媒介在传播过程的需求点上，可嵌入哪些以大数据的服务、大数据的呈现，这要有更多的数据专家去解读。

最后，与现有的可视化技术发展相联系。日常生活中一些重大的新闻如果能够运用大数据来报道，其深度会大大强化，也能够给人以更强的动感和说服力，并且帮助人们比较准确地把握未来。在这个意义上，大数据与新闻的结合，将是新闻竞争的巨大技术驱动力。

（作者单位：中国人民大学新闻学院）
摘编自《江淮论坛》2014年第4期

大数据时代数字出版的"长尾效应"

邓凤仪　邓海荣

进入新世纪以来，在移动互联、云计算、物联网等一系列新兴信息技术的支持下，社交媒体、智能终端、视频监控等得到了快速发展和广泛运用，社会各领域产生的数据量呈现出前所未有的爆炸式增长，人类社会进入了大数据时代。由于数字出版与计算机技术、互联网技术有着天然的紧密联系，致使大数据技术在数字出版领域的诸多方面都有着巨大的应用空间，并进而导致对数字出版业的发展产生巨大的影响。

长尾理论贴切地描述了数字时代图书出版发行的特征。一方面，每年有大量的新书（包括纸质书、电子书）涌入市场，但是大多数图书的目标读者群十

分有限，使得读者"小众化"趋势越来越明显，读者"长尾"变得越来越长；另一方面，数字化改变了图书的出版条件，知识的共同消费性以及网络的边际成本递减特性，使得出版商即便是小规模生产和销售，也可以取得原来只有靠大规模制造才能达到的低成本水平，并从中获得客观利润，加之，普通人也可以在网上创造出电子图书产品或通过按需印刷的方式印制成书，这使得出版市场里的"长尾"变得更长，市场空间更大，需求也更加多样化；再者，数字化货架理论上可以陈列无限多的图书品种，从而使得小众图书有了更多被展示、被接受的机会，以至于需求不旺或销售不佳的图书产品共同占据的市场份额，可以和那些

数量不多的热卖图书占据的市场份额相匹敌甚至更大，进而形成"长尾销售"模式。由此可以看出，数字出版如同传统出版一样是一个"小众商品"行业，"其本质就是一个长尾行业"。

一、产品长尾："蓝海"利基产品的深度开掘

长尾理论是基于"蓝海战略"理论提出的一个新理论。"蓝海战略"就是要回避同质化、低利润的"红海"，进入差异化、低成本的"蓝海"；长尾理论是它的续篇，其精髓就是要通过创意和网络，进入个性化生产的"蓝海"。依长尾理论来看，"蓝海"就是"长尾"，是尚未受到重视且待开发的利基产品。数字出版产品的长尾，就是在数字出版的"蓝海"中深度开掘出能满足受众独特需求的个性化数字出版物。而要满足无数受众各自独特的需求，生产出个性化数字出版产品，这是一个浩繁艰巨的工程，只有借助大数据技术才能更好地完成这一任务。也就是说，只有在大数据技术支持下，数字出版"蓝海"利基产品的纵深开掘才能得以实现，数字出版产品的长尾才能真正形成。其原因在于：

第一，个性化数字出版产品需要在海量动态数据信息中产生，而大数据的海量数据信息为个性化数字出版产品的生产创造了充分必要条件。

第二，个性化数字出版产品是对海量动态信息的个性化选择，而大数据技术为个性化选择提供了不可或缺的技术工具。

二、受众长尾："零碎"小众群落交叉关联而成受众大市场

受众的个性化需求，决定了数字出版从始至终都有小众存在。"在长尾理论模型中，'头'是大众传播，'尾'是小众传播"。从长尾理论来看，数字出版的小众市场会越来越大，大得可与大众市场相抗衡，甚至超过大众市场。但目前的出版企业，为什么仍一心想找到热点选题，出版热点读物，来满足大众所需呢？关键的原因在于，找到小众并满足他们的需求成本太高，技术太难。而大数据的出现，使数字出版有可能突破这一瓶颈，使得很多以前被忽略的"小众需求"具备了商业价值，并使个性化的小众群落呈现出一条条"长长的尾巴"，形成受众长尾。也就是说，只有在大数据环境下，数字出版的受众才能得到广泛发现和深度满足，数字出版的受众长尾才能真正形成。其原因在于：

第一，大数据能有效找到个性化受众。通过对用户行为大数据的全面分析，我们就可以掌握读者的阅读行为趋势和偏好，精准预测用户的知识需求，顺利找到个性化受众。不仅如此，大数据还具有"数据孤岛被打破、数据公开获取成为常态"，海量数据相互联系的"关联性"（relevance）特性。这一特性又能使数字出版从更大数据中捕获有独特需求的个性化受众，并实现真正意义上的按需出版与个性推送。

第二，大数据能促成小众群落的形成。一方面，个性化受众可利用大数据提供的工具寻找到自己需要的内容，并据此找到与自己有共同偏好的读者；另一方面，为服务好小众，更好地满足他们的个性化需求，数字出版也会积极主动地借助大数据技术，搭建一个个可供互动交流的平台，以实现读者、作者、编者的直接交流，并据此打造数字内容个性化定制平台。

第三，大数据能使"零碎"小众群落交叉关联形成"大"市场。无数小众群落的需求，交叉叠加形成一个比大众需求更大的市场，这便是大数据给数字出版带来的长尾效应。

三、渠道长尾：形成多元便捷的扁平化信息通道

渠道扁平化，就是指生产者直接把商品出售（传递）给最终消费者，在产品的整条供应链上没有其他的中间环节，这是一种理想的销售模式。大数据对数字出版带来的又一重要影响就是数字出版渠道的扁平化，渠道扁平化是对渠道长尾的形象描述。从数字出版产品的生产、销售过程看，数字出版的渠道主要有两条，一是信息的采集渠道，二是数字产品的发行销售渠道。

在大数据环境下，数字出版的信息采集渠道能得到细而长的延伸。在大数据技术的支持下，数字出版的发行销售渠道也呈现出扁平化的特点，即数字出版产品不需要中间发行销售商而进行"直投式"的发行销售到消费者。

（作者单位：重庆工商大学）

摘编自《出版发行研究》2014 年第 10 期

大数据时代新闻编辑能力重构

张　炯　廖安安

"大数据"是近年来学界、业界热议的话题,它不仅意味着数据量的爆炸式增长,还预示着基于数据的采集和利用将得到社会各领域的普遍重视。大数据时代的新闻媒体已经开始尝试用数据报道新闻,这些尝试一方面改变了新闻的生产传播方式,另一方面也对传统的新闻学体系带来了影响。数据新闻学作为新闻学发展的新领域、新分支,已经受到世界各国的广泛关注。

数据新闻报道不仅改变了新闻的生产和呈现方式,也对新闻编辑的能力结构和业务素质提出了更高要求。新闻编辑从广义上讲应该包括所有对新闻进行编辑加工的人,即在网络上发布新闻信息的任何一个人。但本文所论述的新闻编辑不是广义上的概念,而是指新闻机构中专门从事编辑工作的人。新闻编辑作为一种职业,其编辑业务随着媒介形态的变化而不断发展,在网络媒介诞生后,新闻编辑工作表现出两种趋势:一是媒介融合,即传统媒体与网络媒体融合、平面媒体与多媒体融合;二是新闻编辑业务与新闻信息采集相融合。在大数据时代,信息数量呈爆炸式增长,信息来源复杂多样,对新闻编辑而言,信息的采集以及对数据进行深层次的挖掘、分析等处理,变得越来越重要。

一、大数据迫使新闻编辑能力重构

2012 年,《纽约时报》在一篇专栏中指出:"大数据时代已经来临,在商业、经济和其他领域中,决策将更加依赖于数据和分析做出,而非基于经验和直觉。"事实上,大数据也给传媒业带来了深刻的影响,数据新闻学就是在大数据时代兴起的一种跨学科、跨领域的新闻生产方式。然而,就像哥伦比亚大学陶氏数字新闻中心主管艾米莉·贝尔(Emily Bell)所说的那样:"大部分媒体仍不了解数据科学的发展前沿,以及信息传播对信息使用者的影响。"

第一,从受众的角度看,每天的报纸、电视、网络等充斥着令人目不暇接的信息,这些来自大众传媒和社交网络的信息耗去了人们许多时间,而数据新闻可以帮助受众在"快餐文化"和"碎片化阅读"的时代节省阅读时间。

第二,从编辑自身的角度看,使用数据可以使新闻内容化繁为简、化抽象为具体,也可以丰富媒体新闻的表现形式。在引导舆论的层面上,数据新闻能够帮助编辑讲述较为复杂的社会问题,展现清晰的动态关系和发展趋势。

二、新闻编辑能力结构与编辑力扩展

和传统的报道方式不同,数据新闻报道对编辑提出了更高的要求。它不仅需要编辑具备文字写作、鉴别分析、网络运用等几项基本能力,还需要编辑掌握数据搜集、数据加工和数据可视化呈现等创新能力。在媒体融合的大环境下,编辑多平台运作的能力也将进一步凸显。因此,大数据时代的新闻编辑,需要不断更新知识结构,以适应新环境的变化,如图 1 所示。

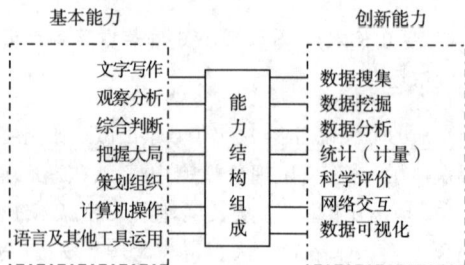

图 1　大数据时代的新闻编辑能力结构

三、从数据新闻的生产流程看能力重构

数据既可以是数据新闻的来源,也可以是新闻报道所使用的工具,数据可能出现在新闻报道的任何一个阶段。根据新闻报道的一般流程,我们将数据新闻报道分为三个阶段,即数据搜集、数据加工和数据呈现,并依照不同阶段的内容来阐述新闻编辑的能力重构。

（一）数据搜集阶段的编辑能力

数据新闻必须以公开的数据为基础，这是新闻编辑开展数据新闻报道的前提。网络为我们提供了海量的数据，但人们又容易迷失在数据的海洋里，新闻编辑有必要通过数据搜集为用户提供有用信息。目前，数据搜集的渠道主要有三种：一是搜索引擎，如谷歌、百度等；二是专业数据库或数据中心；三是网络论坛及其他数据站点。

（二）数据加工阶段的编辑能力

分散的、隐匿的数据是难以产生价值的，新闻编辑通过对数据的加工处理，可以将零散的数据整合起来，将有用信息从庞杂数据中分析提炼出来，这样就能够为用户提供新的有价值的新闻内容，以及生动的具有可读性的新闻故事。

拥有海量数据对于新闻编辑来说仅仅是第一步，数据新闻是建立在对大量数据加工整理的基础上的。新闻报道在引用数据时容易出现的问题有：数据太多，简单堆砌在一起；数据不够准确；选用的数据不能说明问题等。因此，编辑在处理数据时，首先要去除不必要的干扰数据，删去不准确的数据或数据中的人为误差，保留的数据要做到少而精，并且准确无误。其次要将数据转化为统一的格式，以及对数据进行计算和完备性测试等。对于一些抽象的数据，编辑还可以通过换算、对比等办法将其用活用好。如果是统计图表中的数据，编辑还要考虑数据是否具有可比性，安排是否有条理，并尽量避免文稿中的数据和图表中的数据重复。

（三）数据呈现阶段的编辑能力

谈论数据新闻不得不提到"数据可视化"这个概念，数据可视化涵盖的技术领域非常广泛，涉及计算机编程、图像处理、人机交互等多个方面。在大数据时代，可视化技术将数据和新闻完美结合，以信息图表或动态信息图的方式进行发布，为数据新闻提供了丰富的表现形式。新闻编辑要充分利用来自计算机和艺术界的数据可视化技术，将复杂、抽象、枯燥的数据转化为简单、具体、生动的新闻报道，发掘数据在新闻报道中的潜力。

四、结　语

作为新闻学的一门新兴的、重要的分支学科，数据新闻学改变了传统的新闻生产传播方式，也使记者、编辑的角色发生了转变。在传统的新闻生产过程中，记者负责新闻采集（采访），编辑负责新闻加工（编辑），一个主外一个主内，分工明确。而在数据新闻模式中，编辑完全可以依据数据的搜集和整理独立编发新闻，或者在已有新闻的基础上深度挖掘事实，部分承担记者的新闻报道职能。这样一来，编辑和记者的界限将变得越来越模糊，换句话说，在大数据时代，编辑的能力结构和编辑力将得到进一步的扩展。同时，我们也应该看到，数据新闻不是编辑的一己之功，它的数据来源包含着众多媒体人的劳动和付出。新闻编辑要不断探索数据新闻报道的新视角、新方式，为数据新闻学的理论与实践贡献力量，发挥编辑在媒体传播中的积极作用。

（作者单位：武汉大学信息管理学院　湖北省文化厅）

摘编自《中国出版》2014 年 1 月下

大数据时代学术期刊功能的变革

柴英　马婧

20 世纪 90 年代以来，作为以信息为基础的人文社会科学研究领域，大数据势必引发知识体系、研究方法等的根本性变革。而为学术研究服务而生的学术期刊也将会在运行模式、销售方略、功能作用等方面，发生巨大甚至是本质性的变化和发展。本文拟以正在兴起的大数据研究为视角，探讨学术期刊各项功能实现手段、效能发挥的新变化。

一、大数据与学术期刊的引领功能

大数据时代的到来，"云计算"技术的发明和广泛运用,使得存储和保留学术数据变得既简单又方便。到 2013 年,世界上存储的数据预计能达到约 1.2 泽字节,其中非数字数据只占不到 2%。大数据时代的来临,使学术界第一次有机会和条件,把囊括所有学科的学术期刊历史出版物进行数据化,从而全社会可获得和使用学术研究所有领域和各层次的全面、完整和系统的数据。大数据的核心是预测,即根据全面的数据预测未来事情的发展趋势。学术期刊通过对这些学术数据进行整合、分析,展示学术前沿、热点等基本学术动态,继而深入探索学术研究的状况和发展规律,最终既可为学术研究提供真实、客观、准确、全面的学术信息,也可为编辑提供筛选、评判稿件学术依据,还可通过重组、扩展、再利用数据,开发学术研究的衍生产品。

传统纸媒时代的学术期刊只能实现宏观领域的学术引领功能。对于读者个体的学术需求认知是模糊的、不确定的。然而在大数据时代,在技术的支持下,学术期刊可对每个学者或读者的个体需求了如指掌。如电子书阅读器可记录大量关于读者阅读期刊的相关数据,如读者群的构成,读者选择阅读论文的好恶,阅读一页或全文需花费的时间,哪些内容做了笔记或画线强调……这些数据聚合起来将会向期刊展示一些重要信息,如读者的浏览论文时间、研究旨趣等,而这些信息是在传统纸媒时代因过于分散根本无法获取的。真正实现学术期刊宏观引领和微观服务的有机结合。

二、大数据与学术期刊的交流功能

近现代以来,学术研究不再是个人兴趣,而是逐渐走向专业化和职业化。个人孤军奋战的学术模式也逐渐被学术团体取代。学术团体或机构中的学者们通过相互通信、定期集会、交换材料及出版期刊共同激发创造性研究的出现。学术期刊的先天使命就是要为学术研究搭建一个权威、公平、公正的学术成果交流平台。传统纸媒时代的学术期刊往往以著名学者为核心,汇聚某一学科领域从事相关研究的同道中人共同推动学术研究发展。学术期刊是展示该学派学术观点洞见的窗口,是学派与学派之间、学派成员之间沟通的桥梁。

20 世纪 90 年代开始,学术期刊逐步走向数字化。国内一些技术公司抢先与各家学术期刊达成协议,把所有的期刊论文数字化、网络化,形成了知网、万方等多个学术期刊数据库。很多人误以为学术期刊数据化,就是把纸本期刊改为 PDF 的网络版。大数据给

学术期刊交流功能带来的变革远非如此,大数据促使无障碍、无延迟的跨国界、跨学科学术交流成为现实。学术期刊出版集团利用云计算技术和移动设备,以学术资源为核心,搭建吸引所有学者参与的学者在线交流平台。在这个平台上,学者可按需获取全世界范围、全学科领域的学术资源,可随时发布个人成果,建立个人学术空间,可通过学术圈社交平台交换、发布学术信息、展开学术讨论。这都无需考虑时间、场所、经费等这些传统学术会议的必需因素。

此外,学者在这个平台上获取的资源将是跨终端的多样化、全媒体资源。通过元数据标注内容的技术开发出来的著作者身份识别系统(Orcid)、基金来源识别系统(Fundref)、论文版本识别系统(Crossmark)等新增技术手段,则可帮助学者间的学术交流更加便捷。学术期刊的交流功能将得到最大化发挥。

三、大数据与学术期刊的传播功能

大数据时代学术期刊传播媒介将多样化,整合化,传播范围全空间化。互联网、物联网、移动智能终端、各种社交软件等技术平台都已成为学术期刊传播的重要媒介。学术期刊可把各自所掌握的学术数据,通过以上媒介和相关信息技术整合、融通,实现纸媒学术期刊和网络学术数据库资源同步、多种媒介之间互享互通、期刊传播和读者受众互动共建。如此一来,传统纸媒学术期刊和新媒体实现了内容、网络、终端、服务等全方位的"整融合"。学术资源和期刊结构重组后的学术期刊传播格局,将在数量和种类上呈现几何式递增态势,学术研究成果的传播路径得以全方位拓展。

大数据时代学术期刊的传播速度将及时化、全时化,传播效用将最大化。大数据追求时效性,"允许不精确"。全部数据而非样本数据会提高网络数据的容错率,新的对的数据会很快修正乃至淹没旧的错的数据,讲求时效远比苛求准确来得实用。这将彻底颠覆传统学术期刊乃至学术研究遵循的"慢工出细活"的祖训。技术支持下的学术数据将及时、全时为受众服务,学术期刊的整刊定期出版模式,有可能被分篇随时出版模式取代。大数据将使学术研究成果发布取消门槛,无需编辑、随时发布、资源共享,这将有力推动学术研究的整体进程。大数据可将整合后的全体数据提供给受众。读者读取数据的过程又会产生新的数据,扮演着数据受领者和数据创造者双重角色。学术期刊可主动挖掘、分析这些阅读行为数据,发现并利用受众的个性化需求,促进传播的分众化、个性

化、精准化，从而实现传播的效用最大化。

此外，大数据时代传播理念将会转变为"内容、服务并重"。因此，大数据时代学术期刊要想在众说纷纭中清晰、准确地传播自己的声音，始终注重内容建设、不断完善服务质量将是学术期刊奉行不悖的传播理念。

四、大数据与学术期刊评价功能的变革

大数据时代学术期刊数据化的网络平台建立之后，学者期盼的"不同的学术共同体自己的表达平台，以及对于作为共同体代表参与学术评价活动（比如评奖或评审）的佼佼者的监督平台"也将随之产生。这个平台不但对学术共同体的成员开放，还要对全社会成员开放。评价学术成果的主体不再仅仅是以学术期刊为核心的学术共同体、专业评价机构，而是包括全体参与评价活动的社会成员。关于学术期刊的评价主体应是专家同行还是评价机构之争也将不证自明。

大数据时代学术期刊评价学术成果的方法首先是"整融合"，包括学术共同体的全体参与者的评价意见、全网引用量、影响因子等各项数据，然后开发特定的工具来管理这些自有或来源于"云"的结构化或非结构化数据，最重要的是编辑人员要成为统计、分析这些数据的专业人才。由此，基于海量定性评价数据的定量化评价方法，才能真正客观公正地对学术研究成果作出价值判断，揭示各学科学术研究的质量，并在此基础上对未来研究作出科学指导和预测。学术腐败、

学术不端行为也将在透明、共享的数据化空间中难以遁形。学术期刊将切实承担起在纸媒时代无法完成的监督创建学术规范的历史使命。学术期刊评价行为的性质也将由目前学术利益、学术资源诸因素干扰下的"权力行为"回归其学术活动的本真状态。

"大数据时代将要释放出的巨大价值使得选择大数据的理念和方法不再是一种权衡，而是通往未来的必然改变。"学术期刊界应主动自觉地应对大数据带来的学术研究、政策抉择、经济效益、商业模式的重大变革，积极探索大数据时代最大限度发挥自身功能的路径。然而，大数据并不是万能的，如何让数据"发声"，人类的智识和道德判断是合理开发大数据潜力、正确发挥大数据功能的保障。大数据促使相关关系的发现和使用，创造出巨大的经济和社会效益，但探究因果关系仍将是学术研究的终极动力。追求真理、传播学术仍将是学术期刊秉承的核心价值，学术期刊的引领学术研究，提供交流、传播平台，评价学术成果，监督学术规范的传统功能仍将继续发挥。要实现这些功能的途径、效用方面的重大变革。"在数据驱动的智能时代，需要一股自上而下的力量。政府、行业组织及大型出版集团需要建立数据平台，进行数据标准化处理"。唯有如此，学术期刊大数据的核聚能才能真正爆发。

（作者单位：中国人民大学学报资料中心）
摘编自《编辑之友》2014年第6期

大数据条件下出版社的多元化发展

罗显华

早在1980年，美国未来学家阿尔文·托夫勒在《第三次浪潮》一书中，便将大数据赞颂为"第三次浪潮的华彩乐章"。"大数据"自2009年开始成为互联网信息技术行业的流行词汇，其概念得到各方面的高度关注，大数据的应用正在重塑多个行业，包括图书出版行业的商业模式、运营模式、管理模式及科研模式。

一、大数据条件下图书出版行业的发展方向

（一）大数据条件下，精准营销逐渐受到重视

社交网络的流行及数据智能分析技术的发展，可以实现对个人和群体的实时观察，这为预测个人和群

体偏好提供了强有力的工具。如果能对大数据进行充分挖掘，就能开发满足消费者需求的新服务和新产品，从而实现标准化广告的推送。

大数据时代颠覆了小数据时代利用少量数据获得更多信息的思维模式，大数据的应用能够让我们从不同视角更仔细地观察和研究数据的各个方面。总之，利用大数据，出版社可以进行更精准的营销。

（二）大数据条件下，个性化的图书内容订制逐渐重要

大数据时代，消费时间"碎片化"和阅读内容"碎片化"成为了一种不可避免的社会发展趋势。

在消费者看来，这是追求个性、追求自我的必然要求；在出版社看来，这是未来图书设计品牌定位的主要依据。为顺应趋势，图书的内容、信息提供、服务都将趋于"订制"，也就是，消费者只对满足其个性化需求的订制内容买单。但是，怎样精准把握读者需求成为了出版社的难题。基于大数据技术的精准营销正是为了解决这一难题，对此，出版社可以通过大数据明确市场需求，合理配置资源，极大提升出版效率。可见，个性化的图书内容订制将是连接出版社和读者之间的桥梁。

（三）大数据条件下，出版社需要搭建自己的数字出版运营平台

大数据时代，出版社需要结合自身的特点和优势，找准定位，搭建适合自己的数字出版运营平台。出版社应改变传统的思维模式及方法，形成主动出版的观念，借助传统出版的品牌优势，选择多元化的发展策略，并将这种理念渗透到各个环节中。

大数据时代，数据将成为图书出版行业的战略资源及核心竞争力，出版社需要重视各类数据的搜集、整理、研究和分析，应更加注重对既有信息的挖掘和"增值"，而不是单纯追求信息的增量及规模上的扩张。

（四）大数据条件下，出版社需要打破数据与行业壁垒

大数据时代，出版社应实行跨行业的深入的战略合作，使传统出版和数字出版能够相互带动，相互促进，相得益彰。传统出版为我们提供内容源泉，而数字出版则可以为我们增添发行渠道，两者有着各自的优势。因此，图书出版行业应积极与电信运营商、技术提供商等合作，借助数字媒体快速传播的优势，实现图书出版跨行业、跨产业的合作。

二、大数据条件下出版社如何多元化发展

笔者认为，在大数据条件下，图书出版行业应打破行业之间的壁垒，开展多元化发展战略。

（一）继续大力发展传统图书出版产业，同时加强数字化转型

数字技术给传统的图书出版行业带来了深刻的变革，在丰富传统图书出版业的形态的同时，也给传统图书出版业带来了巨大挑战。因此，在大数据条件下，数字出版是出版业未来的必然走向之一。

所以，在大数据环境下，出版社必须在吸取数字出版优点的基础上，狠抓传统图书出版业务的发展，只有这样，才能使自身在未来的发展中站稳脚跟。出版社即使要开发数字出版，也不要破坏传统图书出版的运营体系，可以另建一支团队和系统，根据自身的特点、规律来从事数字出版工作。

（二）向文化产业发展

文化产业是具有成长性和前瞻性的产业，很多文化产业的规模大于图书出版市场，但是与图书出版业又有着紧密的联系。所以，出版社在坚守传统图书出版业务的同时，应该大力发展文化产业。

图书出版与文化产业本来都是软实力，它们有着互相联系和互相渗透的特点，因此出版社不应该固守在某一方面，而是应该在关联中找到新的增长点，激发自己的潜能。笔者这里以日本的动漫产业为例进行说明。日本产业者往往先是在杂志上编故事作为铺垫，然后再引向成套的图书出版，接下来开始拍摄连续剧，最后卖模型、卖道具，这样前后衔接，做得有声有色。因此，在市场经济条件下出版社只有运用好资源，才能有利于图书出版业的发展。

（三）向实体业发展

图书出版业的发展模式大致分为两种：一种是只发展主业，即出版社通过图书出版的赢利发展出版业；另一种是以多业发展，依靠多元化发展反哺出版主业。后一种方式是一种良性的互动，其他行业发展越好，出版主业也就发展越好。

成功的大型出版集团大多走多元经营发展道路，它们通过核心出版业体现集团的形象与价值追求，但是这并不表示核心出版业占销售收入的比重就高，甚至有的大型出版集团的大部分收入却来自于非出版业。

向实体业发展包括房地产业，是一个有争议的话题。反对者或出于文化责任，担心影响出版主业的健康发展。其实，检验多元化是否成功，重要的是看出版是否比以前做得更好、更有发展和更有影响力，而不是出版比重的强弱。

总之，大数据带来了购物模式、生活方式以及营销模式的变化，最明显的变化就是消费者和网民之间的界限淡化，在电子商务的平台下逐渐形成了新的聚合消费力。在大数据条件下，出版社必须更好地利用大数据，在突出图书出版主业的同时，加强多元化经营，只有这样才能降低成本，提高效率，得到长足发展。

（作者单位：中国书籍出版社）

摘编自《出版参考》2014年12月上

出版企业掘金大数据的两个层面

姚永春

这是一个概念层出不穷的时代,有些概念不过是昙花一现,有些却注定会改变整个人类社会的发展轨迹,"大数据"当是后者中的一个。自20世纪80年代被提出,到现今炙手可热,"大数据"概念在一番沉寂后,终于迎来"大爆发"。

根据Gartner的一份名为《2013年大数据普及程度背后的炒作》的报告,64%的受访企业表示他们正在或即将进行大数据工作。

出版企业显然没有理由漠视大数据的存在及其作为一股强大的技术变革力量对商品生产、营销、消费以及文化领域等方面的影响。出版业就实质而言,自古就是数据的生产与集成部门,承担着生产、收集、管理、分析、发布数据,实现数据知识化转化的任务。换言之,出版业是数据高度密集型行业。

笔者认为,传统出版企业要掘金"大数据",必须在两个层面进行合理规划——大数据构建层面和大数据应用层面。

一、大数据构建层面:从建立大数据库到部署云环境,搭建出版企业的大数据平台

在大数据时代,数据本身是"宝藏",可以创造价值。传统出版时代积累的海量数据及出版活动中源源不断产生的新数据,是"大知识""大科学"的重要源泉,是出版企业重要的新经济利益来源。出版企业必须着力夯实数据基础,搭建一个标准化、可横向拓展的统一数据平台,扩大数据规模,扩展数据容量,收集、存储更全面、更翔实、更完备、更有效的出版数据及相关数据,成为规模数据拥有者。

出版企业大数据构建层面的工作可以从两个方面展开:一是事实信息数据化,主要通过大数据库建设完成;二是内部数据与外部数据的对接与整合,主要通过出版企业云环境的部署实现。

(一)建立出版企业的大数据库

大数据的本义是庞大的数据集,具有规模大、种类多等特点。根据IDC对大数据的定义,大数据要收集超过100TB的数据,或从小数据开始,但数据每年增长60%以上。显然,出版企业属于定义中的后一种情况。因此,出版企业要做的事是,以既有ERP系统数据资源为基础,充分实现事实信息数字化,并进一步扩大数据来源,特别要增加对各类实时流数据的收集和存储,提升数据的精细化程度。

大数据资源繁杂、增长迅速,出版企业在建立自己的大数据库之前,必须依据大数据应用目标定义自身的价值数据标准,确定大数据收集、存储的类型和范围。基于出版企业掘金大数据的需要,笔者以为,出版企业的大数据库可以由以下类型数据集构成。

(1)读者数据集:读者数据一直是出版企业重点收集存储的数据,但传统读者信息主要是人口统计指标信息,如性别、年龄、文化层次等,这些相对静态的数据很难满足数字出版的需要。大数据库中的读者数据集,更强调对与读者消费行为相关的动态数据的抓取,比如通过Cookie技术获取读者浏览网页、搜索和评论图书产品、阅读状态等行为数据,通过这些数据,出版企业可以获得关于读者在购买偏好、购买意愿、购买频率、购买周期、忠诚度、满意度、营销手段适应性等方面的丰富数据,有利于出版企业准确把握读者的阅读与消费脉动,实现供给与需求的精准匹配。

(2)产品数据集:主要收集、存储出版企业自己生产的各类有形产品数据,包括内容数据集和销售数据集。内容数据集收集、存储服务于产品定制化生产和数据创意服务的产品内容数据,可以在出版企业内容数字化的过程中一并建立。

(3)供应链数据集:可在现有ERP发行系统信息的基础上升级而成,重要的是,不仅要收集出版企业既有供应链上各级批发商、零售商的相关数据,也要收集行业供应链数据,特别是电子商务方面的数据。

(4)营销活动数据集:数字时代,营销是与内容创新并重的出版企业竞争优势来源。营销活动的投入产出比如何,与产品、读者的适应性如何,线上线下营销活动的关系是互补还是替代……这些都是大数据时代出版企业应该收集也可以收集得到的数据。

（5）作者数据集：包括作者的性别、年龄、主要作品等基本数据及动态行为数据，如作者新近发布的微博、参与的互动话题、新加入的圈子等。这些动态数据，对出版企业的选题创新、作者开发都有积极意义。

（6）其他数据集：如版权数据集、财务数据集、人事数据集等。

出版企业在建立大数据库的过程中，要逐步形成数据收集网络，扩大数据存储范围。不能仅仅局限于传统 ERP 信息源，或者业务与社交数据源，还应该把对出版活动有较大影响的其他数据源囊括进来，比如二维码信息，源自信息亭、车载娱乐系统等智能系统和网络边缘设备传感器生成的内容，搜索、移动、网络分析工具产生的数据等，这些复杂的流数据是大数据的重要组成部分，是企业打造个性化客户服务的全新信息价值宝库。当然，在扩大数据收集范围的同时必须注意数据质量，并根据企业发展需要随时对数据资源进行增减。

（二）部署出版企业的云环境

大数据库的建立强调的是出版企业的内部信息化基础建设，借用时髦的概念，可以称之为出版企业的"私有云"建设。但必须指出的是，如果这个大数据库只是做到了自身规模的快速膨胀，却未能有效地嵌入互联网数据链中，那么，它仍然属于"信息孤岛"，并不比传统 ERP 先进多少，换言之，它的大数据价值十分有限。而且，实事求是地说，出版企业大数据库的容量一定是有限的，因为其无法承担对更高性能基础设备的投资。另一方面，数字时代企业的边界在逐渐消融。从这个角度看，出版企业要充分获取大数据商业价值，必须善于借力外部数据资源——各种公共和共享的数据资源，如政务数据源、商务数据源、普查数据等。此外，更加重要的是，大数据必须与云计算结合，才能完成由"数据垃圾"向"信息金矿"的华丽转身。所以，出版企业大数据构建的最终目标是部署自己的云环境，利用云基础架构实现大数据价值挖掘。出版企业的云环境部署，较为可行的是在私有云的基础上创建混合云，或添加大数据分析至内部服务。同时要善于利用公有云中的重要外部资源和应用程序，借助公有云服务补充内部资源，实现企业内外数据、多方平台数据的整合。需要提醒的是，云环境的构建强调与外部的关联和对接，可能会带来一些安全隐患，所以，在部署云环境的过程中，出版企业一定要注意保护私有云中的敏感数据。

二、大数据应用层面：从营销领域的试水到全业务覆盖，从数据产品到数据创意服务

大数据的最终意义是"获得洞察力和价值"，大数据应用的核心是通过对数据的知识化促成正确决策和高效行动。因此，大数据之于出版企业的应用价值，首先在于通过数据分析优化出版流程，节约运营成本，提高经营管理效率。大数据在出版企业的商业应用还有一个重要方面，即"以数据为核心"的产品生产与服务提供，也就是出版企业作为大数据价值的挖掘者和转化者，通过对大数据的有效整合分析和价值挖掘，向社会提供数据产品或数据创意服务。

（一）以大数据分析实现精准营销，促进出版流程优化，提高经营管理效率

在零售、电子商务等领域，借助大数据实施精准营销的成功案例已为数不少。在图书营销方面，亚马逊、当当等网站的荐书服务也广为人知。实际上，当前的技术条件已经能够支持出版企业在大数据营销方面走得更远。《饥饿游戏》在北美上映时，出版商即通过电子阅读器获得了有关读者阅读该书的速度、标注行为、阅读第一册后立即购买第二册等信息。

通过大数据分析提高选题策划的市场适应性和作品创作的针对性，是值得出版企业期待的一项大数据应用。虽然出版界还没有《纸牌屋》这种大数据排列组合的直接产物，但"Coliloquy 模式"也开启了读者介入作品创作过程之门，作者会根据读者偏好流数据随时调整故事内容，读者可以决定故事的发展和结局。可见，以大数据分析为基础创新出版物内容与形式，构思选题，实现内容的个性化定制，甚至在大数据分析的基础上直接完成作品，在不远的将来会是出版企业大数据的核心应用之一。大数据最终将应用于出版企业的各个业务环节，帮助出版企业优化业务流程，提高运营效率。

当然，大数据于出版企业管理效率提升的作用，必须建立在数据打通的基础上，包括读者行为数据、出版者行为数据及出版企业内部销售数据、营销数据、库存数据、选题数据等全部数据的打通。只有数据贯通，出版企业才能有效实施大数据监控，使各部门之间协调一致，最终获得经营管理效率的提高。

需要指出的是，在大数据应用的这一层面，大数据对出版企业是一种商业成本、经济投入，传统出版企业究竟能否获得令人满意的投入产出比尚待验证。而且，如前所述，这一大数据应用通常需要依赖数据

公司的外部数据服务,但外部数据服务能否取得良好的效果,取决于出版企业对自己的需求和目标是否有明确清晰的刻画。

(二)数据产品生产与数据创意服务提供

大数据和云计算对出版产业的影响,绝不只是技术变革,而是深刻的产业变革。

程晓龙与王明亮的"大数据出版"设想可以说是对大数据这一应用的具体描述。程晓龙认为,"数字出版或许应该首先是数据出版,它整合、梳理大量内容资料,全面、细致囊括相关知识,是海量数据、庞大数据库的有效管理。其次,它将是数据关系的智能服务,能够智能挖掘、匹配一切阅读兴趣,为读者的沉浸阅读、深入学习提供内容和工具,是满足阅读需求的数据综合服务。最后,数字出版必将成为大数据出版,即以内容为基准,包含各种服务的 PB 级大数据;处理速度迅速、涵盖多种类型以及信息感知无处不在、随机变化但智慧关联"。王明亮以《中国统计年鉴数据库》(CSYD)的出版为例提出"大数据出版"构想。在他看来,大数据时代的出版者需要"真正理解内容,不断地深入挖掘各种用户、读者研究和学习的需求,把出版看成是对读者提供知识服务的过程";"大数据出版"的核心不是出版图书也不是发布数据信息,是"把有意义的每一条数据及其数据关系都看成是一个出版产品",向读者"提供数据服务";更进一步,"大数据出版"还可以指微数据与微数据在"大数据云层"中的"强耦合"。一言以蔽之:将数据及其相互关系视为出版产品,为读者

提供数据关系的智能服务。

数据产品生产,是指出版企业作为数据整合机构,通过对庞大的结构化、半结构化和非结构化数据的分析挖掘,提炼出有价值的关于各个行业发展趋势、市场行情等预测性信息,以数据图谱或趋势性信息的方式提供给社会,供各行各业决策时参考。数据创意服务的实质类似于咨询服务,出版企业通过对数据的深度挖掘与解读,形成不同领域的创意,然后提供给相关领域的企业或政府部门,由后者付诸实践。数据产品生产与数据创意服务提供对出版企业并非遥不可及。目前出版企业正在尝试的将杂志或图书内容"碎片化"后再根据读者需求重新整合的做法,实际就是一种数据产品生产模式。

三、结　语

大数据给传统出版企业带来了新的机遇,但传统出版企业要真正通过大数据获得"大利润""大发展"殊非易事。正如 Gartner 的调查所显示的,许多企业对于大数据应用其实非常迷茫,不知道要做什么,怎么做。笔者不揣简陋,对出版企业在大数据构建和大数据应用两个层面的规划略作构想,期冀对传统出版企业掘金大数据有所裨益。最后还想强调的一点是,两个层面的工作需要同时展开,数据规模化与数据价值挖掘需要同步。

(作者单位:武汉大学信息管理学院)

摘编自《出版广角》2014 年 2 月下

试析数字出版平台与大数据结构

崔恒勇　范钦儒

一、概念辨析

(一)数字出版平台

数字出版平台的概念,代表了一种产业内涵。平台并不是一个实体概念,它是以产业角度所组建的,以行业为核心领域的,包含整个生产、服务链条各环节在内的一种开放式生产环境。平台的功能不是单一的,所包含的利益关系也是多方的,它通过众多入口和出口,为直接生产方和周边服务方提供一个互相沟通的抽象的场所,用于相互交换生产资源。

(二)大数据与数据结构

大数据虽然称为"大",但并非所有数据都有很高的使用价值。在产业链的不同环节中,不同的数据其价值一定有高有低。从数据规模上来讲,大数据的基本要求是宏大。目前并没有一个绝对的数字标准来衡量大数据的"大",大是相对于传统抽样调查数据的计算能力所能承受的数据量来说的。当然,还包括了数据形式的样式之多、数据来源的渠道之多、数据分类的类别之多等方面。大数据的特点是:①海量;②结构复杂;③不重因果,而重相关关

系;④有预见作用;⑤数据分析结果的延展性。

数据结构是一个抽象的概念,大数据的数据结构是相对于传统抽样调查的数据单一结构而言的。数据结构代表的是不同数据互相之间存在的一种或多种特定关系的结合。两家同样每天生产500TB数据的公司,不一定都算得上真正的大数据公司,区别关键在于数据结构的复杂性。数据结构越复杂,供分析的挖掘深度就越大,分析结论就会更有价值。

大数据的这种功能得益于其数据的大和统计算法的科学性,但并不是说把任何数据放在一起,都能算出关联,而是需要在结构上进行精心设计。不管怎样关联,其核心就是用户本身。用户所需的、用户所想的、用户所做的,就是关联度最高的核心数据。

大数据的核心意义在于其预见作用。在传统企业的决策制定中,可用的数据我们姑且称之为经验,但大数据技术出现后,我们可以将过去无法统计计算的非结构化数据相互关联,把所谓的"经验"具象化,以此来指导和完善决策的制定。它就像是一场寻宝游戏,不再执迷于少数数据所能提供的精确性,而开发了更广阔的空间。

在数字出版以其多变性黏合了众多相关企业,使之连接到数字出版平台之时,数字产业链的触手延伸到了更远的地方,因此能够得到更多、更全面的数据资源。

二、数字出版平台大数据来源

(一)结构化数据

结构化数据指的是数字、符号这一类信息,它便于存储和统计。这是最为传统的数据,由于计算能力的限制,结构化数据长期全权占领数字统计领域。

(二)非结构化数据

相对于结构化数据而言,不方便用数据库二维逻辑表来表现的数据就是非结构化数据,包括文档、图片、XML、HTML、各类报表、图像和音视频信息等等。这些数据难以检索,但如今类似视频抽帧检索技术等的出现为更好地处理非结构化数据提供了有力支持。这些数据在未来会发挥更加重要的价值。

(三)社交数据

社交数据来自社会化媒体,这些展现个人情感情绪信息的个人社交平台是所有行业在当下商业环境中都必须重视的数据提供方。用户的社交信息、关系网络和用户间的互动关系是数字出版平台非常需要的社交数据。例如淘宝与新浪微博的战略合作,除了开发新的广告展示位之外,更重要的是获取中国最广大的活跃社交媒体之一的海量用户数据。这些数据是最贴近受众的消费指针。

(四)其 他

被大数据研究者舍恩·伯格称为"数据废气"的用户在线交互的副产品,包括用户停留的页面、停留时间、输入了哪些信息、鼠标指示轨迹等等,这些信息都隐含着用户的消费轨迹和倾向,是被忽略的数据财富。

综上所述,大数据的来源有千千万万,这就为数据结构设计提供了许多方面的素材。不同种类数据信息的相互整合能够创造完全无法预估的真正价值。而在数字出版平台中达到这样的良性效果,最重要的就是平台各方之间的互相合作。

三、数字出版平台大数据结构设置

从内容制作、发行营销、实际消费,到最后的信息反馈,整个出版流程的各个环节都布满了大量的数据。而如何搜集到数字出版流程每一环节所需的数据资料,并使得产业链构建,实现所辐射到的企业、机构、部门一体化,是大数据生产面临的第一个难题。

(一)内容制作

首先,在传统出版中,内容制作是由职业人员完成的。专业制作的文化产品数字化后,成为了数字出版内容的重要来源。这些制作者的作品、收益、工作习惯等也构成了内容制作数据的一部分。

其次是半专业内容制作资源。随着网络技术的发展,一些民营出版机构和自组合的出版团体借着数字网络平台茁壮成长。他们有组织有规划,有线上线下的活动举办,部分还有广告收入。类似豆瓣小站、人人小站、微刊、自做APP等媒介平台的出现,都是自出版团体的沃土,丰富了出版内容资源,满足了消费者繁复多变的消费需求。这些平台的访问、浏览、互动数据,也是数字出版的内容制作的重要数据来源。

第三,以UGC模式为主的网站。类似优酷网、花瓣网、唱吧等网络媒介,也成为当下数字出版内容制作一环中最活跃的组成部分。用户发布的时间、频率、数量、内容分类、偏好、关注度、转发量等都是重要的数据资源。由于发布信息人"传者"与"受者"的双重身份,使得这些数据更为贴近用户和消费者,能够更加客观真实地反映受众的喜好。

（二）发行营销

数字出版的发行渠道主要集中于网络，包括固定网络及移动网络。

以社会化网站为主的固定网络和以 APP 为主的移动网络渠道，构成了数字出版发行的主要支架。这些不同的发布渠道适用于不同的受众群体，连接了线上与线下。

此外，个人社交媒体也是数字出版发行营销的重要战场。在各大网站及 APP 的服务中，都有"转发""分享"这类功能，它们的巨大商业价值正在被慢慢开发出来。这些活跃数据的存在，使发行营销这一环节的链条分布得更长，与网络媒体有更多的合作可寻。

（三）实际消费

消费者在线购买出版物，是一种常见的消费形式。各大电子商务平台出版物的出售、出版机构自有的出售渠道，都可以集合消费者的消费行为信息。这些消费者购买行为产生当下所出现的数据信息，包括消费时间、地域、金额、付款方式、银行业务等等，都是对出版企业极其重要的销售信息。它所涉及的不仅仅是出版机构，还有第三方电商售卖平台和线上付款机构。把出版机构、第三方出售平台、线上付款机构这三方的数据整合到一起，才能组成完整的消费行为实施当下所产生的有价值的数据。因此，这三方间的数据互通合作就显得极为重要。

（四）信息反馈

传统出版服务一般终止于图书售卖出去。如今新媒体的高速发展给出版产业的后续服务创造了许多途径和机会，其中最重要的就是信息反馈的搜集整理。在我国出版业中，应该专门建立搜集反馈信息的服务机构，把它作为未来出版流程中必要的一个环节。目前国内现有的一些销售反馈服务有：一些图书印刷二维码，消费者可以扫描后进入微信客服，除了退换货等基本售后服务外，还可以反馈额外所需服务信息，如及时获取新书发布消息、进行读编互动等。消费者行为信息的大量整合，通过大数据技术的分析，能够指导出版企业未来的选题策划和市场投放。从某种意义上说，消费者数据才是产业的最大资源。

四、大数据结构开发障碍

（一）数据安全

个人信息的隐私保护是大数据技术出现后，伴随始终的安全隐患。有些美国企业采取了用户自主选择

是否让媒体自动搜集你的信息的选项，如果用户选择了拒绝被搜集信息，那么媒体提供的基于大数据搜集的各种服务将会无法享受。数据安全责任的承担方从提供数据的消费者本身转移到了使用和管理数据者，当有问题出现时能够有较为完善的监管机制进行管理。这是目前看来最为可行的一种安全保护措施。

（二）数据技术

大数据由于其海量和数据结构的多层级性，对数据存储、管理提出了更高的技术挑战。如果说云存储等技术可以比较好地解决这些问题，那么还存在着技术更高要求的数据分析与数据可视化问题。我们对于数据的应用已经习惯了过去抽样调查的"假设—验证"逻辑，一个问题对应一个答案，一个答案揭示一个现象。但是大数据多方数据库的相互整合，多个数据类别构成复杂的数据层级，使得数据分析结果存在更多的惊喜和意外收获。但如何运用这些数据库得到理想的分析结果，需要专业的数据人才。而一份好的数据分析更需要好的可视化效果展现在使用者面前，才能物尽其用。

（三）数据壁垒

在美国，大数据技术风靡后，数据成为一种公共的、可分享的开放性资源。上至国家政府机构、下到 Twitter、Facebook 等个人信息发布平台，大量数据信息是开放的。因为他们意识到，在大数据背景下，数据的互通能够打造一种多赢的局面。然而在我国，行业间的数据壁垒还很严重，企业各个机构之间也存在着一定的壁垒。阿里巴巴集团在 2013 年重构了 25 个事业部，它的收购计划遍布互联网的各方各面，以收购形式获取产业链触手能够触及的所有相关行业的行业数据来充实阿里巴巴的强大数据后盾。而在我国出版业，首先是不存在像阿里巴巴集团这样实力雄厚的企业，另外各行业机构还没有更新大数据思维，对数据互通的益处认识得不够深刻。

五、结　语

综合来说，在数字出版作为平台角色出现时，大数据技术起到的是一种粘合剂的作用，粘合了平台各方构成的产业链中所能容纳、辐射到的所有行业、部门、企业、机构。而其中最重要的就是数据结构的安排，也就是说把什么样的数据关联在一起找到它们的内在关系。通过技术分析把这种结构的关联和结合变得不止单层相加的那么简单，深化合作，以此

来彻底改变传统的生产方式和内在商业逻辑。

人们常说，通过6个人的关系就能找到世界上的任何一人。而在大数据的世界中，通过数据结构的设置，大概不到6步就已经能够发现两种完全看不出联系的现象之间的显性规律，并以此来创造真正的商机。这才是大数据的真正价值。大数字出版平台中，我们更需要这样的富有想象力和内涵的数据结构思维，使产业获得良性发展。

（作者单位：北京印刷学院）

摘编自《出版发行研究》2014年第4期

大数据：出版产业的机遇与实践

石佳靓

出版产业大数据时代的来临是数字出版实践和大数据国家战略深化发展的结果。大数据仿佛一头庞然大物，拥有足够的能力践踏和重组已有的产业格局。大数据带来了新的数据分析技术，通过对各种业务数据的整合分析和挖掘，将极大改进企业的运转效率，或拓展企业的产品业务线，提升产品附加值，或改进终端用户体验，提升客户满意度。一方面，大数据分析是企业发展的助推剂，帮助企业精确解决运转过程中的问题，实现发展速度和质量的提升；另一方面，数据越来越成为企业的核心资产，而数据处理和分析能力将越来越成为企业核心竞争力的构成要素，对数据资产的管理和运营也能成为企业潜在的增值空间。

一、大数据环境下传统产业的新机遇

历史上每一次生产技术的革新都带来生产力的大幅提升和产业结构的重大调整，只有具备敏锐的嗅觉才能在变革的时代中不断推陈出新，传统产业尤其如此。在大数据时代下，传统产业凸现出三大显著的发展趋势，相应的六类商业模式也愈发清晰。

（一）产业发展的三大趋势

对于大数据催生的产业变革，宏源证券研究所高级分析师赵国栋等认为，信息产业的发展将会呈现出三大趋势：数据成为资产、行业垂直整合以及泛互联网化。

1. 数据成为资产

数据资产将成为和土地、资本、人力同等重要的、独立的生产要素。尤其对信息产业来说，决定产业兴旺繁荣与否的关键因素，已不是传统的生产要素，而是一度被束之高阁的数据资产。

2. 行业垂直整合

传统的逻辑是，新兴产业通过垂直整合来开辟市场，在产品市场成熟以后，产业链上专业分工才逐步细化，成本也逐渐降低，优势逐渐转向水平分工格局。

而在大数据时代，行业垂直整合趋势越发明显，这种趋势仍然首先体现在信息产业，然后向相邻产业蔓延，这是大数据改变产业竞争格局的一个缩影。

3. 泛互联网化

泛互联网化是不论大型公司、小型公司、新兴企业还是传统企业理解大数据变革、实践大数据战略的一个重要的思想基础。在泛互联网范式中，强调终端、平台、应用的泛互联网化。

（二）产业发展的六种商业模式

（1）数据租售模式：即出租或售卖经过加工后的数据资产。这是最典型的数据资产模式。

（2）信息租售模式：即围绕某一行业或领域，从多种渠道搜集、整合相关信息进行租售。

（3）数字媒体模式：即利用其掌握的海量数据进行深度分析，提供精准营销和信息聚合服务。

（4）数据使能模式：这类模式也是基于大量的数据和有效的数据分析技术。

（5）数据空间运营模式：这类模式主要提供数据存储空间。如Dropbox（一款网络文件同步工具）、微盘等，发展潜力巨大，赢利模式相对多元。

（6）大数据技术提供商：这类公司以技术见长，提供专业的大数据技术解决方案，在语音数据处理、视频数据处理、语义识别、图像处理等领域都大有可为。

二、出版产业大数据发展的可能误区

尽管大数据浪潮来势凶猛，但也并非空穴来风、毫无征兆，有关数字出版在出版业内的理论探讨和实践摸索由来已久。数字出版可以看作是传统出版界对大数据浪潮的预先感知和提前反应，也可以看作是传统出版界数字化转型的先期阶段。即便如此，传统出版人在面对这个崭新领域时，难免会出现种种理解上的偏差和片面的，甚至错误的认识。正视并纠正这些可能的认知偏差,对于理解大数据乃至抓住大数据时代出版产业的战略机遇至关重要。

误区一:大数据时代出版产业的转型升级就是技术和结构升级

大数据时代出版产业转型升级的根本不是表面的技术和结构升级,而是价值功能转型升级,即从低层次传播向高层次服务转变。传统出版企业往往缺乏专业的技术人才,这种人力资源的缺失造成一种认知惯性和偏差,即认为只要补充技术人才从而带动出版企业技术转型,就能带来企业战略层面的转型。

误区二:大数据时代的出版仍然必须依靠传统出版提供内容

大数据时代的出版的确可以利用传统出版的资源,比如将传统出版内容数字化,从而实现新的盈收。但是,未必一定需要依托传统的出版资源,技术和产业环境的变化使得不同的主体可以创造出自己独有的方式进行出版活动,而传统的出版内容资源只成为海量出版内容的一部分。

误区三:出版企业应用大数据重点在于建立数据库存储企业的数据

标准化的数据采集和存储基础设施仅仅涉及大数据的"藏",更为重要的是源源不断地利用历史和现时不断产生的数据实施分析、描述、预测和决策,使数据的价值得以变现。也是由于传统的原因,出版企业或多或少都储存有一定数量的、分散的、类型多样的数据,这些数据已经形成了企业的数据资产。

误区四:大数据对出版企业来说完美无瑕

大数据背景下,信息的战略价值愈加凸显,出版业将获得更为广阔的发展前景。然而,大数据对出版企业来说并非完美无瑕,我们也应辩证看待。在战略层面,出版企业应该认识到,大数据不能替代文化风格与思想深度。过度地强调以用户为中心,过度地迎合读者的阅读兴趣,毫无疑问会降低作品的思想深度,进而可能对整个出版文化生态造成负面影响。

三、出版企业中大数据应用的实践案例

大数据概念发起于国外,在出版行业早有应用,与此同时,国内新闻出版行业有关大数据管理和应用的实践亦有成功典型。下文将以实际案例分析大数据在国内外出版行业的典型应用,为我国出版行业提供借鉴和参照。

(一)电子书领域的奈飞公司(Netflix):思科伯德(Scribd)和沃易思特(Oyster)

Nexflix利用海量用户数据挖掘和分析,打造出一炮而红的原创剧集《纸牌屋》。而在电子书领域,Scribd和Oyster两家在线图书馆公司通过手机内容网站订阅者的行为数据,为电子书或者个人出版物提供数据分析服务,有志于成为电子书领域的Netflix。

Scribd和Oyster通过对读者行为数据的分析发现:人们如果在凌晨5点还在看书的话,极有可能会选择一本言情小说,而得克萨斯和佐治亚州的读者更是如此;在清晨时段,惊悚小说对人们更有吸引力;如果一位读者喜欢菲利普·K·迪克(Philip K. Dick,一位作家),那么他/她很可能也喜欢关于啤酒而非葡萄酒或烈酒的书籍;励志类的书籍非常热门,但是选择此类书的读者只有20%会把它读完;悬疑小说越长,读者就越快跳到最后一张查看"凶手"或者"大老板"是谁;如果书籍分成短章节,读者读完的几率会增加25%,等等。

(二)从传统印刷企业到新型文化企业:雅昌集团

雅昌集团成立于1993年,业务经营范围以传统印刷为主,曾多次获得美国印刷行业最权威、最具影响力的大奖——"班尼奖"。2000年,雅昌集团创立了雅昌艺术网,迈出了从传统印刷业向新型文化公司转型的第一步。尽管创立之初设备简陋,但雅昌艺术网通过年复一年、日复一日的漫长积累,形成了人类历史上空前的"艺术品数据库"。凭借这些数据资产,雅昌集团的业务范围也从书籍印刷扩展到数字出版,建成了雅昌艺术网、艺术品数据库、流动美术馆、艺术阅读体验中心等。可以说,雅昌集团的发展历程将大数据环境下产业变革的三大趋势体现得淋漓尽致。

四、结 语

大数据浪潮带来新一波产业变革的机遇和挑战,作为信息和数据密集产业的出版产业自然首当其冲。在转型升级的过程中,出版产业必然能通过大数据战略充分挖掘和利用行业用户数据、产品内容数据、市场信息数据等数据资源,提高生产效率,优化营销模式,拓展产业链条,提升内容价值,改进用户体验。洞察并顺应传统产业在大数据环境下"数据成为资产""行业垂直整合"以及"泛互联网化"这三大趋势,理解产业变革的逻辑和路径,是抓住新机遇、迎接新挑战的重要前提。数据产业的六大商业模式也是产业转型中的出版产业可资参考的。

新事物的诞生总会伴随着疑惑和误解,大数据在出版产业中的发展应用也不能避免。出版人应该认识到:第一,大数据时代出版产业转型升级的根本不是表

面的技术和结构升级,而是价值功能转型升级;第二,大数据时代的出版并非一定需要依靠传统出版提供内容,出版企业应从传统出版向数据内容服务转变;第三,出版企业大数据应用的重点不在于"藏",而在于"用";第四,大数据也具有一枚硬币的两面,在战略层面和操作层面对其辩证理解和看待同样重要。

国外的 Scribd 和 Oyster 以及国内的雅昌集团是出版企业实施大数据应用的典型案例。前者通过对读者阅读行为数据的采集和分析,得出一系列传统方法无法获得的规则和发现,这对于公司预测读者阅读

兴趣、改进用户体验、优化营销策略等方面具有很大的启发意义。后者是本土企业通过大数据战略,从传统印刷企业成功转型为以数据为主要资产的新型文化企业的案例。这两个案例,尤其是雅昌集团的实践,充分体现了数据资产、行业垂直整合和泛互联网化的产业趋势,对我国传统出版企业的战略转型具有很好的借鉴意义。

(作者单位:南京大学信息管理学院)
摘编自《中国出版》2014 年 6 月上

基于大数据的出版流程变革

向安玲　沈　阳

一、综　述

关于大数据对出版行业带来的变革,业界的探索多于学界的研究。国外学者多从相关案例出发,总结出版企业利用大数据创造商业价值的实践经验。亚历山大·奥尔特(Alexandra Alter,2012)在文章《当心,电子书也在"读"你》中提到,包括 Nook、Kobo、kindle 在内的电子阅读器都开始记录读者的阅读行为,这些电子阅读数据已对出版流程带来多方面的变革。

国内相关研究则主要集中在大数据时代下的出版企业转型和产业重构、商业模式构建、大数据技术应用等方面。张宏伟在国内首次明确提出"大数据出版"的概念,他认为大数据出版是构建在云出版之上的一种出版形态;吴赟对大数据时代出版产业重构所面临的问题做出思考,指出大数据将革新出版业对信

息的搜集、储存和传播方式。

二、数据基础分析

传统出版企业所掌握的数据资源通常是系统的、结构化的,数字出版和媒介融合使得出版数据不断拓展,大量非结构化数据被提取出来,出版企业需要通过过滤整理和关联分析去探索更深层次的价值。读者群体、专业团队和机器设备是出版过程中不可或缺的几大主体,他们参与到出版的各个环节并形成大量的出版数据。按数据来源本文将出版大数据分为用户生成内容(User Generated Content)、专家生成内容(Professional Generated Content)和设备生成内容(Device Generated Content)三大类,具体来源、分类和内容组成如表1所示。

表 1　出版大数据来源、分类和内容组成

大数据来源	分类	内容组成
用户生成内容 UGC（User Generated Content）	基本信息	读者个人背景(年龄、性别、职业、教育等),注册信息
	发布内容	原创内容,转发内容,评论内容
	行为信息	查询记录,购买行为,阅读行为(阅读时长、强度、类型偏好、终端选择等),社交行为
设备生成内容 DGC（Device Generated Content）	时空定位	(潜在)用户地理位置,阅读时间和地点
	趋势预测	舆论态势,流行元素追踪,社会热点方向
	关联数据	读者关联,作者关联,内容关联,销量关联

大数据来源	分类	内容组成
专家生成内容 PGC (Professional Generated Content)	内容生产	写作过程数据,修改记录,编排过程记录
	反馈评估	专家评论(书评),情感倾向

对出版过程来说,用户生成内容(UGC)是一种驱动因子,可拓展出版内容广度,形成精细化市场;专家生成内容(PGC)是一种引导因子,可维持出版内容深度,形成品牌价值;设备生成内容(DGC)作为辅助因子对于发掘潜在读者群体和出版热点方向有预测导向作用。三种类型的数据对于出版企业都具有巨大的价值,本文将其价值挖掘和使用方式总结如图1所示。

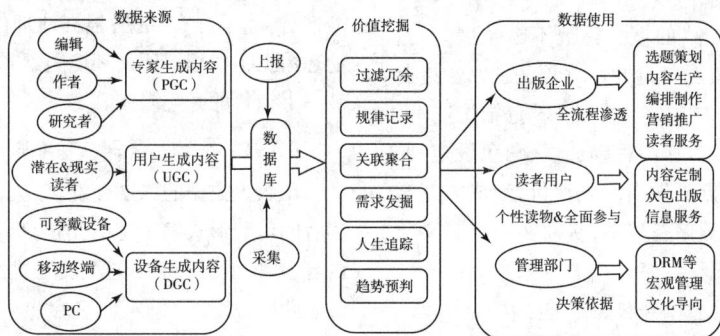

图1 出版大数据价值挖掘与利用

三、流程变革分析

大数据以不同形式根植在图书出版的各环节中,逐步实现对出版流程全方位、多角度、深层次的渗透。

本文从选题策划、内容生产、编排制作、营销推广和读者服务五个基本环节出发,分别阐述了大数据对出版流程的渗透方式和特点,得出以下流程图(见图2)。

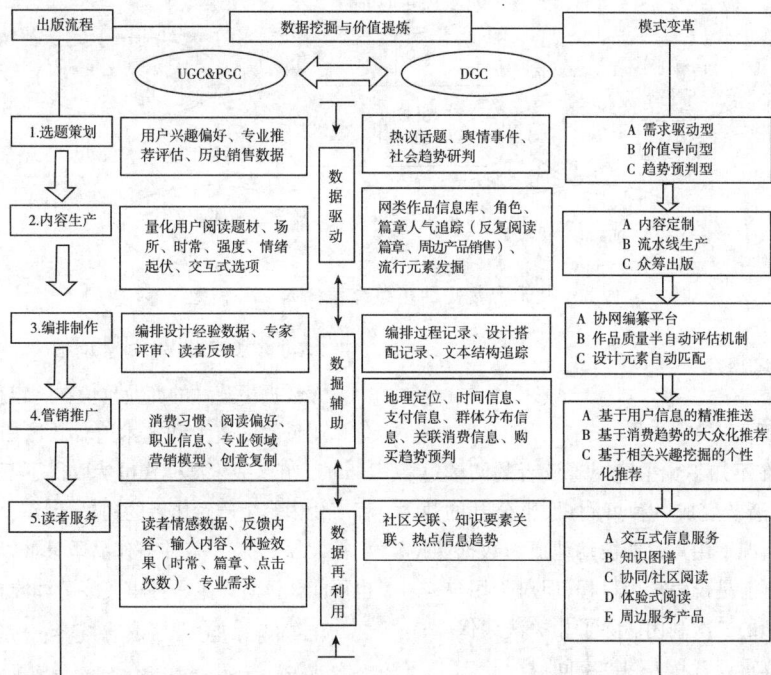

图2 基于大数据的出版流程变革示意图

（一）数据驱动选题策划

大数据作用于图书选题策划的过程，但并未改变选题的基本目的，需求驱动、价值导向、热点预判仍是其出发点。一方面，出版社从大数据分析中挖掘用户需求、进行趋势预判，利用专业经验获得更加精准的策划方案；另一方面，通过大数据的开放共享，让用户也参与到选题过程中，逐步形成具备自组织性、开源性的图书选题策划模式。

（二）读者深入内容生产

大数据时代"作者"的概念将被不断拓展，通过量化分析读者的阅读题材、场所、时常、强度、情绪起伏等主观感受可以形成内容生产的"模范结构"。通过这些数据分析可以对作品篇幅长度、角色设定、文字风格、情节发展等方面做出人气评价，形成人气素材库、情节发展范式等储备资源，从而实现半自动化的流水线生产。

（三）机器智能编排制作

利用协同编纂平台进行编纂和交互的过程中会产生大量非结构化数据，比如文稿修改记录、易错文本记录、专家评审记录、编辑交流记录、时间进程记录等等。出版企业需要对这些"废弃数据"进行二次开发利用，从中发掘编纂过程中的问题环节、各环节的效率控制、需要注意的文本、编辑能力欠缺、专业经验和技巧等等，从而有针对性地进行编排过程优化和时间进度管理。

（四）精准定位的营销推广

出版企业根据用户消费数据（如价格接受区间、优先选择因素、常用支付方式等）可选择合适价位和类型的图书以合适的渠道进行推送；根据用户阅读偏好、职业信息和专业领域等数据，实现分类图书的按需推送；除了静态数据，根据地理位置、时间、情绪等动态数据了解用户所处环境因素和心理需求，还可突破图书销售的时空限制。

（五）"人""文"交互式读者服务

出版大数据的深度开发、二次利用和开放共享让读者的消费形式发生变革，消费产品不再局限于图书内容，知识要素、关联数据、交互式信息等都被纳入出版企业服务范围。

（六）出版流程变革"5P模型"

结合上文的分析，本文构建了基于大数据的出版流程变革"5P模型"。归纳总结了大数据对出版各环节的变革方式和优化方向，如图3所示。

图3 基于大数据的出版流程变革"5P模型"

四、数据使用之博弈

（一）数据开放 VS 隐私保护

电子阅读器在不知不觉中窥视着读者的阅读过程，将阅读行为逐渐转变成一种可测量、半公开的数据化信息。很多情况下用户只能被动地成为数据源，对于企业而言这可能是价值衍生过程，但对于用户来说这很可能是隐私的二次利用。除了相关法律保障，出版企业也必须尊重读者私人阅读空间。

（二）需求驱动 VS 创意风格

大数据中蕴藏的商业价值在一定程度上扼杀了文化从业者的创造力和艺术追求。诸如Coliloquy、Scholastic的流水线生产模式虽然取得了不错成果，但这种程序化内容生产对作者的构思、创作、个人风格都带来了很大的干扰，不仅使得作品质量难以突破现有水准，也可能让读者产生一种审美疲劳和倦怠感。

（三）内容生产 VS 数据服务

是专注于内容生产还是拓展数据业务，是选择合作共享还是把握数据所有权，大数据背景下出版企业的角色定位也面临着新的选择。无论是内容、数据、技术三足鼎立的旗舰式出版集团，还是精细化作业、分众化生产、专注于内容的小型工作室，都有自己的独特优势和发展空间。尽管大数据给出版业务带来了各种可能性，但选择最适合企业的发展方向才是最重要的。

(四)海量数据VS信息筛选

大数据强调的是混杂性而非精准性，但对于出版来说，知识信息的精准性至关重要。数据样本质量良莠不齐，分析过程也可能出现偏差，这使得大数据分析结果并不可靠。例如，读者的消费和阅读行为往往掺杂着很多非理性因素和偶然因素，根据数据分析结果进行定向推送很可能成为一种骚扰广告，使用户产生厌烦心理。尤其是在读者市场不成熟的情况下，出版企业更应慎重地利用大数据，加强数据分析团队的建设，从海量数据中挖掘真正有价值的信息。

五、展望

(一)出版内容:从批量到个性

大数据提供了一种新的按需出版模式。一方面，通过交互式选项获取读者偏好自动形成"私人定制"内容；另一方面，基于数据关联进行内容集成，为读者提供专属的"知识套餐"。而就短期发展来看，面向精英群体和专业领域的数据挖掘和内容定制将成为出版业务的一个新方向。

(二)阅读模式:从私密到共享

出版企业对用户数据的需求日益膨胀，个体、私密的阅读行为已无法满足企业的数据需求，在开放共享的阅读平台上去测量读者群体的行为数据和心理数据已成趋势。社交媒体和专业网站为我们提供了一种共享阅读模式，出版企业要做的则是将阅读与社交融合起来，打造开放性、社交化、分众化的阅读平台，实现媒介融合之上的平台特性融合。与此同时，针对敏感性读物或特定用户的私密化阅读空间也将独立出来，满足读者对隐私保护的需求。

(三)销售模式:从固化到碎片

大数据时代，出版企业面向的不再是"受众"，而将是"用户"，他们有权选择自己真正所需的内容片段，实现知识信息的高效率、低成本利用。出版物的售卖单位也不再局限于"一套""一本""一章""一篇"或者"一段"，而将突破文本章节限制，根据用户需求实现信息内容的智能筛选和自动集成，甚至可提炼出主题思想、结论观点、写作模式、故事线索、人物特征、经典语录等内容单独出售，在人与文深层次交流的基础上实现具有针对性的碎片化销售。

(四)知识关联:从平面到立体

海量数据的关联将不再局限于表象，信息知识网络也将更加错综复杂。出版人要突破常规，形成思维的联动，为读者打造立体化、深度化、动态化的知识图谱，从而实现知识要素的关联推荐和打包出售。知识网络的节点将不再局限于图书、网页、多媒体等内容载体，一句话、一个人、一则新闻、一件历史事件、一个游戏产品……世间万物均可被提炼成相互关联的知识要素，共同构成以特定出版物为核心的知识网络。立体化的知识关联加强了出版企业与其他产品提供商的合作交流，也为用户提供了更深入的阅读体验和更全面的解决方案。

(作者单位:武汉大学信息管理学院　清华大学新闻传播学院)

摘编自《出版广角》2014年7月下

基于大数据技术的学习分析系统架构

冯　翔　余明华　马晓玲　吴永和

一、学习分析及其应用服务研究现状

首届学习分析与知识大会将学习分析定义为"测量、收集、分析和报告有关学生及其学习环境的数据，用以理解和优化学习及其产生的环境的技术"。

(一)学习分析服务模型与框架

数据集框架方面:dataTEL、LinkedEducation、PSLC dataShop在开放数据集服务方面提供了很好的借鉴；美国教育部提出了NEDM；Verbert设计了一套教育数据集框架。总之，数据集的研究还有很多问题需要解决，如数据标准化、多源、收集方式等方面的问题。

Wolfgang 提出的通用学习分析服务设计指导框架，为建设一个学习分析服务系统提供了思维蓝图；Siemens 提出了开放学习分析平台来满足各类学习系统和环境中的学习分析需求。总之，学习分析服务领域的研究处于起步阶段。

（二）数字化教育服务

上海数字化教育装备工程技术研究中心建设项目子项目"下一代数字化教育公共服务平台"资源服务部分，对动态学习资源模型进行了深入研究，为基于动态化学习资源的学习行为数据采集和服务打下了基础。

二、智能数字化教育服务对学习分析的需求

从不同利益相关者，如学习者、教师、研究者、决策者和教育机构，分析其学习分析的需求。

（一）动态分析与静态分析的典型场景

动态分析：当学生在数字化学习环境中学习的时候，系统能够根据其所在的学习活动状态，动态地捕捉其需求。静态分析：在个人学习环境中，对于大量学生完成的一天、一周、一月、一年等长时间的学习活动记录进行分析。

（二）面向多种用户需求的分析

对决策者需要从宏观上把握区域内的教育需求，这必须从大量数据的分析获得。教育研究者希望能够有大量的数据，并能基于这些数据进行科学研究。

三、智能数字化教育服务中学习分析的主要对象

（一）教育资源存储与访问

需要在教育资源模型技术与海量数据存储与分析之间找到一个结合点。

（二）学习者的学习过程

学习过程记录着学习活动的全部信息，记录着学习者学习能力、学习效果等关键信息。

这些信息是全面掌握学习者的学习现状并进行有效干预的关键所在。这类分析能根据具体情况和需求确定各种变量和模型，从而可以从多方面、多维度了解学生的学习情况。

（三）群体的联通学习

学习是一个过程，这种过程发生在模糊不清的环境中，学习（被定义为动态的知识）可存在于学习者自身之外（在一种组织或数据库的范围内）。因此，可将学习过程理解为专业知识的连接。这种连接能够使学习者学到比现有的知识体系更多、更重要的东西。联通主义表达了一种"关系中学（Learning by Relation ships）"和"分布式认知（Distributed Cognition）"的观念。将当前的各种社交应用整合到个人学习空间已经成为学习环境设计的一个重要方向；而在此环境中学习活动的连通性数据将成为学习分析的一个重要对象。

（四）动态知识地图构建

知识地图是一种智能化的知识管理工具，能够将知识管理活动中的主体、资源及相互关系连接起来形成一种动态可变的网络结构。根据海量教育资源以及个人学习情况的动态变化来构建动态知识地图，从而提供更好的学习服务。

四、基于大数据技术的学习分析系统架构设计

（一）设计思路与原则

马晓玲等阐述了学习分析系统中的数据流分析模型，如图1所示。事实上，基于学习分析的智能数字化教育服务的核心思想就是关于数据的采集、分析与应用、服务。基于学习分析的智能数字化教育服务的目标是能够为各类学习环境、资源库、教育机构信息化项目提供学习分析服务，其设计遵循如下原则。

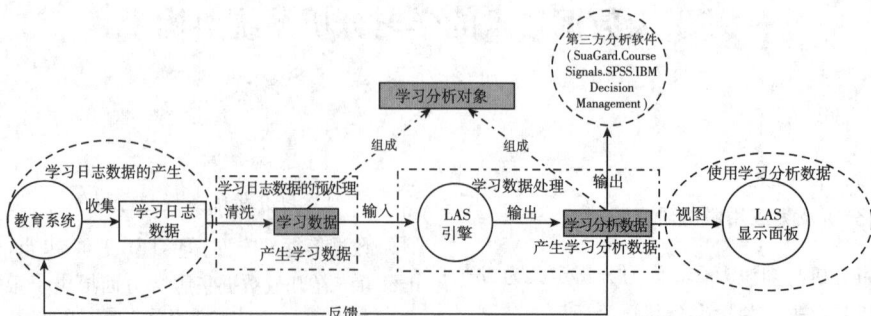

图1 学习分析系统中的数据流分析

（1）数据是下一个"Intel Inside"，需要采集与存储并重考虑。

（2）可扩展的学习分析模型和算法模块，满足不断变化的需求。

（3）SaaS 和 PaaS 相结合的服务模型。

（二）总体架构

马晓玲等提出了学习分析系统架构，该架构演

进自 Solar 整合式学习分析系统。根据上文提出的 SaaS 和 PaaS 相结合的服务模型原则，本文对其进行补充，形成如图 2 所示的智能数字化教育服务架构。从技术视角看，则可简化为如图 3 所示的系统架构。

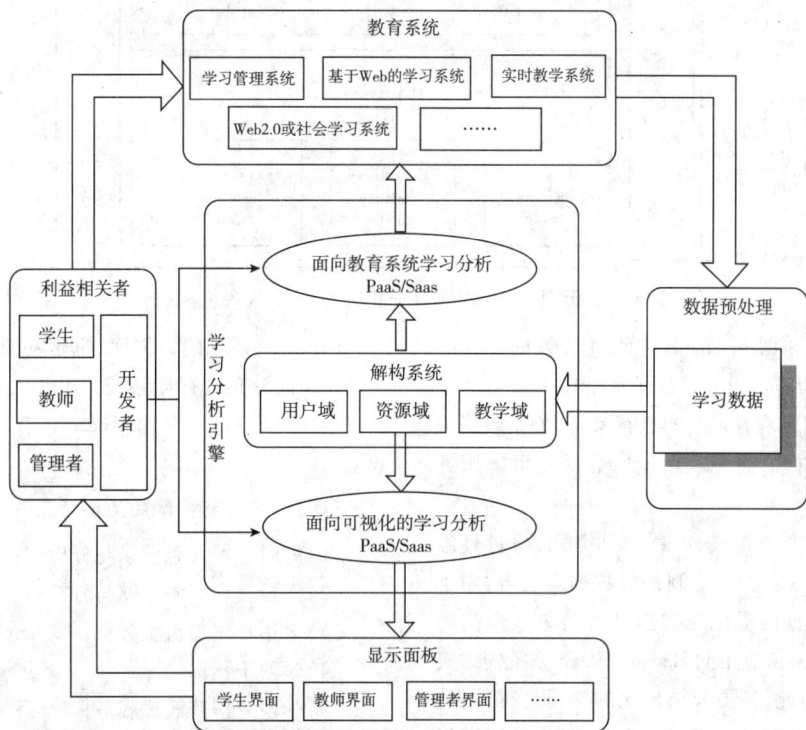

图 2　学习分析系统架构

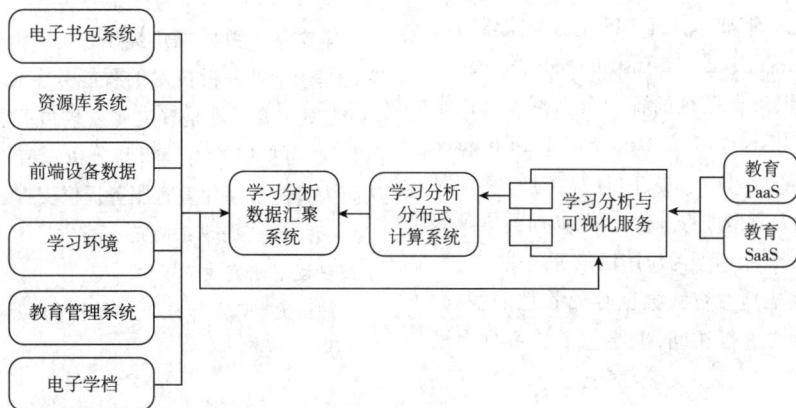

图 3　基于学习分析的智能数字化教育服务架构

（三）学习分析分布式计算系统主要功能组件

图 4 所示的基于 Hadoop 学习分析分布式计算系统架构。其中的学习分析分布式计算系统是整个服

务架构中的关键部分，主要应用 Hadoop 技术生态来实现教育大数据的处理和存储。Hadoop 是一个分布式存储系统，在其上的分布式计算模型 Map reduce 支

持在计算机集群上以分布式方法处理大型数据集,这种分布式存储和计算模型支持水平、线性扩展。以Hadoop为核心已经形成了一个完整的大数据生态体系,包括常用实用程序、分布式文件系统、分析和数据存储平台,以及一个负责管理分布式处理、并行计算、工作流与配置管理工作的应用层。

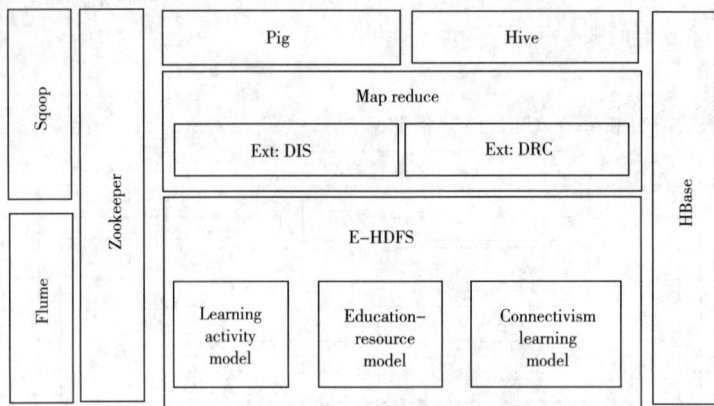

图4 基于 Hadoop 的学习分析分布式计算系统架构

Sqoop 是在 SQL 和 HDFS 之间进行数据转换的 Apache 开源框架工具。关系数据库和 Hadoop 之间形成互补。对于目前存在的各类教育系统,关系数据依然占有重要的位置,充分利用这些数据就可能用到Sqoop。

Flume 是一个分布式、可靠、高可用的海量日志聚合系统,支持在系统中定制各类数据发送方,用于收集日志数据,且可提供对数据进行简单处理的功能,其主要目标是从应用向 Hadoop HDFS 系统传送实时日志数据。因此,各类非结构化的学习过程数据、学习日志、网站访问日志等都可以利用此系统进行处理。

在 Map Reduce 框架中,Ext:DIS 是分布式索引与检索扩展（Extend model: Distribu-ted Indexing& Searching）,它依据教育领域的各种数据模型提供索引和检索功能。Ext:DRC（Extend model: Distributed real-time computing）是分布式实时计算扩展,它针对教育领域的实施大数据进行分析计算,如前面提到的实时推荐应用场景,联通学习应用场景等。

E－HDFS 框架是教育大数据存储管理的基础,它基于流数据模式进行访问,主要包括学习行为模式、教育资源模式和联接主义学习模型。

HBase 是系统的数据库,也是基于 Hadoop,其本身是开源的分布式存储系统。由于教育数据的结构具有多样性的特点,采用 HBase 适合存储非结构化数据。

（四）学习分析系统的主要功能与服务

（1）海量学习日志记录与分析；

（2）海量教育资源存储与分析；

（3）多用户仪表盘服务；

（4）学习干预；

（5）学习分析开放式服务。

五、结 语

本文从大数据视角提出,利用 Hadoop 技术生态构建基于学习分析技术的智能数字化教育服务架构.该方案主要目标是解决海量教育信息的汇聚、存储与获取、可扩展按需分析与分析报告可视化呈现等,从而为智能数字化教育服务提供支撑。

（作者单位:华东师范大学 上海数字化教育装备工程技术研究中心）

摘编自《华东师范大学学报（自然科学版）》2014年3月

出版发行流通数据库的设计

张　宏

一、出版物流通信息的数据库

（一）数据库的设计

出版物流通信息数据库有两个要素，即出版物要素和流通要素。该数据库可以分为三个部分，即出版物数据、流通数据，以及辅助的数据（包括出版社数据、书店数据、作者数据等）。

出版物数据包含了出版物的唯一标识键、零售条码、出版物名称、定价、出版单位（名义）、出版实体单位、出版年月、出版物统计分类、出版物中图法分类、作者等重要字段，以及其他有统计需求的字段，例如印数、页数、字数等。

出版物流通数据包含了流通的要素，即出版物唯一标识键、销售数量、销售时间、销售地点（门店或网购的送货地点）。由于数据采集原因，无法对所有的流通数据按每单销售进行标识，所以只记录每个单品的流通信息。

辅助的数据表格包含了固定的辅助信息，例如出版社数据（包含了社名、社号、所属集团、所属省份等）、书店数据（店名、所属集团、地点、所属省份等）等。

（二）数据的采集

由于各地信息发展的不同，实时的数据采集较难实现。现有的数据采集是定期（每周）地采集各个数据交换单位运营数据库中的原始 POS 数据。各单位依据自身系统的实际情况，导出包含必要字段的原始数据，并且上传到流通数据库的服务器上。

出版物数据主要来自 CIP 数据，以及各个书店的图书数据，每月进行更新和补充。出版物数据大部分由软件自动处理，通过构建唯一键（ISBN ＋ 定价），以及分类的映射转换后输入数据库。后期部分的人工干预主要是对分类错误的修改，以及重复的数据条目进行整理。出版物数据每年大约新增 30 万条，设计容量为 3000 万条数据，迄今为止是一个 300 万条

左右的数据量。流通数据的输入由原始 POS 数据直接转换，数据粒度是每天每个地点（门店）每个品种作为一条数据。全国每年出版物零售量大约为 500 亿码洋，按数据粒度折算，大约为 20 亿条数据。数据库设计采用分布式存储，所以可容纳的流通数据量没有上限，可以轻松存储 2000 亿条数据。辅助数据基本为变化不大的小量信息，一次性输入，并定期进行适当的维护。辅助数据包括出版社信息、书店信息、统计分类表、中图法分类表等。

二、数据使用的优化

作为一个行业流通信息的庞大数据库，其存储和使用方面需要采取许多优化措施才能满足实时数据查询的需要。

（一）存储结构的优化

出版物流通数据的数据量非常庞大，每年可能的数据量达到 20 亿条，累计数据量是百亿甚至是千亿的量级。迄今为止，所有商业数据库软件都无法很好地处理如此巨大的数据量。其中原因，有底层操作系统文件系统的限制（最大文件的限制），也有数据库软件本身存取数据的限制。如此庞大的数据量可以采用分布式存储的优化方式，即把大数据量按一定的方式存储到不同的数据表（文件）中。根据流通数据本身的特点，以及这些数据查询和使用的特点，可以按时间进行分段存储。例如，流通数据可以按月存储进不同的数据表（文件）中，并且在每月表格上建立虚拟的总表格或 View 便于全部流通数据的查询。

（二）数据索引的优化

常规的数据索引优化方式包括加速单个表格（文件）查询的数据索引（Index）设立，加速多个表格（文件）关联查询的相关数据索引的设立。

适合出版物流通数据库的常规数据优化手段有：建立针对性的数据索引：对基础的数据表格

（文件）进行索引优化。例如，对出版物数据的 IS-BN、出版单位、出版年月、作者等字段建立数据索引；相关表格建立关联索引：对出版物表格和销售表格建立以统一的唯一键索引，便于表格间快速的关联。

（三）中间数据库的优化

对庞大数据量的行业数据挖掘，还需要引入一些非常规的优化方法。通过对数据查询的深入分析，我们发现行业流通数据查询的 90% 以上是重复的数据表格关联以及关联后中间数据的产生、筛选和汇总。因此，我们这里创新性的提出了"中间数据库"这个创新优化概念（相对于原来的流通数据库"原始数据库"而言），并且依据行业特点和查询特点，设计了适合出版物流通数据的中间数据库。例如：流通周汇总数据：把每天的流通数据按周进行汇总，再根据销售地点的省级区域进行汇总，然后关联出版物数据、辅助数据后产生周汇总数据表，并且采用分布式存储，按季度进行存储。在此中间数据上可以进行销售数据的按周查询。流通月汇总数据：如上进行月度的汇总，然后按季度进行分布式存储。在此中间数据上可以进行销售数据的按月、按季度、按年度查询等。

（四）复杂查询的优化

数据挖掘中许多查询需求非常复杂，需要多个 SQL 查询进行组合。借助现有数据库软件支持的临时内存数据存储，可以开发出适合加速复杂查询的优化方式，即临时数据表的优化方式。临时数据存储于服务器的内存中，比硬盘数据的查询快至少一个数量级。

（五）软件优化和缓存

在前台软件设计中可以进行数据的预提取，提前进行可能需要数据的缓存，以加速用户直观的查询速度的提升。例如，前台查询销售排行前 100，时间后台缓存了排行前 500 的数据，便于用户查询排行 200

~ 500 名数据时，感觉速度非常快。通过对数据查询的深入分析，进一步优化涉及的 SQL 查询语句。同时，针对所使用的数据库软件，尽量使用其特有的 SQL 优化对策。

（六）硬件系统的升级

相对于数据库设计、数据存储优化、查询优化等方式可以提供的巨大优势，提升硬件也是一个不可或缺的手段。在数据库系统中，对数据查询速度有明显影响的硬件因素主要有内存容量、硬盘读取速度、CPU 速度等。而前两项指标尤为重要。数据库服务器的内存容量最好可以容纳常用查询数据的数据量，以便于操作系统和数据库软件进行直接的数据缓存。假设，常用数据牵涉到 100G＋的数据量，那建议的内存容量就需要达到 256G，其中操作系统和软件占去部分内存，剩余的可以全部用来缓存硬盘上 100G＋的数据。建议使用读取非常迅捷的固态硬盘（SSD），通过磁盘阵列方式把小容量的 SSD 组合成大容量的虚拟硬盘来存储数据。磁盘阵列本身可以加速数据的读取，已经提供数据安全，免于因为硬盘故障导致的数据损坏。

（七）优化的结果

通过各种优化措施的使用，整个出版物流通数据库的优化效果明显。一个普通的，耗时 10 个小时的数据挖掘任务，通过上述的优化手段，可以在 30 秒中得到结果。从而使行业信息的实时报告成为可能。出版物流通数据库的设计，通过折是方式解决了行业信息化固有的障碍；使人工投入和干预达到最小化；使用创新的数据优化方法，使耗时巨大的全数据库查询成为可能，查询耗时下降可达 99%；通过合理的软件设计降低了硬件投入，节约硬件成本达到 90%。

（作者单位：东方出版交易中心）
摘编自《出版广角》2014 年第 7 期

区域发展

北京地区数字出版企业创新能力调查与分析

付海燕　陈丹

一、数字出版企业创新能力评价设计

目前对企业创新能力的评价思路主要有两类:一是基于创新绩效进行评价,主要关注企业创新投入及创新产出;二是基于创新过程进行评价,主要关注企业整个创新活动过程和管理机制。

考虑到我国整个数字出版产业尚处于起步阶段,产业内的数字出版企业普遍规模较小,创新投入所形成的绩效还未充分显露,所以适宜采用创新过程评价方法对创新能力进行评价。

二、北京地区数字出版企业创新能力分析

为进一步了解目前北京地区数字出版企业的创新能力,课题组邀请了20家数字出版企业采用本文设计的数字出版企业创新能力评价指标体系对自身创新能力进行测量评价,得出了以下几点结论。

(一)七成以上企业对自身创新能力有较大信心

在所调查的数字出版企业中,对自身创新能力测量值低于3分的企业占到调查总数的25%,其余75%的企业对自身创新能力的测量值均大于3分,其中对自身创新能力测量值超过4分即认为自身创新能力较强的企业达到25%。这表明北京地区多数数字出版企业对自身创新能力比较认可,对企业未来发展抱有充足信心。

从数字出版企业创新能力构成来看,数字出版企业对自身技术创新、学习能力评价最高,测量均值达到3.64分;其次是战略管理能力(测量均值为3.60分)和产品创新能力(测量均值为3.56分)。相对而言,对组织能力的评价最低,测量均值仅为3.39分。

从所调查企业对其创新能力各二级指标的评价情况看,评价分值最高的前三个指标是客户关系管理能力、技术知识引进能力、对自身优劣势的理解能力;评级分值最低的三个指标则是多项目协同运作能力、对竞争对手的了解程度以及营销策划能力。

(二)产品创新能力以技术人员技术能力最为突出,生产部门对市场需求的响应能力最弱

数字出版企业对其产品创新能力评价情况如表1所示,从中发现,大多数数字出版企业认为其技术人员的技术能力较强(测量均值为3.75分),其次是新产品或服务生产能力以及生产设备技术水平(测量均值均为3.58分),评价分值最低的是生产部门对市场需求的响应能力,测量均值仅为3.42分。

表1　产品创新能力评价情况

产品创新能力	很弱(1分)	较弱(2分)	一般(3分)	较强(4分)	很强(5分)	均值
生产部门对市场需求的响应能力	0	25.00%	33.33%	16.67%	25.00%	3.42
新产品或服务生产能力	0	8.33%	50.00%	16.67%	25.00%	3.58
对产品或服务的改进能力	0	8.33%	58.33%	8.33%	25.00%	3.50
生产设备技术水平	8.33%	0	33.33%	41.67%	16.67%	3.58
技术人员技术能力	0	0	41.67%	41.67%	16.67%	3.75

（三）技术创新、学习能力以技术引进能力最为突出，人员培训水平最弱

数字出版企业对其技术创新、学习能力的评价情况如表2所示，大多数数字出版企业认为其技术知识引进能力较强（测量均值为3.83分），其次是自主研发或技术改进能力（测量均值为3.67分），对员工培训水平的评价分值最低，仅为3.42分。表明数字出版企业需要在员工培训方面加以重视和改进。

表2　技术创新、学习能力评价情况

技术创新、学习能力	很弱（1分）	较弱（2分）	一般（3分）	较强（4分）	很强（5分）	均值
技术知识引进能力	0	0	41.67%	33.33%	25.00%	3.83
技术知识消化及吸收能力	0	0	58.33%	25.00%	16.67%	3.58
自主研发或技术改进能力	0	0	50.00%	33.33%	16.67%	3.67
员工培训水平	8.33%	8.33%	41.67%	16.67%	25.00%	3.42

（四）市场营销能力以客户关系管理能力最为突出，营销策划能力最弱

数字出版企业对其市场营销能力评价情况如表3所示，调查表明，数字出版企业对客户关系管理能力的评价最好（测量均值达到3.83分），其次是营销信息获取与处理能力（测量均值为3.75分）以及对客户需求的理解能力（测量均值为3.67分）。相比之下，对营销策划能力的评价分值最低，平均值仅为3.25分。

表3　市场营销能力评价情况

市场营销能力	很弱（1分）	较弱（2分）	一般（3分）	较强（4分）	很强（5分）	均值
对客户需求的理解能力	0	0	41.67%	50.00%	8.33%	3.67
营销信息获取与处理能力	0	8.33%	16.67%	66.67%	8.33%	3.75
营销策划能力	0	8.33%	66.67%	16.67%	8.33%	3.25
营销推广能力	0	16.67%	25.00%	33.33%	41.67%	3.33
客户关系管理能力	0	0	41.67%	33.33%	25.00%	3.83
新产品市场导入能力	0	0	75.00%	16.67%	8.33%	3.33

（五）对组织能力整体评价偏低，尤以多项目协同

运作能力最为薄弱数字出版企业对其组织能力的评价情况如表4所示，数字出版企业对其组织能力各项指标的评价值均不太高，最高值为3.67分，最低值仅为3.09分。其中企业管理制度的完备性和执行力以及外部协调能力的评价分值最高，而多项目协同运作能力的分值最低。

表4　组织能力评价情况

组织能力	很弱（1分）	较弱（2分）	一般（3分）	较强（4分）	很强（5分）	均值
企业管理制度的完备性和执行力	0	16.67%	25.00%	33.33%	25.00%	3.67
组织管理的动态调整能力	0	16.67%	41.67%	33.33%	8.33%	3.33

组织能力	很弱(1分)	较弱(2分)	一般(3分)	较强(4分)	很强(5分)	均值
项目管理能力	0	0	66.67%	16.67%	16.67%	3.50
多项目协同运作能力	0	16.67%	58.33%	8.33%	8.33%	3.09
外部协调能力	0	0	58.33%	16.67%	25.00%	3.67
各部门协作能力	0	0	66.67%	25.00%	8.33%	3.42
各部门信息交流能力	0	0	75.00%	16.67%	8.33%	3.33

（六）战略管理能力以对自身优劣势的理解能力最为突出，对竞争对手的了解程度最弱

数字出版企业对其战略管理能力的评价情况如表5所示，数字出版企业认为其对自身优劣势的理解能力较强（测量均值达到3.82分），其次是领导层的创新意识及决策力、企业战略规划能力、对外部机会威胁的感知能力等，测量均值均为3.75分。相比之下对竞争对手的了解程度较弱，测量平均值仅为3.17分。

表5　战略管理能力评价情况

战略管理能力	很弱(1分)	较弱(2分)	一般(3分)	较强(4分)	很强(5分)	均值
领导层的创新意识及决策力	0	8.33%	41.67%	16.67%	33.33%	3.75
企业战略规划能力	0	8.33%	41.67%	16.67%	33.33%	3.75
战略的动态调整能力	0	8.33%	41.67%	25.00%	25.00%	3.67
对自身优劣势的理解能力	0	0	45.45%	27.27%	27.27%	3.82
对外部机会威胁的感知能力	0	0	41.67%	41.67%	16.67%	3.75
对竞争对手的了解程度	0	16.67%	50.00%	33.33%	0	3.17
外部资源的获取能力	0	16.67%	33.33%	33.33%	16.67%	3.50
内部资源的整合利用能力	0	8.33%	41.67%	33.33%	16.67%	3.58

三、北京地区数字出版企业创新能力提升建议

结合数字出版企业创新能力构成及现状，本文提出提升北京地区数字出版企业创新能力的几点建议：

（一）着力提升产品创新能力、技术创新和学习能力

按组合权重对数字出版企业创新能力评价指标体系中的30项二级评价指标进行排序，如表6所示，可以发现对企业总体创新能力影响最大的前10项指标的权重合计达到51.74%，这10项指标中有8项属于产品创新能力、技术创新和学习能力。之后，进一步将二级指标的权重顺序和所调查企业对相应二级指标评价均值的顺序进行对比（如表6所示），结果表明技术知识消化及吸收能力、新产品或服务生产能力、自主研

发或技术改进能力、生产部门对市场需求的响应能力、对产品或服务的改进能力以及员工培训水平是数字出版企业创新能力的重要部分，但所调查企业在这些方面的实际能力普遍较弱。因此企业应从以下方面进行改进与提升，如充分了解不同客户需求积极开发新产品或新服务；营造创新氛围，激发全体员工的创新意识和学习欲望；引进高技术人才，加强员工培训力度，提升企业自主研发能力和先进技术吸收能力。

表6 数字出版企业创新能力评价指标权重顺序和企业测量顺序比较

二级指标	权重/%	权重顺序	评价顺序	二级指标	权重/%	权重顺序	评价顺序
技术知识消化及吸收能力	7.22	1	15	客户关系管理能力	2.92	16	1
新产品或服务生产能力	6.61	2	17	外部资源的获取能力	2.75	17	18
自主研发或技术改进能力	6.53	3	13	企业管理制度的完备性和执行力	2.60	18	11
技术知识引进能力	6.04	4	2	企业战略规划能力	2.50	19	5
生产部门对市场需求的响应能力	4.85	5	23	内部资源的整合利用能力	2.50	20	14
对产品或服务的改进能力	4.28	6	20	战略的动态调整能力	2.25	21	9
技术人员技术能力	4.16	7	8	对自身优劣势的理解能力	2.00	22	3
对客户需求的理解能力	4.10	8	12	对外部机会威胁的感知能力	2.00	23	4
领导层的创新意识及决策力	4.00	9	6	对竞争对手的了解程度	2.00	24	29
员工培训水平	3.96	10	22	组织管理的动态调整能力	1.98	25	25
生产设备技术水平	3.86	11	16	项目管理能力	1.98	26	19
营销策划能力	3.75	12	28	多项目协同运作能力	1.88	27	30
营销信息获取与处理能力	3.30	13	7	各部门协作能力	1.82	28	21
新产品市场导入能力	3.02	14	26	各部门信息交流能力	1.20	29	24
营销推广能力	2.92	15	27	外部协调能力	1.04	30	10

（二）加强对客户需求的理解能力

对客户需求的理解能力是影响企业总体创新能力的十大指标之一，但各调查企业在该方面的实际能力却有待提升。数字出版企业应积极开展市场调研，全面分析不同知识层次、消费特点的客户的明确需求

和潜在需求，并及时反馈所获信息用于生产部门的产品和服务创新。

摘编自《科技与出版》2014年第10期

出版创意产业园区发展浅议
——以北京出版创意产业园区为例
李雪峰

一、出版创意产业园发展现状及特点

（一）发展现状

总体来看，出版创意产业园区的发展仍处于较低水平，并没有形成大规模发展之势，在整个文化创意产业中所占比例很低。这一点从出版创意产业园区的数量上就能有所体现。在北京市66个产业园区中，仅有一个出版创意产业园，即使是从全国范围来看，数量也很少。

出版创意产业园仅仅是简单地将诸多出版企业聚集在一起，而并没有形成具有独立风格和品牌效应的产业园区。从出版思想上来讲，仍各自为政，园区也并没有提供强大的后台服务功能。许多企业在入驻园区之后，并没有得到相应的发展，这主要表现为两方面：其一，在企业的发展速度上，仍较为缓慢，并没有因为入驻出版创意产业园区而得到相应支持；其二，在企业开展业务范围方面，仍较为单一，从传统的出版传媒到数字出版、旅游媒体及文化物流，并没有形成一条完整的产业链。这些都是小型出版创业园区发展之现状。

（二）特点

1. 从地域分布来看，园区驻地以出版产业较为发达的北京、上海等为主

从全国来看，由于出版企业的分布相对较为集中，因此这些出版企业在同一地域形成产业园区的可能性就大大增加。以北京为例，2012年北京各类民营文化工作室5000余家，占全国几乎一半的比例，达到45%。而在很多中小型城市，出版企业难以得到发展，因此数量极少，形成产业园区的可能性也就更小。

2. 从企业性质来看，仍是"内容为王"

以北京出版创意产业园区为例，首批入驻的出版企业有32家，无论从人才储备、经营规范、资金实力、创新能力等方面来看，这些出版企业都具有良好的社会认知度，而其中仅有6家数字网络企业，其余26家仍为以传统纸质出版、发行等为主的民营文化企业，后者占比高达81%。

二、存在的问题

（一）入驻园区有门槛，中小出版企业艰难发展

从整个文化创意产业发展程度来看，各类文化创意产业园发展势头迅猛，而出版创意产业园则少之又少，发展明显滞后。仍以北京的5000余家民营文化工作室为例，除了入驻北京出版创意产业园区的几十家出版企业，并没有更多的产业聚集区涌现出来。

这一现象的出现，很大程度上与社会的支持力度有关。以北京出版创意产业园区为例，入驻企业不仅仅享受减半的房租优惠，在书号的获取方式上也更为便捷。而由于大部分的出版民营文化工作室规模较小，自身影响力不够，所以难以引起社会的足够重视；由于缺乏统一的管理与组织工作，众多民营文化工作室又很难形成联合发展之势，而由于其自身所创产值较低，利润有限，又难以支付起相对高昂的房租等硬件设施费用，所以只能各自为政，独立发展。而已经入驻出版创意产业园区的出版民营公司，由于得到相应的资金与政策支持，则越发强大。从而导致强者越强，而弱者愈弱，大型出版民营文化公司与小型出版文化工作室二者的差距越发加大。

（二）拥有资源优势，但开发利用不够

从出版创意产业园内部来看，入驻的企业并没有

充分发挥所具备的资源优势。以北京出版创意产业园为例，一方面，从入驻企业来讲，享受着租金优惠、税收减免、书号支持与资金扶持，按道理讲，这些企业已经解除了许多后顾之忧，应该加大创新力度，可另一方面，似乎我们并没有看到很多相应的出版创意产品，企业更多地仍是以数量取胜。

其实这些创意产业园区的出版企业由于已经具备了上述优势，因此从选题开发、到装帧设计，再到产品营销，都应灵活运用，在合作方面也应更为频繁，可现实是这些园区的入驻企业似乎只是在享受各项优惠政策，却没有将各种有利条件充分运用到实际创作中去。仍以北京出版创意产业园为例，在首批入驻的32家出版企业中，数字网络企业为6家，虽然数量不多，然而在出版形式的创新方面，诸如将传统纸质出版形式转化为数字出版，合作少之又少。由此也带来了下面的问题。

（三）园区更多地表现为"产业园"，而忽略"文化创意"

北京出版创意产业园在形成的过程中，政府发挥了主导作用，通过各项优惠政策的实施，将众多出版民营企业聚集在一起。如果抛开优惠政策不说，从本质上来看，企业的聚集更多是被动的聚集。这种缺乏内在动力的产业聚集，仅仅是形式的融合，而不会带来更多的创意行为。

三、推动出版创意产业园区发展之对策

按照熊彼特的观点，企业的聚集有助于创意的迸发。因此，加大力度推动文创意产业园的发展，将更多的文化产业聚集在一起，并形成一定规模，为其发展提供一个合作与交流的平台，使各企业之间形成一种良好的合作与竞争氛围，这种氛围将会摩擦出更多的创意火花，进而促进整个文化产业的发展。而整体的发展必将带动局部，作为文化产业的一个具体分支，出版产业也将得到相应发展。目前，文化创意产业园已经越来越受到重视，而具体到出版行业实践中如何体现创意，则是我们面临的下一个难题。具体说，可以从以下方面着手解决。

（一）"产业园区"只是形式，体现创意才是根本

然而既然是出版创意产业园，就更应该体现"创意"二字。其实从根本上来讲，入驻产业园区只是形式，一方面，出版民营企业并没有意识到只有不断创新才是其持续发展的立足点；另一方面，困扰出版民营企业的书号、税收、组织机构设置等问题才是限制

其发展的最大阻碍，只有早日解决这些问题才是关键所在。而只有这些根本问题得到妥善解决，才能解除出版企业的各种后顾之忧，也才能有更多充满创意的出版产品出现。

（二）重视出版创意人才的培养

随着越来越多的出版企业不断增加在硬件方面的投入，人才已逐渐成为夺取未来出版产业制高点的决胜因素，出版创意人才对出版产业发展的重要性不言而喻，他们通过敏锐的市场嗅觉，寻找合适的选题，并凭借熟练的市场经验进行合理操作，最终为出版企业积累起雄厚的资金基础。

值得一提的是，上述工作并非由一个人来完成，往往需要通过相互之间的合作才可以实现。出版创意产业所需的人才往往是由两类构成，一类以擅长经营管理的管理者，他们在出版企业中更多是从宏观层面实现创新；另一类人才就是我们常说的创作者，他们创意迭出，脑中常有灵感闪现，更多地是从出版内容或形态方面进行创新。而就目前情况来看，我国的出版创意人才十分缺乏，这主要是由于缺乏相应的创意人才培养模式，而高校教育也是侧重于理论。因此，从出版创意产业园来讲，可以提供相应的场地、房屋等来建设出版创意基地，鼓励出版创意人才将自己的创意付诸实践或转化为产品，并定期或不定期地举办创意产品展示。一旦这些项目得到实施，将为出版创意产业的快速发展提供可靠的人才支撑。

（三）加大对出版创意产品的开发力度

一次创新是指开发更多的原创作品。无论从出版产品的内容方面，还是其外在形态方面，都要体现"创意"。二次创新是指在既有出版产品基础上开发其附加产品。"一次创新"与"二次创新"的过程归结起来概括，就是首先要有好的充满创意的出版产品做保障，赢利之后进行再投资，通过形式上的创新，增加出版物的文化附加值，以此实现利益创收。只有不断有充满创意的产品问世，才能吸引更多的眼球，从而使自己的产品不断拓展新的市场空间，在激烈的市场竞争中可以畅销不衰。

（四）通过奖励措施刺激出版企业的创新动力

出版企业在谋求自身发展的过程中，由于缺乏创新的内在动力，因此很难有创意产品诞生。因此，政府在加大扶持力度的同时，可以通过提高出版企业创新动力的方式来鼓励创新，这既可以激发出版企业的

创造力和竞争力,也可以通过颁发奖项的方式表彰在自主创新方面做出突出贡献的企业,如北京出版创意产业园在成立三年来于今年举办的第一届年度评奖活动。在设置奖励措施过程中,要将良性竞争与鼓励创新二者兼顾,北京出版创意产业园在第一届年度评奖活动中,报送129个项目,17个被评选为优秀项目,

比例将近15%。只有让出版企业从内在角度愿意提升自主创新能力,才能有更多的出版创意,由此推动出版的长远繁荣与发展。

(作者单位:北京印刷学院)
摘编自《科技与出版》2014年第1期

福建数字出版业发展现状及对策

林朝霞

一、福建数字出版业的发展现状

(一)福建数字出版业优势分析

1. 政策保驾护航

基于发展数字出版产业的重要意义,我国相继出台《关于加快我国数字出版产业发展的若干意见》《关于发展电子书产业的意见》《数字印刷管理方法》以及《数字出版"十二五"时期发展规划》等相关政策,高度强调发展数字出版的战略任务,提出"数字出版昭示着新闻出版产业未来的发展方向,必将成为'十二五'期间推进文化产业发展的重要引擎,因此,大力发展数字出版产业,已经成为推动文化产业发展的重中之重。"福建省重视并大力扶持数字出版行业,将其作为文化产业的发展重点。福建省政府先后出台《关于加快我省创意产业发展指导意见》《关于推动我省动漫产业发展的若干意见》

《2013年动漫游戏产业发展专项行动计划》,将数字服务创意、动漫产业列为文化产业首要发展对象。与之相应的,福州市和厦门市也分别出台地方性保障措施和扶持政策,如《福州市鼓励扶持动漫游戏产业发展的若干政策(试行)》《厦门市动漫产业发展资金管理暂行办法》《厦门市动漫企业认定标准及管理办法(试行)》等,为数字出版业保驾护航。

2. 区位优势明显

福建地处海西前沿,具有对台优势,可以借鉴台湾数位内容产业发展经验,加强闽台企业交流与合作,对接台湾数字内容产业链,加快跨越式发展。台湾注重数字内容研发,形成平台商、通路商、开发商及发行商等完备的商业运作模式和产业链,2013年台湾数位内容产业产值约为7 304亿新台币,具体分布见表1所示。闽台两岸数字出版产业合作、联合办学等具有广阔前景。

表1 2013年台湾数位内容产业产值

单位:亿元新台币

年份	数位游戏	电脑动画	数位影音	数位出版	数位学习	行动应用服务	内容软体	网路服务	合计
2012	407	53	668	515	465	845	1942	1443	6338
2013	453	58	861	528	573	1025	2025	1781	7304

3. 产业基础扎实

目前,福建省数字出版产业基础较好,逐渐成为福建文化产业的重要业态。首先,福建拥有多个大型数字出版产业园区,如国家影视动画产业基地、中国移动手机动漫基地、中国数码港海西运营中心、中国

电信海峡通讯枢纽中心、智慧厦门产业基地、海峡国家数字出版产业基地等,集聚效应日益凸现。其中,海峡国家数字出版产业基地预计到2015年年产值超过120亿元,而到2020年将突破340亿元。其次,信息技术、网络游戏、手机出版等异军突起,已形成较大

产业规模。2012 年福建省信息产业销售收入超过 6000 亿元,同比增长 18%,高于全国同期 15% 的增幅;同年,福建拥有 2 家 10 亿以上的动漫游戏企业,13 家超亿元企业和 20 多家超千万元企业。2013 年形成千亿产业集群 8 个,其中厦门光电和福州光电稳居榜首,总产值超过 8 大产业集群的 30%。

4. 增长速度较快

动漫游戏是福建数字出版业的主打方向,增长速度较快,居全国领先水平。据福建省动漫行业协会统计,2013 年福建省动漫游戏总产值为 136.2 亿元,同比增长 33%。电子出版物也有显著增长,远超传统出版业发展速度,成为拉动新闻出版业的核心增长点。福建十一五期间,图书年出版品种年均增长 3.84%;报纸总印张年均增长 4.43%;期刊总印张年均增长 1.64%;而电子出版物数量年均增长 59.91%,远超过传统出版门类。预计到"十二五",新闻出版业总产值增加 230 亿元,年均增长 15%,而数字出版产值将达 100 亿元,力争年均增长 35% 以上。

(二)福建数字出版业亟待突破的瓶颈

1. 产业发展不平衡

首先,地区发展不平衡,产业优势主要集中在福州和厦门两地,不仅 4399、网龙、天晴、吉比特等众多动漫游戏企业齐聚两地,而且中国移动手机动漫基地、中国电信动漫基地、美图科技、趣游科技等数字化运营平台也成汇聚态势,与之相比其他地市同类企业数量、规模和产值都微乎其微。其次,产业发展态势不平衡,其中,游戏动漫产业发展较快,而数字期刊、报纸、印刷等发展相对滞后。传统新闻出版业与新媒体融合度不高,尚未完成全面的数字化改造,"全媒体"仍停留在概念层面上。数字出版在福建新闻出版业所占份额仍然较低,规划 2015 年数字出版占比超 10%,与《关于加快我国数字出版产业发展的若干意见》对同期数字出版占新闻出版产业总产值 25% 的目标要求仍有较大差距。最后,企业赢利不平衡,甚而可以说是冰火两重天,动漫游戏平台运营商收入较为客观,如中国移动手机动漫基地上线头年赢利 3 亿多,次年赢利突破 10 亿,又如 4399 参与平台运营,连续 5 年保持高速增长势头,2013 年营收超过 15 亿元。

2. 文化科技融合不足

数字出版业是计算机网络科技带动下文化产业的新型业态,与软件服务、信息工程等信息技术产业密切。但是,目前,数字内容产业与信息技术产业仍各自为营,缺乏深度融合,通讯网络、信息技术、电子商务、软件服务等飞速发展,但数字内容创意相对滞后,无法为电子图书、网络游戏、手机出版等提供优质内容支撑,产业合力不足,致使数字出版发展受阻。

3. 品牌效应不明显

虽然福建在数字出版领域拥有网龙、4399、游家、福建神画时代、天盟、趣游、畅通等知名企业,但是多数企业的知名度、美誉度和市场占有率远不及腾讯、网易、畅游、百度、盛大、阿里巴巴、完美世界等一线国内网络企业,更难比爱思唯尔、汤姆森—路透、威科、施普林格、企鹅、兰登等国际著名品牌。

4. 人才需求缺口大

随着福建数字出版业的高速发展,专业人才瓶颈问题日益凸现,人才的扩容、质量提升及专业细分将成为未来趋势。目前,福建数字出版业人才紧缺,多数由相关专业或产业转型而来,数量少,尤缺复合型人才,与数字产业的高速发展不匹配,形成产业高地和人才洼地的鲜明对比。

5. 公共服务体系不健全

福建数字出版业尚未形成行业协会或产业联盟,数字出版企业各自为营,发展无序,甚至存在恶性竞争的情况,不利于地区、企业间的差异发展,也不利于上下游产业的对接和产业链的构建。同时,数字出版业发展平台不完善,如版权交易、文化科技融合、产学研合作、公共文化体系等方面缺乏相应的服务平台。

另外,福建数字出版业在创新意识、融资模式、法律保障、闽台合作等方面也有不足之处,阻碍了自身的发展。

三、福建数字出版业的发展策略

(一)均衡发展,加大行业牵引力

然而福建数字出版业在电子书、电子报刊、数字印刷等领域发展比较缓慢,目前《福建日报》《福建侨报》《福州晚报》等开放了数字报刊平台,但还停留在纸媒报纸的电子化上,把报纸内容原封不动地搬入网络,未进行动态改版,又无超链接和公众评议渠道,呈现为互联网平面化,与全媒体概念下的数字出版相距甚远。以云报纸为例,目前福建省仅有《海峡导报》推出了此项业务,落后于其他省份。未来数年内传统报刊、杂志、出版社将面临行业洗牌危机,应加快数字化转型,方能占据市场先机和资源优势。

虽然我省信息产业整体规模较大,但其中信息产品制造业为 3880 亿元,通信运营及其他信息服务为 1050 亿元,两项总和约占信息产业总量的

82.2%，可见信息产业的科技含金量不高，科技生产力未充分发挥作用，尤其是对数字产业新业态的推动力不足。因此，福建未来应加深科技和文化融合，加强科技转化能力，促进数字产业新业态的孵化和成长。

（二）文化创意，注入行业内动力

具体而言，数字内容生产企业可以组建数字文化创意团队或数字内容研发部，和软件技术、平台运营、电子产品设计相互配合，为数字技术量身定做，提供有时代气息、有生命力、有人文关怀的优秀网游、动漫作品，维护产品原创性。服务创意可以包含引擎搜索服务、信息加工服务、行业咨询服务、反馈评价服务、合作洽谈服务等，为消费者提供高水平、即时性、人性化的信息服务。营销创意指的是营销手段的创意，如体验营销、情感营销、互动营销的综合采用，变传统销售中的主客关系为主体间相互理解和信任的关系。商业模式创意指的是企业生产、服务、销售、赢利、融资等方面运作方式的创新，如改店铺销售为在线销售，改产品销售为服务销售、版权销售，改生产后销售为边生产边销售或订单式销售。

（三）品牌培育，扩大行业影响力

福建数字出版业应重点扶持2~3个龙头骨干企业，对其品牌进行目标定位、内涵建设、广告宣传和跟进维护，实行重大项目带动制，全方位提升品牌知名度、美誉度。

（四）高校加盟，培养人才创造力

福建省尚未有本科院校申办数字出版专业，与行业人才需求形成鲜明反差。针对这一情况，福建省政府、教育厅等单位应鼓励有申办基础和资质的学校积极响应行业需求，加快数字出版复合型人才培养计划，适度解决行业发展人才瓶颈问题。2014年厦门理工学院以"3+1+1"模式（我国大陆高校、台湾高校和企业联合培养）联合培养数字出版方向本科生，应属于福建数字出版高等教育的破冰之旅。

（五）平台搭建，提升行业协调力

福建数字出版业尚缺产业联盟和各类服务平台，应由政府牵线搭桥，由行业龙头企业发起，组建福建省数字出版行业联盟，并在此基础上联合信息产业厅、文化厅等部门，搭建版权交易平台、文化科技融合创新平台、产学研合作平台、公共文化服务体系等各类创新性服务平台，确立行业目标，加强企业联系，协调内部矛盾，形成合力，推动福建数字出版业的繁荣发展。

（作者单位：厦门理工学院文化产业学院）
摘编自《厦门理工学院学报》2014年12月

高校在数字出版产业集群发展中的作用

刘寿先

一、数字出版产业集群发展现状

作为新兴产业的数字出版产业，其集群化趋势日益明显。虽然这些新兴的国家级数字出版基地发展取得了一定成绩，但与国际上发达的创意产业区相比，在集群创新网络构建、企业间协作分工与主体互动、技术知识外溢效应、整合创新能力等方面还存在较大的差距。主要体现在很多的国家级数字出版基地发展模式仍不清晰，房地产运作痕迹过重，知识流动和扩散效应发挥不强，没有构建起集群中的产学研合作机制，自主创新能力较弱，无法形成持续竞争力。

要改变数字出版产业集群内的"集而不群"、创新能力弱的现状，重视和发挥高校在集群发展中的作用是一条可行的路径。

二、高校在数字出版产业集群中的角色

（一）高校是数字出版产业集群的构成主体

数字出版产业集群中的核心主体是位于数字出版产业链条上下游环节的企业，主要包含内容创意、传统出版、数字化技术、数字印刷、光盘复制、互联网运营、手机通讯等企业主体。从集群互动和协作的范畴来看，数字出版产业集群的主要机构除了上述数字出版企业以外，还包括大学及研究机构、政府及公共部门、中介机构等（如图1所示）。大学和研究机构在集群中的主要功能是：从事周期长、需要持续性投入的、具有重大应用价值的基础研究，为企业产品和技术的研发提供基础支撑；承担一部分产品和技术的中试环节，在科研成果与商业化生产环节间架起桥梁承接政府委托的各类公共性研究课题和项目资金投入。

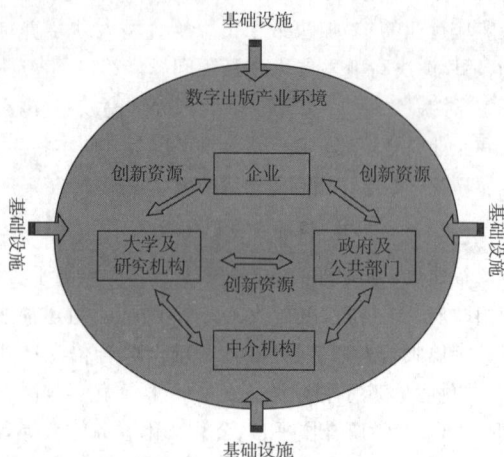

图1 数字出版产业集群的构成主体

另外，大学校办企业也是数字出版产业集群的一个重要参与主体，高校通过创办和经营校办企业来对集群施加影响。据笔者统计，获批国家级数字出版基地的上海、杭州、重庆、天津、北京等13个地区共有高校400余所，大学校办企业和出版社共计600余家，其中有部分校办企业专门从事信息科技、互联网等数字出版相关业务。这些校办企业和出版社作为数字出版产业集群的重要组成部门，参与了集群创新和协作网络中的互助。

（二）高校为数字出版产业集群提供技术和知识来源

数字出版产业集群中的知识主要体现在数字产品外观、文件、数据库、说明书、计算机程序和软件、专利、技术诀窍、技能、管理经验和组织文化等形式上，这些知识主要分散在各种类型的出版企业中。目前，集群中的大部分中小数字出版企业知识研发和创新能力较弱，更多的知识和技术资源需要依赖企业外部的知识转移。而大学一直以来都是地方政府或机构用来推动产业集群发展的有效手段之一，大学拥有众多的研究机构和技术人才，在知识创造和科学研究方面具有雄厚的实力和优势。那些与数字出版产业集群紧密联系、频繁互动的大学拥有多种多样的、能够与集群中企业互补的技术和知识资源，而这些资源是数字出版产业集群创新发展所不

可或缺的。

（三）高校为数字出版产业集群发展提供人才培养支持

这一点主要体现在4个方面：

（1）高校能为数字出版产业集群提供源源不断的、由优秀青年构成的大学生群体。大学生毕业后可以进入数字出版相关企业、中介组织等机构工作，他们具有充沛的进取激情、想象力和创造力，是数字出版产品发展和技术创新的重要原动力。但是目前毕业生的创业意识和冒险精神不足，就业观仍囿于传统价值观念，学生缺乏与企业界交流的机会，创业氛围不浓。

（2）高校能为数字出版集群提供高端人才支持。高校中的教学科研人员知识全面、科研素质高、经验丰富，可以利用其研发和管理能力为集群中的企业提供有偿服务，为集群内企业提供高端智力支持。高端知识人才、在校生与毕业生三者的结合为数字出版产业集群发展提供了全方位的人才支持。

（3）高校还可以为集群中的企业和员工提供有针对性的专题培训、职业技能培训、学历教育和各种形式的非学历教育。

（4）高校能为集群主体提供学术研究和技术研发交流的平台，通过鼓励学生和教师参与面向市场需求的项目来培育集群企业所需的人才，也可通过吸收企业技术人才加入大学的研究中心等科研机构来缩短研究成果商业化的进程和时间，在此基础上使企业技术人员充分参与到研发的前端环节，为企业培养既熟悉产品商业化、又懂产品研发设计和实现的高端人才。

（四）高校承担着数字出版产业集群创新的孵化器功能

数字出版企业的孵化活动是一项复杂的系统工程，涉及政治、经济、技术及文化等多方面要素，孵化模式设计对于孵化活动的有序开展尤为重要。大学拥有丰富的知识储量、先进的技术设备以及较强的技术开发能力，同时还能培养技术人才和具有创新精神的创业管理人才，重构并扩展了集群的文化氛围和创新空间，也包容和孕育了各种创新文化。因此，大学具有成为数字出版产业集群创新孵化器的天然优势。大学科技园能够通过整合政府、高校和产业三方的资源搭建起产业创新的平台，也是大学发挥孵化器功能的承载主体（如图2所示）。大学科技园的功能定位包括3个层面：基本功能定

位——创新资源集聚基地,核心功能定位——高新技术企业的孵化基地,综合功能定位——要素集聚和培育的综合服务基地。

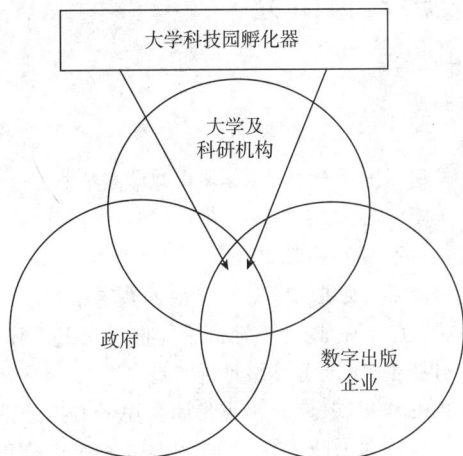

图2 数字出版产业集群孵化活动

三、发挥高校在集群发展中作用的对策及建议

(一)高校应向创业型大学转变

为了充分发挥对数字出版集群创新发展的促进作用,大学应树立创业观念,更加贴近数字出版行业的需求。要转变为创业型大学,大学中的教学和学术研究都要融入企业创业的内容和方法。首先,要在大学教学中融入数字出版创业训练的内容。可以通过将创业训练引入学校课程,邀请数字出版行业的名家和创业企业家进入课堂,将实践教学、实习与创业结合起来,从而在教学职能上向创业型大学转变。其次,大学的学术研究应更多地面向数字出版集群中的企业需求。创业型大学可以通过为集群企业提供咨询或直接创建新企业等形式服务于产业,通过承接政府重大研究项目,特别是一些技术项目等为政府服务。而政府资金资助项目也应更多地满足企业技术和产品开发需求,由高校和企业双方联合承担。

要实现创业型大学模式,需要大学和数字出版企业相互衔接。一是建立大学内部的产业导向型研究团队,重视研究成果的商业化,通过创办公司参与数字出版产业的创新体系建设。相应地,大学也要提供对创业企业的支持,发挥自身的孵化器功能。二是数字出版企业可以多利用大学技术资源来对政府或产业技术需求进行前期鉴别和可行性论证。

数字出版产业集群内科技与金融的融合不能缺

少大学的参与。第一,大学能为集群提供知识和技术含量高的研究成果,主要包括数字技术、虚拟现实技术、印刷技术、互联网技术和内容创意等;第二,大学本身可以作为风险投资主体参与对孵化企业的投资和运营;第三,大学校办企业和科技园的创新网络对吸引风险投资能起到一定的信用担保和信息发布作用。例如,北京国家数字出版基地毗邻中关村高校聚集区,众多的中小型风险投资中介集聚于此,如创新工场、车库咖啡、3W咖啡等。

(二)通过合作创新平台推动高校、政府和数字出版企业三方的协作

数字技术和互联网技术日新月异,消费者对动漫、游戏、移动产品的需求也快速变化,需要数字出版企业加快创新速度。在此背景下,企业不能仅靠自主研发,而应与外部机构合作创新。这些外部机构包括高校、政府、其他企业等。数字出版产业集群内部的企业通过高校了解世界前沿技术的最新进展,通过与高校间的紧密联系了解大学中的新思想、新成果和新工艺,并把这些新思想与市场中反馈的信息相结合孕育出新观点,进一步反馈到高校就可以形成新的研究课题。数字出版企业也可以通过企业间战略联盟、合作技术研发项目、产业技术联盟等形式来进行联合创新。

在数字出版产业集群中,高校可以通过构建合作创新平台来扮演创新组织者的角色。合作创新平台的形式主要是研究中心、产业研究院等,是各机构为了某一特定项目的暂时联合,也是围绕一个长期目标的一系列战略联盟。这些创新平台能够聚集来自大学、数字出版产业、政府的各方人才,能为企业研究人员参与产品技术的前期研发提供一个开放性的平台,有利于高校的教学和学术研究与市场需求衔接,促进大学不同学科的交叉和融合,也能为政府研究资金投入、重大科技项目创新资金提供出口和选择。因此,合作创新平台的负责人应像企业中的高层管理者,联络数字出版产业集群中的企业、高校和政府三方,将企业战略联盟具有的横向特征与大学内部传统的等级特征结合起来推动创业型大学的转变。

(作者单位:北京交通大学中国产业安全研究中心博士后科研工作站)

摘编自《科技与出版》2014年第8期

河北省数字出版产业发展对策研究

杨桂琴　谢志琴　徐晓敏

一、河北省数字出版产业的成就

(一)数字出版迈出新步伐

近年来,河北出版传媒集团提出"数字化、全媒体"的发展思路,从高处"卡位",以项目带动数字化转型工作。2010 年年底,河北冠林数字出版公司成立,成为该集团探索数字化业务的排头兵。冠林公司自成立以来,在资源整合、精品研发、渠道合作、数字营销等各个方面进行了全面探索,先后研发出了"领导干部学习工作数字手册——e 本通""冠林点读笔""红色太行""记录与传播"等数字产品。冠林公司的点读笔累计销售近 5 万支,并获得了点读笔国家标准实验项目参与权。

"十二五"期间,冠林公司加快产业升级步伐,积极开展自主品牌电子书阅读器特别是电子书包的研发与经营,推进出版资源专业特色数据库、电子商务平台建设及电子图书制作销售业务,打造冀版数字出版品牌。争取到 2015 年公司实现年销售收入超过 5 亿元,达到全国领先水平。

(二)版权贸易渐入佳境

2012 年集团公司共实现版权交易 138 种。同时,大力推动与美国、英国、德国、日本、俄罗斯等国际一流出版商、文化科技公司的项目交流、技术引进和战略合作,共同打造精品图书和出版物国际网络传播平台。

(三)数字产业项目取得新进展

近年来,河北出版传媒集团谋划实施了以数字出版工程、数字印刷产业园等 19 个重点项目为支撑,总投资 200 多亿元的"出版产业创新工程",主要包括精品图书工程、名牌报刊工程、数字出版工程、出版物发行中心、国际图书大厦、数字印刷产业园、文化创意园、出版产业园和出版传媒创意中心等。与此同时,该集团公司还与国内有实力的出版集团合作,在廊坊地区谋划建设集图书出版、数字出版、影视动漫、出版物会展及版权交易、出版培训、数字印刷和物流发行

等七大功能区于一体的国家级出版产业基地。

集团公司深入实施项目带动战略,重点项目建设也取得一系列新突破,这些在建项目是集团未来发展的动力源泉。河北数字印刷产业园石家庄基地整体基础施工已经完成,生产车间主体框架完工,其他重点项目都在按照计划积极推进实施。

2012 年以来,河北传媒集团公司强力推进投资上亿元的数字出版工程,包括资源数据库建设和运营、数字教材的研发和应用、文化资源数据库、出版物网络出口阅读平台、出版海外传播平台等重大数字出版项目。河北省新媒体创作中心于 2013 年 1 月 25 日在石家庄成立,这是国内首家新媒体创作中心。该中心以互联网、移动电视、手机等新媒体为平台,以民生和大众话题为主题,通过举办微电影大赛、网络动漫剧展播、专题研讨会等活动,鼓励和引导各方面创作力量参与到新媒体文艺作品的创作中来。

二、河北省数字出版产业发展存在的问题

(一)数字出版观念函待更新

多数传统出版单位对发展数字出版产业缺乏清晰的思路和规划,在转型中用纸质出版的理念经营数字出版,沿用旧模式来管理新业态,管理体制机制陈旧。这些问题的存在,不能适应数字出版发展的需要。

(二)数字出版人才相对匮乏

河北省真正发展数字出版产业时间短,传统出版向数字出版转型,对传统出版编辑人才提出了更高的要求。现在的出版人才不能满足数字化出版的要求,真正既懂出版流程,又有一定的信息技术基础和了解数字化出版的人才奇缺,一定程度上制约了河北省数字出版产业的发展。

(三)政府的管理和扶持力度有待加强

河北省政府非常重视文化产业的发展,但全方位的真正针数字出版业的规划和政策还没有跟上。从 2008 年起国家每年发布数字出版产业年度报告,但

是直到现在河北省没有完整的数字出版统计资料,政府对数字出版的投入不足,融资渠道不畅通等原因导致数字产业发展缺少有力的支撑。

(四)数字出版的赢利模式有待探索

是很多传统出版单位开展的数字出版,仅限于内容资源的数字化,对各类新兴商业模式非常谨慎,赢利模式单一,创造和渠道开拓能力不足。到目前为止,河北省的许多出版单位赢利模式不明晰,企业难以取得经济效益。

(五)数字出版产业链需进一步完善

目前,河北省数字产业在内容创意和制作运营、消费体验、衍生品开发等环节出现错位和脱节,往往是企业单独承担各个环节的任务,缺少沟通和协作,影响了产业链的整体性。产业链不能够有效整合,从长远发展来看,不利于整个产业的发展。

(六)数字版权的保护有待加强

我国数字版权运行和发展中也不可避免存在着许多问题,数字出版平台之间,作者、出版商与运营商、平台之间的数字版权纠纷层出不穷。原国家新闻出版总署副署长、国家版权局副局长阎晓宏指出,在知识产权诉讼中,版权大概占到70%以上,在版权问题诉讼中,网络版权占到70%,数字版权问题是数字出版行业发展的主要瓶颈。我国大量的工具书、畅销书都因为盗版问题而难以实现赢利,造成企业数字化转型艰难。

三、河北省数字出版业的发展对策

(一)树立新型的数字出版观念,提高对数字出版业的认识

强化数字出版意识,调整编辑业务流程,融入数字出版理念十分重要。当今的世界已经是数字化的移动互联世界,必须用数字化的观念思考出版工作新的模式,把数字化应用到整个出版流程之中;必须用数字化的模式拉动出版产业的发展,把数字化产品开发落实到整个出版链条之中。无论是发展数字出版产业,还是从事数字出版行政管理工作,首先要树立正确的数字出版观念。传统出版对接数字出版,从提高对数字出版产业的认识着手,进一步提高对数字出版产业的关注度,增强各职能部门对数字出版、信息产业的认识,有助于我们寻求更多的发展渠道,争取其他部门的支持,共同参与推进数字出版产业的发展。

(二)加强数字出版人才队伍建设,适应数字出版产业的发展

数字出版"十二五"发展规划中提出了加强数字出版人才队伍建设。河北省数字时代急需的复合型人才相对缺乏,人才问题已经成了制约数字出版产业快速发展的瓶颈。解决人才问题一方面要靠引进。河北省环绕京津,引进人才必须舍得投入。另一方面要靠培养,鼓励河北省相关高等院校开设数字出版专业,为河北数字出版产业的大发展培养后备人才。在传统出版单位内部也应该加强新技术和新业态知识的培训,以适应数字出版产业的发展。

(三)政府应加大扶持力度,促进数字出版业健康发展

为加快推进传统出版产业升级,各省纷纷出台对数字出版产业的扶持政策。河北省也应尽早出台数字出版业的指导意见,做好数字出版规划、统计和公布工作。河北省数字出版产业的发展,要借鉴其他先进省的做法,一手抓产业扶持,一手抓市场培育。参照其他先进省数字产业的政策,在发展数字产业的环境、知识产权的保护、财政扶持力度、投融资支持以及人才的培养方面助力数字产业的发展,更好地体现政府资金的引领和示范作用,推进数字出版产业的发展。

(四)探索明晰的数字出版赢利模式,保障数字出版业的健康发展

商业模式和赢利模式问题成为传统出版单位向数字出版转型必须要解决的问题。在数字化、信息化发展的大趋势下,加快实施数字化战略亦成为河北各大出版集团的当务之急。河北省的数字出版企业如何在产业链中把握自己的优势,准确定位,是确立成功商业模式的前提,而运用先进技术找到真正适合自己的赢利模式,是数字出版的核心问题之一。河北省数字用户付费意识相对欠缺,"终端 + 内容"完全收费的赢利模式不易被大多数人接受,用户数字消费意识增强,才有可能采取完全收费的模式。

(五)完善数字出版产业链,创新数字出版机制

完善的数字出版产业链基本上包括内容资源提供、技术平台支持和渠道运营三个环节,出版单位的优势在于掌握着大量高质量、有竞争力的内容,相对而言缺少技术和渠道优势。在完善的数字出版产业链中,主体应该是内容提供者,技术提供商只是产业链中的重要组成部分。但是,目前在我国数字出版产业链中居于主导地位并非是传统的出版社,对产业链

的各部分进行优化和整合,是数字出版的当务之急。

目前,国内几大电信运营商都在打造各自的数字阅读平台,包括移动手机阅读平台、电信天翼阅读平台、联通沃书城等。我们应该清醒地认识到河北省手机出版的潜力,河北省数字出版业要想进一步做大做强,出版企业与技术开发商、渠道提供商、平台运营商和终端生产商之间就应加强合作,形成合力,相互促进发展。出版单位必须积极主动探索与技术提供商、渠道运营商的合作模式和合作渠道。早在 2008 年,河北联通就与河北日报报业集团合作推出了手机报业务,这是出版单位和电信运营商共赢的合作。

(六)增强版权保护意识,依法保护数字版权

近年来,我国数字出版产业发展较快,相较发达地区,河北数字出版从业者和经营者的知识产权保护观念淡薄,自律性较差。很多网站为了追求流量和点击率,未经授权随意转载他人作品。而大多数消费者更是利用数字出版物易复制,易传播等特性随意传播和使用。可以说,从法律环境和社会环境两个方面看,全社会还未形成有利于数字出版物知识产权保护的良好外部环境。

著作权的使用应该首先得到著作权人的授权,而数字出版却不能完全遵守法律的规定,数字出版单位

的版权意识和社会责任意识不强。加之目前我国大多数国民缺乏良好的版权保护意识以及正确的数字消费观等,严重侵害了出版社和著作权人的合法权益。数字出版单位和用户要尊重著作权人的权利,提高版权素养,树立版权意识。政府要建立产业保护协调机制,对版权进行有效的保护。要建立数字版权保护协会,因为数字版权侵权严重是整个行业认识不足造成。

(七)实施品牌战略,促进产业集聚

亚马逊成就数字出版霸业的原因很大程度上在于实施品牌战略。河北省数字出版业要想在全国占有一席之地,也必须走品牌战略。目前,河北省的一些数字出版参与者把眼光放在了数字出版平台的搭建上,数字出版平台的搭建对出版企业的发展无疑是至关重要的,但是平台的协作和沟通更为重要,要避免出版重复建设和资源浪费,影响产业链的整体效率。地方政府始终是数字出版业发展的主导力量和主要推动力,政府要集中优势资源,实现资源的优化配置,推动数字出版产业聚集区建设,促进产业的协调发展和有效运行。

(作者单位:石家庄邮电职业技术学院)
摘编自《经济论坛》2014 年 1 月

模 式 研 究

媒体融合的模式探索:三层交互架构的原理与实践

——以腾讯娱乐信息平台的实践逻辑为例

喻国明　姚 飞

一、腾讯:从网络聊天工具到互联网综合服务提供商

(一)以即时通讯工具为基础打造在线生活平台

从最早的收发信息功能,到后来的公共聊天室、无线寻呼、手机短信、集成浏览器等功能,截至目前,QQ 注册用户已经超过 20 亿。从最初围绕 QQ 开展增值服务,到后来以即时通讯用户为核心建立各种各样的产品线,腾讯 QQ 已经围绕即时通讯形成了一个

庞大的产业链。

2001 年 6 月,腾讯开始在会员服务、社区服务、游戏娱乐服务等三个方面提供互联网增值服务,相继推出了 QQ 休闲游戏、交友服务、QQ 空间及大型多用户在线游戏等。通过围绕即时通讯为核心进行的全面布局,腾讯完成了面向在线生活产业模式的业务布局,形成了"以即时通讯为核心的,面向三大端口的四大基础体系和七大业务模块,构建了一个较为坚实的开放式社区平台"。

（二）形成互联网综合服务提供商全方位的开放式产业链

纵观腾讯的发展历程，可以看到一个清晰的发展逻辑：以用户价值为驱动力，立足于开放的商业模式平台，从即时通讯起家到网络社区，为用户提供信息获取、沟通、娱乐、商务等全方位的互联网内容增值服务，经过十多年的经营和布局，腾讯建立起了一个全媒体、跨平台的产业链，无论从 Web 端、PC 端还是无线端，都有着相当完整的产品布局，作为国内顶尖的互联网企业，腾讯的平台运营已经十分完善，此时，腾讯开始着力打造自己对于文化产业的另一个核心因素——内容产业的把控。

2012 年 5 月 18 日，腾讯成立互动娱乐事业群，全面布局泛娱乐战略，"以知识产权（Intellectual Property，简称 IP）授权为核心，以游戏运营和网络平台为基础，不断进行扩领域、多平台的商业拓展，希望逐步从单纯的网游业务平台，转变为涵盖游戏动漫、文学、影视等多种关联业务的互动娱乐实体"。全文学战略，包括微信平台的运营，都是泛娱乐内容产业链中的关键环节。接下来，我们就从全文学战略、泛娱乐化产业链的打造和微信平台三层架构，来对腾讯泛娱乐信息服务平台进行策略分析和研究（见图 1）。

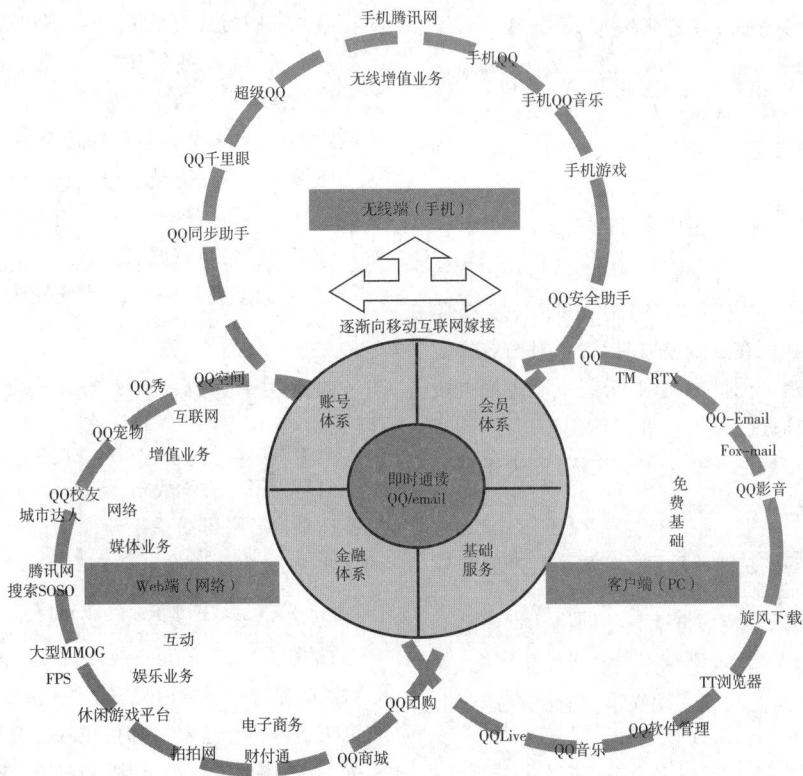

图 1 腾讯业务的战略布局

二、第一层架构院全文学战略带动内容生产

关键点一：院多维平台和用户资源激发内容生产

2013 年 9 月，腾讯正式推出腾讯文学，宣称腾讯文学将打通内容生产、平台、用户全文学产业链，以全文学战略推进整体业务布局，打造全新品牌和业务体系。除了高调签约莫言、阿来、苏童、刘震云等在中国文坛乃至世界文坛都有影响力的作家之外，腾讯文学在内容构架上也下足了功夫，不仅大力引入传统文学资源，而且根据性别差异运营网络文学，推动男女阅读频道和畅销书线上线下的跨平台营销，即创世中文网、云起书院与数字出版平台畅销图书三个品牌。

1. 受众群体细分，精确推送目标

创世中文网 2013 年 5 月 30 日正式上线，由原起点中文网创始团队负责运营，主要针对男性用户，主推男性用户感兴趣的玄幻、游戏等题材，涵盖玄幻奇幻、武侠仙侠、都市言情、历史军事、科幻灵异、游戏竞技、动漫同人等分类。同时开展各类线上活动吸引读者，迅速在网络文学市场占领了一席之地。

云起书院是腾讯文学的原创女性文学网站，主要针对女性用户，主推女性用户感兴趣的言情等题材，由腾讯自有团队负责运营。女性用户是网络文学重要的作者群和读者群,有巨大的市场效应。云起书院上线后,发布作者福利计划,启动文学创作大赏,挖掘优秀作者和作品,并且尝试开发版权衍生品,对产品进行跨界开发。

2. 线上线下跨平台营销

畅销图书是腾讯文学全新推出的平台,主要提供传统出版图书数字阅读服务,实现优质传统文学作品和腾讯海量用户的对接。目前已与人民文学出版社、作家出版社、凤凰出版社进行了合作签约。海量传统优质阅读资源的加入,强化了腾讯文学在内容上的优势,为用户提供了更多元的阅读选择。

关键点二:移动阅读开启网络文学新征途

由于移动互联网扩大了网络文学的阅读群体,吸引了更多的用户资源,从而激发了网络文学创作者更高的热情,直接推动了网络文学的繁荣和多元化发展。

腾讯文学的移动阅读客户端QQ书城和QQ阅读已经吸引了数千万用户,在整个移动阅读市场占据第二位的市场份额。除去手机QQ、QQ阅读中心等渠道,微信阅读中心也在酝酿中,并加大了对内容资源的投入,已经开始了创世中文网、云起书院等原创内容的战略整合。通过手机QQ和微信阅读,数字阅读的交互性增强,阅读的社交化得到拓展,促进了移动阅读潮流的形成。

三、第二层架构院泛娱乐平台拓展内容产业链

腾讯互动娱乐事业群把优秀的网络文学作品改编为动漫、影视、游戏、戏剧等不同的泛娱乐形态,促进了以网络文学为源头的互动娱乐生态整合产业链的形成。

(一)动漫板块院引进版权袁打造平台

2013年腾讯基于首提泛娱乐战略推出全新的动漫发行平台。"2014年1月,腾讯宣布已与日本出版社集英社达成大规模版权合作,将在腾讯动漫平台引进包括《火影忍者》《海航王》《龙珠》《圣斗士星矢》等11部漫画的电子版权,这些动漫作品在中国已有广泛的粉丝基础,腾讯此举也意味着其动漫平台泛娱乐战略大众化的正式开始。"

(二)游戏板块院收购公司袁掌控所有权

泛娱乐战略启动后,腾讯为了巩固和发展游戏业务,一方面开始重点收购有实力的游戏公司,将游戏所有权掌控在自己手中,另一方面则是抓住源头,控

制有可能变成热门游戏的热门网络小说的版权。

(三)影视戏剧板块院收购版权袁打造影视产业一条龙

除了已有的QQ影音、QQ在线视频外,腾讯计划以网络文学和游戏平台为依托,开启从周边授权到电影、杂志及动漫等产业的整体合作。比如在2011年开发其旗下儿童互联网平台,以《洛克王国》系列儿童图书为试点,开启了从周边授权到电影、杂志及动漫等产业的整体合作。

2014年4月16日,UP2014腾讯互动娱乐年度发布会现场,腾讯提出泛娱乐战略2.0的概念,目的在于结合互联网与移动互联网等多个领域,打造明星IP的粉丝经济。"在引入IP方面,腾讯互娱继与集英社、万代、南梦宫等全球互娱巨头合作之后,进一步扩大联盟阵营,今年发布会现场宣布与迪士尼、星空传媒、软星科技、古龙委员会分别就迪士尼旗下漫威英雄《复仇者联盟》、华语音乐综艺巅峰之作《中国好声音》、知名单机游戏《仙剑奇侠传》、著名小说《天涯明月刀》展开以多终端网络游戏开发为核心的泛娱乐合作。"

四、第三层架构院微信客户端提升信息服务精确度

对于腾讯泛娱乐化内容产业和信息服务来说,微信平台是腾讯全文学战略、泛娱乐化产业链的一个极佳推送平台。腾讯微信平台作为信息服务推送平台的这些优势,主要体现在以下几方面。

(一)实现数字内容分类推送

腾讯的全文学战略一经推出,微信作为内容整合平台的战略优势就得以显露。微信阅读中心建立后,腾讯文学将拥有运营权和使用权。在酝酿中的微信阅读平台,将会拓宽腾讯移动阅读渠道,随着腾讯加大在内容资源方面的投入,以及创世中文网、云起书院等原创内容的战略整合,微信阅读客户端必将为腾讯的全文学战略乃至泛娱乐化产业链添上至关重要的一环。微信阅读终端将会加剧阅读的社交化,并且微信传播对于数字出版内容的受众细分和精准营销也会起到推波助澜的作用。

1. 微信阅读平台

内容细分和受众细分完美结合。腾讯文学阅读平台分为女性频道和男性频道,这与微信女性用户偏多的属性天然吻合。因此,在微信用户呈现偏女性化和年轻化的大趋势下,腾讯把微信作为网络文学和泛娱乐内容的推送平台,能够实现细分内容和细分受众

的良好对接,从而提升服务的抵达率,传播效果自是毋庸置疑。

2. 微信阅读有助于数字内容出版的精准营销

微信送达率接近100%,可以利用微信做精准营销,由于微信可以实现一对一的交流作用,所以很适合用于售后服务与跟踪调查。可以对读者的阅读兴趣,习惯等数据进行跟踪调查,便于以后有针对性地推送信息,这是一个非常重要的优势,经过长期积累,就会拥有一个准确有价值的读者信息库。

微信可以提高声望、扩大影响,如推荐新书、发布活动信息、介绍优惠活动、推送图书或作者信息等,甚至可以把实体营销和网络营销结合起来。如通过微博或微信发起有奖活动,包括扫描二维码得奖、领取优惠券得奖、有奖转发、有奖评论和利用读者注册账号进行抽奖等等。甚至组织线下的作者签售与读者互动活动,都可以通过微信平台来发起和进行。由于微信平台具有很强的用户黏性和信息传播的扩散性,实现精准营销、收集用户反馈不再是难事。鉴于QQ用户中有很多优质的付费用户,微信阅读中心一旦成立,还可以为微信支付带来关键的财务收入。

(二)微信公众订阅账号:专题信息发布渠道

目前,微信已经发展成为广泛的APP应用平台,各种原生APP应用逐渐成为微信组件或蜕化为账号之一。基于微信平台的信息资源推送,可以实现实时资讯通报、专题信息推送、分类化信息推送、个性化信息推送、信息导航推送服务等内容。比如腾讯娱乐力邀名人加盟,注册腾讯微信号,用户只要扫描二维码,就可以成为喜爱的明星微信粉丝团的一员。以及关于娱乐新闻的微信公共账号,只要订阅就可以固定接收娱乐新闻等等。除了类似游戏中心的阅读中心,腾讯还在探讨为畅销小说单独建立公众号、为明星作者建立类似自媒体账号等新鲜玩法。而"南派三叔"公众号的成功,证明了网络文学和微信结合的潜力。

通过公众订阅账号,甚至可以组织"读者俱乐部""粉丝团"等系列活动,加强用户与微信的关系,扩大社会影响力的辐射面。

总体来说,微信公众账号的优势还包括:

(1)传播时效性增强。与传统媒体相比,一条长微信从编辑策划到最终发出,仅需几个小时,信息时效性是最强的。

(2)受众反馈更加直观。微信收集后台数据的功能强大而完善,可以把一周内的反馈信息用可视化

的数据分析进行呈现,包括原文和转化为微信以后的文章送达人数、阅读人数、阅读次数、图文转化率、分享次数等,便于进行数据分析与挖掘。

(3)社会增值效益提高。基于社交媒体在数字内容出版和信息服务中的关键作用,利用社交媒体平台进行数字化内容推送,既可以做到与时俱进,又可以为读者提供增值服务,社会效益显著。

(三)微博与微信在信息服务方面的差异比较

在腾讯的泛娱乐资讯平台中,微博和微信的作用各不相同,在内容发送和营销上各有所长。微博和微信共同的特点在于都能对受众进行一对多传播,都是信息发布渠道,并且通过微博和微信的信息推送,能为企业或品牌提高声望、扩大影响力。并且,作为与受众互动的桥梁,两者都能协助进行优惠促销,或通过线下促销,加强企业和用户的关系。但两者的区别在于,微博更倾向于多对多的信息发布方式,发布者具有匿名性的特点,从媒体角度讲,更像传统广播,采用一种广而告之的方式,面向大众进行信息传播,并且信息到达的用户数量很难预知。微博可以作为广告载体,进行粗犷式传播,也能通过一些线下活动增强用户体验。而微信的特点在于基于一对一传播的实名制和私密性。

与微博广而告之式的传播方式不同,微信是基于双向互动交流的小众传播,用户数量很容易确定,能够实现分类信息推送,信息几乎是百分之百精准投放。并且,与微博的广告载体性质相比,微信是更适合进行售前售后的服务工具,用来收集用户意见和反馈,方便用户价值挖掘。由于是新兴的社交媒体客户端,微信还具有更多微博不具备的附加功能,如微信漂流瓶、摇一摇、位置签名、扫描二维码等等。用户体验更佳,传播范围更可控,互动效果更强。

总体来说,基于腾讯庞大的内容产业,微信平台可以做的还有很多,比如在微信平台上开发阅读评分功能,或者在每条信息推送之后直接收取用户的私密反馈留言,加以汇总和分析,会促进内容产品的改进,从而与受众的需求更契合。信息发布方也可利用公众平台来做一系列问卷调查、栏目测试等,这对内容生产具有极大意义。"要从以前的追求用户数量,到现在的一切为了用户;从以前的闭门造车发布信息,到现在的注重即时性、互动性。建立起对粉丝充分尊重的微信营销方式。"

(作者:中国人民大学新闻学院)

摘编自《新闻爱好者》2014年11期

数字出版的商业模式：研究述评与展望

顾金亮

一、商业模式概念的演进及其表达模型

商业模式最初来源于对新经济时代电子商务全新价值创造方式的解释。随着学术界与企业界对"商业模式"这一新的研究视角的日益关注，新经济时代下的企业竞争已被看成是商业模式优劣的竞争。

整合类定义把商业模式说成是对企业商业系统如何很好运行的本质描述，是对企业经济模式、运营结构和战略方向的整合和提升。采取整合类定义的研究者认为，一种成功的商业模式必须是独一无二和无法模仿的。要做到这一点，就必须超越过去那种对商业模式的简单认识。该模型表明，商业模式不应当仅仅是对企业经济模式和运营结构的简单描述，也不

应该是企业不同战略的简单加总，而是要超越这些孤立和片面的描述，从整体上和经济逻辑、运营结构与战略方向三者之间的协同关系上说明企业商业系统运行的本质。近年来，国外研究者已经尝试从这个视角来探讨商业模式。Morris 等在考察众多商业模式定义的基础上，给商业模式下了一个整合定义：商业模式旨在说明企业如何对战略方向、运营结构和经济逻辑等方面一系列具有内部关联性的变量进行定位和整合，以便在特定的市场上建立竞争优势。

王雪冬等给出了一个商业模式的整合表达模型，如图 1 所示。这个商业模式整合表达模型展示了企业应该如何以顾客为中心，围绕价值这个中心议题来洞察价值、创造价值、传递价值和获取价值。商业模

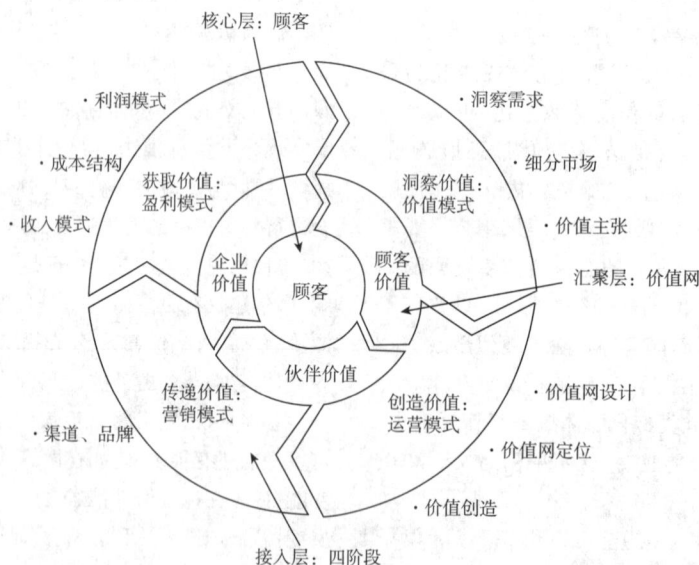

图 1 商业模式的整合表达模型

式具有结构与逻辑、模块与系统、客观与主观、静态与动态多重特点，既是一种由不同模块构成的静态结构，高度概括地描述企业如何以营利方式来创造、传递和获取价值，又是一个不同要素动态演化的系统，代表企业的核心设计与逻辑，是企业管理层对顾客需

求、运营模式、赢利模式等商业模式要素的根本性主观假设，企业管理层必须对顾客和竞争对手的未来行为等做出明智的推测。

二、关于数字出版商业模式内涵的探讨

数字出版是以版权为核心资产、以技术为驱动、以网络为传播平台、以资本为纽带的新兴产业,它是传统出版业的一场革命。

(一)数字出版的商业模式就是其赢利模式

陈净卉等根据服务和运营模式的不同,认为美国数字出版大致可分为依靠产品、依靠服务和依靠广告收入3种赢利模式,商业模式就是不同营利模式的组合。贾慧娟则认为,商业模式描述了企业所能为客户提供的价值,以及企业的内部结构、合作伙伴网络和关系资本等用以实现(创造、营销和交付)这一价值,并产生可持续、可赢利性收入的要素。笔者认为,赢利模式是企业利润的来源和生存之根本,也是商业模式的核心,但不等同于商业模式。按照 Christensen 的解释,商业模式由四个密切相关的要素构成:客户价值主张、赢利模式、关键资源和关键流程。其中,客户价值主张是指你能为客户带来什么不能替代的价值;赢利模式是指你如何从为客户创造价值的过程中获得利润;关键资源是指企业内部如何汇聚资源来为客户提供价值;关键流程则是指企业内部制度和文化用以实现其客户价值。一种好的商业模式必须是一种可持续的赢利模式,然而好的产品和服务并不一定都能够转化为赢利。

(二)数字出版的商业模式就是价值创造

熊英等认为,商业模式是指企业为客户创造价值并获取恰当回报的方式链,因此数字出版的商业模式就是通过多媒体技术的创新,延伸并重构传统阅读的价值链。金雪涛等认为,随着数字出版业的快速发展,除传统的内容供应商外,技术提供商、电信(广播电视)等网络运营商、阅读设备提供商、渠道开发商等力量相继进入数字出版领域,这不仅推动了传统出版产业链的价值延伸,还带来了新的经济增长点,随之形成了以单边市场、双边市场和多边市场为核心的不同商业模式。

(三)数字出版的商业模式就是云出版

该观点认为,技术进步极大地推动了出版业的快速发展。随着云计算业务的高速增长,这一新兴技术已被视为数字出版产业发展的助推器。它将深刻地影响数字出版的前进方向,给出版产业的商业模式、生产方式带来革命性变化。

总的说来,赢利模式论侧重企业运营,认为商业模式是企业合理配置内部资源以不断适应环境变化,并最终实现赢利的方式;价值创造模式论侧重企业的价值创造,认为商业模式是企业创造价值的决定性来源;技术论则认为技术是商业模式变革的驱动力量。它们都忽视了商业模式的综合性。

三、关于数字出版商业模式的研究

(一)国外研究现状

国外对于数字出版商业模式的研究起步较早,而且注重理论和实践的深度结合。早在2000年,学术论文集《互联网出版及其超越:数字化信息和知识产权的经济学问题》就对传统出版的经济模式能否适应数字化变革的问题进行了探讨。Halliday 等人针对数字化期刊的运营提出了传统、免费和市场化三种经济模式,并且运用经济学的理论和方法对数字学术出版主体的成本、收益以及上述三种经济模式的经济敏感性进行了分析。Houghton 探讨了数字学术出版价值链中创作、生产、传播这三个主要环节的成本、收益以及商业模式选择等经济问题,并基于经济学原理提出了解决方法。亦有研究将出版物分为传统产品、创新产品和解析产品,并提出了基于目标市场、定价策略、发展驱动力、所要面对的关键问题及解决对策等要素的经济决策框架,从而使不同产品都能够保持获利能力。McCabe 和 Snyder 尝试运用经济学理论更加理性、精确地研究了学术期刊开放存取出版模式的可行性和社会效率。他们构造了一个基本的双边市场模型,并通过理论计算回答了与开放存取出版模式有关的三个问题。

至于具体的商业模式,美国"知识产权与新兴信息基础设施委员会"早在2000年就指出在网络环境下,至少出现了8种以提供免费的产品或服务为前提,从其衍生品或后期的其他服务,抑或是带动公司其他产品的销售为手段的新的商业模式。

(二)国内研究现状

我国的数字出版滞后于国际出版产业的数字化实践和理论研究10多年的时间。在对文献进行整理和分析的基础上,笔者将国内有关数字出版商业模式的研究分为三类。

1. 列举典型,就事论事

此类研究针对一些有代表性的具体的数字出版企业的商业模式进行归纳和分析,缺乏基于宏观视野的产业分析和系统布局。

2. 研究传统出版进军数字出版宜选择的商业模式

例如,汪忠指出了商业模式的不明朗是数字出版发展的最大瓶颈,介绍和分析了国内外比较成熟的数字出版商业模式,并建议传统出版企业发展数字出版要注重内容建设,满足用户需求。中国出版科学研究所《2007～2008 中国数字出版产业年度报告》课题组认为传统出版涉足数字出版的有三大模式:即教育出版:数字信息服务模式;大众出版:与内容相应市场互动模式;专业出版:基于知识结构的定制模式。贾慧娟提出,基于云计算的解决方案为大学出版社转型数字出版提供了最优选择。

3. 研究重点放在如何构建商业模式上

商业模式创新和变革是商业模式研究的根本目的。陈昕认为,商业模式的本质是赢利模式。创建合适的商业模式,外在思考涉及内容提供商与技术提供商的商业博弈,内在思考则涉及"成本—价格—收益"模式,以及"需求—服务"模式的变局。

(三)国内外研究述评

综合比较国内外有关数字出版商业模式的研究,不难发现,国外的商业模式概念有其规范的学术内涵,更加注重从经济学的角度研究数字出版的商业模式,关注资源配置、成本、收益等经济学的基本问题;为了研究商业模式的可行性与效率,遵循经济学研究的基本要求建立了经济学的理论模型。而国内对数字出版商业模式的内涵理解不够深刻;没有建立数字出版商业模式的分析模型,对商业模式的成本收益关注还不够,相关研究还集中在总结赢利方式等很浅的层次上;对国外的商业模式也只是举例介绍和分析,没有将其与我国数字出版的商业模式进行比较研究。国内绝大多数的研究倾向于把商业模式视作赢利模式,因此有关数字出版商业模式的研究实际上就是赢利模式的研究;数字出版商业模式的分类也没有一个集中统一的标准,只是选取一些有代表性营销模式的进行研究。此外,泛泛而谈的一般分析较多,规范的理论研究和实证分析较少。

四、结论与研究展望

从目前看,国内外关于数字出版商业模式的研究还很不成熟,有大量的理论空白需要填补,这也为后续研究提供了广阔的创新空间。笔者认为,关于数字出版商业模式的研究,可以参考以下思路。

首先,定义数字出版商业模式的过程,其实也就是运用简单的描述方法来表达复杂的数字出版商业系统的过程。因此必须抓住数字出版商业系统的某种本质属性,通过描述本质属性来统领和表现商业系统的其他方面。笔者认为,数字出版具有以下属性:①具有数字技术记录、储存、呈现、检索、传播、交易的特点;②具有在网络上运营,实现即时互动、在线搜索等功能,具有创造、合作和分享的特性;③能够满足大规模定制这一个性化服务的需要;④数字出版离不开内容,但它必须通过技术创新来创造传播。传统出版向数字出版转型的最大难题并不在于资金和技术,而在于能否把握数字出版的本质属性,探索发现其规律,勇于创新,进而建立起相应的商业模式。

其次,经济学的理论与方法是研究数字出版商业模式的基本工具。就数字出版商业模式研究来说,当前从经济学视角对数字出版传播的特征和规律进行分析的研究还较少,对诸如数字革命是否改变了出版经济的基本规则等关键性问题的研究较为匮乏。根据吴赟的研究,数字出版的经济特质主要包括:数字出版经济中存在激励创新以追求竞争优势的特殊机制;数字出版经济中边际效益递增规律的作用范围扩大;数字出版经济具有非常明显的网络外部性;数字出版经济中存在强烈的马太效应。这些经济特征将是研究数字出版商业模式较好的切入点。

再次,要还原真实的数字出版产业。细细探究官方发布的数字出版产业产值的组成,我们不难发现,手机出版(手机音乐、手机游戏、手机动漫、手机阅读)、网络游戏、数字期刊、电子书、数字报(网络版)、网络广告等均在统计之列,而手机出版、网络游戏、网络广告三项相加,则几乎占每年发布的产值的九成以上。而能够真实反映出版业数字化转型成果的电子书、数字期刊和数字报,以及"以文本阅读为主要导向"并能体现技术创新的新兴"数字出版物"则还处于起步阶段,产值十分有限。因此,必须揭开笼罩在数字出版产业上的神秘面纱,这也许是研究数字出版商业模式的前提。

最后,要重视数字出版商业模式的评估研究。商业模式评估研究涉及两个方面的问题:一是评价指标设计,即如何在严格的逻辑体系的基础上,建立一套科学的商业模式评价指标体系;二是评价指标的量化,即如何对这些指标进行量化,使不同商业模式之间的评价和比较成为可能。我国还没有涌现出有世界影响的数字出版企业,国际竞争力与国外先进企业相比有着较大的差距。这当然可以从制度、技术和人文等因素去解释。但笔者认为，上述解释虽然具有一定的说服力，但决定中外数字出版企业差距的最根本和最直接的原因是商业模式水平的差距。通过中外数字出版企业商业模式的国际比较，我们能够更好地了解中国企业与外国企业的差距，为研究中国企业应当如何进行商业模式变革提供借鉴。

（作者单位：东南大学出版社）
摘编自《出版与印刷》2014 年第 1 期

数字出版物的赢利模式研究

高端鸿　袁勤俭

一、数字出版物典型的赢利模式

（一）数字出版物九种赢利模式

1. 内容赢利

内容赢利是指消费者为了获得数字出版物的内容，向数字出版物的内容生产商或平台运营商支付一定的费用，具体包括下载内容付费、在线浏览内容付费、单次付费和包月付费四种。根据数字出版物的付费对象，可以分为个人付费和组织付费两类。个人付费是指消费者为了获得内容向提供内容的生产运营商支付费用。如"盛大文学"旗下的"起点中文网"、"云中书城"等采用"免费试读部分内容＋剩余内容付费"和"付费下载数字图书、期刊的电子文本"的赢利模式。此外，随着消费者内容付费意识和消费者数量的增长，国外互联网视频网站中较为成熟的内容付费模式，也开始被我国互联网视频网站所采纳。国内的中国知网（CNKI）、万方数据库和国外的数据库EBSCO、Elsevier 等一般都采用上述模式。

根据消费者付费周期可以分为单次付费和包月付费。单次付费指消费者每使用一次数字出版物就支付一次费用；包月付费则指消费者一次性支付一个月的数字出版物的容使用费，在此期间内可以无限次使用数字出版物。

2. 实体产品赢利

实体产品赢利是指依靠销售拥有版权的数字资源的物质载体来获取利润，如销售热门动漫的各类音像制品、热门数字游戏的游戏光盘等。

3. 广告赢利

广告赢利即内容生产商和平台运营商在线提供免费、海量的数字出版产品，获得大量消费者关注，向在数字出版物网站中投放广告的广告商收取费用，消费者通过接受一定的广告信息来获得免费的数字出版物。

以广告为主导的赢利模式非常普遍。以数字期刊为例，国内的数字期刊、报纸运营网站如 Z－COM、X－PLUS，其广告赢利模式是将原有的平面广告转换成多媒体广告。数字视频网站也以广告投放费用作为主要的利润来源，即在一段视频资源加载的开始会播放 10～60 秒的视频广告，并同时出现动态广告横幅。而且广告的形式也多种多样，如网络上常见到的banner、flash，也有传统杂志、报业中投放的图片、文字文本广告以及微电影形式的广告。广告赢利是现在乃至未来的数字出版物的主流赢利方式。

4. 增值服务赢利

增值服务一般是指数字出版物的生产运营商向消费者提供附加的各种服务实现赢利。这种赢利模式多见于数据库产品、提供数字影音资源的视频网站和数字软件。

（1）教育类和专业性强的数字资源。国外著名的汤姆森·路透出版集团（Thomson Reuters）就为其客户提供信息定制服务；Reed Elsevier 旗下的 Lexis Nexis 数据库为客户提供关于政府管理、法律信息的咨询服务。

（2）数字音像视频。消费者在观看免费的影音资源时，往往需要先观看一段广告，如果消费者不想观看广告播放，就需要付费获得消除广告的服务。

（3）数字软件。以数字游戏为例，需要玩家支付一定的费用才可以开通特定的游戏功能，如获得虚拟的游戏货币和游戏装备，这都属于增值服务收费的范畴。

（4）"Xlibris"的自费自助出版模式。Xlibris 是美国的网络出版网站，它打破了传统出版业个人出版图书手续繁琐的难题，提出了独特的网络出版理念。任

中国互联网与数字出版研究指南（2014～2015）　　203

何人都可以在该网站上出版自己的作品,网站主要通过向作者提供分级式的出版包装服务来收取不同的服务费用赢利。这种模式目前也在中国崭露头角,如"有图网"就是中国本土的自助出版平台。

5. 传播渠道赢利

传播渠道赢利是指消费者用电脑、手机等阅读终端下载数字资源时需要支付相应的流量费用,以及在线数字资源被消费者点击阅读时资源平台因为点击率而产生的赢利。以一些数字音乐和数字图书网站为例,这些网站都向消费者提供免费的内容资源,而且都提供下载服务。这样网站在收取下载流量费的同时也会因为免费提供资源逐渐吸引消费者,当网站成为品牌之后就又可以获得广告商的加盟,赚取更多的利润。

6. 周边附加产品赢利

这种赢利模式是指生产运营商推出与数字产品相关的附加产品,获得额外利润。以动漫和数字游戏为例,一般畅销的动漫、游戏软件运营商都会推出一些与软件相关的服装、模型等附加产品,这些产品往往会得到比较不错的市场反映。此外,很多软件还会推出典藏版、豪华版、限量版等不同版本,将软件和周边产品捆绑销售,这样不但销售的价格比较高可以获取更多利润,还可以解决周边产品的库存积压问题。

7. 联盟推广

联盟推广是指数字资源平台推广与之联盟的产品,并且向联盟产品的生产经营商收取一定的费用。

8. 竞价排名

竞价排名是指在一些数字资源的推广平台中,如果需要推广产品的商家想要获得在推广列表中比较靠前的排名,就需要支付一定的费用,推广平台根据支付的费用高低来决定其产品在推广列表中位置。如百度采用的正是竞价名的赢利模式。

9. 基于体验营销的赢利

菲利普·科特勒认为通过让顾客体验产品、确认价值、促成信赖后自动贴近该产品,成为忠诚的客户的营销方式就是体验营销。基于体验营销的赢利是指数字出版物运营商通过推出免费的数字资源供客户使用,使客户对产品有了感性体验,在客户心中建立起品牌认知,在产品获得了一定的消费者黏性之后再进行收费。同时,由于免费使用在市场上获得了品牌声誉,其旗下的其他收费数字资源的市场也得到了扩张,最终就能获得更大的市场份额,获得更多的利润。

(二)数字出版物赢利模式组合

前文描述了数字出版物的主要赢利模式并给出了具体案例。然而,数字出版商在市场运作时一般不会采用单一的赢利模式,而是多个赢利模式组合运作(详见表1所示)。

表1　数字出版物赢利模式组合

序号	数字出版物类型	赢利模式	实例
1	数字图书	内容赢利 + 广告赢利 + 传播渠道赢利 + 联盟推广	中文起点网《鬼吹灯》系列
2	数字期刊	内容赢利 + 广告赢利 + 传播渠道赢利 + 联盟推广	《开啦》《澜 LAN》《MINA》
3	数字报纸	内容赢利 + 广告赢利 + 传播渠道赢利 + 联盟推广	《上海一周》、搜报网
4	数字音像制品	内容赢利 + 实体产品赢利 + 广告赢利 + 增值服务赢利 + 传播渠道赢利 + 周边产品赢利	《名侦探柯南》、《蓝猫淘气三千问》
5	软件	内容赢利 + 实体产品赢利 + 广告赢利 + 增值服务赢利 + 传播渠道赢利 + 周边产品赢利 + 联盟推广 + 竞价排名 + 基于体验营销的赢利	《仙剑奇侠传》《暗黑破坏神》360 杀毒软件
6	数据库产品	内容赢利 + 广告赢利 + 增值服务赢利 + 联盟推广 + 传播渠道赢利	中国知网（CNKI）EBSCO 公司 ASC/BSC 数据库

由上表可知,内容赢利和广告赢利这两种赢利模式几乎被所有的数字出版物所采用,是目前主要的赢利模式。随着数字出版的进一步发展,单一数字产品将会有越来越多的赢利模式,甚至会将上述九种赢利模式都囊括其中。

数字出版物的赢利模式虽然推动了数字出版产业的快速发展,但需要指出的是,这些赢利模式都存在一些亟待改进的地方。如由于数字出版物生产商的免费营销策略,使消费者已经习惯了免费使用数字出版物,付费意识不强;而且现有广告投放大部分会强制消费者观看,占用消费者的页面加载和观看数字出版物的时间,引起消费者的反感。

（作者单位:南京大学信息管理学院）
摘编自《图书馆理论与实践》2014 年第 9 期

文化遗产数字化与互动性推广模式

——基于新媒介载体的文化产业开发

闵祥鹏

一、文化遗产数字化的界定与内涵

近年来,文化遗产的保护进入了崭新的阶段,数字技术、信息技术等成为文化遗产保护的重要组成部分。文化遗产的数字化是华夏文明传承创新与现代文明建设的重要方式之一,其不仅可以与文化遗产的保护相结合,更有助于数字文化产业的开发与创新。当前我国也非常重视利用数字技术、信息技术等手段加强文化遗产的保护与开发工作。

古籍的数字化仅仅是文化遗产的数字化的一部分,数字技术还可以将文本、图片、音频、视频等转化为计算机识别的二进制代码,进行运算、加工、存储、传送、传播、还原。数字技术不仅仅能将古籍的文本、古迹的图片、民歌民谣的音频、戏剧舞蹈的视频等统一转换为数字格式,而且还可以利用虚拟现实技术重建破坏的古代遗迹,修复破坏的历史文物,进行民俗场景的数字化展示等等。因此部分文化产业与旅游开发所重点推介的景点与文物通过进行数字化整理,可以利用网络媒介、数字媒介与移动通讯媒介进行推广。

因此广义文化遗产的数字化应包括数字化的整理保存、数字化衍生品研发、虚拟现实场景展示、新媒介营销等多个方面。其中文化遗产经过数字化整理保存后,可以通过新媒介进行推广营销。通过线上活动与线下互动、虚拟展示与现实展示相结合的方式,实现推广推介文化遗产的目的。

二、文化遗产互动性推广的基础与平台

首先,当前数字化已经成为文化遗产保护的主要方式之一,世界各国都在利用数字技术进行文化遗产的保护推广活动。

2011 年欧盟委员会向欧盟成员国提出建议:"希望各成员国进一步努力共享资源并动员私人力量做好文化资源的数字化工作,以使更多人能够通过欧洲数字图书馆接触到欧洲文化作品,从而了解和认知欧洲的文化遗产,并通过此项目促进欧洲创意产业的成长。主管数字战略事务的欧盟委员会副主席内莉·克罗斯就上述建议表态说,欧洲文化遗产是世界上最重要的遗产之一,为避免其衰落,欧洲就绝不能错失数字化技术带来的机遇。"数字化也是当今世界文化遗产保护的重要途径,而其发展也能有力的推动了文化遗产传播与推广。在埃及隶属埃及信息通讯技术部与亚历山大图书馆的埃及自然文化遗产数字化记录中心就利用先进技术与国际组织合作,开展介绍和保护埃及自然文化遗产的工作。中心的"埃及文化遗产电子地图"网络得到世界著名电脑公司 IBM 公司和芬兰政府的资金和技术支持,涵盖埃及境内所有文化遗址的精确数据,有阿拉伯语、英语、法语三个版本,达世界先进水平。该中心建成的"埃及自然遗产""开罗建筑遗产""阿拉伯音乐宝库""埃及民俗文化遗产"等电子数据库也发挥了良好作用。

欧盟在文化遗产数字化的推广上也取得了相当不

错的成果。比如通过访问 http://www.europeana.eu 网站，"世界各国的网络用户无论以娱乐还是以研究和工作为目的，都可以免费获取上千万条的数字化欧洲文化遗产资源，其中包括电影资料、照片、绘画作品、音频文件、地图、手稿、书籍、报刊以及档案材料等多种资源类型。这些资料来源于欧盟 27 个成员国的主要图书馆、档案馆、博物馆、视听档案馆等文化机构，涉及欧洲所有主要语言。目前，欧洲数字图书馆拥有的各种资源已从开通时的 200 万条增至 1900 万条，而且直观性和互动性都有所加强。"我国同样非常重视文化遗产的数字化，2011 年 6 月实施的《中华人民共和国非物质文化遗产法》规定："文化主管部门应当全面了解非物质文化遗产有关情况，建立非物质文化遗产档案及相关数据库。"因此利用网络技术、数字技术等新技术保护、推广文化遗产已经成为一种重要方式，数字技术在文化遗产保护中的重要性也得以体现。

其次，新媒介的应用也为文化遗产的互动性推广提供了平台，新媒介所具有的超媒体性、交互性等特点也使得数字化的文化遗产得以广泛的传播。

这些新媒介与传统的报纸、广播、电视等媒介相比最大的特点之一就是互动性增强。传统媒介的受众与传播者之间的关系多是单向的。利用传统媒介进行文化传播，受众的视听感受一般无法及时有效地反馈给传播者，也难以与其他受众在同一时间分享的视听观感。传统媒介的受众多是被动的旁观者，除了观众(或者听众)来信、来电等形式之外，对于传播者所提供的内容缺乏反馈和参与的机会，只有选择接收或者不接收信息的权利。但利用网络报纸、网络电视、手机报等新媒介传播传统文化，受众则在观看后可以借助于电脑、手机的网络功能进行实时评论，而这些评论又可以迅速地反馈给传播者。这种反馈在一定程度或者一定范围内会影响其他受众，同时该类反馈也体现了受众的关注点与兴趣点，这无疑也可为以后的文化传播提供参考。

三、新媒介互动性推广的模式

文化遗产中重点推介的景观与文物等可以通过数字化处理，利用网络媒介、数字媒介与移动通讯媒介进行交互式的宣传推广。利用主流新媒介进行的互动推广包括富媒体虚拟场景展示、IGA 软性推广、虚拟真实互动等方式。在具体应用当中，尤其需要强化虚拟互动和真实互动、线上互动和线下互动的有机结合。

(一)富媒体的虚拟场景展示

随着富媒体技术的应用，网络用户可以在不安装任何插件的情况下实现视频、音频、动画图像、双向信息沟通的交互功能。由于利用虚拟现实技术、三维扫描技术与多媒体技术可以实现旅游景点的展示与文化遗产的复原以及民俗场景的演示，比如 2010 年 6 月由故宫博物院、微软亚洲研究院和北京大学共同合作研发的"走进清明上河图"。"该项目采用超高清晰的数字影像最大限度地再现了原作的所有细节。根据画卷情节，故宫在画面上安排了 51 个场景，在著名文物专家研究成果的指导下模拟设计了 700 多段人物对话。结合场景声效和优美的音乐，以影院立体声音响的音质，通过最自然的人机交互方式，观众可根据自己的兴趣在多点触控的荧屏上进行操作，观赏画面的任意细节，并且随着画面位置的变换，所有声音平滑过渡。"而这些能体现文化遗产与开发的片段，都可以通过富媒体广告的形式在网络及数字媒体中得到展示，尤其是部分或者全景展示文化遗产与开发中最突出、最重要的景点与文物。网民只需要晃动鼠标，就可以随意调整观看景点或者文物的角度，在页面中就可以仔细鉴赏它的细节。这种模式使得观众有着身临其境的观感，也能引发其互动的兴趣与热情。

(二)IGA 软性推广

利用广告等硬性推广往往会引起受众的反感，而利用电影、电视中剧情中特意设计的某些桥段、文章中的某些情节，让受众在观看或者阅读中认识推广推介的产品，往往会起到与众不同的效果。在新媒介的软性推广模式中，利用的较为普遍的则是游戏植入(IGA)。游戏媒体作为一个新的分众传媒，在面对特定族群的定向传播上，有着传统媒体无可比拟的优势。它的针对性、有效性和灵活性，能使广告和游戏充分的结合，让玩家在享受游戏的同时，不知不觉地接受广告的内容，是一种典型带有软广告性质的软性推广模式。IGA 模式当前得到较为普遍的应用。

在大型的网络游戏中可以通过常规的植入、反向植入与电子商务融合等方式达到推广推介文化产品的目的。游戏中可以推广旅游景点与文化产品的方式多种多样，主要包括：

一是游戏场景与文化遗址、名胜古迹、旅游风光等场景结合,将其设计成游戏的主要背景或者是关卡的背景,增强用户的接受度;二是游戏的名称、人物名称、场景名称、道具名称等以文化产业发展与旅游开发产品命名;三是游戏中所使用的道具、物品等可以体现文化的物品来代替;四是游戏内的情节,尤其是关卡、升级的情节设置成文化与旅游开发产品的内容。

其次是定制游戏,可以专门结合文化产业与旅游开发中的重点产品设计一款小游戏,比如游览区寻宝游戏、景区探险游戏等等,将文化遗产区的观看线路上的主要景点一一标注,进行推介。

当然在大型的网络游戏植入或者是定制游戏植入时,需要注意以下几个方面。

一是体现游戏本身与文化产业发展与旅游开发产品的关联度,关联度不强必然造成游戏的参与者在参与游戏的过程中忽视游戏的广告效应。

二是具体观感注重参与者本身的体验,得到参与者的认同,游戏中要在恰当的位置凸显出文化产业发展与旅游开发产品中最吸引人、最富魅力的内容,通过虚拟场景的互动实现受众参加真实的旅游体验的冲动。

三是配合适合的宣传,毕竟游戏植入作为软性推广,缺乏硬性广告推广的直接性,因此需要通过媒体报道、论坛软文介绍及特定游戏场景的设置等手段,体现出其承载的广告效应。

(三)虚拟真实互动

虚拟真实性是新媒介的又一重要特点,虚拟技术可以实现重建破坏的古代遗迹、修复破坏的历史文物、数字化展示民俗场景等等。当前这些也逐渐应用到文化遗产的保护与开发中。比如2014年7月,敦煌研究院与浙江大学合作首次推出了敦煌艺术走出莫高窟暨敦煌研究院建院70周年数字化成果展:"运用幻维自适应图像三维重建技术,将莫高窟彩塑数字化,最终通过3D打印技术复制彩塑作品。运用计算机等数字化手段,充分运用二维图像与三维模型相结合的方式,使得不可移动文物突破物理限制走出敦煌,一个真实的敦煌将走出洞窟,并且走出中国、面向世界,形成了独特的展陈方式。"同时,敦煌莫高窟数字展示中心也将运行,参观莫高窟将分为参观数字展示中心和洞窟游览两部分。游客在数字展示中心,将观赏到介绍敦煌和莫高窟历史文化背景的主题电

影和展示精美石窟艺术的球幕电影。影片对莫高窟最具艺术价值的7个代表洞窟进行了全方位展示,每一幅壁面、每一尊雕塑都毫发毕现,栩栩如生,让人如临其境。而其中的虚拟场景展示摆脱了陈展时间与空间的局限,同时也在减少了直接参观者对文化遗产的损害。

但虚拟的真实仍然是虚拟的,无法满足体验者真实的感觉,线上虚拟互动会强化用户体验的热情,激发真实互动的实现。而真实互动则会带来产业的实在价值与推广的真实目的。真实互动人群参与的有限性与地域的局限性,则需要虚拟互动带来的广泛参与度。同样诞生于对网络之上的虚拟场景的热爱则会延伸到对文化产品的热爱与关注。

真实旅游中的互动活动,时间、参与人数与地点是有所局限的,但在网络虚拟世界中,参与者可以跨越省界、国界、时间、空间。新媒介的互动式推广有多种方式:一是撰写文化产业发展与旅游开发的介绍软文,拍摄制作产品与旅游线路的花絮、预告,通过评论、订阅进行互动与网络预热。二是利用BBS网络社区、博客、微博等互动性的共享平台,制造、抛出争议话题或者共享产品体验信息迅速引发注意力效应。

线上虚拟互动可以与线下的真实互动结合,线上参与活动者以及积极回复者,都可以通过赠送实体景区的门票、享受旅游的优惠服务、低价选购文化产品等,将线上的互动延伸到线下,将潜在消费群转变为真实的消费群。因此通过互动性活动使得对文化遗产有所了解的线上受众通过线下的真实观感获得最直接的体验。

线下的旅游活动再可以延伸到线上进行互动式推介。旅游者通过在指定旅游网站与BBS论坛介绍旅游观感的方式,可以获取旅游的纪念品及其他奖励,让更多的消费者体会到旅游的文化魅力,将线下互动延伸到线上,将真实的互动与虚拟互动再次结合。具体可以在许多重要的、专业性或者旅游类的网络社区,利用BBS、SNS、博客、微博、播客等开展互动性活动,由参与文化产品消费或者旅游者分享产品使用与旅游观感、上传视频资料,举办征文、摄影比赛等,依托旅游者的亲身感受影响潜在的消费群。

(作者单位:河南大学黄河文明与可持续发展研究中心)

摘编自《东方论坛》2014年第4期

基于碎片重组的动态数字出版模型研究

温有奎

一、引　言

本文认为海量、非结构化的科学文献知识碎片化是影响多模态数字出版发展的关键问题之一，我们提出科学文献内容知识碎片化组织与按需动态关联重新组合的出版模式，发挥数字出版的多元化知识表示的优势，解决传统科技文献以本、篇为出版单位带来的知识难以有效利用的瓶颈问题；创立一种新的科学知识碎片化存储与按需动态聚合的数字出版模式，以推进科学知识的多模态利用。

二、碎片动态知识数字出版的挑战

（一）知识碎片化产生的原因

引起碎片化出版发展的原因有三个：一是需求，二是价格，三是效率。首先，碎片化来自读者的选择性需求。专业读者出于研究或是论文写作的需要，对知识的查阅、引用和更新是其主要目的，而读者真正感兴趣的可能只是整本、整篇信息中的一章、一节，甚至是一个片段。其次，以往读者只为了其中一部分有用的信息而支付整本书费用的方式，无疑增加了读者的负担。再次，专业出版社采取碎片化销售模式不仅可为读者提供更为精确的碎片内容，还可使碎片多次复用以及按需组合销售，极大地压缩成本。读者按照所需章节或片段的流量或字数支付费用，会产生不可估量的效率。

（二）碎片动态知识数字出版的挑战

目前阅读方式的极大变化对静态的图书、期刊等知识传播方式提出了严重挑战，学术文献服务商不仅从出版商那里购买数据，更有可能与出版商联合出版。作者和出版商不仅可以整本出版，还可以以碎片知识数字方式动态出版，碎片知识以动态数字方式排版、存储、重组、联合出版。动态碎片化数字出版方式大大节约人们的阅读时间，有效提高人们对知识获取

和创新的速度，这将成为知识服务的新市场。读秀在数字图书阅读的初级市场上抓住了重要机遇、赢得了巨大的文献阅读市场。新的动态碎片知识数字出版在手机知识点阅读、多媒体阅读、多维度阅读市场的前景会更加广阔、潜力更大，用户更喜欢。科技文献动态数字出版内容版式分离、跨媒体数字资产管理、内容碎片化管理与动态关联、按需重组与内容复用、多出版形态数字产品同步生成、多渠道数字出版发布、多终端适配与移动阅读等关键技术将大大推进科技文献动态知识服务应用市场。

三、动态组合的数字出版模型

（一）动态数字出版流程

在多介质跨媒体的数字时代，以纸介质出版物为核心的编、印、发的传统出版流程，已成为制约出版行业发展的障碍，已无法满足内容组织和服务过程中作者远程协同写作、读者需求个性化定制和智能识别、编辑自动化等需求。因此，打破传统出版流程和概念的约束，建立一个基于内容对象的、协同工作的、"一次制作、多元发布"的动态数字出版流程成为数字出版行业的关键问题。

因此，为了实现动态数字出版，首先必须解决传统出版的内容结构、版式风格、文件格式不能分离的关键问题。动态数字出版的关键还是内容，但动态数字出版内容结构与表现方式分离，只有到使用者选择时才确定表现方式，也就是内容结构、版式风格、文件格式是分离的，而不是传统出版的以版式为基础的变形。这样可以将内容从原来的种、册、件、篇、章、节到更小的片段内容按需重组。其次，按照多样性终端，将文件格式转变到动态检测终端后的适应格式，再以适合的格式文件发行。典型的动态数字出版流程如图1所示。

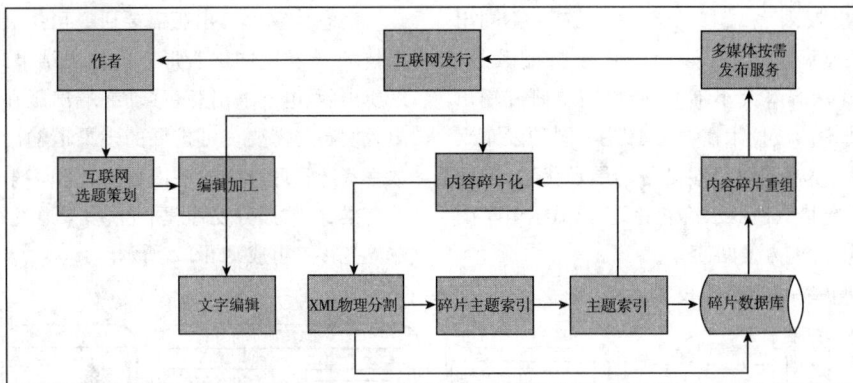

图1　动态数字出版流程

动态数字出版流程主要分为选题策划、编辑加工、内容管理、发布服务四个环节,从环节划分来说与传统出版流程有一定相似之处,但是在每个环节内的具体工作内容和特点,已经有了很大区别。动态出版流程的最主要特点就是利用互联网云服务的广泛性实时性、海量数据收集与处理能力、基于XML的内容版式分离和再现技术,来实现出版内容的结构化、碎片化、扩展性、自动多样性,从而为读者用户提供更加方便、快捷、廉价、智能的信息获取与知识服务。

(二)数字内容碎片化组织模式

1. 数字出版物内容组织规范

目前用于描述数字出版物组织结构方式主要有三种:第一种是基于文档的描述方式;第二种是基于HTML的描述方法;第三种是基于XML的描述方法。基于文档的描述方式最常用的是PDF、WORD等格式,其组织方式是线性的,且组织结构和版式信息的描述具有专用性,在重构数字对象和个性化信息服务方面存在一定的难度,无法满足个性化阅读需求,不能进行跨平台的数据交换,也不能提供非线性的网状导航机制和立体的表现形态。基于HTML的描述方式虽然可以通过嵌入与超链接机制将线性阅读方式改为立体阅读,但也无法满足个性化数字出版的多维度信息检索和网状导航需求,再加上HTML本身的特点以及不具备跨平台间数据交换的缺点,已逐步被第三种方式——基于XML的方式所替代,其中应用较广的有两种:OPF和METS。

2. 碎片标引与索引技术

对数字出版产品进行碎片标引与索引是对文献知识组织理论的发展。与数字文献出版的元数据加工不同,除了对整本或整篇内容进行元数据标注外,

碎片标引还要对数字文献各个章节的知识更详细地分别单独标引和索引。经过标引和索引后的碎片知识更容易被读者获取和利用,其生命周期要比整本书的更长、更有效。数字内容碎片化组织需要考虑几个问题:

(1)维持传统出版内容,保存作者稿件、终审稿件、终排文件,并转换终排文件按照种、册、件、篇、章、节模式进行组织;

(2)将形成的篇章节内容按学科、中图分类、主题等方式分类;

(3)将形成的分类按照某一学科、某一方向、某一行业的知识形成知识体系;

(4)将知识领域再拆分成不同方向的知识单元,知识单元拆分成知识点,最后拆分成主题词、关键词;

(5)通过关键词间语义关系将知识点进行动态关联,形成网状互联关系;

(6)将内容按需重组及多出版形态同步生成技术实现动态出版。

(三)内容按需重组的多出版形态

1. 样式和模板技术

传统数字出版,自动化排版引擎采用数字内容与版面样式相分离的设计思想,在后期完成结构化或半结构化的数字内容与版面样式的组合,并对排版结果进行智能化校正。

对于动态数字出版,在进行内容按需重组时,完全可以借鉴其数字内容和样式模板分离的设计思想。对于不同出版形态的数字产品制作,可以预定义对应的样式模板,通过样式模板与数字内容的关联抽取,实现对应数字产品的自动生成。

2. 满足多出版形态需求的数据格式

由于数字出版形态的多样化,包括纸版印刷、网

站发布、光盘出版、多终端移动阅读等。对于不同出版形态，其内容展现设备，如 PC 机、手持阅读器、PDA、手机等显示屏幕大小不一，所以需要研究输出内容自适应技术。该技术需要考虑在不同的发布渠道下，如何充分发挥不同终端设备的展示优势，从而将制作的内容更恰当地展示给读者，还原显示电子图书的规范版式，并能方便阅读。

3. 可扩展的多渠道输出技术

动态数字内容出版需要研究可扩展的多渠道输出技术，支持不同出版形态的输出结果，以适应包括纸质出版、电子书出版、移动终端出版在内的多渠道出版发布的需要。可扩展的多渠道输出技术是连接数字资产管理系统数字内容资源和多渠道发布平台的桥梁，由数据分发管理平台、多渠道发布平台、多终端支持接口组成，如图 2 所示。

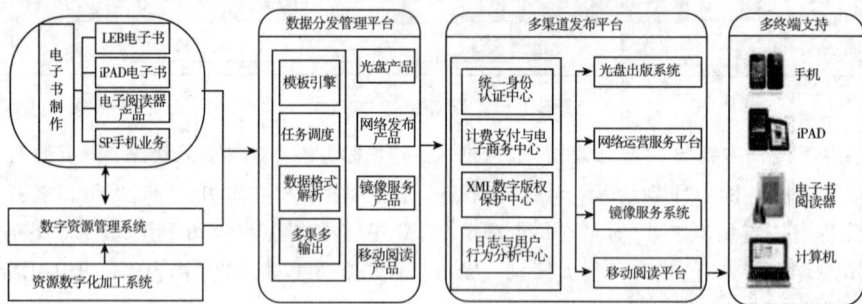

图 2　数字资产管理系统

数据分发管理平台主要包括模板引擎、任务调度、数据格式解析、多渠道输出引擎。其中：

（1）模板解析引擎：主要解决数字内容的提取与动态重组；

（2）任务调度引擎：主要解决多出版形态数字产品的自动和同步生成；

（3）数据格式解析引擎：提供对于电子书的格式解析、版式适应生成和流式阅读支持；

（4）多渠道输出引擎：提供面向不同出版形态和发布平台的数字产品提供和输出。

四、动态数字出版关键技术

（一）基于 XML 的内容版式分离技术

资源描述框架的理念已广泛应用于美国及欧洲等国家的数字出版与数字图书馆的建设中。本系列标准的研制将以资源描述框架为基础，建立一套适用于中国数字内容资源对象存储、复用与交换的新闻出版行业标准，使出版单位资源加工有据可依，使数字资源存储格式统一，实现数字内容的复用与交换，改变出版单位各自独立建立自用加工标准、全社会、全行业无法资源共享的现状。

内容版式分离技术在字处理软件和排版软件中均有应用。字处理软件包括 Word、WPS 等，其中以 Word 应用最为广泛；通过对 Word2007 和 2010 两个版本软件的相关分析、格式提取，利用 XML 结构化标引技术，实现软件中内容、内容结构、版式结构的分离，分离后的内容形成可重组和复用的资源，为资源积累、动态发布等环节做准备。

目前流行的排版软件如 Indesign、方正排版、Word 等，由于分属不同的公司，其使用的核心技术、版式规范各不相同，相互间无法实现有效转换，不利于数字出版多形态的生成和发布，也无法高效完成数字内容的按需重组。所以，必须要对三个主流软件产品的文件进行内容和版式的分离，才能做到根据内容进行碎片化，根据需要决定版式和格式。我们利用 XML 内容的中间文件作为三者的同步文件，这个技术的突破可以极大地提高中国出版技术自动化的水平。

（二）多媒体碎片化内容的管理及复用技术

数字化背景下，大规模内容生产成为可能，同时也出现了规模化的内容消费需求，而内容融合的大趋势使动态数字出版应用示范平台上集成了包括文字、声音、图片、图像在内的各种形态的多媒体、碎片化内容。数据内容资源在内容和形式上越来越丰富，这就要求研究和开发多媒体碎片化内容管理及复用技术。同时，数字内容的复合出版、碎片化内容的立体使用也成为必然趋势，即数字内容同时在广电、报纸、书籍中使用的局面。如何针对不同的载体需要，对原始内容要素进行标准化、数字化的加工和存储；碎片规则确定以后，计算如何提取、如何保存、如何进行标引和知识组织、如何进行动态重组是需要事先进行复用规则的约定,在这个约定下进行管理和利用,也是本研究需考虑的问题。

碎片化解决以后,复用与重组是动态数字出版的关键技术之一。传统的内容管理可以管理碎片化的内容,但是无法管理碎片化内容的复用和重组规则,特别是动态的重组,需要实现申请请求、组合、输出等一系列标准化的动态重构。

对于碎片化的内容、整体化各种格式化的文件,在存储过程中如何检查、管理等对于出版机构是一个挑战,基本不可能把数万的文件一个一个打开,检查是否完好,必须要有一个检查海量文件存储后是否损坏的方法,然后对于损坏的部分进行备份修复,建立海量文件特征管理,以便于检查、管理、修复,这是目前数字内容检查及复用技术中的关键。

(三)多出版形态同步生成技术

对于出版社来说,数字内容资源经过碎片化处理,可以满足其重用、按需出版和个性化服务的需求,这些内容资源通过数字资产管理系统进行统一管理和输出使用。

出版社实现内容资源数字化的最终目的还是为了满足其出版、发布、服务"一次制作、多元发布、多次服务、按需出版"的需要,因此,需要研究内容按需重组及多出版形态同步生成技术,来满足其对于数字资产管理系统管理内容资源的动态重组,并根据不同出版形态封装生成相应的数字产品,通过多渠道发布系统进行数字内容的出版发布。也就是说,在数字资产管理系统与多渠道发布系统之间,还有一个桥梁,这就是数据分发管理系统。

对于内容按需重组及多出版形态同步生成来说,需要重点研究样式和模板技术、满足多出版形态需求的数据格式、可扩展的多渠道输出技术等。

(四)内容动态重组及按需出版平台技术

平台总体技术框架路线按业务流程、功能及特点,分为相对独立的三个层次:数据服务层、数据管理层和数据获取层。平台总体技术框架路线如图3所示。其中数据服务层主要包括多渠道数字出版服务系统、移动阅读系统;数据管理层主要包括数字资源管理系统、数据验证管理模块、海量数据特征处理等模块;数据获取层主要包括:在线出版编纂系统、作者、编辑、专家标引工具、基于互联网的科技符号、图形的复杂编辑工具等。

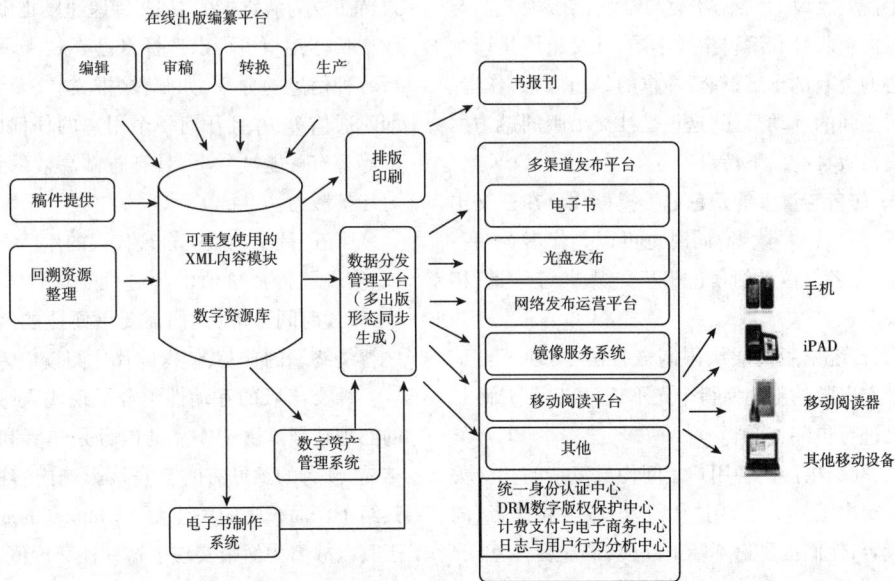

图3 平台总体技术框架路线图

向内容复用的跨媒体科技文献数字资源管理平台主要实现对于出版社数字内容资源,包括书报刊、篇章节、知识点、音视频、动画、图片等多媒体资源的集中加工处理、资源管理和数字内容输出服务。数字资源管理平台分为内容存储层、通用组件层、内容整理层、逻辑内容库层及内容展现层。

1. 内容存储层

将各类数字内容存放入统一内容管理平台,其后通过内容碎片化处理,把内容按章节、图片等进行分割,并在分割后进行语义化标注,将处理后的结果存入碎片内容存储平台。

2. 通用组件层

系统将对内容的描述信息(属性标签)进行统一管理,并管理各类内容间的关联信息,同时,系统将为管理的内容提供全文搜索引擎,对全部内容进行统一检索。

3. 内容整理层

提供了语义引擎,帮助加工人员对数字内容进行标注;同时提供了内容标注工具,该工具帮助分割PDF 文档为章节与图片,并为切割后的碎片化内容添加语义标签;内容检索系统提供了对不同层次内容的检索能力,并将检索到的内容按权重排序。编辑个人空间提供了编辑与作者积累和管理个人内容的工具。

4. 内容展现层

数字内容经过整理后,会形成各种逻辑内容库,如原始素材库、图片库、文章库、音视频库等,这些内容库既可以在出版社内部使用以加快各类内容编辑进度,也可作为增值服务平台向外部销售。

(作者单位:北京万方软件股份有限公司)

摘编自《数字图书馆论坛》2014 年第 4 期

社交出版:数字化出版的新模式
——以 Wattpad 为例

朱 煜

一、社交出版的特点和优势

社交出版是将社交网络作为平台,以读者为核心,集知识共享、热点讨论、话题交流和内容积累为一体,强调分享、互动、传播、社交的全新出版模式。与传统出版由出版社和编辑主导不同,社交出版是以读者为中心的全新的出版形态,注重的是出版社、作者、读者三者之间的互动交往,这正是社交出版的魅力所在。社交出版具有以下特点:

首先,作者与读者的角色趋于模糊化。在社交出版模式下,用户既是读者,同时也可以是作者。在一部作品中,作者与读者的角色相互交织、相互渗透、相互贯通。

其次,传统出版的层级限制被打破,实现了自助出版。社交出版的出现使得个人不仅可以写书,而且可以自己进行包装、营销。

第三,社交出版的各个用户之间构成复杂的社会关系。在社交出版模式中,用户既是出版者和作者,同时也是读者,他们的身份不断地互换,形成良性互动。用户在相互交流和碰撞中形成社交行为,构成了复杂的网络化的社交关系。社交出版所对应的是一个虚拟社会,其中的个体与个体之间存在着千丝万缕的联系,出版发行的每一个环节都由这种虚拟的社会关系控制,其聚合力由此进一步增强。

第四,打破传统出版单向传播模式,实现了多向度发散式传播。传统出版的信息传递是由作者向读者的"我说你听"式的单向信息传递。"而社交媒体的多点传播特性令信息传播模式由线性或是循环模式转而成为病毒式的裂变,传递速度也随之呈几何倍数增长。"用户也可以选择自己喜欢和习惯的方式进行各种信息的分享,如邮件、推文、文章、博文、评论、即时通信等,并且任何一个用户的任何阅读心得、评价等都有可能被分享,具有非常高效的传播力、渗透力和扩散力。

第五,社交出版契合现代人的生活方式和心理特征,实现了传播价值的超越性。现代人生活节奏加快,阅读时间分散,人们需要更便捷的阅读方式。加之智能终端的普及,使得碎片化阅读成为可能。

社交出版的互动性契合了现代人愿意参与其中的心理特征。由于作品的内容是作者和读者智慧的结晶,读者的意见有时会直接影响内容的构思,因此其给予作品极高的关注度。Wattpad 的成功之处就在于其以故事为纽带实现了这种社交价值。

二、社交出版运行模式的建构

(一)社交出版的流程如图 1 所示。

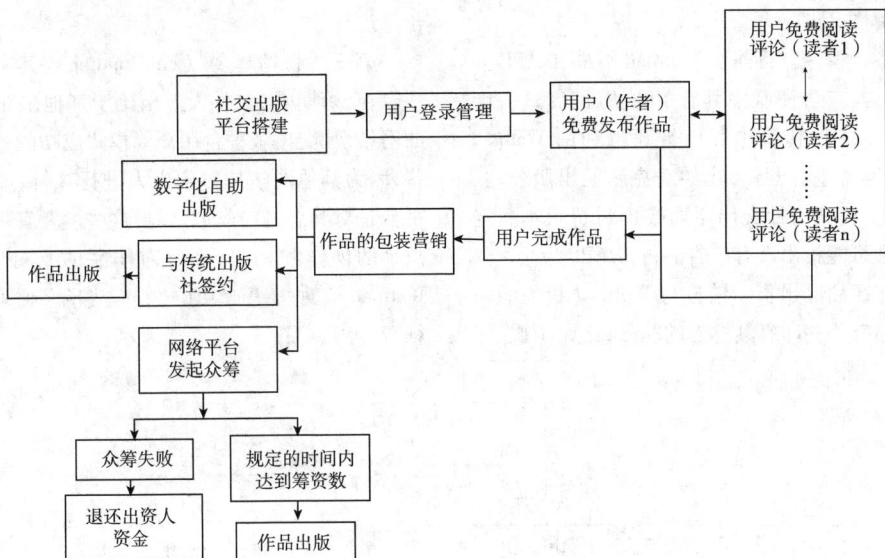

图1 社交出版的运作流程图

分析社交出版运作流程,可以清晰地看出社交出版与其他数字出版形式最大的区别就是其将社交融入出版的过程,用户之间形成网状化社交关系,尤其是作者与读者之间开展良好的互动,在网络化的社会关系中完成作品的写作、出版和营销。

作品的完成是作者和读者互动的结果。以Wattpad为例,它允许用户免费上传作品,并且还提供图书管理、自动书签、配套插图、字体类型、背景颜色等设置功能。作为用户的读者免费阅读并分享作品,并对作品展开评论和提出反馈意见,作者会根据读者的反馈来决定故事的走向,有时甚至以读者的名字来命名故事中的主人公,作者与读者以故事为纽带联系起来。

除了作者和读者之间的互动,读者之间也不断展开讨论和交流。当人们离开学校之后,阅读越来越成为私人的事情,在现实生活中很难找到机会去畅谈阅读心得。社交出版网络给读者提供了相互交流的平台,在Wattpad,围绕不同的故事形成了不同的交往圈子,遍布世界各地、不同文化背景下的读者就自己的阅读体会和感受展开交流。与一般社交阅读网站的讨论不同,这里的读者不仅仅是心得体会的交流与探讨,读者的畅所欲言,就像头脑风暴,会不断点燃作者的创作灵感,从而影响作品的创作。社交出版的功能包括"社会性内容生产、社会性阅读评论及社会性市场营销"。

笔者将Wattpad与其他社交阅读网站运作流程做了比较:Goodreads是一家社交阅读网站,允许用户创建数码读书清单,并建立自己的读书推荐群组和讨论组,其开发了图书推荐搜索引擎帮助用户搜索新书,并了解好友的阅读情况。Scribd的理念是让人们轻松地在线分享和出版文档。这是一个大型在线图书馆,每一个用户都可以在这个平台上发布作品。Wattpad在出版的每一个环节都体现着社交的价值,尤其是在出版的核心内容创作这一环节,作者与读者是双向互动的模式,并以读者为核心,充分尊重读者的意愿,作者会根据读者的反馈和评论对作品进行再创作。笔者认为,社交出版不仅仅是在社交平台写一些读书心得及评论性的文章,而更应在出版发行的一系列环节,尤其是在内容创作这一出版的核心环节要实现社交的本质,以社交促出版。

Wattpad在完成社交出版的社会性内容生产和社会性阅读评论两大功能后,强烈的参与性和社交性,使读者对作品发生了情感的变化,读者成为追随作品的忠诚粉丝群;因为情感的投入,读者与作品联系紧密度非常高。粉丝群也是未来作品营销的客户群。每一个粉丝的背后还有自身的好友圈和社交网络,可利用人际传播展开社交性营销。

笔者认为,Wattpad是最能在出版过程中诠释社交价值的数字出版商,虽然目前发展规模有限,但强大的社交功能,决定了其在未来的出版领域前景可观。

(二)社交出版的赢利模式

社交出版作为一个新生事物,其赢利模式目前还不明确。以Wattpad为例,其目前的赢利模式主要有以下三种(见图2)。

第一,广告模式。目前在 Wattpad 页面和 APP 上均有横幅广告,广告商看中其有 1700 万读者这一庞大的受众群。一些传统出版广告商也利用 Wattpad 平台对目标读者进行营销,比如麦克米兰出版公司、兰登书屋等。这就为社交出版商推出付费版本奠定了基础,未来可能推出没有广告的付费 APP 应用。

第二,在线商品出售。销售与 Wattpad 相关的一些出版物,还有一些印有其标志的礼品,比如 T 恤、杯子等。

第三,"粉丝基金"(Fan funding),其实就是众筹平台,众筹期限为 30 天。相比于其他采用众筹模式的网站,社交出版平台用众筹模式成功的概率更高一些,因为其他网站是对陌生人进行众筹,而社交出版平台是对其忠诚粉丝的众筹,这些读者有可能参与了故事的创作和构思,因此对作品的支持度非常高。Wattpad 会对每笔成功的"粉丝基金"抽取 5% 的手续费。

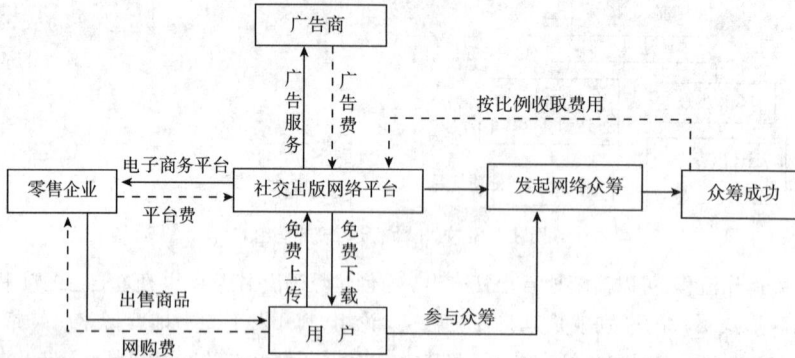

图 2 社交出版的赢利模式

表 1 社交出版运营模式网络调查

序号	题项说明	选项人数分布/百分比
1	依内容选择付费	31/83%
2	个人书房/博客与平台合作免费阅读	25/68%
3	自助餐模式,一次付费,书种任选	25/68%
4	以目前出版品销售模式,采单本或订阅购买方式	22/60%
5	出版者只处理内容,至于数字阅读形式则由读者决定	22/60%
6	广告主付费的运营模式,读者免费阅读,但以广告收费	20/54%
7	多人合作创作,带动出版商与作家知名度模式	16/44%
8	结合游戏机或游戏软件平台模式	12/33%
9	按阅读量计费模式	9/24%

本文针对未来社交出版模式进行了网络问卷调查,结果如表 1 所示。其中前 5 种模式选择的人数较多,这主要是因为这 5 种模式都具有开放性和自主性的特点,容易被调查者接受,同时也说明了这些模式容易被社交出版的用户所接受,因此社交出版在未来的发展过程中可以重点发展前 5 种模式。

三、问题与思考

社交出版作为出版产业中的新生事物,在快速发展的同时,也不可避免地存在一些问题,对问题的解决将有助于社交出版业的快速发展。

首先,版权问题,这也是数字出版面临的一个普遍问题。社交出版商 Wattpad 号称提供三免平台——免费创作、免费阅读、免费分享。三免平台也是一把双刃剑,既调动了作者和读者参与的积极性,同时又为版权纠纷埋下了隐患。因此出台相应的版权保护法律、法规,以及对版权保护技术的研发,迫在眉睫。

其次,赢利模式。大量用户群对于企业而言就是潜在的金矿,如何找到一个切入点去开采金矿是值得思考的问题。

第三,产业链不够完善。但是现阶段,社交出版的产业链还存在很大的缺陷,各个环节的分工不明确,形成各行其是的状态,非常不利于社交出版的发展。

(作者单位:长安大学政治与行政学院)
摘编自《出版发行研究》2014年第7期

数字出版产业赢利模式的创新

——基于产业链维度的考量

朱 云

一、我国数字出版产业特征与产业链模式

(一)数字出版产业特征

1. 数字出版产品的特殊性

从经济学的观点来看,数字出版产业作为新兴产业是以技术密集型的物质条件为基础,集中体现为数字化的表现形式、实现方式和应用方法,并通过多种形式为社会生产出满足社会生产与居民生活日益增长需要的数字出版产品,而数字出版产品不同于其他产品,它是一种特殊产品,即既是精神产品,又是物质产品。这种特殊产品的二重属性决定了其在生产、交换和消费过程中具有独特的产品属性,因而决定了数字出版产业具有社会价值与经济价值既相统一又相矛盾,精神生产与物质生产融为一体,垄断与竞争兼备的产业特征。

我国数字出版产业集厂商结合的优势,将传统出版高度分割的图书、报纸、杂志、广播、电视、电影、网络等媒介高度融合,在减少对传统载体高度依赖的同时,创造出具有高度感染力的内容表现形式,满足受众需求,实现文化知识的推广与普及。

2. 数字出版产业竞争结构甄别

考察数字出版企业竞争者收入结构的现实制约因素,有助于分析竞争对手收入结构是否和现实资源与能力相匹配,进而判断其行为的基本指向和理性水平。在数字出版市场竞争中,垄断是一种资源,尤其在我国是一种重要的政策性垄断资源。由当下的市场结构判断,我国数字出版产业的市场格局处于寡头垄断向垄断竞争方向延伸的状态。

(二)数字出版产业经济规模与市场境遇

1. 数字出版产业总体经济规模

数字出版总体经济规模排在印刷复制、出版物发行之后,超过传统图书出版,在行业内位列第三。较之境外同行业相距甚远,境外的传统出版社在数字出版领域占据着领先地位,而有的发达国家只一个集团其一年的销售额动辄上百亿甚至是数百亿美元。

2. 数字出版市场资源、能力与特征

由于我国数字出版市场准入门槛的界定不甚清晰,企业如何选择目标市场,不仅考虑其规模和成长性,目标市场的吸引力,数字出版企业的目标、资源和能力。表明数字出版企业较强赢利能力的关键,是其对资源的组织和配置能力足以在目标市场上构成自己的竞争优势。除了具备进入目标市场的能力,还要有挑战市场领先者的能力,这样才能够战胜市场上在位的数字出版企业,获取市场资源的优先配置权力。

数字出版产业具有双边或多边市场特征,它不再是由一类企业作为供给方和一类用户作为需求方所构成的单边市场,而是由两类或者多类用户通过平台实现交换行为的双边或多边市场。

3. 国际数字出版市场竞争相逼

国外的出版企业经历了充分的市场竞争,产业集中度较高,便于实施数字化战略。2007~2008年,甚至在更早时间,国外专业出版领域的数字化进程已经从内容整合发展到商业运作上。近年来国外的数字出版企业(如苹果、亚马逊等)开始向产业链上下游大肆扩张;大型IT公司(如谷歌、微软、雅虎、脸谱等)相继介入数字出版领域;跨国出版集团(如培生、企鹅等)成功实现数字化转型;这些境外行业巨头们正在

快速成长与全球性地扩张。我国的出版产业市场集中度低，与境外相比差距明显，尚不具备与国际同行相抗衡的能力。

（三）我国数字出版产业链结构

数字出版产业链由一系列相互独立的关联企业组成，并从整体上表现为内容提供商、技术转化服务商、网络运营商、终端设备商和用户等主要环节，这些主要环节并非单纯的线性结构，有逐步走向环状结构，混合型和复合型的态势（见图1）。他们相互合作，通过在产业链中为产品或服务不断提供附加值而有机地结合在一起。

图1 数字出版产业链主体及流程

数字出版产业链上各个环节企业具有严密的逻辑性和不可逆性。数字出版是一个开放的产业，企业之间在政策体制、资源禀赋、发展程度、发展战略、专业分工、资源整合能力等方面存在着较大的差异，因此，整条产业链的效率不仅与单个环节的效率有关，而且与各环节的整体协作效率有关。如果数字出版产业链不能从整体上保持一种长期稳定的战略联盟关系，则极易发生由于某个环节出现故障而使得整个产业链的价值循环出现问题，甚至可能导致整个产业链运行中断。因此，需要产业链中各方加强协作，合理构建、共同发展产业链，保持产业链的循环顺畅。

二、数字出版产业赢利模式生成机理

数字出版具有非常庞大的产业链，可以分为"终端产品、平台运营、版权内容、传输渠道、数字化"五大利益部分。它不仅存在规模经济效应，还具有突出的范围经济特征。而对其内容资源的多次开发利用，获得多重增值效应，在该产业运作中得以充分发挥。

（一）数字出版产业赢利模式的变迁

1. 产业原始赢利模式

数字化出版技术推广之前，传统出版产业链模式相对简单，基本呈现出一种线性结构，即出版企业、印刷厂、分销商为主体的产业链结构。其中出版社主要承担着创意、策划、编辑、制作等职责，处于整个产业链的绝对主导地位，整条产业链上、中、下游之间"编、印、发"分工明确，各司其职、各牟其利。

2. 产业链赢利模式的生成

相关联的产业环境中，不断链接原有的资源和产品，而形成新的资源和产品，由此循环往复，最终以实现单个出版企业和整个出版产业链价值的增值。同时，随着人们生活方式、阅读习惯的改变，在出版物的传播速度、广度、深度、交互等方面，数字出版产业链中任何单一主体都无法满足当前民众的需求，更需要产业链中各环节之间互相交融、加强合作、谋求共存。因此，产业链中各方都会在赢利规则的主导下，规划自身在产业链中的定位、功能、运作流程，打造赢利模式。

3. 产业链中主导型赢利模式

数字化技术的广泛运用使得数字出版产业异军突起，在发展方向和赢利模式等方面都发生了显著变化。根据我国数字出版产业链中各主体所提供的服务不同，目前存在以内容提供商为主导的赢利模式；以技术转化服务商为主导的赢利模式；以网络运营商为主导的赢利模式赢利模式；以终端设备商为主导的赢利模式。

（二）数字出版产业链赢利模式问题凸显

在以"内容为王"的出版产业中，内容是数字出版产业生存与发展的基础，在一定程度上主导着该产业发展的未来。然而，我国数字出版产业链中作为上游的内容提供商对数字出版产业的贡献率尚不高，也未能跟上市场发展节奏，对于与新技术契合和内容的创新服务还没有探寻出深入的解决方案，在产业链中的话语权较弱；产业链中游的技术服务商受制于版权等因素，内容千篇一律，资源重复冗杂，得不到良性开发，在短期内无法摆脱困局；设备终端商还未见具有创造性智慧的企业出现，以致该产业赢利模式缺乏通力协作的产业链。

三、我国数字出版产业赢利模式的比较与选择

由于我国数字出版市场准入门槛的界定不甚清晰，与国外完全市场化赢利模式相比本土化特色明显，并且与发达国家存在较大差异。

（一）分品种产业链赢利模式

我国数字出版业最早由产业链中游的技术服务商推动产生，处于产业链中游技术服务商和终端设备商发展迅速；传统出版产业作为上游的内容提供商，在数字化转型中，以细分的市场需求为指导，进行核心资源的重组，从单一产品的经营模式跨越到综合经营模式,并不断延伸产业链。产业链中各环节密切合作,合作共赢,进而形成分产品品种的多种产业链赢利模式,加快产业升级步伐,推动产业发展。虽然以上赢利模式各有不同,但其赢利的理念却是一致的,即以"读者"为中心,实施"需求—服务"的深度研究,并提供了相应的优质产品和服务。

(二)产业链中主导型赢利模式比较分析

1. 产业边界模糊,竞争加剧

出版产业更多地体现出"内容为王"的价值取向,随着我国文化市场竞争的进一步深入与文化市场开发能力的不断提升,内容所能够提供的价值点会逐

渐被同质化所抹平,差异化的服务会使文化企业拥有更多具有吸引力的价值点。随着跨行业、跨地区、跨所有制出版集团的不断涌现,一方面使得产品结构、市场结构、企业组织更加多元,提高了市场竞争的激烈程度;另一方面也产生了巨大的规模效应和聚合效应,提升核心竞争力。新的数字出版产业链的形成,对于出版产业而言,其产业边界不断模糊与收缩,产业的存在形态发生了质的变化。而集团化并不意味着全产业链的控制,各集团之间可以展开竞争,而不可垄断。

表1 数字出版主要赢利模式比较与选择

赢利模式	实现形式及选择	代表企业	比较分析
电子书	在线部分内容翻阅,付费下载,内容提供商与技术服务商合作及销售收入分成	亚马逊;四大电子书网站(方正"爱读爱看"网、书生读吧、中文在线、超星)等	B2C赢利条件尚不成熟;大众阅读习惯和消费习惯有待培养
数字图书馆	数字出版机构将图书转变为电子书,以数字图书馆方式提供有偿阅读服务	书生、中文在线、人民邮电出版社等	以B2B方式实现赢利,行业市场有限,难以做大。电子书格式、行业标准有待统一和完善
数据库	用自有内容、买断内容或与内容提供商分成	爱斯唯尔(ELSEVI-ER)集团、四大互联网期刊数据库、社科文献社、商务印书馆	全国最大的传统期刊网络出版平台,但存在着文献有限、格式不统一、信息孤岛等。
E-learning	根据专业课程进行内容的数字化,用户付费在线学习,下载资料	高教社、人民邮电社、外研社、商务印书馆、电子工业出版社	专业出版社利用自有技术、内容建立在线教育、培训平台。由于自行开发,耗资巨大,各出版社平台间难以打通。
在线网络出版	依靠内容情节吸引网民,网上付费阅读;从网站中选取高点击率的书做成纸媒体书	原创文学网站(如红袖添香、榕树下、起点中文)	在线收费阅读模式单一,需要与运营商及其他媒体加强合作,延伸产业链,增加赢利点。
移动教育	以文字、语音等方式提供教学功能	外研社、手机生产商(如诺亚舟)	教育市场巨大,内容品牌与渠道运营结合好,移动教育的赢利前景看好。
手机阅读	付费接收,计次或包月,与内容提供商、电信运营商、手机生产商分成	方正Apabi,中文在线	手机付费的赢利方式明显,且易为手机阅读者接受,使得运营商成为主导。
在线工具书	没有明确赢利模式,能支持外国人学习汉语,传播中国文化	商务印书馆、易文网	在线工具书可以采用广告的模式赢利

赢利模式	实现形式及选择	代表企业	比较分析
多媒体在线电子书	付费在线阅读、下载	高教社、外研社	内容丰富,质量较高,具有品牌、资金、技术优势,成长性好
按需出版	POD产品的销售	知识产权出版社、美国兰登书屋	专利文献品种多,单品种印数极低的出版社
电子杂志订阅模式	免费阅读,广告收入	Zcom、Xplus(生活、时尚类杂志等),与内容提供商分成	消费能力弱、缺乏购买力,会影响广告的投放
图书搜索模式	免费阅读,广告收入赢利由谷歌与内容提供商分成	谷歌(GOOGLE)	图书搜索为出版社提供全品种展示,但需要解决好版权问题

2. 主导型赢利模式比较分析

我国数字出版产业链中,出现了以内容提供商为主导的赢利模式;以技术转化服务商为主导的赢利模式;以网络运营商为主导的赢利模式;以终端设备商为主导的赢利模式。由于其内容提供商、技术转化商、网络运营商以及终端设备商都有可能成为产业链的主导,因而会出现重复投资、恶性竞争等内耗现象,甚至会造成整条产业链松散与断裂,如果处置不当,不仅会影响整个出版业的长远发展,而且会威胁到我国的国家安全与国家利益。

表2 赢利模式比较分析

赢利模式	目标	适用条件	约束条件	代表型企业
以内容提供商为主导	维持主导地位,依靠专业内容数据库销售	拥有内容资源,并且具有一定技术、资本条件的大型出版集团	数字技术、数字平台和渠道	商务印书馆
以技术提供商为主导	数字技术可以兼容纸质,进入全媒体出版;形成作者+网络平台+读者的三环节产业链模式	拥有雄厚的技术优势以及在资本、体制机制方面的优势推出新的产品和服务的企业	数字版权、内容资源、终端用户	世纪超新、北大方正、盛大网络
以网络运营商主导	全业务运营,为数字化出版提供网络服务的同时,独立进行数据转化	依靠以互联网为载体的各类信息传播与搜索服务,凭借固有的技术优势和较强的资本优势,推出新的产品和服务的企业	数字版权、终端用户	中国移动通信公司
以终端设备商为主导	内容与硬件互利。与内容提供商合作集成内容;为用户提供付费或免费阅读的数字资源	依靠终端设备的普及,以及不断更新的优势,能够吸引受众的知名厂商	数字版权、内容资源和渠道	亚马逊、苹果、汉王科技

四、结论建议

本文从理论的维度,结合我国数字出版产业发展实践,在其产业链及其赢利模式方面进行深入系统探讨,研究表明:高速发展的科学技术对于出版产业形成广泛渗透与交融,伴之以人们生活方式、阅读习惯的改变,推动了我国出版业转型升级,并催生出新的出版产业形态。而与此同时,数字出版业产业链中各方赢利模式的弊端和问题也暴露无遗。因此,结合本文研究结果,笔者提出以下建议。

第一,在宏观管理层面,发挥政府职能作用。我国政府应当在加快发展方式转变和产业结构调整,推动数字出版产业发展中发挥组织、规划、协调、引导、监管与服务功能,优化资源配置,加强版权保护,打破行政垄断,实现主管主办制度上的创新;完善数字出版相关政策、法规制定和数字出版配套管理措施;引导财政、税收等政策向数字出版产业倾斜;为数字出版产业发展创造良好的环境和条件。

第二,构建综合数字运营服务体系,提高赢利空间。其一,构建综合数字运营服务体系,建立统一的综合服务平台。如"云出版"作为一种新的业态,其核心和精髓就是充分共享,也是跨领域之间的整合,使得产业链中所有的参与者均可享受服务,共享同一平台。其二,运用一元化生产、多元化发布的商业运营模式,即对于同一内容,进行一次性生产,多次利用和生成多终端产品,有利于资源在产业内部企业之间的有效配置。其赢利模式涉及数字出版产业链中各方之间的博弈,需要探寻并创造新的赢利模式,提高赢利空间。

第三,进行数字出版产业链整合,提高整体协作

运营效率。产业链的效率不仅与单个环节的效率有关,而且与各环节所构成的整体效率有关。为了提高我国数字出版产业的竞争力,充分发挥规模优势,增加市场占有率,产业链中各主体需要放弃试图全盘操控这条产业链的狭隘观念,进行全方位的沟通与合作,在技术、内容、渠道、产品、资本等方面建立科学的整合模式,充分发挥各自的专业化优势资源,并建立合理的利润分配模式,实现经济效益和社会效益的共赢。

第四,建立行业协会,加强行业自律。对于社会事务的管理来说,适当引入以行业协会为代表的社会力量和民间机构参与,往往能起到事半功倍的效果,数字出版产业也不例外。行业协会在不同组织之间起到服务、监督、加强自律以及协调各方利益的重要作用,因而它是政府与企业之间、企业与企业之间的桥梁和纽带。当前,我国数字出版产业的行业协会严重缺位,虽然有按地域、内容等组织起来的各种出版业协会,但功能作用发挥不明显。故应根据现实情况,建立起面向数字出版产业的新型行业协会,将松散的数字出版业各主体联合起来,建立起既能加强行业自律,又能维护群体利益的相关行业约定,从而有效避免恶性竞争的发生。

(作者单位:河海大学商学院)
摘编自《南京社会科学》2014年第9期

国外研究

爱思唯尔(Elsevier)语义出版模式研究

翁彦琴 彭希珺

一、引 言

语义网的发展为学术文献传播带来了新的可能,特别是W3C组织逐渐把语义网的相关标准(如OWL标准)上升为国际标准之后,许多大的数据库厂商开始使用基于国际标准的方式来重新描述自己系统内的数据,使系统内的数据逐渐以一种计算机可以理解的方式保存和检索,并通过开放数据链接

(LOD),与外部数据实现基于知识的互联互通。基于以上背景,国际知名出版机构纷纷将语义网相关技术引入学术出版,尝试将期刊内容变成一种活的知识工具。David Shotton等于2009年首次提出了语义出版的概念,即发掘并丰富文章的知识内涵,使其在网络上能够更方便地被自动发现,可以自动链接与之语义相关的文章;支持对文章中所包含的各种知识进行访问并操作,文章之间各种知识能够便捷

的进行关联和成。语义出版意味着出版机构可以充分利用丰富的期刊内容信息,提供知识的深度挖掘和关联分析,进而形成知识体系,帮助用户发现或验证新知识,这将成为期刊的新服务方向和新利润空间。

二、Elsevier 的语义出版

爱思唯尔(Elsevier)是全球领先的科技、医学出版社,每年出版学术论文数量占市场 1/4,包括 2500多种同行评审期刊和 15000 多种图书,同时也出品 EI、Scopus、Embase 等创新型文献检索数据库。

爱思唯尔的语义出版路线图指出语义出版的最终发展方向为高度自动化的富含语义知识的智能内容(smart content),提升论文的附加值。通过"Article of the Future"项目,爱思唯尔重新定义 SciVerse Science Direct 的文章以及相关文章页面,为科研提供更好的传播与交流平台。2009 年,该项目最先在 Cell 出版社实施,发展至 2012 年,所有的期刊都加入其中。"Article of the Future"的概念包含以下三个方面:即①呈现形式:提供最佳在线浏览及阅读体验;②内容:作者可以分享的更多,比如数据、代码、多媒体信息等;③相关信息:在线文章与来源可靠的科技信息链接,并在相关信息中呈现出来,提升附加值。他们提出,未来学术出版将会实现各种数字信息之间的交流更顺畅、可与多种外部信息互联、支持互动型信息、易阅读且可导航,最终学术出版不仅是信息载体,也是研究工具。

爱思唯尔于 2012 年正式发布了医学信息平台 ClinicalKey,首次将"智能内容"引入临床领域,拥有全球最大的医学信息资源库,涵盖所有医学专科。ClinicalKey 建立了自主知识产权的医学分类法系统——"爱思唯尔合并医学分类法"(Elsevier Merged Medical Taxonomy,EMMeT),对海量的医学内容进行深度标引。ClinicalKey 的内容和后台技术都在不断更新,从而保证用户能够快速访问最新的临床答案。

(一)ClinicalKey 的语义出版模式

爱思唯尔开发的医学信息平台 ClinicalKey 在检索方面显示出人性化、可定制的内容服务。ClinicalKey 的主要特色为:综合全面、权威和准确快捷,其关键在于语义技术的使用。

1. 集成丰富的学科信息资源

爱思唯尔全医学平台 ClinicalKey 提供综合全面且权威的信息。该平台拥有全球最大的在线医学信息资源,涵盖所有临床专科,并提供最新的同行评议的循证医学信息——消除用户对不准确的医学资源的依赖。ClinicalKey 包括医学图书、医学期刊,提供最新最相关的循证医学答案,以及专家评论、MEDLINE 摘要和精选的第三方期刊。

ClinicalKey 平台拥有的资源十分丰富,主要包括以下门类:Medline:2000 多万条医学文摘,涵盖全球最核心的 5000 多种医学期刊;期刊:核心医学期刊 500 多种(含北美临床系列期刊),包括 theLancet,Cell 等顶级期刊;北美临床系列期刊:50 多种,收录最新最精的临床问题专家评论文章;图书:1100 多种,包含 Doody Core Titles 收录的 95% 以上的爱思唯尔图书,如《格氏解剖学》《坎贝尔骨科手术学》等圣经级参考书,《奈特人体解剖图谱》《Robbins 基础病理学》等权威教材;图片:超过 4000000 张,包括医学影像、照片、图片、图表等;床旁治疗:一期上线外科主题 500 多项,以简明扼要的方式提供临床决策所必需的信息;医疗操作:临床操作视频 350 多个,并配有文字、图解等诠释操作流程和关键点;医疗(手术)视频:18000 多个,包括 Procedures Consult 在内的 2500 多个临床视频;循证医学:750 多个 First Consult 医学主题;药物专论:2900 多个,来源于 Gold Standard's monographs;临床试验:13000 多个,来源于 NIH 在全球范围的注册的临床试验;诊疗指南:4000多个,来源于欧美权威的专业学、协会;患者教育:包括 9000 多份患者教育讲义;医学年鉴:近 30 种,收录对全球数百种经典医学期刊文章的评论。

2. 语义增强

近年来语义出版在学术出版领域也越来越得到重视,尤其在 STM 领域进行了一系列试验并逐步推出正式的服务。语义出版实践者结合多种语义处理技术和网络服务协议,如 XML 技术、自然语言处理技术、本体、语义网、信息可视化、API、SOAP、RSS、CrossRef、DOI 等,分别从出版平台、出版物和阅读终端三个层面进行语义增强。语义增强可以增强检索和挖掘能力,通过新的方式发现相关内容,探究新的领域,进而将科学研究推进到更广阔的语境。

结构化的 XML 允许各种系统理解和处理内容,如识别摘要或参考文献;而智能内容能够更好地处理内容背后的意义,如识别给定的文章或段落归属于某一特定主题,附加了丰富的语义信息。ClinicalKey 的强大功能以爱思唯尔 Smart Content 为源动力,即根据 EMMeT 进行深度标引,支持语义检索。

EMMeT 是 Elsevier 与 Healthline 合作,花费十余年时间开发的分类法。EMMeT 选取 RxNorm、MeSH、SNOMED CT、ICD - 9 和 LOINC 临床应用方面的内容,并结合其在 UMLS 的相互关系从而建立新的临床分类。通过内容标引,EMMeTClinicalKey 平台丰富的资源转换成拥有 25 万核心医学概念、大于 1 百万个同义词、大于 1 百万个等级关系、1 百万个本体关系的分类系统体系和本体库。

语义网可提供基于领域知识库的知识导航,而不是按目前的人为分类导航,这对读者有更大的意义,同时,语义网可以为读者提供更聪明的查询,不仅提高了文献检索的效率,还可以对检索结果进行智能聚类和智能分析。EMMeT 使得 ClinicalKey 能够理解庞大的医学概念之间的联系并找到最相关的内容,通过把这些关系按照等级进行整理,保证 ClinicalKey 能够为用户的检索请求提供具体并且有针对性的答案,并且也可以发现其他传统搜索引擎可能忽略的内容。检索结果可根据需要进行分类,包括研究类型(Clinical Key 包括系统性综述、荟萃分析、随机对照试验和叙述性综述四大类型)、出版时间(可按照出版日期,如近 6 个月、12 个月、18 个月、2 年或 5 年出版)、专科(ClinicalKey 包含的所有临床专科)、资源类型(ClinicalKey 各大类资源,可选择一类或多类)。例如,爱思唯尔智能内容能使计算机识别不仅是关于"心肌梗死"的文章,而且包括其语义相关的各类文章,如"心肌梗死"的同义词"心脏病",以及一个相应的缩写"MI";一种与高胆固醇相关的心血管疾病,MI 可通过一定的药物或外科手术治疗。ClinicalKey 还允许用户根据有临床意义的子分类筛选检索结果,比如内容类型、专科、疾病名称、身体部位等等。专门的专科工具帮助用户快速从医学主题概述进入深层次的专科内容。

另外,从 ClinicalKey 中检索到的信息可以非常方便地和他人分享,帮助用户和同事同行进行交流。例如,平台嵌入了 PPT 制作工具,使得用户和同事同行可以随时交流最新医学信息,用户也可以通过邮件分享论文、图书章节、影像、图像或者视频录像。

三、我国语义出版发展现状及对策

《中国科协科技期刊发展报告(2014)》指出目前大多数中国科协科技期刊的自建网站和在中国知网、万方数据等发布的全文内容的数字化加工尚处于数字出版 1.0 阶段(电子化阶段),与国外相比差距很大。中国科协科技期刊启用新媒体应用的情况调查显示,在参与调查的 674 个期刊编辑部中启用语义出版的编辑部仅有 3 个,占 0.4%。国内学者和机构对资源语义分类与检索技术在具体领域实践方面的研究还不够深入,大部分仅停留在可行性分析与实验验证阶段,具有实用价值的语义分类与检索系统还较少。

(一)发展现状

1. 基础数据的标准化输出

随着数字出版的快速发展,期刊编辑部也逐渐重视数字出版方面的工作。但是,在国内发展数字出版特别是语义出版面临的首要问题即基础数据复杂的技术实施过程。作为语义出版的基础,首先需要利用 HTML5 和 XML 等技术实现论文内容的结构化描述,从而达到内容与形式版面的分离,支持对期刊内容的计算机理解和处理。中文期刊长期使用方正排版软件,但是该软件的输出文件并不支持 XML 格式,排版文件不可编辑。近两年,方正公司旗下的团队与各编辑出版平台提供商如玛格泰克公司、勤云公司合作研发的书畅自动排版引擎,实现了编辑平台到排版软件的直接对接,可生成粗颗粒度的全文 XML 文件。也有编辑部改为直接使用 word 排版,导出数字出版所需的各类文件。另外,基于大部分期刊尚不具备使用新软件或 word 排版的现状以及历史数据回溯需求,也有公司(如玛格泰克公司)开发出各种排版结果文件(如 word、书版文件、飞腾排版文件、Latex 和 Indesign 等)转化 XML 文件的服务;还有另外一些公司,开发出直接从 PDF 文件加工成 XML 文件的工具,进而在 XML 文件的基础上,生成各种新型出版形态,即"后结构化"。但是,这种服务仅可作为权宜之计。

2. 相关技术的开发

鉴于标准数据输出的完成,技术公司往往会率先进入后续开发阶段。目前,技术公司已实现以下功能:

(1)对整个库(如一本杂志或多本杂志的集群),建立知识元的云图(Tag cloud);

(2)建立图片库,实现文中与图相关的句子自动抽取,并定位到文章。后续的开发包括;

(3)针对单篇文章的 Tagcloud,并实现从知识点→句子→段落的阅读模式;

(4)针对一个知识点,自动汇聚不同文章的句子或段落,实现文章之间基于知识的片段互联。

3. 富媒体出版

技术问题的解决,推动中文期刊数字出版的步伐不断加快。近些年,编辑出版平台提供商及期刊数字出版服务公司纷纷推出期刊的全文 html 出版方案。中文科技期刊的网站终于不再只有下载 PDF 阅读这种单一模式,越来越多的中文期刊网站采用全文html,图表呈现更加直观和美观、能够提供方便的文内导航功能和全文检索等等扩展功能。其中,玛格泰克公司推出的富媒体制作技术服务采用语义识别技术,符合 NLM DTD3.0 规范,可实现期刊全文结构化和富媒体出版,典型案例如《作物学报》的 RichHTML 出版。

4. 语义出版的初步尝试

已有部分期刊、刊群或大型数据出版商在语义出版方面进行了积极的探索和尝试,并推出相应的平台。较为典型的案例包括:

(1)Journal 3.0 项目一期搭建的图书情报知识服务平台和化学研究集成服务平台,以不同学科的单刊作为试点,基本实现文章题目摘要部分的语义增强,通过计算知识点之间的相关度,建立知识点之间简单的关联关系,以及知识点与文献、知识点与作者之间的关联关系。

(2)资源环境科学数字知识库 Lore 是以多刊集群提供个性化、语义化的数据增值服务,实现知识检索、内容碎片化和可视化展示等功能。

(3)JIS 期刊集群管理系统,建立专业化的期刊数字出版平台,可实现期刊管理、论文管理、知识挖掘、资讯管理等各方面的应用,初步实现的案例包括中国光学期刊网、中国水产期刊网和肿瘤科学网。

(4)万方医学网拥有丰富的中文医学资源并整合 PubMed 等外文资源,实现 MeSH 词表的汉化,可进行多途径专业检索,并提供知识链接服务,如检索结果科学聚类、相关信息(相关主题词、检索词、专家和机构)链接和 DOI 链接匹配。

(二)对 策

语义出版改变的不仅是学术期刊的传播形态,还将为期刊内容带来全新的组织、表征、利用方式。与国外数据库商摸索建设多年且成功实践相比,我国语义出版的发展尚处于觉醒和初级发展阶段,差距甚大。中文科技期刊语义出版的发展应特别注意与国际通用标准(如 OWL 标准)的对接,同时,中文表述的本体(包括用户描述通常语

义关系的公共知识本体,如用于描述人、机构、事物、语言及其关系以及用于描述本学科领域的知识关系本体)的开发也应引起期刊界同仁的足够重视和关注。就我国科技期刊语义出版的未来发展,建议如下。

1. 以学科为纽带推动语义出版的发展

语义增强在一定程度上与学科的相关度较大,国外的成功模式也多是基于某一学科进行语义架构和关联。鉴于数字化对期刊的积聚效应和增值效应,刊群是数字化时代的产物,也是数字期刊的生存方式和发展方式,而学科化刊群又独具学科优势。我国学科化刊群和学科平台建设已有一定的基础和规模,中国科协学科化刊群中期刊规模达到 10 种及以上的为 24 个,期刊总量为 549 种,占中国科协科技期刊总量的 51.9%,其中中国光学期刊网吸引了国内 50 余种光学领域的期刊加盟,中国地学期刊网是已收录 232 种地学期刊。我国学科化刊群和学科平台的资源优势非常突出,可率先在语义出版方面进行积极的尝试和实践。

2. 建立和维护中文知识关联环境

国外数据库中除个别的站点,如 StemBook 有独立的文献库外,许多站点是以大量的公共资源本体(如 PubMed、MeSH 词表、OBO、Cell Ontology、Sequence Ontology、ChEBI、RXNO、CMO、MOP、ChemSpider 等)作为处理对象,提供基于语义的分析深度检索和挖掘服务。我国尚缺乏可直接用于语义增强的中文本体库资源。建立和维护标准的、可关联的中文专业数据库仍是目前亟待解决的问题。

3. 以 Web 为期刊默认形态,重视基础数据建设

尽管已经积极尝试各种新媒体出版,但是由于技术或观念的限制,中文期刊仍无法摆脱纸本优先的老路。未来的期刊出版还是应考虑以 Web 作为期刊的默认形态,按照 Web 形式重新打造期刊的内容组织、呈现和利用形态,在编辑加工定稿后,应该首先生成 XML 文件,然后再根据需要生成各种版式文件,如印刷版的 PDF、Web 版的 HTML 文件等,即"前结构化"。

4. 重视技术人才,积极与技术公司合作

语义出版的实现远非编辑部甚至刊群一己之力能够驾驭。国外出版商大都采用合作的方式来弥补

技术方面的短板,RSC 参与了出版商与剑桥大学的合作项目 SciBorg 用于解决化学领域核心词汇的抽取;Elsevier 与 Healthline 合作开发 EMMeT 分类法。中文科技期刊或刊群语义出版的真正实现,有赖于与技术公司精诚合作。随着数字化、新媒体进程的加快,编辑出版领域亟须引入有技术背景的编辑人才,如材料

期刊网引进优秀技术人才,在科技期刊网络化、数字化出版以及网络经营管理等方面进行积极探索,并取得了较好的成效。

(作者单位:中国科学院文献情报中心)

摘编自《中国科技期刊研究》2014 年 10 月

谷歌数字图书馆著作权问题对数字出版产业的影响

刘胤宏

一、谷歌数字图书馆计划脉络梳理

2004 年,谷歌在德国法兰克福书展上宣布将实施 Google Print 计划。此后,该计划在世界范围内遭遇了各国的强烈抵制。谷歌数字图书馆遭遇的著作权侵权问题给世界范围内许多国家的数字出版产业敲响了警钟,如何在实施数字图书馆的过程中避免不必要的知识产权纠纷?

二、谷歌"侵权门"案件判决对数字出版业的影响

该判决对谷歌数字图书馆的行为是否属于合理使用依据《美国版权法》逐一进行了分析。第一,合理使用要对"该使用的目的与特性,包括该使用是否具有商业性质,或是为了非营利的教学目的"进行判断。该判决认为谷歌的行为是有实质变化的,它将图书扫描内容转换成全面的文字索引帮助阅读者获取数据和信息,将图书转变为数据以供独立的研究;而非是将谷歌图书作为读书的工具,进行扫描图书的简单替代性工作。此外,谷歌确实通过该计划获取了商业利润,但该利润的获取并非通过直接销售扫描的图书、或在图书上植入广告等方式。其教学价值、文化价值更加明显。第二,就"所使用的部分的质与量与版权作品作为一个整体的关系"方面,判决认为谷歌对整本图书进行扫描是其工作必须的部分,虽然其不直接提供完整的图书扫描复件,但该行为对合理使用的认定轻微不利。第三,针对"该使用对版权作品之潜在市场或价值所产生的影响",该判决认为谷歌并不销售图书,参与该计划的图书馆可以下载全部图书是由于其提供了扫描原件,此外谷歌图书刺激了图书市场的销售。最终,主审法官认为谷歌图书带来了更大的公共

利益,且该行为属于合理使用,因而并不侵权。

谷歌并不侵权的判决将会对美国和中国现有的数字出版产业造成一定冲击。就美国本土而言,谷歌财力、技术雄厚,参加谷歌图书馆计划的大学、公共图书馆数量已逾 20 家,获得的图书数量巨大。通过谷歌图书项目获得非图书销售的巨额商业利益使其有资本扩展其项目,如此反复循环,极易形成寡头垄断的效果。微软曾试图建设开放图书馆,但最终以放弃而告终,该结果表明谷歌数字图书馆计划的进一步实施将对美国本土数字出版产业的发展形成较为不利的后果。此外,由于不侵权判决的宣布,对现有的《美国版权法》也是一个冲击。《美国版权法》第 107 条规定的合理使用虽然在谷歌数字图书馆案件中客观起到了保护作用,那么是否我们就此可以认定,在使用著作权人作品的过程中对作品进行了实质性转变且提供的公共价值远大于其商业价值时都可以认定为合理使用呢?如何平衡著作权人的合法利益以及公共利益也是法律下一步必须要进行的考量。

三、谷歌数字图书馆案例对中国国内数字出版企业的启示

国内的数字图书馆面临的最大问题是:如果严格按照先授权后使用的交易模式,高昂的交易成本阻碍了大量交易的进行;但如果不遵循传统模式,就有可能遭遇侵权诉讼官司,面临巨额赔偿。这也是导致在娱乐性产业领头的中国数字出版产业涉及数字图书出版产业的内容极少,产业链循环不畅,没有形成具备规模效应的赢利模式。此外,我国国内有关数字版权的法律规定并不明晰,更多的是对著作权人的保护,如《著作权法》和《信息网络传播权保护条例》。

仅《侵权责任法》第 36 条对网络服务提供商的责任进行了限制,采用过错责任原则。因而,国内数字出版产业的发展受到法律规制不足的掣肘。我国数字图书馆建设面临两种选择:一是公益数字图书馆,二是商业数字图书馆。但有关数字图书馆如何定位并未明确规定,有学者认为数字图书馆具有多重法律地位,包括最终用户、普通 ICP、数字传播媒体以及作品传播者。如果作为普通用户则可依据《著作权法》的权利耗尽原则直接使用版权人的作品。但若以其他三类法律地位形式出现,便不得不面对上述问题。因而,我们可以从谷歌数字图书馆案件的发展脉络寻求我国数字出版企业的发展路径。

(一)权利人的许可问题

数字出版企业获得权利人的许可存在两方面顾虑,一是运营成本和利润收入;二是对于某些作品权利人的寻找。因而,笔者建议可以参考谷歌与 AG、AAP 达成的和解协议,寻求与著作权人的合作或寻找著作权人,尽量降低成本。此外,公立图书馆建立馆内信息数字化过程中有可能受到版权协议的制约。英国国家图书馆版权馆员 B·White 指出,权利人向图书馆许可的不是数字版权,而是版权协议。该版权协议或规定图书馆仅有制作一份数字格式内容复制件以备保存的权利,或规定禁止以任何数字形式对在线资源开展馆际互借等。版权协议对图书馆权利的限制同样也会出现在数字出版企业的发展过程中。图书馆可以通过图书馆联盟获得破解途径,即将集团许可当成采购数字资源的首选模式。数字出版企业则可采纳谷歌方式,通过与版权人或相关协会谈判来获取许可权利,尤其我国现阶段《著作权法》拟提出修改的延伸性集体管理,给中国文字著作权协会和企业之间的谈判提供了良好的途径。谈判的目的是要实现双方的互利共赢,主要针对"用户定义条款"即努力实现格式合同中合同接收方的可协商范围以及"使用方式条款"即图书馆或数字出版企业可数字化著作权作品的形式方面展开谈判。

(二)如何实现利益平衡

《著作权法》的制定是为了保护权利人的利益,鼓励创新,更加注重私权的保护;而实现图书等资源的数字化除了企业可以获得商业利益之外,还可以使更多的公众获取文化内容,实现公共利益。因而,若能平衡版权人的个人利益和公共利益,便能够顺利推动数字出版产业的发展。我国现阶段的法律主要包括《著作权法》《信息网络传播权保护条例》以及《侵权责任法》第 36 条的有关规定。著作权人的网络信息传播权受到法律保护,他人使用则必须获得许可同时支付报酬,网络服务提供者侵权时承担的责任。有学者指出《侵权责任法》第 36 条的规定类似于国外版权法中规定的"避风港原则"和"红旗原则",适用过错责任,但该规定毕竟不明确。因而,有必要从《著作权法》层面对数字出版产业予以保护。此外,可以借鉴澳大利亚图书馆版权流转规则实现利益的平衡。澳大利亚版权制度对图书馆的立法富有特色,特别是在其不断修订和演化的过程中始终给图书馆代表的公共利益予以照顾,被认为是"对公共利益的最大维护"。澳大利亚主要通过"知识共享许可协议"以及"商业供应检验法"实现对权利人的权利保护以及公共利益的最大化。"知识共享许可协议"是美国非赢利性的知识共享组织于 2002 年发布的,后被澳大利亚应用于国内知识产权保护领域,适用于网络环境下对数字作品进行版权保护的许可授权机制,其中包括署名(CC BY)、相同方式共享(CC BY - SA)、署名 - 禁止演绎(CC BY - ND)、署名 - 非商业性使用(CC BY - NC)、署名 - 非商业性使用 - 相同方式共享(CC BY - NC - SA)和署名 - 非商业性使用 - 禁止演绎(CC BY - NC - ND)六种,著作权人在作品出版之时即可据此对自己作品的权利予以限定,以方便他人对自己作品的利用和自身利益的获取。"商业供应检验法"是澳大利亚 2000 年《著作权法修正案(数字议程)》在合理使用原则之外又建立的审查规则,是指图书馆使用受著作权保护的作品必须在合理使用的范围内,他人不能在合理的时间内通过商业价格获取该著作权作品。商业供应检验法使得图书馆在合理适用范围内受到双重考验,可以敦促图书馆保护版权防止权利滥用。谷歌实施数字图书馆计划因其并未实现合理的利益平衡才会遭致各种障碍,因而我国数字出版企业的业务开展过程中应该注意利益平衡问题。

(作者单位:中南财经政法大学法学院)

摘编自《财经政法资讯》2014 年第 2 期

国外出版平台技术商典型分析(一)
——以 Atypon、PublishingTechnologyPlc、PubFactory 为例

徐日莉　张　昕

随着网络技术的发展、读者阅读习惯的改变等原因,出版业逐渐由纸质出版转向数字出版。数字出版平台的建设离不开平台技术商,为此,笔者调查了国外3家规模较大、技术较为成熟的技术商,了解其功能与服务,同时为国内平台搭建提供借鉴。

一、Atypon

(一)简　介

Atypon 是一家为出版商提供数字出版软件服务和技术支持的服务商,其总部在美国加利福尼亚州圣克拉拉市,该公司在纽约、英国、约旦和希腊分别设立办事处。

(二)产品和服务

Atypon 提供的产品和服务主要分为两大类:一是Literatum,二是 RightSuite。Literatum 是一个数字出版托管平台,可为出版商在数字出版竞争中提供所有功能,包括先进的搜索、信息的发现、访问控制、电子商务、市场营销以及商务智能。该平台拥有 1700 多万篇论文、10 万本电子书以及全球很多知名出版商的内容。RightSuite 是一个电子商务平台,能为出版商和媒体提供电子商务解决方案,可以提供数字商品和服务的身份验证、授权、管理、注册等功能。RightSuite 可通过 SaaS(软件即服务)模型来用作服务器应用程序。

二、英国出版科技集团(PublishingTechnology Plc)

(一)简　介

英国出版科技集团是世界最大的出版软件、科技和服务提供商之一,也是英国伦敦股票交易所上市公司,全球 80% 的国际大型出版集团已经采用其相关服务和产品,其总部在英国牛津,分公司遍布亚洲、欧洲、北美、南美和澳大利亚。目前其平台上拥有 2253家出版社的内容,并且已经由一家技术公司转型成为内容提供商。平台年交易金额超过 10 亿人民币。

(二)产品和服务

英国出版科技集团可以提供的技术和服务覆盖出版产业的全流程,其主要产品与服务有以下 4大类。

1. 全球数字图书馆平台(ingentaconnect)

简单来说,全球数字图书馆就是一个超大型的数字内容平台,是一个终端用户和出版社之间的中介平台,出版社既可以把资源放到 ingentaconnect 平台上,由英国出版科技集团代理经营,也可以在 ingentaconnect 平台上建立自营空间。

2. 网络出版系统平台(pub2web)

通过购买 pub2web,出版社可以搭建自己的网络出版平台,成为一个 B2B + B2C 的平台,可以服务于图书馆、机构用户、出版社对外的公共网站以及个人消费者。

3. 多平台出版管理系统(advance)

它是模块式出版资源管理软件系统,全面覆盖编辑出版、书目管理、发行财务管理、内容转换、商务平台、网站经营、市场推广、电子商务、客户管理、版权稿费管理和商业流程管理。

4. 机构市场营销服务(PCG)

PCG 全球机构市场营销服务,是针对国际范围的图书馆和机构市场,包括市场调研、市场咨询、派驻销售代表、电话销售等。

三、PubFactory(出版工厂)

(一)简介

PubFactory 是美国的一家数字出版技术与服务

提供商。它支持各种 XML 格式的图书、参考书籍和期刊,支持 PDF 文件、图像和其他富媒体。它为用户提供一系列完整的功能,为图书馆员和管理员提供管理工具,为出版商提供一套完整的后端控制,使其可以掌控内容并管理与客户间的关系。

（二）产品和服务

该公司的产品主要分为 3 类:

1. PubFactory

采用流线式的设计系统,短短的 10 个工作日内即可在线发布产品。

2. PubFactory Plus

客户可以利用中级存储和带宽包来自定义（定制）设计并管理多个出版物。

3. PubFactory Enterprise

量身定制功能强大的出版物,具有独特的用户体验和附加值。

PubFactory 提供的服务主要包含 6 种:

（1）商业策略:PubFactory 凭借自身广泛的学术出版经验,可以为客户提供市场调研、竞争分析、盈亏建模和利润率评估,提供各种收入模型和测量结果,包括机构订阅、永久访问、按次计费、顾客驱动的访问、定制出版、电子商务和广告等。

（2）技术咨询:PubFactory 可为客户提供数据分析、转换规范、规划与第三方系统的整合以及功能规格等技术服务。

（3）用户体验:PubFactory 会提供针对客户存在站点的用户体验的定量分析,还可以完成新网站发展过程中的测试。根据用户体验测试,采用最佳的设计和信息架构。

（4）创造性的发展:创造的过程随着项目的发展而产生,它可以带来新颖的变化,如概念性的方法,还会带来主页的变化发展、创新的解决方案和最佳实践,等等。

（5）项目管理:PubFactory 会派遣有经验的技术项目经理领导每个项目,负责创建和管理发展计划,管理资源和质量评价。

（6）支持（应用程序和系统）:PubFactory 提供托管和管理服务,以确保平台满足用户的需求。所有

PubFactory 产品,包括暂存区域和生活环境,均使用专门的内容和应用程序测试,不会影响网站用户。

四、3 家平台技术商的对比

（一）产品和服务

从上文的介绍中,我们可以了解 3 家平台技术商所提供的产品与服务既有相似之处,也有独家特色。

1. 相似点

3 家技术商都提供数字内容的托管和营销。Atypon 的 Literatum 可为出版商提供数字内容的托管,RightSuite 可以为出版商和媒体提供电子商务解决方案。英国出版科技集团旗下的全球数字图书馆平台是一超大型的数字内容平台,而机构市场营销服务则针对国际范围的图书馆和机构进行市场服务。而 PubFactory 3 个层次的产品其实都是数字内容的托管,但是在产品中包含了周到的商业策略服务。

2. 不同之处

基于历史发展原因,这 3 家技术商规模有大有小,因此提供的产品与服务也有差别。相对来说,Atypon 与 PubFactory 提供的产品与服务有限,而英国出版科技集团提供的产品与服务较为丰富。除了数字内容的托管和营销,它还有 pub2web 技术,帮助出版社搭建自己的网络平台;advance 系统是一个全流程的出版资源管理系统,为出版社控制与管理自家的数字内容提供了便利。此外,它还提供 Vista 市场服务、Heron 在线教育系统、ICS 数字资源管理发布系统等。

（二）功 能

从前文和表 1 可以看出,产品和服务与其功能不是绝对分离的,产品与服务是功能的外延,而功能是产品与功能的内涵。英国出版科技集团作为世界最大的出版平台技术商之一,为客户提供的功能在这 3 家中是最多的。当然,Atypon 也有其特色,如一年一度的客户会议和 Atypon 用户年会,可以让公司与其客户关系更加紧密,为客户的员工提供不同级别的培训课程,令客户更具信赖感和黏性。因为 PubFactory 官网显示的资料有限,所以提供的功能描述相对少些。

表1　三家平台技术商的功能对比

技术商	产品	功能	
		基本功能	特色功能
Atypon	Literatum	出版社管理、内容分类与管理、传送与界面管理(包括移动平台)、信息搜索、内容发现、身份验证、登录、多种许可模式、市场营销、广告、报表、网页内容管理、图书馆员管理	1. 提供在线请求跟踪系统; 2. 客户会议和 Atypon 用户年会; 3. 提供不同级别的培训课程; 4. 提供代管服务,涵盖数据保护、完整的数据备份和存储、冗余以及保密
	RightSuite	多种注册模式、访问控制与计量、多样化计费与付款方式、客户服务、自我管理、授权管理、身份管理、报表、单点登录、订阅管理	
英国出版科技集团	ingentaconnect	托管服务	1. 链接服务; 2. 为内容增加各种附属信息; 3. 提供印前出版; 4. 水印技术; 5. 用户统计工具; 6. 搜索引擎; 7. 创新销售模式; 8. 多种数据形式与国际兼容性
	pub2wed	使出版社等客户可以搭建 自己的网络出版平台	
	advance	编辑出版、书目管理、发行财务管理、内容转换、商务平台、网站经营、市场推广、电子商务、客户管理、版权稿费管理和商业流程管理	
	PCG	市场调研、市场咨询、销售代表、电话销售	
PubFactory	PubFactory	内容发布系统	
	PubFactory Plus	自定义设计与管理	
	PubFactory Enterprise	增加数字内容的附加值	

(三)客户群

从表2可以看出技术商的市场占有率。英国出版科技集团在其官网与年报都宣称"全球80%的国际大型出版集团已经采用其相关服务和产品"。单就英国出版科技集团旗下全球数字图书馆平台这一产品而言,它在全球就有170多个国家和地区的2.5万多家图书馆机构用户、100多万个人用户和250多家各类科技类学术出版商。

表2　3家技术商客户群对比

技术商	客户数量	客户结构与典型客户		
Atypon	55 家	国际著名出版社(集团):爱思唯尔、麦格劳·希尔教育出版公司、培生教育集团、泰勒－弗朗西斯出版集团、麻省理工学院出版社、牛津大学出版社、爱丁堡大学出版社、皇家护理学院出版公司	著名报刊类:《金融时报》《美国药学教育杂志》《新英格兰医学杂志》《酒精与药物研究》	学会、协会类组织:美国化学学会、美国经济学会、美国航空航天工业协会、美国公共健康协会、英国放射学会、北美放射学会

技术商	客户数量	客户结构与典型客户		
英国出版科技集团	全球 80% 的国际大型出版集团	大型出版社(集团):兰登书屋、哈珀·柯林斯、麦格劳·希尔集团、爱思唯尔、施普林格、英国医学杂志集团、美国 SAGE 出版集团、剑桥大学出版社、牛津大学出版社、布鲁姆斯伯里出版公司	国际组织或机构:联合国、世界银行、国际货币基金组织、世界经济合作与发展组织	学会、协会组织:如美国物理学会、美国微生物学会、世界土木工程师学会
PubFactory	10 家左右	出版社(集团)类:布鲁姆斯伯里出版公司、圣智学习出版公司、哥伦比亚大学出版社、哈佛大学出版社、牛津大学出版社、德古意特出版公司、美国 SAGE 出版集团	在线数据库:埃尔加在线、国际货币基金组织在线图书馆	学会、协会类组织:现代语言协会

我们还可以发现,这 3 家技术商的客户有部分是重合的,这说明有些内容提供商不仅与一家技术商合作,而是多方合作,使平台取众家所长、功能丰富。虽然 PubFactory 目前的客户还不是很多,但是它提供的产品精益求精,因此屡屡获奖。

（作者单位:北京印刷学院　清华大学出版社）

摘编自《科技与出版》2014 年第 12 期

国外出版平台技术商典型分析(二)

——以 Impelsys、MPSLimited、Semantico 为例

齐媛媛　陈丹

一、公司概况

Impelsys 是全球领先的数字内容服务提供商,以提供技术产品和数字内容服务为主营业务。MPS(即 MPS Limited)的前身是成立 1843 年的麦克米伦出版(印度公司)。公司主要从事国内出版业务,主营教育书籍。

MPS 公司以加工内容资源、开发应用程序以及提供技术解决方案为业务重心,拥有与全球知名出版商超过 42 年的合作经验,并且连续三年获得 CAPEXIL 出口奖项,是全球最大的出版商之一。

Semantico 总部位于英国布莱顿,主要从事数字出版平台的搭建、电子书的加工和内容托管等服务。侧重于学术性或专业性的内容,例如期刊、参考文献、学术、STM、教育、法律等。客户包含欧洲、美国的出版商、中介商、协会以及研究机构。公司的期刊出版流程和信息安全分别获得 DNV 颁发的 ISO9001:2008 和 ISO/IEC27001:2005 证书。

二、数字产品

(一)数字平台

从表 1 可以看出,3 家公司都有自己的数字出版平台产品。平台的功能除了发布、上传、销售数字内容之外,还可以为客户提供相应的用户浏览数据,客户可对数据进行分析,从而获取用户的浏览习惯或产品的浏览信息,从而提高服务的针对性。

Impelsys 的 iPublish Central 是一个以云为基础的电子书输送平台。出版商通过软件 SaaS 的服务模式完成存储、发布、销售和多平台间内容输送的工作,iPublish Widget 程序可提供每本图书的预览,最重要的是 iPublish Central 具有分析功能,可以为客户提供销售报告、网站流量趋势、内容使用度等信息。MPS Limited 公司的 Content Store 支持用户定制品牌化的网络平台,平台自带转换和电子书销售模块,从而为在线访问者提供即时书店的体验。除此之外,Content

Store 为用户的数字内容提供 DRM 保护,并为机构用户提供 IP 认证、多平台同时登录等功能。而 Semantico的 Scolaris 稍有所不同,是一款针对学术出版的平台,主要提供期刊、参考文献、电子书的订阅和销售以及数据分析。

表 1　Impelsys、MPSLimited、Semantico 的产品信息

技术商	产品	功能
Impelsys	ipublish Central	发布产品;销售;内容管理;跨平台传输内容;分析数据;提供增值服务;iPublish Central Pub、iPublish Central Ed、iPublish Central Lib
	Ipublish Reader	搜索;书签:注释;创建个人书架
	Enhanced E–book	关联搜索:词汇查阅;测试练习;交互式多媒体内容、增加互动和外部网站衔接的功能
	Knowledge Platform	学术内容的订阅或购买;支持离线 CE 应用;支持多种支付方式
MPS Limited	ContentStore	发布和管理数字内容;集成的电子商务模式
	MPSTrak	工作流程管理;用户计划系统;非订阅收入的集成电子商务项目;自动补充数据处理;支持按需出版模式打印;集成的内容管理系统;自动与现有的同行评审系统集成;与第三方仓库和企业系统的集成;报告分析等
	MPS Insight	提供出版商 COUNTER 报告
	DigiCore	在线编辑;工作流程管理;DAM;安全管理元数据;实时追踪;与其他系统或平台集成
	ScholarStor	内容转换、托管、展示、销售和传播的电子商务平台;搜索;SEO 集成;多媒体支持;多平台响应式设计
Semantico	Soolaris	内容发布、管理;报告分析;搜索
	SAMS	提供多种认证模式;用户端登录权限
	Scolaris Linking Hub	跨平台内容集成;联合搜索;相关文献链接;支持不同类型的内容
	Scolaris Reader	界面优化的 PDF 阅读器;配置 DRM

(二)学术性产品

3 家公司都开发了针对学术出版的相关产品。Impelsys 的 Knowledge Platform 是一款专为学术研究者开发的平台,提供查询图书、期刊、参考文献以及在线课程、多媒体演示等一站式服务。Knowledge Platform 具有较高的兼容性,可在门户网站上进行数据分析,并自动配置"特色"和"推荐"产品。MPS 的 Scholar Stor 与 Semantico 的 Scolaris 相似,同样是侧重学术性的数字内容,支持数字内容的上传、订阅、转换等,不同的是,Semantico 配置的 WYSIWYG(What–You–See–Is–What–You–Get)的网页编辑器,可以在接口区域自定义编辑。

三、特色服务

从表 2 中我们可看出,3 家公司在数字出版的服务方面是有共性的,服务范围都包含数字内容格式的转化、注重兼容性以及和内容产品相关的技术服务。并且通过产品的描述和服务的范围,不难看出三家公司以用户需求为服务宗旨、以市场为中心的经营策略。例如,3 家公司都提供个性化、定制化的服务。Impelsys 的数字出版平台 Knowledge Platform 等产品,可根据机构或个人用户的需求增加相应的服务板块;

MPS 公司用来提供 COUNTER 数据报告的服务的 MPS Insight 共 2 个版本,有针对大中型客户的 MPS Insight,也有针对小型客户的 MPS Insight Lite;Semantico 公司的学术内容出版平台——Scolaris 同样分为标准和完整配置两个版本,供不同的用户选择。

表 2　Impelsys、MPS Limited、Semantico 的服务介绍

技术商	特色服务
Impelsys	格式转化、内容相关的技术服务、移动应用程序开发、DRM 数字版权管理、E-learning、数字市场营销
MPS Limited	数字出版解决方案(书籍和期刊)、技术解决方案、数据格式转换、电子书制作、创意与互动性解决方案、BPO(业务流程外包解决方案)和物流服务
Semantico	数字策略服务、内容创新与聚合、数据处理、技术咨询

但因成立时间、规模的不同,3 家技术商又各具特色。MPS 因成立时间最久,涵盖面广,从纸质书和电子书的印前服务到新型数字出版的转型都包含在内,而且功能比较具体和全面。Impelsys 的业务范围比较集中,主推的旗舰产品 iPublishCentral 是集数字出版和电子商务于一体的产品,非常适合传统内容提供商,借此推出数字平台产品,这与 Semantico 相似。Semantico 的产品不多,但包含的业务却很全面,不仅提供数字策略的咨询服务、内容托管,还提供平台构建、搜索引擎优化等。

四、客户对象

从表 3 不难看出 Impelsys 在客户群方面占有明显的优势,其客户中儿童及教育类的客户超过 38%,合作的案例中 Impelsys 多与少儿领域的出版商合作,从一方面也反映出儿童数字市场的潜力之大。Semantico 客户群最少,但大多数都是全球知名的出版商,并且与 Oxford、Wiley Blackwell 知名出版商保持长期的合作关系,在数字服务方面有着不可小觑的优势。另外,3 家公司与内容提供商之间的合作存在重合现象,这在一定程度上反映出美国数字出版产业链分工明确,技术商始终掌握主动权并在数字出版产业链中处于主导地位。

五、对我国数字出版产业发展的启示

(一)创新思维,提高创新能力

没有创新就没有发展,就没有竞争力。这 3 家公司不断开发新产品、不断进行产品升级,始终追求创新。而这其中又以 MPS 公司最为典型。MPS Limited 公司成立初期以传统印刷、出版为主业,现在不仅拥有多种数字产品,而且成为全球最大出版商之一,不断突破。

我国数字出版市场的发展虽然很迅速,对国外的数字出版不论是技术还是产品引进的数量都不少,但能走出国门、在国际市场上知名的产品却很少,除去客观原因,创新能力薄弱是最重要的主观原因。在全球化程度不断加深的趋势下,出版商除了学习先进出版技术之外,更应该提高创新能力,加强技术研发。

表 3　Impelsys、MPS Limited、Semantico 的客户举例

提供商	客户数量	客户结构与举例	
Impelsys	>85 家	①STM 出版商,包括 Thieme、Elsevier、Mc Graw Hill 等 ②儿童类以及教育类出版商,包括 Oxford、Benchmark、The MTT Press、Cambridge、Wiley、Sesame Street、HarperCollinsPublishers、香港大学出版社等 ③机构以及公共出版商,包括 American Academy of Ophthalnology、ACP Press、AMA、AGS 等	为爱思唯尔创建了经典的电子图书馆; 工业出版社与 Impelsys 合作,推出了机械手册电子书; 芝麻街工作室与 Impelsys 合作推出数字出版平台,电子书店由 Impelsys 运营管理

提供商	客户数量	客户结构与举例	
MPS Limited	>63 家	RSC Publishing、Spark Learning、Wolters Kluwer、Ashgate Publishing、NIACE、Cengage Leaming、Inform a Healthcare、Macmillian Education、Nature Publishing Group、Palgrave 等	MPS and Maney 推出了定制化的生产追踪系统 Maney Track；NIACE 与 MPS 合作推出了销售平台
Semantico	>15 家	ORCID、Hodder Education、Palgrave、Now、Brill、Macmillan、Dawson Books、Cambridge、Mc Graw Hill、Wiley Blackwell. Oxford、Informa 等	牛津大学出版社与 Semantico 有限公司合作推出了新的在线资源——牛津古希腊罗马百科全书的网络版；Wiley Blackwell 与 Semantico 推出 Rook's Textbook of Dermatology 第八版

（二）明确市场定位，制定以客户需求为导向的数字出版策略

数字技术的广泛应用让用户对产品和服务的个性化需求越来越高。不论是 Impelsys 的 iPublishCentral，还是 MPS Limited 的 ContentStore，或是 Semantico 的 Solaris，为客户需求而开发的原则非常明确，针对不同类型的客户增加或减少功能模块，或是根据客户的规模开发不同的版本，都展示了国外技术商对数字技术个性化的重视。

国内传统出版企业一直追求转型自救的道路，出版商在面对数字化的潮流时，除了寻求发展出路，更重要的是要明确市场定位，精准地把握用户的需求，同时要具备国际化的视野。

（三）加快从内容提供商到内容服务商的转变

随着传统出版向数字出版的转变，内容的生产方式和生产手段也发生了变化。数字内容产业成为业界关注的焦点，而数字内容产业的发展催生了技术商这一新的领域。Impelsys、MPSLimited 以及 Semantico 都把内容服务作为自己的宗旨，所提供的产品和服务都是为了更好地把内容传递出去，从这能看出国外数字出版新的发展重点，而这样的目标也符合用户对内容多样化的需求。

虽然国内各大出版社也都纷纷建立数字平台，或成立出版商联盟以抗衡内容产业需求的压力，但是单一的以内容提供为主的经营模式在市场上是没有竞争力的。因此，国内出版企业应凭借自身巨大的内容优势，或联合技术商、服务商，或自主开发内容服务模式，加快由内容提供商到内容服务商的转变进程，这样才能增强自身的实力，在国际市场上有一席之地。

（作者单位：北京印刷学院）

摘编自《科技与出版》2014 年第 12 期

国外数字出版产业政策比较研究

周艳敏

一、国外数字出版产业政策概况

美英两国更多强调市场在产业发展过程中资源配置的基础性作用，政府除宏观政策调节和公共资助外，不介入产业的运作过程，主要靠市场主导产业的发展，是一种以政府与市场保持"一臂之距"为基础的市场自由发展模式。而在日韩，政府在文化产业发展过程中起到了决定性的作用。在国家战略的主导下，国家文化产业领域发生了所谓要素汇聚和力量裂变，并通过法律和政府行力量如政策、税收、公共财政等手段，使文化产业走上快速发展的轨道。这是典型的国家战略推动模式。数字出版产业是文化产业的重要组成部分，文化产业发展模式不同的国家在数字出版产业发展上自然显示出与文化产业发展的一致性和连贯性，其数字出版产业政策在产业发展中的作用也大致相当。也就是说，由于各国文化传统、政

治法律体系、经济发展水平等方面的差异,不同国家数字出版产业政策有着各自的特点。

二、国外数字出版产业促进政策比较分析

(一)明确的产业发展战略理念

数字出版产业发展主要是在经济与文化发展战略理念引导之下进行的。英、日、韩等国都制定了比较明确的文化产业战略发展规划,如英国的《文化创意十年规划》,日本的《内容产业全球化战略》,韩国的《21世纪文化产业的设想》等。而作为世界头号文化产业强国,美国虽然没有对文化产业做出明确的规划,却较早在其宏观的法律与经济体制框架内突出文化产业的重要地位。

在国家宏观的文化产业发展战略意识引导下,各国在文化产业领域都取得了巨大的成功。至今,在世界范围内,美国的电影业和传媒业、日本的动漫产业、韩国的网络游戏业、英国的音乐产业等都成为国际上的标志性产业,成为这些国家经济实力、乃至综合国力最直观、最具体的反映。

(二)完善的数字出版产业政策法规体系

无论是采取自由市场模式,还是采取国家战略驱动模式,各国都非常重视法律对产业发展的规范与促进作用,并在实践中逐渐形成了各自有关数字出版的法律体系。这一体系大致包括版权制度、网络监管制度、相关的税收制度,以及文化产业促进政策等。

1. 适时修订版权制度

为适应数字时代的版权保护,在世界知识产权组织颁布"互联网条约"之后,这些国家都结合本国情况对版权制度进行了修订,及时而适当有效地协调了作者、网络服务提供商、出版商、发行商以及数字作品使用者等各方的利益关系,为数字出版产业的健康发展提供了充分的法律保障。同时,随着技术的发展,各国都不断修订版权法。

2. 强化互联网的监管

各国的监管制度各有侧重,比如美国注重互联网信息安全,并将其纳入国家安全战略,其所制定的一系列法律案为美国构筑了坚实的国家信息安全壁垒;英国在个人信息与隐私保护走在世界前列;日、韩也都制定了关于信息保护的法律制度。各国都非常重视网络环境下的未成年人保护。

各国通过制定互联网监管制度,在社会责任、商业利益、信息创作自由以及信息获取自由之间进行适当的平衡,保证了信息安全与社会和谐,更为数字出版产业的发展创造了良好的发展空间。

3. 产业促进政策法制化

为促进数字产业发展,日本和韩国都适时制定了专门的产业促进法,如韩国的《文化内容产业振兴基本法》《网络数字内容产业发展法》,日本的《文化产业促进法》等。

如果将韩日实施的产业政策法制化做法称为"显性"模式,英美的做法则属于"隐性"做法。美国虽然没有专门制定法律形式的产业促进政策,但其《版权法》的不断修改及其具体的制度设计包含着促进数字出版产业的政策目标。

4. 税收立法扶持产业发展

利用税收杠杆扶持并引导新兴产业的迅速发展,这是各国政府对文化产业进行有效支持的普遍方式,特别是市场经济比较成熟的国家,其税收制度是比较完善的,如美国的《联邦税法》《国家艺术及人文事业基金法》及1997年《网络免税法案》,英国的《关于刺激企业赞助艺术办法》等等。

(三)各具特色的产业发展管理体制

政府管理体制是影响产业发展的决定性因素之一。四国数字出版产业之所以发展较好,与其政府独特的文化管理体制密不可分。其中,英国和韩国的政府管理体制更具代表性。

英国政府建立了比较完整的从中央到地方的三级文化管理体制,三级管理机构各自相对独立,无直接的行政领导关系,但它们通过统一的文化政策,逐级分配和使用文化经费,并紧密联系在一起。在管理上,英国政府恪守"一臂之距"的管理原则,给文化产业营造了相对宽松的外部环境。同时,在不同的产业发展中,政府采取不同的机构协调管理。

韩国作为国家战略引导型国家,其数字出版管理体制的建设充分体现了政府的强势力量。韩国政府成立了专门的数字产业发展机构——数字出版产业振兴协议会,这是一个由韩国文化体育观光部等部门共同参与的泛政府性质的组织,各职能部门分别制定相关政策来推进数字出版产业的发展,并通过数字出版产业振兴协议会促进各部门之间职能的合理分配和有效执行。不仅如此,数字出版各分支行业还成立了相应的机构,比如游戏产业成立了游戏产业振兴中心。同时,文化观光部、产业资源部、信息通讯部通力合作,建立了各自下属的"游戏综合支援中心""游戏技术开发支援中心""游戏技术开发中心",各方通

力合作，重点扶持游戏产业。这种管理体制是在政府的主导之下，充分整合各方力量集中扶持产业发展，既保证了政策的连续性、又保证了政策的执行力。

（四）多元的经济扶持政策

国家对一个产业进行扶持，主要手段之一是实施财政支持和税收优惠政策。

首先，大多数国家对数字出版产业采取有选择和有限度的资金支持。英国对创意产业进行财政支持的最大特点是通过发行国家彩票来补助相关企业和项目。此外，政府为了解决中小型创意企业的融资困难，设立了多个专项扶持基金。美国地方及联邦政府利用其他产业的销售税建立起针对文化艺术产业发展的"信托基金"。在日本，中央政府对文化相关项目进行直接投资，文化预算逐年增加；政府还出资设立奖项、创立各种基金会，以刺激和鼓励文化产业。韩国政府成立了各种基金会，运作"文化产业专门投资、组合"，形成以动员社会资金为主、官民共同融投资的运作方式。

其次，利用税收杠杆引导投资是各国政府对文化产业进行支持的普遍方式。英国重视通过税收政策来支持文化产业的发展，对出版业从未征收增值税。美国联邦政府对出版物免征商品销售税；对出口图书免征增值税和营业税（先征后退）；对进口图书免征进口税；对本国软件企业给予"永久性研发税收优惠"。日本政府通过各类税收优惠政策，鼓励私人投资文化产业。

三、国外数字出版产业政策对我国的启示

政府主导作用应该体现在两个方面，一方面要加强宏观调控，另一方面则是在遵循市场规律的前提下，通过政府力量为市场主体营造公平的竞争环境和创业空间。而从目前的情况来看，政府的宏观监管是有效的，但其引导市场、激励企业的作用则有待提高。

首先，当务之急是建立系统的数字出版产业法律体系。目前，我国应该加紧《著作权法》的修订进程。尤为重要的是，该法的修订必须寻求法律与产业规律的契合点，探索数字产业运作中的特殊规律和模式，建立适应新技术产业发展的新规则、新机制。同时，我们建议制定《数字出版产业促进法》，以法律形式为数字出版产业的长远发展制定规划、管理和促进措施。

其次，要建立科学的、切实有效的产业促进与管理机制。数字出版产业是技术、内容与服务的全新结合，产业的发展会牵涉政府管理的多个方面。我国目前对出版产业多以许可、审批的方式进行管理，缺乏像韩国那样的协调与引导机制，这就要求政府部门不断调整思路，变革管理模式与机制，真正做到管理与发展并重。

第三，产业扶持政策有待进一步完善。我国有必要制定有利于促进数字出版产业发展的税收政策和投融资政策，积极引导企业投资数字技术创新，多方吸纳资金，从产品增值税、研究开发费用、税收优惠、拓宽投融资渠道等方面给出具体额度的规定，让企业在公平合理的条件下公平竞争，自觉自愿地投入数字出版产业发展中来。另外，还要建立各类奖励基金，对于在技术研发、内容创新等方面有突出贡献的企业和人才予以鼓励。

（作者单位：北京印刷学院）
摘编自《出版发行研究》2014年第11期

立足两项基础　抓好六个统筹

——中美数字出版差异、启示及建议

何奎

一、中美数字出版的差异

总体来看，中美两国的数字出版存在以下几个方面的差异。

第一，产业成熟度不同。美国已经从上游到下游形成一条比较完整、有效的数字出版产业链，涵盖内容提供商、电子书销售平台、移动硬件生产商、技术服务商、第三方数字服务商，各自定位清晰，分工合作，商业模式明确而且多元。而中国的数字出版产业链尚未完全形成，上下游之间的功能定位还比较含混。

第二，法律环境不同。美国有比较严格的版权保护环境，对盗版行为的惩罚很严重；美国民众具有比较强的版权意识和自律道德，很少使用盗版电子书。中国关于盗版侵权的打击力度不大，消费者的版权意识也不够强烈，常在网上下载盗版的电子书。

第三，消费平台不同。美国的读者主要依靠 Kindle、Nook、iPad 等移动阅读器来看电子书，没有手机阅读、手机消费的习惯。中国的读者主要依靠手机、电脑、iPad 来看电子书和电子期刊。

第四，商业模式不同。美国大众出版的数字化策略主要是制作成电子书，并在亚马逊、Nook 等移动阅读平台上完成在线交易。中国的大众出版数字化策略主要是手机阅读和移动互联阅读，在中国移动、中国联通、中国电信以及苹果 APP 平台上完成在线交易。

二、美国数字出版的十点启示

（一）数字出版不仅形成了商业模式和赢利模式，还生成了新的市场环境和交易机制

美国的数字出版已经走过了 16 个年头，不仅形成比较好的商业模式、赢利模式，还重构了新的市场环境和交易机制。从内容提供商、硬件生产商、渠道分销商、下游零售商到技术供应商、第三方服务公司等，都各安其位、各司其职、各守其规、各谋其利，形成一条比较成熟的产业链。产业外部的消费环境、法律环境也日渐成熟，产业内部的交易规则和商业文化也比较清晰。美国的数字出版已经成为出版产业的一个蓝海，正在以强劲的势头快速增长。

（二）数字出版改变了竞争形态，不再是书与书之间的竞争，而是书与其他媒体的竞争

在数字化环境下，不再是"生产者统治"的时代，而是"消费者主权"的时代。在同一个移动终端面前，一个普通消费者面临图书、音乐、游戏、视频、社交网站等多元化的选择。图书已经不再是一种产品，而是一种媒体形式，甚至是一种娱乐消费形式。对整个出版产业而言，不再是传统的书与书之间的竞争，也不再是出版社与出版社之间的竞争，而是书与多媒体、多种娱乐消费方式之间的竞争。市场竞争形态的改变，不仅扩大了竞争边界，加剧了竞争程度，更给出版社的定位提出了新的挑战。

（三）自助出版成为数字化环境下的新兴出版形式，给传统出版带来一定挑战

在数字化环境下，催生了一大批自助出版（self

publishing）作家。他们将自己创作的作品经过第三方编辑加工、装帧设计、制作成电子书后，直接放到亚马逊和苹果等主流数字营销渠道上面销售，基本绕开了传统的出版社。这种方式对传统出版是一个巨大挑战。一旦越来越多的第三方公司具有强大的编辑、加工、宣传和营销能力，越来越多的自助出版作者具有与出版社进行讨价还价的博弈能力，传统出版社在产业链中的地位就更加危险了。

（四）大众出版、教育出版、专业出版的数字化运营模式具有明显差异，遵循不同的市场规律

第一，从市场结构来看，教育出版和专业出版基本上是一个垄断市场或寡头竞争市场。但是对大众出版而言，却是一个完全竞争市场或垄断竞争市场。

第二，从运营渠道来看，教育出版和专业出版的运营平台基本都是自建的数据库。对大众出版而言，亚马逊、苹果、巴诺、谷歌、科博、索尼则是"六大销售平台"。在具有霸权色彩的移动终端面前，出版商的现实选择不是与其展开对抗，而是借力完成裂变、转型和成长。

第三，从赢利模式来看，大众出版主要依靠电子书销售来赢利，专业出版和教育出版主要靠数据库赢利。

（五）扎实做好基础技术工作是数字出版成功的必备前提有四项基础技术工作对数字产品的生产和研发至关重要

一是元数据。对一本书而言，元数据十分重要，也必须精确。所谓的元数据，包括四类信息：书目信息（开本、定价、作者等），商业信息（税率等）、销售信息（库存、下单、记账、版税）、零售信息（样章、内容描述、消费者评价）。

二是 XML（可扩展标记语言）结构化。对电子书或者数据库而言，在元数据基础上要制作成 XML 文件。这是国际通用的数字资源语言。

三是搜索引擎优化。出版社在准确、充分采集和制作元数据的基础上，可以通过搜索引擎优化来节省成本，提高网络营销效率。

四是 API 技术。API 叫作应用程序接口。通过 API 提供不同的接口，抽取不同的内容，赋予一定的权限，供全球不同国家的人进行开放式科研，从而形成一个开放存取（OA）系统。

（六）正确的定价策略和市场策略让纸质书与电子书"此长彼长"

美国纸质书的市场规模和 20 年前相比没有太大

变化,市场并没被颠覆,销售曲线总体平滑稳定。出版社采取了正确的定价策略和市场策略。美国电子书的定价是纸本书的60%,这种差异化的定价满足了读者的不同偏好。纸质书和电子书不是"此消彼长"的关系,而是"此长彼长"的关系。

(七)数字出版的投融资渠道日趋多元化

美国的数字出版已经成为华尔街风投和天使投资的关注对象。可以预见,包括风险投资和天使投资在内融资渠道的拓宽,为数字出版插上了飞得更高的翅膀。

(八)数字化是品牌企业实施国际化战略的一个法宝

在数字化环境下,借助国际主流的数字营销平台,一个图书产品只需要以电子书或者数据库的形式就可以在全球多个国家销售。对一个国际出版传媒集团而言,数字产品是其进军国际主流市场、扩大国际影响力和市场份额的主流渠道和主要方式。

(九)一个国家和民族的文化传统,往往是一些畅销书长盛不衰的源泉

一个民族、一个国家都有自己独特的文化传统,并影响他们的产品类型和阅读趣味。因此,打造畅销产品,要充分尊重一个国家、民族的文化传统,将体现其文化特质的文化元素、文化符号、文化情结融合到作品的创作中。

(十)保持探索未知世界的激情和挑战自我的勇气,是从事数字出版必须具备的精神状态

三、加快国内出版企业数字化转型的建议

(一)做好两项基础工作

1. 在内容方面,完善数字版权保护规定,抓好有效数字版权

有关管理部门要完善数字版权护规定,要求各单位在与作者签署协议时,必须授予出版社5～10年的数字版权,如果做不到这一点,至少要将出版社作为数字版权的优先使用方。在合同中要明文约定作者的数字版权收益,给予作者10%～50%的版权收益。

2. 在技术方面,抓住四个关键要点

一是根据实际情况出发,遴选并做好重点产品的元数据采集工作;二是做好重要产品的XML文件转化工作;三是在网络营销中做好重点产品的搜索引擎优化工作;四是在专业数据库中逐步嵌入API技术和OA功能。

(二)抓好六个统筹

1. 统筹好纸质书与电子书,逐步实现纸质书向电子书的平滑过渡

在当前需要分阶段、有步骤地将重点产品、重点项目、重大工程数字化,同时制定差异化的定价策略、宣传策略和市场策略。在出版社的内部组织结构和流程设计上,逐渐将数字出版业务平移到编辑业务部门,在纸质本策划的同时进行电子书营销策划。

2. 统筹好大众出版、教育出版和专业出版,实现分类开发、分类管理、分类赢利

一是大众平台要择机而建。鉴于国内的数字阅读主要是手机阅读(非阅读器阅读)的特殊市场条件,国内有关出版企业可根据实际情况择机建设自主性的大众平台。如果市场培育比较成熟、消费模式日趋成型,可以联合国内众多出版企业,以股份化、公司化的方式建设一个基于行业内、面向行业外的大众阅读平台。

二是专业平台要优化功能设计。在对专业数据库平台等进行顶层设计时,要进一步优化技术方案、内容碎片化方案。要在这些专业平台中实现内容的有效抽取、XML结构化、API嵌入技术和OA功能设计。

三是教育平台要增强定向服务。可加大资源横向联合或纵向挖掘力度,根据市场需求情况开发同一学科内部纵深领域主,不同学科之间的数字资源包,面向中小学教师或学生提供定向数字化教学服务产品。

3. 统筹好数字化与国际化,实现"走出去"的"三个转变"

一是在"走出去"的路径上,借助国外主流销售渠道来实现产品落地、市场突破。二是在"走出去"的产品形态上,要由传统的纸媒形式转向更多地以电子书的形式进行产品输出,力争大规模进入海外主流渠道。三是在"走出去"的策略上,要由空降式运作转向本土化运作,通过资本合作、产品合作等方式,善于借助OPENROAD等优秀的当地第三方营销服务公司来销售产品。

4. 统筹数字产品与全媒体出版,进一步延伸产业链

数字产品比较容易和电影、视频、游戏软件、音乐游戏等多媒体形式融合,而且也容易与数字影院、旅游业、文化地产、连锁行业相嫁接。在开发重点数字产品时,一定不要局限于纯粹的出版领域,要跳出出

版做产业延伸,寻找与其他相关产业的融合点。

5. 统筹好国内市场与国外市场

实现国际市场大循环做产品时一定要有全球眼光,而不仅仅是局限于所谓的地域特色,这样才能打通国内市场和国外市场,实现国际市场大循环。

6. 统筹好短期利益与长远利益,树立正确的经营心态和有效的绩效考核方式

首先,我们既不要数字出版的速胜论,也不要传统出版的失败论,理性、平和、务实地平衡当下与未来、短期和远期之间的关系,以一种强烈的危机意识、冷静的应对策略、务实的工作作风,扎扎实实地做好数字出版的基础性工作,做好应对产业转型的全面准备,敢于探索,敢于试验,敢于闯关。

其次,鉴于当前国内数字出版总体处于起步阶段,可暂时不对数字出版业务进行利润考核,但要对开展的一系列重要基础性工作的有效性进行考核,或对市场开发的阶段性进展情况进行考核。

(作者单位:北京大学应用经济学博士后流动站)

摘编自《出版广角》2014 年 11 月合刊

美国大众出版的数字化现状与启示

谢山青

一、美国大众出版的数字化发展

美国的大众出版,主要被区别于教育出版和专业出版的六大家出版社垄断。这六家在美国出版界俗称"六大",按照规模排名分别是:

当然,2013 年兰登书屋合并了企鹅,现在已经是五大了,这五大基本代表了美国出版界的大众出版。根据它们的经验和业务情况,笔者总结归纳出以下发现:

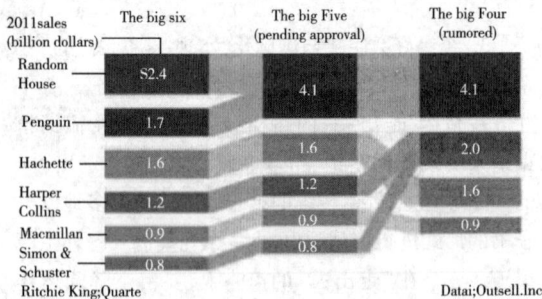

图 1　美国六大出版社排名

(一)产品形式

无可争议的结论已经产生,数字化革命最终胜出的产物还是 ebook(电子书)销售。ebook 是数字化最受到读者认可的形式,也是出版商最能够赢利的形式。在目前的美国出版业,电子书已经不再与传统出版对立,而是成为精装书、平装书、普及本、有声书之外的第五种图书形式。

根据电子书的销售册数统计,最适应数字化阅读形式的图书内容依次为悬疑、科幻、言情、传记这些内容轻松的图书,而严肃作品或者纯文学则远远落后。

(二)商业模式

"六大"的数字出版商业模式都是将电子书 ebook 的权利授权给平台,由平台销售后和出版社分成。销售的平台主要是亚马逊的 Kindle、巴诺书店的 Nook、苹果公司的 ibook 图书库平台和各种智能手机阅读平台。

2009 年,兰登书屋的电子书销售收入仅占其总销售收入的 1%,而到了 2012 年,其电子书 ebook 的销售收入已经占全球销售的 20%,北美市场的 25% 之多。同样,哈珀·柯林斯出版社电子书销售占比 20%,西蒙 & 舒斯特占比 23%,阿歇特美国公司的数字销售占比已高达 26%。而亚马逊公司总部提供的数据显示,亚马逊这一美国目前最重要的发行商所销售的图书中,电子书销售册数已经是纸质图书的 1.5 倍之多。而且由于电子书销售没有库存、物流以及退货损失的成本,其赢利能力在几家出版社的总利润中占比更高。

(三)发展趋势

根据美国出版商协会(AAP)公布的数据,电子书仅用了 5 年时间,就占据了全美图书销售 22% 的市场。在未来的几年内,随着平板电脑和电子阅读器的普及,美国电子书市场预计将会保持 40% 的年增长率,纸质书将持续保持5%的下滑率。根据《PWC Media Report》报告预测2016年纸质图书和电子书市场规模达210亿美元,其中电子书市场份额将会超过50%。

而且,最终把握产业命脉的渠道商或者说平台商也将更加集中。率先发现幸福蓝海的亚马逊不仅凭借"先动优势"已经成功垄断1/2的电子书市场并以贝佐斯倡导的使命感为动力,继续驱逐其他竞争者。

二、数字化转型的启示

(一)数字化不是来"革出版业的命",而是来"救出版业的命"

事实上,由于用户黏性差,如果某个出版社的书没有电子版,大部分读者不是转而寻找纸质版,而是购买其他电子书。纸质书下滑部分依靠数字业务实现了整体销售的增长。所以,那些一开始没有推出电子书战略的出版社现在已经不再观望,大力推进数字化,而是实实在在企业发展的内生动力。

(二)出版社数字化的核心竞争力依然是内容为王

出版社拥有的资源就是内容,而非平台或者技术。出版企业创新转型其实也是要通过数字化图书产生新的内容资源。而内容的拥有是以版权确立的,电子书的赢利不需要特殊技术,而是依靠版权授权最终实现。所以,目前全美各社都力图签下作者的电子版权,尤其是畅销书作家的版权。

(三)数字化是融入出版全流程的常规工作

数字化的战略应从流程的初始开始贯彻全程,而不是在纸质图书出版之后,再"电子化"该本图书。阿歇特美国公司花费上千万元进行了适应数字化的流程再造,把之前专设的数字出版部融入每一个环节,并采用Indesign软件,使得变焦完成的文件可直接生成各种格式、各种屏幕的电子书。这样,一来不增加编辑负担,二来可以保证电子书同步上市,实现全媒体营销。

(作者单位:译林出版社)
摘编自《出版广角》2014年1月上

美国数字出版业发展模式及对我国数字出版业发展的启示与对策研究

苏晓军

一、美国数字出版业发展模式

探究美国数字出版业高速发展的原因,作者发现很大程度上在于其在发展过程中根据不同产品属性、不同服务人群及其不同的赢利来源,形成了六种特殊的发展模式。

(一)基于网络营销的发展模式

随着Web3.0时代的到来,网络的完善带来了纸质图书的巨大变革,图书的载体不仅仅是单一的纸质形式,而是借助于大数据时代的推动,将图书的内容录入网络数据库,再通过谷歌、亚马逊和雅虎等搜索引擎传播给读者,通过读者在网页中的免费阅读,不仅提高了图书的销售量,同时搜索引擎所携带的广告效应也凸显出来,另外,依靠Twitter、Facebook、Flickr等社交网站,数字出版的渠道也被极大的拓宽,网络营销形成了新的读者关系。

(二)基于顾客需求的发展模式

相对于一些热销的出版物,部分小众图书在发行量或者读者群体上来说都达不到大规模出版的要求,基于这样的情况考虑,利用数字异地传输、大量存储、高速印刷的特点,完成这类顾客的需求。美国最大的发行商英格拉姆所属的Lighting source公司、世界最大的出版集团贝塔斯曼所属的Offset公司等,都是这种模式发展数字出版的先驱。发展至今,基于顾客需求的数字出版每年以14%的速度增长,已经进入了行业的高速上升期。

(三)基于在线广告的发展模式

美国有关数字出版业的版权立法较为完善,网络数字出版的内容受保护程度高,但部分IT企业通过与作者达成协议,提供免费的图书内容,来吸引读者的流量和人气,同时,企业通过多媒体信息融合,将新闻、广告等即时性内容嵌入网页，读者对于嵌入内容的点击就形成了 IT 企业基于点击量的广告收入。美国这类企业中最典型的就是 Google，Google 提倡出版商自主选择、尊重版权以及利益共享，与此同时，获得在线广告的相关收益。

(四)基于教育互动的发展模式

教育一直是一种兼容知识输出和知识赢利的平台，传统的教育出版物覆盖面较小，受众也比较单一，但是借助于数字出版业的快速发展，教育出版业呈现出了蒸蒸日上的势头，并且在良好的整合知识输出的同时，提供了数字出版通过知识赢利的互动机制。例如，威力图书公司通过 CD、PPT 和视频等多媒体手段将教育知识资源整合到数字出版中，将学生、教师、教科书和作业等有机结合起来。值得一提的是，苹果公司最近与三大教科书出版商联合推出电子版的教科书，给教育出版带来了一场重大变革。

(五)基于学术数据库的发展模式

一些大型的出版公司通过整合各个专业期刊、学术图书和工具书等，将数字化的资源囊括在其网络平台，而读者需要支付平台内容的使用费。最典型的成功案例就是美国约翰·威立出版公司，该公司开发了 Inter Science 在线平台，包括科学、技术、医学和学术出版等，在线期刊收入占期刊总收入的 0%，在线图书收入占图书总收入超过 10%。除此之外，lexisnexis academic 学术大全库、lexis.com 法律库、统计数据库、环境数据库以及美国国会数据库等，均是重要的数字化产品，为全球 100 多个国家和地区提供服务。

二、我国数字出版业现状分析

我国数字出版业的主导企业多是电子设备厂商，基于其固有的缺点，使得我过电子出版业存在先天不足。另外我国电子出版业赢利模式也比较单一。通讯技术的迅猛发展给我国数字出版业带来了前所未有的发展契机。

在我国，数字出版的先驱多是专做硬件设备的厂商，像汉王、方正、爱国者为代表的众多电子企业均涉足数字出版领域，这些厂商都拥有电子出版的载体，即生产电子设备的技术，但是由于这些厂商并非出自传统的出版业，即出版的底蕴不够，缺乏出版内容的深度，这是我国出版商先天的弱势。此外，我国的数字出版商开发的是电子设备，也就是出版物的读写

器，这样做的最大好处就是极大的保护了出版物的版权，但是由于出版商间的竞争存在，数字出版物因为技术壁垒等原因，不能得到有效的共享，从而对产业构成一定的阻碍。

目前我国数字出版业发展存在着许多问题：第一、数字出版商的收入来源比较单一。有的通过销售电子书、电子杂志、数字报及其相应数据库等数字出版产品的销售获得收入，通过提供数字出版服务获得收入，通过提供出版服务、平台管理、信息服务等其他增值服务获得收入，通过阅读设备的销售获得收入，通过互联网的广告效应来获取收入，像盛大文学等广告效应显著的公司，每年有近 25% 的收入来自于广告。但总体来看，我国数字出版商收入方式一般为以上提及的 1~2 种，数字出版的产业链条较短，收入方式较为单一，规避行业风险能力较差。第二，数字出版产业的赢利模式还不明晰。如果不能形成一个完整的产业链，产业链上的各个主体还是遵循"自扫门前雪"，只考虑自己的利益，而忽视整个链条上的综合利益，也不会形成整个市场对数字出版业的强大拉力。第三、我国数字出版市场化运作、体制机制改革尚需继续推进，数字出版产权保护问题还需要完善，数字出版人才还比较匮乏等，这些现存的问题都制约了我国数字出版产业发展。

三、美国数字出版业对我国的发展启示及模式构建

(一)美国数字出版业对我国的启示

1. 建立数字出版业的优化协作机制

相对于我国数字出版业，我国的数字出版业需要在既定的市场环境下，改善法律法规不完善的现状，重视数字内容的多样性和规模性，形成整体统筹、高效监管、资源共享、成本控制、分工协作的优化机制。

2. 建立数字内容的形式与传播的多样化体系

针对于我国现有的网络环境，数字资源的内容形式以及传播途径上都稍显单一，不能有效的满足读者关于数字内容多感官、互动性、趣味性、延展性的需求，同时，由于我国出版商先技术后内容的先天不足，知识壁垒高驻，这就要求在传播途径上多渠道、便捷性、人性化，在丰富我国数字传播内容的形式和传播的多样化体系的同时，保障我国数字出版行业有序稳定高速的发展。

3. 完善数字出版行业法律法规的制定与监管

机制

我国要想顺利的发展数字出版业，必须健全现有出版行业的法律法规，搭建统一的知识产权保护监管平台，控制网络平台的数据安全，同时需要整合现有的渠道，做到统一化、标准化，才能有利于各个环节的数据对接和网络安全，为数字出版业提供强力的保障。

4. 构建积极理性的产业链利益分配机制

数字出版的流程短，反应迅速，出版的各个环节等在第一时间能在各个终端实时显示，在最短的时间就能完成数字出版物的利益获取，例如，美国出版商亚马逊的"作者—亚马逊—读者"模式。在该种流程下，出版商作为整个流程的主要环节，肩负着平衡作者与读者收益的角色，那就要求出版商通过管理及技术手段，压缩自身的成本，将更多的利益让渡给作者和读者端。目前，在我国，数字出版商承担了大量的数字技术、营销网络、终端开发等成本，迫使数字出版产业的成本向着中间聚集，从而使得利益既得主体也趋向于中间，这就阻碍了作者和读者对于数字产业发展的信心，使得数字产业链在源头和终端上都缺少积极性，继而缺少驱动力，使得行业发展缓慢甚至停止。

5. 实施差异化的战略定位

根据英国经济学家查尔斯·汉迪的理论，数字出版业的终端或者载体决定不了未来，用户需求才能主导行业的走向。数字出版业已经面临着巨大的竞争，一方面来源于技术复制的速度越来越快，数字出版业技术上的后起优势已日益凸显，原本的技术垄断已逐渐削弱；另一方面，数字产品的利润空间越来越小，顾客的需求已经从对产品的需求转化为对服务的需求，出版商需要挖掘潜在需求，甚至是创造不存在的需求。这就要求传统的出版商必须要从整个数字出版产业出发，发掘核心价值，明确差异化的战略定位，而不是简单的复制，才能在日益加剧地竞争中占有一席之地。

（二）我国数字出版业的模式构建

数字出版业的主要竞争在于日常的运营之中，良好的经营策略就尤为重要，数字技术和网络已经将数字出版业的信息进行了高度的融合，传播渠道极大拓展，消费者的终端也呈现多样化的趋势，因此，我国数字出版也可以借鉴发达国家美国的发展模式，结合当今数字出版业的发展速度，探索适合于我国数字出版业的多元化发展模式。

1. 基于数字出版产业链的整合模式

数字出版产业链的整合可以带来成本的降低和价值的增值，因此，这种整合模式是我国数字出版业发展的趋势。其做法是可以将教育、文娱等不同行业的产品进行整合，将音像、图书等不同类型的产品进行整合。

同时，我国的数字出版业还应该将产业链条上下游之间的活动进行纵向整合，把链条中的活动从市场中移到企业中，把上下游的业务和企业捆绑在一起，从系统工程的角度进行整合。

2. 基于多元化经营模式

第一，基于产品多元化的经营模式。

我国数字出版业可以实现基于产品多元化的经营模式，借鉴苹果 App Store 的经验，可以把电影、游戏、视频、图片、音乐、报纸、图书、杂志等不同类型的产品，通过苹果 App Store 提供的大量的应用软件展现出来。

第二，基于服务的多元化经营模式。

由于我国数字出版业主要是由出版商在经营，因此，以作者、出版社、消费者等为主体的服务较为缺乏，带来的增值效益业有限。

（1）数字出版平台应提供一些个性化的服务，根据作者的需求提供一定的服务，服务费用也是按需要的多少收取，服务级别越高，服务内容也越丰富。

（2）面向出版商的服务。我国的数字出版业面对出版商的服务目前只是停留在平台管理上，出版商可以在平台上进行销售，销售的利润由出版社和出版企业共同分享，但风险主要由出版企业承担，而利润确由双方共享，这就造成了出版企业的懈怠。基于此，为了实现多元化的赢利，首先要确定合理的分配方式，同时注重版权的保护，出版企业对出版社征收相关的费用，同时也监督出版社的数字出版物是否符合数字出版的相关规定。

（3）面向读者的服务。面向读者的服务主要是为了留住顾客人群，稳定市场占有率，形成顾客对品牌的忠诚，可以通过互动服务、创作服务、检索服务、娱乐休闲服务、信息推送服务、在线学习服务、中介服务等多种形式达到这一目标。同时，数字出版企业可以最大限度的发挥自身优势，扬长避短，建立独特的多元服务经营模式。

第三，基于渠道的多元化经营模式。

基于渠道的经营模式主要是指在"作者—出版商—读者"这个链条中，将主要的赢利目标放在两头，减少数字出版业在出版商环节由于成本增加造成的两端利益受损。多元化经营模式的目标就是在不更改现有产品的情况下，通过改变渠道的数量、设置等方法来达到产生利润的目的，可以通过科学布局节省销售费用、减少层级来降低企业费用、厂商联盟等方式达到多元化赢利。

四、促进我国数字出版业发展的对策建议

（一）站在全局的角度重视数字出版

国家要加大宣传力度，增加数字出版业的财政支持力度，加快建立数字出版基地，国家要出台相应的政策鼓励相关技术创新，扶持标杆产业作为同行业的引领者。

（二）加快建立数字出版的版权保护机制

为了保护所有者的权益，鼓励专家进行技术创新，国家应该修改和完善落后的数字出版法律条例，维护著作权和版权拥有者的合法权益，为版权人和著作人提供法律保障。

（三）提升出版产业的数字化水平

现阶段我国的数字出版业处在起步阶段，存在着由于系统标准不统一，不同产品、服务和产业等无法通用，而造成出现大量重复性的劳动，工作效率比较低等现象。因此，国家应该基于上述情况制定可行的行业标准，实现资源的有效利用，从不同行业，不同层次，不同主体方面实现资源的共享，减少不必要的浪费，积极推动资源共享，提升整个数字出版产业水平。

（四）提高产品竞争力与出版队伍的素质

由于我国的数字出版业发展起步较晚，产品的竞争力和出版队伍的素质还有待提高。另外，图书出版的编、印、发等环节需要一套成熟的经营、管理模式，需要既懂出版又懂信息技术研发的人才和管理模式。因此我国要大力提高电子出版团队的素质，为电子出版产业的发展提供支持。

（作者单位：东北师范大学出版社）
摘编自《情报科学》2014 年 10 月

欧美过刊数字化途径研究及对我国的启示

余 敏

在大量的学术文献资料中，科技期刊是最为主要的信息来源之一。按照收藏的年份，期刊可分为现刊和过刊。人们一般把当年的期刊称为现刊，往年的期刊称为过刊。过刊数字化指的是把在期刊数字化出现之前的印刷版期刊通过数字处理而完成的期刊数字化。

目前国内的过刊数字化还处于萌芽状态，没有有效的集成化和系统化，基于此，本文通过研究欧美过刊的数字化途径，并据此分析其对我国过刊数字化的启示。

一、欧美过刊数字化途径研究

20 世纪 90 年代以来，欧美开始逐步出现具有回溯性的期刊数据库，总体而言，对过刊进行数字化的途径有以下三个方面：

（一）出版社、期刊社独立进行

欧美各大型商业出版社和各学科学会的网站都开展了成熟的过刊数字化工作。

（1）Elsevier Science 出版公司有一个过刊文档项目（Backfile Project），此项目旨在将已经出版的所有期刊全部数字化，并在其网站上提供端口供用户访问。迄今，此项目已完成化学、数学和经济学等三个学科的 200 余种期刊的数字化。

（2）美国化学学会（American Chemical Society，ACS）也有自己的过刊电子出版项目。ACS 提供了三种期刊数字化的方式：①最新的文章，即优先出版的期刊文章，比纸质印刷本提前 3～6 周；②1996 年～当前的文章；③过刊归档，提供 1879～1995 年间的文章。

（二）第三方组织开展

有一些非营利的机构，旨在为全球学术界构建较为全面且可信的全数字档案库，学术界统称为第三方组织。

1. JSTOR

JSTOR（Journal Storage）是一个对过刊进行数字化处理的非营利性数据库。该数据库创始于 1995

年,它的过刊保存模式采用的是"推迟间隔存档"(Moving Wall Archives),即最新出版的期刊和 JSTOR 中数字内容之间的时间间隔,一般为 3~5 年。

JSTOR 分别有三个端口:图书馆,出版社和个人用户。出版社参加 JSTOR,一次性支付档案资本费,用于 JSTOR 进行过刊数字化的制作成本费用;图书馆和读者访问 JSTOR,需支付访问费,不过目次信息是免费的。

JSTOR 拥有档案库的版权,但是出版社参加 JSTOR,其许可协议是非独家的,参加的出版社仍可以选择其他数据库发布数字过刊,并且还可以从 JSTOR 得到部分收益。所以,对出版社来说,加入 JSTOR 是成本较低的实现过刊数字化的途径。目前,共有 692 家出版社加入 JSTOR,包括著名的 Willey Blackwell 和 Springer,回溯期最早到 1665 年 3 月的 Philosophical Transactions of the Royal Society of London。

2. PMC

PMC(Pub Med Central)是由美国国家医学图书馆(NLM)下属的国家生物技术信息中心(NCBI)创立的开放存取生物医学和生命科学全文数据库。2009 年,由英国信息系统联合委员会和 Welcome Trust 资助,美国国家医学图书馆通过扫描仪利用印刷版过刊创建了完整的数字档案。数据库中的过刊一直追溯到 19 世纪后期或者 20 世纪初。并且,参加 PMC 的出版社期刊社完全可以和其他数据库建立过刊数字化。PMC 将印刷品过刊做成 PDF 文档和每一页的 ASCII 文档(只含有标准 ASCII 字符集的字符数据和文本文件)。

(三)大型图书馆提供服务

1. 英国图书馆(The British Library,BL)过刊数字化项目

BL 具有相当丰富的馆藏,是世界上最大的期刊收藏图书馆,过刊收藏也是极为丰富,具有过刊数字化的纸本基础。相比较第三方组织的过刊数字化项目而言,BL 主要是为出版社提供详尽的过刊数字化服务。

BL 提供两种过刊数字化服务:全部过刊数字化和补充已有过刊数字化项目的不完整部分。首先需要申请人提供申请报告,详细阐述项目所需的过刊年份格式要求等;BL 会根据馆藏明确所需数字化的刊物内容,进行项目费用审计,然后提供一份项目报告书,最后申请人接受后项目开始启动。不过,此项服务是收费的,而且 BL 并没有建立专门的过刊数字

化档案库,这是和第三方组织的重要区别。

笔者认为,公共图书馆具有保护文化遗产的公众职责,提供过刊数字化的服务还是免费较为合适。

2. 美国艾森豪威尔图书馆(Milton S. Eisenhower,MUSE)项目

MUSE 项目最早只是为艾森豪威尔图书馆所在的美国约翰霍普金斯(Johns Hopkins)大学期刊提供数字化的项目,最早开始于 20 世纪 90 年代,后逐步发展成为面向全世界期刊的数据库。目前已发展成为拥有 89 家出版社、近 380 种期刊数字资源的数据库,最早回溯到 1993 年。不过该项目主要针对的是艺术、人文和社会科学领域的刊物。

上文列举的四家过刊数字化项目虽然大致相同,但在输出文件格式、经营模式等方面还是有不同,详见表 1。

表 1 PMC、JSTOR、BL、MUSE 差异分析

	Dpi (dotsperinch)	文件输出格式	经营模式	过刊档案库
PMC	300~600	PDF,TIFF	免费	已建立
JSTOR	600	TIFF	非赢利,部分收费	已建立
BL	300	PDF,TIFF	收费	未建立
MUSE	300~600	PDF,HTTP	免费	已建立

欧美开展过刊数字化的回溯性数据库数量大、类型全,不仅有专题数据库还有综合数据库,不过无论是哪家数据库,都没有要求出版社或期刊社只和某一数据库签订独家版权协议。

二、我国过刊数字化现状

我国期刊数量大,内容丰富。经过这些年的时间积累,我国过刊数量已然非常庞大。目前,过刊数字化工作主要有以下两个途径完成。

(一)数据库收录

就国内目前的期刊数据库来看,近期的期刊是主要收录来源。

1. 中国知网(CNKI)

CNKI 是目前世界上最大的连续性动态更新的中国期刊全文数据库,主要收录学术、技术、政策指导、高等科普及教育类期刊,内容覆盖自然科学、工程技术、农业、哲学、医学、人文社会科学等各个领域。截

至 2013 年底，其收录国内学术期刊 7738 种，包括创刊至今出版的学术期刊 4600 余种，它收录了 1979 年至今已有期刊的全文，部分期刊已回溯至创刊。

值得一提的是 2001 年 4 月启动的中国期刊"世纪光盘"工程项目。中国学术期刊(光盘版)电子杂志社宣布启动中国期刊"世纪光盘"工程，在 2002 年底之前，将我国 4000 多种重要期刊自创刊以来的全部文献资料进行数字化集成整合，一举建成完备的高质量期刊数据库。

2. 中国科技期刊全文数据库(维普)

它是国内收录期刊最早的明数据库，收录了 1989 年至今的主要科技期刊，不过从数据库内容特点而言，比较侧重于科技期刊，对人文社会科学学科期刊的覆盖率还是较低。

3. 万方数据知识服务平台

目前国内唯一完整的科技信息数据库群，内容涉及自然科学和社会科学各个专业领域，它收录了 2000 年至今的主要期刊。

（二）期刊出版社自建平台

目前国内期刊大部分拥有自己的网站，但期刊网站的主要功能还是构建一个在线投稿审稿平台，而将本刊过刊全部数字化存储在网站上的很少。

三、我国过刊数字化途径探析

上文介绍的欧美过刊数字化的三种途径，在国内已有开展。国内各大图书馆馆藏过刊和中国知网收录的期刊大部分都有重复。笔者认为：

（1）目前最为有效的方式还是由三大明数据库开展的各自过刊数字化项目，尽量将已收录的期刊回溯到创刊。如现在三大数据库都已有优先出版专库一样，开设过刊数字库。但是，笔者建议，无论哪家明数据库进行此项项目，都不能要求参加的期刊签订独家协议，因为这既不符合国际惯例，也不利于过刊数据库的广泛开展。

（2）制作专题数据库。专题数据库是过刊数字化一个极具实用性的途径。过刊的价值最主要还是在各学科学术的连续性上，突出专题性尤为重要。

制作专题数据库的途径较多，可以由多家机构承担。具体做法是，联合编辑部对加盟期刊拟发表文章进行专业化选编和数字化重组，通过中国知网实现优

先出版和整体传播，并利用网络和手机推送等全媒体新型手段强化传播效果。

专业期刊联合会可以建立各种特色数据库。高校学报在中国知网平台建立专业网刊数据库，同样，也可以将以往的过刊通过整理，建立起相应的栏目过刊数据库，这样将更加方便用户阅读、引用论文，对学术传播和扩大期刊影响都有很大的帮助。

（3）区域资源共享数据库。各地高校图书馆和地方图书馆都具有一定的数据储备资源，有些地方高校图书馆还具有 CNKI 未收录的特色纸质期刊资源。其可以对这些纸质过刊进行分类，并结合各馆藏期刊特色参照《CALIS 特色库数字对象元数据标准语著录规则》对纸质中文过刊进行数字化加工，从而形成特色过刊数据库。利用"云存储"聚合特色期刊数据库，建立期刊区域存储，实现数字化的期刊资源共享，真正实现过刊数字化的功用。

笔者认为仅仅在本刊网站上上传文章 PDF 是不够的，必须给所有的过刊文章分配并注册一个 DOI（Digital Object Identifier，数字对象标志符）号，并同时在文章的 PDF 中添加对应的 DOI 号。DOI，是国际上用来永久且唯一标志数字资源的编码，具有对资源进行永久命名标志、动态解释链接的特征，被誉为互联网上的条形码。给文章分配 DOI 号，方便网络上的相互操作性，使得数字产品的流通更具有识别性和可保护性，并且更为重要的是能够在网络上建立相对永久的链接，可避免出现死链接现象。

四、结　语

欧美过刊数字化的项目不论是由第三方非营利机构开展，还是各出版社独立完成，都已经建立相对完善的流程和项目管理方案，值得国内相关同行借鉴。到底过刊数字化的项目由哪一方来完成更为科学有效，笔者认为建立专门的过刊档案库是最有效的方式。无论这类过刊档案库是由各出版社期刊社委托三大明数据库完成还是联合大型图书馆联合完成，过刊档案库的文章都应分配 DOI 号以便数字资源的永久保存和定位。

（作者单位：《东南大学学报》编辑部）

摘编自《出版广角》2014 年 12 月合刊

欧美数字出版发展探究

——以亚马逊、谷歌、苹果为例

李贝贝

一、欧美数字出版发展现状

在数字出版的竞技场上,传统出版社一方面占有内容上的绝对优势,另一方面又存在尾大不掉的困境。而与互联网技术相伴而生、发展迅速的 IT 行业,在数字出版方面却颇具潜质,逐渐显示出优势。当前,亚马逊、谷歌和苹果已经在数字出版中打开局面,形成了业界公认的三种成功模式,是数字出版领域的重要力量。

(一)亚马逊的数字出版模式

亚马逊模式是亚马逊依托其平台和终端优势而形成的数字出版模式。目前,亚马逊积极运用大数据技术,建立自己的图书推荐系统,这是其在数字出版中的又一重要举措。

1. 繁荣的电子商务 + Kindle 阅读器

亚马逊创建于 1984 年,在 Internet 这个新市场上迅速壮大,发展成为一个繁荣的电子商务平台。目前,亚马逊是美国最大的在线销售书籍、CD、电子产品、玩具等的电子商务网站,是国际上最著名的四大网站之一,目前 Kindle 阅读器占美国阅读器市场40% 的份额,电子书城销售占整个电子书市场近65% 的份额。

2. 基于大数据的个性化推荐系统

据统计,通过数据推荐产品,亚马逊的销售量增加了差不多 100 倍,这是大数据技术在图书营销中的成功运用。所谓基于大数据的个性化推荐系统,是指通过记录客户的消费行为,从每一个客户身上捕获大量信息,通过对这些数据的分析准确给读者推荐图书。

(二)谷歌的数字出版模式

谷歌的数字出版主要在两个方向上着力,一是内容占有方面的整体布局,二是配合内容的终端战略,软件开发较为成熟,在硬件方面也拓展自己的电子终端。

1. 谷歌图书馆计划 + 谷歌图书合作商项目 + 谷歌电子书店的整体布局

谷歌公司推出的三大图书战略相辅相成,共同完成了"谷歌图书"(Google Books)对数字出版的整体布局。

2. 开放式的阅读终端战略

除了内容方面的优势,谷歌也在积极部署自己的终端战略。谷歌电子书能兼容 85 种电子阅读器,覆盖包括苹果的产品和安卓系统手机。

(三)苹果的数字出版模式

在十多年时间里,苹果很快发展成数字出版的主导企业,其"硬件设备 + 应用程序 + APP"的商业模式,在很大程度上改变了传统音乐、影视、报刊、图书产业的发展格局,并在相当程度上影响了美国数字产业格局的形成和走向。

苹果的数字出版模式可以概括为:iPod + iTunes 应用程序 + iTunes 商店。在数字出版方面,苹果最为突出就是音乐出版。硬件设备 + 应用程序 + APP 的模式,使苹果在音像产品的出版上处于优势地位。

二、欧美数字出版业务的突出特征

亚马逊、谷歌和苹果虽然形成了三种不同的数字出版模式,但三家巨头有其共同特征,如重视技术创新,进军数字出版前就已经拥有大量的高黏性用户群。这些都是它们发展数字出版的有力保障。

(一)技术创新是数字出版的前提

与传统出版商将更多精力放在图书内容上不同,无论是电子商务,还是搜索引擎或者电子终端,技术都是这些公司发展中的重中之重。未来的电子出版对于技术的要求始终存在,无论是打造更好的阅读体验,还是在多媒体出版方面,技术的突破是前提。亚马逊、谷歌和苹果无疑都以技术创新为其企业理念,不断推动企业发展。

(二)高黏性用户是数字出版的保障

与传统出版社通过作品"笼络"读者不同,亚马逊、谷歌和苹果在聚集受众方面有着更多的选择。电子商务起家的亚马逊,搜索引擎起家的谷歌,终端起家的苹果,在其没有开展数字出版业务之前,就已经拥有大量的高黏性用户群。

三、欧美数字出版未来发展趋势

(一)定价模式将会多样化

目前对于电子书的定价,市场并未形成定法,而后起的出版商和传统出版之间的竞争是必然的,定价模式的多样化是趋势所在。"瞪羚计划"是亚马逊迫使图书出版商给其更优惠价格的计划。在与小型图书出版商的交涉中,亚马逊能够完全控制局面。

2010 年 1 月,亚马逊宣布自己的电子书价格体系,将电子书销售价格界定在 2.99～9.99 美元之间,由此彻底将电子书价格封杀在 10 美元之内。游戏规则的改变,引起了传统出版商的强烈不满和反弹。六大出版集团结成联盟实行电子书"代理制",即电子书由出版社定价在 12.99～14.99 美元之间,代理商销售电子书可获取 30% 的佣金。代理模式暂时成为美国主流电子书行业零售模式。此外,亚马逊还推出了一个电子书借阅计划,凡是拥有 Kindle 阅读器和 Kindle Fire 平板电脑的人,支付 79 美元年费,成为"Amazon Prime"会员,可以每月免费借阅一本电子书,无归还期限。

(二)版权模式有待进一步丰富

"从作者找作品"到"从作品找作者",一揽子图书版权和解协议,新版权策略是谷歌制胜的关键。

目前,谷歌开创的"从作者找作品"的版权模式已经在一定程度上得到认可。据路透社报道,美国曼哈顿巡回法院判决宣布谷歌的数字图书馆计划合法。美国巡回法庭法官丹尼·陈(Denny Chin)认为,谷歌的相关书籍扫描项目应该受到保护,原因是在公平使用的原则下,公众能从中获益。这一判决意味着由美国作家协会(Authors Guild)发起的针对谷歌数字图书馆计划的长达 8 年的诉讼告一段落,同时使谷歌开创的图书数字化版权模式具备更强的可操作性。旧的版权原则已经不适应以高效、便捷为特征的互联网精神,探索新的数字版权授予方式是必经之路。

(三)电纸书教育市场有待进一步开拓

智能手机的出现压缩了电纸书的市场份额,与智能手机的集多种功能于一身相比,电纸书的优势则在于其专业性,教育是专业性最能得以施展的领域。2013 年,亚马逊收购个性化改善学生和老师的学习体验,此举可看作亚马逊进军教育市场的第一步。TenMarks 致力于将自己打造成一款课堂数学学习的必要补充软件,通过云技术,为学生提供一种个性化的数学概念和技巧的学习,并根据学生的不同水平,有针对性地为学生巩固课堂知识点设计一定的课外练习。亚马逊对个性化数学学习软件服务提供商 TenMarks 的收购,显示出其对教育市场的期望。亚马逊希望 TenMarks 能帮助它开发出有效的跨平台教育应用和内容,增强老师、家长和学生的学习体验。

(四)与传统出版商的合作需要继续加强

后进的数字出版商虽然具有技术、读者群等方面的优势,但若想在数字出版市场上成为最大的赢家,并不容易。因此,后进的数字出版商与内容、版权储备丰富的传统出版商合作是必然的选择。但是如何合作、如何分成,是数字出版市场上的又一场博弈。后进的数字出版商与传统出版商已经有合作的尝试。早在 2000 年 4 月,亚马逊与 Adobe 公司及著名出版商西蒙·舒怀特公司合作,以电子格式在网上发行了美国"恐怖小说之始"史蒂芬·金的新作《骑弹飞行》。

苹果公司与阿歇特出版公司、西蒙·舒斯特公司、哈珀柯林斯出版集团、企鹅出版集团、麦克米兰出版公司、兰登书屋 6 家世界大型出版商达成协议,通过 iBook 电子书商店,为用户提供电子书下载。这些举动都说明,后进的数字出版商必然要与拥有众多版权、内容资源丰富的传统出版商合作。

然而,2011 年 10 月《纽约时报》有一则消息:亚马逊宣布将自行独立出版 122 本各种题材的纸质版和电子版书籍。这种市场扩张举措是继鼓动读者抛弃实体书店后,又开始鼓动作者摒弃出版商的行为。亚马逊试图绕开传统出版社和传统出版代理人,直接与作者签约,打造数字出版"作者——亚马逊——读者"的新模式。这种"去中介化"的策略,释放出一种抛开传统出版社,独占出版市场的信号。因此,合作之路必然漫长而复杂。

(作者单位:河南大学新闻与传播学院)

摘编自《出版广角》2014 年 10 月合刊

2014 年欧美数字出版的创新与变局

任 翔

一、解读电子书增长放缓

2014 年西方研究机构发布了多份报告,从不同角度提出了电子书增长放缓的趋势。比如,尼尔森图书购买行为调研报告显示,电子书仅占读者购买图书总"册数(unit)"的 23%,而平装书占据了 42% 的份额,精装书占 25%。美国与英国出版协会的季度数据也显示电子书增长率低于往年的预期。各电子书大平台今年频繁降价促销,Kobo、Kindle、iBook 不同程度地卷入价格战,市场低迷可见一斑。电纸书阅读器的日子也不好过。Sony 正式放弃了面对大众市场的阅读器生产,并将 Sony 电子书城转手给 Kobo。索尼定位于专业教育市场,以 PDF 阅读为主要功能的 Sony A4 电子纸曾被业界寄予厚望,但是,由于功能定位偏差、专业市场需求不足、定价过高等因素使该产品乏人问津。需求萎缩和创新乏力的困局也困扰着 Kindle、Kobo 和 Nook 等电纸书阅读器巨头。2014 年推出的 Kindle Voyage 等阅读器,创新乏善可陈,性价比越来越低,甚至到了炒作"防水"等噱头的地步。

电子书市场的停滞乃至下滑,一定程度上带来纸书市场份额的提升。很多出版商与研究机构相信:纸书与电子书将长期共存,甚至在可预见的未来都不会被电子书替代—— 至少目前的电子书软硬件体系。这个论点得到了来自英国、新西兰、荷兰等国读者调研结果的支持:超过半数的读者,包括 24 岁以下的青年读者,都更加青睐纸书阅读。也有研究显示,使用 Kindle 等电子设备阅读的读者在知识或小说情节记忆方面不如纸书阅读者。纸书复兴的论调在 2014 年不绝于耳。一些出版商甚至为电子书下滑而欢呼,比如 Perseus Books Group 的 CEO David Steinberger 认为,行业的"捣乱分子"正在失去市场支持,而图书市场会恢复"稳定""健康"和"多元"。

电子书不甚乐观的销售数据是 2014 年一个重要的产业信号,它传递的核心信息是,电子书在数字化转型初级阶段的导入使命接近完成,由此产生的数字化产业红利也正在耗尽。

从行业演进角度讲,简单数字化传统出版的模式后劲乏力。数字出版产业需要更具颠覆性的创新和更彻底的产业升级—— 无论是商业模式、知识载体还是传播方式,如果电子书销售增长停滞是一种危机的话,那么此危机所引爆的,是下一轮创新变局。

二、互联网巨头的颠覆与霸权

在亚马逊与出版商互不相让的争论背后,是二者在数字出版理念上的巨大分歧。亚马逊的数字生态战略与传统出版的商业文化越来越难以兼容。

借助 Kindle 生态,亚马逊在 2014 年一如既往地推出旨在颠覆传统出版的创新,尤其是 Kindle Scout 和 KindleUnlimited。众包出版平台 Kindle Scout 让读者集体来决定一本书稿是否值得出版。一旦获得读者青睐,亚马逊会与作者签订 5 年的可延续合同,支付 1500 美元的预付稿酬,以及 50% 的电子书版税等。Kindle Scout 延续了亚马逊立足读者社群边缘化出版商的思路,但它与出版商没有直接的利益冲突,所以争议不大。相较而言,今年 7 月正式上线的 Kindle Unlimited 则一石激起千层浪,引发业界巨大反弹、批评和抵制,成为亚马逊与传统出版力量博弈的一大焦点。通过 KindleUnlimited,用户只需每月付费不到 10 美元,即可以无限制地阅读 60 万册电子书和 2000 多种有声读物。Kindle 帝国一直以数字内容生态为基础,亚马逊已经在数字音乐和在线影视方面推出了类似 Netflix 和 Spotify 模式的 Kindle Prime。优质电子书资源的缺乏是这一体系的短板,打破出版商所青睐的单本贩售模式成为当务之急。

电子书的订阅(Subscription)模式并非亚马逊独创。Oyster、Scribd、Entitle 早已推出每月 10 美元的电子书订阅服务,并且提供超过 10 万种电子书资源。有意思的是,这一领域里还活跃着大量盗版平台,比如近期被关闭的 OnRead,曾拥有高达 20 万电子书资源,甚至包括很多其他正版平台无法提供的最新畅销书,其高级包月套餐定价高达 30 美元/月。订阅模式具有明显的规模经济优势,不但可以为渠道商和内容方提供稳定收入和现金流,而且有助于分散单本书籍的市场风险。在学术出版领域,打包订阅(big bundle)早已成为主流商业模式。此外,数字时代的读者更重视内容获取的便利:能否随时随地、不受限制地接入和消费内容,是读者优先考虑的问题。无论数字盗版,还是开放知识运动,之所以受到公众欢迎,一个重要原因是在知识消费方面的便利与自由,这是传统出版无法提供的。电子书包月模式,在确保商业利益的前提下,实现了一定程度的开放自由。

亚马逊一直处在与传统出版对垒的风口浪尖,但是,其他互联网巨头同样是不可忽略的颠覆力量。作为 iOS 平台电子书市场的绝对垄断者,苹果正在加快构建以 iBooks 为核心的数字图书生态。2014 年苹果收购图书发现与推荐平台 BookLamp,并开始将 iBooks 从 iTunes 中分离。大屏幕 iPhone 6 Plus 无疑是苹果称霸移动阅读的硬件神器。

社交媒体巨头 Facebook 已经开始向电商模式转型。用户很快将可以通过 Facebook 直接买卖电子书。基于 Facebook 的巨量人气,如果作者读者能据此在线交易,对现有数字出版产业将产生巨大冲击。以三星为代表的硬件厂商同样值得关注. 在手机竞争日渐激烈、利润空间急剧压缩的今天,手机巨头将构建自己的内容生态提上了日程 。三星在 2014 年动作频频:扩张 Reader Hub 所整合的数字书刊资源、邀请亚马逊 Kindle 等平台为明星硬件(如 Galaxy5)设计专属应用、与漫画巨头 Marvel 合作推出三星平板专属的 Marvel Unlimited、供用户无限阅读数字漫画内容,等等。

如果将数字生态系统比作人体,那么自由流通的内容知识流就是血液。传统电子书模式的生存空间会越来越小,类似 Kindle Unlimited 的聚合模式则会受到更多青睐。如何融入互联网巨头主导的数字生态—— 将是未来几年出版业必须解决的战略难题。

三、出版商强化数字创新

2014 年,出版商尚未走出纸书衰落带来的全球产业危机。与此同时,越来越多的出版商进入到数字转型的深水区—— 纸书为本、数字出版锦上添花的固有格局难以为继,出版商必须拿刀革自己命,将战略重心从印刷体系转向数字体系。2014 年欧美传统出版业的一大趋势,就是出版商开始加速对数字创新的试错。爱思唯尔集团的主席 Youngsuk Chi 今年发表于《出版研究季刊》的文章列举了数字出版带给产业的四大新方案:强化出版商的传统角色、通过信息网络与创新来拓展业务、尝试更具互动性的内容与新商业模式,以及向公众阐释出版的价值。可以说,这一框架是对传统出版商数字创新思路的集中概括。

社交网络营销成为普遍采用的策略—— 利用读作者社群等固有资源,融合社交媒体和数字技术,构建直达读者的数字销售通路。比如,哈勃柯林斯开始鼓励作者通过社交媒体直接向读者推销书籍,通过其在线商务平台实现售卖,作者在原有稿酬之外,还可以获得相当于版税 10% 的销售提成。与社交媒体相辅相成的,是对粉丝文化的深度挖掘,这也是 2014 年出版商数字创新的侧重点—— 从直接利用粉丝众筹,到发展社交互动活跃的在线粉丝社群,再到以特定兴趣的粉丝社群为基础直接衍生数字内容(比如科幻魔幻小说社群)。

大数据技术的出版应用开始从空谈走向实战,虽然真正意义上的大数据分析还属凤毛麟角。一些出版商与图书发行商的数据业务不再是传统的销售报表分析,转而聚焦于小规模复杂数据,通过对复杂数据关系的分析,探寻市场特点、读者特点以及消费习惯。

2014 年,很多欧美出版商,尤其是出版巨头开始有计划地试验一些颠覆性模式,而且具有相当的试错规模和投入—— 这是一大看点。五大出版巨头拒绝授权内容给 Kindle Unlimited 和其他三大电子书订阅平台,但并未否定该模式。哈珀考林斯就开始试水数字订阅。它与拥有 150 万东欧读者的俄罗斯电子书订阅平台 Bookmate 签约,为其提供数千本电子书版权,供 Bookmate 用户包月浏览。这一举动可以解读为对亚马逊的制约与抗衡,但其试错意义更大。东欧等新兴市场一直盗版猖獗,是出版巨头电子书业务的"鸡肋"。此举通过 Bookmate 平台,在新兴市场试水颠覆性模式,既可以在一定规模下观察订阅模式的成效,又不至于损害其赖以生存的欧美市场。与此类似,纸电捆绑模式多年前就广为讨论,但由于出版巨头不愿意让利于读者,一直未大规模使用。哈珀考林斯今年对 2 万种图书施行纸电捆绑销售—— 买纸书送电子书,或者享受大折扣优惠。出版商希望以此促进纸本图书的销售,并培养纸书读者的数字阅读习惯。

版权保护一直是数字出版的核心问题。2014 年出版商这方面的创新体现了两种截然不同的思路。一方面,哈珀考林斯开始采用数字水印技术,以方便反盗版机构在互联网上追踪非法上传和分享的电子书副本。电子书平台 Nook 移除了购买者下载电子书的功能，这样读者将不能把购买的数字内容下载到 PC，也不可能破解后在第三方设备或平台中阅读。与这些旨在强化数字版权保护、限制读者自由的措施并行的，是一些出版商对开放模式的尝试。比如，西蒙舒斯特旗下的漫画科幻和玄幻小说出版商 SAGA 率先使用无 DRM 保护的电子书，这不但给读者带来极大方便，也让出版社节省了相关成本。

某种程度上讲，与互联网巨头的冲突倒逼出版商加速数字创新，一方面积极地构建更为自主的平台、渠道乃至数字出版体系。但相比于 Kindle 等数字内容生态，出版商的数字化创新多立足局部改良，思路仍受制于印刷出版体系的桎梏，基本属于"维系性创新"（Sustaining Innovation）。另一方面，不同出版企业之间，在数字化发展思路上也存在巨大分歧。据 2014 年的一份出版商问卷显示，甚至还有超过 15% 的出版商依然坚守纸本书，根本无意涉足电子书出版。可以预见，欧美传统出版商的进一步分化不可避免——这意味着，出版业在不远的将来可能迎来新一轮洗牌与重组。

四、作者正在成为核心资源

五大出版巨头在 2014 年开始提高电子书作者的版税收入，电子书作者群体为此呼吁已久。五大出版商此前采用源于印刷时代的、净收益 25% 的电子书版税标准，而其他中小独立出版商早已把电子书版税提高到 50% 左右。亚马逊对售价在 3 ~ 10 美元间的电子书更是给予作者高达 70% 的版税。五大巨头维系低版税的底气，来自出版品质和市场影响力，即便基于最低的版税标准。2014 年亚马逊电子书作者收入统计显示，五大出版商的品种只占 16%，但是作者从中获得的收入却高达 37%，高于其他出版机构。当然，这一优势正受到挑战。

独立出版、自出版等新兴浪潮提供了越来越多的渠道，供作者、读者与内容进行更高效的互动。尤其是自出版浪潮，这几年持续升温，业已成为与出版巨头、独立出版和网络平台鼎立的第四大数字出版势力。根据 ISBN（国际标准书号组织）的数据，全球自出版注册的标准书号数量比 2013 年提升了 17%；而英国统计数字也显示，2014 年上半年自出版品种增长了 79%。目前，全球年度自出版图书品种估计在

50 万左右。数字出版的"去媒介化"优势在自出版体系中得到淋漓尽致的体现：很多自出版作者通过社交媒体和粉丝社群营销获得了比传统出版丰厚得多的收益。2014 年英国作者联合会就此发出声明：传统出版不再是作者获取最大利益的来源，自出版正取而代之。

2014 年，电子书作者的权益受到前所未有的关注。上半年，亚马逊与出版商 Hachette 论战的焦点就是 Kindle 是否为作者提供了最大化利益。随着争执升级，亚马逊一度推出极端反制举措——在争议未决之前，每销售一本 Hachette 电子书，亚马逊为作者提供 100% 的销售收入作为稿酬。此举固然有赚取眼球、博取公众支持的因素，但也反映了数字出版业界正在重新思考作者的重要性。

除金钱收入外，作者权益还有更广博的内涵，尤其体现在作者对内容的控制权和自主权上。互联网技术提供了如众包、重新演绎（Remix）在内的新型创意模式，这些模式正在重新定义"作者"以及作者的权益。2014 年，一些欧美平台在这些新兴领域进行了一些有意义的尝试，目的是让内容创意更具有社交性和合作性。比如，创业平台 Advance Editions 引入众包电子书编辑系统，让读者可以参与到提升图书内容品质的工作之中，包括校对、知识审核、甚至创意建议等不同层次。Wattpad 推出了开放故事平台（Open Stories），作者创作的内容将以知识共享（Creative Commons）协议来授权，而不是传统意义上的版权协议。这意味着，作者鼓励任何人去分享、修改、重新演绎自己创作的内容——这可能引发出版文化的深刻变革。

无论是出版巨头、新兴出版平台，还是传统出版商，其角色实质都是中间商（intermediary），而作者是创意内容的源泉。在电子书时代，作者的智慧与创意是最重要的投入，大牌作者在图书销售中的影响力已经超过了渠道霸权和出版商品牌；更重要的是，作者的人气是构建阅读社群和数字生态的文化纽带。可以说，与印刷时代不同，作者不再是依赖出版商资本、渠道和品牌的弱势群体，也不再是屈服于平台霸权下的创意苦力；相反，作者是数字出版生态可持续发展的基石，也正在成为不同势力竞相争夺的核心资源。

（作者单位：澳大利亚数字未来研究机构）

摘编自《出版广角》2014 年 12 月合刊

法国电子书统一定价法解析

付铁山 侯 楠

2011年5月26日,法国又以朗法案为参照颁布了电子书统一定价法(以下称"统一定价法")。资料显示。2009年法国电子书销量不到图书销售总量的0.1%。日法国为何在电子书市场规模很小的情况下急于制定统一定价法,新出台的法案与朗法案有哪些异同点,新法案引发了怎样的社会反响,本文将对这些问题进行详细解读。

一、电子书统一定价法的出台背量

(一)受已取得成效的朗法案的启示

2009年法国文化部在其公布的朗法案成果报告中认为,朗法案的影响是积极的,其制定与实施达到了图书的国民平等、图书销售网的维持、图书创作与出版多样化的维持这三个预期目的。所谓图书的国民平等是指国民可在所有场所按均一价格购买图书。由此看出,期待电子书市场也能实现上述朗法案那样的成果是推动电子书统一定价法出炉的重要原因。

(二)避免音乐市场电子化过程中出现的价格垄断在电子书市场发生

在法国,自2003年左右以音乐文件的下载销售为代表的音乐市场电子化快速发展。外国企业通过廉价提供音乐商品,扩大了在法国音乐市场的份额.而法国本土企业未能很好地应对音乐市场电子化的发展,结果导致电子音乐市场的价格支配权被外国企业所掌控。为此,在2008年以法国文化部为主体围绕制定电子书统一定价法的讨论中,大家一致认为。授予参与电子书创作的企业以价格决定权应作为最优先课题,以避免发生与音乐市场同样的事态。

(三)响应电子书经营业者的要求

目前,电子阅读市场在法国处于起步阶段,但市场人士将它视为图书出版业的新利润源。面对亚马逊、索尼等电子阅读器公司和苹果、谷歌等大型企业的冲击,法国图书出版界竭尽全力应对国际挑战。

2010年,拥有70%图书市场占有率的550家独立书店和法雅时代、维京等各大连锁图书发售集团发表联合声明,要求尽快建立可以保证电子书市场发展的共同零售平台。

二、电子书统一价格法的主要内容

(一)适用对象

电子书统一定价法共10条,其中第1条规定,该法适用对象是以电子形态销售的、同一内容已印刷或将印刷的著作品,即不管电子版与印刷版哪个先存在。两者都存在或预计存在的电子书。也就是说,它不是以所有电子书为适用对象,这是基于防止电子书折扣销售影响同一内容纸质书的销售以及存在不接受统一规制所有电子书的价格的关系者等考虑。第1条还规定,适用该法的电子书,其印刷版和电子版原则上必须使用同一内容、同一结构,即使存在差异,也只能是印刷版缺少"电子版固有的附带要素",只要与书籍的本质部分无关。两者就视为同一内容、同一结构的图书。"电子版固有的附带要素"是指排字及排版的变更、附属的如搜索引擎式的图解和到达正文的手段、滚动条样式、起辅助目的的补充性文章或信息(特别是声音、音乐、动画、静画)。另外,为了能应对今后的技术进步,有关"电子版固有的附带要素"不是由法律规定的,而是由2011年11月10日的政令第2011~1499号第1条规定的。

(二)发行者的义务

统一定价法第2条第1款规定,发行者发行适用第1条之定义的电子书时,必须决定其价格,并将价格告知公众,负有这一义务的发行者是面向法国国内以销售为目的发行电子书者,是在法国拥有住所者。第2条第2款规定,同一主题的电子书可根据提供内容、获取方法及利用方法设价差。提供内容指一部或两部以上电子书的全部或部分及附属功能,例如以多部电子书汇集成一部的形式与单独形式销售时可设价差。获取方法是指使用可卸载的记录媒体或通过下载或连续播送、以联机为媒介来提供电子书。同一电子书可通过连续播送阅读的还是通过 CD—ROM 阅读来设价差。利用方法是指个人利用还是团体利用,它与电子书的可利用期及电子书的打印、复制及到电子书终端的传输功能相关联。例如,可根据源文件的可复制次数设定价差,还可根据技术性保护手段的使用与否及其使用程度设价差。这里设想的技术性保护手段是指锁定非法文件散发源的技术、限制网页打印和文章的复制粘贴技术等。

另外,依据统一定价法第 2 条第 3 款的解释,即使是适用该法第 1 条之规定的电子书,也有不适用第 2 条第 1 款及第 2 款的情况,如销售数据库获取权那样的以特许方式销售的电子书,它是研究机构和大学图书馆等教育设施中以职业、研究或高等教育为目的供团体利用的。设立此规定主要是考虑到以特许方式销售的电子书,其发行者大多也是零售业者,按照提供对象和提供内容设定差别价格是其销售时的重要交涉手段。

(三)电子书的销售条件

统一定价法第 3 条规定,向居住在法国国内的购买者销售电子书的零售业者必须遵守电子书发行者制定的价格。也就是说,只要面向法国国内销售电子书,即使亚马逊等外国零售业者也必须遵守发行者的定价。该法未设朗法案中可折扣 5% 销售以及对发行或进口 2 年以上、最后采购以后达 6 个月以上的图书可折扣 5% 以上销售那样的规定,但第 4 条设置了与朗法案相同的有关附赠品销售的规定。附赠品销售是指给予即时或一定时间内无偿获得由产品、财物或服务构成的赠品之权利的产品或财物的所有销售、预售或所有的服务提供、服务预提供。在法国,附赠品销售原则上被禁止,但该法承认两种适用外情形,即当赠品与销售的对象商品或服务相同时,当赠品为低额或样品时。要附赠品销售电子书除满足以上适用外条件,电子书发行者还必须做到对所有提供电子书的零售业者同时以同一条件建议附赠品销售,即禁止发行者利用附赠品销售的许可和赠品内容的差异只优待特定零售业者,其用意是防止利用附赠品销售进行实质性折扣销售。

(四)发行者与零售业者的关系

因零售业者不能自行定价,无法控制从电子书销售中获得的利润,交易自由被限制,所以统一价格法设有弥补零售业者这种不利的规定,即发行者要向销售电子书的零售业者支付与定价相平衡的佣金。佣金多少由发行者综合考虑零售业者销售电子书时展示的服务品质即在电子书的促销及发放上的贡献度而定,而非单纯考虑销量。因为若仅考虑销量的话,受大众喜爱的畅销书就会被优先经营,出版物的多样性就有可能丧失。这一规定是以朗法案第 2 条为参照制定的,规定经营印刷书的零售业者的服务品质基准由书店协会和出版社协会等关系团体间的协定确定,具体要考虑其图书备货情况、是否有为顾客提供参谋的销售人员、对全国性或地区性图书促销活动的参与状况等。根据协定,实际支付的佣金为图书价格的 25% ~40% 。电子书统一价格法中没有具体规定有关电子书零售业者的服务品质基准,但可推测为要考虑与印刷书时相同的事项。另外,需补充说明的是,原本电子书统一定价法草案规定,支付零售业者的佣金基准也要由关系团体间的协定来确定,但考虑到并不存在针对所有电子书业者的代表性团体和协定的存在可能会成为未来电子书技术发展的阻碍等因素,最终这一规定被删除。

(五)其他规定

统一定价法第 6 条规定,为保护著作者,发行者在电子书的商品化或销售时必须依据出版契约向著作者保证从该电子书利用中产生的报酬是正当且公平的,发行者还必须依据明示性、透明的方法就报酬的计算向著作者报告。第 7 条则对违反该法的处罚做如下规定,懈怠电子书价格决定义务的发行者及未遵照发行者定价的零售业者将被处以最高 450 欧元的罚金。此外,第 8 条还规定,要由国会议员 4 人(下院、上院议员各 2 人)组成的调查委员会就电子书统一定价法的适用状况实施调查,政府经过对该调查委员会的咨询后,就整个电子书市场的扩大状况进行讨论,于每年议会提交有关该法适用状况的年度报告。报告中要确认两点:一是统一定价带来的电子书合法性提供方法的增加是否使读者受益;二是通过保障著作者正当且公平的报酬是否实现了文化多样性的确保。

(作者单位:渤海大学管理学院)

摘编自《价格月刊》2014 年第 1 期

范式理论视野下的中国、北美媒介生态学研究比较

覃哲

一、"范式"理论的概念及判定标准

美国的科学史学者托马斯·库恩(ThomasKuhn)在其著作《科学革命的结构》中提出了"范式"(Paradigm)的概念,他对科学发展史进行考察后认为,科学发展的历史,是一个新范式通过科学革命取代旧范式的过程。在科学研究中,当一种学说能够吸引足够多的拥护者,并且这种学说的成就能够无限制地为这些追随者留下有待解决的各种问题,这种学说就成为了一种范式。

在库恩的范式理论中,他指出,一个学说能够判定为一个范式,必须具备两个必要的标准:第一,一个成熟的科学范式必须能够"空前地吸引了一批坚定的拥护者,使他们脱离科学活动的其他竞争模式"。第二,相关的研究成就"足以无限制地为重新组成的一批实践者留下有待解决的种种问题"。

本文在此希望通过库恩所提供的"范式"判断标准,来分析中国和北美的媒介生态学研究是否足以成为一种成熟的理论范式。

二、是否有稳定的科学共同体及统一的研究规则

判断一个范式是否形成,拥有稳定的科学共同体是首要的标准。库恩在其另一本著作中也在强调:"'范式'一词无论实际上还是逻辑上,都很接近于'科学共同体'这一个词。""一个范式就是一个科学共同体的成员所共有的东西,而反过来,一个科学共同体由共有一个范式的人组成。"

一个科学共同体的形成,其成员并不仅仅包括新理论刚刚出现时对它持认可态度的研究者,更为重要的是其后能有源源不断的追随者。科学共同体的发展壮大过程包含了一种明显的研究传承关系,最初的科学共同体中的学者们会将这个新范式中的核心理论、理论视角和研究方法细化整合后系统地传授给他们的学生,这些学生在接受了系统的本范式教育与研究训练之后,就可以在这个研究共同体的成果基础上进行更进一步、更为细化的研究,形成一条源流清晰、层层深入的研究链条。

在媒介生态学的研究领域也不例外。我们在对北美的媒介生态学研究进行纵向的考察后不难发现,他们的研究思路形成了一个完整且有序的传承链条。北美媒介生态学的思想渊源最早来源于英国生物学家、社会学家帕特里克·格迪斯(Patrick Geddes),他最早地研究了自然环境、人造环境与人类文化之间的联系,他的弟子,美国的技术哲学家刘易斯·芒福德(Lewis Mumford)在 1934 年出版的《技术与文明》一书中涉及了对整个科技文化体系的批判,提出了传播技术是"人的延伸"和"技术变化是文明史的核心"等观点。这些观点日后成了传播学大师马歇尔·麦克卢汉(Marshall McLuhan)传播思想的来源。麦克卢汉同时继承了他的老师哈罗德·英尼斯(Harold Innis)有关于传播媒介内在的时空偏向对社会文化影响的思想,在《理解媒介:人的延伸》一书中麦克卢汉提到一个著名的论断:"媒介即讯息",认为媒介是人类技术的主要代表,传播的方式常常决定着传播的内容,传播的媒介不仅改变了我们的生活方式,也改变了我们的思考方式。另在与他人合著的《媒介即是讯息:效果一览》中,首创了"媒介生态"(Media ecology)这个词。尼尔·波茨曼(Neil Potsman)是麦克卢汉的学生,而且也是北美媒介生态学研究中的集大成者。波茨曼不但对麦克卢汉语焉不详的"媒介生态"概念作了重新的定义:"将媒介作为环境的研究"(Media ecology is the study of media as environments),把传播媒介本身以及一整套的符号体系和语法系统视为一种环境结构进行研究,并且将前人相关的思想进行了整合与发展。

在波茨曼手中,媒介生态学得到了发扬光大,根据麦克卢汉的建议,波斯曼于 1971 年在纽约大学创办了媒介生态学专业和博士点。到今天,这个学位点已经培养了数百名硕士与博士研究生,这些"门徒"们在相同的研究背景下开展着该学科更为深入且细致的研究工作。约书亚·梅罗维茨(Joshua Meyrowitz)、林文刚(Casey Man Kong Lun)等人都是其中的佼佼者,纽

约大学也成为该学术共同体成员最为集中的高校。以波茨曼为首研究团队，不但系统地研究了英尼斯、麦克卢汉等人的理论，而且非常虔诚地继承了麦克卢汉等人的研究取向和方法，波茨曼曾在出版物中公开宣示："我担保，他们（纽约大学的媒介生态学研究团队）都知道，自己是麦克卢汉的孩子。当然我也认为自己是他的后代，不是很听话的一个孩子，可是这个孩子明白自己从何而来，也明白他的父亲要他做什么。"

在北美，媒介生态学这种范式的研究者共同体不但拥有着精神上的集体认同，也拥有着实体性的研究组织。1999 年，媒介生态学会成为美国传播学会的分会，2003 年成为国际传播学会的成员，定期出版自己的刊物。说明这个研究共同体除了在团体内部有着明确的组织认同外，还得到了更上一级的科学共同体的认可。

反观中国的媒介生态学研究领域，在大陆方面媒介生态学研究的历程并不长。邵培仁教授首开我国媒介生态学研究的风气，于 2001 年发表的《论媒介生态的五大观念》和《传播生态规律与媒介生存策略》两篇论文，提出了"媒介生态位"、"传播食物链"、"传播生物钟"等相关概念，为国内的媒介生态学研究奠定下了重要的基础，自此之后，邵培仁先生的这一系列概念和假设被国内众多学者所借用，运用于各种个案的分析之中。但遗憾的是，在邵培仁提出一系列的概念与原理之后，笔者还未发现其追随者沿着他的理念做出更为深入地、有突破性的成果。在邵氏提出相关概念之后，张国良、单波、支庭荣等国内著名学者亦对媒介生态学做过相关的研究，但他们关注的重点、研究的方法均与邵培仁教授所做的研究有较大差异，对"媒介生态学"这一核心概念的界定也是不一样的。

从以上的考察中我们可以看到，历经了近百年历史的北美媒介生态学研究，拥有着一个稳定且持有着共同信念的学者共同体，而且这个共同体的边界是相对明晰的，其学术研究传统的传承过程是线性且不断深化的。而在中国的媒介生态学研究领域，相关研究起步较晚，充其量就十几年时间，刨去对北美媒介生态学的译介、评价等研究成果，立足于国内媒介生态学研究的学者，分散于各个高校、研究机构和媒体之中，他们介入媒介生态学的研究多属于"半路出家"，专门从事该项研究的学者很少。另外，研究者们的学科背景各异，研究兴趣和专长也不同，不但在人际关系上没有明显的师承源流关系，就是在基本概念、研究对象以及研究方法等各方面，都存在着非常明显的

不一致的地方。就连"媒介生态"这个基本概念的内涵和外延都无法形成一个相对统一的意见，更别说能够形成一个拥有共同"传统研究模型"、作"特定、连贯研究"的科学共同体了。

三、是否形成新的世界观与提供足够的新问题

根据库恩的理论，一个学说能否成为范式的第二个标准在于是否能给旧范式所不能解答的大量问题提供答案，并为后来的研究者提供足够的研究问题。

北美的媒介生态学这个新研究范式的诞生与旧范式——经验学派的研究困境有着很大的联系，经验学派一直是北美传播学研究的一个主流范式，它主要的研究工作聚焦在媒介的传播效果研究和媒介传播的内容分析上。从魔弹论到议程设置到涵化理论等等研究都属于这一体系，这些研究倾向于对媒介内容或受众做细致地量化调查与分析，但这种研究的一个重要缺陷在于无法很好对长时段或大范围的研究对象进行研究。

北美媒介生态学的研究思路，以媒介形态变革为切入点，研究媒介本身及其符号系统在人类历史长河中给人类文化所带来的影响，对媒介、人类和社会进行系统的考察，这种新的研究思路，不仅解决了传播学中的经验研究范式中的短期性和琐碎化，也解决了经验研究中仅对媒介在改变态度、说教以销售商品等方面作用的"功利性思维"，使媒介研究专注于"媒介对社会、文化影响的长期效果，在社会生态体系的框架下，与各种力量的共栖，达到各种力量的互利"，强调一种研究中的互利思维，带有人文关怀的性质。

北美的媒介生态学所研究的问题虽然比较纷繁复杂，但它们始终都没有离开一个明确的关注点：媒介作为一个复杂的讯息系统，它的物质形态和符号形态是如何且在多大程度上对人类的认知、交流产生影响的，进而影响人类社会文化生产的？研究"变化的媒介本身"而不是研究媒介所传播的内容成为了这个范式的共有思路，麦克卢汉的"媒介即讯息"、波茨曼的"将媒介作为环境的研究"以及詹姆斯·凯瑞的"作为文化的传播"等经典论断都成了这种研究规则最为简洁和形象的表述。虽然北美的学者也大量地引入其他学科的研究视角，但最为核心的关注点始终没有发生改变。

如同库恩所做的比喻，这个新的研究思路为其追随者完成今后的"学术研究拼图"提供了线索与规则，同时也生发出了大量的研究问题。范式中的研究者在具体与深入的研究中，在这个线索与规则指引

下，加入自身创造性的研究工作，以期实现本科学共同体想象中那幅研究拼图的最后样貌。

在中国这十几年的媒介生态学研究中，没有直接承袭北美相关研究的思路，而直接借用自然科学中"生态位""生态平衡""养分""循环""共生"等原理与概念，为媒介本身及周边环境设置了各种测量指标，进而进行分析与研究。除了对国外媒介生态学的研究与评价之外，笔者认为，中国的媒介生态学主要关注点有两个：一是媒介所处环境与媒介的经营竞争之间的关系，这一类研究多将原属于自然科学中的生态学原理、概念与媒介的经营管理相结合，考察媒介的市场环境、经营定位、竞争对手、受众构成等内在与外在状况，为改善或设计某个或某地的媒介经营状况提供决策性的意见。另外一个关注点为在重大的新闻事件中，媒介与政治、经济、文化、宗教等方面的关系，在这一类研究中，研究者力图说明的是传播媒介与周边政治制度、商业影响、文化传统、民族宗教特殊性之间的关系。"媒介生态"的概念在这里仅仅是为了证明"媒介外部的诸种要素与媒介传播是存在着联系"这一命题的一个比喻而已。

这两类有"中国特色"媒介生态学研究，更倾向于对"媒介身处环境的研究"，研究对象集中于与媒介发生关系的各种外部条件。又因为在客观现实中与媒介发生联系的事物可以是无限多样的，各种外部因素对媒介传播的影响程度缺乏一个能够被大众认可的衡量标准，难免给人一种"媒介生态是个筐，什么都可往里装"模糊感，与北美的"将媒介作为环境的研究"的研究旨趣相差甚远。虽说直接借用生态学的理论而搭建起来的研究模型，对于传播学研究来说并无不可。但这些简单地借用自然科学的基本概念、原理与媒介的经营要素或社会要素相结合的研究成果，多为"对策性研究"，透着浓厚的工具理性意味，与北美研究同行强调人文关怀和互利原则的研究相比，其研究品味还是存在着高下之分的。

四、结语

通过以上的比较，笔者认为，北美的媒介生态学研究经历了上百年的传承与拓展，已经形成了传承有序的学术研究脉络，拥有较坚实的理论基础，并形成了一个有着共同信念、研究旨趣且稳定的、边界清晰的学术共同体。其基础理论为这个学术共同体提供了一个全新的研究世界观，也为后来研究者提供了足够多的研究问题与"解谜"路径。根据库恩衡量标准，北美的媒介生态学研究已经形成了一个成熟的研究范式。

而中国的媒介生态学研究，与北美的媒介生态学研究有较大的差异，十多年来，中国的研究者们试图通过寻找新的理论视角和研究方法，对这个学科形成新的突破，力图建立起富有中国特色的媒介生态学研究领域。但遗憾的是，媒介生态学在中国研究的时间太短，没有形成足够的研究积累，至今为止也没有从中国的学术研究传统中找到非常契合的理论资源，因此，还无法形成自己的学科基础理论和研究思路，仅仅借用生态学的简单概念和原理对媒介的内部和外部要素进行考察，探寻媒介与相关各要素之间的关系。缺乏丰富的学科构架和深厚的学术传统，这种研究还是属于浅层次的。也由于该领域的研究进行的时间太短，尚未形成不断深入的理论传承关系和研究链条，也就无法拥有一个明确的、稳定的研究共同体。浅层次的"跨学科结合"，也未能在研究的世界观上取得重大的突破，尚无法给后来的研究者提供足够多的研究问题，以进行一步深入具体研究。因此，中国的媒介生态学研究要形成一个成熟的研究范式，还有很长的路要走。

（作者单位：广西大学行健文理学院）
摘编自《广西大学学报（哲学社会科学版）》2014 年 2 月

媒体景观变革中的网络监管模式研究
——以新加坡为例

叶秀端　阎立峰

一、新加坡网络社会的崛起

新加坡以其网络互联程度高而著称。政府高度重视网络在国家建设、经济发展以及社会和谐中的作用，网络被认为是新加坡向创新型社会过渡的关键技术。作为计算机和信息技术的早期采用者，20 世纪 80 年代，新加坡就启动了国家网络化发展计划，先后在公共部门和私人领域推动全国计算机化和信息化进程。

经过30多年的发展，新加坡的网络化程度位居世界前列。根据资讯通信发展管理局的调查，2012年，在家庭使用信息通信技术方面，新加坡约85%的家庭（本调查中的家庭指至少包含一个新加坡公民或永久居民的家庭）可使用电脑；约84%的家庭可连接到互联网，其中大部分通过宽带接入；约97%的有学龄子女（本调查中的学龄子女指小学到预科或高中阶段的孩子）的家庭可使用电脑，约96%的有学龄子女的家庭可接入互联网。在个人使用信息通信技术方面，约71%的居民（本调查中的居民指7岁及以上的新加坡公民或永久居民）在过去12个月中使用过电脑，约72%的居民在过去12个月中使用过互联网。至今，新加坡已发展成为一个信息技术发达的网络社会。

二、"轻触式"的网络监管模式

新加坡经济的高速发展，伴随着政府对媒体的严密管控。网络媒体的开放性和自由化，与政府的严密监管形成矛盾。如何在网络监管和信息社会发展之间取得平衡？新加坡政府采取高度实用主义的原则，对经济信息的监管较为宽松，而对政治和宗教信息的监管十分严格，即信息传播服务于国家发展的战略目标。

为在这两种政策之间开拓出一条小道来，新加坡政府在公民之中大力推行因特网，同样又通过对因特网服务供应商的审查来控制其使用。考虑到网络巨大的经济潜力，新加坡政府对其采取"轻触式"的监管模式（1ight—touch regulatory approach），即法律规制、行业自律和媒体素养教育"三管齐下"，在对网络进行管控的同时，又不妨碍其发展。所谓"轻触式"，是与政府对传统媒体出手很重的监管政策相比较而言的。

"轻触式"的监管模式首先体现在类别执照制度上。新加坡的网络监管机构包括资讯通信发展管理局和媒体发展管理局（Media Development Authority，简称MDA）。资讯通信发展管理局侧重技术监管，任何经营、提供通信服务或系统的个人或团体，都须经资讯通信发展管理局授予执照；媒体发展管理局侧重内容监管，对报纸、广播电视及艺术娱乐业的经营者发放的是个别执照（Individual Licence），对互联网经营者采用的则是类别执照（Class Licence）。个别执照申请者需向媒体发展管理局提出申请并经过严格审批，方可获得经营权；类别执照制度是为鼓励行业自律和负责任地使用网络，其申请程序相对个别执照而

言较为简单便捷。

互联网服务提供商与内容提供商在遵守相关法规的基础上，在媒体发展管理局注册便可"自动"获得经营执照。类别执照制度放宽了互联网服务提供商和内容提供商的市场准入，促进了网络信息的公开和自由流动。

（一）鼓励行业自律

"轻触式"的监管模式还体现在互联网行业自律上。新加坡政府鼓励互联网内容提供商制订自己的内容管理准则进行自我监管。2001年，新加坡政府管理部门和互联网业界协商，并在对用户意见进行调查的基础上，制定了一套自愿性质的行业自律规范《行业内容操作守则》。该守则主要包括公平竞争、自我监管和用户服务三方面内容，是对现有互联网内容管理法规的补充，旨在通过行业自律确保互联网服务的可信度和质量。

（二）重视媒体素养教育

媒体素养教育是法律规制和行业自律之外的重要措施。媒体发展管理局已启动提高公众媒体素养（Media Literacy）和促进网络健康（Cyber Wellness）的项目，针对互联网的正负面影响对公众进行教育，提高其网络安全意识。2012年8月，在媒体发展管理局的支持下，媒体素养委员会（Media Literacy Council）成立，并与行业、社区和政府联手致力于媒体素养教育，培养公众鉴别网络信息、的能力，提倡负责任的网络参与。成立于2009年的跨部门网络健康筹划指导委员会（Inter—Ministry CyberWellness Steering Committee）意识到公共教育是培养青少年应对不良网络信息能力的长效途径，因此设立1000万新元的基金（2009～2013年）资助青少年网络健康的相关项目。

三、规训化的网络监管运作机制

（一）网络监管的层级结构

新加坡网络监管的层级结构呈金字塔形。顶层是资讯通信发展管理局和媒体发展管理局，是网络监管体系中的最高监督者，其作用类似于全景敞视建筑中心瞭望望塔的监督者；中间层是互联网服务提供商和内容提供商，制定并遵守行业行为规范；底层是散居各地的网络用户。金字塔形在规训监视中能够增加层次，并把各层次散布在需要监视的整个平面上，"使监视具体化并切实可行"。通过金字塔式"分层的、持续的、切实的监督"，新加坡网络监管的不同层

级构成一个严密的信息监控体系。

资讯通信发展管理局和媒体发展管理局从接入和内容两方面对网络进行监管。接入方面,互联网接入服务提供商须先获得资讯通信发展管理局发放的设施运营商或服务运营商执照,才能在媒体发展管理局注册,"自动"获得类别执照。内容方面,互联网内容提供商,若涉及政治和宗教话题,须在媒体发展管理局登记注册。值得注意的是,任何在网络上提供信息的个人,作为内容提供者,也在监管范围之内。

(二)对违规者的法律裁决

网络媒体方面,"轻触式"的监管模式利于互联网的迅速发展和网民的自由参与。然而,对于违反互联网相关管理条例者,新加坡政府常以铁腕手法追究其责任。例如,2005年,新加坡有3人因在博客中发表攻击其他族群的言论,被控告违反《煽动法》并判处刑罚,其中一名高中生被判缓刑监视2年并从事180小时社区服务。

(三)具有威慑力的网络内容检查

在网络内容方面,新加坡政府重点检查涉及公共利益、种族、宗教、色情的信息,以及对青少年有害的内容。按照福柯的观点,检查是规训权力成功运作的一个重要手段。新加坡检查网络内容的做法是,互联网接入服务提供商以检查色情内容或病毒为由对其用户的电脑进行扫描,以显示其监视用户的技术能力。1994年,互联网服务提供商技术网(TechNet)以检查色情内容为由,对互联网用户电脑里GIF格式的文件进行扫描,8万个文件中只有5个被认为与色情有关。1999年,互联网服务提供商新网(SingNet)以防止病毒攻击为由秘密对其用户的网络账号进行扫描,民政部被发现参与其中。对网络内容进行大规模的扫描,尽管被认为侵犯了用户的个人隐私,事实上却达到了威慑效果。这种威慑力通过"可见的但又是无法确知的"方式发挥作用,迫使人们自觉进行自我审查。

通过层级监视、法律裁决和内容检查,新加坡"轻触式"的网络监管导向互联网行业和网民的自我监管(self-regulation)。自我监管的运作机制实质上是一种"自动监管"(auto-regulation)。"自动监管"机制具有全景敞视建筑的主要特征,权力机制自动有效地运行。在媒体融合时代,新加坡网络监管中的这种中心化的全景模式将继续占主导地位。

四、媒体景观变革中的网络监管政策调整

随着互联网的发展,以社交网络为代表的新兴媒体引起了媒体景观的变革,也带来了新加坡政府与民众沟通方式的改变。新加坡政府通过新媒体拉近与民众的距离,几乎每个政府部门都使用面簿。新媒体在丰富人们生活的同时,也带来了诸多挑战,主要是黑客行为、网络欺凌和网络谩骂。新加坡总理李显龙认为,在媒体景观深刻改变的大背景下,政府、媒体和人民须做出调整,以适应新媒体时代,提高"数码智商"。

(一)将个别执照制度扩展到网络媒体

2013年,媒体发展管理局修订互联网执照管理条例,将以往针对报纸、广播电视及艺术娱乐业经营者的个别执照制度扩展到网络媒体。根据修订后的"广播电视(类别执照)公告",自2013年6月1日起,在连续两个月中来自新加坡的月平均独立访问量超过5万人次、且平均每周报道至少1条新加坡相关新闻的网站,须向媒体发展管理局申请个别执照;雅虎新加坡新闻站点,以及新加坡报业控股有限公司和新传媒私人有限公司运营下的其他9个新闻站点被要求申请个别执照;申请个别执照的网站必须缴付5万新元的履约保证金,且当媒体发展管理局认为网站的内容违反规定时,后者要在24小时内删除不适宜的内容。媒体发展管理局的这一举措显示政府加强网络监管的态度。

(二)某些官方网站实行实名制

实名制是新加坡政府加强网络监管的另一做法。2006年10月启动的民情联系组(REACH)是新加坡政府收集民意的官方平台。其主要作用包括:收集和评估民情;联系和沟通民众;促进民众参与,培养积极公民。2013年12月开始,新加坡政府要求民情联系组交流网(www.reach.gov.sg)的用户通过面簿账号登录,方可留言发表意见,意在鼓励用户严肃参与该网站的讨论,针对政府政策和国家课题发表建设性意见,从而营造健康安全且有责任感的网上空间。

(三)出台管制骚扰法令

互联网在促进经济社会发展的同时,也成为滋生网络骚扰、网络谣言、网络暴力的温床。目前,网络骚扰和欺凌问题作为一个重要议题已被纳入新加坡网络监管框架中。2014年3月,新加坡出台全新的《防止骚扰法案》,旨在保护人们免受职场、校园和网络骚扰。根据该法案,网络骚扰明确被列为犯罪行为。

(作者单位:厦门大学新闻传播学院)

摘编自《编辑之友》2014年第12期

美国 iPad 项目及其对中国电子书包的启示

郁晓华

电子书包在新一轮发展中逐步摆脱以往单纯作为未来电子学习装备的认知局限，而被作为种融合装备、内容、服务于一体的一对一的个人新型学习环境（郁晓华等，2012），以支持学习者主体性和个性化的个面发挥。早些时候，与中国电子书包项目几乎有着一致需求和目标的 iPad 项目（iPad Program，我们也可将其视作国外电子书包项目的重要表现形式之一），也在美国、加拿大、澳大利亚以及欧洲部分国家（如英国、德国）兴起并得以迅速发展】对照 Google 趋势分析所得出的关注曲线（见图1）不难发现，中国电子书包项目在 2012 年 10 月后一直处于低迷状态，而 iPad 项目在国外的发展虽时有起伏，尤其是在 2013 年 5 月经历一次较大回落，但总体发展比较积极稳健因此，本文选定 iPad 发源地同时也是全球 iPad 项目覆盖址为密集的国家——美国作为研究对象，通过搜集和整理大堆相关报道和官方发布资料，就 iPad 项目的发展方案与成效加以分析，以期能为中国电子书包项目的发展提供参考和借鉴。

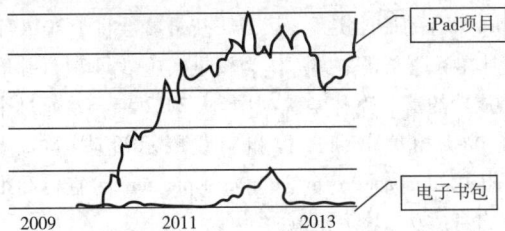

图 1　iPad 项目与电子书包的 Google 趋势

注：时间截至 2013 年 11 月。

一、iPad 与电子书包

电子书包一次虽出自学生书包与信息技术整合后的隐喻，但其概念范畴却不尽只有电子设备那么简单，还应包括装纳在其中的内容工具及在其外部提供支持的平台服务。电子书包的理念体现了设备、内容和服务三者融合统一后对一种一对一创新型个人数字化学习环境的建构（郁晓华等，2012）。这是电子书包新一轮建设过程所达成的共识，也可以说是认知进步。当然，电子书包的装备视角是整个电子书包发展的基础和载体，相对于其他两个视角，最易被物化和外显，也最易被人们感知和认可。

作为电子书包的个人硬件装备，可选方案很多：台式电脑、笔记本电脑、上网本、平板电脑（如 iPad）、电子书阅读器（如 Kindle）、智能手机等，全球开展的各类电子书包项目试点也都有所涉及。在美国，苹果祝作为平板电脑市场的领头羊，自然而然成为电子书包发展最典型的装备。iPad 虽然在初期大多是苹果粉丝和技术爱好者追捧的时尚玩具，但随后慢慢转变为如何将这一设备有效应用于商业和教育领域（尤其是后者），并在近年一直保持较高热度。

iPad 本质上是一款内容消费设备（Henderson &Yeow，2012），如收听媒体、阅读网页、游戏娱乐等。其在教育领域的应用只能通过教育类 APP 或网站实现。通过充分利用触摸屏界面、网络访问以及大屏幕显示等优势，iPad 可在学生的数字化学习中充当多重角色，发挥不同功用，比如电子课本阅读器和笔记本、课堂教学的学生反馈系统、师生沟通的联络簿、学习活动的作业本和作品创作的媒体工具等。庞大的 APP 应用，如 GarageBand、Keynote、Page、ArtRage 等，很好地符合了移动学习对应用工具的需求，不仅仅是对内容、投入黏性或者所谓的"寓教于乐"的关注，更是从设计上融入了教学法的思想，从底层加人对交互的培育等（Melhuish & Falloon，2010），从而将 iPad 转变成学生个体的学习生态。

二、美国 iPad 项目现状一览

（一）发展规模

截至 2013 年 2 月，苹果公司已向全球学校和教育机构售出 800 多万台 iPad，其中半数以上（450 台）在美国本土（Haselton，2013）。美国可以说是在教育领域消费 iPad 最多的国家。自 2010 年春发布后，iPad 就在美国高校快速流行，从 2011 年秋开始，这一热潮开始向美国中小学转移。苹果公司声称，有 600 多个地区开始启动一项"一对一（one – to – one）"的 iPad 项目。该项目至少会配置一个班级，为班级每位学生装备一台iPad,并将iPad应用贯穿学生每天的学校学习和生活。这些项目有三分之二是在2010年7月启动的(USA TODAY,2011)。

如果说iPad项目在高校试点属于零星、松散的单个组织行为,那么进入中小学则逐渐呈现出以地区为单位整体分阶段推进的特征,这与中国目前主导的电子书包发展模式不谋而合。随着iPad项目的日趋成熟,越向前推进,项目规模和影响范围越大。目前,美国iPad项目规模排列前三的地区依次是洛杉矶、麦卡伦和圣地亚哥。

2013年9月,洛杉矶联合学区(Los Angeles Unified School District)花费三千万美元在第一阶段为该地区从幼儿园到高中47所学校的3万名学生配置iPad。剩下的将陆续在接下来的14个月中完成,也就意味着要为约65万名学生配置iPad,费用将达10亿美元。(Leonard,2013)。

麦卡伦独立学区(McAllen Independent School District)宣布实施"变革课堂、校园与社区中的学习"项目(简称TLC3),计划花费2千万美元购买近27000台iPad分配给所有师生。首批将在2012年秋发放,涉及5600名学生和140名教师。(Findell,2013)

2012年7月,圣地亚哥联合学区(San Diego Unified School District)购买26000台iPad,计划部署到340个班级中。该项目为搭建"21世纪整合交互课堂",开销将达1500万美元。(Haselton,2012)

(二)反响与成效

iPad项目在美国中小学的大规模开展,往往是由政府部门组织以区域为单位整体推动,项目涉及的师生几乎每人一台iPad,且大部分要求学生每天在学校和家里使用iPad,因此项目的推进力度和影响深度可想而知。高密度、大批量的真实教学实践引发大量一线教师和实际工作者在网上进行问题探索与经验交流,其关注点主要如下:

如何在课堂上使用iPad,即交流和分享iPad的有效教学方法和运用策略,提供典型教学案例。相关发言或博文常见的标题如"iPad在课堂应用的七条指南""课堂使用iPad的20种有趣方式""课堂运用iPad的62个点子"等。

在教学中可以选择哪些APP?相关讨论和发言往往从不同年级、学科和教学需求等视角给出建议和APP列表,常见标题如"教师必需的最好的iPad应用程序清单""课堂使用iPad的50个资源""最佳iPad教育应用程序"等。

iPad使用的技术和管理问题。除用户使用手册外,通常还会分享使用技巧与经验,推荐管理软件工具,常见发言标题如"iPad用户所必晓的iPad10个特征""管理iPad课堂的7个小窍门""iPad课堂管理的10个策略及应用"等。

同时,开展iPad项目的地区也会建立相应的网站(如美国圣地亚哥联合学区的iPad项目网站http://www.Sandi.net/ipads)和信息沟通渠道,除报道和发布项目最新进展外,还接收学校、教师、学生和家长的反馈,以推动项目的有效实施。此外,也开始出现一些非官方、自发的实践社区,围绕iPad项目的规划实施、iPad却ps的选择和应用、iPad教育应用案例和新闻报道等,提供信息汇聚和经验分享,其中影响力较大的有萨姆·格利克斯曼(Sam Gliks-man)用Ning(全球最大的社交网站部署平台)搭建的"iPad教育应用"(见http://ipadeducators.ning.com/)、伦雷特·霍顿(Lennette Holden)用Pinterest(全球最大的图片社交分享网站)搭建的"iPad课堂应用"(见http://www.pinterest.com/lennette1963/ipad-in-the-classroom/)。

随着iPad项目的深入,关于iPad教育应用的会议和培训项目也发展起来。由EdTechTeacher(一个专门针对教师开展教育技术宣传、培训和会议的组织)所发起的iPad峰会(http://ipadsummitusa.org/)于2013年11月在波士顿拉开帷幕,旨在交流和分享iPad整合的最佳实践。第二届iPad峰会将于2014年2月在圣地亚哥举办。作为较早实施iPad项目并取得成功的富兰克林学院高中,从2012年开始通过举办iPad相关培训课程和实践展示活动(http://ipadfa.wikispaces.com/Training+pportunity)宣传和推广自身成功方案和经验。

虽然舆论对iPad对学习和教学的影响褒贬不一,但在美国,持正面、积极态度的居多,正如一位小学校长所言,"我们现在教授学生的方式与以往有很大不同,但只有这样,才能满足这一代学生的需要,这也正是他们学习所喜欢的方式。"大多数地区在实施iPad项目过程中发现,当大多数学生拥有设备后,iPad学习效果非常显著,也有利于教学法的改进。但以实验数据科学论证的较少,明尼通卡(Minnetonka)学区是少数几个用数据说话的。该学区从2011年9月起,2年内在1600多名九至十年级初中生实施iPad项目。在阶段性实验结束后,该学区从对照组学生成绩,师生使用iPad频率,教师、家长和学生对iPad教育效果的认同程度等角度考察 iPad 项目的影响。结果显示，成绩达到 A 或 B 的学生数明显提升，作业完成情况得到改善；77% 的教师反应 iPad 应用平台提升课堂学习效率，78% 的家长和 83% 的学生反应 iPad 在学业上达到甚至超过他们的期望。受这一结论的鼓励，该学区在 2013～2014 学年将项目规模扩大 2 倍，八至十一年级 3000 多名学生和 200 多名教师每天用 iPad 进行教与学。

（三）问题与争议

iPad 项目在美国并非完美，很多问题可能导致项目夭折。以洛杉矶联合学区为例，作为美国最大的 iPad 项目应用地区，其项目进展备受关注。虽然该项目现已按原计划启动第二阶段的 iPad 发放，数量达 7 万台，涉及 35 所学校，但 2013 年 11 月初，由于安全防范失效、设备损坏遗失等问题被学区董事会纳人终止议程，差点夭折（Jones, 2013）。莱依（Lai, 2012）在跟踪观察大量 iPad 项目报道后，在其《导致学校 iPad 项目停滞不前或失败的四个原因》一文中总结了四个主要问题：（1）部署了 iPad，但什么也不做。原因可能有多种，比如传统观念的桎梏，缺乏技术在课程中的整合，教师培训明显不到位等，但莱依认为这些都不是理由。以电子课本为例，虽然大出版社的服务还没到位，但学校可以有很多选择，甚至可以自己制作电子课本。（2）无法保障这些带屏幕、便携式设备免被盗窃或损坏。对此，学校应制订相关对策，提供设备保险服务。（3）忽略网络的重要性。在课堂教学中连不上网或经常掉线是无法容忍的。莱依建议在实施 iPad 项目前，学校最好能升级无线网络以保证设备功能的良好发挥。（4）选择不成熟的平台。莱依指出虽然价钱是重要的考量因素，但还需考虑平台的可持续发展。

除上述问题外，以下话题也经常出现在美国 iPad 教育应用争论中：（1）分心：iPad 在提供众多学习机会的同时，也带来很多干扰，因此需要习 11 练学生的自我管理能力。（2）责任心：学生是否会爱护设备，并有效加以利用。学生在学习之外乱用设备是不可避免的，限制权限而不是彻底禁止才是可行的办法。（3）改变：iPad 的引人必然会给学生带来不同的学习体验。这种改变将通过逐步渗透的方式融人学生生活和教师教学中。

三、美国 iPad 项目的启示

（一）中国电子书包发展现状

中国电子书包试点学校目前已过百所，主要集中于沿海及中部省市，如上海、北京、江苏、浙江、广东、山东、河南等。上海市闵行区以 40 所中小学、80 个试验班的规模，成为全国电子书包最大试点地区，南京市以 21 所公办中小学试点学校紧随其后。

经费绝大多数由政府承担，部分试点采用其他经费途径，如上海市嘉定区实验小学 iPad 由学生自备，南京市金陵中学中美班 iPad 费用由中美项目承担。试点方案与主题多元纷呈，业界推崇的有：山东省淄博市周村城北中学以"家校新干线"自适应学习测评系统作为基础的个性化教与学试点；石家庄精英未来学校与河北远程教育网合作开发教学资源，成立专门研发团队自主开发教学资源系统；唐山市荆各庄小学的"翻转课堂"和"高效课堂"等。试点目标主要是电子书包各种教育潜能的试用，如上海虹口区的智能化辅导、过程性评价、伙伴式互助、树状式作业等，与教与学实践活动还有较大差距。

中国电子书包项目发展以"标准研制—产业发展—教育应用"一体化的模式推进，但目前教育应用报道和实践的声音远弱于产业推动与宣传，尚未真正在学校生根发芽。

（二）理清电子书包项目的认知误区

与美国 iPad 项目一样，学界、产业界、社会大众对电子书包的争论一直没有停止过。中国慧聪教育装备网上一篇名为"深圳家长提请：停止继续推行电子书包"的报道可谓将对电子书包的认知误区展现的淋漓尽致。

1. 电子书包的"危害"

"影响视力""辐射伤害""书写能力下降""损害思维发展"等是对电子书包"危害"进行控诉常用到的几大核心罪状。不可否认，这些危害的确存在，但技术的发展是趋势、是必然，即使不用电子书包，各类电子设备也在孩子们的生活中处处可见，且渗透度和粘合度日益增强。依据中国互联网信息中心（2013）的调查，截至 2012 年 12 月，中国青少年网民数达 2.35 亿，占青少年总数的 66.4%，他们平均每周上网时间达 18.4 个小时。而截至 2013 年 12 月，学生是网民中规模最大的群体，占 25.5%，10～19 岁网民占 24.1%；手机上网比例快速增长，达 81%，人均每周上网时间长达 25 个小时(中国互联网信息中心,2014)。从这些数据中,我们不难看出新生代孩子的技术天性和欲望。因此,对电子书包危害孩子身体和心理健康的担忧,不应过于杞人忧天。我们不应把电子书包当作洪水猛兽,有效做法应是疏而非堵,要让孩子们认清电子书包的角色和价值,并教会他们健康而合理地驾驭它们以适应社会的进步。

2. 电子书包项目与教育体制改革的关系

"不改变教育体制,推行电子书包将是一场灾难",这不仅是深圳家长反对电子书包的重要原因之一,也是学界和产业界探讨电子书包实施难时总会抛出的"牌面"。我们认为,电子书包项目的成功必须依赖于教育体制改革的认知,是很大的误解。借助技术的发展造势,将未来国家发展所迫切需要的,以及长久以来不断呼吁的教育改革和教育创新等赋予电子书包,是不合理的。从本质上讲,电子书包只是一种工具、一种手段,它提供了发展的契机和行动的支架。但要利用它实现什么样的目的,发挥怎样的作用,在不同条件下可以有不同的设计、要求,预期结果有可能实现,也有可能无法实现。可见,电子书包不是唯一的决定要素。因此,美国 iPad 项目明确摆正电子书包在教学中的位置,并赋予适当的期望。以明尼苏达州诺斯菲尔德(Northfield)学区为例,该区在实施时理智地指出项目并不承诺学生学业的提升,但肯定会给学生学习带来深远影响,比如学习投入度、学习合作、创造力培养等。教育体制的改革和电子书包的推行不是必然关系。当然,不可否认的是,中国如果要发挥电子书包最大的教育潜能,现有教育体制的确存在一定的桎梏,但电子书包可从当下着眼,随同教育改革稳步推进。

3. 电子书包的整合过程

在美国 iPad 项目中,iPad 最常见的隐喻是作为学习的加速器。"一对一"并不意味着学生整天对着屏幕,他们仍需要参与传统课堂活动。技术会被应用在它可以发挥价值的地方,比如用于加强教学效果、节省时间、有效激发学生兴趣等;技术应用着重强调个性化,关注四个 C,即创造力、沟通力、合作力和批判思维。技术加入后必然需要修订或重新定义学习活动。美国 iPad 项目规划常使用鲁宾·R·普恩特杜拉(Ruben R. Puentedura)提出的 SAMR 模型来描述这一改变过程。该模型将技术作用于教与学过程划分为四个层次:①替代(Substitution):技术作为直接的工具替代物,功能没有改变。②增强(Augmentation):技术作为直接的工具替代物,功能有改进。③改变(Modification):技术允许对重要任务重新定义功能。④重塑(Redefinition):技术允许创建新的任务功能,可用以以往不可想象的方式。前两个层次属于对现有活动的改善,后两个层次才进入对现有活动的转变(Puentedura,2013)。

表 1 展示了明尼通卡学区 2013 年由本·斯坦尔森(Ben Stanerson)等人所建议的 iPad 项目行动路线草案。他们根据不同类型教学活动的需求,分别给出技术在 SAMR 模型不同层次上的工具选用和活动设计,清楚展现了 iPad 在教学应用中的渐进式整合过程。

表 1　基于 SAMR 模型的行动路线

典型	技术工具	替代	增强	改变	重型
评价	Google Fomms, Schoology, Sky-ward, Socrative, SbowMe/Sereen Chomp, Reflector, MyPaint	用 PDF 文档保存试卷,让学生在 iPad 上完成并发送教师收件桌(Drop Box)中。用 Reflector 或 MyPaint 等应用软件将学生学习成果展示给教师和其他学生。	用 Skyward, Schoology 或 Google Forms 制作试卷并让学生参加(可支持制作对错题、多选题、匹配题以及自由团答题)。教师从评价结果中决策今后教学目标与方法。	学生用 Quizlet 或 Socrative 反思作业评价。然后用 Showme 或 Screen Chomp 汇报解决方案	布置给学生一项"回家(takehome)"评价任务,并让他们 Show-Me 或 Screen Chomp 解释处理方案。教师长期使用在线评价决策教学目标和方法,并用 Edit Confirmation 或 form Emialer 脚本给学生个性化反馈。

典型	技术工具	替代	增强	改变	重型
合作	Google Docs, Subtext Pepplet, iCard Sort, Wallwisher	学生用 Google Docs 开展合作项目,同步进行文字处理、创建演示文档和数学表格。	学生用教师创建的 Google Docs 与同伴在课堂内外进行合作编辑,并用 Popplet 等合作工具组织新的学习活动。	学生在课堂外就学习任务创建他们自己的 Google Docs,并利用其他工具展开合作。比如,用 Subtext 参与课程学习。	学生用 Google Docs 或 Skype 等扩展他们的合作学习范围,比如不同班级,甚至可用 Popplet、Wallwisher 或者其他 Web2.0 工具与其他学校学生展开合作。
创造	iMovie, Haiku Deck, Remarks, QuickOffice HD, ShowMe	学生用 Haiku Deck 替代 PPT 创建演示。	学生用 Remarks 等工具记录课堂笔记,增强使用图片等表达形式。	学生用 iMovi、Remarks、Quick Voice 等制作视频和音频,并将其内嵌进笔记中,通过 Schoology 与教师分享。	学生利用技术进行原创,用音、视频媒体加以阐释。
班级管理	Reflector/Apple TV, Splashtop	教师设定明确的 iPad 课堂使用规则,并经常在教室走动以监控学生 iPad 使用行为。	教师明确表达对于 iPad 课堂使用的期望并通过 Reflector 和 Splashtop 等工具的使用展现教学亲近性。	教师和学生一起合作探索对 iPad 在课堂适当应用的期望。	学生掌控课堂预测,在发现学生课堂注意力分数时进行干预。
学习技能	Flashcardlet, Quizlet, Reminders, iBooks, iCalender, Reminders, Popplet, ShowMe, Schoology	学生将 Schoology 作为学习中心,将 Flashcardlet/Quizlet 作为课程学习资源,将 Reminders 作为计划器,将 iCalender 作为作为笔记。	教师示范怎样用 iPad 管理课堂资料,复习课堂笔记,准备考试和测验,搜集资料,比如用 iBooks 进行高亮标识和注释。	学习用 Popplet 作为合作复习工具,如建构单元内容的概念图。学习用 iBooks 和 Subtent 工具中的注释和搜索功能使学习更快速有效。	增强学习数学熟练度,成为 iPad 掌控者,并将其纳入日常学习或生活。
搜索/调查	Wed Searches, Evernote, YouTube, Gapminder, Online Databases	教师和学习在 Sehoology 上发布与内容相关的链接,供其他学习跟随。	学生在课堂上用 Google、Wikipedia、Gapminder 等搜索与当前所教主题相关的内容。	教师鼓励和支持学习在课堂内外频繁使用网络资料。学习能借助 iPad 的搜索工具对教师的问题作出问和答。	学生能借助 iPad 上的搜索工具提问和回答问题。

典型	技术工具	替代	增强	改变	重型
培养学习共同体	Email, Schoology Discussion Board, Schoology Message, ShowMe	教师在 Schoology 上发布作业和课堂资料。	教师用 Email、Schoology Updates 和 Message 与学生进行沟通。学生也通过上述工具与教师进行双向互动。	教师基于学习易用的思想创建 Schoology 站点,可方便嵌入内容、学习访问点击、鼓励学生合作、对课程内容进行拓展。	技术不是课堂的附加物,而是课堂整合的一部分,使学生在课堂内外都可学习。学生将技术的应用作为他们学习的常规。

通过与美国一些 iPad 项目负责人的交流以及分析网上公开展示的 iPad 应用案例和推广成果,我们认为目前美国大部分 iPad 项目实践仍集中在替代和增强层次。从美国 iPad 项目经验反观中国电子书包发展,我们对电子书包的整合期望是否过高?很多试点忽视了最根本的应用需求和有限的条件环境,存在"为改革而改革、为创新而创新"的片面追求"完美"应用的现象,结果造成试点新颖有趣推广却困难重重现象。

（三）对中国电子书包项目方案的再思考

iPad 项目的成功与精心的方案设计密切关联,需要从多个角度加以规划考虑,否则只可能成为一场"昂贵的失败"(Gliksman, 2011)。作为有 25 年资深经验的著名技术应用和教育改革专家,以及为数不多介绍 iPad 教学应用的书籍之一《iPad 教育应用傻瓜书》(iPad in Education for Dummies)一书的作者,萨姆·格利克斯曼(Gliksman, 2013)提出学校成功实施 iPad 项目的 10 个步骤,包括明确目标、搭建基础设施、全面沟通交流、制定管理策略等。富兰克林学院高中(Franklin Academy High School, 2013)总结自身实施经验,提炼出方案设计需考虑的若干问题,包括项目的资金来源与投资保障、设备的管理和维护、iPad 应用的技术培训和支持等。这些问题在中国电子书包项目方案的设计中同样需要考虑。本文中,我们仅选择中国电子书包项目实施中争议最激烈的经费、进度、培训和管理四个方面加以讨论,以期引发新的思考。

1. 经费

电子书包项目经费问题最核心的部分是学生个人设备配置由谁买单。政府买单?家长买单?又或由政府和家长共同分担?三种方案都被提及并讨论过。据调查,60% 以上家长愿意接受的设备价格在 500～2000 元之间,如果超过此预期,就得考虑政府

资助,尤其对中低收入家庭而言。此外,不同方案还涉及设备的所有权、管理权、维护责任等问题。毫无疑问,如果要利用电子书包有效开展教学,学校最好'将管理权掌控在自己手中,比如安全应用设置、教学资源的配置、学生信息跟踪等。如果由政府买单,那么权限和责任等可在学校身上实现统一,并能通过大批量购置等获得最大的福利和效率;如果由家长参与买单,情况将变得复杂,虽可将所有权及相应的维护责任归属个人,可家长必须与学校签订管理授权,以满足教学需要。

美国 iPad 项目也面临类似问题。有的鼓励家长购买指定设备,有的鼓励学生携带设备(这种方式也称为 BYOD 模式,即 Bring Your Own Deviceo 有学者指出 BYOD 模式可能会因为设备的多样性而使教师难以把控课堂),但大多数项目仍是由学校/政府买单,尤其在公立学校。除购买外,还有更具持续发展前景的途径——租赁,并由此产生了种基于租赁的更新模式(lease-based refresh mode1)。一般而言,设备租赁期限为两到三年,折算最终费用约为实际购买的 97%,并被每年分摊。通过这种方式,校园内的 iPad 设备不会超过三年,还可获得专业的设备管理和跟踪服务支持,从而有效解决学校 iPad 项目启动后的设备管理、折旧以及下一轮项目所需大量经费维持问题。

此外,设备的安全以及资源软件的配置也是项目经费预算必不可少的。美国 iPad 项目会规划一笔保险费用以应对使用中的损坏或遗失。这笔费用一般会鼓励家长购买但不强求。支持电子书包开展教学应用的电子课本、管理软件和教学工具等费用则因人而异、因时而异,但大多数 iPad 项目会指定一批必备的电子教材和通用 APP(比如教学沟通平台、学生学习工具、教师备课工具等)。对于从纸质课本转换为电子课本而省下的费用,是大部分 iPad 项目经费预

算中一笔不小的收入。

作者在美访学期间，有幸走访了美国明尼苏达州诺斯菲尔德地区 iPad 项目的主要策划者马特·希尔曼先生（Matt Hillmann）。该地区在 2013 年秋季学期正式启动为期三年的 iPad 项目，覆盖区域内所有公立学校（包括三所小学、一所初中、一所高中和一个学习中心），年经费预算 55 万美元。首期租赁 2700 台 iPad，除小学 3.5 名学生一台 iPad 外，其余学校学生人手一台 iPad。当被问及费用的规划时，希尔曼提供了如表 2 所示的预算清单。希尔曼指出这一开始可能是笔很大的开销，但从长远来看，相对于传统课本，iPad 是更好的长期投资。此外，苹果公司（却pleInc.，2013）提出的批量采购计划（Volume Purchasing Plan，简称 VPP）也可有力帮助缩减项目实施的经费开支。

表 2　诺斯菲尔德地区 iPad 项目费用预算

政府承担	家长承担
iPad 租赁：125 美元/台/年 iPad 外套：10 美元/台/年 APP 预算：12 美元/台（仅覆盖通用工具部分，学科工具则通过其他渠道，比如教师的课堂预算等） 电子课本预算：14.99 美元/本/年（平均覆盖 3 本） 移动设备管理系统：4 美元/人/年 学习管理平台：8 美元/人	设备保险：25 美元/台（一个家庭最高 100 美元）

注：资料来源 Aiumann（2013）

我国"十二五"规划明确提出要确保和用好 4% 的教育经费投入。根据国家统计局 2011 年的统计数据，普通小学教育经费约 6012 亿元、普通中学约 6671 亿元、普通高中 2494 亿元，而在校学生数分别为 9926 万人、7519 万、2455 万，每年生均教育经费分别为：小学 6057 元、中学 8872 元、高中 10160 元。有此经费保障，中国电子书包项目缺的是好的经费应用方案。

2. 进度

美国 iPad 项目从最初兴起到大规模推广，不过三年多时间，但进展不仅有序且有效。以美国一所高中 iPad 项目试点为例，该校从 2010 年 10 台 iPad 的小范围试点，到 2011 年 190 台的规模，再到现在 876 台的应用（详见表 3），这一进度充分反映了随着 iPad 项目的深入，对方法、培训、管理等问题的思考与探索。其中关键的一条是要将设备尽快发放到学生和教师手中，建立课堂内外、学校内外的连贯性和多样性应用。同中国电子书包一样，美国在前期实践中，iPad 为学校所拥有并严格限制使用。从情感归属以及设备的应用定位上来讲，iPad 不为学生所拥有和管理，因此并不能从真正意义上引发设备在被个体所拥有后的显著转变。诺里斯（Norris）和索罗威（Soloway）（2012）在《如何用 iPad 提高学生成绩》一文中指出，学生只有将个人设备作为重要的学习工具，在大量软件工具支持下，且每天课内外使用时间在 50% ～75% 之间，iPad 的应用才能真正促进学生学业的提升。相反，如果只涉一两个软件的应用，每天使用的时间不多，只是"补充性"的应用（每天使用 30 ～60 分钟），对学生的学业提升没有明显效果。

表 3　富兰克林学院高中 iPad 项目时间轴

时间点	核心事件	意义
2010 - 8 - 4	10 台 iPad 安全设置并安装精心挑选的应用后，投入只有 9 名学生的试点班的"世界历史"课堂中试用	小范围、受限试用
2010 - 8 - 18	学生尝试利用文档的云存储，用 GoogleDocs 创作和编辑课堂文件	扩展学习应用，提高学生投入度
2010 - 9 - 14	学生注册并用 Wiki 反馈他们对应用软件的看法	
2010 - 10 - 3	评估其他课堂使用 iPad 的计划，并一致同意再投入 20 台 iPbd 扩大项目规模	评估扩大应用规模和程度

时间点	核心事件	意义
2010 – 10 – 15	指导学生如何在早课时间检测 iPad 状态。同时,调查教师和学生在"世界历史"课程外使用 iPad 的可能性	增强学生自我管理能力
2010 – 11 – 11	第一次家长/学生会议,沟通 iPad 在课堂教学的创新应用	关注家校沟通
2010 – 11 – 18	感恩节期间,学生带 iPad 回家以便完成学校追加的阅读任务,并签订 iPad 使用协议	探索课外应用
2010 – 12 – 1	试点项目扩展到欧洲历史和英语 4 课程的课堂教学中,另增加 20 台 iPad 给学生。	从人数、课程、时间多个方面拓展试用规模
2010 – 12 – 16	鼓励学生在其他课堂使用 iPad,最终应用到所有课堂	
2011 – 2 – 22	学生和家长一起签订协议将 iPad 每晚带回家,加快引入步伐决议在 2011～2012 学年再引入 180 台	探索设备校内外应用的连贯性;关注教师培训
2011 – 3 – 21	iPad,并部署到 11、12 年级的学生。教师培训工作启动。召开针对 11、12 年级学生的家长信息	
2011 – 7 – 20	会议,签订 iPad 发放协议。	
2012 – 1 – 10	追加购买 iPad,发给所有 10～12 年级学生	
2012 – 2 – 23	所有 iPad 被格式化并登记进入移动设备管理系统	关注设备的管理问题
2012 – 7 – 10	前一年所用的管理系统和服务不行,决定更换	
2012 – 9 – 10	第一季度开始试点所有设备保存在学生手中,有损坏和遗失,但在预算内。教与学的反馈评价比较积极。	探索学生个体真正拥有设备
2013 – 2 – 15	设计制作新学年的课程指导 APP,并安装到学生 iPad 中。	探索校本 APP 的开发

中国电子书包项目开展已三年,但真正全面铺开试点(人手一台设备、全部课程、全时间覆盖、校内外连贯)的几乎没有。以上海为例,作为最早启动电子书包试点的地区,到 2013 年春,只有曹杨实验小学一所学校全校学生参与试点但也仅止步于设备的补偿性应用阶段。绝大多数学校只局限在部分班级、部分课程试点,每周授课 2～4 节。这种试点不仅难以发现真正的问题,也难以发现发展的机。诺里斯和索罗威(2012)认为既然项目投入了大量经费和精力,就不应该把这些高价、先进的设备仅仅作为补充性工具。只有使这些设备发挥应有功效,我们所期盼的以往教育手段难以发生的"奇迹"才会产生。但同时,我们也要正视的现状是,美国 iPad 项目由于有苹果公司这样具有领导力的品牌聚拢全国的资源和智慧,能快速形成良睦、可持续发展的生态圈,而中国电子书包项目的发展,由于试点设备品牌选择过多(有联想、汉王、三星、一人一本、苹果等),后续教育应用所需的资源、软件发展较分散、多元化,反而无法形成共力。虽然全国电子课本与电子书包标准专题组进行相关标准研制以进行规范和引领,但进度显然需要加快。

3. 培训

教师思维方式和习惯的改变直接关系着电子书包项目的成败。教师需重新思考学习资源类型和评价方式,提供更丰富的内容,还需将正式课堂外的学习也纳入教学设计范畴。这就需要策略引导,需要时间演变,更需要相应的措施支持和鼓励教师的探索和创新行为。因此,在电子书包项目中,教师培训和发展是一个不间断、持续的过程,不是简单的讲座或工作坊能解决的。负责监督学校 iPad 项目过程,并撰写了《iPad 教与学:教师快速指南》一书的富兰克林学院高中校长戴维·马哈尼(Mahaley,2013)根据自身实践经历总结的几条做法,从生态发展的视角体现了培训与实践的融合与统一。

(1)教与学的工作流程表明了应用需求及彼此

间的关联逻辑,可有效帮助选择和使用应用软件。一方面可以教学流程为依据架构培训内容体系;另一方面,可从教学流程最关键的几款软件应用起步启动教师培训,以有效增强教师应用的意识并快速进入应用的初级状态。

(2)不同教师的技术掌握层次不一。在已有条件和状态下,应开设多途径、多层级的培训方式:从"技术花絮(Technology Tidbits)"(不超过15分钟,在教师会议中顺便介绍)到"封闭培训(Blocked Training)"(持续1~2个小时或更长,确保能全面了解一款软件及其特性),再到半天的专业发展研讨(更深层次、更密集地对所应用软件工具展开反思)。培训的关键是要保证其相关性及持久性。另外,培训内容不能过多,以确保教师及时消化后在课堂中进行实践并评估获得的效益。

(3)对获得好的应用效果,应及时宣传共享,并积极鼓励模仿和扩展。例如,可启用在特定软件应用上已成为专家的教师培训新手,建立职场(on - site)专家池的发展机制。此外,为教师提供及时、课堂上

(in - class)的求助支持也必不可少。

马哈尼还指出,对学校管理层来说,要通过自身的言行塑造榜样,以推动项目应用。比如,他从启动iPad项目后,大量应用电子文档并在教职员工中分发,并通过 Evernote 与每位员工共享互动。虽然电子书包项目也涉及学生培训,但美国 iPad 项目试点发现学生对新工具的运用没有问题,稍加指导即可;学生能快速掌握使用的方法与技巧,并能相互合作解决难题,甚至帮助教师。

培训和发展成功的标志是形成学习和应用的文化,表现为教师对教学创新和探索有内心渴望、技术成为学生的学习生活方式等,但这些显然无法由上而下通过指令的方式完成。因此,中国电子书包项目发展应重新思考培训与发展的内涵与价值取向。

4. 管 理

当电子书包项目发展达到一定规模和深度后,管理的重要性越发突显。项目需要定义和创建自己的用户经验和管理模式,设定预警机制和汇报体系。表四给出了美国 iPad 项目的管理内容。

表4 项目管理内容体系

管理类型	项目内容
教室管理	无线网络如何配备? 教室照明环境对电子书包应用的适合性? 考虑桌椅的移动性以支持课堂的自由排坐和小组合作?
设备管理	谁购买和拥有设备? 设备在哪里保存和管理? 如何应对损坏和偷窃? 设备发放过程?相关登记和跟踪表格? 权限限制?网站过滤?相关可接受使用策略(Acceptable Use Policy)? IT 人员是否配备到位?移动设备如 iPad 等技术与维护培训是否展开?
应用管理	怎样购买所需应用和电子课本?谁负责? 新的设备和应用在投入前如何试用? 内容与应用如何推送到学生设备中? 设备中的系统与应用如何同步与更新? 个人设备中的数据需要网络存储?如何与本地同步?
沟通管理	项目进展的信息沟通? 如何从学生、教师和家长处获取评价和反馈? 成功应用案例的收集与管理?

其中,有两点是美国 iPad 项目管理特别看重,而中国电子书包项目发展常被忽视的:一是对具有指导

性、程序性或政策性的项目支持文档的起草和使用，包括可接受使用协议、设备带回家（take - home）协议、设备发放登记流程、设备保险手续、常见问题集、快速启动指南、家校通告备忘录等。这些支持文档可有效保障项目开展的规范性和合法化。以可接受使用协议为例，为确保学生健康、安全地使用设备开展学习，学校一般会就数字资源和网络的可接受使用范畴加以界定和声明，规定双方的责任与义务，并与学生、家长签订可接受使用认可同意书；另一方面是家校信息沟通机制的建立。很多项目调查发现，开展家长持续关注项目，学生更能展示出好的学习成效，因此良好的信息沟通可有力确保家长关心和支持项目。推荐的沟通策略包括家长/学生会议、书面通知、一对一接待、网上释疑/论坛等。信息沟通应避免"报喜不报忧"的错误做法，应与家长开诚布公，共策共力，形成项目推进联盟。

（作者单位：华东师范法学院）

摘编自《开放教育研究》2014 年 4 月

美国电子书馆配研究

蒋 璐

一、引 言

数字阅读作为网络时代的新生力量，正日渐改变人们的阅读方式。根据《2013 全球电子书报告：现状与未来展望》，2012 年电子书销售总额约占美国图书交易总额的 20%。随之而来的是传统图书馆业务发生的潜移默化的改变。尽管纸质书仍占据美国图书馆藏的 87.1%，电子书所占馆藏比例却在十年内增加了两倍脚。由此，电子书馆配逐渐占据图书馆配市场的重要份额，且已形成较为成熟和完善的发行渠道及馆配系统。

二、美国电子书馆配渠道

和传统图书流通渠道一样，馆配电子书流通渠道是指电子书从出版商手中转移至图书馆用户手中并实现电子书价值的路径。这是电子书馆配系统中的重要组成部分。

（一）主要渠道成员

电子书流通渠道的构成包括：内容提供商、馆配商和图书馆用户。其中，内容提供商多是传统出版商，馆配商是本文重点介绍的渠道成员。

1. 综合类电子书馆配商

这一类电子书馆配商的业务重点在于向图书馆用户提供各个学科、类型的电子书资源以及借阅和订购方案。其中，网络图书馆公司是此类馆配商的典型代表。网络图书馆公司创建于 1998 年，是美国主要的电子书馆配商之一。到 2013 年，网络图书馆公司提供来自 400 多个出版商的电子书，数量超过 6 万种。这些电子书中的 90% 都是在 1990 年之后出版的，每月约增加 2000 种。所涵盖的学科包括：科学、技术、医学、生命科学、计算机科学、经济、工商、文学、历史、艺术、社会与行为科学、哲学与教育学等。其中，商业与经济类电子书所占比重最大。早期，网络图书馆公司通过与内容提供商进行谈判与合作获得了大量图书版权，并将其纸质版转化为电子版。除此之外，它所开发的技术平台能够帮助图书馆便捷地获取电子资源。从服务方式来看，网络图书馆公司所提供的是网络服务和定制服务，避免了大多数中文检索系统采取的镜像服务方式所带来的镜像服务器重复建设问题。网络图书馆公司仅需创造良好的网络环境即可向图书馆提供稳定的网络服务。从订购方式来看，网络图书馆公司允许以集团为单位进行订购，集团内的图书馆用户均可获得订购电子书的永久拥有权"。哥伦比亚大学图书馆、斯坦福大学图书馆等都是网络图书馆公司的用户。

在美国，此类的电子书馆配商占多数，其他还包括电子图书公司（Ebrary）、个人图书馆公司（MyLibrary）、智图公司（Libwise）等。

2. 专业类电子书馆配商

此类电子书馆配商与综合类电子书馆配商的区别在于所提供的大多是专业类电子书及其订购和借阅方案。塞弗瑞和诺威尔是这类馆配商的典型代表。

在订购方式上，塞弗瑞和诺威尔均允许以集团方式进行购买，集团内成员可共享所订购的图书，但不提供图书的永久拥有权及永久访问权。在服务方式上，与网络图书馆公司相同，塞弗瑞和诺威尔所提供的也是网络服务和定制服务。同时，塞弗瑞允许同一本书在同一时间被多名用户阅读；而诺威尔的用户可以直接根据数据库内容汇编生成二次产品。

3. 馆配技术解决方案供应商

这类馆配商的业务重点是为用户提供数字借阅系统、资源管理平台等技术服务。尽管他们通常也提供电子书内容资源，但技术服务是其主要竞争优势。数字媒体传播商超速公司为图书馆用户提供各类型技术解决方案，是此类馆配商的典型代表。

尽管拥有丰富的电子书资源，超速公司业务的重点仍是技术解决方案的提供。其图书馆用户包括企业图书馆和公共图书馆。超速公司为这两类用户提供成套的数字阅读解决方案，包括协助图书馆建立电子书馆藏，为图书馆提供齐全的电子书目录，保障读者可以利用超速公司平台方便地借阅电子书并在任何电子设备上阅读，提供对图书馆员工的培训。超速公司还为图书馆提供由客户定义的虚拟资源网站，即虚拟分馆，图书馆可借助虚拟分馆对用户进行实时分析报告，了解用户使用情况。

（二）馆配渠道类型

与传统的 B2L（Business to Library）发行渠道一样，馆配电子书发行渠道以流通环节是否有中间商参与为标准，同样可分为直接发行渠道和间接发行渠道。在直接渠道中，出版商直接向图书馆用户发行数字内容，并制定电子书产品组合方案、电子书价格，为图书馆用户提供相关服务。出版商通过建立直接发行渠道可以实现收益最大化，同时能直接获得来自图书馆用户的信息反馈。但通常只有大型出版商才有足够的人力和财力建立直接发行渠道，如威利·布莱克威尔（Wiley-Blackwell）以及泰勒·弗朗西斯（Taylor&Francis Group）。

在间接渠道中，电子书馆配商通过协议与合作方式取得出版商的内容资源，整合后通过数字发行平台提供给图书馆用户。在如今的电子书市场产业链中，上下游角色逐渐模糊，且相互融合与渗透，电子书馆配市场也不例外。这两种发行渠道的结构如图 1 所示。

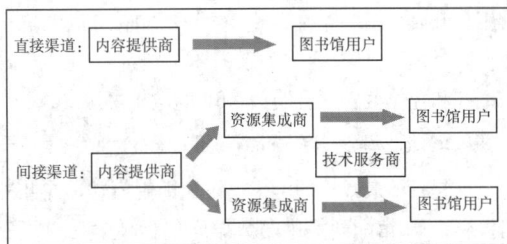

图 1　美国电子书馆配发行渠道示意图

三、美国电子书馆配业务

电子书馆配业务是馆配商在实现经营目标的过程中涉及的一系列流程的总和，既包括从内容提供商手中获得电子书资源，也包括销售环节等。下文将介绍馆配电子书的销售模式以及辅助的特色服务。

馆配商通常根据用户需求制订灵活的销售方式，包括设计不同的产品组合及订购方式。同时，销售模式也是馆配电子书定价的基础。总体来说，电子书馆配的销售模式有如下五种。

（一）单本销售（single e-books）

馆配商提供的按本销售模式使得图书馆用户能根据需求灵活选择所需电子书，同时也提高了所购电子书的使用效率。大部分情况下，按本购买的电子书价格取决于纸质书的价格，但某些情况下电子书的价格会超过其纸质版本的价格。

一些美国电子书馆配商为图书馆用户提供各种电子书订购方案服务。早期，网络图书馆公司开发了电子书订购工具"直选'（Title Direct）和"配选"（Title Select），前者是该公司 70000 余种电子书刊的在线订购平台；后者是一种概要分析工具，图书馆员可以按主题、出版商和出版日期创建电子书订购概要，该工具将按固定的时间间隔（每 30 天，60 天或 90 天）向馆员发送与概要相匹配的电子书单。作为技术提供商的超速公司建设了内容仓储（Content Reserve）平台。这是一个功能全面的数字资源订购和管理平台。出版商可以通过这个平台上传电子书、有声书等数字资源，并在制定版权保护措施的前提下提供给 15000 多个图书馆用户 11910 随着 PDA 订购方式的普及，网络图书馆公司、电子图书馆公司（ebook Library，EBL）和 Ebrary 等馆配商均提供此种订购服务。除此之外，YBP 图书馆服务公司（YBP Library Services）开发了全球在线书目信息（Global Online Bibliographic Information, GOBI），为专业及研究型图书馆提供专业的电子书选购指导。通过这个平台，YBP 整合了超过 10000000 种电子书，向图书馆用户开放。图书馆在购进电子书之前,可以浏览全文。同时,任何具有合作关系的图书馆都可通过Gob-iTween和合作报告联合购买YBP的电子书。

(二)数据库销售(e-book collectiom)

这是一种最常见的电子书馆配销售模式。在此种销售模式下,馆配商提供的数据库包括单学科电子书集成库和多学科电子书集成库。图书馆用户还可以购买按出版商汇集的集成库。由于收集并购买同类电子书并整合为数据库是一件极其耗费人力资源的工作,很多图书馆用户选择通过前一种模式购进电子书。

(三)年度订阅(annual subscription)

这种销售模式给了图书馆用户足够多的时间去考察所购电子书集成库的使用率以决定来年是否购买。在此种销售模式下,馆配商还向图书馆提供系统平台,并收取电子访问费用。

(四)一次性销售(one-time purchase)

针对具有长期使用价值且短时间内不需要更新的电子书资源,馆配商通常将其一次性售卖给图书馆。图书馆用户既可以使用自行开发的系统平台,也可以购买馆配商提供的平台,需要向馆配商支付平台维护费用。这种售卖方式中,图书馆用户通常具有较强的议价能力。

(五)基于用户驱动的销售(patron driven acquisition)

本世纪初,馆配商网络图书馆公司提出了用户驱动采购模式(patron driven acquisition,简称PDA)。这

种销售模式可以帮助图书馆用户解决采购过程中的信息不对称问题。在这种模式中,读者可以根据自身需求浏览或购买馆配商提供的电子书资源,馆配商将其反馈给图书馆用户,图书馆则据此购买电子书。

图书馆用户获得馆配商提供的电子书资源并不意味着馆配商业务就此告一段落。为图书馆提供电子书借阅和浏览方案通常也在电子书馆配商的业务范围之内。电子书图书馆公司为图书馆用户提供的借阅方案同时顾及了内容管理模式和馆藏情况。电子书图书馆公司所提供的是"非线性借阅"(Non-Linear Lending)方案,不同于传统的纸质书借阅方式,一次只能将一本书借给一个用户。非线性借阅仅限制用户对每本书的总借阅时间,可将一本书借阅给多名用户。电子书图书馆公司允许读者浏览所有书目并进行全文检索。读者既可在线通过EBL的PDF浏览器进行阅读,也可以下载AdobeAcrobatcbooks到电脑、PAD上进行离线阅读。而ebrary则开发了SaaS模型,图书馆通过注册SaaS可以利用电子图书公司强大的检索系统,高效地在线发布其数字资源,供读者浏览、借阅。同时,图书馆可以方便地对这些电子书资源设置权限及进行使用率统计。这些电子书资源甚至还能以多种语言呈现。

(作者单位:武汉大学信息管理学院)
摘编自《出版科学》2014年第2期

数字时代新型出版文化的构建

——以亚马逊公司数字出版产业为例

杨 娟

在电子书阅读时代到来之际,亚马逊抓住机遇于2007年11月19日发布第一代Kindle阅读器,用户可以通过无线网络使用Kindle购买、下载和阅读电子书、报纸、杂志、博客及其他电子媒体,能在最小化电源消耗的情况下提供类似纸张的阅读体验。

在亚马逊等电子书商及数字出版公司的业务壮大过程中,欧美读者的阅读习惯已经有了颠覆性的改变,特别是在大众趣味性的阅读选择中,纸质图书几乎完全被电子书所取代。笔者借鉴了国际数字出版

巨头亚马逊公司的经验,认为应该从以下两个层面做出努力。

一、出版理念层面

(一)数字出版平台也要坚持走"深度阅读"路线

亚马逊旗下的kindle阅读器,可以下载上百万的图书内容,共有文学(含小说、传记、漫画绘本等)、经济管理、少儿、人文社科(含哲学、宗教、励志、政治、历史、国学、法律、艺术、心理学等)、生活(含健康、养

生、娱乐、婚恋、时尚、家庭百科等)、教育,以及英语、科技等数万种中外电子书;还有数千本免费电子书,包括众多的中外经典名著供用户选择。这么庞大数量的图书资源,却几乎完全没有文字垃圾,大部分图书都是适合"深度阅读"的好书,甚至很多图书馆都难以找到的学术专著,都可以在亚马逊的电子书库中寻找到。同时还利用技术上的优势,弥补了图书馆藏书数量的限制,可以一份资源无数用户共享下载,得到了很多包括高校学生在内的高品质用户的青睐。"浅度阅读"往往只能满足人们一时的阅读快感,很容易被用户遗忘;只有像这样能给用户制造"深度体验"的出版平台,才有真正长远的发展前景。

(二)数字出版平台更要彰显"人性化"服务理念

数字出版因其技术上的优势,更容易与读者进行即时沟通和信息反馈,所以相比传统的图书出版,数字出版业对"人性化"的服务要求更为明显。亚马逊电子书业务迅速增长与发展的原因除了其把握住网络信息化发展的机遇之外,更重要的是其"顾客至上"的服务理念。亚马逊以为顾客提供"最快捷、最方便、最易用"的服务为目标,所以才会在众多竞争者中得到大多数用户的支持。

首先,有网络技术的支持,kindle 电子书阅读器及其软件可以为用户提供 24 小时不间断的图书搜索服务,不论在何时何地,只要用户需要某本图书,都可以在亚马逊的联网搜索器上依据作者姓名、书名、主题等关键词搜寻想要的图书,并可以立即支付购买,即可阅读。

其次,kindle 会根据用户的阅读和购买记录来对用户进行智能推荐,提供用户可能会感兴趣的图书,甚至能让用户根据自己的心情或偏好来排列推荐顺序。用户还可以创建个性化阅读书单,亚马逊会根据用户的心愿书单来以邮件的方式自动提供"新书速递"。

除此之外,kindle 软件的用户在阅读过程中可以设置屏幕亮度、字体大小、字体、背景颜色和行间距;遇到不会的单词可以直接网上查询词典;不懂的专有名词可以直接在百度和百度百科中查询;能够随意添加及删除标注、书签和笔记以及放大、缩小配图等等功能,让用户备感贴心。

这种真正"随心所欲"的用户体验,与其说是其营销手段,不如说是服务理念的力量。亚马逊这种"五星级的服务"是国内其他数字出版平台都望尘莫及的。当然可能有一些功能需要技术上的支持,国内

的平台目前还无法全部做到,但一些平台连最为简单的线上互动和市场反馈都没有,这就很难建立起读者的忠诚度。

(三)数字出版也能参与公共服务,赢得社会效益

亚马逊 Kindle 电子书城免费阅读资源库内容十分丰富,包括了 30 多万种免费电子书、有声图书资源,以及科幻小说免费下载的权利。亚马逊致力于在免费书目的范围内,建立一座便携式的公共图书馆。除此之外,亚马逊还推出了 Kindle 图书馆借阅服务。这项新功能允许 Kindle 电子书阅读器的用户借阅美国的 1.1 万个图书馆中的图书。Kindle 图书馆借阅服务将提供给所有型号的 Kindle 设备和免费的Kindle阅读应用程序。使读者不出家门,不用花钱就能随时随地阅读公共图书馆的各类藏书。

亚马逊不仅在营造数字公共图书馆上下了大功夫,还利用网络信息平台组织写作活动,如"穿越亚马逊"项目、"创意空间"、写作竞赛、"单本"计划、互动式小说活动等,不仅为自己的网站吸收了大批新的资源内容和反馈建议,也在社会上引起了不错的反响,得到了多家媒体的认可。我们国内的数字出版业也应该在追求经济效益的同时,思考能否为社会创造文化价值。

二、出版实践层面

这个层面主要涵盖的是数字出版过程中各种出版行为与方式的问题。主要包括以下几个方面的建议。

(一)将内容与技术有效结合,并坚持内容上的创新

目前我们国内的数字出版平台基本上很难做到内容与技术的有效结合。

对此,亚马逊公司的"以内容养终端"的模式十分值得我们借鉴。亚马逊把阅读终端作为平台,将后期的电子书销售作为服务和赢利的模式,为电子书阅读器制造商和内容提供商创造双赢局面。这种局面不仅把内容与技术进行了充分的融合,还极大地刺激了出版内容方的自主创作。

因为亚马逊的这种赢利模式,与全世界众多出版社和报社都能保持十分稳定且愉快的合作,在客观上促进了很多传统出版社和报社的出版数字化。除了与各类作家、学者签订出版合约之外,亚马逊还创新性开创了自主上传、出版电子书的业务。世界

上的任何一个人都可以利用亚马逊平台出版自己的作品,只要将 Word、txt 或者 html 文件上传,标明作者、编辑、目录等信息,就可以在 10 分钟内出版一本电子书。这类书的价格由作者在 0.99 美元和 200 美元的范围内自定,如果其作品被读者购买,作者就能分到其作品零售价的 35%(作为版权费)。这种做法不仅帮助了文学爱好者们实现自己的作家梦,客观上也丰富了亚马逊电子书库的内容。在内容上做强的亚马逊就像一个电子图书馆和出版社,再加上先进的科学技术与人性化服务的支持,使其读者遍布世界各地。

(二)使数字出版产业链各方集成合作,高效运营

亚马逊的数字出版产业链条已经十分完整。从各地出版社、报社、个人获取图书资源,编码成二进制的数字资源存入数据库,利用技术手段开发出 kindle 电子书阅读器作为终端,同时作为网络运营商的亚马逊以无线网络下载方式及电子商务的支付手段实现电子书产品买卖,并利用网络平台提供持续的营销宣传与服务,以电话、电子邮件等方式来维护客户市场。由于亚马逊公司是由电子书店逐渐发展起来的,所以在网络运营和平台服务方面拥有得天独厚的优势,再加上早期卖书时就有意识地建立起了十分丰富的内容资源,使亚马逊在得到技术支持后无往不利,产业链条快速建立起来。

我国数字出版本身起步较慢,在短期内让一家企业在资源和技术上做到像亚马逊公司这样实在是强人所难,建立合作共赢的产业模式,使产业链上的各方都各司其职,服务于读者,才能达到最好的出版效果。可目前国内很多数字出版机构并没有意识到这点,众多出版平台都希望自己一家"独当一面",急功近利地去追求自身不适合的发展方向,导致了资源的浪费、机遇的流失。

其实我国目前的数字出版业并不缺乏内容资源,基础数据化也已近完成,电子商务发展迅速,移动网络技术也日渐成熟。我们需要的只是把各家优势资源整合起来,多部门一起形成一个高效运转的数字出版产业链条。

(三)数字出版产品多样化发展,阅读终端与技术不断推陈出新

亚马逊出版的绝对不仅仅是文字电子书,而是包括有声图书、数字唱片、数字电影等产品在内的多媒体应用产品。随着产品内容多样化发展,其阅读终端也在不断更新换代之中。在第二代 kindle 推出之后,亚马逊于 2011 年 9 月 28 日发布了第一款 kindle fire 平板电脑。相对于苹果 iPad,kindle fire 的尺寸更小,当时售价仅 199 美元,不到 iPad 的一半。使用 Fire 可以快速收听存储在亚马逊云端的音乐。想脱机收听,轻点几下就可以实现下载。在 Fire 中购买音乐也十分简单,有一个"商店"链接一直处在右上角。和音乐一样,用户可以很轻松地在线观看、购买或租借视频,亚马逊也会为会员提供免费视频内容。从电子阅读器到平板电脑,再到如今可以植入苹果与安卓系统的手机阅读应用软件,亚马逊几乎将其电子书产品推广到了当今数字市场的所有载体形式,并总能与当下最新科技相结合。如亚马逊在 2013 年 6 月 7 日正式于中国市场出售的最新版 Kindle Paperwhite 电子阅读器,就具有多样最新技术下的创新功能。用户可以使用新版 kindle 方便地阅读个人文档,省掉了打印的麻烦。我们只需将个人文档(包括 WORD,PDF 或其他格式的文件)通过电子邮箱发送至 Kindle 设备,即可使用电子书阅读器进行阅读。同样创新的还有 Whispersync(悄声同步)功能,这项技术能够在不同的阅读设备上自动同步用户的最近阅读位置、书签以及标注。无论使用何种设备,用户都可以从最近的阅读位置继续阅读。用户所有的电子书都会自动备份在亚马逊云端存储空间,这样就永远不用担心丢失任何一本,通过无线网络就可随时免费重新下载。这些功能的开发都是基于对云计算技术的充分运用。亚马逊在云计算技术早期研究时就发现其巨大的利用价值,并开始投资本公司的云计算技术的开发与研究,才能在我国大部分数字厂商刚开始尝试使用云计算技术的时候,就已经对这项新技术有了充分的掌握,并能在此基础上实现创新。

(作者单位:华中师范大学)

摘编自《广西职业技术学院学报》2014 年 2 月

寻求双赢：美英公共图书馆电子书借阅机制探索

杨岭雪

一、电子书的发展

电子书是近几年发展起来的基于现代出版技术的新型出版物，其出版—消费链要比传统图书复杂得多。这种复杂性的一个重要方面就是电子书的界定。一种观点强调电子书的内容特征，认为电子书是一种具有传统图书结构的数字内容，如 Hawkins, D. T. 将电子书界定为电子格式的图书。另一种观点则更强调电子书的技术特征，如 Morgan 认为电子书专指用专门设计的便携式阅读设备阅读电子数据的软硬件结合体。其实，这两种角度的定义反映了电子书具有内容与技术的二元性。和传统图书不同，电子书的内容和阅读技术相互依附，缺乏专门的阅读设备，电子书无法被阅读；相反，如果没有内容，阅读设备也就失去了存在的价值。

从阅读模式上看，电子书可以分为两大类：一类是网络型电子书，即读者利用浏览器或其他通用软件即可阅读的电子书；另一类是需要专门软件方能阅读的电子书，这种电子书要求用户在电脑上安装客户端软件，或者使用专门的电子书阅读器。

从管理权限上看，电子书可以分为进入公共领域的电子书和通过数字版权管理的电子书。前者一般会提供免费阅读，而后者则对应了特定的电子书商业模式。早期的电子书主要是通过将传统印刷型图书进行数字化而形成。

早在 20 世纪 70 年代，古腾堡项目就开始将大量的进入公共领域的图书进行数字化，制成电子书，并以磁盘、光盘等介质发行。互联网的出现则为电子书的传播提供了一个新平台，使电子书的传播更为便捷和广泛。近年来，移动终端（包括电子书阅读器、平板电脑、智能手机）的出现，使电子书进入到新一代。

新一代电子书其实是一种原生的数字化读物，它具有传统图书的内容结构，同时也允许读者作批注、查找词语甚至可以像传统图书那样翻页。这样的电子书一般都采用 EPUB 格式或其他格式，并通过数字版权管理系统对其内容进行保护，需要特定的软件和识别号码下载到特定的阅读器中进行阅读。一些电子书不再是传统图书的简单翻版，而是融合了文字、声像视频、3D 技术等现代信息技术，具有交互式、智能化的特征。例如苹果公司专为 iPad 等产品开发的电子书 iBooks。

从电子书市场的发展可以看出，电子书越来越被读者所接受。随着电子书技术的日益成熟，电子书在市场上也异军突起，成为出版市场上蓬勃成长的新生力量。

二、电子书与公共图书馆

（一）美国公共图书馆的电子书服务历程

美国图书馆界在引进电子书方面一直处于领先地位，公共图书馆提供电子书借阅服务最早可追溯到 1998 年。向图书馆提供电子书的先驱者是 NetLibrary。

另一家公共图书馆电子书提供商是 Over-Drive，大概有 18000 家图书馆利用 OverDrive 的电子书借阅平台向读者提供电子书服务。目前，Over-Drive 和 2000 多家出版商合作，向读者提供超过 100 万种的电子书。美国图书馆学家 Barbara 在调查美国公共图书馆电子书服务时发现，大约 90.2% 的图书馆采用 Over-Drive，其次是 NetLibrary，占 73.2%。

美国公共图书馆开展电子书服务经历了三次浪潮。第一次浪潮发生在 2000～2002 年间，第二次浪潮在 2006～2008 年间，第三次在 2011～2012 年间。Barbara 在报告中提供的数据表明，46.3% 的受调查图书馆在 2006～2008 年间开始电子书服务，其次是 2000～2002 年间，大约有 31.7% 的图书馆开始电子书借阅服务。ALA 的研究报告显示，2011～2012 年间，大约 40 个州有一半以上的公共图书馆提供电子书服务，22 个州有 80% 的公共图书馆提供电子书服务。40 多个州的数据显示，2010～2011 年提供电子书服务的公共图书馆数量平均增加了 16.4%，这意味着电子书已成为公共图书馆借阅服务的重要组成部分。

（二）公共图书馆电子书服务情况

公共图书馆电子书的借阅量达到十分可观的规模。据 OverDrive 公司 2013 年 3 月发布的统计报告显示，2012 年一些大型公共图书馆的电子书借阅量已经突破或接近百万次，其中前五个图书馆依次为：King County Library System, Wash.（130 万）；New York Public Library（110 万）；Toronto PublicLibrary（90 万）；Seattle Public Library（85 万）；HennepinCounty Library, Minn.（75 万）。

（三）电子书服务对公共图书馆服务的拓展

电子书有着传统印刷型图书无法比拟的优势，包括：①全天候服务，读者可以每天 24 小时每周 7 天借阅图书馆的电子书；②全方位服务，读者可以在世界任何地方通过互联网访问图书馆馆藏的电子书；③全媒体服务，电子书可以综合各种表现形式，包括文本、声像、动画等，并提供超链接和外部信息进行有机联系，形成全媒体阅读。

电子书的这些特点可以有效提高公共图书馆的服务效益，拓展公共图书馆的服务范围，让公共图书馆的服务更加贴近读者的阅读需要。

三、出版商对公共图书馆电子书借阅服务的挑战

由于电子书改变了传统图书生产链，公共图书馆提供免费的电子书服务其实是向读者免费出借一种获取电子书的权限。这就让出版商怀疑公共图书馆的传统借阅机制能否适应新的电子书生产链。电子书出版商一直担心公共图书馆出借电子书会影响自己的利益。

基于以上担心，电子书出版商一直限制公共图书馆的电子书服务，这些限制包括：

（1）出版商不允许公共图书馆出借其出版的电子书，如出版商 Simon & Schuster 就不同意公共图书馆出借他们出版的电子书。

（2）出版商以高价给公共图书馆提供电子书，如世界著名的出版商 Randon House 不限制公共图书馆借阅电子书，但是公共图书馆要以比零售价高出数倍的价格购买其出版的电子书。

（3）出版商限制公共图书馆电子书的借阅次数，如世界出版巨头 HarperCollins 出版公司只允许每本电子书出借 26 次，否则公共图书馆需要购买新的复本。

（4）出版商只允许公共图书馆出借其若干年前出版的旧电子书。如麦克米兰（Macmillan）公司只允许公共图书馆出借 1200 种旧电子书。

出版商对公共图书馆出借电子书的限制还存在于技术平台上。2011 年，著名的出版商企鹅出版社（Penguin Books）终止和 OverDrvie 的合作，不再向 OverDrive 这个世界最大的图书馆电子书供应商提供其出版的电子书。原因是 OverDrive 借亚马逊的平台向读者提供基于 Kindle 阅读器的电子书借阅，这样就变成了亚马逊直接向读者出借电子书，而这种方式是企鹅出版社所不能接受的。如此一来，企鹅出版社出版的电子书就不能在公共图书馆被借阅。经过一年多的探索，2013 年企鹅出版社开始和 3M、Baker & Taylor 这两家公司合作，通过新的平台向公共图书馆提供电子书。由此可见，技术平台及其背后的商业模式同样会影响出版商向公共图书馆提供可借阅的电子书。

四、公共图书馆电子书的借阅机制

（一）国际图联的原则声明

2012 年 11 月，国际图联组织一个来自图书馆界和出版界的专家联席会议，讨论图书馆电子书的借阅问题。这个会议形成一个重要成果，就是国际图联《图书馆电子书借阅的基本原则》（IFLA Principlesfor Library eLending），主要内容包括：①图书馆应该有权在一定条件限制下租用或购买所有市售电子书，这些限制性条件基于作品的特性和对图书馆及其读者的授权。②图书馆和版权拥有者之间应该建立起对各自著作权的相互尊重，任何提供给图书馆的电子书使用许可或购买权必须尊重图书馆及其读者的合法使用权限。例如，读者有权复制一部分作品等。③图书馆的电子书应该能够兼容通用的电子阅读设备。④图书馆及其读者必须能够控制对其个人信息的使用，包括他们如何选择图书馆的电子阅读。⑤当出版者/版权所有人/销售商限制图书馆获取电子书时，国家立法机构应该要求在一个合理的条件下确保图书馆能够获取这些电子书。

（二）美国图书馆协会的电子书业务模式

美国图书馆协会（ALA）于 2011 年成立了一个数字内容工作组（Digital Content Working Group, DCWG），研究图书馆如何建立电子内容借阅机制。2012 年 8 月，该小组提出一个公共图书馆电子书的业务模式，这个模式提出了一系列原则，包括基本原则、约束和限制原则、出版商优先原则等。2012 年，该工作小组又为这个模式建立一个计分制度，以指导公共图书馆如何评估自己的电子书业务模式。这个计分制度进一步细化了电子书业务模式，

并提出电子书业务模式的 15 个基本构成元素，包括：①借阅模式是否复制印刷型图书模式（即一人一书模式）；②是否包含所有种类的电子书；③（图书馆）是否有权将电子书从一个借阅平台迁移到另一个平台；④（图书馆）是否有权无限期地出借其内容；⑤残障人士是否能够获取电子书；⑥电子书是否整合（到图书馆系统中）；⑦是否采用单个用户模式（一本电子书不能同时被几个读者借阅）；⑧是否限制借阅次数；⑨是否提供弹性价格；⑩是否以折扣的价格向图书馆延迟销售电子书；⑪图书馆是否要支付额外的费用，使图书馆用户可以及时获取那些延迟销售给图书馆的电子书；⑫读者是否需要到图书馆借阅电子书；⑬是否限制团体购买或馆际互借；⑭是否将出版商所有的出版物（无论图书馆购买与否）归到图书馆的目录中，以便读者可以发现出版商出版的所有电子书；⑮在图书馆 OPAC 上是否揭示该电子书的购买渠道。

这个模式首先强调图书馆可以出借所有市售电子书，其次申明图书馆有权处置已购的电子书，包括可以将已购电子书从一个流通平台转移到另一个平台，并能够无条件地借阅；再者，出版商应该提供电子书的元数据以提高电子书的可发现性。这个模式确认电子书的借阅模式将复制传统印刷型图书的借阅模式，即一本图书一个读者模式，这个模式照顾了各方利益。第一，图书馆伸张自己的权利，不仅强调公共图书馆有权向读者借阅所有电子书，而且强调公共图书馆有权处置已购电子书（见元素 2 ~ 6）。第二，图书馆在价格、购买时间、借阅次数、借阅地点和用户数量上也作了让步，照顾出版商的商业利益（见元素 7 ~ 13）。第三，公共图书馆也愿意和出版商合作，帮助出版商销售电子书，如在电子书目录上加上"购买"链接等（见元素 14 ~ 15）。

（三）英国电子书借阅模式报告

由于英美体制的不同，英国政府在公共图书馆电子书服务模式的探索过程中起了很大的作用。和美国以 ALA 为主体的行业协会主导模式不同，英国模式可以说是一种政府主导模式。英国文化、媒体和体育部委托一个独立小组评估英国公共图书馆的电子书借阅模式，该小组由出版界和图书馆界的资深专家

组成。2013 年 3 月，该小组发表了一份评估报告，提出了公共图书馆电子书借阅的五项原则性建议：①公共图书馆有权免费向公众借阅电子书；②公共图书馆有权用远程方式向读者借阅电子书；③公共图书馆将采用一册电子书一次只能借给一个读者的模式提供借阅服务；④公共图书馆的电子书应该可以在借阅一定次数后当作被毁，图书馆需要再次购买；⑤作者的图书馆借阅权应该延伸到电子书。

英国文化、媒体和体育部对这份报告表示满意，英国政府强调公共图书馆有权通过远程方式向读者免费借阅电子书；同时也确认出版商和销售商的利益需要得到保护，包括一本电子书只能借给一个读者、公共图书馆的电子书在出借一定次数后将被人为毁坏等。

这个报告奠定了英国公共图书馆关于电子书借阅的原则框架。由于英美两国的社会环境不同，各自采用了符合本国国情的模式。尤其是作者的图书馆借阅权，是英国特有的一项保护作者权益的制度，在公共图书馆电子书借阅制度设计时，无法忽略作者的图书馆借阅权。英国的这个模式更侧重制度化设计，尤其是对现行版权法提出了修正建议。

五、结论：公共图书馆电子书借阅模式轮廓

国际图联作为一个国际性的图书馆行业协会，就公共图书馆开展电子书借阅服务提出了原则性建议，更加侧重公共图书馆的立场。而美英两国的公共图书馆电子书借阅模式更加具体化，旨在形成可操作的运行模式，展示实践层面的模式设计轮廓。

比较这两种模式，可以发现，美国模式更强调图书馆对电子书的所有权，这个模式更倾向建立起公共图书馆和出版商之间的合作关系，在确保公共图书馆有权向读者出借电子书的同时，也将出版商的利益作为一个重要方面加以考虑。这个模式不仅认可和保护出版商利益，同时试图通过公共图书馆服务系统来帮助出版商销售电子书。而英国模式则对各方的利益，包括图书馆、出版商和作者的利益有一个清楚的界定和保护。英国模式并不强调以公共图书馆促进电子书的销售，而是更加强调各方的利益界限。从这个意义上讲，美国模式更侧重业务运作，而英国模式更强调制度设计。

但是，我们依然可以发现这两种模式的共同点，而这些共同点体现了公共图书馆电子书借阅制度的基本轮廓。

首先,公共图书馆向读者免费借阅电子书的权利都得到明确的保障。无论国际图联的原则声明还是美国的业务模式和英国业务模式,都十分明确地声明公共图书馆有权向读者出借电子书。这个原则也得到出版界的尊重。

其次,公共图书馆电子书的借阅模式包含三个核心组件:①一书一借的模式。这是公共图书馆电子书借阅的基本模式,即一本电子书一次只借给一个读者。这个模式其实是复制传统印刷型图书的借阅模式。②远程服务。公共图书馆可以向读者提供远程借阅服务,读者可以不必到图书馆来借阅电子书,但读者必须是公共图书馆的注册读者,而且远程的范围

可以界定。③公共图书馆的电子书应该限定借阅次数。超过借阅次数,公共图书馆需要另行购买复本。

第三,公共图书馆电子书的借阅模式设计还可以考虑以下两个方面:①图书馆电子书的衍生服务。例如,是否允许馆际互借等。②和出版商的合作。出版商是否能够利用公共图书馆平台来提供增值服务,例如,公共图书馆的 OPAC 是否包含出版商的所有电子书目录,公共图书馆电子书借阅平台是否提供购买链接等。

(作者单位:南京图书馆)
摘编自《中国图书馆学报》2014 年 1 月

电子书

数字化机遇
——电子书为出版业呈现的新选择
[美]汉娜·贝内特著　龚楚麒译

我明确而不带任何预见或偏见色彩地说,电子书为出版商开启了新的机遇。接下来,我想谈谈数字出版所拥有的机遇和电子书为整个出版业带来新收益的途径。

一、概述:当下的出版业

(一)一些统计数据

目前,电子书占到美国图书销售的 22%。过去的五年见证了电子书市场的急速增长——自 2008 年以来电子书销售额增长了 4660%。由于 2008 年以前几乎没有电子书的销售,如此高的增长率也是预计之中的。

2007 年推出的第一代 Kindle 电子书阅读器使得人们的兴趣转向数字图书。在接下来的几年中,众多的零售商陆续推出了新的电子书阅读器,并且市场上电子书的选择面也迅速地拓展开来。到了 2012 年,电子书的销售量开始放缓,与前一年相比增长了 44%。虽然业界的发展趋于平稳,但它在 2012 年时已经成长为一个数十亿美元的产业了。

时至今日,美国五大出版商以及数量众多的小型独立出版商都拥有自己的数字出版部门。大部分主要的重点图书都同时发布印刷版和电子版。销量仍然可观的重版图书也被转化成电子书。

到现在,电子书已经存在五年时间,电子书产业也已经收集了关于电子书阅读者的大量数据。在美国,女性消费者统治着电子书市场。65% 的电子书是由女性支付购买的,男性只占电子书购买的 35%。大部分的电子书购买者集中在中年或青年群体。64% 的购买者接受了大学教育。这些统计数据勾勒出一幅典型的电子书受众概貌——主要是女性、受过良好的教育、年龄集中在青年或中年阶段。

这些读者中的绝大部分从在线电子书零售商平台购买图书。电子商务成为整个图书销售领域的最大渠道,这有可能是电子书崛起带来的影响。根据鲍克市场研究公司 2012 年的一份报告,在线零售占据了 2012 年图书销售的 44%。与此形成鲜明对比的是连锁书店的份额则降低到了 19%。在所有在线零售商中,亚马逊是迄今为止最大的。2012 年,亚马逊收入的 31% 是图书销售,包括纸质图书和电子图书。

过去几个季度电子书销量增长的放缓是否代表了电子书市场正在接近一个平稳期——一个电子书销售水平保持稳定的状态，或者是技术进一步前进是否会推进电子书在整体市场中占据更大份额，还有待观察。

（二）电子书技术

在美国市场上可以购买到众多的电子书阅读器。亚马逊提供了一系列的 Kindle 产品，包括电子墨水版本和平板电脑版本。电子墨水版本没有背光装置，并只能作为一款单纯的电子书阅读器使用，包括 Kindle 基本版本和 Kindle Paperwhite 版本。亚马逊同时还销售 Kindle 的平板电脑版本，也就是 Kindle Fire，并且提供各种尺寸。

作为全美最大的实体连锁书店，巴诺书店的诺客电子书阅读器（Nook）也很流行，但当巴诺书店在实体书店式微的大环境中挣扎的时候，诺客电子书阅读器在与其他零售商的竞争中很快败退下来。和亚马逊一样，诺客电子书阅读器也提供专用的电子书阅读器和诸如平板电脑的设备。考包（Kobo），作为一个规模较小的新兴电子书零售商也提供一系列电子书阅读终端产品。

当然，考虑到市场上可获得的各种各样的平板电脑和应用程序（APP），拥有一个功能单一的专用电子书阅读器就不再必要。苹果（Apple）在平板电脑产业的大名如雷贯耳，生产了自带 iBooks 应用程序的 iPad 和 iPad Mini 两种型号的平板电脑。苹果同时还生产极为流行的 iPhone。平板电脑和手机上的应用程序使得人们可以在同一个终端上阅读来自不同零售商的电子书。如果一个消费者拥有一台 iPad，他就可以下载 Kindle 应用程序和诺客电子书阅读器应用程序，然后他就可以在 iPad 上阅读从各主要电子书零售商那里购买的电子书。

电子书生产必须考虑不同屏幕尺寸、显示能力和功能的终端设备。图书的内容也必须纳入考量范围之内，因为格式化要求将会决定最终的电子书格式输出是"可重排"格式还是"固定版式"格式。最为常见的电子书类型是可重排的类型（即流式格式，译者注）。可重排电子书可以基于不同的字体大小和屏幕尺寸对内容文本进行重排。这些电子书通常不会有过多的设计，虽然它们可以轻松地适应各种图表和格式。

通常带有过多设计的电子书会以版式格式作为最终的输出格式。版式格式的电子书是一种静态格式。这种格式在屏幕上的输出显示是不能改变的，因而这种格式的电子书只能以缩放的方式来适应不同尺寸的屏幕，但电子书页面中各个元素之间的相互关系并不会改变。版式格式的电子书通常适用于有着大量重要的图表、文章分栏或其他特别设计的图书。烹饪类图书、图片类图书以及一些教科书是版式格式电子书应用的很好实例。

电子书的另外一种类型是增强型电子书，它通常是为平板电脑和智能手机而专门以应用程序的方式开发推出的。增强型电子书包括一些诸如音频、视频、动画以及交互的扩展功能，以此来创造出一种多媒体的阅读体验。能够让孩子们独自阅读动画故事的儿童类电子书是增强型电子书的佳例。同样地，非虚构类图书和学术类图书也可以通过弹出式设计、链接以及视频等增强型方式让读者获得更多的相关主题信息。

由于不同阅读终端具有的不同功能以及众多文件格式的存在，出版商必须对每种不同系统的局限了然于胸，以生产能够在所有读者面前都能很好展示的电子书。

（三）电子书销售

和传统的印刷图书相比，电子书的分销是一个非常简单的过程。对电子书而言不需要建立仓库和物流中心，也没有运输和处理成本。出版商无需估算印数，也无需派出销售团队向主要的连锁书店推销图书。零售商不需要为没有足够的上架空间而担忧。电子书的销售是数字化的、按需的和即时性的。美国主要的出版商都倾向于采用分销服务来向自己的主要零售商分销电子书，比如英格拉姆的合作资源（Coresource）服务。这些分销服务使得出版商能够上传更多种类以及不同格式的电子书以及书籍的元数据，而后分销服务平台又将这些电子书和元数据传送给零售商。在这之后就全由零售商来实现电子书的市场价值。

美国主要的出版商和零售商仍然纠结于制订电子书最佳定价策略这一难题。价格一直是出版商和零售商争论的焦点问题——最近以司法部关于苹果公司和 5 家主要出版商涉嫌价格垄断的控告而告终，纷争的核心就在于电子书价格的重新定义。诸如亚马逊一类的零售商希望以尽可能低的价格折扣出售电子书，而出版商则担心这种行为会贬低电子书的价值并给消费者带来不合理的图书低价期望。

当前美国市场上的电子书价格十分多样。比如说许多自出版电子书的售价低至 0.99 美元到 2.99 美元。而大多数主要出版商除了在特殊的促销期间打折以外，并不会以如此低价销售他们的电子书。大多数完整版本的小说和非小说的售价在 8 美元到 11.99 美元之间。教科书、烹饪类和艺术类图书以及其他十分注重排版设计的电子书售价则基本都在 12 美元之上。教科书则依据内容的不同售价可高至 30 美元或 40 美元不等。

出版商必须加入到 2.99 美元或更低的电子书价格促销活动之中。但只要亚马逊仍然按照与出版商议定的原始定价向出版商支付分成，那么亚马逊不需要征得出版商的许可就可以将图书降至 6 美元或 7 美元出售。由于自出版电子书的兴起和亚马逊的折扣销售，电子书的平均价格一直在稳步下降。比如，2013 年 8 月 27 日畅销电子书的平均售价为 6.33 美元，这是电子书售价的历史最低记录。

最近已经解决的关于美国司法部和苹果公司以及几大出版商之间的案例，说明出版商希求获得更多电子书定价控制权的愿望。这起案例中，苹果公司和当时美国出版六巨头之中的五家出版商因为共谋利用"代理销售模式"来垄断价格而被起诉。在这一代理模式中，由出版商决定电子书的价格，零售商则根据给定的价格以一定的比例抽取佣金并且零售商不能对电子书进行打折出售。

这与出版商和零售商传统上采用的批发销售模式有所不同。在批发销售模式中，出版商给定一个标价，零售商则根据出版商的标价以一定折扣向出版商购买支付，然后零售商则可以以任何自己决定的折扣来销售电子书。

像亚马逊这样实力雄厚的公司能够承受得起电子书销售的亏损来提升其消费者的忠诚度和 Kindle 阅读器的销售。也就是说，就算大幅打折促销使得每本销售的图书都出现亏损，亚马逊也完全可以承担，因为图书销售的亏损将从 Kindle 设备的销售中得到弥补。但是出版商则担心消费者对图书抱以过低价格的期望，同时惧怕亚马逊会因此而控制住整个电子书市场。最终出版商告知亚马逊除非接受代理销售模式否则亚马逊不能出售他们的电子书。

然而，司法部则认定出版商和苹果公司共谋价格垄断并以反托拉斯法提起诉讼。出版商接受判决，支付了罚款并终止代理销售模式。在此案件之后，批发销售模式成为电子书市场上的唯一销售模式，这一模式更好地适应了亚马逊的需求。

（四）电子书营销

尽管承袭了印刷书产业时代的宣传、公关和营销技巧，电子书的营销仍然面对着自身独有的挑战。比如，虽然出版商不用为在最为显眼的陈列台上陈列图书而向书店支付费用，但却必须为使用最好的版面向网站支付费用。

电子书产业依赖于消费者的直接反应。由于饱和的市场上充斥着大量的图书，出版商必须为消费者迅速获得自己想要的图书并立即付费购买而找到解决办法。价格是刺激消费者立即购买电子书的主要因素之一——这也是罗塞塔图书认为采用价格促销至关重要的原因。价格促销在促销过程中和促销过后都能刺激销售量的提升。

美国主要的电子书零售商之一的亚马逊最为热衷于推行价格促销。先由出版商挑选出降价打折的图书，然后再由亚马逊按照折后价格以一定的百分比向出版商支付购买。亚马逊有着非常多的降价促销活动，比如每日 Kindle 促销、金盒子促销、Kindle25 种精选图书和月度 Kindle 促销等多种促销专题。参与每日促销的电子书通常售价在 1.99 美元左右，月度促销的电子书的售价不超过 3.99 美元。

罗塞塔图书发现参与价格促销的电子书销量是没有参与前的 50 倍。所以，即使电子书的价格降到 1.99 美元或者 2.99 美元，电子书上升的销量也能弥补价格上的损失。此外，在促销过后的一个月，电子书的销量仍然是没有促销之前的数倍。在促销期间及促销结束的几周内，出版商赚取了超过未促销时 5 倍的版税。

其他形式的在线营销和广告也能被用来促进销售。就连网页边上的标题广告也被利用起来获取消费者的关注。由于电子邮件是一种能够很好到达目标受众的直接回应策略，因此采用电子邮件广告方式也是极有好处的。与印刷图书一样，畅销书排行榜也是一种让电子书获得关注的重要方式。书评、博客以及其他宣传方式也能够帮助宣传图书信息。社会化媒体营销则是另外一种极为有效的直达消费者的营销方式，尤其是考虑到社会化媒体营销极为低廉的成本付出。

与纸质书一样，出版商必须在多种平台上与消费者互动沟通，并且要始终保证消费者能够轻松方便地购得电子书。

二、电子书新机遇

通过以上的统计数据、发展过程回顾和电子书面对挑战的分析，应该对目前电子书市场的现状有一个大致的印象。但最为令人振奋的部分在于电子书为整个出版业开启的新机遇。

在与纸质书的实验对比中电子书有着诸多的优势。电子书比纸质书的制作更为低廉和快速，图书从出版商到消费者之间的传递都是数字化的。这就使得电子书成为打破各种障碍的完美图书形式，并且带来新的利润来源。在此我想介绍一些出版商和零售商利用这些电子书新机遇的方式。

（一）灵活的时间安排

电子书的生产是非常灵活的。每个纸质图书出版商都有着不同的图书出版时间表，这一过程不管怎样通常都会耗费6个月或者几年的时间，这一冗长的时间表使得纸质图书出版商对于市场变化和突发事件难以做出快速反应。而另一方面，电子书一旦定稿便可以在几周之内完成制作并开始进入销售环节。这就使得电子书出版商可以对多变的市场做出从容的应对。

比如说，政治类图书对于美国纸质图书出版商来说更像是赌博。如果需要一年时间来成功获得、制作、印刷、营销和分销一本关于候选人的图书，风险就在于这位候选人的支持率在此期间会发生极大的改变。一旦获得某位广受欢迎的政治家的自传，这看起来无疑是一门成功的生意，但如果公众舆论开始对他不利，那么这本纸质图书极有可能在它进入销售领域之前就胎死腹中了。

从另一方面讲，电子书有着纸质图书在应对突发事件和利用时间方面所不具有的灵活性。我最近参与了一本关于广为人知的纽约政治家艾略特·斯皮策的电子书新书的制作与发行。在经历一起丑闻之后，这位前州长离开政坛好几年。当他做出重回政坛的决定并迅速地采取实际行动——出版自传之后，作为他的出版商，我们只有数周而不是几年的时间来制作关于他的电子书，而且还必须在他宣布竞选纽约审计长的时候上架销售。一个月内，我们制作出电子版和按需印刷版两个版本，这都是为了让这本书在艾略特·斯皮策参加晚间脱口秀节目讨论他的竞选时发挥重要作用。

如此之快的编写速度对于传统印刷出版而言是不可能的。电子书使得图书比以往更为切合时宜。

同样地，图书的错误订正也不再需要印刷图书时代那样漫长的周期了。对于印刷图书来说，即使在已经印成的图书上发现了错误那也只能将错就错，无能为力了。这些图书只能带着错误继续销售。错误只能等到印刷下一版次的时候得到更正，前提是这本图书的销量足够可观，使得再次修订出版成为可能。

然而，对于电子书来说错误只需要几天就能够解决。一旦发现了打印错误，只需在数字化文档上进行更正并且重新上传即可，你会发现错误从发现到订正只需不到一周的时间，但这也取决于零售商更新图书版本的速度。与纸质图书不同，新版的电子书会自动更新上传到已经购买的用户终端上，意味着不管消费者何时购买了图书，他们都会得到最新上载的图书版本。

当需要加入另外的资料或更新新的版本时，这种功能也能同样适用。通常，一本图书会因为重大事件或者是纪念日而添加新的内容并且重新发布，有了电子书，人们就可以在几周之内添加新的章节、序言或者是作者注。

一位在罗塞塔出版过图书的作者苏珊·佩吉想要上传她的一本关于怎样成为一位成功出版作品的作家的书，书名叫做《你和一本书之间最短的距离》(The Shortest Distance Between You and a Published Book)。这本书最初出版是在1997年，但自从这本书出版至今，出版业已经有了巨大的发展和改变，所以佩吉希望上传更新她的书来反映出版实践的变化。由于她没有原始版本的电子版，所以我们基于纸质图书，利用OCR扫描技术创建了一个微软的word文档。然后她利用这个word文档作为新版修改的基础手稿编辑加入了新的内容。现在这本电子书已经在新的营销努力之下以全新的版本和封面上架销售了。一本几近淘汰的图书于是在几个月之内就更新成为一本获得市场认可的图书。

（二）特殊销售

电子书分销过程的简单化也使得一些公司打开思路去寻找新的特殊销售方法。由于电子书可以立即被购买以及下载到任意设备上，我们希望通过锁定小众市场的方法来进行直接回应式的销售。

罗塞塔图书等其他电子书出版商最近开始与因施瑞(Enthrill)公司合作生产"电子书卡片"。这些纸牌大小的卡片被特殊编码，并且可以方便地让顾客下载任意格式的电子书。这些卡片上的编码可以对应单本甚至多本书籍,比如同一作者或者相似主题的书籍。这样可以方便地让顾客一次性下载多部他们感兴趣的书。由于因施瑞公司设计的编码并不基于某一种设备,只要顾客有卡片,任何电子书的格式都能被用户下载。

这些卡片可以放在那些潜在消费者可能购买的地方。以《被爱》(To Be Loved)这本书为例,该书作者是著名唱片公司摩城唱片(Motown Records)的创始人。基于该自传的百老汇戏剧《摩城:音乐》(Motown: The Musical)将于近期开演。所以,愿意前往观看该戏剧的观众理应对此书也十分感兴趣。如果在剧场内部放置一些该书的卡片并在演出的时候销售,就能够直接锁定这本书的目标市场。

这些卡片应该放到任何有潜在客户的地方甚至免费发放。这些卡片也使得电子书超越互联网而存在,成为一个有形的实体,并且让它们更容易被读者找到。

(三)订阅模式

现今对电子书的最新尝试是关于电子书的订阅模式。电视节目和电影的租赁已经存在数十年了。最近,奈飞(Netflix)模式因为让用户在缴纳月费的基础上无限制地点播 DVD 和电视节目而广受观众的欢迎。观众十分赞赏这种只需要每月花费少量费用就可以轻松享受无限内容的做法。

电子书的存在使得出版业也能使用类似的订阅模式,尽管这种模式还处于初级阶段。例如 2013 年 9 月由牡蛎(Oyster)公司开始提供的电子书订阅服务。该公司宣称用户能够任意阅读它们所拥有的 10 万本书籍,牡蛎公司月租定价为 9.95 美金,与奈飞公司定价相当。

目前,牡蛎公司仅能在 iPhone 上的应用商店获得,但不久就可以在诸如安卓和 iPad 等其他平台上使用。社交媒体也已被整合到该应用程序中,用户可以创建个人档案并与朋友共享他们的阅读内容。牡蛎公司还根据以往的个人偏好记录提出建议,鼓励读者另辟蹊径,尝试新的作者。

牡蛎公司并不仅仅是今年秋季上市的唯一订阅服务,依瑞塔(eReatah)亦于 9 月初上市。这项服务相比于奈飞的模式,更像读书俱乐部,因为它不提供无限的阅读次数。在依瑞塔模式中,有三种不同的套餐可供用户选择,套餐选择取决于用户预计的图书阅读量。用户可以每月花费 16.99 美元购买两本电子书,25.50 美元购买三本,或 33.50 美元购买四本。

依瑞塔目前拥有约 80000 种书籍。

显然,这种模式比牡蛎公司模式更昂贵。主要的区别是,依瑞塔用户可以拥有购买的书籍,而牡蛎公司用户是租借书籍。不过,据我们上文的研究,一本电子书在 8 月底的平均价格为 6.33 美元。很明显,依瑞塔目前的定价模式似乎并没有给消费者任何折扣。它将如何应对不断变化的电子书价格还有待观察。

(四)多媒体、跨媒体和交互性

电子书有纸质书不可能拥有的多媒体交互体验。从简单的网页链接到复杂的视频和动画,电子书打开了出版业的新格局。

增强型电子书可以将视频和声音直接嵌入电子书,给予读者多感官的阅读体验。比如《书后面的怪物》(The Monster at the End of This Book)这本流行的儿童电子书。这本书的主角是格罗弗(Grover),是著名儿童电视节目芝麻街中的人物。这本书的印刷版曾经是经典,但是现在有了具有增强功能的电子书,孩子们可以观看格罗弗亲自讲述的故事给他们听。目前这本书在苹果和安卓设备上有售。

原书的插图被变成这本电子书中的动画,当孩子的触摸屏幕是动画就会做出反应。当格罗弗被点击时,他会发出声音。高亮显示的单词让孩子得以跟随格罗弗的朗读一起阅读,并学习基本的阅读技能。这本书引人入胜,娱乐性很强,并且教育性很高。这正好证明了电子书的动态增强潜力。

通过各种媒体格式讲述故事已经成为一个日益流行的吸引观众的方式。对于某些媒体节目,观众可以通过电视剧、视频游戏、漫画、电影和书籍来关注节目中的角色,同时也让消费者有前所未有的互动性体验。增强互动型电子书在这个不断发展的媒体浪潮中可以推动出版业的发展。有些电子书已经被作为跨媒体体验的一部分,包括美术、视频、声音、游戏和网上部分内容的链接。

当然,这些复杂的电子书仍有缺点。它们制作成本昂贵,并经常被发布成应用程序,而不是电子书。它们兼容性有限,但只要这个技术存在,潜力是无穷的。

(五)捆绑销售

捆绑销售纸质图书和电子书并没有被出版界完全接受,而且还有待观察这是否有前途。然而,一些学术出版商已经开始试图捆绑销售昂贵的印刷课本与电子书版本,让学生可以方便快捷地使用电子书,同时又可以在纸质书上做笔记。

捆绑销售并不仅仅指捆绑同一本书的电子版和印刷版。捆绑相关的电子书也是一个不错的选择。比如之前提到的罗塞塔图书公司用到的特殊销售卡片,有时候一个下载代码包含很多书籍的下载权限。这些书籍可能有相似的标题,如罗塞塔图书出售的《电影合集》(Bokks into Film),或者它们作者相同,总之,出版商不再局限于只出售单本书籍。

还值得一提的是,在 9 月初,亚马逊开始尝试捆绑销售。虽然大多数的读者目前并不同时购买同一本书的印刷版和电子书版本,这并不意味着这个市场不存在。亚马逊推出的新服务 kindle 火柴盒(Match - book)允许已经购买纸质图书的消费者以 2. 99 美元或更少的钱购买该书的电子版。

亚马逊希望火柴盒服务能够延伸到从 1995 年以来在亚马逊上出售的所有书籍。然而,亚马逊迄今只能与几个主要出版商达成协议。新计划的成功与否将部分取决于出版商是否支持,以及消费者的兴趣。

（六）国际机遇

也许电子书简化出版过程的最显著方式在于简化了国际销售的渠道。国际电子书销售业务发展迅速,在海外销售的美国书籍中,电子书涨势最为喜人。这些增长可以归因于美国零售商在国际市场中的开拓,如亚马逊和苹果。另外一部分原因也可以归功于美国出版商与存在英语阅读市场的国外电子书零售商的合作,如德国的字体公司(Txtr)和中国的盛大文学。

对于出版商而言,跨国出售书籍时,出售电子版比出售印刷版要简单得多。将这些电子书文件发送给国外零售商和发送给美国零售商一样简单。这样并没有产生任何实体书籍,也减少了出版商的风险。如果这本书在国际市场上不畅销,他们并没有因为印刷实体书而产生损失。

同样地,美国也销售其他国家的书籍。目前有大约 1800 本中文书在美国亚马逊的 Kindle 商店出售。如果这些书的电子版存在,这些书都能很容易地被美

国出版商转换为美国的电子书格式。尽管存在可能,但是将实体中文书转换为电子书格式是一件非常困难的工作。

美国市场也在一定程度上受到电子阅读设备的限制。新一代的 Kindle 设备和像 iPad 这样的平板电脑可以支持简体中文。然而,老一代的 Kindle 设备,以及在诺客电子书阅读器和考包设备上则无法支持简体中文。幸运的是,美国人大部分都用新版的 Kindle设备和平板电脑。

外文书籍在美国网上出售时的一个重要的考虑因素是元数据。元数据包括很多信息,如标题、作者、产品描述、关键词、BISAC 类别、作者介绍、页数等。问题就变成了如何最好地呈现这个元数据,使得信息能轻松地被搜索到,而且元数据很容易被客户理解。例如,在美国亚马逊商店,书的标题不能是中文,但是产品说明和作者介绍可以是中文。

现在我们要问的是:什么是处理元数据的最佳方法?一些目前在亚马逊商店出售的书籍使用英文的说明,但是它们的语法不正确进而无法理解。另外一些书籍用中文描述,但元数据的其余部分却是英文。清理元数据是在美国商店成功推广和销售外语书籍的重要一环。

根据书的内容以及美国消费者的接受度,中文书籍也可以被翻译成英文版本。是否要为英文读者翻译书籍这个问题对电子书和实体书都是同样存在的,即能找到相应的读者吗?唯一的区别是对于电子书,当考虑成本因素时读者的重要性有所降低。

要想在美国的制作、推广和销售系统开展活动就必须与美国的出版商合作。而电子书进入国际市场的门槛则相对较低。出版商可能需要支付翻译或校对的前期成本,但电子书的制作过程更快,更便宜,因而风险较小,用很少的投资就能进行相关的实验。这些有益的实验又为国际出版业的前进铺平了道路。

（作者单位:美国罗塞塔图书公司）

摘编自《出版科学》2014 年第 3 期

数字环境下的阅读教育新模式

——学前儿童电子书应用带来的启示

许 莹

一、儿童电子书的种类

儿童电子书已经不是新鲜事物,从20世纪90年代儿童教育光盘的兴起开始,电子书就已经被应用于儿童阅读教育中。近五年移动终端在家庭中的普及使儿童电子书迎来第二个春天,儿童电子书市场正在高速发展。按照功能从简单到复杂,儿童电子书可以分为三个类型:

（一）基本型:"书本式"的电子书

这种类型的电子书包含一系列静态画面,通常都会伴有语音朗读,并且在页面上会有一些动画形式的选择按钮。这种电子书一般根据已经出版的纸质书改编而成,在电子设备上呈现的每一个页面都与纸书相对应。

（二）互动型:"电影式"的电子书

这类电子书有突出的富媒体性,含有大量音乐、故事朗读、动画等。也有可供读者点击的热区,儿童可以按兴趣和需求激活扩展的多媒体资源。

（三）增强互动型:"游戏式"的电子书

虽然绝大多数电子书都具备一定程度的互动功能,但该类别的电子书提供了较高层次的互动。允许儿童以角色扮演的方式完成阅读,与电子书中的人物进行交流,使用虚拟仿真技术带来真实情境体验。同时,儿童可以在书中添加评语,这些评语反映了儿童的即时感受,一方面能够让儿童更好地融入阅读中,另一方面让教师和家长全面了解儿童的阅读感受。

二、儿童电子书的"娱教"特征

从电子书的发展趋势来看,其互动性能不断增强,与电影、电子游戏之间的界限越来越模糊。随之而来的一个问题就是,许多学者诟病其更像娱乐工具。Ben Bederson是国际儿童数字图书馆的发起人之一,他经常给自己五岁的女儿在 iPad 上下载电子书。但他并没有对电子书表现出推崇,他认为这些文字只

占到25%而影像比例高达75%的东西并不能称之为书。并且,她女儿在要求看书的时候是这样说的:"我可以'观看'(Watch)这本书吗?"这个五岁的孩子并没有使用"阅读"(Read)一词来描述她的行为,暗示了看电子书带给她的体验更接近于看电视。观察者还记录了儿童阅读某些电子书的行为,他们会随心所欲地点击所有的按钮,激活动画或音乐,兴致勃勃地享受操作的乐趣,并且宣称"这是一个非常好玩的游戏。"

实际上,我们必须看到,学前儿童有其区别于其他年龄段的学习方法,他们的学习和游戏之间是紧密相连的。儿童电子书近似于电影、游戏的阅读体验显示出强烈的"娱教"(Edutainment)特性。所谓娱教,就是依靠视觉化的学习材料,以某种叙事或游戏来展开学习。这种学习类型重视学习者的参与性体验,用较少的说教来达到教学目标。"娱教"作为教育和娱乐的交叉子集,两者相互融合不可分割。该特征恰恰与学前儿童的认知特点相契合,正因为如此,我们有理由对这种寓教于乐的阅读形式持乐观的态度。

三、电子书对儿童早期阅读发展的积极作用

2012年我国教育部颁布的《3～6岁儿童学习与发展指南》提出在学前期要培养幼儿初步的阅读能力,为之后的阅读做好准备工作。"准备工作"包括认知和态度两个方面,要求教育工作者帮助幼儿掌握基本的阅读技能和建立良好的阅读习惯。

（一）电子书促进儿童阅读技能

美国国家阅读研究小组(National Reading Panel)提出影响阅读能力发展的五个要素,包括音韵意识、字母拼读、口头朗读、词汇量和理解能力。有学者分析了电子书内容与这五大阅读技能培养的对应关系,指出电子书提供的资源可以在某种程度取代纸书,还能部分代替成年人的指导。其中,词汇积累和理解能力是影响儿童阅读的关键因素,大量研究证实了电子书对这两者发展的积极效用。

1. 词汇学习

美国国家阅读研究小组鼓励儿童要在有意义的情境中学习单词。电子书的多媒体技术和互动功能使儿童能够更好地在阅读中学习词语。在遇到生词无法进行顺利阅读的时候,儿童主动点击热区,观看由多媒体动画、音频等组成的词语释义。在语境中的主动、高质量地学习是提高词语学习效率的关键。

2. 理解能力

一个优秀的阅读者应该懂得如何将文字信息转化为心理模型(Mental Model),也就是一种关于故事场景、包含视觉—空间信息(Visual – spatial Information)的想象。然而对于幼儿来说,他们没有足够多的知识背景建立这样的想象图景,尤其是那些在故事中没有被详细提及的信息。有学者指出,电子书中的多媒体信息是帮助儿童理解内容的"框架"(Framework)或者"脚手架"(Scaffold),而非单纯的传递信息的媒介。电子书超文本提供了与故事内容相关的"热区",能够激活单词或者大段文字的电子发音,还包含有提示的话语、阐释性的动画,这些内嵌多媒体互动工具都能够为儿童理解故事内容提供帮助。这些元素之间互相补充,形成了一种新的意义生产方式,弥补儿童阅读背景知识不足的缺陷。

研究者们用不同的方式考察电子书对提升学前儿童故事理解能力的作用。在 Korat 的研究中,实验组幼儿使用电子书进行阅读,对照组采用常规的幼儿园教学模式,在学习完毕之后,幼儿会被要求回答八个是非判断题,其中四个能够从故事中直接找到答案,另外四个需要经过简单的推理。实验组的幼儿平均正确率高达 80%。

也有学者采用故事复述的方式评判儿童对内容的理解程度。60 个学前儿童分别阅读带有静态图画的电子书和带有动画、音响效果的电子书,其结果显示,接收到丰富多感官刺激的儿童能够复述出更多的故事内容,表明他们的理解程度更高。同时,这也表明互动型的电子书比基本型的静态电子书更加适合幼儿阅读。

学前儿童阅读电子书不仅能够提升他们对故事文本的理解力,同时也能够培养起多媒体理解策略。这种新的阅读策略需要将多媒体信息与文本信息进行整合,获得一种区别于纯粹文字解码的阅读策略,这是数字时代阅读的关键能力之一。阅读电子书能够促进儿童多媒体信息与本文信息的整合能力,并且,这种整合能力能够对他们年长之后理解其他电子文档提供帮助。

四、电子书有助于培养儿童良好的阅读习惯

除了认知能力的发展,学前儿童的一项重要功课是培养健康的学习习惯,良好的阅读习惯也是其中之一。

在电子书普及之前,学前儿童由于识字量不大,在阅读过程中依赖成人的帮助。与静默的纸本书相比,电子书将给儿童带来一种更加"自助式"的阅读。在对电子书进行熟悉之后,儿童已经懂得如何成为一个有策略的自主阅读者。他们会在需要的时候点击电子朗读、或者激活内嵌的词典,运用工具解决在阅读时遇到的困难,儿童从倾向寻求成人帮助到习惯自己寻找策略,逐步形成自主阅读的习惯。

电子书的互动性能够提升儿童阅读时的参与度。隐含在故事叙述中的热区被认为是提升儿童阅读参与性的重要手段。除了眼睛跟随文字的移动和周期性翻动书页之外,电子书的阅读更多的是一种主动建构的体验。研究者都很重视儿童阅读的参与程度,并提出要努力实现一种"高度参与的电子书阅读体验"(Highly Engaging e-Book Experiences),儿童与电子书之间的积极互动能够促使他们建立起健康的阅读行为,为以后成为高效的学习者打下基础。

电子书丰富的多媒体信息能刺激儿童的阅读兴趣,让他们有更强的动力进行阅读,根据美国堪萨斯州立大学的研究,电子书能够让那些对阅读兴致不高的儿童更喜欢看书。较高的阅读动机能使儿童更加专注地行进阅读。美国图书馆传媒研究专家 Lauren Collen 的实验表明,幼儿在阅读传统图画书的时候,眼睛四处张望的时间要明显高于电子书阅读。

五、电子书在家庭及幼儿园的教育应用

儿童在家庭中使用电子书的机会越来越多,一些幼儿园也开始顺应潮流,考虑将电子书使用纳入课程规划。在家庭阅读中,电子书将带来分享阅读时亲子互动关系的变化;在幼儿园活动中,教学模式也随着电子书的到来发生改变。

(一)亲子阅读:从成人主导到儿童主导的分享阅读

亲子阅读被认为是与儿童语言、阅读能力发展息息相关的重要活动,这个观点被来自不同文化社会的家庭普遍认可。在人们对传统的幼儿阅读想象中,一副温情脉脉的亲子阅读画面就会出现。然而

这种温馨的亲子互动并非儿童主动选择,而是限于学龄前儿童识字量不大,很难流畅地享受阅读图书的乐趣的弥补之策。阅读过程的主动权仍然掌握在看护者的手中,阅读时间、地点、朗读速度等都需要儿童与看护者达成某种形式的妥协,幼儿的阅读实际上不是一种私人化的活动,而是与成人共同完成的一项任务。

电子书的出现将要改变这种模式,电子书与纸质书之间不同的阅读体验将会影响分享阅读时的亲子互动:例如,儿童只需要轻轻一按"开始"按钮,录音中字正腔圆的朗读会取代看护者的角色,让儿童享受聆听故事的乐趣;电子书中的辅助性工具将帮助他们学习新的语言知识,家长的教导似乎没有那么必要了。电子书正在赋予儿童更多阅读主动权,那么在电子出版与数字阅读时代,儿童阅读仍然需要家长的参与吗?在这个问题上,学界的研究是一致肯定的,完全放手让儿童独立操作不能发挥电子书的最佳效果。实验表明,在有家长参与的情况下,儿童阅读的质量更高、对语篇的理解更好,以及能够学到更多的单词等等。Korat 的研究分析影响儿童数字阅读中单词学习的几个因素,他将 144 个四到六岁的儿童随机分成四组,利用电子设备阅读一篇包含有几个生词的故事,四组儿童分别在不同的场景下进行阅读:有成人指导、利用电子书内嵌动态词典、利用静态词典和没有任何外界帮助。在阅读完成后考察他们的词汇理解程度以及能否在复述故事时运用单词,结果表明,在有成人指导的条件下儿童获得最佳学习效果。

同样由成人指导下的电子书阅读和纸质书阅读,其亲子互动关系实际上已经发生改变。儿童获得了更多的主导权,家长的角色从传统的阅读向导转变为儿童阅读行为的规范者,这体现在双方的操作行为和对话中。电子书阅读提升了亲子交流的层次。研究者将分享阅读中的亲子对话分为三个层次,最低层次的是对在本文出现的内容解释;最高层次的是超越本文的扩展性问题。使用电子书使亲子问答从简单的常识性问题转向更深入的交流。

(二)幼儿园课程运用:从教学辅助到互动认知工具

千禧年之后出生的儿童在进入幼儿园之前就已经浸润在数码环境中,丰富的数字阅读经验使他们习惯于采用多媒介的方式来理解信息。然而在幼儿园课程中,儿童阅读训练仍以纸书为主。不少学者敦促

幼儿园要改变纸质书一统天下的局面,让其与儿童在家庭中的阅读经验尽量衔接。同时,在中小学课堂教学使用电子教材已是大势所趋,幼儿园课程适当地运用电子书有助于培养儿童的数字素养,让他们在升入小学之后能尽快适应小学的教学模式。

一些教育机构已经意识到在幼儿园阅读课程中融入科技支持的必要性。美国缅因州奥本市目前已经购入近三百台 iPad 2 供试点幼儿园使用,成为美国幼儿园大规模采用移动终端教学的先行者。

当然,要在幼儿园课程中使用电子书远非采购一批电子阅读设备那么简单,随之而来的是课程设计的调整。正如美国儿童教育技术研究学者 Susan W. Haugland 所说的那样:一旦儿童开始使用电子设备,一切教学活动就必须被重新设计和编排——科技的介入将会给课程带来翻天覆地的变化。阅读教育模式将会改变。

教师在幼儿园课程中的电子书应用模式可以分为两个层次:较低层次的应用是将电子书作为教学辅助工具,教师仅简单地将电子书整合到已经构建好的教学方法中;较高层次的应用则是将电子书作为互动认知工具,这要求教师在熟练地使用电子书之后对于自己原有的教学方法进行改进或重新编排,最大限度地发挥电子书在阅读教育中的优势。

1. 教学辅助工具

教师维持原有的教学模式,电子书仅作为辅助性工具使用。传统的分享阅读活动惯用的模式是教师将图画书以投影的方式在大屏幕上显示,儿童围坐在四周听老师朗读文本,电子书的出现只是将教师手中的纸本书置换成带有动画、声音效果的教学工具,为儿童生动地理解故事内容提供了辅助。

有对幼儿园分享阅读课程的观察发现,这种对电子书低层次的教学应用并没有对教学模式带来改变。研究报告指出,整个分享阅读教学过程都是沿袭与传统纸书教学相似的教学流程和师生互动模式,教师仍然倾向于遵循他们原来已经形成的教学习惯。这种应用模式并没有充分挖掘电子书在教学上的潜能,仍有很大的提升空间。

2. 互动认知工具

一种较高层次的应用是将电子书作为课程的整合元素,教师利用电子书给学生提供各种机会以个体、同伴或者小组的方式进行互动。电子书用来作为一种促进思考、讨论和合作的有效途径。美国堪萨斯州立大学教育学教授 Lotta C. Larson 考察了七岁儿童

与教师利用电子书进行互动阅读,儿童在阅读的过程中对书本内容作出注释,在阅读结束后教师对这些注释及时反馈。这实际上建立了一个双重互动结构的教学模式,首先是儿童与文本的互动,儿童的个人表达与作者的声音融合,在这种动态的、建构性的阅读过程中,文本被增添新的意义。其次是教师与儿童之间的互动,教师可以关注并了解每一位儿童的阅读行为和想法,从而对不同学习程度的儿童加以个性化指导。

使用电子书的关键在于如何使其与教学方法有机结合。要在幼儿园课程中真正发挥电子书的优势,需要提升教师的信息技术应用能力,因此,对教师进行必要的指导非常重要。这种指导不仅仅是技术操作层面的培训,更重要的是教育理念的转变。教师应该意识阅读已经不仅停留在纸质书上,它同样包括数字化、超文本和多媒体语言。教师应该尽量理解"数字土著"的阅读方式,才能成为一个更好的数字儿童指导者。阅读教育模式的转变,不应成为被动适应科学技术发展的产物,教育理念更新才是其最重要的推动力。

六、电子书将引发儿童阅读评价方式的改变

随着数字时代的到来,儿童的阅读行为、理解方式随之发生变化。"阅读"的含义实际上已经悄悄地发生改变。电子文档的多媒体特征意味着儿童将经历与纸质书截然不同的意义理解过程;各种辅助工具的导航系统提供了全新的阅读学习过程,面对超文本数字图书时,儿童不再是规规矩矩地进行线性阅读,相反,他们"操纵"着这个过程。Prensky 总结出数字土著的阅读特征:高速、随意地连接以及熟练地处理图像和动态信息,善于利用电子互动。这些新特征的出现提醒着教育工作者,阅读能力的评价方式应该作出一些相应的调整了。传统的阅读能力测评是基于静态纸质文本的阅读,考察词汇、拼读、理解等方面,现在,一些数字阅读素养也应该纳入考核范围。

（作者单位:华南师范大学）
摘编自《中国电化教育》2014 年第 10 期

图书馆学术电子书采购诉求与出版商利益的矛盾与平衡

齐东峰

对于图书馆来讲,学术电子术电子书采购的观望态度,制约了图书馆学术电书的资源建设却并不像 B2C 市场那样如火如荼,子书资源建设的发展。似乎还处在一个发展的艰难时期。

一、图书馆对学术电子书的诉求与出版商利益的矛盾

对于图书馆而言,学术电子书的馆藏建设目的有两个:一是通过电子书的采购满足馆藏学科体系的建设并节省馆藏空间;二是利用电子资源快捷与便利的特点满足用户需求。因此,图书馆对于学术电子书的采购诉求主要集中在两大方面:首先是采购模式诉求。即根据馆藏建设标准和用户需求自主选择采购哪种学科、哪些年代的哪一本图书,自主选择永久使用或租赁使用电子书,能够使图书馆所采购的图书发挥最大功用。其次是电子书内容与使用诉求。即在馆藏资源建设政策指导下,采购具有权威性和学术价值的、时效性强的、无版权争端的电子书;能够自主选择易用性较高、平台功能完善的电子书集成平台,更加便捷高效地服务用户;能够通过出版商提供的元数据有效地将电子书资源整合到图书馆 OPAC 或其他揭示工具或平台中,实现资源的充分揭示与利用,并实现永久访问资源的长期保存。

然而,目前的学术电子书市场对图书馆馆藏建设以及图书馆用户使用的限制,使得图书馆对学术电子图书的采购仍不能够很好地展开。

（一）学术电子书的销售模式及其限制

从供选模式的角度来讲,针对图书馆的电子书销售可以分为打包销售(Packages)和单种选购(Title by Title)两种模式。对于打包销售,出版商延续了电子期刊的"大订单(Big Deal)"模式,采用学科包(按学科打包销售)或年代包(按出版年代打包销售)等形式向图书馆兜售;早在电子期刊的"大订单"时代,出版商便通过这种类似的模式,将图书馆捆绑在了每年

都有一定涨幅的十字架上,除了已购电子期刊的新增内容外,无论需要与否,图书馆都还必须为每年增加到"大订单"中的新品种买单,因此,出版商希望将这种前有车后有辙的方式继续下去。就打包销售模式而言,其主要优势是书刊品种均价低,以美国爱达荷大学(University of Idaho) 2000～2008年采购的电子图书价格为例,其单品种均价仅为1.97美元,但它所产生的问题与电子期刊的"大订单"一样,打包图书中存在着大量不会再为出版社牟利的回溯图书,从美国奥克兰大学(Oakland University)的使用统计来看,"大订单"中存在着大量"零"使用量的图书。此外,以订阅方式采购的电子书学科包也需要图书馆为该包中新增的电子书品种买单。单种选购即出版商允许图书馆从其所提供的图书清单中采选所需电子书。通常,与打包销售的图书单价相比,出版商在提供单种选购的销售模式时,会将图书的单价提高,一般会比对应的印本图书还要高,甚至单种采选永久访问的学术电子书定价比对应印本零售价高出20%～100%。

从内容授权的角度来讲,针对图书馆的电子书销售可以分为订阅(Subscription)、永久访问(Perpetual Access)和按次计费(Pay-per-View)三种模式。订阅模式是出版商对电子书内容授权较为常用的方式,即图书馆向出版商支付一定时间段的访问费用,获取该时间段的访问授权。通常,订阅模式与打包销售并行,即订阅模式通常是由出版商决定哪些内容为一个销售单位,图书馆只能被动选择哪一个包,而不能按需挑选图书品种。订阅模式的优势是电子书的单品种使用均价很低,但也正是由于这一原因,出版商往往将大量回溯图书或销售量低的图书与对应学科需求较高的图书打包成同一个销售单位出售,给图书馆的馆藏建设带来一定的困扰。永久访问模式是近年来学术出版商逐步开展的一种销售模式,它更像传统的图书馆馆藏建设模式,即一次性付款便拥有对应电子书的永久使用权,因此永久访问模式是图书馆学术电子书采购的重要模式。永久访问模式与打包销售模式结合的电子书均价相对较低,例如,中国国家图书馆采购的ECCO、EEBO、EAI等回溯性电子书,其均价低至几美元。而永久访问模式与单种选购模式结合的电子书均价则会比对应印本图书高出许多,例如NetLibrary(现被并购至EBSCO)的电子书,其电子书买断的标准定价为对应纸本书标价的155%。此外,作为永久访问模式的附加条款,出版商或通过平台费

的方式向图书馆每年收取一定的维护费用。按次计费模式即出版商根据图书馆用户访问电子书的次数计费,这也是出版商在电子书销售策略中所做的尝试。美国得克萨斯州大学(University of Texas)曾于2007～2008预算年度和ProQuestEbook Library(EBL)公司签署按次访问协议,规定访问3次以下的按次计费,访问超过4次的则购买该电子书,最终得克萨斯州大学用于按次计费的费用占电子书总预算的2/3,用于购买电子书的费用则为1/3。而这正是近几年来新兴的用户驱动采购(Patron-Driven Acquisition, PDA)模式的雏形。

从使用模式的角度来讲,针对图书馆的电子书销售主要通过控制并发用户的数量进行限制,一般分为单用户(Single User)使用授权和多用户(Multiple Users)使用授权两种模式。并发用户数量的使用授权是出版商借鉴了印本图书的复本(Copy)概念,希望用以阻止图书馆用户无限制使用而给出版商带来的销售损失。出版商对并发用户数量的限制可以仅针对电子书平台中的单本图书,单用户使用授权,即利用"同一时间仅允许一个用户使用(one-use-at-a-time)"的技术使图书馆所采购的同一本电子书在出版商的平台上仅能有一位用户在线使用;多用户使用授权则允许多个用户同时访问同一本电子书,但无论是单用户还是多用户使用授权均不影响图书馆其他用户登录该电子书平台浏览或下载其他电子书。通常,单用户使用授权的电子书价格较低,而多用户使用授权的电子书价格则相对较高,并跟随并发用户数量的增加而增加。对于使用量较低的学术电子书而言,单用户使用授权是一种较为理想的采购模式,而对于使用量较高的电子书而言,单用户使用授权往往会导致其他用户漫长的等待,这种情况则根据图书馆用户的需求选择对应的多用户使用授权。

(二)学术电子书内容授权与使用的限制

除在销售模式上图书馆的电子书采购具有一定的限制外,在电子书的内容和授权等方面,出版商针对图书馆也均设置了不同的限制和障碍。

在内容方面,出版商对电子书集成商的限制导致电子书品种比印本少或有时滞(Embargo)出于对印本图书销售的保护,部分出版商并未将其全部图书的电子版开放给电子书集成商销售,虽然数字时代的图书几乎均为电子排版,且有电子版发行比印本发行早的可行性,但事实上出版商学术书的电子版上市往往比印本迟,通常出版商仅将其印本售罄的图书和销量

较低的图书上线。而对于部分畅销图书,尤其是可能会成为教材的学术著作,出版商一般不会将其电子版上线销售,而仅发行印刷版。根据 YBP 图书馆服务的《年度图书价格更新》(Annual Book Price Up-date)分析,2012/2013 财政年度(2012 年 7 月 1 日至 2013 年 6 月 30 日)在学术电子书较大的集成商平台中,Ebrary 的重点新书(Frontlist)在线率仅有 47%,EBSCO Ebook Collection 的重点新书在线率 43%,而 ProQuest EBL 的在线率更低至 38%。

在流通方面,出版商通过单用户和多用户使用授权的模式限制图书馆用户同时访问同一种电子书的权限;通过限制浏览或外借次数限制或压缩图书馆电子书的流通功能,其中众所周知的例子是美国哈伯柯林斯(Harper Collins)公司将其售给图书馆的电子书外借次数限制在 26 次;通过界定用户类型来限制图书馆用户的访问,例如协议约定高校图书馆仅允许注册的在校生、教师以及高校员工使用;限制图书馆之间电子书的馆际互借,据华盛顿州立大学(Washington State University)2010 年所做调研显示,在参与调研的 185 所高校图书馆中,仅有 2.4% 的图书馆争取到了电子书馆际互借的权利,而多达 30.8% 的图书馆的电子书采购协议明确规定不能进行馆际互借;通过 IP 地址控制访问网域,限制图书馆向用户提供远程访问服务等。

在整合方面,由于出版商并没有把其所有的电子书放在集成商的平台上销售,这导致图书馆所采购的电子书不能在统一集成平台上揭示,给图书馆的资源整合带来了一定的困扰。虽然从不提供书目数据到提供书目数据,出版商所做的努力是有目共睹的,但目前仍不是所有的出版商或集成商都能够向图书馆提供 MARC 或其他格式的书目数据。由于各种原因,出版商或电子书集成商所提供书目数据中的 URL 地址发生变化时,图书馆不能够及时获取相应的信息且不能自动更正,这也使图书馆通过自有书目系统对电子书进行揭示受到了很大的限制。

此外,在长期保存方面,电子书不再是像印本书一样实实在在地放在书架上的资源,而是受到数字版权加密技术保护的电子文件。在出版商不能提供数据备份的情况下,它只能由出版商或集成商通过其服务器远程服务于图书馆。由于出版商并未像保存电子期刊那样积极推动"Portico"和"LOCKSS"之类的第三方长期保存项目,因此,对于电子书的长期保存也不像电子期刊一样值得图书馆信赖。

综上所述,图书馆电子书馆藏建设的缓慢原因,在于出版商对于他们向图书馆所销售电子书的控制以及图书馆因电子图书采、藏、阅所受的限制。这些矛盾不仅导致了图书馆对学术电子书市场的观望态度,在一定程度上也影响了知识的传播以及科研人员之间的学术交流。

二、图书馆与出版商的利益平衡

在学术电子书市场尚未进入稳健发展阶段之时,任何一种单一模式均不能同时满足图书馆的诉求和出版商的利益,因此,图书馆和出版商双方需要积极探讨可行性方案。

(一)出版商销售模式与图书馆采购模式上的平衡

学术电子书市场的发展需要出版商给予图书馆相对宽松的自主采选环境,即无论在何种供选模式、授权模式或使用模式下,出版商都应积极保证图书馆在图书内容采访上的选择权利,为图书馆的电子书馆藏建设铺设一条平坦的道路,从而改变图书馆对学术电子书市场的观望态度,达到学术电子书供需用各方之间的利益平衡。或许,PDA 模式已成为一个有效尝试,据 Publishers Communication Group 对美国 250 家图书馆的抽样调查,在已经将 PDA 模式用于电子书采购的图书馆中,75% 为研究型大学图书馆。而 PDA 这种新兴的图书采购模式,一方面是出版商通过授予图书馆更多的选择权利而有效的满足供需双方利益的方式,另一方面也是图书馆通过用户决策在满足用户需求的基础上向出版商做出的积极回应。

(二)出版商的使用限制与图书馆电子书利用的平衡

在电子书的内容授权和使用方面,出版商与图书馆双方应积极通过销售模式或采购模式这一杠杆解决学术电子书上线品种少于印本、时滞以及流通上的各种限制问题。

首先,无论电子书如何定价,所有的学术图书都应积极将其电子版上线并开放对图书馆的销售。对于防止销量量下降的问题,则可以通过单用户或多用户使用授权的模式进行控制。这既可以保证图书馆馆藏建设的时效性和系统性,又可以有效保障出版商的销售效益。

其次,对于电子外借和馆际互借等电子书流通问题,既可以通过 one-use-at-a-time 的技术进行平衡,又可以通过图书馆联盟采购的方式解决。one-use-at-a-time 与图书馆所保有的印本书权限类似,既可以保证图书馆用户的使用权利,又可以防止电子书的滥用。对于图书馆而言,联盟采购电子书的方式既可以保证图书馆之间的资源共建和共享、增加馆藏资源的数量,又可以提高图书馆在电子书采购中的话语权、促进图书馆之间的合作;而对于出版商而言,这一方式既是其减少人力成本的有效手段,也是其推广学术电子书、拓展学术电子书市场、促进市场良性发展的重要途径。

当学术电子书能够像电子期刊一样,形成稳健发展的市场时,出版商自然会加大其配套服务的资金配比,协助图书馆进行资源整合和长期保存工作的投入也将水到渠成。

(作者单位:国家图书馆外文采编部)
摘编自《国家图书馆学刊》2014 年第 3 期

需求驱动采购电子书的实践与思考

——以香港中文大学图书馆为例

刘丽芝 吴玉珍

"需求驱动"概念将直接影响学术图书馆的采购模式,我国香港地区的高校图书馆已陆续采用,本文以香港中文大学图书馆(下称中大图书馆)为例,分析该馆在 2010～2013 年间分别试行的两项需求驱动采购模式。

一、香港中文大图书馆 DDA 试验背景

香港中文大学图书馆自 2008 年开始战略性扩展电子书,目标要在学科内容及数量上等同或超越实体馆藏;现时该馆英文电子书达 267 万,中文电子书188万。在有限的经费条件下,回溯和建藏基本完成,电子书数量达临界点(tipping point),电子书与纸本书比例接近 2:1。英文书一向是该馆藏重要部分,采购英文电子书策略包括:①直接从主要学术出版社如 Springer、Els evier、Palgrave 、Oxford 等购买电子书以确保无限制及永久取用(unlimited and perpetual acces s);②经由团购或集成书商如 Ebrary、MyiLibrary 等订阅电子书库,保障读者可取用的电子书涵盖中小型出版社、大学出版社及学术组织。2010 年新增第三项策略,即利用 DDA 补缺,使读者能实时(Just in time)获取有需求的电子书。由于缺乏对 DDA 运作流程的认识,计划先试用 Elsevier 新推出的实证选书服务和 Ebrary 的 PDA 服务,试验的目的是掌握需求驱动采购对图书经费的影响、工作流程、需求驱动购买的英文电子书使用情况、比较成本效益,从实践中探讨未来电子书的采购模式。

二、两种需求驱动采购模式——实证选书与PDA的流程及特点

实证选书服务第一期由 2011 年 9 月开始,为期一年。而 Ebrary 的电子书 PDA 服务则于 2012 年 8 月开始试用。两种需求驱动采购的服务并不完全相同,表1简介和比较两者的服务内容。

表1 Elsevier 实证选书与 Ebrary－PDA 触发购买机制比较

	Elsevier 实证选书	Ebrary－PDA 触发购买机制
范围设定	Elsevier 提供其出版各学科书库(collection)的书单及各科的实证选书费;图书馆选定开放使用的学科及出版年份	图书馆选定开放使用的学科、出版年份和 PDA 预算,须在 ebrary 平台开设 PDA 户口及预设文档(profile)
费用	一次性缴 12 个月实证选书费:费用为所开放书馆总额的百分比,旧版书籍折扣较多	把预算费用存入图书馆的 PDA 账户备用,每次触发购买时扣降,或选择每次触发购买时付费

	Elsevier 实证选书	Ebrary - PDA 触发购买机制
前期准备	Elsevier 提供 MARC 记录。图书馆上载 MARC 记录到图书馆目录。Elsevier 开放选定的学科书库供图书馆用户使用,为期 12 个月	Ebrary 按图馆选定的学科提供书目清单。图书馆查重后上载至 ebrary 平台,同时把 MARC 纪录上载到图书馆目录。Ebrary 开放选定的电子书供认证后的图书馆用户使用
购买模式	在一年开放使用期的最后三个月,Elsevier 提供各书库的 COUNTER 使用报表,图书馆按使用数据挑选永久取用(perpetual aaccess)的电子书,选出书本的总值不少于预缴的实证选书费	由以下任何一种读者使用情况触发购买(每节计算): (1)阅览 10 页(目次及索引除外) (2)同一本书使用超过 10 分钟 (3)抄录成打印 触发购买后,书价由 PDA 账户自动扣除
合约完结	服务于合约期完结。未被购买的书籍随即被移除图书馆也须跟进,把目录上 MRAC 记录剔除	户口的款项用罄,服务便立刻终止。未被购买的书馆随即被移除
价格	学科书库的价格是库内每本书价的总额,实证费用是书库总额的百分比。购买数量越多,所缴的百分比越低,非新出版书籍,所缴的实证费用较低;相反,新出版书籍的实证费用相对高	图书馆缴付电子书的公价。若存入 PDA 账户的总额高,可获得一些折扣。 新版书籍大概占 50%:Ebrary2013 年新增 PDA 书籍中,新出版书籍约占 47%
同时登入人数限制	不限制同时登入取用电子书人数(unlimited access)	大部分是一位使用者(single user)或多位同时登入使用者(multiple users)取用的电子书。没有使用人数限制的电子书甚少

三、EBS 实证选书试验结果

(一)选书总值与选书费比较

为配合学期以争取高使用率,第一期实证选书由 2010 年 9 月至 2011 年 8 月,共 12 个月服务期,开放给用户选用 2007 年和 2009 年出版的 5 个学科合共 250 本书,费用为书库总值的 33%,详情见表 2。在合约期满之前三个月 Elsevier 开始提供合乎 COUNTER 标准的使用报表,详列服务期内各书的使用率。图书馆按馆藏状况从"有用量"的书籍中挑选,选书原则依次如下:(1)优先选购馆藏没有的图书;(2)若实证费尚有余额,可选购馆藏已有纸本的图书;(3)若实证费尚有余额,可选购没有使用量的图书;在 250 本书中,96 本(38%)有使用量,全选 96 本的总额未达已预缴的实证选书费 US $ 12948.00,结果须由馆员补选 8 本没有使用过的书,最后选出实证书合共 104 本。

表 2　EBS 第一期实证选书总值与选书费比较

	学科书库及出版年份	书库含书量	选书数目	书库总值(US $)	实证选书费(US $)
第一期	商务及旅游服务 2007,2009	109	54	7454	2461
	化学 2007,2009	44	12	13707	4373
	心理学 2007,2009	24	17	3300	1962
	财务 2007,2009	38	11	5448	3050
	数学 2007,2009	35	10	9235	1102
		250	104	39144	12948

（二）第一期使用统计及平均使用费

12个月服务期的使用量共1429次，平均每本书使用量6次，每次使用费（Cost PerUse，CPU）US＄9.06（见表3）。其中商务和心理学书库的书使用率比较高，每次使用费也较低，分别为US＄5.36和US＄4.36。这次EBS试验目的之一是了解实证选书期后的使用情况。表4显示第一期实证选购的书截至2013年9月（共36个月）的使用量及平均使用费，书籍在首年选书期之后的使用持续；第二年（2012年）用量1140次，即首年的90%，第三年2013年截至9月的使用是634次，9个月的使用量是首年的50%。平均使用费由首年的US＄9.06降至US＄3.63；商务及心理书籍分别递减至US＄3.20及US＄1.77。由于是一次性付款，购买后的每次使用费会随着使用次数而递减。以上是36个月的数据，使用次数会随时间递减，估计达48个月时每次使用费会下调至US＄3.00以下。

表3　EBS第一年的使用费

学科书库及出版年从	书库含书量	实证选书费/（US＄）（A）	选书时的用量	每本平均使用次数	每次使用费（US＄）
商务及旅游服务 2007，2009	109	2461	459	4	5.36
化学 2007，2009	44	4373	238	5	18.37
心理学 2007，2009	24	1962	450	19	4.36
财务 2007，2009	38	3050	176	5	17.33
数学 2007，2009	35	1102	106	3	10.40
	250	12948	1429	6	9.06

表4　实证选购的书的平均使用费——由服务启动后至2013年9月

学科书库及出版年份	选购数量	实付书费/（US＄）（A）	2010年用量	2011年用量	2012年用量	2013年9月用量	总使用量（B）	每次使用费（US＄）A/B
商务及旅游服务 2007，2009	54	4080	136	489	359	291	1275	3.20
化学 2007，2009	12	3271	61	215	189	24	489	6.69
心理学 2007，2009	17	1994	196	298	424	207	1125	1.77
财务 2007，2009	11	1452	59	180	51	88	348	4.17
数学 2007，2009	10	2141	96	92	117	24	329	6.51
	104	12938	518	1274	1140	634	3566	3.63

（三）用量对最终实付费用的影响

DDA反映读者对内容（content）及量的需求，选书结果显示由读者驱动的需求直接影响实证选书费的原本分布。心理学和商务旅游选书较多，分别是71%及50%，其余学科只选出约30%书籍。五个学科中，获使用的化学和财务书籍较预算实证费少。商务及数学书籍使用较多，实付书费比预算增66%及94%（见表5）。这次试验亦出现向高用量或师生人数多的学科倾斜，最明显是跨学系的心理学和学生人数多的商学院，这是初期对需求驱动采购的忧虑，但实证选书服务容许图书馆在选书时依据馆藏发展方向,附加考虑使用率以外的因素以平衡馆藏的重　点、宽度和深度。

表5　用量对费用分布的影响

学科书库及出版年份	书库含书量	实证选书费/(US $)(A)	选购数量	选购数量(%)	实付书费/(US $)(A)	增减对比	增减对比(%)
商务及旅游服务 2007,2009	109	2461	54	50	4080	1619	+66
化学 2007,2009	44	4373	12	27	3271	−1102	−25
心理学 2007,2009	24	1962	17	71	1994	33	+2
财务 2007,2009	38	3050	11	29	1452	−1598	−52
数学 2007,2009	35	1102	10	29	2141	1039	+94
	250	12948	104	42	12938	−10	0

(四)实证选书与包库一次付费比较

2011 年 Els evier 共出版 414 册电子书,香港中文大学图书馆在财政年度终决定用一次包库(package)付费购买,是次研究利用其数据与实证选书比较。包库书购买后至 2013 年 9 月(共 26 个月)的每次使用费 US $ 4.84,同样用 26 个月的使用率作比较,第一期实证每次使用费 US $ 4.71,两者只相差 US $ 0.13(见表 6)。包库一次性购买需要较大经费,折扣后所付费用约是包库总值的 66% 。2011 包库书自启用至今,被使用书占 68%,未被使用占 32%。实证书每本平均书价 US $ 124.50,包库书籍折扣较多,平均价 US $ 105.79。在使用方面,实证书于服务开通后 24 个月的每月被用过的书的比率相对高(见图1),在学年繁忙的月份更明显。

表6　包库一次性付费方案与同学科实证选书比较

	项目	书量	实付费(%)	选购书量	可用书平均每本书介(US $)	选购书每本平均价(US $)	26 个月平均使用费
第一次实证	5 学科书库及 2 年期	250	33	104	51.79	124.50	4.71
包库一次性付费	2011 学科书库含 20 科目	414	66	414	不适用	105.79	4.84

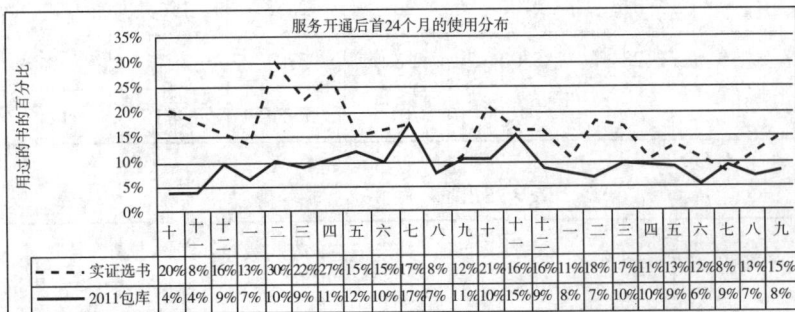

图1　包库(2011)方案与实证选书的每月被使用书百分比比较

（五）实证选书试验——初步总结

第一期实证选书达到预期的试验目标，以上数据分析了实证书购后的再使用率，每次使用费，高用量及高师生人数的学科对经费预算的影响等。相比包库式购买，实证选书从数据显示稍具成本效益，读者能实时取用有需要的书籍，但包库书籍被使用率并不过低。香港中文大学图书馆将跟进第一期实证书及包库书籍的后续使用情况，表7是阶段的分析简要。

表7　包库书与实证选书阶段性分析

比较项	包库一次性付费方	实证选书
（1）投入经费	较高	较低
（2）书籍单价	较低	较高
（3）每次使用费	相约	相约
（4）未被使用书籍	较高	不适用
（5）可持续性	较低	较高
（6）成本效益	较低	较高
（7）应不时之需 Just in Case	较高	较低
（8）满足实时之需 Just in Time	较低	较高

四、Ebrary PDA 试验结果

（一）选购书量与每次使用费

采纳 Ebrary PDA 之前，香港中文大学图书馆读者可取用的英文电子书 250 多万，PDA 主要用作补足馆藏，特别是中小型出版社的学术电子书。试验设定为电子书馆藏较弱的人文及社科范围的学科，启用时经费平均分配。为控制消费速度，试验期将款项分三期存入该馆的 PDA Ebrary 账户。2012 年 8 月启用，一年试验期后读者共选 701 本书，即总开放书量 8.8%。PDA 购买的书平均价 US $ 80.41，截至 2013 年 9 月，每次使用费相当低 US $ 0.67（见表8）。

（二）用量对费用分布的影响

PDA 由读者需求推动，使用量会直接影响预算。鉴于 Ebrary PDA 户口存额用罄服务便立刻终止，采购馆员会定期跟进并调动每科的户口存额，让高用量学科的书籍可以继续开放使用，一年试验期后的费用增减见表9。哲学、心理、宗教、语言及文学所购的 PDA 书籍总额分别较预算多 88% 及 62%。

表8　Ebrary 读者决策采购第一期（2012 年 8 月～2013 年 9 月）

科目	书量	户口存额*（US $）	选购书量	实付金额（US $）	使用量	每本使用次数	每次使用费（US $）
教育	1388	11100	147	9751	16535	112	0.59
地理/人类学/康乐体育	360	4600	33	3012	1820	55	1.65
语文及文学	3036	18100	200	17312	28683	143	0.60
哲学/心理学/宗教	2493	20900	257	20136	31877	124	0.63
政治学	413	4100	26	2458	1963	79	1.25
社会学	284	5300	38	3701	3837	101	0.96
总计	7974	64100	701	56370	84715	121	0.67

表9　用量对费用分布的影响

学科书库及出版年份	书库含量	预算（US $）	选购数量	选购数量（%）	实付书费/（US $）*	增减	增减（%）
教育	1388	10683	147	11	9751	−932	−9
地理/人类学/康乐体育	360	10683	33	9	3012	−7671.75	−72

学科书库及出版年份	书库含量	预算（US＄）	选购数量	选购数量（％）	实付书费/（US＄）*	增减	增减（％）
语文及文学	3036	10683	200	7	17312	6629	62
哲学/心理学/宗教	2493	10683	257	10	20136	9453	88
政治学	413	10683	26	6	2458	－8225	－77
社会学	284	10683	38	13	3701	－6982	－65
总计	7974	64098	701	9	56370	－7728	－12

（三）PDA 试验——初步总结

PDA 的试验理想,达到补缺的效果,PDA 选出的书的再使用率高,每次使用费较预期低。香港中文大学图书馆同时使用 Ebrary 的三种服务:PDA、订阅方案 Academic Complete 和少量单独购买的课程用书。这三个购买模式的比较见表10。试验期的每次使用费比较结果,订阅模式最低 US＄0.04,读者决策(截

至 2013 年 9 月)US＄0.67。老师指定购买书的平均使用次数最高,达 283 次,但其中有三本在购买后没有设为课程指定用书,使用率低。订阅方案的书库每次使用费很低,使用量高,一年 67 万多,每年平均每本书的订阅价 US＄1.80。试验期的数据显示 PDA 的低用量书只占1%,订阅方案的低用量为25%(见表11)。

表 10　读者决策采购、订阅方案及课程指定用书三种方案比较

购买模式	选购书量（本）	实付金额（US＄）	每本平均（US＄）	使用量	每本使用次数	每次使用量（US＄）
读者决策	701	56370	80.41	84715	121	0.67
课程用书	25	3331	133.25	7080	283	134.66
订阅方案	14298	25674	1.80	671686	47	0.04

表 11　三种采购模式低用量的百分比

购买方案	选购书量（本）	使用0~3次	使用0~3次(％)
读者决策	701	5	1
课程用书	25	3	12
订阅方案	14298	3555	25

表 12　三种采购方案的评估

要素	课程用书	订阅	PDA
（1）投入经费	低	高	中
（2）书籍单价	高	低	中
（3）每次使用费	低	较高	低
（4）未被使用书籍	低	高	不适用
（5）可持续性	高	中	高
（6）成本效益	高	较高	高
（7）应不时之需/Just in Case	高	中	低
（8）满足实时之需/Just in Time	低	较高	高

PDA 试验发现95% PDA 电子书后续使用率超过 10 次,28%超过 100 次,4%超过 500 次。然而,这并不否定订阅方案的效益,订阅方案保障一定数量和包含各种出版社的学术电子书,适合综合型大学,以香港中文大学图书馆为例,2012～2013 年度用量 671686 次,每次使用费仅 US＄0.04。该馆将继续跟踪未来一年的读者决策书的使用状况,及每次使用费的下降幅度,表12 是现阶段对三种购买模式的比较分析。

（作者单位:香港中文大学图书馆）

摘编自《图书馆论坛》2014 年第 4 期

数字教育

对教育出版数字化的思考

——以人民邮电出版社为例

张孟玮

一、教育出版数字化现状与困境

教育出版是指与学习、教育及培训有关的出版。目前，教育教学内容产业与信息技术的融合发展已经超越了媒介升级的阶段。

一是大规模在线开放课程（MOOC）、开放教育资源（OER）、数字课程定制、在线自助出版、富媒体电子书等新生事物，正改变着知识的产生、传播、管理和应用方式。

二是人们的认知模式和行为方式也在发生着变化。人们获取知识不再是单一地从纸质图书中获取，而是开始习惯于使用信息技术来进行学习，如通过维基百科、百度百科、在线名师课程、在线课外辅导，以及利用手机或其他终端设备阅读电子书等方式。

三是在教育大数据和教育信息化时代，信息技术正在改变着教育要素和教学环境，硬件设施网络条件和内容资源不再稀缺，人才培养模式也在发生着变革，运用信息技术改变课程设计、创新教学策略、激发学习兴趣、改进教学效果等一系列数字环境下的教学应用成为教育信息化能否带动教育现代化的关键，也蕴含着巨大的现实需求和市场空间。因此，长久以来都是依靠纸张为主要载体，以征订为主要销售方式的教育出版，随着数字出版和教育信息化的飞速发展，尤其是在数字出版业已经展现出极大发展空间和极强赢利能力的今天，这种传统的出版模式和销售方式已经不能满足教育出版发展的需求。教育出版单位将面临数字化的转型，即运用数字化技术手段整合关键资源，对传统出版实行产业升级和业务流程再造，以重构数字化教育出版的价值链。

目前教育出版单位在向数字化转型的过程中面临着重重困难，表现如下。

一是我国传统教育单位并没有处于数字出版价值链的主导地位。二是数字版权制度不够完善。三是赢利模式单一，营销力度不够大。四是出版资源整合意识不强。五是人力和技术资源不足，技术标准不统一。

因此，虽然教育出版在数字化时代有着巨大的市场前景，但不能按照传统的运营模式来参与全新的市场竞争，各出版单位需要精确定位自身地位和拥有的资源，才能在数字教育出版产业链中占领有利地位。

二、人邮社对数字出版的探索

人民邮电出版社（以下简称"人邮社"）围绕读者在数字环境下的需求特点，出版社从提升优质资源的挖掘能力、内容的整理加工能力和产品的营销能力入手，通过基础性和引领性项目，有重点地研发知识消费、信息服务的数字出版产品。

出版社采取的主要措施有：一是加强数字出版专家队伍建设，在现有专家队伍的基础上补充技术和学术专家，充分发挥专家的咨询顾问作用；二是不断探索建立传统出版与数字出版相融合的生产经营模式，加快编辑出版数字化平台的建设，业已建立以专业内容为核心，作者、编辑、读者三方协同，传统出版与数字出版相融合的协同编撰平台；三是加强优质出版资源数字产品的深度开发，发挥出版社教育出版紧密联系院校客户的优势，整合多媒体内容资源，进一步完善教育出版的数字化产品，面向院校市场，加大推广力度，实现数字出版业务收入的较快增长；四是提高存量内容资源的数字化水平，加快电子书产品销售渠道的构建，提高数字版权管理水平和运营能力。除上述业务举措外，出版社在数字出版保障机制上，由社领导主抓数字出版业务，从培育的角度对数字出版业务独立考核；在人力资源配置上，向数字出版业务倾斜，成立数字出版部，建立了一支懂出版、懂技术、懂互联网运营的复合型数字出版人才队伍；在内容资源上，实现了全社统一内容资源管理和数字内容运营；在资金支持上，每年投入不少于1000万元用于数字出版方面的开拓，启动了专业内容数据库等多个重点项目的建设，通过"O2O"和"1＋1（与合作伙伴联动）"的模式进行更加精准及有效的推广；参股北京方正阿帕比技术有限公司，共同搭建全新的数字出版与发行平台。

三、教育出版数字化探索取得的成效

《国家中长期教育改革和发展规划纲要（2010～2020年）》提出了推进教育手段现代化的问题，即加快教育信息化进程，加强网络教学资源体系建设，创新网络教学模式。我国数字教育出版领域的发展迫在眉睫，一个集开放性、即时性、多媒体性、交互性以及环保理念于一身的数字教育出版成为中国教育出版业转型的必由之路。在数字化时代，出版社不仅出售内容，还出售学习氛围、学习激情和解决方案，将出版与服务、培训、资讯相结合，延伸在线教育、在线服务业务，将读者的需求无限放大。个性化的学习解决方案、适量的内容资源、易于掌握的技术和便于分享交流的平台，要求我们尽快转换角色，从内容提供商转型为教育服务商，运用数字化技术手段整合关键资源，实现传统出版和媒体传播的升级融合，向新型数字出版业态转变，构建集研发创新、内容整合、出版发行、品牌营销等为一体的完整的数字教育出版价值链。

首先，建设数字化的基础设施，搭建全社统一的教育内容资源管理平台。建立数字化的图书仓库、ProEDU专业自主学习资源库、在线编辑平台以及各种数字产品和工具。

其次，根据建设学习型社会对个性化学习的新需求，为师生提供个性化的解决方案。目前人邮社根据教育层次和人才培养定位要求，按课程出版包括个性化的教材、教案、教师培训、课程交流平台等，开发补充性、更新性和延伸性的教辅资料，通过文字、音视频内容丰富教学，实现教材多种介质的立体化融合。

第三，更新教学手段，构建网络学习平台。随着移动设备的日益丰富和完善，公共教育资源的兴起和在线学习方式普及，人邮社开发、整合数字化资源，为教师、学生和社会人员方便快捷地获取优质学习资源和交流信息提供基于互联网的学习平台和辅助教学系统，建立为数字产品的运营、为用户使用数字产品提供支持和服务的技术体系。

最后，人邮社不断总结数字化产品和传统产品在营销上的差异，积极拓展院校与公共图书馆客户，与教材经销商建立互利共赢的分销模式。

四、结　语

目前，数字出版基本法律制度、数字版权许可制度、数字版权转让制度等法律法规都在积极完善；面对数字化业务的巨大投入，出版行业仍需要国家的大力扶持。人邮社在转型过程中，也存在对教育信息化理解不够深刻，对数字化出版前景的认识不够清晰，以及数字资源不足、技术条件受限、赢利模式不确定等问题，这也是多数出版单位在探索数字化转型道路中普遍存在的问题。随着中国工信出版传媒集团有限责任公司的组建，得益于国家打造数字教育出版航母扶持政策，人邮社教育出版将积极争取各级财政对数字出版产业发展的扶持政策，加快教育出版数字化转型的步伐，在明确自身定位和目标受众的前提下，不断创新发展模式与策略，在教育出版数字化发展道路上迈向更美好的明天。

（作者单位：人民邮电出版社高等教育出版分社）
摘编自《出版发行研究》2014年第4期

电子书包

——我国教材出版数字化现状及趋势分析

汪　萍

早在21世纪初，我国就开始推行电子书包试点工作，经过多方十余个年头的努力，我国的电子书包

试点推行工作已遍布各地，包括北京、上海、广州、南京、青岛、重庆、宁波、太原、杭州、昆明等地。其中，以

上海为例,试点工作进展尤为迅速。2010 年 11 月,上海市虹口区成为全国第一个电子书包试行试点,从幼儿园到高中,所有学习阶段,多个学科,共计 18 所学校,4000 多名学生参与了此次电子书包的试点工作。而 2013 年,上海市教委将在全市范围内推出大量的电子类教材,有专业人士预测,未来 3 年—5 年,电子书包将取代传统的纸质教材。

一、我国电子书包现状 PEST 分析

PEST 分析指宏观环境的分析,P 是政治(Political System)、E 是经济(Economic)、S 是社会(Social)、T 是技术(Technological)。笔者拟从以上 4 个角度对电子书包目前的发展现状进行分析。

(一)政治环境(Political Factors)

政治环境主要包括政治制度与体制、政局、政府的态度等;法律环境主要包括政府制定的法律、法规。2010 年 7 月 29 日,《国家中长期教育改革和发展规划纲要(2010~2020)》出台,明确表示要加快教育信息化进程;2011 年 4 月 20 日,原新闻出版总署出台《新闻出版业"十二五"时期发展规划》,第一次将电子书包写入规划;2012 年 1 月 13 日,《教育部关于开展教育信息化试点工作的通知》要求用 4 年左右的时间,完成约 100 个区域试点和 1600 所学校试点工作。国家相关政策的不断出台和各地具体扶持政策的不断细化,使得电子书包工作逐渐从纸上谈兵的规划阶段,发展到大范围的实践阶段。

(二)经济环境(Economic Factors)

经济环境构成的关键词有:GDP、财政货币政策、供给成本、市场机制、市场需求等。就目前我国对于文化产业的支持力度这个小的经济环境来看,作为出版产业、数字技术以及教育板块紧密结合衍生出的新型教育平台——电子书包具有史无前例的经济支持。作为电子书包内容提供商的出版单位,对于电子书包的发展前景十分看好,纷纷下大力气,整合资源,对电子书包的内容和技术研发给予充分支持。

来自多方雄厚而持续的经济力量的介入和角逐,无疑加快了电子书包产品的研发速度和推广进度,从而为电子书包替代纸媒教材,成为教育终端平台提供了更大的契机。

(三)社会环境(Sociocultural Factors)

电子书包的社会环境指从国家到个人对于电子书包的态度与看法。社会环境允许并支持电子书包的出现和应用,电子书包的发展趋势就较为明朗;如果社会环境不允许,或不支持电子书包,其未来则举步维艰。

(四)技术环境(Technological Factors)

技术环境的改变对于出版产业,乃至整个文化产业的影响都很巨大,可以说,电子书包就是数字技术变革的产物。数字技术越完善,技术环境越优越,电子书包的发展态势就会越光明。

通过对电子书包的 PEST 分析,可以看出,随着环境要素的逐渐成熟和日臻完善,电子书包的发展已进入快车道。在此发展进程中,需尽快解决存在的问题,以保证电子书包产业的发展方向正确而长久。

二、我国电子书包遇到的问题

电子书包作为数字出版的衍生品,具有与数字出版相同的诸多发展瓶颈和技术问题。而聚焦电子书包本身,这些问题则更为凸显。

(一)权责不明晰,运营模式不明确

目前的电子书包工作存在着权责不清、运营模式不明等问题。华东师大出版社作为上海市虹口区电子书包试点工作的主要研发单位,对电子书包的推进工作有着深刻的认识,该社副社长曾直言:"试点其实是在试'错',知道哪些是不需要的,哪些是需要改进的。电子书包的实施,涉及硬件设备、系统平台、教育机构等多个不同领域的单位相互协调配合,是需要统一构架和设计的。就目前情况来看,电子书包试点工作教育主管部门发挥的作用更大。"

在政府部门主导的条件下,电子书包涉及的多个环节间的权利和责任尚未规定,运营过程中出现的各种问题更没有明确界定。长此以往,将会打击电子书包从业单位的积极性,教育部门的推进工作也将陷入僵局,不利于电子书包的长久发展。

(二)版权归属界定模糊,内容资源庞杂恐成最大障碍

版权问题一直是困扰我国出版产业发展的一大桎梏,电子书包同样也面临这个问题,甚至更为突出。电子书包的核心资源是充足的内容补给,而目前并没有相关的法律法规界定内容使用的条件和权限,为确保自身利益,出版单位不愿意拿出拳头产品、优质资源进行数字化出版。此外,我国的教材出版区域化发展现象严重,教育类出版物的多版本、多类别和多科目给电子书包在内容资源的筛选和运营上带来很多现实问题。

（三）群雄逐鹿，电子书包产业链未健全

前文提到过，不论从经济环境、社会环境还是技术环境，电子书包都具备了飞速发展的宏观条件。但在具体工作中，电子书包面临着由于多方力量介入，群雄逐鹿而导致经济力量过于分散、产业链难以健全的境况。

首先，由于我国教育出版市场出版物类别多样、目次繁多，区域性特点较为明显。平台运营商在进行内容资源选择的时候不可能囊括所有的教育出版物。一方面难以支付如此巨大的购买金额，一方面扩大已成型的教育细分市场并无益处。如此一来，平台商在选择教育资源时，就已对教育市场进行了分类选择。也即平台商在选择所合作的出版资源时，就已决定了其未来的市场空间和发展方向。

其次，就平台运营商自身来说，竞争十分激烈。包括IT行业、数字技术公司、电信行业在内的多个相关产业都已将电子书包列入研发日程。对于本就纷繁混乱的数字出版市场，各种力量的介入和角逐，一方面刺激其产业发展，另一方面也会打乱原有布局，使得行业再度洗牌，重新来过。

因此，就目前的境况来看，电子书包产业链还未构建完全，在教育行政部门牵头下，产业链构建并非长效和常态，真正的电子书包完整产业链需在其替代纸本书，真正成为教科书，出现在广大师生课堂上时才会显现。此外，电子书包还应考虑电子设备长期使用对于学生视力及健康方面的影响；长久以来"板书式"教学方式的改变，迫使师生需重新习惯电子书包式学习模式的养成；纸本教材内容展现方式的单一与教材多媒体化后，信息资源的裂变式增长引起的教育链接内容的缺失等问题。

三、对我国电子书包发展的几点建议

（一）有的放矢、因地制宜进行数字内容研发工作

由于电子书包的特殊功能和使用群体，出版单位具有天然的优越性和排他性。因此，出版单位应以此为契机，将其当做数字出版的突破口，大力推行电子书包内容资源的数字化工作。但在进行内容数字化研发过程中，应注意以下两方面的问题：

在内容研发方面，着重将内容资源进行立体化、发散性、裂变式的扩充完善，以保证电子书包在使用过程中，对于所学知识相关链接的深度适中。在内容选择方面，要注意有的放矢地选择数字化内容，不是所有的内容都适合数字化。

而从电子书包产业链角度看，出版单位的选择并

不只在平板电脑，也可独辟蹊径。以时代新媒体为例，其以无纸化教材为突破口，不依托平板电脑，直接通过学校的多媒体设备进行讲解。

（二）借鉴多方经验，成就合理有效的赢利模式

任何一个产业的长久发展，都离不开合理科学的赢利模式，电子书包也不例外。目前我国推行的电子书包试点工作并未涉及费用支付和赢利分配。我国的电子书包的赢利模式还不明晰。

电子书包的赢利模式，主要涉及的收益分成方有内容提供商、硬件设备提供商、平台运营商。而目前最为明确的费用，只有硬件设备提供商，其余两方的费用标准还没有明确。在国外，iPad作为硬件设备被学校重复使用，学生拥有各自的ID账号。授课内容与账号绑定，学生登录iPad后便可显示电子课本。学校每年统一购买电子课本，每位学生约合75美元。购买iPad的费用本就不菲，探索教育联盟首席执行官比尔·古德维曾表示："我担心很多学校可能没有足够的资金为每一个学生都配备一台iPad。"因此，合理科学的赢利模式，成为解决电子书包成本、设备费用过高的重要办法。

在这个平台上，内容提供商、硬件设备提供商、平台运营商是多赢模式。由于硬件设备基本是一次性购买，因此赢利模式中角色简单。在具体运营收益分成方面，由于内容提供商占据着电子书包的优势地位，因此，其赢利比例要比数字出版的赢利比例大得多；而平台运营商由于担任着售后的信息服务和设备维护工作，也应占据相当的赢利份额。可考虑按照内容商六成、运营商四成的分成比例进行赢利分配。

（三）平台运营，资源整合是关键

随着电子书包试点工作的不断推进，教育单位对于硬件设备的使用方式和观念不断发生着变化，已从原先单纯的购买使用，到现在注重多集成采购方案，即更为关注售后服务和软硬件一体化解决方案的适用情况。与其他行业相比，教育类产品使用周期较长，因此对于所使用产品的耐用性和多样性要求较高，对于平台运营商和硬件提供商售后服务中资源整合能力要求也较高。电子书包不是简单要求硬件购置配套即可，还对终端运营、软件使用情况、资源获取方便与否以及丰富与否都有着较高要求，因此，电子书包产品在研发时就应注重整体方案的提出和解决。

（作者单位：渤海大学外国语学院）
摘编自《编辑之友》2014年第4期

电子书包中基于教育大数据的个性化学习评价模型与系统设计

牟智佳

本研究首先对电子书包中教育大数据的模块构成进行分析,从而设计个性化学习评价模型和个性化评价层次塔,并在此基础上设计了个性化学习评价系统模型,以期为后面系统的设计和开发提供理论指导。

一、电子书包中教育大数据的内容构成及解析

(一)大数据技术的模块构成及关系

大数据是近年来随着数据集的急剧扩展和汇聚从数据科学中发展形成的一个研究前沿。

它主要由三项技术趋势汇聚组成。一是海量交易数据,在从 ERP 应用程序到数据仓库应用程序的在线交易处理与分析系统中,传统的关系数据以及半结构化和非结构化信息仍在继续增长;二是海量交互数据,主要由社交网站、微博、社区论坛以及其他社交媒体数据构成;三是海量数据处理,大数据的涌现催生了设计用于数据密集型处理的架构,如具有开放源码的 A – padre Hadoop,它能够以可靠、可伸缩的方式对大量数据进行分布式处理。大数据技术包括四个模块内容,即数据获取、数据存储(包括数据索引、存储、分享和归档)、数据分析(包括数据清洗和处理)和数据应用。由于大数据具有大量化、多样化和快速化的特征,能够对数据进行实时处理,因而各模块之间的关系不仅包括从数据获取到数据应用的渐进序列关系,还包括两模块之间的交互和反馈关系。

(二)教育大数据的模块内容解析

根据大数据技术的模块构成,结合电子书包所包含的系统和功能,下面从微观视角对电子书包中教育大数据的模块内容进行分析。

1. 数据获取模块

解析电子书包中教育大数据的获取主要来自数据捕获、多感知数据和实时传感数据三个范畴,其获取方式和软件支持如表 1 所示。在数据捕获层面上,通过电子书包中的教育云服务平台可以对学生应用不同终端所产生的学习行为数据进行捕获,这类数据包括学生在台式机和笔记本终端下使用鼠标和键盘等输入设备所产生的数据以及在平板电脑和智能手机终端下使用触控操作所产生的数据。在多感知数据层面上,主要借助电子书包中的摄像和感应功能对学生的外部行为进行记录,这类数据包括学生应用互动交流软件形成的远程视频交互数据以及学生使用移动终端的手持偏好数据。在实时传感数据层面上,通过电子书包中的定位系统和传感器对学生的活动行为进行记录,这类数据主要是学生使用移动终端进行社会活动所产生的实时反馈数据。

表 1　数据获取模块内容解析

获取范畴	获取方式	软件支持
数据捕获	键盘记录器、鼠标点击流、触屏捕获器	监控软件、网站追踪、移动终端应用
多感知数据	视觉探测、重力感应、远程视频交互	摄像头、感应传播、网真系统
实时传感数据	实时定位数据、实时图像显示、即时反馈	全球定位系统、图像传感器、智能网络

2. 数据存储模块解析

在通过多方位采集学生使用电子书包所产生的各类教育大数据之后,需要从数据服务、数据管理、平台管理和云计算等方面对数据进行存储,数据存储方式和服务支持如表 2 所示。在数据服务上,需要为电子书包中教育云服务平台的数据、各类教与学软件数据以及终端设备数据提供存储服务。在数据管理上,通过电子书包中的电子学档系统可以对数据进行索引、检索和导航等。在平台管理上,教育云服务平台要能够适应不同的终端系统,并能对各类数据进行快速计算。在云计算上,可以通过私有云、公共云和混合云等方式对数据进行存储,并利用 Hadoop 分布式文件系统对数据进行分布式处理。

表2 数据存储模块内容解析

存储范畴	存储方式	服务支持
数据服务	平台数据服务、软件数据服务、终端设备数据服务	学习管理系统
数据管理	数据索引、数据仓库、数据检索和导航	电子学档数据库
平台管理	易用性、可拓展性、量子计算	教育云服务平台
云计算	私有云、公共云、混合云	Hadoop 分布式文件系统

3. 数据分析模块解析

数据分析模块主要是通过相关分析、模式识别、预测分析和文本挖掘等方法对数据进行分析和挖掘,其分析方法和工具支持如表3所示。在相关分析中,既可挖掘在某一空间上共同出现而产生的共现关系,也可挖掘在某一时间段上相继出现而产生的序列关系。通过采用关联规则挖掘和序列模式挖掘可以从学习者应用电子书包所产生的学习行为序列中挖掘出相关的规则,以揭示学生在学习一些知识点的同时还学习了其他哪些知识点,以及在学习过程中浏览的学习内容、参与的学习活动与学习结果的关系等。在模式识别上,通过数据建模、仿真模拟和拓扑分析可以对学习者的图像、语音和通信等进行识别和分析,以实现智能化的自动处理和判读。在预测分析上,根据学习者在学习过程中形成的已知记录,采用决策树、回归分析和时序分析等可以对其学习结果进行预测。在文本分析上,通过采用文本聚类、概念挖掘和文档摘要等对学习者生成的大量文本集合进行挖掘,可以发现其中隐含知识的过程,了解学生的知识水平和观点取向。

表3 数据分析模块内容解析

分析范畴	分析方法	工具支持
相关分析	关联规则分析、序列节点分析、社会网络分析	SSAS、UCINET
模式识别	数据建模、仿真模拟、拓扑分析	MATLAB、Stprtool
预测分析	决策树、回归分析、时序分析	SSAS、WEKA、SPSS
文本挖掘	文本聚类、观点分析、概念挖掘	RapidMiner、ICTCLAS

4. 数据应用模块解析

数据应用模块是对数据分析的结果进行决策和应用,其应用范畴、应用内容和系统支持如表4所示。在学习分析上,通过电子书包中的电子学档系统可以查阅学生的课程学习记录档案、知识点掌握情况以及练习题的完成情况,并为学习者提供智能评估和反馈。在个性化服务上,通过对学习者在学习管理系统中所生成的个人学习行为数据的分析,可以针对学习者的学习情况为其提供个性化学习方案,并对其学习结果进行个性化评价。最后,根据评价结果提供个性化学习资源推荐。在基于数据的决策上,通过对学生学习过程和结果的数据分析,教师可以在教学管理系统中通过调整教学目标、实施教学干预管理和开展课后补救等来改善学生的学习效果。

表4 数据应用模块内容解析

应用范畴	应用内容	系统支持
学习分析	建立学习档案、学习行为建模、智能评估和反馈	电子学档系统
个性化服务	个性化学习方案、个性化学习评价、个性化学习资源推荐	学习管理系统
基于数据的决策	调整教学目标、实施干预管理、开展课后补教	教学管理系统

二、个性化学习评价模型与个性化评价层次塔

要实现基于教育大数据的个性化评价需要从评价内容和评价结果两个过程进行评判,在此我们通过建立个性化评价模型和个性化评价层次塔来完成这两个过程。个性化学习评价模型主要是从评价内容上对学习者通过电子书包开展的个性化学习活动确定评价信息点,而个性化评价层次塔则从评价结果上依据个性化评价模型对学习者的学习过程和结果进行评价,确定其所达到学习水平。

(一)基于电子书包的个性化学习评价模型

通过对电子书包能够支持的学习环节和学习活动进行内容分析以及对不同电子书包系统的功能进行梳理和归类,我们对电子书包中学习管理系统所包括的学习内容信息点进行了细分和聚类,并由此构建了个性化学习评价模型。该模型内容包括课程内容学习评价、参与互动交流分析评价、考试与学习作品评价和课外资源学习评价四个部分。模型的评价过程涉及学生的正式学习和非正式学习,评价内容包括学科知识评价和非学科知识评价,评价方法涉及定量评价和定性分析。

1. 课程内容学习评价

课程内容学习评价主要是对学习者通过电子书包学习管理系统学习过的单元知识点内容进行评价,它包括交互式电子教材学习和微课程学习,该类学习行为数据评价信息由后面个性化评价系统中的课程内容学习数据库进行记录和分析。

2. 参与互动交流分析评价

参与互动交流分析评价主要是对学习者在课堂上的答疑情况以及课外的互动交流进行分析评价,它包括参与互动答疑和参与学习社区,这一块学习行为数据评价信息由个性化评价系统中的互动交流数据库进行记录和分析。

3. 考试与学习作品评价

考试与学习作品评价主要是对学生平时进行的单元练习和考试进行测评以及对学生在课下开展基于项目的学习所生成的学习作品进行评估,它包括课程考试评价和学习作品评价,此类学习行为数据评价信息由个性化评价系统中的考试与作品数据库进行记录和分析。

4. 课外资源学习评价

课外资源学习评价主要是对学习者在非正式学习过程中所学习的课程拓展资源进行评价,它包括数字课程学习评价和在线资源学习评价,这一块学习行为数据评价信息是由个性化评价系统中的课外资源学习数据库进行记录和分析。

(二)基于教育大数据的个性化评价层次塔

个性化学习评价模型是对学生在电子书包学习管理系统中的学习内容和过程抽取信息评价,而要评价学习结果达到的层次水平,则需要通过对教育云服务平台存储的大数据进行分析,并设计基于大数据的个性化评价层次塔来评价学生的学习结果。

1. 个性化评价层次塔的理论依据

(1)柯氏四级评估模式。柯氏四级培训评估模式是由国际著名学者威斯康辛大学教授 Kirkpatrick 提出的,该模式是世界上应用最广泛的培训评估工具,是衡量培训效果的重要手段。Kirkpatrick 认为在项目评价中评价者必须关照的四个层级:反应、学习、行为和结果。

(2)布鲁姆教学目标分类理论。布鲁姆的教学目标分类学一直是教学系统设计理论和实践的指导性原则,在学科教学设计中得到广泛的应用。布鲁姆将认知领域的目标分为识记、领会、运用、分析、综合和评价六个层次。

2. 个性化评价层次塔的设计

依据柯氏四级评估模式和布鲁姆教学目标分类理论,结合学生个性化学习评价模型内容,我们设计了基于大数据的个性化评价层次塔。该层次塔以电子书包教育云服务平台及其存储的教育大数据为基础,通过大数据技术对学生的学习行为结果进行个性化评价,评价层次自下而上包括学习成效、概念转变、学习迁移和学习力四个层级,其学习水平由塔的底端向顶端依次提高。

三、基于教育大数据的个性化学习评价系统设计

(一)个性化评价系统模型设计

在构建个性化学习评价模型和个性化评价层次塔之后,要实现对学习者的个性化评价还需设计基于教育大数据的个性化学习评价系统。在大数据技术、云计算和教育云服务思想的指导下,结合前面对教育大数据模块的分析,我们设计了基于教育大数据的个性化学习评价系统模型。该模型包括信息采集模块、数据分析与处理模块、个性化评价模块和可视化反馈模块,并通过云管理层实现对教育云服务平台、云存储池和云集群计算平台的调控和管理。

(二)个性化评价系统的模块构成

1. 信息采集模块

在信息采集模块中主要是面向键击层、回答层和学生层的数据进行采集,各类数据信息来源于云存储池中的数据库,包括课程内容学习数据库、互动交流信息数据库、考试与作品数据库、课外资源学习数据

库和学习者特征信息数据库。其中学习者特征数据库包括学生的知识基础、认知能力、学习动机和学习风格,依据该数据库的信息可以为后面的个性化评价和学习补救提供科学依据。

2. 数据分析与处理模块

该模块对学习行为数据要完成两方面的处理,一是对学生在学习管理系统中完成的信息点进行统计分析,二是采用数据挖掘技术对学生在不同学习模块中的行为数据进行挖掘,探寻不同信息点之间的相互关系以及学生个性化特征信息与行为数据之间的对应关系。

3. 个性化评价模块

个性化评价模块主要是从学习过程和学习结果两个方面对学习者的课内外学习活动完成情况进行评价,它包括个性化学习评价模型和个性化评价层次塔。

4. 可视化反馈模块

可视化反馈模块是对个性化评价过程和结果的数据信息通过图表等直观形式反馈给学习者。可视化工具包括 Weka、Gephi、Google chart、R 语言等,这些工具能够对学生的学习时长、任务完成结果、社交网络活动、学习结果预测等进行分析并以可视化的结果

反馈到学习管理系统中,学生登陆学习平台可以查看自己的学习过程和结果。此外,根据学生的学习结果反馈可以为学生提供课后学习补救,制定个性化学习路径,以改善学生的学习成效。

四、总结与展望

个性化学习评价是一对一数字化学习过程中的一个重要组成部分,而电子书包的发展和教育大数据技术的出现为实现学生的个性化学习评价提供了可能。本研究对电子书包中教育大数据的模块构成进行了剖析,并从评价内容和评价结果两个层面构建了基于电子书包的个性化学习评价模型和基于教育大数据的个性化评价层次塔。

最后,结合教育大数据和教育云服务设计了个性化学习评价系统。本研究下一步将采用德尔菲法对个性化学习评价模型和评价层次塔进行完善和优化,以提高其信度和效度,应用基于设计的研究设计和开发个性化评价系统,并将其在实验学校中进行应用,通过实践反馈进一步改善系统以提高其科学性和准确性。

(作者单位:北京师范大学教育技术学院)
摘编自《远程教育杂志》2014 年第 5 期

高等教育 MOOC 的发展路径、战略影响及理性思考

赵海霞 谢舒潇 刘永贵 黄 雅

信息服务和技术为高等教育的发展提供了强有力的工具。在 21 世纪竞争激烈的国际教育领域,信息化不仅是全球高等教育改革发展的新时空,而且是推动高等教育变革发展的重要生长点和战略资源。尤其是近年来在世界范围内兴起的大规模在线开放课程(MOOC)迅速发展,以免费或廉价的方式为人们提供开放、灵活、高质量的在线课程,降低了学习成本,学习者不受时间、地点和人数的限制,跨越学校围墙、突破国籍而遍布全球,引发全球高等教育及教学信息化的革新运动,加速全球其扁平化发展,加剧了传统高等教育的竞争并对其提出了严峻的挑战,因此引起政府、高等院校和商业机构的极大关注。

一、MOOC 述评

在 MOOC 平台上,学习者通过浏览 MOOC 平台

的相关课程,每个教学周内通过观看教学微视频和相关课程资料,提交作业、评估学习、分享观点、评估学习进度、参加考试、得到分数、拿到证书等,是完整的在线课程教学的全过程。同时,MOOC 课程是基于技术的精细化教学设计,主要体现连通主义学习理论基础的称之为"关联慕课"(cMOOC),主要体现行为主义学习理论的特征的称之为"传统慕课"(xMOOC)。前者有助于合作对话与知识建构,强调高度的同伴学习和教育资源开放共享;后者依据传统课堂惯用的讲座课程形式而呈现结构化方式。目前还有 hMOOC(hybrid MOOC,译为"混合式 MOOC")和 uMOOC(Ubiquitous MOOC,为"泛在式 MOOC")。除此以外,在线课程的微视频教学、即时通关测验和作业、集成模拟练习、多元互评以及强调讨论解决问题等融合体现了行为主义、认知主义、信息加工理论、建构主义等多

种学习理论的教与学理念。

MOOC 具有大规模、开放和在线的特点，其影响力主要来自于名校、名师、精品、开放、免费、移动等因素。然而，MOOC 课程虽然具有较高的入学率，但同时也具有较高的辍学率，这就需要学习者具有较强的自主学习能力才能按时完成课程学习内容。

二、MOOC 在高校的发展路径与学校个案

（一）全球 MOOC 大型平台掀起国际 MOOC 风暴，并引领 MOOC 进入正规高等教育体系的通道

2012 年被称为美国的 MOOC 元年，世界顶尖大学纷纷推出自己的 MOOC 课程，如哈佛大学、斯坦福大学、麻省理工学院等。Coursera、Udacity、edX 三大 MOOC 课程平台随之兴起，其注册学习用户超过一千万。欧洲高校的 MOOC 平台有由英国高校联合发起的 FutureLearn、德国的 Iversity 和法国的数字大学以及西班牙高校开设的 MOOC 等。此外，其他国家的 MOOC 供应商还包括澳大利亚的 Open2Study、巴西的 Veduca 等。

（二）众多高校选择直接入驻知名 MOOC 平台或联盟

大多数高校依据学校优势和特色，选择直接与国际国内各类 MOOC 平台或联盟合作，纷纷加入 MOOC 的行列。截至 2014 年 6 月，Coursera 和合作高校已遍布全球，达到 109 所，课程也达到 665 门且覆盖很多学科；英国 FutureLearn 的合作高校也已经有 20 多所。

除国际 MOOC 平台外，国内涌现众多综合性 MOOC 联盟和专业性、区域性 MOOC 平台。

（三）高校、校际或区域依据自身优势发起成立或打造 MOOC 平台或课程共享联盟

清华大学于 2013 年利用开源 edX 系统建成了"学堂在线"；深圳大学发起并成立地方高校 MOOC 发展战略联盟，目前有 40 多所高校加入；上海交通大学一方面加入 Coursera 平台，另一方面联合两岸交通大学打造"Ewant 育网"在线教育平台，还打造在线教育平台"南洋学堂"和"好大学在线"MOOC 平台，并与上海高校课程共享中心及上海西南片 19 所高校签下了 MOOC 共建共享合作协议，实现优质课程资源共享及学分互认。国防科技大学与中山大学通过文科和工科课程共享来联合建设 MOOC 课程。

（四）一些大学尝试多平台运作，一些高校制定校本在线教育发展计划

清华大学、北京大学加入了国际 MOOC 平台 edX 和 Coursera，复旦大学与国际的 Coursera 和 U21 联盟合作上线课程，同时这些大学还积极加入国内的多个 MOOC 平台。如复旦大学还参加中国东西部高校课程共享联盟、上海高校课程共享中心及 C20 高校 MOOC 平台。一些高校依据 MOOC 发展趋势制定校本在线教育发展和战略计划，如华中师范大学宣布未来 3 年内要将所有本科课程录制教学视频，网络课堂和混合式课堂将成为该校的常规课堂。

三、MOOC 对传统高校未来发展的战略影响

（一）MOOC 的发展会加速国家影响力和文化输出，加速高等教育由封闭走向开放

MOOC 促进知识创新与高等教育变革，并推动高等教育由封闭走向开放，有利于促进教育机会公平和扩大高等教育的国际化，并将加速高等教育的信息化、大众化、民主化和全球化。MOOC 的发展，也是一种国家文化软实力的竞争和体现。教育部科技发展中心主任李志民指出，MOOC 意味着校园围墙正在被打破，优质教育资源的共享已经成为时代的必然，传统意义上的大学职能将会发生颠覆性变化，教育会超出现有教育范畴，会成为国家文化和软实力输出的重要载体。借助网络占领高等教育市场，提升其学生市场占有率，扩大名度，已成当代大学发展的一项重要战略举措。

（二）MOOC 倒逼学校和教师面向国际化浪潮中的竞争，促进学习模式多元化和教育质量提升与创新

从国际文化传播的角度看，MOOC 将对全球化的知识进步、优质信息传播产生巨大作用、有利于高校为国家和社会发展、文化软实力、文化传承服务及构建终身教育体系等方面产生宏观的战略影响。从学习者的角度看，是希望学到国际视野中的更好的课程，这是刚性需求。从教师的角度看，MOOC 课程是基于大规模、大数据的结合翻转课堂和微视频等新型教育理念的混合式教学模式，在教学环节更加注重学生的启发、讨论、探究、小组、研究性学习，学习评价更加注重教师与学生、学生与学生的多元评价，这种新型的方式要求教师进行教学改革，且越来越多的教师认为 MOOC 将是对自身课程教学质量的一次洗礼。从 MOOC 市场经济的原则角度看，据穆迪投资者服务的数据预计，MOOC 可能有助于强校愈强、其他高

校面临挑战的局面。从高校自身生存发展来看，如果跟不上 MOOC 的发展趋势，普通高校的生源和地位可能会在新一轮的竞争中处于劣势。但同时如果高校无节制地、盲目地引进 MOOC 或简单加入游戏，是缺乏理性思考与战略眼光的表现。

（三）MOOC 的发展将促成高校将其纳入学校发展战略，进一步促进教育系统内课程管理、教务管理及机制体制的系列变革、流程再造和优化

MOOC 时代飞速发展的信息化成为推动大学发展和教育变革的引擎，迫切要求高校发展与 MOOC 发展的高度耦合，倒逼高校将其融合于校本教育规划及信息化战略规划以提升大学核心竞争力。据最新的百森调查研究公司（Babson Survey Research Group）发布的报告显示，来自 2500 所美国大学与学院的高级学术官员中有 66% 认为目前在线学习已经成为本校发展战略的重要组成部分。MOOC 带给高等教育的一大可谓破坏性的创新变革。MOOC 已然超越高校自身教育信息化的范畴，将会影响大学的教育生态系统，如课程、师资、管理等，将像互联网及电子商务对商业的颠覆性冲击一样，进一步冲击现行教育运行机制体制，倒逼高等教育内部格局的流程再造、优化和结构性变革。

（四）MOOC 的发展已然超越大多数高校自身能力范畴，强烈呼吁国家层面的相关法规政策和经费等多方面支持

MOOC 的发展需要系统完备的政策制度，包括 MOOC 平台的资质认证、经费保障、课程标准建设、资源标准、教学效果的考核考评制度、版权保护制度、学分学历认证制度等，并实现制度之间的有效衔接与配套协调，最大限度地发挥组合政策的作用，推动 MOOC 发展。这些问题最终归结为高等教育系统内的机制体制问题，非一所高校能独自解决。国内虽然有多所高校有能力独立创建 MOOC 平台，但如果没有国家统筹规划、宏观协调以集中各个高校优质资源和引导高校间的合作，以及制定相关规章制度如 MOOC 学分积累、转换制度以及与之相配套的学位制度，以此打造高水平的中文 MOOC 平台参与国际竞争并发挥资源积聚效应和规模集群效益，那么将会造成新一轮的重复建设和加剧国内的竞争。

四、高校发展 MOOC 的理性思考

（一）高校 MOOC 发展与校本规划和教育信息化体系高度耦合，实现教育质量和效益的提升

MOOC 将加剧高等教育的国际竞争，倒逼学校和

教师参与国际竞争，将加速高等教育系统的进一步重新洗牌。由 MOOC 带来的系列革新势必引发高校教育系统整体格局的革新，尤其是借助 MOOC 促进教学改革、教育质量提升及教育信息化的深度推进。

（二）高校 MOOC 发展应树立正确的系统观和生态观

从高校实践角度看，MOOC 对高等教育首要的影响是教育信息化面临着与 MOOC 发展的高度耦合和变革。值得注意的是，高校教育信息化伴随着各个历史时期媒体技术的革新和在教学中的推广应用，在每种新技术的设计、开发（或引进）、利用、评价、管理环节中都应树立正确的系统观、动态观、媒体观和技术生态观，避免单一技术的单一影响，确保新技术的创新推广与原有技术体系有机融合、承前启后、发挥优势、动态平衡，确保产生联动、一体化的需求、目标和全局效益。

（三）MOOC 的建设需要高校设定全方位的建设策略和理顺运营机制与体制

高校制定 MOOC 建设及创新推广策略应以系统观分析创新事物，寻找合适的推广途径如自上而下、自下而上方式还是混合式创新推广方式等，才能有效地达到推广目标。高校需要设定 MOOC 运营机制，在经费、平台建立、课程、师资、教学管理、学分认证、技术开发与服务、市场运营等全方位设定规则和体制。

（四）MOOC 的建设需要高校持续投入大量建设和运营经费才能保持其运转与发展

美国 MOOC 得以迅速发展的一个重要原因是拥有大量风险基金和慈善基金如基金会赞助、合资、社会捐款、风险投资等。据不完全统计，截止到 2013 年 7 月大型 MOOC 平台的 Coursera、Udacity、edx、Udemy 获得的资金投入都在千万美元以上。据了解，耶鲁大学每门开放课的制作费高达三四万美元，麻省理工学院每门开放课的制作费也需两万美元，英国的 Future Learn 等开设一门 MOOC 的费用大约为 2~3.5 万英镑。日本 Schoo 公司已经从几家风险投资公司筹集 150 万美元，打造日本 MOOC，力图提供 130 多种课程。而在我国，风险资本与慈善基金会发展相对缓慢。根据《高等教育信息化发展报告（2011）》的调研，在我国 450 所高校中，80% 的学校认为资金问题已经成为制约信息化发展的首要问题。上海高校课程共享中心的 MOOC 平台的费用虽然主要上海市教委承担，但上海教委将会选择合适的时机将其市场化。

（五）MOOC 的建设需要学校挖掘和培育优质的 MOOC 师资及人力资源

MOOC 遵循的名校名师或名课，高校遴选的 MOOC 课程和主讲教师所需的能力水平高。MOOC 与传统教学方式及课堂实录不同，MOOC 是基于精细设计的课程开发、内容制作，从课程的选材、课程的实现、动画的配备到后期制作都要进行精心的设计，由此要求教师不仅要有丰富的教学经验积累和大量的时间精力投入，还需要组建一个包括授课教师在内的一个专业化团队，包括学术团队、制作团队、运营团队及助教团队，确保 MOOC 在课程教学和师资以外达到舆论宣传、运营维护、质量监控、学习支持、技术支持、商业模式、公共关系维护 MOOC 高效优质，具有国际影响力和竞争力。

（六）寻求可持续发展的多方参与、整合优势，探索可行性运营模式，扩大可提升的空间

高校开设 MOOC 的还需要关注知识产权、学术隐私等问题，同时考虑中国的国情及具有本地本校特色的教育方式、教育体制机制、文化特点以及学生的需求及规模与效益。高校除了具有课程和师资的优势外，要在现有机制体制内短时间解决巨额资金、技术研发、运营团队及管理、宣传策划等在内的专业化类似商业模式开发、业务拓展等方面存在的条件限制，承担开发和发展优质 MOOC 的任务比较艰巨。高校需要通过多种渠道、多方参与的如合理商业化模式以满足 MOOC 建设的人员、技术、运营、经费等相关难题。高等院校投入 MOOC 潮流的目的在于使更多的学习者享受高校的课程，拓展教育市场，增强品牌竞争力，以及寻找潜在的赢利模式。为了使 MOOC 更好地为大学发展服务，我们必须开始思考与探索 MOOC 市场化的可行性运营模式，实现可持续发展。

五、结　语

MOOC 的出现是在线高等教育发展中的一个里程碑。MOOC 将会改变全球高等教育的生态格局，高校要探索 MOOC 与传统教育、继续教育、自学考试、网络教育等多种教育形式深度融合的全新教育体系，进一步促进以 MOOC 为助力的教育创新和管理体制机制创新，推动教学质量的提升和优质资源共享，实现教育规模、效益和效果间的平衡，最终发挥高校社会责任和优势，推动面向人类知识共享的开放型未来教育生态格局的形成。

（作者单位：暨南大学网络与教育技术中心　南京邮电大学教育科学与技术学院）

摘编自《现代教育技术》2014 年第 7 期

积极参与教育数字化，传统出版社应着力向产业链两端延伸

李忠孝　闫晓宇

近几年来，以电子教材、视频课和互联网在线教育为代表的教育数字化浪潮兴起，以教材、教辅类图书为代表的传统教育出版市场格局已经被打破。与此同时，教材、教辅市场的"多、杂、乱"等现象所带来的诸多社会问题也日益突出，政府有关方面也频频重拳出击对教材、教辅市场进行清理整顿，整个市场将面临优胜劣汰、重新洗牌。一边是由新技术带来的挑战咄咄逼人，一边是行业乱象招致的多方瞩目、频施高压，加之整个出版市场普遍进入"过剩""饱和"状态，传统的教育出版业务渐入困境已是不争的事实。

在这种形势下，传统出版产业必须积极走向与数字化、网络化相融合的道路，必须积极参与教育的数字化进程，必须找到传统教育出版的优势及与数字化、网络化的教育产业的结合点，才能在未来教育市场上站稳脚跟。为了更好地迎接和参与到教育数字化中去，我们不仅要认真分析和回顾传统教育出版的特点，而且要跳脱本行业去研究计算机和互联网已经给世界带来的改变。

一、传统教育出版的产业链

广义地讲，教育出版是指与学习、教育及培训有关的所有出版行为。狭义地看，传统的教育出版针对的就是教材、教辅图书市场。传统的教材、教辅出版行业在长期的纸媒传播时代已经进化得非常成熟，其基本产业链如图 1 所示。

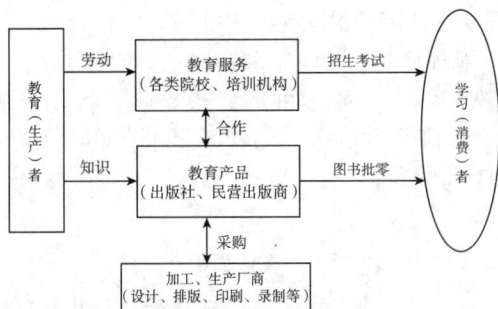

图1　传统教育出版的基本产业链

这条价值链是非常典型的"工业时代"的"产品经济"产物。其中生产者和消费者泾渭分明,生产者制造标准化的产品和服务,消费者选择并购买这些产品和服务。在两者之间是庞杂的中间环节和中介机构,整条产业链的价值在其中大量耗散。

二、互联网与数字化给社会经济带来的改变

(一)去中介效应

互联网在不断打破信息壁垒、提升普通民众的信息发布和获取能力,使信息传播路径缩短,从而使各种产业链扁平化。在商业领域,就表现为互联网的"去中介效应",即让传统商业中靠垄断信息(和物流)来获取高额利润的环节迅速瓦解。

(二)跨界竞争效应

胜者通吃、快者通吃成为新的商业逻辑,表现为互联网的"跨界竞争"效应,即某一传统行业里可能随时出现来自其他领域的强大竞争对手。

(三)俘获与融合效应

在互联网迅速融入普通人生活的今天,社会经济形态从"产品经济"迅速向"注意力经济"发展。在互联网时代,由于生产的普遍过剩使购买力成为经济的瓶颈,社会经济单位必将首先以聚集的消费者群体来分割。这就导致行业间的"俘获与融合"效应,即某些售卖高价格、高利润产品或服务的商家,为了获得更多用户的注意,会普遍低价出售甚至免费赠送一些低售价商品和服务,从而造成一些行业被另一些行业所"俘获",重新"融合"成新的价值体系。

三、未来的教育产业形态展望

为什么在遥望未来教育产业时不再用"产业链"一词?正如上文所分析的,在互联网时代,社会经济不再以产品(或服务)为单位进行分割和组织,而是以用户群为单位来考虑,今天的很多价值链(行业)会彼此俘获、融合,形成一个个新的"价值树"甚至是"价值网"。例如,我们在展望未来教育产业时,就可以编织这样一张价值网,如图2所示。

图2　未来教育产业的形态展望

图2描述的是一个典型的互联网时代注意力经济的商业形态,由一个平台聚合了大量有各自能力和需求的用户群而组成,这些用户各自的能力和需求彼此间就形成"生产—消费"关系的可能,而这个平台就是负责挖掘并实现这些可能,从而以多种多样的商业模式充分实现其中潜在的价值。

四、传统教育出版社数字化转型的可能路径

教育产业天然的、历来的分层次(幼教、中小学、高等教育、职业教育、社会培训)组织形式在未来应该会继续保持。其中最先实现数字化、网络化的应该是一贯市场化最充分的社会培训领域,其次应该是有政府力量在背后推动的中小学教育(特别是义务教育阶段)领域,再者是与产业需求结合紧密的职业教育领域,而高等教育和幼教领域情况都比较复杂而分散,会出现高度数字化、网络化和传统教育模式长期并存的局面。

而在未来的数字化、网络化教育产业中,教育平台是核心环节,其他各方变成了平等的参与者,都向平台购买产品和服务,也向平台出售自己的劳动和智慧。可以看出,未来的教育平台冲击的就是现有价值链中充当中间环节的角色(学校、出版商和经销商),它直接沟通了教育产品和服务的生产者与消费者,将传统意义上的产业链压缩到极致扁平。

那么从出版社的角度来看,既然教育的数字化与网络化注定要将整条产业链压扁,并用平台化来剔除掉所有的中间环节,那么我们的转型方向无非就是两个,一是坚守并以中间环节阵地为契机,争取做成未来某个层次或领域的教育服务平台;二是向原有产业链的两端延伸,即向上控制作者资源(承担教学内容和产品的创造)、向下控制学校资源(获取认证、认可的颁发资格),争取在未来教育产业中扎稳根基,成为跨平台的教育内容和服务提供商。

五、传统出版社向数字教育转型的困境与优势

当前,数字教育的价值体系正在发生革命性的变化,从生产到消费的链条已经缩短到极致,但新价值体系里的利益主体却增加了。这势必造成原有的静态的教育内容产品单独、高价销售的模式难以为继,而新的利益分配格局将是动态而复杂的。

(一)传统出版社转型的困境

1. 并不掌握内容资源的核心创造力

长期以来,由于教育类图书出版市场需求大、利润丰厚,行政主导和区域分割色彩明显,市场竞争不充分,产品的跟风现象与内容的同质化严重,缺乏创新,这导致了海量教育类出版物中真正可利用于数字化的有效内容资源却相对贫乏。此外,在版权的独立性和完整性方面,一些教育出版物有着先天的不足,也是当前出版社难以跨越的一道坎儿。

2. 思想保守、传统业务包袱重

如今的出版社,无论是硬件(业务流程、生产设备)还是软件(人员意识、工艺能力)都是在传统的教育出版价值链中造就的,而且,出版社传统业务的投入、收益和库存都非常大,使得出版社不得不一直把传统业务作为头等大事来考虑。再加上出版社老员工普遍对电子出版物心存偏见(比如更容易被盗版、会冲击纸书销售等),造成出版社转型阻力重重。

3. 技术落后、人才匮乏

传统出版社面对网络化和数字化,技术资源和人力储备均不足。普遍来看,出版社已进行的数字出版建设也存在技术标准不统一,不同信息系统缺乏信息共享的严重问题,使得转型期必经的流程优化和再造困难重重。新媒体时代,数字出版大大突破了纸质教材只有文字与图片结合的平面视觉的局限,这就需要编辑"一专多能",能熟练地掌握和运用如电子文档、信息处理技术、网络传输技术、音视频文件编辑技术等。现有的人才结构单一,尤其缺少对传统出版流程、互联网和信息技术及经营管理都精通的复合型专业人才,致使转型面临技术人才鸿沟。

4. 面临巨头的跨界竞争

某种意义上说,国内目前正在进行的出版数字化和教育数字化变革,是由 IT 公司(掌握技术)、互联网企业(聚集用户)和电信运营商(控制渠道)主导的,而传统出版机构由于前述的种种问题,已然被边缘化。

(二)传统出版社转型的优势

1. 教育产业的数字化需要一个量变的积累过程

教育的数字化是趋势、是大局,但并不会一夜间就完成,教育数字化的实际进展要远慢于乐观者的预测,这就给了传统教育出版机构运作转型以宝贵的空间和时间。

2. 传统出版社与作者、院校和教育主管部门关系紧密、易受信任

经过传统教育出版产业链长期的运营与磨合,特别是计划经济时代遗留下来的千丝万缕的深层行政系统关系,使得各级国有出版社在面对作者、院校和教育行政主管部门时,具有天然的亲和力,彼此之间都更容易相互信任,这是其他跨界竞争者所不具备的。比如,出版社的"院校代表"可以随时去教育一线开展业务,这对于很多新兴机构甚至是大型的互联网公司而言都是十分困难的。

3. 在图文内容的编辑加工能力上具有不可替代的价值

传统出版社在图文内容的编辑加工领域积累了丰富的经验,拥有很强的处理能力。并且,出版社对图文内容的严谨、规范处理,正是其在数字出版领域所面对的跨界竞争对手所缺乏的。这一点对于大众阅读的影响似乎不是那么明显,但对于教育出版至关重要的。

4. 纸质教材的存量市场是有待挖掘的资源金矿

我国教育产业的数字化将是一个漫长的过渡过程,其间实体学校将在很长一段时间内继续扮演产业链核心环节的角色,"纸质教材 + 课堂讲授"的传统教学组织方式也仍将占据主流地位很长时间。也就是说,现在各出版社已有的畅销教材、拳头产品,在未来至少数年内仍将基本保持现在的市场规模。这个庞大的存量市场,得益于传统教育出版几十年的深厚积累,其实也正是出版社向数字教育转型的最宝贵资源。

六、转型的最佳道路

传统出版社向教育服务平台商转型,不仅将直

面 IT 巨头和电信巨头在用户基础和资金实力上的强势跨界竞争,还在技术和人才上处于绝对劣势,而且这种劣势在短时期内很难弥补;而如果选择向已有产业链的上下游延伸,将自己发展成未来跨平台的教育内容和服务提供商,那么虽然目前在内容创造和认证、认可授予权上也没有优势,但是可以利用现有的优势,在教育数字化的过渡期成功地完成转身。

因此,传统教育出版社转型的最佳路径无疑是——着力向原有产业链的两端延伸,向上控制作者资源、向下控制院校资源,争取在未来教育产业中成为跨平台的教育内容和服务提供商。

看清转型的路径和方向后,具体的转型之路根据不同出版社的现有情况而各不相同,但笔者以为,虽然互联网与数字化给今天的社会经济带来了巨大的变化,也将彻底改变教育产业的形态,但教育产业中规律性的东西是永远不会改变的——即技术为人服务不会变、教学目标不会变、学习规律不会变!故此,有两大步骤是教育出版社成功数字化转型的必由之路。

(一)向上游延伸,控制内容创作,从中介转身为作者

出版社必须切实重视内容资源的真正积累与掌控,在新的迎接教育产业数字化的战役中,抓紧时间首先发力向产业链上游进军,争取建立、收购或控制一批优秀的内容创作团队,使自己摆脱"中介"的尴尬角色。

(二)向下游扩展,参与院校教学活动,控制认证、认可资源

教育出版的数字化,其应用性和实践性非常强,一定要和教育实际、教学规律非常紧密地结合,简单地堆砌内容和技术是行不通的。无论是研发的产品还是提供的服务,都要和中国教育信息化推进的实际需求、和教学一线广大师生的实际需求相结合,这样才能落地,才能受到市场的认可和欢迎。

另外,出版社直接介入教育培训行业也一直是出版业转型路上"顺理成章"的优选领域,而随着出版产业链延伸思路日渐清晰,书业转型参与教育服务产业的角度也越发精准——紧紧锁定"一小一大",即重点开拓学前教育和成人职业培训市场。很多出版社已经开始行动,一系列资源正被悄然整合。前文所介绍的部分法律和医学出版社在数字教育上的先发

优势,另一个重要原因就在于利用自身的行政和专业优势,参与并掌控大量专业认证的培训和颁发权力。这样,其各种线上线下的内容产品和服务,加上最后的培训与认证,就形成了完整的产业循环,完全不愁销路。

(三)大胆探索,开放资源,广泛合作

现阶段传统出版社转型升级的关键其实还是思想意识问题。很多传统出版社还在把"要不要数字化转型"视为一个"找死与等死"的选择题。因此导致转型投入不足,让创新模式面临无米之炊的窘境。传统出版社的体制问题也困扰着转型步伐,一方面决策者不愿承担创新风险,另一方面新业务与传统出版业务的冲突与矛盾也比较严重。如果任由这种纠结局面持续,无疑会形成恶性循环,导致出版社整体错失机会。笔者以为,最好的解决方案无疑是由传统出版社单独或合资建立一个或多个运营新业务的独立子公司,然后对其开放原有的资源(不一定是无偿的),任由其寻求合作或独立创新。

要实现这一点,"开放资源"是首要工作。未来的数字教育所要融合的资源不仅仅是多年积累沉淀的图书文稿和插图,还有学校的培养体系、评价系统、课件教案、多媒体素材,网络上分享的学习体会、重点难点、教师评价等不同来源、不同形式、不同载体的海量信息。出版社要做这些资源的整合者,就必须首先开放自己的资源,用巧妙的方式营造产业的杠杆效应,撬动整个资源链条。

"合作发展"是获得成功的关键。不单是资源整合需要联合上下游单位,人才问题上更是需要合作共赢。数字教育要求内容、技术和教学的立体融合,面对各种挑战,出版社仅依靠自身力量肯定难以应对。实际上,参与数字教育市场的技术商、运营商、各类 IT 和互联网企业等,都有各自的优势和劣势,也都在寻找各自的利益基点。另外,各类教育、教学研究机构和教育主管部门,也需要在新的数字教育产业中获取信息、参与调控并与自己信任的机构开展合作。因此,如果能主动开放资源、交换价值,使竞争转化为合作,将有可能使出版社在数字教育产业缔造初期再次争取到主导地位。

(作者单位:海豚出版社　机械工业出版社)

摘编自《科技与出版》2014 年第 8 期

基于 MOOC 理念的微课资源网站设计

周　艳　李育泽　徐义东

近年来,随着移动网络与 Web 2.0 技术的发展,"微课"的应用与实践已经遍布全国,许多一线教师都开始尝试自制微课视频,各类网校也推出了自己"微课"的学习视频,学生们也开始积极主动在网络上搜索与自己所学课程相关的微课资源,高校应抓住"微课"流行的契机,积极主动地结合本校专业资源特色,打造校本数字资源库,建设网络辅助教学平台,深化信息技术在高校课堂教学中的应用。因此,本文拟借鉴国际上目前流行的 MOOC 建设理念,尝试设计适合高校课程教学的"微课"资源网站。

一、微课资源网站设计概述

"微课"最初是"微型教学视频课例"的简称,以微型教学视频为核心,包含与教学相配套的微教案、微课件、微练习、微反思、微点评等支持性和扩展性资源,从而形成一个半结构化、网页化、开放性、情景化的资源动态生成与交互教学应用环境。

"微课"建设作为笔者所在高校促进教育教学改革的一个锚点,是校内信息化教学的重要组成部分,该网站的建设不同于其他商业类网站,要把师生的教学需求放在第一位,避免形式主义,同时要区别于社会微课资源网站建设,体现财经类高校课程特色,立足本校教学,兼顾社会效益。因此,"微课"资源网站的设计,首先从师生需求出发,前期设计着重考虑教师的教学需求与学生的学习需求,一方面能够满足学生的自主学习需求,另一封面也要能够成为教师课堂教学的辅助平台。在强调资源建设的同时,丰富网站各项教学功能,力图实现资源与教学平台的同步发展,打造成为校内教学资源中心与网络平台,进一步丰富教师教育教学方法,更新教育教学理念,推进高校教育信息化改革。

二、MOOC 理念对微课资源网站设计的启示

(一) MOOC 概述

MOOC 是近年来出现的一种在线课程开发模式,其完全开放性、超大规模、用户自组织和社会建设性的特点造就了其在互联网迅速普及的神话。所有的 MOOC 课程都是完全免费开放的,这些课程不是搜集,而是一种将分布于世界各地的授课者和学习者通过某一个共同的话题或主题联系起来的方式方法。

MOOC 课程提供共享资源,汇集大量用户思想以获得更多的知识,这种理念来自于联通主义学习理论,与联通主义的基本观点相对应,Downes 等人总结出 MOOC 课程的若干基本原则。

1. 聚　集

在传统课程中,学习内容是由教师提前准备好的。而在 MOOC 课程中,大部分内容是动态汇集的。课程为分布在互联网各处的海量内容提供了一个集合点,这些内容会通过网页或课程通讯(Newsletter)等形式聚合以提供给课程的使用者。这些内容是无止境的,学习者很可能不能读完所有的内容,他们应该根据自己的兴趣选择要学习的内容。

2. 混　合

学习过程中学习者将课程中的内容和课程外的内容相互混合,将学习者自己的资源和课程资源混合。通常的做法是撰写博客,通过社会性书签记录和分享新资源,参与论坛讨论,使用 Twitter 发表简短的意见等。

3. 转　用

根据学习者自己的目标转用聚合的课程资源以及混合后的资源。课程的目标不是让学习者重复课程的已有的内容,而是鼓励他们在此基础上有所创新。学习者可以基于课程已有知识根据自己的理解和想法编撰新的内容。

4. 推动分享

学习者应该积极与课程的其他学习者以及课程外的所有人分享自己所创作、混合或转用的创意和内容,引起更多的回应和评论。分享的内容可以是新资源、新观点、新见解等。这些内容中有价值的部分也会被课程协调人聚合到课程通讯中。

(二) MOOC 课程的运行模式

根据李青等对国际上流行的 MOOC 课程分析,MOOC 的一般运行模式如图 1。每门 MOOC 课程都会有一个中心平台(一般会采用 Wiki 或 Blog 等简单易用的社会化工具),由课程协调人管理和维护。通

过该平台发布的课程信息包括课程概要、内容资源、每周话题、活动通知、组织教师介绍等等,以此组织整门课程的学习活动。学习者可自由选择论坛、微博、社交网站等个性化学习工具。在 MOOC 课程中,教

师发布话题和活动,协调学习者的讨论,推动学习进程;学习者则通过各种平台和工具,浏览、讨论、完成作业,最终达到学习的目的。

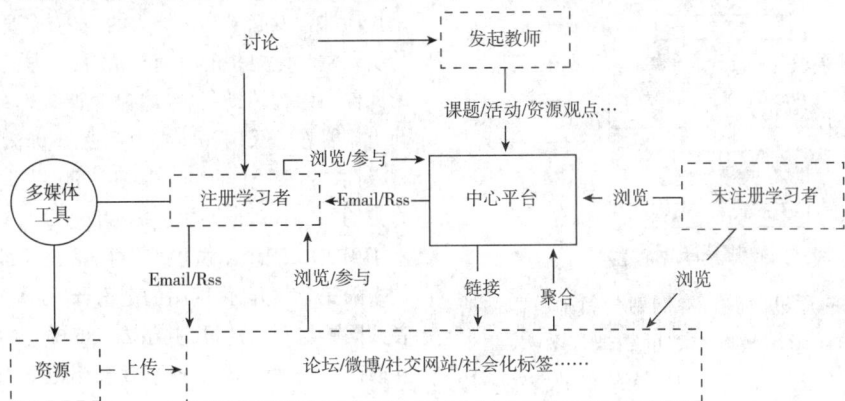

图 1 MOOC 的基本运行模式

三、基于 MOOC 理念的"微课"网站设计分析

(一)页面风格设计

"微课"网站界面的设计应当以简洁、美观为主,色彩、文字、图片、视频的使用风格要同意,排列清晰有序。网站页面以浅色为主,营造轻松、舒适的页面感受。

(二)系统功能结构设计

网站功能模块主要包括:网站帮助系统、资源中心、论坛、检索系统、后台管理五大模块,具体功能结构如图2。

(三)用户角色权限

根据"微课"网站的使用对象,将网站用户分为四类:教师、学生、匿名用户、网站管理员。各类用户的角色权限如图3所示。

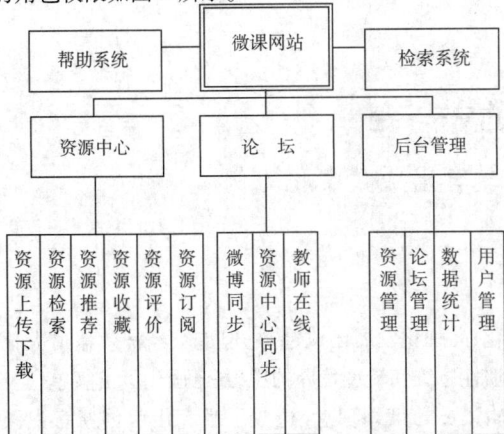

图 2 "微课"网站功能结构图

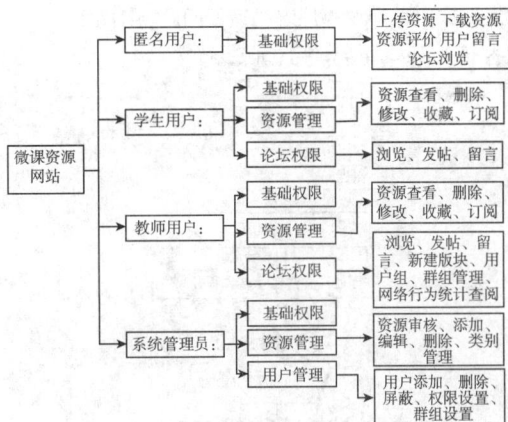

图 3 微课资源网站用户权限分配图

(四)微课网站运行流程

通过上述功能设计,教师可以充分利用 MOOC 课程建设理念使用微课网站辅助课堂教学,在课堂教学开始之前,教师可以首先通过微课资源网站发布课程相关信息,包括使用论坛专属版块、教师个人微博、邮件推送等方式,向班级学生提供课程资料(包括微课视频、教学课件、讲稿等)、布置课程任务、提出讨论主题,学生及时参与互动,自由上传搜集来的各种课程相关资源,由教师审核后发布至网站,为课堂教学的展开打好基础。课堂教学过程中,学生依据自学的网络课程资源与讨论主题,在课堂与教师展开互动,依据网站平台的学生网络学习行为统计信息,对已经参与网络学习讨论的学生,直接回答其学习疑惑;对未进行网络学习的学生,引入新课,讲解要点,布置任务,督促学习,

有针对性地区别辅导。课后,再次通过微课资源网站,汇总讨论问题,上传新课任务(如图4)。

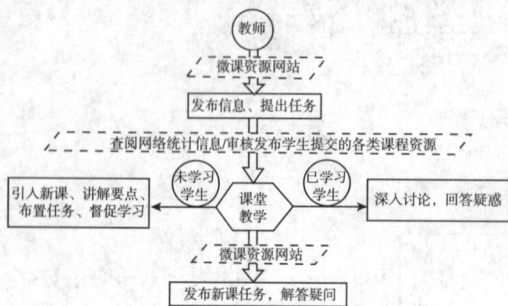

图4 教师教学流程图

学生在课前通过微课资源网站与教师腾讯微博邮件等方式,自主学习教师布置的新课任务,收集学习各类课程相关资源,并将自己认为较好的资源上传至微课网站,提交教师审核,同时整理学习疑问,在课堂上集中与教师和同学讨论,课后再通过微课资源网站发帖或向教师发邮件解决遗留问题,接收教师新课内容,开始下一单元学习(如图5)。

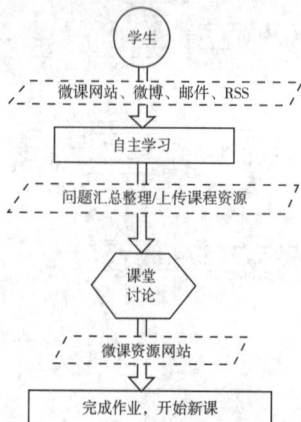

图5 学生学习流程图

四、结语

通过本文设计的微课资源网站辅助教师课堂教学,会使教师的地位和作用发生很大的改变,更多的是扮演课程发起人和协调人的角色,需要教师付出比传统课堂教学更多的时间与精力,一方面要制作更多的课件与课程辅助材料,录制微课教学视频,另一方面也需要教师采用各种激励手段,不断激发学生学习积极性,督促学生的自主学习。同时,学生也不再作为被动的学习对象,需要积极主动参与到教学中来。基于MOOC理念的微课资源网站设计,将资源建设的权限完全放开,由网站的浏览者、教学工作者、学习者共同参与资源建设,并由专人负责,不断收集更新互联网优秀微课资源链接,并利用RSS技术,汇集网络相关资源;同时为师生搭建了灵活的网络互动社区,体现了MOOC课程建设的理念,但是在师生互动与信息推送方面仍有许多细节需要完善,具体实践工作仍在进行中,在网站的留言互动中,专设了师生网站使用建议与意见,期待在网站运行中得到广大师生的宝贵意见,不断修改完善,推动高校数字化环境下的课堂教学改革。

(作者单位:安徽财经大学)

摘编自《现代教育技术》2014年第1期

教育出版策划的守与变

——以传统出版资源聚合和教育出版数字化为例

张燕宁

一、教育出版策划的本位及现状

随着教育领域课程改革的深化和新闻出版行业"教辅新政""质量专项检查"的推进,教育出版的系列化、品牌化发展已成趋势,但追求经济效益最大化的惯性思维和转型发展的压力,已固化了出版单位及编辑人员的策划理念,造成了教育出版创新意识淡薄,产品同质化现象严重,品牌化过程艰难的状况。

（一）渠道为王原则

在大众、教育、专业这三大出版领域中，教育出版是资源丰富、赢利能力强的领域，也是竞争最为激烈的出版门类。国内出版单位的90%都参与了教育类图书出版，教育类图书成为我国各个教育出版社、大学出版社乃至出版传媒集团主要的利润来源。

（二）系列化策略

教育类图书出版界限清晰，目标受众单一，在长期的出版策划中大多有意无意地采用沿袭系列化的策略，并形成了固有的模式。

（三）同质化现象

同质化主要是指同一行业中不同品牌的产品在内容、外观甚至营销手段上相互模仿，以至于逐渐趋同的现象，反映到教育出版领域就是"千书一面""千店一面"。

二、教育出版生态环境及主题变化

教育出版在渠道为王和系列化、精品化的惯性思维以及同质化的泥淖中挣扎前行时，又与数字化不期而遇。广大教育出版工作者以"铁肩担道义，辣手著文章"的文化自觉，承接主题出版、精品出版的责任，共同构成了新的教育出版生态环境和出版主题。

（一）数字化转型蓬勃兴起

教育出版内容具有专门性、针对性，主题呈现系列化、规范化，读者阅读与购买存在必然性、不可选择性等特点，决定了其优质出版资源的地位，同时也成了数字化出版的角逐高地。目前，美国教育出版集团在数字出版方面已发展了电子图书、在线课程、在线测试、在线课外辅导、家庭作业管理、虚拟的体验性材料等产品和样式。

国内大型教育出版机构也不甘落后，纷纷在教育数字出版领域大显身手。如人民教育出版社整合传统出版资源、集合教学策略，针对一线中小学教学、教研和教务管理人员开发了"人教数字校园"项目，提供了一整套的"数字校园解决方案"；浙江教育出版社积极挖掘教育出版内容资源在不同媒体、介质上的出版价值，拓展了数据库服务Web出版与按需印刷数字杂志与RSS订阅、互动教学与培训，搭建完善的学习（教学）支持服务系统，提供多种教育增值服务。民营教育策划机构也积极加入教育数字出版研发，如南京经纶文化传媒集团开启"数字出版1.5模式"，通过二维码将纸书和数字化内容融合起来，利用智能手机等移动终端，通过移动互联网及时更新内容，锁定用户和提供个性化推送服务，实现了即刻体验、与纸书互动、与社区互动、锁定用户等功能。传统出版资源和现代出版技术的嫁接为教育出版勾画了新的蓝图。

（二）主题出版逐步深入

主题出版是近年大众出版领域较为活跃的出版方式。教育出版主动承担起弘扬主旋律、传播正能量的社会责任，使主题出版成为新的出版样式。如黄河出版传媒集团结合出版资源特色和地方教育需求，研发青少年学生社会主义价值观普及读物和民族团结教育读物，获得了显著的社会效益和经济效益。其一，社会主义核心价值观主题出版。其二，民族团结教育。

（三）品牌化渐成气候

其一，精品出版符合出版的内在规律。首先，在产品内容方面，出版单位利用已有的出版资源创建品牌，再通过系列化方式发展品牌，扩大品牌的外延，延长品牌的周期，可以逐步步入良性循环状态。其次，在销售市场上，可利用消费者更倾向于购买好的产品的心理，借助品牌的号召力扩大市场份额，遏制平庸的同类图书的销售，使自己的产品始终在市场上占据制高点，获得一定的竞争优势。最后，从单一的图书产品竞争上升到产品品牌、作者品牌、出版社品牌的竞争，从而优化组合出版资源，实现出版方式升级，使教育出版从无序走向有序。

其二，品牌化经营提高了出版核心竞争力。品牌的首要作用在于区分出版单位与竞争对手的产品，形成鲜明的形象识别，为构建差异化市场战略创造条件；品牌还可以成为联结出版社和读者之间的情感纽带，获得读者的认同和心理支持；强势品牌更因为知名度、美誉度、忠诚度的提高，形成市场壁垒，降低营销成本，获得经营溢价。因此，品牌不仅代表着产品的卓越质量，也代表着一个出版单位的核心竞争能力，品牌化经营是教育出版策划的准则。

三、教育出版编辑策划的范式与变式

（一）策划地位重要，策划有章可循

在出版界有这样一个观点普遍被大家认可，那就是出版策划正确比出版操作正确更重要。而教育出版策划不同于大众出版、专业出版策划的是出版过程的整体性、协同性和对教育政策的理解执行力。因此,为了再现教育出版模式及工程,本文中使用了出版策划而不是惯常使用的编辑策划的概念,提出了在新环境、新形势下,教育出版策划应该坚守的原则和方法。其一,整体策划;其二,协同策划;其三,创新策划。

(二)数字化不可逆转,策划理念需要转变

教育的宏观环境和出版的总体格局已发生了改变,人们对媒介接受心理和以往有所不同,数字化将改变教育出版业态已成为不争的事实。因此,认清数字化和移动互联网从批量到个性、从封闭到开放、从固化到碎片、从自我到社交的特性,了解不同数字技术应用和产品特性,了解媒体技术和呈现形式,了解数字产品的发布与运营方式,了解数字产品的用户习惯,了解移动互联网以及技术、产品、渠道、终端客户和同类企业及总体市场表现等,开启数字、移动互联网思维,力争成为作家经纪人、图书生产者、多媒体和IT行业的观察者、活动策划人与营销专家,是出版单位和策划人员的必然选择。其一,由单一的图书出版向复合的数字出版转变。其二,由以产品内容为中心向以学生体验为中心转变。其三,由教育内容提供向综合教育服务转变。

总之,在同质化现象依然严重,主题出版和精品出版又带来生机活力,教育出版求生存、求突破、求发展之际,数字化浪潮袭来,出版的主客观环境无疑会发生变化,会带来挑战和机遇。面对挑战,我们要坚守职业素养,坚持精品出版,以为广大读者提供富有创造性的精神食粮和优质产品谋取生存、发展空间;面对机遇,我们更要更新理念,运用好整体策划、协同策划、创新策划等教育出版特有的方式方法,借助"技术的力量",实践由单一的图书出版向复合的数字出版转变、以产品内容为中心向以学生体验为中心转变,由教育内容提供向综合教育服务转变的策略,完成好教育出版转型升级的任务。

（作者单位:宁夏黄河期刊传媒有限公司）

摘编自《宁夏大学学报(人文社会科学版)》2014年11月

教育类出版资源的碎片化管理

司昌伟

当前,教育信息化作为跨世纪教育改革的重要内容和指标,已经成为其教育发展的一个重点。在加快教育信息化的进程中,各级各类的教育信息化发展初显成效,但仍面临着基础教育信息化的基础设施薄弱,使用率偏低、与之配套的数字化教育资源共建共享的水平比较低,资源建设尚不具规模,质量不高,资源积累基础薄弱、专题性、个性化的学习资源稀缺等等问题。而教学资源共建共享的问题是重中之重。要想建立一个强大的、系统的、开放的、动态的网络资源库,为一线教师打造一个集备课、授课、教学设计等所必需的教学资源应用平台,实现区域内数字化教育资源的均衡分配,就必须对所有的教学资源进行碎片化处理,使之与教学知识点一一对应。因此,对教育类多媒体资源进行碎片化处理,是顺应信息化教育手段的要求,是数字时代教育的必然要求。

一、教育类出版资源碎片化管理的意义

在大数据时代,各种信息通过不同形式的移动终端扑面而来,使人们陷入信息爆炸的旋涡,面临无从选择,无法判断的窘境。网络、微博、微信、各种移动阅读器控制着人们的思想,转变人们的思维方式和阅读方式,"碎片化"阅读几乎成为人们的主要阅读方式。所谓"碎片化",英文为 Fragmentation,原意为完整的东西破成诸多零块。本文指在原有出版物的基础上,通过软件手段将出版物内容分割,使之达到最小元数据的要求,让内容成为分散的、数字化的、可有效管理的通用类型文件,便于对出版资源进行管理、查询和使用。

(1)对教育类出版资源进行碎片化,有利于促进优质数字化教育资源的建设,促进教育资源的均衡发展,为广大中小学校教师和学生提供更好、更适合教学的多媒体资源,提高我国的教育教学质量,推动教育现代化的进程。

(2)对教育类出版资源进行碎片化,有利于改变固有的传统出版模式。以往一个选题只能以一种形式出版,在选题策划阶段就已经定型了。有了这些碎片化的资源,一个选题内容可以以不同的形式、不同的载体出版,可以开发出适合更多移动终端产品(APP)的出版物,使同一出版资源得到最大限度地开发、利用。

(3)对教育类出版资源进行碎片化,有利于改变传统的出版人的工作模式。在传统出版业中,编辑对资源的创建仅限于某一种形式,而没有考虑其他表现形式。在全媒体时代,编辑在创建资源的过程中,就已经进行碎片化的准备。比如,制作 flash 动画时,就把声音、图片、背景、人物设计、动画片段等单独存储,以便将来多维度使用。

二、教育类出版资源碎片化的机遇与挑战

(一)适应出版资源整合再利用的要求

中央教育科学研究所音像出版社作为有 30 多年出版历史的专业的教育出版单位,每年出版各种教育类图书及音像电子出版物 2000 种,但目前这些资源的数字化程度不高,没有一个统一的存储平台,文件存储的标准不一,管理分散,不利于资源的综合利用和统一管理。面对数字化的挑战,我们必须整合出版资源,将文字、图片、音频、视频资源进行碎片化管理,为数字出版夯实基础、辅路架桥。

(二)探索教育领域的数字出版碎片化模式

近年来,国内也有一些专业出版机构在视频专业数据库出版方面取得显著进展。数据库出版特别适合大量专业资料的出版,它方便查询检索,扩大传播范围,节省生产、存储、运输成本,与传统出版方式相比有着不可替代的优势,是专业出版社发展数字出版的主要途径之一。在数据库的建设过程中必然要对资源进行整理和规划,在这个过程中,对资源进行碎片化处理与管理,是建设数字资源库的必经之路,没有对资源的碎片化处理过程,简单的将纸媒内容转化为数字进行存储,这些内容很难进行二次开发利用,

也很难为今后的数字出版提供切实的需要。而按知识点形式存储的碎片化数字资源在数字产品开发中复用性强。

三、教育类出版资源碎片化管理的实施步骤

(一)确定资源的碎片化标准

对教材、教辅类出版资源,如果单纯以章节来划分,对资源的再利用价值不大,必须根据教学内容、教学特点进行点对点的碎片化。这样,就要求制定一个统一的碎片化标准,按照这个标准进行的碎片化,才能更符合学科知识体系特点,与知识点相吻合,才能满足教师进行教学活动的需要。

(二)对现有资源进行碎片化处理

确定标准之后,按照既定的标准对现有资源进行碎片化处理,在处理的过程中应以学科专家或学科编辑为主,而不能以技术人员为主。因为这些资源的拆分是以学科知识点为依据,如何拆分,拆分到什么程度,对拆分完的文件如何进行标引、标注,都有很强的学科性、专业性,这就要求必须在学科编辑的指导下进行拆分。只有这样,才能保证拆分文件的科学性、准确性。对拆分完的文件进行内容审核和管理,确认无误后再整理入库。

(三)搭建资源的数字管理平台

搭建一个统一的数字出版资源管理平台,实现内容资源的收集、加工、整理、入库、存储一体化的平台,为未来的多媒体发布和跨介质出版提供系统的支持平台。该平台应包括资源采集、资源管理、资源内网发布三大模块。

(作者单位:中央教育研究所音像出版社)

摘编自《齐齐哈尔大学学报(哲学社会科学版)》2014 年 7 月

他山之石:媒介生态学及其对教育技术研究的启示

罗九同　　李恒平

教育技术的发展历史在一定程度上是媒体的发展历史。自 20 世纪 80 年代开始,教育技术经历了

"媒体派"与"学习派"长达十多年的争论,对后来教育技术的发展产生了巨大的影响。有一点不可否认

的是,媒体技术的每一次发展都对教育技术乃至教育产生了深远的影响。媒介生态学,顾名思义,就是运用生态学的一些理论来研究媒介的一门学科。媒介生态学倡导"人—媒介—社会—自然"四者之间的和谐相处,并探索、揭示它们之间的相互关系及发展变化的本质和规律,为我们研究教育技术问题提供了一种新的视角。

一、媒介生态学的源起

(一)多伦多学派与媒介生态

多伦多学派早期代表人物哈罗德·伊尼斯(Harold Innis)提出了"媒介的偏向",即媒介内在具有时空偏向与转换机制。当某种媒体笨重、不适合运输且较容易保存时,它可能更适合在时间上纵向传播;而当某种媒体轻便、易于获取且相对不易保存时,它可能更适合在空间中横向传播。伊尼斯认为,媒介偏向最终会上升为一种传播文化的偏向,这其中"媒介决定论"已经有所萌芽。马歇尔·麦克卢汉(Marshall McLuhan)受伊尼斯的影响,提出"媒介即讯息"的精辟论述,体现了麦克卢汉在媒介研究领域中对于本质直观的把握。麦克卢汉首先将生态学引入媒介研究,提出"媒介生态"这一术语。他在著作《理解媒介》中探讨追寻媒介的本质和媒介的内在结构如何影响文化等问题时,普及了媒介环境和媒介生态的概念。在此之前,人们仅将媒介作为信息的容器和传递信息的工具。自麦克卢汉开始,关于媒介的研究体现出"面向事情本身"的现象学精,开拓了从媒介角度出发来探索人类文明进步的研究领域。

(二)纽约学派及媒介生态学的创立

首次在正式场合使用"媒介生态学"的学者是纽约学派代表人物尼尔·波兹曼(Neil Postman)。纽约学派在很大程度上受到了多伦多学派的启发,特别是麦克卢汉的"媒介即讯息",这一点波兹曼自己也不否认。他在1968年11月的一次英语全国教育委员会的演讲中使用了"媒介生态学",并在随后正式出版该讲稿时给出了"媒介生态学"的明确定义,即"媒介作为环境的研究",对媒介生态学的发展产生了深远的影响。同时,波兹曼还是第一位在大学开设媒介生态学博士和硕士学位课程的学者。波兹曼的著作《童年的消逝》《娱乐至死》《技术垄断:文明向技术投降》等在国内都引起了社会的广泛关注,但其中蕴含的媒介生态学理念在研究领域还甚少谈及。

(三)媒介生态系统

媒介生态系统是媒介生态学的核心概念,媒介生态学倡导"人—媒介—社会—自然"四者之间的和谐相处。根据生态系统的定义,媒介生态系统可以理解为在一定的时间和空间内"人—媒介—社会—自然"四者之间通过物质交换、能量流动和信息交流的相互作用、相互依存而构成的一个动态平衡。需要注意的是,媒介生态系统是一个有机的整体,其构成的动态平衡在一定时间内相对稳定。

二、国内媒介生态学研究现状

媒介生态学的研究在国内起步较晚,20世纪末至21世纪初才开始有系统的研究。媒介生态学的英文是Media Ecology,由于引入和翻译的问题,在国内引起了一些争论。

国内一部分学者将Media Ecology直译为"媒介生态学"。这部分学者大都来自传播学领域,主要采用的是传播学与生态学学科交叉的视角,因此也被认为是一种自觉的研究行为。采用这一翻译较早对其进行系统论述、且较有影响力的是邵培仁先生的"论媒介生态的五大观念"一文。他在文中系统阐述了媒介生态整体观、媒介生态互动观、媒介生态平衡观、媒介生态循环观和媒介生态资源观五大观念,指出确立正确的媒介生态观念对我国媒介迎接市场经济考验、与西方媒介展开竞争和化解生态危机等具有重要意义。邵培仁先生试图构建的媒介生态学研究框架区别于西方媒介生态学的"本土化"研究框架,旨在构建一个以研究媒介的生存、发展环境为主要任务的媒介生态学。崔保国提出"媒介是条鱼",认为媒介是有生命的、处于运动状态的事物,要将媒介放在生态环境中进行考察。此外,还有一些文章以这样的媒介生态学理论视角和研究框架探讨了媒介的相关问题。

也有一部分学者将Media Ecology意译为"媒介环境学"。这部分学者认为,国内媒介生态学研究偏离了Media Ecology本来的意思。这些学者主张采用"媒介环境学"这一翻译的理由有两点:一是波兹曼在Media Ecology的定义中就是将其定义为"媒介作为环境的研究",译作"媒介环境学"是一种意译的方法;二是为了与国内"媒介生态学"的翻译区分开来。西方媒介生态学的先驱大都来自哲学领域,主张译作"媒介环境学"的这部分学者也主要是继承了他们从哲学思辨层面上对媒介生态展开的讨论,并结合国内媒介的发展开展了媒介环境对受众的影响的分析。

三、媒介生态学研究评述

媒介生态学的发展过程吸收了生态学、传播学、生物学、符号学等多学科的研究成果和方法，试图以全新的视角来研究媒介及其生态环境，诠释媒介与人类社会文化繁衍之间的微观和宏观的交互关系。在媒介生态学研究的历史长河中，大致形成了两种不同的研究范式，一是从交叉学科的视角，引入媒介生态学的理念，形成了"以媒介为中心"的研究范式；二是从哲学思辨的层面出发，将媒介作为环境，发展"以人为中心"的研究范式。笔者认为这两种范式其实是互相补充的，应该共同构成媒介生态学的研究内容，产生"珠联璧合"的效果。

四、媒介生态学对教育技术研究的启示

教育技术的应用过程，其实质是"参与整个教育生态系统的物质、能量和信息的转换，构建新的师生关系，塑造新的教育形态，形成新的教育模式"的过程。当前，技术往往采用粗暴的方式进入教育，破坏了教育系统的有机联系，导致了教育生态系统的危机。实际上，国际上也有学者发出了要用生态学的视角研究教育技术的呼吁。密歇根州立大学赵勇博士在一次接受专访时就提出，要将计算机作为进入教育的一个新物种，研究其在教育生态中的适应、生存以及对整个教育生态的影响。

麦克卢汉、波兹曼等媒介生态学学者的许多论述和著作中都是将媒介与技术划等号的。因此，可以说，基于媒介生态学的视角开展教育技术研究是很有必要的。那么，媒介生态学两种不同的研究范式对教育技术研究有什么样的启示呢？

（一）"以媒介为中心"的媒介生态学研究范式的启示

"以媒介为中心"的媒介生态学指出，不同媒介之所以产生竞争，是因为其生态位发生了重叠，其竞争过程也是不同媒介生态位的竞争、重叠、调整以至消亡的过程。不同媒介为了获得自身最好的发展，都将调整自己的生态位、营养位，传播食物链等一系列媒介生态，即在传播生态的五大规律（即传播生态位规律、传播食物链规律、传播生物钟规律、传播最小量规律和传播适度性规律）中，寻找合理定位并打造自己核心竞争力。因此，媒介生态学中"以媒介为中心"的研究范式更多带给人们对教育技术理性的认识，提醒人们要清醒地认识教育技术应用到教育过程

中所引发的生态变革。具体来说，可以从以下两个方面来反思"以媒介为中心"的研究范式给教育技术研究带来的启示。

1. 对"消亡论"的再思考

人类历史上每一项技术的出现都会引起追随者的欢呼，尤其是计算机等技术发明以来，伴随每一次技术进步，与之对应的传统技术都会经受一番"消亡论"的质疑。随着计算机、互联网等技术的发展，"报纸消亡论"等甚嚣尘上，但时至今日，报纸业虽然面临着一定的困难局面，但还远未到消亡的地步。类似的案例还有很多，比如印刷文字传播与口语传播的争论。电子杂志的出现促生人们对传统纸质杂志的生存的质疑，虽然，有学者已经大胆预测今后电子传播将代替印刷传播，但时间和历史一次次告诉我们，要重新审视自己对技术发展的判断。教育技术从媒介生态学的视角开展相应的思考、研究，有助于我们加深对技术本身及其未来发展的认识。

2. 新技术的健康发展

一项新的技术运用到教育中，会在一定程度上改变原有的教学方式，也会出现反对的声音。如果新技术的出现一开始就打着"代替""破坏"的旗号，反对的声音必然更加猛烈。从媒介生态学的角度来说，新技术出现时，其媒介生态学定位还不清晰，如果利益相关者（如教师、管理者、家长和学生等）被动使用，或者抱着抵制、批评的态度，很容易导致其破产。因此，这样一种社会环境，也就不符合媒介生态学所倡导的"人—媒介—社会—自然"之间的和谐相处。另外，我们还需注意的是，传统技术在遭受冲击时，也会采取相应的措施来维护自身的发展——新技术的"鲶鱼效应"也未可知。因此，要在不断的实践中努力形成并不断完善新技术的生态定位，树立"在竞争中合作、在合作中竞争"的正确观念，并做好"持久战"的准备，推动教育技术向前发展。

（二）"以人为中心"的媒介生态学研究范式的启示

教育技术吸收"以人为中心"的媒介生态学研究范式，不仅可以解决一些教育技术学科发展的问题，同时也可以从哲学思辨层面出发，为构建教育技术哲学体系提供一定的参考。

1. 技术作为环境的研究

"媒介作为环境的研究"这一理念在教育技术领域可以演变为对技术环境下的教与学的研究。当前，技术环境下的教育技术研究主张将技术作为一种手

段的观点仍是主流。

世纪交接，关注数字时代新一代成长的学者提出了"数字土著"与"数字移民"的研究，引发了对两者是否存在差异以及挖掘"数字土著"的新需求从而改变教学的研究。此外，也有学者对技术丰富环境（technology-enriched environment 或 ICT-enriched environment）引起的生存环境变化对学生学习策略的影响进行了研究。可见很多学者都认为，技术作为环境，对学习者的学习需求、学习策略、学习动机，甚至对心理学原有模型都具有一定的冲击，是值得教育技术领域去研究的。因此，教育技术领域有必要借鉴吸收媒介生态学的研究理念和成果，加强对技术作为一种环境的研究，将其作为构建教育技术生态系统研究的重要内容之一。

2. 媒介素养教育

媒介素养教育的起源可以追溯到 20 世纪初广播电影等大众传播媒介出现的时代。根据 1992 年美国媒介素养研究中心的定义："媒介素养是指在面对各种媒介信息时，人们所表现出来的选择、理解、质疑、评估、制作以及思辨反应能力"。媒介生态学对媒介素养教育的重视伴随其发展历程，认为加强媒介素养教育可以让人们突破媒介创造的阻隔，不被媒介左右，从而有能力自主选择、评估媒介所呈现的内容。媒介生态学认为，在电子媒介所塑造的信息环境的影响下，具有深刻思想的教学内容将逐渐消失，传统教育面临被终结的危险。因此，需要对学生进行媒介素养教育，帮助年轻学生抵御电子媒介技术所引发的文化影响，并为他们找到行动的指引。

教育技术领域不乏对素养的研究，最受国内学者关注的是"信息技术素养""信息素养"等。也可以简单地说，信息技术素养是指能够在利用信息技术获取信息、解决问题的过程中，判断什么时候需要信息、懂得如何去获取信息以及采取正确、负责任的态度去评价信息。而信息素养则更多地被认为是信息社会中个体所具有的信息意识、信息知识、信息能力、信息道德、信息心理等方面的能力，以获取、评估和利用信息为特征。

从定义的对比中我们可以看到，"媒介素养"较之"信息技术素养""信息素养"更加突出强调了人们对于媒介所呈现出来的信息要具有识别、批判吸收的能力。显然，在信息爆炸、媒介扩张的年代，信息技术素养、信息素养教育有诸多不足，有学者发出了拓展信息技术素养的内涵、将信息素养教育与媒介素养教育融合的呼吁。因此，媒介生态学可以进一步引起教育技术领域对媒介素养教育的重视，以此来补充素养教育的不足。

五、结束语

教育技术的应用带来了教育生态的深刻变革。中小学等领域的"三通两平台"建设、高等学校中 Blackboard、Moodle 等学习管理平台的广泛应用以及近年来 MOOCs 的迅速发展，一次次破坏着传统学校教育的生态平衡。媒介生态学不仅可以帮助寻找新时代教育媒体的生存策略，而且可以为如何重建教育生态系统提供启示。波兹曼认为，教师成了电脑技术时代最大的输家……他们输得很惨却不自知，反而为技术走进学校而兴奋。这样的论述也许言过其实，但媒介生态学一直致力于避免这种现象发生。"他山之石，可以攻玉"，教育技术研究者有必要在媒介生态学视野下思考教育的未来发展之路。

（作者单位：华东师范大学）

摘编自《现代远距离教育》2014 年第 4 期

我国智慧教育发展战略与路径选择

杨现民　刘雍潜　钟晓流　宋述强

作为"智慧地球"概念的提出者和积极倡导者，IBM 从服务全球经济发展的视角出发，提出智慧教育发展的五大路标，分别是学生的技术沉浸、个性化多元化的学习路径、服务型经济的知识技能、系统文化资源的全球整合和为 21 世纪经济发展起关键作用。如果从一个国家或地区教育发展的现状与需求来看，智慧教育的核心目的就是要提升现有数字教育系统的智慧化水平，实现教育环境的智慧化、教育资源的智慧化、教育管理的智慧化和教育服务的智慧化，最终形成一个一体化、开放灵活、智能化的教育系统。教育部袁贵仁部长在 2013 年全国教育工作会议上的讲话上提到"中国教育正面临着新的形势,发展机遇和发展难题都前所未有"。智慧教育是信息时代我国教育发展的必然选择和重要趋势,是破解教育发展难题的创新举措。如何在国际智慧教育发展的大背景下,在《国家中长期教育改革和发展规划纲要(2010～2020 年)》指导下制定中国特色的智慧教育发展战略与路径,是当前我国教育领域综合改革的重要任务。

一、发展智慧教育的战略意义

随着信息化浪潮在全球的兴起,教育发展已经步入一个全新的历史时期,大力发展智慧教育已成为国际社会的共识。智慧教育是对未来教育模式的创新性探索,具有强烈的现实需求和技术条件。在技术变革教育的大背景下,我国发展智慧教育具有重大战略意义。

(一)破解我国教育发展难题,推动教育领域全面改革

目前,我国教育还不完全适应国家经济社会发展和人民群众接受良好教育期盼的要求,存在一系列发展难题,智慧教育通过创新应用信息技术,提升教育系统运行的智慧化水平,有助于破解教育发展难题,从而形成突破点,带动整个教育系统的全面改革。

(二)抢占国际教育制高点,引领教育信息化创新发展

智慧教育的发展将引领我国教育信息化新的发展方向,带动整个教育产业的迅猛发展,培养大批世界一流的创新智慧型人才。

(三)服务全民终身教育,助推中国教育梦实现

智慧教育运用科技服务教育,显著提升教育智慧,能够实现"学有所教、有教无类""人人教、人人学"的泛在教育,是对中国教育梦的进一步阐释和丰富,将加快我国学习型社会的建设步伐。

二、发展智慧教育的现实条件

经过十年多的持续投入和建设,我国教育信息化水平显著提升,以物联网、云计算、大数据等为代表的智慧技术逐步成熟,教育信息化经费持续增加,教育信息化政策环境逐步完善,这些都为我国发展智慧教育提供了强有力的支持。

(一)教育信息化建设取得重要进展

进入 21 世纪以来,我国先后实施了校校通、精品课程建设、农村中小学现代远程教育、班班通等一系列重大工程,大大推动了国家教育信息化进程。

(二)智慧技术不断成熟和推广应用

以物联网、云计算、大数据、泛在网络等为代表的新一代信息技术的快速发展,正在将教育信息化推向一个新的高度。

(三)教育信息化经费逐步增加

2012 年我国财政性教育经费支出占 GDP 比例首次实现 4%,实现了历史性突破。随着教育经费投入的大幅增加,教育信息化领域的投入力度也越来越大。

(四)教育信息化政策环境良好

《国家中长期教育改革和发展规划纲要(2010～2020 年)》以及各省市教育改革与发展规划纲要,都充分肯定了信息技术对教育发展的革命性影响,纷纷将教育信息化作为优先发展领域。

三、智慧教育发展战略规划

我国智慧教育的发展要在《国家中长期教育改革和发展规划纲要(2010～2020 年)》指导下,创新应用物联网、云计算、移动通信、大数据等先进技术,充分整合教育系统内外现有资源(云计算中心、数字教育资源、教育信息系统等),打造涵盖各级各类教育机构,融会贯通不同教育阶段,支持各类教育主流业务开展的智慧教育系统,为各类用户(管理者、教师、学生、家长和社会公众)提供最需要、最适合、最准确、最便捷的教育服务。为了更好地推进我国数字教育向智慧教育的跃迁升级和创新发展,需要结合我国国情站在抢占全球教育发展制高点的战略高度制定具体发展战略。

(一)大变革战略:重构教育生态系统

智慧教育的发展不是对原有教育系统的"小修小补",而是要进行颠覆性的创新改革。《2006～2020 年国家信息化发展战略》《国家中长期教育改革和发展规划纲要(2010～2020 年)》《教育信息化十年发展规划(2011～2020 年)》等重要文件的发布,为创新应用技术重构教育生态系统提供了政策保障。智慧教育要突破现有教育系统的"条条框框",以"大变革"的气魄和思维重构整个教育生态系统,改变传统课堂教学结构,实现教育管理业务流程再造,确立技术的战略影响地位(技术不仅仅是改善教学的工具)。

(二)科教融合战略:创新应用科技破解教育难题

科技的创新应用既有助于教育难题的解决,又将

促进大批拔尖创新人才的培养,推动我国从人口大国迈向人力资本强国。科教融合将实现智慧教育系统更顺畅、更智慧化地运行和发展,为中国教育梦插上展飞的"翅膀"。

(三)协同创新战略:推进智慧教育可持续发展

智慧教育建设是一个复杂的系统工程,需要多方力量的有效协同。我国智慧教育的科学发展需要多方联合,在体制上要大胆创新,积极探索政、产、学、研合作的新形式与新方法,充分发挥各自优势,推动智慧教育的可持续发展。

(四)无障碍战略:为特殊人群提供无障碍教育服务

智慧教育要让每个社会公民都能无障碍的享受平等、优质的教育资源。我国在推进教育信息化进程中要时刻保持"无障碍"设计的战略思想,为广大特殊人群提供无障碍教育服务。

四、智慧教育发展路径选择

在上述发展战略指导下,结合智慧教育的发展目标和我国教育的发展现状,确定如下七大智慧教育发展路径,分别是建设智慧教育公共服务平台、无缝接入智慧城市系统、实施ICT应用能力提升工程、实施教育信息无障碍工程、建设智慧教育示范区、打造智慧教育产业链以及建立智慧教育研发基地。

(一)建设智慧教育公共服务平台,支撑智慧教育核心业务

智慧教育公共服务平台的建设是构建智慧教育"大厦"的首要工程。该平台要支持各类教育业务(学习、教学、管理、评价等)的智慧化运行和管理,为各种教育信息化业务系统提供统一门户、统一认证、统一接口、统一数据中心等公共服务。智慧教育公共服务平台的建设不是将现有教育信息化平台推倒重建,而是遵循"统一规划、有效集成"的原则。

(二)依托智慧城市建设基础,无缝接入智慧城市系统

智慧城市建设是一项系统工程,不仅仅涉及城市管理、政府服务、企业运营、市民生活等方面,智慧教育也是智慧城市建设的重要内容,是智慧城市建设在教育领域的具体体现。盘活智慧城市建设中已有的基础设施资源(数据中心、云计算中心),最大限度地保护已有投资,真正做到物尽其用,人尽其才。

(三)建设智慧教育示范区,探索智慧教育建设与应用模式

依据"试点先行,示范引路"的原则,选择信息化条件较好、对数字教育系统智慧提升有强烈需求的地区和学校,确立智慧教育示范区、示范校,探索有效的、可推广的智慧教育建设与应用模式。

(四)实施ICT应用能力提升工程,发展教师数字教学智慧

TPACK模型是当前国际上教师信息技术应用能力培训的主流理论框架,依据TPACK大力开展教师信息技术应用能力提升工程。

(五)实施教育信息无障碍工程,服务广大特殊人群

智慧教育要面向全体,通过科技的力量增强服务能力,实现传统教育所难以达成的"全员、全面、全程"的服务目标。信息无障碍是智慧教育的重要特征,相比电子政务,我国教育信息化领域的无障碍服务还处于原始状态,绝大多数的教育信息系统没有提供无障碍浏览功能。因此,急需大力实施教育信息无障碍工程:一方面,要对各种现有信息化平台、教育网站、资源库等进行无障碍改造;另一方面,新建的各种教育信息化系统要严格遵循《信息无障碍网站设计技术要求》等国家无障碍标准。

(六)组建教育企业联盟,打造智慧教育产业链

教育企业联盟要面向国家智慧教育发展的现实和前瞻性需求,集中优势力量开展针对性的、高质量的产品与服务研发工作。建立完备的教育信息化企业资质认证体系,制定评估准入标准,保障企业为智慧教育发展提供高质量的、优质的产品与服务。教育企业联盟还要制定会员准入与定期评估制度,优先吸纳符合智慧教育发展需求、具有较强实力的企业,促进企业间的协同创新,形成强大的智慧教育产业链,为智慧教育项目发展提供产业基础。

(七)依托高校智力资源,建立智慧教育研发基地

依托国内高校在教育信息化与创新教育方面的研究优势和企业在先进技术研发方面的优势,成立校企合作的智慧教育协同研发基地,为智慧教育可持续发展提供源源不断的智力资源。高校可以结合自身优势和研究基础,分别在发展战略规划、教育政策、关键技术、运营管理等方面开展针对性的研究,为我国智慧教育的可持续发展提供强大的智力保障。

(作者单位:江苏师范大学 · 中国教育技术协会 · 清华大学)

摘编自《现代教育技术》2014年第1期

数字期刊

中国科技期刊开放获取实现路径探析

——基于成本收益视角

柴玥 杨中楷

一、引言

虽然开放获取的理论和实践如火如荼,但是仍面临着不少的挑战,尤其是在实施过程中存在许多问题。从这些研究中可见,我国科技期刊开放获取的效果并不尽如人意,而影响开放获取的最核心和本质的问题是利益问题,是个人创造的新知识进入公共知识系统过程中各个主体成本分担和利益均沾的问题。因此,要解决开放获取的难题,核心是解决其中的利益难题。

有学者从经济运行机制角度阐释了"作者付费"机制在中国的运作,也有学者从科学社会学的角度探讨了国外的强制性开放获取政策中的多元行动者的利益博弈,他们都对开放获取的核心问题进行了有益探索。鉴于国内外出版体制的差异,本文试图依据积极推进、试验递进、开放评估的原则,主要针对我国的作者、科技期刊、商业数据库、图书馆、读者等现实情况进行成本收益分析,并以专利制度作为借鉴对象,探讨我国科技期刊开放获取的动力机制和实现路径。

二、传统知识传播过程中各主体的成本收益分析

从我国传统的以科技期刊为核心的知识传播体系来看,存在着如下基本的主体和行为链条(如图1所示),首先,作者撰写论文,将其投给期刊,期刊经过同行评议程序,发表该论文。然后,期刊将论文递送至数据库,图书馆购买数据库,读者通过数据库检索论文。当然,读者也可以通过直接购买期刊和数据库使用权检索论文。这个基本的链条是由利益(包括潜在的)来驱动。

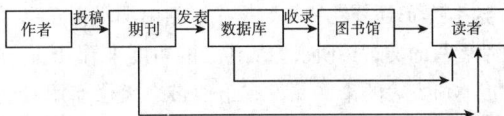

图1 知识传播体系中主体及行为链条

从作者的角度来看,发表论文的主观目的首先在于将自己创造的新知识传播出去。而要做到这一点,必须依赖于现有的出版系统并支付相应的费用。作者之所以愿意这么做,是因为将自己的创造的新知识传播出去势必会给他带来一定的收益回报,这种回报可能来自于学术地位的提升,也可能来自于对科研项目完成的需要。无论是哪一种因素,都会对其未来的学术发展以及其中蕴含的潜在收益起到正向和积极的作用。而且,与贝尔纳时期不同的是,现代社会作者所支付的出版费用多数来自于课题项目的资助,而并非来自于自己的私人收入。

从期刊的角度来看,我国的科技期刊主管单位多种多样,相当比例的期刊由科协、高校及科研机构拥有,资金来源相对稳定。这也导致了依据主管单位的级别而产生的,具有中国特色的国家级、省级、地市级分级方法的出现。期刊的成本主要来自于日常运行、印刷出版等方面,收益则来自版面费收入、期刊订阅和机构拨款。由于我国科技人员数量已经位居世界第一,发表论文的诉求强烈,因此知名度较高的期刊生存压力相对较小。当然,被中信所等评价机构看重会提升期刊的收益水平,入选了北大核心期刊、CSCD等数据库名单的期刊,其生存状况要比一般期刊理想得多。可以说,期刊对成本相对不敏感,预期收益对其具有一定的吸引力。

从数据库的角度来看,当前广大科研工作者获取数字化论文的主要渠道依然是几大商业数据库,比如万方、维普和知网。这些商业数据库是纯粹的成本收益的执行者,他们希望以较低的成本从期刊获取数据

源，经过加工整理之后再以较高的价格提供给读者。数据库运营商是成本收益敏感的，符合市场规律的要求。在某种意义上学术出版并不排斥商业运作，也不应排斥商业资本的介入。商业数据库提供了大部分期刊所不能提供的便捷的检索平台和全面的知识服务，推动了学术研究的发展和创新。

从图书馆和读者的角度来看，付费阅读依然是学术出版的主流。不论是期刊订阅还是数据检索，都需要支付相应费用。作为大学等科研机构，所谓的学术出版二次投资问题依然存在——不但支付研究经费和学者工资，还要花钱从数据库运营商那里把自己学校学者写的文章买回来。从作者的角度来看，他们支付成本所发表的论文并没有给他带来无偿使用其他论文的权利，由于既是作者也是读者使得他们处于尴尬的两难境地。虽然获取知识集为他们带来了创造新知识的契机，但付出的代价是昂贵的。对于图书馆和读者来说，他们是成本敏感的，收益是不确定的。

三、开放获取过程各主体的成本收益作用机制

从目前的发展趋势来看，开放获取的大势已经难以阻挡，业界要做的是在开放获取的背景下如何更好地协调各方利益，推进开放获取更加有序的展开。从作者角度来看，如果实行开放获取，作者不但要支付在期刊发表论文的费用，还要再支付在数据平台传播的费用。从权利义务统一的角度来看，这种做法是合乎情理的。作者如果要使得自己的论文得到更广泛的传播，理所应当的需要支付更多的费用，这与开放获取所带来的更大的学术影响力是统一的。由于多数作者都受到基金资助，而且，由于大多数作者同时也是读者，在发表阶段多支付的费用会在检索阅读阶段得到抵充。因此，作者应该能够接受开放获取所引起的成本的提高，他们不会成为开放获取的阻力。

从科技期刊角度来看，如果实行开放获取，会在一定程度上削弱期刊的收益。已经实行开放获取的期刊，或多或少都产生了订数波动的问题。但正如上述分析，我国大部分科技期刊的办刊经费来源渠道有限，主要是依靠主办（承办）单位拨款，广告、发行等收入较少。相比国外期刊多数隶属于商业出版集团，国内科技期刊的资金虽并不充裕但来源相对稳定，其差强人意的境况并不会因为开放获取而变得更差。尤其是那些国家自然科学基金委、中科院等机构资助的期刊，其生存状况相对较好，在开放获取进程中可发挥带头引领和示范作用。另外，开放获取会使得期刊论文更加广泛地得到扩散，这无疑会提升期刊的影响力和吸引力。因此，期刊运行虽会受到开放获取的影响，但资金来源的稳定性会在一定程度上缓和开放获取的冲击，兼之存在收益提升的可能性，期刊也不会成为开放获取的主要阻力。

从资助机构的角度来说，我国资助机构主要有国家自然科学基金委、科技部、教育部、中科院以及相关部委、地方政府以及专业的学会等等。这些资助机构的资金来源都是国家的财政收入，作者所支付的开放获取的费用，也多从这些机构获得。国家自然科学基金、科技部项目、973 项目等基金项目成为资助作者发表论文的重要主体。在申请各类基金项目的时候，经费预算里面总有一项就是论文发表费用。从某种意义上说，机构资助作者和支持开放获取，是一举两得的双赢局面。从这个角度来说，他们是希望推动开放获取的，他们也是推动期刊开放获取的重要力量。

综上可以看出，图书馆（读者）、作者、期刊、资助机构等都不是开放获取实现的主要障碍，目前开放获取遇到的阻力，主要是来自于数据库出版商，如何平衡数据库出版商的商业利益问题一直没有很好地解决。

现有的以成本换取权利的体系中，专利制度是一个成熟的参考案例，可以为解决开放获取提供机制参考。在专利体系（如图 2 所示）中，专利申请人通过支付申请费用获得相应的权利，通过支付维持费用保证权利的延续，权利和义务是统一的。专利申请人提供的专利文献经数据平台传播出去，被研发用户获取，产生新的技术和专利申请，形成了一个知识生产和传播的反馈体系。与论文出版系统粗略对照，专利申请人可以对应论文作者，专利审查部门可以对应期刊审稿，相应的专利数据库与论文数据库也是对应的。两套体系的相同之处在于，他们都为公民（法人）提供了一个通过支付相应成本传播知识并获得相应权利的组织机制和实现途径。但在专利体系中，最基本的数据传播平台是国家知识产权局搭建的，而并非商业机构，这是国家出于对技术信息公开及时披露的考虑所决定。在这个体系中，商业机构存在的理由在于他们搭建了更加便利和集成的检索系统，能够为企业用户提供更便捷的服务，这也是他们的赢利点所在。如汤森路透、DELPHION 等平台已经展现出非常好的商业价值，为客户提供了大量的专业服务。反观论文出版系统，商业机构大行其市，缺乏公益属性平台的存在。专利体系启示我们，应该有公共属性的数据平台与商业属性的数据平台错位发展，共同满足共性需求和个性需求。

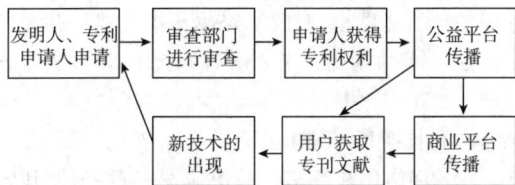

图2 专利制度中的知识生产和传播过程

四、我国开放获取的实现路径与对策建议

基于上述分析,我们从理论上得出推进我国科技期刊开放获取实施的基本思路:首先,作者支付费用发表和发布成果;其次,期刊负责遴选和评价成果;第三,搭建公共属性的数据平台,满足基本的数据检索和获取需求;第四,推动商业平台功能的集成和提升,与公共属性的数据平台错位发展。

具体来说,第一要明确作者支付费用。在实行开放获取后,作者不但要支付期刊发表相关的费用,还需要再支付发布在数据平台的费用。当然,是否愿意发布在数据平台,可由作者选择。但对公共资金资助完成的研究论文在期刊发表的,应实行强制性开放获取政策。在发表后一定期限内,提交给国家指定的开放获取数据平台保存。如前所述,作者不但具有一定的经费来源,且广泛传播后存在着更大的预期收益,从成本收益角度来看基本合理,从权利义务角度来看也基本统一,所以此举符合开放获取的发展方向。

第二,期刊负责遴选和评价成果。多数期刊作为公共部门的附属机构,具备一定的公共属性。在开放获取中应承担论文的遴选和评价,并负责将符合发表条件的论文递送至公共数据平台。尤其是中科院系统、国家自然科学基金委等主要学术机构支持的期刊,应该承担起在知识传播系统中的责任和义务。那些已经有条件实行开放获取的期刊,只需略作调整就

可以实现与数据平台的对接,实施难度并不大。可以发挥这些期刊的带头作用,以点带面,加快开放获取在我国的全面实现。

第三,搭建公共属性的数据平台。要破解开放获取的主要难题,不是逼迫商业平台强制性开放,而应该是搭建具备基本条件的公共属性的数据平台,满足一般的检索和获取需求。从目前的国内现实情况来看,整合现有的开放获取平台和机构知识库也许是一个可行且省时省力的办法。

相较而言,我国开放获取工作最缺乏的并非资金和硬件,而是宏观政策的引导。期刊之所以愿意与商业平台合作,看中的并不主要是经济效益,而是商业平台的影响力。相信如果能够搭建起公共属性的数据平台,加上合理的政策引导和规范,开放获取的实现并非不可想象。

第四,推动商业平台的功能调整和提升。要实行开放获取,并非要排斥商业平台的作用。商业平台对学术出版和传播的作用,具备其自身的优势和特征。要构建商业平台与公共属性的数据平台错位发展的远景框架,推动商业平台的功能调整和提升。商业平台可以提供更加有针对性的论文检索服务,可面向集团用户提供专业服务。同时商业平台还掌握着博硕士论文、年鉴、报纸、图书、音像数据库等一系列公共属性平台所不掌握的资源,一定时期内仍具有相当程度的比较优势。国内科学数据库出版商业平台应借鉴汤森路透等国外数据出版商的经验,利用文献计量和分析工具为客户提供可视化服务,提升其作为学术研究加速器的服务水平。

(作者单位:大连理工大学新闻与传播学系 大连理工大学科学学与科技管理研究所)

摘编自《中国科技期刊研究》2014年第11期

浙江省科学技术协会期刊数字化品牌建设现状及发展对策

张 韵 袁醉敏 陈华平 吴益伟

一、研究对象与调查内容

浙江省科协主办的科技期刊目前有23种,共发出调查统计表23份,收回有效统计调查表22份,调

查表回收数量占总数的95.7%,样本数量具有较大的代表性。

根据科技期刊数字化品牌形成的相关要素,设计期刊数字化品牌建设相关指标,如编审人才队伍、

期刊品牌形象建设及经营、期刊网络化发展程度等，以求从不同方面反映科技期刊数字化品牌建设的要素。随后，将调查问卷发给浙江科协所属各期刊编辑部填报，数据统计截至2013年2月，根据调查结果进行统计分析。

二、结果与分析

（一）编辑队伍对浙江科协期刊品牌建设的影响

1. 编委会在品牌建设中的作用

此次调查结果显示，浙江省科协主办的期刊中，无一例外都具有健全的编委会组织，平均每本期刊有编委32.3人。从总数来看，浙江科协主办的期刊拥有710人的编委队伍，其中有2名为院士，其他大多具有正高级职称，担任博士生导师，具有较好的学术影响力。说明浙江省科协主办的期刊编委会凝聚了大量的高水平的学科带头人，这为科技期刊品牌建设提供了保证。

2. 主编在品牌建设中的作用

调查结果显示，浙江省科协主办的期刊中，《浙江医学》和《浙江农业学报》两刊分别由李兰娟院士和陈剑平院士担任主编，《计算机时代》由潘云鹤院士担任名誉主编，其中36.36%的主编具有博士学位，27.27%的主编具有硕士学位；81.82%的主编为正高级职称的专家，其余18.18%的主编具有副高级职称。说明在浙江省科协主办的期刊中主编一定程度上都可以代表期刊的业界影响力，对期刊的品牌建设发挥着非常重要的作用。调查结果还显示，在调查的21种期刊中，主编负责期刊发展的组织与策划和把握期刊学术导向的占90.91%，负责稿件质量终审把关的占81.82%，参与组稿约稿的占31.82%，其他占27.27%，说明主编在期刊的品牌建设中肩负着导向性的重要作用。

3. 专职编辑队伍在期刊品牌建设中的作用

在调查的22种期刊中，每刊平均有专职编辑3.5人，编务1.1人，其中具有博士研究生学历者占15.38%，具有硕士研究生学历者占17.95%，正高级职称人员占23.08%，副高级职称人员占33.33%。说明浙江省科协期刊拥有一支高水准的专职编辑队伍，其中不乏高级专业人才。

（二）浙江省科协期刊数字化品牌发展现状

目前，国内科技期刊的数字化建设的具体做法主要有：期刊网络数字出版、期刊门户网站及稿件在线处理平台的建设、新型数字媒体传播方式。调查显示，浙江省科协期刊加入CNKI的有21种、加入万方数据库的有15种。

1. 科技期刊的网站建设

随着网络化和数字化的快速发展，科技期刊的数字化进程也大大加速，大多科技期刊都组建了独立的门户网站，实现了作者投稿、专家审稿、编辑办公等全流程在线处理，稿件处理效率大大提高。但从调查结果来看，浙江省科协主办的22种期刊的网络化发展程度并不尽如人意，仅有9种期刊建有独立网站，占40.91%，网站建设的普及率较低，其中仅有3种期刊的网站有中英文双语网页，占13.64%，国际传播力受到了很大限制；而其他近60%的期刊仍采用传统的稿件处理模式，网络数字化发展程度较为滞后。这表明浙江省科协期刊的网站建设的国际化程度亟待提高，需加强期刊网站或双语网站建设，扩大期刊品牌影响力，使其在更大的国际范围内传播推广。

2. 科技期刊的开放获取和在线优先出版

从调查结果来看，其中40.91%已自建网站的期刊均提供摘要浏览和全文免费下载。从调查结果来看，浙江省科协主办期刊的在线优先出版情况不甚理想，其中仅有4种期刊采用了整期在线优先出版的方式，1种期刊率先采用了单篇稿件在线优先出版的方式，其余77.27%的期刊尚未采取在线优先出版的方式。

3. 科技期刊的网络服务功能

随着科技的进步，期刊与作者的交流服务方式也发生了相应的改变，调查显示，浙江省科协主办的22种期刊中，100%的期刊采取电子邮件的方式与作者联系提供服务，95.45%的期刊采用电话的方式，50.00%的期刊建立的QQ作者交流群，还有13.64%的期刊采用其他方式，仅有1种期刊开通了期刊微博和微信平台，仅占4.55%。期刊网站也是体现期刊服务特色和功能的一个良好载体，其网站内容和形式对在线访问量和下载量的影响很大。从调查结果来看，目前已开通网站的期刊，有40.91%的网站具备作者和读者在线互动答疑的功能，27.27%的期刊网站具有学科和行业信息，并提供广告宣传，22.73%的期刊利用网站平台进行其他的服务内容，仅有2种期刊开通了网上在线交易功能，占9.09%。说明浙江省科协期刊的网站功能大多仅限于稿件的在线处理，网站平台的可利用性及其在期刊数字化品牌建设中的作用未能充分体现。

4. 科技期刊的数字化出版方式

调查结果显示,浙江省科协期刊中有 50.00% 的期刊打算实现开放获取;22.73% 的期刊计划采用期刊二维码;22.73% 的期刊计划根据作者读者需求实现信息订阅推送服务;18.18% 的期刊计划开通手机阅读;还有 18.18% 的期刊计划采用其他方式。

(三)浙江省科协期刊品牌形象建设及经营

1. 科技期刊品牌形象建设

调查结果表明,浙江省科协主办的科技期刊中具有期刊品牌标志的占 50.00%,期刊封面标有协会会徽或主办单位标志的占 45.45%,期刊名称采用名家题字的占 40.91%,期刊封面进行了品牌形象设计的占 72.73%,期刊网页进行了品牌形象设计的占 36.36%。这说明各编辑部对期刊封面的品牌意识较强,但对于品牌标志、网页等的重视程度尚待加强与提高。

2. 科技期刊的品牌推广方式

从调查结果来看,浙江省科协主办的期刊中90.91% 的期刊实施了期刊发行宣传,50.00% 的期刊通过参加国内期刊展会进行宣传,45.45% 的期刊采用广告和网络宣传方式,还有 27.27% 的期刊采用其他品牌宣传推广方式,但还没有期刊走出国门,参加国际期刊展会进行品牌宣传。

3. 科技期刊品牌的营销模式

大多期刊仍以收取版面费和纸本发行作为主要收入来源,延伸经营也以广告为主,在期刊的品牌经营方面,缺乏创新意识,尚未充分体现期刊品牌的经营价值。

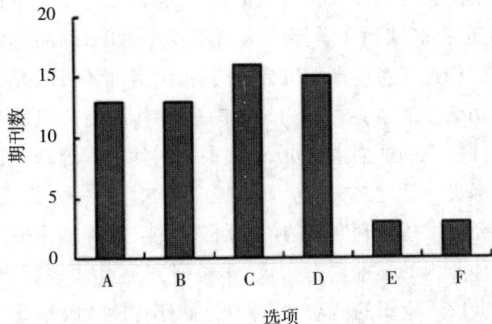

A. 主办单位或上级单位拨款;B. 协办单位赞助;
C. 版面费;D. 纸本发行;E. 数字出版;F. 其他

图 1 浙江省科协期刊的主要收入来源

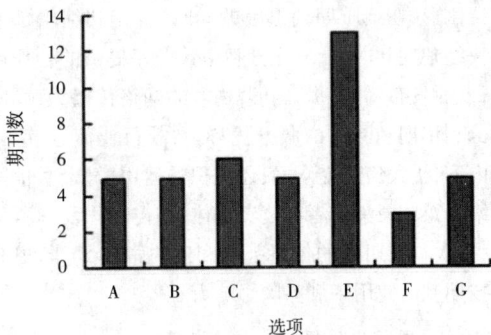

A. 主办学术性会议;B. 科技人员培训工作;
C. 提供科技信息咨询服务;D. 合作办刊;
E. 广告;F. 版权合作;G. 其他

图 2 浙江省科协期刊目前采取的延伸经营方式

三、浙江省科协期刊数字化品牌建设存在的问题

(一)数字化品牌建设意识不强

从本次调查问卷的结果来看,浙江省科协期刊对上述品牌标识,特别是期刊网站设计的重视度还不够,缺乏期刊品牌的竞争观念,难以在数字化出版环境下彰显自我。因此,科技期刊编辑首先应该树立数字化品牌意识与理念,把品牌建设、发展与经营作为重要的办刊内容之一,充分利用网络资源及数字化传播途径,共同打造特色鲜明的数字化品牌形象。

(二)期刊出版与服务数字化程度不高

袁桂清等 2009 年的调查显示,中国科协期刊建有独立网站的期刊占 62.4%,相比之下,浙江省科协期刊还存在一定差距,数字化出版程度较低,大多仍以传统的纸质出版方式为主,期刊自建网站比例偏低,开放存取及优先出版的应用范围非常有限,其网络传播主要依靠中国知网、万方数据等数据库,而数据库信息的更新往往要比纸本印刷晚 2~3 个月,使得期刊内容的可获取性和即时传播性不强。同时,从科技期刊的数字化服务手段来看,仅有个别期刊开通了如微博、微信等公共服务平台,对于如手机阅读、信息推送等数字出版与服务方式,大多编辑部仍处于观望阶段。这可能一方面跟大多科技期刊编辑部经济收入受限有关,另一方面可能由于一些编辑部习惯于固有的出版方式,也缺乏能快速掌握数字化出版手段的青年人才,使得期刊的数字化出版进程一拖再拖。长此以往,不但期刊的数字化发展水平会严重滞后,其影响因子和被引频次也会受到影响,进而阻碍期刊的数字化品牌建设。

因此,在纸质期刊出版的同时,各期刊编辑部应尽快组建期刊网站,或充分利用数据库提供的合作网页,及时发布网刊,提高刊载内容的网络传播力,同时充分利用期刊网站的服务优势,刊载行业信息、广告等内容,扩大信息受众面;还应积极运用微博、微信等网络新媒体聚集作者和读者群体,宣传刊物及学科信息,扩大科技期刊的传播范围和用户群体,不断提高科技期刊的使用率和品牌影响力。

(三)国际化传播交流非常有限

从调查结果来看,浙江省科协期刊的国际化交流和推广几近空白,在其学科行业的国际影响力也非常有限。另一方面,已建有独立网站的期刊大多只采用中文网页,中英文双语网页的使用非常有限,不利于期刊在更大的国际范围内进行有效传播。这就需要期刊编辑部从"内、外"两个方面同步改进,就"内"而言,编辑部应当首先强化期刊核心内容的英文著录,如题名、摘要、关键词等,提升其刊载内容的国际传播性,其次还应当注重其英文核心内容在网络上的可检索性,已进行开放获取的期刊编辑部应同时配备英文网页及下载链接;就"外"而言,编辑部应当怀揣"走出去"的勇气,积极参与国内外的期刊展会经所在学科行业的学术交流会议等,以提高业内知名度,吸引优质稿源。

(四)品牌延伸经营方式单一

浙江科技期刊的经营收入大多仍以版面费等出版发行费用为主,附以上级单位拨款和部分广告,经营方式较为单一。其中个别期刊在延伸经营方面创造出了独具特色的经营方式,如《护理与康复》充分利用并发挥了基层培训的群体优势,一方面通过开设培训班创造经济收入,另一方面在培训学员中征集优质稿件,近年来得到了良好的收效。其他编辑部也应当立足本刊实际,在保证期刊出版质量的同时,加强期刊间的交流和学习,充分汲取其他期刊的成功经验,充分运用期刊品牌的市场价值,积极开拓尝试多种经营方式。

四、浙江省科协在期刊数字化品牌建设中的作用建议

(一)按不同层次进行分类指导,大力培育特色期刊

浙江省科协主办的期刊行业分布较广,不同学科行业在浙江省的发展程度也各不相同,同时期刊的刊载内容也有学术类、技术类、科普类、综合类等不同类别的划分,因此,应采取分类指导、重点培育的策略。在推进期刊数字化品牌建设的过程中,应根据期刊所在学科、类别的不同进行分类指导,按不同层面促进浙江省科协期刊的发展和品牌建设,应特别重视培育浙江省内国家重点学科和重点研究领域的专业学术期刊,加大对专业学会和期刊的扶持力度。2013年起,浙江省科协开展了"精品科技期刊培育工程",今后应继续加大重点培育力度和资金支持,努力打造出1~3种一级学科的综合性品牌科技期刊和重点学科的专业期刊,促进其走向世界舞台。

(二)重视期刊数字化品牌建设,提高期刊辨识度

网络是有别于传统流通渠道的新型媒体,在网络中,科技期刊可以低成本地树立自己的品牌,也有可能会被淹没在海量的信息当中。浙江省科协作为科技期刊的主办方,具有较好的公信力和社会影响力,因此,应充分发挥学会优势,充分重视并加强数字化品牌建设,组建科协期刊网站平台,在科协网站上集中展示主办期刊,提供期刊各期目录等基本信息,并与期刊自建网站链接,以统一的网络平台带动不同学科类别的期刊数字化品牌建设,逐步形成多学科期刊群,体现学会的整体优势,提升各刊的数字化网络品牌效应。

(三)借力国内外学术交流活动,提高期刊知名度

学会作为科技社团,很大程度上集聚了浙江省各学科中有一定学术影响力的知名学者,同时科技期刊的编委会也都是"大牌云集",期刊应依托学会的专业优势,积极参与国内外学术交流活动,以此结识和了解与会专家以及科研人员,向参会人员近距离宣传期刊,提高期刊在学界的认知度和显示度,为品牌的推广创造尽可能多的机会。同时,编辑部还可以充分运用编委的学界影响力,制作便于携带、能突出期刊品牌特色的征稿宣传页,请编委利用参加国内外各种学术交流活动之机积极宣传推广期刊。另一方面,还应充分发挥期刊网站的信息服务功能,以网站为平台宣传业内的学术动态会议、学科研究热点、即将召开的会议或组织的活动,既可以方便作者读者收集业内信息,也可以提高网站的使用性能,提升期刊数字化品牌在业界的口碑。

(四)鼓励科技期刊拓展经营渠道,增强品牌竞争力

科技期刊的延伸经营方式,不但可以一定程度上

为期刊编辑部创造资金来源，也可以帮助期刊走出编辑部，开拓更大的品牌市场。因此，浙江省科协应积极发挥学会优势，对所属期刊进行现代经营理念和方法的指导与培训，鼓励其积极探索多种经营途径，帮助其提高市场竞争力，除了传统的发行和版面费收入，在不降低科技期刊学术水平的前提下，依托学会平台，逐步开展如广告、培训、会议和咨询等其他赢利模式，同时积极探索数字化出版赢利模式，如开展多种数字化出版形式、与知名数据库开展版权合作等。

（作者单位：浙江省农业科学院　农村发展研究所）

摘编自《科技通报》2014 年第 9 期

学术期刊优先数字出版刍议

康军　陈磊

一、我国学术期刊优先数字出版概况

大学学报是高校软实力的表现，我国 985 所高校大学学报代表了当下学术期刊的较高水平，为此笔者以 CNKI 优先数字出版平台的数据统计了 2013 年 985 高校 102 种大学学报（中文期刊）优先数字出版论文的实际情况。

结果显示，未加入优先数字出版的共 44 种（占 43.14%），加入优先数字出版平台但优先数字出版 0 篇论文的共 30 种（占 29.41%），实际开展优先数字出版的仅为 28 种（仅占 27.45%）。

统计结果充分说明，我国学术期刊优先数字出版仍处于起步阶段，与发达国家存在巨大差距，将优先数字出版打造成正式出版的目标还很远。优先出版还停留在宣传阶段，有相当一部分学术期刊仅仅是打上"优先数字出版"的标签，用于期刊自我宣传，形同虚设。大多学术期刊未进行优先数字出版实践，新型出版模式没能受到足够重视，发展非常缓慢。我国大多学术期刊并未意识到学术期刊出版的根本任务是信息服务功能，而不是为了迎合现有的唯纸质期刊是权威的学术评价制度，学术期刊应该将信息服务功能放在重要位置，以高质量的学术内容和高效率的传播能力作为出版能力和提升竞争力的主要依托。

二、优先数字正式出版是学术期刊出版的必由之路

传统学术期刊出版模式已经无法满足高速运转的科研体系，优先数字正式出版已成为学术期刊出版的必然选择。

优秀的科研工作者时刻关注全球最新的科研动态，期望及时获得最新学术信息，这样才能站在学术最前沿，提高科技创新的效率。但目前我国学术论文发表时间滞后，学术信息的时效性被大打折扣，不仅不利于作者首发权的确定，也使读者无法及时了解行业动态。严重的出版滞后必然有损科研成果的首创价值和可利用价值，而且影响到科研人员的创新竞争能力，不利于资源优化配置，对我国学术创新带来一定负面影响。论文发表周期过长也是造成大量优秀学术论文外流的原因之一，严重制约我国学术期刊的发展和国际竞争力的提高。优先数字正式出版成为可以解决这一矛盾的唯一可行路径。

现阶段优先数字出版无法等同于正式出版，这是优先数字出版无法大力推广和被高度认可的根源。要解决这一问题，必须使优先数字出版成为正式出版，并与最终的印刷期刊完全一致，这样才能被学术评估机构充分认可，作者也会积极支持优先数字出版，进而真正实现学术期刊数字出版，即不是将纸质期刊制作成数字期刊，而是将数字期刊根据需要制作成纸质期刊，从而构建一种全新的学术期刊数字出版模式。真正的数字出版必须是以数字出版为主，纸质印刷出版为辅，必须厘清二者在新时期的主从关系，不能再抱着"纸质印刷期刊是最终权威"的错误理念。目前优先数字出版的论文都标注"优先出版"，等印版出版后再替换为正式出版物的电子版，这实质是纸质期刊的数字化，而非真正意义上的数字出版。这样势必会造成重复劳动，并且会出现数据替换不及时和引文混乱等情况，给读者阅读和比较造成困难。将优先数字出版打造成正式出版，是提高我国学术期刊出版能力的重要标志，是学术期刊出版的必由之路。

三、将学术期刊优先数字出版打造为正式出版需要解决的问题

(一)构建与印刷版衔接的数字出版标准

纸质学术期刊有着严格的出版标准和引文格式，但数字出版却尚未出台相关标准。优先数字出版成为正式出版，必须保证其内容、页面版式、卷期、页码等文献标志和最终印刷版完全一致，这就要求构建和印刷版完美衔接的数字出版标准。优先数字出版成为正式出版必须满足两个条件：一是学术论文编校完成，内容不再修改，二是文献标志信息和印刷版完全一致。目前优先数字出版的论文多采用数字对象标志符 DOI 标志，等印刷出版后再将优先数字出版的数字文件替换，这使得优先数字出版的文献无法被直接引用，且往往与最终版本有明显差异。这就需要将数字期刊和印刷期刊出版标准融合起来，建立新的期刊出版标准体系。可以尝试打破固定页码，无须补白和转页，印刷版期刊的栏目和页码设置根据优先数字正式出版论文的实际情况合理切分和动态变更，可以采用年、卷、页码标注形式，和现有文献著录格式有效地衔接起来。

(二)协调好优先数字正式出版与纸质印刷个性化出版之间的关系

以大型数据库为平台的优先数字正式出版注重的是单篇学术论文的实时发布，而期刊自身的众多特质只能通过印刷版体现出来，必须两者兼顾，构建数字出版与纸质印刷协调发展的新型出版体系，不可片面过分强调数字出版的优势而贬低传统出版的价值。

在新型出版模式下，印刷版期刊作为数字期刊的再加工，可以进一步发展个性化出版。纸质学术期刊的封面、目录、广告页等仍然可以采用高度自由的个性化设计，唯一不变的是学术论文的版面、标志和内容，要实现变与不变的有机结合，协调好数字出版和个性化印刷出版之间的关系。

在信息时代，必须明确优先数字正式出版与印刷版的先后、主次和从属关系。学术期刊优先数字正式出版先于纸质印刷版，而印刷版是以优先数字正式出版为基础，进一步通过创意设计加工成具有个性特征和有形载体的出版物，两者相互依存和相互促进。

(三)充分利用大型数据库的优先数字出版平台

学术期刊优先数字出版成为正式出版必须建立在大型数据库的平台之上，而不是仅仅在采编系统的网站显示，只有这样才能充分体现服务读者的出版理念，使学术信息获得更广泛传播，同时可以借助数据库服务商先进的数字出版技术，节约出版成本，提高出版效率。学术期刊编辑部可以通过数据库的预留接口，自主灵活地开展出版工作，这可以避免数据库企业因人手不足而导致的出版滞后，从而消除等待上传的时间，在最短时间内将编校完成的稿件入库发布。学术期刊出版单位可在数据库和自建网站同时进行优先数字正式出版，使期刊学术论文出版的源与数据库结合起来，进一步提高影响力和竞争力。

(四)改变观念

学术期刊在信息时代的激烈竞争中能否胜出，不仅取决于其出版论文的学术水平，还与期刊的出版效率和服务水平密切相关。国际知名期刊均是靠高质量的学术论文、高效率的出版能力和高水平的服务意识赢得读者和作者的信任，占据学术期刊竞争的制高点。然而我国大多学术期刊却仍然故步自封，没能积极主动参与到国际学术期刊变革之中，究其原因是落后的出版观念。学术评价机构以纸质学术期刊作为最终权威的评价观念是阻碍我国学术期刊数字出版事业发展的根本原因，这使得作者大多只关注能否被印刷版出版和被知名数据库收录，对优先数字正式出版心存疑虑。

学术期刊出版者无法制定学术评价规则，但可以通过自身努力影响和引导新型学术评价体制的建立，与其被动等待何不自我创新，更何况这是国际学术期刊出版文化发展的必然方向。

大多学术期刊编辑因传统思想作祟，竞争意识淡薄，对新型出版模式没有正确认识，导致优先数字正式出版举步维艰，这就要求学术期刊出版者善于学习新的出版理论和了解国际出版动态，摒弃陈腐观念，而不是固守传统出版模式，早日实现优先数字正式出版与印刷出版的完美结合。

(五)加强人力资源建设

对于学术期刊来讲，广义的人力资源包括作者、审者和编者。优先数字正式出版不仅追求出版效率，也高度重视出版质量。这就需要有高素质的作者、高效率的审稿专家，尤其是一支数量充足、高素质的复合型编辑队伍，这也是高效出版的人力资源保证。现在大多有一定影响力的学术期刊都有自己的在线采编系统，收稿和审稿效率大幅提高，但因工作繁忙和社会兼职较多等因素，审稿专家未能及时审回稿件的情况时有发生。这就需要学术期刊编辑部多和他们

沟通,尤其注重邀请青年学者加入,建立高效稳定、新老接替和可持续发展的审稿专家库,进一步提高审稿效率。学术期刊优先数字出版成为正式出版对编辑提出了更高要求,出版单位应该和主管部门增加沟通,争取更多的资金支持,重视人才引进和技能培训,组建一支能够满足新型出版模式要求的编辑队伍。

(作者单位:长安大学杂志社)

摘编自《出版广角》2014 年 11 月合刊

学术期刊数字出版的价值反思与改革取向

赵文义

一、出版形态变迁及其价值反思

互联网技术和数字技术的发展,使数字出版逐渐代替印刷出版而成为出版的主流形态,然而,数字出版的发展虽突破了印刷出版的思维局限性,但也可能是用一种缺憾代替了另一种缺憾。数字出版技术存在一种破坏性潜能,在某种程度上会损害人的完整性和创造性。意义和意义之间的间隙是人作为思想主体的存在空间、想象空间、感受空间而存在的,数字出版的发展导致人们阅读更快、阅读的间隔更小、思考的时间更短、思考的深度更浅,从而剥夺了人的主体性空间。虽然数字出版技术提升了人的认知能力和主体创造性思维的发挥,突破了印刷出版技术所导致的信息套餐的被动接收状态以及信息发送的时间和地域限制,但是数字出版技术为人们提供无与伦比的效率与便捷的同时,也伴随着出现了作为人的主体性衰落的风险——数字出版的搜索引擎功能渗透着技术专家的意志和观念,使读者的理念智力成为机械过程的产物,转换为可以被分解、度量和优化的步骤,读者自身的创造力就会受到限制,并最终受到思维能力、判断能力、辨别能力等主体能力不断退化的威胁。借苏格拉底"未经反思的生活是不值得过的"的名言,似乎可以得出"未经反思的技术生活也是危险的"的结论。反思的价值在于明确自身的"洞穴性",只有深刻地去体验自身的"洞穴性",人们才有走出洞穴的可能性。

二、学术期刊数字出版的价值反思

我国学术期刊的数字出版以中国知网、万方数据和维普资讯网为主要的出版形态,从价值取向上看,主要是追求效率和便捷;从数字出版实施路径的角度上看,主要是追求"大而全"的集中建库模式,试图使知识获取"一网打尽"。但是,这种对于效率和便捷的极致追求也许只是一个幻景,也许是学术期刊数字出版者的一厢情愿。因为,阅读和检索主体的心理特征和行为特征很可能使这种追求适得其反。学术期刊数字出版中的搜索结果并不是每个读者都要追求一种最佳状态,而是只要达到满意的阈值就会停止搜索,对于读者来说这种看似"惰性"的表现,事实上是符合边际收益递减原理的。当学术期刊这种集中建库模式所提供的搜索结果超越了读者的阅读限度,超出的部分信息就是冗余信息,这种冗余信息只能是一种看似有价值的幻觉,并不会真正发挥实际作用。从实证的角度来看,对 Excite 搜索引擎的研究发现,仅有 5.24% 的检索表达式中包含有布尔逻辑检索算符,多达 58% 的使用者只查看检索结果首页;对中国知网使用的研究表明,80% 的读者不能正确使用高级检索功能。

从这些实证数据可以看出,学术期刊数字出版的集中建库模式所想象的效率和便捷的优势往往是虚幻的,而且一旦超越读者的文献阅读数量限制,信息量的聚合本身还会对读者的阅读行为产生负面影响。

三、学术期刊数字出版的垄断与反抗

从美国、英国、德国以及荷兰等世界出版发达国家来看,学术期刊数字出版已经形成了垄断的局面,各大学术期刊数字出版集团拥有很强的价格控制能力,使学术期刊使用者获取至为重要文献的途径受到越来越严重的威胁。从学术期刊的发展趋势来看,学术期刊越来越专业化,这种专业化趋势势必在学术期刊市场上形成越来越多的局部垄断,因为专业化意味着读者面越来越小,而在狭小的市场领域不可能共存过多的选题和定位趋同的学术期刊。也就是说,在特定选题和定位的学术期刊市场领域,缺乏竞争是一种必然趋势,而这种缺乏竞争的趋势源自学术期刊自身的特性和发展规律。学术期刊自身发展特性所决定的局部垄断趋势,加之各大学术期刊数字出版集团的寡头垄断现实,共同决定了学术期刊价格逐渐攀升的趋势。

学术期刊数字出版资源垄断造成的漫天要价,已经损害了各个国家的基础研究机构,并致使各方面通过各种方式进行极力反抗。图书馆不仅面临学术期刊涨价和预算缩减的双重压力,同时又要逃脱咄咄逼人的版权法律规定以及反垄断法律缺席所带来的后果,因此,只能增加馆际互借来共享一些不常用的学术期刊。

另一个由大学主导的反垄断行动是"数字共享"(Digital Commons)运动,这个运动完全通过网络展开,并已经成为世界性的运动,该运动的目的是在公共领域内尽可能地保留更多的智力财产,从而免受商业性版权规定的限制。商业界的控制势力正在伸向"永久版权"领域,使更多的学术论文成为学术期刊数字出版集团的商业资产。"数字共享"公共资源的贡献者可以自由制定限制条件,决定是否许可他人使用该资源。另外,它对公共领域内"非商业性使用"是开放的,如果有人希望用这些"数字共享"的公共资源赚取利润,作者则可以向他收费。类似的对抗商业利益对学术资源控制的行动,还有各种网络免费百科全书等,如"维基百科"(Wikipedia)、百度百科、百度文库等。百度文库具有更大的开放性和便利性,读者无需注册账号即可查看或下载免费资源,注册账号即可下载付费资源。

针对学术期刊数字出版集团的反垄断行动催生了学术期刊开放获取(Open Access,OA)出版模式。开放获取模式不同于基于订阅的学术期刊传统出版模式,它可以有效突破商业出版集团对学术期刊数字出版的垄断。建立在互联网基础上的学术期刊开放获取出版模式自20世纪末产生以来,得到了国际科学界和图书情报界的大力推动和倡导。2001年12月,由开放社会研究会(Open Society Institute,OSI)发起召开的题为"加速让所有学术领域的研究文章都能免费供公众利用"的布达佩斯会议,是开放获取正式引起学术界注意的标志性事件。近年来,开放获取出版得到了一些国家政府、科研机构和大学教育机构的大力支持,并制定了开放获取出版的资助政策。

在多方面的大力倡导和资助下,学术期刊数字出版商正在积极改变出版策略,推出OA出版的相关政策,其出版模式和运营模式主要有两种:一是OA期刊,被称作开放获取的"金色之路",作品在发表的同时即实施开放获取,OA期刊的出版费用可以采用作者付费模式,也可以采用机构资助模式。二是自存储,作品在发表后由作者自己或第三方将作品存储在学科知识库或机构知识库中,称为开放获取的"绿色之路",出版费用一般来自于机构资助或机构的政策需求。开放获取出版的发展尽管时间很短,但势头非常强劲,根据《开放获取期刊目录》(DOAJ)的统计,2013年所收录的OA期刊(可检索至全文)已达5000余种,自2005年以来,以每月近40种的速度增长。

四、学术期刊数字出版反垄断的学理解释与争论

学术期刊数字出版是否存在垄断,以及是否应该实施反垄断规制,涉及对反垄断的认识和价值取向。对于"反垄断"这一话题,讨论可谓源远流长。

国际上权威的学术期刊数字出版商通过其全文数字出版平台出版的学术期刊主要有两种,一是集团自己拥有的学术期刊,二是与集团合作出版的学术期刊,通常情况下这些学术期刊要么是集团独家拥有的,要么是与集团独家合作的。我国学术期刊数字出版的主要平台有三个:中国知网、万方数据和维普资讯网,虽然龙源期刊网等数字出版平台也涉及学术期刊,但是出版的学术期刊数量与这三个主要平台并不处在同一个数量级上。中国知网、万方数据和维普资讯网在起步阶段,三家的经营模式基本趋同,学术期刊数字内容也采取共享的模式,只是在近几年,中国知网和万方数据才开始与传统学术期刊出版者进行独家合作,而且这三家数字出版商都没有自己主办的学术期刊,所有的学术期刊都是与传统学术期刊出版者合作进行数字出版。国际上权威的学术期刊数字出版商除自己拥有学术期刊以外,与集团合作出版的学术期刊是有选择的,并不是简单地求大求全、靠数量取胜。而我国的学术期刊数字出版商对于合作出版的学术期刊基本上没有选择,只是在选择独家合作出版时会对不同层次的学术期刊有费用的区别,这种求大求全的数字出版模式,事实上几乎没有给其他潜在进入者进入学术期刊数字出版领域留下机会和空间,其他潜在进入者如果还想进入学术期刊数字出版领域,就只能选择完全不同的经营模式,在读者已经形成路径依赖的情况下,进入障碍会非常难以突破。从学术期刊数字出版的利益相关者的角度来看,传统学术期刊出版者对于这三家数字出版平台,不论在利益分配、还

是在出版模式选择上,都基本上没有什么话语权,绝大多数传统学术期刊出版者会感到有"店大欺客"的感觉。因此,我国学术期刊数字出版已经形成了严重的垄断局面,必须对学术期刊数字出版产业进行垄断规制。目前,反对的观点主要有两种:一是基于自然垄断的考虑,如果对现有的三家数字出版平台进行拆分或者鼓励其他潜在进入者进入会导致重复建设;二是基于国际竞争的考虑,如果对现有的三家数字出版平台进行垄断规制会降低我国学术期刊数字出版平台的国际竞争力。其实,创新只能通过市场竞争来实现,即便是自然垄断和重复建设也不能成为对抗垄断规制的理由,国际竞争力的提升不只是靠数量取胜,它最终还要靠内容质量获得国际读者的认可才行。因此,对于学术期刊数字出版国际竞争力的问题,需要突破一些认识误区,不能只是通过宽松的政策环境追求规模优势,要知道没有通过残酷的市场竞争,就不可能培育出具有国际竞争力的学术期刊数字出版平台。企业竞争力的形成类似于儿童的成长,过于溺爱的环境不可能培养出优秀的人才。有的学者关注日本企业的生存环境,在日本国内对企业的各个方面约束都非常强,竞争也非常残酷,但是,日本企业一旦走出国门遇到相对宽松的经营环境就会如鱼得水,这是值得中国政策制定者和企业、包括学术期刊数字出版企业学习和反思的经验。

五、学术期刊数字出版的改革取向

当前,我国学术期刊数字出版的基本支撑还是传统出版。首先,从数字内容来源来看,学术期刊传统出版的质量决定了数字内容的质量;其次,从出版体制基础来看,学术期刊数字出版模式也是建构在传统出版体制之上的,中国知网、万方数据和维普资讯网都还没有拥有自己的学术期刊。因此,学术期刊数字出版的改革还要从传统出版的改革做起,毫不动摇地坚持市场化的出版改革取向,使学术期刊出版行业从附属的角色中独立出来,让市场机制这只"看不见的手"充分发挥作用,改变或者逐步放松准入规制,使学术期刊数字出版平台有机会拥有自己的学术期刊,扶持学术期刊数字出版领域的潜在进入者,塑造促进创新和有效竞争的学术期刊数字出版市场结构,使学术期刊数字出版与传统出版的利益分配和品牌传播的矛盾实现调和。

从学术期刊数字出版的操作层面来看,应该鼓励

多样化的数字出版技术模式和商务模式相互竞争,不应像中国知网、万方数据和维普资讯网这三家数字出版平台这样过于同质化的竞争,虽然三家数字出版平台通过独家授权等方式在一定意义上实现了差异化,但是,它们在本质上还更多地体现为同质化的竞争。现存的三家学术期刊数字出版平台在本质上都通过追求数量优势获取市场利益,而在技术模式和商业模式方面没有实质性的创新,他们的经营模式就像超市、卖场等传统商业模式一样,并没有体现出网络平台的最新技术发展趋势。现有的三家学术期刊数字出版平台都是面向机构客户和个人客户这两种客户,定价模式和销售模式基本相同,而传统学术期刊出版者这个学术期刊数字出版的最主要的利益相关者的需求和呼声并没有得到应有的重视和回应。没有销售自主权、品牌传播受到抑制、双方利益分配失衡这三个方面,是传统学术期刊出版者与学术期刊数字出版平台之间存在的主要矛盾。如果把"淘宝模式"移植到学术期刊数字出版领域,能够培育出类似"淘宝模式"的学术期刊数字出版平台,销售自主权、品牌传播、利益分配这三个方面的问题就能够得到缓解,淘宝的商铺模式适应现有的传统学术期刊编辑部自主经营、自主定价、自主宣传,支付模式和双方的利益分配也可以参照"支付宝"的模式来解决。关键的问题是,这样的学术期刊数字出版平台为什么没有在中国产生,恐怕最根本的原因还是在于学术期刊数字出版的垄断。因为不用创新或者不用实质性的创新就能获得很好的市场收益的话,市场主体的理性选择就不会通过冒险去实现创新。所以,创新通常不可能在非常宽松的市场环境下产生,残酷的市场竞争才会更多地催生出多元化的创新。

从学术期刊数字出版的改革取向来看,只能通过反垄断规制来抑制现有的三家学术期刊数字出版平台规模过于膨胀,同时出台扶持潜在进入者的政策,鼓励多元化的创新,包括开放获取出版模式、基于行业的聚合模式、基于地域的聚合模式、专业搜索附加链接模式、引文与索引附加链接模式等来进行。

市场应该在资源配置中起决定性的作用,这是改革制度设计的总原则和总方针。学术期刊的市场化改革取向目前还没有获得足够的合法性,反对的声音已经影响了政府制度制定者的思路,政府试图通过"内容分散组织、市场集中出版"的方案实施改革。但是,以"内容分散组织"的名义保留现有的学术期刊编辑部体制,实质上是没有改革现有的体制,以"市

场集中出版"的名义实现"学术"和"出版"相互分离，让学术期刊编辑部只保留编辑权并把出版权交给出版企业，事实上会更加削弱学术期刊编辑部的主体性，对学术期刊编辑部所属的出版从业者无法产生有效的激励，靠事业单位身份吸引来的从业者，不可能成为把学术期刊出版作为事业来追求的人才。从出版发达国家学术期刊出版的实践来看，学术期刊出版的从业者能够把学术期刊出版作为自己的事业追求，基本的保证机制还是市场机制，虽然也有一些专家学者作为主编、副主编兼职从事学术内容的分散组织，为各大学术期刊出版集团服务，但这不是出版发达国家学术期刊出版的主体。

作为各大学术期刊出版集团出版从业者主体的，还是集团自己的成百上千的专职员工，而且即便是专家学者作为主编、副主编兼职从事学术内容的分散组织，也需要特定的学术文化的支撑，恰恰在中国缺乏这样的学术文化。因此，只有依据 2012 年 7 月 30 日出台的《关于报刊编辑部体制改革的实施办法》，对学术期刊编辑部彻底地进行转企改制，学术期刊出版市场才能真正塑造，学术期刊数字出版市场的发展才会有坚实的基础。

如果学术期刊出版真正实现市场化，中国知网、万方数据和维普资讯网目前这种垄断局面根本就不可能出现。学术期刊数字出版企业即便是要做大做强，也只能通过市场主体的平等谈判来实现。

（作者单位：长安大学）

摘编自《河南大学学报（社会科学版）》2014 年第 6 期

我国图书馆参与学术信息资源开放获取的调查研究

张新鹤

一、我国图书馆对学术信息资源开放获取的认知与参与现状

（一）图书馆对学术信息资源开放获取的认知认可现状

1. 图书馆对开放获取的认知现状

不管是从图书馆人对信息的敏锐程度，还是从图书馆的角色、职能来看，图书馆人都应当对开放获取这一全新的学术交流模式有比其他利益相关者更多的了解和认识。本次调查结果表明（见表1），对开放获取比较了解和非常了解的图书馆人有 57 位（57.85%），比较不了解和完全不了解的有 5 位（5.95%），其余 22 位（26.19%）对开放获取了解程度一般。从课题对科研人员和学术期刊的调查可知，分别有 19.16%、26.16% 的科研人员和学术期刊对开放获取非常了解和比较了解，完全不了解和比较不了解的科研人员和学术期刊分别占 46%、26.16%。若对 5 个认知等级从"完全不了解"到"非常了解"分别赋予 1～5 的分值，加权平均后可得出各主体对开放获取的总体认知程度。其中，图书馆人对开放获取的认知得分为 3.74，科研人员和学术期刊对开放获取的认知

得分分别为 2.59、2.98。对比来看，图书馆人对开放获取的认知程度处于较高的水平，但就图书馆自身来说，还有较大的提升空间。

表1 图书馆人对开放获取的认知程度

	完全不了解	比较不了解	了解程度一般	比较了解	非常了解
认知程度（%）	1.19	4.76	26.19	55.95	11.9

2. 图书馆对学术信息资源开放获取的认可程度

首先是从促进社会发展这个大视角来看图书馆对学术信息资源开放获取意义的认可程度，调查共设计了 6 个题目（见表2），图书馆人对开放获取意义的总体认可得分为 4.22。从表 2 可知，认可程度最高的是学术信息资源开放获取可"加快学术信息交流速度"，而通过开放获取"改变版权归期刊的非正常归属现状"被认可程度最低，这也从课题对学术期刊的调查中得到证实。72.34% 的已开放获取和打算开放获取的学术期刊表示依然要求作者转让成果版权，只有 7.39% 的期刊明确表示不要求作者转让成果版权。

表2　图书馆对学术信息资源开放获取意义的认可情况

题目/选项	完全不认可	比较不认可	无所谓	认可	非常认可	平均分
加快学术信息交流速度	0(0%)	2(2.3%)	0(0%)	40(47.62%)	42(50%)	4.45
加速科技创新	0(0%)	6(7.14%)	8(9.52%)	43(51.19%)	27(32.14%)	4.08
解决科研人员获取学术信息的版权和资金障碍,体现学术公平	0(0%)	3(3.57%)	4(4.76%)	41(48.81%)	36(42.86%)	4.31
开放获取资源无限制合理使用的特点更有利于学术信息增值开发	2(2.38%)	5(5.95%)	7(8.33%)	37(44.05%)	33(39.29%)	4.12
改变版权归期刊的非正常归属现状	0(0%)	11(13.1%)	9(10.71%)	34(40.48%)	30(35.71%)	3.99
学术信息资源被广泛获取,造福社会	0(0%)	3(3.57%)	6(7.14%)	30(35.71%)	45(53.57%)	4.39

其次,学术信息资源开放获取对图书馆意义重大,调查也从促进图书馆发展的角度询问了图书馆人的意见(见表3),总体认可得分为4.18。从表3可知,图书馆人对以下各项意义的认可度均在4分以上。其中,开放获取可以"丰富图书馆信息资源"得到最多人的认可。以免费、无限制合理使用为主要特点的开放获取资源已经成为众多图书馆信息资源的组成部分。通过开放获取"解决图书馆的期刊价格危机"被认可度相对较低,这可能与开放获取还在发展过程之中,并未像传统数据库那样成为科研活动的成熟信息获取渠道有关,购买价格昂贵的期刊数据库依然是图书馆完成服务功能的必然选择。

表3　图书馆对学术信息资源开放获取对自身发展意义的认可情况

题目/选项	完全不认可	比较不认可	无所谓	认可	非常认可	平均分
解决图书馆的期刊(包括纸本和数据库)价格危机	1(1.19%)	9(10.71%)	6(7.14%)	39(46.43%)	29(34.52%)	4.02
节省图书馆经费	1(1.19%)	5(5.95%)	7(8.33%)	39(46.43%)	32(38.1%)	4.14
丰富图书馆信息资源	0(0%)	1(1.19%)	3(3.57%)	38(45.24%)	42(50%)	4.44
加强图书资源组织与服务功能	0(0%)	7(8.33%)	8(9.52%)	43(51.19%)	26(30.95%)	4.05
有助于图书馆资源共享理念的进一步实现	0(0%)	3(3.57%)	4(4.76%)	42(50%)	35(41.67%)	4.3
新的学术交流模式将促使研究型图书馆的战略转型,为图书馆提供更大的发展空间	0(0%)	7(8.33%)	9(10.71%)	35(41.67%)	33(39.29%)	4.12

总体来看,不管是对社会发展还是对图书馆发展,图书馆人对学术信息资源开放获取的重要性均有

较高的认可。当问及是否认为图书馆有责任推动学术信息开放获取的发展时,88.1%的图书馆人认为有责任,认为对开放获取没有责任的图书馆人占4.76%,其余7.14%不确定是否有责任。这也表明,大部分图书馆人很清楚开放获取与图书馆在促进学术信息广泛获取、加快学术信息交流速度等方面的目标是一致的,非常认可自身在学术信息资源开放获取中的重要角色。

(二)图书馆参与学术信息资源开放获取的现状与计划

在参与调查的80所图书馆中,"对现有国内外开放获取资源进行开发利用"的图书馆最多,有43所。其次是"向所服务单位普及开放获取知识",有40所图书馆参与。排在第三位的是"为服务对象提供开放获取出版咨询服务"。而图书馆参与较少的开放获取活动是"出版开放获取期刊"、"参与或负责开放获取期刊出版平台的建设和管理"、"参与或负责某学科开放获取知识库的建设与维护"和"参与国际开放获取项目"(见表4)。在"其他"选项中,有图书馆提到"建设开放资源建设指南网站"、"推动国家资助科研成果的仓储政策出台"等重要行动。

问卷也询问了被调查图书馆在以上参与行为之外,接下来是否还有其他参与开放获取的新计划,以此来反映我国图书馆开放获取参与行为的拓展情况。37.5%的图书馆表示不确定,对于有新的参与计划的图书馆来说,"参与或负责本机构开放获取知识库的建设与维护"、"参与或负责某学科开放获取知识库的建设与维护"、"向所服务单位普及开放获取知识"、"推动制定本图书馆或所服务单位的开放获取政策"是图书馆最想拓展的几项活动(见表5)。在"其他"选项中,有图书馆提到"为国家出台开放获取相关政策提供建议"、"与部署师范院校组建教参共享数据库"等计划,还有图书馆指出知识产权问题对继续参与开放获取有较大阻碍。

表4　图书馆对学术信息资源开放获取的参与现状

选项	数量	比例(%)
A. 无任何参与	18	22.5
B. 向所服务单位普及开放获取知识	40	50
C. 为服务对象提供开放获取出版咨询服务	28	35
D. 对现有国内外开放获取资源进行开发利用	43	53.75
E. 参与或负责本机构开放获取知识库的建设与维护	15	18.75
F. 参与或负责某学科开放获取知识库的建设与维护	4	5
G. 出版开放获取期刊	3	3.75
H. 参与或负责开放获取期刊出版平台的建设和管理	4	5
I. 参与国际开放获取项目	4	5
J. 推动制定本图书馆或所服务单位的开放获取政策	17	21.25
K. 其他	3	3.75

表5　图书馆参与学术信息资源开放获取的新计划

选项	数量	比例(%)
A. 没有任何新计划	26	32.5
B. 不确定	30	37.5
C. 向所服务单位普及开放获取知识	8	10
D. 为服务对象提供开放获取出版咨询服务	7	8.75
E. 对现有国内外开放获取资源进行开发利用	3	3.75
F. 参与或负责本机构开放获取知识库的建设与维护	10	12.5
G. 参与或负责某学科开放获取知识库的建设与维护	9	11.25
H. 出版开放获取期刊	3	3.75
I. 参与或负责开放获取期刊出版平台的建设和管理	3	3.75
J. 参与国际开放获取项目	0	0
K. 推动制定本图书馆或所服务单位的开放获取政策	8	10
L. 其他	4	5

(三)机构知识库建设现状及问题

机构知识库被称为推进开放获取发展的绿色道路,是开放获取的重要模式之一。从以上两个问题的调查结果可知,图书馆对机构知识库建设较为重视。目前,我国多所高校已建设机构知识库,CALIS 三期建设的子项目之一即是"机构知识库建设及推广"。针对 15 所正在负责或参与所服务单位机构知识库建设的图书馆,问卷询问了知识库运作存在的问题(见表6)。从表6可知,"科研人员参与积极性不够""缺乏经费""缺乏专职负责人员"是目前机构知识库运作所面临的最大困难,均得到一半以上被调查对象的认同。而"上级部门支持力度不够""知识库信息量偏少""知识库利用率偏低"等问题也被不少调查对象认同。此外,还有图书馆提到开放获取尚未被受众完全接受、知识产权不清晰等问题。

表6 机构知识库运作存在的困难

上级部门支持力度不够	缺乏专职负责人员	缺乏经费	科研人员参与积极性不够	知识库新信息量偏少	知识库利用率偏低	其他
48.48%	51.52%	57.58%	66.67%	42.42%	36.36%	9.09%

虽然"上级部门支持力度不够"并不是图书馆所认为的机构知识库发展所面临的最大困难,但科研人员参与机构知识库建设积极性不够、经费投入不足、缺乏专职人员负责机构知识库的发展等问题的解决均需要得到所在单位对机构知识库建设的认可与政策支持。因此,问卷也对图书馆所服务单位对机构知识库的认可支持情况进行了调查。有47所(58.75%)被调查图书馆认为所服务单位支持机构知识库建设,3所图书馆所服务单位不支持,其余30所(37.5%)图书馆不清楚。而在表示已负责或参与本机构开放获取知识库建设工作的15所图书馆中,有5所图书馆处于不清楚所服务单位是否支持的状态。这些信息都表明图书馆应加强与所服务单位的沟通。

(四)图书馆开放获取政策的制定现状与计划

在开放获取的发展过程中,各类利益相关者所制定的开放获取政策一直发挥了重要的推动作用,特别是科研资助机构及科研教育机构制定的强制性开放获取政策。为了更好的发挥图书馆在开放获取发展中的作用,图书馆也需要制定指导自身参与行为的开放获取政策。目前,超过50%的图书馆还没有制定任何公开明确的开放获取政策。在制定开放获取政策的25所图书馆中,制定开放获取资源开发利用相关政策的图书馆最多(见表7)。有22所图书馆所制定的开放获取政策附属于图书馆发展政策或信息资源建设政策,只有3所图书馆制定了专门的开放获取政策。

表7 图书馆开放获取政策的制定现状

选项	数量	比例(%)
A. 没有制定任何公开明确的开放获取政策	55	68.75
B. 制定了图书馆开放获取战略规划	5	6.25
C. 制定了开放获取资源开发利用相关政策	15	18.75
D. 制定了本单位开放获取知识库建设与服务政策	8	10
E. 制定了学科开放获取知识库建设与服务政策	2	2.5
F. 其他	4	5

在开放获取政策制定计划方面,依然有超过一半的图书馆表示接下来没有任何政策制定计划。17所图书馆表示要完善已有政策,在新政策制定计划方面,12所图书馆计划制定机构知识库建设与服务政策,计划制定学科知识库建设与服务政策的图书馆有7所,分别有6所图书馆打算制定开放获取资源开发利用相关政策及图书馆开放获取战略规划(见表8)。还有1所图书馆表示将随着机构知识库建设的开展制定相关政策。

表8　图书馆开放获取政策制定计划

选项	数量	比例(%)
A. 没有任何计划	45	56.25
B. 完善已有政策	17	21.15
C. 制定开放获取资源开发利用相关政策	6	7.5
D. 制定图书馆开放获取战略规划	6	7.5
E. 制定学科开放获取知识库建设与服务政策	7	8.75
F. 制定本单位开放获取知识库建设与服务政策	12	15
G. 其他	4	5

（五）图书馆对学术信息资源开放获取的其他看法

在最后一个开放性问题中，图书馆人表达了对我国学术信息资源开放获取的支持和期待。认为我国普遍对开放获取缺乏了解，很多相关机构处于观望状态，发展状况已远落后于发达国家，急需采取有力措施加快其发展。图书馆人也对我国开放获取的发展提出了多方面多角度的建议，主要涉及国家顶层设计、政策特别是强制性政策的支持、解决知识产权问题和长期保存问题、构建合理的开放获取资源评价机制、加大宣传推介力度、机构库联合建设共享、建立全国性的指导建设机构等重要内容。针对图书馆在开放获取中的角色，图书馆人认为图书馆不仅要加强对开放获取的宣传、引导作用，以及对开放获取资源的组织整理作用，还可以发挥知识保存功能，并为科研人员提供知识产权等咨询服务，切实参与推动开放获取的发展。

二、图书馆参与学术信息资源开放获取的策略建议

（一）宣传推广开放获取的理念

开放获取作为一种新型学术出版交流模式，对传统出版模式有颠覆性变革。在其发展的初级阶段，特别是被利益相关者观望的阶段，强大的宣传推广措施是必不可少的。作为公益性机构的图书馆一直以来以信息资源共享为崇高的目标，理应担负起向科研教

育机构、科研资助机构、期刊社、科研人员等利益相关者甚至整个社会宣传开放获取理念的角色。目前，各利益相关者对开放获取的认知还比较有限，特别是作为科技创新之智力源头的科研人员对开放获取的认知度较低，已经成为阻碍科研人员参与开放获取的最主要因素。因此，图书馆应将宣传推广开放获取理念作为当前参与开放获取运动的首要责任。

（二）协助国家、机构制定开放获取政策

利用政策推动我国开放获取的实质性进展已得到学术界的认可，课题对期刊、科研人员、科研教育机构及图书馆的调查也同样表明了这一点，各利益相关者均认为政策支持是我国开放获取发展的重要推动力。在制定国家、机构开放获取政策的过程中，图书馆可以发挥重要的协助作用，这包括向相关部门宣传开放获取政策制定的必要性及利益相关者对开放获取政策的需求，为相关部门提供国外开放获取政策制定现状的信息参考，搜集我国开放获取政策研究的重要成果并开展相关研究，为相关部门提供开放获取政策建议等。

（三）组织整理开放获取资源并提供利用

从调查可知，对国内外可开放获取学术信息资源进行开发利用是目前图书馆参与开放获取的最主要行为，这从图书馆的基本职能来看也是必然的。开放获取资源作为免费且价值相对较高的资源类型，应当成为图书馆丰富馆藏资源的重要来源。图书馆当在开放获取资源快速发展的情况下，积极发挥信息组织的优势，通过合作加强对现有开放获取资源的搜集整理、揭示工作，以此来促使开放获取资源真正发挥自身的价值。

（四）参与开放获取出版

通过创建开放获取知识库、开放获取期刊、开放获取图书等方式直接参与开放获取出版也是图书馆的重要角色。图书馆不仅是开放获取知识库的主要创建者和维护者，而且也在积极参与出版开放获取期刊、开放获取图书等。参与资助开放获取出版也是图书馆参与开放获取的重要途径。

除了以上提到的几种参与途径，图书馆也当承担起为科研人员参与开放获取提供知识产权等咨询服务的角色。参考咨询是图书馆的一项基本服务，科研人员参与开放获取需要多种信息的支持，这包括开放获取期刊投稿、开放获取知识库存储相关操作信息，开放获取资源的知识产权保护措施，开放获取知识库

自存储所涉及的知识产权问题,向传统期刊争取相应权利的问题,开放获取资源利用问题等,都急需图书馆做好相关参考咨询工作。期待我国图书馆在开放获取发展中能有更出色的表现。

（作者单位:西北大学公共管理学院）
摘编自《图书与情报》2014 年第 5 期

论学术期刊数字出版同台化

余树华

一、学术期刊数字出版平台存在的问题

（一）重复建设

目前,我国学术期刊数字出版大体上采取两种途径,一是借用大型集成化数字期刊平台实现数字出版,如同方知网、万方数据、维普数据及龙源期刊等,有些期刊社同时加入几个期刊数据库;二是期刊社或行业出版集团自办网站实现数字出版。由于自办网站的受众面小,一些期刊同时又参与集成化数字期刊平台,进行数字化多重出版。

（二）技术壁垒

设置技术壁垒,是目前国内各期刊数据库进行平台自我保护的手段之一。这也足以体现我国数字期刊平台走的是一种缺乏宏观战略的、低水平的发展路线。由于数字出版平台技术标准混乱,资源共享困难,给用户二次搜索乃至进一步的链接造成了障碍。

（三）无序竞争

多元数字出版平台的无序竞争,表现为各平台开发商采取各种手段展开对机构用户的追逐,而忽略对个人用户市场的开发和对个人用户服务水平的提升;通过对内容资源的争夺,导致一些著名的同类学术期刊分属于不同的数字出版平台,给用户查阅带来很大的困难。

（四）片面发展

在我国,各大数字出版平台业务片面发展,她们以代理数字出版及查询等相关业务为主,平台各自为政、互不支持,数字平台与入网期刊之间,以及平台与平台之间关系松散,各类期刊之间整合、协调功能缺乏,期刊数字化的作用、意义被严重低估,发展路线出现严重扭曲。期刊出版流程、形式、乃至组织方式和管理机制产生重大影响的变革,除了在较低的水平上代理学术期刊的数字出版外,对传统学术期刊业务流程和管理机制却影响甚微,难以产生任何积极的触动,对于传统学术期刊组织也难以进行高层次的、适应数字化发展要求的整合和重组。相反,部分自建网站实施数字化的期刊社,还加重了期刊运作和管理的成本。

在国外,大型期刊数字出版平台已不单单是一个代理出版的概念,而已经开始向全面发展转型。这些平台对入网期刊能够进行组织上的整合,平台多数已经实现集团化运作,在职能上,平台已突破渠道经营的单一发展模式,向内容生产延伸,向多种服务推进,成为一个从内容生产到出版服务全流程的操作系统。如 Elsevier 就构筑了从作者投稿、内容生产、出版服务全流程的系统解决方案。

二、出路:学术期刊数字出版同台化改革

学术期刊数字出版同台化是根本的出路。推行同台化改革有助于促进学术期刊数字出版的集约化、集团化、规范化、主体化。

（一）同台化将促进期刊数字出版的集约化

同台化使期刊在同一个数字出版平台征稿、审稿、编辑、出版和展开相关增值服务,作者、读者、编者、平台商(如数字期刊集团)和增值服务商(如广告商)等,在同一个数字出版平台活动及发生联系,因而,有利于平台形成数字化编辑出版全流程服务,形成纸质出版与网络出版集约化、规模化的运作系统,这些系统涵盖读者检索阅读、征稿审稿、编辑排版、学术文献创新检测、学术文献和期刊评价、平台增值服务等全方位、多视角发展的子系统,形成读者同台阅读、作者同台投稿、专家同台审稿、编者同台编排、评者同台评议、平台商同台管理的一站式、集约化体系。

（二）同台化将促进期刊数字出版的集团化

同台化趋势将促进期刊数字出版的集团化,而集

团化又成为同台化最终实现和完善的条件。一个成熟、完善的同台化的学术期刊数字出版平台,具有一种很强的组织力、整合力、凝聚力。所有入网期刊社或编辑部,都将经过同台化平台的整合、重组,成为数字出版平台或集团的内部成员或被托管者、战略合作伙伴。平台内部分工明确、集约运作、集中核算、各显特色。学术期刊机构专业做好期刊策划、组稿、编稿,平台技术、市场开发机构则专业做好集约化征稿、审稿、排版、出版渠道开发和市场经营,并采取内部公平、透明的分配方式。

(三)同台化将推进学术期刊数字出版的规范化

规范化是数字期刊出版同台化的基础,而同台化又将进一步推进期刊出版的规范化,从而使平台成为一个与国际惯例一致、技术统一、市场统一、管理统一的有机整体。同台化有利于实现从作者投稿,到编审、排版、出版、检索以及相关服务的规范化,有利于国家制定和推行统一的期刊出版法规,有利于与国际接轨并实现学术期刊国际化,也有利于学术期刊数字出版按照统一的标准接受社会的监督。

(四)同台化将推进学术期刊数字出版的主体化

在期刊数字出版同台化条件下,学术期刊数字出版主体化将成为发展的趋势和方向。这体现在数字期刊在办刊思维、体制机制创新、业务流程再造等方面将占据主导地位,同时,同台化的期刊数字出版平台也将成为一个具有自主出版权的大型数字期刊实体。这个实体既能作为出版服务平台,协助各学术期刊社实现数字出版,自身也能够自主组织期刊的内容生产,策划、编辑出版具有原创性的、纯数字化的学术产品,成为具有自主版权的期刊知识元数据库。

三、学术期刊数字出版同台化的路径

(一)政府主导

学术期刊及其数字出版资源是一种准公共产品,属于政府公共服务的系列。公共服务应该由政府来主导,而不是由市场来主导。

如果将学术期刊体制改革与数字出版联系起来考虑,就不能任由市场自由演变,而必须依靠国家的力量,加快学术期刊数字出版同台化或集团化进程。在发展规划方面,应该将《中国学术期刊数字出版总库》,列入NKI即国家知识基础设施建设中,列入国家中长期科技发展规划及其扶持的范围中;在投资方面,《总库》也就是总平台的建设,应由国家牵头投

资建设,并吸收社会资本参与,国家占相对控股的地位;在策略上,不必另起炉灶,可以在整合现有平台资源的基础上,通过股份制改造,组建中国学术期刊数字出版集团,并通过集团化来推进平台的同台化;在服务方式上,应该主要以公益性服务为主,在学术期刊数字阅读方面采取开放式、免费式,在学术期刊数字出版的增值服务方面,采取市场化经营的方式。

(二)集团战略

学术期刊数字出版同台化,只有在学术期刊集团化的条件下才可能实现。学术期刊在数字出版的框架下进行组织上的整合、重组,实施学术期刊集团化发展战略,已经得到各方面的共识。我国目前没有一家数字期刊出版平台,有能力兼并、收购其他平台或机构,而成为同台化学术期刊数字出版集团企业。一些局域性的、依托行政系统组建的数字出版集团,并不利于进行全国性数字学术期刊的整合,不利于突破条、块分割的期刊经营体制,实现学术期刊数字出版同台化。

实施学术期刊集团化发展战略,需要国家宏观政策的推动,甚至需要政府的直接参与和资金投入。在突破学术期刊部门所有制、单位所有制的体制局限,对现有平台和入网期刊进行整合、重组、股份制改造的基础上,组建中国学术期刊数字出版集团,通过集团规划,建设同台化的中国学术期刊数字出版总平台。

(三)期刊整合

对现有学术期刊数字出版平台和入网传统学术期刊进行整合、重组、股份制改造,是形成学术期刊数字出版集团的重要途径,也是推进同台化学术期刊数字出版总平台建设的组织基础。平台整合应以一家实力比较雄厚的数字期刊平台为基础。本文建议由国家新闻出版总署牵头,以中国知网数字期刊出版平台为基础,会同维普资讯、万方数据等大型期刊数据库,组建股份制学术期刊数字出版集团,并对入网期刊展开全方位整合和重组。

在期刊集团的框架下,对入网传统学术期刊的整合完全可以与学术期刊编辑部转企改制的改革联系起来,统筹设计、分类推进。按照期刊社或编辑部的不同类型,整合大体可以采取三种形式:

1. 股权整合,即实行整体股份制改造

大多数传统期刊社或编辑部原则上都应该采取这种方式。传统期刊社或编辑部以版权、实物或资金入股,人员、资产、期刊刊号一并进入集团,在管理上与原有行政主管或主办单位脱离,原有行政主管或主

办单位依据所占股权比例,享有股东的权利和义务。

2. 管理整合

由于各种缘由,一部分未实行整体股份制改造的传统期刊社或编辑部,可由集团进行管理整合,即采取托管经营模式,编辑部仍隶属于原主管或主办单位,原主管或主办单位依然承担编辑部人员和编辑部运作的全部或部分经费,但期刊业务及经营管理权,已通过委托管理的方式整合集中到了集团,集团对期刊编排业务及经营管理有高度的统筹管理权,原主管或主办单位依据托管协议获取一定的利益。

3. 业务整合

对于具有较强出版实力的期刊社或出版集团,以及部分具有较强学科支撑的高校学报,可以选择业务上战略合作的模式,由集团进行集约化业务整合。除进一步完善以内容生产交换集团的数字出版服务外,在集约化组稿审稿、编辑排版、数字优先出版等业务,以及增值业务方面,服从于集团的统一整合,以提高数字期刊出版同台化运作的效益。

(四)统一规范

期刊统一规范包括学术期刊编排规范和期刊数据库建设技术标准的统一两大方面。目前,我国学术期刊这两个方面均存在标准或规范不统一的问题。

统一规范是数字期刊出版同台化实现的一个路径,原因首先在于标准或规范的统一应该超前于行业行为(包括技术行为与组织行为)的统一。国家《新闻出版行业标准化管理办法》明确要求:"积极采用国际标准和国外先进标准是新闻出版行业的一项重要技术经济政策,要建立、健全符合市场经济要求和新闻出版规律并与国际接轨的新闻出版行业标准化体系"。这种统一的、标准化的体系一旦建立和严格实行,对于规范、统一学术期刊和期刊数据库的技术行为与组织行为具有一定的制约作用,有利于推进学术期刊编排规范和期刊数据库建设规范,为推进数字期刊出版同台化奠定良好的技术基础。其次,标准或规范的统一可以引领行业行为的统一。规范的、标准化体系的建立和运行,对于统一学术期刊和期刊数据库的技术行为与组织行为具有一定的引领、导向作用,有利于促进学术期刊和期刊数据库的横向联合和实现数字期刊资源共享,而且,由于资源整合需求的提升,学术期刊和期刊数据库机构整合、兼并、重组的需求也将顺理成章地浮现出来。

统一期刊规范也是数字期刊出版同台化后需要不断完善的任务,因为,在学术期刊数字出版同台化条件下,传统学术期刊编排与数字出版规范的统一,才能真正作为数字出版平台或期刊集团的议事日程,才能更广泛、更深入的推进与完善学术期刊编排规范和期刊数据库建设技术标准的统一,才能真正建立起与国际标准看齐、与国外先进标准媲美的、适合市场经济要求和我国数字期刊出版规律的学术期刊数字出版标准化体系。

(作者单位:华南理工大学学报编辑部)
摘编自《中国科技期刊研究》2014年第1期

开放获取出版的新进展

陈 丹 刘华坤

一、OA出版运行的新特点

(一)OA同行评议具有科学化、人性化改进

和传统的纸质期刊相比,OA期刊的同行评议(open-review)过程增加了许多更加科学化、人性化的改进。一是同行评议过程中不评价论文的学术性水平,而在论文发表后由读者或所有同行进行学术性评议;二是OA期刊出版实施开放评审的创新,将历来的匿名同行评议变成开放的同行评议,受到国际出版商和学术期刊界的广泛关注。

目前的OA期刊允许读者对发表的论文、同行或编辑的审稿意见以及作者的修改情况等,公开发表意见,指出其中所存在的问题以及不足之处,也允许作者随时对自己发表的论文进行修改和完善。

这就使得论文的发表成为一个编者、审者、读者、作者四位一体、交流互动的动态过程,提高了学术交流的效果和论文发现的关注度。

（二）作者付费意愿促进出版商的角色转换

一方面，相比一般的 OA 期刊，实行"作者付费、读者一定范围免费获取"对国际出版商控制的高影响力学术期刊，更加具有竞争力。理由是作者投稿趋向于知名学术期刊，给出版商带来设计新的赢利模式的机会。出版商的经营方式转变后，期刊客户由读者转向了作者，出版商的角色也从内容销售转变成传播服务的提供者，并且不改变出版商持有的利润，因而也推动了出版商进行角色转换。

另一方面，作者支付出版费也不完全是自掏腰包，更多的是科研经费的项目预算列支。由此，读者免费获取实际上是公共研究经费支付方式的转移：由图书馆支付给出版商转换为由作者支付给出版商。出版商向读者收费售卖内容的商业模式发生转变，形成向发表论文作者收取发表费来维持运行的局面。这种商业模式的变化，并未影响出版商及学术交流系统的利益，反而加快了学术交流的进程和读者获取的便利。

（三）书刊资源互补多元开发带来新契机

对出版商而言，OA 出版模式普遍降低了纸质期刊的发行量、广告量和总收益，国外一些大规模的出版社，如牛津大学出版社、威利—布莱克威尔出版公司、斯普林格出版集团、新加坡世界科技出版公司、英国独立出版商布鲁姆伯瑞（Bloomsbury）（因出版《哈利·波特》系列而名震天下）等，采取书、刊联合出版，规模化经营的多元化与互补性赢利模式。

相比，国内的科技期刊绝大多数都是由期刊社（编辑部）或者由一些机构办刊，期刊出版的主要获利来自用户订阅的发行量、版面费和广告收入等传统途径，图书出版社办刊的比例还不高，因此，OA 期刊出版为国内科技类出版社发展社办期刊带来了新的契机。

（四）社交媒体网站支持学术交流创新

采用社交媒体创建的 OA 期刊，把杂志办成学者们自己的学术交流平台。Frontiers 是利用社交媒体发展最迅速的 OA 出版商之一，涵盖 14 个学科和医学专业领域，2012 年发表 OA 论文超过 5000 篇。Frontiers 的一个亮点是编委会模式：从上至下逐级尽可能多地邀请下级编辑，基本上所有的作者都是期刊的潜在编辑。2007 年至今，已拥有 25000 名国际著名科学家团队组成的编委队伍。另一个亮点是审稿系统。一旦审稿人完成审稿，不用通过主编，直接开放让作者和审稿人互动。类似还有 My Science

Work、Link in 等。编委会和审稿体系完全颠覆传统的期刊出版模式，是社交媒体类学术网站的创新。

二、我国学术期刊出版的新态势

（一）资源集成平台成期刊传播主体

在国内，20 世纪 90 年代，国家通过科研项目投入，一批具有科技、教育行业背景的信息资源集成商应运而生。现在，已经形成以同方、万方、维普为代表的信息内容集成商，成为具有中国特色的科技期刊资源集成平台。这类平台采取与期刊社（编辑部）合作，建立数字出版加工工艺流程的方式，将纸质期刊大规模数字化，进行知识分类并建立检索，提供数字化期刊文献服务，极大地满足了研究和教育领域用户的文献获取需求。此外，还有一些面向垂直领域的数字出版平台，主要面向研究型图书馆、高校图书馆，机构档案馆，建立了文献资源数字化服务的 B2B 商业模式。

经过十几年的发展，这类平台已从早期的期刊扩展到图书、学位论文、年鉴、工具书等几乎所有的资源类型，从响应速度、跨库查询、知识聚合、云服务等方面，提供更加贴心的知识服务，还将文献资源传播拓展到海外。国际上著名的国会图书馆、大学图书馆以及各种机构的图书馆都购买我国的资源库内容。如同方的"中国学术期刊网络出版总库"已传播到全球 40 多个国家地区，年下载量约 10 亿篇次。

（二）科技投入增大 OA 出版看好

巨大的科技投入和考核机制保证科技领域的创新活动持续进行，这些研究经费也将有部分转化为与出版相关的行为。高投入下的研究将会产出学术论文，产生用于购买图书、文献等与出版相关的行为，为 OA 出版发展带来利好的信息。

（三）学术期刊国际化影响力显著提升

国内高校和科研院所、科研管理人员，普遍关注我国科技论文在国际上的整体表现力。凭借刊登优秀英文科技论文，我国学术期刊的国际影响力也获得较快的提高。我国科技学术期刊学习借鉴国际顶尖的 OA 期刊平台经验，思考 OA 期刊国际化发展策略。通过与国际上知名度较高的出版集团进行合作、全球范围内聘请相关专家做杂志的编委和审稿专家，是扩大期刊影响力的策略选择。国际权威数据库将中国英文版学术期刊先后收录，期刊的发展态势良好。

(四)优先数字出版新形式已有成功应用

数字出版技术越来越成为推动现代期刊编辑出版方式变革的主要力量之一,借助网络传播手段,研究人员越来越关心学术期刊的发表速度。国际权威期刊出版集团,如爱思唯尔、斯普林格等已采用优先数字出版。快速出版的途径,如出版纸质期刊的网络预印本,印刷版与网络版同步上网,期刊优先加工上网,与刊社共建网上出版快速通道等。优先数字出版作为新兴的纸刊向数字出版的过渡性出版模式,已经成为国际学术期刊出版的趋势。加快论文出版周期,不仅是为了争夺研究成果的优先发表权,而且也为了保持科研成果的新颖性,延长科研成果的传播期。

(五)推进 OA 出版还须落实运行经费

OA 出版的运行经费由自主经营和争取资助两部分构成,当期刊大规模地转向开放存取时都将面临财政问题。在没有外部经费支持的情况下,OA 期刊只能采取对论文的高选择和对作者的高收费,或者相反的措施。与国外不同,我国的 OA 期刊基本上是从传统纸质期刊转型;OA 期刊要发展,基本的问题就是经费的可持续性保障的落实。

让研究人员更充分地共享研究成果与成果发表的运行资金缺口的矛盾,如果都选择财政投入显然难以实现,可以选择"用户订阅付费"和"作者付费发表、用户免费获取"两种商业模式并存的混合模式,不论哪种付费模式,还需要找到更加可靠的瓶颈化解出路,并做出相应的调整或授权。

三、我国 OA 期刊出版的新选择

(一)我国 OA 期刊多元出版平台类型

我国 OA 期刊出版的发展态势明显,但现阶段所占的比例和在国际 OA 出版中的份额都很小,因此,还需要动员各方面的力量共同扶持。单一或者小型平台的学术期刊 OA 出版很难壮大,有政府投资背景的公益性 OA 出版平台将会继续发展,重点关注平台类 OA 期刊的运行选择。

(二)OA 期刊多元出版平台的运行选择

1. OA 期刊平台

OA 期刊平台中电子印本型和原生型平台的运营,我国应以政府资助为主,建立综合性的大型平台,提高平台的显示度,也可以是目前已经建设运行的平台。是否建设原国家新闻出版总署体系下新的"国家学术论文数字化发布平台",本文认为需要慎重论证。在 OA 期刊平台和混合型平台业已存在,且有一定影响力的情况之下,学术论文数字化发布应该主要依靠上述两类平台,以及不断改进创新的商业性信息集成商平台,减少国家对同类发布平台的重复投资和运行维护主体缺位的困境。选择型平台则以市场化运作和资助辅之的方式,其中,纸质期刊与电子版的提前、即时与延迟开放,反映了传统期刊出版转型在策略上的具体选择,趋势是以缩短纸媒与数媒出版的时差为好。

2. 混合型平台

在垂直行业平台、信息内容集成商平台和学科平台三种具体模型中,学科平台需要资助的理由比较明显,它可以依托某研究机构或者大学,或者是由高校图书馆建立与维护。尤其是直接创建的英文学术期刊,定位就是国际化刊物,一方面加入国际著名出版集团的数字出版平台,另一方面由学术机构运营维护具有优势;信息内容集成平台和垂直行业(专业)平台则可以走市场路线,其中的信息内容集成平台已经形成中国特色的市场运营道路,行业(专业)平台主要扎根相关行业领域提供专业化知识服务,进行市场化运作,这也是一种被看好的形式。

3. 媒体型平台

媒体型平台中的自建型、社交媒体型平台本身就是市场的产物。由于学术社交媒体的兴起,OA 期刊在学术交流过程的位置向前移,更多社交媒体形式的学术交流嵌入学术研究过程中,这将影响学术生态环境的改变和演进。鼓励作者在参与科学研究的过程中自建个人仓储,及时发布交流更具有活力。共建型平台主要鼓励研究机构、高等院校建立机构仓储(也可以建学科仓储),让各种获得基金、项目资助的论文发表后,能够通过 OA 仓储实现共享。或者规定,受到资助的学术论文发表后一段时间(比如半年、一年等)后,必须上传到机构仓储或者学科仓储,这种强制性的 OA 出版政策在西方越来越广泛地得到应用,是一种比较现实可行的方式。

4. 用户订阅模式的服务提升

国家尽管采取用户付费订阅商业模式运营,信息内容集成平台建设也是在国家专项资金的先期高投入下发展起来的,建成后则采用市场运作方式使之壮大成长。这种适合中国国情的学术期刊数字出版平台建设之路,需要很好总结和扶持。

信息内容集成商平台在提升服务中创新了一些满足期刊和作者需求的出版方式,尤其是优先数字出版已经成为加快出版速度、提高引证率的有效方式，越来越被期刊和作者所接受。尽管独家授权出版模式与开放存取的理念相冲突，对用户使用文献资源带来不便，在国内存在争议，但它是信息内容集成商与期刊合作打造期刊品牌力的一种可行方式，国际上期刊出版也都是独家模式。因此，可以通过采用信息内容集成商平台之间的竞争，努力提升服务品质和差异化出版等方式，努力克服和减少负面的影响。

用户订阅模式中的出版者情况也应细分，对企业法人性质的刊社，应该走市场路线开拓各种营收渠道；对社团法人的刊社，由于其公益性质不以营利为目的，应该主要通过资助和自主经营继续发展。

（作者单位：北京印刷学院）

摘编自《科技与出版》2014 年第 9 期

高校学报自然科学版网络出版现状调查与思考

洪 鸥 姜春明 王 宁

本文采用 Google 搜索引擎针对中国科学文献计量评价研究中心发布的《中国学术期刊影响因子年报（自然科学与工程技术）》（2013 年版）提供的全国 31 个省市自治区 344 所高校主办的 413 种学报自然科学版进行调研，分别就网站的建设、采编系统的使用、出版内容的数字化及服务等方面进行统计，并分析这些网络出版要素与期刊影响因子之间的关系。以期能客观地反映全国高校学报自然科学版的网络出版现状、分析我国高校学报自然科学版网络出版存在的瓶颈、面临的主要困难，以及提出今后的发展对策。

一、研究对象及方法

根据统计学原理，调查样本越多得出的结论就越精确。本次调研对象覆盖了全国（不含港澳台地区）各类 344 所高等学校主办的 413 种学报自然科学中、英文版（不含其他语言文字种类），以及与自然科学相关的医学版、农业科学版等。近三年由原高校学报英文版更名为专业化科技期刊的 6 种学报，诸如由原《上海大学学报（英文版）》更名为 Advance in Manufacturing 的也包含在列，而由高校主办或协办的其他科技类期刊不在本次调研范围内。

被调研的 413 种期刊中，主办单位既有"985"、"211"重点高校，普通本科院校，也有高等专科与高职院校；有被国际知名检索系统 SCI、EI 收录的期刊，《中文核心期刊要目总览》收录期刊，也有非核心期刊；有月刊、双月刊、季刊等。调研样本具有多样性，以利于全面分析高校学报自然科学版的数字出版现状。

本次调研主要采用网络调查法，结合问卷调查，从网站的建设、采编系统的使用、出版内容的数字化及服务以及它们与期刊影响因子之间的关系四方面进行统计分析。

二、高校学报自然科学版数字出版现状统计

（一）本调研对象的分布及其网站建设

对于科技期刊而言，网站的建设能实现期刊信息、内容的发布，在广泛领域宣传刊物、吸引作者。本次统计的网站建立方式分为被调研期刊具有独立主页的网站（有顶级域名）、与主办单位其他期刊共建一个主页的网站（2 刊或 2 刊以上共同注册独立域名）、在主办单位网站的学科办或科学研究处等上网（仅有一页期刊简介的未计人），而国内外期刊网络出版平台为推广期刊而提供的网页介绍则不作为自建网站统计。

从统计结果可见，所调研的 413 种全国高校学报自然科学版中具有独立域名的期刊为 202 种。这种期刊网站更容易被各种搜索引擎检索，从而提高其显示度，并且这种网站一般信息量较大，信息发布、采编系统、网刊发布、综合服务等各项功能较为齐备，网站的质量较高。

根据以上统计数据，得到如图 1 所示的高校学报自然科学版自建网站情况。其中具有独立主页的期刊数量为 202 种，占调研期刊总数的 48.92%；数刊联合上网的期刊数量为 91 种，占调研期刊总数的 22.03%；依托主办单位上网的期刊数量为 10 种，占调研期刊总数的 2.42%；没有建立期刊网站的数量为 110 种，占调研期刊总数的 26.63%。

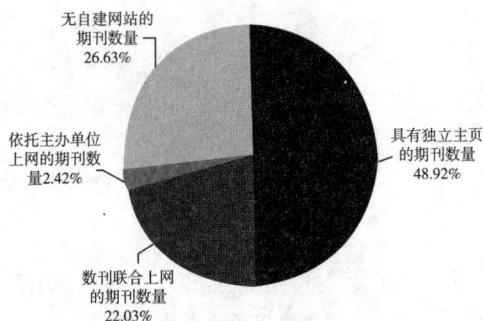

图1 413种高校学报自然科学版自建网站情况

同时根据《中国学术期刊影响因子年报(自然科学与工程技术)》2013年版,对高校主办的学报自然科学版影响因子排名前345名的期刊网站建设及信息发布进行统计,得图2所示的统计结果。由其可见,越来越多的刊物已意识到建立网站是自我宣传的重要阵地,通过各种方式设立主页。对于相同的样本数,影响因子越高的期刊建立网站的比例越高,并且随着影响因子的降低,无自建网站的期刊比例呈明显上升趋势。这与办刊人的理念以及主办单位的重视程度相关,毕竟网站的建设与维护需要一定资金的支持。

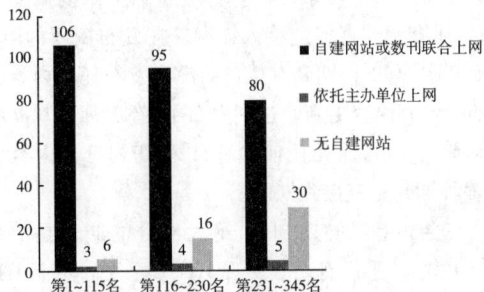

图2 根据影响因子排名的高校学报
自然科学版网站建设情况

1. 网站信息发布

对于科技期刊而言,网站的建设能实现期刊信息、内容的发布,在更广泛的领域宣传刊物、吸引作者。期刊网站的基本功能一般由软件开发商提供,而内容则由期刊编辑部提供。期刊网信息的发布一般包括以下方面:刊物的基本信息,包括期刊简介、编委会组成、投稿要求、联系方式、编辑部成员、期刊获奖情况、数据库收录情况等;期刊信息动态及英文信息的发布;相关信息下载及点击排名;版权转让等。

本调研就以上提出的4个主要方面14项基本内容对303种具有自建网站的高校学报自然科学版网站进行考察,得到如表1所示的统计数据。由此可见,92%以上的期刊会在网站提供刊物的基本信息如刊物介绍、投稿要求及联系方式;超过60%的期刊主页上列出了彰显期刊实力的编委会成员及数据库收录情况;然而列出详细信息的期刊比例却较低。被调研期刊网站中有的虽然设置了很多栏目内容却长时间没有更新。

为了更直观地了解高校学报自然科学版的信息发布情况,对影响因子排名前345名的高校学报自然科学版期刊的信息发布情况进行统计,得到如图3所示的分布图。图中"信息发布较完整"是指期刊网站发布的信息超过表1列出条目的3/4,即11条及以上;"基本信息发布"是指期刊网站发布的信息条目为表1列出条目的7至10条;"信息发布较少"是指期刊网站发布的信息条目为表1列出条目的7条及以下。

表1 303种高校学报自然科学版自建网站信息发布情况(2013年10月)

期刊的有关信息	期刊数量（种）	占303种期刊总数比例（%）	期刊的有关信息	期刊数量（种）	占303种期刊总数比例（%）
期刊介绍	283	93.33	投稿要求	282	93.16
联系方式	279	92.06	编委会名单	212	69.84
数据库收录	202	66.67	信息动态	191	63.17
征订启事	138	45.71	版权转让	69	22.86
期刊获奖	125	41.27	论文模板	70	23.17
下载中心	101	33.33	下载排名	86	28.25
点击排名	74	24.44	编辑部成员	76	25.71

从图3的走势图可见,影响因子较高的期刊更加注重网站信息发布的完整性,利用网络资源进行深度推广。

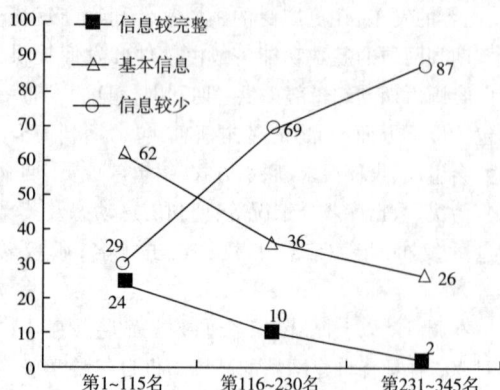

图3　根据影响因子排名的高校学报
自然科学版网站信息发布情况

2. 稿件采编系统

图4给出了本次调研中303种具有自建网站的高校学报自然科学版使用稿件采编系统的统计情况,其中超过55%的期刊使用采编系统。这些期刊大部分采用国内主流的采编系统,如:玛格泰克、勤云及三才等;有的英文刊使用国际学术期刊常用的投稿系统,如《中国海洋大学学报(英文版)》使用汤森路透的ScholarOne;有的期刊使用合作出版商提供的采编系统,如《浙江大学学报(英文版)》使用 Springer 提供的 Editorial Manager,Journal of Pharmaceutical Analysis(原《西安交通大学学报(英文版)》)采用 Elsevier Editorial system。

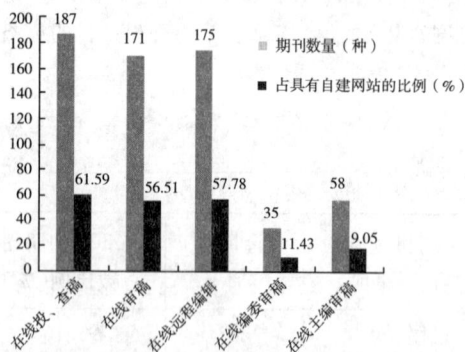

图4　303种全国高校学报自然科学版稿件
在线处理情况(2013 年 10 月)

图5给出的是根据影响因子排名的高校学报自然科学版采编系统使用情况分布图,统计了至少具有"在线投稿"、"在线审稿"及"在线远程编辑"三个模块的期刊数。由图5的曲线图可见,随着期刊影响因子的降低,使用采编系统的期刊数呈明显下降趋势。

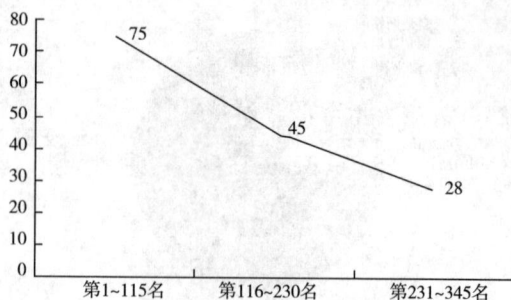

图5　根据影响因子排名的高校学报
自然科学版稿件在线处理情况

(二)网络出版现状

1. 在线网刊发布

目次、摘要和全文是评价期刊网站(特别是科技类期刊网站)信息量多少的主要指标。表2是本次调研统计的高校学报自然科学版的在线网刊发布情况。本次调研具有自建网站的303种期刊中,有164种期刊实现在线网刊发布,其中119种期刊都是按期发布目次、摘要甚至全文。但其他52种发布目次的期刊中有3种期刊网站这个栏目而没有具体内容,4种期刊只发布全年总目录,没有每期、每篇文章的摘要等信息,还有期刊直接链接入知网。在发布摘要的164种期刊中,有1种期刊有栏目而没有发布任何内容,2种期刊没有内容更新。过刊发布中,有2种期刊网站是设有此栏目,而无任何内容,1种期刊没有内容更新,1种期刊是链接到知网。

在全文上网的期刊中,绝大部分的期刊是 PDF 文档下载,几乎没有期刊实现 HTML 全文。然而 HT-ML 全文上网能便于搜索引擎根据关键词对全文进行匹配,增加网站的访问量,扩大刊物的影响范围,提高刊物的影响因子,增加潜在的作者。

表2　全国高校学报自然科学版在线
网刊发布情况表(2013 年 10 月)

网刊发布 内容	期刊数量 (种)	占303种期刊 总数比例(%)
目次	214	70.79
摘要	164	54.29
全文	118	39.05
OA	102	32.38
过刊发布	139	46.03
下期目录	15	4.80

图6给出的是根据影响因子排名的高校学报自然科学版"网刊在线发布"及"开放获取"情况分布图。图中统计的"网刊在线发布"指在线发布目次、摘要以及过刊的刊物数,"开放获取"是指在其网站能免费下载全文的刊物数。由图6可见,不论"网刊在线发布情况"还是"开放获取"的刊物数均随着刊物影响因子的降低而呈下降趋势。

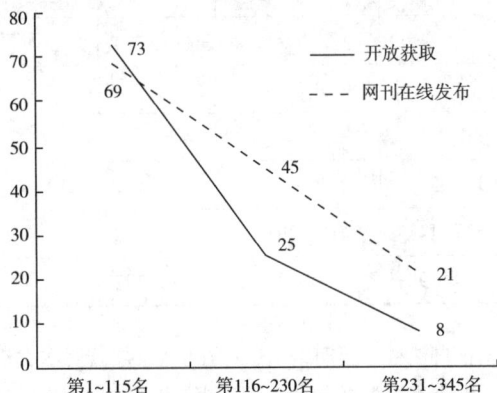

图6 根据影响因子排名的高校学报
自然科学版"网刊在线发布"及"开放获取"情况

2. 在线优先出版

本调研就高校学报自然科学版在"中国知网"学术期刊数字出版平台的在线优先出版情况进行统计,共有85种期刊申请在此平台优先出版,然而其中59种期刊没有更新出版内容或更新稿件很少,26种期刊的更新内容比较及时。根据上传优先出版稿件的时间研究可以发现,这些及时更新的期刊基本上都是集中上传即将印刷出版稿件的电子版而不是将新录用的稿件及时编校优先出版。由这些数据可见,越来越多的学术期刊有数字出版的意识,但行动迟缓,没有充分利用在线优先出版发表快、形式活的优势。

(三)增值服务

表3的调查统计结果显示,出现频次相对较高的数字化服务功能是"友情链接"(67.62%)和"文章检索"(52.38%)。除了这两个以及"读者留言/信箱"的综合服务功能频次较高外,采用主要推广文章方式的"RSS"和"Email Alert"只占到10%左右。而采用微信互动方式推广的期刊甚少,只有《同济大学学报(自然科学版)》等。这些数据说明,高校学报自然科学版还需进一步挖掘产品数据、提高数字化服务,深层次推广期刊。

表3 全国高校学报自然科学版自建网站
主要的服务功能统计(2013年9月)

服务功能	期刊数量(种)	占期刊总数比例(%)
友情链接	213	67.62
RSS	29	9.21
读者留言/信箱	74	23.49
广告征集	23	7.30
阅读软件下载	23	7.30
在线订阅	12	3.81
文章检索	165	52.3B
E-mail Alert	33	10.48
论坛	26	8.25
读者会员注册	33	10.48
行业信息	8	2.54
常见问题解答	13	4.13

由于"友情链接"及"文章检索"是使用频次最高的两项服务,图7统计的是具有"友情链接""文章检索",以及"RSS""Email Alert""读者留言/信箱""论坛"四项增值服务中至少两项,或具有其他增值服务的期刊数。由图7可见,期刊网站提供的增值服务功能也随着随着刊物的影响因子下降而降低。

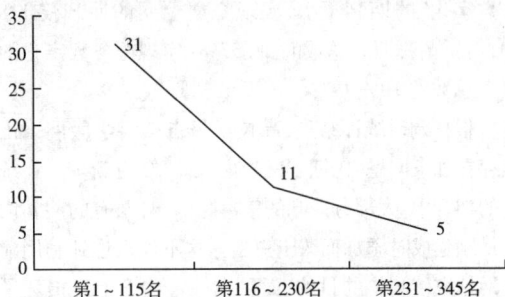

图7 根据影响因子排名的高校学报
自然科学版增值服务情况

(四)期刊影响因子与网络出版各要素之间的关系

对影响因子排名前345的高校学报自然科学版网络出版各要素进行量化,并与其影响因子进行相关分析,得到如表4所示的相关系数表。结合相关系数小于0.4为低度相关,介于0.4与0.7之间为显著性相关,0.7与1之间为高度相关可知,期刊的影响因子与"网站建立方式"相关性不强,而与"网站的信息发布"及"网刊在线发布"情况呈显著性相关。"信息发布"

"采编系统的使用""网刊在线发布""增值服务"与"网站建立方式"呈显著性相关,且"信息发布"与"网站建立方式"呈高度相关。这与调研中,自建网站的期刊信息发布均较完整,使用采编系统的比例较高、网刊发布信息较全的现状相吻合。在调研中发现使用采编系统的期刊其网刊发布程度及开放获取的比例均较高的现象也与表4中给出的数据相一致。

表4 期刊影响因子与网络出版各要素之间的相关系数

	影响因子	网站建立方式	信息发布	采编系统使用	网刊在线发布	开放获取	增值服务
影响因子	1						
网站建立方式	0.298268	1					
信息发布	0.438524	0.791721	1				
采编系统使用	0.376187	0.567762	0.689 633	1			
网刊在线发布	0.407788	0.560837	0.654437	0.724055	1		
开放获取	0.360035	0.333565	0.445857	0.527044	0.799913	1	
增值服务	0.391830	0.546054	0.690 279	0.724469	0.609296	0.441292	1

三、分析与讨论

从此次调研结果可见,全国高校学报自然科学版中73.37%的期刊建有网站,期刊的网站建设已颇具规模。据统计中国高校科技期刊的97%已在知网、万方或维普全文上网,基本上已实现了"出版内容的数字化"。而实现从收稿、审稿、编辑、出版到发行全过程的"出版流程数字化"期刊相对较少,占所调研期刊总数的41.78%。根据表2和3,实现"产品与服务数字化"的期刊更少,实现全文上网的期刊仅118种,占所调研期刊总数的28.57%,实现服务数字化的仅占总数的10%左右。

根据调研统计结果,高校学报自然科学版网络出版存在如下问题:①期刊网站内容简单、更新少。在统计的期刊中,大部分期刊的信息陈旧,甚至有的网站内容是刚建成时添加而久未更新。这不仅未达到利用建立网站宣传刊物的目的,而且在一定程度上还损坏了期刊的网络可信度。②未利用网络的互动优势。从表3可见,设有"读者留言/信箱"栏目的期刊为74种,设有"论坛"栏目的期刊为26种。然而这些期刊中有的虽然设置了"读者留言/信箱"和"论坛"的栏目,但点击后仅维持在建站之初的状态没有更新甚至没有内容。③数字出版程度较低,服务意识淡薄。从表2和3可以看出,目前绝大部分期刊仍停留在纸质版内容数字化。目前没有1种期刊对全文内容进行深度挖掘,实现多元化出版,个性化服务程度低。

结合不断出现的数字出版新技术,此次调研中高校学报自然科学版网络出版存在的一些问题,本文给出了促进高校学报自然科学版网络出版进程的一些建议:①注重网站建设及内容更新。尚未进行网站建设的期刊要加紧步伐,而已建立网站的期刊应不断充实网站信息,完善网站功能,借鉴国外著名出版商和一流期刊的网站建设经验快速提升网站质量。②采用专业的稿件采编、排版及发布系统。目前新一代的稿件在线处理系统在投稿之初就能提取稿件的元数据,实现文档结构化。把新技术(如 XML 排版等)应用于稿件在线处理系统,实现一次编辑排版,多种移动终端发布,向国际先进水平的数字出版靠拢。③多渠道积极实现在线优先出版。在稿源充足的情况下,可以将待发的稿件在国内外合作出版商的网络出版平台上优先出版,如合作条款允许的话,亦应在期刊主页上优先出版,提升稿件的显示度及影响力。④加强个性化服务。由于目前绝大部分的高校学报自然科学版为综合性刊物,刊登的学科范围比较广泛,可能不是读者首选的文献检索对象,而目前的推送邮件基本上是针对整期文章的推送。编辑部可以根据作者网上投稿时的研究方向,一旦刊出与其研究方向相似的文章,单篇文章进行推送,以提高文章的引用率。⑤尝试推出富媒体出版。即运用数字技术将与论文有关的图像、文字、影像等(统称富媒体)内容进行整合,提供与论文有关的实验数据、反应过程、附件材料等,使出版内容更加全面丰富、更具深度、立体地展示给读者。

(作者单位:Advance in Manufacturing 编辑部)

摘编自《中国科技期刊研究》2014 年第 7 期

ISI 引文索引收录开放获取期刊现状分析

刘锦宏 聂 银 卢 芸

一、ISI 引文数据库收录 OA 期刊基本情况

ISI 引文数据库由 SSCI（Social Sciences Citation Index）、SCI（Science Citation Index）、SCIE（Science Citation Index Expanded）和 A&HCI（Arts & Humanities Citation Index）四个部分组成。截至 2013 年 9 月份，SSCI 共收录了 3121 种期刊，SCI 共收录了 3757 种期刊，SCIE 共收录了 8621 种期刊，A&HCI 共收录了 1728 种期刊。论文采用全样本研究方法，选取截至 2013 年 9 月 DOAJ 平台收录的 9136 种开放性存取期刊作为研究对象，分析其被 ISI 引文数据库的收录情况。

整体而言，有 532 种开放获取期刊被 ISI 引文数据库收录，占 DOAJ 收录的开放获取期刊总数的 5.82%，占 ISI 引文数据库收录期刊总量的 3.09%，收录比重偏低。其中，SSCI 数据库收录了 163 种开放获取期刊，占 SSCI 收录期刊总量的 5.22%；A&HCI 数据库收录了 86 种开放获取期刊，占 A&HCI 收录期刊总量的 4.98%；SCI 数据库收录了 90 种开放获取期刊，占 SCI 收录期刊总量的 2.40%；SCIE 数据库收录了 193 种开放获取期刊，占 SCIE 收录期刊总量的 2.24%。从总体上看，SSCI 和 A&HCI 收录开放获取期刊比例较高，SCI 和 SSCIE 收录开放获取期刊比例较低（见表 1）。

表 1 ISI 引文数据库 OA 期刊总体收录情况

引文 数据库	收录期刊数量 （种）	收录 OAJ 数量 （种）	比例 （%）
SCI	3757	90	2.40
SCIE	8621	193	2.24
SSCI	3121	163	5.22
A&HCI	1728	86	4.98
合计	17227	532	3.09

进一步利用 JCR 2012 报告分析被收录的开放获取期刊的影响因子还可以发现，被 SSCI 收录的 90 种开放获取期刊的即年平均影响因子为 2.143，五年平均影响因子为 2.322。其中，影响因子最大的期刊为 PLoS 出版的 PLoS Genetics，影响因子高达 8.517，其次为生物医学中心出版的 Nucleic Acids Research，影响因子为 8.278。被 SSCI 收录的 163 种开放获取期刊的即年平均影响因子为 0.674，五年平均影响因子为 0.422。其中，影响因子最大的期刊为加拿大医学会出版的 Journal of Psychiatry and Neuroscience，影响因子为 6.242。被 SCIE 收录的 193 开放获取期刊的即年平均影响因子为 1.103，五年平均影响因子为 1.009。其中，影响因子最高的期刊为生物医学中心出版的 Particle and Fibre Toxicology 为 9.178。

二、ISI 引文数据库收录 OAJ 地理分布

从表 2 的地理分布来看，ISI 引文数据库收录的 532 种开放获取期刊由 49 个国家或地区出版。其中，美国出版了 53 种开放获取期刊，位居第一；巴西出版了 50 种开放获取期刊，位居第二；英国、西班牙、智利分别出版了 46、42、38 种开放获取期刊，位居 3~5 位。排名前五位国家共计出版了 229 种期刊，占被收录期刊总量的 43.05%。克罗地亚、德国、日本、墨西哥、南非、波兰、印度、土耳其、哥伦比亚、塞尔维亚、捷克、瑞士和荷兰等国家或地区分别出版了十种以上的开放获取期刊。新加坡、以色列、中国、泰国等九国则排名最后，均只被收录了一种开放获取期刊。从整体上看，欧美等发达国家出版的开放获取期刊被 ISI 引文数据库收录数量较多，发展中国家相对较少。但与同为发展中国家巴西和印度相比，我国出版的开放获取期刊被收录的数量差距非常大。因此，我国期刊出版者应努力寻找自身问题并加以改善，以提升开放获取期刊的国际影响力。

表2 ISI 引文数据库收录 OAJ 国家(地区)分布

国家(地区)	期刊数量	比例(%)	国家(地区)	期刊数量	比例(%)
美国	53	9.96	新西兰	5	0.94
巴西	50	9.40	埃及	5	0.94
英国	46	8.65	挪威	4	0.75
西班牙	42	7.89	斯洛文尼亚	4	0.75
智利	38	7.14	韩国	4	0.75
克罗地亚	19	3.57	巴基斯坦	4	0.75
德国	19	3.57	立陶宛	4	0.75
日本	19	3.57	委内瑞拉	3	0.56
墨西哥	18	3.38	伊朗	3	0.56
南非	17	3.20	澳大利亚	3	0.56
波兰	17	3.20	希腊	2	0.38
印度	14	2.63	芬兰	2	0.38
土耳其	12	2.26	丹麦	2	0.38
哥伦比亚	12	2.26	埃塞俄比亚	2	0.38
加拿大	12	2.26	匈牙利	2	0.38
塞尔维亚	11	2.07	新加坡	1	0.19
捷克	11	2.07	以色列	1	0.19
瑞士	11	2.07	孟加拉国	1	0.19
荷兰	10	1.88	斯洛伐克	1	0.19
罗马尼亚	9	1.69	比利时	1	0.19
瑞典	8	1.50	波多黎各	1	0.19
阿根廷	7	1.32	中国	1	0.19
法国	7	1,32	泰国	1	0.19
台湾	6	1.13	爱沙尼亚	1	0.19
意大利	6	1.13	合计	532	100

进一步按欧洲、亚洲等洲际分析(参见表3),有24个欧洲国家或地区出版的251种开放获取期刊被ISI引文数据库收录,占收录总量的47.18%;有6个南美洲国家或地区出版的128种开放获取期刊被ISI引文数据库收录,占总量的24.06%;美国、加拿大和波多黎各3个北美洲国家出版的66种开放获取期刊被ISI引文数据库收录,占总量的12.41%;亚洲有11个国家或地区出版的55种开放获取期刊被ISI引文数据库收录,占总量的10.34%;非洲和大洋洲被收录的期刊数量较少,分别占总量的4.51%和1.50%。数据表明,开放获取期刊在欧洲、北美洲、南美洲发展较快,在亚洲、非洲发展较为缓慢,这与上述地区的科技发展水平以及开放获取运动的普及程度有关。

表3 ISI 引文数据库收录 OAJ 洲际分布

洲名	国家或地区数量	期刊数量	比例(%)
欧洲	24	251	47.18
南美洲	6	128	24.06
北美洲	3	66	12.41
亚洲	11	55	10.34
非洲	3	24	4.51
大洋洲	2	8	1.50
合计	48	532	100

三、ISI 引文数据库收录 OAJ 学科分布

学科分布与引文数据库自身属性相关，人文艺术、自然科学以及社会科学虽然在内容上略有重合，但总体差别较大。因此，本文将分别对 A&HCI、SCI、SCIE 和 SSCI 数据库收录的 OAJ 的学科进行分析。

（一）A&HCI 收录 OAJ 学科分布

表4　A&HCI 收录 OAJ 学科情况

所属学科	期刊数量	比例（%）	所属学科	期刊数量	比例（%）
历史学	16	18.60	普通艺术	2	2.33
哲学	15	17.44	教育学	1	1.16
语言与文学	13	15.12	军事科学	1	1.16
语言学	9	10.47	民族学	1	1.16
宗教	6	6.98	视觉艺术	1	1.16
多学科	4	4.65	艺术史	1	1.16
社会科学	4	4.65	音乐	1	1.16
建筑学	4	4.65	海洋学	1	1.16
考古学	3	3.49	合计	86	100
人类学	3	3.49			

分析表4数据可以发现，A&HCI 收录的86种开放获取期刊分属历史学、哲学、语言与文学、语言学等19个学科，且学科间存在较大差异。其中，历史学被收录了16种开放获取期刊，占总量的18.60%，排名第一；哲学被收录了14种开放获取期刊，占总量的16.28%，排名第二；语言与文学、语言学、宗教分别收录了13、9、6种开放获取期刊，分别占总量的15.12%、10.47%和6.98%，排名3到5位。音乐、海洋学、普通化学等其他学科期刊分别被收录1~4种开放获取期刊，数量较少。

（二）SCI 收录 OAJ 学科分布

分析表5数据可以发现，SCI 数据库收录的90种开放获取期刊涵盖44个学科。其中，普通化学、普通物理、内科学和野生动物学4个学科的开放获取期刊被 SCI 数据库收录数量较多，分别为10、8、6、5种，分别占收录期刊总数的11.11%、8.89%、6.67%、5.56%。生理学和动物科学分别被收录了4种开放获取期刊，分别占总量的4.44%。遗传学、生物化学、气象学与气候学以及植物学分别有3种开放获取期刊被收录，分别占收录总量的3.33%。微生物学、环境科学、一般科学、药剂及本草学、公共卫生学、数学、普通天文学等7个学科分别有2种开放获取期刊被收录，分别占总量的2.22%。其他27个学科分别有1种开放获取期刊被收录。由此可见，SCI 收录的开放获取期刊学科范围分布较广，收录的期刊数量相对较少。

表5　SCI 收录 OAJ 学科情况

所属学科	数量	比例（%）	所属学科	数量	比例（%）	所属学科	数量	比例（%）
普通化学	10	11.11	数学	2	2.22	牙科	1	1.11
普通物理	8	8.89	普通天文学	2	2.22	心血管	1	1.11
内科学	6	6.67	采矿和冶金	1	1.11	皮肤科	1	1.11
野生动物学	5	5.56	化学工程	1	1.11	肿瘤科	1	1.11
生理学	4	4.44	林业	1	1.11	病理学	1	1.11
动物科学	4	4.44	地理学	1		神经病学	1	1.11
遗传学	3	3.33	生物工程	1	1.11	外科	1	1.11
生物化学	3	3.33	分析化学	1	1.11	疗法	1	1.11
气象学与气候学	3	3.33	水产养殖与渔业	1	1.11	农业与食品科学	1	1.11
植物学	3	2.22	有机化学	1	1.11	统计学	1	1.11
微生物学	2	2.22	海洋学	1	1.11	化工技术	1	1.11
环境科学	2	2.22	生态学	1	1.11	语言学	1	1.11

所属学科	数量	比例（%）	所属学科	数量	比例（%）	所属学科	数量	比例（%）
一般科学	2	2.22	地球科学	1	1.11	计算机科学	1	1.11
药剂及本草学	2	2.22	地球物理和地磁	1	1.11	电气与核工程	1	1.11
公共卫生学	2	2.22	多学科	1	1.11	合计	90	100

（三）SCIE 收录 OAJ 学科分布

与 SCI 数据库相比，SCIE 数据库收录的期刊数量较多，其收录的开放获取期刊数量多达 193 种。分析表 6 的数据可以发现，SCIE 数据库收录的 DOAJ 期刊分布来源于 40 个学科。其中普通化学被收录的开放获取期刊数量最多，达到 25 种，占被收录期刊总量的 12.95%；动物科学被收录的开放获取期刊有 24 种，占总量的 12.44%，排名第二；普通农业被收录的开放获取期刊有 19 种，占总量的 9.84%，排名第三；植物学被收录的开放获取期刊有 13 种，占总量的 6.74%，排名第四；地球科学和土木工程分别有 10 种开放获取期刊被收录，分别占总量的 5.18%，并列排名第五；水产养殖和渔业、化学工程、海洋学等其他 24 个学科被收录的期刊数量分别界与 1～7 种之间。进一步分析还可以发现，SCIE 收录的开放获取期刊不仅数量较多，而且学科分布相对集中。排名前 5 位的普通化学等 6 个学科被收录的开放获取期刊数种为 101 种，占被 SCIE 收录期刊总量的 52.33%，表明这些学科开放获取期刊具有较高的关注度和影响力。

表 6 SCIE 收录 OAJ 学科情况

所属学科	数量	比例（%）	所属学科	数量	比例（%）	所属学科	数量	比例（%）
普通化学	25	12.95	化工技术	4	2.07	机械工业	2	1.04
动物科学	24	12.44	有机化学	3	1.55	视觉艺术	1	0.52
普通农业	19	9.84	一般技术	3	1.55	无机化学	1	0.52
植物学	13	6.74	多学科	3	1.55	生态学	1	0.52
地球科学	10	5.18	公共卫生	3	1.55	皮肤科	1	0.52
土木工程	10	5.18	采矿与冶金	3	1.55	内科	1	0.52
水产养殖和渔业	7	3.63	气象学与气候学	3	1.55	图书情报学	1	0.52
化学工程	6	3.11	解剖学	2	1.04	外科	1	0.52
海洋学	6	3.11	生物化学	2	1.04	社会科学	1	0.52
材料科学	6	3.11	分析化学	2	1.04	体育科学	1	0.52
林业	5	2.59	地理	2	1.04	工业工程	1	0.52
环境科学	5	2.59	地质学	2	1.04	制造业	1	0.52
计算机科学	5	2.59	民族学	2	1.04	军事科学	1	0.52
地球物理和地磁	4	2.07				合计	193	100

（四）SSCI 收录 OAJ 学科分布

SSCI 数据库收录的 163 种开放获取期刊涵盖 31 个学科，其中：公共卫生学科有 29 种开放获取期刊被 SSCI 数据库收录，占总量的 17.79%，排名第一；社会科学有 16 种开放获取期刊被收录，占总量的 9.82%，排名第二；经济学有 13 种开放获取期刊被收录，占总量的 7.98%，排名第三；心理学有 11 种开放获取期刊被收录，占总量的 6.75%，排名第四；政治学有 10 种开放获取期刊被收录，占总量的 6.13%，排名第五；教育学、商务与管理和社会学各有 8 种开放获取期刊被收录，分别占总量的 4.91%；神经病学有 7 种开放获取期刊被收录，语言学有 6 种开放获取期刊被收录,文化与语言学、人类学各有4种开放获取期刊被收录,护理学、历史、哲学、媒介与传播学以及多学科类各有3种开放获取期刊被收录,生态学、统计学、地理、法学和内科各有2种开放获取期刊被收录,视觉艺术、疗法、考古学、数学、普通天文学、体育、运输、普通农业各有1种开放获取期刊被收录(见表7)。

进一步分析表7数据,排名前六位的公共卫生、社会科学、经济学、心理学、政治学、教育学、商务与管理、社会学等学科共有103种开放获取期刊被SSCI数据库收录,占收录总量的63.19%,表明SSCI收录的开放获取期刊大多集中在上述几个学科领域,其他学科领域虽有收录,但数量相对较少。

表7 SSCI中收录DOAJ期刊的学科分布

所属学科	数量	比例(%)	所属学科	数量	比例(%)	所属学科	数量	比例(%)
公共卫生	29	17.79	文化与语言学	4	2.45	统计学	2	1.23
社会科学	16	9.82	人类学	4	2.45	视觉艺术	1	0.61
经济学	13	7.98	多学科	3	1.84	疗法	1	0.61
心理学	11	6.75	护理学	3	1.84	考古学	1	0.61
政治学	10	6.13	历史学	3	1.84	数学	1	0.61
教育学	8	4.91	哲学	3	1.84	普通天文学	1	0.61
商务与管理	8	4.91	媒介与传播学	3	1.8	体育	1	0.61
社会学	8	4.91	生态学	2	1.23	运输	1	0.61
神经病学	7	4.29	地理学	2	1.23	普通农业	1	0.61
语言学	6	3.68	内科	2	1.23	合计	163	100
图书情报学	6	3.68	法学	2	1.23			

四 ISI引文数据库收录OAJ的出版商分布

从总体上看,ISI数据库收录的532种开放获取期刊中,有181中开放获取期刊由协会学会出版机构出版,占总量的34.02%;有163种开放获取期刊由大学科研院出版机构出版,占总量的30.64%;商业出版机构和其他类型出版机构分别出版了94种开放获取期刊,分别占总量的17.67%。数据表明,具有影响力的开放获取期刊大多由协会学会、大学科研院所等出版机构出版(见表8)。

进一步分析表8数据还可以发现:A&HCI收录86种开放获取期刊中,大学科研院所出版机构出版了40种,占总量的46.51%;协会学会出版机构出版了27种,占总量的据31.40%;商业出版机构出版了10种,占总量的11.62%;其他类型出版机构出版了9种,占总量10.47%。数据表明,人文艺术类被收录开放获取期刊大多由大学科研院所以及协会学会出版机构出版。

表8 ISI收录OAJ出版商分布

类别	A&HCI	SCI	SCIE	SSCI	合计
商业出版机构	10	18	44	22	94
协会学会出版机构	27	45	68	41	181
大学科研院所出版机构	40	9	45	69	163
其他	9	18	36	31	94
合计	86	90	193	163	532

SCI收录的90种开放获取期刊中,协会学会出版机构出版了45种,占总量的一半;商业出版机构和其他类型出版机构各出版了18种,各占总量的20.00%;大学科研院所出版机构出版了9种,占总量得10.00%。数据表明,自然科学类被收录开放获取期刊大多由协会学会出版机构出版。

SCIE收录的193种开放获取中,协会学会出版机构出版了 68 种,占总量的 35.23%;大学科研院所出版机构出版了 45 种,占总量的 23.32%;商业出版机构出版了 44 种,占总量的 22.80%;其他类型出版机构出版了 36 种,占总量的 18.65%。数据表明,SCI 扩展版收录的开放获取期刊大多由协会学会以及大学科研院所出版机构出版。

SSCI 收录的 163 种开放获取期刊中,大学科研院所出版机构出版了 69 种,占总量的 42.33%;协会学会出版机构出版了 41 种,占总量的 25.15%;其他类型出版机构出版了 31 种,占总量的 19.02%;商业出版机构出版了 22 种,占总量的 13.50%。数据表明,社会科学类被收录开放获取期刊大多由大学科研院所以及协会学会出版机构出版。

(作者单位:武汉理工大学文法学院)

摘编自《图书馆情报知识》2014 年第 4 期

DOAJ 中开放获取期刊的研究与应用
——以语言与文学类学科为例

周静怡

一、DOAJ 语言与文学类期刊的统计分析与研究结果

(一)数据选取

统计数据来自于 DOAJ 网站(www. doaj. org)(检索时间为 2013 - 08 - 04)。统计方法是通过学科浏览选择一级类目——语言和文学(Languages and Literatures)分类,在该类目下包括两个二级类目:语言、文学(Languages and Literatures),共有 374 种期刊,占 DOAJ 所有期刊(9947 种)的 3.76%;语言学(Linguistics)共有 214 种期刊,占 DOAJ 所有期刊中的 2.15%。将这两个二级类目的期刊进行合并去重之后,共有 550 种期刊,占 DOAJ 所有期刊的 5.53%。语言和文学类是 DOAJ 的 18 个一级类目之一,该类目与所有类目的比例(1:18)为 5.56%。因此可以判断语言和文学类的期刊在 DOAJ 期刊中,基本达到了期刊数量的平均水平,这也非常符合 DOAJ 收录期刊要求覆盖全部学科并尽量保持学科比例均衡的特点。

(二)期刊语种

将语言和文学类期刊按照期刊语种进行统计分析,550 种期刊涵盖了 48 种语言。与其他学科的期刊相比,具有明显的优势,如医学类期刊涵盖 17 种,图书馆学情报学期刊涵盖 18 种,经济类期刊涵盖 26 种。

其中, 241 种期刊使用单一语种, 占总数的 43.82%;132 种期刊使用 2 种语种,占总数的 24%;83 种期刊使用 3 种语种,占总数的 15.09%。涵盖语种最多的期刊是由埃及 Ain Shams University 出版的

Philology,共包括 10 个语种:英语、德语、意大利语、法语、西班牙语、汉语、土耳其语、捷克语、日语、俄语。

表 1　期刊语种种类分布表

语种种类	期刊数量(种)	占总数百分比(%)
1 种语种	241	43.82%
2 种语种	132	24.00%
3 种语种	83	15.09%
4 种语种	43	7.82%
5 种语种	29	5.27%
6 种语种	12	2.18%
7 种语种	6	1.09%
8 种语种	3	0.55%
10 种语种	1	0.18%

在 550 种期刊中,英语语种的刊物有 412 种,占总数的 74.91%。其中,134 种刊(占总数的 24.36%)有且仅有英语这一单一语种。与其他学科相比,英语作为语言与文学类期刊的主要语种的优势并不明显,如 DOAJ 中医学类有且仅有英语语种的期刊占 69.25%,图书馆学情报学类有且仅有英语语种的期刊占 52.3%,经济学类有且仅有英语语种的期刊占 43.88%。这也说明,在语言与文学类的开放获取期刊中,与其他学科相比,语种更具有多样性。

法语(183 种,占总数的 33.27%)和西班牙语(176 种,占总数的 32%)也占了相当的比例。葡萄

牙语(105 种,占总数的 19.09%)大于德语(90 种,16.36%)的期刊种类。

涵盖汉语的期刊一共有 3 种,占总数的 0.55%,分别是:埃及 Ain Shams University 出版的 Philology,Canadian Academy of Oriental and Occ idental Culture 出版的 Cross – Cultural Communication 和 National Univer sity of Singapore 出版的 Electronic Journal of Foreign Language Teaching(e – FLT)。

(三)期刊出版机构

表 2 期刊语种分布表

语种	期刊数量（种）	占总数百分比（%）
英语	412	74.91%
法语	183	33.27%
西班牙语	176	32.00%
葡萄牙语	105	19.09%
德语	90	16.36%
意大利语	63	11.45%
俄语	31	5.64%
加泰罗尼亚语	25	4.55%
荷兰语	11	2.00%
罗马尼亚语	9	1.64%
挪威语、塞尔维亚语	各 8 种	各占 1.45%
丹麦语、克罗地亚语、瑞典语	各 7 种	各占 1.27%
爱沙尼亚语、波兰语	各 6 种	各占 1.09%
立陶宛语、土耳其语	各 5 种	各占 0.91%
加利西亚语	4	0.73%
巴斯克语、波斯语、芬兰语、汉语、南非公用荷兰语、斯拉夫语、希腊语、匈牙利语	各 3 种	各占 0.55%
保加利亚语、多语种、捷克语、拉丁语、马来语、日语、斯瓦希里语	各 2 种	各占 0.36%
Dagaare 语、阿拉伯语、奥克语、弗兰德语、拉脱维亚语、毛利语、孟加拉语、世界语、斯洛伐克语、泰米尔语、泰语、乌尔都语、印度尼西亚语、越南语	各 1 种	各占 0.18%

将 550 种语言和文学类期刊按照期刊出版机构进行统计分析,一共有 448 个出版机构,平均每个出版机构出版 1.2 种期刊,说明 DOAJ 中对该类学科期刊收录范围非常广泛。

高等院校(关键词:University,College,Academy)出版的语言类与文学类期刊一共有 270 种,占总数的 49.09%;学协会(关键词:Society,Association)出版的有 41 种,占总数的 7.45%;科研机构(关键词:Institution)出版的有 14 种,占总数的 2.55%。此外,还有商业的出版机构(Springer 等)、图书馆、实验室等均作为出版机构进行了语言和文学类开放获取期刊的出版。这说明在语言与文学类期刊的开放获取发展中,高等院校仍然是推动其前进的中坚力量,其次是学协会和科研机构。而商业出版机构、图书馆、实验室等一些也零星参与其中。

出版该领域的开放获取期刊数量最多的机构是法国的 GERFLINT,一共有 22 种期刊进行开放获取。

对出版机构的数据分析结果非常符合长尾理论:出版 4 种及以上期刊的出版社有 8 所,出版 3 种期刊的出版社有 13 所,出版 2 种期刊的出版社有 31 所,出版 1 种期刊的出版社有 396 所。而且在出版 4 种以上期刊的 8 所出版机构中,就有 6 所是高等院校,由此可以看出,高等院校是语言和文学类开放获取期刊的主要出版机构,是推动开放获取不断前进的主要力量。

(四)期刊出版所在国别地区

将语言和文学类期刊按照期刊出版所在国别地区的角度进行统计分析,可以发现,550 种期刊分布在 58 个国家,占 DOAJ 所有期刊来源国家(共 120 个国家)的 48.33%。

在 DOAJ 语言和文学类期刊中,根据国别地区所拥有期刊的数量倒序统计结果,见表 3。

可以看出,北美洲和北欧国家在语言与文学类期刊的开放获取方面仍然占据很大优势,南美洲和东欧其次,而亚洲的语言与文学类开放获取期刊有待加强。美国从科研经费、科研人员到科研成果一直都是开放获取的积极参与力量。尽管如此,作为发展中国家的巴西由于有了 SciELO 的支持,在语言与文学类的开放获取期刊中也占有重要的一席之地。还发现, 参与国别地区仍然存在发展不平衡的状态,国别地区以美洲(北美洲,南美洲)、欧洲(北欧,东欧)为主,亚洲的开放获取期刊数量非常少,以至于一些学术交流在开放获取工作有一席之地的国家都没有参与。

表 3　期刊出版所在国别地区分布表

序号	期刊出版所在国别和地区	OA 数量(种)	占总数百分比(%)
1	美国	67	12.18%
2	西班牙	63	11.45%
3	巴西	61	11.09%
4	法国	37	6.73%
5	意大利	31	5.64%
6	加拿大	26	4.73%
7	德国	21	3.82%
8	英国	19	3.45%
9	罗马尼亚、荷兰、阿根廷	各 13 种	各占 2.36%
10	智利	12	2.18%
11	印度、澳大利亚	各 10 种	各占 1.826
12	比利时	9	1.64%
13	瑞典、挪威、葡萄牙	各 8 种	各占 1.45%
14	爱沙尼亚、哥伦比亚、丹麦	各 7 种	各占 1.27%
15	克罗地亚、塞尔维亚、波兰	各 6 种	各占 1.09%
16	立陶宛、土耳其、芬兰	各 5 种	各占 0.91%
17	匈牙利、委内瑞拉、俄罗斯、马来西亚	各 4 种	各占 0.73%
18	南非、斯洛伐克、伊朗、捷克	各 3 种	各占 0.55%
19	希腊、波多黎各、奥地利、摩尔多瓦、新加坡、菲律宾、以色列、瑞士、印尼、保加利亚	各 2 种	各占 0.36%
20	中国、塞浦路斯、科特迪瓦、香港、墨西哥、英属维尔京群岛、台湾、新西兰、埃及、利比亚、波斯尼亚、秘鲁、布隆迪、韩国、越南、爱尔兰、沙特阿拉伯、阿尔及利亚、斯洛文尼亚	各 1 种	各占 0.18%

(五)是否出版付费

将语言和文学类期刊按照是否出版付费进行统计分析,可以发现,期刊具体的分布情况如表 4 所示。由此可见,语言和文学类的出版期刊绝大部分都是可以进行免费出版,比其他学科的出版付费状况存在一定的优势,而这对于语言与文学类期刊的开放获取发展是非常有利的一个因素。

表4　期刊是否出版付费分布表

是否出发付费	OA 数量（种）	占总数百分比（%）	所有学科出版付费占总数百分比（%）
免费	506	92.00%	65.79%
付费	19	3.45%	27.73%
有条件付费	11	2.00%	4.73%
无相关信息	14	2.55%	2.11%

（六）期刊知识共享许可协议

可以发现，在 DOAJ 所有期刊和语言与文学类期刊，使用得最多的三种协议是署名协议、署名—非商业性使用协议和署名—非商业性使用—禁止演绎使用协议。而在 DOAJ 所有的期刊中，采取知识共享许可协议最多的期刊是署名协议，占 17.53%；其次是署名—非商业性使用协议，占 7.88%；再次是署名—非商业性使用—禁止演绎使用协议，占 6.96%。而在语言与文学类期刊中，使用知识共享协议最多的署名—非商业性使用—禁止演绎使用协议，占 9.45%；其次是署名协议，占 6.55%；再次是署名—非商业性使用协议，占 4.55%。这样的分布与语言与文学类期刊的学科特点有密切的关系。

DOAJ 所有的收录期刊中，有 35.72% 的期刊采用了知识共享许可协议，语言与文学类期刊共有 23.45% 的期刊采用了知识共享许可协议，略低于整体的水平。一方面说明该领域的研究在期刊知识产权的意识还可以进一步得到提高，另一方面也意味着该领域开放获取期刊更体现了开放获取的意义，放弃了许多许可限制。

表5　期刊共享许可协议分布表

许可协议	所有学科期刊许可协议百分比	语言文学类期刊许可协议百分比
by	17.53%	6.55%
by－sa	0.48%	0.55%
by－nd	0.46%	0.91%
by－nc	7.88%	4.55%
by－nc－sa	2.40%	1.45%
by－nc－nd	6.96%	9.45%
合计	35.72%	23.45%

（七）期刊开放获取起始年

将语言和文学类期刊按照期刊开放获取起始年进行统计分析，550 种期刊共有 40 种不同的开放获取起始年，最早可供用户获取的期刊年是 1853 年，由 Igitur，Utrecht Publishing & Archiving Services 出版的 Bijdragen Tot de Taal, Land-enVolkenkunde van Nederlandsch－Indie，期刊论文的语种是荷兰语。

期刊可开放获取起始年的高峰年是 2009 年，共有 54 种语言与文学类期刊在 DOAJ 进行开放获取，其他年度依次：2010 年，2008 年，2007 年，2006 年。从数据中可以发现，大部分的期刊提供开放获取的时间仍然是在近十年的时间范围。由此可见，语言与文学类开放获取在近年正处于蓬勃发展的状态。

二、DOAJ 语言与文学类期刊的应用

（一）优化学科资源建设

随着全球连续出版物危机的出现，期刊和文献购置经费不断上升，开放获取可以有效解除价格屏障和学科屏障，为科研和教学活动提供资源。

根据上文的分析和研究，DOAJ 中语言与文学类开放获取期刊与其他学科相比，语种丰富，参与国别地区广泛，基本形成了全球化的态势。DOAJ 中收录的 550 种期刊共有 48 种语言，58 个国别地区参与。明显高于医学（17 种语言，43 个国家）、经济学（26 种语言，49 个国家）、图书馆情报学（18 种语言，32 个国家）等领域。丰富的语种和参与地区为语言与文学类学科建设提供了有利条件。

同时，作为权威的开放获取目录，DOAJ 在质量控制方面对其所收录期刊有严格的要求和质量控制制度，让所收录的期刊和文献质量得到保障。因此，图书馆等机构可以充分利用这些优势，利用 DOAJ 中开放获取期刊来优化该学科资源建设。

表6　期刊开放获取起始年分布表

起始年	OA 数量（种）	占总数百分比（%）
1853；1949；1962；1964；1965；1966；1978；1980；1984；1985；1988；1989	各1种	各占0.18%
1970；1979；1986；1990；2013	各2种	各占0.36%
1981；1983；1995	各3种	各占0.55%
1992；1993	各4种	各占0.73%

起始年	OA 数量（种）	占总数百分比（%）
1994	5	0.91%
1996；1998	各 13 种	各占 2.36%
2000	14	2.55%
1999	15	2.73%
1997	17	3.09%
2012	18	3.27%
2001	23	4.18%
2002	25	4.55%
2003	31	5.64%
2005	32	5.82%
2004；2011	35	6.36%
2006	38	6.91%
2007	46	8.36%
2008	48	8.73%
2010	49	8.91%
2009	54	9.82%

（二）推进学科开放获取建设

与自然科学、医学等一些学科的开放获取的蓬勃发展的态势相比，语言和文学类学科的开放获取的发展起步较晚。而 DOAJ 作为当前最具影响力的开放获取期刊目录，对其所收录的该学科的开放获取期刊的相关数据进行统计和分析、归纳和总结，并与其他的学科进行横向比较，可以发现该学科在开放获取建设的优势和不足。

如可以发现该学科的免费出版率（92%）远高于 DOAJ 中收录的全部期刊的免费出版的比例（65.04%），这为该学科在开放获取发展和建设上提供了有利的条件。同时，该学科的开放获取期刊可获取年限从 1853 年开始，1996 年提供开放获取的期刊明显增多，1996 年至今以后提供开放获取的期刊占 92.36%，高峰年是 2009 年（9.82%）。可见，当前该学科的开放获取正处于飞速发展的阶段，同时也需要进一步的后续力量进行推动才得以更进一步的发展。

然而也发现，该学科开放获取期刊只有 23.45% 的期刊选择采用期刊知识共享许可协议，低于 DOAJ 期刊采取该协议的平均水平，说明该学科的研究在期刊知识产权意识方面还应进一步得到提高，以促进该学科开放获取建设的良性发展。

（三）促进学术信息传播与交流

开放获取在已有的科学出版模式上增加了免费的在线期刊和学科预印本等新的模式，任何人通过互联网都可以免费、及时、永久地在线获取研究论文的全文，为学术信息传播与交流提供了一个新的平台。

以 DOAJ 中语言与文学类开放获取期刊为例，550 种期刊，共有 58 个国别、48 种语言、448 个出版机构（涉及高等院校、学协会、科研院所、图书馆、实验室、商业出版机构）参与。DOAJ 以简单的方式，形成了一个庞大的该学科的学术信息交流圈，有效利用这些内容，将大大促进该学科学术信息传播与交流。

（作者单位：北京外国语大学）
摘编自《图书馆理论于实践》2014 年第 11 期

新媒体融合下科技期刊数据库模式探究

赵 璐

一、科技期刊数据库的模式分析与新媒体代入现状

（一）三大代表性科技期刊数据库模式分析

1. 中国知网（CNKI）

中国知网文献收录模式中学术期刊和中外标准

的收录部分在文献类型、文献含量、覆盖学科、时间范围及更新周期上有一定优势，图书、工具书、年鉴、报纸是其独特的文献资源，同时提供与国学宝典、哈佛商业评论、中国学术前沿（Frontiersin China）期刊数据库及施普林格数据库的链接。在文献检索模式方面，中国知网统一检索平台的引文检索、学者检索、科研基金检索、句子检索、文献出版来源检索等是其特有

的检索方式。关于文献的付费模式标准,中国知网个人用户仅能使用按页收费标准,略欠公平与灵活性。另一方面,中国知网作为在线数据库与维普、万方数据的商业模式相一致,即第三方数据库服务提供商通过与杂志社签署网络出版协议,然后负责数字化知识资源数据库的运营和维护,这种模式实质上是属于B2C的电子商务模式。

2. 维普《中文科技期刊数据库》(以下简称《中刊库》)

《中刊库》收录了1989年以来中文科技期刊两万多种,是综合性文献型数据库。《中刊库》提供两个检索模式,即一般检索和高级检索,最为鲜明的特色要数个性化服务模式。近年来,《中刊库》在功能上做了很大改进,如新设置了标记记录选择范围、对标记记录的计数功能和检索式保存功能等,它的个性化服务项目组成"我的数据库"。在"我的数据库"中,用户可以保存检索式、存储论文到电子书架,定制常用的类别、期刊和关键词。用户注册成功之后即可登录进入"我的数据库"享受个性化的求知模式。另外,关于计费模式,《中刊库》更为灵活,对于少于4页的文章按照按页收费的标准,对于多于4页的文章按照整篇收费的标准,同时对于不同类型的用户付费会有一定的费用优惠。

3. 万方数据

万方数据文献收录模式中对于学位论文、会议论文、科技成果、专利文献的收录堪称顶级,同时提供西文期刊、西文会议、地方志、企业信息、政策法规等独特的文献资源,以及科技动态、专题和OA(openaccess即开放存取)模式的论文。查新服务中心是万方数据特有的检索模式,特色在于能为用户推荐检索词,用户只要输入与检索课题相关的文本,查新服务中心便可给出推荐检索词供用户选择,且其检索结果呈现经典论文优先布局,即被引用次数较多,或者论文发表在档次比较高的期刊、有价值的文献排列在前,检索更加人性化。在文献付费模式方面,万方数据以篇计费,也就是说下载学位论文等较长文献时选择万方数据更为实惠。相对薄弱的是关于费用的支付方式,万方提供的付费种类仅为中国知网和《中刊库》的1/2,支付渠道的阻塞严重制约了用户使用数据库的效率。

(二)显性的新媒体化模式进展与隐性的顽固模式局限

当前我国媒介产业发展的新动向为媒介传播提供了崭新的环境。在这样的环境中,作为信息集中营的各类科学期刊数据库如何在媒介产业链条中进行自我定位、怎样构建富有个性的产销模式、如何发掘并保持自身的核心竞争力就成为当前面临的首要问题。在以上三大代表性科技期刊数据库的基本应用、运营模式的研究中可以较为明朗地发现,为了适应当代的媒体传播氛围和人们日渐转变的生活方式,各数据库的模式设置也随之不断地优化转变,其中不乏审时度势的突破性进展,但仍存在固有的局限与缺憾。

逐渐融入新媒体传播环境的受众对于主体性的追求愈发炙热,对于科技期刊数据库而言,一味的海量信息罗列模式自然得不到现代用户的青睐,故各大科技期刊数据库开辟了个性化模式,中国知网方面定制的功能众多,但是没有提供"关注期刊"的功能,也没有提供对已经使用的文章进行管理的功能。《中刊库》可以自行定制感兴趣的学科、期刊以及学科的最新论文,同时还可以对已经下载过的和感兴趣的文章进行管理。学科定制方面,中国知网和《中刊库》都通过推荐该学科最新发表的文献的形式呈现。万方仅提供了对于某篇文章的引用通知,虽在个性化服务方面相对薄弱,但是万方提供的引用通知功能,刚好是其他数据库所缺失的。此外,随着手机传播终端的迅速崛起手机数据库出版形式随之跟进,万方数据针对苹果终端用户提供万方检索APP,维普资讯推出维普APP,中国知网推出手机知网APP。

新媒体提供了更丰富、更便捷的信息搜索与获取渠道,降低了人们获取信息所用的各项成本,正因为如此,随着传播渠道的无限成熟,新媒介时代竞争的焦点已不在于渠道本身,制胜主力再一次转移到了内容产业,而对于科技期刊数据库而言,所收藏文献内容的优质与先进始终是其立足存亡的关键所在。然而,与老生常谈的"内容为王"不同的是,新媒体融入后的科技期刊数据库对内容的追逐往往局限在时效性与唯一性,也就是说更新滞后与高重复率的问题。此外,科技期刊数据库的数字化优势利用率仍不够充分,简单模仿的比重较大,目前科技期刊上网内容多半仅为简单地将印刷版翻版,仍处于模仿传统出版业的初级阶段,就连呈现在阅读器上的文献规格也大相径庭,模糊、歪斜、版序混乱现象比比皆是。在数字出版领域,数据库的编辑部仍不擅长自主组织网络主题栏目、增加预印本内容、扩充报道容量等,数据库远程稿件投放与出版的模式仍不能成为常规出版的主流渠道之一。另外,在知识产权的保护意识逐步增强,版权法律法规不断完善的同时,新媒体环境的充斥力也不断上升,版权危机层出不穷,作为科技知识型数据库,严密的版权守护模式不仅强调了对各方学者的尊重态度,更是推动科研分子积极性的无形之手,因此科技期刊数据库的现代版权漏洞亟须填补。

二、科技期刊数据库的新媒体化模式构建

随着新媒体时代的到来,信息传播的主动权由媒体的一元传播转变为媒体和受众的二次传播,科技领域亦是如此。对于数据库模式的构建环节也必然要以新媒体的眼光重新审视,并促成分类与整体的相互协调。

(一)科技期刊数据库的分类构建

这里笔者所提到的分类构建包含了两个层次的意义,即大型综合性科技期刊数据库的内部模式分类构建(如上述三大代表性数据库)以及中小型专业性科技期刊数据库(如各期刊社、科研单位的小型精品数据库)的独立模式分类构建。

大型综合性科技期刊数据库中的分类构建主要是指其内部板块的分类建设。坚持用户至上的原则,各数据库生产者都应该充分重视用户的需求,并将用户的实际需求作为开发的方向。由于用户在学历、年龄、职业、研究领域等方面有所差异,随之呈现出的用户需求形态也就不同,所谓众口难调,任何一个数据库都没有能力满足所有用户的需求。此时就需要数据库结合自身的特点和优势选择某一类或几类用户群,针对群体需求开发出更具针对性的特色化电子信息资源板块。根据信息资源的重要特征,数据库建设者可以基于其中一个或者综合多个特征进行特色化开发。

相对于综合性大型数据库而言,中小型的专业科技期刊数据库同样有其独特的优势。这类期刊数据库的主办单位通常层次较高、办刊经费充足,在实现期刊网络化方面有较强实力,拥有较为固定且较高专业水准的用户,其库内文献的质量与特色近乎无可挑剔,故它们的分类建设更主要的方向应锁定在数据库宣传与市场份额的扩充上,这也恰好是新媒体时代各产业争相拓展各路渠道的目的所在。由于主流市场被综合性大型科技期刊数据库长期占据,且访问人群均为某领域的潜在用户,试将各类中小型专业科技期刊数据库链接融入综合性大型科技期刊数据库相关页面中,则更可能实现宣传效应。另外,积极创建数据库的活跃自媒体平台,利用微博、微信等热门渠道持续品牌形象的树立,广泛培养与相对应领域高校的

合作关系,使之成为严谨性学术研究领域的必备扩充信息源。

(二)统筹科技期刊数据库的整体模式构建

在分类构建的基础上,各类科技期刊数据库仍具有共同亟待开发的整体模式以及构建方略,主要包括3个方面。

商业运营模式的重审。如上文所述,我国三大代表性科技期刊数据库的商业模式基本一致。在科技期刊数据库的建设中,新媒体环境引发的信息爆炸现象的弊端,可在重审其商业模式的建设中予以克服。换言之,各大数据库与期刊杂志社所需签署的网络协议应重视"唯一性"收录权的认定,遏制数据库信息重复收录的现状,从而逐步提升自身数据的价值。此外,独立的数字出版渠道可以有效减少文献供给滞后现象。努力争取数据库与期刊社合作出版期刊,使期刊社逐渐放弃部分实体期刊的发行出版,从而转战于互联网数字期刊的发行出版。互联网期刊在媒介升级的环境中拥有更多的用户,同时这一模式可促使数据库用户的使用对象具体到以篇计算,期刊社将更加重视提高期刊质量,有益于科技期刊水准的整体提升。从长远来看,网络的数字化信息传递更能与国际科技期刊的传播模式相适应,进一步推进我国科技期刊数据库的国际化进程。

传播模式中的重点渠道拓展。随着3G手机业务的普及互联网用户逐渐移动化,我国亦可尝试国际盛行的移动出版模式,只要有所需求即可随时随地使用手机获取文献资源。传统数据库出版整合各种形式、各类学科的大量文献资料,而其手机数据库则可从学科角度选择热门专业化应用,力争在某一领域做到全面,从而区分于传统数据库出版平台。

个性化时代的个性化模式设置。由新媒体引领的信息消费嬗变现状普遍来看,现代受众已由训示型的"被动受众"变为对话型的"主动受众"。对于科技期刊数据库而言,用户对其内容的要求更加严苛,对于其个性化模式的需求也越来越迫切。以万方数据中的学术圈为例,这一板块中可以有效链接到被认证学者发表的所有文献以及引用扩展,为相关领域研究者的研究工作提供了方便,是数据库功能升级的亮点之一。然而,此类交流的功能仍有进一步升级的空间,比如将交流板块的便捷链接插入每一篇文章页面处,当学者们查看并认可某一学术文献时,便可随时切入到该作者的学术圈进行信息拓展,若能征得作者同意,交流认证中亦可加入学者间的人与人交流模

式,而不仅仅是人与知识的固态交流,如此则更加方便经验交流与知识传承,其功能相似于新媒体的派生物"自媒体",它的传播能量是极其强大的,在科技期刊数据的构建中,以循序渐进、严格把控为前提,同样可以设想嵌入式"学术自媒体"的实现,充分给予用户个性化的求知空间。另外,值得一提的是新媒体以及现代生活节奏对阅读环境的持续影响。关于"浅阅读"的争议此起彼伏,若将其代入科技期刊阅读环境,

笔者认为大势所趋的阅读模式转变自然亦会影响科技传播领域,故在科技期刊数据库个性化模式的构建中,一个适应现代阅读习惯的领域是必可不少的,让读者可以在时间充裕、环境适宜的条件下选择深度钻研式阅读,同样也可以在变数环境下选择见缝插针式的阅读。

(作者单位:四川大学文化传播研究中心)
摘编自《中国出版》2014 年 9 月下

全媒时代学术期刊编辑信息素养提升的 SWOT 分析

韩 芳

一、全媒时代学术期刊编辑信息素养的内涵解析

信息素养(information literacy)的概念最早是由美国信息产业协会(IIA)主席 Paul Zurkowski 于 l974 年提出的,他用"information literacy"来指经过训练能够在工作中运用信息资源的能力。全媒时代,编辑必须具备很强的信息素养,才能更好地与数字化时代相适应。笔者以为,学术期刊编辑的信息素养应包括五方面内容。

(一)获取、收集信息的能力——通过各种途径高效获取信息的能力

全媒时代,不懂得电脑技术,不会使用各种搜索引擎的编辑将寸步难行。大量的信息都是通过网络第一时间发布的,它比传统纸媒时代要快速得多;因此,编辑应熟练掌握各种方法来获取信息,尤其是对电脑的掌握。从 UNIX、MS-DOS 系统到 WINDOWS XP 直到现在的 WIN8 操作系统,电脑软件的开发和应用可谓日新月异,一种系统还未掌握熟练,新的系统又产生,这就要求编辑要有学习的能力,快速掌握操作方法,以便在工作中熟练应用。

(二)分析辨识信息的能力——甄别、评价信息是否有价值的能力

在信息大爆炸的时代,拥有一双"慧眼"对于在繁冗的信息中找到有效信息至关重要。编辑必须通过收集专业学术信息不断提高自身的学术水平和编辑素质,加强编辑的探索精神,积极培养信息意识,提升编辑的信息认知、识别能力,从而判断信息是否有价值,是否可以为期刊带来社会效益和经济效益。

不论是从网站、QQ 或者是微信等网络媒体或传统纸媒获得的信息,编辑都应该运用自己的常识及知识正确、合理地进行判断,对于虚假以及不确定的信息进行核实和甄别,去伪存真,去粗取精。

(三)加工信息的能力——正确和高效加工处理信息的能力

在收集信息和辨识信息的基础上,加工信息就显得更为重要。这是信息利用的中间环节,起着承上启下的作用。编辑必须通过自身的综合素质,如专业知识、判别能力、计算机的综合运用、文字驾驭能力等来对信息进行正确地、有效地处理。如一些日常办公软件的使用,如 Word、WPS 等,以及图片处理软件如 Photo shop、CAD 等,还有一些排版工具如方正、飞腾等软件。

(四)利用信息的能力——有效将信息应用于编辑出版过程的能力

编辑应具备将碎片化视角纳入选题策划的能力,同时能够很好地以信息平台助力稿件审读。借助平台提取稿件的创新点和学术价值,这在我国一些高校学报中已经实现。如大部分高校学报使用的投稿系统,已经比较专业和完整。其中,编辑可以根据文章的摘要、关键词以及基金和参考文献来基本判断稿件的质量以及筛选稿件的审稿人。"给编辑部留言"可以使作者更好加强与编辑的沟通,表达对稿件刊发的速度等要求,更具人性化。同时,通过这样的平台,作者可以很快查阅到审稿进度,编辑可以更高效地处理稿件,加快了稿件处理速度,减少了传统投稿方式的一些弊端。

（五）遵守信息伦理的能力——具有恪守职业道德和良好的道德素质的能力

作为一名学术期刊编辑，政治素养是首要的和必要的。严把政治关是每一个编辑必须遵守的职业道德。面对网络上的各种信息，编辑必须运用政治理论、道德理论、伦理知识对其进行甄别。坚决做到不传谣、不造谣，始终坚定政治信念，严把信息的政治关，从而把握好期刊的政治方向。对于作者的学术论文以及个人信息，更要做到尊重和保护对于没有通过审阅的稿件，编辑绝不可以盗用或者转让他人。

二、全媒时代学术期刊编辑信息素养提升的SWOT分析

SWOT是由美国著名的管理学教授韦里克于20世纪80年代初提出的，最早是应用于企业战略分析。其中S代表优势（strength），W代表弱（weakness），O代表机会（opportunity），T代表威胁（threat），其中，S、W是内部因素，O、T是外部因素。

（一）学术期刊编辑的优势

作为学术期刊编辑，必须手执"两支笔"，一只红色的笔——是编辑的职责所在，也就是我们常说的"为他人作嫁衣裳"的使命；一支蓝色的笔——搞好学术研究，发挥自己的专业，对某一领域进行深入研究。不难看出，首先，学术期刊的编辑大部分都受过高等教育，有较高的学历，知识水平较高。再加上平时不断地审读学术文章，日积月累知识面较宽，对某一领域尤其是自身的专业有较深的功底，具备较强的学术研究能力。其次，编辑接受能力和学习能力较强，对新事物，尤其是电子计算机和网络等运用能力强，易于掌握现代的出版理论和编辑技术，捕捉最新信息。再次，学术期刊编辑长期与专家学者打交道，学术思想比较活跃，易于掌握学术前沿和学术动态。

（二）学术期刊编辑的劣势

虽然学术期刊编辑有较强的优势，但是，综合分析还存在以下劣势。首先，学术期刊编辑主体意识有待提高。编辑作为期刊的主体，只有充分发挥主观能动性，才能更好地提高自身素质和期刊质量。目前，一些编辑主体意识不强，有时候过于被动工作，缺乏积极性和创造性。在面对作者时，缺乏耐心、缺乏与作者沟通的能力；在面对专家时，不够积极主动，缺乏自信，很难约到高质量的稿件。其次，学术期刊编辑的编辑素养不高。几乎所有的编辑都不是学编辑出

版专业出身，但学术期刊的编校规范等素养不是一朝一夕就能培养起来的，而是由长期的编辑经验累积起来的。这就需要编辑在工作中不断地丰富和完善自己。再次，学术期刊编辑存在职业倦怠现象。职业倦怠又称"职业枯竭症"，它不同于身体的疲惫，而是工作人员长期在工作的重压之下所形成的身心疲惫感，是一种由工作引发的心理枯竭现象，这种感觉更多的是缘自心理的疲乏。由于长期从事复杂单一的工作，难免产生厌倦感，再加上晋升空间小、工资待遇不高、主办单位不重视以及竞争激烈等因素的影响，极易产生工作上的厌倦感，从而导致职业倦怠现象。

（三）学术期刊编辑的机遇

中国数字出版在保持高速增长的同时，产品形态、商业模式、运营渠道、产业环境等都有了新的变化。数字化步伐的加快给学术期刊编辑带来了机遇，具体表现在三个方面。

1. 数字出版的总体进程加快

数字出版代表着出版业的未来和方向，这是新闻出版界的共识，发展具有中国特色的数字出版业是当前出版业的重要任务。2012年数字出版收入再创新高，数字报纸、电子书发展迅速，增长幅度超过30%以上。在数字出版总产出的1935.49亿元中，互联网期刊收入达10.83亿元。数字出版企业积极求新求变，数字出版内容平台迈向开放性未来，新技术应用开启数字出版全新业态，数字出版重心向移动互联网转移，智能终端格局基本形成，数字出版保障体系不断完善。

2. 国家政策支持

2011全国最大数字出版产业数据中心项目正式在天津启动，2012年，在数字出版产业发展壮大的过程中，政府主管部门一直都是引导者和推动者。2012~2013年，政府主管部门继续推进数字产业壮大，推动具有现代企业制度和法人治理结构的市场主体的形成，促进数字出版市场快速发展。

3. 国外期刊数字出版机构进入中国

近年来，中国数字出版呈现快速发展态势，数字出版产业政策、数字内容平台建设、数字出版标准建设等方面都取得了积极进展。国家新闻出版广电总局副局长邬书林在2013北京国际出版论坛上曾指出：中国将进一步开放数字出版市场，欢迎国外信息企业、互联网企业进驻中国，与中国企业在内容生产、技术研发、标准制定、版权保护等领域进行深入合作。国外期刊数字出版机构的进入为我国数字出版注入

了新鲜的血液,带来一系列新的经营方式、办刊理念、出版模式和新的数字技术。

（四）学术期刊编辑的威胁

正如任何事物都有它的两面性,全媒时代的到来也给学术期刊编辑带来种种威胁和挑战:主办单位不重视,无绩效考核制度,期刊勉强生存的境遇以及编辑习惯了这样的环境的麻木性等,具体体现在两个方面。

1. 期刊数字出版的版权保护机制尚未真正确立

众所周知,随着科学技术手段的不断发展,从网络上几乎可以随意下载一篇文章,这也滋生了数字出版侵权案件的不断发生,如近两年出现的中国文字著作权协会代表中国作家向谷歌、百度维权,中华书局起诉汉王纸书预装"二十五史",韩寒等作家起诉苹果的应用商店等等数字版权纠纷。数字出版著作权侵权已经成为侵权的重灾区。这客观上给学术期刊编辑也带来了工作的难度,编辑需要一双慧眼和技术来确保作者的著作权。

2. 我国学术期刊编辑竞争激烈

面对数字化时代的到来和竞争激烈的出版市场,期刊在社会定位、传播方式、编辑手段、出版发行、读者群体等方面发生巨大的变化,那么学术期刊编辑同样竞争激烈。需要从不同方面提高自己的素质和修养才能适应新形势。期刊编辑需具备基本素质和特殊素质。基本素质包括政治思想、编辑业务、语言文字和有关学科的专业知识以及很强的信息素质,特殊素质要求较高,包括美学、艺术、计算机技术、经营管理和社交公关等能力。高尚的思想道德素质是成就学术期刊编辑的根本,健康的心理情感体现出编辑良好的精神面貌,编辑应具有良好的人际交往能力,当然还需具备科学精神和编辑实务技能。全媒时代,不仅仅是编辑人员之间的竞争,还是人与计算机等高科技之间的竞争。这就需要编辑不断完善和发展自己的能力,客观上也带给编辑一些竞争意识和进取精神,如果不思进取将无法适应全媒时代的要求。

（作者单位:包头师范学院）

摘编自《四川理工学院学报(社会科学版)》2014年12月

科技期刊开放获取出版的趋势及存在的问题

刘桂玲　刘　伟　郝俊勤

一、开放获取期刊趋势分析

我国科技期刊开放获取的趋势分析我国的科技期刊开放获取起步较晚,近年在科技出版界有所发展,但与真正实现快速传播、无障碍的交流和免费获取有很大的差距。

（一）开放获取期刊数量增长迅速

中国科协开放获取的期刊从2007年的140种增长到2011年的308种,占全部科协科技期刊的比例也从15.6%上升为29.3%。截至2010年6月,中国科技信息研究所共有597种开放获取期刊,占其所收录科技核心期刊的32.1%。对中科院开放获取的174种期刊(占全部下属期刊54.3%)的调查结果显示,被商业数据库收录并在网站开放获取全文的期刊有108种(占开放获取期刊总数的62%),但这些都是自行开放,资源相对比较分散,信息不易获取。

金鑫等2012年通过对开放阅读期刊联盟、中国科技论文在线、中国科学院科技期刊开放获取平台、开放获取图书馆、首席医学网等各大开放获取数据库和网站中收集到1086种开放获取期刊,以《中国期刊引证报告》(扩刊版)评定的开放获取期刊为来源期刊,共筛选出开放获取期刊797种。其中73种通过两个以上的开放获取平台实现开放获取,535种(62.24%)开放获取期刊已经建立了自己的独立网站或者在创办单位的网站下占有一定的网络空间,读者可以直接通过其自建的网站免费获取333种(62.24%)期刊的全文。

（二）开放获取期刊影响力逐步提高

从国内开放获取期刊的影响力看,与2007年相比,中国科协2010年开放获取期刊的总被引频次、影响因子和即年指标的5年平均增长率分别高于非开放获取期刊7.3%、6.2%和59.0%。BioMed Central报告显示,2011年中国科学院在BMC开放获取期刊上发表了近100篇文章,在该年度的平均下载量已超过500次。

将期刊学术影响力和网络影响力作为评定开放获取期刊影响力的因素，研究结果发现开放获取期刊学术影响力整体比较强，但学科分布有很大差异。从开放获取期刊 PR 值（网页重要性）的分布区间可见，425 种（80.65%）开放获取期刊网站 PR 值在 4 以上，表明网站权威度处在良好以上的水平，说明开放获取期刊的影响力正逐步得到扩大。

（三）科技期刊的开放获取具有广阔的发展前景

开放获取期刊的数量不断增加，认可度也在不断提升，科技期刊的开放获取及出版有着较为广阔的发展前景。蒋静于 2010 年对我国科技期刊开放获取情况进行了两次调查，结果显示，除少数期刊外，大部分期刊都由不开放转向开放，部分已开放的期刊在继续加大开放的力度。从对中国科协所属期刊杂志社对开放获取期刊的问卷调查中可见，约 60% 的被调查者认为，期刊的开放获取可有效扩大读者群及期刊的国内外显示度，可提高期刊的引证指标和科技成果的传播速度。在中国科学院 174 家期刊编辑部中，60% 的期刊愿意以开放获取的形式出版；对 108 家已经实行开放获取的编辑部调查显示，80% 以上的期刊认为开放获取大大提高了期刊的影响力。由此可知，尽管我国科技期刊开放获取出版的时间不长，多数开放获取期刊的出版年限很短，但高质量开放获取期刊不断增加，有助于期刊发展和实现科技信息资源共享。

二、我国科技期刊开放获取存在的问题

（一）运营资金短缺

目前期刊的开放获取对读者是免费的，但开放获取的期刊仍需要一定的运营资金。因此许多开放获取期刊采用的运作模式是"作者付费出版、读者免费使用"，目的是能维持期刊开放获取的良性循环，为真正实现全面开放获取提供一定阶段和形式的源动力。当然，作者付费仅能作为期刊实现开放获取的资金来源之一，尤其对还没有形成规模和影响力的科技期刊，后台的人力、物力资源的正常运转需要更多的资金支持。

发达国家在科技期刊开放获取的发展进程中，有影响力的期刊资金情况较好，由研究机构、基金会、政府及私人等提供赞助。

目前我国科技期刊的开放获取大多通过杂志社各自的网络运营体系实现部分的免费获取。2010 年 2 月，武学良等通过问卷方式调查了中国科学院所属期刊开放获取情况，统计分析了 174 种期刊自主运行网站情况、

网站全文开放情况等，结果发现，期刊开放获取中网站的维护、运营、论文上传、同行评议的开支都是杂志社承担的。由于缺少政府、基金会或大出版集团的参与和资助，大多数期刊都没有要求作者付开放获取的费用，资金问题严重制约了文献共享的实现。

（二）期刊质量参差不齐

与传统期刊相比，开放获取的科技期刊数量偏少，质量参差不齐。但 2008 年 ISI 期刊引证报告（JCR）显示，开放存取期刊仍集中在医学和生命科学领域，影响因子排名位于前列的主要分布在物理、工程与数学领域。

我国开放存取期刊的数量逐年递增，但整体质量并不乐观。统计结果显示，大约 7% 的开放存取期刊的影响因子能进入该学科领域排名的前 10%，多数开放存取期刊的影响因子排名在其学科排名的后 50%。因此要制定严格细致的客观评审标准，根据研究的规范性、数据的可靠性、撰写的严谨性来决定是否录用，而将论文的"重要性"和"影响程度"留给读者判断。

（三）版权保护意识淡薄

2011 年中国科协所属 1050 种科技期刊中有 64.3% 与作者签订了书面《版权转让协议》。对从期刊自建网站上下载的 265 份中文版《版权转让协议》的分析结果表明，有关"信息网络传播权"条款表述的准确率较低，许多协议书中缺少有关"信息网络传播权"的许可使用代理权条款和支付"信息网络传播权"报酬的条款。

由此可见，科技期刊的开放获取模式可能存在以下著作权风险。一是期刊出版者与开放获取开展机构之间可能存在著作权纠纷，大多数开展开放获取的机构并没有与期刊签订著作权使用合同。二是期刊与作者之间可能存在著作权纠纷。若由作者发起的开放获取机构，作者再次将开放获取论文一稿多投到期刊，会有一稿多投带来的道德和法律风险；开放获取出版的期刊因与作者没有签订著作权合同，也同样面临法律风险。三是作者与开放获取机构之间可能存在知识版权纠纷。在科技期刊数字出版中，既要保证科技文献的广泛传播，又要保证作者的知识版权不受侵犯，就必须在作者、出版社和技术运营商之间签署知识版权保护协议，要严格按照"先授权，后传播"的方式，合理合法地使用数字版权。四是某些商业数据库与开放获取开展机构或作者、出版者之间可能存在纠纷。由于目前法律建设还没有跟上现代信息技

术和计算机技术的发展,对著作权的解释还存在很多界限不明晰的地方,因此要求开展并参与开放获取的机构、期刊、作者及读者,要多了解有关著作法的常识,尽量规避法律风险,才能保障各方权益,真正实现科技期刊的"免费获取,资源共享"的理念。

(四)平台建设不成规模

科技期刊的开放获取在资源整合、提高网络平台建设质量和步伐、提高期刊国际知名度和共享资源、国际接轨上,具有得天独厚的优势。因此,世界各国政府、基金资助机构和高校等积极支持科技期刊的开放获取以及期刊平台的建设。

目前我国开放获取期刊的网站建设不成规模,不利于资源整合和知识挖掘。开放获取平台的规模化建设可防止重复建设,有利于出版、编辑流程的网络化,还可以节省人力和财力资源,加快我国科技期刊开放获取的国际化建设步伐。我国科技期刊开放获取的实现方式主要有加入专业期刊网站以及开放获取平台和自建网站。而我国开放获取期刊的网络平台建设还处于起步和摸索阶段,缺少整合开放获取期刊的出版平台,使开放获取期刊只能零散地提供服务。

(五)整体分布呈现"散、小、弱"的特点

我国目前还没有具备一定规模、产业链完备的科技期刊出版集团。2009年中国科协的统计显示,我国2253个单位只有1种期刊,341个单位有2种期刊,111个单位有3种期刊。这种"散、小、弱"的期刊占了我国科技期刊的70%。中国科学院主办的期刊也不过300种,中华医学会主办的期刊有123种。各省科技发展受经济条件的制约而呈现很大的差异性,科技期刊的分布极不平衡,加剧了我国开放获取期刊的"散、小、弱"的分布态势。我国科技期刊的分布特点决定了期刊集团化出版是未来科技期刊发展的必由之路。我们可借鉴中华医学会和光学会联合编辑部集团化发展的实践经验,借助学会力量或依托学科和地域的接近性组合起来,借助集团力量和资源优势,构建统一的开放获取平台,使开放获取由弱变强,由点及面、由小到大,改变目前单打独斗求生存和发展的局面。

(六)质量评价体系不够完善

随着科技期刊开放获取方式的快速发展,传统期刊的评价指标和评价体系已不能适应开放获取期刊的质量评定标准。对纯网络期刊的质量评价,需要多种期刊评价方法相结合。通过对近些年网络化期刊的评价方法与体系研究文献的比较发现,秦金聚提出的针对纯网络期刊的质量评价指标体系相对比较完善。该网络期刊评定方法更侧重期刊稳定性(运行稳定、远程服务可靠)的权重,增加了传播质量评定指标(网络期刊访问量、易用性、检索性、订阅发行和使用许可期限),符合网络期刊的特点。2009年1月18日,《PLoS综合》总编Peter Binfield 在 Science Online (2009年美国科学博客大会)上宣布了"文章级指标计划",即对《PLoS综合》期刊发表的单篇论文进行指标评价,该质量评价将直接关系到期刊学术质量和影响力评价。李宁和楼文高研究的期刊学术水平综合评价的神经网络模型是对网络期刊出版评价指标体系进行了研究,但这两种方法均没有把特征因子、声望指数以及H指数等纳入评价体系。

因此,开放获取期刊的评价也要结合单篇文章的评价,如被引情况、下载数量、网络链接量、同行评议、评价后产生的文献级别、即时访问量、评级和作者评价等。进一步完善开放获取科技期刊的质量评价体系,为科技期刊的开放获取提供有一定价值的规范和评价标准,是其高质量运营的保障。

(作者单位:解放军医学图书馆)
摘编自《中华医学图书情报杂志》2014年5月

近五年我国科技期刊运营模式研究综述

闫 群 张晓宇

一、内容建设精品化

期刊品牌是由办刊理念、内在品质、经营理念、外在风格等要素整合而成。

(一)学术质量

提高科技期刊的质量一般从论文质量、编校质

量、编委队伍建设、期刊栏目策划等方面入手。

科技期刊的产品就是学术论文，"文章好是硬道理"，没有权威性和创新性的学术论文则不可能给读者提供附加值，更谈不上塑造读者信赖的品牌。高质量的论文不仅依靠作者投稿，还需要编辑的策划和组稿，对重点选题加以重视和扶持，跟踪国家重点科研攻关项目，争取创新科研成果的首发权，并保证高水平论文在第一时间迅速登出来。

科技期刊编辑委员会（简称编委会）在期刊的学术指导和学术把关方面，以及期刊内容精品化建设和培育方面都有举足轻重的作用，特别是编委中的学科带头人、著名专家、院士的数量，从一个侧面说明期刊的学术影响和品牌凝聚力。编委往往是各学科的知名学者、重大科研项目的负责人和首席科学家，他们最了解学科的前沿与热点，拥有较强的影响力和号召力。所以科技期刊应选择学术水平高、热心期刊工作、活动能力强、社会交往广泛的知名学者来担任编委。

（二）网络建设

当前，我国科技期刊网站构建有以下几种形式：单刊独立建立网站、多刊联合建立网站、依托主办单位网站、加入学科信息网站，以及加入国外网络出版商的网络平台。

期刊网站的功能和内容主要包括6个方面：①期刊信息的发布；②期刊内容的数字化；③在线办公；④为读者提供服务；⑤期刊在线经营和管理；⑥其他：如有些期刊网站还为读者提供科普园地、行业数据资料、名词术语查询、专家博客、编辑荐图、技术资料、成果展示、产研合作、专家讲座、培训资讯，等等。由期刊网站的功能可以看出，加强期刊网站的内容建设是提升期刊核心竞争力的有效途径。而网络影响因子对评价网站质量和测定核心网站也具有重要价值，网站的影响力能够在一定程度上反映期刊的影响力。

（三）国际合作

通过国际合作，推进期刊国际化发展。科技期刊国际化是未来发展的必然趋势。引入国际上的优秀办刊模式，并依据自身特点逐步增强自主创新能力，推动科技期刊走出国门，提高期刊的国际影响力势在必行。因此，与国际出版商合作并借鉴国外先进办刊经验，是编辑部探索科技期刊国际化发展道路的重要途径。为了进一步扩大科技期刊的国际影响力，树立期刊品牌，我国英文科技期刊大多采用与国外出版商合作的方式。

国际知名科技期刊在内容建设精品化方面成效显著。国际知名期刊对出版的各个环节要求极其严格，保证每篇论文的高质量和编校的高标准，进而强化了期刊的品牌效应。不断进行用户需求分析，增设和改造专栏，并强化读者关注较多的版块，提高期刊的关注度。国际知名期刊在全球广泛寻求出版合作伙伴，横向联合的规模不断扩大。以 Nature 为代表的 NPG 集团与国际著名学术团体、学会合作办刊的刊物已超过 50 种。上文提到的中国影响因子最高的 Cell Research 就已归入 NPG。

二、传播手段数字化

（一）网络营销

要实现科技期刊效益的最大化，就应该形成电子期刊营销和纸质期刊营销的互动，建立科技期刊的信息资源整合系统。当前，我国科技期刊的网络营销主要分为三类：科技期刊自建网站营销、借助国内外出版商和信息服务商进行网络营销及以手机为代表的移动终端营销。

1. 期刊自建网站营销

在期刊网站上提供全文的数字资源，读者免费或网上付费后可阅读或下载文章全文。期刊自建网站在实现产品形态数字化和传播渠道网络化的同时，也实现了内容生产数字化、管理过程数字化，这是扩大期刊显示度，提升期刊核心竞争力的有效途径。

2. 借助国内外出版商和信息服务商进行网络营销

一种是国内信息服务商汇集、整合期刊内容后通过数据库的形式销售，销售获得的利润与期刊社分成。当前我国国内做的比较好的科技期刊数据库主要有中国知网、万方数据资源系统和维普资讯，他们分别通过其子网系统中国学术期刊网、万方数字化期刊群和中文期刊全文数据库提供传统印刷期刊的数字化服务，实现产品形态数字化和传播渠道网络化。期刊社可采取多家许可经营或是独家授权经营的方式，将印刷版期刊全文在数据库商的网络平台上传播、销售。另一种主要是针对与 Elsevier、Springer 等全球性和区域性大型出版集团合作的期刊（以学术水平较高的英文刊为主），这些刊物借助国外出版商的品牌、成熟的国际销售渠道及完善的网络平台，在更广阔的范围销售。通过建立科技期刊的信息资源整合体系，将高质量的科技信息资源、独特的信息分析工具和专业的信息管理模式整合在一起，使其兼具科技信息的查阅、检索、存储、分析、评价与管理等多项功能。开展电子商务，扩大电子期刊的发行，使科技期刊的知识效益、社会效益及经济效益最大化。当前大部分期刊是在纸质刊出版后，再将内容在出版平台数字出版。由于出版平台还需对数据进行加工，因此数字出版一般都较纸质出版延迟。针对此问题，Elsevier、Springer 等国外知名出版商推出了期刊优先数字出版，即以印刷版期刊录用稿件为出版内容，先于印刷版期刊出版日期出版，提高了科技论文的时效性。

3. 以手机为代表的移动终端销售

手机媒体从用户数量上已经超越所有传统媒体，以手机为载体的媒介，因其个性化、随身性、便携性的特征，预示着手机媒体时代的来临。此外，二维码等技术的流行，也为手机用户通过移动终端下载文献提供了便利。基于手机的阅读已经成为一种趋势，这也为期刊的网络营销开辟了新的领域。

(二)OA 出版

1. OA 出版概述

OA(Open Access)是一种基于开放存取的数字出版方式，采取"发表付费，阅读免费"的模式，具有信息数字化、在线出版和传播、免费获取、赋予用户宽泛的使用权限(免除版权和使用许可限制等)的特征。其利用互联网整合科学、文化资源，在使信息得到广泛传播、交流的同时，降低了传播成本，从而提高了科学研究的共享程度。目前，开放存取的实现途径主要为开放存取期刊(Open Access Journal)和机构仓储(Institute Repository)。其中，开放存取期刊是基于开放获取出版模式出版的期刊，是论文经过同行评审、网络化的免费期刊；机构仓储是指收集并保存单个或数个大学共同体知识资源的知识库。由于开放存取期刊有专门的编辑队伍和同行评审机制，其收录的论文往往较机构仓储收录的论文具有更高的文章质量和参考价值，成为了开放存取的主流。期刊 OA 出版模式有利于扩大期刊显示度、创立学术品牌，在学术传播效益最大化等方面具有明显优势。

2. 以期刊 OA 出版为抓手，积极推进数字出版

期刊 OA 出版不仅在运行成本、获取方式、提高刊物影响力等方面的优势日益凸显，而且有助于提高期刊的显示度，加快科研成果的交流速度。建议我国政府部门提供专项资金支持 OA 期刊的创办和发展，同时也加大对我国科研工作者在 OA 期刊上发表文章的经费支持力度。加强对 OA 期刊的质量控制，提升办刊质量，通过期刊的品牌和影响力吸引优秀稿

源，实现 OA 期刊的良性发展。全面推广期刊 OA 出版，实现科技成果共享，促进学术交流，进一步提高科技成果转化效率。期刊 OA 出版对于提升我国科技期刊的学术影响力，促进科技成果转化，加快推动我国科技期刊数字化出版进程等方面将发挥重大作用。

三、运营方式多元化

(一)传统运营项目

我国科技期刊大多是单刊独立分散经营，其主办单位往往是科技学会、科研机构、大专院校等独立机构。当前，我国科技期刊的收入主要来源于政府拨款和基金资助、版面费、纸版发行和平面广告。

(二)学术活动

期刊社通过举办学术会议为该领域的专家、学者搭建学术交流平台，促进我国学术交流与发展，提升期刊的学术影响力，吸引更多的优秀稿源。同时，利用期刊资源为科研院所和企业搭建交流平台，促进相关行业产学研的发展。通过学术会议，根据对专家及研究热点的关注度和评价，结合自身的专家资源和学术服务平台，有针对性地组织学术讲座和培训。一方面利于编辑把握学术动态，加强与领域权威专家的密切联系；另一方面利于培育和壮大读者、作者、编委和审稿队伍。另外，举办学术活动不仅使期刊社获得了直接的经济收益，同时也吸引了潜在的广告客户，可为期刊的持续发展提供经济支持。举办学活动可以提高科技期刊的整体水平，尤其在提升期刊品牌效益，凝聚专家资源，获取稿件来源，提高编辑专业素质，提升经济效益等方面作用显著。具有行业学术优势和较强社会交流能力的期刊可以尝试举办或承办学术会议，壮大期刊社实力，实现社会效益和经济效益共赢。

(三)咨询服务

具备行业专业优势的期刊社可发挥期刊的学术影响力及信息畅通、专家荟萃、横向联合的特点和优势，申办咨询资质，开展咨询服务。我国基本上每个行业都有自己的期刊，期刊社可以通过与审稿专家、知名作者及编委会的良好合作关系，结合自身优势，对行业信息进行分析、过滤、分类，并根据需要展开信息收集工作，为相关企业组织召开专家咨询会、产品论证会等，请相关专家为企业的发展把脉，为提高企业的竞争力提供决策咨询服务。我国行业期刊社开展咨询业务的并不多，期刊行业在咨询方面具有极大的优势，其业务拓展空间巨大。学术咨询服务对于赢得社会认可，提

升期刊的品牌影响力,获取合法利益起到积极作用。

(四)增值服务

数字化增值服务的特征之一是以客户的具体需求为中心,增值服务应该围绕使价值链增值的目标,针对不同群体提供不同的增值服务。

1. 文献深度开发

对过刊文献实施二次开发或三次开发,发挥文献的学术价值,制作成不同的学术产品,满足不同专家、学者对文献的需求。开发特色文献产品——与公司合作,针对公司推出的某种产品,将期刊中与此相关的论文摘选出来,制作论文集或是电子论文册,推送给目标群体,以获取利润。

2. 专题策划

期刊社可结合自身的学术优势和当前的研究热点出版专刊;也可以针对刊物的定位,设置不同的专栏,专栏可以通过公司冠名或为公司做广告等形式,赚取利润。

3. 抽印本

本着"按需制作、按需印刷"的原则,为作者制作个性化的"抽印本"。期刊社也可对含有新技术、新方法、新产品等具有推广价值的学术技术资料的科技论文制作"个性化版本",如加印企业介绍、宣传性照片等,实现赢利。

4. 学术中介

期刊社也可以利用自身的学术资源、专家资源和信息资源,为科研机构和公司搭线,促进科技成果转化,为企业拓展市场提供学术服务,期刊在学术服务中赚取服务费。

5. 网站广告

科技期刊的门户网站是科技期刊展示形象和资源的重要窗口,在不影响期刊整体方向的情况下,做一些专业相关的产品、会议、人才招聘等方面的广告,实现更好的经济效益,支撑期刊持续发展。

多元化运营也是国际知名科技期刊的有效运营手段。NPG 的赢利模式主要是围绕传统订阅、数字产品销售和增值业务进行的。与此同时,NPG 还不断拓展各种赢利模式,开拓全球的学术出版市场,以满足不断变化的用户需求。如各大知名期刊不断承办各种国际会议和学术活动,并借此获取资源、扩大期刊影响力。据 NPG 官方网站显示,2013 年 Nature 学术会议就举办了 14 场,《柳叶刀》(Lancet)每年也举办约 2 场专题国际学术会议。国际知名期刊也非常重视广告收入。广告业务主要分为在线广告和印刷版期刊广告两部分。期刊借助自身的品牌效应、规模化的发行和高品质的服务,吸引高质量的广告客户,保证广告水平和期刊的学术质量一致。如 NPG 为帮助客户提高广告投放的准确性,NPG 集团网站上每年会发布详细的期刊目标读者分析数据

(作者单位:北京中科期刊出版有限公司)

摘编自《中国科技期刊研究》2014 年 8 月

多媒体融合环境下学术期刊数字出版质量提升策略

赵 宇 赵锡平 丁嘉羽

随着数字技术、网络技术和多媒体技术的迅猛发展,学术期刊的出版理念、生产模式、出版形式、经营方式等都发生了根本性变革。《2011~2012 中国数字出版产业年度报告》建议,政府管理部门及业界应加强阅读内容开发,加强核心技术的应用转化能力,不断提升数字产品的市场契合度,提高数字技术创新能力,加强市场整合,建立产业链协调机制,促进数字出版的良性均衡发展。学术期刊正在经历深刻的数字化革新浪潮,单纯提高纸质期刊的出版质量已不能适应多媒体融合环境下的数字出版要求,因此着力提高数字出版质量势在必行。

一、内容为王

国外数字出版产业链中多以内容提供商(如 Elsevier,Springer)为主导。但在我国,目前数字技术提供商主导数字出版产业链,增值作用较大,但随着我国数字出版产业链的不断成熟,价值增值的重心将向数字内容提供商倾斜,技术永远不能代替内容,学术期刊应该在基于数字化的内容资源拓展上,在数字出版技术革新上,在期刊的出版形式多样性上下工夫,充分发挥并利用内容资源优势。

（一）多渠道内容资源拓展

学术期刊应通过数字平台（如期刊博客、论坛、社区、俱乐部等）加强编辑、作者与读者之间的互动交流，具体可采用读者反馈、问卷调查、投票、辩论等灵活的方式。同时，还可以开展各种线上线下活动，线上活动包括在线访谈、视频访谈、在线调查、评选、征文等；线下活动包括学术技术研讨会、主题沙龙等。通过丰富多彩的互动服务发掘兴趣热点及读者（包括潜在作者）资源，这样既扩大了忠实读者群，又为扩展内容资源开辟了一条高效、低成本的途径。

（二）数字出版技术革新

目前科技期刊数字出版应用分为数字内容生产、采编系统平台、数据库平台 3 个大的类别。在国际上均有统一的标准或主流技术：①科技期刊数字内容生产以查尔斯沃思公司研发的一种先进的内容解决方案系统——AutoProof 为典型代表；②通用的期刊在线投审稿平台以汤森路透公司的 ScholarOne Manuscripts 采编平台为代表；③学术全文数据库平台以 Elsevier 公司于 2010 年推出的一个整合该公司主要产品并鼓励科学界合作开发定制化搜索和发现应用程序的创新平台——SciVers 为代表。

在数字出版中的期刊数据标准化文档建设方面，各大著名出版社基本上都是采用基于可扩展标志语言（eXtensible Markup Language, XML）技术。XML 可按照统一的格式灵活采集各类电子信息到内容资源库中进行管理、加工、整合和共享，在各种媒介进行内容发布或按需印刷。XML 为新媒体环境下实现集纸版、网络、手机、电信等为一体的数字化复合出版提供了强有力的技术支持。

而万方、CNKI 和维普公司等国内大型学术出版平台中，无论是期刊的上网格式还是信息检索手段，都没有统一的技术标准，也没有与国际标准相衔接，很难实现学术期刊的全球知识信息资源的共享共建。因此，学术期刊作为核心内容提供商，要时刻关注数字出版技术的发展动态，以期更好地选择和使用数字出版新技术，进而推动相关行业标准的制定，加速数字出版国际化进程。

（三）丰富内容表现形式

随着多媒体技术的不断发展，单一的纸质期刊表现形式已不适应各种新媒体载体的需要。学术期刊应该在内容资源加工的深度和广度上，利用相应的数字媒体技术对内容资源进行深度加工，形成细粒度"碎片化"数字内容，用多媒体技术拓宽内容的表现形式，把文字、声音、图形图像等信息加以融合，使得信息内容更加生动，便于读者学习和理解，用内容的生产和创新提供新的增值服务，完善服务功能，从而满足读者对个性化数据服务的需要，实现个性化出版。

二、多媒体融合出版

在数字出版时代，任何依靠单一媒体的出版产品，其赢利机会都要远逊于能够进行多媒体运作的产品。学术期刊应在完善已有网络平台的基础上，开发新媒体平台下的数字化产品。

（一）重新审视网站内涵建设

1. 建立全方位信息发布平台

网站除了提供纸质期刊出版内容的浏览和下载以外，还应定期发布行业研究热点、新闻动态、会议信息、争议焦点，甚至时事新闻等全方位信息，以期吸引更多行业相关读者的关注度，提升期刊显示度。

2. 建立互动服务平台

为读者和作者提供信息咨询平台和互动交流平台，通过对平台中反映出的问题和建议进行汇总、分析，及时解决问题、完善网站建设。甚至可以从中挖掘出有价值的主题开展征文及研讨活动，在吸引更多潜在读者的同时，更能吸引高质量的稿件。

（二）基于移动互联终端的新媒体出版

学术期刊数字出版的下一步整合必然围绕移动互联终端展开，尤其是基于 iOS, Android 等系统平台的智能手机、PD 等移动终端的发展异军突起，成为继报刊、广播、电视、网络四大媒体之后的"第五媒体"。学术期刊的数字化产品也正逐步向互动化、移动化和赢利模式多元化迈进。

三、市场化运营机制

（一）版权收入

目前，我国科技期刊数字出版的利益分配机制还不完善，加之学术期刊长期以来对版权的重要性认识不足，不重视版权的转让与经营，最终使得掌握主要内容的学术期刊在数字出版产业链中话语权较弱，缺少议价能力。

在这种合作模式之下，首先，学术期刊要重视作者版权的获取，这样才能在与数据库出版商的交易中处于较有利的位置。其次，在获得版权后，除了进行数字出版，还要重视对版权的开发和经营。国外学术期刊版权经营收入要大大高于我国学术期刊,原因在于国外学术期刊有多种经营和开发版权的手段。如通过差异化定价、捆绑销售提高期刊(或论文)的订阅数或下载量,通过自建网站或与版权结算中心(CCC)这样的机构合作开发期刊版权,开发图、表等论文中材料的版权,论文版权利用与开发不仅限于出版,更着眼于培训、宣传等领域。因此,学术期刊应重视版权的获取和版权转让与经营,达到版权收益最大化。

(二)个性化定制服务

学术期刊具有分众化特性,其读者成分相对单纯,因此,基于优势学科群建设的专业性、个性化定制服务具有较好的发展前景。这是因为专业性学科内聚力强、服务对象明确、产品个性鲜明,同时能提升期刊群体的谈判地位,不需要出让科技期刊的在线数字化出版权(掌握主动、留住增值利润),且可以平等地与综合性信息服务平台合作和竞争。

学术期刊个性化服务即根据用户需求为其提供相应的定制服务,这一服务模式包括文献推送服务、文献的校阅和评价、查询文章的链接、论文再版服务、数据统计等,定制最新目录邮寄,以及为作者、读者提供按需印刷服务,收取印刷费用等。出版业正在从传统单向式经营模式向双向、互动式服务模式转变,学术期刊要以用户为第一要素,提高服务品质,寻求更多的赢利空间。

(三)第三方广告赢利模式

学术性期刊存在专业性强、读者面窄、发行量小、版面风格单调等不足,在广告竞争中优势不明显,但是它也具有其特定优势,那就是拥有长期相对固定的行业读者群,他们既是期刊的阅读者,又是该领域产品的消费者,因此在选购相关产品时,此类期刊多是他们寻找信息的首选。因此,可尝试在期刊网站上刊登或聚集大量有用、新颖的学科或行业信息,通过内容吸引读者,以提高网站的访问量,从而吸引广告的投放,然后以广告收入来获取经济回报。这种依靠免费的数字内容吸引受众,最终通过网络广告和增值服务获得收入的方式即为"第三方"赢利模式,它是未来发展的趋势,但前提是期刊必须在内容与设置方面提高品质,聚集最大量的读者群,树立强大的品牌,才能有效地吸引广告商的加入。

(四)创新营销范例

2009年3月,美国《时代》周刊创办为读者量身定制的"自助"杂志《我的》。读者可从《时代》周刊、《体育画刊》《美食与美酒》《返璞归真》《金钱》《型时代》《高尔夫》和《旅游+休闲》8种杂志中任选5种,挑出自己感兴趣的栏目重组成一本36页的杂志免费订阅,总共有56种选择方式。

美国《娱乐周刊》在2012年9月18日出版的纸质期刊中,嵌入一个超薄LCD液晶屏和一个迷你扬声器,用户一打开杂志,视频广告的图像和声音就会自动通过媒体播放器播送出来。由于使用了迷你播放器,《娱乐周刊》当期每本杂志的成本从12美元激增到30美元。

发行订阅方面以赫斯特(Hearst)为代表。赫斯特推出针对订阅者的E-mail新闻订阅业务,收到E-mail新闻的读者可以通过点击"绿色网站"(The DailyGreen.com)进行回复。在这个网站上,《美丽家居》的订阅者可以获取如何节省家庭开销的信息,《大众机械》的订阅者可以查阅"2008年10大最省油汽车的信息"。通过这种的方式,期刊订阅者顺利转化为"绿色网站"的流量。

(作者单位:上海大学学报 济南大学学报)
摘编自《中国科技期刊研究》2014年2月

电子期刊"微媒体"传播策略分析

李雪峰 王 超

一、多平台传播:电子期刊"微媒体"传播的优势分析

(一)电子期刊微博传播:"粉丝围观"提人气

电子期刊认证微博官方,通过发布有价值的观点言论制造粉丝"围观现象",引发粉丝的转载评论,实现二次传播,将期刊推向更为广泛的大众视野,增加期刊的曝光度。

就如何制造"围观"现象而言,热点新闻、心灵鸡

汤、生活常识等都是能够引起粉丝关注的话题。以微博上拥有940万粉丝的《新周刊》为例，其策划的"内地人不会说'让一让，谢谢'"等话题，短时间内即在微博上引起了600多人的评论和转发。由其主持的"话题社"截至目前已经得到183.6万次的高阅读量，以及近千条的评论，"话题社"的话题也被多家媒体及粉丝转发进行二次传播。

（二）电子期刊微信传播："精准传达"读品质

微信通过订阅号或服务号，每天定时推送一条信息，将精华内容以"点对点"的方式精准地投递到用户手中，不仅提高了信息的到达率，而且也增加了更多有质量的内容。微博推送的内容主要以新鲜度、娱乐度衡量信息的质量，而且短小精悍也是其主要特色。相比较而言，微信推送的内容多是期刊高品质的文章，将读者带入到期刊的文化氛围中。通过对比《中国新闻周刊》的微博与微信推送的信息可以看出，《中国新闻周刊》在微博上发表的内容多为生活类服务信息，如"睡前5件事有助长寿""成长道路上的9个关键词""早起10件事全天好心情"等，而涉及期刊新闻的内容相对较少，仅为吸引更多粉丝的关注。但是，其在微信订阅号上推送的信息则多是与周刊新闻相关的内容，如《行走，在伦敦的酒吧》《政府和市场的边界在哪里》《龙应台：目送》等高品质的文章，吸引读者深入阅读，并进入微社区进行话题互动。

此外，针对订阅号信息推送时间方面，由于订阅号每日只能推送一条信息的局限性，因此信息的推送要安排在用户使用微信的高峰期进行，以增加用户查看阅读信息的几率。据统计，微信日均在线用户时间分布高峰分别为12点至13点、16点至17点，以及22点至23点（晚间高峰是一日中最高点），与用户一天工作的休息时间重合，因此适宜将推送时间安排在这些时段中。

针对订阅号下拉服务栏目内容设置方面，三个栏目分别以周刊内容、微社区互动、线下活动等内容为主，通过为五种期刊栏目设置的标题与主要内容可以看出，下拉服务栏目体现了期刊的风格特色。《新周刊》的自主TV秀，《香港凤凰周刊》I-FACE线下活动，都是期刊的品牌内容。此外，编辑征稿、微社区也是不可缺少的版块，这两个版块都重在引发读者用户的参与，增加与用户的互动。

（三）电子期刊客户端传播："品牌延伸"辟新路

电子期刊客户端的推出，一方面，从读者角度上看，迎合了当前移动终端消费市场的需求，突破了电子期刊只能进行网页浏览的限制，为读者用户营造了更加便捷、即时的阅读环境。另一方面，从媒体品牌的角度上看，新式的媒介属性也为企业"品牌延伸"开辟出新道路，成为品牌宣传的新选择。

目前已有众多纸质期刊建立自己的电子期刊客户端，但对于花费了大量人力物力财力维护并需要不停研发和充实内容的客户端，难以真正以独立的方式实现存活甚至赢利。张光凯在其《如何从手机新闻客户端掘金》一文中，就对客户端赢利提出了相应的意见建议。例如用户可以通过客户端免费使用产品（阅读新闻资讯等）的过程中，嫁接有成功赢利模式的第三方平台，从而间接实现收入。比如重庆有一款新推出的手机游戏，只要用户将手机摇一摇，就会"喜从天降"有机会中奖。用户持手机奖券到本地商家消费时可享受折扣、优惠、免费等各类实惠，消费后还可获得更多摇奖次数；用户还可以将获得的奖品赠送、交易给好友消费时使用。如果将该款手机游戏嫁接到报业集团拥有海量免费用户基础的新闻客户端上，则可促进合作双方的用户数量正向叠加和呈几何级数增长，如果再引入成熟的第三方支付平台，则报业集团、游戏公司、运营商以及支付平台就会实现多赢。

二、电子期刊"微媒体"互联传播存在问题

（一）互联形式简单易被忽视

目前，电子期刊在将微信、微博、官网客户端捆绑传播的方式主要是，在微信上展示微博及官网客户端的内容版块主要是在每篇新闻的末尾处，以不同颜色的字体区分开来。如《新周刊》即在每篇文章的末尾处以蓝色字体标明"【关注我们】：微博@新周刊；微信：new-weekly；官方客户端：在各应用市场下载"。以末尾文字批注互联的形式，一方面容易被略读文章的读者所遗漏；另一方面，即使读者看到了文字提示，繁琐的操作过程也会让其望而却步。

此外，官网客户端隐蔽的转发设计也不容易引起读者的关注。以《Vista看天下》为例，其官网客户端的期刊文章转载键被设置到下拉菜单中，并没有设计成转发符号以及任何提示读者可以转发的信息，不便于读者在阅读过程中即时转发。

（二）互联内容互动效果欠佳

新浪微博开设的"#日微信#"版块，是媒体期刊等微博已认证用户介绍其今日微信内容的专门性平台。以《三联生活周刊》为例，其在2014年4月29

日发布的以"#日微信#"为开头的微博，就是介绍其官方微信以讲述英美剧台前幕后的故事为主，吸引粉丝前往其微信平台阅读。就电子期刊微博该版块内容而言，除非微信文章可读性特别强，不然很难调动读者前往阅读的积极性，导致其到达率较低，黏性较差。

使读者主动参与阅读活动，需要文章本身具有一定的驱动性。其中，驱动性一方面来自文章可读性较高的内容，另一方面源自读者参与性较强的互动。但是目前微博、微信、客户端的互联传播没有充分的互动内容，仅停留在互相绑定内容的层面上，导致传播效果欠佳。

三、电子期刊"微媒体"互联传播建议

（一）形式上：便捷设置增加三者链接黏性

电子期刊微博、微信、客户端链接的方式包括微博与微信、微信与客户端、微博与电子期刊客户端这三种。其中，在电子期刊中链接微信、微博的方式主要是客户端文章中转发键的设置，在转发键的设计过程中，要注意突出强调转发的概念，让读者在阅读到好文章时，能够即时将其转发到自己的圈子里，增加期刊的曝光率。在微信、微博中链接客户端的方式主要是在其中明确标注出客户端的二维码，便于读者直接下载添加，若没有足够空间安放二维码，则应提供相应的安装指南，为读者减轻操作负担。

在电子期刊微信中链接微博的方式主要有在微信订阅号的文章中提示读者，可以在其微博里进行互动讨论。一方面引导只是订阅微信的读者关注其微博，另一方面让已关注微博的微信读者回归到微博中进行互动，最大化增加二者之间的链接黏性。在电子期刊的微博中链接微信的方式主要是通过设置专门的栏目板块，对微信内容进行宣传。此外，电子期刊

微信与微博链接的方式还可以互相宣传对方的二维码，便于用户进行互动添加。

（二）内容上：交叉活动加强用户的参与性

微信、微博作为社会化圈子依靠其众多的朋友关系网，可以开展丰富的互动活动。通过与好友间的互动，一方面能够增进人际关系的融合，一方面能够借助"人情味"进行各种产品、观念的传播。因此，电子期刊在"微媒体"上传播时，要重在依靠"关系"网络进行口碑传播。其中，重中之重的就是要以交叉丰富的互动活动，调动用户参与传播的主动性、积极性。

针对微信与微博的交叉活动来说，可以利用微博发布关于电子期刊的信息，向微信用户提供转发评论赢好礼的活动。例如，评论微博并转发至微信朋友圈可赢当月电子期刊或微博会员使用权等。此外，还可以在微博中发起电子期刊最喜爱文章评选活动，并分享至微信朋友圈，扩散发布评选活动，在最终结果公布后可以选取优秀用户赠送阅读卡或实物进行奖励。

针对微博、微信与电子期刊客户端的交叉活动来说，一方面，可以鼓励读者，在阅读电子期刊过程中将好文章转发至微博、微信中，每月转发文章达到一定数量者可以凭借转发凭证获得一份相应的奖励。比如微博中"#多看阅读#"就通过挑选优秀的读者评论进行免费赠书的活动，粉丝被选中后所赠的电子书需通过下载其客户端进行浏览。另一方面，在微博、微信中添加"下载电子期刊客户端，即可体验3个月免费阅读电子期刊"的信息，并附上下载方式，鼓励用户积极下载其客户端。

（作者单位：山西大学文学院）

摘编自《山西高等学校社会科学学报》2014年9月

国外专业期刊经营管理简析

李 禹

一、国外专业期刊的发展现状

依照国际期刊联盟对全球主要期刊国际和地区

的统计，欧美国家以及东亚国家（中国、日本、韩国）是当前出版期刊数量最多的国家，而期刊的出版数量与各个国家的经济发展状况也有较大联系。比如对

于美国、日本以及西欧等经济较发达的国家和地区，由于其文化和科技水平相对较高，在文化等许多方面有强势地位，在专业期刊的出版数量和出版质量等方面也优于其他发展中国家。

(一)专业期刊的经济来源

广告是现阶段各国期刊的主要收入来源，期刊的广告经营额可以作为衡量期刊产业规模的重要依据；而广告业的发展与一个国家的经济发展水平有着较大的关联，总体而言，期刊广告经营规模较大的大都是经济发达国家和地区。同时，不同国家期刊业的产业规模和发展实力也具有一定的差异，这主要通过两个标准体现出来。其一，期刊业的产值在整个出版业中所占的比重。比如日本是一个期刊销售大国，期刊是其国内各个出版社的主要收入来源，杂志的销量占据了书店销售额的50%以上。其二，期刊广告收入在期刊收入总量中的比重来衡量期刊的发展规模。国际上有七种主要的期刊类型：妇女杂志、综合类、专业类、学术类、商贸类、财经类、消费类。专业期刊作为期刊中的一个重要组成部分，由于其自身的专业性和学术性特点突出，读者群体相对固定。尤其是在西方发达国家，专业性期刊在整个社会和经济生活中占有重要地位，因国家经济文化发展水平高、公民消费能力以及期刊自身专业特点等因素的影响，专业期刊的发展规模和实力都较强，在社会上也有固定的消费目标群。即使在经济不景气的时期，相比其他娱乐类期刊，专业性期刊的销售量也不会受到太大的影响。

(二)专业期刊的集约化发展

从产业集中度方面分析，市场化以及产业化水平是衡量专业期刊实力的重要体现，在国外，专业期刊都经历了近百年的激烈的市场竞争和兼并重组，进而逐渐形成实力雄厚的大型期刊集团或者传媒集团掌控专业期刊的现象。比如，美国传媒业的高度垄断是其最主要的特点，期刊并购案不计其数，大多数的专业期刊都被知名传媒集团所收购，在时代华纳集团内部就包含有十几种期刊和多种专业型杂志。期刊产业高度集中使得美国期刊的广告份额较高，期刊的发行量和权威性也很高。

二、国外专业期刊的消费市场

专业期刊作为一种记载专业学术知识和推动专业领域发展的重要媒体，是人们文化消费的重要组成部分。随着社会经济的快速发展，期刊消费在人们整

体消费中所占的比重也在不断提高，读者消费能力的提升和消费结构的变化，客观上促进了专业性期刊的发展，吸引着更多的广告商针对专业群体投放广告，进而不断推动着专业期刊的发展。通常情况下，一个国家或者地区的期刊市场需求受到读者状况、读者阅读时间、购买力等因素的影响。所谓读者的基本状况主要包括读者的年龄、性别、职业等，这些因素会潜移默化地影响人们的消费。在读者的结构上分析，专业期刊主要是针对具有较高知识文化水平、对某一方面想深入研究的读者群，一般要求读者具有较高的文化水平和知识修养，并具有较高的阅读欲望。

三、国外专业期刊的经营管理策略

国外专业期刊的经营管理策略主要包括塑造期刊品牌形象、拓展期刊发行渠道、加强政府宏观管理等，笔者在本文中从以下三方面进行简要概括分析。

(一)塑造专业期刊的品牌形象

期刊的品牌形象是专业期刊的核心竞争力，由于这种品牌形象独特的专业性，使其具有其他期刊所不能代替的优势。比如，《财富》的品牌形象是与整个资本主义社会商业紧密联系的高度权威性，而《福布斯》之所以受到全球金融行业的高度关注是因为它对私有企业的关注。为此，在专业期刊的经营管理中应该高度重视其内容的专业性，树立自己的品牌形象。以《国家地理》为例，其成功之处在于自身形成的独特的经营风格和品牌形象，在期刊的编辑中，图片质量、编辑画面、文字与图片所占比重等都进行了严格的规划和编辑，强调艺术与科学的完美结合，编辑人员每天从上万张摄影作品中搜集几十张甚至十几张照片为期刊所用，也正是这种精益求精的要求使得这本杂志畅销全世界。

(二)多元化的期刊发行渠道

在专业期刊的发行方面，国外实行多元化的发行渠道。比如在美国，专业期刊的主要发行模式包括四种：其一，期刊通过出版物总销售公司、中间商，最后发给读者；其二，经由出版物总销售公司、零售商，再到读者；其三，由出版公司、中间商发给读者；其四，经由邮局直接发给读者。出版物总销售公司是整个期刊发行中邮局的最主要竞争对手，其发行方式灵活可靠。除此之外，在国外还有一种期刊发行方式是免费赠阅，以帮助人们更好地了解相关期刊，吸引其长期订阅。还有很多专业期刊社为了增加订阅者，让专门

的推销人员直接到每家每户争取订户。现阶段，随着互联网的发展，网络作为一个新兴平台成为专业期刊扩大发行量的又一重要手段。

（三）政府的宏观管理

首先，在大多数的西方国家，对于出版物的管理大都实行事后追惩制，也就是说对于出版主体的过失采取事后干预的出版管理办法。此外，对于调控出版活动的法律都比较严格，调控范围也相对较广。比如在规范出版业的市场竞争方面，日本有专门的《大规模零售店铺法》，对书店的面积加以严格限制，对于期刊出版物的没收、吊销许可证等处分，大都是由法庭行使，行政机关在一些特殊情况下可以没收出版物，但是必须在限定时间内交给法庭审查决定，这在很大限度上维护了出版者的权利，很有利于专业期刊的发行。

其次，在国外尤其是发达国家，对期刊的调节主要是依靠市场和政府的经济政策。从政府的角度来说，针对不同的期刊发行，在税收、信贷、邮资费率等方面都采取不同的政策，对于很多非赢利性的出版机构可以免征所得税，对于进出口的期刊免征各项税费。比如，在瑞典有个名为报刊资助委员会的政府机构，对于国内的商业期刊会征收 10% 的广告税，但是对于一些难以赢利的专业学术期刊会给以一定的资金支持。原因是专业学术期刊是一个国家文化的精

华，此类刊物的读者群相对较少，发行面较窄，所以销量也较小，对此，很多出版机构都不愿出版。针对这种情况，许多国家诸如美国、日本、德国、法国、英国等国家政府都采取了资助专业学术期刊出版发行的办法，以确保该类期刊的有效发行。此外，在邮资费用方面，为了减轻社会公众订阅期刊的经济压力，很多国家都采取降低邮资费用措施，鼓励公众订购各类刊物，提升人们的阅读需要，进而不断拓宽期刊的覆盖面。

四、国外专业期刊经营管理的未来发展

从世界期刊业的未来发展趋势来看，期刊、图书、报纸等传统媒体与网络、手机等新媒体的有效结合互动是传媒产业未来发展的必然趋势，比如，国外的大型传媒集团所包含的业务种类中都有报纸、广播电视、娱乐等多种业务类型。为此，在专业期刊的经营管理方面，也必然会适应新时期信息技术发展进步，实现纸质杂志与电子杂志的有效结合，在以印刷期刊为主体的同时，发展电子出版物、音像出版物等多种形式，以满足消费群体的多样化需要，使得专业期刊向着数字化和网络化方向发展。

（作者单位：《中国质量》杂志社）
摘编自《传播与版权》2014 年第 5 期

数 字 版 权

数字网络环境中著作权实现的困境与出路
——基于 P2P 技术背景下美国音乐产业的实证分析

梅夏英　姜福晓

一、既有网络著作权保护方式及效果评价

音乐产业界虽然以前经历了点唱机、收音机和录音机等带来的挑战，但却从未遇过像数字网络技术所带来的如此严峻的挑战。面对作品的网上大规模使用和传播，摆在著作权权利人面前有两个选择：要么

阻止，要么允许。他们本能地选择了前者，音乐产业先是采用了技术保护措施限制对作品的获取，防止著作权侵权。在 P2P 技术出现后，除技术保护措施，他们又采用了针对 P2P 分享服务提供者和网络用户的大规模诉讼、逐级响应机制等各种措施对网络著作权侵权进行围追堵截。

(一)技术保护措施:限制作品获取

为应对数字式录音磁带(DAT)的发明给著作权保护带来的挑战,防止 DAT 录制者制作二代复制品或连环复制品,美国于 1992 年就出台了《家庭录音法》(Audio Home Recording Act),要求任何进口到美国、在美国生产或销售的数字录音设备和数字音频接入设备必须安装 SCMS(Serial Copy Management System)系统,并规定禁止或者篡改 SCMS 设备为非法行为。这是美国对著作权技术保护措施较早的实践。但这一法案存在着明显的缺陷:①制定得太晚。因为 DAT 技术早在六年前就出现了,在这六年中,实际发生或可能发生的诉讼已经使数字录音设备远离了消费者,立法的延迟导致了数字录音设备在商业上的失败。②该法案针对的对象太过具体,这使该法案在技术飞速发展的背景下很快就处于边缘地位。随着电脑在复制和传播领域发挥日益重要的作用,该法案日渐衰微。③该法案在家庭录制音乐是否合法这一问题上态度含糊,这也为后来发生的 Napster 案埋下伏笔。

随着数字网络技术的发展,通过技术保护措施和著作权管理信息措施对数字环境下传播的作品进行保护,并保证这些措施不被篡改或破解成为一种普遍需要。在此背景下,160 个国家于 1996 年 12 月在日内瓦成立世界知识产权组织著作权公约(WCT)。根据该公约,著作权人可选择对其作品进行反复制措施和权利管理信息的保护,但这种规定必须转化为国内法才能实施。鉴于法律在禁止技术保护规避设备的生产和销售以及权利管理信息篡改行为方面能否对著作权提供有效保护存在不确定性,加上履行国际公约义务的需要以及利益团体的游说,美国最终在美国法典(U. S. Code)Title17 下新增一章,作为 1998 年数字千年著作权法案(DMCA)的重要组成部分。按照 DMCA,技术保护措施分为"接触控制"措施和"权利控制"措施。"接触控制"即任何人都不得对使作品受接触控制保护的技术措施进行规避。"权利控制"指任何人都不得对使作品受权利保护的技术措施进行规避。

技术保护措施对著作权的保护采用事前救济,以技术制衡技术的办法相比事后救济有一定优势,但技术保护措施的问题也是很明显的。首先,正如世界上没有打不开的保险箱,任何技术都可以被破解,各种规避或破坏技术保护措施的反技术措施几乎与技术措施相伴而生,这使技术保护措施的效果大打折扣。

其次,技术保护措施不利于对表达自由、隐私、竞争、学术研究和消费者的保护。另外,很多案件表明,技术保护措施不是被用来保护著作权,而是被用来限制竞争。更具有讽刺意味的是,游说对技术保护措施进行立法保护的产业界正在放弃使用技术保护措施。可能是基于上述原因,Amazon、Wal-Mart 等在线音乐销售商都转向无技术保护的销售模式,苹果公司也于 2009 年 1 月宣布 iTunes 将不再销售有技术保护措施的音乐。有学者认为,技术保护措施立法作用的有限性,很大程度上是来自其事前调整的属性。因为旧技术所有者总是试图阻止他们看来有威胁的新技术,而不去寻找与新技术合作的路径。技术保护措施的立法正好迎合了旧技术所有者的这种心态。这种立法仅仅是延迟了新技术带来的社会和经济变化,但不可能扭转这种趋势。

(二)对 P2P 服务提供者的间接侵权责任诉讼:阻止传播工具

面对 P2P 技术对音乐产业产生的巨大威胁,大型唱片公司于 1999 年 12 月对美国出现的第一款 P2P 应用程序 Napster 提起诉讼,依据著作权法上的间接侵权责任(Secondary Liability)要求 Napster 承担两项侵权责任:帮助侵权责任(Contributory Liability)和替代责任(Vicarious Liability)。案件经历了两年多时间,法院最终认定两种间接侵权责任均成立,并要求 Napster 对非法作品进行屏蔽,且在百分之百过滤所有侵权内容之前不得上线。这对 Napster 实际上是一个无法完成的任务。最终,Napster 于 2002 年 6 月 3 日提交破产申请。与 Napster 提供相似服务的 Scour 与 Aimster 也都最终难逃倒闭的命运。

Napster 败诉的原因主要在于其"集中式"的拓扑结构(Centralized Topology)。这种拓扑结构意味着:如果没有服务器的编目与检索服务,用户就无法通过网络下载和上传作品;Napster 有能力在发现侵权行为后终止侵权账号。这些事实让法院可依据其拓扑结构得以弹性解释 Sony 案的判决精神,对认定合理使用的"非实质性侵权用途"规则做了解释性修改,从而认定帮助侵权责任和替代责任成立。

上述三个服务虽然倒闭,但又出现了新一代 P2P 分享软件。这些 P2P 软件为规避法律,避免 Napster 的命运,采用了"分散式"拓扑结构(Decentralized Topology)。这种结构摆脱了对服务器的依赖,用户可直接搜索其他用户计算机中的分享内容。Grokster、Morpheus 和 KaZaA 便是这种新技术的典型代表。虽然如此，但他们还是最终坐上了被告席。2001年10月2日，Grokster、Morpheus 和 KaZaA 被美高美公司（Metro - Goldwyn - Mayer）起诉。起初，案件结果确实如程序开发者所愿：两级法院均依据 Sony 案的"实质性非侵权"规则判决 Grokster 不承担侵权责任。但原告将案件上诉到了最高法院。最高法院意识到仅适用"实质性非侵权"规则会导致不合理结果，因此，改变了 Sony 案的规则，给"实质性非侵权用途"规则附加了一个条件，即：被告要想免除责任，不仅要证明"实质性非侵权用途"，还要证明没有故意教唆和引诱他人侵权，并据此最终认定被告构成引诱侵权。

至此，著作权人完全取得了对 P2P 技术在诉讼上的优势。但是，诉讼虽可让一个或几个 P2P 服务关闭，但却无法阻止其他 P2P 软件的继续出现，如 Azureus、LimeWire、Shareaza 等。至此，著作权人认识到单单依靠这种针对网络服务提供者的侵权诉讼根本无法阻止大规模的网络侵权，因此暂时停止了这种策略。

（三）对个人使用者的直接侵权责任诉讼：禁止传播行为

唱片公司之所以首先以 P2P 服务提供者而非 P2P 个人使用者为目标，是因为他们清楚：想通过起诉个人阻止网络侵权根本就是杯水车薪；而且，他们也很清楚，起诉自己的客户绝非正确的商业策略。但诉讼上的成功根本无法阻止 P2P 技术的传播，以及使用者大规模的网上分享，这使唱片公司在无计可施的情况下选择尝试通过起诉 P2P 软件使用者个人发动诉讼以扭转局势。这一次，起诉的法律依据是著作权法上的直接责任。从2003年到2007年，唱片业对个人使用者发动了超过30000个诉讼。这些被随机选择的被告不仅包括孩子、祖孙，也包括失业的单身母亲和大学教授，但这种诉讼很快陷入了公共关系危机。另外，这种诉讼还遇到了确认用户真实身份的技术困难。

针对个人使用者提起诉讼的结果是：虽然判决获得胜诉，但却受到公众和社会的广泛质疑；更重要的是，P2P 分享的数量仍然丝毫未减。有研究指出，P2P 个人用户大规模诉讼失败的直接原因是：①P2P 用户太多，使起诉全部使用者变得不可能；②P2P 软件隐名技术的发展使确定使用者身份非常困难，从而使 P2P 用户受到追诉的可能性大大降低；③很多用户并不认为 P2P 分享是违法行为。

（四）"逐级响应"机制：限制网络接入

由于起诉 P2P 个人用户也无法遏制大规模网络著作权侵权的增长，美国唱片业又转向其他办法。2008年底，音乐产业宣布，他们将放弃针对个人用户的大规模诉讼策略，声称找到了对付网络盗版的更好办法。这种办法就是依靠与网络服务提供商的合作来应对网络盗版问题。按照他们与网络服务提供商达成的初步协议，如果网络用户非法分享音乐文件，网络服务提供商（ISP）就会通知或者警告该客户。如果该客户仍然进行分享活动，他们就会收到一封或更多警示电子邮件，并会受到降低网速的惩罚，最严重的后果是切断其网络服务。这种做法被称作"逐级响应（Graduated Response）"或"三振出局（Three Strikes）"。

实际上，虽然一些 ISP 愿意与著作权人合作，向用户发出侵权通知，但它们不愿采取对用户进行断网等更严格的措施，因为切断用户的服务不符合 ISP 本身的利益。数年来，音乐产业及其他著作权产业一直都在说服 ISP 采取更为积极和配合的行动。直到2011年，音乐产业（RIAA）和电影产业（MPAA）才与主要的 ISP（AT&T, Comcast, Verizon 等）达成一项关于"逐级响应"机制的协议。总体而言，这项协议对非法文件分享的态度非常保守，著作权方作出了许多的妥协。随后，协议参加者公布了在这一协议的基础上形成的著作权警告系统（Copyright Alert System）。这一系统严格来说已不能称为"三振出局"，而应称为"六振出局"，因为这一著作权警告系统由六次警告构成。从其内容看，这种著作权警告机制是相对缓和的：首先，它由"三振出局"变为"六振出局"；其次，即使通过 ISP 六次警告后仍然从事侵权行为，用户也不会必然被切断网络服务。

这种著作权警告机制与娱乐业先前采取的措施相比，对用户具有更强的教育功能，且吸取了其他国家实施该制度的教训，但自其面世就受到了批评和质疑。这些批评和质疑包括缺乏公共投入、媒体公司与 ISP 之间的激励倒错（Reverse Incentives）、缓和措施过于严厉以及举证负担的倒置等。由于这一机制在美国刚实施不久，效果如何尚不确定。该机制在其他国家的实践情况使我们不能对其预期效果过于乐观。University ofRennes 研究人员的一项研究认为法国的"三振出局"机制不仅没有起到反盗版的作用，反而使盗版增加。另外，法国文化部长 Aurelie Filipetti 也认为"三振出局"反盗版预算过高，且该机制无法实现通过惩罚文件分享从而让人们回归到音乐和电影商店并远离未授权网站的目的。另外，爱尔兰也于2011年出于保护隐私考虑废止了"三振出局"机制。

综合上述既有网络著作权保护模式的经验教训，可以得出这样的初步结论：在数字网络技术的影响下，传统的"守门人"著作权保护机制已经失灵，而著作权法规制对象的错位则造成了对新技术条件下个人作品使用者市场需求的漠视，法律规范与社会道德规范的脱节更是放大了新技术带来的挑战。这些挑战使技术保护措施、侵权诉讼以及逐级响应机制等既有网络著作权保护模式在数字网络技术背景下已经无法很好地实现保护著作权的目的，这促使我们必须改变既有网络著作权保护方式以应对新技术带来的挑战。

二、开放型著作权实现模式的兴起

由于既有的网络著作权保护方式无法保证网络环境下著作权的实现，美国音乐产业开始探寻网络著作权的实现模式。网络著作权与竞争性财产以及传统著作权的不同决定必须对其采用不同的保护规则。互联网的创生性和新技术发展的不可预测性则使得法律上对新技术进行有效规制变得十分困难。同时，来自盗版产业的竞争也促使新的著作权实现模式必须具有足够的市场竞争力从而使用户从使用盗版转向使用优质合法的服务。这一切都意味着，权利所有者必须将"阻止"的思维定势转变为"许可"的思维模式。正如有学者所言，著作权从来都不是水坝，而是被用来疏通河道。为方便表述，我们姑且把这种"许可"的思维模式称为开放型著作权实现模式。

（一）开放型著作权实现模式的必要性

按照美国网络法学者 Jonathan Zittrain 对互联网特点的归纳，互联网的一个重要特性就是其创生性（Generative Pattern）。所谓创生性是指"通过不加过滤地吸收广泛、多样的受众的贡献，而产生不可预测变化的系统能力"。只要能够保持终端的创生性和互联网的接入，具有颠覆性思维的技术专家们就能够开发出突破一切网络封锁的程序。互联网的这一特性可以解释技术保护措施在保护著作权方面缘何失败。与此观点类似，美国知识产权法学者 Daniel Gervais 则用"未充分发展技术（Inchoate Technology）"这一概念解释对 P2P 技术规制失败的原因。这一术语是用来表达某些技术尚未得到完全发展的事实，是相对于趋于稳定的技术而言的。"未充分发展技术"最大的特点就是能够以不可预测的方式进化，从而引发一系列新的技术发展，而且这种进化独立于市场和规制力量。他还提出一种三角理论来说明对 P2P 技术规制的困难所在：".未充分发展技术"、市场和规制构成一个三角，任一因素都影响其他两个因素。"未充分发展技术"就像一个不断移动的靶子，它使得无论被认为多么合意的规制手段都可能偏离预期的方向。

正如上所述，既有著作权保护模式的失败教训要求权利人对大规模的网上作品使用选择许可，而不是阻止。事实上，个人使用者也面对在免费获得和合法购买之间作出选择的问题。从经济理性角度，用户会选择成本较低的一种途径，这就涉及合法供给与"免费"的竞争。实际上，"免费"的背后隐藏着潜在的非金钱成本。这些非金钱成本可能包括在网上寻找文件所需的时间、下载文件的质量问题、下载文件与终端设备的兼容问题、搜寻（甚至购买）"翻墙"服务所需的成本、潜在被起诉的危险、自我道德感等等。因此，如果存在对"免费"获取的良好替代品，即合法取得在线文件的授权机制，那么网上大规模非法使用和传播作品的问题就会得到解决。正如著名摇滚乐队 Pink Floyd 的第一任经理人 Peter Jenner 指出，我们用19世纪和20世纪的商业模式去应对21世纪的技术，我们现在处于一片混乱不足为奇。新技术使作品发行和获取回报有了新的选择，而整个产业界在对这种新的选择作出适当的回应方面是失败的，发达国家的大规模的网络盗版就是这种失败的一种反映。因此，最好的办法就是提供一种机制，既能满足用户巨大的市场需求，又可以使著作权人得到合理回报。这样，当用户面临两个选择时，一个是方便、价格合理的合法服务，一个是搜寻费时费力、有病毒感染危险的非法文件分享，他们会选择哪个就变得非常明显了。

（二）开放型著作权实现模式的实践

为了适应数字网络技术对著作权产业的挑战，主要的内容服务提供者开发了各种商业模式对作品的使用进行授权许可，从而达到实现著作权目的。以美国音乐产业为例，目前至少存在以下几种类型的商业模式。与既有网络著作权保护模式对新技术进行"阻止"性的规制不同，开放型著作权实现模式主要是利用新技术的特点，开发适当的商业模式满足网络使用者对作品的使用需求，同时又能使著作权权利人从作品的使用中获得激励。这些模式有些已经被商业实践采用，有些尚处于建议阶段。

1. 数字音乐零售（Digital Music Retail）

这种商业模式一方面可将实体商店的一切功能

转移到网络上，另一方面还具备了实体商业模式不具备的优势——单曲销售。用户可以在网络商店中搜索自己喜欢的作品，付款后进行下载。苹果公司于2003年4月28日在美国推出了 iTunes Store（当时叫 iTunes Music Store），这是第一个广受媒体关注的线上音乐商店。苹果公司的这一授权模式成为数字零售这一商业模式的先驱。这种商业模式有两个显著特点：采用 iPod + iTune 软件与硬件相结合的营销策略；采用以单曲基本价格 0.99 美元出售的定价方式。iTunes Store 在 2008 年 4 月成为美国最受欢迎的音乐销售商，2010 年 2 月成为世界最受欢迎的音乐商店，到 2012 年 10 月 10 日，iTunes 占据了 64% 的在线音乐市场份额，并占据全世界音乐销售的 29%，截止到 2013 年 2 月 6 日，iTunes 共卖出了 250 亿首歌曲。有证据表明，在线音乐授权服务不仅有助于使用户从 P2P 非法分享转向合法服务，而且也增加了音乐创作者的收入。类似的零售模式的数字音乐服务还有 CD Baby、Amazon Music Store、Google Play 等。这种商业模式的一个很大竞争优势是其给消费者带来的消费体验。例如，如果某客户在 iTunes 上曾经购买过某歌手的音乐，它可以提醒客户该歌手何时将发行新的音乐等客户可能非常感兴趣的信息，而 Amazon 的音乐服务则可根据某一客户以及其他客户的购买历史记录向用户推荐音乐。

2. 订阅服务（Subscription Service）

这种商业模式大部分是订阅与广告相结合，一方面通过发布广告赢利，另一方面可以向用户提供免费或者低价格的音乐服务。这一商业模式的典型代表是 2005 年面世的 Pandora 和 2008 年的 Spotify。Pandora 可以提供自动音乐推荐服务，只要用户输入自己喜欢的歌曲或者艺术家，系统就可以播放相似的歌曲。这样用户就可以形成自己个性化的广播电台。Spotify 也同样可使用户免费以流媒体方式播放曲库里的音乐，但会插播商业广告。同时，这两种服务还可以向用户提供没有商业广告的付费版本。如用户每年向 Pandora 交 36 美元或者每月 3.99 美元，就可以享受免除广告、高音质、个性皮肤、使用独立于浏览器的桌面应用的服务。Spotify 的付费服务（去除广告、去除媒体流限制、更高的质音频量、可在 iOS 以及 Android 等移动设备上使用）需交每月 9.99 美元服务费。类似的音乐服务还有 Rhapsody、MOG、Rdio、Zune、Slacker 等。这种商业模式的最大特点是以广告的收入支付其获得作品的著作权费用，从而可以向用户提供免费或低价格的服务，这大大增加了竞争力。

3. "艺术家对歌迷"模式（Direct - To - Fan）

数字和网络技术出现之前，音乐的现场演出、广播授权以及发行一直都由唱片公司控制。新技术使艺术家可以相对独立地创作、发行自己的作品。"艺术家对歌迷"模式就是在这种背景下产生的。它是指艺术家绕开唱片公司控制，通过网上商店、社交网络等途径直接向歌迷出售自己的作品。例如，一个歌手可以将自己的新作品放在个人网站上，歌迷们则可直接在网站上购买歌曲。Bandcamp 是这种商业模式的代表，这种服务可以为已有的乐队网址增加实体或数字音乐、商品（T 恤衫、卫衣、海报等）销售功能，或者直接作为艺术家的网站。Bandcamp 能够提供快速、可靠地对艺术家作品的流媒体服务和下载服务，同时赋予艺术家设定价格的权限（当然也可以免费）。在这种模式下，艺术家可以得到 85% 以上的收益。类似的服务还有 Radiohead experiment、Nine Inch Nails experiment、Magnatune 等。这种模式一方面可以使艺术家独立于唱片公司的控制，减少发行成本；另一方面还可以培养歌迷对艺术家的忠诚度，从而形成固定的歌迷群体，打造自己的品牌。

4. 自愿性集体授权（Voluntary Collective Licensing）

这种商业模式的设计是以承认网络环境下作品的大规模传播是不可避免的现实为前提的。该授权机制的主要内容是：音乐产业成立几个集体管理组织，使音乐消费者能够以合理价格使自己的文件分享行为变成合法行为。只要用户付费后，就可以随意使用 P2P 软件分享音乐。集体管理组织根据音乐流行的程度将收入分配给权利人。这样，分享者越多，权利人得到的回报越多。在这一机制中，权利人可以选择参加上述集体管理组织并获得报酬，也可以选择不参加这种机制。电子前线基金（the Electronic Frontier Foundation）最早于 2004 年 4 月发布白皮书建议唱片业采纳像广播电台那样使用的自愿性集体授权模式。该白皮书在前言中写道："在对 P2P 分享发起的法律战争中，谁都不是赢家。唱片公司销售继续下滑，数千万美国音乐分享者（歌迷）都感觉自己是罪犯。损害每天都在增加——隐私受到侵害，创新被阻碍，经济增长被压抑，还时不时有随机被挑选的个人被唱片公司起诉。同时，针对歌迷的诉讼没有使艺术家们得到一分钱。我们需要一个更好的出路。"这种机制的设计实质上是模仿美国表演权集体管理组织 ASCAP、BMI 和 SESAC，成立新的集体管理组织对 P2P 进行授权。

新近出现的与上述类似的授权机制是加拿大作曲家协会(SAC)设计的,旨在对利用 P2P 技术进行的非商业性音乐文件分享进行收费从而达到各方利益的平衡。该授权机制最终版本于 2011 年底面世。其基本原理是:由作品创作者或权利人成立一个新的公司 Song-Share. ca,该公司与网络服务提供者(ISP)合作,向消费者提供音乐文件分享授权;该模式只对非商业性文件分享行为提供授权,商业性行为需按正常法律手续从权利人处取得授权;消费者可以用一切基于网络的工具进行文件分享,无须任何行为的改变;授权使用费将作为网络接入收费中的一项由 ISP 将账单发送给消费者;ISPs 从收取的授权费中扣除手续费用后转付给 Song – Share 公司。公司自己或第三方机构分析歌曲的使用次数并根据该数据将收入在表演者、作曲者和权利所有者之间分配,使用费的分配主要是通过相应的集体管理组织转付。该建议对商业模式的工作原理进行了介绍,还附加了很有说服力的可行性分析。有评论指出,"虽然这种商业模式并非尽善尽美,但却触碰到了问题的本质。音乐产业不应增加限制而应寻求能够使消费者通过支付合理费用从而能够使用全世界的音乐"。

另外,为应对 P2P 技术引起的网上大规模文件分享问题,还有税收化(Taxation)、特别使用费(Levy)等建议被提出。这些建议均须以法律的形式对市场进行干预,从本质上属于强制许可(Compulsory Licensing),他们虽然也可在一定程度上解决 P2P 带来的问题并同时使权利者得到补偿,但其仍有以下问题:需要立法对法律进行修改;如何确定分配方案非常困难;不一定能使权利者得到足够补偿;对所有用户征收同样的价格不公平;可能减损合理使用政策。法定许可模式最大的弊端在于使权利所有者失去了控制并利用自己著作权的权利,从而无法在与使用者的授权谈判中最大限度实现自己的利益。因此,除少数例外需要,法律没有必要违背权利所有者意思代替其处分自己的权利,而应将问题交给市场机制解决。基于这一原因,以及研究重点和篇幅的限制,本文对此不作深入阐述。

(三)开放型著作权实现模式的效果评价

很长一段时间内,网络盗版问题一直是音乐产业无法解决的难题,网络音乐产业的发展始终没有明确方向。传统著作权保护模式的失败教训使产业界逐渐转换了著作权保护的思维模式,尝试通过开发和实践各自的商业模式以市场手段来实现著作权的价值。有数据表明,网络著作权实现模式的转型使得网络盗版的局面逐渐转变。2003 年美国消费者可以购买歌曲的曲库有 40 ~ 50 万首,到 2004 年这一数字就变为 100 万。2003 年全球范围内提供的合法音乐服务少于 50 家,而到 2009 年则增长到 400 多家。与此同时,国际唱片业协会的研究表明,2004 年是在线音乐产业取得实质性利润的第一年。2003 年下半年美国单曲销售下载量还只有 1920 万首,到 2004 年则增长为 1.426 亿,2005 年达到 3.53 亿,2006 年则为 5.82 亿,到 2012 年达到 13.4 亿。美国 2004 年数字音乐收入为 4 亿美元,2005 年这一数字增加到 11 亿,到 2007 年则为 29 亿。2012 年数字音乐的收入超过音乐产业总收入的一半,占 55.9%。

从上述数据可以看出,数字音乐销售收入增长与数字音乐服务的增长呈明显的正相关关系,这说明在其他条件没有明显改变的情况下,开放型著作权实现机制的成效已经开始显现。目前,网络著作权的授权商业模式仍然在不断进化和发展。有学者指出,随着合法在线音乐市场的持续增长和授权标准的不断发展,对合法音乐服务的挑战将逐渐消失。更有研究机构的数据表明,音乐产业塌下的天又升起来了。

三、迈向一种整体性著作权实现机制

网络著作权与传统财产权、著作权的差异性、新技术发展的不可预测性以及来自盗版的竞争,决定了新技术背景下不能过于依赖既有的网络著作权保护方式,必须转向以授权为核心的开放型著作权实现模式。除了开放型著作权实现模式的市场路径外,由于新技术的不可预测性以及网络环境下法律规范与社会道德规范的脱节,又使得著作权的实现必须充分考虑技术、社会道德规范等其他因素。而且,新技术条件下著作权的保护涉及多方主体,需要协调多元利益的平衡。这一切都意味着在新技术背景下必须走向一种整体性的著作权实现模式。在这里,美国著名学者莱斯格的规制理论可以为我们提供一定启发。

(一)莱斯格的整体性规制理论

按照莱斯格的规制理论,法律、社会道德规范、市场和架构共同构成对规制目标的规制要素。以网络空间中对作品的下载和分享为例:首先,法律通过侵害著作权的直接侵权责任和间接侵权责任对著作权侵权予以惩罚。其次,对作品的下载和分享还会受到社会道德规范的约束。在网络空间中,分享已经成为

网民广为接受的行为规范，这对作品的下载和分享产生了很大的影响。再次，市场在规制作品的下载和分享上也起到了至关重要的作用。如果市场能够提供具有足够竞争力的服务，网络用户很可能就会由非法的服务转向合法的服务，反之，网络著作权侵权行为就会更盛行。最后，技术也是重要的影响因素，上文提到的技术保护措施和分级响应机制虽然无法从根本上解决著作权网络侵权问题，但却可以增加著作权侵权的难度。

可见，各种规制要素对规制对象的规制方式各不相同：法律通过惩罚和责任、规范通过共同体施加的荣辱感、市场通过供应和价格、架构通过物理约束进行规制。同时，这些规制要素既相互依赖又互相制约。例如，技术规制可能增强，也可能减弱法律和社会道德规范的规制；而相反，法律也会影响到其他规制因素对规制对象的规制。单一的规制因素常常会影响到其他规制因素对规制对象的规制效果。在改变一个特定规制因素之前，必须充分考量这一改变对其他规制因素的影响以及其他因素对这一要素的反弹效应。因此，不同规制因素之间的这种关系决定了对规制对象的规制必须采取整体性的视角。

虽然根据莱斯格的理论四种规制要素是相互作用的，但在网络著作权实现这一具体领域中各要素的地位却是不同的。正如上所述，单纯的侵权诉讼效果并不理想，无法有效规制对作品的大规模网络侵权，而以市场授权为中心的开放型著作权实现模式则可以使网络用户从非法的服务转向合法的授权服务，从而促进著作权的实现。正如有学者所言，以严格的执法取代对数字作品的许可是一种错误的立场。在合法的在线作品服务的供给不足时，使用侵权诉讼、刑事惩罚等强制执法手段很可能造成传统的著作权产业消除在线市场竞争，阻碍技术和新的商业模式的创新。因此，网络著作权的实现必须以开放型著作权实现模式为中心，兼顾其他规制因素。

（二）整体性著作权实现机制的大致框架

根据上述整体性规制理论，我们尝试以开放型著作权实现模式为中心，兼顾法律、社会道德规范以及架构等其他规制要素，对网络著作权整体性实现机制的框架作大致描述。

首先，网络著作权的实现应当以作品授权为中心，通过开发行之有效的商业模式来组织市场，为使用者对作品的使用提供授权通道，同时使著作权的权利人获得激励，这是因为网络著作权的实现主要不在于能够减少多少侵权，而在于能够增加多少授权。

其次，使网络用户从非法服务转向合法授权服务是开放型著作权实现模式成功运行的必要条件，这可考虑从以下几方面着手：作品授权的商业模式必须能够为用户提供方便、优质的服务；适当运用技术保护措施增加使用非法服务的成本；与网络服务提供商合作，对用户进行侵权提醒，提高网络用户的著作权意识；完善著作权集体管理制度，一方面减少作品服务提供者取得授权的成本，另一方面发挥集体管理组织的维权功能，增加用户的违法成本。

再次，要使网络用户从非法服务转向合法授权服务，瓦解非法服务的商业模式是非常重要的一环。音乐产业可以采取与网络服务提供商、支付平台、搜索引擎、广告主等进行合作的方式瓦解非法服务的生存环境：①与网络服务提供商合作，利用"通知—取下"规则对非法内容进行删除，同时考虑采取逐级响应措施，促使用户停止使用非法服务，切断非法服务的客户源。②与搜索引擎合作，在搜索结果中将非法服务靠后或删除。③广告收入是非法服务得以运营和赢利的主要来源，因此，促使广告主不在非法服务网站投放广告是瓦解非法服务的重要途径，可考虑由集体管理组织向广告主通知非法网站名单，并要求广告主撤下广告。制定行业规范也是促使广告主不与非法网站合作的可行途径。④与支付服务商合作，使非法服务无法利用这些支付服务进行交易，切断非法服务的资金流动管道。这样，在法律、社会道德规范以及架构等不同规制因素的配合下，开放型著作权实现模式将在网络环境下对著作权的实现起到核心作用。

当然，上述对整体性著作权实现机制的描述只是框架性的，在具体制度设计和运作中还需对各种规制因素在整个规制框架下的配置作进一步考量。这是因为著作权保护制度一方面涉及权利持有人、作品使用者、网络服务提供者、广告主等多方主体的利益，另一方面还需要促进新技术发展和保护社会公共利益。因此，一个好的著作权实现机制必须充分协调好上述多种利益之间的平衡。从这一意义上说，整体性著作权实现机制的设计更像是精密的钟表制造，而不是简单的木工活。

四、余论：云计算、大数据、3D 打印与整体性著作权实现机制前景展望

在数字网络技术的冲击下，技术保护措施、侵权诉讼以及逐级响应机制等以减少侵权为目的的传统著作权保护方式无法实现著作权法的目的。网络著作权与传统财产权、著作权的差异性、新技术发展的不可预测性以及来自盗版产业的竞争使以授权机制为中心的整体性著作权实现机制在数字网络技术背景下成为必要，而且现有事实已经证明这种著作权实现机制已经出现成效。不仅如此，最新网络技术的发展也使我们有理由相信以授权核心的整体性著作权实现机制在未来将发挥越来越重要的作用。

首先，云计算技术的发展不仅可以从技术上保障授权商业模式的实施，而且更有利于控制侵权。云技术时代的来临将会使更多的终端设备接入云端，数据同步、云存储以及新的应用将大大提高授权商业模式的用户体验，这将进一步促进商业模式的不断发展。随着网络接入和终端设备的进一步普及，过去P2P时代的上传、下载、传播将逐渐减少甚至消失，这从客观上有利于控制大规模复制传播的侵权行为，瓦解非法服务，使更多用户转向合法的授权服务。

其次，大数据的价值挖掘使得作品授权商业模式在未来很长一段时期内使免费或以非常低廉的价格向用户提供作品成为可能。对开放型商业模式来说，一个非常大的挑战在于其一旦收费，将会有很大一部分用户专享免费的非法服务。而大数据技术的迅猛发展使用户爱好、消费习惯等数据成为价值不可限量的金矿，这可以使授权商业模式一方面免费或以较低价格向用户提供音乐、影视等作品服务，另一面通过大数据价值挖掘弥补其取得著作权的成本。目前，我国消费者缺乏著作权意识，付费意愿不高，这使音乐产业对音乐服务进行全面收费在短期内非常困难。在这种背景下，大数据技术的发展可以为授权商业模式争取用户、培养用户付费习惯提供宝贵的缓冲时间。

再次，3D打印领域很可能成为整体性著作权实现机制发挥作用的新领域。虽然3D打印技术目前仍然处于起步阶段。但随着打印材料技术的不断成熟，3D打印技术将对传统制造业起到颠覆性的影响。3D打印技术将使对著作权作品的大规模复制从虚拟网络世界扩张到现实世界。只要输入需要的材料，人们通过扫描或在网络上取得数据，可以利用3D打印机高质量、高效率地打印一切物品。可以预见，对三维作品的未经授权的复制在不远的将来很可能成为继P2P技术以来著作权保护的又一新的难题。如果将来仍然用传统的著作权保护思维去规制3D打印，那么对P2P技术规制失败的故事很有可能重新上演。我们有理由相信，整体性著作权实现机制在解决未来可能出现的3D打印领域的著作权问题方面将发挥重要的作用。

美国音乐产业解决大规模网上作品使用问题的教训和经验表明：既有的网络著作权保护方式无法应对新技术带来的挑战，以开放型著作权保护模式为中心的整体性著作权实现机制是数字网络技术背景下著作权实现的必然选择。我国网络著作权尤其是在网络音乐著作权领域侵权纠纷不断，其根本原因在于网络著作权的授权渠道不畅造成。我国可以吸取美国的经验和教训，将网络著作权实现的重心放在以增加合法使用为中心的整体性著作权实现机制上，而不是单纯依靠强制执法去减少非法使用，这应当是应对数字网络技术对著作权保护和实现带来的挑战的理性思路。

（作者单位：对外经济贸易大学法学院）
摘编自《北方法学》2014年第2期

数字网络环境下著作权默示许可制度研究

冯晓青　邓永泽

一、数字网络环境下现行著作权制度面临的问题

人们常将互联网称为继报纸、广播、电视三大传统媒体之后的"第四媒体"。互联网是跨媒体的数字化媒体，它除将传统三大媒体的诸多优势集于一身，具有它们的共性之外还有其独特的特点。互联网的特点主要可以概括为开放性、共享性、交互性、全球性等特点。

在传统媒体时代，信息的传播主要是通过合理使用制度、法定许可使用制度和明示授权许可使用制度实现。但合理使用和法定许可使用作品的范围有限，仅依靠合理使用和法定许可无法满足社会公众对作品的需要,而使互联网海量作品通过明示授权许可制度以获得授权无疑也不现实。

正因为在现有法律制度下,网络服务商通过事先授权取得著作权人作品的使用权极度费力耗时,所以网络服务者在没有取得著作权人事先授权也未付费的情况下将非数字化作品转化为数字化文字作品传播或者将网络文字作品在互联网上转载共享等侵权行为现象在现实中其实大量存在。由此导致使得作者、著作权人和使用人的利益均得不到有效保障。一方面著作权人对作品享有的著作权利益无法得到应有的保障,另一方面网络服务商作为数字网络环境下的传播者由于担心随时可能面临侵权的诉讼,也无法放心的发展。著作权人拥有著作权却无法实现其财产利益,而使用者又因为没有得到合法的授权而不能使用作品,因此数字网络环境下的著作权许可是一个急迫需要研究解决的难题。我国《著作权法》应当对现实社会的发展变革给予恰当的回应,寻求一种制度使著作权人、相关权人既可以对其权利进行必要控制又不会损害互联网的开放性和实用性。而著作权默示许可制度正是解决数字网络环境下著作权许可难题的最佳方式之一,数字网络环境下默示许可制度将会勃兴。

二、著作权默示许可制度的概念及发展

著作权默示许可制度是指作品使用人虽然没有得到著作权人的明示授权,但是通过著作权人的行为可以推定著作权人不排斥他人对其作品进行利用,作为一种补偿,使用人应当向著作权人支付报酬的一种著作权许可使用方式。

著作权默示许可使用制度有如下特点。

(一)尊重著作权人的意志

不同于法定许可使用,默示许可尊重了著作权人的意志,著作权人有决定作品是否许可给他人使用的权利。在作品发表时,著作权人可以自由决定是否通过声明的方式排除他人对其作品的转载、摘编等方式的使用。

(二)获得许可无须明示授权

不同于明示许可使用制度,虽然著作权人的意志依然是他人能否使用著作权人的作品决定因素,但是这种意志不再需要通过著作权人的明确表示,而是可以推定得出。举例来说,某一作品的著作权人如果做出了对该作品不得转载的声明,则他就不能再取得

该作品的许可使用权。而如果著作权人没有做出此种声明,则默认为使用人使用该作品已经获得了著作权人的许可。

(三)许可针对不特定主体

与明示许可不同,著作权的默示许可的被许可人为不特定的多数人,只要著作权人的行为属于默示许可行为,则任何人都可以不再经过著作权人事先明确同意而使用该作品。

(四)著作权人有获得一定报酬的权利

跟法定许可一样,作品的使用不是无偿的,著作权人有通过作品的被使用获得相应的报酬的权利,著作权人对自己的创作作品的劳动付出有物质上的回报。

最早确立默示许可制度是美国,美国通过判例确立了知识产权默示许可制度。早在 1927 年,联邦最高法院在 De Forest Radio Telephone co. v. United State 专利侵权纠纷一案中确立了默示许可。在该案中,美国联邦最高法院阐述了默示许可的基本原则:"并非只有正式授予许可才能达到许可使用的目的。如果专利权人使用任何语言或实施任何行为,使他人能够正当的推定权利人同意其使用专利进行产品的制造、使用或销售,并且他人已根据该项同意实施相应的行为,则此时应当将权利人的相关言语表示或行为理解为一种许可,该项许可可以构成侵权诉讼中的一种抗辩。"尽管美国联邦最高法院上述原则是针对专利而言的,但司法实践中,法院也将这一原则引入到著作权领域,是著作权领域的适用原则。

1990 年第九巡回法院审理的 Effects Associ-ates v. Cohen 确立了著作权领域的默示许可规则,1996 年第七巡回法院在 I. A. E. v. Shaver 一案中则进一步明确了 Effects 案确立的默示许可的认定标准,成为默示许可三原则,即默示许可产生于①许可人对作品创作的要求;②许可人创作了作品,并且将其交与被许可人;③许可人具有让被许可人复制和发行作品的意思。著作权默示许可严格适用于该三条原则。

2006 年内华达州的联邦区域法院在审理的 Field v. Google 一案发展了默示许可原则,扩大了默示许可适用范围,确立了网络搜索引擎的默示许可原则。在该案中,法院认可了 Google 默示许可的抗辩,并进一步发展了默示许可的认定标准,将其简化为:①明知使用;②保持沉默。在网页中使用"robot. txt"或"meta

-tags"标记以引导搜索引擎如何索引网页已成为一个众所周知的行业惯例。原告 Field 在诉讼中也承认明知此惯例,并坦诚其知道只要在他的网站上加注一个这样的标记,Google 就不会显示该网页的快照链接。法院认为,Field 明知行业惯例而还是选择在其站点不使用这种标记的行为应解释为以沉默的方式许可 Google 通过"缓存""快照"的方式访问该网站。因此,在原告知道被告将如何使用著作权作品的情况下,在明知可以采取何种措施以阻止这种使用却没有采取行动,那这种行为就可以合理的解释为授予了 Google 非独占性的默示许可。

这一标准不再需要作品是专门为使用者而创作,不再需要作者与使用者之间存在特定的交易关系且许可人具有让被许可人复制和发行作品的意思,仅需要有行为或行业标准为参照,只要著作权人具备明知作品被使用且保持沉默这两个要件则可以适用默示许可规则。至此,美国法院逐步通过一系列的判例将默示许可规则的适用范围不断扩大到适应网络搜索引擎领域。

我国著作权法尚未建立相应的默示权许可使用制度。《著作权法》第 23 条规定:"为实施九年制义务教育和国家教育规划而编写出版教科书,除作者事先声明不许使用的外,可以不经著作权人许可,在教科书中汇编已经发表的作品片段或者短小的文字作品、音乐作品或者单幅的美术作品、摄影作品,但应当按照规定支付报酬,指明作者姓名、作品名称,并且不得侵犯著作权人依照本法享有的其他权利。前款规定适用于对出版者、表演者、录音录像制作者、广播电台、电视台的权利的限制。"《著作权法》第 33 条第 2 款规定:"作品刊登后,除著作权人声明不得转载、摘编的外,其他报刊可以转载或者摘编,但应当向著作权人支付报酬。"另外,2006 年国务院颁布,2013 年最新修改的《信息网络传播权保护条例》也有类似规定。这些规定一般被认为属于法定许可范畴,但存在着法定许可与默示许可杂糅到一块,立法思路不清晰,缺乏逻辑体系等问题。

三、著作权默示许可制度的价值

(一)默示许可制度体现了利益平衡的基本精神,实现了利益平衡的目标

利益平衡是知识产权法的基本精神,是知识产权法意欲实现的重要目标,它贯穿于知识产权法产生、发展的整个过程。为适应社会发展和现实需要,《著

作权法》赋予了著作权人信息网络传播权,这是著作权人权利内容的扩大。一方面是著作权人权利扩大,另一方面却是对权利人的限制没有给予必要的规制。作者对作品的绝对控制权不应当成为对社会公众通过正常途径获得知识的阻碍。传统著作权法上的利益平衡机制,如法定许可、合理使用等,都在网络环境下遭遇了水土不服,其原有的制度功能受到抑制。而默示许可制度以其灵活的适应性和较强的利益平衡性在网络环境下获得了更大的发展空间,默示许可制度在网络环境下发挥着平衡作品的创作者、传播者和使用者之间利益关系的功能,这与传统著作权默示许可的功能是一致的。著作权默示许可制度正是兼顾了权利人对作品的控制收益与公众对知识产品的利用需求之间的利益关系,能够有效实现作品生产、激励与传播、利用之间的平衡。

(二)默示许可制度不会降低著作权利人对作品的控制,损害著作权人的利益

默示许可实质上依然属于对作品的授权使用,是著作权人许可使用权在适应数字网络发展的一种新形式。著作权人如意欲对自己作品的使用进行严格控制,排除他人对其作品的使用,其可以选择在著作权发表时声明该作品禁止其他媒介的转载或摘编,也可以通过行为随时解除对作品使用人的授权使用许可。当著作权人做出这样的声明后,他人必须尊重著作权人的意志,否则就构成侵权。通过这样的方式著作权人能够充分行使对作品的控制权,保障著作权人对作品处分的权利,不会不当的损害著作权人的利益。

(三)默示许可制度适应数字网络环境下作品的创作、传播与使用

著作权人、传播人、使用人三方的利益是否均能够得到合理的满足是评价著作权制度好坏的标准,合理的著作权制度设计是著作权人有足够动力勤奋创作,传播者有足够利益驱动去努力传播,使用人有通畅渠道方便获得信息。传统的包括法定许可、明示授权许可等在内的著作权许可使用制度已不能适用数字网络时代的发展趋势,著作权人、传播人、使用人三方的利益无法得到合理的满足,现行的著作权许可使用制度有进行调整的必要。

在现有著作权制度下他人要想获得作品的许可使用,需要通过"一对一"的方式先进行谈判协商达成合意后才能取得,耗费大量的人力、物力和时间成本,人为的不合理限制了作品的传播范围和速度。著

作权默示许可制度通过事先公告的方式，避免了不必要的成本消耗，是一种良好的富有效率的作品传播利用形式。著作权默示许可制度通过改变作品使用人取得著作权许可使用的方式，疏通了作品流通扩散的通道，极大地促进了作品的传播扩散，通过默示许可制度，著作权人和使用人能够获得双赢。

四、数字网络环境下采用默示许可制度的合理性

相对于法定许可制度，默示许可制度更加尊重著作权人的意志。由于现行著作权制度不能解决互联网时代网络著作权海量作品的海量授权问题，于是有人提出将法定许可使用制度扩大适用于网络作品的使用，认为通过扩大法定许可制度的适用范围（如互联网转载、摘编作品），既保证作品有效传播和公众以合理费用获得信息，又保护著作权人的合法权益，有利于发挥法定许可制度平衡个人利益与公共利益的作用。诚然，扩大法定许可的使用范围，可以实现在数字网络环境下使用者通过付出一定的金钱代价迅速获得作品的使用权，提高作品交易的效率，降低传播成本和利用成本，作品权利人也能因作品被使用而获得一定的收益。从某种程度上讲，这的确能解决数字网络环境下的海量著作权的海量授权问题，但是法定许可却无法回避一个难题——尊重知识产权的私有属性，保障作品权利人对作品的自由处分权。法定许可不是许可使用权的一种，它是知识产权的非自愿许可，是对知识产权的限制。"由于法定许可降低交易成本的方式是通过弱化权利排他性实现的，其看似能够以'法定'形式促成权利人与使用者之间的交易，实际上却遮蔽了本来通过传统的授权许可机制所能获得的收益。"

《与贸易有关的知识产权协议》(Trips 协议)。在其序言中宣示"知识产权是私权"，以私权名义强调了知识财产私有的法律性质。知识产权的私权性是将知识产权归类于民事权利范畴。《中华人民共和国民法通则》第 71 条规定："财产所有权是指所有人依法对自己的财产享有占有、使用、收益和处分的权利。"将对知识产权的保护纳入了民事权利保护的框架之内，为强化对知识产权的保护和避免公权力不必要的干预提供了法律基础。既然我们已经承认包括著作权在内的知识产权是一种私权，就应当在法律规则制度的建构制定中尊重和保护这种私权，尽可能减少对著作权权利的限制。将法定许可制度扩大适用于数字网络传播领域作品的使用是对著作权私权利

的进一步限制，因为这种限制的固有弊端，所以笔者认为其并不是解决问题的上策。

与法定许可制度相比，默示许可制度更充分尊重了著作权人的意志，著作权人的意志依然是他人能否使用著作权人的作品决定因素。默示许可制度提供了一种可自由选择的退出机制，如果著作权人选择接受著作权默示许可规则，也能体现对权利人意志的尊重。并且法定许可下著作权人享有的精神权利和获得报酬的权利默示许可下著作权人同样能够享有。这样有利于促进作品传播范围的扩大和速度的提升，随着作品的广泛传播和被引用，著作权人在财产权利上能获得更多的报酬，在精神权利上能拥有高的知名度，反过来又能激发著作权人继续创作的热情，为社会提供更多更好的作品。

另外，还值得一提的是，扩大法定许可的适用范围可能造成与国际公约的冲突。《伯尔尼公约》规定的国民待遇原则，意味着中国著作权法中的规定，除非做出了保留，都同样适用于外国作品。除非立法只针对本国人扩大法定许可的适用范围，否则，希望再谋求法定许可范围的继续扩大，将会导致国际争端，会有很大的难度。而如果将默示许可制度大范围的引入著作权法中可以有效避免与国际公约的冲突。

五、完善我国著作权默示许可制度的立法建议

数字网络环境下对默示许可制度的需要主要体现为网络共享空间、网络搜索引擎、网络转载报纸杂志、数字图书馆建设几个方面。其中在网络共享空间方面在现行著作权制度中运行尚佳，因为像博客或视频网站都可以通过格式合同的形式预先得到著作权人在该平台发表的文章或发布的视频的使用授权。如国内流行的视频分享网站土豆网在其网站使用协议中就规定："对所有上传至土豆网的内容（您在此保证已获得权利人的明确授权），您在此同意授予土豆网对所有上述作品和内容的在全球范围内的免费、不可撤销的、无限期的、并且可转让的非独家使用权许可；土豆网有权视情况展示、散布及推广前述内容，有权对前述内容进行任何形式的复制、修改、出版、发行及以其他方式使用或者授权第三方进行复制、修改、出版、发行及以其他方式使用。"但是对网络转载报纸杂志和数字图书馆建设等面临的问题在现有著作权制度下解决起来却相对不易，需要修改完善现行著作权法来解决。数字网络环境下，著作权默示许可制度理应勃兴，笔者认为需要从以下几方面来完善我

国著作权默示许可制度。

（一）理清法定许可与默示许可的概念和背后理念

法定许可和默示许可是两个不同的概念，其背后的立法理念也不同。在法定许可中，著作权人对作品的控制权已经被法律所彻底剥夺，只剩有作品的报酬请求权，法定许可是著作权法上的一种权利限制。法定许可制度的设立通常是出于社会政策上的考量，为了更好地促进作品的大众传播的目的，在制度设计上会牺牲一部分著作权人的利益，比如排除著作权人对作品的许可控制，在许可使用费方面由国家做出规定等。因此，法定许可更适用为社会公益目的使用作品的情况。而在默示许可规则下，著作权人对作品的控制权和获得报酬权能够得到更充足的保障，因此更适合在与大众传播有关的商业领域适用。

基于以上认识，我们就能够针对作品的不同性质的使用采用不同的许可制度。如像超星数字图书馆、书生之家数字图书馆、万方数据这样的商业性质的数字图书馆将纸质图书上载网络或者网络收藏转载适于采用默示许可使用制度，而公立图书馆因其公益用途可以采用法定许可制度。同时笔者认可国家版权局提交、国务院发布的《著作权法》（修改草案）送审稿规定的为实施九年制义务教育编写教科书而使用作品，因其为公益目的而使用所以更应当适用法定许可而非默示许可，同时笔者认为《信息网络传播权保护条例》第9条向农村贫困地区提供作品的相关规定，应当取消其"公益化"的限制，同时采用默示许可的方式，这样更有利于经济落后地区文化产业的发展，文化水平的提高。

（二）将默示许可作为一项独立的许可制度规定在《著作权法》中

现行《著作权法》没有明确规定默示许可制度，默示许可的独立价值并没有得到充分认识，默示许可制度功能也没有得到应有的重视。可喜的是在《著作权法》（修改草案）送审稿中延续了第二稿的规定，改变了现行法中将法定许可和默示许可杂糅到一块的做法，采用了将两者分离的立法模式，立法思路开始清晰。笔者认为《著作权法》的修改应该坚持这种思路，将默示许可与合理使用、法定许可、著作权明示许可一样作为独立的使用制度规定在著作权法中，并形成一个完整的作品使用制度体系。

（三）在《著作权法》中对默示许可制度进行一般性规定

著作权默示许可制度是一项非常重要的著作权

许可使用制度，可以解决实践中数字网络环境下面临的一系列作品使用难题。为了提高网络著作权交易的可预测性，解决司法实践中出现的著作权默示许可纠纷，使该类纠纷的处理有法可依，在《著作权法》中有必要增加一款关于默示许可的一般性规定。笔者认为可以将该条文规定为："当事人之间虽然没有明确著作权许可协议的内容，但是著作权人的行为足以使他人产生已经得到许可的信赖，则著作权许可合同成立。"

（四）规定"通知解除"为著作权默示许可制度的解除方式

默示许可当事人是一种合同关系，引入默示许可的目的是为了适应数字社会的发展趋势，降低交易成本，实现效率最大化，解决"海量作品海量授权"问题。取得作品的许可需要以最简便的方式以提升效率，降低成本，解除许可也应该同样如此，所以笔者认为应当如保障作品使用人取得授权许可的自由度一样保障著作权人解除许可合同的自由度，将"通知解除"规定为著作权默示许可制度的解除方式，这也是从实质上的体现默示许可不是对著作权的权利限制，而依然属于著作权人授权许可的范畴。

（五）在信息网络传播领域全方位引入默示许可制度

1. 网络共享空间内容的默示许可

可以考虑在《著作权法》中增加以下内容：在权利人在个人空间、博客、微博等网络服务平台上发表作品时，如果没有明确表示不允许他人转载和摘编，应视为默示许可他人在标明作者姓名、作品名称及来源并不得侵犯作者和其他著作权人享有的其他合法权益的前提下可以对该作品进行转载、摘编等。合理使用范围外的使用则需要给付著作权人相应的报酬。作品的使用者必须充分尊重作者的著作权人身权和著作权人的著作财产权。

2. 网络媒体转载、摘编报纸杂志内容的默示许可

关于网络媒体转载、摘编报纸杂志内容的规定很早前就出现过，2000年最高人民法院通过的《最高人民法院关于审理涉及计算机网络著作权纠纷案件适用法律若干问题的解释》中的第3条规定："已在报刊上刊登或者网络上传播的作品，除著作权人声明或者上载该作品的网络服务提供者受著作权人的委托声明不得转载、摘编的以外，网站予以转载、摘编并按有关规定支付报酬、注明出处的，不构成侵权。但网站

转载、摘编作品超过有关报刊转载作品范围的,应当认定为侵权。"

但是,由于种种原因,在 2006 年时,该条规定却被废止了。笔者认为很有必要重新采纳该条规定,若网络社会假若作品在网络上不能够检索得到,作品的传播范围必定有限,作品的使用就更有限了。事实上绝大多数的作者也愿意将其作品进行分享传播,作者发表作品的目的就是想让自己的作品能够得到大范围的传播,使作品及作品的作者能够被他人了解熟知,另外在扩大传播影响的过程当中也获得更多的报酬。既然网络媒体转载、摘编报纸杂志内容适用默示许可不违背作者的意志,那么就应当得到法律的认可。

3. 搜索引擎服务的默示许可制度

网络搜索引擎通常都使用这种规则:如果没有采取事先告知手段排除网站的内容信息不被索、链接的话,则默认为搜索引擎可以使用网页内容,提供给搜索引擎用户检索。网络搜索引擎的运行规则已经成为行业惯例,并早已被公众所熟知。国外也有通过司法判例的形式认可网络搜索引擎可以适用默示许可制度。所以笔者认为搜索引擎适用默示许可制度也

应当在我国《著作权法》中得到确认,比如可以在《著作权法》中作如下规定:"搜索引擎服务提供者可以对网页内容进行抓取、复制和链接,除非网页的作者已经采取特定技术措施排除网站的内容信息不被检索。权利人有权利书面要求搜索引擎服务的提供者按权利人要求删除或者断开链接。"

(六)完善相关法律规定,保障著作权人报酬的收取

如果作者的经济利益在实践中得不到充分的保障,那么将默示许可制度全方位引入到信息网络传播领域势必会出现很多的反对的声音,这项制度的实际作用也会削弱。作品数字化之后,著作权交易量大,完善的著作权集体管理制度是默示许可制度实行的重要前提条件之一,而理论上通过著作权集体管理组织代表著作权人收取报酬是具有可行性的最好办法,但我国的著作权集体管理组织饱受质疑,所以需要积极探索如何健全完善我国的著作权集体管理制度,以便于著作权人报酬的收取。

(作者单位:中国政法大学民商经济法学院)

摘编自《南都学坛》2014 年第 5 期

美国出版商与高校数字版权纠纷判例解析与启示

张晓龙

随着数字化时代的到来,图书、音像、期刊等传统版权作品开始有了数字形式,这在便利人们取用信息资料的同时,也使得传统出版业的版权保护问题面临一系列新的挑战。由于扫描、复印和刻录设备的普及以及 OCR 文字识别软件的简便易用,每天有越来越多的图书、期刊乃至光碟"被"数字化和网络化。这使得以往依靠版权给传统出版业带来的红利收益愈来愈显单薄。现在即便是合法拥有图书、期刊数字版权的电子数据库和网络出版公司也同样面临着版权资料被非法二次传播的窘境。这对将版权视为核心竞争力的出版行业来说当然是不能容忍的,然而主张权利真的那么容易吗?是否博弈和对抗是唯一的出路呢?本文接下来介绍并解析的两起涉及美国高校的数字版权侵权判例,或可为国内教育学术出版商的版权保护实践提供新的思考。

一、侵权诉讼的背景与缘起

根据巴布森调查研究集团(Babson Survey Research Group)、培生教育出版集团(Pearson)以及斯隆联盟(The Sloan Consortium)在 2013 年 1 月联合发布的美国在线教育最新数据显示,全美高校学生至少注册学习过一门网络课程的比重已达 32% ,有 69.1% 的学术负责人认为网络课程在高校的长期发展战略中至关重要,有 77% 的学术负责人认为网络课程的授课效果等同于甚至优于传统的实体课堂。由此可见,网络教育在美国高等教育领域已成为一种不可忽视的重要发展趋势。

正是在这种授课方式的深刻转型背景之下,各高校都开始了大跃进式的远程教学软件、课程包(coursepacks)以及电子数据库建设。这期间势必涉

及将很多原来纸质的、录像带和光盘介质的版权作品进行数字化。虽然有商业出版公司开发出适合于各种学术研究类型的教育科研数据库可供购买使用,但并不能百分之百地满足高校的师生实际需求。于是,或者被鼓励,或者是自发,高校师生和教育技术人员将他们认为有教学应用价值的很多版权作品进行了数字化。由于各种原因,有的教授不知道该如何支付版权费用,有的教授认为不应该支付版权费用。但对出版商而言,毕竟高校的这种使用是没有付费的,他们在忍无可忍的情况下,终于对一些名校的大规模数字化行为提起了侵权诉讼。

二、两起典型侵权诉讼的解析

(一)两起诉讼的主诉情由

第一起诉讼是 2008 年 4 月,在美国出版商协会(Association of Amefican Publishers,简称 AAP)和版权清算中心(the Copyright Clearance Center,简称 CCC)的协助支持下,由剑桥大学和牛津大学出版社连同赛奇出版社(SAGE Publications)共三大出版商联合起诉佐治亚州立大学(GSU)。起诉缘由是 GSU 扫描书籍章节和期刊文章,并将其作为课程参考资料放置于学校图书馆的电子课程数据库,以及集成到类似 Blackboard 这样的在线教学软件中而拒绝支付任何版权费用。因为美国此前已有判例认定,高校的复印店复印版权书籍的若干章节并重新装订成册售卖给学生的行为是侵权行为。因此创建含大量版权图书内容的课程包(coursepacks)应得到原出版商的许可或者版权清算中心(CCC)的授权,缴纳版税后方可制作使用。而 GSU 扫描版权书籍资料后将其放置于课程网站和图书馆电子数据库的行为,无异于就是创建了课程包,但却没有支付任何费用。三大出版商向法院提供了被侵权的作品清单作为证据,并且希望能颁布永久性的禁令来严格限制学术机构出于教学目的对著作权文件的扫描复制。同时被起诉的还有 GSU 的多名管理层人员,理由是 GSU 版权管理政策的制订和实施存在瑕疵,有纵容侵权的嫌疑。

另一起诉讼发生在 2011 年 10 月,由总部位于伊利诺斯州的"信息媒体与设备协会"(Association for Information Media and Equipment,简称 AIME)和总部位于纽约的"安布罗斯影音出版公司"(Ambrose Video Publishing Inc,简称 Ambrose)联合起诉加利福尼亚大学洛杉矶分校(UCLA)。Ambrose 是一家以教育机构为主要服务对象的 DVD 和多媒体教学视频的制作

发行商,其音像产品题材涉及现代科学、历史、戏剧等多学科,DVD 品种超过 1000 种以上。而 AIME 则是 Ambrose 所属的行业协会组织,专门为该领域所属企业提供版权咨询服务。他们起诉 UCLA 的理由是该校未经授权和支付版权费用,将购自 Ambrose 的 DVD 和其他多媒体视频资料转换为流媒体视频,并放到该校图书馆的服务器上供学校的所有老师和学生在线观看。转换内容包括历史学和社会学课程的纪录片以及供语言学课程使用的外语影片,甚至包括莎士比亚的戏剧作品等。AIME 协会的负责人认为,根据现行《版权法》,UCLA 将 DVD 借给教师在课堂使用,或者在图书馆内部播放是合情合理的,但如果将这些版权视频放到网上去而拒绝支付费用则侵犯了他们的版权利益并且违反了合同约定。

(二)涉嫌侵权高校的"合理使用"抗辩

这两起诉讼之所以引起出版界和教育界的普遍关注,一方面是因为美国此前未出现因传统版权媒介的流媒体改造或者扫描后打包上传所引发的版权纠纷判例;另一方面是因为被告方都为非赢利的公立教育机构,是美国现行《版权法》的重点庇护对象。正如这两所大学的抗辩理由中所主要强调的,他们的所有做法都是在《版权法》的基本原则框架下,都属于"合理使用"(fair use)范围,因而不需承担侵权责任。而事实上,控辩双方交锋的焦点和法官的最终裁定也的确都是将"合理使用"原则作为最重要的衡量依据。

"合理使用"原则在美国 1976 年《版权法》第 107 条款中有过明确规定。它其实就是很短的四句话,阐明了四项基本原则,笔者在这里略微加以解释。

第一,版权作品使用的"目的和特征"(purpose and character)。对作品的使用是否有商业目的和是否为非赢利的教育目的往往成为判断的重要条件。

第二,所使用的版权作品的"性质"(nature)。一般来说越具备创造加工性质的作品,保护力度越强,如小说、剧本和学术研究专著等,而纪实性或编辑类的作品,使用的限制则相对较少,如天气预报、电话黄页等。

第三,关于版权作品使用的"数量与程度"(amount and substantiality)。此原则是指对原作的复印、复制和使用比例不宜过高,不过即使比例很低,但使用的是原作的最具核心价值的部分,也可视为侵权。

第四,要考虑使用对原作潜在市场及现在价值的

"影响"(effect)。也就是说，对原作的使用不应构成对原作品的"替代"，这样对原作的现实的和潜在的市场才不会有什么实质性的影响。

(三)法官对两起侵权裁定的要点解析

关于三大出版商诉GSU一案，佐治亚北区地方法院以"合理使用"四原则为主要审理依据，在经过长达4年的谨慎审理后，于2012年5月做出了一份长达350页的判决意见。第一，法院认定GSU的使用的确属于作为非赢利性教育机构的课堂使用，且无商业目的。第二，法院认为三个出版商所提供的清单上的作品在性质和功用上基本上都属于事实信息的"告知(inform)"和"教育(educate)"，创造性质有限。即使个别包含作者"创造性观点"的作品也可被归属为"批判(criticism)或评论(comment)"。而事实上这类批判和评论类的作品往往是希望被公之于众的。第三，关于复制版权作品的"数量与程度"方面，法院认定GSU的版权政策在一定程度上"存在缺陷"。他们没有明确将使用量的上限设定为10%或一个章节，的确造成了涉嫌侵权的99部作品中有5部作品的复制超过此限。第四，法院认为，GSU对版权作品少量的使用不大可能会损害到出版商的市场，同时出版商也应斟酌某些作品的数字化版本是否容易获得且价格合理。综合说来，判决结果在很大程度上对高校是有利的。虽然作为原告的出版商表示这个判决中包含"严重的法律错误"，并保留上诉的权利，但还是不得不代为支付GSU的诉讼代理费用及相关费用共计达300万美元。

关于AIME协会和Ambrose出版公司诉UCLA一案，加利福尼亚中区地方法院在2011年10月和2012年11月曾两次拒绝了原告的诉讼请求。第一次的拒绝理由主要有两条，第一条理由是法院认为UCLA是一种特殊类型的州立大学，属于州政府的代理机构，没有独立的法人资格，因而可以主张州的"主权豁免"(sovereign immunity)作为抗辩，在法理上原告针对该大学负责人所提起的诉讼实际上是不会被追责的。第二条理由是法院认为AIME协会和Ambrose出版公司不能自证拥有涉案相关作品的版权，譬如莎士比亚戏剧作品的版权是否归其所有？其本身作为提出侵权诉讼的法律地位存疑。一年后法院再次拒绝的理由是因为原告的诉讼请求并没有实质性的修改，同时也不能提供其市场份额所受损失的相关证明，因而法院更倾向于对UCLA的合理使用抗辩给予支持。法院认为，UCLA除了在版权作品复制的量上

有超限的嫌疑以外，将视频资料上传到学校图书馆流媒体服务器的行为更应理解为是为课堂展示(performance)，而非公开散布(distribution)，与合同约定中的禁止在开放的以及因特网系统(open or Internet system)中散布与传播并无实质冲突。

三、对我国学术出版行业的启示

从以上两则判例我们可以看出，在与高校的博弈中，出版商无一例外地都不占优势，而且他们往往在饱受"委屈"之后又不得不继续"求全"，均没有将案子上诉至最高法院。因为他们都深深知道，高校一直都是教育及学术出版商长期锁定的最稳定市场，短期的局部的利益冲突决不可影响双方长期的互利共赢关系。我国国内的情况其实也不容乐观，只不过很多冲突还没有上升到对簿公堂的地步罢了。但数字化技术的低门槛、教育培训市场的无序化竞争和法律制度的相对不健全会使这一问题更加复杂。那么，本已生存不易的国内学术出版业界该怎样理性地保护自己的版权利益呢？笔者建议借鉴美国经验，从利益、技术、法制和情感四个维度找寻支撑。

(一)从业务发展着眼，寻求利益攸关各方共赢

学术类、教育类出版商应较之其他出版商更具包容精神，更应充分意识到出版方、教育传播者、使用者之间的博弈与妥协、借鉴与创新将是一个长期的过程。有鉴于此，出版商与其紧紧别人的手，对书刊定价耿耿于怀，不如从拓展当下的业务入手，搞好产品和项目管理，用数据入情入理地为利益攸关各方分析问题。譬如，三大出版商诉佐治亚州立大学(GSU)一案发生不久，美国出版商协会CEO汤姆·艾伦(Tom Allen)就在《出版周刊》上公开为GSU算了一笔账。如果GSU订购了版权清算中心(CCC)提供的收藏量达250万份作品的电子书刊数据库的话，每年11.4万美元的使用费除以其3万学生，生均年使用费3.75美元，仅相当于"星巴克"中杯饮料的价格而已。这份数据一出，舆论立刻出现了有利于出版商的转向。这么优惠实在的价格，相信没有高校甘愿冒被起诉的风险而断然拒绝的。但是，电子数据库的作品内容、质量、时效性能否契合高校用户的现实需求，则需要出版商在技术和服务保障方面做足文章。

(二)为目标客户着想，创新技术手段提升服务

国外和国内基于一些相似的理由，一些新书、新刊进入电子数据库有相当的滞后期，其实这在一定程度上也为一些"自助的扫描行为"留下了口实。正如

本文第一则判例中法院所强调指出的："出版商也应斟酌某些作品的数字化版本是否容易获得且价格合理。"因此说，我们要与时俱进，要学会尊重不同职业、不同个体的差异性阅读习惯。要尽可能使作品通过所有的载体和平台都能够使用，让消费者自主选择。譬如，美国著名的伯尔修斯出版集团（The Perseus Books Group），在兼顾传统出版和发行业务的同时，敏锐地发现现在的数字技术发展很快，新技术不断涌现，许多出版社难以单独解决，于是专门成立一个公司，为众多的独立出版社提供电子书的出版、发行和技术服务。它采取了如下措施：一是帮助出版社制作电子书后，使电子书在网站上容易被读者发现；二是提供数码印刷；三是帮助出版社发行电子书；四是帮助出版社跟踪电子书销售情况；五是为出版社提供数字营销的工具；六是为出版社提供分析数据，开展教育和培训。因此可以预见，同优秀的内容转换商和平台提供商合作将成为我国绝大多数出版商的务实选择，他们的媒介资源和技术服务能力将更可能帮助传统出版商生产出满足所有消费者需求的强大产品。

（三）从行业特色出发，构建法律协调互助平台

从以上两则判例中，我们均看到了出版商背后行业组织的大力支持。无论是美国出版商协会（AAP）还是信息媒体与设备协会（AIME），都在诉讼过程中发挥了实实在在的作用。而反观国内的相关诉讼，往往是个别出版商单打独斗，几乎看不到行业协会的影子。这正如美国大学出版商协会（AAUP）执行主任彼德·J. 基沃勒（Peter J. Givler）在评价佐治亚州立大学版权案时所说：如果这种数字化使用都是无偿的，对类似像大学出版社这样的规模更小的学术出版商来说，他们失掉的利益可能会更多。他的意思是说，大学出版社并非没有被侵权的烦恼，而是普遍对自己的应诉能力没有自信。不仅本文所述的两则判例，美国出版商版权领域的多项法律实践都已经告诉我们，行业协会的有力协调和有效参与，既最大可能地减少出版商的诉讼成本，又极大地提高纠纷解决的效率。官司即使输了，行业协会也能够理性地对相关问题进行梳理和分析，对于其他出版商在今后的法务实践中有效地规避问题并提出相应解决对策具有重要的指导意义。譬如，在 AIME 协会和 Ambrose 出版公司诉 UCLA 的诉讼请求被两度拒绝后，AIME 协会

开始强调更新版权作品数字邻接权、再创作权等美国版权法法律框架的必要性，以期改善出版业的应诉基本条件，毕竟莎士比亚的作品权利不可能在当代由莎士比亚本人来主张。因此说，我国的教育类、学术类出版商也应有意识地借鉴相关经验，将行业协会建设成法律协调互助平台，重视版权判例经验积累，为解决纠纷、主张利益奠定一个有效的秩序框架。

（四）建立会晤合作机制，加强情感沟通增进互信

随着信息技术的不断进步和教育培训市场的持续火爆，在整个出版链条上传统出版商、数据库出版商、互联网和移动通信提供商、高校、社会培训机构、图书馆、终端个人用户之间的关系变得越来越紧密。为了避免最后撕破脸皮、对簿公堂的尴尬，出版商应积极探索建立与上下游单位定期的会晤合作机制。美国著名的学术出版集团麦格劳·希尔（McGraw·Hill）不仅将与业务相关的各级各类书刊博览会、出版年会、数据库产品推介会列入日程表，更成为对目标客户主动出击的代表。譬如他们的医学类学术编辑经常通过座谈的方式了解医学院的学生、驻院的实习医生和正式工作的医生的需求，同时还深入医生工作的第一线，跟踪整个过程。比如客户要急诊方面的资料，他们就派人去急诊室调查，了解医生一天的工作流程。了解客户的需求后，再考虑提供的产品是否能满足其需求。因此说，我国的教育类和学术类出版商也应将情感和价值理念的沟通作为增强互信的重要手段。通过适当的换位思考，一方面可让出版商对高校等教育机构的"合理使用"诉求有切实的体悟；另一方面也让使用单位和个人对出版商合情合理的收费主张有发自内心的理解。

在美国，现在经常有高校邀请出版商和出版商协会来帮助修订本单位的学术规范和版权规范。因为他们知道，今天他们可能只是使用者，但明天他们很可能就是版权的拥有者。其实无论在哪个国家，我们都应该懂得，有保护的分享、有秩序的分享才是负责任的分享，才是可持续的分享。只有这样的分享，才能给出版者带来更充足的信心，给教育者和学习者带来更大的便利。

（作者单位：上海体育学院）
摘编自《出版科学》2014 年第 1 期

论网络作品提供行为

詹启智

一、取得许可：网络作品提供行为的本质法律特征

取得授权或许可是伯尔尼公约、世界版权公约和我国著作权法（1990）规定的传统作品出版者等被许可者提供作品行为的本质法律特征。《世界知识产权组织版权条约》（WCT）（1996）第 8 条规定的"向公众传播的权利"，该条规定在不损害伯尔尼公约有关规定的情况下，"文学和艺术作品的作者应享有专有权，以授权将其作品以有线或无线方式向公众传播，包括将其作品向公众提供，使公众中的成员在其个人选定的地点和时间可获得这些作品。"WCT 首先在国际法上确立了作者的专有权和授权将其作品以新媒体技术方式向公众提供，取得授权就是新媒体技术方式提供作品的本质法律特征。因此，网络媒体虽对著作权法提出了巨大的挑战，但网络作品提供行为的本质法律特征并未改变。在我国《著作权法》（1990）修改之前，《最高人民法院关于审理涉及计算机网络著作权纠纷案件若干问题的解释》（以下简称《解释》）（2000）已回答了网络作品提供行为的本质法律特征，《著作权法》（2001）、《保护条例》等都再次回答了这个问题。

（一）《解释》（2000）：首次确立网络作品提供行为的本质法律特征

在我国《著作权法》2001 年修订之前，没有对信息网络传播权作出明确的规定。研究作为人民法院对于在审判过程中具体应用法律的问题由法院组织法授权最高人民法院作出的具有法律效力并影响至今的司法解释，对于正确理解和把握网络作品提供行为具有重要意义。《解释》（2000）第 2 条第 2 款如下：《著作权法》第 10 条对著作权各项权利的规定均适用于数字化作品的著作权。将作品通过网络向公众传播，属于《著作权法》规定的使用作品的方式，著作权人享有以该种方式使用或许可他人使用作品，并由此获得报酬的权利。《解释》（2000）首次确立了在网络环境中著作权法的基本原则，确立了取得权利人许可是通过网络提供他人作品行为的本质法律特征。

（二）《著作权法》（2001）：进一步确立了网络作品提供行为的本质法律特征

顺应网络发展规范著作权的需要，我国《著作权法》（2001）赋予了著作权人信息网络传播权的专有权，并在第 10 条第 2~3 款规定作者享有许可或转让该专有权的权利。使用他人作品应当同著作权人订立合同获取许可等，从法律上进一步确认了网络作品提供行为的本质特征。

（三）《信息网络传播权保护条例》（以下简称《保护条例》）：再次确立网络作品提供行为的本质法律特征

《保护条例》（2006）是目前我国规范互联网作品提供行为最主要的法规。其第 2 条是规范网络作品提供行为的核心条款。该条规定了任何组织或者个人将他人的作品、表演、录音录像制品（以下通称作品）通过信息网络向公众提供，应当取得权利人的许可，并支付报酬。信息网络传播权的权利内容包括许可权和报酬权。

综上所述，取得许可始终都是我国法律法规赋予的确定而坚实不变的网络作品提供行为的本质法律特征。《解释》（2012）第 3 条将"未经许可"作为信息网络传播行为的侵权状态，再次对此予以确立。

二、确定网络作品提供行为的标准之争：服务器标准、用户感知标准、法律标准

（一）"用户感知标准"：具有鲜明的主观色彩，不能准确确定作品提供行为的起点

1. 理论界的基本观点

2005 年 9 月 14 日，学界就对链接与深度链接进行深入研究并提出下列基本观点：深度链接绕开了信息源网站的首页，直接链接到信息源网站的其中一个网页，它使浏览者误以为被链接网页作品是正在浏览的网站的一部分，这种深度链接未经版权人许可，显然已侵犯了他人作品的信息网络传播权。"应从网络用户的感知角度着手，亦即强调网络服务提供者所提供服务的对外表现形式，以及该表现形式所带给网

络用户的相应认知。即便网络服务提供者并未上载具体内容,但如果网络用户认为其所获取的信息内容来源于该服务提供者,亦应认为该服务提供者在提供作品,其行为构成信息网络传播行为。"该观点目前已得到司法界部分人士的认可。

2. 司法界的部分认可

2008 年 2 月 23 日,上海浦东法院审理了迅雷公司因提供《伤城》影片的深度链接供公众下载,侵犯了优度公司的网络传播权案,被判赔偿 15 万元。审理该案的主审法官徐俊认为,《伤城》影片的全部搜索下载过程都是在迅雷网站的网络环境中完成,不论网络用户还是影片权利人均无从获知涉案影片的具体来源,影片相关权利人甚至无法指出被链侵权影片所在的第三方网站及其具体网络地址。

2009 年浙江省舟山市中级人民法院审理北京舜元坤公司诉中国电信舟山分公司深度链接影片《对攻》一案。该院法官徐旭涛认为,深度链接行为是一种有意识行为,设链者的设链行为是企图通过这种链接行为,使被链网站上的信息作为自己网站的内容提供给用户游览,实际上起到了帮助传播的作用,参与和帮助其他网站实施侵犯他人信息网络传播权的行为。因此,设链者应承担侵权责任。

派博在线(北京)科技有限责任公司(原告)诉北京迈思奇科技有限公司(被告)案判决指出,即使迈思奇公司提供的是链接服务,亦不能免除其赔偿责任,因为:首先该链接直接指向被链网站中的 PDF 文件,形成了与之相互对应的深层次的链接关系,并未显示被链网站的其他信息。

3. "用户感知标准"不能成为认定网络作品提供行为的符合法律要求的标准

(1)"用户感知标准"具有强烈的主观色彩。"以用户的感知作为判断网络服务提供者是否实施了信息网络传播行为的标准。显然,这是一个主观标准:即使网络服务提供者仅仅对第三方网站中的内容设置深层链接,只要消费者误认为该内容直接来自于设置链接的网络服务提供者,就可以认定该网络服务提供者未经许可提供了内容,构成直接侵权。"这种认定科学和法律依据不足,过于武断。

(2)"用户感知标准"具有极大的不确定性。网络作品提供行为是否确是网络服务提供者所为,仅凭用户感知难以确定。用户感知的准确程度受到用户的感知注意力的影响和是否具有基本网络知识等不确定因素的影响。因此,以此为标准进行判断,一方

面"未抓住行为的本质和未能准确体现著作权法律标准的精神实质,也与信息网络传播行为涉及的责任划分制度不相匹配,如可能不适当地扩展网络服务提供者的责任范围、损及互联网产业的正常发展",另一方面也可能使一些网络作品提供者逃避应当承担的法律责任。

(3)"用户感知标准"不能确定网络作品提供行为。"用户感知标准"仅仅根据用户在网络服务提供者的网站页面上进行感知,并不能确定网络作品的具体来源。用户感知的只是表象,无法感知到网络作品提供行为的起源和本质特征,更不能确定作品提供行为系何人所为。

(4)深度链接技术的发展突破了用户感知的界限。深度链接是对第三方网站中存储的文件的链接。用户点击链接之后,可以在不脱离设链网站的情况下,从第三方网站下载该文件,或在线打开来自于第三方网站的文件,欣赏其中的作品。此时用户浏览器中显示的网络地址仍然为设链网站的地址,而不是被链接的文件在第三方网站的地址。因此,深度链接技术的发展已经超越了用户能够感知的程度,用户感知标准早已不灵了。

(5)"用户感知标准"造成适用法律的不确定性。以此标准,在相关案例中有认定网络服务提供者应承担直接侵权责任,还有认定应承担帮助侵权责任,也有认定网络服务提供者不承担责任等。

(二)"服务器标准":纯属技术标准,不符合法律规则,已受到现行法律的严峻挑战

1. 理论界的观点

我国有学者认为,多数国家的司法实践认可"服务器标准",并以美国发生的"Perfect10 诉 Google 案"美国加利福尼亚中区地方法院和美国第九巡回上诉法院判决支持服务器标准以及澳大利亚高等法院于 2005 年终审判决的"环球音乐公司诉 Cooper 案"、西班牙马德里地方法院在 2007 年判决的"Sharemula 案"、德国最高法院于 2003 年判决的"Paperboy 案"四国判决认定为标准提出了上述标准,并认为"服务器标准"符合"信息网络传播权"立法原意,不会造成与复制权的重合,且因我国法院多次采用"服务器标准"而首推"服务器标准"。上述观点是我国司法实践中争论在理论上的反映。

2. 司法界的部分认可

"服务器标准"在我国有较大的市场,被多数司法者认可,并走进了部分高级法院的制定的规范性文

件之中。

北京高院关于网络著作权纠纷案件若干问题的指导意见（一）规定："2. 信息网络传播行为是指将作品、表演、录音录像制品上传至或以其他方式将其置于向公众开放的网络服务器中，使公众可以在选定的时间和地点获得作品、表演、录音录像制品的行为。4. 网络服务提供者的行为是否构成信息网络传播行为，通常应以传播的作品、表演、录音录像制品是否由网络服务提供者上传或以其他方式置于向公众开放的网络服务器上为标准。"

上海市第一中级人民法院为承担最高人民法院重点调研课题所撰写的《关于信息网络传播权纠纷案件若干问题的规定（建议稿）》对"信息网络传播行为"的界定同上述"2"，其在说明中指出：对于网络传播权行为究竟是采用用户感知标准还是采用服务器标准，学界有争议，本条采用服务器标准。

这些就是典型的"服务器标准"在司法实践上的集中反映。

3. "服务器标准"系纯技术标准，不能直接解决现实的法律适用问题

（1）"服务器标准"找到了网络作品提供行为的技术起点，并不是法律起点。在目前的网络技术条件下，网络作品提供行为须经过上载到服务器之中向公众进行传播或提供作品，这是由现行网络服务的技术特征决定的。上载到网络服务器是从网络技术上确定的提供行为的技术起点。但是，法律调整的归根到底是人与人之间的关系。确定了该技术起点，并不能确定该提供行为是由网络服务提供者还是由网络用户或服务对象提供。

（2）"服务器标准"是因技术特征决定的提供行为的技术起点，会随着技术发展而变得缺乏存在基础。"服务器标准"是以技术方式作为法律标准的表达方式。极可能会随着技术的更新而丧失其存在的基础。如果网络技术的发展到了作品提供行为不需要经过服务器的阶段，则又如何判定网络作品的提供行为。因此，暂时的技术特征决定的作品提供行为的技术起点，不具有永恒性而仅仅是技术发展的阶段性特征。

（3）"服务器标准"无法解决网络作品提供行为与存储行为的界定。《保护条例》明确规定了提供存储空间服务的通知删除便利程序和提供信息存储空间服务的"避风港"保护。提供存储服务的作品必在网络服务提供者的服务器内。这就使"服务器标准"

陷入了一个绝境：是否提供行为，只能由《保护条例》第22条第1项规定的"明确标示"来区分——该种标示由于人为因素具有极大的迷惑性或虚伪性——网络服务提供者为了逃避法律责任，在网络作品提供行为进行时将其"标示"或标榜为存储服务提供者，彻底模糊了提供行为与存储行为的界限。现阶段"服务器标准"已不能解决现实的法律问题，将来还会产生与法律规范的巨大冲突。

（三）法律标准：应当是放之四海而皆准的标准，但《解释》（2012）还差一步之遥

"正确界定'网络传播行为'是认定侵权的前提条件。"与其说界定"网络传播行为"不如说界定网络作品提供行为是认定侵权的前提条件。事实上，也有"内容提供行为，即信息网络传播行为"的观点。"作品提供行为与网络服务提供行为的划分……归根结底要回到法律标准上来，以法律标准进行衡量，即必须基于法律特征和法律本质，符合法律调整的需求。既然划分作品提供行为和网络服务行为旨在解决有关著作权的保护问题，其划分标准应当回到著作权这种专有权的意义上来，也即必须是一种著作权法意义上的划分标准。……总之，是否属于提供行为，应当以是否构成对于著作专有权的行使或者直接侵犯为标准进行判断。""法律标准必须以事实为依据，受制于事实，但必须主导事实的定性。"本文认为，界定网络作品提供行为应当采用法律标准即专有权标准。

《解释》（2012）高度重视网络作品提供行为，将其分为四种情况：①通过上传到网络服务器或以其他方式，将作品置于向公众开放的信息网络中，使公众可以以下载、浏览或者其他方式获得的；②有证据证明其与侵权作品的提供者，通过分工合作等方式共同实施提供行为的；③网络服务提供者以提供网页快照、缩略图等方式实质替代其他网络服务提供者向公众提供相关作品的。④原告有初步证据证明网络服务提供者提供了相关作品的。其中，第1种为基本提供行为，显然采用"服务器标准"为主；第2～3种情况是第1种情况的演绎，网络服务提供者可以进行网络服务或合理使用抗辩；第4种情况显然系采用"用户感知标准"取得初步证据，但网络服务提供者可进行单纯网络服务和无过错抗辩。可见，最高法院采用了"服务器标准"为主和兼顾"用户感知标准"等相结合的办法，界定网络作品提供行为。

法律标准即法律准绳。《解释》（2012）之"是否直接提供权利人的作品"的"法律标准"，只是事实认

定的依据,还不是专有权法律标准。该事实依据在司法上必然存在一个到底是网络用户还是网络服务提供者通过信息网络提供作品的问题,还存在着一个难以主导事实的定性问题。因此,《解释》(2012)并不能解决是谁提供了作品或实施了提供行为,以及如何界定作品提供行为和网络服务行为这两个根本问题,这是正确适用法律的基石。但该事实依据离对其准确定性已经只有一步之遥了。

三、以授权为核心依法科学界定网络服务提供者的作品提供行为

（一）许可行为与作品提供行为

网络侵权行为均是将他人的作品,未经许可上载到网络空间使公众在其选定的时间和地点获得作品,侵害了权利人的信息网络传播权。诉争中网络服务提供者往往进行的抗辩就是,涉案作品是网络用户上传,收到通知后已删除作品,不知道也没有合理的理由知道涉案作品系侵权作品等;多数情况下,权利人的诉求因此而被驳回。

许可使用是网络作品提供者或网络服务提供者使用作品的本质法律特征,作者投稿是授权的基本形式。在网络环境中,取得作者或侵权网络用户的授权,是网络服务提供者作品提供行为的开始。网络服务过程中是否有授权行为,就是界定网络作品提供行为的根本依据或证据。

对于许多以经营作品传播为主的网络服务提供者,投稿人没有经过许可或授权程序,授予其使用权,就不可能上载到网络服务器上,因此,对于投稿人来讲,其只是许可人,并不是上载者,只是初始提供者或作品的创作者,不是信息网络传播权意义上的最终或直接提供者。

网络作品提供行为,在取得授权后和向公众提供作品前,也有一个技术服务过程。这个过程包括选择、编辑、修改。同传统作品提供行为一样,这些技术服务资料或证据保存在网络服务提供者手中。在网络服务提供者接受网络用户或服务对象非法授权后,原权利人向网络服务提供者主张权利,权利人无法通过直接证据证明网络服务提供者是否或如何进行选择、编辑、修改。如侵权作品与原作品不同,也无法证明是网络服务提供者还是其服务对象修改。在网络服务提供者取得授权后,放弃或不履行编辑、修改义务或技术服务而直接向公众提供作品的情况下,权利人更是无法对其进行证明。

在传统作品提供行为和网络作品提供行为之中,取得授权始终是提供行为的起点,选择、编辑、修改等是提供行为起点之后为提供作品而产生技术服务工作,其均受制于取得授权行为,是网络作品提供行为在取得授权后的延伸,本质上属于网络作品提供行为。

（二）网络作品提供行为与单纯网络技术服务提供行为

区分网络作品提供行为与单纯网络技术服务提供行为的意义在于:前者直接进入权利人专有权的控制范围,属于直接侵权行为,网络服务提供者应对取得授权的合法性负责,实行严格责任制度,与许可人共同承担侵权赔偿责任。单纯网络技术服务提供行为,实行过错责任制度,只有在违背"避风港"规定的情况下,才承担共同侵权的赔偿责任。

在法律上需要借助网络技术特征把各种技术服务区别开来,这是正确适用"避风港"规则的关键所在。在司法实践中,较少发生接入服务提供者和系统缓存服务提供者的侵权诉讼,发生较多且容易混淆的是网络作品提供行为与提供链接和信息存储空间服务行为。取得授权作为分界点,可以将网络服务清晰界定为网络作品提供行为和单纯技术服务提供行为。在侵权纠纷诉辩对抗中,只要把握授权一项,即可直接界定作品提供行为和信息存储空间服务,即可做出准确判断。但却不能将链接服务和信息储存空间服务区别开来。这时网络技术因素就该发挥作用了。

链接是网络的基本技术。无链接则无网络。链接作为中立的技术手段,并不存在侵权之嫌。但是使用链接技术的人,则在法律上是可能够构成侵权的。链接技术表现的不同技术特征将链接服务和信息存储空间服务区别开来。

根据《保护条例》的规定,两者除了使用的网络技术是链接技术和信息存储空间硬件设备即外部存储器不同外,其重要的区别是,信息存储空间服务提供者仅通过站内或其外部存储器内的作品即站内链接,建立与外部公众之间的作品传播关系或行为;而链接服务则是通过与他人或其他网站即站外建立链接关系,向公众传播作品。信息存储空间服务的链接无论链接分级多少,最终都是在显示器上显示网络空间服务提供者的页面或网络地址;而链接服务最终都要显示被链接网站的页面或网络地址。浏览器地址栏内显示的网络地址的差别,是两者的基本区别。

站内链接根据授权进行判断,无授权则属于存储服务；有授权则属于作品提供行为。如果在站外链接，显示器页面出现被链其他网站页面或浏览器地址栏内显示其他网站的网络地址，则属于链接服务，作品提供行为与设链网络服务提供者无关，设链的网络服务提供者提供的是链接服务，可以进入"避风港"保护。这是两者的一般区别。但是，如果网络服务提供者提供网络作品时，将作品存储在"黑服务器"内，其对外开放的服务器与"黑服务器"建立链接关系，就需要借助其他手段进行鉴别，这就超出了本文的研究范围。

四、加强网络作品授权模式研究，实现利益平衡

为贯彻落实《侵权责任法》《著作权法》《保护条例》等法律规定，追究网络用户或服务对象的相关侵权责任，实施网络实名制和赋予网络服务提供者向权利人提供其注册资料的义务，是实现利益平衡的重要

环节。

《著作权法》的第三次修改使加强对网络作品授权行为即直接侵权研究具有紧迫性。其修改草案（第二稿）第 69 条第 1 款规定：网络服务提供者为网络用户提供存储、搜索或者链接等单纯网络技术服务时，不承担与著作权或者相关权有关的审查义务。第 5 款规定：网络服务提供者通过信息网络向公众提供他人作品、表演或者录音制品，不适用本条第 1 款规定。修改草案再次明确提出了网络服务提供者直接侵权问题，如何区分存储、搜索或者链接等单纯技术服务与网络作品提供行为，是正确适用法律的关键。随着《解释》（2012 年）的先期出台与实施，加强网络作品授权模式的研究已成为理论界和司法界当务之急的紧迫课题。

（作者单位：河南财经政法大学）

摘编自《法学杂志》2014 年第 4 期

电子书产业升级引发的版权挑战及应对

杨延超

一、问题的提出

无论是从用户体验，还是环保方面，电子书都具有传统纸质图片不具备的优势，甚至可以预见电子书还将成为未来社会的主流阅读形式。然而从电子书产业产生至今，版权问题一直是困扰其产业升级的关键问题。从谷歌的"侵权门"事件，到汉王与中华书局的版权之争，都表明，如果不能有效解决电子书的版权问题，其产业发展犹如无源之水、无本之木。从这一意义上讲，如何能够有效获取电子书运营的版权授权，亦或是如何有效规避电子书运营所带来的版权侵权风险等问题，都将成为电子书运营商需要重点考虑的问题。

无论是对电子书内容的创新，亦或是消费形式的创新，对现有的版权制度都带来了一定程度的挑战。电子书运营商试图以较低的成本从版权人手中批量获取授权，然而它们的做法又是否符合版权法的规定？与此同时，电子书完全没有任何物质载体，其发行形式（包括"出租形式"）完全是以数字化的方式出现，那么这一切又是否符合著作权法中有关"发行

权"及"出租权"的相关规定？如果电子书产业升级与版权制度背道而驰，又该如何予以有效应对？上述问题既涉及对版权人的保护，同时也涉及整个电子书产业的发展，是当下亟须解决的问题。

二、电子书产业升级对版权制度的挑战

（一）电子书产业升级对版权授权的挑战

电子书运营商首先需要从版权人手中获得版权授权，否则电子书的发行就可能面临侵权风险。与传统纸制图书不同，电子书的运营方式表现为"以有线或者无线的方式向公众提供作品，使用户可以在其个人选定的时间和地点获得作品"，这恰恰属于"信息网络传播权"的内容。我国《著作权法》在 2001 年 10 月修订时增加了有关"信息网络传播权"。传统纸质图书的出版发行过程并不涉及"信息网络传播权"问题，但出版商在与作者签订的出版协议中往往会约定，"信息网络传播权"归出版商所有，出版商往往会以此种方式获得"信息网络传播权"。电子书的运营商大都会主动联系出版商，并试图获取"信息网络传播权"的授权。在作者成为著作权集体管理组织会员

的情况下，著作权集体管理组织也会成为"信息网络传播权"的权利人。如中国文字著作权协会，会员可通过"在线入会"的方式成为协会会员，并且在入会过程中需要签订《文字作品著作权集体管理合同》，根据该合同中国文字著作权协会有权管理作品的信息网络传播权。

电子书运营商试图将传统的纸质图书批量电子化，而传统出版商与作者"一对一"的授权模式已无法满足电子书产业升级的要求，因此，除了个别知名作者外，电子书运营商一般不会与作者个人联系购买版权，他们更愿意与出版商和著作权集体管理组织建立合作关系，试图批量获取版权授权。即便如此，现有的版权授权情况也无法满足电子书产业升级的需要：一方面，在"信息网络传播权"立法之前（我国是2001年以前），出版商与作者的出版协议中并未对此项权利归属作出明确规范。另一方面，即便在"信息网络传播权"立法之后，针对该项权利的关注，作者往往也会与出版商据理力争而最终保有该项权利。在上述情况下，出版商都无法再根据出版协议享有"信息网络传播权"，电子书运营商都只能与作者单独沟通并购买相关版权，而由此所付出巨额交易成本又是电子书运营商所无法承担的。

（二）电子书产业升级对发行权的挑战

电子书产业直接改变了传统的发行方式，甚至很多书从一开始就没有纸质发行物，而完全是以数字化的方式出现的。根据我国《著作权法》第10条专门针对"发行权"作出的规定："发行权是指出售或者赠与方式向公众提供作品的原件或者复制件的权利"。"发行权"定义中的"原件"或者"复制件"是否专门针对"有形载体"，我国著作权法并未在上述定义中作出明确规定。电子书发行中完全不存在"有形载体"，只有数字化的"复制件"，那么这种发行形式是否属于"发行权"的调整范围？

之所以要讨论电子书产业对发行权的挑战，还主要是基于"发行权"所奉行的"一次用尽原则"。世界各国著作权法大都规定了发行权"一次用尽原则"，如纸质图书在首次合法销售后，针对该书的发行权便已用尽，即针对该书的二次及再次销售行为均无需再征得作者的授权。我国著作权法虽然没有明确规定发行权"一次用尽原则"，但司法实践中却奉行该原则。北京市高级人民法院《关于审理著作权纠纷案件若干问题的解答》第18条还专门规定，"经著作权人许可发行了作品的复制件后，著作权人对该批作品复制件的出

售权便一次用尽，不能再行使了。他人购买著作权人许可发行的作品复制件后再次出售的，不用经著作权人同意。"这里涉及的问题是，用户在通过电子书阅读器购买电子书后，是否有权依据"发行权一次用尽原则"而将作品再次转发给其他用户呢？对此问题，基于利益诉求的差别，电子书运营商与用户之间会形成截然相反的立场，这就需要对电子书的发行行为做出准确界定，或者说电子书发行是否应当纳入"发行权"的调整范畴，它是否奉行"一次用尽原则"？

（三）电子书产业升级对出租权的挑战

亚马逊公司推出阅读器租书服务，重新激发了图书租赁业务的"复活"。不仅如此，就连普通用户也可以通过电子书阅读器推出图书租借服务。这里要重要讨论的是，类似像亚马逊公司推出电子租书服务是否需要向作者支付费用？如果是通过电子阅读器"卖书"，这是一定要向作者支付报酬的，作者无论是依据"复制权"亦或是"信息网络传播权"等权利，均有权向电子书运营商主张报酬，然而从版权法的角度，"租书"并不等同"卖书"，前者受出租权的调整，而后者则受"发行权"的调整。

《TRIPS协定》系确认作者出租权的首个国际条约，该协议第11条规定，至少对于计算机软件和电影作品，成员应授予其作者或作者的合法继承人享有其作品原件或者复制件的出租权；第14条第4款规定原则上适用于录音制品制作者及其他合法权利持有人。纵观世界各国关于出租权的立法例，大致可以分为两类：第一类立法例主张"出租权"仅适用电影作品、计算机软件作品等特定作品。美国1976年《版权法》及其1990年修正案规定的出租权客体是计算机软件和录音制品。法国1992年《知识产权法典》将计算软件、录音制品、录像制品、传播企业节目作为出租权客体。我国著作权法也奉行这一立法例。第二类立法例则主张"出租权"适用于所有作品及音像制品以出租权：德国、日本、俄罗斯著作权法以及我国台湾地区"著作权法"采用此种立法例。其实，采用哪一种立法例，还主要取决于利益平衡的结果。世界上大多数国家的著作权法之所以关注电影、计算机软件等作品的出租权，是由于上述作品出租产业大发展所导致，从20世纪80年代开始，出租电影、音像制品甚至一度成为电影、音像产业的主流形式。为充分保护电影、音像制品等著作权人的利益，相关国家的著作权法才特别针对电影、计算机软件、音像制品规定了出租权。那么随着阅读器的推出，电子书籍的租赁业务

势必成为一种新的业务形式，随之，电子书产业升级是否会引发版权法上"租赁权"的修改则颇值思考。

三、针对电子书产业升级挑战的应对策略

（一）在立法上设立更为高效的授权模式

提升电子书授权效率的目的在于减少交易成本，从而激发电子书产业活力。为此，本文针对已经出现的相关授权模式进行比较研究，并试图寻找"高效"授权的立法模式：第一，"自助版权协议"模式（SCA协议），这是由国家数字版权研究基地推出的。该种协议模式构造了多种可供选择的数字版权授权模式，旨在为互联网版权保护和版权交易提供范本。电子书运营商通过直接与作者或者出版商签订授权协议获得数字版权，由此提升授权效率。第二，"授权要约"模式，这是由中国版权协会、北京书生公司、《中国版权》杂志共同推动的版权授权模式。著作权人在图书出版的同时，根据其意愿，随书刊发出一个"授权声明"，明确该书的著作权授权范围、授权费用及其支付方式等。针对"授权要约"的相关内容，电子书运营商只需要直接作出"承诺"，即可形成授权关系，而免除了"一对一"的洽谈交易。第三，"稿酬通知"模式，即电子书运营商未经版权人授权的情况下直接发行电子书，但发布版权稿酬通知以降低风险，作者或出版商可据此申请版权费用，有些电子书运营商还会直接将稿酬邮寄给版权人。

上述授权模式需要从法律和效益两个角度做出评判，一方面授权模式要合法，另一方面要符合"高效"的目的。首先，"稿酬通知"模式就存在版权侵权之嫌，按照我国著作权法规定，未经作者授权对作品进行网络传播，即使向作者支付报酬仍属于侵权行为。为了在版权法上为"稿酬通知"模式找到合法的依据，有学者支持用法定许可制度来解释此种授权模式，即允许电子书运营商先发行后付费的行为，理解为"法定许可"而排除侵权认定。然而，"法定许可"又需要版权法的明确规定作为依据，而我国著作权法未将电子书发行纳入"法定许可"的范畴。即便是在未来电子书成为主流作品模式的条件下，电子发行也很难纳入到法定许可的范畴，否则作者的权益将无从保障，并且，"法定许可"所采用的"一刀切"式的补偿标准，同样是对作者讨价还价自由的剥夺。"自助版权协议"模式（SCA协议）的本质是将授权协议格式化，从这一角度来讲，它可以一定程度减少交易成本，然而它仍然需要电子书运营商与版权人"一对一"协

商谈判，无法满足电子书批量授权的需求。相比之下，"授权要约"模式可以实现批量授权，即只需要电子书运营商作出承诺，无需"一对一"谈判即可完成授权，但此种模式需要出版者的积极推动才能完成。对于普通作者，由于缺乏足够的专业知识，很难在出版时独立设计这种模式，因此就需要出版者的积极推动，然而"授权要约"模式的受益者往往又是作者和电子书运营商，如何进一步完善"授权要约"模式的市场机制，让出版者真正有动力去推动"授权要约"模式，是此种模式最终成败的关键。本文以为，在出版商推动"授权要约"模式情况下，可以作为作者的代理人身份出现，针对作者基于"授权要约"模式所获得的利益，出版者有权基于代理行为而获取部分收益。

（二）厘清电子发行的法律属性，明晰"权利用尽原则"的适用领域

纵观世界各国电子书"发行权"的立法，主要有两种立法例：一是以美国为代表的立法例，此种立法例扩大了发行权的解释，将电子书这样的无形载体也纳入发行权的范畴；二是以欧盟为代表的立法例，此种立法例主张，发行权仅指"有形载体"（原件或复制件）的传播，电子书的发行问题则应当由网络传播权来解决。

根据欧盟的立法，像电子书这样的传播方式应纳入信息网络传播权的范畴，而不属于"发行权"的调整范围，自然也就无法适用"一次用尽原则"。《欧共体绿皮书》认为，发行权是否因权利人自身的利用或第三方的利用而用尽，取决于所利用的作品及相关物品的形式。这里有两种情况：其一，发行的对象是有形复印件，发行权因首次销售而用尽；发行对象若是无形的服务，由于这种提供数字传输的服务可无数次反复进行，发行权因首次销售而用尽的规则无法适用。"美国版权法虽然主张将发行权扩展到网络环境中，但在适用"首次销售原则"时仅限于有形载体。从美国版权法的措辞、立法历史以及判例法都明确的表明：只有当某一复制品的所有人处置了对该复制品有形占有的情况下，才能适用"发行权一次用尽原则"。在明确了上述原则的基础上，《美国知识产权白皮书》中还认为，如果购买者在网上合法地购买了文字作品的复制品，然后将复制品下载到磁盘上，购买者再次出售该磁盘可以适用"发行权一次用尽"原则。《美国知识产权白皮书》进而认为，"如果将来出现一种控制技术，可以保证作品复制件的原始所有人

在传输作品后无法保有复制件,而且接收方也无法擅自制作复制件时,那么发行权用尽原则也可以适用。"

这样,电子书阅读器的用户都无法以"发行权一次用尽"原则将其所购买的电子书再次拷贝给其他用户,除非这种拷贝会导致他自身失去作品的复制件。借用《美国知识产权白皮书》的观点,将作品通过网络传输给他人的行为,不仅包括发行行为,还包括复制行为,而"发行权一次用尽"原则仅包括发行行为而不应当同时包括复制行为,从这一意义上讲,如果允许电子书传播适用"一次用尽原则",也就意味着复制权的一次用尽,这显然又是违反版权法规定的。

(三)分析"电子出租"的法律本质,寻求"出租权"的立法方案

著作权法意义上"出租权"是否适用图书作品,还取决于不同国家的立法例。即便是在出租权适用图书作品的国家,出租电子作品是否会侵犯到作者的出租权,还需要厘清它与"互联网络传播权"之间的关系。《欧共体绿皮书》是世界上最先讨论这一议题的文件,同时《欧共体绿皮书》还提到,从现实的经济层面考察,通过电子的形式出租作品与在实体商店进行的出租作品实质上是一样的,因此二者之间构成竞争;由此看来,在这两种情况下,适用相同的权利是合理的。根据欧盟《出租权和借阅权指令》第1条第2款规定,出租是指"为了直接或间接的经济利益而在有限期内提供使用",尤其值得关注的是,这里的"提供使用(making avaliable)"一词,并没有明确指出提供的方式。根据欧共体《出租权和借阅权指令》的观点,出租所涉及的客体仅限于作品或有关客户的有形载体,通过网络传输作品的行为不属于出租,但是允许成员在国内法中对这种所谓的"电子出租"进行规范。1996年欧盟提交世界知识产权组织(WIPO)的《信息社会版权与有关版权的绿皮书》的第2部分,主张将出租权扩大适用于数字化网络传输,认为将作品通过网络传输而进行的交互式传播行为可以作为出租行为而受到出租权的规范。WCT、世界知识产权组织表演和录音制品公约(WPPT)在有关"互联网络传播"是否纳入到出租权范畴的问题上,同样采用了较为自由的解决方案,它要求条约成员国国内法律赋予著作权人拥有控制网络传输行为的权利,不管其采取的是何种专有权利,包括扩大国内法现有的发行权、出租权的含义或者是建立一项专有权,只要达到调制网络交互式传输的目的即可。

无论是采用"出租权"还是"互联网络传播权"来调整"电子出租"行为,核心还在于在作者与电子书运营商之间建立利益平衡机制。调整利益关系并分配利益是法律应具有的社会功能。"每个社会秩序都面临着分配权利、限定权利范围、使一些权利与其他(可能相抵触的)权利相协调的任务。"实践已经证明,竞业禁止制度,对于有效保护用人单位商业秘密和维护市场竞争秩序,对于推动人力资源健康有序流动可以发挥其特有的不可替代的作用。同时,我国市场经济体系尚处在发展完善阶段,相应的劳动法律制度还不健全,劳动者权利意识较弱,竞业禁止制度对劳动权利的侵蚀也是不容回避的问题,如果处理不好,将对劳动权乃至生存权造成威胁,其后果也会非常严重。因此,对劳动权与商业秘密权保护中客观存在的矛盾、冲突,需要协调是不容置疑的;协调也是可能的。如何才能解决好我国在市场转型时期劳动关系政策的两大核心问题之一——"劳工权益保护问题",在承认冲突的前提下协调好劳动权与商业秘密权保护的关系,进而实现劳资双赢的理想目标,还需要我们为之不断探索。

(作者单位:中国社会科学院知识产权中心)
摘编自《知识产权》2014年第7期

大数据时代的微版权战略

孙赫男

所谓"微版权",就是微小的版权,英文可以用"micro copyright"来表达,而它的外延一般从三个方向去解读。首先从版权内容的主体特征来看,微版权指碎片化的内容,或者篇幅微小的内容,比如微博、微信、微电影等。其次从授权对象的角度,微版权可以指对传播网络边缘,也就是个体的授权,"微"代表的是"众"中的个体。最后从授权交易价值的角度,微版权可以指单次版权授权交易价值微小的版权交易。内容企

业需要针对新内容形式,面对新授权对象,以新的商业模式,制定自己的"微版权"战略,对版权进行精细化运作,从而实现对内容价值的全面挖掘。

一、微版权战略中的控制

版权本身代表着一种控制。今天当人们在想怎样去挖掘微版权价值的时候,首先要考虑的就是这个问题的另一面,即对微版权的控制,可以说这是一种很难实施的控制。而作为内容出版商,则需要寻找一种新的经济挖掘方式才能实现微版权的价值。

这方面的案例,浴火重生的音乐产业非常值得学习。在 iPod 刚出现的时候,音乐产业被认为已经穷途末路,CD 的销售量一落千丈,所有的唱片公司觉得他们无法再存活下去,但是今天其实人们看到的是一个更欣欣向荣的音乐产业。原来几年才有可能成功包装运作一个明星推向市场,他们的成名周期很长,但是现在一年可以产生很多明星,如《中国好声音》的吴莫愁、金志文、吉克隽逸等。为什么?就因为传播的渠道改变了,人们对内容版权价值的挖掘获得了更大的平台,而这些平台为产生出更多的版权价值提供了一个良好的环境。如今的音乐产业运营者,把音乐放在网络平台上,让大家免费使用,免费下载,表面上看没有直接赢利,但是他们将之作为一个宣传平台,从经营歌星,经营产业的方式中,找到了新的价值挖掘方式,获得了更大的经济回报,比如成名于 You-TuBe 的欧美乐坛流行音乐小王子贾斯汀·比伯,就是非常成功的案例。所以,在人们进入免费时代的同时,这个免费的时代给大众提供了更为广阔的一个版权价值挖掘空间。

在学术和专业出版领域,美国政府和英国政府2014 年将会推出一系列关于 OA 的资源,也就是开放获取资源的一系列政策。在政府的要求和资助下,美国很多专业和学术出版内容将会进入 OA 领域。OA(Open Access)即开放获取,以免费的方式去获取学术和专业的内容。曾经有人统计过,学术论文的平均阅读率是 1.24 人,从这个意义上说,大多数的论文,唯一的读者是它的作者。OA 则可以让学术内容得到更广泛的传播,出版机构在其中充当的角色是,从政府获得资助,然后完成其传播者的重要作用。在全球范围内,在学术和专业出版领域,开放获取的模式将成为一个非常重要的主流模式,有些问题值得出版业的从业者反思:我们是否为之做好了准备;不管是引进内容也好,输出内容也好,我们是否意识到这

样的一个模式将占据着市场中的主流;我们需要思考大数据时代能为我们的内容产业做什么。

二、微版权战略的"众"作用

在微版权时代,这种控制最终是可以由受众参与实现的。《哈利·波特》的全球营销众所周知,出版商规定在半夜 12 点的时候,全球统一发售《哈利·波特》图书。这在出版史上几乎是一件不可能的事,因为每一册图书进入书店到达消费者的手中之前,有很多环节,比如印刷、库存、运输等,任何一个环节内容都可能出现时间差或者对接上的问题,但为什么《哈利·波特》的七册书都能通过这样的模式实现全球发售呢?那是因为全球所有的《哈利·波特》迷,都在共同珍视着这样一个秘密。这个长链条的控制,不是由国家机器实现的,也不是由专业机构实现的,而是通过内容的魅力去凝聚受众,再通过内容的受众来保护秘密。这是一个非常让人感动的例子,全世界的《哈利·波特》迷,当任何人试图尔外泄新一册即将发售的《哈利·波特》图书内容之时,马上会有《哈利·波特》迷挺身而出进行反对,甚或直接向相关机构举报,全球的《哈利·波特》迷享受着这个共享秘密的过程。所以真正的控制,是基于内容的魅力,让内容受众去协助实现对内容的保护,而这个保护不是任何技术或者国家机器能够实现的。

在微版权时代,内容的授权从网络核心转向网络边缘。如今的版权贸易,指的是一对一的排他性授权,在合同中经常有 exclusive 这个词。但是在数字出版时代,这种授权模式正从一对一,转向一对多。因为数字内容的价值就在于通过一对多的挖掘去成倍地扩大版权价值。可以预估,未来越来越多的版权交易将不再是排他性的,版权持有人将进行覆盖面更广的多维授权。一对一通常集中在 B2B,也就是机构对机构的授权,一个出版社对另外一个出版社的授权;而一对多的授权可以是 B2C 的授权。参考共享软件的模式,共享软件的基础功能免费,而额外功能在对个人授权时只需要支付很少的钱,3～5 美元。传统的出版社授权模式是指出版机构对出版机构的授权,而现在的授权模式则要更多地思考如何建立版权的一对多,也就是 B2C,即机构对个人的授权模式。比如,电子书销售读者购买的实际上是一种阅读权的授权。我们需要从物权转移的模式过渡到知识产权授权的思考方式。

一对多的授权还可以理解为对各种衍生权利的

挖掘。衍生权利之间的相互促进,也就是说如何从综合授权的方式中获得各种权利和授权对象之间的互相促进,如何从一对多的方式中获得不同的授权利益。《哈利·波特》电影的授权是怎样刺激《哈利·波特》图书的授权,每一次电影和图书出版周期之间的规律值得深究,其主要策略为在图书出版进入一个慢坡谷的过程时,用电影的推出去刺激图书销售的再次攀升。由此可见对于一对多授权的控制和分析之重要性。

三、微版权的价值塑造

微版权的价值塑造需要从五个方面去建构和考量。

第一,从网络核心授权方式到网络边缘授权方式的转化过程中,权威性将得到进一步凸显。如何在这个授权的时代中树立出版机构的权威性,也就成为一个非常重要的课题。比如说百科类的内容,在线百科可能是完全免费的,但是如何能够从这些免费的内容中获得经济利益呢?这就需要为之增添专属的权威性,充分利用包括专业库,专家扩展词条库等权威性内容,获得经济回报。再比如,中华书局有很多的古文,可能这些古文本身是免费的,因为已经过了版权保护的期限,但是中华书局权利的价值,恰恰体现在其品牌所带来的权威性。其所组织的专家也好,或者其作为生产者的编辑们也好,都为相关内容增加了权威性。因此出版社应考虑的是如何发挥并利用出版企业在授权过程中的权威性。

第二,是群众性的价值。如何让更多的人接受授权,从销售走向授权的这样一个转化,就是从B2B授权转入到B2C授权。B2C的授权越广泛,群众性的授权所带来的传播价值就会越大。微博上众多大V所具有的网络话语权,就是体现了群众性带来的价值。而这种价值可以是直接的微收入,也可以是从免费传播中转化出的经济价值。

第三,塑造碎片内容的价值。以往谈版权贸易,指的是至少有两千美金预付的版权贸易,但现在由于数字平台和数字技术的发展,版权授权不一定再以两千美金预付为起点。可能美国的一个教授需要使用某本书中的几页,也许是美国的一个教科书出版商,需要通过定制化出版的方式使用某本教材中的某一部分,这些都是值得出版业从业人员思考的问题。如今对网络边缘的授权模式已经让版权走向了微版权时代。现在的出版社可能会有这种需求,但是整体数

额太小,因此也没有办法从这个数额中获得预期的利益。但当系统覆盖它的时候,出版社就有可能从这些微小的版权收入中获得更多的利益。

第四,塑造内容组合授权的价值。包括英国出版科技集团advance复合出版管理系统在内的国际领先的业务管理系统,已经可以让出版机构生产内容产品包,把一个个碎片化的内容元素组合成各种产品。在编辑的过程中产生各种元素,这些元素构成了纸书、电子书、纸质期刊、电子期刊、光盘、产品包等。当一个客户在选择内容的时候,可以选择这样一个产品包,这个产品包中包括一本纸质书、一本电子书和一个系列图书。比如大学的班级可以整体购买这样的产品包服务,这既包括了线上的资源、纸质的教科书、课外阅读材料,也包括老师的教辅材料等。

如今的版权价值挖掘,实际上是要把原来作为销售的内容和现在作为授权方式产生的内容进行一种有效的结合,如此才能够实现对版权价值的全面挖掘。现今一些国际出版集团的管理系统,其生产的产品类型大类中包括图书、期刊、电子内容、数字订阅、数字图片等。查询者点击"书",会有长长的类型列表出现,包括精装书、平装书、电子书、在线课程、年鉴、丛书……其中既有数字内容类的产品,也有纸质类型的产品,两种类型下又分很多种小类别,通过对产品类型的细化去触发相应的生产过程。同时,每一种产品类型,都具有多种授权模式,人们可以想象,一本电子书有几十种不同的卖法,包括一个星期的授权,十次下载的授权,一百个具名用户下载的授权,十二次获取的授权,等等。也就是说同样的一个版权作品可以有几十种的销售方法,这些销售方法中既有纯纸书的销售(Physical),也有混合式的销售(Mixed Format),换句话说是既有纸书也有数字内容的销售。这些多种的授权和销售模式的结合,保证了其最大限度地提高内容的可复用率,即可重复使用的频率。保证了每一种状态,每一种格式,是什么样的授权。

第五,便捷是促进版权价值挖掘的核心,不要让流程成为实现版权价值的阻碍。由于现在的版权交易过程是以B2B为核心的,所以各个出版社都有很复杂的版权交易流程。但进入微版权时代之后,原来一年几十个版权合同可能会变成几千、几万个合同。那么我们的流程是什么,我们如何处理这些微版权交易,如何将这些微版权交易的利益,准确透明地计算给作者和其他贡献人,并形成结算,从而逐渐让授权链条的各个利益方认识到微版权交易的价值,形成良

性循环，又将成为出版从业人员亟须解决的问题。美国麦克希尔出版公司每天全球的销售，全部可以通过它的系统，在一个半小时之内，完成每个作者和贡献人的版税拆分。所有的图书和所有的权益销售，包括出口版权、本地销售、作者购买、图书俱乐部版权、全球版权等，全部都在这个系统中得到管理。每一种版税的计算都在这里记录，当作者的销售达到一个数额的时候，版税的支付比率会发生变化，它与销售系统是连通的，也就是当销售那边的册数上升到一定数量的时候，这边会自动进行变化。因此，通过这些记录就能非常透明地随时生成给作者和所有的版权利益人之间的交易报告，包括结算周期等。

大数据时代技术变化带来出版产业进行版权价值挖掘的新平台和新手段。网络技术的发展和大数据技术的普遍应用将让我们的出版产业开始面对传统版权的概念变革。在这场变革中，控制不是唯一的目的，握紧拳头，你将一无所有。赢利才是终极目标，张开双手，我们将获得更多。

（作者单位：北京印刷学院）

摘编自《出版广角》2014 年 2 月下

版权现实困境与未来发展研究
——以云计算技术为研究视角

杜 健

本地计算下，信息的计算与处理主要依赖本地计算机硬件与软件资源，因此，基于用户软件、硬件系统信息存储容积的制约，加之，用户还需负责软硬件系统的维护更新等，致使本地计算成本高昂、效率低下。随着分布式运算、多租户架构技术的发展，带宽及流量的大幅提升，软件应用和数据存储均可在云端进行，用户可以随时、随地、按需向云端资源池发布指令调取所需资源，云端资源池根据用户指令快速配置和释放资源，云计算便是这样的一个计算过程。截至目前，国际间对于云计算究竟要如何具体定义尚未取得共识。但对于云计算的技术特征业界有统一认识，云计算具有软件即服务（SaaS）、平台即服务（PaaS）、基础设施即服务（1aaS）三种服务模式，具有私有云、公有云、社区云与混合云四种部署模式，具有按需自助服务、广泛的网络访问、资源池、快速灵活、计量付费服务五个基本特征。随着以云计算为代表的新一代传播技术的深入发展，作为因印刷技术而生，随新兴传播技术而变的版权制度，会不会遭遇云计算技术的挑战，给版权制度带来哪些法律问题，是否有行之有效的应对策略，值得深入探讨。

一、技术变革与版权法律制度

（一）版权制度演变的内在机理

从历史视野看，版权的产生、发展与传播技术的变革具有密切联系，技术发展为版权制度的产生、发展奠定物质基础，推动版权保护客体的扩张、版权内容的增进。然而，传播技术的革新并非总是与版权制度的发展构成正向关系。数字网络技术的发展使得版权保护的领域延及网络，也因其改变作品传播利用的方式而给版权制度带来严峻挑战。一方面，数字网络技术下，知识信息的传播脱离了传统物质载体，实现了传播的即时、无地域性；另一方面，传播媒介的充盈使得作品的传播不再控制在少数商业机构手中，用户之间交互式传播成为主流。传播效率提高、成本降低、渠道充盈使得公众接近作品变得更为便捷，也导致网络环境下作品的传播、利用难以控制，未经许可擅自上传、下载、浏览作品的侵权行为易发、多发。可见，数字技术下版权制度虽未放缓其不断扩张的步伐，但也遭遇越来越多的挑战，甚至有人预言，"世纪末的版权制度如同泰坦尼克号之旅，将会在因特网的冰海上沉没"。

（二）云计算技术下作品传播利用的特点

技术发展不会停滞，版权制度尚未有效回应数字网络技术的挑战，云计算技术又大踏步走来。较之印刷技术、有线传播与数字网络技术，云计算技术下作品传播利用特点更为鲜明。在作品传播方面：一方面，"相对于传统的计算资源服务模式，云服务就像是从单台发电机模式转向电网集中供电模式，也就是说，云计算是集中化管理的"，此种特点表明，云计算技术下，作品传播具有集中性特征。另一方面，用户可以利用云服务平台将自己创作、传播的作品即时共享给所有在线用户，实现云计算技术下作品即时交互式传播，也因此导致云计算技术下作品的传播呈现去产权化特征。

在作品利用方面，云计算技术下作品利用呈现非复制性与多租户使用的特点。所谓非复制性利用，以软件即服务模式为例，在软件即服务模式诞生之前，用户需要事先购买正版软件，并将其安装到本地计算机上，或者通过在线网络将相关软件下载并在本地计算机上运行，无论是安装抑或下载，用户均需要将软件予以复制。而在软件即服务模式下，用户无需购买软件即可按需随时向云端发布指令，云端根据用户指令调取资源池中的数据信息，用户无需将云端资源复制到本地。当然，在数据传输过程中，也会基于技术上的必须产生临时复制件，但鉴于临时复制件欠缺复制行为所需的体现要件与持续要件，且瞬间即可被后来的缓冲信息所覆盖，因此，并不属于法律意义上的复制。多租户利用是指"与传统的单租户程序相比，多个租户可以共享、运行在同一套硬件平台之上的单个应用软件实例"。在多租户利用模式下，基于分布式运算技术强大处理能力，使得云端资源池突破了传统技术对用户数量的限制，一份资源可以同时供所有在线用户同时利用。综上，云计算技术下作品传播、利用呈现新的特点，催生了新的作品传播利用模式及行为习惯，实现了作品传播利用从商品供需模式向服务供需模式转变，传播技术领域的新发展、新特点必然会对版权制度带来新的挑战。

二、云计算技术引发的版权问题探讨

版权制度的每一次变迁都与传播技术的发展密切相关，从相机、自动钢琴、留声机、摄影机、无线收音机、静电复印、卫星广播、有线电视、家庭录像机到数字技术和互联网——几乎每一次技术变革都改变了版权的面目，以至于前英国版权法委员会主席沃尔将版权比作现代传播技术的"副产品"。作为一种新兴传播技术，云计算技术给版权专有权利制度及传统守门人权利保护机制带来巨大挑战。

（一）版权专有权利制度

著作权法采取的是以"用"设权的权利构造方式，即根据作品的利用方式创设子权利。云计算技术下，作品的非复制性与多租户利用使得作品的传播利用方式发生实质性变化，"传统的复制权和公开传播权已经无法完全涵盖云计算环境下的作品利用行为，包括复制权和公众传播权在内的著作财产权的传统二元权利体系已经失灵"。具体阐述之：复制权系控制作品复制件并从中获取经济利益的权利，云计算技术下，虽然在共享过程中，用户计算机服务器上也会产生缓冲信息，但该缓冲信息在计算机上至多存续0.12秒，即被后来的信息予以覆盖，故该种缓冲信息在性质上属于技术性复制而非法律性复制（因其不具备时间与载体要件），因此，不能纳入复制权的调整范围。发行权系以出售的方式将作品的原件或复制件向公众提供，出租权系指有偿许可公众临时使用作品原件或复制件的权利，因此，无论是发行权抑或出租权，都以控制有形的复制件为前提，然而，云计算技术下，用户利用作品时并未获得作品的复制件，因此，也当然不能纳入发行权、出租权的权利调整范围。信息网络传播权系指用户可在自己选定的时间、地点通过无线或有线方式获得作品的权利，故作品的传播利用行为能否纳入信息网络传播权的调整范围，关键在于能否获得作品，而云计算技术下作品传播利用具有集中化特点，云服务商将资源存储在云端资源池中，用户可按需直接从云端资源池中调取资源，此种利用方式与网络环境下获取作品的利用模式不同，因为它并未让用户获得作品本身，本质上仅仅是按需提供服务，因此不符合信息网络传播权必须获取作品的权利构成要件，也当然不能纳入其调整范畴。综上，云计算技术下，作品的传播利用行为难以纳入现行版权专有权利调整范围，现行版权专有权利体系面临失灵危机。

（二）传统守门人版权保护机制失灵

守门人理论认为，"信息传播是通过守门人进行的，只有符合一定规范或价值标准的信息才能被传播给听众"。历史上，"版权制度之所以总是能够适应新技术的挑战，是因为那些新技术从未从根本上动摇版权实施的守门人控制模式"，版权人可以通过与为数不多的中间机构合作防止侵权行为发生，中间机构也可以通过制止传播渠道中的侵权行为实现经济利益。云计算技术革新了作品的传播利用方式，使传播渠道摆脱少数商业机构的控制，私人之间的即时交互式传播成为主流传播模式，传播模式的变迁使得大规模未经许可传播成为可能，加之，云计算技术催生了产业的分化，导致云服务商与版权人存在不同的利益诉求，云服务商不再通过控制作品流通市场获取利益，而是转向通过信息流量、服务费或者直接依靠广告收益获取利益，因此，云服务商并无充当守门人的角色获取利益的需求，两者利益诉求的背离反而刺激云服务商为获取经济利益直接实施侵权行为或间接引诱用户未经许可的作品传播利用行为。另外，云计算技术下，作品利用呈现非复制性特征，云服务商仅仅需要购买并安装一份软件或其他作品，即可将信息存储在云端资源池，用户可以按时、按需向云服务商发布指令，云服务商根据用户指令，调取云端资源传输给用户使用，因此，云计算技术不仅解放了传播渠道，还降低了交易成本，导致构建在技术、利益共享、交易成本基础之上的传统守门人版权保护机制失灵。

三、面对危机不同的进路及其检视

为有效应对云计算技术对版权法律制度的挑战，必须寻找一套行之有效的解决办法，对此，理论与实务界提出两种截然不同的进路。

（一）扩张版权路径

版权扩张不是一个新事物，正如学者所述："版权的历史就是一部扩张史，当威廉·卡克斯顿（William Caxton）将印刷机于1476年带进英国，一种最终被称为著作权的新的财产形式不可避免地出现了"。"当享有版权的作品出现新的技术性用途时，立法者应当迅速扩大版权，将这些新的用途包含其中，即使他们仅仅是私人使用"。印刷技术的发展，催生了近代版权制度，并使控制他人利用作品的复制权成为近代版权的核心权利；有线和无线广播电视等新技术催生了版权邻接权制度的诞生；数字技术的发展，使得信息网络传播权取代复制权，成为数字技术下版权新的专有权利；电影技术出现，使得版权保护客体扩展到电影作品，录音机、录像机的普及催生了版权补偿金制度。从历史视野审视版权制度发展，可以看出，版权制度已从最初单一的复制之权发展成为一个体系完整的庞大权利束，应对传播技术革新对版权制度的挑战，扩张版权专有权利体系似乎成为一种无法扭转的历史惯性。虽然，历史上每一次传播技术革新，均会使版权保护客体、保护期限、专有权利等得以扩张，但事实上版权实施效果不佳。"当我查不出是否有人以及在什么时间、什么地点制造复制品时，阻止他人复制我的作品的法律权利还有何用呢？"

通过法律手段获得完全的版权保护事实上并不可能，扩张版权拥护者逐渐将其触角延伸至技术领域。最初，版权人在软件作品保护中尝试利用拆分合同、点击合同等技术措施保护版权，所谓拆分合同系指权利人将许可条款附于软件包装中，用户拆分包装即视为接受许可条款，点击合同指用户在获取知识、信息前

必须通过点击确认合同条款。后来，技术保护措施扩展到所有类型的版权作品保护，并逐渐被各国立法所认可。但技术的发展从未符合人们的初衷，版权人并没有看到他们期望的结果。究其原因：其一，"有加密技术就会有解密技术，任何能够加密的东西，付出一定成本都能被解密，而且，任何能够为人所见所闻的视听符号，也都必然是可以被复制的，有时甚至无须规避加密技术"。其二，立法确认技术保护措施，则版权人容易滥用权力，禁锢知识传播，损害社会公益。例如：根据美国《数字千年版权法》规定，版权人有权禁止破解控制接触作品的技术措施，禁止生产、出售、进口用于破解控制接触或使用作品的装置，但该法因承认技术保护措施而遭致一片骂声。"数字千年版权法是一部连版权法专家都难以读懂与解释的法律，也是一部以牺牲公众利益与新生产业为代价，满足既有产业私欲的法律"。扩张版权是沿着版权立法应对传播技术发展的惯常进路，试图通过法律制度的变革以强化与扩张云计算技术下的版权保护，但事与愿违，此种应对路径受到越来越多的质疑、批评。

（二）替代版权路径

自版权法律制度诞生之始，替代版权制度的主张就如影随形，替代版权制度主张围绕着否定版权自然权利性质及强调公共利益逻辑前提展开。具体而言，持该观点者认为，第一部版权法律——《安娜女王法》迄今仅有300年的历史，历史上，知识、信息的传播利用都是开放、自由的，版权法系因应印刷技术发展而赋予版权人控制作品复制发行而产生，故版权制度并非生而有之的自然权利。近代立法赋予版权以私权属性，禁止公众未经许可的传播、利用行为，这必然会挤压公众对知识信息的接触与获取，而从伦理角度上说讲。公众对知识信息的接触及获取，就像空气及与人之呼吸，乃人之基本权利，版权制度人为制造稀缺，垄断知识信息传播，为公共利益计，必须抛弃版权制度。

替代版权论者主张抛弃现有版权制度，着眼追寻构建版权制度的最初目的——公共利益，并提出实现最初目的的具体替代方案。知识产权共享许可协议（CC协议）作为一种替代选择被提出并展现出强劲的生命力，CC协议鼓励权利人让渡部分权利，赋予使用者自由、开放获取知识的权利，致力于让更多人有机会分享作品并进行再创造，共同促进公共利益的实现。研究表明：截至目前，CC协议已经在包括中国在内的五十多个国家和地区进行了本地化，并被维基百科、Flick图片网等众多媒介选为使用作品的首要规

范。知识产权共享许可协议影响力与日俱增有其深层次根源:第一,知识具有双重属性,一方面知识的创作需要耗费一定的人力、物力成本,对知识传播利用也会带来一定经济价值,通过立法赋予版权私权属性可激励创作。另一方面知识天性趋于自由流动、共同分享。"信息天生是非竞争性、非排他的"。"他从我这儿接受了一个概念,他自己获得了指导,但并没有削弱我的观念:就像他在我的蜡烛上点亮他的蜡烛,他接受了光明,但并没有给我黑暗"。非竞争性、非排他性特征决定了知识传播利用非但不会减损其价值,反而会增进社会公益。然而,版权的私权属性与版权的自由共享属性之间的悖离必然导致权利人对作品的控制与公众自由获取作品之间的冲突,为知识共享运动提供了生存的现实土壤。第二,激励理论的缺陷,传统版权制度建构的基础系激励理论,该理论认为人是经济的人,只有赋予创作者一定的经济利益,才能激励其投入作品的创造、传播中,进而通过这一良性过程增进社会福利。然而,"私权和经济利益的激励效益不是作者或发明家创造活动的惟一动因,甚至在某些领域不是主要动因,人性有着多面向性,人不仅是经济人,还是伦理人"。"用户参与创作与传播的目的并非从中获取经济收益,而更多作为一种参与社会生活的方式,其中包含了自我表达和社会交往等非经济需求"。以知识共享协议为代表的替代版权路径迎合了社会公众自由免费获取信息的需求,得到越来越多的支持。

(三)两种路径检视

扩张版权路径坚守法律而非其他任何方式解决云计算技术下版权人利益保护与公众信息获取自由之间的矛盾,应该说扩张版权模式找到了病症,却开错了药方。"技术带来的便利不等于法律上的权利,不能因为一个人能够在一块玉米地周围围上栅栏,我们就错误地认为仅靠这些栅栏形成财产权,是公共选择创造了财产"。最好的法律说到底不过是对社会公众长期利益博弈的结果以法律规范方式予以承认,面对云计算技术的挑战,版权制度设计者应该智慧地寻找版权人与使用人利益平衡的契合点。在权利构造、制度选择上,要依托社会公众的生活实践,不能纯粹地扩张权利,而是要提炼、遵循、吸纳社会生活实践中的交易习惯与行为规则。替代版权路径具有伦理正当性,以知识产权许可协议为例,该模式采用法律规定的许可使用合同的形式,倡导所有参与创作主体让渡全部或部分版权,而权利人同意放弃权利的条件

是后续利用者也同样同意放弃对作品后续演绎形成的新作品的权利,没有这种集体弃权,知识共享模式便无存在之可能。然而,由于作品利用过程中,交易成本的客观存在,在产权不清时,市场会发生失灵(即所谓公地悲剧),而替代版权路径的理论之基即是放弃版权专有排他性,正是在此种意义上,在未来很长时间内,学界提出的替代版权路径仍然难以成为调整作品传播利用关系的主要模式。

(四)云计算技术下版权制度展望

云计算技术打破了版权分配格局,引发利益失衡,使版权制度陷入进退失据的两难状态,然而,在既有的私法框架内,通过对现有版权制度的调适或修复,能够重新恢复版权利益平衡机制,达成公众认可的公平分配机制,实现版权产权与信息自由双重价值的精细平衡。具体来说,版权法律制度应作如下调整:第一,调适版权专有权利。云计算技术发展当然无可避免地对现有版权权利体系造成冲击,但只要版权法律制度的基石没有崩塌,从既有的版权权利体系中寻求应对措施仍然是最妥善之举。云计算技术下,复制权、发行权、信息网络传播权等专有权利已经难以有效调整作品利用行为,而重新界定出租权——本质上是对作品的临时使用权,更为契合从商品供需到服务供需转变的云服务运作机理,亦能保护创作者之版权私有权利。第二,合理界定公有领域。将版权制度放在历史视野中进行考察,技术革新在挑战现有版权制度的同时,也推动了版权专有权利体系的扩张,同时不可避免地压缩公众对知识信息自由获取的空间,合理界定公有领域,版权人不能从公有领域中攫取公开的知识信息,不能将公有领域内的知识信息窃为私有,唯有如此,才能回应立法者最初追求公共利益发展的立法意旨。第三,引入反垄断规则。在调适版权专有制度的同时,未来版权制度构建过程中,应该引入反垄断规则。因为,云计算技术下,作品的创作、传播、利用主要依赖于云服务商提供的云服务平台,由于云服务商与用户在技术、地位等方面存在严重不对等,随着云服务商新的商业模式形成及公众从云端获取作品的行为习惯定型,为数不多的云服务商便会利用优势的市场地位,限制甚至排斥公众利用作品行为,引入反垄断条款可以规避云服务商的垄断行为,保障公众获取知识信息的自由,降低公众获取知识信息的成本。

当然,在版权制度未来模式的展望中,以知识共

享模式为代表的替代版权运动同样不容忽视。它代表着信息自由和知识共享的价值，也符合知识的伦理本质。"上帝的归上帝，凯撒的归凯撒"，版权法律体系与知识共享模式各有其自身的话语和逻辑，以信息自由否认版权法律制度背离了私有产权的基石，同样以版权法律制度排斥知识共享模式易滑向信息垄断的深渊，理想的图景应该是知识共享模式为代表的替代版权运动在观念、制度设计及运行上给版权法律制度带来内生动力，促使版权制度朝向知识信息自由、开放、共享的公共利益方向发展。

（作者单位：安徽大学法学院）

摘编自《出版科学》2014 年第 5 期

DCI 体系下数字版权管理服务平台的设计

吴洁明　周　倩　许传祥

一、引　言

随着数字技术、互联网技术等高新技术的迅速发展和普遍应用，数字出版的观念逐步被大众接受，并将可能成为我国出版业的主流出版方式之一。就目前来讲，我国的数字出版业仍然存在一定的隐患，一方面，由于网络的开放性和互联网的资源共享特征，数字作品的复制、传播及扩散操作简单且成本几乎为零，这就使数字作品的盗版、侵权、非法复制等一系列问题日益严重；另一方面，信息技术的高速发展使网络侵权案件面临取证难、认定难、维权成本高等问题，也让很多权利人对于侵权行为采取了放任或无可奈何的态度，助长了侵权分子的侵权行为，使数字出版环境更加恶劣，越来越多的权利人陷入这样的恶性循环。这些问题都严重侵害了权利人的利益，并对提升全社会的文化创新能力产生负面影响，制约了数字出版事业的健康发展，因此，数字作品版权问题已经成为我国数字出版发展的瓶颈，数字作品版权管理和服务模式成为数字出版行业急需解决的问题。DCI 体系正是在这样的背景下被提出的一种创新型服务体系。

基于上述背景，作者研究了 DCI 体系，针对其中的数字作品版权登记与备案部分进行了业务模式的研究与制定，使之能为各式数字内容提供版权登记与备案服务。数字版权专业服务体系利用技术手段针对数字内容进行备案，形成数字内容版权数据库；为数字内容分配唯一版权标识符；利用版权标识符和备案的内容特征数据，向数字内容服务商提供数字内容版权验证与查询服务。

二、DCI 体系简述

数字版权唯一标识符 DCI 体系是由中国版权保护中心提出并建立的一个标识体系，其目的是建立数字网络化环境下数字内容标识和版权管理及保护的解决方案。DCI 体系基于数字版权唯一标识符，实现以数字作品版权登记、费用结算及盗版侵权监测取证为核心的版权公共服务创新模式。该体系包括三个基础平台以及三个技术要素，三个平台分别为数字作品版权登记平台、数字版权费用结算平台以及数字版权智能监测平台；三个技术要素分别为 DCI 码、DCI 标以及 DCI 数字登记证书。数字作品版权登记平台以网络为依托，为数字作品提供统一的登记和备案，对数字版权数据信息和数字内容特征信息进行合理存储，形成数字版权核心资源库（为盗版侵权检测取证提供数据支持），实现数字作品版权管理的全网络化办公，改变现在的数字作品版权管理业务模式，提高数字版权管理服务效率。数字版权费用结算平台通过规范化或技术手段，统计和存储由运营商发布平台发布的数字作品的下载次数，为结算认证、版权检测等版权服务提供公正的数据支撑，从而为数字作品提供了一种新的利益分配模式。数字版权智能监测平台以数字版权核心资源库为依托，为已登记版权的作品提供侵权监测技术支持，数字作品版权拥有者提出版权监测申请，数字版权智能监测平台对作品进行监测，如果作品发生被侵权事件，系统将该作品被侵权的信息返回给版权拥有者，这些信息被版权拥有者作为被侵权的法律依据。DCI 码是数字作品的网络身份证，具有唯一标示性。DCI 标为实现版权信息的检索、验证及保护提供支持。DCI 数字作品登记证书包含数字作品的登记信息，为作品的版权所有提供证明，为数字作品网上交易提供验证服务。本文只介绍数字作品版权登记平台的相关设计及关键技术处理的内容。

三、数字版权登记需求分析

(一)数字版权登记现状

现在的数字版权登记方式主要有两种,一种是作者亲自到版权保护中心,提供自己及作品的相关信息对作品进行登记备案,另外一种则是通过代理的方式,作者向代理方提供自己及作品的相关信息,由代理方代替作者到版权保护中心进行作品的登记。无论哪种方式都需要有人员亲自到版权保护中心进行相应手续的办理,占用了大量的时间,为登记带来了不便。对于版权保护中心的工作人员来说,版权的登记备案都是人工操作,登记过程中需要处理大量的相关文件,整个登记周期时间长,工作效率低,随着数字作品数量的不断增长,进行版权登记的作品也将不断增加,只靠人工的传统登记方式必然无法满足数字版权登记业务的需求,因此,实现数字版权登记的网络化办公势在必行。

(二)数字版权登记功能概述

根据数字作品版权管理工作的业务需求,应具有以下基本功能:

(1)必须对数字作品的相关版权信息进行管理,包括数字作品版权数据信息、数字内容特征信息以及作品的基本信息。

(2)产生登记作品需要缴纳的费用,并将此费用详单传送给版权费用结算平台。

(3)费用结算平台根据详单通过第三方支付方式进行支付。

(4)对数字作品的信息进行查重审核,确保该作品版权登记的唯一性。

(5)对通过审核的数字作品核发 DCI 码、DCI 标以及数字作品登记证书。

(6)可以进行合同的管理,包括合同备案、到期提醒以及合同续签。

(7)对于已获得作品版权的用户,可以为其提供盗版侵权监测服务,平台通过技术手段获取作品被侵权的证据。

(8)平台发布已进行版权登记及合同备案的作品信息。

(9)平台对用户及其权限进行管理维护。

四、数字版权管理服务平台的设计

(一)平台开发工具及相关说明

平台采用 B/S(Browser/Server)多层架构模式设计和部署应用,用户可以通过浏览器访问平台。使用 Intellij IDEA 开发工具、Oracle 数据库及 FastDFS 分布式文件管理系统实现数字作品版权管理服务。

(二)数字版权管理服务平台设计模型

数字版权管理服务平台为网络用户提供公共的数字版权服务,使用者可以直接使用平台提供的版权服务,平台的设计模型如图1所示。

图 1　数字版权管理服务平台设计模型

平台模型共有 5 层,分别是基础设施层、数据资源层、支撑软件层、SOA 服务层以及用户层。基础设施层位于整个模型的最底层,它是整个平台建设的基础,包括网络拓扑和布局、服务器等硬件设施以及操作系统等基础软件平台。位于基础设施层之上的是数据资源层,它是整个项目的数据库系统,包括数字作品版权数据信息库、数字作品著作权登记数据库、数字版权费用结算认证数据库、数字内容作品内容特征数据库等。再往上是支撑软件层,它为整个平台建设提供应用支撑框架和底层通用服务,主要由六个部分组成:安全认证、企业服务总线(ESB)、系统监控、数据备份、J2EE 应用框架以及 iBATIS。SOA 服务层位于支撑软件层之上,它可分为服务处理层和服务集成层,服务处理层是对版权登记、版权登记业务流程等服务的 SOA 封装,通过对业务的高度抽象达到业务级别的复用。服务集成层直接与版权服务接口层交互,是对各种具体处理服务的集成。最上层是用户层,用户群可直接登录版权管理服务平台请求版权登记、版权查询、费用结算等服务。此外,第三方版权服务模式与版权服务技术标准位于整个设计模型的两侧,是数字版权管理服务平台的两个支柱,贯穿于整个体系架构各层的建设过程中。

(三)平台的业务流程

平台的业务流程是根据现行的数字作品版权管理业务流程结合网络化因素设计的,涉及数字作品版权管理的各项服务。平台的业务有两条主线,一条是为数字内容拥有者提供数字作品的版权登记服务,另一条是为数字内容运营商提供的合同备案服务。数字作品版权登记业务流程如图 2 所示。

数字内容拥有者通过互联网访问平台,新用户注册成功后便可根据注册信息登录系统进行数字作品的版权登记,登记时需要填写作品的数据信息以及权利人信息,同时会上报作品的特征信息(特征信息的提取过程由专门的特征提取工具完成),作品上报以后,用户需要先缴纳版权登记的相关费用,网上缴费成功以后,上报作品将会进入到审核阶段。审核分为四步,分别为查重、初审、复审以及终审,审核不通过的作品将返回给拥有者,拥有者对信息进行补正后可再次上报。审核通过后由 DCI 服务中心为作品生成 DCI 码、DCI 标以及 DCI 数字证书,并将 DCI 码下发给用户,用户也可以下载 DCI 标及证书。合同备案业务流程如图 3 所示。

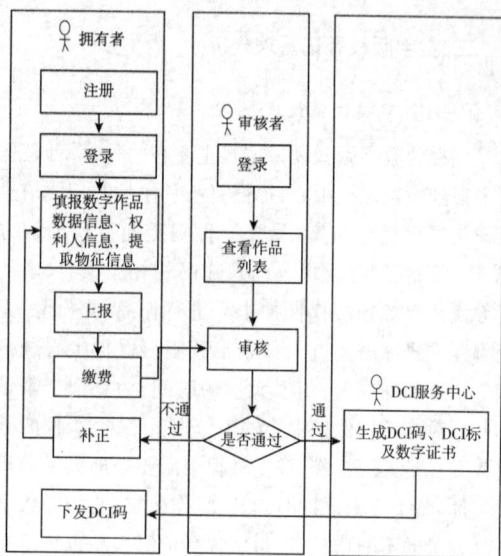

图 2　数字作品版权登记业务流程图

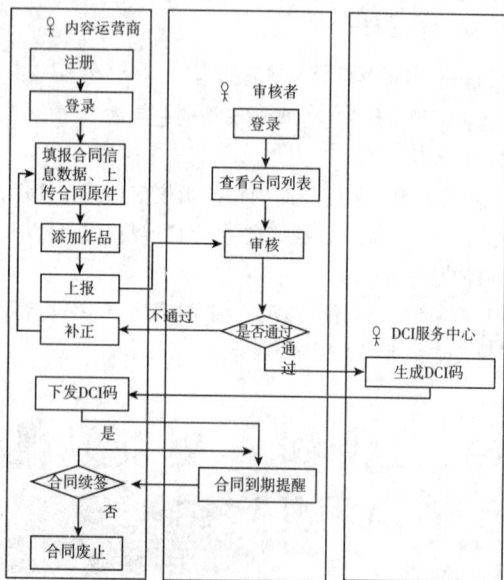

图 3　合同备案业务流程图

数字内容运营商在自己平台上提供的数字内容服务需要得到内容拥有者的授权,合同备案就是此授权在平台中的备案过程。合同备案是由内容运营商进行的。内容运营商填写合同的数据信息,同时上传合同原件,一个合同中可以包括多个数字作品,数字作品可以是已在平台中登记过的,也可以是没有在平台中登记的。没有登记的数字作品,需要向平台录入作品的数据信息及特征信息,备案合同信息也需要进行审核,不同于作品登记,合同的审核只有一步审核,审核不通过的作品会返给运营商,运营商对合同修改后可再次上报。审核通过的备案合同作品和合同中涉及的没有登记过的作品都会获得 DCI 码,合同是有时效性的,对于已经获得 DCI 码的作品,当合同将到期的时候,平台会给出到期提醒,运营商可以根据情况对合同进行续签,延长合同的有效时间,如果不续签,合同将被废止。

(四)主要技术问题的处理

数字版权登记平台面对的数字作品是数以亿计的,如何对这些作品进行唯一性的标示,成为本平台设计的关键也是难点,此外,如此多的数字作品的数据信息以及特征内容信息的存储也是平台设计过程中考虑的主要问题,下面对这两个问题提出相应的解决方案。

1. DCI 码

DCI 码是 DCI 体系的关键要素之一,它是数字作品的唯一身份编码,DCI 标是数字作品版权的唯一标识符。DCI 码应具有以下特点:

(1)唯一性。一个数字内容作品有且只有一个 DCI 码。

(2)永久性。一旦一个数字作品获得了一个 DCI 码,即使该数字作品发生了权力转移,但其 DCI 码是不被变动的。

(3)大容量性。由于网络环境下数字作品的数量是数以亿计的,如此多的数字作品也就意味着 DCI 码也必须是海量的,因此 DCI 码必须是大容量的。

(4)可扩展性。网络环境日新月异,数字作品处在这一大环境下难免受到影响,其版权管理服务可能会发生变化,因此 DCI 码必须有一定的可扩展性。设计 DCI 码时充分考虑了上述 4 个特性,最终确定 DCI 码是由多段具有不同含义的定长或不定长的字符组成的字符串,结构设计如图 4 所示。

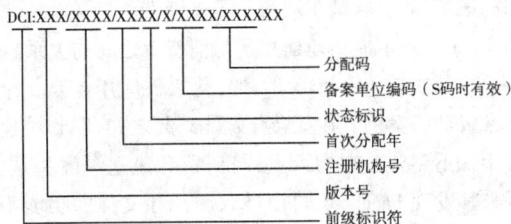

图 4　DCI 编码结构示意图

DCI 编码结构由 7 部分组成,其中,前缀标识符与版本号之间使用":"字符分隔,其余各部分之间使用"/"字符分隔,7 部分结构说明如下:

(1)前缀标识符。定长字符串,固定为"DCI",是 DCI 码的识别标志。

(2)版本号。不定长字符串,用以标识 DCI 编码结构的版本信息,初始版本为"1.0",如果编码结构发生变化,本部分进行标识。

(3)注册机构号。不定长字符串,发放 DCI 码的注册机构编码,建议采用国别地区代码,例如,使用中国国别地区代码"142"。

(4)首次分配年。定长四位数字,如 2012,为数字作品首次分配 DCI 码的年份。

(5)状态标识。一位定长字符,取值范围为"C、R、S",用于标识 DCI 码的状态,具体含义如下:

——C 状态数字作品版权登记时发放的 DCI 码使用"C"标识;

——S 状态合同备案时为合同发放的 DCI 码使用"S"标识;

——R 状态合同备案时为合同中没有进行数字作品版权登记的数字作品发放的内部标识码使用"R"标识。

(6)备案单位编码。可选项,不定长字符串,版权合同备案时,为备案单位分配的备案标识码。

(7)分配码。不定长字符串,由系统自动分配。

根据 DCI 码的编码规则,给出 3 个不同类型的 DCI 码的例子:DCI:1.0 /0142 /2012 /C/ /000087,该 DCI 码是在进行数字作品版权登记时获得的,字符 C 后面"/ /"是由于备案单位编码只针对合同备案,对于数字作品版权登记,这里默认为空;DCI:1.0 /0142 /2012 /S /11 /000130,该 DCI 码是合同备案时为合同发放的;DCI:1.0 /0142 /2012 /R/ /000101,该 DCI 码是合同备案时为没有进行数字作品版权登记的数字作品发放的。

2. 海量数据的存储

平台为各种类型的数字内容提供版权服务,这些数字内容种类繁多,数量巨大,因此海量数据的存储成为平台需要解决的主要问题。为解决这一问题平台使用了 FastDFS 分布式文件管理系统。FastDFS 是一个开源的轻量级分布式文件系统,它充分考虑了冗余备份、负载均衡、线性扩容等机制,并且注重高可用、高性能等指标。FastDFS 只有两个角色:Tracker server 和 Storage server。Tracker server 主要作用是负载均衡和调度。Storage server 作用就是存储。以客户端上传文件为例,客户端首先与 Tracker server 建立连接,Tracker server 会给客户端返回一台可用的

Storage server 的 IP 地址和端口,然后客户端会直接和 Storage server 建立连接,进行文件上传,Storage server 会生成文件 ID 返回给客户端,文件上传过程结束。文件 ID 中包含组名、文件相对路径和文件名,Storage server 能根据文件 ID 直接定位到文件。FastDFS 采用的是分组存储方式,当系统容量不足时,可以通过增加组来扩充存储容量,因此可以满足数字版权服务平台海量数据的需求。

五、结　语

数字作品版权管理是数字出版行业的重要组成部分,本文对数字作品版权管理模式及应用作了初步的探讨,并从实际应用出发设计了一个数字版权管理

服务平台。数字版权管理服务平台能提供整套的数字版权管理服务,如各类数字内容登记、合同备案、下发 DCI 码、特征内容存储等,并对其中涉及的大数据量作品的标示及存储提出了具体的解决方案,整个平台为数字版权登记提供了网络化办公方式,提高了数字版权登记的工作效率,有利于数字版权行业的规范化和秩序化。为了更好地进行数字版权管理服务,在版权管理业务模式方面还有待于进一步的研究和改进。

（作者单位:北方工业大学信息工程学院 中国版权保护中心）

摘编自《计算机应用与软件》2014 年第 4 期

数 字 营 销

消费者增权下的广告主社会化媒体运作策略分析与展望

杜国清　邵华冬　吴亚博

社会化媒体不断演进,改变了消费者的生活形态,也改变了广告主营销传播活动的方式。

一、从交易到关系——广告主营销传播变革以适应变化

社会化网络的发展改变了传统的消费者,并深刻且广泛地影响了广告主的营销传播活动。伴随着 SNS、论坛、微博的兴起,广告主也开始行动,不断挖掘社会化媒体的营销价值,实现更即时的沟通,建立更高粘度的关系,广告主正在经历一场"由交易到关系"的营销变革。

（一）广告主借助社会化媒体吸引消费者注意,建立与其关系

越来越多的广告主开始通过社会化媒体建立与消费者之间的关系。而运营出色的社会化媒体往往注重社交对话的质量,并通过有趣的内容、有吸引力的话题、优惠的活动等提高消费者的参与度,将消费者卷入其中,并通过消费者的分享影响并带动其身边的人,大大增加广告主的粉丝量,得到更多的关注。

戴尔在 Twitter 刚刚兴起之初就积极试水,员工们开始尝试在 Twitter 上发布有关戴尔的新闻、动态、产品广告和打折信息等等。运营中,戴尔发现最能赢得粉丝关注和转发的内容是打折信息,所以戴尔就开始有计划地针对 Twitter 用户发布该类消息。随后这种信息一传十,十传百地在消费者中传开,戴尔的粉丝开始陡增,而媒体发现了这样的新闻也主动报道。如同滚雪球一样,戴尔获得了更多消费者的关注。借助 Twitter,戴尔成功地建立了与消费者之间的关系。

联邦快递（FedEx）的社会化媒体应用也是一个非常成功的案例。在社会化媒体兴起之初,联邦快递苦于找不到合适的切入点,与消费者建立深度关系。后来其发现 Facebook 自由插入图片和文件的功能不佳,于是联邦快递以此为突破点,开发了名为"Launch a Package"的应用程序,以求更好地满足消费者的使用需求,同时又契合品牌的精神。该应用在随后的 48 小时内的下载量就突破了 10 万次,并且成为最受欢迎的程序中首个植入品牌的应用。可以说,这种社会化营销模式与传统的营销相比,更容易

获得显著的口碑，而且与直接营销相比，可以更好地建立品牌认知、传递品牌附加值，因此品牌与消费者之间的关系也越加巩固。

（二）广告主借助社会化媒体倾听消费者声音，维护与其关系

社交网络将真实的人脉关系搬到线上，为广告主提供了更加自然地观察和倾听消费者声音的平台。通过社会化媒体，广告主可以借助多种专业工具，更加便捷、及时地倾听消费者发声，改善服务进而实现与消费者关系的维护。广告主通过社会化媒体观察消费者以及竞争对手如何评说企业品牌和相关产品，时刻关注社会化媒体与企业、产品相关的大量真实讨论，快速了解消费者对产品的看法，主动采取措施防止危机的发生。

以快书包为例，快书包是一家网上书店，早在微博兴起之初就开始接触并利用这一工具倾听消费者的声音，工作人员会第一时间查看消费者对其服务的评价，尤其关注消费者的差评，并通过及时处理私信投诉来建立与消费者之间的信任关系。微博这一平台不仅拓宽了快书包的营销渠道，还增强了其对企业危机的监测与防范的能力，推动了与消费者之间关系的维护。

（三）广告主借助社会化媒体拉动在线销售，实现与消费者的关系价值

社会化媒体有即时性、便捷性以及易交流等优点，企业借助社会化媒体与消费者进行实时沟通，同时可以第一时间内解决企业和消费者之间从销售到售后等一系列问题，进而拉动在线销售。目前，进驻人人网公共主页"知名品牌"的企业包括三星、百威、戴尔、可口可乐等，而招商银行、奔驰、三星等5万多家企业进驻新浪微博，广告主试图通过社交化模式创新传统渠道和消费者关系。

以电商好乐买为例，其在腾讯微博上推出"微卖场"，并设置"转播降价"和"精选商品"等栏目，借助社会化媒体实现与消费者的实时互动。消费者不仅能够通过转发和抽奖获得商品价格优惠而且还能够直接点击"精选商品"栏目实现购买。这种社会化营销无疑增强了好乐买的品牌曝光度，同时还低成本地拓展了销售渠道，促进了销售量。

二、广告主利用社会化媒体通过关系建设创造营销传播价值

（一）社会关系降低营销成本

伴随着社交媒体的出现，群体的力量凸显，以往

孤立的对象逐渐汇集，形成了拥有相同价值观的"伙伴"，也可以称之为社会化群体。社会化媒体的出现使消费者兴趣与爱好展现的成本降低，只要有充实的、趣味性的故事，人们就会倾向于对自己的伙伴们分享。

在这样的背景下，出现了很多"吃货联盟""炫食族"等网络组织，他们因为共同的兴趣爱好聚集在一起，虽然结构松散，但却可以有效地组织各种活动。与此同时，很多消费者自发形成拥护品牌的组织，甚至在品牌约架时可以义无反顾地站在心仪品牌一端与其他品牌簇拥者论战。在这种情况下，消费者就成为品牌的成员，他们对品牌认可度高，可以自发地维护品牌的形象，并成为品牌形象的宣传者，主动抚慰对品牌抱怨的消费者。因此可以说社会化媒体的出现大大降低了广告主的营销费用。

（二）社会关系增加消费者品牌信任，影响其消费行为

首先，社会化媒体不同于博客、论坛等网络应用的匿名性，社会化媒体对真实的个人信息的要求提高了社交网络的营销价值。在这种真实性下，社交媒体建立起一种更加可靠的朋友、同事以及师长等强关系。而企业融入消费者的社会网络中，首先要通过口碑传播，而口碑传播是一种弱关系，但是由于人们的猎奇心理，从弱关系偶然听到的信息往往会被人继续传播。然而当口碑通过弱关系进入社会网络分支后，就会通过强关系进行更加有效的传播。由于强关系带来的力度保证了口碑传播的效果，增加消费者对品牌的信任，加深了对周围人的影响，产生了强烈的心理暗示，当看到类似的产品时，消费者会很快联想到强关系者的用户体验，从而对其他人的行为决策产生影响。

其次，社会化媒体不同于传统媒体，其沟通形式更加直接，语言更加亲和，有助于建立消费者与品牌之间的信任关系。消费者与广告主之间开始进行双向、互动的沟通，使广告主可以更快并且更融洽地介入消费者人群中，以有效淡化传统交易营销中广告主与消费者间那种较明显的、功利性的商业关系，建立更为朴素的人际交往关系，增加消费者对品牌的好感，并逐步建立信任关系，在实现消费行为中，优先考虑该品牌。

（三）挖掘社会关系中舆论领袖的价值，化危机为转机

在数字化媒体的背景下，企业产品及品牌危机一

经爆发便引起多方关注,社会化媒体越来越成为曝光危机速度最快的首发媒体。虽然社会化媒体在广告主危机曝光与传播上负面影响大,但是广告主如果能充分利用社群中的舆论领袖导向价值,社会化媒体在很多情况下能够帮助企业进行有效的对外沟通,化危机为转机。

三、广告主利用社会化媒体通过联动传播巩固关系、提升价值

除了打造真正具有社会话题效应的内容外,社会化媒体还应该通过传播策略的制定打造并提升营销传播价值。

(一)制定持续的投放策略,保持关系的热度

社会化媒体营销需要企业制定持续的投放计划,并且以"持久战"的战略思维进行长周期的投放。综艺节目《中国好声音》的原型"The Voice"就通过社交媒体的持久对话,打造了综艺节目的经典。"The Voice"不仅仅只是周播的电视节目,而且成为互联网上不停止的娱乐,每周一两个小时的直播则变为辅助工具。首先,由节目中的导师持续地讲故事、营造话题、保持并增强粉丝黏合度;其次,鼓励粉丝在 Facebook、Twitter、NBC Live、NBC.com 中开展对话,并以新鲜性、相关性的标准过滤"推文";最后,根据社交媒体的数据,衡量并且调整话题走势和节目的发展趋势。这样完整的社会化媒体营销流程在节目定位之初便已确定,以长期、连贯的系统性策略为指导,并持续不断地实施,才取得了最终的成就。

(二)创新社会化营销的内容及形式,巩固关系

社会化媒体营销因其平台的多样性,使得其创意形式具有无限的可能。首先,在技术创新方面,开发丰富多样的营销产品和 APP,与产品理念和品牌形象紧密结合,例如日本爱乐交响乐团《治愈药丸》的活动中,推出了 20 种治疗特殊"疾病"的音乐药丸,用户可以领取或通过官方 APP 下载试听;其次,互动方式更加丰富多样,包括交流、参与、互相帮助、分享、竞争等,例如在乐视的 CP2C 营销中,让用户深度参与,使用户的意愿能更多反映到产品的研发、生产、销售和

使用过程中,形成不断扩充、无限循环、正向生长的良性发展。

(三)以消费者为导向,把握热点,实现关系的即时沟通

企业每时每刻都处于营销状态、处于与消费者的互动状态,因此随时都在强调内容性与沟通技巧,而社会化媒体则满足了广告主的这一需求。在具体的沟通内容和技巧上,主要有以下几个方面:第一,适时把握热点事件发生时机,创造品牌与热点事件的结合点;第二,根据产品、服务的使用周期,选择相对应的沟通方式;第三,配合目标人群的时间轴,按活跃度高/低适时投放合适的品牌信息;第四,即时倾听消费者的意见,及时反馈,及时解决,甚至充分利用,使其成为宣传素材。

(四)及时监测营销过程,根据消费者反馈调整不当关系

广告主可以利用社会化媒体进行实时监测与管理,根据消费者的实时反馈不断进行策略调整。一方面,通过及时的网络舆情监测与调整可以对品牌进行有效的声誉管理,规避企业声誉危机和风险。另一方面,通过倾听社会化网民的反馈可以发现企业经营的不足,对企业的产品、服务形态适时调整;同时还可以发掘消费者的潜在需求,并开发出新的产品及服务。

(五)社会化媒体营销传播仍存在一定不足,关系维护依然面临挑战

社会化媒体营销虽然有着巨大的营销价值和潜力,也在广告主的营销传播策略选择中占有越来越高的分量,但并非是万能的,其依然存在一些问题。广告主由于缺乏相关的运作经验,往往难以有效规避或处理相关风险、挑战,从而导致营销传播效果不理想。中国传媒大学广告主研究所调研数据显示,2013 年,被访广告主对"企业对互联网广告形式(网络视频广告、SNS、微博、APP 等)缺乏深入了解和运作经验"这一观点持同意态度的比例为58.3%,较之 2011 年有明显上升。

(作者单位:中国传媒大学广告学院)

摘编自《现代传播》2014 年第 1 期

数字书报刊的网络分销渠道类型及其激励机制研究

张一涵　袁勤俭

本文拟在分析数字书报刊网络分销渠道类型的基础上，结合实际的分销案例，分析数字书报刊网络分销渠道的激励机制，以期能在对数字书报刊分销渠道的理论研究有所贡献的同时，也能供数字书报刊生产商的分销实践参考。

一、数字书报刊的网络分销渠道类型

数字书报刊的分销渠道通常可以分为实体分销渠道和网络分销渠道。实体分销指将数字内容存放在光盘或其他载体上进行分销，主要渠道包括实体书店（如新华书店）、音像店及人员推销等。随着互联网的普及，绝大多数数字书报刊供应商都已将网络分销作为最主要的分销渠道。通过研究，我们发现，目前数字书报刊的网络销售渠道主要包括以下7种。

（一）数字书报刊生产商网络直销

该渠道是指由生产商建立自己的网上营销平台，为用户提供在线阅读或下载。例如，国内一些高校出版社通过自建的官方网站对数字图书、数字期刊等产品进行销售，像清华大学出版社建立的"文泉书局"，北京大学出版社官网上的"图书中心"及"下载专区"，盛大文学旗下专门销售数字图书、数字期刊的云中书城，新民晚报的官方网站——新民晚报数字报，瑞丽的官网——瑞丽电子杂志，都可以看作数字书报刊生产商的网络直销。此外，数字书报刊生产商还可以建立自己的数据库系统进行直销，如约翰·威利出版集团建立的官方数据库——Wiley数据库，就为用户提供了约翰·威利所有出版物的数字版本，是一个直接面向用户的销售平台。

随着技术的发展，越来越多的数字书报刊生产商都建立起自己的营销平台来销售产品。然而，由于数字书报刊生产商的官网用户量毕竟有限，因此生产商不能仅局限于这一个渠道，还要积极拓展其他的网络分销渠道。

（二）大型综合性网络零售商分销渠道

这类渠道主要以亚马逊、京东商城、当当网等B2B、B2C商城为代表。这些大型综合性网络零售商拥有庞大的用户群，在提高数字书报刊销量方面效果显著。例如，当当网开设了"数字馆"专栏销售数字图书，据统计，平均每天能销售高达10万本的电子书；京东也设立了"数字商品"专栏，销售电子书、有声读物之类的数字书报刊，爱思唯尔科技图书、北京大学出版社、浙江大学出版社、广东省出版集团数字出版有限公司都是京东的品牌供应商；而汉王书城、新华E店、淘花网、当当期刊网等也都建立起了数字出版物分销平台。如果数字书报刊生产商能够成为这些具有极大影响力的大型综合性商城的主要供应商，就能够获得更多的用户，大大提高其产品的销量。

（三）网站联盟分销渠道

网站联盟分销指数字书报刊生产商与联盟会员（企业、组织甚至个人网站）签署合作协议，要求联盟成员在网站上加载自己网站的链接，推荐用户到自己网站购买相关产品，从而"按效果付费"，给联盟成员支付3%~15%的佣金。以当当网的联盟成员"经济学家"为例，用户可以通过"经济学家"的有效奖励入口或者点击"打工赚钱"栏目中当当网的入口链接，便可以链接到当当网进行购物，用户不会受到任何损失，与直接打开当当网没有区别，而"经济学家"也会得到少许的宣传提成（即佣金），用来弥补部分网站运营的费用。值得注意的是，这种具有极大潜力的分销渠道目前还没有得到各个数字书报刊生产商足够的重视，数字书报刊应积极寻求网站联盟分销，获得更多的用户。

（四）门户网站分销渠道

这类渠道主要是指数字书报刊生产商与知名门户网站合作销售数字产品。目前，国内主要的综合性门户网站包括新浪、网易、搜狐等。以搜狐为例，除了向用户提供在线新闻，还建立了包括在线听书、在线读书、电子杂志等数字书报刊分销平台。除了综合性门户网站，一些专业的门户网站也纷纷向数字产品销售进军。龙源期刊网就是专门销售期刊的门户网站，截至 2012 年 1 月，该网站已经与近 3 000 种知名人文期刊以独家签约或合作的形式在龙源期刊网销售全文电子版。用户可以在网上阅读期刊的原貌版以及电子文本版，按篇计费。与此类似，数字报纸也有专门的门户网站，如"中文数字报纸大全"提供了京津、华东、华南、东北等地区公开发行报纸的电子版，供用户在线阅读或下载。

（五）运营商分销渠道

该渠道指的是在移动互联网兴起的今天，随着移动支付的普及，数字书报刊生产商与中国移动、中国联通、中国电信等运营商充分合作，销售数字书报刊。例如，数字书报刊生产商可以与中国移动合作，向手机用户推送手机报，或者用彩信的形式将数字书报刊相关资讯（如新产品发布信息、促销折扣信息）发到用户的手机上，还可以与中国电信合作推出"点读书"、手机小说和有声读物。此外，数字书报刊生产商也可以将产品的发行权直接授予运营商，如美国新闻集团在美国市场推出一份面向青年消费者的数字报纸，就是通过手机平台发布的。

我们应该看到，随着移动互联网快速的发展，运营商渠道的战略意义会越来越大，数字书报刊生产商应更加重视这一分销渠道。

（六）移动终端分销渠道

移动终端是来自技术提供商的销售数字出版物的一个重要渠道。数字书报刊生产商应积极寻求与技术提供商的合作，通过移动终端销售自己的产品。典型的移动终端有 Kindle 阅读器、汉王电纸书、Bambook 及苹果公司的 iPad 等。一些数字书报刊生产商（如剑桥大学出版社）已经与汉王签署了数字出版战略合作协议，同意汉王引进其数字版权，允许购买汉王电纸书的用户通过汉王书城下载；上文提到的美国新闻集团计划发行的数字报纸也会通过苹果 iPad 进行发行。

（七）在线分享文档平台

该分销渠道指的是分销商买断数字出版物一段时期内的数字版权，将其收入数据库供用户在线阅读或付费下载，如百度文库、豆丁网、道客巴巴、新浪共享等。虽然这类在线分享平台早已存在，但将其作为数字书报刊的分销渠道才刚刚兴起，只有少数数字书报刊生产商开始尝试使用这类渠道销售数字产品。其他数字书报刊生产商也应该将数字产品放在这类文档共享平台上，允许用户使用该平台的财富值购买产品，从而扩大产品的销路。

二、数字书报刊的网络分销渠道激励机制

作为理性经济人，数字书报刊生产商会追求自身利益最大化。如果要实现自身利益最大化，除了要选择合适的网络分销渠道类型外，生产商还应选择恰当的激励机制，调动分销商的积极性。通过研究发现，可供数字书报刊生产商选择的网络分销渠道激励机制主要有以下 5 种。

（一）类返利激励

类返利激励是基于分销目标的实现以及分销数量的奖励，如利润分成、折扣提成、与分销增长挂钩的现金回馈等。例如，对于产品销量较高的分销渠道，数字书报刊生产商可以给与资金奖励，或者允许这类分销商以更低的价格从生产商这里获得产品。网站联盟的佣金制度可以说是一种最为典型的类返利激励，在互联网领域被广泛采用。例如，盛大集团自从开始销售 Bambook 以来，就采取"分红推广"的途径协助进行 Bambook 的销售，依靠盛大员工以及大量的盛大点卡的推广员推广，用户可以通过官网注册申请为 Bambook 的推广员，得到专属推广链接，通过这个链接达成交易，盛大就会定期给这个推广员进行 50 现金返点，外加一次抽奖机会（最高奖励 1000 元）。为了激励这些推广员，2011 年 4 月，盛大增加了多项奖励措施，额外增加了盛大点卡的返点，而且采用梯次递增返点基数的方式，卖越多奖励越多，达到一定数额时，还送 iPad 一台作为奖励。

数字书报刊生产商在使用这一激励方式时，首先，要根据数字产品的不同利润，拟定详细的差异化的佣金制度；其次，要与联盟成员签订正式的合作协议；再则，严格履行相关的规定，避免因为未能履行协议而损害自身的声誉；最后，仔细核查分销商的销售情况，对于那些投机取巧、违反联盟规定的分销商要予以处罚。

（二）定期对分销商进行培训

俗话说"授之以鱼，不如授之以渔"，数字书报刊生产商对分销商的激励不能仅停留在物质奖励的层面，更应该帮助分销商掌握销售技巧及获得更高利润的方法。为此，数字书报刊生产商应定期对分销商进行数字产品知识和销售技巧的培训，不仅能提高分销商的职业素养与技能，还能促进生产商与

分销商、分销商与分销商之间的交流,增强渠道的凝聚力。首先,数字书报刊生产商可以开设诸如"分销商大学"之类的平台,允许分销商及其员工通过该平台获得相关培训,提高分销商专业知识和管理水平;其次,数字书报刊生产商还可以请业内专家为分销商开设有关数字出版物的讲座及宣讲会,帮助这些分销商掌握数字出版的趋势及专业知识,了解数字出版物的特点,制定更好的分销策略;再则,数字书报刊生产商可以为分销商的优秀销售人员提供素质拓展训练,提高他们的综合竞争力,促进他们的职业发展,激励他们在今后的工作中创造出更为优秀的业绩;此外,数字书报刊生产商还可以组织业绩较好的分销商开展经验交流会、案例推介会等,供其他分销商借鉴、学习。

在使用这种方法激励分销商时,一方面,数字书报刊生产商不能只局限于单一的培训方式,而应整合多种方式对分销商进行培训;另一方面,数字书报刊生产商应针对不同的培训对象采取不同的培训方式,如对分销商员工多进行产品知识和技能的培训,对分销商管理层则应强调管理理念和销售政策的培训。

(三)渠道促销

渠道促销是指数字书报刊生产商对分销商开展的一些促销活动提供人力、财力、宣传等方面的支持与协助,其本质同样是渠道利润的再分配,是数字书报刊生产商常用的激励方法。例如,数字书报刊生产商可以授予分销商为用户提供数字图书、数字报纸和数字期刊试读的权利,试读的篇幅不等(根据产品的内容及总篇幅来确定),待用户试读之后再引导用户购买;可以在自建的官方网站上给出分销商名录、分销商信息及相关链接,并对分销商举办的活动进行宣传,助力渠道伙伴销售数字书报刊;还可以利用现在比较流行的网络媒体微博,对新产品信息及分销商的活动进行实时播报,让更多的用户了解分销商开展的活动,使其积极参与到活动中去。节假日时,为提高销量,数字书报刊生产商还可以通过"给予分销商更低的价格"、"提供促销补助及广告补助"、"提供赠品和服务支持"等方式,鼓励分销商进行促销活动,给予用户更高的折扣,迅速抢占市场份额。

采用该种激励方式时,应注意以下几点:首先,注意渠道促销的时效性,在新产品上市、旺季冲销量、淡季保市场时,生产商都应该帮助分销商进行渠道促销;其次,把握渠道促销的力度与频度,促销力度太小对分销商没有吸引力,促销力度太大则会造成生产商负担过重,而且容易使分销商厌倦;最后,根据数字书报刊和分销商的特点,选择合适的渠道促销形式。

(四)销售竞赛

销售竞赛,即数字书报刊生产商定期举办诸如"分销商全明星大赛"之类的比赛,评选出销量最多、业绩最好、最受顾客欢迎的分销商,授予其"销量冠军"、"业绩冠军"、"最受用户欢迎的分销商"、"全明星MVP"等荣誉称号,并予以奖励。奖励的方式包括颁发特制奖杯、给予物质奖励(如现金、办公器材、折扣券等)、给予"特权"(如任命其为下一新产品首发的分销渠道等)、出国考察、请知名专家题字等。

值得指出的是,数字书报刊生产商通过举办竞赛对分销商进行激励时,首先,要将比赛程序化、标准化,即要确定衡量的程序与标准;其次,要保证比赛的公平公正;再次,应加强与分销商的沟通,充分了解分销商的需求,按其需求予以相应的奖励。

(五)负激励

"胡萝卜加大棒"理论是重要的激励理论,指同时运用奖励和惩罚两种手段以诱发人们所要求的行为。作为独立的经济主体,分销商会追求自身利益最大化,这种过分追求自身利益的无约束行为只能产生次优的结果,可能会危害到数字书报刊生产商和其他分销商的利益,这类分销商理应受到惩罚。因此,数字书报刊生产商在对分销商进行激励时,既要对优秀分销商进行奖励,也要对违规分销商予以惩罚。例如,盛大集团的分红推广系统既根据推广人员的业绩给予奖励,同时也对推广人员做出了明确的要求,包括"不得提供虚假证件信息,拟造虚假身份或冒充他人身份注册和推广"、"不得在盛大及相关领域以任何形式密集宣传,包括但不限于刷屏、刷帖"、"不得假冒论坛管理员、盛大工作人员或盛大及相关网站,散播虚假信息"等,如果有推广员违反这些规定,盛大将会对这些推广员采取"封停推广员账号"、"取消推广员资格并没收所有分红"、"视违规情况对盛大承担相应的法律责任"等惩罚措施。

拿破仑曾说:"我有时像狮子,有时像绵羊。我的全部成功秘密在于,我知道什么时候应当是前者,什么时候是后者。"这句话道破对分销商进行负激励时的核心问题——奖惩得当、恩威并施,即表现优秀的应奖励,违反规章的要惩罚,适时适度地对分销商进行负激励。

数字书报刊生产商在应用上述5种分销渠道激励机制时,还应注意以下问题:①前文提到的5种分销渠道激励机制,不仅可以单独使用,也可以结合起来使用,但是在同时采用多种激励机制时,要确保激励相容。②由于每个分销商的成熟度和发展阶段都有所不同,数字书报刊生产商应该明确各分销商的地位,对分销商分层扶持,提供不同的激励。③在对不同的分销商采取不同的激励措施时,首先要正确评估所选择的分销商,其次要保证激励公平性,避免由于对某个分销商过度激励,从而打击其余分销商的积极性。

(作者单位:南京大学信息管理学院)

摘编自《科技与出版》2014年第5期

社会化媒体时代的口碑营销模式研究

——基于社会网络理论视角

王德胜　韩　旭

一、社会化媒体口碑营销困境分析

(一)用户信息接收困惑

第一,真实性质疑。对网络口碑营销真实性的质疑根源在于网络的虚拟性。用户匿名制、监管不到位、法律体系不完善等原因,导致个体在网络中散布谣言的道德、法律的风险较低,从而造成部分组织或个体利用虚假信息谋取利益,破坏社会秩序的现象,如网络水军。这些错误的口碑传播现象会直接影响用户的判断,使他们失去对网络信息的信任。2010年,中国青年报社会调查中心的专题调查显示(2359人参与),90.3%的网友担心,网络炒作会引发公众对网络信息的信任危机。

第二,适合性质疑。美国科学家计算得出:每人每天获得的数据量相当于阅读174份报纸,如此庞大的信息量已经造成了信息超载。各国调查结果均表明,职场人士平均每天要花费约51%的工作时间来接收和处理信息,但这些信息在工作中并未真正使用。信息超载加速了网络用户对口碑营销价值性的质疑,阻碍其做出正确及时的消费决策。

(二)企业口碑营销困扰

首先,企业网络口碑营销的定位存在一定的局限性。网络口碑营销离不开定位,面对大量用户,企业必须合理划分用户群体,通过准确的定位影响潜在用户。但是,网络将社会各个阶层聚合到一起,社会结构内部的冲突和社会要素增减及功能转化会引起社会出现分化和整合。这种不稳定的组织结构,使得企业难以区分消费者的个性和共性,给口碑营销的定位增加了难度。

其次,互联网带来了信息的泛滥,而过剩的信息传播导致网络用户粘度大幅度下降。企业为了吸引用户的注意,保证产品或品牌的粘度,通过恶搞、夸大等口碑营销手段追求"注意力经济",只关注于短时间的点击量、访问量,变营销为推销,从而无法传播企业的品牌理念和核心价值。这种行为也产生了网络用户的审美疲劳,对出现的信息不屑于关注,产生厌倦心理。中国互联网络信息中心(CNNIC)发布的《中国中小企业网络营销调查报告》显示,企业认为"网络推广带来的用户很多不是我想要的客户"的占比61.9%,充分反映了企业对于口碑营销定位的困惑。同时,认为"花钱做推广的时候有效果,不花钱推广效果马上没了"的占比49.8%,体现了企业对于用户粘度的担忧。

二、社会化媒体口碑营销模式构建

传统口碑营销受制于尚未完善的沟通渠道,无法形成有效的群体连接,致使消费者无法保持高度的群体一致性,企业亦陷入两难境地。这种困境只有借由社会化媒体的渠道才能得到良好解决。事实证明,自社会化媒体出现以来,网络口碑营销才得以真正发挥其"针对性强,传播迅速"的巨大优势。基于社会网络理论,本文构建了基于社会网络视角的社会化媒体口碑营销模式,如图1所示。

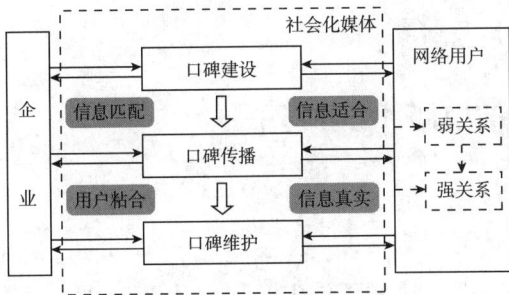

图1　基于社会网络的社会化媒体口碑营销模式

（一）口碑建设——相互感知，确保一致

网络口碑建设是企业开展社会化媒体口碑营销的首要和关键步骤。这就要求企业策划一个或多个网络口碑题材，且这些题材必须是真实的、新颖的，同时，该口碑题材应具有强大的感召力，从而成为网民关注和讨论的焦点。口碑题材的建立可以抽象至企业的品牌形象，也可以具体到企业的产品或服务。

品牌形象的口碑建设。网络口碑一旦被接受，便会深入用户内心，进而持久影响其购买决策。首先，建立品牌口碑必须明确品牌定位，力求达到精准营销，保证与用户形成群体一直。这就需要企业传达真实具体、个性鲜明的品牌信息，并清楚地向用户传达，使其了解该品牌具有的独特价值，同时应加强品牌口碑的管理与引导，以满足不同层次网络用户各异的需求。其次，树立良好的企业形象应严格遵循网络礼仪，始终将网络用户视为上帝，高质量做好售前、售中与售后的网络咨询，给予客户耐心诚恳的答复。另外，积极投身公益活动、承担并履行社会责任，亦有助于企业树立良好的形象。产品与服务的口碑建设。口碑营销的实质是赢得顾客的信赖，其核心是简化销售程序，回归产品的价值，让消费者感到物有所值。产品和服务是口碑信息产生的源头，只有高水准的产品、高品质的服务才可能满足网络用户的预期，进而激发其进行正面的产品口碑宣传，为企业造势。

（二）口碑传播——形成互动，建立信任

企业借助社会化媒体平台，使消费者对产品或品牌产生兴趣，进而形成企业与消费者、消费者与消费者之间的互动，以此加强群体信任，促进口碑营销的开展与深化。

借力意见领袖。Katz 和 Lazarsfeld（1955）的两阶段传播理论（two‐step flow）描述了意见领袖作为媒介信息影响大众的中间环节，在信息传播过程中的举足轻重的作用。网络口碑营销中的意见领袖通常是指网络社群中具有较高威望和地位的专家、网络红人等，其评论能够很大程度上影响该社群成员的消费决策。企业应当努力寻找公司需要的意见领袖，用站内信、留言等多种方式和他们进行持续交流，尽量寻找共同的诉求，并为他们提供最新的信息和第一手资料。基于网络的匿名性，企业甚至可以创造自己的意见领袖以引导舆论走向。通过在目标网站注册成为用户，与其他用户交流分享，形成自己的交际圈，在适当的时机推荐产品。但要注意的是，在互动的过程中不能表现出太强的功利性，否则会引来他人的反感。

联合第三方点评。第三方点评网站是指提供自由互动的交流平台，供普通大众以第三方角度对生活或者文化类商品的消费体验进行点评，并将相关评价进行分类整合，以类似于传统消费指南的资讯信息形式展示给受众的网站。作为网络口碑传播的第三方载体，网站的可信度在一定程度上影响着受众对口碑信息源的信任程度。企业应当与大型点评网站和论坛合作，借助高水平的第三方来宣传口碑信息，获取广大网友的信任和接受，最终达到更好的口碑营销效果。

（三）口碑维护——分享体验，反馈修正

消费者在感知、互动和购买、使用产品的过程中会产生正面和负面两种体验，从而也形成了正面和负面两种口碑。企业可以利用社会化媒体检测工具和营销报告来理解消费者的真实感受，通过与网站的管理员协商，采用使有利于品牌的正面消息置顶、加精等措施，积极引导维护正面网络口碑；同时，为有效预防和积极应对负面网络口碑，企业要善于识别顾客抱怨的心理机制和行为的正面价值，建立忠诚顾客数据库，定期回访，进行产品和服务调查。其次，正确对待负面口碑，并为顾客的抱怨提供便利渠道。如此有助于企业提高产品和服务质量，提升顾客满意度，从而留住顾客。

（作者单位：山东大学管理学院）
摘编自《东岳论丛》2014 年第 8 期

论微信公众平台在教辅出版中的应用

杨宁

目前,出版界对于微信公众平台的使用主要聚焦于大众图书的推广和营销。而对于教辅图书而言,推广和营销的模式与其他图书门类略有不同。更重要的是,微信公众平台这一新媒体工具,还能够广泛地在教辅出版、服务全流程中得到应用。

一、对读者分组,细分市场

市场细分(market segmentation)的概念,最早由美国的市场学家温德尔·斯密斯(Wendell R. Smith)提出,指的是依据购买者在需求上的各种差异(如需要、欲望、购买习惯、购买行为等方面),把某一产品的整体市场划分为若干个购买者群的市场分类过程。例教辅图书市场细分程度较高。这一方面是由于读者具有较强的地域性,不同地区的读者,因教材版本的不同,使用教辅图书也存在很大差异。从出版、发行,到售后服务,出版机构针对每个地区的使用者往往设置一套单独的体系。另一方面,同类型的读者之间也存在着差异,会有更为个性化的教育辅导需求,这无疑对教辅图书市场的细分提出了更高的要求。

利用微信公众平台对每个地区的教辅图书使用者进行分组,出版机构可有效整合既有资源,实现对使用者的进一步细分。微信公众账号可通过后台的用户分组和地域控制,为更好地服务读者和有针对性地与读者进行互动打下基础,并可进一步挖掘读者数据,为开发研究读者市场提供依据。

教辅出版机构的微信平台在获得读者关注后,对其进行分组的第一步是获取读者相关信息。出版机构可通过程序设计一个填写页面,完善读者相关资料;读者填写好的资料随即进入出版机构的数据库,出版机构再根据以上数据通过微信后台进行客户分组。(如图1)

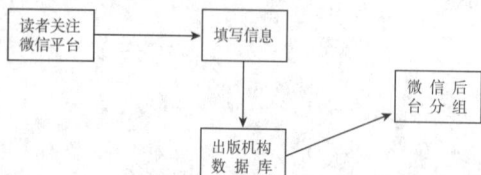

图1 通过微信平台对读者进行分组的流程

针对微信粉丝分组模式可灵活变化。可改变教辅图书区分读者(包括线上、线下)主要依据科目、版本的方法。如现在部分出版机构在线上(网站)对分众读者区分的方式主要是依据科目。一般其官网会将某一科目教辅列为单独条目,在此条目下,分年级、配套教材版本等子条目提供相应链接,读者想要了解哪些内容,则点击相应的条目。但同一科目、版本的教辅书籍,不同的学生和老师使用侧重并不完全一样。有的侧重讲解,有的侧重练习,有的侧重拓展习题,有的侧重基础习题。如何发掘并区分这些群体?微信公众平台的分组无疑可以解决这一问题,出版机构可根据粉丝个体诉求的不同,将有类似需求的教辅读者进行进一步细分管理。

二、快速、便捷、经济地获取读者的意见和反馈

编辑通常是作者和读者之间的桥梁,获得读者的意见在编辑工作中尤为重要。随着现代科技和传媒的发展,图书编辑获得读者反馈的形式日趋多元化。但教辅图书的特点,造成了其通过书评网站(如豆瓣网)、网上书店及其他新兴渠道获取读者意见及建议的难度较大。许多教辅出版机构仍是通过走访调研等传统方式,获得师生的反馈。但这些方式存在着获取调查样本量不大,获取读者意见容易失真等弊端。

微信公众平台对于获取特定群体的反馈意见具有便捷、快速、经济的特点。教辅出版机构在微信平台中可以设置菜单页面,在菜单页面上,设置留言窗口。读者在使用教辅过程中,发现任何问题,有任何建议、疑问,都可通过公众平台菜单界面中的留言选项进行留言。且微信的语音功能避免了部分移动通信设备打字不便的麻烦,读者只需点击并口述自己的意见,即可及时将自己的意见或建议反馈给出版机构。

如果出版机构要进行标准化的市场调研,可采取问卷调查等方式,将设置好的问卷通过微信主动发送给企业平台的粉丝。要确保调查获取数据反馈的准

确性,可利用前述分组定向推送问卷,保证调查样本的针对性。

出版机构在收到读者使用教辅图书的反馈后,可通过微信公众平台的后台进行分析整理,以此作为教辅图书再版修订或选题策划的重要依据。

三、定向推广和一站式营销

(一)精准定位,提高营销宣传转换率

作为图书营销的重要环节,图书的宣传作用日益凸显。教辅图书作为图书的一个门类,虽然受政策性影响较大,但同样需进行相应宣传。尤其是面向市场发行的教辅,不仅同质化严重,且品种众多,想要在浩如烟海的教辅市场中得到师生、家长的认可,"眼球效应"同样重要。

通常,部分教辅类图书上市后,会通过媒体(主要为教育类媒体)、图书销售终端(书店或网络书店)做相应推广和广告宣传。这种宣传方式虽然一定程度上考虑到了广告宣传的针对性,但仍存在成本较大、与读者的互动性不强、定位难以十分精准的弊端。

微信公众平台相对传统的教辅图书宣传推广模式,是更有针对性的营销平台,且可将营销宣传植入读者的日常生活。关注教辅出版机构官方微信的粉丝,通常为教师、学生或学生家长,他们都是对教辅类图书有刚性需求的用户。当一种新的教辅图书产品上市后,出版机构可将相关出版信息、购买渠道、内容概要、名家推荐等内容,采取富媒体形式,制作成精美的专题,通过企业微信公众平台,主动发送给相关性较高的用户,并可在微信公众平台上就相关问题与用户展开互动。这样不仅可将传统的图书广告、宣传推广活动由线下转移到线上,且几乎无需成本,并可提高教辅图书从宣传到实现销售的转换率。

微信在熟人圈中定向传播的特点,还可使教辅图书通过读者的口碑进一步扩大影响和销量。通常,读者会将自己使用教辅图书的亲身体验向有类似需求的熟人传播,很大程度上影响了一个地区一本教辅图书的销售。如果一套教辅书获得了一个读者的认同,通过微信朋友圈不断扩大和转播,这无疑比"硬广告"更为有效。

(二)P2C和"微团购"的应用

P2C(production to consumer)指产品从生产企业直接送到消费者手中。在图书营销发行领域,则是指出版商直接对顾客销售图书的模式。读者选择直接

通过出版机构购书,一般来说是由于该类图书在市场上(包括网络书店)难以买到,或出版机构给出了更低的折扣。

P2C的商业模式在教辅图书的销售上可得到较好的应用。一方面,教辅图书在非旺季时段,存在销售终端断货的情况,这种情况下,部分仍需购买教辅的读者,可直接向出版机构购买;另一方面,出版机构如省去中间环节直接对读者销售教辅,节省了发行成本,具备给出较低折扣的可能。

微信即将全面开通支付功能,微信支付功能的开通,可为教辅出版机构带来P2C的新机遇。通过微信支付结合P2C,可使读者享受试读(通过企业微信公众平台)、看评价(通过一定的朋友圈)、下单购买(通过微信捆绑财付通)的一站式服务。(如图2)

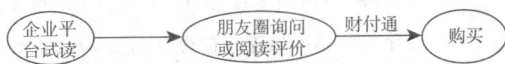

图2　P2C在微信平台的应用流程

而"微团购"的出现,则可进一步扩大P2C的规模。显然,团购的模式较为适用于教辅图书的购买。首先,同一类别的读者,对教辅图书往往容易形成相同需求,产生较大的需求量。其次,对于学生、教师等群体来说,教辅图书虽是刚需产品,但一般不具有收藏价值。因此,非指定使用的教辅图书具有价格弹性。团购模式能积攒客户数量,进而产生价格优势,无疑对于教辅图书的买卖双方都利好。

2012年年底,微信与腾讯旗下高朋网的公众账号"微团购"合作推出了在线团购频道。用户可通过"微团购"开设的"每日团购精选"专区进入团购页面,并实现在线支付功能(支付方式包括支付宝、财付通、银联在线等)。目前,尚未有图书产品跻身"微团购"的行列。如果出版机构能尽快将教辅图书产品推向"微团购",又将开通教辅销售的一种新尝试。

四、提供增值服务和个性化服务

随着现代科技和教育的发展,出版机构不应仅仅满足提供教辅图书产品,更应注重围绕教辅图书产品提供增值服务和个性化服务。这可提高教辅图书使用者对出版机构的黏度,树立教辅出版机构的品牌形象,更可借助服务对教辅图书展开二次开发,并建立新的赢利点。

(一)以微信公众平台为接口,提供增值服务

教辅图书的使用者在得到一本教辅后,并不能完

全解决教育、学习中的问题,仍渴望得到更多指导和服务。传统的教辅出版过程中,教辅图书会通过出版配套产品(如部分同步类教辅赠送教师用书)、加强解析等方式来对教辅产品加以完善。但这造成了出版机构成本加大,且产生了部分浪费。

此外,美国教育研究机构 Educause 的一份研究表明,传统的线下教辅图书已难以完全满足师生的需要。大部分美国高校学生喜欢线上线下混合教育(hybrid of online/offline education)模式的体验。传统教育和网络教育各有优缺点,如果两种模式可结合起来,那么就能达到优势互补的效果。

以微信公众平台为接口,可将线上线下教育相结合,经济、快捷地满足读者对教辅图书使用的后续服务要求。

第一,读者对教辅图书中疑问较为集中的问题,出版机构可在菜单页面设置快捷操作,使读者从微信公众平台中直接获取答案。要完成以上设置,出版机构需将教辅图书(包括随书配送的音像制品)数字化,并将之纳入出版机构的数据库(DB)。在微信平台的菜单页面,设置若干快捷操作键,读者可通过发送快捷命令,从出版机构的数据库中获得相应回复,并通过应用程序编程接口(API)经微信公众平台到达读者的阅读终端。(如图3)第二,对于读者的个别问题,可通过企业微信平台设置答疑解惑条目,读者可就某一问题留言(包括语音、文字、图片),出版机构通过微信平台收集后,由相关人员解答回复至粉丝微信账号中。第三,对于部分兼具指导教学作用的教辅图书,可将原随学生使用的教辅图书配送的教师用书电子化,通过微信公众平台提供下载接口和查询菜单,教师可通过其选择下载或查询相关内容。第四,对于部分教育、教学中需要的视频资料和PPT课件,出版机构官方微信可在菜单内以图文、视频的形式直接展现给读者,也可通过微信公众平台提供网站链接的形式引导读者访问相关网页。

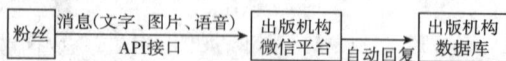

图3　微信公众平台快捷回复粉丝流程图

(二)以微信公众平台为媒介,提供个性化服务

个性化教育推动了定制出版和教育辅导个性化服务的发展,满足个性化需求的教育不仅需要高品质的内容,更需要合适的内容以及合适的呈现方式。这已不是传统意义的教辅图书,它包括了电子教辅在内的融合多种媒体的教辅课程包,属个性化学习解决方案。

通过微信公众平台的互动交流和对读者资料的分析,出版机构在获知使用者的个性化需求后,可有针对性地整合既有教辅图书资源,再通过微信公众平台直接呈现给读者。(如图4)

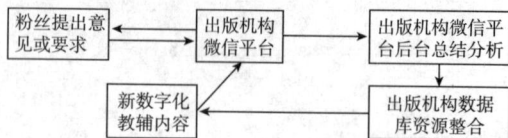

图4　通过微信公众平台策划、
传播个性化教辅产品流程图

第一,对于只需获取一本(套)教辅图书中部分内容的读者,教辅图书在通过数字技术碎片化后,可为师生提供部分章节、专题的使用和下载。对于那些只需练习某个科目的某些单独章节部分的学生来说,可减轻购买教辅的经济负担。第二,对于某些读者对纸质版的教辅图书有诸如难度、编写结构、试题数量等不同需要的情况,可将原来几本(套)教辅的内容打乱并重新组合,形成电子版的新教辅产品,实现定制化的教辅出版。

五、微信公众平台的粉丝维护

企业微信公众平台聚集了粉丝后,维护好既有粉丝非常重要。对于用户来说,关注一个微信公众平台,需获取信息,了解该微信平台的内容,最后再关注。一旦用户对某个微信公众平台不满意,轻轻一点即可取消关注。那么,出版机构该如何将粉丝留在微信公众平台上?

第一,做好服务。对于关注教辅出版机构官方微信的粉丝来说,需求不会仅仅是获取新书的相关信息,更多需要是获取增值服务和满足个性化的需求。因此,出版机构在设置官方微信后,应安排专门的人员进行维护。官方微信的维护人员需在线上和粉丝进行及时的沟通和交流,尽量解答粉丝疑问。如因涉及出版机构其他部门暂时无法给予回复的,应尽快转达粉丝的意见建议或要求,并尽快将结果反馈给读者。

第二,把握公众平台推送信息的频次、内容。企业微信和微博的不同点之一就在于,企业微博可不限次地发布内容,但限制了发布内容的字数(140字),而企业微信向受众推送消息的次数受到限制(订阅号每天一条,服务号每日一条),每条信息不限制字数。因此,企业微信的推送群发应注重质量而不应追求数量,注意精心编排信息内容,充分利用文字、图片、语音等工具,使每天推送的专题既具备传播信息的功能,又具有一定的可读性。此外,企业微信应充分考虑受众的生活、学习习惯,合理安排群发时间。教辅图书的读者大多为教育工作者、学生及家长。因此,出版机构群发信息的时间应尽量安排在课余休息时间。这样能为粉丝阅读信息留下充足的时间,也不会对其学习和工作形成干扰。

第三,为读者提供良好的阅读体验。教辅出版机构的微信公众平台可为读者提供海量的文字、图片、视频等信息,并通过微信提供链接将出版机构的网站信息呈现到读者眼前,能否让读者有良好的阅读体验,也会成为读者是否选择持续关注该公众平台的重要因素。

读者查看微信公众平台的方式,以移动电子设备为主,这类工具的屏幕通常较小。目前,大部分出版机构的官方微信在提供阅读链接后,并未将网站信息转化成适用于移动设备阅读的模式,造成了在移动设备上阅读的不便。因此,出版机构应通过网页转换技术,将提供的链接网站调整为适用移动设备阅读的模式,为读者通过微信平台阅读提供便利。

(作者单位:湖南教育出版社)
摘编自《编辑之友》2014 年第 1 期

从一本书到一个品牌
——网络自媒体环境下的《读库》传播策略探析

张东美

《读库》在网络自媒体环境下的传播策略是具有时代特色的。在纸质媒体日益衰落的今天,《读库》在竞争激烈的出版行业中的发展渠道不仅是成功探索了"媒介融合"的案例,更在操作层面上值得同类型出版物参考和借鉴。

一、传播基础:适应网络传播的文本内容

(一)网络信息冗余催生"三有"中篇读本

《读库》的定位首先是"中篇读本",具体来说就是每一篇5千到5万字。5千字以下,网媒、纸媒常见;5万字以上,可以单独出书;而二者之间的篇幅,目前还没有太多的发表平台。因此,《读库》的"中篇读本"就正好填补了这样一个空白点,从而也就以这一特性让视觉疲劳的受众眼前一亮,在形式上就为良好的传播效果奠定了基础。另外,"中篇"呈现出来的也不再是网络中的碎片化信息,而是在简洁的基础上用足够的字数将一个事件或人物细细挖掘,提供给受众完整化、系统化的信息,吸引受众的关注。

"中篇读本"在形式上引起的关注是暂时的,让受众将关注度维持下去的,更重要的是内容。在组稿要求上,《读库》提出了"有趣""有料""有种"的选择标杆。所谓"有趣"和"有料",是指挑一个新颖冷门且有价值的选题,拿出专业发烧友的精神去研究透彻,从故事、人物、细节上获得有分量的事实,传递给受众。所谓"有种",具体而言则是一个"三不原则"——不惜成本、不计篇幅、不留遗憾,即在约稿时要求作者哪怕只是写一篇文章,也要拿出写一本书的精力来进行采访和写作,尽可能还原采写对象的全貌。这更多地反映了一种认真态度,凭此态度做出的文章也必然是高质量的,用以维持受众阅读兴趣。

(二)"叙事文本"凸显纸质媒体特点

《读库》"叙事文本"的定位,决定了其内容的纵深度和故事性,在网络自媒体传播中将纸质媒体的特点凸显了出来。《读库》里收纳的文章是注重细节和故事挖掘的文章,而不是学术阐释和争鸣。

基于此,《读库》尤其强调"摆事实不讲道理"的约稿和编辑方针:由作者提供大量充满细节的事实,让受众在阅读中自行得到属于自己的观点和结论。事实往往具有多义性,同一个事件,不同的人有不同的发现和感触,这就是阅读的乐趣之一。另外,《读库》强调非虚构,这就需要用细节的真实来创造受众主观世界里的真实感,让他们认可、接收。在"摆事实不讲道理"的编辑方针下定稿的文章,便能够收到如此效果。

二、网络自媒体传播策略

(一)博客直播成就"编读共建"

博客是"自媒体"的典型形式之一,在模式上由单纯的"读"向"写"以及"共同建设"发展。《读库》正是充分利用了这一特性,不仅完成了"编读共建",而且有效地实现了自媒体营销。

《读库》的主编张立宪不仅有着丰富的传统媒体从业经验,同时也"混迹"网络多年,在"西祠胡同"论坛和个人博客"见招拆招"上都有很高的人气。他利用已经与网友形成的良性互动氛围,一开始就把策划《读库》的想法、《读库》的稿件内容及编辑出版进度在博客上"全程直播",就此搭建起了即时性很强的交流平台。不断有熟悉的朋友和陌生的网友留言发表看法,甚至提出选题线索,使《读库》凝聚了一群人的智慧,这就是与大多数编辑独自操作图书有很大区别的"编读共建"模式。博客突出的交互性在一定程度上赋予了读者对信息传播的控制力量,使他们愿意花更多的时间与精力来关注这本书,进而形成消费意愿,从而成为《读库》市场经营中的一环。

鉴于这些年读者对图书评论语境、推荐体系的不信任,《读库》没有采用在其他媒体上刊登书评的方式来宣传自己。《读库》的宣传更多是通过博客乃至口口推荐,以一种互动性很强的"自媒体"的形式展开。张立宪在自己的博客上不停地向大家汇报,很多读者是眼见着这本书长大。因此他们会对《读库》非常宽容,非常热爱和忠诚,并义务地在他们的博客上、MSN上,甚至用他们手头的一些资源做宣传。依托人际与网络传播,可以把散落的读者根据趣味联合在一起,成为一个足够大的市场,而这个市场,足以支撑《读库》这样的小众读物。

(二)网络营销——从博客到网站和淘宝店

随着《读库》影响力的扩大和市场的扩展,主编的个人博客已经不够承载起读者群体的交流,于是"读库"网站搭建起来。这是一个更大型、综合性更强的互动平台,读者可在这里了解信息、发表意见、购买《读库》及衍生产品,更可以以书会友,分享各种包括《读库》以外的阅读心得。一个特定群体的网络社区逐渐形成,吸引越来越多的人加入到这个圈子里。用张立宪的话说,《读库》的读者都是喜欢读书的老实人。这个群体是能够静下心来阅读这些没有任何花哨与噱头,质朴、踏实的文章的,读者的稳定偏好是

维持《读库》商业运作的关键。

从销售上来说,《读库》营销体系搭上了网购的潮流,从"自媒体"传播到"自媒体"经营,避免了图书业落后的代销制可能造成的大损耗。2008年2月20日,《读库》在淘宝网的店铺开张;40天后,读库淘宝店已经是两颗钻石;如今是四皇冠,售出产品12.2万多件。到现在,直销约占《读库》全部销量的1/4。既然是"自媒体"经营,那么口碑就显得尤为重要。从售前咨询到包装、邮寄再到售后服务,《读库》都尽量做到完美,给读者留下了很好的印象,拉近了心理距离。

(三)一个人的媒体统一传播理念

对于《读库》而言,其"自媒体"还尤其体现在主编张立宪身上。他是主编,也是唯一的专职员工,独立完成该书的策划、组稿、编稿、设计、印刷、宣传、发行各环节。

在对书本内容的操作上,张立宪自己一个人可使《读库》的定位、方向和品位趋向稳定,从而使读者群体也趋向稳定,维持并发展商业运营。另外,媒体行业的职业生涯让张立宪手中积累了大量的人脉及选题资源,他能从中找到与他志同道合的人的"兼职"协助,这些人都是认同他的传播理念的,包括稿件的作者,都不是靠为《读库》写稿吃饭的人,他们有能力去满足张立宪对稿件内容的要求。

一个人独立操作的另一大优势则体现在线下活动方面。《读库》"编辑部"就张立宪自己,没有了人事上的复杂,张立宪可以将"编辑部"随心搬到全国各地,与读者进行面对面的沟通。每年,张立宪会在北京组织一个"读库周年聚",与到场的读者聊《读库》过去一年的种种,分享心得体会。而每次张立宪到其他城市,也会尽量抽时间与当地读者群进行"饭局聚会",把酒言欢,畅聊人生。这些线下活动越发让张立宪和他的《读库》走进读者心里,无形中又进行了传播。

三、在丛书本身影响力的基础上推广品牌

《读库》在品牌推广方面最值得一说的,是其衍生产品"Notebook"系列和借助《读库》影响力开展的相关活动。

Notebook,是《读库》设计出的一款"有内容的本子",或者说,"能够往上面写字的书",体现了主编对读者心理的准确把握。它纸质优良,内容大多是名家的插图,其中留有大量空白供书写,新颖而颇具收藏

价值。大多数愿意买书、藏书的读者对纸制品都有一种强烈的癖好，不仅自己愿意购买 Notebook，甚至成套购买用于送人，这在无形中又为《读库》丛书做了广告。

从 2006 年开始，张立宪开始进行程派青衣张火丁的舞台摄影画册出版计划；2010 年 1 月，13 位摄影师参与的《青衣张火丁》出版。这本投入 100 多万元的画册被称作"读库"出品"最疯狂举动"，至今，标价 660 块一套的《青衣张火丁》仅通过直销就已卖出近 2000 套。

2010 年，崔永元耗时 8 年时间，以"口述历史"的方式制作成 32 集大型纪录片《我的抗战》因费用等问题播出受阻，张立宪组织《读库》读者和崔永元团队联合组织了《我的抗战》十三城市巡回播映活动，获得很大反响并最终争取到电视台播出。前不久，《我的抗战》DVD 光碟和"读库"专门出品的 Notebook 配套出版发行，而每集纪录片的最后，都出现了"读库"的 Logo 进行特别鸣谢。

2011 年 4 月，"读库"的"编辑魔鬼训练营"在北京开张，张立宪担任主讲，招收媒体从业人员钻研"从手稿到成稿——案头编辑的细部训练"。

（作者单位：四川大学文学与新闻学院）

摘编自《出版发行研究》2014 年第 2 期

出版社使用微信现状调查与分析

汪全莉　张　玉

微博、微信等新媒体的出现改变了人们获取信息和沟通交流的方式，传统出版社品牌形象建设和图书推广在媒介的利用上也有了更多的选择。如何积极有效地利用微信新媒体平台加强出版社品牌形象建设和图书推广，是值得思考和关注的问题。

一、出版社使用微信的现状

自 2012 年 8 月微信公众平台上线以来的一年多时间，不少企业都开始利用微信这一新媒体平台加强企业品牌建设和产品推广，出版社也紧跟新媒体发展的步伐，加入微信公共平台用户行列。

（一）出版社使用微信平台的情况

笔者通过浏览出版社微信的形式，对出版社使用微信平台的规模和已认证微信公众账号的出版社类型进行了统计。

本次调查以通过认证的出版社公共账号为考察对象。截至 2013 年 12 月 5 日，已注册启用微信公共账号的出版社共计 117 家，其中已经认证的公共账号共 20 家，未认证的公共账号共 97 家。这些公共账号均为订阅公共号，主要是为用户提供图书信息和行业资讯等信息。

从出版社微信公共账号使用情况来看，117 家出版社启用微信公众号，在全国 580 家出版社中，启用微信公众号的数量不足 1/3。这其中，已认证的账号只有 20 家，只占启用总数的 17%。其余未认证的出版社微信公众号在微信新媒体的使用方面有一定的意识但是重视程度不够，在微信运营方面还存在不足，例如微信账号没有及时认证、微信互动性不强、内容创新度低、微信账号宣传力度较弱等。还有一些出版社对微信新媒体的使用持跟风或者观望的态度，并没有采取主动的方式发挥其在出版社宣传推广方面的作用，在微信公众号设置和运营方面系统规划和策划更无从谈起。由此可见，出版社微信新媒体发展仍有较大提升空间。

（二）信息推送方式分析

信息的推送次数是衡量微信公共账号运营的频率的重要指标，因此在此次调查中笔者选取了推送次数排名前十的出版社作为信息推送方式研究分析的对象。

从表 1 可以看出，信息推送的次数和出版社启用公共账号的时间并不存在必然的联系。在公众号运营的过程中，一些出版社能够持续每天推送信息，如中国摄影出版社、江苏文艺出版社等。但是还有一些出版社虽然启用公众号的时间较早，由于信息推送的次数较低，信息推送内容较少，因此并不能很好地达到出版社品牌形象推广的效果。

表1　微信公共账号信息推送次数排名前五的出版社

出版社	启用时间	信息推送次数（次）	推送数量（篇／次）	推送时间	推送形式
中国摄影出版社	2012.11.28	250	文章推送4篇	17:30~20:00	文字、图片
江苏文艺出版社	2013.2.20	210	文章推送3~4篇	18:00~20:00	文字、图片语音信息推送
中国人民大学出版社	2013.3.27	160	文章推送2篇	18:00~22:00	文字、图片
北方文艺出版社	2013.4.11	158	文章推送2~3篇	18:00~22:00	文字、图片
中信出版社	2013.4.26	153	文章推送2~4篇	14:00~18:00	文字、图片语音信息推送

注：以上数据截至2013年12月5日，启用时间指第一次信息的推送时间

从推送时间上来看，出版社微信公共账号的信息推送时间避开了早上用户忙碌的时间，多选择晚饭前后较为轻松休闲的时间段，并且在周末双休日也坚持信息推送，这符合用户对微信的使用习惯，有利于收到更好的信息推送效果。

从推送形式上来看，有7家出版社只使用了微信的图片与文字功能，有3家出版社在使用微信的图片与文字功能的同时，也使用语音功能进行信息的推送。以湖南文艺出版社为例，其在微信语音信息的推送上具有鲜明的特点，通过语音形式策划Lisa阅读吧、编辑献唱、美文诵读、音乐播放等多种栏目内容进行信息推送。但是，从整体来看，出版社在微信运营方面，使用微信语音功能进行推送信息的意识还有待增强。

（三）推送内容分析

出版社微信平台每天会定时向用户推送相关内容和信息。通过对出版社微信的浏览分析，可以将出版社通过微信平台推送的内容分为栏目策划、新书推荐、活动推广、相关互动四类。

1. 栏目策划

出版社使用微信公众账号的主要目的是以内容吸引受众从而传播图书资讯信息，塑造出版社和图书品牌，而打好"内容为王"牌的关键是栏目策划的创新和更新。

在20家已认证出版社公众号中，中国摄影出版社、江苏文艺出版社、中信出版社以及中国旅游出版

社等在内容栏目策划方面具有代表性。他们根据自身的出版社定位推送相关的图片、摄影、旅游、文学等信息。以江苏文艺出版社为例，其《文学不冷门》栏目为每天推送栏目，《周日晚点名》为每周推送栏目。这些栏目类似于微博的固定话题，将所要推送的信息进行分类和整合，以一种系统的方式培养用户的阅读习惯和接收习惯，培养用户对某一主题信息的兴趣度和专注度。

这些固定的栏目策划也存在一定的弊端，由于每天推送的信息主题固定，这种程式化的栏目设置在长期的运营过程中容易造成用户的审美疲劳。要想保持良好的运营状态，在栏目策划的创新度与更新度方面必须有所突破。

2. 新书推荐

出版社在利用公共账号宣传企业品牌，加强与用户沟通的同时，也常常借助这一平台进行新书推荐与宣传。

在推荐方式上，有以固定话题为栏目定期推荐、以文摘形式推荐、以书单形式每月推荐以及以新闻资讯形式发布新书消息等方式。以栏目形式推荐，将图书推荐作为固定的栏目进行推送，在图书推荐栏目下进行内容策划，如读经典、读名著，新书抢先看，特价电子书等内容。以文摘形式推荐，是出版社在利用微信进行新书推荐的最常见的方式，将新书的精彩内容节选来吸引用户的关注。以书单形式推荐，每月向用户推荐一次好书，并设置分类答复，用户可以便捷迅速地找到书单的内容。例如北京大学

出版社的《博雅书坊——微书单》就是每月进行一次书单推送,用户输入"新书"可以查询 2013 年 1 ~ 11 月的书单。以资讯形式推荐,将所出版的图书新闻报道向用户进行推送。例如中国摄影出版社"首发图书《古韵今风,家在苏州》"正是通过这种形式进行新书推荐。在调查的过程中,笔者也发现了一些出版社将微信新媒体仅仅定位为营销的新兴工具,却忽略了新媒体的社会化和互动交流的功能。过分注重微信的广告推广和产品宣传功能,会引起用户的反感从而造成用户流失,不利于出版社微信的长期运营和发展。

3. 活动推广

利用微信公众账号,出版社可以进行线上和线下活动推广和宣传,发布一些征稿启事、作者售书会、讲座活动以及出版社组织的大型活动等,提高活动的知名度和品牌度。

在调查过程中,笔者发现一些出版社微信公众号将活动推广这一内容作为专题栏目进行推送,还有一些没有特定的栏目,而是根据活动的时间来进行推送。

从活动的宣传方式上来看,出版社只是借助微信公众号进行活动信息的推送,在活动宣传与推广方式较为单一,并且宣传力度不够,极少有出版社利用出版社网站及新浪、腾讯微博等网络平台进行微信推介与宣传。

4. 相关互动

出版社公众号与用户的互动主要体现在微信公众账号简介、欢迎词设置、自定义答复设置以及文章推送中的互动性方面。相关互动作为与用户直接沟通和联系的纽带在出版社微信新媒体运营中发挥着关键作用,出版社所采取的互动行为也能直接体现出出版社对市场的接触意愿和意识。

二、出版社应如何运营微信

出版社微信平台建立起来之后,还需要对其进行良好的运作与经营。否则,不但起不到出版社品牌传播和产品推广的效果,反而会造成负面影响。笔者认为要运营好出版社微信平台,主要可以从以下几方面着手。

(一)明确微信公众订阅号的精细化定位

出版社应该明晰自己的定位,利用微信公众平台塑造品牌效应来吸引用户。富有特色又适合自己的定位,可以彰显微信公众平台这一新兴媒体与众不同的个性风格,增强其不可替代性。例如中国旅游出版社将其微信公众号功能定位为"品牌杂志《中国旅游》,深度旅游报道,旅游攻略、摄影学习、实用旅游路线推荐、专业的摄影美图,全方位为你呈现最美的中国"。以旅游信息为主要信息内容,其潜在目标群体明确。

在利用微信新媒体进行图书宣传时,出版社不能只局限于宣传本出版社出版的图书,应该根据自身的定位和推送内容,有选择地推荐其他出版社出版的图书,还可以提供多方面的资讯信息,为读者提供全面实用的内容,从而将自身打造成为某一专业领域的权威出版社品牌。

(二)整合多渠道和多媒体的宣传

从图 1 可以看出,58.64% 的用户是通过之前关注的平台了解微信公众账号,如微博、公共主页、各类网站等开设的微信公众平台。出版社在进行网络宣传与推广时,应该树立全网整合的思想,发挥微博、微信、公共主页、网站、论坛等不同网络平台的优势与特点进行传播和推广。在微信推广方面,除了利用网络媒体宣传,还可以利用图书广告二维码宣传、线下图书活动宣传等多种渠道。

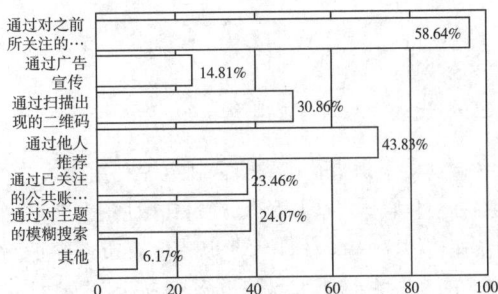

图 1 受众了解微信公众账号的途径统计

有 43.83% 的用户是通过他人推荐了解某一公共账号的信息。出版企业在宣传推广时应该注重意见领袖的培养与挖掘,发掘有影响力的核心用户群,由他们来进行小圈子传播。还可以发掘出版企业内部员工个人微信进行圈子式的传播来扩大出版社微信的知名度。

因此,出版社在进行宣传与推广时,应该借助网络、电视、报纸、广播、杂志、公关活动、口碑传播等各个方面的资源,以传统媒体和新媒体相互补充的多种渠道方式进行推广。

(三)创新微信新媒体推送的内容

推送介质上采用多元化方式,结合图片、文字、声音等进行多方位传播。尤其是要善于利用声音、视频等听觉、视觉直观介质进行信息的推送,有效提高信息的接收率。推送方式上整合多方面资源,出版社可以利用编辑资源、作者资源等,为作者与用户间对话提供平台。例如中信出版社在推广新书《玩儿》时,邀请作者于谦与微信用户交流互动,利用微信公众平台新媒体优势,为作者与读者搭建了沟通的新桥梁。推送技巧上注重推送内容的数量和质量。据笔者调查数据显示,用户每天可接受消息推送的图片及内容数量不超过5条的约占83%。若推送数量太多或太少,都很难起到很好的传播效果。因此,每次推送的文章及图片数量应符合受众对微信的使用习惯,尽量控制在5篇之内,内容和篇幅上也要力求简而精。

(四)优化微信用户体验

首先,增强感官体验,出版社可以通过声音、图片、文字等多种内容形式呈现给用户视听上的体验,让用户以一种多元的方式接收信息。其次,注重交互体验,增强微信界面在用户使用、交流过程中的体验,强调互动、交互动性。特别是要加强与用户之间的互动,及时为用户提供方便快捷的信息获取渠道,实现优质的用户体验。最后,培养用户情感体验,给用户心理上的体验,强调心理认可度。在内容的选择上注重当下流行元素,紧跟时代的步伐,满足用户与时俱进的需求;在排版上讲求版式的美观和简洁,在字体和颜色的选择和使用上给用户一种精致的掌上阅读图书的感觉,以细节打动用户,借助情感体验的升华增强口碑传播的力度,形成一种高度的情感认可效应。

(作者单位:湘潭大学公共管理学院)
摘编自《中国出版》2014年4月上

"微时代"出版微博营销的战略选择

王微微

一、出版社的微博营销策略

微博营销是指企业或非营利组织利用微博这种新兴社会化媒体影响其受众,通过在微博上进行信息的快速传播、分享、反馈、互动,从而实现市场调研、产品推介、客户关系管理、品牌传播、危机公关等功能的营销行为。出版社的微博营销顾名思义就是借助微博平台,进行图书宣传营销活动,在微博中发布新书相关的图文视频以及购买链接,并通过与粉丝的交流和互动达到图书销售和品牌维护的目的。

(一)图书内容的规范表达

微博即时传播的特性大大缩短了信息传播的周期,但是仅用140个字将一本书的内容浓缩成精华,呈现给读者并抓住读者的眼球,引发读者的购买欲望,无疑也给企业微博营销带来了挑战。综观各出版企业微博,内容多以图书封面加内容介绍为主,有些还辅加读者简短读书笔记。格式上看,比较规范,具有可识别性。从微博文字内容来看,比较简洁明了,但过于单一,并且带有明显的利益指向性。

(二)微博话题的先天优势

新浪微博的话题功能几乎成为微博营销的一个先天性优势条件,发布者用"##"把话题夹在中间,话题就可以被精确搜索。新浪微话题页面也将各种话题进行分类,包括情感、生活、文化、娱乐、财经、电影、生活等各个方面供用户参与。微话题的功能可以针对图书进行精确分类,并使得图书信息与热点话题紧密结合,引起粉丝的关注和讨论,提高影响。此外,微话题的分类也便于出版企业针对图书的分类针对话题关注者进行精准的信息投放,实现图书推荐与关注某一话题的受众精确匹配,降低盲目营销,提高微博营销的效率。

(三)名人效应

名人效应是微博营销的重要手段。新浪微博聚集了社会各个阶层的群体受众,包括影视明星、政坛人物、文化学者等各界名人。出版社微博营销可以借助各阶层受众这个大群体,通过一定的名人效应增加营销效果。例如,可以邀请名人推荐图书或者与名人联系合作出书,都能吸引粉丝的眼球,并扩大微博内容的转发数量,这种裂变式的传播形式使得图书宣传可以 强势传播,将接收微博信息的粉丝群变为出版社潜在的目标消费群体。

二、微博营销存在的问题

微博营销并非更新一段文字和一张图片那么简单，出版社的官方微博也不只是营销媒介，还是出版机构对外宣传的窗口。目前，微博图书营销的问题主要可以归纳为以下三个方面。

首先，微博营销人才队伍力量薄弱。微博营销人才力量薄弱归根到底是思想上没有足够重视，出版社官方微博被当作普通个人微博被一般随意的操作和更新。实际的出版营销实践表明，个人的能力是有限的，出版企业营销需要整个出版社的共同支持。另外，无论营销规模的大小，营销方式的繁简，都必须有一个专业的营销团队来操作，只有借助团队的智慧才能让营销效果得以最大限度的实现。

其次，微博宣传缺乏系统性。任何营销活动都必须要有一个系统的、科学的计划，如果没有系统性，那么海量的互联网信息、快速更新频率很快就让营销的微博被湮灭。营销微博怎样发？何时发？以什么形式发？这都是图书营销中必须面对的现实问题，要有计划、系统的做好微博营销才能达到效果。

最后，微博营销手段缺乏创新。纵观出版企业的官方微博，图书营销方式不外乎名人推荐、精品书摘、赠书签售等方式，所有出版社千篇一律，有些出版社更是沿用传统出版的套路，仅把微博作为传统营销出版的延伸，微博营销的内容和形式都比较单一，没有将微博新兴媒体的特性发挥到极致。

三、微博营销的建议

微博营销具有很大的优势，然而又具有很多缺陷，使用得当微博营销可以成为出版社营销的利器，使用不当便会徒增劳力。因此，笔者提出三点建议。

首先，提高选题策划质量与恰当话题结合。高质量的选题策划必须建立在对市场的宏观掌控之上，要全面了解市场行情，针对不同类型的受众进行选题策划，同时将选题与热门话题相结合，吸引关注与讨论，以便达到营销的效果。

其次，加强营销语言创意。微博140字的限制，很难将图书内容进行详尽的诠释，然而"微"中却大有文章可做。有些出版机构为了确保图书信息的完整性，拼命浓缩图书内容；有些为了保证图书信息的权威性，机械地照搬书摘，但文字内容过于单调，并不能抓住读者的心。这是一个信息爆炸的时代，平庸、晦涩的文字注定不受欢迎，只有创新才有出路。创新化的语言让读者在不知不觉中关注了产品信息。

最后，增强营销战略意识。微博营销对出版社来讲，既是机遇，也是挑战。参与微博营销，就必须要了解其中的游戏规则，微博营销并不是一门高深的学问，但要做好做强也必须要下足工夫，这就要求各出版企业在积极改变传统出版理念的同时，增强微博营销战略意识，在微时代激烈的竞争中抢占先机。

摘编自《出版广角》2014年第4期

移 动 互 联 网

三网融合下我国网络电视发展格局及趋势

赵 璐

三网融合通常是指电信网、广播电视网、互联网在向宽带通信网、数字电视网、下一代互联网演进过程中，三大网络通过技术改造，其技术功能趋于一致，业务范围趋于相同，网络互联互通、资源共享，能为用户提供多种服务的一种技术融合形式。三网融合技术作为一种新型的网络资源利用方式提高了网络资源利用率，减少网络资源重复投资现象发生，融合了三种网络技术的优势后宽带网速更高，视频流传输性能更好，可扩展性能提升并且成本相对低廉。在保证了不同的消费群体的资源的共享性的同时，用户可以根据各自的需求进行相应的配置。现代正值三网融合环境火热升温之时，业界普遍认同——网络电视是

"三网融合"中最重要的技术领域之一,也是未来最有可能获得利润、最具发展前景的新媒体行业之一。那么,如何界定"网络电视"成为了众多研究中亟须解决的首要问题。这里,笔者认为:网络电视是以在互联网络上合法进行传播视频类节目为前提的,即首先必须获取了《信息网络传播视听节目许可证》和《互联网出版许可证》等基本入门许可证件的基础上,通过网络来传播电视视频的新型媒体,并且这种新兴媒体在三网融合的环境下已经开始崭露头角,发挥优势。

一、三网融合的深入与网络电视的发展概况

(一)三网融合日渐深入

2010年7月,国务院正式下发三网融合试点城市名单,北京、上海等网络电视发展势头强劲的城市都包括在内,三网融合推动着历史的车轮向前迈进了一大步。2010年至2012年重点开展广电和电信业务双向进入试点,探索形成保障三网融合规范有序开展的政策体系和体制机制。2013年至2015年,总结推广试点经验,全面实现三网融合发展,普及应用融合业务,基本形成适度竞争的网络产业格局,基本建立适应三网融合的体制机制和职责清晰、协调顺畅、决策科学、管理高效的新型监管体系。三网融合打破了此前广电在内容输送、电信在宽带运营领域各自的垄断,明确了互相进入的准则。在符合条件的情况下,广电企业可经营增值电信业务、比照增值电信业务管理的基础电信业务、基于有线电视网络提供的互联网接入业务等。国有电信企业在有关部门的监管下,可从事除时政类节目之外的广播电视节目生产制作、互联网视听节目信号传输、转播时政类新闻视听节目服务、IPTV传输服务、手机电视分发服务等。融合层次则涉及了技术融合、业务融合、行业融合、终端融合和网络融合等众多方面。

(二)网络电视的发展概况

1999年央视上传了第一档网络电视节目。而后,与世界各发达国家的网络电视业务相比,我国网络电视真正的起步在2004年。当时中国电信营运商巨头——中国网通与美国国际数据集团(即IDG)合资组建的天天在线,拿到国内第一个经营网络视频播放的业务许可,这标志着以电信营运商为主导的网络电视模式开始正式出现。2009年12月28日央视倾力推出中国网络电视台(即CNTV),此后各种新媒体终端不断兴起,网络电视台数量猛增。目前多数省份都已开通了网络电视台,其中安徽、江苏、黑龙江、湖南、浙江、上海、四川、湖北、山东、山西、陕西、甘肃、江西、新疆、吉林和辽宁等网络电视台均已建成。但网站建设上面来看,部分的网络电视台明显是先暂时搭好了框架,网站页面看起来比较简单,具体运行细节也并不完善。再到城市联合网络电视合(简称CUTV)。这是由深圳广电提出、获得国家广电总局正式批准成立的以多家地方或者城市电视台为基础的一种联合形式的网络电视台。CUTV运营实体是华夏城视网络股份有限公司,目前我国城市台成员台以及密切合作的媒体达65家,覆盖全国26个省市自治区直辖市。另外,我国仍有许多实力坚挺的非国有网络电视企业,这支队伍中的PPS,PPTV等是最早提出"网络电视"称呼的网络经营商,经过多年的竞争与淘汰,剩下的都具有一定实力,而这支队伍的力量仍在不断发展中。目前,发展势头比较好的有PPS网络电视、PPTV、风云网络电视、风行网络电影、uusee网络电视、中华网视、QQlive等。截止2014年3月,全国互联网视听节目服务持证机构有613家,多元化的互联网视听节目服务格局初步形成。

二、我国网络电视运营的宏观把控与微观操作

(一)网络电视运营的宏观把控

随着相关要素的日新月异,中国网络电视行业在基础环境、网民行为、企业竞争上都有着明显的改变。企业竞争向纵深方向发展,除了横向并购外,还与上游内容制作、下游硬件厂商结合,发展模式更加丰富。

首先,围绕显示终端的争夺战变得激烈。电视屏幕是继电脑、手机之后的第三块网络电视显示屏,是现代网络电视企业争夺视频显示终端的一大热点。当前不少网络电视运营商已经推出了机顶盒、路由器、智能电视以及围绕互联网电视产生的配件产品,进一步对网络电视产业进行广泛布局。将网络电视拓展到电视的渠道不仅有利于传统媒体与新媒体的融合,还能解决当前网络视频广告规模较小的问题。电视屏幕大,表现丰富,有利于品牌建设和宣传,因此能带来更多的广告收入。另一方面,网络电视进入电视端,能进一步拓展网络电视用户,同时让部分非网民也能接触到网络电视。

其二,综艺节目的兴盛助推了网络电视业务成长,其版权重新成为争夺焦点。近年来,随着选秀、亲子、婚恋等综艺节目热播,综艺节目的影响力与日俱

增,线上播放版权成为网络电视企业争夺的又一大领地。拥有热门节目的在线播放权不仅能给网络电视企业带来点播量的提升,增加广告收入,还能为网络电视企业带来用户增长,提高用户覆盖面。更重要的是热播节目能提高网站、网台的影响力,带动其他相关视频的点播,并且可以通过分享、转发、重新编辑上传等方式,在微博、微信等社交网站上转播,其影响力更得以极速扩散。

第三,大屏智能手机普及和4G网络的推广,网络电视逐步向移动终端靠拢。以往由于手机性能以及网络环境的限制,视频网民在非Wi-Fi环境下的移动场所收看视频的积极性较低,网民需要更好的播放设备和网络环境来支撑移动视频的播放。

(二)网络电视运营的微观操作

我国网络电视除以上诸多宏观运营的发展方向外,其内部具体的微观操作细节也存在着独到的特质。这里笔者倾向于从产业链的角度将其中各环节进行剖析细化。网络电视产业链是一条由广电部门、电信部门及网络运营商三条链条纵横交错构成的较为复杂的产业链,但如果将这条复杂产业链中的同类项进行合并,中国网络电视产业链的实际运营轮廓可以相对清晰地概括为5个主要环节,即内容提供商、内容运营商、网络传播运营商、设备与软件供应商以及最终受众。

其一,内容提供商。我国以广电部门为首的主导力量占据着网络电视产业链的上游,负责网络电视节目内容的提供,承担着节目内容制作、运营标准化和运营监管等任务。如今,只有手中握有国家新闻出版广电总局颁发的网络电视运营牌照的组织才能够向运营商提供网络电视节目内容,并通过内容制作和出售的方式获取经济收益。

其二,内容运营商。内容运营商担负着网络电视的节目内容运营环节,主要负责网络电视系统的建设、维护等具体运作任务,也担负着部分直接面对用户的服务,如用户信息收集和管理、向用户收取使用费用等。甚至还包括了广告植入、游戏代理等增值业务的制作以及相关业务的集成处理等。只有个别情况下增值业务和集成业务才由内容提供商或其他传媒机构完成。

其三,网络运营与传播商。相对于产业链的前两个环节,网络运营与传播环节的构成相对比较复杂,网络运营商主要负责对业务运营的环境进行具体分析。并根据实际情况,对当地网络电视业务所使用的

网络择优而从,必要时与相关部门进行沟通、落实。

其四,设备与软件供应商。它是整个网络电视产业链中至关重要的硬件来源和技术后盾。网络电视不但涉及电信运营商和广电企业的合作,也提出了创建全新的用户管理模式及计费模式的要求,因此设备和软件供应商的参与对搭建起理想中的合作平台起到了决定性的作用。

最后到了网络电视产业链的最终端受众,也就是对整个产业的运行效果进行检验和反馈的环节对现有用户来说,不断提高服务质量和降低服务成本是最能够吸引他们的做法,随着网络电视用户规模的扩大和新技术的不断涌现,降低成本的目标不难实现,所以不断提高服务成为用户开发中的关键点,积极统计、整理、分析用户最迫切需求的服务项类又成了反推产业链的重要动力。

三、我国网络电视的既存优势与未来趋向

(一)分众服务日渐稳固

网络电视基本确立了自己的目标用户群体,按年龄、地域、收入、职业等标准确立自己的服务对象。并且有的放矢地选择节目内容与服务方式,在各自擅长的某一细分市场可以较好地满足上述用户特殊的收视需要,使用户觉得物有所值,从而选择网络电视,使之在激烈的竞争中获得生存与发展的空间。

(二)互动模式活跃应用

这也是和传统电视竞争的有力武器之一,自主性和未知性是吸引用户的很重要的砝码。我国网络电视已经可以基本实现用户在观看网络电视的时候,可以同网站或其他网民进行适时交流、对网络电视的内容进行评价,甚至可以起到引领的作用。通过这些创新,网络电视在互动性得到充分的发挥,网络电视的经营也进入了一个新的层次。

(三)内容得以无限扩张

由于各种因素的制约,家庭用户不能收到所有电视台,而网络电视却做到了这点,网络电视将国内外的优秀节目引进,满足用户收看更多节目的需要,弥补了传统电视播出的空白,在和其他媒体竞争中更具势力。在电视节目市场上,新闻资讯、电视剧、综艺节目被称为拉动收视的"三驾马车"。电视媒体运营者更是深谙"得好剧者得天下"的道理。来自知名调查公司CR尼尔森的监测数据显示,有64%的网民表示主要通过网络看热播剧。

(四)关键技术连接突破

网络电视关键技术层面的质的飞跃着实令大家兴奋不已。现在已经有越来越多的城市已经完成了城市光网的改造,也完成了居民住宅区域的业务覆盖。电信已经能够提供 100M/户带宽的接入能力,在此范围内的新装用户以及需要更高要求带宽的用户,均可以选择新的光网产品或套餐,也均可以实现 20M 及以上带宽的极速享受。其中 10M 以上为应用带宽,目前应用带宽主要应用于网络电视、高清网络电视、多路标等等高带宽业务。

(五)主要赢利渠道的畅通

同传统电视一样,网络电视在做好扩大用户数量的同时,可以依靠广告来增大利润。网络广告是一项很有发展前景的收费项目,且具有多种植人、宣传形式。虽然网络广告目前还处于起步阶段,但从 2005 年中国网络广告的收入仅１０亿元左右一举跃升至 2013 年累计收入 16 亿美元,约合 100 亿人民币,8 年间收入增长 10 倍以上,可见其潜在实力无限。

(作者单位:四川大学文化传播研究中心)

摘编自《西部广播电视》2014 年第 22 期

澎湃新闻的移动战略研究

郭泽德

一、移动互联网催生新型信息传播环境

(一)传播主体多元化

中国媒体制度设置的核心是公共舆论管理优先,这种制度确立的是行政化的媒体结构,媒体是根据行政需要设置的。在这种新闻体制下,新闻信息的生产主体是组织化、专业化、封闭式的信息传播机构。即使在互联网发展的早期阶段,这种组织化信息生产与供给模式仍没有改观,直到社交媒体的出现,才在一定程度上改变了传统的信息传播秩序,稀释了传统媒体的信息传播话语霸权。移动互联网的兴起则彻底释放了人们的传播潜能,个体的、开放的、非赢利的、自组织的多元传播主体崛起,成为信息生产的重要力量。

(二)传播场景移动化

信息的移动化传播是信息挣脱时空束缚的过程,移动媒体的便携特征使得信息得以在任意时间和空间内传播。传播场景移动化的首要意义,是将受众从固定的传播场景释放到广阔的、开放的传播场景中。传播场景移动化另外一种意义是,实现了受众从"等待"信息到"随取"信息模式的转变。传统媒体的信息具有时间固性,受众只能"等待"信息。移动互联网打破传统媒体信息传播的时间固性,信息获取更加灵活,可以随时查阅信息。

(三)传播内容有序化

调查数据表明,利用移动终端上网已逐渐从碎片化向常态化转变,成为日常的一种生活方式,信息传播逐渐呈现整体化、有序化的特征,这也将成为移动互联网传播环境下信息内容的发展趋势。

(四)传播受众主动化

移动终端设备不仅是信息的接收装置,更是一部非常便利的信息生产工具。传统媒体环境下界定的受众概念已经在移动互联网环境下不再适用,信息生产者和消费者之间已经没有了明确的界线,受众同专业信息生产者一起成为"信息联合生产者"。特别是随着功能强大的智能手机等移动终端、信息传输更加通畅的 4G 网络,人们的移动表达需求进一步被激发,情境化表达将成为主流。

二、澎湃新闻的移动战略部署

(一)变更组织模式

"澎湃新闻"虽然生在移动互联网时代,但是骨子里流淌着传统组织结构的血脉,要适应移动互联网下的信息快速生产的特征,"澎湃新闻"首先对组织结构做出了调整。

"澎湃新闻"在《东方早报》采编团队基础上发展而来。据罗昌平介绍,纸质《东方早报》将逐步缩版,原有团队三分之二的成员转战"澎湃",记者整体划移,只保留部分编辑。"澎湃新闻"队伍强大,采编人

员多达200人，现在仍在招兵买马，未来团队人数将达到400人。如此庞大的采编团队如何配置将考验领导者的眼光和魄力。澎湃新闻"思想市场"栏目编辑、记者李丹亲历了澎湃创办，她介绍"澎湃新闻一共有40(现在已经发展到50个)多个子栏目，每个栏目都由一个小组运营，每组的人员也都相对固定，各小组会每天一起开会，商量选题，有时还会对选题协同操作，做成大的专题报道"。"澎湃新闻"打破了传统媒体组织科层化、封闭化的组织架构，引入互联网式的项目团队制度，各个小组独立运营，组织结构扁平化、开放化，以适应移动互联网时代信息快速反应的要求。除了强调自己的采编团队外，"澎湃新闻"邀请梁文道、徐远、莱布雷西特等一批知名学者、作家、思想家开设个人专栏，为澎湃新闻贡献优质内容，补充采编队伍的不足。

另外，"澎湃新闻"充分引入市场机制，参照网络创业公司管理模式，实行核心团队集资持股。在2014年年初上海报业集团发布的一份招聘启事中称"将为至少30%的优秀员工提供丰厚的股权激励，你的每一份努力都会变成自己的事业与收益"，将招聘60名"期权记者"，这也意味着中国传媒界首次出现"期权记者"的概念。集资持股既是一种激励机制，也是一种风险与责任的绑定机制。集资持股制度将团队成员由雇员身份变成创业合伙人，在制度设计层面上激发他们的创造力，提升新媒体组织的效率，突破传统媒体组织经营管理模式，实行与互联网企业相似的多元化的股权激励与管理制度，开创了国内传媒组织模式的先河。

(二)布局媒介渠道

媒介渠道是新闻信息流动的通路，合理有效的媒介布局是信息有效传播的基础。目前，"澎湃新闻"已覆盖网页版、WAP网页版、客户端、微博和微信公众平台等媒介形式，形成了对网民网络信息传播关系网络的全面覆盖。但是，"澎湃新闻"覆盖的这些媒介通路的作用却不相同。据笔者观察，"澎湃新闻"网页版、WAP网页版、客户端呈现的信息基本一致，更新时间一致，在一些细节功能上客户端同前两者有差异。还有一个重要特点是，澎湃新闻网页版、wap网页版时刻在显要位置提示读者下载客户端。"澎湃新闻"在自我介绍中写道："如果你是时政爱好者，那么你安装一个澎湃新闻客户端就够了。"由此可见，"澎湃新闻"客户端将会成为澎湃对接移动互联网的最主要产品和平台。

"澎湃新闻"客户端和其他新闻客户端相比，有几个突出的特点：第一，界面独特。"澎湃新闻"客户端界面华丽，主界面每条新闻都以大幅头图+衬线宋体组合进行编排，中间会穿插一些热点新闻的标题集合。向左右两侧滑动，能调取侧边菜单内容，界面切换时带有3D折叠动画，呈现出非常炫目的视觉效果。第二，定制信息。"澎湃新闻"客户端为用户提供特点类型的文章进行关注，选择关注的文章类型将会显示在客户端主界面上。"澎湃新闻"提供了"新闻"和"思想"两个类别(分别用蓝色和黄色进去区分)共计50个栏目。第三，功能创新。新闻追问、新闻跟踪是"澎湃新闻"客户端的创新功能，能够对新闻进行深入挖掘。同时，"澎湃新闻"客户端还提供了最便利的分享功能，在文章的结尾处和页面下方固定位置都设置分享按钮，用户可以很轻松地把信息分享到微博、微信、人人网等社交媒体中，形成次生传播效应。

(三)增值内容信息

在信息爆炸的移动互联网时代走"精品新闻"路线的"澎湃新闻"必须保证信息效益最大化。一方面，原创的严肃新闻内容需要花费昂贵的采编成本，这些成本的收回和再获益根本上依赖于信息内容；另一方面，移动互联网时代的信息空间充满了各种信息流，每个人都处于信息饱和状态，从而造成了信息盈余的现象，信息通道堵塞。要想达到最大的信息效益，就要让新闻信息由一次阅读转变为多次阅读，让静止信息流动起来，最终实现新闻信息内容的增值。"澎湃新闻"让信息增值的方法有：

1. 独特内容定位

澎湃新闻定位于时政新闻领域，目标是立志成为中国第一时政品牌，实现路径是互联网技术创新与新闻价值传承的结合。澎湃新闻是中国首家主打时政与思想的新闻平台，扛起时政新闻的大旗，鲜明的内容定位让澎湃新闻和其他新闻类产品设置区隔。更重要的是，在社会转型加剧的当下中国，澎湃新闻的定位具有重要的现实价值，"打虎记""一号专案"等系列报道产生了广泛的社会影响。

2. 理想主义标签

澎湃新闻带有浓烈的纸媒人的新闻情怀，从澎湃新闻CEO邱兵带有理想色彩的创刊词《我心澎湃如昨》便可见一斑。他在献给恋恋不舍的1980年的这段文字中，讲述了一段令人扼腕叹息的恋爱故事，用这个故事隐喻了当下的纸媒和互联网纠缠不清的关系，唤起了一批人纯真理想的情怀，借助社交媒体分享机制,被快速复制扩散,不管理解与否,人们更愿意用理想主义来形容这个刚刚面世的新闻产品。

3. 产品功能设计

澎湃新闻产品功能设计很好地体现了澎湃新闻产品的定位和理想主义情怀。澎湃新闻最重要的两个功能创新是新闻追问和新闻跟踪。用户可以追问新闻,针对每一条新闻提出自己的任何疑问并获得其他用户的解答,使用户真正读懂读透每条新闻,优质的回答内容将在热门追问页面展现,新闻不再是片段,而变得立体丰满。用户也可以追踪新闻,一次报道并不能完结一个新闻事件,对于自己关注的新闻事件,用户可以利用跟踪功能跟踪新闻事件每一次发展。新闻跟踪,拒绝烂尾新闻,让新闻信息有序化。

(四)开放生产平台

澎湃新闻的新闻生产具有"'原教旨主义'和'网络化生产'的混合特征,是结合了专业新闻组织和网民智慧而形成的新闻聚合平台"。澎湃新闻要以最活跃的时政新闻与最冷静的思想分析为两翼,生产并聚合中文互联网世界最优质的时政思想类内容。由此可见,澎湃新闻既提供新闻又提供意见,内容既自己生产又要网络聚合,在强调新闻专业组织化生产特长的同时,也采纳基于互联网而形成的新闻生产方式,采取非常开放的态度,接受所有时政思想类优秀内容团队的各种形式的合作,把专业采编团队和民间生产力量有序结合起来。

三、澎湃新闻移动战略面临的挑战

(一)移动互联网基因的进化

"澎湃新闻"生在移动互联网时代,骨子里流淌的却是传统媒体的血液。"澎湃新闻"采编团队的很多成员来自《东方早报》等传统媒体,有些人甚至在进入"澎湃"之前根本没有接触过新媒体,他们习惯了传统媒体的信息传播节奏、话语表述方式和文本叙事模式,对移动互联网下用户的阅读习惯和传播行为感到陌生。传播情景的突然变迁令很多人无所适从,一种前所未有的"新基因"到处弥漫在新的传播情景中。

(二)新闻内容的互联网化不足

新闻内容是"澎湃新闻"的立命之本。"澎湃新闻"生产的内容定位时政领域,从目前"澎湃新闻"采编的稿件看,以"打虎记"、"中南海"等一批特稿为代表的内容都堪称优秀,但是内容过于严肃,篇幅过长,新闻内容的互联网化特征不足,影响了移动化阅读的体验。"澎湃新闻"可以考虑开发 PC 端阅读和移动端阅读两个版本的信息,供人们选择阅读。

在移动互联网传播环境中,新闻内容的属性也发生了相应改变,"精准传播"和"口碑传播"成为最突出的两个特点。"澎湃新闻"可以借鉴一些商业网站的内容推荐模式,在提供用户自由订阅的基础上,根据用户的阅读习惯和属性特征主动推送内容。

(三)产品功能后续创新能力不足

"澎湃新闻"客户端作为一款严肃新闻的移动平台产品,不能要求像一般的互联网产品那样的迭代速度,但是"澎湃新闻"开发团队也应该及时吸收用户的反馈意见,从用户的细微需求出发,以最简单、最实用的方式开发实现,从而不断"微"创新,效果累加成完善产品。

(作者单位:中国传媒大学新闻学院)

摘编自《新闻研究导刊》2014 年第 12 期

基于中国知网文献计量与阅读的国内手机出版研究分析

王 军

本文通过对手机出版研究的相关文献进行文献计量分析,试图展示文献的增长、著者、来源期刊、关键词等方面的演化、分布规律,揭示研究的现状、热点,并通过文献阅读力求在主题总结的基础上找到其不足,并给出研究建议。

一、数据来源与研究方法

为保证查全率和查准率,本文针对 CNKI 收录的全部期刊进行初步试检索,发现我国第一篇手机出版研究论文出现在2005年。故最终将所检文献发表时间范围限定在2005～2012年,以"篇名"和"关键词"为检索入口,选择检索词"手机出版",针对"篇名"含有或"关键词"含有实施高级检索,精确匹配。实施检索的时间为2013年11月20日。结果得到95篇文献。经过人工干预,剔除报道性、声明等干扰文献后,实得85篇可靠文献记录。

针对这85篇文献,运用EXCEL软件工具和文献计量学的方法,对文献增长、著作者、来源期刊、关键词等加以统计分析,并选择有代表性的文献采用文献阅读法实施全文阅读,意在探寻手机出版研究方面的基本现状、存在的问题和未来应加强的地方。

二、统计与分析

(一)文献增长分析

分析某一研究主题领域的发文量和文献增长情况,可以了解这一专题领域的研究水平和研究方向。2006年、2007年和2008年发文量分别为2篇、6篇和6篇。统计可见,这四年发文量均为个位数,总量为15篇,占总文献量的17.65%。因此,2005～2008年这段时间可以看作是手机出版研究的准备阶段或积累阶段:伴随着业界的初试牛刀,学界也在小心翼翼地观察、探寻和总结,对此的反应速度还是很快的,但毕竟生产实践发展的不完备必然限制了研究的进度、广度和深度。

2009年文献数量一下上升至两位数,达到16篇,接着连续两年发文量分别为23篇和25篇。这三年是手机出版研究爆发式增长阶段,发文总量为64篇,占总文献数目的75.29%。但是2012年文献数量突然下降至个位数,仅为6篇。本文通过对从研究爆发到归于平静的这几年所发表的文献进行关键词统计分析并全文阅读后发现,研究爆发期的研究主题集中在手机出版引介、传统出版对接手机出版、手机出版问题对策式宏观讨论等方面。类似主题发文量较大,这符合科研热点突发期的主题聚焦和高刊发规律。2012年在热点导入期过后,必然转入科研冷静期和深入发展期,反映在发文主题和数量上集中表现为往年讨论过的问题不再被刊发以及思考深入需要积淀导致的篇数下滑。

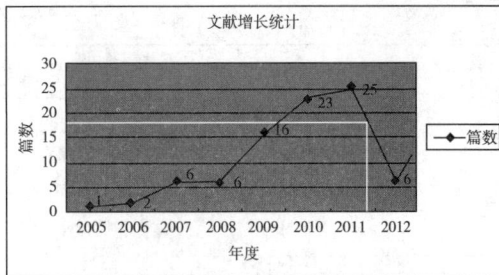

图1 2005～2012年文献增长统计
注:2013年入库文献不全,故暂未完全统计。

(二)著者分析

统计发现,检索得到的85篇文献记录共涉及113名作者(含合著者)。发表3篇及以上的作者没有。发表1篇的论文作者共有105名,占总作者的92.92%,占了绝大多数。发表2篇论文的作者(含第二作者)共有8人(见表1),占总作者量的7.08%,发表论文共16篇,占总篇数的18.82%,根据"核心作者应该完成所有专业论文总和的一半"的普赖斯定律,16篇这一数目远远达不到总文献数量的一半。这说明高产作者没有出现,难以形成核心作者群,绝大多数作者都是抓住热点,虚晃一枪,没能持续、深入地加以关注和研究。

表1 发文量为2篇的作者(含第二作者身份)统计

作者	发文量	作者	发文量
樊丽	2	曹海峰	2
莫林虎	2	李润权	2
刘一霖	2	高云鹏	2
江翠平	2	王亚男	2

文献正被引频次反映了文献的影响力和被社会认可程度。经过统计和阅读分析发现,文献被正引频次超过10次以上的作者共有17人次(含合著者)(见表2),涉及14篇文献。

(三)发文机构分析

本文统计了发文量2篇及以上的作者所在机构(见表3),结果发现除一家来自业界(高等教育出版社)和一家研究院外,其余均是高等院校。

(四)来源期刊分析

统计表明,处于核心区的《中国出版》《出版发行研究》《编辑之友》是手机出版研究领域的中心期刊,手机出版研究已经成功起步。

表 2 被引频次在 10 次以上的作者统计

序号	作者	被引频次	序号	作者	被引频次
1	匡文波	25	8	叶芝慧,张志林	16
2	郝振省	23	9	何明星	15
3	莫林虎、王一	20	10	吴道友	14
4	穆青	20	11	李镜镜,张志强	13
5	陈磊	19	12	曾倩雯	12
6	毕昱	19	13	惠天灵	12
7	王燕青	17	14	蒋海鸥	11

表 3 发文 2 篇及以上的机构统计

序号	发文机构	发文数	序号	发文机构	发文数
1	上海理工大学	5	10	北京京师弘博文化教育研究院	2
2	浙江工商大学	4	11	济南大学	2
3	华中师范大学	3	12	高等教育出版社	2
4	重庆邮电大学	3	13	华中科技大学	2
5	四川大学	3	14	浙江万里学院	2
6	武汉理工大学	3	15	黑龙江大学	2
7	北京印刷学院	3	16	中央财经大学	2
8	中国传媒大学	3	17	苏州大学	2
9	渤海大学	2	18	福建师范大学	2

表 4 手机出版研究成果来源期刊离散分布

	期刊种数	占比	载文量	占比	发文数/期刊
核心区	3	7.5%	32	37.65%	8 篇及以上
相关区	9	22.5%	26	30.59%	2~7 篇
非相关区	28	70%	27	31.76%	1 篇

为了更好地体现来源期刊情况,本文统计了发文量在 2 篇及以上的期刊(见表 5),共 12 种,共载文 59 篇,占总文献数量的 69.41%。这些期刊中有 7 种属于 CSSCI 来源期刊,占比 58.34%。处于中心区的三种期刊《中国出版》《出版发行研究》《编辑之友》均为

CSSCI 来源期刊,共载文 32 篇,占总文献量的 37.65%。这些期刊除了陕西师范大学学报(哲社版)属于综合性大学学报刊物,出版类期刊有 9 种,新闻类 2 种。说明关注手机出版研究的学者高度集中在出版学界,研究成果得到较高认可。

表5 载文量在2篇及以上的来源期刊统计

序号	来源期刊	载文量	CSSCI	序号	来源期刊	载文量	CSSCI
1	中国出版	14	是	7	出版与印刷	3	否
2	出版发行研究	10	是	8	新闻世界	3	否
3	编辑之友	8	是	9	现代出版	3	是
4	出版参考	6	否	10	出版广角	2	否
5	科技与出版	3	是	11	新闻爱好者	2	否
6	中国编辑	3	是	12	陕西师范大学学报（哲社版）	2	是

（五）关键词和文献主题分析

文献的关键词揭示了文献的主要内容，能够反映文献的研究主题。一般采用词频分析法来加以分析，即利用能够揭示或表达文献核心内容的关键词或主题词在某一研究领域文献中出现的频次高低来确定该领域的研究热点和发展动向。利用这种方法可以大致了解某一领域的研究热点。

本文对85篇文献出现的所有关键词进行了统计。为了准确起见，通过同义词、近义词合并处理，得到39个（组）关键词（见表6）。统计发现，手机出版初探，传统出版（含期刊出版）对接手机出版，手机出版的产业模式、发展对策，手机出版版权、著作权问题等成为大家关注的热点，其他如手机阅读、技术、学习和文化等也有涉及。可以发现，研究触及手机出版的介绍和产业想象、产业发展和商业模式、内容生产、版权、现状、问题与对策等方面，大多切中现实实用性问题。

表6 文献关键词频次统计

关键词	频次	关键词	频次	关键词	频次	关键词	频次
手机出版	50	长尾理论	2	手机文化	1	编辑	1
3G(3G时代)	8	产业链	2	发展	1	"三网融合"	1
数字出版	5	手机媒体（第五媒体）	2	互利	1	手机电子杂志	1
对策	4	运营模式（营运模式）	2	内容生产	1	数字版权保护技术	1
传统出版	4	付费阅读（付费订阅）	2	问题	1	手机媒体经营	1
赢利模式	4	I—MODE	1	顾客价值	1	通讯技术	1
内容提供商	3	手机动漫	1	市场细分	1	手机用户	1
学术期刊	3	运营商	1	碎片式阅读	1	知识拼图	1
移动互联网	2	移动学习	1	著作权	1	互联网出版	1
版权	2	产业现状	1	手机短信	1		

为更好更准确地揭示文献主题，本文进一步按照上文划分的手机出版研究的三个阶段，分别对照原文文献进行全文阅读。发现：准备孕育阶段主要探讨的话题涉及手机出版的引介、手机出版的现状、问题和

未来对策、手机出版著作权保护、手机出版产业链、日韩手机出版状况等,其实仍旧在手机出版引介及其现状、问题等上面打转转;爆发阶段涵盖主题主要包括传统出版如何对接手机出版、手机出版的现状和发展对策、手机出版产业发展、手机出版版权问题、手机出版质量与编辑问题、手机出版受众分析和社会影响等,研究主题明显有继承也有开拓,研究范围得以拓展和发散,反映了研究者研究思维的延续、扩散与深入;稳定发展阶段的文献主题主要是关切手机出版的创新、手机出版的发展战略等方面,说明研究者的目光开始集聚在手机出版的进一步发展问题,不再仅仅停留在现象描述和表层"应然"思考上。研究主题体现出逐步深化的规律。

三、存在问题与建议

(一)作者来源分布过于集中于高校,实务性研究较少,且研究缺乏持续性

统计发现,85篇论文中75篇来自高校,来自研究机构、出版社和运营公司的仅10篇。这说明研究力量来源分布不合理,出版业务和技术方面的研究较少,这和研究者多来自高校有关。并且这些文献的作者重复率很低,又说明对手机出版的关注缺乏持续性,研究不可能深入。高校固然是研究的中坚,但受限于远离操作层面,容易造成理论与实践脱节、研究表层化、缺乏准确性等现象。缺少来自业界的思考与回应,又难以形成操作和理论思考互动的局面,碰撞不出思想的火花。因而需要加强"产、学、研、用"的结合,努力创造条件让他们融合与相互推动,业界探索与总结,高校研究予以相对独立的归纳与升华,但不要被业界牵着鼻子走,"术"与"学"应争取最佳结合。

(二)研究同质化现象严重

手机出版研究中,主题重复率比较高。据本文粗略统计,针对手机出版现状、问题、发展对策等方面的文献足足有25篇之多,占总文献量的29.41%,传统出版(含期刊、传统媒体)对接手机出版的研究文献15篇,占总文献量的17.65%。这两方面的文献量加总几乎占了总文献量的50%。其他研究方向上也有很多重复,如版权、著作权问题等。这说明在研究向度上"撞车"现象严重,研究主题分布不合理,也反映了作为一种新的出版形式,手机出版和别的新事物研究一样,被关注伊始热点过于集中的必然性。解决这方面问题还是需要走出学斋,走向业界,多关注现实问题,把产业发展、技术创新、内容生产、阅读体验等方面的需要引进研究视野,并且发挥学界理性思维优势,为手机出版业的发展创造更有价值的新思想、新理念。

(三)"应然"式应用研究较多,较少见到富于价值创造的思维成果

手机出版毕竟是一种新应用,多些应用方面的研究可以理解,也需要。但是通过对文献全文阅读发现,大多"应用型"研究流于抽象而宏观的应该如何、应对策略等"应然"式研究,具体实用性并不强。文献结构模式一般属于鲜明的"三段论":手机出版是什么、某方面存在问题分析、如何发展的对策。这种"浅层次"的思考难言实用价值,富于创造价值的文献不多见。

(作者单位:南京大学)

摘编自《中国出版》2014年2月上

3G手机媒体与传统媒体比较及发展探析

赵桐羽

一、传统媒体和网络媒体概述

(一)传统媒体和网络媒体的概念

网络媒体是指建立在计算机信息处理技术和互联网基础之上,发挥传播功能的媒介总和,除了具有报纸、广播、电视等传统媒体的功能外,还具有交互、即时、延展和融合的新特征。传统媒体是指报纸、杂志、书籍等印刷媒体和广播、电影、电视等电子媒体。

(二)传统媒体和网络媒体的特点

(1)与传统媒体相比,网络媒体具有更强的时效

性。网络媒体发挥自身优势报道及时、互动快捷,尤其应对突发事件更能抢占先机。

(2)网络媒体有更加强大的信息存储能力,这是传统媒体无法承载的。

(3)从传播模式上来看,传统媒体的传播模式基本上是点对面的,传者较为主动,受众较为被动;网络媒体的传播模式是点对点(一个点对一个点或者多个点、多个点对一个点或者多个点)的,且是双向互动的,受众可以在线上及时参与新闻的报道与评论。

(4)传统媒体,如广播、电视,是线性传播信息的。网络媒体克服了传统媒体这些困扰,通过线上搜索,可以快捷找到过往的详细报道。

(5)与传统媒体相比,网络媒体具有结构超文本性。网络媒体可谓是整合了传统媒体各自的特点与优势,实现了纸媒报道的深度、电媒视听的便捷与感染力等一体化的结合。

二、手机媒体的形成与发展

(一)"第五媒体"——手机媒体的概念

当前中国电信行业已由3G时代延伸到4G时代。4G是第四代无线技术的缩写,它是宽带移动通信阶段,是继3G后的另一个阶段。3G、4G技术的发展推动"第五媒体"的兴起。"第五媒体",指的是手机媒体,是以承载移动互联网的个性化传播信息平台和视听终端。手机媒体作为第四媒体"网络媒体"的延伸,具有收发信息更为快捷方便、互动性强等特点,传播目标更为分众化、传播效果定向性强的传播媒介。随着移动通信及数字多媒体技术的不断发展,手机、平板电脑等移动终端在读报、收听广播、人际传递讯息、移动电视、移动网站等多种业务研发推广过程中,内容丰富多样,功能愈加强大,受众群体越来越多。

(二)手机媒体的传播特点

3G时代,手机媒体与互联网通讯技术相结合,极大地发挥自身优势、拓展应用范围,俨然已经成为个性化与大众化的多媒体移动智能终端,及时有效满足受众对多方面信息的需求,丰富人们的生活娱乐方式,并改变着人们对报纸、广播、电视等传统媒体的依赖。

手机媒体作为"第五媒体",与传统媒体相比,其信息传播方式更加自由化,人人都可以通过手机媒体将自己身边发生的事情与外界共享,并及时掌握、关注事件最新发展动态,自由表达意见、建议;其传播功能更加全面和人性化,如网购手机终端特有的条形码"扫一扫"功能、社交平台交友时的"摇一摇"功能、电子钱包"刷一刷"功能等;其传授双方互动性强,受众直接参与虚拟平台传播讨论一些重大事件、热点话题,极大提高用户的参与度与信息的反馈效果。

三、手机媒体与传统媒体、网络媒体的比较

在如今我们生活的时代里,这三种媒体基本上覆盖了我们的传播与被传播的领域。三种媒体都以各自不同的功能满足着受众的总体信息需求。

传统媒体依靠庞大的传播网络、权威的传播地位、较高的媒介公信力,以媒体为中心进行传播,依然在媒体领域占据着非常重要的位置,目前来看,仍然是处在了"龙头"位子,但受到了来自网络媒体和手机媒体强有力的冲击。

网络媒体为传统媒体覆盖了许多"盲点",使受众转化成了自由的传播者,去除了传统媒体的"中心化",让受众能随时随地地了解所需的信息。其良好的延展性、即时性,为受众提供了良好的平台,以致让很多人都形成这样一个观点:网络媒体终有一天要取代传统媒体,而传统媒体终将被"淘汰"。

手机媒体作为新媒体,发展迅猛。以手机为媒介的出版物多达上百种,但有一点我们却不能忽视,手机媒体的内容很大程度依托于互联网,这就和网络媒体站在了同一条船上。对于这一"24小时不离身、坐在马桶上都可以看新闻"的媒体,亦有自己的"鸡肋之困",这就是上面所说的手机媒体面临的一个"死穴"——内容同质化。

四、手机媒体的发展趋势

(一)手机媒体面对的机遇与挑战

1. 手机媒体遇到的机遇

随着手机媒体的形式与内容的不断丰富,手机媒体的生态环境也将受到影响,从而为手机媒体的发展提供难得的机遇。其遇到的机遇可概括为四个方面:第一,多媒体在移动宽带化背景下成为手机等移动终端媒体的主要表现形式。高速的宽带让手机突破了网络瓶颈,使得手机能接收图片、文字、音频、视频等,这些功能非常吸引用户,使得用户认同手机媒体,从而获得市场。第二,移动网络IP促进了手机媒体与固定互联网媒体的融合。最成功的例子就是目前流行的 WCDMA 网络。它让手机媒体也能拥有传统媒体的一些功能,实现与传统媒体之间的融合。第三,手机媒体特有的终端智能化使其成为信息和知识分享的良好平台。智能终端最大的优势在于强大的无线互联通信功能和多媒体视听功能。手机在拥有了这些功能后,可如同电脑一般,"手机电脑化"似乎会成为一种趋势。第四,按流量计费的方式适于手机媒体使用的生态环境。早前,2G 时代的手机是按时进行收费的,这限制了 SP(内容提供商)和 CP(服务提供商),使二者很难参与分成。但自从 3G 的到来改成了按流量收费后,不仅让用户增加了对多媒体业务的运用,也让 SP 和 CP 能够分成了,使得许多在互联网上的免费业务为移动互联网带来收益颇丰。

2. 手机媒体面对的挑战

虽然手机媒体凭借科学技术的进步拥有可观的发展前景,但我们也必须看到手机作为媒体所欠缺的方面。第一,受众群体仍比较狭窄。使用移动终端收发信息的受众大多为经济基础好、知识水平高的年轻群体,而这在一定程度上限制了信息的广泛传播。第二,虽然现代社会基本人人手中一部手机,但真正通过手机获取资讯的人并不是非常多,将手机作为获得资讯的第一目标也并没有成为一种习惯。第三,传播内容同质化严重。这是因为手机上的咨讯主要依靠的仍然是传统媒体和网络媒体上的消息,缺乏创意,导致了手机内容的死板。

(二)手机媒体的发展趋势

1. 手机上网用户群体日益庞大

我国是个人口大国,受众群体是庞大的,对信息的需求度是极高的。根据中国互联网络信息中心(CNNIC)的数据显示,2012 年国内互联网普及率为 42.1%,网民规模达到 5.64 亿,手机网民规模为 4.20 亿,网民中使用手机上网的用户占比由上年底的 69.3% 提升至 74.5%。手机用户迅速增长,其发展与速率已超过作为第四媒体的互联网。与此同时,在我国使用手机获取新闻消息的人数已经超过通过纸媒获取的人数,而且使用如微信、手机 QQ 等即时通讯软件传递消息的方式逐步超过 E - mail 等。

2. 手机上网应用更加深入多元

手机网民数量持续增高的同时,各手机应用的使用频率也呈上升态势,应用程度也不断深入。3G 移动互联网时代,手机网民用户除了可以使用即时通讯、移动终端阅读、移动终端视频功能外,还可以拓展到电子商务等对网络环境与终端性能要求较高的应用。手机应用程序类别的多元和使用程度的深入,与手机性能的提升和新媒体技术的发展息息相关。一方面,手机的便携性与通讯的及时性,迎合手机用户随时随地上网的需求;另一方面,多种应用程序的设计研发、移动互联网速率的提升为手机用户带来全新的操作体验与贴近生活的应用服务,增强了用户粘度。

3. 手机媒体商业价值显现

手机用户使用移动互联网应用的同时,各类应用软件填充着用户碎片化的时间,移动互联网也在悄然改变着手机用户的生活方式并逐渐成为生活常态。比如,手机微博、微信等社交平台的推出,改变了部分受众获取信息和人际交往的方式;手机游戏、书籍杂志、视频等应用,改变着人们休闲娱乐的方式;移动终端购物与手机网银支付给消费者带来全新的购物与便捷的支付体验等。庞大的用户技术与深刻的生活介入,无不显现移动互联网产品的巨大商业价值。电子商务与生活信息类服务,已经带给移动媒体丰厚的利润。此外,GPS 导航与手机定位功能为精准广告营销与产品信息推送提供便利,借助移动终端的便携性、即时性的特点,研发个性化、贴近受众生活的服务信息可为企业带来新的商业增长点。

目前为止,纸质刊物(包括报纸、期刊杂志、图书等)、广播节目、电视节目等传统媒体的出版物、收视收听率所占比重是最大的,其中我国的图书出版规模已居世界第一。但自互联网进入我国,网络媒体强势迅猛发展,使得传统媒体产品受到了较大的冲击。网络出版物在传媒行业刮起了一阵"飓风",大有取代传统媒体出版物之势。而如今,随着 3G 时代的到来,手机媒体凭借着数字技术,产生的手机出版引起了广泛关注,并迅速占领了自己的出版市场。

(作者单位:陕西师范大学新闻与传播学院)
摘编自《东南传播》2014 年第 1 期

APP 的媒介使命演变

邓逸钰

一、APP："媒介即讯息"的写照

加拿大著名传播学家麦克卢汉曾提出"媒介即讯息"的著名观点。他认为媒介的变迁在漫长的人类社会发展中产生了不可估量的影响，"真正有价值的讯息不是各个时代的具体传播内容，而是这个时代所使用的传播工具的性质及其开创的可能性"。以移动智能媒体为平台的 APP（英文 application program 的简称，即客户端应用程序）的开发和普及应用，让越来越多关注的目光投向了这种新媒体时代最火热的应用程序，APP 在从传播方式和传播内容上呈现出了全新的媒介形态。

首先，在传播方式上，正如麦克卢汉所言："任何媒介（即人的延伸）对任何个人和社会的影响，都是由于新的尺度产生的，我们的任何一种延伸（或曰任何一种新技术），都要在我们的事务中引进一种新的尺度。"显然，这种"尺度"已经在移动媒体的 APP 应用中得以印证。手机的自主性、互动性则让这个"尺度"更为明确，在任意时间、任意地点，人们通过触摸或按键点击 APP 进入信息通道，获取信息、传播信息。以往输入网址、打开页面的模式都被这种简单、统一的方式所取代，无论是门户网站还是社交媒体，都变身成为这一款样式统一的小图标。APP 成为了一种新的媒体应用方式，也变成了这个传播时代的新标准。人们在媒介演变中，逐渐适应并大举应用起 APP 模式。

再者，从传播内容上来看，麦克卢汉认为一种新媒介的出现总是意味着人的能力获得一次新的延伸，从而带来传播内容的变化。APP 这种新模式意味着新的社会内容诞生。正如电影成为电视的内容，视频成为网络的内容一般，新媒体时代的众多媒介也成为了 APP 的内容。微博、微信、播客、博客等媒介在与 APP 的相互作用中，产生自己应有的功能，实现了这二者间更大的价值。

并且，APP 的开发技术很容易掌握，无论个人或是企业都表现出空前的开发积极性，层出不穷的 APP 也极大的满足了用户个性化的需求。需求与开发在这个开放自由的平台下相互促进，传播内容的广度和深度被开拓。用户在面对无限的选择时，更容易获取自己真正想要的应用产品。以往看似需求极低的产品应用，在 APP 的开发中满足了"长尾"所涵盖的更多需求。APP 的市场提供了足够宽广的展示平台，长尾在这里产生了极大的效应，媒介内容更个性、更广泛。

二、APP 与云技术共筑美好未来

APP 这个革命性的新媒介，遇到了云技术，其媒介使命发生转变，它们将携手开启一片广阔的天地，等待用户探索与感受的将是一个智慧型的美好未来。

（一）通过 APP 走向云端

"云"是当前一个热门的技术名词，它改变了互联网的技术基础，让全球 IT 产业经历着一场声势浩大的"云"浪潮。"云"对信息传播中的各个环节都产生影响。

对媒体而言，"云"的出现使得人们可以运用移动媒体直接通过网络应用，从这些大型公司搭建的存储、运算中心里获取硬件、软件、平台等资源。与以往不同的是，"云"将高强度的计算功能和大规模的数据存储功能转移到了服务器端，降低了移动终端的处理需求，进而加强了其交互功能和服务需求。在面对复杂的处理工作时，客户终端不需要强大的运算能力一样可以响应来自用户的任何操作。通过 APP 进入的将是一个能力无穷的云世界。

对用户来说，"云"秉承着"按需服务"的核心理念，实现了为用户搜索、储存、计算和推送等工作。它可以实现资源的自动化管理和配置，能完成海量数据的处理，极大的提高了资源利用效率和互动能力。在大数据时代中"云计算"使得用户获取信息的成本降低、效率提升、灵活性增强，这一服务对人类社会的发展意义非常重大。由此，APP 的服务特性将再次升级，人性化、智能化会是 APP 的基本属性。无论作为一种技术还是一种服务理念，"云"和互联网的结合将促使移动互联网服务走向更巨大的发展空间。

（二）APP加云开启智慧空间

"云"将新媒体时代的一切应用与技术凝聚在其中,大放异彩。APP作为一个入口,就像是一个超级链接,连接互联网上任何一个节点,在远程服务器上进行应用的实施。而这些应用也在云技术构建的巨大虚拟空间中得以全面展现,并不断提升。可以说这种关系模式使得云和APP相得益彰,促使APP的智能化特征更为显著,并为更多的人性化服务创造了可能。

这种优势首先体现在了各类移动终端服务中。APP越来越受欢迎的原因之一在于它的应用内容极具针对性。有数据显示:"2012年美国的iPhone用户平均每天使用APP的时间约为127分钟,这基本是人们花费在网络上时间的两倍。"网络具有超强的信息搜寻能力,而APP却能在云技术的支持下将海量信息分类、过滤。在一个信息满负荷的时代,信息的分类处理、按需提供远比信息的搜寻汇聚更加重要。APP的"一触即用"不仅免去了打开浏览器、输入网址、点击链接等繁琐步骤,还避免了无关信息出现在用户的搜索结果中,使用效率得以提升。APP的使用便捷,针对性强,用户在网页与其之间做出取舍是很容易的。

其次,APP与云的结合打破了时空限制,赋予了媒介以新的属性和面貌,驱动了多领域的未来发展。当前移动终端的多样化,如智能手机、平板电脑等的普及运用也催生出移动应用的一个重要属性——无缝连接。据国内大型视频网站优酷网的数据呈现,中国网民数量中有80%左右的人使用移动终端APP进行视频的收看。无论是利用碎片化时间还是一部电影的长时间,通过手机的播放量已经接近总播放量的40%,移动终端的用户数量很快就要超过PC用户。"无缝连接"使内容、形式通过云端出现在任何地点、任何时间、任何形式的终端上。整个技术在云端控制完成,用户通过APP可以完整的体验连续性服务,在各媒介平台之间自如转换。苹果公司发布的iCloud云服务,就是这样一个能在苹果设备间实现无缝对接的服务平台。这项革命性的技术应用,为用户带来了更智能、更人性的服务。

云技术对新媒体的发展起着不可估量的作用,它也给用户带来了前所未有的媒介体验。云时代,APP作为虚拟世界的一大主要入口,带领着用户在云端畅游,实践着更好为人类社会服务的目的,让越来越多人享受着智慧生活的便捷和乐趣。

三、APP在虚拟社会发展中的作用

云技术将APP再度虚拟化,它们的结合从根本上实现了媒介朝着人性化进化的趋势。同时APP也通过云将人类世界带入一个智能化程度更高的虚拟世界。自然与虚拟的界限逐渐消弭,虚拟社会中APP的功能特性也将转变。

（一）APP将在虚拟社会中完成历史使命

虚拟社会的发展过程中,APP会演化成为一个智能端口,发展到下一阶段甚至会逐步消失在媒介进程中。随着信息技术的发展,一切曾经只在科幻电影中畅想的奇特场景和智能产品,如今一一成为了现实。互联网的开放、巨大的云空间、数据资源之间互联互通、人工智能普及应用等条件都为智能化生活创造了可能。各种数据变得更加容易被理解,机器也愈加智能,人们甚至不需要动手就能让机器为你代劳,如同谷歌眼镜（Google Project Glass）只要眨眨眼就能拍照上传、收发短信、查询天气路况,谷歌较为成熟的语音技术也能对眼镜实施具体的控制。技术解放了人的双手,在智能时代真正做到"想你所想"。

（二）虚拟社会延续APP时代的特性

可以说云技术是虚拟社会发展壮大的基础和条件,基于多种技术构建的虚拟社会,秉承了"云"超强的需求应对能力。云时代,每一个APP的背后对应着的是一个偌大的虚拟环境,这个环境可以实现范围更广阔、需求更个性、反应更迅速、资源更全面的一切应用要求。这一个个由APP对应的虚拟空间,成为了整个虚拟社会构建的分子,当这些分子之间产生关联逐一连接,便形成了一个巨大的虚拟社会结构。

在虚拟社会中,智能平台将建立起用户的个性模型,并且这种满足个性需求的能力会成为虚拟社会的基本特性,在新的生活模式中完成人们更多的个性化要求。使每个人构建的属于自己的虚拟社会空间,具有鲜明的用户个性特征,从而进一步兑现人性化趋势的进化。

（三）虚拟与现实交互融合

"第二人生"（Second Life）这个全球最大的虚拟世界游戏,曾是人类畅想开启虚拟人生的重要尝试和突破。

而今天,虚拟社会的构建已不仅仅在一款网络游戏中进行,现实社会正在开启虚拟模式。人类的行为方式、思维方式正受着技术的影响而悄然改变:"个人和集体的能力趋于平衡,全球性和地方性的互动地带既是虚拟的,又是真实的。"虚拟与现实之间的交互融合,已成为人类社会发展的必然走向。人类社会已经进入了高度文明的发展阶段,而今天我们构建的虚拟社会还处在初级阶段,甚至可以说是虚拟社会的原始阶段。APP正是我们迈向虚拟社会的第一步,"它既作为新媒体时代的一个界碑,同时又成为下一个变革阶段的起点,这种前所未有的整合性、集成性和改进性,注定使其成为新媒体时代能够影响全局走向的重要因子。"APP拓展了人类的社会空间,其功劳不可

小觑。

在人类历史不断发展的每一个重要里程碑上,我们都看到了技术留下的印记,新技术的革新带来社会进程的推动力,也给人类社会的进化带来了希望,技术实现了人类一个又一个梦想,而虚拟社会塑造的梦幻人生终将迎来完美呈现。人们期待也在推进虚拟社会朝着未来高速前进,尽快实现虚拟社会的高度文明。

(作者单位:北京印刷学院)
原载《现代传播》2014年3期

信 息 技 术

国内图书馆联盟云计算服务研究现状与问题分析

单 伟 陈淑平

一、国内图书馆联盟云计算服务研究的结论

虽然我国图书馆界对云服务的研究晚于国外,在图书馆联盟与云计算结合方面的实践也晚于国外,但近几年我国图书馆界也开始密切关注云服务,并开展了一些有价值的理论研究和实践尝试,由于云计算还处于应用的初级阶段,故对基于云计算的图书馆知识服务研究也处于起步阶段,研究还存在一些不足,通过上述文献分析,我们可以看到,国内图书馆联盟云计算的研究具有以下几方面特点:

(1)相对于图书馆与云计算结合的大量文献,图书馆联盟云计算研究的论文数量不算多,虽然在持续增长,但增长的趋势不算显著,这并不能说明该领域的研究不具有持续研究的价值,而是在前期图书馆与云计算研究的基础上,图书馆联盟云计算的研究更加务实,注重关键问题的探讨,对服务模式、服务平台构建进行较深入的研究,这是构建图书馆联盟云服务不可逾越的关键问题,也是未来尤其需要深入研究的问题。

(2)图书馆联盟云计算的研究已经形成初步的研究体系,从基础理论,包括必要性、优势、存在问题、发展前景,到应用研究,包括平台构建、模式,再到实

证分析,包括Calis、湖北省、吉林省、辽宁省等几个图书馆联盟云计算的实际案例分析,云计算在图书馆联盟建设中的价值已经在实践中得到了印证,只有理论与实践相结合,才能真正体现研究的意义。然而,还缺少对理论与实践的评估体系的研究。

(3)对图书馆联盟云计算的案例分析,包括湖北省、吉林省、辽宁省、江西省、安徽省等几个图书馆联盟云计算的实际案例,我们发现,目前大多数图书馆联盟是通过本地云平台(私有云)构建自己的图书馆联盟云平台的,这保障了联盟内部信息资源的安全性,但私有云在实践上还面临大量的技术难题和工程问题,不利于以后联盟之间的信息合作,相对于公有云也需要投入较大的资金和人力去进行云系统的使用和维护,公有云的数据安全问题是导致这一情况的主要原因。

(4)缺少对利用云计算对图书馆联盟内数字资源进行数据挖掘的研究,目前图书馆联盟的云服务大多数只是显性知识的整合共享,缺乏对隐性知识和网络灰色文献进行整合和深度挖掘并转化成显性知识的研究,在提倡个性化服务的数字图书馆建设中,基于云计算的数据挖掘应该成为图书馆联盟云服务建设的创新点。

二、促进图书馆联盟云服务跨越发展的几个重要问题

从前面文献分析，我们能够看出，从理论研究到实践应用，图书馆联盟云计算服务已经迈出了坚实的起步，取得了不错的成绩，虽然云计算在信息资源共享中具有切实的可行性，但要进一步发展，仍然存在着几方面不可逾越的问题，也是未来图书馆联盟云计算服务研究有待深入研究的重点问题：

（一）共享及标准问题

云计算虽然在商界有了一些成功的案例，但云计算领域仍然一直没有统一的标准，也没有合适的云计算网络协议与规范的规章制度。

俗话说"没有规矩，不成方圆"，图书馆间要协调并有效地形成图书馆云计算联盟，进而组成统一、开放的云服务环境，必须在云计算图书馆联盟的架构中在协议和标准的选择上达成共识，然而，目前各种类型的图书馆发展水平参差不一，在实行信息共享联盟的区域内，每个图书馆的服务器的配置与所使用的服务器的操作系统都不尽相同，这就在现实上决定了它们对未来面临的问题及需要会完全地不同。构建云计算下的图书馆联盟，从技术的角度来看，是一个协议与标准的问题，在信息社会大的云计算环境下，云计算图书馆间也许只需一个端口就将可以快捷、方便地获取和共享联盟中的任何资源或服务。

（二）信息资源的安全问题

云计算作为一门新技术，本身也存在一些问题，数字图书馆将数字资源转移到云端，一个最大的挑战是数据安全问题。关于云计算的安全问题，主要有三个方面：①突发性的安全问题。即自然灾害、电力中断、系统崩溃以及病毒、黑客入侵等可能造成的系统、资源安全问题。②资源、系统本身的管理安全问题。

云存储服务的提供者大多属于商业性质的机构，其本身的信用就让人怀疑，图书馆的数据、程序都不在本馆的服务器上怎么保证今后这个"云"还存在？虽然云本身的超大存储容量和高扩展性保证了数字资源的存储和备份，但是，由于云是虚拟的，用户本身不知道数据存储的具体位置，同时也不知道数据有多少个副本，这样容易造成数据泄密问题。目前大多数图书馆是通过本地云平台（私有云）构建自己的数字图书馆云平台的。③技术锁定的风险。相互竞争的服务提供商会为竞争或垄断而采用互不兼容的标准与格式。当图书馆要把资源或服务从一个云转移到另一个云，放弃原服务提供商时，就将遭遇到技术锁定的风险。数据或服务的转移，在此时将真正成为一件并非能轻而易举地完成的事情。

（三）数字资源版权问题

云计算是一个自由与开放的数字服务空间环境，加入云计算联盟的图书馆可以共享或共用彼此间的各种资源或服务，各图书馆可以像使用本馆资源或服务一样使用它馆的资源或服务，彻底实现真正意义上的共建、共享，而这将极大地提高资源或服务的使用效率，但也可能带来更为复杂的数字资源版权问题。图书馆购买使用云计算服务后，将其资源放在云端，由云计算服务商托管这些数据，云计算服务商采取任何方式对这些数据进行的整合、挖掘等利用行为，将不可避免地产生知识产权纠纷，这些产品知识产权的界定将成为新的问题。因此，图书馆界在发展与创建云联盟的过程中，要特别重视对云计算下的知识产权保护问题的研究与探讨，积极寻找切实可行、多方共赢的问题解决方案。

（作者单位：燕山大学图书馆）
摘编自《现代情报》2014年第11期

论数字出版业的信息咨询云服务

刘灿姣　叶翠

一、数字出版业信息咨询云服务界定

数字出版业开展信息咨询云服务是出版业面对数字时代挑战而寻求转型的发展之道，本文所述数字出版业信息咨询云服务是指集国家数字出版基地云计算中心之势，构建云服务联盟平台，且在此基础上，整合数字出版业优质数字资源，面向数字出版基地，乃至数字出版业内外其他企业提供信息咨询服务。

云计算为数字出版技术带来了新的发展动力,云计算的应用可使传统出版企业未被充分开发利用的资源得到合理使用和共享,数字出版企业开展信息咨询云服务能节省开支,降低运行功耗。实际上,数字出版业信息咨询云服务可以看作是云环境下的一种新的数字出版方式。

二、数字出版业信息咨询云服务的开展

(一)前提:以国家数字出版基地为切入点构建云服务联盟

考虑到数字出版业信息咨询云服务需要架构一个安全可靠的云计算平台,以及目前我国数字出版基地已具有提供云计算支持的能力,本文特提出以国家数字出版基地为切入点构建云服务联盟,搭建出版界安全可靠的云服务平台。这是实现数字出版业信息咨询云服务的前提。以国家数字出版基地为切入点构建云服务联盟,是指整合目前已有的国家数字出版基地的云计算平台,形成一个强大的数字出版业内的云计算服务平台,实行由国家宏观统筹、各国家数字出版基地聚拢的"1 + N"模式。这样,一来可以节省云服务平台开发和建设的资本;二来可以充分利用国家数字出版基地已有的云计算资源优势;三来可以实现数字出版业信息资源的长期保存。在搭建云服务平台的基础上,再整合数字出版业内,尤其是国家数字出版基地内的信息资源,以国家数字出版基地内各企业为主要服务对象,并将服务辐射至出版业内其他企业及出版业外各企业。

(二)实施:整合业内优质数字资源落实信息咨询云服务

1. 构建特色化知识库,保证资源云供给

根据调查,目前我国出版业数字信息资源数据库的建设还处于较为落后的状况,这主要表现在两个方面:一是数字信息资源数据库建设比例不高;二是数据库收集贮存的数字信息量有限,事实上,出版企业积累了很多专、精、特的优质内容资源,具有巨大的传播价值,但是数字化程度不够,就无法适应云服务时代的要求,难以实现高效的数字出版业信息咨询云服务。因此,我们需要对出版企业的内容资源进行数字化深度开发和整合,构建特色化知识库,为数字出版业开展优质的信息咨询云服务储备丰富的、有价值的数字信息资源,保证对用户需要的云供给。

2. 培养核心竞争能力,避免服务同质化

毋庸置疑,云用户总是希望云服务提供商的服务质量上乘、价格低廉和信誉良好,并希望能够在不同的云服务商之间自由地免费转换。虽然目前云计算尚无统一的架构方案和服务标准,云服务项目之间的可替代性差,用户选择性受到限制,但是在云服务规模化发展后,信息资源共建共享的趋势终将带动云计算标准的统一。而云计算标准一旦统一,便会给各信息咨询服务商带来挑战,因为信息需求者可以不再受限于云计算标准,而是自由地选择性价比高的信息咨询服务商,这样一来,信息服务商之间的博弈在所难免。因此,着力培养数字出版业信息咨询云服务的核心竞争力,形成品牌优势,以区别于其他同类服务提供者,诸如图书馆、信息咨询公司等的服务模式,方能避免同质化恶性竞争,并脱颖而出。

(三)保障:完善服务机制保证信息咨询云服务顺利进行

1. 制定云服务联盟机制,平衡各方利益

为保证数字出版业信息咨询云服务的顺利进行,就必须确保国家数字出版基地云服务联盟的稳妥落地,这就涉及云服务联盟机制的制定。云服务联盟机制的有效制定是平衡国家各数字出版基地利益的基础和前提。具体而言,国家数字出版基地云服务联盟采取"政府统筹、共用平台、互用资源、独立经营"机制。政府统筹,是指由政府出面,集结国家各数字出版基地,设立一个统一管理协调机构,我们不妨称之为联盟协调委员会,由新闻出版广电总局相应负责人任主席,国家各数字出版基地主要负责人担任委员,对整合"云数据"进行服务带来的版权问题、合作服务问题等一系列事宜进行处理。共用平台,是指国家各数字出版基地共用云服务联盟平台,实现信息咨询服务,而平台的共用建立在共同出资构建的基础上。互用资源,是指在政府统筹的保障下,国家各数字出版基地可以在需要的时候通过合作约定向其他国家数字出版基地获取资源,约定中资源提供方向资源获取方收取一定费用。独立经营,是指国家各数字出版基地通过开展基于自身特色知识库的信息咨询服务,实现自营自收。

2. 健全数据维护机制,延伸健康产业链

数据是数字出版业信息咨询云服务的核心,其安全与否直接影响用户对其的选择,而事实上,云计算中心因其数据集中难免成为黑客的攻击目标。Gartner公司指出,云计算技术存在优先访问权、管理权限、数据处所、数据隔离、数据恢复、调查支持、长期发

展七大风险;2010 年,中国云计算联盟列出了云计算安全七宗罪:数据丢失/ 泄漏、共享技术漏洞、内奸、不安全的应用程序接口、没有正确运用云计算、未知的风险。因此,健全云服务联盟的数据维护机制势在必行。

云服务联盟的数据维护需要未雨绸缪,我们应从技术、行业自律、法律约束这三方面解决上述问题:首先,应在技术上不断创新,通过采取事先安全预防和安全警报机制对病毒侵袭进行监控,并拥有灾难处理和控制机制,而因不可抗力,如自然灾难、断电等引发的偶发性数据毁灭也应在云服务联盟数据维护的防范畴之列,及早制定数据灾难备份方案;其次,云服务联盟应在联盟协调委员会的管理下形成无形的约束力,使各自对其行为负责,联盟协调委员会有对联盟成员进行奖惩的权责;第三,有必要呼吁业内尽快完善相关法律法规,明确云环境下的用户隐私保护、知识版权保护等。只有在健全数据维护机制的基础上,才能延伸数字出版业的健康产业链——信息咨询云服务,让用户享受"放心云"服务。

3. 创新人才培养机制,保证人才配套供给

数字出版业信息咨询云服务是以云技术为保障和云团队为支撑的。云技术具有云时代的鲜明特征,为数字出版业信息咨询云服务提供技术保障;云团队是云时代的产物,为数字出版业信息咨询云服务提供人力支撑。伴随着云技术的发展,云服务人才需求也与时俱进。数字出版业信息咨询云服务提出了对复合应用型人才的需求,即要求云服务人才应具有多学科背景、信息搜集能力、分析整合能力、管理协调能力、灵活应变能力。具体地,信息咨询本身涉及的学科范围广,要求云服务人才具有多学科背景;信息搜集是信息咨询服务的基础,在信息搜集的基础上对信息进行分析整合才能贴合用户的信息需求;云服务联盟的多方参与,以及信息咨询服务过程中有向他方寻求帮助的必要性,要求云服务人才具有管理协调能力;面对当下用户多样化、个性化的信息需求,云服务人才势必得灵活应变。毫无疑问,传统的人才培养模式已不能适应当下数字出版业信息咨询云服务的人才需求,校企合作定制培养才能保证云服务顺利进行。实际操作中,以数字出版企业具体需求为导向,与高校签订人才定制培养合同,高校负责招生和教学,数字出版企业参与人才培养的全过程,进行监督和指导,最终由数字出版企业进行验收。这样的人才培养模式之下,才能人尽其用,实现高校培养出来的云服务人才与数字出版企业需求无缝对接,节约了社会资本。

(四)发展:拓宽服务模式巩固服务质量走可持续之路

1. 创新服务内容和方式,拓宽服务模式

数字出版业信息咨询云服务要谋求发展的途径之一是创新服务内容和方式。在云环境下,数字出版业信息咨询服务的内容和方式应与时俱进,利用当下的新技术,如二维码服务等内容,提供与各种终端无缝对接的一站式服务,满足用户随时随地获取信息的需求。

云时代,数字出版企业还可以为用户提供按需服务等增值服务,按照用户的需求,随时随地精准地推送信息和服务。数字出版业信息咨询云服务内容和方式应随着技术的发展、时代的进步不断创新,使服务模式得到拓宽,而不仅仅局限于已有的服务模式,这样才能使数字出版业信息咨询云服务可持续发展。

2. 重视业内外多元合作,巩固服务质量

另一个谋求数字出版业信息咨询云服务发展的途径,就是要通过重视业内外的多元化合作,对服务质量进行巩固。行业的发展离不开合作,闭门造车是无法实现可持续发展的。我们应通过业内外多元化合作突破数字出版业自身资源相对单一的瓶颈,实现信息咨询云服务的可持续发展。数字出版业内外的多元合作主要涉及数字出版企业间的合作、数字出版企业与数字出版企业外其他信息咨询服务单位的合作,值得一提的是,这其中还应包括数字出版企业与高校间的人才定制培养的合作。通过这种业内外的多元合作,能够促进数字出版企业与他方的资源合作,突破数字出版企业自身资源相对单一的瓶颈,提升信息咨询云服务能力,巩固信息咨询云服务质量。

(作者单位:中南大学数字出版系 湘潭大学公共管理学院)

摘编自《科技与出版》2014 年第 1 期

信息技术条件下的知识资源开发

沈水荣

一、知识存在规模化开发

传统技术条件下，一柜之中只能架起几百本书，一囊之内只能装载几十本书，一桌之上只能展开几本书，一掌之中只能翻阅一本书，读书只能一本一本地读。作品的分散存放、传播和使用，导致了原本应该紧密联系的知识之间相互隔离，影响了知识的使用效率。现代信息化技术条件下，经过规模化开发，方寸之间可以同时承载和传播几万、几十万甚至更多的作品，读者可以把成千上万本书捆绑到一起，作为一本书来读。不同作品之中知识的关联性大大增强，知识传播和使用效益大大提高。作品资源规模化开发的主要工作，就是通过解决著作权、寻找相关版本等工作，大量收集各种介质的作品，进行统一格式和标准的数字化并建成资源库，使其形成一定的规模。规模化不宜追求兼收并蓄、通吃天下（实际也做不到），而应当突出重点，按照一定的主题、知识体系、质量标准，比较系统完整而有代表性地将相关作品收集入库。如人民出版社围绕党的两大理论成果以及反映"重大理论创新、重大历史事件、重大战略举措、重要历史人物"的线索，系统完整地将优秀作品和有代表性作品收集入库，使数据库覆盖了党的思想理论领域所有主要著作文献和知识点。

二、知识表现融合化开发

纸质出版条件下，知识在一个作品中只能以比较单一的文字或图像等形式表现出来，人们对知识的接受和理解受到极大的限制。知识表现融合化开发，就是采用多媒体技术，把图书、文章、图片、音视频、动画以及来自自然源头的知识信息融合起来展现，帮助读者全方位、多角度感知和了解世界。一部融合化作品的开发是一个复杂的创作过程，需要确定主题，整体构思，撰写脚本，采集、筛选、剪裁素材，开发软件，标引知识单元，等等，把多种知识表现形式的单元链接起来，制作成一个数字化阅读产品。目前一些厂家已经生产出这样的融合式电子书产品，这些产品通过方

寸之间的轻松点击，可以感知多种形式的知识信息，达到更好认知世界、掌握知识的效果。人民出版社计划开发一套名为"中国共产党思想理论库书"的融合式产品，将毛泽东、邓小平、江泽民、胡锦涛同志主要著作中的主要知识点（预计共13万个）与相关的其他图书、文章、录像、图片、歌曲等作品相链接，使这些重要著作成为整个理论数据库多媒体展现的中心平台。

三、知识授受微距化开发

知识的传授和接受之间存在空间距离和时间距离。传统纸质出版条件下，一个作品编辑完成后，需要通过排版、印刷、仓储、运输、门店等环节，到达读者手中，这中间存在漫长时空距离。而在现代信息化条件下，一个作品完成后，一点鼠标即可从授者的桌面到达受者的桌面，几乎消灭了知识传递的时间距离和空间距离。这种变革对于提高知识使用效率的作用和意义是无可估量的。知识授受微距化开发的主要工作，首先，要建设适合知识信息传递的信息化通道，当前特别要注重建立起能够瞬间传递大容量、高清化、实时化信息的通道；其次，要开发阅读软件，这些软件既要能够有效地防止盗版，又要能够满足各种格式、标准文字信息的展现阅读，还能够用于融合式产品的阅读使用。第三，要加强数据建设，通过数码化加工，使所有知识信息以数字代码的形态存在，并且具有多种标准和格式，能够适用于各种硬件和软件条件下的传播。第四，要加强标准建设，在数字化、网络化等知识传播领域形成全国统一，并与国际接轨的标准，使知识信息在传递过程中畅通无阻。

四、知识发现瞬间化开发

知识的检索发现，历来是人们为提高知识应用效率着力研究解决的一个重要问题。传统纸质书条件下，人们检索发现一个知识点，几乎都需要依照"相关图书馆（资料室）→相关图书类型→相关图书→相关章节"这样一个秩序费力寻找。该过程不仅缓慢，而且其终点一般只能是"章节"。经过信息化技术开发

的知识资源，一个小小检索框加关键词，就可以省去纸质出版条件下的一切检索过程，而且使检索的对象从章节检索发展到以语句为单位的知识点检索。这是文献检索史上的一个飞跃。知识发现瞬间化开发要做的工作，除了依赖于信息化通道，首先，要对知识资源进行高质量的数字化。根据知识资源本身的特点、用途以及相关媒体的技术特点，采用相应的标准、格式对作品资源进行数字化。作品数码化有不同的深度，以一本文字作品为例，人民出版社从6个层面上对图书进行了编码：每个文字编码、每个语段编码、每个章节编码、每页作品编码、每件作品编码、每个作品体系编码。作品数码化开发越深，知识资源的用途就越大。其次，对数字化的作品资源进行结构化加工。按一定的逻辑结构，特别是按学科体系、用户需求和使用习惯，在数据库中对作品资源进行有序存放和展现。同样的知识信息排列结构不同，形成的产品也不同；结构化程度越高，越能实现知识元素相互之间的关联，越有利于实现阅读求知方式的智能化。知识资源结构化与非结构化相比，其使用价值可以以几何级数增长。人民出版社对近20000本党政类图书的电子数据，按照逻辑体系、发展历程、知识点关联三种方式进行分类排序，展现出整个理论体系的内在有机联系，每一部作品都不仅仅是一个独立的个体，而是被放到完整的理论体系中来展现和传播。第三，碎

片化加工。采用现代标引技术以及词库开发技术等，把作品加工成以段落、句子等为单位存在的元素，并通过相应的软件，使读者可以快捷方便地检索使用。碎片

化难在语义化，即使检索出来的文字碎片具有一定的含义或主题。近年来，人民出版社在承建"中国共产党思想理论资源数据库"的过程中开创了机器标引加入适当人工的办法，研发成功了"人民金典语义查询系统"，把党的思想理论文献加工成近亿个可供准确查询的知识点，使文字检索的语义准确率达到了70~95%准确率。

五、知识学习互动化开发

也就是使承载知识的网络化产品带有读者之间互动交流功能。传统纸质书是一个承载知识的独立产品，其本身不存在与人交流的功能。现代信息技术条件下，可以通过开发，使网络化阅读软件上附带相应通信功能，人们可以用于向特定或广大的其他读者推送自己的认识和见解，与对方进行交流，相互学习提高。知识学习互动化开发，除了需要利用良好的通信条件，还需要通过挖掘用户的需求，对作品资源进行特定加工，开发出相应的互动软件。

（作者单位：人民出版社）
摘编自《中国传媒科技》2014年第7期

云计算的知识产权侵权风险与应对

王 鑫

技术创新从来就是一种冒险，在当代社会中面临的最大困难就是新型技术与现行法制之间的矛盾与冲突，而首当其冲的便是侵犯知识产权的风险，云计算也是如此。本文将结合云计算技术的服务特点，对其可能涉及的知识产权侵权风险进行分析探讨。

一、云计算涉及的侵犯知识产权风险

（一）云计算涉及的侵犯著作权风险

云计算涉及的著作权侵权风险主要是新型复制行为的界定问题。传统意义下的复制，是将作品制作成一份或多份的行为，作品的复制件通常存储于一个载体之中。而云计算环境下，由于其对设备及资源调

配的虚拟性，系统依据算法路径所追求的便捷与动态存储的具体状况，很可能将这些数字化的作品分成若干部分存放于不同的载体之内，需要时再统一调取。

此种情况是否可认为在云计算平台中"虚拟再现"或者"虚拟复制"了原作品而可能涉嫌侵犯著作权？仅从当前著作权法中有关复制的基本理论以及云计算系统的基本运行逻辑分析，虽尚无定论，但认为"虚拟复制"侵权成立的理由似乎也较为充分。举例说明，如行为人未经著作权人许可，将一部纸质作品复制后分别交予关系密切者保存，可随时取得相关部分以营利为目的使用该作品，这种行为的性质并不因作品的数字化和载体的改变而不同。

同时,"云"计算+"端"使用的模式也可能面临与 P2P 软件侵权案中 Napster 案"实际控制"和 Grokster 案"积极诱导"类似的指责,并且由于"云"是现实的服务提供者,而"端"完全依赖于"云"的服务,即使存在技术的差异,但也在很大程度上偏离了美、欧等国法院在审理该类案件中确立的"软件最终使用者完全摆脱中央服务器,不需要集中提供共享索引目录,或特定虚拟社区"之标准,极易被认定为侵权。考虑到著作权的种类繁杂且利益主体众多,而作品复制的数字化与传播的网络化后侵权行为更为猖獗并难以控制,也使得此种侵权隐患增大,甚至可能出现大规模诉讼。

(二)云计算涉及的侵犯专利权风险

云计算的专利侵权风险也不容小觑,且需要解决的问题更为复杂。基于专利侵权判定之全面覆盖原则,被控侵权物须覆盖专利权利要求的全部技术特征,即使缺少一个必要技术特征,也不构成直接侵权。而随着云计算的兴起,必然会涉及大量相关专利,且专利的实施一般又会调用分布于网络各处的计算存储设备,这些计算存储设备可能分属于不同的主体,每个设备实际上只实现了受保护技术方案的一个或者数个特征。由于这些设备对技术特征的实现是由云计算系统来控制的,如果必要时将相关设备的操作进行联合,则实现了受保护技术方案的全部特征,达到了"全面覆盖"的效果。那么此种云计算对于专利技术"虚拟实施"的行为是否构成现有专利法意义上的实施?在私有云模式外,社区云、公共云和混合云环境下的情况更为复杂,若某一服务需多个云计算系统相互协调配合方能完成,是否可以认为参与的云计算系统共同实施了该专利技术,构成共同侵权?还是认为仅请求协助的云计算系统单独构成侵权?

不仅如此,云计算专利的使用还有可能衍生出"跨国实施"的情况。众所周知,专利权的保护具有地域性特征,即依据一国专利法授予的专利只在本国有效,通常对该技术是在本国实施还是在外国实施较为明确。但在云计算环境下则有所不同,云计算系统在网络中可以虚拟动态地调用远程计算设备资源,不需区分国内、国外,很容易摆脱地域限制,如果一项仅在我国获得专利权的技术方案由单个或多个云计算系统调配我国境内外的设备共同实施,国内设备只覆盖了其中部分特征、国外设备则覆盖了剩余的特征,那是否可以认定该专利未在我国实施而不侵权呢?

对于上述种种问题,由于现行《专利法》并无相关规定,即使存在技术中立原则的庇护,涉嫌专利侵权的风险依然很大。

(三)云计算涉及的商标权保护风险

在云计算服务的"云"+"端"模式下,用户请求和接受相关服务的渠道主要是通过链接和访问云计算系统提供的交互式服务图形界面完成必要操作获得信息,除此之外,云计算环境下技术服务不需进行任何物质交换,也不需进行任何外观包装,也没有实体标牌和广告的展示,因此从某种意义上说,稳定且具有显著性的服务图形界面还可以作为服务商标或商业外观,起到创建品牌、区分服务来源的作用,故仅就图形化的服务界面本身而言,可以通过认定为具有独创性的计算机程序图形作品而受到《著作权法》的保护,也可以考虑申请为工业品外观设计专利寻求《专利法》的保护,但结合保护的期限、权利的可持续性与现实的经济价值等方面考量,寻求作为商标或商业外观借助《商标法》《反不正当竞争法》进行保护对于云计算服务提供商的长远利益而言应该更有意义。

然而,可能出现的问题也恰恰在于云计算服务图形界面可以获得的法律保护模式多样。不同的云计算服务提供商可能寻求不同的知识产权部门法进行保护,而鉴于云计算服务功能较为固定,软件服务图形界面表达形式也相对有限,很容易发生不同服务提供商对类似云计算服务图形界面享有知识产权间的重叠冲突,乃至引发一系列的诉讼,特别是商业方法专利的冲击可能给将服务图形界面申请作为商标予以使用的云计算服务提供商带来巨大挑战,毕竟专利权的排他效力较商标权而言更为强大。

(四)云计算涉及的商业秘密权保护风险

云计算提供的服务主要涉及数据的处理和存储,"云"+"端"模式的结构仅需用户保留一个与"云"沟通的图形服务界面,而所有操作结果和数据都分散存储于云系统网络的各构成设备中,因此认定这些计算结果和数据的转移涉及侵犯商业秘密可能较为困难,原因在于构成商业秘密的信息一般须满足秘密性、价值性和保密性三项要件,但在云计算环境下会产生极大变数。首先,就秘密性而言,对请求具有开放属性的云计算设备,尤其是公共云等提供服务是否就已经可以认为是所属领域相关人员"容易获得"难以一概而论。其次,分散存储的用户数据可能单独并不具有较大的经济价值,只有集合在一起才能得以具备或者充分体现其经济价值,因而单一存储数据的价值性便显得弱化。更为关键的是，在云计算模式下，云计算服务提供商所采取的安全措施是否可以视为用户的安全措施、什么样的安全措施方可以被法院认定为采取了保密措施皆无定论，对数据信息秘密性的认定处于模棱两可之间。以上问题的存在导致云计算用户认为由云计算系统代为保管的数据受商业秘密权保护的主张显得理由不足。

另一方面，即使认可了云计算服务提供商代用户处理和保管的数据信息属于商业秘密，但在司法实践中也还需进一步考虑如何避免此类商业秘密不为云计算服务商所私自分析、使用乃至销售，以及一旦发生侵权如何规制，云计算服务商又是否拥有"尽到力所能及的保护义务"等可以免责的例外权项，乃至如果这些数据被云计算系统存储在国外的网络设备中，当发生侵权和泄密又应当依据哪个国家的商业秘密法作为准据法进行判断和审理等实体与程序法问题。目前，这些都还是云计算数据商业秘密权保护的潜在风险。

二、云计算中的知识产权风险控制措施探讨

尽管存在如许之多并且在实务中可能还会遇到更多意想不到的知识产权风险，但应该看到云计算毕竟是一项方兴未艾的新型技术，前沿技术与现行制度的冲突在所难免。笔者认为，可以通过完善云计算涉及的相关法律法规、引导云计算服务商自律和用户自治、加强有关部门监督监管工作等措施，控制、化解风险，促进云计算产业持续、快速和健康发展。

（一）完善云计算涉及的相关法律法规

亚伯拉罕·林肯曾指出，专利法律制度"乃为天才之火添加利益之油"。一般认为，知识产权法之立法目的主要就在于激励创新、保护创新。对于云计算所涉及的知识产权侵权与保护风险的相关理论和实践问题，知识产权法律法规应该及时予以回应。笔者观点，就知识产权法应采用的回应方式而言，如果为此专门进行修法或立法，投入社会成本相对过大，并且由于立法修法程序性强、时间较长，同时也不利于应对变化迅速的云计算产业与市场环境，因此，值得考虑的方法是有关部门通过适时地出台司法解释的方式来有针对性地补充与协调规定。

就需要予以明确的内容而言，结合上文所述分别建议如下：与著作权相关的部分是对云计算涉及的"虚拟复制"行为是否侵权予以界定，当然这需要首先在学理上对著作权法意义上的"复制"内涵作进一

步的解释，建议采取对待计算机程序"临时复制"问题的态度，充分考虑云计算产业实现技术的有限性，对非主观故意的情况不宜认定为侵权。与专利权相关的部分是对"虚拟实施"行为是否构成侵权予以界定，鉴于云计算相关专利仍较为有限，其中大部分又为大型企业与科研机构等法人组织所有，专利权人间要进行交叉许可或经济补偿也较为方便，且"跨国实施"的情况对专利权制度的破坏程度太大，故而认定为侵权也未尝不可。云计算的诞生无疑将开创一种新的网络信息服务模式，为此，建议对云计算服务商软件服务图形界面商标给予更强的保护，以避免受到其他知识产权的冲击。另外，对于云计算服务商代为处理和存储的信息数据，建议应明确用户可主张其受到商业秘密权的保护，防止已在现实世界和当前网络模式下愈演愈烈的信息泄露现象在云计算环境下进一步恶化乃至失控；另一方面，也可以借鉴我国《信息网络传播权保护条例》中"避风港原则"的设置思路，为尽到保护义务的云技术服务商进行必要的免责安排。

（二）引导云计算服务商自律和用户自治

云计算服务商与用户之间是一种典型的信息服务关系，从管理学的角度理解，云计算服务商与用户应对属于自己的无形财产权——知识产权进行有效的管理。申言之，云计算服务商应该严格遵守现行知识产权法律法规有关著作权、专利权、商标权与商业秘密权之规定，对尚未明确之领域，应遵从诚实信用与公平原则之要求加强自律，如在架构和设置云计算系统时尽量采用可以避开出现"虚拟实施"情况的技术等。对云计算用户而言，在拟请求云计算服务之前，应对自己交予云计算服务商代为处理和存储的数据可能涉及的知识产权风险进行预估，将可以借助现行知识产权部门法和相关条例进行保护的数据信息尽可能纳入法律保护之下，如在现实环境下对具有商业价值的信息按照法律要求采取保密措施等。

一直以来，合同在某种意义上被视为当事人之间的法律，在涉及云计算的相关法律法规或司法解释尚未出台的情况下，无论是云计算服务商还是用户都应该高度重视通过技术服务合同明确双方权利义务关系，规避可能出现的知识产权风险。如针对云计算涉及的商业秘密权保护风险而言，云计算服务商和用户完全可以通过契约事先明确对于用户具有高度保密要求的信息数据，云计算服务商在处理、

存储和转移数据信息过程中应该采取安全措施,并商定一旦发生泄密情况或者未经许可私自使用等情况,云计算服务商应负的赔偿责任,当然相应的用户也应为此支付适当的费用。进一步可考虑的是,云计算服务商完全可以将信息服务划分为涉密服务和非涉密服务,对于采取的安全措施强度等也可以进行强、中、弱的区分,根据服务质量的高、低收取不同的费用,并将这些服务明细制作成用户可选择的合同附件,以类似格式合同的形式加以运用,进而简化协商过程,提高服务效率。

互联网下的实践表明,通过引导云计算服务商注意自律、培养用户自治管理的能力和习惯,对于预防和化解云计算知识产权侵权风险将起到至关重要的作用。

(三)加强对云计算行业的监督与监管工作

云计算的兴起必然会对社会生活产生巨大的影响,技术发展的自由能够给经济带来活力,但由于市场这只"看不见的手"常常会出现失灵的状况,政府相关管理部门应进行适当调控。我国云计算产业发展的配套知识产权制度并不完善,同时许多涉及云计算知识产权侵权的风险防控还必须综合运用《反垄断法》《反不正当竞争法》等其他法律法规才能完成,因此有关行政管理机关应该重视和加强对云计算产业的监督、监管工作。

譬如,目前云计算技术专利主要掌握于跨国公司与大型企业之手,相互间存在专利制约避免一家垄断对于行业繁荣固然有益,但也可能促使权利人组成云计算专利联盟乃至形成卖方卡特尔垄断市场,通过将专利纳入国家或行业标准之中,借助技术标准的制定、推广和实施对产业进行绑架。信息技术标准中的专利问题已经引发过学术界和产业界广泛的争议和讨论,也造成过市场的极大震荡,为此有必要借鉴美国、欧盟的处理方法,引入与《反垄断法》实施相协调的行政监督、调查和处理机制。又如,云计算服务商为用户提供标准的格式合同问题,虽然这一做法对于化解部分知识产权风险助益良多,但由于云计算服务商往往处于优势地位,用户对其提供的格式合同没有太多的选择或拒绝的自由,在这种情形下一些条款可能会向云计算服务商规避知识产权风险倾斜,使其故意减轻自身责任而忽视甚至加大用户的知识产权风险,最终演变成"霸王条款",因此需要相关管理部门对此类涉嫌不正当竞争行为进行规制。在执法管理活动中,行政管理机关还可以指导、督促云计算行业协会通过收集市场信息、推荐标准化服务合同范本、开展定期测评等方式,起到事先预防知识产权侵权风险的作用。另外,鉴于云计算的专利侵权行为可能涉及知识产权制度地域性特征的突破,因此行政管理机关的监督、监管也应该注意国际与区域的合作与协调。可以预测,今后涉及云计算的知识产权国际法律、政策之出台,将很大程度上依赖于各国已先行开展的云计算产业行政监督、监管工作积累的经验和反馈的意见而做出。

(作者单位:西南科技大学法学院)
摘编自《科技管理研究》2014年第9期

学科教学与研究

产学研合作教育下的高职数字出版人才培养

唐乘花　周蔡敏

一、高职数字出版人才培养普遍面临的困境

随着高职教育的发展,高职院校、企业虽然意识到产学研合作教育的重要性,但数字出版专业作为新兴产业受到实际条件的限制,普遍面临一些困境。

(一)实验实训条件差,学校教学与企业生产脱节

学生的实践操作能力不是凭学校的理论教育就

能造就的,必须与"生产、实训"相结合才能形成和发展起来,因此实训教学是实现学生高技能的重要手段,也是高职教育区别于普通高等教育的特色所在。客观上,数字出版产业发展迅速,实验实训设备软硬件更新快;主观上,学校对实训条件建设认识不足,办学经费有限。这些使得校内实训室建设明显跟不上行业发展需要;一些高职数字出版专业实训室规划缺乏课程和实训项目引领,实验实训条件过于注重演示性、验证性,与行业、企业生产的实际需求不匹配。校外实训基地也不乐观,地方政府财力投入有限,行业、企业参与的积极性不高,校外实习环节相对薄弱。

校内外实训条件普遍存在不足,使得高职数字出版专业依然将教学重心放在理论学习上,存在理论学习与实践教学、教学内容和教学实践、学校教育与社会需求脱节等问题。虽然已采取项目导向、工学交替、顶岗实习、校企融合等方式推动产学研结合,但仍处于浅层次状态,没有达到培养学生独立工作能力、学习能力和创新能力的目标,高职教育的"职业性"特点难以体现。

(二)"双师型"师资力量不足,教学观念和教学模式落后

目前高职数字出版专业师资力量主要来自高校编辑出版学、软件工程科学专业的研究生、博士生,他们虽然具备较高的学历、扎实的专业理论功底,但不具备数字出版实践经验,甚至对出版行业不熟悉;由出版行业"出版人"转型而来的教师,虽具备行业从业经历,但他们可能缺乏教育学、心理学、教学法等相关知识,对教学规律和学生成长规律理解缺位。

既懂教育又懂业务的"双师型"师资力量不足,直接造成教学观念和教学模式的落后。高职教育既不同于本科教育也有别于职业培训,它具有高教和职教的"双重"属性。基于工作过程系统化的专业课程体系构建以及工学结合的人才培养模式改革,都必须依靠"双师型"教师来实施。传统的教材观、教师观、师生观和教学观已经无法满足人才培养的现实需要,以讲授为主、满堂灌的教学模式,既没有充分考虑职业院校生源的特点,也没有充分对接数字出版行业发展的需要。高职数字出版专业是随着出版行业发展应运而生的专业,在整个行业人才培养体系中起着重要作用。随着数字出版内涵和外延的不断发展变化,以及从业人员素质和能力的高要求,传统的教学方法、培养手段已经跟不上行业的发展和企业的用人需求。

(三)科研成果转化率低,实用性科研氛围淡薄

由于部分高职院校教师对科研项目缺乏足够的重视、政府科研资助具有偏见性(重本科轻职院)、高职院校科研基础差等原因,我国高职院校科研力量明显处于弱势。受职称评定指标因素的影响,高职院校科研考核体系过分强调与本科院校相统一的等级化(期刊的级别)、数量化(论文数、教材数等)标准,科研也多集中在理论研究层面,导致科研成果转化率低。教师对科研理解存在偏差,误以为"科研 = 论文",忽视有利于行业和企业发展的实用性科研探索;我国高职院校对为地方经济发展培养应用型、实用型人才的办学目标理解不准确,与行业、企业的横向联系较少;数字出版作为新兴产业,政府部门相关的对口课题不多,企业来源的课题十分有限;基于数字出版企业生产力提升等实用性科研氛围淡薄,科研对企业的科技开发促进作用不强,科研成果对带动企业的生产发挥不了应有的作用。这些现状无法为数字出版专业学生实践与创新能力的提高提供良好的土壤,因此学生的职业能力、创新能力和实践能力培养就无从谈起。

二、产学研合作教育下的高职数字出版人才培养路径探索

产学研合作教育是创新教学模式、培养学生实践能力、满足社会需求的有效方式。高职数字出版专业应该与行业企业密切合作,数字出版企业也应该参与人才培养全过程。

(一)产——校企合作开发项目,加强实践教学和顶岗实习

高等职业教育的特点和数字出版人才培养的特点决定了高职数字出版人才的培养在很大程度上依赖于实践教学。但高职数字出版专业实施"工学结合"的人才培养模式具有其特殊性:出版具有舆论导向性和政治把关性,很难放手让学生边工作边学习;出版工作有周期性,各环节紧紧相扣,新手往往插不上手;出版岗位分工精细,无法成建制地接受学生顶岗实习。因此,高职数字出版专业要结合这种特殊性,校企合作开发实践教学项目,采取集中与分散相结合的顶岗实习方式,创新产学研合作教育。

近年来,借助国家骨干校建设项目,湖南大众传媒学院建立了信息采集、数字出版、自助出版、策划创意等实训室,添置了与企业生产环境相一致的硬件和软件,为学生营造了良好的生产性工作情境。始终围

绕为区域内数字出版相关企业培养高技能型人才这一目标，针对传统出版企业和数字出版企业的数据加工、数字营销、网络编辑等相应岗位，与天闻数媒公司、地理地图网、星辰在线、湖南自助旅游网、湖南科学技术出版社、湖南文艺出版社等企业共同开发电子书包数据加工、信息采集与编创、论坛和版块管理、图书新媒体营销、微信公众账号运营管理等项目，把这些项目与课程进行对接，并分配到校园数字出版社相应的职能部门和岗位，让学生将课程学习与企业岗位一一对应，班级即部门、学位即岗位，保证培养目标岗位针对性和社会适应性的和谐统一。

（二）学——改革人才培养模式，更新教学内容和课程体系

专科层次的高职院校既不是普通本科的"压缩饼干"，也不是普通专科的"替代品"，它必须围绕有利于学生长技能、促就业做文章，要及时了解和掌握行业现状，及时了解和掌握企业对人才的需求变化，并根据实际情况及时调整专业培养方案。

湖南大众传媒学院的具体做法是，构建"出版项目＋校园数字出版社"的人才培养模式，在教育模式、教学内容、教学方法等方面进行改革探索。充分结合现有生源现状和学生的个性特长，以培养学生数字出版、数字营销能力为核心，创设情境教学，按学生的特长和个性分配到校园数字出版社担当恰当的角色，让学生在完成一个个任务中学到知识、锻炼能力和提升

素质。学生的课堂变成了出版社，学生的学习内容变成了出版项目，学生的学业成绩用包含了参与态度、项目执行能力和完成质量等多维度的"出版币"来考核。教学内容根据企业岗位需要不断更新，专业课程体系与数字出版企业合作开发，如近年来联合天闻数媒公司、数字时代公司以及相关出版社开发的《数字出版基础》《电子书制作与传播》《新媒体制作与传播》《出版数据加工》《网络编辑》《出版物新媒体营销》《网络书店经营》《排版与版式设计》等，内容实用，实训效果明显，学生基本上能独立完成企业相应岗位上的出版项目。

（三）研——了解行业企业需求，倡导实用科研和技术服务

数字出版迅速发展需要大量的人才，但什么样的数字出版人才是企业真正需要的呢？作为数字出版中低层次人才培养主体的高职院校，必须要有切实可行的为地方经济发展培养应用型人才的办学目标，必须深入了解全球数字出版发展的趋势和前景，紧密联系数字出版行业生产环节，结合社会实际，克服制约数字出版发展的难题，与社会建立良性互动，让学生多接触社会，尽早发现自身潜能，从而培养学生的实践创新能力。

（作者单位：湖南大众传媒学院　海南出版社湖南分社）

摘编自《科技与出版》2014年第5期

产学研一体化视角下编辑出版学专业课程教学改革模式探索

陈洁　陈佳

联系自身教学经验，结合国内高校教学实际，建议可将以下5种模式引入到编辑出版学专业的课程改革中来。

一、学科交叉模式

复合型出版人才的培养已经成为学界和业界的共识。原新闻出版总署署长柳斌杰曾明确表示："培养一批既熟悉专业出版知识，又掌握现代数字出版技术和善于经营管理的复合型出版人才，是刻不容缓的艰巨任务。"数字出版是文化与技术、软件与硬件的双重结合，技术作为文化传播的载体越来越起着关键性的作

用，因此掌握基本的计算机操作能力是必需的。此外，业界最匮乏的版权贸易人才、创意策划人才、跨媒体出版人才等都要求从业人员具有全局视野，在管理营销、人际沟通和专业知识方面均有较高素养。根据一抽样调查的数据，10所国内高校中，有60%的院校应用性课程不到选修课程总数的1/4，因此学生主要修读的还是基础理论类的课程，这显然与业界用人要求不符。

针对这种现状，辅修、选修其他专业方向的学位或课程是必然的选择，也是近年来学界所呼吁的。基于我国的编辑出版学专业主要在综合性大学设立的现实，应给予学生较多选择的空间。学生可结合自己

的兴趣,跨专业和跨方向修读课程,其中心理学、管理学、数字媒体技术、市场营销学、传播学等都是可列入的专业。从课程建设来讲,即使不能新增部分课程,也需要对原有的课程内容进行更新,以课程组的方式整合教师资源,通过课堂加以呈现。

二、第二课堂模式

通过搭建实践与实习平台,设置一定的实践课时,案例教学,筹备出版实验室,提高学生的实际操作能力,拓展理论视野。编辑出版是讲究实践和应用的学科,既要与传统出版单位对接,加速其数字化的进程,又要和新媒体公司、电信运营商、平台终端商等媒体进行合作。实践的形式也可多样化,除鼓励学生到出版社进行实习之外,还可通过社会调查、项目研究等其他方式把握出版行业最新动态。如香港城市大学,其媒体与传播系学生可参加由学校或者教师提供的实习项目,也可自行寻找相关企业进行实习。学校与广告公关公司、新闻出版单位或是信息技术行业均建立有合作关系,同时还注重开拓海外实习。而实习若只停留在出版单位为学生提供几个见习的岗位,学生做的多是没有技术含量和素质要求的工作,不能真正发挥特长并得到锻炼。为使课堂教授的知识转化为现实的成果和生产力,出版实验室是创造和整合资源的较佳方式。各高校可以依据自身的条件与资金水平,借助于出版单位的优势资源和技术条件,建立不同规模的出版实验室,以让学生在校期间就能够熟悉出版流程、掌握编辑知识,以按需印刷的方式出版图书。尤其在新媒体环境下,编辑的分工发生变化,强调复合能力,很多时候编辑需要掌握策划、组稿、编辑、排版、印刷、发行、营销等各个环节上的知识,成立出版实验室就旨在提高学生的多元能力。

三、专题训练模式

创意、创造能力、策划能力、产品意识、媒介素养等都是现代出版人的基本素质,除基础知识和技能的学习之外,这部分能力的培养往往不是常规性的课堂教学就可以完成的,因而要探寻其他的模式。就课堂设计而言,提高案例分析、专题策划、项目分析的比重,培养学生问题意识;通过小组合作的方式,就前沿领域或热点问题以课题制的方式进行项目研究,挖掘学术潜力,培养学生基础科研能力。

改变课堂单向教学的一般方法,充分利用有限的课堂时间,为学生创造平等展示想法和观点的平台。将学生分成多个小组,以项目合作的形式,共同完成一本电子书、一份报纸或是一个数字产品的策划与制作,让学生在实际操作中熟悉出版业务,提高学习的自主性和主动性,加强与人沟通的社交能力。对于其中有可能进行实际成果转化的,或是蕴涵市场潜力的,还可与出版单位一起开展深度开发。

培养科研能力的问题意识也是教学的一个重点,这是很多高校在教学过程中极易忽视的,过分重视学生技术层面能力的提升,反而会限制未来的职业发展,很难有突破的空间。尽管科研训练和研究能力是研究生阶段教育的重点,但从本科阶段开始就逐步让学生接触相关训练,既能发现自己的兴趣,又能从中培养发现和解决问题的能力。浙江大学的学生科研项目与授课前沿相结合,锻炼学生发现问题的能力,目前已出了一批学生成果,获未来编辑杯竞赛一等奖、网络编辑竞赛最佳设计奖,也有获得浙江省新苗计划等资助的。

四、案例分享模式

邀请一线出版单位资深从业人员及其他高校专业教师,共同制定培养方案和课程内容,以课堂讲学、开设讲座、实践指导等方式,共同探讨出版前沿话题。现代美国出版教育的特点是出版教育与出版行业紧密结合,课程设置注重职业技能和实际操作,教师多由业界资深人士兼职,所以美国的出版课程中没有出版理论和出版历史方面的内容。美国的模式不必照搬照抄,但解决地区间高校教学资源的共享和流动、最大限度争取出版单位的资源,是很有必要的。

编辑出版专业师资力量一直有限,具有博士及以上学历水平的人才稀缺,而高校的准入门槛日益提高,青黄不接或是少数几位专业教师单挑大梁的情况并不少见。富有实践经验的一线工作者深谙出版行业,却受限于职称、学历等硬性考评指标,得不到制度支持,无法进入高校教学。自设立出版学专业硕士以来,不少高校采用了校外兼职导师制,弥补自身教师资源的不足。复旦大学聘请新闻出版系统的专家学者,与校内导师一起,为学生提供论文、实践和教学方面的指导。浙江大学编辑学、出版学等部分课程在学校教学允许范围内,聘请浙江出版联合集团下属出版社社长、总编对学生图书策划进行案例点评。非专职导师不但有从业多年的经验,更有大量生动丰富的出版案例,尤其是在图书选题策划、畅销书生产及运作、市场营销策略等涉及出版流程的具体环节上,与学生和教师进行分享,对学生清晰理解出版产业的总体认知和微观把握大有裨益。教学相长,同时也能促进一线出版人员对于本领域的理论思考,进一步丰富出版理论的发展。从出版单位的角度出发,走进校园,面对学生,也有利于发现和培养目标人才。

五、积分制考核模式

传统的课程考核模式以考试成绩为主要参考指标,也会结合课堂表现、课程作业等设置一定比例的平时分。尤其是对于出版学原理、编辑学概论、编辑出版史等原理类课程而言,课程内容比较枯燥,多以考试为主,就很容易出现上课应付、考前突击的现象,致使教学效果流于表面。很多高校《编辑出版学》课程的考核形式是平时作业、期末项目报告与期末考试相结合,平时成绩(含出勤情况、作业、参与课堂讨论的表现)占 30% ~ 40%,期末考试占 60% ~ 70%。这样的考核标准是一般高校都会采用的,易于执行和操作,但形式上较为刻板,比重上平时表现一项太轻,书面考试比例过大。

学生考核中引入积分制,课堂参与情况、实习表现、科研项目合作成果以及课程考试、课程论文等都设置一定的比重,弱化书面考试所占比重,对于部分应用技术类课程则直接取消考试环节。积分制可以对学生进行全面的评价,有利于激发其积极性与创造性。

(作者单位:浙江大学)
摘编自《中国出版》2014 年第 1 期

基于 SECI 模型的数字出版人才培养路径研究

张秀梅　郑　鹏　潘春玲

要推动我国数字出版的快速发展,关键在于数字出版人才的培养;但是,我国数字出版人才在数量和质量上都还远远不能满足数字出版行业快速发展的需求,已经成为出版业实现技术变革、产业升级与创新的主要制约因素。加快培养数字出版人才已经成为现阶段数字出版行业发展迫切需要解决的重大问题。

针对我国数字出版人才匮乏的现状和问题,结合数字出版发展对人才培养的需要,可知当前数字出版人才的培养必须打通传统出版与互联网业务之间的隔阂,迅速实现知识融。SECI 模型在知识管理领域中的成熟应用为数字出版行业提供了借鉴和参考。

一、SECI 模型概述

(一)SECI 模型

1995 年,野中郁次郎和竹内弘高在他们合著的《创造知识的企业》一书中最先提出 SECI 模型,同时提出了知识转化的 4 种模式——共同化(socialization)、表出化(externalization)、联结化(combination)和内在化(internalization)。通过显性知识和隐性知识的不断互动,经过共同化、表出化、联结化和内在化这 4 种知识转化模式,透过个人、群体、组织等不同的层次逐渐扩散,形成"知识螺旋",实现知识的扩散、嵌入和累积。野中和竹内还提出了知识场(Ba)的概念,并将其定义为促进成员之间分享彼此经历和心智模式的场所。在 SECI 模型的 4 个模式中,每个阶段所在的场是不同的,分别为原始场(originating Ba)、互动场(interacting Ba)、系统化场(cyber Ba)和练习场(exercising Ba)。这些知识场为知识的互动和交流提供了平台,见图 1。

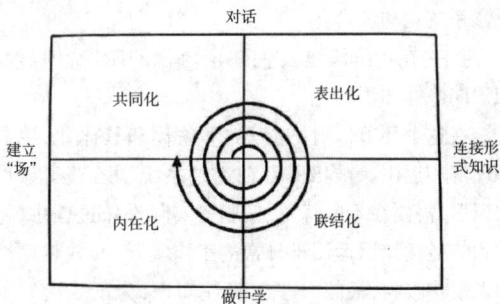

图 1　知识转化的 SECI 模型

SECI 模型是知识创造的要素之一。知识是竞争优势的重要来源,组织机构作为一个整体,能够通过隐性知识和显性知识的互相转化持续不断地创造知识。知识创造由 3 个要素组成:SECI 模型转化过程、知识场和知识资产。知识创造的过程就是这 3 个要素螺旋增长的过程。

总而言之,组织机构知识创造的过程,就是知识资产在知识场实现 SECI 模型转化的过程。

（二）SECI 模型

在人才培养过程中的运用 SECI 模型产生初期是用于管理领域，但是在人才培养方面，它也有一定的启示作用。模型中共同化、表出化、联结化、内在化这4个环节不是简单地循环，而是在不断转化的过程中实现人才知识能力的"螺旋上升"。

1. 共同化阶段是指隐性知识向隐性知识的转化

共同化是人才培养的基础环节，在这个环节，人们通过共享经验，借助观察、模仿和实践的方式来建立隐性知识。通过被培养对象与培养对象之间进行言语方面的互动交流，使培养者的理念或想法转移给被培养者，让被培养者获得思想、精神、经验等方面的隐性知识。

2. 表出化阶段是指隐性知识向显性知识的转化

在这个环节，隐性知识通过显性化的概念和语言得到清晰的表达。这是知识创造过程中至关重要的环节，在这一过程中，培养者通过文字、概念、教案等方式，用语言把显性知识传授给被培养者，使被培养者得到更为系统全面的理论知识。

3. 联结化阶段就是将显性知识和显性知识组合起来，使知识更加系统化

在这个环节，在各种媒介产生的语言或数字符号的作用下，各种显性知识得到组合，更加系统化。在联结化阶段，被培养者通过阅读书籍，将所学到的各种知识融合起来，使自己的知识结构得到完善，变得更富系统化和综合化。

4. 内在化阶段是实现知识内化的阶段，即显性知识向隐性知识转化

在这个环节，显性知识被形象化和具体化，更易于理解和运用。被培养者在通过系统学习获得显性知识后，需要在不断练习、实验等实际操作过程中，将学到的显性知识运用于日常的工作实际中，并将显性知识消化吸收，最终升华为隐性知识，为下一次知识转化做好铺垫。

二、引入 SECI 模型培养数字出版人才的路径

（一）数字出版人才培养引入 SECI 模型的必要性

SECI 模型自身的作用机制决定了其在人才培养方面具有优势。要解决当前数字出版人才存在的问题，最有效的办法也是通过知识转化来实现。

SECI 理论是知识管理中的一种核心理论。知识

管理的概念产生于20世纪90年代初期，关注隐性知识向显性知识的转化。SECI 模型的作用机制是通过显性知识和隐性知识的相互转化，实现个人与个人或个人与组织之间知识的交流和共享，最终实现知识的转移、传播和创造。人才培养的过程是显性知识和隐性知识在不同个体或组织间的相互传播、相互转化，最终达到个体或组织获得知识能力的累积、运用等目的。

因此，SECI 模型的4个知识转换模式不仅符合人才培养的规律，为数字出版人才的培养提供了合理的理论参考，而且指明了人才培养的有效路径，有必要将其引入数字出版人才培养中。

（二）引入 SECI 模型培养数字出版人才的途径

1. 开展经验交流，实现知识共享

这是 SECI 模型中共同化阶段在数字出版人才培养中的具体应用；因此，在数字出版内部和外部开展交流活动，让数字出版人员获得更多有价值的隐性知识，实现知识共享，是有利于培养数字出版所需要的人才的。

首先，在数字出版机构内部开展员工之间的交流。数字出版机构之间的内部交流，主要有两个方面的内容：一是数字出版机构中新老员工之间的经验交流；二是数字出版机构中传统出版从业人员与数字出版从业人员之间的知识交流。

其次，在数字出版机构之间开展机构之间的交流。机构之间的交流更多的是从宏观方面获得数字出版的知识和经验，以便更好地把握数字出版的全局，并通过借鉴其他出版机构开展工作的思路、方式等，促进数字出版机构内部调整人才的培养方向和培养方式。

例如：在员工交流方面，万方数据通过举办新老员工座谈会、经验交流会的形式，让新员工听取老员工的工作经验，获取宝贵的隐性知识，使新员工更快地适应新环境、新工作，以促进两者之间的知识交流，实现双方知识的共享与知识交换；在机构交流方面，万方数据通过与同行业数字出版机构之间开展技术交流，不断学习各行业先进的产品、技术理念，从而进一步了解行业的发展趋势，并促进双方的人才培养。

科技期刊出版单位有自身的特殊性，其编辑的内容主要以自然科学及技术为主，因此除了内部的交流外，在外部交流中要增加与不同类型出版机构的交流，借鉴有效的方法为自己所用。

2. 举办知识培训，促进自身转型

这是 SECI 模型中表出化模式阶段在数字出版人

才培养中的具体应用。数字出版机构组织开展的培训应主要包括3个方面的内容：一是关于数字出版的现状和前景方面的培训。有必要对数字出版人才进行数字出版及其现状、发展前景等方面的培训，让他们对数字出版有一个比较全面、清晰的了解和把握，并对自己所从事的行业有信心。二是关于出版基本知识方面的培训。数字出版仍然需要出版方面的知识和技能，如编辑、审核、策划等，这是对数字出版人才开展出版专业知识培训必不可少的内容。三是关于数字出版技术方面的培训。数字出版人才尤其是只掌握传统出版知识技能的员工，有必要接受数字出版技术相关知识的培训，适应数字出版的特点来实现自身的转型。例如，万方数据邀请"捷库公司""北大方正"等互联网行业的专家学者对员工进行互联网技术方面的培训，加深员工对互联网技术的了解和掌握，全面提高专业技能。科技期刊出版单位同样也要顺应数字出版大趋势，根据自身的条件制订相应的培训计划，培养科技期刊编辑的专业知识和专业技能，同时帮助科技期刊编辑在数字出版实践工作中更深入地了解专业技术要求、数字出版物的制作和数字出版的信息化运作模式等，以此来建设更好的数字出版复合型人才队伍。

3. 营造学习氛围，完善知识结构

这是SECI模型中联结化阶段在数字出版人才培养中的具体应用。数字出版机构要根据数字出版对人才知识结构的要求，购买人文社科基础知识、出版及数字出版专业基础知识、数字出版技术相关知识方面的书籍，引导数字出版人才通过阅读来完善知识结构，成为复合型人才。

对于科技期刊出版机构而言，科技期刊数字出版人才不仅要具备丰富的专业基础理论知识和较高的科研能力，还需要精湛的编辑实务技能，如编辑的出版标准规范以及法律法规知识、扎实的语言文字功底、网络信息技术和外语水平等。只有完善的知识结构，才能培养出符合工作要求的人才。

此外，数字出版机构还要营造机构内部良好的学习氛围，让数字出版人才主动地学习理论知识，扩大知识面。例如，万方数据制定相应的激励机制来鼓励员工学习数字出版相关的知识，通过购买与数字出版相关的书籍，并将阅读的各种书籍系统化、综合化，帮助他们获得更系统的显性知识，完善知识结构。同时，还举办读书会等学习活动来交流各阶段的学习成果，对表现优异者给予适当奖励。

4. 提供实践项目，理论结合实际

这是SECI模型中内在化阶段在数字出版人才培养中的具体应用。数字出版的发展要求数字出版人才具备相应的能力，如海量信息发现能力、数字内容的经营管理能力和多媒体出版技术综合应用能力等。数字出版人才要培养或提高能力，要在实际操作过程中不断历练，在发现问题和解决问题过程中实现能力的提升；因此，数字出版机构要为数字出版人才创造实践平台，走产学研合作道路，为数字出版人才实现理论和实践的结合提供途径。

（作者单位：中国人民大学信息资源管理学院 中国科学技术信息研究所 北京万方数据股份有限公司医药事业部 北京科技大学马克思主义学院）

摘编自《编辑学报》2014年第2期

近年高校数字出版人才培养研究综述

王东霞

在理论研究领域，教育界及出版界的研究者对数字出版人才培养或数字出版教育展开了大量研究。在中国知网以"数字出版""人才培养"为关键词，检索2008年1月至2012年12月期间发表的论文，结果显示共有记录215条。从文章内容来看，这些研究中仅有少数几篇探讨出版业在职人员的继续教育转型问题，绝大多数文章针对高校的数字出版教育，主要

内容大致可归为以下几类：研究市场需求，归纳数字出版人才特征（应具备的素质与能力）；分析数字出版教育现存问题；探索提高数字出版人才培养水平的对策；介绍国外数字出版人才培养经验等。

一、关于数字出版人才特征的研究

数字出版是建立在计算机技术、通讯技术、网络技

术、流媒体技术、存储技术、显示技术等新技术基础上的新兴出版产业。技术与内容是数字出版的两大基石。数字出版活动改变了传统出版的发行、支付、版权保护、售后服务等环节,缩短了编校环节的时间等,也改变了读者的生活方式和消费理念等。与传统出版相比,数字出版活动具有便于操作、出版速度快、存储量大、检索等多功能、形式多样等特点。从事数字出版活动对人才的知识结构、素质能力等要求更高。

徐维东、许琼英对前程无忧网的数字出版人才招聘启事进行数据分析,发现数字出版企业迫切需要"复合型"人才,也就是既懂传统出版又懂数字技术、既懂内容加工又懂市场经营的"双栖"人才。归纳了复合型数字出版人才的知识能力体系:知识结构,主要包括出版专业知识、数字媒体技术应用知识、外语知识、经营管理知识、相关的法律知识等;能力结构,主要指沟通表达能力、思维能力、学习能力、创新能力、组织协调能力;胜任力特征,主要指团队协作精神、爱岗敬业精神、吃苦耐劳精神、进取精神等。姜洪伟、纪元元以"中华英才网"上海地区招聘信息为研究对象,调查数字媒体编辑岗位需求,概括了这类岗位需求的人才特点:良好的文字功底,即写作能力、独立撰稿能力,编辑、策划、组织、执行能力,计算机操作能力,网络情感与熟悉度、网络能力与经验等。

赵海宁将数字出版人才分为三类:技术研发、编辑出版、管理类,指出既精通数字出版内容,又了解数字出版特性,还熟悉出版流程的复合型人才最为短缺。出版单位对技术研发型人才需求比较大,其他依次为营销发行人才、管理人才、文字编辑、版权引入、企划、版权法律、美编设计等。数字出版人才应具备出版专业知识、数字媒体经营管理知识、数字出版技术应用知识、与出版相关的法律知识;应具备多媒体编辑能力、信息加工能力、与读者沟通的能力、非结构性创作能力和出版商务能力等。张维娣等人将数字出版短缺人才分为三类:应用复合型人才、应用研究型人才、精英管理型人才。数字出版人才知识结构包括人文社科基础知识、编辑出版专业基础知识、计算机技术与科学相关知识、新媒体技术知识。其中,新媒体技术知识包括数字内容管理技术、海量内容有效存储与传输技术、海量内容再现技术和媒体表达技术。数字出版人才的能力培养应着重于数字编辑加工能力、新媒体运用能力、市场运作能力。侯耀东提出,数字出版时代的人才除具备传统出版编辑基本素质之外,还要掌握足够的数字出版知识,了解技术;数字产品研发人才应具有数字产品自主创新能力。刘灿姣、姚娟认为数字出版人才应该立足于技术性、文化性和商业性,具有多学科的知识结构,具有科学与人文融合的能力或素质。关于数字出版人才特征的研究还有很多,上述研究颇具代表性。可以看出,已有的研究都抓住了数字出版"技术与内容"并重的特点,充分关注了市场人才需求的变化,构建了较为全面的知识能力体系。

二、关于数字出版人才培养存在的问题研究

鉴于教育活动的特殊规律以及政治、经济等社会发展特定阶段的局限,我国数字出版人才需求的理想状态与人才培养的实践落差较大。数字出版是新生事物,国内外对数字出版及数字出版人才培养的研究尚未不够成熟,并没有足够成熟的、完善的体系。关于我国数字出版人才培养现状或问题的研究相当多,研究者从专业设置、课程结构、培养模式、师资力量等多个角度进行分析。

张博、庄子匀指出,数字出版人才培养的产学研格局基本形成,实践教学越来越受重视。高校与数字出版企业等建立数字出版实验室、研发基地等,从人才资源、教学内容等方面进行合作;文理交叉的培养模式逐步完善,一些高校在编辑出版学课程中增设了数字媒体技术、网页制作、数据库开发与应用等实用的技术类课程,注重多学科知识的和思维能力的培养;随着数字出版专业本科专业招生目录的确定,还有部分高校已开设培养数字出版方向的硕士、博士研究生,数字出版教育层次逐步提升、完善从2009年至2011年我国新增20多个与数字出版相关的硕士学位点,22所高校设置了35个数字出版博士学位点,研究方向设计网络传播、新媒体技术、数字内容管理和信息资源规划等。然而面对数字出版产业快速发展以及庞大的人才缺口,我国数字出版人才培养工作暴露出越来越多的问题,最突出的就是培养目标与社会需求联系不够紧密,多数学校仍然定位于传统出版领域,对网络编辑、电子出版技术编辑的培养较少;有些高校虽有意培养数字出版人才,但缺乏足够的师资和必要的硬件设施;高校与国外相关高校、数字出版企业的交流不够,对国外优秀教材的引进欠缺,国内师生外出学习交流的机会不够多。祝兴平提出,课程脱离实际、封闭办学、教师队伍建设滞后、缺乏国际化视野、学生知识面狭窄等问题,制约着我国数字出版产业的发展。刘灿姣、姚娟指出,课程设置与信息技术、

经济管理、营销等学科融合程度较低,不利于形成合理的知识结构,同时,具有编辑出版、数字技术复合型知识结构和能力的教师短缺。数字出版时代编辑出版学本科教育的一些课程"挂靠"在所开设学院的课程体系之下;实践类课程比例仍然偏少;教学活动仍然偏重于"教"。

三、关于人才培养策略的研究

发展数字出版,人才培养先行。学者们研究人才特征,剖析高校数字出版人才培养存在的种种问题,是为了寻找有效的对策来破解人才培养困局,提高人才培养质量。综观已有研究,学者们从理念与定位、培养模式、课程改革与设置、师资建设、教材建设等方面进行了探索。

(一)培养理念与定位

当前,提高高校数字出版人才培养质量,必须先从根本上转变、更新教育理念。梁春芳指出,高校的出版教育应当从传统出版向数字出版转型,树立大编辑、大文化、大媒体的教育理念。在数字出版环境下,"技术"固然重要,但"内容"仍然为"王",编辑仍然承担着生产和传承人类文化和文明的历史重任,因此,编辑应当熟练运用多种媒体技术,要有为人类文化服务和奉献的激情、精神和自觉性,要有宽广的文化视野和深厚的文化底蕴,要努力实现传播最大化,提高文化的传播力和社会影响力,参与国际竞争。严晨认为,数字出版的概念与实践是不断发展的,要不断拓展数字出版概念的外延,引导学生从"小数字出版"走向"大数字出版"。再彬运用营销界中的"定位"理论,分析根据数字出版人才市场的需求对培养目标进行准确定位的重要性,提出数字出版人才培养应当立足于数字出版产业发展前沿进行定位、应当紧跟国际一流数字出版巨头的实践进行定位,而不能仅仅为互联网或传统出版企业数字化培养人才。北京印刷学院是我国首批开办数字出版专业的高校,陈丹、张志林介绍了该校数字出版人才的定位:以数字技术为工具,以数字内容的创意表达为手段,以数字内容的开发与经营管理为重点,培养数字出版产业需要的数字媒体编辑专门人才。其中以内容信息的有效表达为核心,重点培养学生对数字内容的编辑、创意表达与运用的能力。

(二)培养模式

数字出版是新兴事物,具有很强的实践性,当前

需要大量技术型、应用型、复合型人才。具体到教育实践领域,培养模式的选择直接关系到人才培养的质量。学者们针对高校数字出版人才培养现存的问题,从多个角度对数字出版人才培养模式展开研究。梁春芳提出,数字出版教育应当走产学研结合的道路,加强数字出版实验室建设。陈丹、周红研究了德国双元制教育模式,总结了可资借鉴的经验,例如我国应从"双证制"培养模式、订单式培养模式、产学研一体化培养模式、"3 + 1"培养模式等方面进行教学模式创新;在教学创新方面建议将最新科研成果转化为教育资源,运用行动导向法设计教学活动、以实用本位思想组织课程;建议办学主体多元化、培养规格多元化。易华对编辑出版创意人才培养模式进行了研究,提出建立全方位的出版教育职业培训体系,运用PBL方法培养学生的创意能力,培养复合型编辑出版创意人才;营造宽松的企业文化氛围等策略。张维娣等人以北京印刷学院为例,研究了校企结合,北京印刷学院与中国出版科学研究所、商务印书馆、方正阿帕比公司、国际版权交易中心等共建数字出版人才培养/教育教学实践基地,为研究机构、出版企业的科研人员提供教学场所,为学生提供实践机会,培养、增强知识运用能力和动手能力。

(三)课程设置

课程设置直接决定了人才的知识与能力结构。可以说,课程设置是所培养的人才能否满足社会发展人才需求的关键环节。王军指出数字出版教育的培养方向有三个:数字出版内容编创,传达、数字出版技术应用和数字出版运营。在设置人文素养类、出版传播类、职业道德及法律法规类等公共基础课的前提下,不同培养方向应围绕各自的培养目标分设相应的课程集群:数字出版内容编创集群主要开设市场信息收集与分析、数字信息内容的策划组织与搜集整合、信息内容创意表达等内容生产类课程;数字出版技术集群主要开设数字出版需要的信息技术、计算机网络基础、数据库开发与应用、多媒体设计与处理以及和数字出版相关的其他技术课程;数字出版经营管理集群,主要开设媒介经营管理、媒介经济学、市场调研分析技术、整合营销、电子商务、公共关系等课程。不同专业方向之间的课程互通有无、兼容并包,在体现专业方向特色的同时,又最大限度地丰富学生的知识与能力结构。姜洪伟、纪元元提出应加大社会实践类课程比例,重视能力训练。张博、庄子匀指出,数字出版课程设置中应当注重民族传统文化的传承,因为传统

文化是现代设计的源泉。将民族传统文化的知识、理念与造型基础训练、创意思维训练及专题设计能力结合起来,有条件的院校还应注重区域文化的传承与开发。徐维东、许琼英针对上海数字出版人才培养存在数字技术与出版知识脱节的问题,介绍了美国纽约大学电子出版专业的课程体系:9门必修的核心课程、3门选修的专业课程(可选课程有网络技术、电子文本发展、在线期刊出版和学术与专业出版、网络营销与电子商务、网络出版实务)、1门选修课(可选课程有在线出版、传播方式、直销与数据库应用)和1门高级课程(出版前沿专题研究),还介绍了纽约大学为有出版经验或有意出版行业的学生开办的夏季学院培训项目。陈丹、张志林北京印刷学院优化课程,尽量增加选修课比重,避免课程重复;增加教学实训课时,减少理论课时;增加校外实践学时,减少在校上课学时;实行分类、分层培养,学生可以根据个人需求和社会需求来选择不同模块课程的比重。数字出版课程分为三大模块:出版理论与文化模块(包括编辑学、出版学等内容)、数字出版技术模块(包括网站架构、数据挖掘、多媒体设计制作等)、数字内容管理模块(主要是数字内容的管理和营销,包括版权贸易、网络营销等)。北京印刷学院的课程跨度大,涉及理工文管法五大门类。

(四)师资建设

优质的师资是提高教育教学质量的根本。当前,数字出版人才培养工作遇到一大障碍就是教师的数量短缺、专业知识与素质跟不上数字出版快速发展及人才培养的要求。朱晓军指出,高校编辑出版教育师资队伍的专业背景、知识结构等多围绕传统出版教育目标而构建,不少教师缺乏出版实践经验,对现代信息技术不够了解,导致一些数字出版类课程无法开设,或者教学效果不佳。对此,一方面应当加强师资队伍建设,选派教师去武汉大学等高校进修;另一方面,可以邀请数字出版行业的专家来任教,介绍出版前沿信息和技术,培养学生的知识和技能转化能力。其实,数字出版专业教师自身应当确立终身教育理念,自觉学习,及时更新知识结构;政府及高校等机构组织的教师培训应当科学规划,注重实效,创新教育内容和形式。

(五)教材建设

目前,数字出版的理论与实践发展并不成熟,数字出版教育尚处于摸索阶段,其中教材问题凸显。王一婵指出教材偏重于理论,与实践联系紧密的实际案例等分析较少,内容滞后。针对这一问题,首先,应当更新教材内容,由传统编辑出版向多媒体数字化编辑出版转变,增加网络出版研究、计算机编校软件、数字印刷技术等内容;其次,加快编写实务类教材,寻找丰富的国内外出版案例;最后,在信息技术环境下,应利用网络等技术,开发电子资源,便于及时升级、修订等。宋超提出,数字出版的教育培训应当集全球之智慧,也就是说,要加强国际交流,认真研究国外数字出版的成功案例,将案例作为教学素材。

学者们对数字出版人才培养的研究是多角度、多层次的,除了上述五大主要方面,有学者提出了其他策略。陈洁、陈佳立基于媒介融合需要,从数字出版学科建构的角度,探讨了数字出版人才培养路径,建议数字出版学应该确立完善的本硕博一体的学位体系,从根本上解决数字出版人才非专业出身的问题。梁春芳建议引入专业竞赛及职业资格考试与鉴定制度,提高学生的职业素质和技能。

(作者单位:江苏经贸职业技术学院)
摘编自《内蒙古师范大学学报(教育科学)》2014年第4期

论新媒体时代高校培养美术编辑人才应遵循的原则

钱默

在新媒体时代,高校培养美术编辑人才应遵循前瞻性、特色性、综合性、创造性、实践性等基本原则。

一、前瞻性原则

首先,坚持有的放矢,做好需求预测。要做到前瞻性,一方面要进行美术编辑人才的需求和素质调查,另一方面还要进行人才需求和素质要求预测,这样教育才会有的放矢。

其次,坚持需求牵引,搞好顶层设计。根据新媒体时代美术编辑人才的迫切需要,高校在做好各类岗位人才素质要求分析的基础上,明确美术编辑人才所需的岗位能力要求,制定人才培养发展的基本方案,及时调整培养目标和办学定位,加强教学改革,调整课程设置和人才培养模式,力求美术编辑人才培养能够与传媒企业的岗位能力素质要求接轨。

再次,坚持与时俱进,树立超前理念。目前,很多高校艺术设计专业毕业生就业难,有的不能胜任美术编辑岗位,其重要原因就在于高校没有随时代变化不断调整人才培养方案,导致人才培养与社会需求脱节。因此,高校应把美术编辑人才岗位能力的发展变化作为办学的基本思路,用人才培养的超前性强化人才岗位能力的培养,不断推动人才素质结构更新。

二、特色性原则

这里所指的"特色"是专业特色。美术编辑与文字编辑的区别就在于其具有美术专业特色。在新媒体时代,美术编辑的专业特色就是必须具备较强的艺术审美素质、较高的艺术设计能力和熟练运用计算机设计制作软件的能力,这三者紧密联系、缺一不可。因此,高校艺术设计专业应高度重视学生专业能力培养,把提高学生审美素质、加强艺术设计能力和提高专业技能作为教学工作的重点。

培养艺术审美素质是前提。具备较高的艺术审美素质是美术编辑的基本素质,也是美编与文编最大的区别。审美素质的培养可以说是无处不在,例如,通过开设《美术鉴赏》等课程,培养学生对设计美和文学美的鉴赏能力;组织学生观摩各种画展,揣摩不同艺术流派的精髓;悉心观察现代社会无处不在的时尚元素;追踪前沿设计趋势等等,这些都是十分必要的。

强化艺术设计能力是根本。设计能力是美术编辑对美的存在形式的重要体现方式。新媒体时代的来临,文字、图像、声音、视频等各种软件层出不穷,给美术编辑提供了更多的艺术发挥空间。美术编辑如何通过艺术设计以强烈的形式美吸引更多的读者已经成为越来越重要的课题。所以强化学生的艺术设计能力是美术编辑人才培养的主要目标。

提高运用软件能力是手段。在新媒体时代,数字化技术的迅猛发展为艺术设计不断开辟新方法,让美术编辑通过软件更快捷地呈现自己的创意,让创意、设计、制作一体化,为图像的变形、色彩的调整、光影的变化提供了高度的灵活性,使得工作更加高效。

三、综合性原则

美术编辑不仅需要较强的专业素质,还需要了解中外文学、教育学、心理学、编辑学、法学、计算机、生物等社会科学和自然科学领域的相关知识,尤其是编辑出版学和法学知识,这是美术编辑人才必须具备的综合素质。高校如何增强未来美术编辑人才的综合素质,是制定专业建设计划需要注意的问题。

第一,补充编辑出版知识。作为美术编辑,掌握基本的编辑出版学知识是十分必要的。由于高校艺术设计专业培养面较广,没有专门的美术编辑专业,因此,可以考虑开设《编辑学》《新闻学》《出版学》《中外传播史》等专业选修课,培养学生掌握编辑与出版的基本理论与基本知识,基本掌握编辑出版流程,如市场分析、选题策划、文字加工处理、宣传促销等。特别要针对新媒体传播的偶发性、碎片化、个人化和互动性等新特点开设相关课程,学习掌握新媒体的传播规律和发展趋势,使得美术编辑的知识储备适应新媒体时代的市场需求。

第二,重视知识产权教育。在美术编辑实践中,有的美术编辑对知识产权不重视,随便采用别人的设计作品而打官司的事件时有发生。因此,建议将《知识产权法》作为学科基础课程,让学生了解我国有关编辑与出版市场营销的方针、政策、法规,增加学生的法律法规意识。特别是在新媒体时代,信息的传播由一点对多点的传播变成了多点对多点的传播,人们通过新媒体获取信息资源的渠道更多、更便捷,美术编辑经常用到的摄影图片、美术作品等可以信手拈来,而其著作权人往往难以确认,更容易侵犯他人知识产权,必须引起高度重视。

第三,注重文化素质培养。美术编辑必须具有较高的文化素质,才能在实施编辑意图时得心应手、游刃有余。新媒体时代的美术编辑不仅需要对静态的图片、美术作品等有一定的鉴赏力,而且要对基于计算机技术的多维互动摄影、美术作品运用自如,因为新媒体上的摄影和美术作品常常是以动态的形式传播的。要鼓励学生参与专业课程以外的文化素质培养和知识拓展类选修课程,如信息科学、生物学、心理学等,并把该类选修课程纳入学分,还可多开设该类知识讲座,鼓励学生积极参加讲座,扩大学生自然科学和人文社科知识面。唯其如此,高校培养的美术编辑才能在面对一幅风光摄影或是一幅原子结构图片时,都能在美术编辑设计中运用自如。

四、创造性原则

美术编辑的过程是一个再创造的过程,创新性思维和创造能力贯穿于整个美术编辑的过程。艺术设计教学中的创新设计既是教学重点也是教学的难点。在教学中教师应注重对学生创新思维和创造能力的培养,树立以培养学生创造性的思维方法、创造性的设计能力为主线的设计教育思想。培养学生创造性思维及设计能力,建议从以下几方面着手:

第一,培养学生的创新意识。创新意识是设计思维培养的前提。一是鼓励学生敢想、敢说,在教学中给学生充分发挥自由想象力的空间。二是重视发挥学生的主观能动性,选择学生感兴趣的设计主题,调动学生的积极主动性,有目的有计划地结合实践。三是努力营造创新氛围,在校内外举办各种艺术设计作品比赛、作品展览、论文比赛等,激发学生创作激情。

第二,开展创造性思维训练。对学生进行创造性思维的训练,使其养成求新、求异、求变的设计思维惯性。一是注重设计风格的训练。设计风格是艺术家在创作过程中体现的个性格调特色。以书籍装帧设计为例,教师要根据出版物的内容,通过构图、造型、色彩等方面的设计引导学生设定出与出版内容相符的艺术风格,在细节处营造艺术氛围。二是强化个性化表现的训练。进行个性化书籍设计是训练学生创新思维的有效途径。在教学中,教师要让学生熟练掌握必要的知识和技能,技能越熟练,人的视野也就越开阔,个性创作思维也越活跃。教师要鼓励学生借鉴与学习国内外优秀的书籍设计案例,了解现代以及未来书籍的设计趋势,并鼓励学生开拓性地进行一些实验性设计,充分发挥创造力,进行个性化和非常规的书籍设计。三是开展整体意识的训练。整体意识训练是开发学生设计创意的一种特殊的练习形式,可以培养学生前卫的设计眼光与敏锐的设计触觉。在教学实践中,教师要有意识地引导树立整体意识进行全新的设计。

第三,鼓励团队合作共同设计作品。每个学生都有自己的艺术设计个性,让学生组成团队共同设计作品,从不同的角度和思路去创新设计,有助于培养学生的团队意识和合作精神,从而有效地促进学生个性的和谐发展,可以有效地弥补教师难以针对每个学生的艺术个性进行培养的不足。所以,在教学中应鼓励学生组成团队共同完成教师布置的设计作业、合作参加相关设计比赛、合作参加社会实践为出版企业或网络公司设计作品。

第四,开设培养创造力的相关课程。在艺术设计教学中,开设创造性原理及创作技法的相关课程对学生掌握科学的创作方法、提高创作质量有很大的帮助。当然,在日常教学课程设置中,很多课程也与培养学生创造力相关,如广告创意、产品创意、装帧创意设计等,但是这些课并未能形成通识培养平台。

第五,重视评价机制的导向作用。在艺术设计教学中,评价机制的导向作用对学生创造能力的培养具有十分重要的作用。在新媒体时代,由于传统美的模式和美学意识在发生着变化,美的评价标准越来越多元化。因此,作为专业教师不能以个人的好恶作为评价标准,应鼓励学生大胆创新,鼓励学生对各种艺术流派和风格有不同的见解,对设计出有个人风格的作品大加鼓励,充分激发学生的创造潜能。

五、实践性原则

通过社会实践,艺术设计专业学生可以更清楚地了解各种流行元素、设计风格,把握时代潮流,增强创新设计的主动性和时代性。实践证明,重视学生的社会实践、注重校企合作是培养美术编辑人才动手能力的有效手段,对提高美术编辑人才培养质量、促进传媒企业尤其是新媒体企业参与办学、密切人才供需渠道等方面都发挥着重要作用。

第一,建立教学实验基地。有条件的高校应加大硬件经费投入,建立数字媒体设计或出版物设计教学实验室。中国美术学院平面设计系就建有出版物设计实验室作为教学实习基地,学生设计能力快速提高,就业前景十分看好。学校还可通过与相关网络企业进行合作建立教学实训基地,让学生在相关企业内部专业人员的带领下,接触和了解网页美术编辑中更多实际操作中的问题和知识。

第二,加强产学研结合。学校与传媒企业结合才能了解传媒产业的需求,培养传媒产业所需的人才。也只有通过校企合作,学院对传媒企业美术编辑人才培养规格、人才素质要求才更明确,才能根据传媒市场变化不断调整教学计划和课程设置,让未来的美术编辑人才与传媒企业要求接轨,能够很快适应岗位要求。在这方面有很多成功的案例值得借鉴。例如,重庆邮电大学传媒艺术学院与重庆出版社、环球数码媒体科技(上海)有限公司等多家相关企事业单位开展校企合作,艺术设计系、数字媒体与动画系的部分学生参与合作单位的出版物和网页设计,通过实践增强了设计能力,部分同学毕业后很快找到相关工作。

第三,聘请兼职教师授课。由于美术编辑人才的培养只是艺术设计专业人才培养方向之一,不可能设有专职教师,所以聘请高水平美术编辑出版人员参与教学,举办专业选修课或者举办讲座是增强学生教学实践环节的重要措施。多年参加实际工作,特别是在新媒体任职较长时间的美术编辑有着丰富的行业经验,借助他们多年的美术编辑出版经历和对市场的了解,可以让他们介绍当前设计趋势、装帧设计和网页设计案例以及设计与市场的关系等等,这些经验之谈对学生大有益处。

(作者单位:重庆邮电大学传媒艺术学院)

摘编自《长春教育学院学报》2014 年第 21 期

全媒体背景下我国新闻人才培养模式创新研究

——以上海地区高校特色培养为例

文 琼 郝红霞

不同性质的学院在为自己的人才培养目标制定方向的时候考虑了两个因素:首先是为谁培养人才?是大型企事业单位,还是中小型企业;是全国性大媒体还是市县级媒体单位?其次,培养什么样的人才?是具有经营管理和研究能力的高级人才,还是专业性复合人才,还是技能应用型人才?根据学院自身发展优势以及学情,对目标进行细致地划分,才能找到适合自身的差异化发展道路。

一、拓展通识教育,培养思维修养

课程建设是一个专业建设的核心,是研究人才培养模式不可或缺的一部分。当前上海部分新闻专业在课程建设上有所改革,极富有特色。

美国传播学者施拉姆曾说:"一个好记者,必须同时具有政治家的大脑,哲学家的思辨,文学家的语言和外交家的口才。"这就是要求新闻记者是一个"杂家",于是,众多新闻院校开始抓通识教育,特别是985、211 这类知名大学更是将通识教育作为大学一年级二年级的主要课程。如复旦大学新闻学院、上海交通大学媒体与设计学院、华东师范大学传播学院、上海大学影视艺术技术学院均将"厚基础"、"宽口径"作为关键词。

其中,复旦大学以厚基础、宽口径、精英型打出新闻专业的一大片天地。在对其学生通识教育的学分要求上,要求学生通识教育课程必须修满 50 学分,占毕业总修学分(143 学分)的 35%。自 2005 年起,复旦成立了文理学院,设置人文、社会科学、经管、数学、自然科学、技术科学和医学 7 组,为学生提供基础性、公共性和学术性的宽口径专业教育。新闻学院学生根据各自专业方向要选择文理基础课程 28 个学分,在大学一年级时完成。

同时,严格规定学生不得修读本院系开设的通识教育选修课程,否则不计学分和成绩。这就是远离原则,以确保扩大学生知识面,鼓励学生向远离自己专业的学科领域修读课程,使学生利用有限的通识教育选修课学分,更大范围地选修复旦大学众多的学科领域各个不同方面的课程,以开阔视野,了解各学科思维方式、科学方法论以及学科的训练,这种选修课程的远离原则值得我们深思和借鉴。

表1 复旦大学新闻学院本科生学分要求

学分板块	学分设置	课程内容
通识教育	50 学分	I 类核心课程(文史、哲学、世界视野、科学、生态、艺术审美) II 类专项教育课程,III 类通识教育选修课程(远离原则)。
文理基础	28 学分	思政课、新闻传播学概论课程、法政类和经管类基础课程。
专业教育	61 学分	文史、批评、评论、深度报道、对外报道等。
任意选修	4 学分	远离原则

二、突破专业教育，强化优势学科

从上世纪九十年代开始，众多大学寻求一专多能的交叉学科人才培养方式。随着媒体分众化的深入，有某些专业领域特长的新闻人才在实际应用中十分占优势。因此，越来越多的专业性高等院校开设的新闻专业，如上海体育大学的体育新闻、上海外国语大学的国际新闻、上海财经大学的财经新闻等，其教学内容突破了传统新闻教育内涵，将学院专业特长教育融入新闻教育中，造就了专家型记者。

以上海财经大学经济新闻专业为例，该专业充分利用上海财经大学在经济学、会计学、金融学、财政学等学科上的雄厚优势，体现了经济与新闻的契合，教师队伍构成主要来自资深的财经类专业教授、专家以及新闻研究人员。除了基本的新闻理论知识和技术，经济专项教育贯穿大学四个学年的学习中，主要开设新闻专业课，如新闻学概论、新闻采访与写作、经济新闻实务等，以及经济类专业课，如宏观经济学、微观经济学、管理学、市场营销学、货币银行学、财政学等，更有财务报表分析、证券投资等专项业务学习，使学生打下了良好的专业根底成为跨学科的复合型人才，该专业学生90%以上在财经类媒体、企事业单位就业。

三、开设新媒体课程，提高学生新媒体素养

媒介融合导向的课程体系调整是突破口，这一调整趋势早已席卷全球。目前，全国各高校在专业课程中均增设了新媒体相关的课程，如媒介融合概论、新媒体技术基础、新媒体概论等，从而实现新媒体教育的渗透，提高学生新媒体素养。

以上海电影艺术职业学院新闻采编与制作专业为例，该专业在2011年便开设了《网络编辑》《电子杂志编辑》等课程；2012年开设了《新媒体概论》《手机报编辑与制作》；2013年开设了《全媒体新闻采访与写作》课程；2014年，该专业经过再次定位，在课程建设上，精简全媒体教学内容，整合新媒体课程群，其中包括《新媒体传播》《新媒体内容创编》《微博微信运营》《手机报编辑与制作》《网络编辑与专题策划》等课程。

四、创建多媒体网络化实训平台，培养学生全媒体技能

实践教学是大学教学方式的重要组成部分，目前各高校越来越重视学生的实践操作能力。各高校的实践教学方式也呈现出多元化、全媒体化的趋势。如华东师范大学传播学院建立了全媒体平台，包括数字出版、数字杂志、数字报纸、数字广播、微电影、数字广告、微博等多媒体传播内容，每个学生均可在该平台上展示自己的作品；同时仍有校园电视台、官方微信等，学生策划焦点新闻，全方位传播校园资讯，锻炼实战能力。作为普通民办高等院校，上海建桥学院新闻学院的微信群十分有特色，其微信群体分为官方微信和学生自营微信两类平台，官方微信由专业教师带领学生运营，以学院重大事项、校园主流文化为宣传内容；新闻专业学生自营订阅微信平台则以校园趣闻、班级趣事为主题，充满了个性化、特色化的传播内容。两者互相宣传、相辅相成，成为学院宣传形象的良好平台，也让新闻专业的学生得到了新媒体运营的实战经验。

上海电影艺术职业学院是高职高专院校，但作为后起之秀，该专业在短短五年时间里却摸索出了较有特色的实训方式。该专业目前已建成校报、手机报、网站、电视台、微博五大全媒体实训平台，学生在二年级进行为期一年的媒体实训，采集学院以及上海重大高校新闻事件，以图片、视频、文字等多种手段面向全校及社会传播新闻，在教学评估工作中得到了专家学者的一致好评。值得一提的是，该专业的媒体实训课程是全员实训，每个学生都有自我展示和实训的机会，同时以学院不同专业和职能部门进行划分采访战线，每个小组对应一个战线，以发表出来的文字稿件、图片、视频、微博、微信等作品作为学生成绩统计依据，这种评分方式大大提高了学生的积极性，更有效地加强了学生的媒体素养。另外，该专业积极拓展校企合作，开门办学，让学生参加社会新闻事件的采访和宣传，让学生接触市场一线，提高学生的社会竞争力。2014年，该专业在实训教学方面精简传统媒体实训内容，加强校园新闻APP、微博微信等移动媒体实训力度，培养新媒体技能人才。

（作者单位：上海电影艺术职业学院）
摘编自《新闻传播》2014年第11期

全媒体时代背景下新闻专业人才培养

黄 芳

一、全媒体时代对新闻人才的要求

当媒介融合开始改变新闻信息的传播结构,逼迫新闻传播主题采用新的信息组织方式与工作流程时,全媒体时代也就无可避免的对新闻人才的素质提出了新的要求。以新闻编辑人才为例,传统新闻媒体编辑人才强调策划能力与写作能力,而全媒体新闻编辑人才在此基础上,还要求编辑具备适应不同类型媒体整合需求的设计能力、营销能力、时效能力和思考能力。要求其设计能够满足不同类型的需求,营销能够产生产品的最大效应,时效上要满足不同受众的时间要求,思考上能够跟上媒介融合趋势下全媒体的运营要求。如果简化一下,笔者认为全媒体时代对新闻人才在知识、技能和营销方面,都提出了新的要求。

首先,在知识层面,要求新闻人才具备跨学科素质。新闻本来就是一种社会的反应。当前,各种新闻事件的背后其实也就是一个社会的进展的记录。在社会知识开始交叉融合之后,新闻对社会的反应本身就要求记者具备一定的跨学科素质。

其次,在技能层面,要求新闻人才具备跨媒体技能。不同的传播技术造就了不同类型的媒体,媒介融合的根本性因素在于传播技术的革新,而媒介融合的核心技术在于信息网络技术的发展。信息网络技术不仅为媒介融合提供了支撑,可以说,信息网络技术也会改变新闻专业人才的信息搜集方式、信息表达能力和信息挖掘深度。在信息技术基础上,新闻专业人才的信息表达能力可能既是文字的也是画面,相信更多是画面;即可能是深度的报道也可能是类似于微博、微信类的短讯式样报道。在不改变信息的基本意思情况下,全媒体要求记者采写的信息能够适应报纸、广播、网络、电视、手机等不同类型平台受众的信息需求,虽然内容基本一致,但是信息的形态与形式是多种多样的,这就是全媒体对新闻人才跨媒体传播技能提出的新要求。

最后,在营销方面,要求新闻人才具备跨产品经营。在媒介融合之前,新闻机构的人才划分较为明显,新闻采编、广告运营之间的界限分明,并且,各项政策要求新闻采编人才不得跨界进行广告运营,传媒机构的"二次销售"商业模式明显。所谓的"二次销售"指传媒机构首先把产品销售给读者和受众,基于读者的数量和质量,媒体就能获得或大或小的传播功能;媒体再把传播功能销售给广告主,进而实现其商业价值,完成商业模式的闭环。但在全媒体时代,新闻对于媒体而言,不再是获取广告的一个中介物,很多时候,一些新闻就直接成为了产品,受众基于本身的需求与喜爱,直接付费。

二、全媒体时代新闻人才培养对策

如果撇开全媒体时代背景,就之前和当下的新闻人才培养而言,新闻机构对于新闻院校人才的录用率超低,这一不争的事实反应了新闻院校人才培养的诸多问题。首先,在办学模式上,在国内新闻实践界和新闻理论界之间的联系本来就少,业界对新闻人才的要求是实用的,而学界似乎倾向于培养新闻批判类人才,导致新闻人才培养中严重缺乏实践锻炼环境与平台;其次,在课程设置上,受制于新闻专业教育的困惑,新闻院校强调新闻采写编技能的培养,但是,一个较为明显的情况是,学生从事新闻工作后,上手能力可能较强,但是持续的后劲不足。

(一)办学模式:新闻院校与新闻业界融合

全媒体背景下媒介融合发展首先发生在新闻业界,其次,才会有新闻业界对新闻院校的人才培养提出具体要求,这应该是人才培养的一种传导机制。之前,受制于种种因素,新闻人才培养之间的传导机制一直不畅,在当前媒介融合大背景下,欣喜的看到在2013年中宣部联合教育部发出《关于地方党委宣传部门与高等学校共建新闻学院的意见》之后,新闻业界与新闻院校之间的融合从之前的"点"状开始走向"面"状。人民日报与清华大学、新华社与北京大学、光明日报与中国政法大学等纷纷共建新闻学院,中央媒体与高校共建新闻学院掀起一个高潮。可预见新闻院校将为新闻业界的媒介融合发展提供理论参考，而新闻业界将为新闻院校的媒介融合背景下全媒体人才培养提供实训场地。从目前来看，在政策引导下的新闻院校与新闻业界已经建立起了融合发展的关系，其融合效果虽然有待观察，但至少这是一个正确的起点。

（二）课程设置：专业课程与通识课程融合

复旦大学新闻学院院长宋超认为，针对媒体融合趋势下的全媒体人才需求，新闻院校应该以"融合"应对"融合"，要看到现代社会是一个既高度融合又高度分解的社会，媒体走上融合化、分众化、精细化的发展道路，这就要求新闻传播教育一方面要坚持并进一步巩固通识教育，奠定学生深厚的文化根基，为今后的长远发展夯实基础，另一方面进一步加强专业化和知识化，推进通识教育与专业人才的融合，着力培养创新型、复合型人才。

（三）教学方法：理论指导与实践教学融合

如果说办学模式上新闻院校与新闻业界的融合是培养全媒体新闻人才的一种大背景，那么课程设置上专业课程与通识课程的融合可以看做是一种中观环境，而教学方法上理论指导与实践教学融合则是微观的，更是基础，是以上两种层次融合的根基。传统新闻院校教学最大的弊端就是将新闻教学与新闻实践隔离开来，其实，从新闻研究来看，新闻可以成为一门学问，但是，从新闻实践来看，特别是从新闻人才的培养来看，新闻某种程度上就是一种实践中经验与教训的累积。

（作者单位：湖南大众传媒职业技术学院学报编辑部）

摘编自《湖南大众传媒职业技术学院学报》2014年第6期

我国网络与新媒体人才需求调研与专业培养

余 红 李 婷

当下我国社会需求什么样的新媒体人才？与更早介入互联网的计算机和电信专业相比，新闻传播学类的网络与新媒体专业的核心竞争力在哪里？鉴于此，课题组进行了我国网络与新媒体人才需求信息调研。

一、研究设计

（一）调研对象

本研究采用立意抽样的方法，选取对新媒体人才需求量大的大型门户网站、网络媒体、互联网公司、企业和事业单位为研究对象。抽样过程如下：

（1）大型门户网站。选取新浪、腾讯、搜狐、网易。这四大门户网站是目前国内同行业中颇有影响的网站，他们对新媒体人才的要求，在一定程度上反映了整个社会对新媒体人才的要求。

（2）网络媒体。选取人民网、央视网、南方报业网、凤凰网。网络媒体的选择按其所依附的传统媒体的权威性。上述网络媒体所依附的传统媒体依次为：《人民日报》、中央电视台、《南方都市报》、凤凰卫视。

这几个传统媒体在全国范围内都具有相当的权威性，他们对新媒体人才的需求，可以在一定程度上反映出传统媒体在向新媒体转型的过程中对人才的素质要求。

（3）互联网公司。选取北京百度网讯科技有限公司（北京）、上海盛大网络集团公司（上海）、阿里巴巴（中国）有限公司（杭州）、深圳市迅雷网络技术有限公司（深圳）。选取以上4家网络公司为研究对象是根据其公司所在地区的经济发达程度，并结合网络公司自身的发展状况而决定的。经济发达的地区往往也是新媒体最先得到应用而且发展最快的地区，可以较大程度地反映出新媒体时代人才素质的发展趋势，符合本研究的目的。

（4）企业。选取中国建设银行、中国移动通信集团公司、华为投资控股有限公司、中国南方电网有限责任公司。以"2012年中国大陆进入全球500强榜单"为关键词在网上搜索，搜出了79家企业。在对这79家企业的招聘职位有大致了解的基础上，根据职位与本研究的相关性由高到低的筛选原则，研究者从这79家企业中选出了上述4家，作为"企业"方面的研究对象。

（5）事业单位。国务院直属事业单位有17家，采用立意抽样的方法进行抽样，本研究抽取新华通讯社为研究对象。

综上，对五种研究类型分别进行抽样后，共选取了以上17个单位作为抽样的研究对象。调查主要针对我国大型门户网站、网络媒体、网络公司、企事业单位近两年（2011年1月1日—2012年12月30日）对网络与新媒体人才的招聘信息展开，集中搜索上述17个单位在这两年内网上发布的所有招聘信息。课题组分别以17个单位的名称为关键字词在网上搜索，共搜到1512条招聘信息，删去68条无效（内容不详）的招聘信息，最后得到1444条有效信息作为样本。

（二）网络与新媒体人才分类

为提高研究的科学性，本研究采用内容分析的方法统计社会对新媒体人才的需求，因此需要建立网络与新媒体人才分类的标准。整理招聘信息发现：社会对新媒体人才的需求可以划分为网络研发、网络运营和网络营销三个大类，每个大类下细分职位类型和具体岗位。

二、数据分析结果

从招聘职位统计数据可以发现：

（1）创新是互联网时代制胜之道：新媒体研发人才需求强大从新媒体的研发、运营和营销三大板块来看，研发岗位需求（54.36%）远远高于运营（28.33%）和营销（17.31%）。

构成网络研发的三大类职位中，从高到低依次为：技术研发（36.98%）、产品设计（11.36%）、工程测试（6.02%）。说明：产品是企业的生命线，创新是互联网时代的制胜之道。

（2）三大热门新媒体人才：后台研发、文本编辑和产品经理。新媒体岗位招聘信息显示社会最需要的新媒体人才的前三名是：后台研发（26.25%）、文本编辑（11.57%）产品经理（11.36%）。上述需求量最大的新媒体人才中，后台研发岗位招聘基本上面向计算机、通讯类专业，其余两类人才专业来源广泛。

（3）大数据时代信息搜索能力基础化，数据分析异军突起人类社会已经进入"大数据"时代。

互联网快速更新产生的海量信息，需要采用专业技术进行分析和处理，"沙中淘金"。挖掘大数据价值、提供大数据服务能力是大数据时代的核心竞争力。数据分析岗位的招聘信息占据8.73%的比例，在岗位需求中位列第五。

（4）"通才"和"专才"：新媒体岗位对专业背景的要求。新媒体岗位招聘对专业背景要求呈现两种情况：跨专业的融合型人才和精通某一领域的专才。互联网内容维护、产品设计等人文与技术相结合的岗位需求融合性人才，而数据分析、后台研发、产品测试等技术性岗位需要技术专才。

编辑岗位要求应聘者要"知识广泛，关心时事""有良好的文字功底""熟悉互联网""兼具专题策划、组织线上线下活动、摄影等方面的综合能力"。近六成的文字类编辑岗位招聘明确提出"不限专业"，有少数编辑岗位比如"历史编辑""房地产编辑""高尔夫频道编辑""美食编辑"等专业性较强岗位指定招收专修历史学、营销、体育和酒店餐饮等专业的人才。

"产品设计"职位普遍要求应聘者有"市场敏感度"，能够了解用户体验的要素，熟悉网站的运作模式，能够对网站运营、商业策划提供建议。显然"产品设计"属于懂技术、有创意、熟悉市场的"复合型人才"。目前的产品经理专业来源广泛，近两成的招聘注明需要计算机专业的人才，其次为电子、销、管理、视觉设计、广告、数理统计类专业。

"后台研发"和"产品测试"的人才需求专业性极高，近七成的招聘信息中明确提出招收计算机软件、通信相关的专业。"数据分析"职位类别所招收的人才专业性要求极高，明确提出要"有良好的逻辑思维能力"和"优秀的数据敏感度"，能够"根据业务需求建立数据模型"，并"对数据进行挖掘分析"，"熟悉数据挖掘的常用算法"。

（5）"高学历"在新媒体行业不再是敲门砖。对1444条样本的信息进行判断和整理，统计出新媒体岗位的学历分布统计表，统计数据纵向显示，新媒体招聘岗位的学历需求大多为"本科"，占据总量的57.13%，远超过其他学历层次。其次，显示"不限"学历的招聘信息也较多，占据总样本量的20.85%。按照比例由高到低的顺序进行排列，其余的学历层次依次为"硕士"（16.76%）和"大专"（5.26%）。可见，本科学历层次新媒体人才市场需求量最大。

三、关于网络与新媒体专业人才培养的思考

我国社会大量需要以本科学历层次为主体的网

络与新媒体人才，教育部本科专业目录增设网络与新媒体特色本科专业正逢其时。与更早开设新媒体技术、网络开发的计算机和电信学科相比，新闻传播类的网络新媒体专业培养目标和专业核心竞争力需要明确。

1. 培养目标："授人以鱼"还是"授人以渔"

从国外新闻院系新媒体专业设置的经验和教训来看，存在"授人以鱼"还是"授人以渔"的分歧，即目标是传授学生最前沿先进的新媒体技术还是超越技术层面的"新媒体思维"？在20世纪90年代，美国一些新闻院系就开设了新媒体专业或课程班。截止到2012年美国有87家大学开设了111个新媒体相关专业，有26所大学设置了新媒体院系。学士学位是美国新媒体高等教育中最主要的学位层次，授予文学学、艺术学士、理学学士三种类型的学位，其中以文科学位居多。不同类型学位体现了培养目标的差异。

从我国社会对新媒体人才需求情况来看，很多招聘职位明确要求应聘者掌握若干前沿新媒体技术，显示我国社会需求应用型新媒体人才。但综合性大学学士学位人才培养不同于大专和职业培训，专业设置必须要有前瞻性和可持续发展能力。与计算机和电信等专业培养的新媒体人才（工学学士）相比，新闻传播类的网络与新媒体人才（文学学士）在技术上不具备优势；新闻传播学的优势在新媒体的"媒体"属性方面。但可惜的是，在媒介融合浪潮中，作为新闻传播学的传统优势领域的"网络内容维护"岗位的优势不再那么明显，中文、哲学、经济学和社会学等诸多人文学科已经进入这个领域。因此，夯实新闻传播学已有"领地"，拓展新的专业增长点是新闻传播学在互联网时代不能回避的问题。

任何专业开办都与所在院系和学校特点紧密相关。基于不同大学的优势学科和品牌资源的差异，我国高校的网络与新媒体专业可以实现多元化发展。一些以信息技术类学科为优势学科、强调"应用见长"的高校可以新媒体技术为主、理论为辅的应用型人才培养为特色；而一些具有深厚人文社科底蕴的高校新闻传播院系则可以培养以新媒体思维为主、新媒体技术为辅的学习型人才。

2. 网络与新媒体专业的核心竞争力

按照技术在新媒体职位中的重要性，可以发现技术性岗位往往面向具有特定专业背景的人才，如数据分析、后台研发、产品测试等技术性岗位主要面

向计算机科学与技术、电信和软件工程等学科；而其余职位的招聘要求显示需要人文与技术交融的复合型人才。根据市场需求，结合新闻传播专业优势和特色，网络与新媒体专业的核心竞争力可以考虑以下两个方向：新媒体传播和新媒体设计。

（1）核心竞争力之一：新媒体传播。新媒体传播涵盖了在各种新媒体平台上进行网络新闻、网络专题策划、网络公关和营销等各种传播活动，专业旨在培养学生网络传播理论和素养，掌握新媒体的"媒体"属性和传播规律，具备运用新媒体进行新闻传播和策略传播的能力。新媒体传播某种程度上可以视为新闻传播学原有优势在互联网上的延伸，但新媒体传播显然不同于传统新闻传播。在互联网这个新媒体平台上，由于报刊、广播电视、互联网所依赖的技术越来越趋同，传统新闻学、广播电视学、网络传播呈现越来越强的融合趋势，全媒体记者、融合新闻人才、互联网营销人才都属于新媒体传播人才。

全媒体记者或融合新闻人才需要具备突破传统媒体界限的思维与能力，适应融合媒体岗位的流通与互动，集采、写、摄、录、编、网络技能运用及现代设备操作等多种能力于一身互联网时代重要性日益凸显的网络营销是基于特定产品的概念诉求与问题分析，对消费者进行针对性心理引导的一种营销模式，营销模式从传统的宣传模式向卷入度改变。

各个高校可以依靠自身优势侧重发展某个方向，当务之急是需要打通传统新闻传播教育"条块分割、各自为政"的状况，实现全媒体人才培养，夯实、巩固传统优势领域。

（2）核心竞争力之二：新媒体设计。在夯实传统优势领域之外，需要思考开拓新的专业增长点。社会对"文工交叉"复合型人才（如新媒体设计/产品经理）的显著需求也给高校拓展专业新的增长点提供了机遇。产品经理位列最热门新媒体岗位的第三位，足以显示出产品设计对于新媒体公司的意义。

在新媒体不断发展壮大的今天，虽然网络产品的种类丰富，但产品的同质化现象也较严重。"山寨"产品之下，即便可以吸引受众的注意，但随着其他新媒体产品的推陈出新，其所具有的吸引力也很难持久。网络产品始终是网络公司的生命线，是推动公司发展的支柱力量。因此，产品设计人才对于新媒体公司而言也尤为重要。产品的新概念和创新性，往往来源于此。而一个优秀的产品设计者，不仅要时刻关注最前沿的新媒体产品信息，不断创新产品的形式和概

念,而且还要有全局的观念,能为公司提供长远的产品规划,属于"技术"与"人文"交叉的高级复合型人才。

在文字表达和新闻业务方面,网络与新媒体人才没有新闻学、中文类专业的人才业务过硬;在新媒体技术方面,网络与新媒体人才没有计算机、电信等专业的人才优势大。单纯来看"内容"和"技术",网络与新媒体专业不存在明显过人的优势。但新媒体人才需求的综合化发展趋势使得"1+1>2"可以在网络与新媒体专业上体现出来。通过文工大跨度交叉培养,对网络与新媒体专业学生进行"技术"与"人文"双重培养,形成1+1>2的效果。这种"复合型"人才与只懂技术参数的技术员对比,在产品创意和产品设计方面具有优势。在产品经理需

求凸显的社会现实背景之下,新媒体设计很有可能成为网络与新媒体人才培养的特色方向和重点突破口。

3."媒介融合"要求"融合性课程"

媒介融合已经打破原有的行业界限和媒介形态,相应的课程体系应该从原来的"媒介条块分割"模式下转型,实现新媒体技术与内容的实质性融合。在教学课程设置方面需要打通报纸、广播、电视和互联网的授课内容,在师资方面配备背景多元化、技术融合型专家授课团队,在设备方面提供先进的新媒体实验室。

(作者单位:华中科技大学新闻与信息传播学院)

摘编自《现代传播》2014年第2期

我国网络与新媒体专业教育探索与思考

——对华中科技大学网络传播专业十七年"试错"的反思

余红 吴琼

网络与新媒体相关产业的迅速发展导致市场对人才需求不仅在数量上激增且在具体要求上发生变化,这对新闻院校的人才培养提出了新的挑战。

一、网络与新媒体专业办学现状

国内很多高校都已开设网络传播或新媒体方面的课程,并由开设相关课程向创办相关专业迈进。各高校都从自身特点出发,探索自己的教学模式和课程设置。张芹、黄宏在《高校网络和新媒体传播专业人才培养模式分析》将网络与新媒体传播专业的课程设置分成讲求新闻主义的中国人民大学模式、崇尚技术主义的武汉大学模式以及推崇传播学的复旦大学模式三种模式,随着网络时代的全面发展,网络与新媒体的含义扩展,不仅这几所高校的课程有了一些变化,同时也出现了其他类型的培养模式。笔者在114所985、211高校中具体提炼出了24所设立网络或新媒体相关本科专业(方向)的高校,并将其进行总结和分类,具体如下:

表1

教学模式	985、211高校
网络策划与新闻	中国人民大学、北京大学、兰州大学、西北大学、东北师范大学、湖南师范大学、华南理工大学传播(跨媒体新闻方向)、南京理工大学
网络传播技术	武汉大学、华中科技大学、华中师范大学
网络传播素养	复旦大学、北京师范大学(网络传播专业)、中国科技大学、大连理工大学
网络编辑	华南理工大学编辑出版学(网络传播与电子出版方向)、中国传媒大学的编辑出版学(新媒体编辑方向)、内蒙古大学
数字媒体艺术	北京交通大学、中国传媒大学、北京师范大学(数字媒体艺术专业)、安徽大学、华南师范大学、华南理工大学、哈尔滨工业大学、东华大学

这些高校基本可分成五类，除了已经提炼过的三种外，还增加了电子出版方向和数字媒体艺术方向。前者是将那些设立在人文学院下的传播专业或出版专业延展成自己的院系特色，将培养网络编辑作为具体培养目标；后者主要是将数字技术、计算机软件领域中的优势延伸到文化传播领域，培养新一代既掌握传播实务，又具备创意、设计思维的复合人才。

我们选取各模式中的典型高校的课程进行具体分析：

表2

代表高校	类计	公共基础课		传统新闻学课程	传播学课程	网络传播及技术
中国人民大学	19	4		7	3	5
复旦大学	39	必修	1	4	9	2
		选修	5	6	8	3
武汉大学	29	必修	2	7	1	13
		选修	2	4	2	0

从课程设置上，人大在公共基础课和传统新闻课程居多，占到了总体课程的58%，同时设置了与新闻相关的网络类课程，从而使新闻可以通过网络技术优化，通过网络渠道进行传播；武汉大学的必修课中有57%的网络传播及技术类课程，涵盖了网络新闻、网页设计、网站策划、网络广告、电子商务、动画设计、网络信息检索等，脱离新闻学的影子，重构网络传播的课程体系；复旦大学传统新闻学课程和传播学课程占69%，且传播学的比例高于新闻学，除了大众传播和人际传播外，拓展传播学的内涵，开设大量组织传播、跨文化传播、危机传播、政治传播、视觉传播等相关选修课程，同时注重传播研究方法和传播基本素养的培养，如商务沟通、演讲与修辞等。

表3

代表高校	专业基础课程	网络及新媒体类课程
华南理工大学	编辑学、传播学概论中外编辑出版史、新闻学基础、媒介伦理与法规、书刊编辑实务、传播技术基础等	网络传播、文化创意产业概论、多媒体素材采集与制作、电子与网络出版、数字出版与网络编辑等
北京交通大学	素描、构成设计、视觉传达设计、视听语言、镜头画面、非线性编辑、动画剧作、摄影摄像技术与艺术、影视广告等	计算机图形设计、数字图像处理、数字音频技术、网络技术与动态网站设计、动画设计、动画制作、游戏程序设计、影视特效、网站设计、交互式数字媒体、数字建筑漫游、新媒体艺术等

不似前几种模式新闻传播类课程居多，网络编辑和数字媒体艺术方面则更直接的在课程中得到体现。以华南理工大学编辑出版学（网络传播与电子出版方向）为例，在出版专业的基础课程外主要增加了多媒体素材采集与制作、电子与网络出版、数字出版与网络编辑等。而数字媒体艺术方面，主要设立在设计、艺术、美术等院系，北京交通大学则在艺术领域增加了网站设计、交互式数字媒体等。这五种模式中，以网络策划与新闻和新媒体艺术开办的学校数量上更可观。传统新闻学稍加改造，增加一些网络传播的理论课程即可，该模式与新闻学差异不大；新媒体艺术专业则可以和不同专业结合，如新闻传播专业、计算机专业、艺术专业等，发展前景大。

二、网络与新媒体专业建设面临的问题

2013年上半年，教育部在新增"网络与新媒体"

专业的同时，对申请学校进行了批复。28 所高校中有 15 所二本、10 所三本，却只有 3 所一本（暨南大学、西北大学、上海外国语大学）。上海外国语大学郭可教授表示，该校从 2011 年申报至今共花了 3 年时间准备，调动学校资源及专业技术支持的同时，公派教师前往美国脱产学习和知名网络公司学习，并考虑建立专业的实践基地和实验室。从中我们可以窥见新专业的建立需要大量的资金和师资力量投入。而其他高校大多还是在传播学门类下办网络传播，这反映了大多一本高校并未明晰网络与新媒体专业与传播学专业的界限。而已创办的新媒体专业大多仍处于摸索阶段，从理论上的探讨到培养方案、课程设置的确定都还需要实践的检验。

华中科技大学新闻与信息传播学院的网络传播专业方向已经开办了 17 年。作为国内最早开办网络与新媒体方向的院系之一，网络传播办学方向经历了网络新闻→网站开发→网络产品三次转型。一定程度上，华科大新闻学院 17 年的"试错"具有一定的代表性。

（一）紧跟前沿技术带来的问题

1. 需要前瞻性的培养目标

华中科技大学作为一所理工科为优势学科的综合性大学，注重培养应用复合型人才，新闻与信息传播学院网络传播专业方向培养目标的三次转型也是顺应新媒体技术发展趋势和人才市场的需求。新媒体的发展速度愈来愈快，远远快于 211 高校本科人才培养周期所需要的时间。如果此类学校专业培养目标过多瞄准信息传播技术层面，则一方面形成与计算机和电信等相关专业竞争的局面，另外一方面技术的日新月异也使得人才培养更多处于一种"疲于奔命"的技术追赶中；更可怕的是 4 年教学周期过去，培养的专业人才明显滞后于市场的需要。因此，技术的快速发展需要院系基于预见性，预测未来网络传播人才的发展和市场需求，设立前瞻性培养目标，进行创新性培养。

2. 需要理论上的强大支持

专业的学习需要强大的理论支撑，而新专业的教学在这一方面明显缺失。为解释新媒体与网络传播的新现象，在学习基本传统的大众传播学外，需延伸和构建全新的理论及应用体系。而目前国内学者翻译的相关外文论著以及相关新理论数量少且更新慢，学者每年出国进行脱产培训以及访问的机会有限。教师充实自身理论的途径狭窄，对专业教育也造成了限制。

华科大 1998 年创办全国先河的网络新闻传播班时，没有一套现成的系统的网络新闻的教材。为了编写专门教材，学校和老师投入了相当大的人力、物力；但随后这方面的教材建设未能够得到足够重视。网络与新媒体发展快速、媒体形态变化之大，教材需要及时更新和调整。现有教材不仅版次更新慢，且很多内容已经跟不上时代发展。2013 年 5 月 23 日，由华中科技大学主办且北京大学出版社协办的首届高校网络与新媒体专业建设研讨会上，26 所相关高校参加会议并最终确定网络与新媒体专业主干课程 13 门、专业选修课程 12 门，包括了《网络文化》《新媒体与社会》《网络与新媒体研究方法》《网络与新媒体文学》《西方新媒体理论》《网络与新媒体技术应用》《数字出版导论》《融合新闻学导论》《网络游戏》《网络与新媒体用户分析》等，由此国内首个系统、权威的网络与新媒体专业课程体系形成，但教材的编写、出版和落实均需要时间，实际教学效果也有待验证。

3. 技术的发展需要加强实践

人才培养过程中，除了理论提升外，更需要近距离实践。1998 年，学院专门成立传播科技教研室，购入 32 台联网电脑，买入 40 万元的设备，以满足在课程中文字处理、多媒体制作、数据库应用程序开发、数理统计、网页设计等的需求。在第一阶段投入后，后续的投入相对减少，电脑开始老化，更新换代慢，难以满足教学需求。作为一门实践性强的专业，网络与新媒体专业教学上应该具备摄、录、编、播设备和网络实验室。但作为处在理工科学校的文科院系，办学资金不足以及投入不够的问题一直影响着教学设施的现代化，硬件的缺陷严重制约了学科的发展，阻碍了课程改革与教学方式的革新。

除课程上的实验课外，学院鼓励学生加入校内平台（如记者团、广播台、校报等）和专业竞赛（如计算机大赛等），使学生在合作中学习新知识，在竞争中获得新突破；其次，提倡多样的实践／实习，并且设置具体的学分要求，从 2005 年的 12 个学分到 2011 年的 28 个学分，学分要求不断提升。但与学院的新闻学专业已基本建立完善的实习基地相比，网络传播专业实习基地还需要大力拓展。

以实验室和科研带动的工作坊模式在人才培养中发挥着关键作用。目前四川外语学院新闻传播学院正在尝试进行融媒介实验室的建设，试图建立一应俱全的全新结构，实现印刷、平面、视觉和网络媒体各种媒介资源的一体化共享。从教学和市场需要的角度考虑，高校应在可承受范围内加大资金投入，加强硬件设施建设，让学生能在实验室的环境中进行模拟性实践操作,为独立开展工作做准备。

(二)媒介融合要求融合性课程体系

网络与新媒体专业的目标是培养复合型应用人才。早期的交叉是简单意义上学科知识的交叉,即文工交叉或文理交叉。媒介融合涵义更广泛,包括了文理交叉、媒介交叉、技术和内容的交叉等。新一代数字技术和网络通信技术的快速发展直接导致了媒介之间的生产融合、组织融合、市场融合以及传播平台的融合,成为媒介融合的主导力量。媒介融合对现有课程体系和教学方式提出挑战。

1. 培养方式待创新

想要培养出理论和技术兼备的创新人才,简单的"课堂教学 + 实习实训"无法满足需求,新的专业教育需要新的培养方式。2010 年,依托华科大优势工科的强大实力和品牌,新闻与信息传播学院对网络传播专业学生实行"双学位实验班"培养,在依托主流培养方式的基础上,将跨院合作模式和双学位模式结合。跨院系合作办专业成功与否很大程度上取决于合作双方的合作意愿强度和合作的深度。

2. 课程体系需明朗

我院课程体系是按照通识教育基础课程、学科基础课程(大类基础课程、专业基础课程)及专业课程来划分。不同时期,课程体系有部分修正。

就整个发展阶段而言,学分、课时不断修改、精简。2009 年以前,学科基础课比例大大超过学科专业课,从具体课程而言,新闻基础训练的课程比重明显高于新媒体领域相关课程,这使得该专业与新闻传播类其他专业无实质区别,学生不具备优势与竞争力。专业形式与内容的脱离,使专业处于位置不明的尴尬境地,间接损害学生的积极性。2009 年,专业课程学分设置首次超过基础课学分,专业核心特色在课程体系上凸显。

3. 媒介融合对师资和教学方式提出挑战

网络与新媒体专业属于交叉应用型专业,理论和技术"二手都要硬"。因此师资方面需要将理论丰富型和技术型教师合理配置,将单一的人文院系改变为人文、社科和自然科学的复合结构,满足新媒体教学的需要。英美一些高校在媒体课程中吸纳传媒业界的精英人士加盟教育,使得师资力量充足而冗余,有效而不过度,这种具有弹性的师资结构值得借鉴。

网络与新媒体专业教育更需要授课方式的创新,打破教学中媒介课程"条块分割、各自为政"局面,改变多学科课程"一次性打包、杂糅或乱炖"的状况,尝试教学内容和教学方法的变化。国外一些高校在融合型课程上所做出的努力值得我们借鉴,如美国密苏里大学、美国南加州大学新闻系媒介融合课程等。

(作者单位:华中科技大学新闻与信息传播学院)

摘编自《东南传播》2014 年第 5 期

新媒体专业教育定位研究

——以媒介形态创新为视角

鲍立泉　胡佩延

一、新媒体专业教育定位的现状

统计数据虽然表明当前新媒体专业发展势头良好,然而各高校本专业的培养方案及课程体系却差异很大。学生在进入相关学校该专业学习后,对专业的认知情况也存在困境。

(一)相关高校培养目标与课程设置

通过对开设新媒体专业教育的高校官方网站进行查询,并对其培养目标进行分析归类,目前新媒体专业教育主要集中于新媒体内容生产和新媒体运营管理上,多数高校开设的新媒体专业都选择这两个方向作为培养目标。在对各高校培养目标文本进行分析后,笔者还发现多数高校强调"宽口复合"的交叉人才培养模式,在课程设计上选择理论基础、新闻业务、互联网技术、媒介经营管理、营销公关、视听软件应用等课程模块,且大部分课程属于"概论"或"通论"课程,课程间的相关性较弱。

(二)新媒体专业学生对专业的认知与认可情况

由于目前开设新媒体专业的院校均属于初创期,一般只有大一新生甚至还没有招生,因此本研究选择开设相关专业时间较长、教学经验较为丰富的华中科技大学、武汉大学、华中师范大学三所高校新闻传播学科下"网络与新媒体"专业大一至大四的学生进行问卷调查,以了解新媒体专业学生的专业认知情况。调查前期通过对部分在校本科生的访谈,收集有关大学生对专业认知的一手资料,结合现有文献资料的梳理,从以下两方面了解学生的基本情况:①专业认识:包括学生对专业培养计划、培养目标、培养模式、学习要求、发展趋势的认识;②专业认同感:包括学生对专业的满意度、期望符合度、专业认同感以及个人发展目标的设定。本次调查采用概率抽样的方法,最终获得问卷101份,其中有效问卷为93份,问卷有效率为92.08%。在参加调研的样本中,华中科技大学36人,武汉大学33人,华中师范大学24人。在专业认识方面,对专业计划、专业课程、培养目标、学习要求、发展趋势认识采用

李克特五级量表来进行测量,发现仅有少数学生对自己所在专业的培养计划、培养目标、发展趋势等方面有清晰的认识和了解。

调查数据说明,学生对"网络与新媒体专业"相关情况缺少了解,认识模糊,第一、第二志愿主动报考该专业的学生较少,说明对新媒体专业的宣传不够;报考的学生在进入专业学习后感觉有心理落差。专业认识不深、对未来发展缺乏信心、工作前景不清晰等因素成为影响学生学习的主要因素。在进行专业教育时,教师已将新媒体相关领域作为学生将来发展的主要引导方向。细分来说,学生个人发展意愿并非新媒体内容生产,而是集中于互联网企业创新研发岗位(包括技术、策划、设计岗位)、媒体运营岗位和营销管理等岗位上。调查结果见表1:

表1 新媒体专业学生对本专业的认知情况统计表

题目\选项	不了解(1分)	不是很了解(2分)	一般(3分)	了解(4分)	非常了解(5分)	平均得分
专业计划	2.15%	4.30%	48.39%	43.01%	2.15%	3.39
专业课程	2.15%	4.30%	25.81%	61.29%	6.45%	3.66
培养目标	2.15%	4.30%	30.11%	54.84%	8.60%	3.63
学习要求	4.30%	6.45%	49.47%	37.63%	2.15%	3.27
发展趋势	2.15%	6.45%	46.24%	43.01%	2.15%	3.37

(三)新媒体专业现状分析

上述调查说明,迅速发展的新媒体专业教育伴随着一系列的问题,比较突出地表现在培养目标不清晰、教学质量不高、学生认同感差、缺乏专业自信与核心竞争力等方面。

首先,"网络与新媒体"专业获批之前,新媒体专业教育主要由新闻学或传播学的师资承担,其培养目标、课程体系、毕业生就业指向等问题一直不清晰。网络与新媒体专业获批之后,提出了"复合型""宽口""交叉""既具备新闻业务能力又具有网络技术能力"等概念,看似全面却没有指向性的表述依然让师生与用人单位感到困惑。加上课程大多由各种"概论""通论"组成,课程内容限于对一些理论的介绍,教学停留在传统新闻传播教育框架下,交叉课程成为"两张皮"式的教学。专业缺乏职业方向,授课内容也无法与业界现实相结合,教学处于"空对空"的状态。

其次,由于大部分学生是在不了解专业的情况下

被调剂到新媒体专业的,即便学校做了大量专业教育工作,学生也试图从各方面了解本专业,但认知程度依然不高。加上专业定位模糊,课程与就业关联度弱,教学水平不高,学生的专业认可度就必然低,对于新媒体专业的教学存在不满情绪,尽管学生知晓可以往互联网领域发展,但对未来的竞争缺乏信心。

新媒体专业的交叉属性是一把双刃剑,一方面它推动了新媒体教育快速发展以及研究的广泛开展,同时也导致新媒体专业学生缺乏专属的研究领域与核心竞争力。以往届毕业生就业情况为例,新媒体专业的学生做记者不如新闻学专业的,做社会传播管理不如管理学(包括公共管理学)专业的,做技术工作不如信息技术专业的。因此,从行业的角度对新媒体专业人才需求进行分析,进行新媒体专业教育的重新定位就显得尤为必要。

二、新媒体专业人才需求分析

教育、学习和行业是影响专业定位的三个核心因素,上述研究发现新媒体专业培养目标集中在新媒体

内容生产与运营,而新媒体专业学生的发展期望是新媒体创新研发与运营,虽然教和学两个环节都将专业指向互联网等新媒体行业,但具体的能力养成存在很大差异。因此,本研究对新媒体行业的人才需求进行了统计,以期从中了解新媒体人才需求的洼地,确定新媒体专业的核心竞争力,从而进行科学的专业定位。

(一)行业样本选择

研究采取立意抽样的方法,选取对新媒体人才需求量大的传统媒体门户网站、网络媒体、互联网公司、通信企业作为研究对象。抽样过程如下:

(1)传统媒体门户网站。选取人民网、南方报业网、CNTV、央广网。选择依据为其所依附的传统媒体的权威性。所选样本依附的传统媒体依次为:《人民日报》、南方报业传媒集团、中央电视台、中央人民广播电台。

(2)网络媒体。选取新浪、腾讯、搜狐、网易四大门户网站。

(3)互联网公司。选取百度公司(北京)、阿里巴巴集团(杭州)、腾讯控股有限公司(深圳)。

(4)通信企业。选取中国移动通信集团公司、中国联合网络通信集团有限公司(即中国联通)、华为投资控股有限公司。调查针对上述样本在2013年9月到2014年4月之间新媒体人才的招聘信息展开。分别以14个单位名称为关键词在搜索引擎及专业招聘网站进行检索,结合各单位官方网站发布的招聘信息,共整理出391条有效招聘信息。

(二)新媒体行业人才需求情况分析

从表2可见:

(1)新媒体人才的需求主要集中于网络研发、网络运营及网络营销三个大类。从人才需求来看,研发需求(48.85%)远远高于运营需求(31.46%)和营销需求(19.69%)。在研发需求的细分类别中,产品设计(21.99%)和技术研发(26.85%)构成了主要的需求类别。这说明与传统媒体不同的是,新媒体人才不再局限于网络内容的编辑、制作,而是对产品、技术、营销类人才有了更迫切的要求。

(2)后台开发、产品策划、文本编辑成为新媒体三大热门岗位。职位分布统计显示,新媒体需求最为旺盛的三大岗位类别为:后台开发(18.41%)、文本编辑(11.51%)及产品策划(10.74%)。其中,后台研发对专业相关性有较高的要求,一般需要计算机、软件、数学等专业的背景。而产品策划、文本编辑则是"网络与新媒体专业"人才直接对口的岗位。

(3)用户至上:新媒体行业更加注重用户体验和数据决策。在本研究选取的"互联网公司"和"通信企业"类别样本中,样本公司无一例外均设置了用户研究、用户体验分析师、数据分析师等岗位。与传统媒体不同的是,新媒体行业的产品形态更加依赖用户的体验和反馈。用户研究(4.86%)、数据分析(5.88%)两个类别的岗位需求达总体的10.74%。

表2 新媒体行业人才需求情况统计表

人才分类	职位类别	类别细分	数量	比例(%)	总数量(比例)	
网络运营	内容维护	文本编辑	45	11.51	71(18.16%)	123(31.46%)
		视频编辑	18	4.60		
		音频编辑	8	2.05		
	网站运维	数据分析	23	5.88	52(13.30%)	
		用户研究	19	4.86		
		客户服务	10	2.56		
网络研发	产品设计	产品策划	42	10.74	86(21.99%)	191(48.85%)
		交互设计	21	5.37		
		视觉设计	23	5.88		
	技术研发	后台开发	72	18.41	105(26.85%)	
		软件测试	33	8.44		

人才分类	职位类别	类别细分	数量	比例(%)	总数量(比例)	
网络营销	产品营销	品牌公关	20	5.12	36(9.21%)	77(19.60%)
		渠道管理	16	4.09		
	产品销售	市场销售	41	10.49	41(10.49%)	

（4）专业素养：新媒体行业的专业背景和专业能力要求。新媒体岗位招聘对专业背景和专业能力的需求整体偏向"具有特定技能的交叉型人才"。根据岗位不同，新媒体人才需求在专业型和交叉型方面各有侧重。如产品策划、内容维护、用户研究等岗位倾向交叉型的人才。而后台开发、数据分析、软件测试等岗位则需要精通特定领域技术的专业型人才。

（5）本科层次为新媒体人才需求主体。在391条招聘信息中，根据各岗位对学历的要求（未作要求的归为"不限"），清楚表明本科学历在新媒体行业岗位需求中占据大多数，占比65.47%；本科与硕士学历人才合计占比达84.14%。大专学历要求占比仅2.81%。同时，与以往相关研究对比发现，本科和硕士层次的人才需求比例均在增加，而其他层次的需求比例在下降，说明新媒体行业对专业人才的学历要求有集中到本、硕层次的趋势。

三、新媒体专业教育的定位创新

早期研究表明，新媒体专业教育存在培养目标与业界需求相距甚远的问题。后来对相关行业新媒体人才需求分析证实，技术研发、产品设计与内容维护占据新媒体人才需求的前三位。深入分析发现，这三类人才的实际能力要求差异较大，笼统将这些方向写入新媒体专业培养方案并不能凸显新媒体专业的核心竞争力。加之多数院校的新媒体专业教学立足传统新闻教育思维，将新闻教学与信息技术简单拼接，使得这个专业有些"四不像"。因此新媒体专业教育定位的根本点就在于交叉学科如何交叉。本研究将从思路、方向和核心三个层面分析新媒体专业教育定位，以期解决当前新媒体专业教育存在的问题。

（一）新媒体专业教育的定位思路

新媒体专业发展的主要困境在于定位模糊、交叉专业挤压、课程空泛，改善现状必须从这三个方面总结思路。

首先，新媒体专业必须有明确的行业指向。在进行新媒体专业定位时，必须充分考虑专业出口与行业需求

的对接，在充分考察新媒体行业人才需求的基础上，新媒体专业教育的定位可以选择的方向包括新媒体内容生产与维护、新媒体营销策划、新媒体运营管理、新媒体技术研发、新媒体产品策划设计五个专业方向。

其次，新媒体专业的交叉属性要求专业定位必须凸显核心竞争力，面对其他专业的挤压。新媒体专业教育需要对上述五个专业方向进行选择取舍。对于新媒体内容生产与维护，本质是新闻采编工作，人才需求门槛较低，对口专业比较宽泛，但新闻类专业在这一领域存在优势；新媒体营销策划强调营销策划思维与能力，本质是市场营销与广告运营，人才需求主要集中于营销广告人才；新媒体运营管理强调的是新媒体行业数据的挖掘处理，本质是行业数据分析与管理，人才需求主要集中在管理、统计等专业；技术研发强调新媒体技术实现能力，本质是计算机科学和通信技术，人才需求主要集中于信息技术类专业人才；新媒体产品策划强调传播和服务功能的创新，本质是媒介形态创新，这类专业岗位的招聘虽然对应聘者有一些技术能力要求，但并没有明确的专业指向。综上，在综合考虑学科关系和行业人才需求的情况下，新媒体专业的核心竞争力选择新媒体产品策划设计最为有利，且具有可行性。

最后，新媒体专业课程体系要实现思维训练与技能培养兼顾。从国外新闻院系新媒体专业设置的经验来看，存在"授人以鱼"还是"授人以渔"的分歧，即目标是传授学生最前沿的新媒体操作技能还是超越技能层面的"新媒体思维"？我国普通高等教育区别于一般职业教育，强调知识的系统性和完善性，要求培养学生须有"后劲"，对工作有较宽的适应性。然而，受高校毕业生就业压力的影响，我国高等教育目前又必须向职业教育功能进行必要妥协。因此新媒体专业课程体系既要注重对学生的理论思维训练，又要兼顾行业技能培养。

（二）"媒介即讯息"理论观照下的新媒体专业教育定位方向

艺术理论中的"形式即内容"是为了对抗形式与内容两分的常规理解提出的，但实际上并不能否定

这种两分。"形式即内容"和形式内容两分,都是对的,前者是动态分析逻辑,后者是静态分析逻辑。在传播学领域,麦克卢汉提出了著名的"媒介即讯息"理论,"媒介即讯息"与媒介讯息两分也并不矛盾。同样可以肯定的是,前者说的是动态分析逻辑,后者说的是静态分析逻辑,前者并不否定后者。

将"媒介即讯息"理论放在新媒体迅猛发展的当下审视,其时代意义更为明显,这种理论思考对新媒体专业教育也具有启示意义。传统的新闻传播教育是在条块化的媒介形态体系中培养学生专业的媒介内容生产能力,如报纸新闻、广播电视新闻、网络新闻、编辑出版等。从新闻学专业教育诞生开始,这种模式始终贯穿于新闻传播教育改革中,往往是新增加一种媒体形式就增加一个专业方向(或者二级学科)。而当传播媒介发展到新媒介群时代的时候,这种传统专业建设模式显示出了不适应性。由于新媒体种类众多,如手机媒体、网络视听媒体、网络社交媒体等,新闻传播专业教育不可能按照每种新媒体设立专业,因此教育部决定开设"网络与新媒体专业"。然而上述研究说明,新媒体教育延续了传统新闻传播教育思想,"网络与新媒体专业"教育成为大杂烩教育,学生知识范围很广,但都难以深入,无法形成专业核心竞争力。

把新闻传播教育放在"媒介即讯息"的理论下观照,传统的新闻传播教育模式只完成了社会传播体系中内容环节的教育,而形式环节则被忽视。当然,媒介形式教育被忽视是由于在新媒体大量涌现前,传统媒介形式的演变相对缓慢,针对媒介形式的专业教育缺乏现实需求。随着媒介生态的快速变革,媒介形态创新无论在学界还是业界都成为重要的研究和应用对象。因此,将媒介形态教育引入新闻传播教育体系显得十分迫切。

(三)以媒介形态创新思维与能力培养为核心的新媒体专业定位

传播内容生产与传播形式创新已经成为影响社会传播活动的两大支撑,传统的新闻传播教育较好地完成了内容生产的能力培养,其专业定位就是培养专业的媒介内容生产人才。随着媒介形态的演变,传统的媒介内容生产也在发生变化,因此传统新闻传播教育也要不断调整创新,如广播电视学专业当前均比较重视视听新媒体的研究和应用就是对传统新闻传播教育的积极调整。如果网络与新媒体专业的专业定位也是新媒体内容生产,势必与传统新闻传播教育的调整方向重复,形成大学科下的重复专业建设。同时,关于新媒介形态研究与应用却在新闻传播专业教育中始终处于相对薄弱的状态,而新媒体行业对此类专业人才需求日趋强烈。鉴于上述两方面因素,本研究认为,网络与新媒体专业的定位核心应是媒介形态创新。要实现媒介形态创新的专业定位,必须从思维和能力上进行双重培养,即在理论素养教育上新媒体专业必须强化媒介形态创新的思维,对传播理论、数理逻辑、研究方法方面的课程加大比重;在行业技能方面强化学生对新媒体行业规律的认知、新媒体相关技术的掌握以及新媒体形态创新的方法。

(作者单位:新媒体专业教育定位研究)

摘编自《现代传播》2014 第 8 期

网 站 建 设

Springer Link 数字出版物平台特点浅析

杨 锐

一、发展沿革

Springer(施普林格)出版社于 1842 年在德国柏林创立,以出版学术性出版物而闻名于世,是最早将纸本期刊做成电子版发行的出版商,是目前全球第一大科技图书出版公司和第二大科技期刊出版公司。其总部设在德国柏林和海德堡,另在 18 个国家设有 70 个分支机构,雇员超过 5400 名。亚洲总部设在香港,北京代表处于 2005 年 8 月成立。出版和发行业务遍及全球 20 多个国家和地区,2012 年收载中国期刊达 88 种,2014 年已超过 100 种。Springer Link 是由 Springer 研制开发的高质量的科学技术和医学类在线全文电子数据库平台。它有着多年的发展历史:1996 年 6 月,Springer Link 在线出版服务项目开始运行,是全球第一个电子期刊全文数据库;1998 年 2 月,启动"在线优先出版(Online First)"功能;2002 年 7 月 23 日,Springer Link 在中国设立的服务镜像站点正式开通,站点设在清华大学图馆;2004 年 1 月,Springer Link 系统进行了升级,增添了多种新的服务功能;2004 年年底,Springer 与 Kluwer Academic Publisher 合并,Kluwer Academic Publisher 在线的 240 万条回溯文献合并到 Springer Link 平台上;2005 年建成期刊回溯数据库和丛书回溯数据库,收录各种学术期刊近 500 种,绝大部分期刊均从第 1 期第 1 卷开始提供,有些出版物的年份甚至远至 1842 年;2006 年 6 月,Springer Link 发布新版,8 月全新的 Springer Link 正式上线,中国网站于 2006 年 10 月底全面开通;2012 年 10 月,历时 18 个月的平台升级工作全部完成,更加从用户体验角度设计的 Springer Link 平台正式与用户见面,网站地址为:http://link. springer. com/。

二、规模和内容

Springer Link 是全球第一个提供多语种、跨产品出版服务的平台,内容包括 Springer 出版社出版的所有在线资源,目前已经涵盖 170874 种电子图书、2906 种电子期刊、4470 种电子丛书、316 种大型电子工具书、35485 条实验室操作指南,并以每年新增超过 7000 本科学、技术和医学图书以及 2000 份实验室操作指南、超过 12000 篇期刊文章的速度,成为全球最具综合性的在线数字出版物资源平台。

目前,Springer Link 平台在全球拥有 3000 多万期刊用户,代表着 8000 多个科研机构和 3 万多个图书馆,2012 年图书和期刊的全文下载量超过 2.25 亿篇次(见图 1)

Springer Link 平台上的 2906 种电子期刊,涵盖 24 个学科,其中数量最多的是医学学科共 883 种,其次是生命科学 500 种(见表 1);共涉及 5 种出版语言,包括英语、德语、荷兰语、法语和意大利语,其中英文期刊占期刊总数的 91.4%。

Springer Link Usage 2005–12

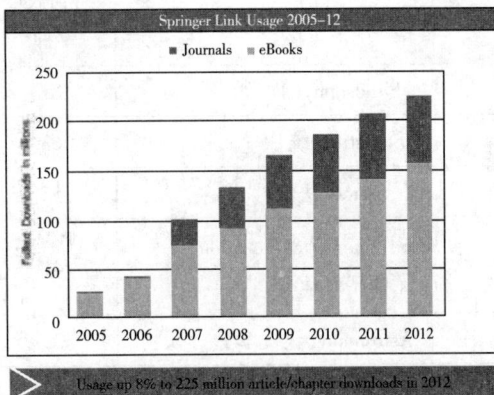

图 1　2005 ~ 2012 年 Springer Link 平台期刊和图书全文下载量

表 1　Springer Link 平台期刊学科数量分布

学科	期刊数量/种
Medicine(医学)	883
Life Sciences(生命科学)	500
Biomedical Sciences(生物医学)	421
Engineering(工程学)	347
Mathematics(数学)	267
Physics(物理学)	267
Chemistry(化学)	266
Social Sciences(社会科学)	251
Computer Sciences(计算机科学)	248
Materials(材料学)	202
Earth Sciences & Geography (地球科学/地理)	196
Economics(经济学)	185
Environmental Sciences(环境科学)	169
Psychology(心理学)	166
Business & Management(工商管理)	160
Public Health(公共卫生)	115
Education & Language(教育/语言)	104

学科	期刊数量/种
Philosophy(哲学)	87
Statistics(统计学)	63
Law(法学)	55
Food Science & Nutrition（食品科学/营养）	41
Astronomy(天文学)	33
Energy(能源)	20
Architecture & Design(建筑学/设计)	10

三、基本功能与服务

（一）检索与浏览

Springer Link 可按出版物类型、出版物字母顺序、所属学科、所属专业和出版语言浏览各种学术资源，并在检索功能的设计上，提供了 Google 化的简单检索和高级检索两种方式。

对于符合预期的文献资料，如果文献为开放获取资源，则可直接点击下载 PDF，部分文献也可不需要安装任何软件而直接在线浏览其 HTML 格式的全文；如果文献不是开放获取资源，则需要用户付费购买或通过订阅机构下载阅读。

（二）发布与获取

为了应对竞争，尽量缩短出版周期，Springer Link 采用"在线优先出版(Online First)"的出版发布流程。这是一项革新的论文在线出版方式，使用户在印刷本出版发行之前，在网络上预先获得某些图书和期刊的电子版。在线优先出版等同于正式出版，也要经过同行评议。

Springer 是世界上最大的开放获取出版集团，长久以来一直积极推动以开放获取的形式促进学术科研成果的广泛传播。

科研领域对开放获取出版的需求日益增长，这使得 Springer 将其开放获取计划扩展至完全以开放获取形式出版的书籍，作为 Springer Open 期刊系列的进一步补充。

（三）个性化服务

用户可通过注册"我的 Springer"，构建属于自己的 Springer 账户。在"我的 Springer"中，用户可以设置"邮件提醒服务（Table of Contents Alert）"，将感兴趣的期刊名称保存于邮件提醒服务系统，每当期刊添加了新条目即更新了数据，用户便会获得相关出版物的电子邮件提示。在 Springer Link 平台上已有超过 20 万用户使用此项服务取得相关学科的最新出版物信息。

RSS(Really Simple Syndication)是站点用来和其他站点之间共享内容的一种简易方式。Springer Link 提供 RSS 输出，有利于让用户获取网站内容的最新更新。

图书馆或使用单位的管理员可以利用 Springer 的 Meta Press 管理网站下载 COUNTER(Counting Online Usage of Network Electronic Resources)统计使用数据。

"Springer 合作出版期刊年会"上的报告指出：最新版 Springer Link 在功能和服务的细节方面也在不断完善：①平均页面加载时间已经由原来的 10.04 秒缩短至 5.15 秒；②引入基于 Google 的关键词数据库，在检索中增加了"自动建议"功能；③对于 HTML 格式的文献，给出文献不同部分的直接链接；④增添多种下载方式的选择，如单个章节下载和全书整体下载；⑤调整文献各部分的权重值、增加高引用高下载文献的权重值，使得检索结果更加精准；⑥开发出匹配各种电子设备的移动客户端应用"Springer Link"（适用于 IOS 和 Android 操作系统），界面与网页版相同，用户容易上手。增值功能与服务 Springer Link 平台之所以能够获得广大用户的认同，除了以上的基本功能和服务的便利性和可靠性之外，还在于 Springer 不断创新拓展，配合 Springer Link 做深度的开发和利用。为加强自身在数字出版领域的营销能力和规模实力，Springer 在 2007 年收购了 4 家在线广告公司，设立了一个拥有 200 名员工的网络部门。其次，Springer 采用拉动式网络策略营销，与搜索引擎公司建立技术合作关系，通过搜索引擎把终端读者导入到 Springer Link 平台上。

"Springer Citations"是分析 Springer Link 平台上文献被引用情况的一款研究工具。在 Springer Citations 中输入期刊和文章名称或图书和章节名称，用户便可查看到文献被引用的 次数和引用文献的信息。

"Springer Realtime"是 Springer 推出的一项可以实时看到 Springer Link 平台上所有文献资源下载量的服务，为用户提供文献当下被利用情况等有价值的信息，从而使用户发现当下最热门的学术话题、最流行的关键词以及世界上各个区域在下载内容上有何不同等。

"Springer 作者学院"是 Springer 推出的一个关于科技写作与论文发表的指南性网站。Springer 作者学院设置了概述、写作之前的准备、选择期刊、论文的结构安排、图表、克服语言障碍、学术出版的伦理道德、投稿、审稿等一系列的主题。

Springer Link 平台上已经引入 Altmetric Score,用户可以根据这一指标初步判断该文献的质量。

此外,Springer Link 平台上大量资源的快速更新,也得益于 Springer 的内部生产服务。

四、整体业绩

对于各个用户族群调查显示,80% 的用户对于 Springer Link 平台上的内容给予肯定。这得益于 Springer 多年来不断地转型和创新,由一个出版商逐步转型为数字内容提供商,适应并引领数字化、数据化学术内容的出版和传播。

五、思考与借鉴

从 Springer 和 Springer Link 的发展经验来看,数字出版要实现发展和赢利,有两个关键条件:一是大规模的内容,这是数字出版的基础;二是大规模的使用,这是数字出版实现赢利的保证。

在"大规模的内容"方面,我国科技期刊办刊较为分散,科技期刊长期处于小、散、弱的状态,集约化程度很低。由于商业目的或缺乏管理等因素,这些平台上的一些资源管理混乱、重复建设严重,收录期刊的数量、质量和检索功能与国外平台相比尚有许多待完善之处,其显示度和认知度远远小于国际上知名的学术资源平台。

对于"大规模的使用",在论文发表方面,根据中国科技信息研究所发布的 2013 年度中国科技论文统计结果,我国的 SCI 论文数量已达 23.14 万篇,位居世界第二;而我国 2013 年共有 SCI 期刊 171 种(含港澳),只占全球 11519 种 SCI 期刊的 1.48%,即我国的绝大多数研究成果都在国外商业性的科技期刊发表。在论文获取方面,一些学术期刊的价格不断提高,一些出版机构"数据库打包购买"的模式又进一步提高了获取学术资源的门槛,只有少数研究经费充裕的教育和研究机构才能负担得起昂贵的学术资源,大部分教育和研究机构只能购买少量学术资源,更不用说渴望获得最新科技信息的中小企业和社会大众。这样,我国公共资金支持的成果变成了国外出版商谋取高额利润的工具,而我国的科研人员和社会大众却需要付出高昂的代价来获得这些原本属于我国的学术资源。

可以看到,作为一个发展中大国、一个科技强国,我国拥有足够丰富的学术资源,对于学术和科研成果的发布和获取也有足够强劲的需求,因此在发展数字出版并实现社会效益和经济效益的事业上,我国有巨大的优势。但是,我国大多数科技期刊的办刊思路还停留计划经济时代,现有的科技期刊和学术资源平台尚不足以和 Springer Link 这样的国际化平台争夺市场,只能眼看着这块巨大的蛋糕被国外机构逐渐瓜分。对这些国际数字化内容服务平台的调研,可以让我们从整体到细节去借鉴和参考,建设和发展我国自己的数字化内容服务平台,以开放的心态通过广泛合作,实现规模化、数字化的发展。我们亟待付诸实践。

(作者单位:清华大学出版社)

摘编自《科技与出版》2014 年第 12 期

全媒体出版平台的理想型建构

崔恒勇

随着互联网技术与数字技术的深入发展,传统行业不断地被冲击和颠覆,如何适应互联网时代的发展潮流,完成自我颠覆和救赎是摆在传统行业面前的首要问题。对于出版业而言,在媒介融合的大背景下,以互联网的优势特色来重新建构与之匹配的全媒体出版平台将是我们研究的重要方向。

一、全媒体出版平台发展现状分析

进入移动互联网时代后,新媒体的快速发展不仅极大地削弱了传统媒体的强势地位,而且也为媒介融合下的全媒体发展提供了技术与市场的保障,并清晰地勾勒出了全媒体出版的时代内涵。在大数据技术、多屏互动与自媒体的广泛应用背景下,全媒体出版模式应满足以用户需求与体验为中心,依托大数据技术充分挖掘市场与用户群体价值;以全媒体出版的媒体矩阵为创作、生产和营销提供媒介环境保障;以"内容 + 服务"为核心竞争力,以特色化模块功能整合的出版平台为依托的动态及时出版的市场需求。

二、全媒体出版平台结构解析

在全媒体出版平台的建构中,我们不应仅局限于现有出版行业的专业视角,而应该首先正视互联网时代的发展方向,从用户市场的角度来理解大出版背景下的全媒体出版平台的结构与功能。"理想型"一词来源于社会学家马克思·韦伯的概念工具,以通过预测性、价值关联性对研究对象建构起相关联系与界限。结合阿里、腾讯、百度等互联网巨头的出版业务并购案例,我们将系统地分析全媒体出版平台的"理想型"结构。

(一)数据入口

全媒体出版平台是以"大数据"为技术支撑,如何搜集与整理用户群体的细分数据,对于创作和运营主体来说都是至关重要的。媒介即人的延伸,同样也是跨时空连接创作主体和目标受众的接触点,更是数据入口。数据不仅局限于出版产品本身,而更多的是围绕用户群体全方位、多维度地获取用户相关数据,这些数据不仅服务于出版主体的运营活动、更服务于用户在全媒体出版平台中的体验与参与度,为拓展跨行业合作和全媒体出版平台的品牌价值提供更多数据支持。

(二)角色媒体

在去中心化的新媒体发展大潮中,自媒体以其平民化、个性化、低门槛等特点而被大众追捧。本文中为区别于全媒体出版平台建构的其他自有媒体,引入了角色媒体概念,以具有社会人的角色属性的自媒体来界定角色媒体。在全媒体出版平台中包含了以下三类角色媒体。作为创作主体的角色媒体。作为创作主体与受众接触和互动的首要媒介接触点,角色媒体可以有策略多方位地展示媒介环境中的创作主体的角色特点,建构对受众的典型印象。不仅能够拉近与受众的距离,增加信任感,同时也为提供增值服务、

设置数据入口、拓宽营销渠道发挥作用。微信公众账号"罗辑思维"便是典型代表。在此需要强调的是,具有同类创作主体属性的众多角色媒体的互动将会对受众和全媒体出版生产和流通产生明显的叠加效应。作为受众的角色媒体。在互联网连接一切的时代里,跨地区、跨时间的交流与消费需要受众通过媒体入口与网络相连。在全媒体出版平台中,内容信息的流通与再创作、平台中受众与创作主体的互动、受众的社交娱乐等活动都需要受众以角色媒体来参与到线上线下互动和消费等活动中。游离在生产环节外的角色媒体。话题的关注度、舆论的可信度、受众的参与度等问题需要所谓的"公正、客观"的权威角色来给予评判和指引,游离在生产环节外的角色媒体便应运而生。在全媒体出版平台中游离在生产环节外的角色媒体包含了权威专家和知名人士两类角色媒体。

(三)内容创作

理想型全媒体出版平台中的内容创作是站在以"内容 + 服务"满足用户多维度需求的层面上的创作,而非单一的出版产品的创作。从创作内容的结构上看,可分为碎片化内容、微出版内容、常规出版内容;从创作内容的介质形式上看,可分为文字、图形、图像、动画、音频、视频等。相比较以往的出版模式,全媒体出版平台更加注重提供满足用户体验与互动的全方位出版服务,而非仅仅局限于闭门生产内容本身。

(四)内容类媒体出版品

内容类媒体出版品以多介质形式呈现出版品,涵盖了微出版品和常规出版品两种类别。从传播方式上来看以单向推送形式为主,在满足用户出版消费的同时,其媒介界面入口也为全媒体出版平台提供了广告投放界面和数据入口等功能,为设置数据入口和全媒体出版平台价值的提升拓展了空间。

(五)服务类媒体出版品

服务类媒体出版品主要围绕着出版活动周边的用户需求提供服务。从用户需求角度可以分为娱乐休闲类、社会交往类、展示交流类等。也可依据用户群体的属性细分服务类别,以已婚女性群体为例,可以围绕家居装饰、厨艺交流、时尚购物、自我修养、家庭情感等维度来设置服务类媒体出版品的类别,其宗旨就是为用户群体提供更好的体验与互动服务,在提高用户黏合度的同时,拓宽平台的赢利方式和品牌

价值。

三、全媒体出版平台的结构优势

全媒体出版平台不同于以往的数字出版平台，它是满足互联网时代下的用户体验与互动的消费方式，并能充分发挥创作主体的核心价值，依托大数据技术充分挖掘用户群体价值，实现出版内容与出版品牌价值的最大化。全媒体出版平台的结构具有以下几种优势。

（一）内容多样化

全媒体出版的内容创作是在用户的出版消费与周边需求活动的基础上，以实时动态的数据技术为支撑的统筹策划与生产方式，按介质形式可分为文字、图形、图像、动画、音频、视频等；按内容结构可分为碎片化内容、微出版品、常规出版品等3种主要形式。满足用户在阅读、社交、娱乐等多层次需求，创作主体在数据分析与媒介互动等支持下，针对用户群体的接受特性、全媒体出版品的不同功能特点等因素统筹生产同主题的多样化内容，满足用户消费、参与、互动体验、再创作等多种需要。

（二）数据多维化

依据互联网时代特征所建构的全媒体出版平台，最大的特点就是落实以用户为中心，为创作主体和用户需求建立优化的互动与出版平台。数据技术与云计算的运用是整体全媒体出版平台得以良性运营的数据保障。全媒体出版平台中与用户的全媒体接触，为多维化的数据入口提供支撑，能够实时搜集用户在出版消费及周边需求活动中的动态特征，不仅为创作主体的整体统筹策划与内容生产提供实时的数据分析，而且也为制定与用户互动、满足多样化体验策略提供依据。

（三）媒体矩阵化

在媒体发展进程中，去中心化的自媒体和垂直媒体的崛起，为全媒体出版平台建立一个可控的媒介环境提供了契机，在满足用户多样化需求的基础上，依据PRAC（企业微博整合营销理论）法则，建构平台管理、关系管理、行为管理和风险管理的媒介矩阵。其基本特点首先是多种角色媒体、内容类媒体、服务类媒体等多维度布点；其次针对用户需求和体验的多样化，不同功能媒介彼此分工合作；最后媒介矩阵的议程设置依据出版策划的目标和进度，统筹管理形成共振效应。

（四）产品跨界化

全媒体出版平台的建构是以满足用户需求为中心理念的适应互联网时代发展特性的出版平台。其主要任务是提供满足当今用户需求的"产品 + 服务"的生产活动，不仅提供传统出版界定的出版品，而且借助出版内容生产优势的基础，衍生相关的内容服务体系即建构的全媒体出版平台中的"服务类媒体出版品"。满足用户的出版消费及周边活动的相关需求，不仅能够提高用户的体验感和黏合度，更能够以出版内容为核心竞争力延伸全媒体出版产品链，拓展全媒体出版平台的赢利模式，提升出版品牌价值。

（五）渠道自有化

出版业现有的渠道主要有传统渠道和电商渠道两大类。在罗振宇的"罗辑思维"成为热点案例中，我们不难发现新兴媒体对渠道的作用日渐明显。在全媒体出版平台的建构中，角色媒体、服务类出版品大多具有的营销与渠道的作用累加使得平台具有强大多样的垂直渠道路径，将会为全媒体出版平台的渠道自有化建设提供有力支持，同时也降低了渠道成本，提高了全媒体出版平台竞争力。

（六）出版动态化

互联网与新媒体的迅猛发展加快了信息生产与流通的速度。全媒体出版平台从与用户的互动与反馈到出版选题策划、内容的创作与测试、微出版品的深入互动与推广、完整出版物的制作与发行等各个环节都是在与用户的互动和数据的搜集与分析中进行的动态化出版过程。

四、结　语

面对当前的互联网不断渗透传统行业的大背景，"理想型"全媒体出版平台不仅丰富了传统出版物的内容和形式，改变了传统出版物的生产方式和消费理念，也颠覆了传统图书出版产业的业务模式、业务流程和产业特性，进而对出版产业的组织结构产生颠覆性的影响。

（作者单位：北京印刷学院）
摘编自《中国出版》2014 年 11 月上

媒介融合下省报网站发展中的问题与对策

刘 铮

在新媒体技术特别是移动互联网普遍发展的今天，报纸开始逐渐淡出许多人的视线，根据CNNIC2014 年 6 月的数据，"我国网民规模达 6.32 亿，较 2013 年增加 1442 万人，互联网普及率为 46.9%，较 2013 年提升了 1.1 个百分点"。在网络不断发展的时代，报纸作为最老的传统媒体也在积极应对挑战，应对挑战的措施就是媒介融合，报纸网站作为媒介融合的首批措施在中国已经有了 19 年的历史。虽然报纸的媒介融合更多地转向了在微博、微信上开设官方账号，少量媒体开发手机 APP，报纸网站作为报纸媒介融合的尝试手段在今天正越来越少地被人提起。但是作为发端于报纸网络版的媒介融合尝试，报纸网站在今天仍然具有相当的市场，所以发展报纸网站，并把报纸网站当成报纸媒介融合的枢纽型媒体仍然很有必要。

但不能否认，随着技术的发展，特别是微博、移动互联网的发展，报纸网站正在面临非常严峻的挑战。本文将分析报纸网站目前存在的问题，并提出一些建议。为了更有针对性，本文只针对省报网站进行分析，这里所指的省报网站是指全国 31 个省、市、自治区党委机关报创办的网站，如果相关党报组建了报业集团，则以报业集团官方网站为研究对象。

一、省报网站存在的问题

（一）与门户网站差距明显

在中国，无论是在创办时间、资金、技术还是访问量上，省报网站都要落后于腾讯、新浪、搜狐等门户网站。主要表现在以下三点：

第一，访问量差距巨大。从 2014 年 8 月 12 日 18:24 的 Alexa 数据就可以看出，门户网站牢牢占据了大陆网站访问量的前排在访问量对广告、影响力、融资能力有很大影响的互联网世界，这种差距显而易见。

第二，门户网站拥有大陆大量的新闻资源。虽然省级党报有自身、旗下系列报、新华社、中新社乃至兄弟报纸的资源，但是与门户网站仍没有可比性。在这一点上，门户网站截然不同，拥有了海量的资源后，加上长期以来形成的编辑、提炼、整合能力，门户网站能让相关新闻在网上形成集合效应，吸引人们阅读。

除了拥有海量的信息，门户网站也在重视各地新闻，全方位挤占非中央级媒体的生存空间。

第三，省报网站在资金和技术上都不占优势。新浪早已登陆纳斯达克多年，腾讯网依托腾讯公司，搜狐、网易也都上线多年，在资金上远远多于省报网站。同时，门户网站的赢利能力也远远好于省报网站，在省报网站更多地还在靠广告挣钱时，门户网站的赢利早已扩展到更多方面。

通过以上分析，我们可以看到，相比门户网站，省报网站在很多方面都全面落后，在赢者通吃的互联网领域，省报网站的生存非常艰难。

（二）省级地方重点新闻网站和省报网站的竞争

虽然报纸是最早的媒体，而且在相当长的时间内处于中国传媒业的第一序列，但是随着各地省级宣传主管部门在新媒体条件下纷纷创建网站，报纸网站正面临着政府部门的竞争。

表1　大陆31 个省市自治区省报网站和省级地方重点新闻网站

省份	省报网站	省级地方重点新闻网站	是否由省报主办或由省报集团管理
北京	京报网	千龙新闻网	否
黑龙江	黑龙江新闻网	东北网	否
吉林	中国吉林网	中国吉林网	是

省份	省报网站	省级地方重点新闻网站	是否由省报主办或由省报集团管理
辽宁	北国网	东北新闻网	否
天津	天津网	北方网	否
内蒙古	内蒙古新闻网	内蒙古新闻网	是
新疆	新疆日报网	天山网	否
甘肃	每日甘肃网	中国甘肃网	否
青海	青海羚网	青海新闻网	否
宁夏	宁夏新闻网	宁夏新闻网	是
陕西	陕西传媒网	西部网	否
西藏	中国西藏新闻网	中国西藏新闻网	是
四川	四川在线	四川新闻网	否
重庆	华龙网	华龙网	否
云南	云南日报网	云南网	是
贵州	多彩贵州网	多彩贵州网	是
山西	山西新闻网	黄河新闻网	否
河北	河北新闻网	长城网	否
山东	大众网	大众网	是
河南	大河网	大河网	是
湖北	荆楚网	荆楚网	是
安徽	中安在线	中安在线	是
江苏	新华报业网	中国江苏网	否
上海	解放网	东方网	否
浙江	浙江在线	浙江在线	是
江西	中国江西网	中国江西网	是
湖南	华声在线	红网	否
福建	东南网	东南网	是
广东	南网	南方网	是

省份	省报网站	省级地方重点新闻网站	是否由省报主办或由省报集团管理
广西	广西新闻网	广西新闻网	是
海南	南海网	南海网	是
海南	南海网	南海网	是

省级地方重点新闻网站对省报网站的竞争是非常直接的。首先,由于有了政府的政策支持,省级地方重点新闻网站可以使用全省新闻媒体网站上的稿子,而且支付的费用并不高,甚至仅仅是象征性付费。对于同样以全省公众为读者对象的省报网站来说,多了一个能以较低成本使用全省媒体资源的竞争者无疑是一个非常大的威胁。其次,现有省报网站更多转载的是文字新闻,转载的东西更多来源于报纸和通讯社,省级地方重点新闻网站也是这样,采用的大量稿件也来源于省报或省报集团所办都市报或省城媒体,这就造成了双方同质化竞争,加剧了省报网站的生存压力。

(三)移动互联网的挑战

随着智能手机在中国的普及率越来越高,移动互联网在中国的发展势头也越来越旺。手机网民规模地上升,也让网民的上网终端更多地从 PC 转向手机。受手机屏幕相对小的影响,传统网站侧重文字的显示风格在手机上并不太适用,这对包括省报网站在内的报纸网站的影响主要表现在两个方面。

第一,各种手机客户端得到了迅猛地发展。各大门户网站纷纷推出了自己的手机客户端,把自己网站上的内容进行精编、重新组合,推送给用户。

第二,各家媒体纷纷在微信平台上开设订阅号。微信不但对传统的电话、短信等形成冲击,也对手机报、网页等省报网站曾经赖以生存的模式形成了挑战。分享者更多地承担了信息的把关人作用,为阅读者进行了筛选,节省了阅读者的时间,这也符合人们快节奏的生活需要。省报网站由于很难与微信对接,扩大传播渠道就成为了问题,也带来生存上的困境。

(四)新闻的简单位移

省报网站囿于自身原创性的不足,大部分是把所属报纸的新闻发布到网上。从这种意义上说,报纸网站只是新闻的搬运工除了少数省报网站实现了新闻的滚动发布外,大部分网站仍仅仅是报纸内容的搬运。但是即使是这种搬运,也往往要等到报纸印刷出来之后。如果网站连新闻的时效性都保证不了,那么还谈什么在互联网条件下拯救报纸呢,更谈不上媒介融合了。

(五)赢利模式不明

目前,省报网站的赢利能力仍然有限。很多网站仍然是依靠传统媒体的赢利模式,靠卖广告挣钱,但是目前互联网广告正在发生着变化,这也威胁到省报网站的赢利。

省报网站开办的微博、微信、手机客户端也都没有明确的赢利渠道,加上互联网是一个强调投入的行业,省报网站赢利模式不明确也制约着自身的发展。

二、省报网站的解困对策

(一)强强联合,与省级地方重点新闻网站合力应对挑战

省级地方重点新闻网站对省报网站具有非常大的分流作用,可以考虑把两者合并,由省报或省报集团主办。各地党委机关报有历史悠久、政治敏感性强等突出优势,由省报网站出面整合无疑更加妥当。

(二)资本运作,实现弯道超车

资本运作的另一个表现就是上市融资。有条件的网站完全可以利用上市来实现跨越式发展。现在已经有省报网站在资本市场实现了融资,也为其他省报网站提供了榜样。7 月 1 日,荆楚网在新三板正式挂牌,最近,浙江在线也被划入浙报传媒的上市资产中,实现了上市融资。要想实现快速发展,上市是省报网站的选项之一。

(三)做好内容,发挥报纸的优势扩大影响

在互联网领域,人们确定一条信息是否点击更多地是凭借标题或搜索引擎来判断,而搜索引擎是基于标题、关键词等来检索,这就要求省报网站对于内容特别是标题进行精编,大量使用搜索引擎优化功能,在尊重事实的前提下把最吸引人的内容提炼出来。

具体来说,就是要做好内容,需做到以下三点:第

一,做好信息聚合;第二,精心改写新闻;第三,打造原创栏目。

(四)整合移动互联网,延伸省报网站影响力

创办手机客户端既然毋庸置疑,那么接下来就是要争取对手机客户端的主导权,而不是独立地成立一个新的部门来领导。这样就容易把省报网站与手机客户端形成合力,同时在省报网站上推荐手机客户端的下载二维码和内容;在手机客户端上对长篇文章提供导入省报网站的入口,从而让省报网站与省报手机客户端形成合力。

只有形成微博、微信及时发布动态信息,网页、手机客户端对信息进行整合与深度提炼,报纸对信息进行深度解析,各个媒体又相互推荐的局面,才能做好网络宣传。

(五)立足本地,提供独一无二的本地生活体验

省报网站要实现发展,关键要做好门户网站还没有做到的,即立足于本地,突出本地新闻和本地服务性信息,吸引受众。只有对本省本市发生的新闻予以突出,才能最大限度地抓住本省的网民。这也符合新闻价值中接近性的理论,人们总是对自己身边的事情更加关心。

(六)基于大数据,提供个人本地专享门户

互联网未来的发展趋势是个性化信息的发展,人们越来越倾向于获得专属于自己的信息,这也是微博、微信能够发展起来的原因之一。现在门户网站已经可以通过对网民网站的浏览习惯进行大数据分析,实现个性化信息的推送。

这样的设置正是省报网站要学习的,进而与上文提到的本地生活信息相整合,网民一登录就可以分门别类地访问自己最关心的省内、市内信息,进行水电煤气费用缴纳的操作。这就首先需要建立登录系统,对网站的信息进行整合。目前,南方网、云南网等网站已经建立了登录系统,网民登陆后就可以对于省报网站与个人有关的信息进行操作,下一步就要打通与省内便民信息和新闻订制的障碍,打造个人的专属信息门户。

(七)综合多种形式,让网页动起来

媒介融合就是把多种媒介形态进行组合,带给受众多种视听体验。现在很多传统媒体已经在进行尝试,并取得了不错的成绩。未来,这是省报网站发展的一条路径。

这样的设置正是省报网站要学习的,进而与上文提到的本地生活信息相整合,网民一登录就可以分门别类地访问自己最关心的省内、市内信息,进行水电煤气费用缴纳的操作。这就首先需要建立登录系统,对网站的信息进行整合。目前,南方网、云南网等网站已经建立了登录系统,网民登陆后就可以对于省报网站与个人有关的信息进行操作,下一步就要打通与省内便民信息和新闻订制的障碍,打造个人的专属信息门户。省报网站完全可以从中得到启示:综合运用多种表现形式来报道新闻。通过图片、视频、音频、交互技术等非文字形式的运用,让网页变得好看,从而扩大影响力。

(八)强化版权观念,平衡扩大影响与赢利的关系

同时,省报网站也要充分提高版权意识,对于省报的新闻,其他网站要转载,应该明确规定要在省报网站转载一定时间之后,并且对于付费充分强调,从而掌握先发优势,扩大省报影响力,影响网络舆论。

(九)培训编辑记者,适应媒介融合大趋势

在目前的媒介融合趋势中,记者是最重要的一环。如果说上面的做法都是要给记者创造媒介融合的平台的话,那让记者编辑具备全媒体报道能力则是真正实现媒介融合的有效途径,应大力培养和招聘熟悉各种媒体操作编辑的全媒体编辑,由编辑对采集到的新闻进行整合。相信有了能胜任全媒体采访报道的记者和编辑,报纸网站媒介融合才可能取得真正意义上的成功。

三、结 语

虽然省报网站存在着很多劣势,但是也存在着相应的解决办法。《纽约时报》第三代掌门人 Arthur Ochs Sulzberger 曾说过:"当你买《纽约时报》的时候,你不是在买新闻,而是买判断。"所以,在任何时候,报纸尤其是党报积累下来的品牌效应都是党报甚至省报网站最需要倚重的。相信凭借并购、合并省级地方重点新闻网站、提供生活信息、建设个人专属门户等,省报网站会在竞争中脱颖而出,为我国建设网络强国添砖加瓦。

(作者单位:中国农业大学党委宣传部助理编辑)
摘编自《新闻界》2014年第20期

我国视频网站发展态势与前瞻

程美华 史 帅

作为一种主导性的、全面覆盖性的文化景观,图像社会或视觉文化时代已经来临。相比于文字阅读的线性逻辑思考,影像观看更直观形象。据艾瑞咨询的数据显示,网络视频已经成为互联网第一大应用。我国的网络视频经过7年多的竞合发展仍然处于激烈的市场竞争期,但已经形成优酷土豆、爱奇艺领跑,搜狐视频、乐视、腾讯视频紧跟其后,其他网站追赶的竞争格局。在移动互联浪潮席卷全球的背景下,各视频网站又将面临多重挑战。

一、我国网络视频场域的竞合发展

惯习、场域和资本是布尔迪尔实践理论的三个核心概念。"场域"是"在各种位置之间存在的客观关系的一个网络或一个构型"。布尔迪厄认为,"在高度分化的社会里,社会世界是由具有相对自主性的社会小世界构成的,这些小世界就是具有自身逻辑和必然性的客观关系的空间,而这些小世界自身特有的逻辑和必然性也不可化约成支配其他场域运作的那些逻辑和必然性。"

按照布尔迪厄的观点,优酷土豆、乐视等视频网站共同组成了网络视频场域。场域的基本特征是充满斗争性,是一个资本争夺的空间。回顾网络视频场域内的斗争,大致可分为三个阶段。

(一)经济资本涌入期

2006年被公认为是网络视频元年,这一年 YouTube被Google天价收购,一时间国内各路资本纷纷涌入网络视频。此后的几年间,国内的视频网站也从无到有,呈现爆炸性增长。

(二)内容资本争夺期

在视频网站发展初期,大多数都采用UGC模式,但UGC的内容具有版权不清晰、变现难等缺陷,被称为"工业废水"。高昂的运营成本、暗淡的赢利前景让视频网站转而发展新的业务模式——正版长视频。

(三)惯习重塑场域期

场域塑造着惯习,同时惯习重塑着场域,有助于使场域成为一个充满意义的世界。网络视频场域的不断扩展,塑造着受众网络视频的观看习惯,受众网络视频观看惯习的形成反过来重塑着场域结构。

二、我国视频网站发展态势及其困境

(一)视频网站的发展模式

1. 视频分享类

视频分享类的视频网站内容上依赖于网友的自发上传,依靠兴趣聚合受众并触发社交传播。目前优酷土豆、56、酷6和六间房等均以该模式为主。

这种类型的网站打破了原有的单向传播模式,具有去中心化特征,模糊了传者和受众的界限,赋予受众极大的参与权和主动权,消解着权威,解构精英意识形态,集权单一话语走下神坛,普通草根广泛参与,建构自己的草根文化,并在其中享受精神的狂欢。从商业的角度来讲,这种模式运营成本低,形态多样,主题丰富,但缺乏高品质内容,视频内容及其制作和呈现方式都呈现出粗制滥造的特征,版权问题挥之不去,广告商不愿投放广告,也就无法将流量变现。

2. 正版长视频类

正版长视频类的视频网站可称为网络电视台或网络院线,通过采买正版影视剧以贴片广告或会员费的形式将流量变现。

这种类型的网站打破了原有的"你放映,我观看"的传播模式,受众可以随时、随地、随心观看,既可以快进看,又可以反复看,受众对内容有极大的选择权。视频网站分流了大量的受众,使得电视的开机率和收视率逐年下滑,对电视等传统媒体造成了极大的冲击。然而,这种模式受制于版权购买和分销,内容成本不断加大,加之高清长视频对宽带技术的要求进一步助推运营成本,使得其赢利前景堪忧。

3. 新闻视频类

视频分享类和正版长视频类模式都偏重于影音娱乐内容,新闻视频相对较少。新闻视频网站的市场份额较小,主要有凤凰视频、南都视频和激动网。在我国由于政策限制,普通商业视频网站不能制作新闻节目,也没有新闻采访权,只能转载规定的新闻网站的视频,所以新闻视频类网站大都有传统媒体背景,目前民营视频行业只有激动网获得互联网新闻信息服务许可证。

(二)视频网站发展的困境

1. 用户黏性不强

与社交网站不同,视频网站具有较强的媒体属性,受众的需求无法得到满足,就会转而产生其他媒体的接触行为,进而修正其对该媒介的既有印象。这也就是用户频繁在各视频网站和视频类 APP 间切换的原因。受众依附于内容而不是媒体自身使得网站的受众忠诚度不高,造成流量的较大波动性。

2. 高品质内容缺乏

视频网站自制节目羽翼未丰,无法产生电视制作的现象级综艺节目,综艺节目成为新一轮版权大战的竞争高地。

此外,视频网站仍然面临着许多"老大难"的问题,如版权问题,存在盗播、盗链行为;赢利者寥寥;广告收入相对电视台来说较低;PC 端获得流量愈发困难;等等。这些都在一定程度上阻碍了视频网站前行的步伐。

三、国外视频网站的经验借鉴

国外视频网站发展模式主要有三种。

(一)注重垂直细分领域的分众传播

在全球化时代,跨国公司已经将触角伸向全球各地,如 YouTube 已经遍布美洲、亚洲、欧洲,在这些地区成为视频分享类的王者。这些跨国公司占据了需求曲线的头部,而本土的视频网站大多结合本国特色优势,深入垂直领域,着重满足受众的个性化的尾部需求。

(二)注重自媒体的培育和服务

在 PC 时代,由于不具有家庭录像的传统,YouTube 式的纯粹 UGC 生态并没有成功,但几年来拍客文化的培育、移动互联的兴起和自媒体的强大等诸多利好因素使得 UGC 在中国"重焕光彩"。在 UGC 领域,YouTube 的许多经验值得借鉴。YouTube "频道"为核心构建用户主页,通过用户的自主订阅和兴趣推荐形成用户的个性化主页。在用户的订阅频道中自媒体频道占有很大一部分比重。

(三)聚合类视频网站异军突起

聚合类网站本身并不拥有内容,而是注重视频

资源的整合,将分散在各大视频网站中的内容聚合起来,降低受众选择成本,免去在各网站来回切换的不便。

(四)网络院线发展壮大

互联网作为区别于传统院线的发行渠道,具有传输、存储、宣传、营销等低成本性,适宜发展独立电影,满足小众需求。Snagfilms 就是一个独立电影发布平台,对于好莱坞几大片商之外的制作人或者公司拍摄的独立电影来说是一个非常好的渠道,用户因此也可以在该平台上找到许多"另类"独立电影。

四、我国视频网站未来发展的策略与展望

我国视频网站未来发展,应主要从技术层面和内容层面两方面入手。

(一)技术层面

"媒介即信息",每一种新媒介的产生都会带来人类交往和社会生活的新方式。抛开技术决定论的束缚,不可否认,手机已经成为人类的器官,须臾不可离,它不断塑造着人们的碎片化行为。视频网站只有顺应技术潮流,主动融入技术,才能创造更多的价值。

1. 情境化播放

移动互联网在传播空间上实现了人与媒介在空间移动上的高度一体化,不同的传播空间意味着不同的情境,网络视频要准确识别播放的情境,注重编码和解码的情境性。

2. 大数据挖掘

大数据时代已经来临,从千万级流量带来的 Volume(大量)、Velocity(高速)、Variety(多样)、Value(价值)的大数据金矿中挖掘出隐藏于其中的信息,并服务于内容生产和传播,应成为视频网站今后发展的着力点。

(二)内容层面

为降低版权成本,实现内容差异化,增强用户黏性,提高品牌忠诚度,自制剧势在必行。应运用互联网思维对传统内容生产模式进行组织优化和流程再造,共建丰富、多元的内容生态圈。

1. 建立内容生态圈

多年来的实践证明,完全的 UGC 模式在我国行不通,但 UGC 长尾中的重要组成部分,又是互联网去中心化的集中体现,因此没有任何一家视频网站完全抛弃拍客频道。构建以自制视频为核心,囊括 UGC、PGC 和版权内容的完整内容生态圈是未来视频

网站的趋势所在。

2. 发展网络院线

受传统电影工业体系的限制，每年有很多电影无法在院线上映，还有很多电影在大片的冲击下上映一两天就下线。在此背景下，网络院线发行成为电影发行的补充渠道。网络院线发行在国外已被证明是切实可行的模式。

（三）从内容导向到品牌依赖

现阶段视频网站的核心问题是用户以内容为导向，跟着内容走，黏性不强。无论是内容生态圈的建立，还是技术手段的升级都是为建立受众的品牌依赖。通过自制剧实现内容差异化，增强用户黏性，提高品牌忠诚度；UGC 和 PGC 合作节目则释放草根和自媒体的力量，达到传播民主化；网络院线拓展传统电影工业的生存空间；情境化的编码和解码满足不同人群、不同时间、不同空间的个性化需求；数据挖掘服务于内容生产和推荐。这一切都是试图在网络视频场域内不断积累内容资本换取用户资本最终取得经济资本。

（作者单位：上海理工大学出版印刷与艺术设计学院）

摘编自《重庆社会科学》2014 年第 7 期

专业社数字出版平台建设实践与阶段分析

江波 袁泽轶 项翔

一、引 言

近年来，随着数字出版成为传统出版行业发展趋势逐步深入人心，数字出版发展呈现出"井喷"态势，各大出版社纷纷出手，参与到数字出版项目建设中，进行全方位、多角度尝试。2013 年，新闻出版总署批准了 5 家出版集团、20 家传统出版单位为首批全国数字出版转型示范单位，其中专业类出版单位近 10 家。这些出版社在开展数字出版业务方面起步较早，取得了显著效果，已经在业内初步形成示范效应。与此同时，我们也要看到，数字出版毕竟是新兴产业，受互联网和信息技术影响较大，而传统出版单位在开展数字出版过程中，技术上并不占优势。在此情况下，更需要梳理数字出版发展脉络，集思广益，及时总结，以推动数字出版产业更好、更快发展，成为真正出版业未来发展方向。笔者结合近年来从事数字出版工作经历和体会，从专业社数字出版系统构建入手，粗浅地分析专业社开展数字出版实践的几个阶段，供同行参考。

二、专业社的资源特点和受众分析

（一）资源特点

专业社的资源特点主要有以下四个方面：

（1）选题独特性；

（2）内容优势性；

（3）受众局限性；

（4）资源紧缺性。

（二）受众群体

专业社有个共同特点，即读者阅读与购买存在必然性，市场需求虽然不大但较为固定，因此在数字化进程中占据一定先机与优势。其受众主要包括两类：机构用户及个人用户。

三、专业社数字化转型之路功能定位

在数字化转型过程中，专业社需要发挥专业优势，找准功能定位，充分挖掘其市场价值，才能更好地设计专业社数字出版发展方向。除了具备与大众数字出版、教育数字出版相同功能外，专业社开展数字出版的价值主要体现在：一是为用户提供更加快捷、便利的知识信息服务。包括信息聚合与订阅服务、专业知识内容个性化定制与推送服务、查找与检索服务、按需印刷服务等等，所有服务功能都紧紧围绕节约用户时间、提高用户体验、提供贴心服务展开。在数字化实践过程中，专业出版社不仅仅是内容提供商，更应该向服务提供商转型；二是为促进学科与行业发展提供决策咨询和参考。借助信息化手段和互联网技术，大量原本需要由人花费大量时间和精力的工作，改由系统来完成，不仅节约了时间，而且能够减少由于人为因素所造成的偏差,提高信息可靠度。并且随着大数据在各行各业应用日趋广泛,基于用户使用习惯、行为和预测分析的大数据数字产品势必能够为提升行业整体水平,促进新交叉学科产生起到巨大推动作用;三是实现产业升级和业务流程再造。通过数字出版项目开展,不仅满足了当前市场需求,也借助日益成熟的信息技术,帮助传统专业社实现"四化"——内容创作数字化、内容加工数字化、出版流程数字化和发布渠道数字化,提高业务生产能力和生产水平,同时为自身发展培育新业务增长点。

四、专业社数字出版实践之阶段分析与实现途径

专业社通过专业数据库服务开展数字出版"资源+平台"模式正在逐步成为业内普遍认可的一种可操作模式,而基于学科分类体系专业知识重构和碎片化服务势必将专业数据库服务引向深入。然而,专业社在开展数字出版过程中,在技术上并不占优势,如

何与技术商展开密切合作,实现专业社数字出版功能定位,细化实践步骤,把控好进程节奏,减少风险等等,这些都是专业社数字化转型升级中需要面临和解决的问题。根据数字资源特点、建设周期以及项目建设难易程度等角度综合考虑,专业社开展数字出版整体架构大体上可以归纳为以下四个阶段,重点分析了阶段性功能如何通过系统构建来实现。见图1。

(一)准备阶段

准备工作(图1)主要内容包括前期市场调研、用户需求分析,数字出版项目规划,资源(纸质、电子)收集、分类、整理,历史资源版权清理,行业资源整合(多种角度、多种符号、多种媒体形态、多种传播载体、多种终端显示内容资源),数据加工标准、数据存储与管理元数据标准确定,知识结构分类体系构建,数字产品生产标准、规范、流程等体系文件建设以及技术合作方考察选择等等。

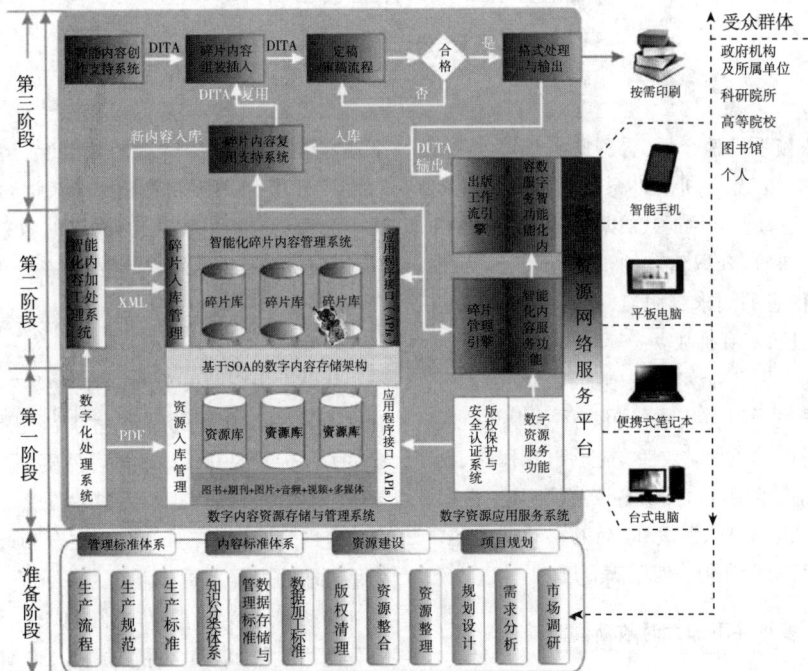

图1　专业社数字出版项目建设架构图

(二)第一阶段:以数字化为基础的资源初

加工与资源管理系统构建本阶段主要包括历史书刊数字化加工,数字资源存储与管理以及面向用户的初级服务平台。该阶段系统开发主要包括四个方面:数字化加工系统、数字资源内容管理系统、数字资源运营服务系统和知识资源网络服务平

台(图1)。

(三)第二阶段:以碎片化为重点智能内容加工、存储与投送一体化系统建设阶段

本阶段工作主要要求包括数字资源碎片化处理以及智能化内容加工——存储——投送服务一体化系统研发,系统研发工作则包括智能化内容碎片加

工系统、面向出版内容组件(碎片)的存储与管理系统和智能化内容服务系统等四个部分(见图1)。

(四)第三阶段:以智能化为核心的协同动态编撰系统建设阶段

本阶段作品的创作、提交、编审、校对、排版、碎片化处理与入库、多模版输出等过程均能够在线完成,真正实现碎片内容智能化取用、纸质和电子书刊同步发布、书刊数字资源同步入库与管理以及包括按需出版、多终端支持(笔记本、平板电脑、手机、网络)格式一源多通道输出等业务流程。

(五)专业社数字出版实践几个阶段相互关系

通常而言,项目实施几个阶段之间是自下而上,由易到难的递进关系。然而在实际操作过程中,除了前期准备阶段外,资源加工处理与系统研发所涉及的几个阶段工作界限并不那么明显,可以根据资金投入、实际参与数字出版人员投入以及时间进度安排灵活掌握,甚至可以据实际工作来选择操作阶段。

(作者单位:海洋出版社数字出版中心　国家海洋信息中心)

摘编自《海南广播电视大学学报》2014年第3期

用户为中心 创新是方向

——浅谈华龙网移动端内容建设心得

周秋含　阳东霞

在越来越依赖手机的今天,看到此类长篇文章,你有没有想把它"搬"到手机上进行移动阅读或者社交分享的冲动?移动互联网时代,以手机为代表的移动端俨然已成为接收、获取信息的重要途径,因为使用距离越近,对信息的渴求越明显,移动端的内容建设已变得日益艰巨,富有挑战。

为满足移动端用户阅读需求,增加移动端内容可读性、吸引力,华龙网以重庆手机报、"看重庆"新闻客户端为重要平台,按照"时效性、本土性、亲民性、创新性"原则,不断探索用网言网语解读主流舆论,传递正能量,为用户提供轻松、活泼、时尚的移动端内容,建设重庆掌上门户,提升用户使用满意度。

一、蛮拼的:多举并下加大时政新闻改编

时政新闻是宣传报道中用语最为正统、严肃的新闻报道,政治性强,受关注度高,是我们网言网语式改造的重点和难点。为贴近用户,我们在时政新闻上力求"亲民、轻松、清新",从标题制作、热点新闻、重大主题报道方面进行实用性、贴近性改造。

标题是吸引用户的第一要素,要将严肃生硬的时政新闻标题改得题文一致又不失生动活泼,需要一定的政治素养。在标题制作上,我们要先成为时政新闻最好的"解读者",通过融会贯通,加深对事实信息的把握与理解,在保持原意的基础上,解读为先,辅以"加温"处理,运用网络用语、口头语言,将标题制作得更为通俗、生动、贴近,为做好时政新闻标题,我们时常字斟句酌,为让用户产生"急欲一读"的愿望。

二、求点赞:用品牌栏目打造优质内容

移动端内容铺天盖地,用户最易"见异思迁",只有过硬的内容,优良的品质,才能留住用户,成为核心竞争力。为了提升移动端内容品质,重庆手机报、"看重庆"新闻客户端均集中力量建设重点品牌栏目,整合华龙网集团资源,加强内容整合和改编,进一步提高手机端的内容品质。

移动端还参与打造华龙网PC"今日话题"、"万花瞳"和"百姓故事"重大品牌栏目,"今日话题"为话题讨论性栏目,PS照片与诚信、90后啃老问题、邓小平和重庆的故事等内容,移动端用户都积极参与讨论,平均每期有上百条回复。触摸山城温情,讲述百姓故事,传达温暖正能量的"百姓故事"和原创图片栏目"万花瞳"也因高质量的内容得到用户肯定。移动端不仅以上栏目内容发布的重要渠道,又是获得线索、解决问题、与用户沟通互动的重要平台。

三、太给力：富媒体表现形式更立体

漫画、图表、音频、视频，丰富手机端新闻的表现形式，让报道更加立体生动。图解方面，"看重庆"新闻客户端推出了"书记去哪儿了""交委18项惠民举措""下半年怎么报考公务员""一份厨余的旅行"等新闻图解，提取新闻要点，解读热点新闻，用图解的方式对新闻进行清晰明了的诠释，漫画、图解的表现形式，也更有利于用户阅读和理解。

客户端里还有云阅读、云视听版块，有报纸、杂志的原貌阅读，保留了报纸、杂志的版面信息。云视听版块则以视频和音频的方式集中体现新闻内容，使得新闻信息更具多样性和可读性。

四、多走心：全心关注用户信息服务需求

用户需求是产品的根本，什么才是用户需要的，什么才是对用户有用的，只有把用户的需求放在第一位，提供让用户觉得"走心"的贴心服务，才能赢得用户的青睐。

社交服务是用户在移动端时代的又一重要需求，为此，"看重庆"客户端将设置微社区服务功能。人人都是"记者"，让用户成为移动端内容生产者，可以增加用户粘着度。为给用户提供更多的生活服务便利，"看重庆"客户端不断开发整合应用功能。为用户提供实惠的互动活动也是让用户觉得"走心"的重要手段，重庆手机报书迷会、影迷会、周末圈定期开展活动，以送书、送影票、送话费、送门票等形式，让用户得实惠。

五、奔跑吧：内容建设任重道远

如何在日益激烈的移动端内容平台占领阵地，满足用户日益增长的使用需求，内容建设任重道远。为不断的给用户新鲜感，减少审美疲劳，移动端的标题制作、栏目设置、编辑手法应不断推陈出新，不拘泥定式，加强策划，以用户需求为中心，以个性化内容吸引用户，让用户时常"眼前一亮"，常看常新。

在表现形式上，也进一步丰富表现形式，将文本、音视频、投票、评论等板块有效整合，丰富的表现形式能提升用户体验，为用户提供更加深入的信息服务。

同时，在资源整合上，移动端应发挥、延伸 PC 端的内容优势，在线上活动、编读往来、深化阅读等加强联动，打通手机报、移动客户端、微博、微信等手机端产品的平台链接，整合移动端资源，增强读者交流和沟通。

得用户者得天下，以用户为中心，不断创新，是移动端内容发展的方向和目标，华龙网移动端将不断探索和尝试，为用户提供更为优质的内容和信息服务，"奔跑着"满足用户各种需求。

（作者单位：重庆华龙网集团有限公司）

摘编自《新闻研究导刊》2014 年 11 期

运营实践

"碎片化"在网站图书检索中的应用

——科学出版社网站建设经验谈之二

金 安

伴随着读者在互联网上以自定义主题（词组或短语）为条件，进行相关图书信息搜索的需求越来越多，传统的检索方式由于不适应自然语言的结构而明显落伍，用户希望网站的搜索引擎，能够提供基于内容的、更新更快且更加完备的相关书目信息资源，这就对我们出版社网站的信息架构——信息的组织方式和处理模式——提出了新的挑战。

我们知道，读者自定义的搜索主题是用自然语言表述的，因而必然是由字和词按一定规则构成，当然还可能包含一些符号或标点。再观察我们的图书内容，也同样是由这些基本元素构成的。要想在两者之间建立起联系，并寻找对应关系，就应当从这些基本单元入手。由于汉语中的词比单个字具有更加完整的含义，所以我们把词作为基本的构成单元对待。将

描述或构成图书内容的文本,拆分成具有独立含义的词,是寻找内容相关性的基本前提。而这一过程,就是我们所说的"碎片化"。

一、碎片化对象选择问题

碎片化就是对文本进行切分,作为一种技术手段,其应用对象的选择一定要与功能目标相一致。所以,我们首先要选择能够最全面描述图书内容的文本,这就是章节目录,其次是内容简介。因为目录中有的词,正文中一定有,而且多是比较重要的词。这对于以内容检索为目的的相关性判断,就可以达到基本要求了。当然,如果有全文,可以使检索的范围更全面,以致不漏掉任何一个词,但同时也会使运算量成几何级数的递增,这一点与数字出版的要求不同,在线搜索功能对性能近乎苛求,所以我们未将正文列入切分范畴。还有,如果有样章,我们可不可以将其作为碎片化对象呢?

这要具体分析一下是什么样的样章。一般科技类图书的第一章大多为概述,其后的各章将分别论述很具体的内容。那么,这类概述类的章节最适合作为碎片化对象,而其他表述具体内容的章节,会因其只突出部分特定内容,而造成与该内容相关性高的误判,所以不应做这种选择。还有一个要点值得注意,就是对于整个系统而言,选择对象的原则只能有一个。

二、碎片化过程依据什么进行

即对内容切分时应依据什么标准。要想让计算机像人一样,在充分理解自然语言的基础上,对文本进行合理切分,目前还有很长的路要走,这是计算语言学或人工智能研究的课题。但是,不完全理解并不代表不能切分,我们可以根据规则和经验,依据已有的资源,在掌握一定的自然语言规律的基础上,完成基本正确的切分。虽然这种切分不是基于对自然语言的充分理解,会有一些歧义产生,但应用实践的结果表明,对于本文探讨的以内容检索为目标的应用,这种切分方式是可以满足功能需求的,准确性是我们可接受的。我们在吸收前人经验的基础上,实践过两种切分方式,并分别应用于不同场合。

基于字符匹配的切分方法。即按照一定的策略,将对象文本中的汉字组合(字符串)与一个充分大的词典中的词条进行对照匹配,如果能在词典中找到完全相同的字符串,就能识别出这个词。当然,上述的取词策略非常重要(以后还会谈到)。

基于频率统计的切分方法。直观的看,字的稳定组合就形成了词,因此在上下文中,相邻两字同时出现(共现)的次数越多,就越有可能是词。所以字与字相邻共现的频率能够很好的反映它们成词的可信度。实践中,我们可以通过概率方法将这种相对频度计算出来,当共现概率超过一定数值时,我们就认为这些字构成了一个词。这里有一个前提需要大家注意,就是用于计算共现概率的样本文档(我们称之为语料库),必须与我们产品的实际内容相吻合,这一点很重要。

三、使用什么工具进行碎片化

在碎片化的方法和参数确定下来以后,我们就可以进行切分操作了,这里离不开两个重要工具。词库。这是切分时依据的标准。汉语词汇是海量的,我们可以把它分为通用词和专用词两大类,因而就需要有通用词库和专用(业)词库。一般通用词库可以选择标准的或权威机构提供的,词汇量 6 万－10 万个的基本可以够用。中文自动分词系统。这是一个计算机文本处理的软件工具。我们利用它在内容切分过程中实现如下功能:将文本中两个标点符号之间的汉字,按照我们定义的标准或规则,切分成若干个独立的词汇,并过滤掉其余无意义的单字,再将多次出现的词汇合并,同时记录下该词出现的频率。这样,原本连续的文档,就分解为若干独立的词汇及词频记录,形象地表述就是被"碎片化"了。当然,上述切分是有不同方式的,从左向右的逐字取词称为正向匹配,而从右向左的称为反向匹配,实践表明,反向匹配的正确率高于正向匹配,歧义出现的也比较少。还有,根据取词长度的不同,存在由最大匹配至最小匹配的多种组合方式。在最终决定采取何种切分策略时,应本着在运算速度可接受的前提下,尽可能提高分词质量的原则,不过这可能需要反复进行摸索与评测。

四、碎片化的程度应如何把握

搜索引擎的工作机制是将我们碎片化了的内容,与用户输入的描述搜索条件的语句进行对比匹配,因而,也必须对该搜索条件语句进行碎片化。由于这些条件都是以自然语言形式表述的,所以,要做到完全正确的切分难度很大。一旦切分错误,将带来后续检索和判断的一系列问题,无法保证搜索引擎的质量。

鉴于目前的计算机技术尚不能做到对自然语言的完全正确理解,所以,我们只能采取充分匹配的方法,穷尽从最小匹配至最大匹配的所有可能,而不漏掉任何一个词。我们称之为"多粒度"方法。当然,这个原则也必须同样应用到我们对内容的碎片化上。之后的问题,就是如何确定最大匹配值,即最大词长,这与我们的内容有关。大多数情况下,到访出版社网站的客户,其对内容的需求多是与该社出版领域相吻合的,就是说,用户的搜索习惯与出版物的内容特点是有相关性的。所以结论是,碎片化的程度,还要兼顾本社产品的内容特点。

五、碎片化对搜索引擎性能的影响

碎片化是搜索引擎进行检索和判断的基础和前提。经过基本的碎片化加工以后,我们可以从出现频率的角度,定量地考察各相关词汇(称为索引词)与内容的相关度,但实践表明,这还不够。由于我们并没有对正文的全部进行碎片化处理,就忽略了章节内容(长短不同)对图书整体相关性产生的影响。因此,我们需要挖掘一些能够定性描述图书核心内容的关键词,来补偿或校正这一影响。既然这些词起的是定性作用,那么我们就要赋予其较大的权重,相当于它们所代表的内容以高于平均值的频率出现在总体内容中。实践证明,这一措施对提高搜索引擎的质量做出了重要贡献。那么,到哪里去提取这些描述图书核心内容的关键词(也称为特征项)呢?我们把焦点瞄准了网站的产品数据库。经筛选,我们把 CIP 关键词、中图法分类、自定义分类、作译者名、书名、ISBN 列为特征项,进行同样的切分,并赋予高权重。因而,我们所讲的碎片化是对所有内容(包括定量的和定性的两部分)而言的广义碎片化。总而言之,碎片化的方式、对象和标准对搜索引擎的性能有重大影响。

六、碎片化是与内容生产永久相伴的

碎片化加工不能一劳永逸,只要新书的生产不停顿,就不断会有新的内容,在经过碎片化处理后,被加入到索引数据库中,否则,搜索引擎就无法检索到它们。正是由于这些新书不断地出现在搜索引擎的结果列表中,网站的新书推荐有了新的途径。因为在新书上市的初期,读者在尚不了解新书信息的情况下,是不可能用书名去进行查询的。而当他们进行主题搜索时,无意中发现了许多新书信息,这势必引起读者的关注,使他们产生阅读的冲动。所以,碎片化处理已成为与新书发布同步的网站日常作业。同时,新书内容中不断涌现的新词,也是我们丰富和完善专业词库的主要来源。

碎片化作为内容结构化处理的一种方式,是我们在出版社网站上的首次尝试,还仅仅是一些探索和实践。在其构思、设计、测试、实施和运维的过程中,我们总结出如下三点基本经验。

专业词库建设,是最重要的基础工作,必须持之以恒的做好。

词库是碎片化加工的必备工具,如果没有专业词库,就无法保证具有自身特点的内容被正确的切分,搜索引擎将显得很不专业,无法发挥出出版社网站的资源优势。而专业词库的建设可以有依据词典生成、购买定型产品和基于语料库的统计识别三种途径。我们选择的是第三种,即构建自己的语料库用于词频统计及筛选,该方法不仅花费少、影响因素少,而且能够最大限度地利用本出版社的内容资源,也最切合自身内容特点,并且为以后的扩充和升级词库创造了条件。

必须结合出版社自身特点,并不断总结经验,优化完善。

任何新理论新技术,都不能拿来机械地直接使用,而必须考虑应用对象的特点。出版社有自己的出版领域、产品特色、内容特点、资源形式、数据结构、人才优势,这些都是确定方案及参数的依据和基础。关键在于如何与技术设计相结合,经不断总结经验、测试修改、优化完善,一定可以达到实用化水平。但这是一个逐步实现的过程。

理论与实践、信息技术与出版业务必须紧密结合。信息技术飞速发展,我们应不断学习和掌握新的理论知识,同时又要敢于实践,才能将创新思想转化为创新实践,从而推动行业的信息化水平不断提高。同时,新技术的应用还要找准突破点,在出版业务有需求、信息技术有可能的结合点上下功夫,就能够取得成功。在开发过程中,既要有突破性的创新逻辑构思,又要兼顾业务需求在模型算法中的合理实现。

网站信息的碎片化加工,是我们在内容结构化处理领域的一次尝试,其目标是为搜索引擎提供结构化的数据基础,是在探索和实现计算机理解自然语言——这一宏伟愿景过程中的一次实践探索。

(作者单位:科学出版社)

摘编自《出版参考》2014 年第 18 期

基于社会化阅读的学术社交网络在传统
专业出版社数字出版平台建设中的应用研究

江波 项翔 王鄂生 袁泽轶

随着互联网技术的不断发展和社交网络的日臻成熟,用户获取内容的渠道得到广泛拓展,与此同时,以读者为核心,强调分享、互动、传播、社交和可移动的全新阅读模式——社会化阅读逐渐兴起。在传统的以内容为核心的架构上,增加了关系要素,这种"社交+内容"的传播方式,一改过去单纯依靠内容为主体的平台建构方式,增加了用户主体建构,数字阅读平台与社交网络平台相结合的社会化阅读模式将成为未来数字出版发展的一个重要趋势。从2013年到2014年,大众阅读的社交化趋势越来越明显,同时也在酝酿着无数商机,觊觎这块大蛋糕的,不仅有新媒体、移动互联网、O2O,也有传统出版业。笔者尝试从社会化阅读的概念、特点及其现状和发展趋势入手,探讨基于社会化阅读的学术社交网络与传统专业出版社数字出版平台相结合对专业社可能产生的影响及其应用前景。

一、社会化阅读的概念及发展趋势

(一)社会化阅读的概念

社会化阅读也称社交化阅读、个性化阅读,是指以读者为核心,强调分享、互动、传播、社交和可移动,能够创造更大阅读价值,以超阅读体验为特点的全新阅读模式。社会化强调的核心是互动,因而社会化阅读也应围绕着互动而界定。内容由互动而来,传播因互动而行,在个体与个体、个体与群体、群体与群体之间形成多层次互动阅读,这才谓之社会化阅读。

(二)社会化阅读模式的发展现状和趋势

(1)内容资源的整合和与内容提供商的深度合作还需要进一步拓展。社会化阅读社交平台所倡导的用户产生内容(UGC)模式鼓励用户上传个人内容等供大家分享、交流、评论,而平台自身并不能提供大量内容。由此产生的无用信息泛滥、内容同质化现象严重、原创性优质内容资源匮乏以及版权保护问题将会是其不得不面临的问题。在数字出版"内容为王"的市场氛围下,内容资源的广泛整合以及与内容提供商的深度合作将会是当前社会化阅读社交平台遇到的一大难题。

(2)赢利模式尚需进一步探索。社会化阅读社区的赢利模式不同于一般的电子商务,同时,也不单纯依靠广告实现赢利。当前,内容服务收费、广告服务收费以及延伸服务收费依然是需要社会化阅读社区积极探索的赢利模式。赢利模式不明确,这在一定程度上影响了其纵深方向上的发展。而在未来,对提供内容的核心用户具备吸引力的赢利分成机制才是社会化阅读得以持续发展的关键。

(3)目前基于社会化阅读模式的社交平台主要由运营商、平台商或技术商掌握,以传统出版单位为主导的社会化阅读社交平台相对较少,但发展势头不可忽视。例如,由时代出版传媒公司打造的社交平台——"时光流影 TIMEFACE"即将正式上线,该平台是一个基于移动互联网技术,集知识共享、热点讨论、话题交流和内容积累为一体的"深度社交+内容聚合"的网络社交平台。

(4)发展潜力值得关注。在人类文明的发展历程中,尽管技术在不断进步,社会在不断发展,知识在不断累积、沉淀,但社交作为一种自然属性,也作为一种现实需求,从未改变过。从以前的聊天室到讨论交流社区,从博客、微博、轻博客到微信等,近年来不断发展的社交网络无不验证了这一点。社交这一根本属性也为淘宝、京东等电商平台的成功运营和拓展提供了一个良好"入口",这就为社会化阅读的未来发展提供了广阔的空间。社会化阅读或将成为阅读的未来,社会化传播也势将成为数字出版的一种重要传播方式。

二、基于社会化阅读的学术社交平台的优势

（1）专业出版社普遍拥有大量行业资源，处于资源上游，具有整合行业资源的优势，能够有效地解决内容资源不足造成的版权和可持续发展问题。

（2）社会化阅读社交网络与专业出版社数字平台相结合的学术社交平台将可能在赢利模式上产生新的突破。

（3）专业社的受众相对集中，学科分类明显，产业集中度较高，基于社会化阅读的学术社交平台更有利于内容资源的个性化订制和高效、精准推送，并为今后策划出满足特定读者需求的针对性选题以及相关产品的定向投送创造了有利条件。

三、基于社会化阅读的学术社交平台的现实基础和必要条件

（一）行业资源全方位、多角度整合

通常而言，专业社特别是中小专业社每年出版的专业类著作数量有限，这是由其所处的领域决定的，而这对于面向行业的专业数据库而言是远远不够的，必须加强对业内其他资源的全方位、多角度整合。同时不仅整合国内资源，也可以考虑整合国际资源，不断扩大资源平台的容量和影响力。

（二）内容知识的碎片化处理与学科知识分类体系构建

学科知识分类体系的建立、内容知识的碎片化处理与知识关联，是增强基于社会化阅读的学术社交网络延展性的基础工作，将有助于充分挖掘知识内容的潜在价值，大大增加知识信息的关联度，缩减用户初级检索时间，实现知识内容的个性化订制和智能化推送。当然，碎片化并不是越细越好，还需要充分考虑用户在使用时的实际需求，否则有舍本逐末之嫌，适得其反。

（三）作者资源库的建立和实名制注册

作者库的建立一方面建立在内容资源深加工处理的基础上，另一方面要求用户实名制注册。对于专业社而言，用户身份具备双重属性，读者同时可能也是作者。实名制注册一方面便于开展学术交流，避免一些学术不端行为，防止知识分享、讨论、评价时言论偏差所导致的管理风险和管理成本增加；另一方面，也便于有效解决用户与作者的匹配问题，打通用户与作者之间的双联通道。

四、基于社会化阅读的学术社交平台的功能架构和实现途径

综合上述分析，将社会化阅读模式与传统出版单位数字出版相结合，将会给传统出版单位的数字出版实践带来新的活力和可探索的方向，而在公认最适宜开展数字出版的科技与医学类（STM）专业出版领域，充分挖掘专业社的资源特点和行业优势，结合社会化阅读的长处，借助与技术商的深度合作，专业数据库的服务模式可能会得到进一步深化。

（1）新闻资讯与知识内容的订制与推送。用户完成初次注册并登录后，系统会提示完善个人资料，填写个人的专业方向。学科分类体系的构建、知识内容的碎片化处理与知识关联为用户查找和订制个性化知识内容提供了可能。用户可以按照感兴趣的话题订制新闻资讯和行业信息，同时可以选取自己的专业领域以及自己感兴趣的专业方向来订制内容，订制完成后系统便会将相关资讯聚合起来，连同用户订制的个性化内容推送至用户个人主页。用户可以根据自己需要，对学术内容进行浏览、收藏、归档、贴标签、下载、评论、做笔记、推荐给好友等操作。用户不同次数的笔记可以叠加，可以考虑笔记是否需要输出，也可以考虑是否要将笔记分享到个人的友人圈子。

（2）出版物认领与出版记录生成。在加工内容时，我们已将每本图书、每篇文章、每幅图片、每种音视频资料的作者分离开来，并依据知识结构和分类体系进行归类，形成作者库。这样不管是第一作者还是第二作者、第三作者等，均会有自己的信息。一旦用户注册登录，系统便会自动将同名作者发表的作品推送到个人账户待认领。这样，既解决了作者重名的问题，作者账户也得到了激活，同时用户也就具备了作者身份。另外，系统也会自动生成关于个人的出版记录，查阅用户的"个人名片"便可以了解相关信息。

（3）关注作者。用户可以根据感兴趣的专业领域筛选出相关作者，可以对作者进行关注，成为其粉丝，关注其动态并进一步了解作者发表作品的情况。一旦关注的作者有新的作品入库，系统就会在第一时间将相关信息推送到用户个人主页中；另外，用户也可以给作者发送站内邮件，探讨学术问题，交流学术心得。

（4）友人圈子。用户也可以邀请周围的同事、朋友或者是同学、老师加入到平台，或邀请平台中已经注册的用户加入到自己的友人圈子，这样友人之间的

学术动态,双方在第一时间就都能看到;用户可以对感兴趣的学术内容或者新闻资讯进行分享、转发以及推荐给好友,加快学术内容的扩散速度,从而形成基于"同事·朋友·学生·粉丝"关系的学术社交圈。

五、基于社会化阅读的学术社交平台的应用前景

(1)社会化阅读所提倡的 UGC 模式,不仅能够帮助专业社不断扩大数字平台资源储量,扩大资源覆盖种类和范围,并且能够产生持续动力,帮助解决后续资源乏力的问题,助推专业社由内容提供商向服务提供商转型。

(2)为开展专业领域的大数据分析与服务奠定基础。随着大数据挖掘与分析技术水平的不断提升,海量数据在经过精确分析后会产生巨大的价值,比如依据客户购买与阅读行为的全数据进行分析,对之进行精准内容投送或个性化、精确化营销定位;对数字内容进行定位与改进,提升内容价值,提高使用效率;构建基于大数据分析的数学模型,从而形成系列大数据产品,为项目决策分析等提供咨询参考。

(3)为传统专业社打通移动互联通道创造条件。学术社交的模式,将增强专业用户关于内容知识的互动性和参与度,推动读者向移动互联迁移,从而打通专业社通往移动互联领域的发展通道。

(4)催生出其他的应用和赢利模式。例如,与期刊编辑部或者其他内容提供商(甚至包括用户个人)展开深度合作,形成开放式的合作共享平台,资源共建,利润分成;组织召集专业领域学术交流会议,发布学术会议信息,协助会议的组织与召集;鼓励用户上传个人图片,建成学术领域的图片和图片源文件库,同时供用户间挑选、交易等,从多个角度充分挖掘平台与资源价值。

六、结 语

总之,专业社开展数字出版的有效模式还在不断地积极探索中。基于社会化阅读的学术社交平台为专业社开展数字出版提供了一种可探索的方向。当然,作为一种新生事物,其发展途径和赢利模式是否可行还有待时间和市场的检验,尚需要业界同人和研究学者们进一步交流讨论,不断总结经验,共同推进专业数字出版领域的快速发展。

(作者单位:海洋出版社 万纳智慧科技(北京)有限公司 国家海洋信息中心)

摘编自《科技与出版》2014 年第 6 期

APP 在高校教材出版领域的运用

张 波

以 iOS、Android 等系统为平台的 APP,对互联网生态产生了重要的影响。目前,APP 因其反应快速、应用广泛、操作简便等特点,成为高校教学中的重要工具。当代大学生的学与教不能局限于传统思维,要结合互联网浪潮带来的技术便利,探索一条 APP 技术应用与教学实践相结合的新路。

一、APP 在高校教材出版领域的适用性和可行性

(一)APP 在图书出版领域的运用

APP 在图书出版领域的运用表现为以下两种方式。

(1)传统出版社依托优势资源,向数字化出版转型。2011 年,数字出版平台大佳网联合商务印书馆、人民文学出版社等多家传统出版社,在其旗下大佳书城密集发布 300 多本 APP 图书;2012 年 1 月,中信出版社重金打造的"中信尚书房"APP 正式上线;几乎同时,外语教学与研究出版社、凤凰出版集团和广东出版集团等大型出版集团纷纷开发上线图书类 APP;同年 11 月,整合磨铁图书 6 年精品畅销书资源的"磨铁书栈"上架。经过一段时间的探索,出版机构在整合各自内容资源基础上,推出了各具特色的 APP 图书。

(2)京东、当当、亚马逊等电商平台,盛大文学、多看阅读等专业公司,依托自身技术优势,凭借强大的整合资源能力,加大了 APP 图书的开发力度,给传统出版社带来不小压力。

就目前已有的 APP 图书来看,都是将纸质书的内容照搬到 APP 电子书中,形式单一,互动性差,开放性不足。

(二)当代高校教学的特殊性及高校教材的不足

现阶段,90 后大学生已成为高等教育的主体,对于伴随着互联网成长的一代,传统的"一支粉笔一本书"的教育方式已经落伍。90 后群体的崛起,绝不是简单的又一代人的成长,而是真正互联网一代的到来。他们的成长意味着网络文化和传播形式内容的全面改变。如何把握当代大学生的心理,满足他们对于教育的需求是当今教育界面临的重要课题。

当代高校教学方法的特殊性表现为:

(1)由填鸭式教学向互动式教学转变。教师与学生的双向互动是获得最优的传递效果的唯一途径。

(2)由"我说你听""我说你写"向独立思考转变。当代大学生学习的独立性显著增强,学生自学能力随着年级的升高而递增,开放式的网络环境为学生攫取教育资源提供了便利。

现有高校教材的不足主要有:

(1)形式单一,多为纸质书籍。在多媒体普及的今天,仍然采用传统教科书式的教材显然已经满足不了师生教与学的需求。

(2)内容枯燥,理论多于实践。缺乏互动性和参与感成为学生抛弃纸质教材的重要原因。

(3)不能因地、因时施教。教材中的案例具有一定的时效性,而教材的修订又有一定的周期,这使得学生不能接触到最新最前沿动态。

(三)APP 在教学中的优势及配合性

APP 作为一种建立在信息技术上的新型交互式软件,其优势也在电子教科书上体现的淋漓尽致。

首先,APP 具有天然的开放性。教材可以直接提供网络中大量的资料与链接,这些足量并且及时的信息,使教师的备课效率更高,内容更丰富、更完善,而学生的学习则更具开放性。

其次,APP 具有区别于传统教学介质的富媒体资源。电子教材突破了纸质教材只有文字与图片结合且文字远多于图片的限制,采取文字、图片、音视频相结合的方式,从视觉和听觉上将信息传达给学生,多角度、多维度地吸引学生,这种多媒体教学形式更加生动、形象,便于理解,更能激发学生对知识的渴望和对学习的兴趣。

再者,APP 具有极强的交互性。电子教科书通过与网络的连接,可以随时随地在互联网上与教师、同学进行互动,在学习过程中所产生的疑问可以方便地与教材上的内容一起进行复制和粘贴,有益于老师与学生之间,学生与学生之间讨论问题与交流合作,超越了传统的教材单方面输送知识的功能。

最后,APP 可以充分发挥学生的学习能力。当代高校教育区别与基础教育的最重要特点就是对象的变化,大学生群体已经有了相当的自主思考能力,一味的填鸭式教学法已经落后,而 APP 教材可以根据学生的差异,在教师的指导下自主地增加或删减教材内容,在网络平台上寻找自己学习所需要或者课外所感兴趣的链接,分享更多的知识。相较于传统教科书的一成不变,APP 教材给学生个体的发展留足了空间。

二、APP 在高校教材出版领域的技术操作——以《数字出版基础》APP 开发为例

《数字出版基础》APP 的开发过程是:首先,进行产品策划与创意设计,搭建 APP 的整体框架,着重设计运用哪些多媒体素材来体现教材内容;其次,根据师生的使用习惯和要求,设定逻辑层次和界面风格、互动功能,再次,使用 Photoshop 等软件设计界面,搭建好平面按逻辑层次编码和链接;最后,测试,发布。

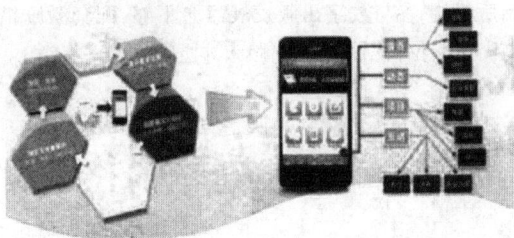

图 1 《数字出版基础》教材 APP 的整体设计思路图

这款 APP 教材中文字、图片、声音、视频等多样素材的处理是考验编辑技术功力的重点。这款图书 APP 开发过程中的技术操作主要体现在以下几个方面:

(1)文字的处理。

(2)使用 Photoshop 软件对教材中的图片、图表等素材进行规范化处理。

(3)音频素材的录制与制作可通过 Cool Edit 进行加工。

(4)充分利用移动终端设备的功能,实现软件与硬件的高度融合。

三、APP在高校教材出版领域的发展前景、困境及应对

（一）APP或将成为未来高效教材的主流

2011年4月,原新闻出版总署正式发布《新闻出版业"十一五"时期发展规划》。《规划》第一次将"电子书包"研发工程"列入"十二五"重大工程项目。《规划》指出,通过电子书包及配套资源数字化工程提高教学资源重复使用率,形成内容丰富、互动性强,易于学生使用的数字教学出版体系,推动电子书包的发展。

作为根植于互联网成长的一代,当代大学生的社会属性决定了APP教材为主的数字信息化教学手段将成为未来高校教材的主流,这既是学生的诉求,也是信息技术发展的大趋势。

（二）APP高校教材的产业化之路任重道远

距离苹果公司发布第一款电子教科书软件已有两年,国内APP教材的开发业已全面开启,但高校ADD教材的开发却进展缓慢,鲜有精品问世。首先,在制度上,数字出版相关标准缺失,教育出版行业开发和管理数字化资源不够规范;其次,缺乏规范、有序的市场竞争环境,内容资源与技术资源未能有效结合;再次,在投资方面,作为拥有庞大内容资源的传统出版机构,参与数字出版发展意愿不够,配套激励措施尚不到位;最后,数字出版人才匮乏。

（三）"三管齐下"共同推进APP高校教材的发展

在数字出版业务链中,内容资源数字化是基础,数字出版产品开发是核心,宣传营销是关键,政策制定是保障。高校教材的数字化出版也是如此。

首先,加强内容建设。以教学资源、教学过程、教学管理的数字化为理念,以用户需求为导向,加强APP教材等核心内容的研发,通过构建一个高校教育数字化资源库,开发基于教师与学生应用的APP高校教材。

其次,做好版权保护工作。相较于纸质图书产品的盗版,APP高校教材等电子产品盗版的成本更低,版权保护工作需要相关配套的法律措施、技术措施和版权保护的氛围。现有的数字水印技术等防盗版技术,仍存在很多漏洞,有待完善。

再次,人才培养机制的完善。数字出版技术的飞速发展,急缺即懂数字出版技术的"接口型"人才。

另外,应加强高校APP教材在产品形态、用户体验模式以及商务模式等方面的探索。

当然,这是一个长期探索和实践的过程,数字出版尤其是APP高校教材的数字出版应建立在"全数字化"的基础上,使内容策划、编辑加工、应用反馈和销售成为一个有机的整体。让我们共同期待APP高校教材出版的美好明天。

（作者单位:湖南大众传媒职业技术学院）

摘编自《出版参考》2014年第14期

媒体融合时代传统出版社的转型路径探索

刘焰红　谢俊波

一、引言

2012年12月7日,习近平总书记参观考察腾讯公司时指出:"现在人类已进入互联网时代这样一个历史阶段,这是一个世界潮流,而且这个互联网时代对人类的生活、生产、生产力的发展都具有很大的进步推动作用"。美国未来学大师约翰·奈斯比特的超级畅销书《大趋势》全球销量超过1400万册,书中关于未来的预测目前看来没有一条是错误的,它的核心观点其实就是一句话:美国正在进入信息社会,或美国正在从工业时代向信息时代过渡。无论他的预测是否准确,不可否认,互联网信息时代早已到来!

二、传统出版业"唱衰"而"不衰"

在席卷全球的互联网浪潮中,业内业外对传统出版业一片唱衰之声。然而2013年文化产业的资本并购案引人瞩目。2013年2月17日,贝塔斯曼与培生两大传媒集团喜获美国司法部审批,同意两者将各自旗下的图书出版公司合并为企鹅兰登书屋出版集团。

从身边的变化和行业重要动态中我们可以看到,随着移动互联时代的不断发展,数字化不可避免且真实快速地改变了我们的阅读生活。但是,笔者认为,在相当长的时间内,数字出版与传统出版将并行不悖。尤其在中国年人均购书只有6册的基础上来看,

传统出版的发展空间依然不容小觑。目前中国出版产业处于"宏观竞争不足，微观竞争过度"的同质化竞争状态。出版社要发展，既要认真应对产业形态升级的新变化，吸收新的存储技术、传播方式的优点，改变内容生产模式，更要在内容生产的"专精细"上下功夫，采取差异化发展的经营策略。

三、媒体融合背景下的转型案例分析

随着互联网思维在全球各行业的兴起，传统出版业已经发生了极大变化。尤其是智能手机、平板电脑等智能终端的出现与普及，多媒体与互联网的发展，各类数字化出版物也呈现出多样化发展态势，这给传统出版业带来冲击的同时，也为数字化转型的出版业发展带来了巨大的机遇。传统出版的生存必须依赖不断的创新和突破，因为互联网时代不可避免的带来了翻天覆地的变化，我们必须正视未来。互联网已然成为当今的先进生产力，我们必须解放思想，树立一体化发展观念，强化互联网思维，增强借力发展意识，发扬攻坚破难精神，才能真正利用互联网技术实现弯道超车，达到传统与新媒体融合发展的最佳效果。笔者以三家有代表性的出版社为例，分析其转型发展探索之路。

案例一：电子工业出版社围绕"从传统出版社向现代知识服务商转型"这一战略目标，从资源数字化管理和知识网络化服务两个角度入手，借助行业特色和自身出版优势，依托结构化加工，开放共享协议，内容动态关联和重组以及数字内容资源全媒体发布等关键数字技术，开展基于云计算的知识资源服务、动态数字出版应用、开放存取共享服务等数字出版实践，同时积极拓宽数字出版领域，尝试基于内容的知识服务模式，探索基于移动互联网的增值电信业务，有力地推动了传统出版向数字出版的转型。

案例二：人民军医出版社早在 2009 年，就围绕"做高端医学出版的引领者，数字医学出版的开拓者，优质出版资源的整合者"这一战略转型目标，开始在国内率先探索数字医学出版的全新模式。2010 年开始，该社出版的新书实现了以阅读卡形式同步提供，读者可免费对纸书的内容上网在线阅读，并深度链接"中华医学资源核心数据库"查询相关医学专业知识。在国内外出版界中，该社首创了对医学书＋数据库的注解式无障碍阅读，这也是其跨媒体出版物有别于其他电子出版物的显著标志。他们还建设了"军医网上书城"，推出了线上拷贝版电子书、数据库关联版电子书；在实体书城中，推出捆绑型网络数据库版＋光盘版电子书。同时，手机版电子书、掌上医学图书馆也同步推出，形成了对数字产品的系列化布局，以多层面的产品形态来满足读者的不同需求。

案例三：浙江大学出版社围绕数字化转型需求，先后启动了"支持跨平台、浸入式、社交化学习的新一代数字化教材 APP、支持多终端阅读的求是书城 APP、面向基础教育的移动学习 APP、基于 LCMS 的网络教育服务平台（2013 年入选新闻出版改革发展项目库）、基础教育试题库、数字营销服务平台"等多个产品与平台的研发工作，积极探索新型数字内容产品形态与服务模式。

四、媒体融合背景下的转型探索之路

（一）做实传统出版

（1）专业图书创牌子。

（2）大众图书争面子。

（3）文教图书打底子。

（二）探索数字出版

为扎实做好"传统与新媒体融合"，早日实现"数字化转型、融合发展"的目标，湖北科技社在结合市场环境、行业现状的基础上，明确了"夯实基本功，以数字化项目推动出版社整体转型"的工作思路。

1. 基础建设方面

（1）数字资产管理。2006 年，在股份公司内率先出台电子文档归档机制，严控结算环节保障文档的及时、完整归档，归档率为 95% 以上。

（2）数字版权管理。已将 2010 年 1 月至今的所有出版合同进行数字化，数字版权条款进行了信息化管理，并且每份版权授权信息都进行了详细登记。

（3）完善内容资源库建设、部署协同编撰平台。湖北科技社是湖北省数字出版转型示范单位，也是长江传媒数字出版转型示范单位，数字化转型升级的基础工作起步早，于 2007 年起就已建立规范的内容资源收集、管理、归档机制，2014 年正式启用内容资源库平台；目前正在部署协调编撰平台，计划 2015 年 2 月正式上线运行，将以数字化协作取代原有传统出版生产方式。

2. 二维码整体实施

二维码是连接传统图书和互联网的便捷"通道"。湖北科技社 2013 年起在品牌营销和二维码图书策划出版方面做了大量有益尝试，并取得了较好的效果。具体分两个阶段实施：

第一阶段,以品牌营销为主,通过二维码塑造具体出版社专业出版品牌形象,展开立体营销;提供简单的内容增值服务,如在图书封底、部分页面印上二维码,可以将更具体的文字解释、更丰富的图片、音视频信息传递给读者。

第二阶段,策划市场类二维码图书,并利用二维码应用平台进行二维码个性化制作与管理。截至2014年12月,已出版二维码图书近40种,大部分图书在开卷排名中占位靠前。

3. 形成文教产品配套网站集群

湖北科技社在开发传统出版产品和服务的同时,兼顾配套服务向数字化延伸,打造了多个中小学课程数字平台。如《安全教育》课程配套资源平台"湖北生命安全教育网",《劳动与技术》课程配套资源平台"鄂科劳技工作坊",湖北省中小学生校外课堂综合资源平台等。

4. 2014年数字版权运营新亮点

2014年湖北科技社抢占世界杯出版市场,邀请两位著名足球评论员黄健翔和苏东出版了《你不是一个人世界杯》和《2014巴西世界杯观战指南》两本书。这两本书均是纸质和数字版同步发售,目前数字版权保底收益创湖北科技社数字版权运营的新高。

5. 电商平台销售升温

湖北科技社电商销售分社外合作与自有平台两方面。社外渠道合作有当当、京东、亚马逊、文轩等电商平台,自有渠道有淘宝天猫商城、微博微书店。从今年销售数据来看,电商销售增长速度较快。自有渠道操作灵活,可提升空间大。

6. 全媒体营销

湖北科技社积极开展全媒体营销工作,如《中国人的民生》在凤凰网、腾讯网、新浪网等门户网站读书频道连载,《光明日报》《中国证券报》《长江商报》《楚天金报》对该书作重点报道;《2014巴西世界杯观战指南》与腾讯体育、搜狐体育、上海足球网、虎扑足球的深入合作……这些努力使我们的营销吸引到越来越多主流媒体的关注。自媒体微博、微信公众号与读者的有效互动也带来了较好的效果,如"乌贼刘"刘语熙《我,遇见我》通过作者参与微话题互动,微博上线预售12小时内下单量超过3000册。

7. 数字出版转型项目

目前在建数字出版项目有三个:(专业出版)中医临床医案云服务平台,(大众出版)中医养生全媒体出版项目,(教育出版)《生命安全教育》《心理健康教育》教材、网络支持平台及数字资源库建设。在建项目均获得政府配套资金支持。

五、结 语

信息时代的瞬息万变需要传统出版从业者付出更多的心力和脑力研究"突出重围"的发展方式,这是挑战,更蕴含无限可能。传统出版是数字出版的源动力,数字化则给我们提供了更多选择,两者其实具有"相得益彰"的潜力,等待我们去扎实实践。

(作者单位:湖北科学技术出版社)

摘编自《出版广角》2014年12月刊

试用O2O思路谈谈"线上线下"的立体出版

郭燕红

时至今日出版人都强烈地意识到传统出版的转型是紧迫的、必须的,因为不转型,前方的路已很窄。"在传统出版模式中,一本书的出版耗费周期漫长,人力、物力消耗很大而数字出版一方面具有及时性、多媒体性特点,另一方面降低了成本、减少了出版环节,使出版产业更加低碳和环保因此数字出版将成为出版业转型的必由之路"这是安徽出版集团总编辑林清发在2010年国家版权局举办的国际版权贸易研讨班之局社长论坛上针对传统出版与数字出版说的一番话。但如何转型,路才能走好?

虽说这些年没有停止过各种探索但传统出版之路且行且艰难的状况仍令出版人忧心忡忡,笔者听到、看到或读到的常常有这样几种说法数字出版发展势头强劲,将在一段时间内与传统出版共存,之后的结果无法预测这是其一;传统出版必将被数字出版取代因为单调、平面的传统出版,难以跟上互联网革命性技术的快速发展与快速更新,这是其二;数字出版与传统出版呈现的是两种完全不同的阅读形态将依据读者所需而共存双赢,这是其三。站在当下往前看,第三种说法似乎已成为多数出版人的共识,而积极探索两者如何在相融的情况下争取利益最大化,俨然是目前的热门话题。

依据自身发展和消费者需求,互联网企业其实已在很短的时间里经历了 B2B(Business to Business)、B2C(Business to Consumer)C2B(Customer to Business)C2C(Customer to Consumer)等各类电子商务模式,目的只有一个就是把产品售卖出去,以获取最大收益。笔者注意到,近来蓬勃兴起的 O2O(Online to Offline,线上线下电子商务)模式,已引起极大关注,不少企业为此正在做不同尝试希望在互联网的经济环境下围绕人的需求将企业做实做活做细做精,使企业迅速成长、迅速壮大,最终创造出更大效益。

通俗地讲,O2O 就是线上与线下的关系。而本文所谈"线上"主要是指网络营销手段等,"线下"主要是指出版社的编辑活动和书店的售卖活动等。

出版社最初的线上线下互动,即"线下书店,线上网店",那"线上"纯粹起的是一种广告作用,因为读者们所能看到的或许只有图书的封面、目录、标有定价等相关要素的版权页及内容简介而已,只是这在当时属新鲜事,至少让笔者感觉很新奇,也兴奋过一阵,主要是觉得一本本图书都是编辑们心血之结晶,在"线上网店"挂出也就多了一个窗口多了一种渠道,销售数借此或许会有大幅上升的可能。其实一开始这样的形式对促进图书销售的增长确实有帮助,但随着互联网的迅速发展如果没有实质性的思维改变促使其形式的多元变化,线上增量作用的弱化也将是必然的。

之后出现的电书,笔者认为线下的出版社或书店与线上的电书运营商才开始有了真正的线上线下互动,虽然这种互动还处于粗放型,因为此时的电书完全是由纸书扫描为转换而成,但至少被乐于网上阅读的网民或已习惯于手持电子阅读器的读者青睐而形成的一种消费方式这给出版社带来了一些生机。究其原因虽说不外乎有"阅读方便、价格低廉、灵活多样、信息量大、便于复制和检索、利于环保"等等益处,可对出版社而言能获利就是王道。只是作为传统行业的出版社长久以来擅长的是发现内容、把控内容、整合内容而独独欠缺了互联网思维因而没能踩着发展神速的互联网节奏齐步走,致使唱衰纸书的论调此起彼伏让一些从业者颇有一种"吃着五味兼有、弃之难分难舍"的纠结。

为不放过任何一条获利途径出版社这些年一直在谋求与互联网企业合作希望搭船前行,摆脱只能在线下"埋头苦干"做出好书,却无法在线上也能获得眼球、博得喝彩直至获取赢利的尴尬。

笔者曾做过一本名为《我与徐家汇——45 位见证人的精彩人生故事》的图书大多由工作或生活在徐家汇各行业的专家学者、文化名人与普通百姓,从不同视角讲述徐家汇前世今生的变迁与辉煌,同时针对性地插入相关文献史料和图片资料更有首次披露的鲜为人知的故事有较强的可读性和可看性。正因为有如此丰满厚实的内容和设计方案的海派范儿,让该企业负责内容的总监产生了浓厚兴趣遂决定先确保版权无瑕疵再作线上线下同步发行并设想了几种方案:或电书发布片段纸书全貌呈现,适时地进行线上线下互动或纸书首发前,先在线上或线下书店或媒体)作碎片化宣传,通过制造话题,达到营造气氛吸引读者的目的。甚至设想通过线上发布消息,吸引来沪旅游者行前下载此书,以便在对徐家汇进行兼具人文性和导览性的了解之后,再实地游览就会有很强的针对性和一定的熟悉度。各方都对这些营销方案充满期待,希冀通过中文在线的"线上"平台,与我们这在"线下"的出版社可以互动出一个好的影响力从而带来好的收益率。此书最终因为版权原因只举行了发布会形式。

九城是一家以提供互联网技术和内容服务为主的高科技公司,目前已上市。主要产品是大型网络数字生活平台第九城市网站(2000 年正式改版更名为 www.the9.com),已拥有超过万注册用户。我社与九城的合作比较单纯,即在交互式网络电视(即利用宽带有线电视网集互联网、多媒体、通讯等多种技术于一体)上向家庭用户提供付费电子书。已有一些动漫书上线,但由于为打包性质,目前的赢利情况还尚不清晰。

《方大曾:消失与重现个纪录片导演的寻找旅程》是由央视纪录片导演冯雪松在拍完《寻找方大曾》纪录片后写下的纪实性专著。

作者系央视纪录片导演,开设微博已多年拥有粉丝十余万。作者利用这一优势在该书出版之前先行一步在微博上发布消息,经由哈文、郎永淳、鲁健、马晓霖、李菁、李玉刚等名人转发,迄今为止已有五六百万的点击量。这一宣传氛围的营造,就如同奏响了热烈的销售前奏曲一来可作为今年月日第十五届范长江记者节的献礼书,二来可为明年的抗战纪念提供不同视角的图书。

上述例子是想说明出版社身处互联网洪流想方设法寻找生路是自身本能但只借助别人平台生存没有自己独特的活法，还是无法解决根本问题到头来也只能是随波逐流。

近期的长江商业评论《2014年中国移动互联网行业深度报告》中指出："传统商业模式是通过销售产品和服务给消费者然后从中获利，而互联网商业模式是通过极致的产品和服务去获取用户形成有黏性的用户平台后再寻找赢利模式。传统思维和互联网思维的最大区别在于对用户的理解。"并认为"互联网思维包含两点：①用户至上的理念；②跨界整合资源为用户提供最极致用户体验的方式。传统行业互联网化就是将'消费者'变成'用户'的过程也是盘活存量的一种表现形式"。

但无论哪种模式，在当今的互联网下，首先应该是产品好、服务好其次也离不开线上线下的有效互动。

成功的范例，毫无疑问首先是具有很强的创新意识但关键的一点还是在于紧紧围绕着人的需求给予了新颖的、便捷的服务方式。那么模式对出版社而言，该有些什么启示呢？以下是笔者对此的一些思考和想法。

（1）出版社最好能自己主导线上线下。虽然出版社目前都有自己的官网及微信的公共平台，但如前所述只是起着广告的作用。出版社如能操控自己的"线上"发布平台，在选题策划时或者针对现成来稿就能在线征询读者意见，对内容、对形式或许都能得到有价值的意见至少在内容上和后续推广上可以避免一定的盲目性。同时可以参照成熟模式试用多种推广方式如让在线读者免费阅读部分章节，或提供读者感兴趣的温馨服务等之后再根据读者需求规模决定是否做成纸书实现线上电书与线下纸书共赢的理想目标。

（2）选题策划之时就应该努力寻找其中的附加值以求线上线下的有效互动，从而吸引读者的关注度在一段时间里让出版社逐渐产生出黏性来牢牢抓住读者。

（3）与个性书店或社区合作适时在线上发布消息，定期在线下举行新书发布会、作者见面会或根据图书内容搞一些新颖有趣的活动，比如朗诵会等借机也可展示出版社其他图书，从而达到营销的有效目的。笔者曾参加过自发组织的朗诵会，很惊喜也很触动生活水平的普遍提高使追求精神层面的人群在增大，这对出版社来说也是潜在的商机。

（4）与互联网主营图书的企业继续合作学习他们在线上运营的成功经验和处理方法了解他们对电书的把控与运作从而深化互联网思维，使纸书与电书不仅能够相融还以各自的特性来满足读者的不同需求最终创造出更大效益。

（作者单位：上海锦绣文章出版社）
摘编自《编辑学刊》2014年第6期

数 字 阅 读

新媒体对青少年阅读的影响研究

赵 霞

青少年时期是阅读兴趣和阅读习惯培养的关键期，当代青少年的阅读会呈现什么样的形态？他们的阅读兴趣、习惯、效果、需求等会有哪些变化？面对新媒体带来的阅读变革，该如何培养青少年的阅读习惯？基于阅读的重要性和新媒体发展的不可抗拒性，我们有必要正视这些问题，积极迎接新媒体给青少年成长带来的机遇和挑战。

一、新媒体引发的青少年阅读革命

（一）青少年热衷数字化阅读

新媒体阅读也称数字化阅读，是指依靠各种数字化平台或移动终端，以数字化形式获取信息或传递认知的过程。新媒体阅读的范畴主要包括网络在线阅读、手机阅读、PDF 阅读、电子书阅读等。新媒体阅读具有信息量大、刷新速度快、音视频并茂、个性化强、形式类型多样、便于复制、交互性强等特点。

新媒体阅读已经成为国民阅读的重要组成部分。据第十次国民阅读调查结果显示:2012 年我国 18 ~ 70 周岁国民新媒体阅读方式的接触率为 40.3%,比 2008 年的 24.5% 增加了 15.8 个百分点。2012 年我国国民人均阅读电子书 2.35 本,比 2011 年的 1.42 本增长了 0.93 本,增幅达 65.5%。

近几年,新媒体阅读的低龄化趋势非常明显。中国青少年研究中心 2013 年 5 月对中国 8 省市 5861 名小学五年级到高中二年级学生进行了调查(以下简称"本次调查"),结果表明大多数青少年接触过数字化阅读方式。其中,有 69.4% 的青少年网民接触过电脑阅读,73.1% 接触过手机阅读,23.6% 使用过电子阅读器阅读,11.1% 使用过光盘读取,21.4% 使用过 PDA/MP4/MP5 等进行数字化阅读。

对不同年龄段的比较发现(见图 1),随着年级升高,各种数字化阅读方式的接触率均在提高,从小学到高中,电脑阅读增长了 5.8 个百分点,手机阅读增长了 33 个百分点,电子阅读器阅读增长了 15.6 个百分点,光盘读取增长了 5.3 个百分点,PDA、MP4、MP5 阅读增长了 19.4 个百分点。可见看到,各类数字化阅读方式中,接触率和增长率最高的都是手机阅读。

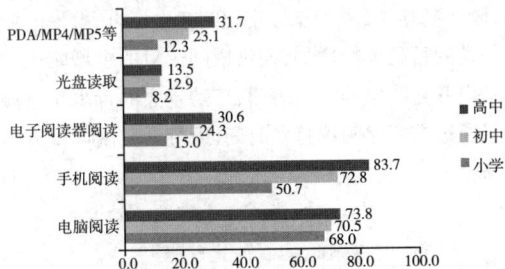

图 1 各学龄段青少年不同数字化
阅读方式的接触率(%)

对比本次青少年数字化阅读调查的结果和第十次国民阅读调查的结果可以发现,青少年数字化阅读的接触率高于成人。数据表明,43.0% 的青少年更倾向于"读纸质图书",22.5% 更倾向于"网络在线阅读",28.1% 更倾向于手机阅读,6.1% 更倾向于"在电子书上阅读"。

这一代青少年属于所谓的"数字原生代",他们一出生所认识的世界就到处充满电脑、手机等数字媒体终端。英国的一项调查表明,将近 50% 的家长表示,现在他们都是在电子阅读器或者平板电脑上讲故事给孩子听,或者让孩子们拿着这些设备给他们讲故事。此外,有四分之一的家长表示他们已经为孩子购买了电子书阅读器。美国最大的儿童图书出版商学乐出版集团与战略研究咨询公司哈里森集团发布的报告显示,自 2010 年以来,阅读电子书的儿童所占的比例几乎翻了一番。近半数 9 ~ 17 岁年龄段的青少年表示,如果有更多可阅读的电子书,那么他们会在休闲时看更多的书。青少年对于新技术和新事物具有天然的好奇心,不需要刻意培养就能欣然接受数字阅读。数字阅读不再单纯以抽象的文字为载体,更包含了图片、视频、音频等一切可以利用的符号,对青少年有很强的吸引力。从各种调查的情况看,数字化阅读已经成为青少年阅读生活中不可或缺的一部分。

(二)数字化阅读内容偏好休闲娱乐类

在数字化阅读中,休闲娱乐类的内容是青少年的首选。本次调查显示(见图 2),61.1% 的青少年最喜欢的数字阅读内容是幽默笑话,其次是娱乐资讯,第三是青春文学作品,而传统纸质阅读中的主要内容如学习资料、经典文学作品、时事政治新闻等的喜爱者相对较少,仅列在第五、第六和第八位。这与青少年对网络功能的使用是一致的,青少年使用网络主要是进行娱乐或社交,以听音乐、聊天和玩游戏居多,上网查资料、学习、看小说、看时政新闻的比率相对较低。可见,尽管这一代青少年是数字原生代,但他们拥有的数字设备主要被用来娱乐,而不是用于学习或严肃阅读。

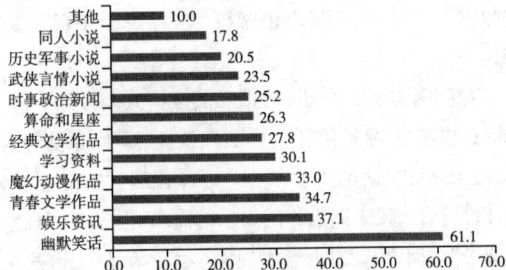

图 2 青少年数字化阅读的内容偏好(%)

青少年的阅读喜好很大程度上受到当今电子出版市场内容供应的影响。不同年龄段青少年的数字化阅读内容偏好有所差异。本次调查发现(见表 1),在数字化阅读中,随着年龄增长,青少年对幽默笑话、魔幻动漫和学习资料的喜好逐渐减少,对经典文学作品、时事政治新闻、娱乐资讯、青春文学作品、武侠言情小说、同人小说的喜爱渐增,对算命和星座、历史军事小说的喜爱则在初中时最甚。可以看到,随着年龄增长,青少年对数字阅读内容的需求越来越丰富,既保留了大量娱乐性的内容,也增加了一些思想性的内容。阅读内容的偏好反映了青少年成长的需求。

表1 不同学龄段青少年数字化阅读内容偏好(%)

	小学	初中	高中
幽默笑话	67.6	64.4	50.9
学习资料	39.1	35.1	28.6
魔幻动漫作品	38.4	37.4	28.9
经典文学作品	25.9	30.2	31.6
娱乐资讯	24.2	33.8	43.0
算命和星座	23.4	26.6	24.1
历史军事小说	19.2	25.6	18.5
时事政治新闻	16.5	26.7	34.8
青春文学作品	16.2	34.5	45.1
武侠言情小说	13.8	22.5	27.3
同人小说	10.3	18.5	21.4
其他	7.6	11.7	10.8

(三)碎片化阅读显露端倪

数字阅读的一大优势是方便随时随地阅读。本次调查发现,青少年进行数字化阅读的时间虽然仍集中在周末(74.6%)和假期(70.8%),但在放学后(41.8%)、在路上(12.6%)、课间(11.9%)进行阅读的也占一定比例,"碎片化阅读"在青少年中已显露端倪。

数字阅读改变了阅读习惯和阅读模式。打开手机、iPad或电子书,海量信息唾手可得,快捷、短小、杂乱的内容,占了阅读生活的主要部分。碎片化阅读的随意性、快捷性符合当代人追求休闲娱乐的需求,但也在客观上造成了"浅阅读""泛阅读"等现象。有学者认为,碎片化阅读对个人的阅读能力提出了更高的要求。

(四)付费阅读电子书刊兴起

网络曾被认为是免费资源的代名词,但数字阅读的迅猛发展正在改变这一观念。在2012年全国国民阅读调查中,有41.8%的中国网民表示可以接受下载付费阅读电子书。本次调查发现,在数字阅读的青少年读者中,27.8%的青少年曾以付费方式购买、阅读过电子书报、杂志、资料。付费阅读电子书刊的兴起将会培养和强化青少年的版权意识。

(五)数字化阅读目的更偏实用

读者阅读可能是为了文学体验,如阅读小说、诗歌、散文等,也有可能是为了获取和使用信息,如阅读地图、说明书、杂谈、新闻等。通过阅读,可以达到个人娱乐、学习的目的,可以利用阅读满足学习和生活的需求,可以通过阅读拓展个人的知识储备、丰富精神世界、开发个人潜力,可以通过阅读参与社会活动。研究者将读者的阅读目的划分为四类:第一类是好奇、打发时间,第二类是接触信息、获取知识,第三类是解决问题,第四类是提升自我修养。

本次调查对青少年数字阅读和纸质阅读的目的进行了比较。调查发现,青少年网民进行数字化阅读的首要目的是接触信息、获取知识(59.9%),其次是好奇、打发时间(48.1%),第三是提升自我修养(31.7%),第四是解决问题(27.1%);不上网的青少年阅读的首要目的也是接触信息、获取知识(52.7%),第二是提升自我修养(35.8%),第三是好奇、打发时间(34.5%),第四是解决问题(19.5%)。可以看到,在提升自我修养一项上,纸质阅读的选择率高于数字化阅读,而在获取信息、打发时间、解决问题等实用性目的上,数字化阅读的选择率高于纸质阅读。

对不同学龄段青少年阅读目的的比较发现(见表2),随年龄增长,青少年数字化阅读中好奇、打发时间这一类的目的大幅增加,而纸质阅读目的中增幅较大的是提升自我修养。这表明,年龄越大的青少年越倾向于通过数字化阅读打发时间,通过纸质阅读提升自我修养。

表2 不同年龄段青少年数字化阅读目的
与纸质阅读目的比较(%)

	数字化阅读			纸质阅读		
	小学	初中	高中	小学	初中	高中
好奇、打发时间	28.2	47.5	56.9	17.7	46.2	32.8
接触信息,获取知识	61.6	61.1	61.3	56.5	65.4	50.0
解决问题	31.5	29.6	24.6	22.6	34.6	12.1
提升自我修养	31.3	31.9	30.8	22.6	34.6	55.2

数字化阅读一直因其"浅层次"而备受诟病,甚至抵制。但在当前数字化阅读已成社会潮流的大环境下,新媒体阅读素养已经成为青少年阅读素养的重要组成部分。我们更应该考虑的是,如何以积极主动的姿态应对新媒体阅读的变革,提高青少年新媒体阅读的水平和层次。

(六)男女生数字化阅读差异

本次调查对男生和女生数字化阅读的比较发现,男生数字化阅读的接触率少于女生,使用过电脑阅读、手机阅读、电子阅读器阅读等数字化阅读方式的男生均少于女生,尤其是使用手机阅读的男生较女生少了近10个百分点(见图3)。过去一年,男生平均读过15本电子书,女生平均读过19本电子书。

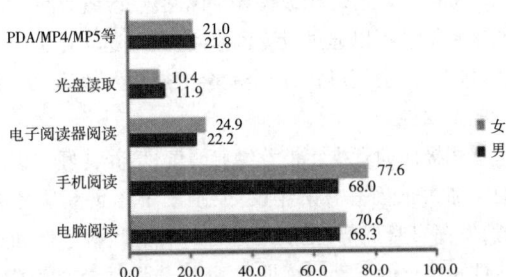

图3 数字化阅读方式的性别比较(%)

男生和女生偏好的数字化阅读内容有差异。由图4可知,男生较女生更喜欢阅读幽默笑话、魔幻动漫作品、历史军事小说、时事政治新闻等,而女生更喜欢娱乐资讯、学习资料、经典文学作品、武侠言情小说、青春文学作品、算命和星座及同人小说。

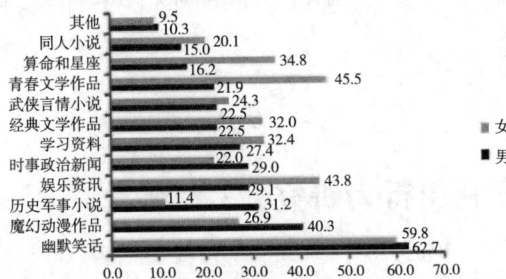

图4 不同性别青少年数字化阅读内容偏好(%)

男女生不仅在阅读兴趣和阅读偏好上存在差异,在阅读能力上的差距更是一个世界性的普遍问题。经济合作与发展组织(OECD)推出的国际学生评价项目(PISA)在2009年对全世界67个国家和地区的学生进行了阅读素养的测评,其中包括中国的上海市。测试结果显示,上海男生阅读平均成绩比女生低40分,阅读成绩的OECD平均值男生也比女生低39分。

上海有6.6%的男生阅读素养低于2级水平,而女生在该项比例中只占1.6%。在阅读素养所涉及的"访问和检索""整合和解释""反思和评价"等三个方面,女生成绩都显著地高于男生。

阅读上的性别差异既有生理基础,也有社会、教育因素的影响。但在数字化阅读时代,男生可能迎来了缩小与女生在阅读方面差距的好时机。PISA测验中对15岁学生数字化阅读技能调查结果发现,在数字化阅读技能方面,大多数学生的数字化阅读成绩与书面阅读成绩一致,女生的成绩高于男生,但是,数字化阅读成绩的性别差异小于书面阅读。研究者据此认为,提高男生的数字化阅读能力可能是提高其阅读成绩的有效途径。数字化阅读以文字、声音、图像等多重信息输入,能够弥补男生不易接受单调的语言刺激方面的不足,更好地满足男生对具体感官刺激的需求,从而帮助男生喜欢上阅读。

二、推进青少年阅读的途径与政策建议

当前,纸质阅读和数字化阅读是呈现共存、互补形态的。推进我国青少年的阅读,既要注意传统媒体阅读的引导,又要加强新媒体阅读的指导。

(一)家庭重在培养阅读习惯,积极对待数字化阅读

家庭承担着培养孩子阅读习惯的功能。父母的阅读习惯和对待阅读的态度会影响孩子的阅读表现。在家中,父母每周花在阅读上的时间越长(国际阅读素养进展研究认为一般每周应该在6个小时以上),家长对孩子进行阅读的行为越支持,孩子的阅读表现会越好。第十次全国国民阅读调查数据显示,家长的陪读时长与儿童的阅读量基本呈正相关。从数据来看,2012年我国0~8周岁儿童的家庭中,平时有陪孩子读书习惯的家庭占到87.5%,较2011年的85.9%增长了1.6个百分点;在这些家庭中,家长平均每天花费26.67分钟陪孩子读书,比2011年的24.15分钟略有增加。进一步的数据分析表明,家长表示基本不陪孩子阅读的0~8周岁儿童的人均图书阅读量仅为1.22本,严重低于全国平均水平;陪读时长在20分钟以下的家庭中,其儿童的人均图书阅读量超过了3本,但仍低于全国平均水平;陪读时长在20分钟以上的家庭中,其儿童的平均图书阅读量均超出了全国平均水平,最高达到5.26本。由此可见,家长的陪读行

为在很大程度上影响了儿童的阅读量。

家庭对孩子阅读除了提供精神上的鼓励之外，还应在物质上为孩子阅读创造一个良好的环境。家庭拥有的儿童书籍越多，孩子的阅读表现就越好。第十次全国国民阅读调查数据显示，2012 年我国 0～8 周岁儿童的家长平均每年带孩子逛书店 3.75 次，购书频率连续三年呈增长趋势。这表明，父母对孩子阅读的重视和支持程度正在提升。

但是，面对新媒体的快速发展，目睹孩子们正在迅速转向数字阅读，父母更多的则是焦虑、困惑、担忧、排斥。不少父母担心数字阅读是否会导致孩子浅阅读、快餐式阅读，是否会使孩子接触到过多的不良信息，是否会让孩子沉溺网络……然而，父母必须积极面对数字阅读带来的挑战，因为数字化阅读的总体趋势是不可避免的。父母可以利用数字阅读的互动性、便捷性激发孩子的阅读兴趣，更可以鼓励孩子与自己讨论交流数字阅读的内容、主题，以帮助孩子提高阅读素养。

（二）学校重在培养阅读能力，提高学生数字阅读素养

学校在提高青少年的阅读素养方面具有重要功能。就学校环境和教学情况来看，学校提供的阅读资源丰富程度、学校的安全状况与学生的阅读水平有较大的关系。那些阅读资源比较丰富、校园内外安全状况较好的学校，学生阅读表现会比较好。学校和教师要通过丰富多彩的阅读活动，帮助青少年掌握各种阅读技巧，分阶段地引导青少年利用合理的阅读方法进行阅读。学校尤其要加强青少年数字化阅读指导，提升青少年数字化阅读素养，积极引导青少年形成数字

化阅读的自我调控能力，使其能够对自己的阅读动机和阅读策略进行有意识的调控，能够在数字阅读中感受文字的魅力，体验心灵与情感的满足，为更好地适应数字化环境奠定基础，具备应对未来挑战的能力。我国香港和台湾地区已分别启动了"电子阅读试验计划"和"儿童数位阅读计划"，并将新媒体阅读能力纳入小学中国语文科课程，培养良好的新媒体阅读习惯，提升学生的新媒体阅读能力，具有一定的借鉴意义。

（三）社会重在改善阅读环境，应加快营造新媒体阅读空间

无论从青少年阅读的重要性，还是从提升阅读层次和阅读能力的长期性看，推进儿童阅读都应当成为国家战略。政府应积极倡导全民阅读，改善青少年的阅读环境。可以通过设立国家阅读节、建立青少年阅读推广基金会等形式，使全社会更加深入地认识到阅读的重要性。

积极面向青少年推荐经典阅读，培养良好阅读风尚。加大儿童图书馆建设，鼓励图书馆创新服务方式，发挥自身优势，开展思想性、知识性、科学性和趣味性相统一的数字阅读推广活动，加强对青少年读者数字化阅读进行引导和服务。促进数字出版产业的发展，研发数字出版核心技术，鼓励数字出版商、内容提供商为网络提供优质的、适合青少年阅读的优质内容；并针对青少年的阅读特点，提供适合青少年的绿色阅读空间。

（作者单位：中国青少年研究中心）

摘编自《中国青年研究》2014 年第 2 期

移动互联网用户阅读利用行为研究

何 琳 魏雅雯 茆意宏

本文拟在移动阅读利用行为理论、移动阅读利用行为调查内容与调查对象拓展等方面做进一步的探索，在阅读认知理论与阅读学理论的基础上提出移动阅读利用行为的理论框架，并进行细化，设计调查问卷，在我国移动互联网用户分布的主要地区对各类型用户进行抽样调查分析，总结其移动阅读利用行为

特征，提出相应的服务对策。

基于阅读认知理论，移动互联网阅读利用也是一个心理过程，包括感知、理解、记忆、思维、评价等；基于阅读行为理论，移动互联网阅读利用也表现为一些可见的行为过程，包括阅读方法、阅读内容、阅读时间（时长）与地点、阅读评价等。与传统纸质阅读、网络

阅读相比,移动阅读利用行为在阅读内容与方法、环境等方面都具有新的特点。移动阅读利用行为的框架如表1所示:

<p>数值为 0.858,问卷的信度良好。共回收在线问卷 1300 份、现场实地调查有效问卷 505 份,调查对象总 1 805 人,都是使用过移动阅读的用户,基本信息见表 2、图 1。</p>

表1 移动阅读利用行为的框架

移动阅读利用行为	移动阅读利用行为的表现
阅读方法	看快速浏览、随意看、仔细阅读(反复阅读、做笔记、做标注或注释、做标签、思考等)听
阅读内容	不同属性的内容:时间相关性内容,如新闻资讯、生活资讯、学习性内容、休闲娱乐内容、专业工作或研究信息、社交信息等;与地理位置相关的信息内容等不同加工层次的内容:目录、摘要、综述等 不同载体形式的内容:纯文本、纯图、文本+图、漫画、音频、视频、动画 不同出版形式的内容:网页、图书、报纸、杂志、电台(音乐歌曲)、电影(电视),文本内容的自定义排版与翻页不同篇幅的内容:长篇、短篇 是否反对阅读作品中的广告
阅读时间(地点)	阅读时长:每次与每天阅读的时长 阅读时间(地点):交通途中(上下班途中、出差或旅游途中)、排队时、等候(人、车、电梯)时、会议与课堂间隙、睡觉前、上厕所时、家中或办公室无聊时

一、研究方法

本文以问卷调查法为主,辅以观察、访谈方法。通过实地发放调查问卷和在线发放调查问卷相结合的方式,征集样本数据。

按照表1所示的理论框架设计调查问卷,根据试调查反馈意见进行修改,同时根据部分专家的意见对调查问卷作进一步修改。调查问卷的 Cronbach α 系

表2 调查对象的基本情况

人口特征	选项	人数	百分比(%)
年龄	18 岁以下	24	1.33
	18~25 岁	766	42.44
	26~30 岁	390	21.61
	31~40 岁	420	23.27
	41~50 岁	180	9.97
	50 岁以上	25	1.39
性别	男	922	51.08
	女	883	48.92
学历	小学	5	0.28
	初中	21	1.16
	高中/中专	100	5.54
	大专	250	13.85
	本科	1059	58.67
	硕士	322	17.84
	博士	48	2.66
月收入	1000 元/月以下	291	16.12
	1001~2000 元/月	277	15.35
	2001~3000 元/月	189	10.47
	3001~4000 元/月	242	13.41
	4001~5000 元/月	280	15.51
	5000 元/月以上	526	29.14

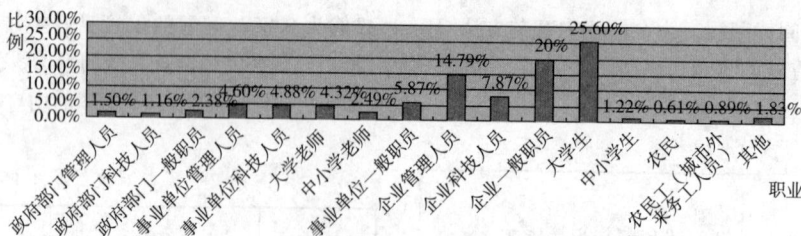

图 1　调查对象的职业分布

二、数据与分析

(一)移动阅读利用方法

图 2 的数据显示,在移动互联网用户阅读利用的方法中,89.37% 的用户是"快速浏览、随意看",35.66% 的用户是"仔细读",有 14.16% 的用户是"听"。可见,目前以"听"的方式进行阅读的用户还是比较少的,快速浏览是当前移动阅读方法中的主流。同时,也要看到,不少用户在移动阅读时是仔细读的,这说明移动阅读并不天然就是随意式的。进一步的调查数据显示,在"仔细读"的用户中,有 58.60% 的用户会反复阅读(见图 3)。这些反复阅读的用户中平均接触同一篇内容 2 次的占 75.29%,平均接触同一篇内容 3 次的占 22.97%(见图 4);当这些用户仔细阅读时,有"做标签"行为的用户占 40.55%,"做标注或注释"的占 37.14%,"做笔记"的

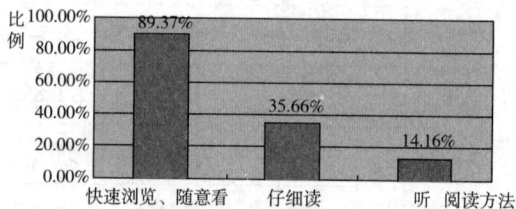

图 2　移动阅读的方法

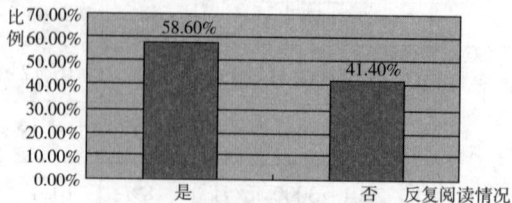

图 3　仔细阅读时,是否反复阅读

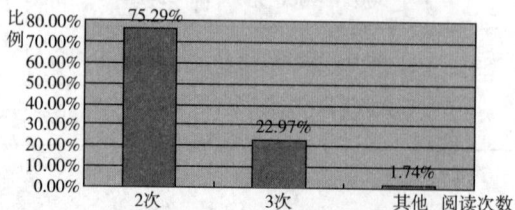

图 4　反复阅读时,平均接触同一篇内容的次数

占 25.72%(见图 5);此外,这些仔细阅读的用户中,还有 84.84% 的用户"有边阅读边思考或者离开屏幕进行思考的习惯"(见图 6)。

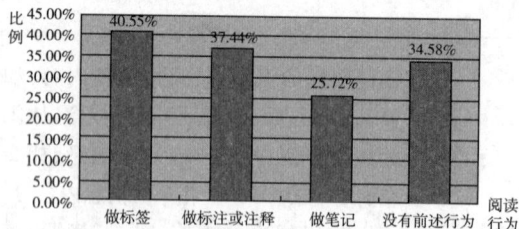

图 5　仔细阅读时的行为

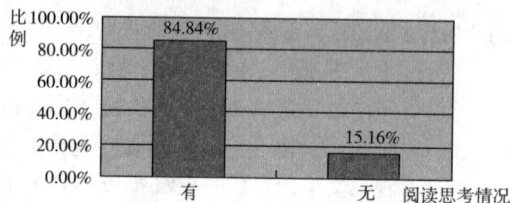

图 6　仔细读时是否有边阅读边思考
或离开屏幕进行思考的习惯

(二)移动阅读内容

1. 内容属性

从移动阅读内容的属性看,图 7 的统计数据显示,移动互联网用户阅读的最主要内容有新闻资讯(87.73%)、休闲娱乐内容(66.22%)、生活资讯(64.46%),其次是学习性内容(46.84%),再次是社交信息(37.97%)、与地理位置相关的(37.67%)、专业工作或研究信息(34.14%)。可见,当前移动互联网用户阅读的内容以新闻、娱乐等轻阅读内容为主,以学习性、专业性等深阅读内容为辅。

根据调查对象的人口统计特征对调查数据进行交叉统计分析,卡方检验显示不同性别、学历的调查对象在移动阅读内容的利用上存在显著差异,女性用户对休闲娱乐内容、生活资讯的阅读比例高于男性,学历越高的用户对新闻资讯、学习性内容、专业工作或研究性信息、社交信息、与地理位置相关的信息的利用率越高。

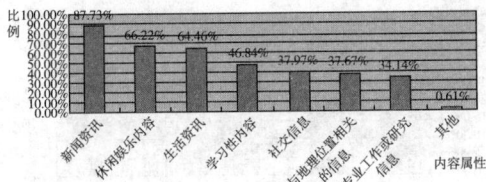

图 7　移动阅读的内容属性

2. 内容的加工层次

目录、摘要、综述等是对阅读内容进行加工的不同形式,图 8 的数据显示,用户最需要的是没有加工的全文,占 69.62%。在加工的形式中,摘要最受欢迎,占 53.77%;目录和综述(专题缩编)也受到一定的欢迎,分别占 36.63% 和 32.44%。

根据调查对象的人口统计特征对调查数据进行交叉统计分析,卡方检验显示不同年龄、学历的调查对象在不同加工层次的移动阅读内容的利用上存在显著差异,年龄越大的用户利用摘要、综述和目录的比例越高。随学历的升高,选择目录、摘要、综述的比例先增加后减少,以本科用户最多,说明本科学历的用户更倾向于了解内容概要。

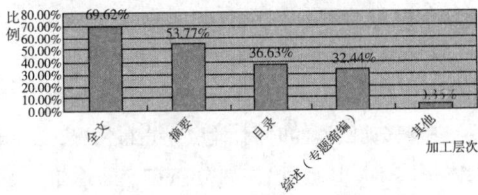

图 8　移动阅读内容的加工层次

3. 内容的载体形式

从图 9 的数据可以看出,在用户移动阅读过程中,当前最主要的内容载体形式是文本 + 图,占 74%;其次是纯文本,占 67.92%;再次是视频(43.62%)、纯图(36.15%)、音频(27.46%)、漫画(21.02%)、动画(15.01%)。根据调查对象的人口统计特征对调查数据进行交叉统计分析,卡方检验显示不同学历的调查对象在不同载体形式的移动阅读内容的利用上存在显著差异,学历越高的用户利用纯文本、纯图、纯文本 + 图的比例越高。

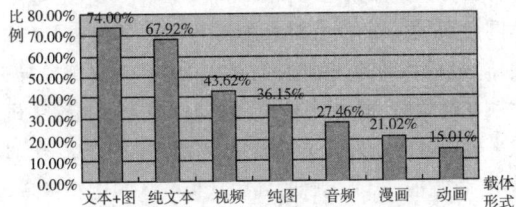

图 9　移动阅读内容的载体形式

4. 内容的出版形式

从阅读内容的出版形式看,图 10 的数据显示,用户利用最多的移动阅读内容出版形式是网页(87.73%),其次是图(55.71%),再次是杂志(37.67%)、电影或电视(37.42%)、报纸(31.83%)、电台或音乐歌曲(29.4%)。这与阅读内容的载体形式基本一致。根据调查对象的人口统计特征对调查数据进行交叉统计分析,卡方检验显示不同性别的调查对象在不同出版形式的移动阅读内容的利用上存在显著差异。女性在图书、杂志、电台或音乐歌曲、电影或电视方面的选择显著高于男性,说明女性选择的出版形式较丰富,尤其喜欢音乐、影视,这也与女性选择休闲娱乐内容和生活资讯的比例高于男性的结论相符。

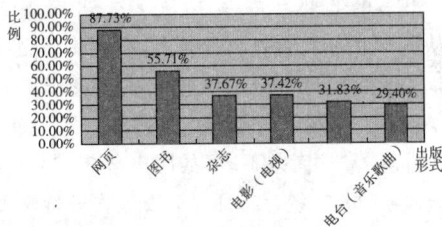

图 10　移动阅读内容的出版形式

进一步的调查发现,当用户利用客户端阅读软件阅读网页、图书、杂志、报纸等文本内容时对文本内容的排版、翻页方式等有不同的要求与选择。从图 11 可以看出,当用户利用客户端软件阅读文本内容时,有 67.92% 的人选择"直接使用原文排版进行阅读",仅有 16.26% 的人选择"常常自设置排版",还有 15.82% 的人选择"两者都有"。在少数自设置排版的用户中,其排版内容主要有字体(60.82%)、亮度(55.56%)、字号(55.36%)、横竖排(44.44%)、背景(42.69%),见图 12。

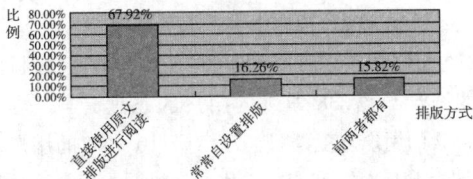

图 11　利用客户端阅读软件阅读文本
内容时使用的排版方式

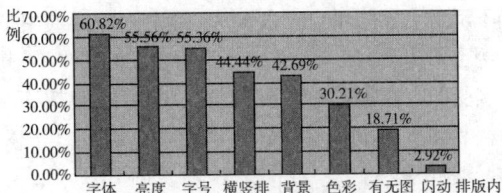

图 12　用户自设置排版的内容

在阅读文本内容时使用的翻页方式上,88.09%的人选择"触摸翻页",26%的人选择"按键点击翻页",只有 5.83% 的人选择"语音控制翻页",见图13。可见,绝大部分用户进行移动阅读时是触摸翻页,这与智能手机、平板电脑等移动终端的便利快捷的触屏设计有关。

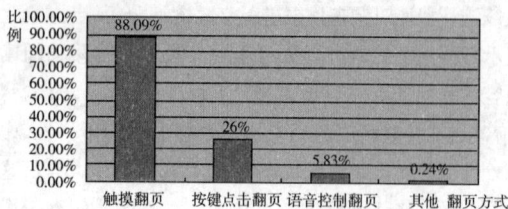

图13　阅读文本内容时常用的翻页方式

5. 内容的篇幅

从图14的统计数据可以看出,在对移动阅读内容篇幅的选择上,大部分用户选择"短篇阅读更多",占 63.67%;选择"长篇阅读更多"的用户占 14.09%;选择"两者差不多"的用户占 22.24%。根据调查对象的人口统计特征对调查数据进行交叉统计分析,卡方检验显示不同学历的调查对象在不同篇幅的移动阅读内容的利用上存在显著差异,随着学历的升高,选择短篇阅读(微阅读)更多的用户比例逐渐增大,以硕士、博士最高。

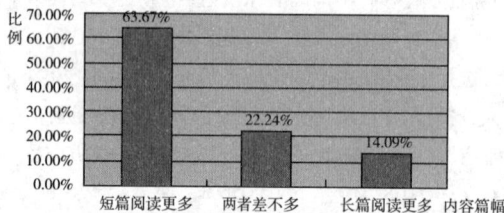

图14　移动阅读内容的长短

6. 对移动阅读内容中的广告的态度

在如何对待移动阅读内容中的广告方面,根据图15的统计数据,38.27%的用户的态度是"一般",33.78%的用户态度是"比较反对",16.95%的用户态度是"非常反对",8.57%的用户态度是"不太反对",2.43%的用户态度是"完全不反对"。可见,一半的用户对移动阅读内容中的广告持明确的反对态度,而明确不反对广告的用户只占 11%,持中立态度的用户比例也不算低。在持中立和不反对态度的用户中,其可接受的广告形式主要是"设置广告专区(包括移动横幅和展示、待机屏幕广告等)",占 83.11%;其次是"在读物中植入广告",占 25.89%,见图16。

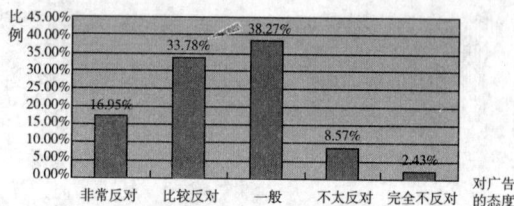

图15　对待移动阅读内容中的广告的态度

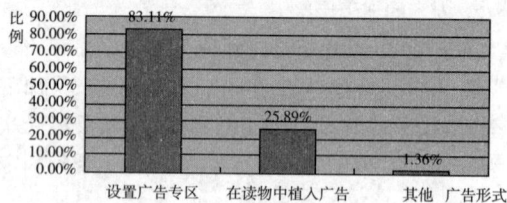

图16　可接受的广告形式

(三)移动阅读时间(地点)

图17的统计数据显示,用户每次进行移动阅读的平均时长主要分布在 11 ~ 20 分钟(28.25%)和21 ~ 30分钟(29.71%),其次是 5 ~ 10 分钟(12.64%)和 31 ~ 40 分钟(12.88%),40 分钟以上较少。图18的统计数据显示,用户每天进行移动阅读的平均时长主要分布在 31 分钟~1 小时(42.10%),其次是 1 ~ 2 小时(24.85%)和不超过 30 分钟(20.41%),2 小时以上较少。图19 显示了用户利用手机、平板电脑(阅读器)进行移动阅读的时间(地点)分布情况,二者趋势大体一致,时间(地点)主要分布在交通途中(上下班途中、出差或旅游途中)、等候(人、车、电梯)时、家中无聊时、睡觉前。二者也存在区别,除家中无聊时外,其余各时间(地点)手机的利用均高于平板电脑(阅读器)。并且,在手机用户中,以交通途中(上下班途中、出差或旅游途中)和等候(人、车、电梯)时利用手机阅读最多;在平板电脑(阅读器)用户中,以家中无聊时、睡觉前利用最多。这说明用户进行移动阅读时,选择手机多于选择平板电脑(阅读器),并且利用手机进行移动阅读多发生在短时间停留的临时性场所,利用平板电脑(阅读器)进行移动阅读多发生在长时间停留的固定场所。根据调查对象的人口统计特征对调查数据进行交叉统计分析,卡方检验显示不同性别、收入的调查对象在利用手机、平板电脑(阅读器)进行移动阅读的时间(地点)上存在显著差异,女性在睡觉前、家中无聊时、等候时、排队时利用手机和平板电脑的比例高于男性,收入越高的用户在交通途中、睡觉前、家中无聊时利用平板电脑的比例越高。

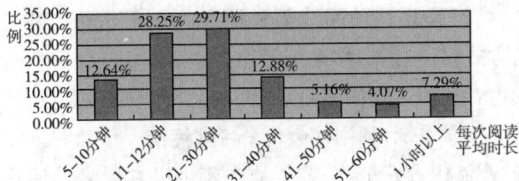

图17 每次进行移动阅读的平均时长

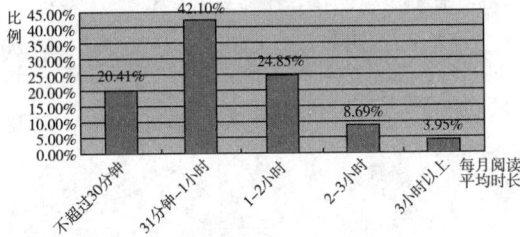

图18 每天进行移动阅读的平均时长

图19 移动阅读的时间(地点)

三、基于移动阅读利用行为特征的服务策略

前文的调查分析说明移动互联网用户在阅读方法、阅读内容、阅读时间(地点)等方面具有不同于纸质阅读、一般网络阅读行为的特征,各类型移动用户也具有自身的阅读利用偏好,因此,图书馆等移动阅读服务机构应该有针对性地改进服务内容和方式。

(一)改进服务内容

(1)根据移动互联网用户阅读利用方法与内容的现状,图书馆等服务机构应根据用户需求重点提供适合轻松浏览的内容,比如新闻、文学作品、生活资讯、社交信息等,辅以有深度的内容作品,积极提供学习性阅读、专业性阅读等深度阅读内容,逐渐加强移动知识阅读的服务与推广,促进读者阅读素养的增进和提高。图书馆应加强知识管理,对馆藏数字资源进行深度加工、聚合,开发简约的、高质量的二次或三次信息资源,满足读者深层次的需求,比如清华大学图书馆即开展了基于学科知识的移动服务等。针对学习性内容和专业内容阅读,移动阅读服务机构应开发标签、标注、注释、笔记等用户自助功能,以满足用户特别是高学历用户仔细阅读的需要。

(2)根据移动互联网用户阅读利用行为的特点,强化阅读内容的简约直接、精致、实用性。移动阅读

服务是基于时间与位置的阅读服务,大多是碎片化阅读服务,因阅读情境与移动终端条件等限制,阅读内容须简洁、直接、精致、实用。

(3)加强基于情境的知识推荐服务。情境服务是通过整合来自移动设备上不同情境数据,将用户的生活、工作都变成可追踪的信息流,然后根据特定的情境向用户推送特定的信息,比如基于城市地理位置的历史文化知识阅读服务等。

(二)优化内容形式

(1)在全文提供移动阅读内容之外,应根据移动阅读用户对加工内容的利用行为特征,大量运用简约的摘要、目录、综述等形式传播内容,以便于用户快速浏览,并根据自己的需求选择进一步阅读全文在阅读内容的加工形式中,摘要最受欢迎,阅读服务机构可充分发挥摘要的优势,通过算法自动生成和人工撰写的方法生产摘要,满足用户的需要。

(2)不宜照搬传统纸质版和网络版的内容,应根据移动互联网用户的阅读利用行为特征对阅读内容进行重新设计、加工调整,提升用户的移动阅读体验。根据用户移动阅读时所使用的智能手机与平板电脑等终端的不同功能特性,在阅读内容呈现(包括排版、媒体形式等)上进行区别设计。在用户移动阅读过程中,当前最主要的内容载体形式是文本+图,其次是纯文本故应以图文、纯文本为主要载体形式,辅以视频、纯图片形式,设计多媒体化阅读。当前用户利用最多的移动阅读内容出版形式是网页,其次是图书,故应以网页、图书为主要出版形式,辅以杂志、视频、报纸、音频等出版形式。

(3)在移动阅读内容篇幅的设计上,针对大部分用户选择"短篇阅读更多"的现状,移动阅读作品的篇幅应以短篇为主,多开发制作微知识库、微学习课件等,兼顾长篇。针对长篇内容,要尽可能通过标题、目录、提要、开始段落等将阅读内容的"亮点"突显出来,以便于用户识别、选择所需内容。

(4)根据用户移动阅读的时长特征对阅读内容进行分组或分段落,比如根据5~10分钟、11~20分钟、21~30分钟等时间段组织读物或读物段落,便于用户根据自己所处的环境和拥有的时长从中选择可以一次性阅读完的内容。在阅读系统中开发限时提醒、防沉迷功能,防止个别用户沉迷于移动阅读,每次阅读和每天阅读的时间过长。

(三)改进内容服务方式

(1)根据不同用户的阅读偏好,开展个性化服

务,包括主动向用户推送个性化内容等。不同用户由于年龄、性别、教育经历、生活背景等不同而有着不同的认知结构、行为习惯,因此对移动阅读的内容有着差异性的需求。图书馆等服务机构应利用数据挖掘技术,根据不同用户的特点及阅读习惯,有针对性地提供阅读内容推送服务,使用户更加方便快捷地访问相应资源。比如,可以通过图书、杂志、音乐歌曲、电影(电视)等出版形式向女性用户更多地提供休闲娱乐内容、生活资讯,向学历高的用户更多地提供学习性内容、专业工作或研究性信息等。

(2)强化移动阅读服务推广。应通过多元渠道与方式宣传、推广移动阅读服务,根据用户对移动阅读内容利用方式的偏好,不断优化阅读内容推荐、导航和检索系统,利用社会化平台宣传推广移动阅读服务,开展内容营销,一些优质内容可以利用多种形式反复推荐,或多次以不同碎片内容推广同一优质作品,提高其利用率。

(作者单位:南京农业大学信息科技学院　南京大学信息管理学院)

摘编自《图书情报工作》2014 年第 17 期

数字阅读出版产业链分析

史建农

一、阅读设备生产商的缓慢发展

硬件设备制造商主要研发推广各类移动阅读产品设备,如平板电脑、手机、电子书阅读器。网络运营商为移动阅读构建多种类型网络,稳定、全方位的网络覆盖同样是移动阅读实现的前提。在阅读器制造方面,目前主流的电子书阅读器主要有两类:一类是以 Amazon Kindle 系列为代表的手持电子书阅读器终端;另一类是以苹果为代表的 iPad 系列平板电脑。两者之间存在差异。前者是黑白电子墨水屏幕,阅读体验更接近纸本图书,电池续航能力较强,一般能达到 20 天。后者是电子书阅读器最具竞争力的替代品,彩色显示清晰,有更好的阅读交互功能,更能迎合用户的需求。诚如业界所知,Kindle 在国内的销售并不理想,远没有在美国销售市场的繁荣。而国内的手持阅读器厂家如汉王、南开津科、广州博朗电子等也都发展缓慢,其原因就在于这些终端厂商在产业链中缺乏阅读资源的支撑,他们很难获取拥有出版社内容版权的阅读资源,因此大多只能像汉王电子书,以不需交付版权费用的名著经典为主,而这些阅读材料通过网络就能免费下载到手机上进行阅读。因此,在缺乏新颖内容保障的市场状况下,手持阅读器市场很难改变目前这样的发展停滞状况。即使是有网络文学运营平台支撑的盛大的"锦书"电子书阅读 Bambook,其销售也差强人意。Bambook 已经意识到单纯发展阅读器硬件的开发无

疑是没有出路的,对于电子书阅读器来说,资源内容举足轻重。Kindle 之所以能成功,原因就在于亚马逊是全球最大的网上图书资源库。因而 Bambook 实现了与盛大文学云中书城(原名"云中图书馆")的无缝对接,不足之处是云中书城以网络小说为主,和读者的阅读需求存在差异,内容资源的丰富性和经典性还有待提升。但这并非最主要的原因,更重要的也是更深层次的原因是国内的网络读者没有数字版权意识,更倾向于免费的午餐,往往选择下载网络盗版资源,而不愿意网上付费阅读。

二、出版内容提供商的艰难转型

内容提供商主要负责对阅读内容的组织,包括了传统的图书出版社、图书发行商、网络书店、数据库商和网络写手等。在内容出版方面,纸媒的衰落已经是一个全球普遍现象。在此趋势下,传统出版业基本已经形成了必须转型的共识。然而,向什么方向转型、如何转型是一个艰难的选择。目前看到的更常见的是病急乱投医式的乱转型现象。比如投入大量资源去做手机客户端的 APP 应用,将纸媒的内容复制到互联网上。但是,这些转变都仍然是以纸媒为基础,从原有的传统平台,如报刊、图书等转移到互联网平台上去。

网络阅读产业的发展,短期看终端,中期看平台,长期看内容。但是,目前内容资源是网络阅读产业链上的薄弱环节。

传统出版单位转型成为共识。在这一过程中产生了不同的转型路径。

转型路径之一,是转战手机阅读市场,例如长江出版传媒集团、中国出版集团、新华出版社等,相继涉足手机出版领域,与中国移动、中国电信、中国联通三大手机阅读基地平台合作,进行跨媒体出版经营转型。

转型路径之二,是在传统的出版业务之上搭建全新的数字出版发行平台。

三、网络平台运营商的跨界拓展

在网络阅读产业链中,网络运营商的职责在于为用户提供通信和网络基础设施连接服务,为阅读用户提供相关服务。网络运营商的加盟,促使网络阅读市场的迅猛发展:美国电话电报公司 AT&T 向亚马逊提供流量批发;德国电信专注于出版平台和支付服务,提供"Page Place——数字报刊亭和在线图书馆"业务;西班牙电话公司 Telefonica 用终端带动内容发展,设计电子阅读器,和出版商合作为用户提供阅读内容;法国电信则专注数字图书馆的内容建设,联合法国图书馆联合会,共同打造数字内容图书馆;日本电报电话公司 NTT DoCoMo 以合资公司方式与大日本印刷 DNP 合作,推出"实体图书 + 手机阅读"业务。

在我国,以中国移动、中国联通、中国电信为主要力量的网络运营商,具备渠道、用户、合作伙伴以及对数字产业链掌控能力方面得天独厚的优势,也具备较强的内容资源整合能力,纷纷建立各自的阅读基地。在目前的架构中,运营商甚至有企图控制网络阅读产业链的倾向。

四、数字阅读市场培育和产业链整合模式

分析从国内外数字出版产业的发展来看,数字阅读产业链的整合无疑是发展方向。在数字阅读市场中,亚马逊是成功的领跑者。其成功不仅在于 Kindle 的设计和推广,而是开创一条完整销售链:超过十年的图书零售业经验积累,与美国电信运营商 Sprint 合作,在 Kindle 内建 3G EV - DO 模块,构建独立的免费网络,同时与各类出版社建立了广泛的合作关,如图 1 所示。这一模式全线整合了数字阅读领域的网络运营、阅读终端生产、数字内容出版三者,使之成为一条自主的完整产业链。

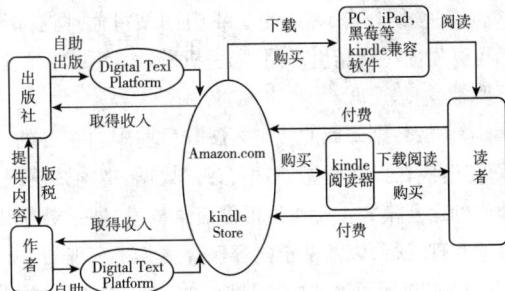

图 1　Kindle 商业模式

相形之下,国内的阅读器市场的定位尚未清晰,我国移动阅读产业链发展不完全,存在诸多问题,各企业普遍追求"全面开花",内容出版商与终端厂商各自为战,脱节严重,终端设备厂商硬件相对较为完善,内容服务领域尚待开发,合作缺乏。

就目前国内的数字阅读市场而言,比较值得期待的有 3 种整合发展模式:

其一,亚马逊模式的本土化实践。即从市场销售入手,在这方面盛大已经进行了比较有借鉴价值的探索。作为中国目前最大的网络文学平台——盛大文学,收购起点中文网、红袖添香网、晋江原创网、榕树下、小说阅读网 5 家原创文学网站,拥有 160 万名作家,创作近 600 万的作品,日均更新 8000 万字,推出 Bambook"锦书"电子书阅读器,开启移动互联网营销新模式"读内容送硬件",拥有网络书城——云中书城,并开发基于 Android、iOS、Windows Phone 三种 APP,其商业模式如图 2 所示。

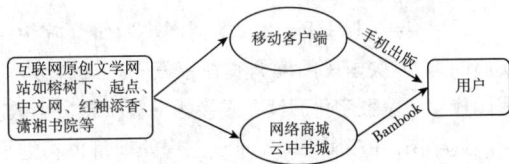

图 2　盛大文学商业模式

通过打造一个开放的、有号召力的平台,打通数字出版产业链,盘活整个国内电子书市场。

目前文学网站几乎已经完全实现了内容出版的转型。网站与作者之间签约方式大致有:

(1)VIP 约,即作者选择签约,授权在小说网站上发表作品,小说网站按照与作者的相关协议进行稿酬资助。

(2)出版约,签约作品经小说网站代理成功,获得实体出版机会,作者除网络版稿酬外还可再获得实体出版稿费,而网站也会获得相应的代理费。

（3）全约作者,签约的 5 年内网站将代理这部作品可开发的一切衍生产品,如手机游戏、网页游戏、影视剧等。

其二,数据库商的转向拓展。目前国内主要的数据库厂商有方正、超星、书生、万方数据、中国知网等。他们的运营模式主要通过提供信息技术、通过数字内容的代理发行,以及基于内容整合服务来实现的。

目前,方正阿帕比公司推出的番薯网,就受到业界广泛关注。番薯网实际上是一个为用户提供数字图书的搜索、阅读、互动分享、个性出版、购买为一体的网络服务平台,真正实现与手机、手持阅读器等多种终端的无缝衔接。番薯网依托与众多出版机构紧密的合作关系及多年的行业积累,与421 家出版机构签署合作协议,不仅新书畅销书资源丰富,而且补充完善了大量传统出版物的数字版本,其中不乏珍贵的绝版书、断版书,真正满足读者主流与个性兼顾的阅读需求。事实上,番薯网除了支持方正的阅读终端外,还支持电脑下载、各类阅读器及智能手机等,同时也为出版社架起迈向数字图书出版的桥梁。

其三,传统出版社的升级转型。与上述两种已经较为成熟的模式相比,这一模式是比较新的,也有待观察。目前上海成立了我国第一家数字出版产业发展基地——上海张江国家数字出版基地,聚集了盛大集团（包括盛大文学、盛大游戏等）、上海方正、中文在线、聚力传媒、世纪创荣等一批具有代表性的数字出版龙头企业和其他中小数字出版企业 300 多家,基本形成网络文学、互动教育、网络游戏、艺术典藏、手机出版等特色产业聚集的数字出版产业链。相信这种产品、服务领先的战略,将会显示出良好的发展前景。

（作者单位:东南大学出版社）
摘编自《科技与出版》2014 年第 7 期

近年来我国数字阅读发展研究

高　立

与发达国家相比,我国的数字阅读起步较晚,在技术进步、内容扩展、产业融合、国家支持等众多因素的协调作用下,经过十多年的酝酿和积聚,数字阅读高速发展的环境才渐趋成熟。

2014 年 4 月 21 日,由中国新闻出版研究院组织实施的第 11 次国民阅读调查在京发布。调查显示,我国成年国民数字化阅读方式接触率首次超过半数。

近年来,许多属于国家重点工程的项目也相继推出,如国家数字复合出版系统、数字版权保护技术平台、中华字库、国家知识资源数据库等。

在国家政策的引导下,全国各地也高度重视数字阅读。湖南、湖北、广东、上海、北京等以实际行动开展支持数字阅读出版工作,积极推出网络文化建设重点工程,为系统研究本地的数字阅读发展规划,一些省份还设立了专项课题,组织专业人员进行定题跟踪服务。

在出版领域,一些有实力的出版集团率先抓住市场商机纷纷成立了开发数字阅读的专门机构,并提出了数字阅读发展规划。

据最新统计数据显示,2012 年数字阅读产业的整体收入规模为 1935.49 亿元,比 2011 年整体收入增长了 40.47%。

一、数字阅读形式之变化

（一）网络阅读

网络阅读有别于传统的纸质阅读,是一种新型的阅读方式,并以其方便、快捷、环保等特点受到人们的青睐。这种阅读方式是伴随着互联网的发展而出现。目前,网络阅读最热门的是文学作品,其运作模式日渐成熟比如,盛大文学网目前拥有起点中文、晋江原创、红袖添香 3 家文学网站,这 3 家网站共占据网络原创文学 95% 的市场份额,其运营模式在网络阅读中具有标志性作用。"盛大文学"的赢利模式包括广告收入、阅读收费、版权交易。

（二）电子阅读器阅读

电子阅读器指的是专门为了显示文本而设计的设备,阅读网上绝大部分格式的电子书就可以采用 LCD、电子纸为显示屏幕的新式数字阅读器。电子书和电子书阅读器早在 20 世纪 90 年代就已出现。目前,汉王、联想、方正、华旗、中国移动、大唐电信等电信企业利用

3G 契机进入电子书市场。到 2010 年,全国近 400 家公司进入该行业,其中品牌厂商超过 40 家。

但是,随着平板电脑的异军突起和智能手机的急剧扩张,间接压缩了我国电子阅读器的市场规模。国内知名电子书阅读器厂商汉王科技 2012 年中报显示电子书产品营业利润亏损 1137 万元。"预计到 2016 年,电子书阅读器市场比 2011 年高峰期下降三分之二。与之相对比,2012 年平板电脑的出货量达 1.2 亿台,到 2016 年将达 3.4 亿台,只有手机销量能高出这一数字。"

(三)平板电脑阅读

平板电脑也叫平板计算机,是一种小型电脑,它以触摸屏为输入设备。

2010 年,苹果 iPad 在全世界掀起了平板电脑热潮。2010 年以搜索平板电脑为关键词的点击量增长率达到了 1 328%,不仅是传统的 PC 产业甚至是覆盖率相当广大的 3C 产业,也都受到平板电脑带来的革命性影响,以 iPad 为典型代表的平板电脑阅读可以说在一定意义上改变了一个时代。许多出版商与平板电脑厂商签订协议,使得自己的产品在平板电脑上落户安家。这既是数字出版对传统出版冲击的又一表现,也可看作传统出版与数字出版优势互补的一个出路。平板电脑上的数字产品,价格远远低于传统出版物,而且付费模式成熟。

另外,作为数字出版产品形态的优势代表,平板电脑先进的技术可以使得数字出版充分发挥自身的优势,即提供给用户非凡的服务与体验。

(四)手机阅读

按照大众媒体产生的时间顺序,报纸是第一媒体,广播是第二媒体,电视是第三媒体,网络是第四媒体,手机是第五媒体。手机媒体有后来居上之势。

手机阅读是中国移动推出的一项增值业务。它以提供各类电子书为内容,实现多样化的阅读形式。随着智能移动通信设备的成熟完善,手机看小说逐渐成为一种趋势和潮流。在 3G 手机普及之前,许多手机就已经具备了电子书阅读的功能,而近年来这种先进的手机技术普及之后,使得联网的手机阅读成为可能,并且迅速普及到人们日常生活的各个角落。反过来,数字出版的发展也给手机阅读更加充实的内容以消遣时间。手机阅读作为一种重要的数字出版产品形态被越来越多的出版运营商以及用户青睐。

与传统的纸质图书发行模式相比,用手机阅读,内容可以直接到达用户,低成本的发行渠道是手机阅读的一大优势。另外,手机阅读有着相对来说比较成熟的付费模式和版权保护技术。中国手机阅读内容的弊处是与其他的阅读形态一样,文本看上去颇为丰富,但质量有限,而且层次不够丰富,大都以轻阅读浅阅读碎片式阅读为主,难以满足中高端用户对阅读材料的深层内涵需求。总之,目前我国手机阅读并未形成真正意义上的手机内容产品,大多是原版原式的传统出版物内容搬到手机载体上,这一点不但成为制约手机阅读发展的重要因素,也可能像温室效应一样对整个社会的阅读氛围和环境产生缓慢而不可逆转的恶劣影响。理想的手机网络阅读,是期待卓越的网络出版的出现。

(五)体验阅读

据 2014 年 4 月 17 日《出版商务周报》报道,全国首家"数字阅读"地面店——"文轩数字出版体验店",由四川数字出版传媒有限公司于 4 月 11 日在成都成立。

在这里,读者也是消费者,他们既可以方便简单快捷地阅读海量的电子文献,体验数字阅读,又可以消费者的身份享受店里舒适愉快丰富多彩的环境。消费者可以根据自己的职业、年龄、学历等制作适合自己的图书;可以在不同终端上感受数字阅读的魅力。体验阅读满足了受众对图书的各种要求,满足了出版者随时修改电子书封面、开本、版式、字体的个性化需求。

(六)数字书店阅读

2011 年 6 月,大连新华书店正式启动"数字化新华书店"项目,通过在机关、企事业单位、学校等公共场所设立多媒体数字购书终端,把新华书店搬到城市各个角落,让市民随时、随地逛书店,市民不用电脑、不用互联网就可以查阅图书、订购图书。继大连之后,2012 年 2 月河南新华书店也推出了别具特色的"24 小时数字书店"。中原图书大厦是河南省新华书店发行集团旗下的最大连锁经营旗舰店,它推出的"数字书店"以大型触摸屏为载体,融数字图书、数字报刊、艺术图库、实体图书查询订购、营销推广等功能为一体,旨在满足读者多样化的阅读需求。

二、数字阅读之国家规范

数字阅读在中国的发展并非一帆风顺,作为数字阅读的主要对象——电子书,在发展过程中出现了一些无法回避的重大问题,令人堪忧。以电子书知名企业"汉王"为例,其股价虚高、实际销量与媒体宣传存有过大偏差,还出现了中华书局诉讼"汉王"侵犯版权等官司。

为规范电子书的出版,2010年11月4日,国家新闻出版总署(现为国家新闻出版广电总局)对21家企业颁布了《电子书业务资质名单》。其中包括4类:

第一类是人民出版社、上海人民出版社、甘肃人民出版社、中版集团数字传媒有限公司等4家单位,获准电子书出版资质。

第二类是汉王科技股份有限公司、北京汉龙思琪数码科技有限公司、天津津科电子系统工程有限公司、上海世纪创荣数字信息科技有限公司等13家单

位,获准电子书复制资质。

第三类是北京纽曼理想数码科技有限公司、中版集团数字传媒有限公司、读者甘肃数码科技有限公司、北京方正飞阅传媒技术有限公司等8家单位,获准电子书总发行资质。

第四类是中国图书进出口(集团)总公司、北京中科进出口有限责任公司、中国教育图书进出口公司、上海外文图书公司等5家单位,获准电子书进口资质。上述企业必须具备一定的实力,包括年收入、注册资金2000万元等。对于实力较弱的数字阅读企业,很难获得资质。假如政策能够有效执行,行业洗牌在所难免。

(作者单位:中共吉林省委党校图书馆副研究馆员)
摘编自《图书馆学研究》2014年第22期

大学生移动阅读的使用动机和用户评价研究

——基于中日韩三国的跨国比较

李 武 刘 宇 张 博

本研究试图以大学生这一群体对象为切入点,考察中日韩三国国民开展移动阅读活动的使用动机和用户评价是否存在显著差异。

一、研究方法

本研究的目标人群是开展移动阅读的中日韩三国大学本科生。采用的方法为问卷调查法。问卷包含四个部分内容:基本行为、使用动机、用户评价和个人信息。其中,基本行为包括阅读时间、阅读设备、阅读场所、阅读内容、内容呈现方式倾向、内容篇幅倾向以及阅读互动行为。本研究对于使用动机的考察基于卡茨等人总结的个人对大众媒介的使用动机。在卡茨看来,个人的大众媒介需求可以分为五类,分别是认知需求、情感需求、自我认同需求、社会交往需求和休闲娱乐需求[1]。在此基础上,研究者参考之前对上海地区大学生手机阅读动机的研究发现,设置了15个问项。本研究对于用户评价的考察则参考了相关研究者提出的评价指标,共设置13个问项。最后,个人信息包括国别、性别、年级和专业四个变量。

本研究于2013年5月下旬在上海交通大学传播学和材料学本科生中邀请26位同学参与问卷的预调查。通过预调查,除了修正部分问项的表达和措辞之外,同时根据统计分析结果对部分问项的选项做了修正。中文版问卷定稿之后,研究者在传播学本科生中有偿招募1名日本留学生和1名韩国留学生,由他们把问卷翻译成日文版和韩文版。为了确保翻译质量,之后又在国际教育学院有偿招募了日韩留学生各1名,要求他们分别将问卷的日文版和韩文版重新翻译成中文版。最后,研究者本人和上述4位留学生就翻译中出现的偏差进行面对面的讨论和修正,并于5月底确定日文版和韩文版问卷。

在抽样方面,本研究采用滚雪球方法。问卷发放则采用实地发放和在线问卷相结合的方式,由研究者本人负责中方的数据收集,由上述招聘的日韩留学生分别负责各自国家的数据收集工作。我们的目标是在每个国家收集500份问卷,同时考虑填写者在性别、年级和专业变量分布上的相对均衡性。截至2013年6月底,在这三个国家共收集到1558份问卷,在排除无效问卷之后,保留的有效问卷共1316份。在国别方面,中方454份,日方436份,韩方426份。在性别方面,男性638人(48.5%),女性678人(51.5%)。在年级方面,大一学生占24.9%,大二学生占27.8%,

大三学生占 20.5%，大四学生占 18.7%，大五学生占 8.1%。在专业方面，人数最多的四个专业分别是工学(366 人，占 27.8%)、文学(包括语言学和新闻传播学，200 人，占 15.2%)、理学(210 人，占 16%)和经济学(178 人，占 13.5%)。

二、使用动机的跨国比较

(一)使用动机量表的效度与信度检验

本研究的动机量表 KMO 值为 0.815，而且巴特利特(Battler's)球状检验的 x_2 值为 7587.567(df = 105，p = .000)，所以采用因子分析来检验其构建效度。具体而言，运用主成分分析法按其初始特征值大于 1 提供公共因子，并采用最大方差(Varimax)法对初始公共因子进行方差最大正交旋转。

因子分析结果如表 1 所示。共萃取 4 个公共因子，累计解释变异量为 64.34%。在综合考虑因子分析结果和理论考量的基础上，我们仍然把公共因子 1 拆分为两个因子，分别为"互动性需求"和"创新性需求"。把其他 3 个公共因子分别命名为"资讯性需求""娱乐性需求"和"替代性需求"。最后确定的这五个公共因子跟我们的理论假设完全吻合，可见动机量表具有很好的建构效度。

动机变量共有 15 个问项，每个变量都有 3 个问项。其中，互动性要求($\alpha = 0.832$)信度最高，资讯性需求($\alpha = 0.781$)、娱乐性需求($\alpha = 0.769$)、创新性需求($\alpha = 0.763$)这三个变量的克伦巴赫(Cronbach) α 系数都在 0.7 以上。替代性需求($\alpha = 0.686$)信度最低，但也达到了 0.6 的基本要求。整份动机量表的克伦巴赫 a 系数为 0.810。可见，不管是分量表还是总量表都具有较高的内部信度。

表 1　动机量表因子分析结果

	问项	因子负荷值			
		1	2	3	4
互动性需求	为了与作者或其他读者产生互动	.807	-.015	-.061	.151
	为了方便与他人分享阅读内容	.800	.058	.060	.071
	为了方便发表和转发评论	.781	-.030	.144	.104
创新性需求	为了赶潮流和追时髦	.721	-.090	-.076	.057
	为了体验个性化的移动阅读经历	.653	-.026	.060	.342
	为了满足自己尝试新事物的欲望	.550	.072	.137	.435
资讯性需求	为了随时了解新闻动态	-.083	.848	.122	.046
	为了及时获取资讯信息	-.106	.833	.244	.054
	为了查阅知识和增长见识	.107	.734	.149	.156
娱乐性需求	为了打发无聊时间(比如等待或坐公交/地铁的时间)	-.078	.251	.842	.019
	为了消遣娱乐和放松心情	.157	.031	.782	.135
	为了利用零碎时间(比如等待或坐公交/地铁的时间)	.038	.278	.768	.105
替代性需求	为了不需携带书本就可以直接开展阅读活动	.048	.090	.183	.821
	为了获取到通过传统纸质阅读方式不能获取的读物	.304	-.043	.025	.784
	为了免费或低成本地开展阅读活动	.188	.239	.026	.502

（二）使用动机的跨国比较结果

通过分别对中日韩三组数据的统计分析（表2）我们发现对于中韩大学生来说,他们对移动阅读的五大需求的强烈程度完全一致(按其重要性排序排列,中韩大学生的五大需求分别是:娱乐性需求,资讯性需求,替代性需求,互动性需求,创新性需求)。同时,我们也发现日本大学生对移动阅读不同需求的强烈程度与中韩两国大学生有所不同(按其重要性降序排列分别是:资讯性需求;娱乐性需求;替代性需求;创新性需求;互动性需求)。也就是说,娱乐性需求和资讯性需求;是三国大学生移动阅读最为重要的两大需求,同时中韩大学生更加注重娱乐性需求,而日本大学生的资讯性需求更加强烈。另外,三国大学生对互动性需求和创新性需求相对校低;但是相对于日本大学生,中韩大学生更重视移动阅读的互动性需求。

表2　中日韩大学生移动阅读的使用动机及其比较结果

	中国		日本		韩国		事后比较
	均值	标准差	均值	标准差	均值	标准差	
资讯性需求	3.94	0.91	3.75	0.92	3.35	0.75	中国＞韩国＞日本
娱乐性需求	4.05	0.88	3.67	0.97	3.62	0.81	中国＞韩国,日本
互动性需求	2.53	0.99	1.95	1.05	3.12	0.79	韩国＞中国＞日本
替代性需求	3.41	0.97	2.77	1.05	3.26	0.76	中国＞韩国＞日本
创新性需求	2.37	0.98	2.16	0.95	2.96	0.85	韩国＞中国＞日本

接下来本研究利用单因素方差分析法(ANOVA)分析中日韩三国大学生在每个动机上的需求强烈程度是否存在显著差异。分析结果表明,三国大学生在资讯性需求($df = 2$, $F = 52.79$)、娱乐性需求($df = 2$, $F = 32.27$)、互动性需求($df = 2$, $F = 162.42$)、替代性需求($df = 2$, $F = 57.53$)、创新性需求($df = 2$, $F = 84.83$)这五大需求上都存在显著差异。之后本研究利用最小显著性差异(LSD)检验法进行两两群体比较,以确定组别之间的差异。比较结果表明,中日韩三国大学生在每个动机上两两都存在显著差异。正如表2所示,在资讯性需求和替代性需求方面,中国大学生显著强于韩国大学生。而韩国大学生又显著强于日本大学生。在娱乐性需求方面,中国大学生显著强于韩国和日本大学生,而后两者没有显著差异。在互动性需求和创新性需求方面,韩国大学生显著强于中国大学生,而中国大学生又显著强于日本大学生。

三、用户评价的跨国比较

（一）用户评价量表的效度和信度检验

本研究的动机量表KMO值为0.909,而且巴特利特的特球状检验的X2值为9301.357($df = 105$, $p = .000$),所以采用因子分析来检验其构建效度。在具体操作上,方法与检验动机量表完全一致。

因子分析结果如表3所示,共萃取3个公共因子,累计解释变异量为60.05%。这三个公共因子分别代表了用户评价移动阅读的三大维度,分别是:内容、硬件和系统。尽管"携带方便性"和"导航设计"这两个指标在最后归属的公共因子上的因子负荷值不是最高的,但也达到了不错的效果。因子分析的结果跟我们原先设计的基本一致,这也说明了我们构建的这份用户评价量表具有不错的建构效度。

用户评价量表共有三个变量,分别代表用户对移动阅读评价的三个维度。其中,对内容的评价共有5个指标,克伦巴赫α系数为0.866;对硬件的评价共有4个指标,克伦巴赫α系数为0.707;对系统的评价也有4个指标,克伦巴赫α系数为0.779。包含13个指标的整份评价量表的克伦巴赫α系数高达0.887。可见,不管是分量表还是总量表其研究信度都比较好。

（二）用户评价的跨国比较结果

通过分别对中日韩三组数据的统计分析(表4),从总体评价的角度来看(取自三大维度评价的平均值),中国大学生对移动阅读的评价最高,日本大学生次之,而韩国大学生对移动阅读的体验最不满意。从分项评价的角度来看,中韩两国大学生对移动阅读各项指标满意度的评价排序完全一致。中韩两国大学生对移动阅读所提供的内容最满意,日本大学生对移动阅读所提供的内容不如对硬件的满意度高,三个国家的大学生对目前移动阅读的系统都最不满意。

表3 用户评价量表因子分析结果

指标		指标说明	因子负荷值		
			1	2	3
内容	读物趣味性	可供阅读的读物是否有趣	.794	.232	.058
	读物丰富性	可供阅读的读物是否丰富	.787	.170	.225
	读物可获得性	可供阅读的读物是否方便获取或低成本获取	.733	.151	.179
	读物有用性	可供阅读的读物是否有用	.723	.228	.302
	读物的质量	可供阅读是否有错别字,是否语法不顺等	.636	.257	.226
硬件	携带方便度	设备的重量、材质及形态等	.447	.424	.040
	网络连接方式	支持网络连接的方式	.184	.750	.151
	电池续航能力	设备持续待机时间和持续运行时间	.030	.722	.136
	屏幕舒适度	显示器屏幕大小、分辨率等	.388	.617	.130
系统	导航设计	包括目录显示、翻页、页面跳转等功能的可用性	.466	.346	.422
	分享功能	是否提供分享功能,分享途径是否多样	.178	.124	.872
	评论功能	是否提供评论功能,是否好用	.129	.190	.857
	书签功能	是否提供书签、书签是否易用	.376	.187	.541

表4 用户评价量表因子分析结果

	中国		日本		韩国		
	均值	标准差	均值	标准差	均值	标准差	事后比较
对硬件的评价	3.59	0.76	3.26	0.85	2.87	0.75	中国 > 日本 > 韩国
对系统的评价	3.38	0.82	2.64	0.89	2.84	0.70	中国 > 韩国 > 日本
对内容的评价	3.64	0.77	2.99	1.00	2.89	0.61	中国 > 日本 > 韩国

同样,接下来本研究利用单因素方差分析法分析中日韩三国大学生对移动阅读的硬件、系统和内容的评价是否存在显著差异。如果存在差异,则继续通过最小显著性差异法进行两两比较。分析结果表明,三国大学生在对硬件的评价($df = 2$,$F = 87.07$)、对系统的评价($df = 2$,$F = 98.60$)和对内容的评价($df = 2$,$F = 113.12$)方面都存在显著差异。具体如表4所示,在对硬件的评价和对内容的评价方面,中国大学生的满意度显著高于日本大学生,而日本大学生的满意度又显著高于韩国大学生。在对系统的评价方面,中国大学生的满意度显著高于韩国大学生,韩国大学生的满意度显著高于日本大学生。

四、简要讨论

本研究发现对于中日韩三国大学生来说,娱乐性需求和资讯性需求都是他们开展移动阅读活动最为重要的两大目的。这一发现进一步验证了阅读的功能理论。本研究同时发现,在这两大阅读目的方面,中韩大学生更加注重娱乐性需求,而日本大学生的资讯性需求更加强烈。

本研究发现"互动性需求"成为三国大学生开展移动阅读活动的目的之一,这可以说是对传统阅读功能理论的补充和完善。另外,本研究发现在互动性需求方面,韩国大学生显著强于中国大学生,而中国大学生又显著强于日本大学生。这可能跟三个国家的国民性格有关。相对于中韩两国,日本国民相对比较保守,不愿意跟他人互动和分享。KPCB 开展的一项 24 个国家网民对在线分享频次的调查结果表明,韩国排在第四位,中国排在第 6 位,而日本排在最后一位本次关于三国大学生在移动阅读过程中互动行为的研究发现也是很好的佐证。研究发现,不管评论频次还是在分享频次方面,韩国大学生都要显著高于中国大学生,中国大学生要显著高于日本大学生。

根据使用与满足理论,受众对媒介的接触行为其实是一个"社会——心理因素—媒介期待—媒介基础—需求满足"的因果连锁过程。所以,受众对媒介的评价往往与自身对媒介的使用动机有着直接关系。在使用动机方面,本研究发现中韩两国大学生对移动阅读的五大需求的强烈程度完全一致,日本大学生对移动阅读不同需求的强烈程度与中韩两国大学生有所不同;而在用户评价方面,本研究发现中韩两国大学生对移动阅读各项指标满意度的评价排序完全一致,日本大学生对移动阅读各项指标满意度的评价排序与中韩大学生有所不同。这可以说是对动机与满足之间存在对应关系的很好注脚。具体来说,中韩两国大学生对移动阅读所提供的内容最满意,日本大学生对移动阅读提供的内容不如对硬件的满意度高。这在很大程度上可以解释为由自身对移动阅读的需求差异和目前移动阅读的发展现状共同作用导致。一方面,正如本研究在动机部分所发现的,中韩大学生更加注重娱乐性需求,而日本大学生的资讯性需求更加强烈;另一方面,由于技术的发展,目前的移动阅读相对于传统基于纸质的阅读形态,更适合用于消遣娱乐的目的;但是由于版权等问题,目前的移动阅读在内容开发方面仍然还有很长的一段路需要走。

(作者单位:上海交通大学媒体与设计学院)

摘编自《出版科学》2014 年第 6 期

当前我国大学生手机阅读的特征、缺陷与对策

刘 畅

手机阅读是指用户利用手机终端以在线或离线的方式阅读新闻类信息、文学小说类信息和手机杂志等。对当前我国大学生手机阅读的特征及缺陷进行深入分析,提出有效可行的对策与建议,对提升大学生的整体阅读水平有着重要的现实意义。

一、我国大学生手机阅读的基本特征

(一)手机接触率高,手机阅读具有普遍性

当前我国大学生的手机接触率已接近 100%,其中近 8 成是智能手机,智能手机的普及与繁荣进一步带动了手机阅读市场的繁荣,大学生开展手机阅读活动的硬件设备已经普及。手机阅读已然成为大学生生活的一部分,很多大学生表示对手机阅读有一定的依赖性,如果忘带手机或网络信号不佳就会产生失落或烦躁的情绪。

(二)手机阅读碎片化

数字化时代,手机阅读不断发展的同时也导致了大学生消费阅读的碎片化。大学生手机阅读的碎片化主要有三层涵义:一是阅读场所的碎片化;二是阅读时长的碎片化;三是阅读内容的碎片化。

(三)手机阅读内容个性化

尽管大学生具有显著的群体特征,但性别与年龄的区别、不同的专业学科背景与知识水平、阅读习惯、个人喜好等都会影响大学生手机阅读的内容,甚至于同一个体在短时间内经常发生波动变化。

(四)手机阅读付费意愿偏低,付费形式分散

大学生群体经济能力有限,且版权意识较弱,因此对手机阅读的付费意愿普遍偏低。大学生手机阅读的付费形式也较为分散,综合包月付费、包年付费、千字付费、按章节付费、全本付费都是大学生进行手机阅读时较常见的选择。

(五)手机阅读满意率较低

目前我国大学生手机阅读整体满意率较低。

二、当前我国大学生手机阅读存在的缺陷

(一)内容庞杂,精品原创少

大学生群体手机阅读规模在快速增长,可供手机阅读的内容也呈几何增长,但这并不代表手机阅读内

容质量已全面过关。手机阅读市场在内容上还有不少缺陷与亟待解决的问题，较为突出的乱象为内容庞杂，精品原创偏少。

（二）交互性不强，阅读体验有待优化

由于手机具备双向交互功能，大学生可以通过手机点评、分享、定制自己所需的各种信息，因此手机阅读的交互性能较好满足大学生表达观点、交流思想的需求。但目前大学生手机阅读交互性特征并不明显，主要原因包括交互平台的性能不佳、网络带宽有限以及3G应用在大学生中普及程度较低等。手机阅读交互性不强限制了大学生读者的创造性和参与性，从而影响大学生手机阅读使用的兴趣与效率。

（三）手机阅读与大学生专业学习未能紧密结合

大学生手机阅读经常处于移动状态，"碎片化"特征也导致大学生倾向于选择浅阅读文本，采用娱乐化的快餐式阅读方式。在这种趋势下，大学生所阅读的通常是一些琐碎信息、即时性阅读信息与休闲娱乐性内容，愿意用手机阅读进行学习研究型阅读的大学生比例较低。学习研究型阅读主要是指大学生为了获取对某一未知事物的认知或为了解决和探索某一科研任务与课题而产生的对于手机阅读的需求，是大学生最基本的阅读需求之一，它能提升大学生的知识技能水平、认知能力、综合文化素质等方面；改善大学生的知识结构；经常通过手机进行学习研究型阅读，能满足大学生在专业学习领域强烈的求知欲望。

三、改善大学生手机阅读的若干对策

（一）将手机作为专业教育载体，加以统一设计

对手机阅读的教育功能进行统一设计可从以下四个方面进行：一是相关主体要破除门户隔阂，重视顶层设计，构建协同创新机制；二是相关政府机构、高等院校、手机生产商、出版内容提供商、移动运营商、应用软件开发商等相关主体要在各环节通力合作，充分发挥主体创新作用；三是加大教育行业性内容定制，探索将手机阅读作为考核评价学生的机制；四是探索基于移动互联网的在线教育模式，如手机高校图书馆、手机课堂、手机教材教辅、手机作业等，建立科学有效的阅读评估与反馈机制。

（二）重视内容创作、优化阅读体验

移动阅读时代的内容加工不能仅仅停留在单纯的内容数字化阶段，而应以内容资源深度开发为核心，创作生产更符合手机阅读需求的出版产品与信息服务。手机阅读内容提供商可根据大学生对手机阅读内容的需求特征，提升浅阅读、休闲性文本的质量，确保内容不粗制滥造，在丰富内容资源的同时避免内容同质化；同时重视手机阅读的教育功能，建立不同类型的内容资源平台，设立针对大学生的专项板块，为大学生的学习研究提供更多的文献资料与专业知识，同时也有利于不同专业的大学生形成独有的阅读体验。

（三）加强大学生手机阅读研究的力度

尽管大学生作为手机阅读的主流群体特征具有较大的研究意义，但国内关于大学生手机阅读的研究并不多见。在知网以"大学生＋手机阅读"为关键词进行搜索，只有二十余篇相关论文，且多数是以某高校为调研对象，其调研结果容易产生地域差异，使大学生整体手机阅读数据的客观性受到影响，也不利于探析大学生手机阅读的未来发展方向。

（作者单位：浙江传媒学院　新闻与传播学院）

摘编自《浙江传媒学院学报》2014年第3期

手机阅读应用软件持续使用行为研究

曾 李　丛 挺　曾元祥

一、研究背景与意义

对用户持续使用意愿的关照有所不足。本研究立足实证调研，构建影响手机阅读用户持续使用意愿的模型，以为手机阅读应用软件提供商有效保持用户、开发新的移动阅读业务提供参考。

二、理论模型和研究假设

目前，针对手机阅读持续使用行为，还缺乏相应的理论模型。这里依据相关理论基础与手机阅读特性，提出本文的理论模型。

（一）构建理论模型

影响用户持续使用手机阅读应用软件的因素很多，计划行为理论、期望确认模型以及信息系统成功模型可为研究用户使用行为尤其是网络环境下用户的使用行为，进而构建用户持续使用意愿模型提供理论基础。

综上所述，本研究将在计划行为理论的基础上，整合期望确认模型，并从用户感知角度考虑应用开发商特征，提出本文的研究模型（如图1）。

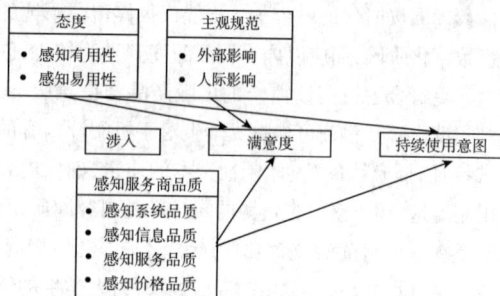

图1　手机阅读应用软件持续
使用意愿整体研究模型

该研究模型由三部分组成，包括自变量、中间变量和因变量。其中自变量包括用户态度、主观规范和服务供货商特征，中间变量为满意度，因变量为手机阅读应用软件的持续使用意愿。

（二）研究假设

根据期望确认理论，消费者对产品或服务的满意度对其持续使用意愿具有重要影响。奥利弗（Oliver）也认为消费者重复购买产品或服务的意愿主要是由之前使用的满意度来决定的。手机阅读应用软件不是用户的必需品，用户在使用过程中越能体验到满足感，就越愿意持续使用。由此，本研究提出第一个假设：

H1：用户对手机阅读应用软件的满意度，会正向影响持续使用的意愿。

H2：手机阅读应用软件用户对该应用所抱持的态度，会正向影响持续使用意愿。

H2a：手机阅读应用软件用户对该应用的感知有用性，会正向影响持续使用意愿。

H2b：手机阅读应用软件用户对该应用的感知易用性，会正向影响持续使用意愿。

H3：用户对手机阅读应用软件的主观规范，会正向影响其对产品的持续使用意愿。

H3a：用户受到手机阅读应用软件的外部影响，

会正向影响其对产品的持续使用意愿。

H3b：用户受到手机阅读应用软件的人际影响，会正向影响其对产品的持续使用意愿。

H4：涉入程度对持续使用有显著的正向影响。

H5a：用户感知信息品质对满意度具有显著的正向影响。

H5b：用户感知系统品质对满意度具有显著的正向影响。

H5c：用户感知服务品质对满意度具有显著的正向影响。

H5d：用户感知价格品质对满意度具有显著的正向影响。

（三）研究设计

本研究采用李克特量表进行问卷设计，以在校大学生以及互联网公司员工作为主要发放对象。采用网络电子问卷，调查时间为2013年2月至3月，通过第三方平台问卷星推送问卷，回收有效问卷数量为145份。

在调查样本中，男性占45.5%，女性54.5%；年龄主要集中在18～24岁（占样本总数的65.5%），其次是25～30岁年龄段（占33.1%）；受教育程度方面，本科与硕士学历占据绝大多数，达到95.9%。

在资料统计分析方面，本研究采用描述性统计方法对手机阅读应用软件用户的使用形态进行描述，采用结构方程模型对模型中的潜在变量、显性变量、误差或干扰变量间的关系进行研究，从而了解对自变量的直接或间接效果或总效果。

（四）数据分析

在验证假设之前，首先对各变量量表的信度和效度进行分析，结果显示各变量量表的克隆巴赫系数（Cronbach's Alpha）均在0.7以上，表明本研究量表各个题项的内部一致性良好，适合做进一步分析。常见的结构效度包括两种：收敛效度和区别效度。本研究采用因子分析法对变量进行因子分析，并以此来检验问卷的效度。

通过因子分析，所有测量项目在对应因子中的负荷量均超过0.5，且分布结构与问卷基本吻合，说明变量具有良好的效度。通过信度和效度分析后，接下来进行结构方程分析。我们采用AMOS17.0中最大似然估计（The Method of Maximum Likelihood）对结构方程模型进行检验。首先，构建初始模型，并在AMOS17.0中设置好因果关系路径图。通过AM

OS17.0运行,得出各参数估计值,AM OS17.0运行的结果如图2所示。

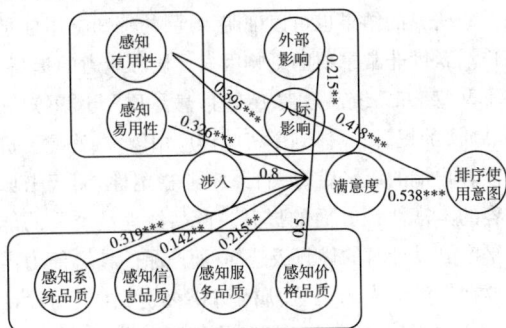

图2　结构方程路径估计参数图

注:(＊p＜0.01,＊＊p＜0.001,n.s 不显著)

使用软件进行模型验证,从图2可以看出,各潜在变量度量指标的因子载荷大部分符合显著性水平,模型的整体拟合度比较好。由此,本研究提出的10个假设中,除了H4与H5d,其他均得到支持,具体见表1。

表1　研究假设验证结果

假设编号	假设说明	支持与否
H1	用户对手机阅读应用软件满意度越高,则他们持续使用的意愿就越高	是
H2a	手机阅读应用软件用户对该应用所感知有用性,会正向影响持续使用意愿	是
H2b	手机阅读应用软件用户对该应用所感知易用性,会正向影响持续使用意愿	是
H3a	用户受到手机阅读应用软件的外部影响,会正向影响使用对其产品的持续使用意愿	是
H3b	用户受到手机阅读应用软件的人际影响,会正向影响使用对其产品的持续使用意愿	是
H4	涉入程度对持续使用有显著的正向影响	否
H5a	用户感知信息品质对满意度具有正向显著影响	是
H5b	用户感知系统品质对满意度具有正向显著影响	是
H5c	用户感知服务品质对满意度具有正向显著影响	是
H5d	用户感知价格品质对满意度具有正向显著影响	否

根据结构方程模型的处理结果,对手机阅读应用软件用户持续使用模型进行了修正。修正后的模型如图3所示

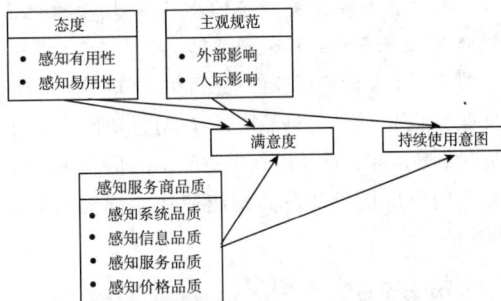

图3　手机阅读应用软件持续使用意愿修正模型

五、结果讨论

在实证数据的基础上以下结论得到了证明。

(一)用户满意度是影响手机阅读应用软件持续使用意愿的最主要因素

用户满意度主要来自初次使用后,对使用绩效和使用前期望的比较而产生的满意程度。满意度直接影响用户的忠诚度和再次使用的意愿。用户满意度作为一个中间变量,对于持续使用的正向影响已经获得多次证实,在本研究中同样得到了证实。虽然手机阅读业已成为重要的数字阅读方式,但却非必要的阅读选择,加之各类手机阅读应用软件层出不穷,只有用户对某种产品具有较高的使用满意度,其持续使用的意愿才越高。

(二)感知有用性对持续使用意愿有两条路径的影响

一方面,感知有用性直接影响用户的持续使用意愿;另一方面,感知有用性通过满意度间接影响持续使用意愿。手机阅读应用软件突出体现了其有用性特征。阅读作为人的本质需求,在移动互联网时代需要一个符合网络环境和硬件环境的阅读方式。手机阅读应用软件比起单纯的电子阅读器更便携,比起使用手机浏览器

在线阅读提供更多功能,用户以上对手机阅读应用软件有用性的感知对其持续使用具有较大影响。

（三）感知易用性对持续使用影响显著

感知易用性代表用户认为学会操作的复杂程度,如果一个手机阅读应用软件操作过于复杂,不符合用户之前的使用习惯,并且没有进行相应的用户教育,会让用户认为难以操作而影响其持续选择使用。本研究结果表明,感知易用性不仅对持续使用影响显著,对感知有用同样影响显著。这就意味着如果用户在使用手机阅读应用软件时感觉难以操作,很可能会否定其有用性,并进而影响到持续使用。

（四）用户对服务商特征的感知特性,会通过影响满意度,进而影响持续使用意愿

对于手机阅读应用软件提供商的感知系统品质、感知服务品质、感知信息品质,用户的感知程度不同,会通过满意度来影响持续使用意愿。但是,本研究并未证实用户价格感知对其持续使用意愿具有正向影响。

六、研究建议

根据本研究的结论,结合作者在移动互联网产品部门的具体实践经验,对设计优秀的手机阅读应用软件提出如下建议。

1. 产品的核心能力要做到极致

任何产品都有核心功能,其宗旨就是能帮助用户解决某一方面的需求,如节省时间、解决问题、提升效率等。对于手机阅读应用软件而言,产品的核心能力

就是解决用户在移动网络环境下的阅读需求。在本研究中,产品的有用性则是其核心能力的最直接反映。本研究的结果也可以证明,产品的感知有用性是用户活跃度非常重要的影响因素。核心能力的提高,离不开"感知系统品质""感知信息品质"与"感知服务品质"的提升,具体到手机阅读应用软件,就是手机阅读客户端的流畅性、后台系统的稳定性、阅读书城内容的丰富性等方面的提升。产品经理最重要的能力是产品设计时的优先级选择,而产品的核心能力需要放在最为优先的位置,属于 P0 级别（在产品设计中,不同的需求要定出不同的优先级别,以 P0、P1、P2 等划分,P0 的优先级别最高）。

2. 产品的交互设计要细致

如果说产品的核心能力主要反映在后台系统等用户看不见的地方,那么交互设计则直接与用户打交道。在本研究中,即体现为用户的"感知易用性"以及"感知服务品质"指标。产品经理要把自己当做一个最为挑剔的用户,在细节上把握用户体验。

细致的交互设计除了要求产品人员把自己当挑剔的用户外,还需要借助一些方法来帮助,如用 A/B 测试来灰度发布、敏捷开发小步迭代,要不断地、细致地打造最为流畅顺心的用户体验。

3. 口碑营销

从主观规范中的"人际影响"与"外部影响"的影响力就可以看到,口碑对于互联网产品的重要性。

（作者单位:武汉大学信息管理学院）

摘编自《出版科学》2014 年第 1 期

标 准 规 范

电子课本与电子书包标准规范、关键技术及应用创新的研究

吴永和 何超 杨瑛 马晓玲 余云涛 刘晓丹 祝智庭

一、电子课本与电子书包标准规范

（一）电子课本与电子书包标准状况

目前,《电子课本与电子书包总体框架标准》《电子课本信息模型规范》和《电子书包终端规范》已完

成国家标准立项工作;《电子课本与电子书包术语规范》《电子课本与电子书包引用组谱规范》《电子课本元数据规范》《虚拟学具分类规范》《虚拟学具描述规范》等 5 项标准完成了草案的编写工作,已申报国家标准立项;教育应用类标准和质量管理方面标准在着

手开展研制。在国外，ISO/IEC JTC1 SC36、IMS、IPDF 等相关国际组织以及英、法、日、韩、俄等国家也关注电子课本标准的发展等。其中 ISO/IEC JTC1 SC36 开展研制电子课本国际标准项目 ISO/IEC 18120，已形成技术报告建议草案 PDTR 版本；IPDF 将电子书 ePUb3.0 标准提交到 ISO/IEC JTC1 SC34，已进入发布程序。

目前的标准研究状况为：吴永和（2011）从标准体系框架研究视角给出了电子课本与电子书包体系框架，电子课本标准国际标准的研制提案；顾小清等（2012）从连接阅读与学习的角度，给出了电子课本信息模型规范，傅伟等给出电子课本的内容包装设计和内容元数据设计；郁晓华等（2013）研究了虚拟学具标准的研制现状及其体系框架；雷云鹤等（2013）提出虚拟学具标准的理论框架，形成虚拟学具分类标准和描述标准两个子标准草案；钱冬明等（2012）研究了电子书包终端标准；SyahruI Fahmy 等（2012）基于 ISO9126 模型，提出了适用于电子书的软件质量评估模型，该模型可作为电子课本软件质量评价的参考模型；Christian M, Stracke 描述了效应测量的评价框架，并展现了该框架在 A－RASTOTELE 项目中的应用，对电子书包服务质量和管理有参考价值；BiLL McCoy 提出了"智慧"电子课本的互操作性国际标准，并将第三代数字出版的应用和发展状况情景化为信息通讯技术标准的可操作数字出版物；FRIESEN 探讨了集成协作学习和交流的电子书包 ISO 国际标准的开发、设计和优势。

这些标准方面论文的发表，推进了各项标准的研制。但标准研究存在的问题主要体现在标准研制周期性、核心标准突破、相关标准对接、标准应用、标准国际化等方面。目前标准还不能完全支撑起整个产业良性发展，还需要研制一批新标准以及应用指南。

（二）电子课本与电子书包标准体系

电子课本与电子书包标准体系核心由五个类别的技术标准、服务质量与管理、教育应用规范等组成。其中五类技术标准分别是：电子课本与电子书包总体架构标准、电子课本标准、学习终端标准、虚拟学具标准、学习服务标准。在整个标准体系中，体系架构标准

指导其他标准，服务质量与管理从服务评测层面与其他标准关联，而教育应用规范是从应用层面关联到其他标准，如图 1 所示。

在第一阶段的研制中，重点关注技术标准的研究。随着电子课本与电子书包发展和应用的深入，服务质量与管理、教育应用规范等提到日程中。目前进入第二阶段研究应用层面的标准规范，后文将重点阐述这两个系列标准。

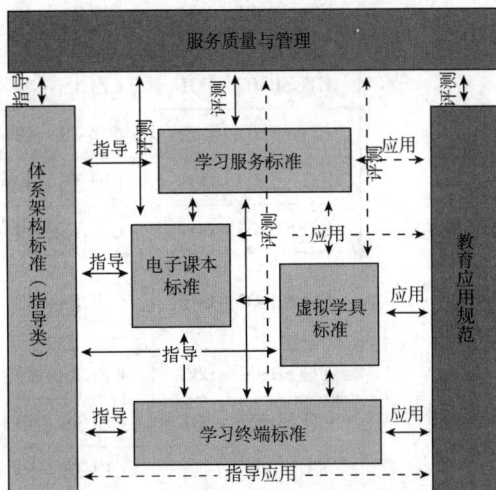

图 1　电子课本与电子书包标准簇关系图

（三）电子课本与电子书包标准组谱

电子课本与电子书包标准体系中各部分标准构成该体系标准组谱，如表 1 所示。其中 ETESBS 标准编号为专题组标准项目编号，CELTS 标准编号为教育部教育信息化技术标准委员会标准项目编号。整个技术类计划将研制 22 项标准，其中总体架构 5 项、电子课本 6 项、电子书包终端 3 项、虚拟学具 5 项、学习服务 3 项。服务质量和管理类规范计划将考虑研制服务质量和管理体系框架、服务质量和管理信息模型规范、服务质量和管理 XML 绑定规范和服务质量和管理指南规范。教育应用类系列标准计划将考虑研制电子书包的教育应用体系框架规范。教育应用信息模型规范、教育应用建设规范、教育应用装配规范、教育应用管理规范和教育应用规范等。

表1　电子课本与电子书标准组谱

分类	ETESBS 标准编号	CELTS 标准编号	标准项目名称	备注
总体架构标准	ETESBS01 – 001	CELTS – 49 – 11	电子课本与电子书包总体框架	技术标准
	ETESBS01 – 002	CELTS – 49 – 12	电子课本与电子书包术语	
	ETESBS01 – 003	CELTS – 49 – 13	电子课本与电子书包引用组进	
	ETESBS01 – 004	CELTS – 49 – 14	电子课本与电子书包接口规范	
	ETESBS01 – 004	CELTS – 49 – 15	电子课本与电子书包标准体系应用指南	
电子课本标准	ETESBS02 – 001	CELTS – 49 – 21	电子课本信息模型	技术标准
	ETESBS02 – 002	CELTS – 49 – 22	电子课本元数据	
	ETESBS02 – 003	CELTS – 49 – 23	电子课本内容包装	
	ETESBS02 – 004	CELTS – 49 – 24	电子课本内容清单与内容聚合	
	ETESBS02 – 005	CELTS – 49 – 25	电子课本 XML 绑定和最佳实践指南	
	ETESBS02 – 006	CELTS – 49 – 26	电子课本内容扩展	
电子书包终端标准	ETESBS03 – 001	CELTS – 49 – 31	电子书包终端硬件规范	技术标准
	ETESB03 – 002	CELTS – 49 – 32	电子书包终端操作系统规范	
	ETESBS03 – 003	CELTS – 49 – 33	电子书包终端标配软件规范	
虚拟学具标准	ETESBS04 – 001	CELTS – 49 – 41	虚拟学具分类规范	技术标准
	ETESBS04 – 002	CELTS – 49 – 42	虚拟学具描述规范	
	ETESBS04 – 003	CELTS – 49 – 43	虚拟学具装配规范	
	ETESDS04 – 004	CELTS – 49 – 44	虚拟学具聚合规范	
	ETESB04 – 005	CELTS – 49 – 45	虚拟学具测评规范	
学习服务标准	ETESBS05 – 001	CELTS – 49 – 51	电子课本与电子书包学习服务总体规范	技术标准
	ETESBS05 – 002	CELTS – 49 – 52	学习服务 XML 绑定规范	
	ETESBS05 – 003	CELTS – 49 – 53	电子课本与电子书包学习服务应用指南	
服务质量和管理类规范	ETESBS06 – 001	CELTS – 49 – 61	服务质量和管理体系框架	应用类标准
	ETESBS06 – 002	CELTS – 49 – 62	服务质量和管理信息模型规范	
	ETESBS06 – 003	CELTS – 49 – 63	服务质量和管理 XML 绑定规范	
	ETESBS06 – 004	CELTS – 49 – 64	服务质量和管理指南规范	

分类	ETESBS 标准编号	CELTS 标准编号	标准项目名称	备注
教育应用类规范	ETESBS07 – 001	CELTS – 49 – 71	电子书包的教育应用体系框架规范	应用类标准
	ETESBS07 – 002	CELTS – 49 – 72	教育应用信息模型规范	
	ETESBS07 – 003	CELTS – 49 – 73	教育应用建设规范	
	ETESBS07 – 004	CELTS – 49 – 74	教育应用装配规范	
	ETESBS07 – 005	CELTS – 49 – 75	教育应用管理规范	
	ETESBS07 – 006	CELTS – 49 – 76	教育应用规范	

下文将对标准组谱中标准部分作简要阐述。

1. 总体框架标准

电子课本与电子书包总体框架标准是指电子课本与电子书包的总体性、框架性、基础性的标准和规范，包括电子课本与电子书包体系中通用术语的统一、框架模型的定义以及标准间引用关系的说明，并为电子课本与电子书包标准体系的应用提供整体性指导。包括总体框架、标准术语、标准引用组谱、体系框架应用指南等标准。

2. 电子课本标准

在电子课本的研究中，吸收目前已有的电子出版物格式标准的优点，解决电子课本内容互操作问题，在电子课本元数据定义、内部结构表征、媒体展现等方面引入教学特性。本标准将研发电子课本专用的，有利于规范和引导电子课本领域的设计、开发及应用的相关标准规范，指导实现动态、开放的新一代电子课本。电子课本信息模型、电子课本内容包装规范及元数据、电子课本 XML 绑定及应用指南等。此标准对电子课本与电子书包的应用推广有着极其重要的作用。

3. 学习终端标准

学习终端标准主要描述并界定电子课本与电子书包体系框架模型电子书包学习终端部分的要求，它以电子书包学习终端产品为出发点，基于用户视角围绕其教学特性和可靠、安全、易用、开放等特性，结合厂商提案的和已有的规范，从硬件、操作系统和标配软件等方面规定电子书包学习终端应满足的要求，具体从技术要求、试验方法、检验规则等方面展开。其主要包括三个标准：电子书包学习终端硬件标准、电子书包操作系统规范和电子书包学习终端标配软件规范。

4. 虚拟学具标准

虚拟学具标准规定电子课本与电子书包体系框架模型中虚拟学具的要求，它对虚拟学具的分类、描述、配置要求、聚合以及评测进行规定。主要包括虚拟学具分类规范、虚拟学具描述规范、虚拟学具装配规范、虚拟学具聚合规范和虚拟学具测评规范五个标准。虚拟学具标准的制定有利于规范和引导虚拟学具领域的有效设计与开发，指导虚拟学具在电子书包系统以及其他学习系统/平台的高效应用，契合数字学习的时代发展需要。

5. 学习服务标准

学习服务标准规定电子课本与电子书包体系框架模型中学习服务的概念、信息模型、接口与绑定规范等，解决相关学习服务互操作性问题。主要包括学习服务总体规范、学习服务 XML 绑定和学习服务应用指南三个标准。

6. 服务质量与管理

电子书包的服务质量和管理规范是为保障和提升电子书包系统服务质量，对该服务质量和管理进行评测，并与现有网络教育服务质量标准进行互操作。该规范涉及电子课本与电子书包各个部分，即综合评测的电子书包系统的四个部分产品的服务质量：终端、内容、工具、服务。教育应用中服务质量问题也是一个核心内容，涉及相关电子课本与电子书包的应用环境；另外，还要考虑与网络教育服务质量标准的互操作接口。该标准从技术、内容、应用等维度考虑。

7. 教育应用规范

该标准规范是电子课本与电子书包在教育应用过程中的一些规范，它指导电子课本与电子书包在教育应用。涉及电子课本与电子书包在学习者个人学习环境、学校班级学习环境以及家庭与社会学习环境的建设、管理、配置和应用。其中个人学习环境、学校班级学习环境中规范是核心。应从建设、管理、配置和应用等方面研制相关标准规范。以上标准研制需要和现有国家标准、CELTS 行业标准以及国际标准及国际组织标准规范关联。例如,电子课本与电子书包的服务质量和管理规范与网络教育服务质量标准 CELTS - 35,以及 ISO/IEC JTC1 SC36 已颁布的国际标准中"信息技术 - 学习、教育和培训 - 质量管理、保证和度量"(Information technology - Learning, education and training - Qualitymanagement, assurance and metrics),包括"第 1 部分:一般探讨"(Part1:General ap - proach, ISO/IEC19796 - 1:2005)和"第 3 部分:参考方法和度量"(Part 3: Reference methdsand metrics, ISO/IEC19796 - 3:2009)。

二、电子课本与电子书包关键技术

(一)电子课本与电子书包关键技术研究现状

关键技术涉及电子书包的硬件、软件和内容等方面,其中硬件涉及学习终端,软件涉及虚拟学具和学习平台,内容涉及电子课本。因电子书包要构建一个有效应用环境,这样需要集成创新技术。在硬件终端方面,Jennifer Colegrove 分析了触摸屏、电纸书和 OLED 显示技术;胡海明提出了系统服务实现的框架与方法及学习中心与客户端的设计方法。在电子课文方面,James M. Laffey 运用 3D 虚拟学习技术与整合教学目标的游戏机制与策略,讨论了面向基于 3D VLE 与教育游戏的电子课本 2.0 的框架之潜力,使学习变得可视化与可分析;Tore Hoel 建构了一种框架模型用以协调学习、教育与培训中的电子课本的需求与形式设计,即国际利益相关者的立场与背景概括框架。

在设计开发方面,基于已有标准(顾小清等,2011)、用户体验(左美丽等,2012)、嵌入式 Linux(陈雷等,2008)、ACE(罗威等,2012)、S3C2410(杜军,2010)等不同的角度对电子课本与电子书包进行设计、开发与研究。还有,互动式电子本学习系统研究(Heather Moorefield - Lang,2013)和设计开发(Yueh - Min Huang 等,2012;Bryce Jassmond,2013;Cheolil Lim,2011)。

在软件版权保护方面,大部分学者主要是从电子课本与电子书包在使用过程中遇到的问题出发,探讨保护版权所有者等利益相关者的策略和技术。其中,Meredith Morris - babb 等(2012)在调查当前教材使用情况的前提下,对开放访问教材即电子版教材的版权作出了评论;英国联合信息系统(Joint Information Systems Committee, JISC)的"国家电子书观测站项目"(National E - Books Observatory Project)研究了相关版权问题,并给出了建议和策略;葛鑫分析了电子课本在数字版权管理方面的特殊需求,并基于 Marlin DRM 技术针对性的设计了一套 DRM 解决方案。以上这些技术可根据其解决的问题分为电子书包终端技术、电子书包内容技术、电子书包应用软件技术以及电子书包服务平台技术。

目前还缺乏系统性研究电子书包的关键技术。

(二)电子书包终端关键技术

1. 终端显示技术

终端显示技术的任务是根据人的心理和生理特点,采用适当的方法改变光的强弱、光的波长(即颜色)和光的其他特征,组成不同形式的视觉信息呈现给学习者。目前,电子书包显示技术可根据设备是否自身发光分为两类:发散型显示设备和反射型显示设备。发散型显示设备主要包括 LCD 和 CRT 等,其耗电量较高,长期使用容易眼疲劳。反射型显示设备主要为电子纸技术,其显示效果完全可以媲美普通纸质印刷品,但是在彩色及视频动画显示方面有很大的不足。理想的电子书包显示技术应该具有不伤视力、坚固耐摔、低能耗、低成本等特点,支持彩色和多媒体播放,并具有较高的阅读体验。未来的新型显示技术将趋向于显示质量不断提高、分辨率增加、显示更加逼真,透明显示、柔性显示技术将不断涌现。新型显示技术在健康、绿色、环保、舒适度等方面将得到较高提升,立体显示技术应用探索将突破。可穿戴式设备可能将成为电子书包终端的选择之一。因此,电子书包的显示技术影响学习者在不同学习环境学习中的学习,其作为整个系统的关键技术亟须突破。

2. 电池技术

电子书包的一个重要应用情景是课堂学习,其学习持续时间较长。为保障学习活动的正常进行,电子书包电池的续航能力是电子书包的一个重要性能指标。围绕续航能力、安全性的提高,电池技术采用了节能处理器、软件算法等;同时适应可穿戴式设备的快速发展,阶梯式电池技术使得电池续航时间更长,电池还可以制作出各种形状。因此,大容量、轻便、低成本的电池技术对于电子书包应用是一个极其重要的关键技术。

3. 人机交互技术

学习终端界面满足学习者学习需求和特征,如针对不同年龄,学习终端的界面尺寸不同,学前儿童的、小学生的、初中学生的、高中学生的不一样。人机交互技术旨在让电子书包拥有更好的用户体验。包括未来显示技术、多模态交互技术。未来一段时间，手势识别、体感识别技术将趋于成熟，语音识别辨识率会进一步提高，传感器性能也会不断提高。这些对于人机交互的智能化、界面的时尚化、节能环保护化、通讯网络化、平台嵌入化具有积极的作用。从目前来看，电子书包的人机交互技术还属于传感技术、语音识别等技术的应用创新阶段。随着语音识别、图像识别、多点触控技术的应用，传统交互手段使用感受将大大提升，未来在某些高端应用的电子书包终端上会实现体感识别等新技术应用。

4. 泛在互联技术

电子书包系统的大量活动与服务均需通过网络来完成，例如，课堂作业的发放、小组协作活动的组织等，为了使教学活动能够正常、顺利地进行，电子书包系统要求其应用环境中网络环境必须能在高负荷、高并发下稳定地运行。电子书包系统被要求可以接入Wi-Fi、WiMAX、GPS信号以及具备可以接收广播电视的特性，甚至可以实现不同设备和不同网络之间的无线无缝对接。这种多网络融合的特性很大程度上需要基础设施的支持以及标准的统一。这种多网络融合的技术应用需要与相应的管理结合在一起。互联技术的发展要充分满足电子书包产品移动互联化的要求。关键技术要求包括支持高清、无损多媒体数据传输接口，多种无线传输技术实现商用，支持蓝牙、红外等数据无传输技术，支持毫米波、E-band、可见光、太赫兹等新技术应用。此外，随着无线网络和标准的发展，电子书包相关产品研制要支持无线局域网/无线个域网的技术应用，支持3G、4G网络技术与标准的普及应用。

(三)电子课本内容关键技术

1. 内容格式及其配套软件

在电子书包中显示的电子课本必定需要按照一定的规则进行编辑和组织，这种规则即电子课本内容格式。一套合理、规范的电子课本内容格式对电子课本的制作和使用非常有利。

参考借鉴国外Epub3.0等电子课本内容解决方案，考虑国内市场已有技术与产品的格式应用，遵循国家的版式、流式等格式标准要求，针对电子课本内容的特点构建信息模型，提出格式选择与兼容等技术方案对于应用推广的指导规范具有积极意义。

电子课本著作工具和阅读器是重要技术工具，影响着内容格式标准应用和推广。

2. 数字版权保护

数字版权管理(Digital Rights Management)指的是出版者用来控制被保护对象的使用权的一些技术，这些技术保护的有数字化内容(例如：软件、音乐、电影)、硬件，以及处理数字化产品的某个实例的使用限制。数字版权管理是针对网络环境下的数字媒体版权保护而提出的一种新技术，一般具有数字媒体加密、阻止非法内容注册、用户环境检测、用户行为监控、认证机制，以及付费机制和存储管理六大功能。

电子课本与电子书包系统，要对电子课本内容进行数字版权保护，但目前版权专利技术基本掌握在国外公司手中，需寻求合适版权技术，其技术标准可采纳CELTS-31(数字版权保护)和CELTS-32(数字权利描述语言)。

3. 内容的设备自适应

电子课本内容的设备自适应指的是电子课本内容在不同厂商、不同型号电子书包终端上均能完整、自然地显示学习内容。这里的设备自适应并不仅仅包括电子课本内容在不同尺寸屏幕上显示的大小自适应，还包括内容组织以及显示的学习内容均需根据设备不同而进行调整。例如，在不能播放flash的设备上，电子课本内容应能自动调整为其他格式的媒体内容等。

4. 知识组织技术

电子课本发展面临着支持非正式学习形态，满足泛在学习需求，支持学习资源群建共享的挑战。为此基于电子课本的知识组织技术需要支持可扩展、可优化、基于语义或者本体聚合、自跟踪、智能化等能力，需要标准化、微型化、网状关联以及相关模型工具的支持。

基于电子课本的知识组织技术是在系统化、模型化、标准化思路下推动的，对于数据资源采集、数字资源特征提取、数字资源重组、数字资源质量与治理，数字资源隐私安全等都将提出相应的技术支持。此外，需要考虑针对不同学科内容的知识如何在电子课本中表达。

5. 知识呈现技术

电子课本知识呈现技术需要具备广泛兼容数据化资源格式并支持友好交互行为。数字学习资源形态的格式属性是多样化的，特别是在云服务与大数据环境下，与学习者和学习需求相关的数字资源内容格式与多种形态的数字资源都将在电子课本主题下进行呈现，为此知识呈现技术要对格式具有充分的兼容性、聚合性。另外一方面,由于移动智能终端的发展,可穿戴设备的创新应用,对于内容呈现的友好性、个性化,对于教育领域的交互性,出版领域的书签、标注,信息技术领域的容错性等都提出了更高的质量要求,这些都需要知识呈现技术予以解决。此外,还要考虑针对不同学科内容的知识如何在电子课本中呈现。

6. 内容包装技术

IMS、SCORM 标准与技术解决方案是当前电子课本与电子书包内容封装技术应用的基础。此外,我国也针对自身教育领域的实际特点,规划提出了相应的标准。其中学习资源相关标准与技术,包括了学习对象元数据、学习对象元数据 XML 绑定、内容包装/内容包装 XML 绑定等技术,这是国内电子课本内容包装技术发展的依据和基础。

7. 编列技术

编列技术是将电子课本的内容及各知识点排列的先后顺序,特别是学习者访问和操作所呈现先后顺序,有先后、条件、跳转等顺序。其中,CELTS、ISO/IEC JTC1 SC36、IMS、SCORM 标准都有编列技术标准,支持个性化学习和自主学习。

(四)虚拟学具关键技术

虚拟学具包括分类、描述、装配、聚合和测评等内容。有通用和支持学科的虚拟学具之分。

1. 虚拟学具分类与描述技术

分类是一套科学、系统、实用性强的虚拟学具分类框架。为了对虚拟学具的快速定位和系统管理,同时从分类空间中发现当前虚拟学具发展的薄弱区域从而加以引导。描述技术的定义是一个通用的信息模型对虚拟学具进行科学、有效地描述。好的信息模型可保证虚拟学具元数据的绑定之间有较高程度的语义互操作性,所包含的特征数据能最大限度支持对虚拟学具的选择、获取、使用和评估。可分别从基本层次、学习层次和扩展层次来描述。

2. 虚拟学具的聚合技术

虚拟学具应当聚合或整合到电子书包系统中。由于不同的虚拟学具开发者在软件开发过程中遵循着不同的技术规范和标准,因此在装配到电子书包系统中时,就要制定统一的标准规范,来规定虚拟学具与电子书包系统的聚合方式。聚合主要解决的是电子书包系统平台与学具之间的调用和整合问题,同时提供学具之间的调用服务。聚合规范旨在为电子书包系统建立第三方信用机制,但仅限于提供基本的信用机制和信任传递的服务。建立关联的两个学具之间调用时应遵循的编码规则、通信机制和技术细节不在本规范的研究范围之内。

3. 虚拟学具的聚合与装配技术

电子书包中虚拟学具采用灵活的三级配置模式,遵循"核心——可选——扩展"的模式,即核心学具集、可选学具集和扩展学具集。三级配置模式能够在保证基本学习需求的同时,为教育者和受教育者更好地完成教学与学习活动提供弹性空间,能够根据不同的教学活动、不同学生的学习特征进行灵活地配置虚拟学具集。核心学具集稳定性最强,弹性空间最低,适宜所有同学段、同学科的教学和学习活动。可选学具集的配置因学习活动不同而不同,具有一定的弹性空间。扩展学具集配置因学习者而异,弹性空间最大。

4. 虚拟学具测评技术

对虚拟学具的认定与评价,其核心内容包括两部分:一是对虚拟学具的分类定位,二是对虚拟学具的可用性测试。

(五)电子书包平台服务关键技术

1. 云服务教育支撑技术

云计算(Cloud Computing),是一种基于互联网的计算方式。云计算模式可以最大限度地共享软硬件资源,可以按照需求提出集中式的计算资源服务、存储资源服务。教育云服务支撑是电子书包平台服务的关键。服务平台、终端智能化等发展对于电子书包平台服务的交付、使用、扩展等模式带来创新性的变化,通过互联网提供动态易扩展个性化的教育学习资源服务成为发展趋势,Dropbox 网盘、Google Driver 网盘都是比较好的尝试和探索。各地区在强化基础设施以支持一对一学习和自带设备项目的同时,也通过云计算,方便师生使用任何设备访问该区的资源。以减轻教师的工作负担;在消减书面作业的同时,教师还能通过任何设备,更加便捷、安全地跟踪学生的进度以及相关的数据。

2. 学习分析技术

学习分析技术是利用"大数据"的方法对学习者的学习数据进行分析,以设计更完善的教学法,锁定学习困难的学生,并对各种教育项目的效果进行评估。学习分析的结论,无论是对教育立法者来说,还是对教育管理者来说,都具有重要的意义。学习分析的一个基础条件是要有大量的学习数据,将学习分析技术用于电子课本与电子书包系统中,可以快速解决这个问题——在电子书包服务平台中,有着大量的学习数据可供分析。同时,根据学习分析的结果,电子书包服务平台可以快速地调整其提供的内容与服务,提高服务质量。因此,学习分析技术是电子书包服务平台的一项基础、核心的关键技术。

3. 数据挖掘技术

围绕网络环境下,教育学习环境相关角色与学习行为,数据挖掘与大数据技术将得到较快发展与应用。大数据环境下,对于教育行为与角色多媒体,多模态数据的特征描述、提取、建模等技术将得到创新发展与应用。未来10—15年,新一代数据分析技术将得到突破应用。数据服务模式清晰,教育领域隐私保护与数据安全技术与标准发展将保障教育领域的数据服务。

4. 个人知识管理

电子书包具有个人知识管理功能。支持电子书包的学习管理和学习内容管理,也需要适应和遵循当前学习管理习惯,以及相关的特殊领域学习管理规则中的重要信息系统功能支持。同时,根据电子书和课本的放置形式,构成数字化的个人书架和图书馆。支持电子书包的管理系统设计不仅需要综合考虑电子书包学习模式的新特性,也要考虑优化整合传统学习管理的特点,还需要根据不同的受众和教育学习领域,面向学习服务实现安全化、合规化和市场化(按学习服务付费)等功能。

(六)电子书包集成创新技术

Marcia Mardis and Nancy Everhart(2013)指出,电子课本能够提升技术集成,电子书包系统能通过一定集成创新构建合适的学习环境。

1. 学习环境集成技术

电子书包在具体的个人学习环境、班级学习环境和社会学习环境中应用,需要相关技术支撑这些环境。基于电子书包系统,涉及个人知识管理、知识地图、协作技术、学习分析等技术,这些技术有效集成相关电子课本与电子书包的软硬件设备,构建相关的学习环境。

2. 交换接口技术

电子课本与电子书包交换技术包括了电子课本的数据交换以及电子书包的接口规范等技术,是实现不同平台、不同领域资源进行互联互通的关键技术,也是实现教育数据资源开放共享的重要手段。电子课本数据交换技术主要涉及有关内容的数据元素格式、元数据要求、信息模型等相关内容。电子书包主要涉及业务系统交换的文件、硬件等接口技术。可利用教育软件工程和教育软件可用性测试,在关键技术和标准基础上开发教育产品。

三、电子课本与电子书包应用创新

(一)电子课本与电子书包应用及研究现状

吴永和等(2013)分析了电子课本与电子书包在幼儿园、中小学、大学的应用情况,其中幼儿教育为以数字故事研究为主,中小学应用为试点范围逐步扩大,大学应用为以技术性学科为代表的多个学科领域。李晓庆等(2013)对两岸三地电子书包在应用学科、发挥角色、学科结合点、协同媒介、教学模式、面临挑战等各方面进行了对比分析,提出了电子书包应用应该明确目的,物尽其用,抓住时机,从需求出发等解决方案。张德成对中美电子课本学习资源进行了比较。

教育深入融合,一个创新教学理念正扩散,一项创新学习技术正在普及,电子书包与电子课本将会在推动教育变革的过程中发挥重要影响。顾小清等(2013)认为电子课本支持教学方式变革。倪闵景指出上海在数字化课程环境建设已完成三大基础性工作与三大技术突破,并强调四类数据对基础教育变革的重要作用。沈书生在对翻转课堂使用视频进行特征分析基础上,提出了一种基于电子书包支持的翻转课堂教学模式。电子课本与电子书包在语文、数学、英语中的应用模式探讨也引起了广大学者的普遍关注。如张文兰对基于电子书包的小学数学教学模式进行了研究,并探讨了具体数学学科教学模式的应用成效。郑娟、白若微、刘妍学者根据电子书包的教学应用特性,先后分别对小学英语电子书包教学应用进行了分析,构建了电子书包环境下小学英语自主学习模型,探究了电子书包在小学英语教学中应用的有效策略;同时通过对比网络平台教学的活动设计和网络平台序列化学习活动设计,总结出小学英语电子课本中的学习活动设计模式。刘艳斐设计了探究式学习在小学语文中的应用。

在实践平台应用方面,如何使新技术促进教与学本质变化,即电子书包的实践应用引起了众多学者的关注。如张义兵基于台湾澔奇学习平台,对小学作文教学进行试验,考察了在电子书包平台下创新学习的变化。田晓蒙以 e-Book 平台的小学英语电子书为例提出了一种以实现个性化教学为主的推荐机制。何文涛将电子课本的应用推广到班级管理、家庭教育、教师教研培训及微学习等教育领域,以促进电子课本的完善及教与学方式的变革。

Wilfred W. Fong（2011）将电子书作为 Classroom3.0 中主体设备和环境。Marcia Mardis and Nancy Everhart 指出电子课本支持 21 世纪学习者提升技术的集成。张新明学者运用云计算机技术将电子书包的服务系统、教学资源和虚拟学具等架构于云端，允许学习者按需调用学习内容、学习服务和学习工具，构建个人学习环境。

文化与学习者的差异、教学环境的需求、学生的使用、教学模式等方面的问题将影响电子课本与电子书包应用；而应用是其核心，应用创新将有效推动应用，创新涉及基于其技术标准开发相关的产品、工具和平台。

（二）教育创新途径

教育技术需要探寻自身本质规律，使用恰当的技术进行设计，创造，探索和创新教育，需要"教育制造"产品，需要设计"教育技术"，需要更高层面的集成创新。电子书包的教育创新路径通过对学习者的需求分析和研究，攻关其关键技术和研制标准规范，进行技术创新，再教育设计；设计开发电子书包的教育产品，并考虑其在教育应用中的业态模式，通过教学设计将合适产品应用到教育中，开展教育应用创新，通过反馈新

的教育需求；再是新一轮的技术创新、产业创新和教育应用创新。教育创新路径如图 2 所示。

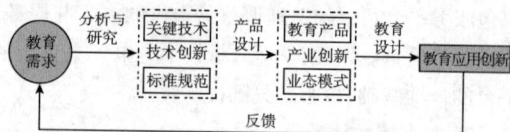

图 2　电子书包的教育创新路径

构建满足个人学习、班级学习和社会学习模型的"全"学习生态环境，以有效融通个人学习环境、班级学习环境和社会学习环境。这一新型环境需要相应教育产品来支撑，包括电子课本（学生使用的学本和教师使用的教本）、虚拟学具（学生用的虚拟学具和教师用的虚拟教具）、学习终端（学生终端和教师终端）和服务平台（分别提供学生和教师的服务）。如表 2 所示，在三个不同学习环境中，学生和教师所需要不同的书包配置。该生态环境拓展了教与学的时空，教与学可以互相融通于课前、课中和课后整个教学与学习环节，涉及个人空间、班级空间和社会家庭空间的全方位学习空间，支持不同时空的多样学习方式（如个性化学习、小组合作学习、班级差异化学习、网众社会化学习，泛在学习、入境学习、个性学习、群智学习等）。这样就需要集成创新和教育应用创新。

表 2　数字化学习环境构成

个人学习环境				班级学习环境				社会学习环境			
终端	课本	工具	平台	终端	课本	工具	平台	终端	课本	工具	平台
学生终端	学本	个人学具	个人平台	学生终端	学本	个人及班级学具	公共平台	学生终端	学本	个人及社会学具	公共平台
教师终端	教本	个人教具	个人平台	教师终端	教本	个人及班级教具	公共平台	教师终端	教本	个人及社会教具	公共平台

在全生态系统中，电子课本与电子书包系统是一个智能学习系统，分别作为学校学习环境、家庭学习环境和社会学习环境，与人类社会三大教育系统（学校教育系统、家庭教育系统和社会教育系统）有机连通，同时汇入正规学习与非正规学习、正式学习与非正式学习，拓展了教育的时空，实现了全社会教育资源的有效互补和共享。

（三）产业发展创新

进行教育技术设计，包括教育产品创新和业态模式的创新，将电子书包放入到智能教室和智慧校园环境之中。

1. 教育产品创新

虽然教育产品的形式也在不断地变化，但产品始终涉及硬件、软件和内容。

（1）学习终端。从平板电脑、智能手机等产品初步演化满足数字化学习需求的学习终端——电子书包，这些终端比日常应用的设备要求更高些。

（2）教育类应用程序。需要开发软件有电子课本的阅读器、虚拟学具和相关学习服务软件。其中电子课本的阅读器，支持各种内容电子课本和相关学习资源。虚拟学具是多种工具集，从使用对象角度可分为学具和教具，从学习环境层面可分为个人工具集、班级工具集和社会学习工具集，从学科层面，可分为公共工具集和学科工具集。学习服务软件能够与电

子书包无缝对接,提供一些学校服务功能。2013年4月,148Apps网站的报告称,在苹果公司iTunes所有下载分类中,教育类应用程序的下载排行第二,其人气超过了娱乐和商业应用程序。

由此可见,教育类应用程序的需求是非常巨大的。在电子课本与电子书包系统中,由于其针对性更强,对用户的定位更加准确,相信会有更多的开发者为电子课本与电子书包系统提供教育类应用程序。

(3)数字内容的创新。电子课本的特性决定了在电子课本与电子书包系统中,教育内容将同传统教学有着巨大的差别。首先,学习内容的形式变得更加多样化,是一富媒体,可以包括声音、文字、动画、视频,甚至是游戏等;其次,教育内容的组织形式也将改变,同样的课本内容,在教学对象不同时,可以呈现出不同的结构,甚至能针对学习者的实际情况突出某些内容;最后,教育内容的制作与更新将变得更加简单,从而确保学习者能够随时接收最新的知识。

研制内容微件,如小黑板、地球仪等,这些微件作为公共小的工具组件,支持多种学习活动。

2.业态模式的创新

在电子课本与电子书包产业链条中涉及的利益相关方有教育主管部门、平台运营机构、硬件设备厂商、学习内容提供商、学习服务提供商,以及广大教师和学生等终端用户。

其中,教育主管部门为平台的有效运行提供政策支持,是整个系统运行的监管者;平台运营机构为其他利益相关者提供技术服务支持,负责整个平台的稳定运行;学习内容提供商为平台提供各类学习内容,并从学习内容销售中获取经济效益,是学习内容的生产者,包括出版社、资源制作公司,甚至是个人;学习

服务提供商为平台提供各种教育创新应用服务,提供增值服务,例如各类教育应用程序及工具;广大教师学生是学习内容以及各种学习服务的消费者,其通过平台购买需要的教育资源以及教育服务,提升教学质量。这样就形成了一个集生产者、消费者、监管者于一体的良性的商业模式。提供教育的第三方服务,企业将提供优质教育支撑服务。

(四)教育应用的创新

1.教育环境集成创新

构建满足个人学习环境、班级学习环境和社会学习环境,在关键技术、标准、终端、内容、工具、平台等进行集成创新,使得电子书包无缝融入各个学习环境之中。

2.教与学模式的创新

电子书包系统提供了一个教与学的创新平台,支持个性化学习、小组合作学习、班级差异化学习、网众社会化学习,泛在学习、入境学习、自主学习、群智学习等多种学习方式,教师的教和学生的学在该平台上进行创新。

3.教学评价的创新

因新的平台所提供的智能工具以及学习分析技术的应用,对教与学的跟踪分析贯穿整个过程,进行及时、准确的评估反馈。

(五)教育理论创新

由于新环境、新工具、新内容的应用,将形成新的教育(技术)范式,从而催生智慧教育、数字化学习等新理论。

(作者单位:华东师范大学 上海数字化教育装备工程技术研究中心 中国电子技术标准化研究院)

摘编自《华东师范大学学报(自然科学版)》2014年第2期

电子课本国际标准的发展与追踪调研

许 哲 顾小清

一、研究方法与过程

(一)研究对象

在线调研问卷的主要对象是电子课本标准的直接利益相关团体,如出版社、企业、标准组织等。因为用户的背景资料对数据的采集非常关键,因此,问卷召集的过程中,对用户群体进行了筛选。

（二）研究方法

本研究采用定量研究与定性研究相结合的方法展开：针对特定群体，以在线问卷调研的形式了解用户对电子课本标准的需求；通过访谈、样例征集获得现有电子课本中所实现了或已经关注的功能和技术，并对细节问题进行深度挖掘，以发现问卷调研所忽视或无法涵盖的内容。研究通过混合的研究方式，从不同的侧面、用不同的方法相互印证，使定量研究与定性研究互为补充、互相支持。需要特别说明的是，作为 SC36 第 22 届会议后样例征集的延续和深入，本研究将前期全球范围内所收集的样例和访谈也纳入了本次调研体系。

（三）调研框架设计

本次调研横跨了数字化出版和数字化学习两个领域。鉴于当前全球对电子课本的认知和应用均立足于本国实情，该项工作由 ISO/IEC JTC1/SC36 和 CEN WS/LT（欧洲标准组织学习技术工作组）紧密合作，共同确定了一个全球范围通用的电子课本需求调研。经过多国专家协商，共同确立的电子课本调研框架如表1所示。

表1　电子课本调研框架

调研部分	说　明
用户技术背景	了解用户在出版、学习、教育和培训领域相关技术标准的基本状况，根据用户的技术背景进行具体调研项目
基础技术需求	电子课本标准的研制建立在已有的内容标准上，电子课本标准会根据需求来使用已有标准。基础标准应能为电子课本新标准的建立提供框架、指导或基础，它将在所有的电子课本项目实施中进行强制性使用。
关键需求调研	除了"基本"标准可以实现满足的需求外，确定四类需要解决的关键教育特定需求。包括： （1）教育特定元数据。为电子课本添加合适的元数据，使其能在教育环境中管理和分发。 （2）注释。电子课本具备注释功能，教师和学生可以在课文中创建笔记，并将其保存在课本中，使其能为个人学习所用或者与他人分享笔记。 （3）重组和重序。教师和学生必须能对电子课本的内容进行重组，并使用这些具有学习序列和教学设计的内容。学习序列和教学设计由外部工具和第三方规范创建。只能在原出版者允许的范围内对内容进行"分块"（或"组块"）。 （4）交互性和学习支持。电子课本必须具有交互性要素，能与本地管理服务进行数据交互。（例如，根据当前学习情境排列活动，向学习管理系统（LMS）或学习记录存储库（LRS）报告学习结果）。
数字版权调研	（1）使用权利描述语言（REL）描述版权。 （2）使用数字版权管理（DRM）系统进行版权保护。

（四）数据处理方式

数据采集基于国外在线调研系统 SurveyGizmo，以在线调研方式获取数据，为特定群体提供统一入口：http://etextbook-standard.info/，且英语、法语、中文、韩语和日语五个版本同步进行调研。此外，研究者在问卷中基于用户的背景进行二次筛选，从而保证所获取的数据能够真实反映出切实需求。问卷里关于倾向性的调研题项采用李克特量表（Likert Scale）的方式进行，每一陈述项包括程度限定词"肯定"、"很可能"、"可能"、"肯定不"四个级别的应答以及"不知道"选项，但对调查结果的统计只包括了前四项有程度限定的实质性应答，且分别以 3、2、1、0 进行标记。对调研子项的应答率（Response Level）和整体认同程度（Ranking）进行计算的公式如下：

$$Response\ Level = \frac{n(o1) + n(o2) + n(o3) + n(o4)}{样本数}$$

$$Ranking = \frac{3n(o1) + 2n(o2) + n(o3)}{3(n(o1) + n(o2) + n(o3) + n(o4))}$$

其中 n(o1)、n(o2)、n(o3)、n(o4) 分别对应样本中对某子项"肯定"、"很可能"、"可能"、"肯定不"四个程度应答的总数，所计算出的整体评价 Ranking 的值域为[0,1]。调研结果主要以图形和表格的形式进行呈现。Response Level 在图中以实线绘制,表示每一个子项的整体评价;虚线表示题目每一子项的应答指数,即完成调研的人提供实质性应答的比例。不具备实质性应答是指:(1)人为跳过该题,(2)回答"不知道",(3)自动跳过该题。此外,如果同一问题在不同部分出现,当应答者的选项变动,说明很大程度上其真实选项是"不知道"。

二、调查结果与分析

本次调研共回收有效问卷 119 份,所涉样本的技术背景分布如图 1 所示。其中,108 个样本对所归属的组织做出了回应,25% 的成员代表了一个组织,30% 的成员属于一个组织但不代表其所在组织,45% 的成员表示调研结果仅代表其个人观点。另外,不同语种的问卷回收状况为:英语 31 份、法语 21 份、中文 17 份、韩语 9 份、日语 41 份。

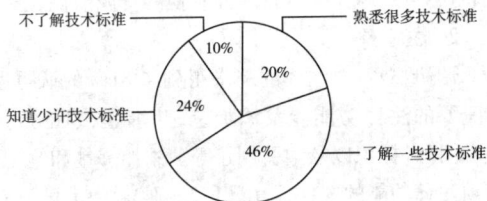

图 1 技术背景分布

(一)样本所属组织信息

样本所属的组织分布如图 2,其中典型组织有:学习技术标准委员会(IEEE LTSC)、国际数字出版论坛(IDPF)、多媒体数字无障碍信息系统联盟(DAISY Consortium)、芬兰于韦斯屈莱大学(University of Jyväskylä)、LETSI 基金会(Learning, Education, Training, System Interoperability)、布鲁内尔大学(Brunel University)、苏格兰学历管理委员会(SQA HND)、英国霍德教育出版社(Hodder Education Group)、霍兹布林克出版集团(Verlagsgruppe Georg von Holtzbrinck)、培生教育出版有限公司(Pearson Education Group)等。其中,33 个产业界代表参与了所提供产品类型的调研,最常见的产品类型依次是(见图 3):在线学习内容(26/33)、电子课本(25/33)、其他在线内容(25/33);较为常见的产品类型是:产品交互式内容(问答、测试、游戏等)、学习管理系统、纸质课本。

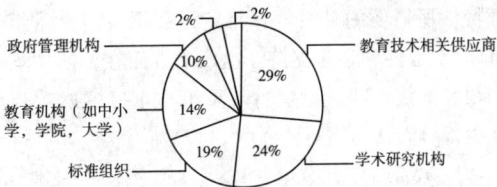

图 2 所属组织分布

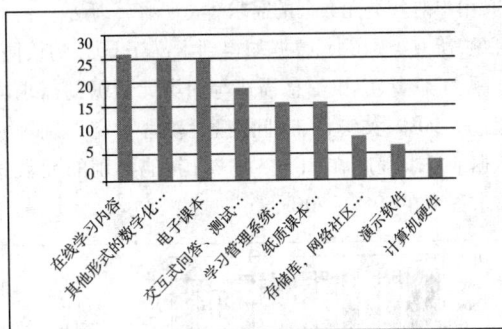

图 3 产品服务类型

(二)基础技术需求

在对基础技术标准的调查中,各技术标准的应答率与认同程度如图 4。其中,应答率最高的是 HTML5(89%),认同程度最高的是 EPUB3(72%)。此外,应答率较高的还有 XML、PDF、XHTML 等;认同程度较高的还有 HTML5、XML、IMS Content Packaging 等。

在内容规范方面,紧跟在 EPUB3 之后的是 IMS Content Packaging(54.2%)和 PDF(53.6%),可见 IMS CP 与 PDF 在认同率上几近持平,但是其应答率差异较大,分别是 54% 和 86%。这可能是因为用户对 PDF 的熟悉程度大于 IMS CP 所致。另外,认为"肯定不能"成为基础技术标准方面,PDF 的程度高于 IMS CP。其他的技术标准,如 EPVB2、DocBook、DITA 和 S1000D 的认同率均比较低。

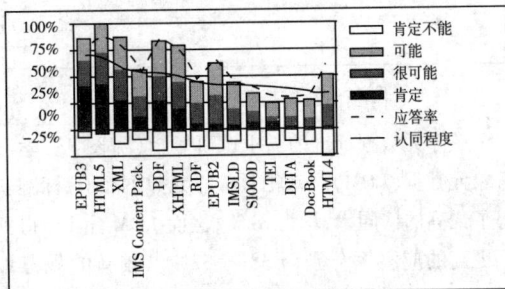

图 4 基础技术标准

(三)电子课本关键需求的调研

电子课本国际标准的研制者认为,基于基本的电子书标准,有四个方面的关键需求是反映电子课本教育特性所需要的,即:教育特定元数据、注释、重组与重序、交互性和学习支持。这四个方面在调研中均得到很高的接受度,但是注释、重组与重序这两项也有极少部分人认为不重要。

1. 教育特定元数据

教育特定元数据在需求调研中被认为是最重要的,用户对各类元数据的需求程度如图5所示。由图可见,所有类别的元数据均得到了高于60%的认同;标题、贡献者、版权信息描述等四类元数据的需求均超过了90%;关键词、访问信息、教育特定类别等元数据的需求程度在71% ~ 81%;其他类别的元数据需求程度在60% ~ 70%。

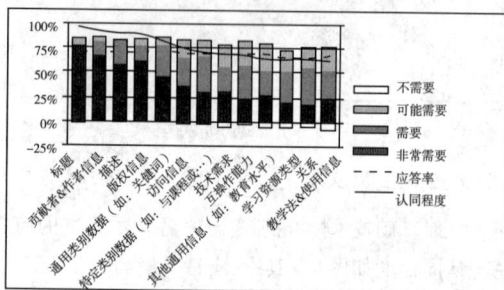

图5 教育特定元数需求

在调研中,用户还提出了一些问卷中未涉及到的元数据需求,如图6所示。但是这些需求用户的应答率介于30% ~ 40%,这种较低的应答率可能与用户的技术背景相关。

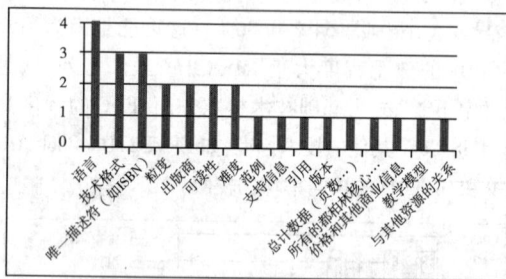

图6 教育特定元数据需求

关于元数据标准的需求调研显示(见图7),学习对象元数据(LOM)和都柏林核心元数据(DC)标准获得了最高的认同率,均为81%,然而LOM比DC得到了更高的应答率分别为38%、32%。较新的规范如Schema. org的学习资源元数据项目(LRMI)和ISO/IEC JTC1 SC36的学习资源元数据(MLR)均获得了较低的认同率和应答率。

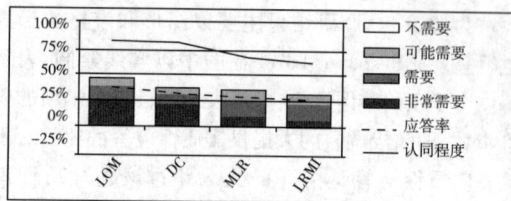

图7 元数据标准的需求

由调研可知:电子课本应该采用一种通用格式来呈现最为普遍需要的元数据字段;非教育特定的元数据需要尽可能地与通用实践相符合,以免造成市场上的混乱;元数据拓展机制需要支持新的教育特定元数据类型以及其他特定元数据。总的来讲,元数据的特定需要可以归结为:支持访问的元数据、将内容与课程相对应的元数据、支持交互和学习支持的技术条件描述。实质上,在后续的研究中,笔者团队以 Dublin Core 元数据和 LOM 元数据为基础进行电子课本元数据设计,以降低电子课本包装兼容电子书资源时的格式转换难度,减少元数据相互转换的资源消耗。

2. 注 释

调研显示:对注释的需求得到了81%的认可度,最重要的注释功能涉及添加笔记、书签、超链接、高亮、注释者标识以及索引创建等。添加书签和笔记这两项注释功能的支持程度最高,分别为91%、90%;其次是文本高亮(82%)和添加超链接(77%);注释者标识和标注索引的创建支持程度最低,分别为67%和64%,可见这两项更有可能作为可选项而不是核心功能。

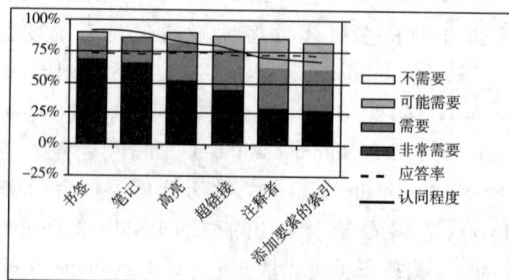

图8 注释功能的需求

当问及用户所认为的基本标准(如 EPUB3 等)对这些注释功能的支持程度时,回应者中只有17%的用户认为已有的基础标准可以对这些注释进行全面的支持,60%的用户认为能够部分支持注释功能,29%的用户表示不能适当支持。调研结果反映出用户对基本注释功能的普遍需求,而且在一定程度上,已有的电子书规范已经对部分注释行为有所支持。

在调研中,参与者也提出了一些不在调研项目之列的拓展功能需求,如注释的标准化格式、注释的导入/导出/分享/持久化处理、注释与外部应用或工具实体的连接、注释版本管理、注释可见性和权限设置等等。

3. 重组与重序

在四项需求的调研中,重组与重序的支持程度最低。重组与重序所提供的各类功能调研中(见表2),获得最强支持的是内容块的定义(74%),其他选项均介于60%~70%。有少量人认为一些功能完全不需要,包括:重设样式;重组内容以生成新的课本;禁止或隐藏部分内容;内容的编辑、剪切、粘贴等。对用户是否可以编辑、重设样式或重组内容的态度可能反映了商业出版中所关心的问题,即出版商需要对品牌、公司和作者的知识产权有所保护的问题。

表2 重组与重序的需求

功能	应答率	认同程度
容许定义内容块,可以被外部系统和第三方规范引用	70%	74%
对一个教学过程或学习设计中的交互元素进行椿序	75%	72%
电子课本中对不同部分进行重新排序	75%	70%
将新的部分添加到当前电子课本中	72%	69%
对内容进行重新编辑和组合.如通过剪切,粘贴操作	71%	67%
将电子课本的不同部分设置为禁用或隐藏	71%	67%
应用不同的样式来改变呈现形式	50%	63%
将不同部分重组成新的、复合的电子课本	48%	63%
整合教学设计为课本的一部分	45%	60%

在交互学习环境下,学习活动的序列要通过学习设计来反映。根据特定学习目标、学生特征以及学习环境的特点,用于支持教学过程的电子课本也是具有很大不同的。因此,很多用户认为内容重组非常重要,认为它既能支持灵活的教学,又能支持资源的灵活使用。电子课本内容的重组更是如此。在此功能支持下,教师可以通过电子课本,改变内容块的序列,为原始出版商提供的标准化内容增加新的内容以辅助教学,在原始出版商提供的材料基础上生成新的课本。而对内容进行重组与重列的过程既可以通过教师、学生或其他用户手动组合,也可以通过相应的软件进行自动化生成。

但是,也有一些回应者对此持谨慎态度。他们认为内容重组对商业领域相关者可能不具有吸引力,这将使得版权保护的问题变得更为复杂。此外,它还可能破坏学习目标的一致性和连贯性,因为任何学习顺序的改变或者重序都可能对学习结果产生一定影响。而获得广泛支持的内容块功能,表明用户可以容许自己的内容以不同粒度被引用。它得电子课本的内容是"预备重组的"。这样既促进了未来规范的发展,同时也避免了在基本的电子课本标准中建立不必要的复杂性,或者引入强制性方案。回应者强调:用户所提供的"内容块"也需要绑定相应的版权信息,同时有必要对一本书中不同内容块之间的关系进行表示,以保证重组过程中不会缺失这些基本的情境信息,如提供一套用以描述内容块间语义关系的机制,以构建有意义的内容聚合和重组等等。

4. 交互性和学习支持

用户对交互性和学习支持的需求应答率最高,其对各种需求的认同程度如表3所示。表3显示用户对交互性和学习支持功能子项的需求几乎都高于80%,可见应答者对电子课本中交互性和学习支持需求的重视。

表3 交互性和学习支持的需求

功能	应答率	认同程度
交互媒体(视频、音频、拖故等)	82%	86%
自动评估测验	82%	76%
连接外部学习工具(应用程序或在线服务)	82%	76%
连接外部活动(应用程序或在线服务)	81%	74%
学习活动或测验数据能自动提交到外部服务器	82%	71%

功能	应答率	认同程度
通过外部敷据服务,自动加载学习活动或测试	78%	71%
嵌入(组合)外部学习工具	81%	70%
自动更新内容(例如信息推送)	82%	68%
嵌入(组合)外部活动(游戏、模拟等)	81%	63%

应答者最为认可的交互性和学习支持类别是交互式媒体(86%),这是最为普遍的一种交互类别。其他认同程度在70%以上的交互类别有:自动评估测验、连接外部学习工具、连接外部活动等。

可见,回应者期望电子课本不仅提供页面中的交互,还支持与电子课本外部所提供的软件进行交互,并且能够向远程管理系统报告活动结果。

关于交互性和学习支持相关标准的调研发现,HTML5获得了82%的认同程度,ADL的Tin Can认同程度居其次(60%),其他认同程度超过50%的包括:IMS Common Cartridge(58%)、IMS LTI(56%)、SCORM 2004(55%)、IMS QTI 2.1(54%)和ADL SCORM 1.2(51%)。

部分用户认为电子课本的交互性和学习支持还需要一些其他功能,如视频会议、学习跟踪、屏幕共享、协作工作等。实质上这些功能均可以归入外部学习工具和服务。

(四)数字版权的需求

数字版权需求的调研中,版权保护的粒度取决于"重组和重序"中对内容"块"的设定。用户对权利描述方法的认同按从高到低分别为:"轻量级"许可协议集(如Creative Commons)(78%)、自由文本提示(65%)和功能完备的权利描述语言(57%)。

用户调研显示,认为权利描述应该支持标准元数据和Creative Commons的分别占78%和75%;应该支持正式权利描述语言ODRL和XrML的分别为64%和59%。

数字版权管理方案主要包括三类:第一,指定单一(可选的)系统,可以是轻量级的或全功能支持的;第二,采用一个开放方案,容许所有或部分系统;第三,禁止使用任何DRM。开放方案是最受欢迎的,其次是轻量级指定单一系统,只有个别用户认为应该禁止使用DRM。

在用户所倾向的数字版权管理系统方面,调研组提供了一系列常见的数字版权管理系统:Lektz、Fairplay、Barnes & Noble、Adept、OpenMobile Alliance、Adobe Content Server等。用户对此的回应率非常低,且没有一种数字管理系统得到较高的认同。

目前,我们还无法在中短期阶段提供一种标准化方式来实现版权保护管理,但是可以允许一些合适的DRM系统在将来的电子课本标准应用情境下使用。电子课本的版权保护,需要兼顾商业出版界、非赢利性资源提供方的知识产权,同时也需要确定适当的粒度以标记内容块的版权信息。有需求表示,SC36应该提供一个质量标准,以确保电子课本的购买者和用户能够明确作者、用户、出版者和其他相关用户的权责。同时,他们应该理解所采用的版权管理保护系统的含义所在。

(五)电子课本样例、访谈的结果

第二轮电子课本样例共回收22个样例,其中通过问卷回收了17个样例,通过学校访谈回收了5个应用实例;英文7个、中文7个、韩语5个、日语3个;概念化样例3个,具体化样例19个。与首轮样例分析无异,电子课本广泛应用于基础教育、高等教育、企业培训、终身学习等领域;其应用情境灵活多样,能够为各领域的学习提供支持;正规教育领域中的课堂教学依旧是各国最为典型的应用,欧洲相关国家力推将电子课本作为开放教育资源(OER)来满足终身教育的需求。首轮样例调研框架从典型应用、内容结构及教学功能角度进行了分析,(顾小清等,2012)第二轮的调研结果在这几个方面与前期分析相符。但是相比而言,第二轮样例在电子课本内容结构方面比较笼统,主要从内容块的重组性、内容可解聚、交互性、可访问性等几个方面进行简要说明,而对电子课本功能服务方面的描述较为具体。

第二轮样例侧重于对电子课本功能服务、相关技术和利益目标的描述。在功能方面,样例主要涉及的用户行为包括链接、高亮、标记、评论(公开的)、批注(及导出)、自定义学习路径、授权分享、内容隐藏、内容点击等。在服务方面,样例则包括了内容实时更新推送、与外部门户或LMS的整合、调用外部评价系统、学习过程跟踪及数据服务、内容个性化定制、跨终端同步(手机、平板、台式电脑)、第三方工具连接、SNS交互等。在所采用的技术方面,样例普遍涉及到IMS Common Cartridge、SCORM、IMS LTI、IMS QTI、

EPUB3、SMIL、W3C 微件规范、Flex Framework、HT-ML5、XMLI 等技术实现。在电子课本的利益目标方面,样例提及:电子课本内容的灵活呈现、个性化定制,以及通过评价系统提高学习结果;用户自定义学习路径,与社会学习相关联;作为分享知识/知识管理的方式;提供可以减少教师工作负荷的服务,促进高等教育的学与教和教师发展,促进开放教育资源发展;为学生预先体验大学课程提供机会,减少退学率等。

借助第20届计算机教育国际会议(ICCE2012),研究者与欧洲 CEN WS/LT 副主席 Tore Hoel 进行了交流。他作为欧洲 eTernity 项目的核心领导者之一,对中国电子课本的研究思路和产品非常认同,但认为电子课本的重组和版权非常棘手,如何实现这两者之间的平衡是目前电子课本迫切需要解决的问题,因为这是保持电子课本产业链的关键。他认为中国在电子课本的研究层次上具有前瞻性和挑战性,对欧洲 eTernity 项目有很大的借鉴意义。

三、讨论与应对

各国国情的不同使得其开展电子课本项目的出发点也不尽相同。国外很多应用实践的出发点是利用数字阅读所带来的便利降低教育成本,而本研究团队的出发点则是兼顾电子课本在数字阅读与数字学习领域的特性,在一个制高点上对电子课本的内涵和外延进行界定,并将其落实到技术实现和教学应用上,从长远视角促进其产学研发展。在这种"和而不同"的国际环境下,本项调研实质上在一定程度上反映了全球对电子课本的基本共识,既是了解现状需求的方式,又可作为未来发展的目标。同时,在国际标准的前期"技术报告"阶段,电子课本信息模型作为电子课本标准研究的核心,在国际投票中获得了认可,而后以此为依据展开了全球范围内电子课本国际标准的立项与研究。将这种国际需求上的共识与现有的电子课本信息模型进行对应,具有非常重要的讨论价值。这是中国代表在电子课本研究中保持核心地位、引导电子课本标准走向的基石。

(一)和而不同,典型项目以促发展

调研中,三股核心力量对电子课本标准的研究值得关注,分别是欧洲电子课本项目 eTernity、韩国 KERIS 数字课本项目、中国信标委组织的电子课本标准项目。这些力量涉及电子课本产学研各环节上的利益相关者,包括标准组织、出版社以及厂商等。

欧洲 eTernity 项目由 CEN 学习技术工作坊发起,将欧洲教育领域的各利益相关者联合在一起,基于特定的教育目标,为电子课本开发一个共同的愿景、框架和规范,规避当前数字内容市场上那种封闭纵向的解决方案,以促进欧洲电子课本市场和教育事业的发展。这是欧洲在应对中国、韩国在电子课本标准研究上的强大力量和欧洲数字教育出版上相对薄弱的声音而采取的行动,以迫使欧洲利益相关者在电子课本国际化进展中有所动作。该项目的目标在于:将电子课本作为提供交互式、适应性、个性化资源的一种方式,实现电子课本的教育需求,从而提高学习、教育和培训。eTernity 项目从电子课本"编辑出版—聚合检索—教学应用—内容活动重组—重新出版—形成联盟"六个阶段来界定电子课本的需求,以连通数字化出版和数字化学习两个领域。

韩国 KERIS 与 IDPF 主推 EPUB3 标准,并以此标准进行数字课本的开发。韩国立足于本国智慧教育发展框架下的 Digital Smart Content 规范,提出了基于 EPUB3 标准的数字课本(Digital Textbook)解决方案,并于 2012 年与 IDPF 达成协议,将 EPUB3 作为韩国国家标准,期望借此开发数字课本并推动下一代的教育信息化发展。韩国方面与 IDPF 的合作,侧重于以 EPUB3 作为全球通用的电子书和其他数字出版物格式。其所形成的课本提供多种交互功能,能为学习者提供配套的教材、参考书、作业本、字典和多媒体内容(视频、动画、虚拟现实)。韩国主推的电子课本重点关注媒体方面的表现形式和交互功能,就此方面而言,EPUB3 标准可以满足韩国数字课本的特性。

ISO/IEC JTC1/SC36 WG6 电子课本国际标准项目是电子课本标准化研制的另一股力量。中国教育技术标准委员会(CELTSC)电子课本标准研究团队作为这一项目的召集方,联合出版社、产业界、研究机构、中小学等共同开展电子课本标准以及应用示范,其主推的电子课本标准兼顾了电子课本在数字化学习领域和数字化阅读领域的特性。与 EPUB3 成为韩国数字课本标准相对应,当前在研的电子课本标准业已成为中国国家标准化管理委员会 2013 年第一批正式国家标准。

在 ISO 调研中,IDPF 组织的代表方以及韩国代表者认为"EPUB3 已经非常适合作为电子课本标准。因为它的元数据可以进行拓展,电子课本的典型特

征,如标注,可以得以很好地解决……这可能会引起产业上的断层以及减少互操作性……"。这一出发点是将电子课本完全纳入数字化阅读的领域,它可以作为电子课本的基本功能。然而,考虑到现有电子课本在各国发展状况的不同,在前期的实验中,研究者以现有标准对当前主要的电子课本形式,如 EPUB3、PDF 格式课本进行了兼容性验证。以电子课本国际标准来兼容当前颇具影响力的电子书格式,这既反映了研究者对"电子课本是一种特殊的电子书"的界定,同时也可以与其他国家的电子课本(如韩国、日本等)研究对接。欧洲 CEN WS/LT 启动 Eternity 项目的情境和动机与中国研究团体的观点较为一致,即"EPUB 本身不是一个学习、教育、培训(LET)标准,所以教育产业需要寻求一种解决方案来表达学习、教育和培训的一系列特定属性,如课程导航、问题测试、学习评价特征、学习活动、学习设计支架或学习服务,等等。值得关注的是,在亚洲地区,富有争议的是电子课本在班级的应用是否可以替代纸质课本,尤其是以中国为代表,研究者对此无法给予绝对的答案。但是调研中得以公认的是:电子课本能够为信息化教学提供更多的个性化支持;至少应该包括多媒体、交互性、即时性和交流性等特点。而这些特性是现有电子文件、电子书所无法解决的,这也是电子课本必须要解决的需求。

(二)不离其宗,信息模型可为基点

从应用实践的角度,抽取国际调研框架中和学习内容、学习支持相关的需求模块,将电子课本的信息模型与国际调研框架进行映射,整体上可形成如图9所示的映射关系。在电子课本国际调研框架中,以笼统的"内容块"来界定用以形成一本书的内容对象,没有细化到"内容块"的具体类型,这对应于电子课本信息模型中的内容层,即"原子组件层"和"复合组件层"。在国际调研框架中的"注释"部分,所涉及的书签、笔记、高亮、超链接等功能,对应于电子课本功能结构中的基本行为层,体现了电子课本在阅读层面上的基本特性。

电子课本调研框架中的"交互与学习支持"部分和"重组/重序"部分可以与信息模型中的控制层。信息模型中"连接工具"和"连接服务"描述了电子课本中通过外部应用或服务而具有的功能。调研框架中的"连接外部学具""连接外部活动""连接外部服务""自动更新"等均可以纳入连接操作的范畴。信息模型中的学习地图是一种基于电子课本内容、完成

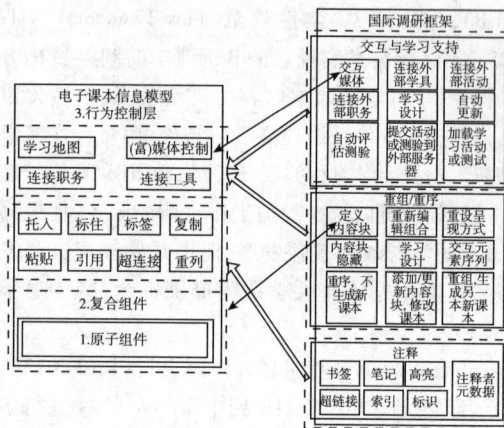

图9 信息模型—调研框架对应关系

轻量级教学设计实现的机制,可用于完成电子课本(宏观)层面整体的学习设计功能,为使用者提供基于内容支持的动态学习路径。(傅伟,2013)故而,"重新编辑组合""学习设计""重序,不生成新课本""重组,生成另一本新课本"等均是电子课本学习地图的具体功能体现。信息模型中的(富)媒体控制用于对电子课本的(富)媒体触发行为及反馈行为等进行控制,它规范了内容块的媒体表现形式和内容交互形式。"交互媒体"与(富)媒体控制相对应。

各国专家协调完成的电子课本调研中,涉及很多细化的功能。这些功能进行归纳后,可以很好地纳入现有电子课本信息模型之下。可见,尽管各国对电子课本有不同的观点、应用实践,但是致力于推动信息化发展的国际专家具有一致的努力方向。电子课本国际标准是在各国专家的争议、协调中逐步推进,保持着以信息模型为基石的研究道路。这既保持了国内研究团队在电子课本标准项目中的领导力,又扩大了中国教育信息化研究在国际上的影响力。

(三)共谋发展,版权机制力行保障

如何兼顾电子课本内容重组和商业出版的利益,在全球范围内都是一个极为敏感的问题。在调研中,两类不同的群体对版权反馈的出发点不样:①商业出版者的兴趣,②教师和开放教育资源开发者的兴趣。出版商认为,结构开放的电子课本会损害其市场利益,同时基于商业考虑希望避免和其他出版方进行互操作;同时,部分资源提供者(如教师)认为,其知识产权无法得以保障,尤其是一些优秀教师制作提供的资源,若得不到合理的保障必然会损害教师的积极性和资源的良性发展。目前全球部分电子课本的推行中,开放教育资源被纳入电子课本的体系,作为一种

"开放教材"供学生学习。这种开放授权的教学资源允许任何人使用、修改、混合再创作。开放教育资源更加倾向于使用轻量级的系统,如 Creative Commons,这可能无法满足商业出版的需求。商业出版者希望使用版权保护系统来保障其权益,而开放教育资源提供商则不期望如此。对版权保护系统的使用需要有所警惕,以防对产品的使用造成障碍,特别是在教室环境下,即使是少部分学生无法使用资源都会对教学产生极大破坏性。调研中有部分用户表示,可以把版权的事情交给出版社来解决,例如允许出版商使用自定义的脚本对其产品进行保护。无论是商业出版还是开放教育资源领域的电子课本,资源提供商均希望其著作权和版权通过相应的元数据得以承认,在授权可重用和重排的粒度级别上提供相应的版权信息。参与调研的出版商表示,形成一种普遍共享的标准是一场必输的战役,但建立合适的版权保护机制是实现电子课本资源重组的必备保障。电子课本的版权保护应该是轻量级、易于实施的,可以是一套不够完备但能让很多利益相关者使用、而不是一套完整但只供少部分人使用的解决方案。

针对此,研究团队在电子课本中提供了一套电子课本内容包装 DRM 方案用以支持电子课本生态系统。(傅伟等,2014)这套方案基于电子课本格式 ETB 定义 DRM 系统的内容打包格式,以封装受保护的内容;同时对电子课本 DRM 元数据进行定义,将电子课本内容保护的粒度分为整体课本和内容对象两个级别,使得电子课本的内容保护具有更大的弹性和使用度,即可以对整本课本进行全面保护,又可以对具体的学习对象进行保护。电子课本标准中所界定的版权保护解决方案,并不干涉或限定出版商如何实施内容保护的具体流程,只提供一套能与电子课本对接的方案,抽象出 DRM 的核心元素与实现机制,以贯通整个生态系统的完整链路。譬如一个应用情境为"保护和分享教师制作的电子课本",教师 A 将自己制作的电子课本上传到服务器,服务器加密内容,另外一位教师申请内容,并申请许可证,该教师可以将申请到的内容作为资源,打包生成新的课本。

（作者单位：华东师范大学教育信息技术学系）
摘编自《现代远程教育研究》2014 年 1 期

经营管理

商业智能在出版社的应用研究

秦必瑜

一、商业智能概述

商业智能(Business Intelligence,简称 BI)支持企业决策,综合企业营运和策略,并转化为定量分析信息。它将分散在企业内外的所有相关信息,包括内部 ERP、SCM、CRM 及外部信息,进行系统性汇总,通过 ETL(Extract、Transfer、Load)的工具或程序,有效萃取、转化成有用信息,合并到一个企业级的数据仓库里,利用合适的查询与分析工具、数据挖掘工具、联机分析处理(OLAP)工具等对其进行分析和处理,最后将知识呈现给管理者。作为管理者判断、决策与行动基础,适时修整现有策略与流程,提升企业竞争优势,改善营运创新利润,协助企业达成设定的目标及愿景。商业智能听起来神秘、抽象,其实它就是为企业经营和市场服务的一个辅助决策工具。

商业智能在出版社的应用主要集中在实现不同角色所需要的管理桌面,帮助出版社建立考核指标体系,实现出版社管理的经营透视,为经营决策建立分析主题,帮助出版社从战略目标分解到有效执行,实现出版社科学的管理决策。

二、出版社信息化过程中存在的问题分析

信息技术在出版社中的应用越来越深入,出版社中存在着大量的业务数据,出版社的 ERP 系统运行

多年，积累了涉及编务、发行、出版、库存、成本、财务等诸多环节的各类数据。数据碎片化，难以利用，无法获取完整信息，特别是 ERP 系统的深入应用，使得出版社所生成的业务数据量更加庞大，数据的整合程度要求更高。

出版社的 ERP 系统主要是围绕着编务、发行、出版和财务等四个重要的环节，各子系统虽然都有一些查询统计功能，但是查询类别比较单一，查询方式也较少。现在无论是出版社的决策者还是业务人员，都意识到数据分析的重要性，对数据分析有了更高的要求。出版社在信息化的过程中，不可避免会出现一些困扰，深陷数字的泥沼，数据分散在多台服务器或系统上，数据分析需要跨越多套系统。业务流程中数据流转与财务口径总是不能完美的结合，经常出现如结账报错、数据差异、难以统计、数据不合理等问题。出版社可以通过建立统一的数字化管理平台，利用 BI 的一体化解决方案，走出数字分析的泥沼。

三、出版社商业智能系统总体架构设计

尽管出版社绩效管理系统平台的规模和特点是根据用户的需求来决定，但是一个完整和完善的商业智能平台的基本建设结构和步骤一般包括以下几个部分，如表 1 所示。出版社一般是职能型组织结构和多种管理职能角色类型，对于不同组织结构层级的管理人员将会需要不同的呈现方式及访问方式，例如管理驾驶舱、仪表盘、移动查询、在线交互分析、传统格式统计报表，等等。

为出版社商业智能系统的整体架构，主要包括数据预处理、建立数据仓库、数据分析及数据分析展现四个主要阶段。从技术层面上讲，商业智能由数据仓库、联机分析处理（OLAP）技术和数据挖掘技术三大部分组成。BI 技术包括分析数据、整合数据以及将整合的数据按用户的需求展现出来两部分。出版社决策主管、财务和发行销售分析人员透过 Web Browser 的方式进行报表的查询；也可以借助 Client-Server 架构或 Web Based 架构进行信息逐层及多维度交叉分析；和 Excel、Word 等外部数据结合，直接与数据仓库的信息作比较、汇总、分析。同时可设定警讯的标准作为绩效控管工具，当异常状况发生时，可主动提供报告通知指定的人员或群组。常态性报告可通过设定工作排程定时产生，并可通过 Mail Server 作报表自动分送。

表 1　出版社 BI 系统总体架构设计步骤

步骤	内容	目标
需求分析	出版社社长 各部门日常管理者 各部门工作人员	根据不同组织层次结构的管理对象按经营周期（事前、事中、事后）、经营范围、经营权重梳理分析需求及指标体系
数据呈现	管理驾驶舱、 KPI 仪表盘 OFFICE 整合 交互式动态分析 常规统计报表 MO 决策支持 LE 咨询	根据对象的使用习惯和经营管理判读的时间点、提供事前模拟、事中稽核、事后绩效统计的点、线、面全方位信息呈现，一目了然，决策未来
数据模型	PI、KPI 指标 财务主题 市场与销售主题 版权贸易主题	多维度、多衡量指标的 CUBE 模型，符合 starschema 设计，支持终端用户交互分析咨询的高效聚合模型
数据质量	销售收款稽核 采购付款稽核 库存稽核 总账票据稽核 基本资料稽核	多业务系统来源的数据整合至数据仓库后，需要提供数据质量及过程的稽核，涉及内容供应链的稽核体系可透明保障分析结果的可信赖性
数据转载	销售事实明细 订单事实明细 存货事实明细 产品、客户维度资料	萃取满足分析需求的多业务系统来源数据，并根据统一口径（规则）进行数据处理，并需设计满足增量，高效的数据处理及查询方式的程序设计
数据仓库	选题事实表 销售事实表 市场占有率事实表 存货事实表 科目余额事实表	满足企业多组织结构、多管理角色、多业务系统来源数据汇总的数据字典设计，包含事实表和纬度表两大基本分析类型的数据字典

四、商业智能在出版社的应用

（一）整合不同系统的数据

商业智能系统不需要对出版社原有的管理系统

作任何改变,就能将产出的信息汇总到 BI 系统中作分析,对于出版社操作层来说,自己的操作方式不需要做任何调整就可以满足出版社中、高管理层的数据需要。对于领导层来说,只需要掌握 BI 这一系统的操作方式就可以享用所有系统的数据,当拿到经营分析结果时,就是他们最想要的一些信息,包括指标和概括性报表、图形,不需要花时间和精力阅读大量的非集成化、非关联化、无分析过程的内容,彻底改变"报表满天飞,领导瞎指挥"的情况。通过 BI 平台实现不同来源的数据按业务主题统一存储在数据中心,同时在数据抽取过程中利用工具对数据的准确性、规范性、完整性进行保证和规划,从而确保出版社的数据"真相"只有一个。

(二)支持出版社战略规划有力执行

从短期目标来看,出版社商业智能系统建立了出版、发行、财务、供应链、人力资源等数据中心,实现财务和业务管理一体化,提供可视化的主题分析、执行预警与穿透分析。从中期目标来看,通过灵活的指标设计器建立绩效评价体系,根据出版社的战略发展目标,设计各部门的绩效指标,把考核指标和考核周期的总体目标值逐级分解,转换成可以跟踪和衡量的指标。为管理层和数据分析部门提供指标分析平台,以使出版社的各级决策者获得知识或洞察力,近乎实时地全面监控出版社绩效指标。从长期目标来看,建立企业级数据中心,构建平衡计分卡决策支持系统,满足各级管理人员分析需求,为出版社经营决策提供量化、系统化和结构化的信息支持。

(三)一页式管理,定制个性化报表

出版社的每个管理角色(社长、总编、财务主管、发行主管等)在出版社经营管理中所关注的重点各有不同,商业智能系统能根据不同角色灵活定制个性化

管理桌面,通过个性化应用界面,随时监控所关注业务的运营情况。

(四)建立经营决策主题分析

在出版社经营管理过程中,商业智能可以按照不同的业务需要建立相应的分析主题,快速透视经营状况,帮助不同的管理者实现经营决策管理。出版社经营决策主题包括市场与销售主题分析、财务主题分析、人力资源主题分析、版权贸易主题分析、仓储主题分析、供应链主题分析等。

(五)功能强大的决策支持系统

出版社 BI 系统将数据查询、报表、在线实时分析三大功能整合于单一使用者操作接口上,且运用强大的查询和报表技术,把复杂的数据库表格对映至出版社工作人员熟悉的名词,让使用者不需具备数据库的技术就可操作自如。工作人员可以选取不同的维度对象对特定数据进行分析,真正做到以出版社目光来做动态数据分析,并且能提供离线时的数据分析与报表制作。报表提供单位仅需设计一份报表,让管理层透过简易操作(拖、拉、点、放)即可随时产生所需要的信息。在线实时分析提供多维度的信息分析,可以任意地进行阶层展开或维度转换。

(六)与合作伙伴分享企业信息

利用 BI 系统除了让使用者在出版社内网络上进行分析、制作报表以及分享信息外,还能透过企业外网络(Extranet)给客户、合作伙伴及供应商提供相同的服务,即 e-BI。在现今网络经济的洪流下,e-BI 为出版社的营运和策略规划提供了更完整的功能和解决方案。

(作者单位:北京印刷学院)

摘编自《科技与出版》2014 年第 1 期

产业经济视域下数字出版的商业属性与系统优化

赵永强

一、数字出版产业的内涵解析与商业属性解读

(一)数字出版产业的内涵解析

数字出版以传统出版产业为基础,以信息技术和网络技术为载体加以构建,是一种新型的出版模式。

数字出版的内涵主要体现在以下方面:

1. 数字出版产业属于创意产业的范畴,以创意为生产核心资源和根本动力

在数字出版产业中,传统出版模式中的"精英化创作模式"逐渐淡化,取而代之的是通过创意满足大

众化的需求,出版主体、客体之间的界限逐渐模糊,不但知识和信息的生产者可以对出版内容进行创造,消费者也可以参与到创新和创造的过程之中。从这一点看,数字出版产业与传统出版产业在运作模式上形成了鲜明的对照。

2. 数字出版产业加大了对消费者的关注

数字出版产业的出现与市场经济的逐渐繁荣基本保持了同步,而在市场经济范畴内,消费者的地位和作用不断提高,买方市场成为市场经济的主要倾向。因此,数字出版产业为了与不断发展的市场经济相适应,需要迎合这一趋势,持续满足消费者的消费诉求。

3. 数字出版产业以知识和信息为生产对象

从这个角度讲,数字出版产业经济与农业经济、工业经济等经济形态形成了鲜明的对照,而因其以知识和信息为生产对象,数字出版产业也就自然具有了知识经济的属性。

(二)数字出版产业的商业属性解读

1. 生命周期属性

由于数字出版产业是基于信息和网络技术加以构建的,因此,其生命周期也就与传统出版产业迥然不同。

从这一角度讲,数字出版产业的生命周期远远低于纸质媒介的出版方式,而其较高的更新换代速度却是为了最大限度地提升出版物的质量,这一点与数字出版产业的内涵形成了完美的契合。

2. 知识产权属性

从经济学的角度讲,信息、知识等产品具有明显的公共属性,具有明显的非排斥性和非竞争性特征,甚至对数字出版产品来说,其公共品属性更加明显。因此,在发展数字出版产业的过程中,必须加强对版权的保护和管理。

3. 成本—价值属性

数字出版作为一种新的出版运作模式,无论是发展前期还是在运作的全过程中,都需要在数字化平台建设、相关软件开发、硬件配备等方面进行较大规模的投资,其运行成本明显高于传统出版,所取得的价值和收益也往往较高。当然,由于数字出版产业的建设尚主要集中在早期阶段,一旦相关的硬件和软件设施建设完成,待投入使用后,有关知识和信息的复制成本就会明显降低,期间,成本的主要部分集中在获取更多消费者的注意以及如何扩大销售量和销售规模方面。

二、数字出版产业的经济特征——基于微观系统的讨论

(一)网络外部性特征

在数字出版模式中,由于组织系统性、数字信息流交互性以及信息基础设施长期垄断性的存在,使之出现了明显的"网络外部性"特征。在数字出版平台中,知识和信息的传播模式是多种多样的,尤其在网络模式下,用户数量的递增能够促使信息在更为广阔的范围内实现共享。这样一来,不但信息的价值得到了充分的彰显,还提高了更多用户的效用,并进一步发掘了数字出版平台的潜在价值,对平台总效用的提升起到了明显的促进作用。这种典型的数字出版产业网络外部性特征在多种数字出版传播媒介中都有不同程度的体现。此外,其"网络外部性"还体现在以下方面:在数字出版产业发展的部分阶段,创新虽然使产业获得存续,但也意味着风险的存在。这种风险体现在两个方面,一个是创新的自身风险,比如财务风险等,另一个是外部风险,即因"网络外部性"而产生的风险——当数字出版领域形成了较为稳定的市场格局,"强者更强,弱者更弱"的情况就会出现,对创新的主体产生积极或者消极的影响。

(二)边际效益特征

在数字经济范式中,知识和信息可以重复使用(复制或者拷贝),也可再生,其成本只随使用量的增加微弱上升。从经济学的角度讲,在数字出版产业中,其边际成本处于较低的水平,即便数字出版产业的构建产生了大量的固定成本,但是由于该产业独特的运行模式,其边际成本往往趋近于零。而从收益的角度看,信息产品具有较高的共享程度,尤其在信息和网络技术的影响下,其价值不断扩大,规模报酬又呈现出了明显的递增趋势。也就是说,在数字经济模式下,出版产业的交易边际成本存在递减趋势,而知识和信息的价值在累积的过程中产生了增值,致使数字出版产业的边际收益不断递增。当然,在数字经济范式中,出版产业的边际效益并非以单一递增规律存在,如果数字产品的生产遭遇技术等方面的问题,其边际效益可能呈现反向的特征,这一点需要数字出版产业的从业者格外注意。

三、数字出版产业的经济体系构建与系统优化

在产业经济视域下,数字出版产业的发展是一项

复杂的系统工程,除了要在技术条件、收费模式等方面进行革新和再创造外,还应不断开发新的市场,充分利用已经成熟的市场,开发和维护消费者群体,迎合其阅读方式与消费习惯,从整体上对该产业进行设计和优化。本文认为,为了实现这一点,需要在明确数字出版产业商业属性和经济特征的基础上,努力做好以下工作。

(一)瞄准市场,依托技术,实现对数字出版物的版权保护

从数字出版产业的运行机制看,该产业中信息和知识的传播具有可持续性与集约性的特征,在利用互联网和数字技术实现传统出版业既定目标的过程中,不但实现了"低碳"运行,还能同时满足不同消费群体的诉求,为更多的消费者提供知识和信息服务。但是,如前所述,其中的知识产权问题需要引起高度的重视,一方面,要瞄准市场、依托技术,借助先进的数字技术保护数字出版物的版权,使出版产业各环节的利益诉求得到满足;另一方面,要不断完善相关的法律机制,通过宣传、教育、激励等措施,切实保护著作权人的合法权益,实现数字出版产业的健康、有序发展。

(二)通过变革组织形式、整合用户资源,实现数字出版产业的全面协同

当前,数字出版产业的发展正表现为良好的势头,其协同创新要在原有的数字出版机构、高校、科研院所"三合一"模式的基础之上,不断强化消费者在协同创新中的地位和作用,通过变革组织形式、整合用户资源,实现数字出版产业的全面协同。同时,要以此为背景,改变传统的组织模式,代之以柔性组织,目的在于能够更好地整合用户资源。在建立柔性组织的过程中,要和当前的动态竞争条件相结合,促使数字出版产业突破和扩大原有组织边界,将消费者纳入其中,使之能够借助微博等社会化网络平台提出意见与建议,明确其对数字出版和出版物的诉求,使数字出版产业有针对性地改进和优化发展模式。

(三)通过对创新性金融工具的运用,提升数字出版产业的发展空间

从根本上讲,数字出版产业具有传统出版业的特征,但因其对"数字经济"的追求,从而具备了资本运作的导向。因此,为了构建数字出版产业的整体架构、优化其运行模式,需要加大金融工具在数字出版产业中的应用,除了税收减免、贷款担保等传统金融支持外,还应进一步发展和利用知识产权证券化等金融工具,扩大数字出版的预期收入空间,充分发挥协同创新主体的主体性。此外,为了更好地推动我国数字出版产业的发展,还需要促使政府机构发挥作用,将创新性金融工具全面纳入到数字出版产业的发展规划之中,并以法律法规的形式确定下来,提升产业的发展空间。

(作者单位:河南工业大学)
摘编自《出版发行研究》2014年第6期

出版社数字资源管理平台构建方法之管见

秦新利

数字出版是以出版社的资源为核心,对出版社的图书、期刊、音像、电子出版物等各类资源进行统一的数字化、碎片化、知识化等操作,使出版社的数字化内容多元化的为读者提供服务,同时也让出版社的资源利益最大化。通过多年积累,各出版社都有大量的内容资源,包括专业研究资源、专业参考资源、专业实验数据、工具书等。因此,有必要进行统一的、安全的、有效的数字资源管理平台建设。那么,如何构建数字内容管理平台,是摆在出版社面前的一个实际问题。

通过实践,笔者认为应该做好以下工作:

一、科学设计基础架构

数字内容管理平台功能设计要求:一般采用自下而上的结构,包括内容资源数字化过程,资源导入、资源管理、资源编目、DRM 加密,系统管理等几大功能。如图1所示。

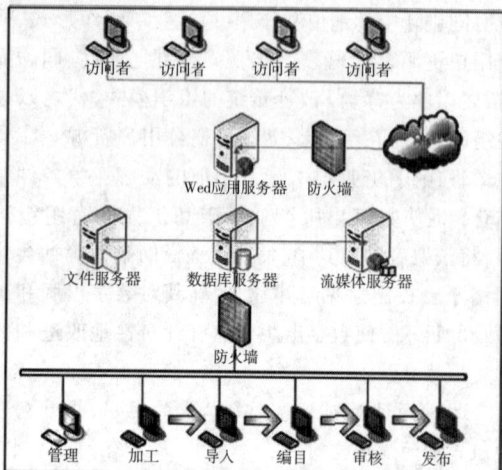

图1 数字内容管理平台拓扑图

二、精心优化内容资源数字化系统

内容资源数字化系统包括文本格式转换、图片格式转换、PDF加水印、视频剪辑、压缩和格式转换等操作。

（1）文本格式转换。现在文本资源的种类比较繁多，给用户的阅读带来很多不便，为提高用户对资源检索的便利性以及提高资源的易用性，在资源数字化后我们要对其进行统一文本格式的转换，使用户可以使用统一的阅读工具阅读所有的文本资源。文本格式转换功能具有如下应用：一是高效的对各种文本资源进行格式内容的转换。二是保证文本资源原版原样的效果转换。三是对各种文本资源进行合并与拆分。四是对文本资源进行阅读加密设置。五是对文本资源进行数字版权保护。

（2）图片格式转换。为了保留图片设计期留下的原图，不同的制作工具生成的图片结果格式不尽相同，如果在没有安装制作工具的计算机或其他阅读设备上就无法打开原图进行预览，根据工作目的的不同，也会对图片的格式有不同的要求，但对于互联网资源预览一般都是采用JPG格式，为了方便图片资源的网络传递，需要对各种图片资源进行统一格式化。图片格式转换功能具有如下应用：一是支持各种图片格式批量命名转换。二是支持各种图片格式批量压缩转换。三是支持各种图片格式批量添加水印转换。

（3）PDF加认同水印。由于互联网信息传递的快捷与便利，很多数字资源在传递的过程中慢慢丢失了原有的著作权保护信息，使有版权的电子资源在传递的过程中也被修改得面目全非，不能有效的展示版

权所有者的信息，也给盗版带来了便利，所以电子资源增加水印在一定程度上提高了用户对版权保护的意识。PDF加水印的功能具有如下应用：一是自由定义文本水印内容。二是自由设计图片水印内容。三是支持水印位置和方位的灵活设置。四是支持目录下PDF文件批量添加水印。

（4）视频剪辑。一个完整视频文件通常会播放较长的时间，而在这个完整的视频文件常常是有很多片断组成，通常不同的片断讲解的是不同的含义，对资料索取者往往也只需要里面的部分片断内容，所以要对视频进行剪辑和编辑。视频编目的功能具有如下应用：一是视频文件内容按时间范围进行灵活截取。二是多个视频文件灵活合并。三是视频文件增加播放字幕。四是视频文件增加播放水印。五是视频文件编辑标引。六是视频文件场景编辑标引。

（5）数据批量导入。运用数据导入向导，将源数据从多种常用数据格式（数据库、电子表格与格式文本）导入到系统中，包括元数据与对象数据。数据导入的功能具有如下应用：一是支持ODBC、EXCEL、XML、SQLSERVER多种数据源。二是相关字段自动绑定。三是设置数据查重指标。四是批量数据导入。五是导入后生成缩略图。六是对PDF文件线性化处理，在线阅读时提高PDF文件的加载速度。将外部做好的分类模版或从其他平台上导出的分类模版导入到数据库中。

三、合理配置内容管理系统

内容管理系统包括对用户、数据库、模板与系统信息的管理功能，便于系统管理员完成包括用户管理、数据库管理、模板管理以及系统信息管理在内的多项任务。如图2所示。

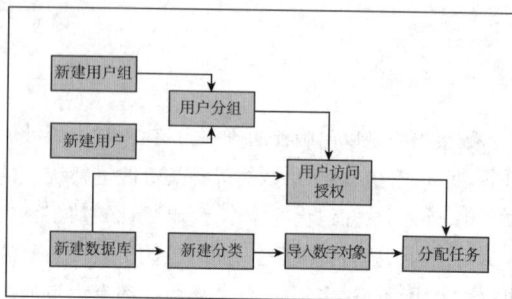

图2 内容管理一般工作流程

（1）用户管理。包括：建立用户信息；管理用户与用户组之间的隶属关系；设置用户/用户组许可使

用的 IP 范围;设置用户/用户组对数据库的访问授权,以达到控制用户访问权限功能。

(2)数据库管理。包括:新建/删除数据库;将有效数据库引入系统;对数据库信息及元数据进行查看和修改;修改数据结构;重建数据库的全文索引。

(3)模板管理。包括:系统提供论文、期刊、图书等全媒体数据库建库模板。模板管理可对资源模版、分类导航模版进行浏览修改等操作。

(4)数据库分类。包括3种类型:一是使用系统分类模板定义的分类体系,选择数据库中的一个分类字段与分类体系对应。例如,使用系统内置的学科分类法对学科分类代码字段进行导航。二是根据数据库字段内容自动建立导航,自动实现数据库分类。例如,根据刊名、刊年与刊期字段的值自动建立一个可根据刊名、刊年与刊期进行导航的分类。三是自定义数据库的分类体系,选择数据库中的一个分类字段与自建分类体系对应。例如,用户自建一个专题分类法,根据专题代码进行导航。

(5)记录管理。包括:对元数据进行增删改操作;将指定的对象文件引入到库中,为当前记录增加 URL 类型的数字对象;对数字对象进行管理并可批量导入数字对象;自动生成缩微图并可用图形浏览软件查看采样图形,删除采样图形;对数字对象管理,全文字段内容管理;对库中的记录进行检索,包括单项检索与组合检索;对记录字段是否在标题区与数据区显示及显示顺序进行设置;成批替换选中记录的某个字段的部分或全部内容,切换记录显示页的页数以及设置每页显示的记录数;设置记录的引入选项等。任务管理将选中记录分配给指定用户编目,对记录编目用户进行管理,将选中记录分配给指定用户检查,对记录检查用户进行管理,并可对所有记录所有任务进行控制。

四、严格做好规范数字资源编目

数字资源编目运用元数据标引工具(Metadata Cata-logue Tool)编目与审查人员提供了一个集成的工作界面,在一个窗口中以统一的多文档视图向用户提供多项操作功能,便于编目与检查人员完成文献编目与检查工作。数字资源编目包括文档编目与视频编目两种:第一,文本资源编目。MCT 的菜单按功能划分为:服务器管理、编目、审查、记录、原文、查看与工具。第二,视频资源编目。视频资源编目主要向编目与检查人员提供对专题库建设平台数据库中记录

的编目与检查功能,便于编目与检查人员完成文献编目与检查工作。

五、适当做好数字版权保护

数字版权管理(DRM)的技术核心在于如何在保证合法的、具有权限的用户对数字信息(如数字图像、音频、视频等)正常使用的同时,保护数字信息创作者和拥有者的知识产权,根据版权信息获得合法收益,并在版权受到侵害时能够鉴别数字信息的版权归属及版权信息的真伪。数字版权保护(DRM)系统为出版社和内容提供商传播数字内容与分发电子文档提供可靠的安全保障,具备高安全性、高可控性和强大的扩展能力,且加密和授权认证的方式灵活多样。数字版权保护(DRM)使用简单灵活,对授权用户的使用几乎没有影响;后台集成数字版权保护(DRM)作为统一的授权中心,轻松管理授权方式及终端用户。数字版权保护分为两类:一是"软保护",主要是以法律法规等形式为主的数据版权保护。二是"硬保护",主要是以软件技术加密的形式对网络、U 盘、光盘、硬盘和芯片等为载体或传播形式的数据版权保护。其流程如图3所示。

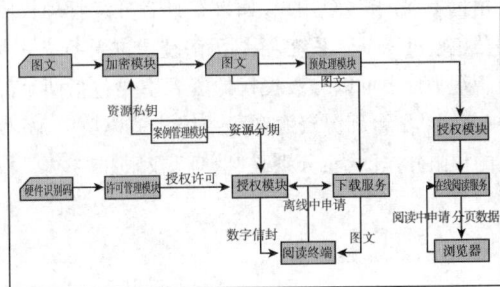

图 3 数字版权保护流程

(1)在线阅读。运用 PDF 分页在线浏览技术实现 PDF 的在线安全传播与大尺寸 PDF 文件的实时阅读,同时适用于不同操作系统上的多种浏览器,具有良好的安全性与适应性。

(2)授权管理与文件批量加密。对于出版社基本信息、硬件注册信息与授权信息,生成授权许可文件发放给用户。出版社使用随机密码对 PDF 格式文档的内容进行512位高强度加密。

(3)网络加密发布。将包含文献元数据与加密全文数据的数据库和网络发布平台一起提供给用户,通过网络平台进行数据发布,提供完善的信息检索、知识导航、在线阅览、本地阅读、访问控制、版权保护与利用统计等功能。

（4）网络阅读。用户在获得数字版权保护平台的认证和授权后，可以按照由出版社设定的规则下载经过加密的电子文档，在脱离网络的情况下，通过特定的阅读工具，在一定的权限范围内（如设备、时间、次数等）查看和浏览下载到本地的加密电子文档。

（5）DRM——网络许可管理。网络许可是控制网络资源的访问权限和访问模式，根据不同的机构用户可以设置不同的权限级别。

六、系统管理

系统中出版社部门机构的概念和现实企业中行政部门的概念是一致的，部门机构可以有层级关系。部门机构管理包含如下功能：添加机构、修改机构、删除机构、排序子机构、导出机构、导入机构、查询。

（1）用户及权限管理。内容管理平台对于系统管理采取分级授权的方式，即将管理员分为不同的级别和管理范围，超级管理员（或者上级部门管理员）可以为特定人员设定其可以进行的系统管理的范围，那么该分级授权管理员（即部门管理员）可以在此范围内完成相对应的系统管理任务。与系统其他权限设置一样，系统管理的分级授权的权限设置也是设置在角色上，对于一个用户，如果有具有分级管理权限的角色就可以登录系统，否则无法登录进入系统。内容管理平台中可以分级授权的资源主要包括两个部分：分别是平台部分资源和子系统相关模块资源；授权的权限分作两类：分别是"管理"权限和"授权"权

限。第一，"管理"权限：表示该角色在部门管理界面可以管理相关节点或者资源。例如，资源的增加、删除、修改。第二，"授权"权限：表示该角色如果给其他角色设置工作平台的权限时的相关节点和资源，在"权限设置"模块中得到体现。第三，为了保证分级授权后权限的一致性和可靠性，在设计分级授权时要符合以下两条规则：一是对于多级的资源，只要设置了拥有父资源的权限，所有子孙资源的权限就自动拥有，系统只记录父资源上的权限。二是对于父资源的"管理"权限的特殊之处，用户以当前角色登录进入部门系统管理界面后，对于父资源只能"修改"该资源和"增加"新的子资源，不能"删除"该父资源。

（2）系统日志管理。为了保证系统的安全管理，系统提供了强大的系统日志功能，系统记录了所有用户相关的操作信息，重要的系统运行信息等。用户信息相关的操作包括：所有用户的登录信息、管理员操作系统的信息、操作员加工数据的过程信息、编目人员编目信息、审核员的校对信息、浏览用户的浏览信息等等。系统运行信息包括：系统的启动、系统的停止、系统的访问量、系统的浏览等。出版社数字资源管理平台构建方法有多种，但是，只要我们在构建过程中重视前述所表，就能够构建一个高效、实用的数字资源管理平台。

（作者单位：人民军医出版社）

摘编自《新闻研究导刊》2014年第13期

传统出版和数字化出版并存时期出版社图书档案数字化管理工作探讨

陆 红

一、出版社图书档案数字化的必要性

（1）图书档案数字化是出版社实行办公自动化的要求。档案数字化是随着计算机技术、扫描技术、数据库存储技术的发展而产生的一种新型档案信息形态。它把各种形式的档案资源转化为数字化的档案信息。利用计算机系统进行管理，形成一个有序结构的档案信息库，有利于档案的存储、传输、检索、查询、复制和利用，提高档案管理的效率。

（2）图书档案数字化是出版社提高再版效率的

需要。自从对图书排版文件实行电子文档管理后，使得图书档案管理多了一种保存方式。在软片报废的情况下，如果图书需要再版，可以用电子文件制版，一定程度上减少了再版的成本。同时，图书档案实行数字化管理，容易实现同步备份，存储空间小，维护方便，安全。

（3）图书档案数字化是适应数字化出版的迫切需要。目前大多数传统出版社对数字出版已经从原先的观望变为被动参与。在电子书技术提供商的推动下，大多数专业出版社开始涉足电子书出版。图书

印刷时排版电子文档为电子书销售提供了方便。

但是数字出版远不同于电子书出版，数字出版要依靠互联网和通讯平台的一种新的出版形式。作为专业出版社，要实现数字出版，首先要建立出版内容的资源信息库。而传统的专业出版社具有出版资源的内容优势，要建立出版内容的资源信息库，首要任务就是把图书档案内容实现数字化管理，然后由专门的数字化编辑部门对内容的进行碎片化并重新编号管理。

二、当前出版社图书档案数字化的现状和问题

目前图书档案数字文档管理主要存在以下几方面的问题：

(1)图书电子文档的存储形式不能满足图书内容资源数据库的要求。

(2)图书电子文档的准确性难以保证。档案内容的准确性是档案管理的重要前提。

(3)图书电子文档的格式不统一。由于同一出版社的书稿往往由多家印刷厂进行排版印刷，不同的印刷厂印刷设备不同，使用不同的排版软件，所以，由不同印刷厂送来存档的电子文档有多种不同的文件格式，互不兼容。

(4)图书电子文档的安全性问题。目前图书市场竞争激烈，防止盗版是出版社的工作难点。而图书的电子文档具有易复制，易传输，难以控制的特点。因此，对出版社电子文档的使用管理必须研究制定必要的制度，并通过技术手段如权限管理、加密管理进行有效控制。

三、出版社图书档案数字化管理的建议

图书纸质样书档案、排版软片档案以及数字档案都是出版社的宝贵资产，对保存图书版本、再度开发图书资源、建立图书资源数据库、按需印刷等具有无可替代的价值。当前，对于专业出版社，传统纸质印刷出版依然占据主要地位，数字出版还处在积极探索阶段的情况下，作为出版社的图书档案管理工作，要积极适应形势的需要，做到纸质图书档案、软片档案、数字档案的同步协调管理，确保图书档案的准确、安全以及效率。目前出版社图书的纸质样书管理、软片档案管理已经有了一整套比较健全的管理制度，因此，当前迫切需要研究加强图书档案的数字化管理，逐步适应数字化出版对档案工作的需要。

(1)健全图书档案管理软件，制订图书档案数字化工作计划。要在出版社现有档案数据库的基础上，对出版社现有的图书档案进行科学分类、排列、索引等工作，健全图书档案资料，首先要把出版社现有的图书档案资源目录、存档的形态种类、有无电子文档、电子文档的软件版本等情况进行详细登记，对档案资源的现状要清晰。其次，要对以往出版图书的保存价值进行分析，对有再版价值或者保存价值的图书列入数字化工作计划，避免把所有历史上出版图书进行大规模扫描，既浪费人力物力，又浪费存储空间。

(2)统一图书档案数字化的格式标准。书稿档案数字化的目的是便于查询、再版利用以及为数字化出版建立内容资源数据库。为了便于管理，必须和排版印刷单位协商制定格式标准，或者提供相关软件的格式转换软件。印刷厂如果更换软件或者升级版本，都要及时和出版社档案部门沟通，通过文件格式转换，把不同时期、不同出版社提供的电子排版文件形成统一规范化管理。

(3)做好传统纸质图书数字化工作。对于早期出版的没有电子文档的图书，经鉴定在今后数字化出版中部分内容有利用价值的图书，或者公认为经典的图书，要按计划进行数字化。目前的手段主要是将传统的以纸张、照片为存储介质的各种原始档案资料，通过扫描、压缩、转化等手段转换成图片和影像文件等，然后按照一定的存储方式进行存储，实现原文件信息数字化。

(4)加强图书电子文档完整性检查。要对已经存档的图书电子文档以及今后由印刷厂交付的电子文档进行完整性检查。一是检查电子文档的软件版本；二是要检查电子版本是否是图书的最终稿，而不是过程稿；三是要检查电子排版文件的完整性，特别是封面、彩页、插图等等。

(5)要对数字出版资源加强统一规范管理，保证资源安全。首先要建立存储备份机制，要明确原始盘和备份盘，一般用备份盘进行拷贝和再版印刷等，避免由于计算机硬件或光盘的意外损坏导致资源丢失。其次要对数字资源进行集中统一管理，建立图书数字资源库，把分散在不同光盘的电子文档，统一保存在一个大的数据库中，便于资源的统一高效管理。

(6)要加强数字化档案检索和使用的权限管理。档案管理的目的是为了提高出版社的管理水平，同时也是为了方便各部门编辑对数字化档案的检索和利用，提高图书出版工作效率。但是由于数字档案具有复制方便的特点，必须合理制定使用的规则，建立新的档案管理模式，达到提高使用效率和有效管理的目的。

通过档案管理软件给不同科室的编辑赋予不同的权限。这样编辑就可以通过系统经过身份确认,可以查询到有关的电子文档。档案管理系统要对编辑查阅和复制的情况进行记录。同时,为保障出版社图书数字档案资源的安全,要对档案管理人员建立使用权限管理,对存储、复制、编辑、删除等情况进行日志管理。

(7)要建立光盘或电子文档的定期检查制度。要制定光盘质量或电子文档定期检查的制度,对于即将到达使用寿命的光盘,以及对存储软件即将过时的文档及时进行格式转换和内容迁移,确保转换或内容迁移过程中文档的质量。

(8)不断提高档案管理人员素质,适应档案管理工作的需要。将图书档案资源用高科技手段,准确迅速、全面方便地提供给出版编辑部门,充分发挥图书档案资源的潜在价值,提高企业的管理效率。这就要求档案管理人员不断更新知识,尤其是计算机应用知识,熟练使用排版软件,对档案电子文档进行有效管理,用数字化手段进行档案管理,努力实现档案管理现代化。

(作者单位:中国建筑工业出版社)
摘编自《城建档案》2014 年第 6 期

数 字 编 辑

APP 与传统图书编辑的数字出版

戴 涛

一、如何理解数字出版

数字出版,其核心仍是出版,具有出版的所有核心特质,即内容的再加工、复制、向公众传播全流程采用数字手段,全万位地数字化。数字出版的主要特征是内容生产数字化、管理过程数字化、产品形态数字化、传播渠道网络化。

数字出版与传统出版的最大区别,在于产品形态数字化、传播渠道网络化,这也是出版社传统图书编辑最不熟悉、最困惑的地方。

需要特别强调的是,数字出版仍然必须具有出版的两个核心特质:一是内容选择,必须对作者的原始素材按一定的标准判断其出版价值,以及对其进行审读加工、技术加工,这都是选择的过程,没有这个过程,就不能称为出版;二是依然以文本阅读(文字或图片)为基础,不包括以视频、音频为主的数字产品以及网络游戏。

二、数字出版的产品形态和销售渠道

数字出版的产品形态,有电子书、数字报纸、数字期刊和电子杂志等,报社可以选择数字报纸,杂志社可以选择数字期刊和电子杂志,原创作者可以选择网络作品发布,而大多数传统图书出版社可以选择电子书、APP 软件、专业数据库出版等。产品必须通过渠道进行销售,那么摆在传统图书出版社面前的数字出版产品销售渠道有哪些呢,由于盛大文学网站等主要是原创作者直接发布作品的平台,因此出版社在此难有作为,能够选择的,仅有移动、联通、电信三大阅读基地和当当网等电商的电子书销售频道,以及基于智能手机的 APP 软件市场或商店。其中,移动、联通、电信三大阅读基地和当当网等电商的电子书销售频道,对出版社或传统图书编辑而言,有点类似纸质书的寄销形式,自主性、参与性不足;而基于苹果 iOS 系统的苹果商店以及基于安卓系统的市场(如机锋市场、安智市场)等,传统图书编辑可以自行发布或申请发布 APP,出版社或图书编辑的自主性、参与性极高,甚至可以冤全掌控。

三、数字出版的赢利模式

数字出版产品,除了按草节收费、单本收费外,还可通过售卖版权、改编电脑游戏、改拍电影、改编漫画、制作有声读物等方式来赢利。就目前的情况来

看，通过这些方式来赢利的屈指可数，因此，目前数字出版产品的赢利主要依靠收费下载（阅读）和广告收入这两种。

四、APP 是传统图书编辑试水数字出版的首选

APP 是英文 Application 的简称，也就是"应用"的意思。由于智能手机的流行，现在的 APP 多指智能手机的第三方应用程序。因此"随着智能手机的日益普及，APP 帮有望迎来又一个春天"，而图书 APP 是传统图书编辑试水数字出版的首选。

第一，图书 APP 能够冤美地展现数字出版产品的优势，可以整合图片、音频、视频、动画、模板、字体等多种素材，具有极强的阅读娱乐性、交互性、便利性以及优秀的用户操控体验。

第二，图书 APP 的赢利手段更加丰富，包括：付费下载；免费下载阅读（内嵌广告）；免费看部分章节、其他部分付费下载；直接做成收费 APP；打广告（设置应用推荐、弹窗插屏等）；设置增值服务；APP 推广分成；电商等模式赢利。可以说，APP 图书的赢利手段比电子书更多、更灵活。

第三，APP 可以较好地打造数字出版品牌。出版社或传统图书编辑已经拥有纸质图书推广的渠道和平台，冤全可以在纸质图书的封底附上二维码，提供图书 APP 免费下载的信息等。图书 APP 可以很方便地通过微博、SNS 等方式分享和传播，实现裂变式增长。

图书 APP 是一个载体，它能将某本图书或某类图书的全部内容（包括文字及图片）分享给互联网上的所有用户；可以对图书进行分类，能让读者将自己喜欢的图书进行收藏和分享，并允许读者利用微博分享读书笔记、读书体会并能汇总；可以通过用户注册了解用户数量、兴趣偏好等统计数据，并能与读者及时进行沟通，为读者提供推送服务。可以说，图书 APP 可以用多种手段，引起读者的兴趣，加深读者的印象，培养读者的忠诚度，树立自身的品牌。

我们既可以制作单本精品书的 APP，也可以制作某一图书品牌的 APP；在已做好的 APP 中，可以根据新的需要，通过升级和维护，添加新的图书品种，增加新的栏目和功能，不断扩大图书品牌的影响力，延续图书的生命；甚至，一家出版社可以将已投放市场的若干图书品牌 APP 进行整合，做成一个新的 APP，对出版社的整体形象进行宣传，对出版社的优势图书资源进行有效整合、整体推广。通过用户的反馈不断冤

善产品的用户体验，还有助于确立数字出版和纸书出版的选题万向。

第四，APP 允许传统图书编辑参与、体验数字出版全流程。由于电子书主要通过三大阅读基地以及电商等销售，偏向寄卖形式，因此传统编辑甚至出版社参与其销售、推广的空间很小甚至没有，基本上只负责前期制作甚至只负责版权、电子文件的提供，根本无法接触数字出版的核心环节——销售与推广。而图书 APP 不然，编辑不仅可以完全参与产品的策划、设计、制作，而且可以在冤成图书 APP 制作之后，基于苹果 iOS 系统的图书 APP 可以直接向苹果商店申请发布上线。而基于安卓系统的图书 APP 发布则更为灵活多样，不仅可以在互联网相关论坛（如机锋市场、安智市场等手机论坛）发布，冤全免费，选择多样。此外，传统图书编辑还可以自行选择、决定推广方式，而且可选的推广方式多种多样，最基本的推广模式就有广告、论坛、微博、微信、QQ 邮箱、贴吧、"限时免费"、"折扣促销"、图书互推、投放第三万广告等。可以说，图书 APP 可以让传统图书编辑全流程体验数字出版，真正有机会学习数字出版的核心知识、核心万法。

第五，我的地盘我做主。基于安卓系统的收费图书 APP，可设计内购买，与 WEB 端购买一起，为读者提供更多选择；而基于苹果 iOS 系统的收费图书 APP，采用分成模式，苹果商店与开发万一般三七分成，免费图书 APP 则不收费；苹果商店提供实时数据，开放透明，没有扣量之说。可以说，通过图书 APP 所获得的每一分钱都可能做到明明白白，而不像有些电子书的收益"只能由运营万告知多少，根本不知道自己真正应收多少"。

五、适合图书 APP 的图书门类

从目前的情况看，使用专门电子书阅读器的人群，大都是爱读书之人，偏向于对电子书进行深度阅读、静心阅读而通过其他设备，特别是通过手机阅读的人群，基本上是浅阅读、碎片化阅读。

因此，制作图书 APP，首选不需要花大量时间专注阅读的图书门类，即可碎片化阅读、浅阅读的图书门类，比如速查工具类（如字典、百科全书）、烹饪类、职场宝典类、家庭保健类、动漫幽默类、励志类以及玄幻、穿越类题材的网络小说、经典名著等。那些对阅读环境有要求的图书门类，可能不太适合制作图书 APP。

六、图书 APP 的开发

大体来讲，对出版社或传统图书编辑而言，图书

APP 的开发模式有以下几种：

（1）自主开发。由于图书 APP 的开发对传统出版社而言是一个全新的领域，需要相应的专业技术和思维方式，更需要商业化运作和宣传推广，传统出版社极其缺乏这样的人员。当然出版社可以招聘，但此类人员费用不菲，而如何配置这些人员进行合理有效地运营更是一大考验。

（2）委托开发。出版社委托有经验的移动互联网技术团队、运营团队开发图书 APP。这种模式比较省时省力，但有一定的费用，如果需要委托图书 APP

的后期维护与升级，则费用更高。

（3）合作开发。出版社寻找技术公司进行免费合作，由出版社来提供内容，由技术公司负责图书 APP 的开发、维护、升级，收益双万进行分成。这是一种取长补短的合作方式，尤其对出版社而言，不仅能达到涉足数字出版、培养人才的目的，而且能够减少不少费用，大大降低成本与风险，是值得推荐的方式。

（作者单位：湖南科学技术出版社）

摘编自《出版广角》2014 年 6 月上

数字化转型下期刊编辑职能的变与不变

吴嘉睿

一、期刊编辑职能的改变

（一）期刊编辑职能的延伸

1. 受众面扩大要求编辑策划思维多样化

有学者认为，技术的发展、新媒体的出现、作者与读者直接的信息交流与分享，对数字时代期刊编辑的选题策划职能有很大延伸。数字期刊可全国甚至全球发行，受众面扩大、读者层次增多，数字化转型下的期刊编辑应积极了解读者的兴趣点和阅读需求，尽量多地寻找与读者心理相关的策划内容。数字期刊最终以多种终端设备的方式呈现，不同的终端对应的人群不尽相同。期刊编辑在进行策划时应有强烈的读者观念，根据市场需求和技术手段，策划不同终端载体上的产品。同时，期刊编辑在策划选题时要具有多样性思维，突破仅为纸质出版策划选题的传统思路，树立媒介融合的思维方式，具备跨媒体出版的综合考虑。在策划中，恰当地运用多媒体手段以实现传播效果最大化，针对选题及不同终端载体的市场需求，设计出能吸引眼球的选题策划。

2. 阅读终端各异要求编辑定制版本个性化

由纸书到电子设备，阅读终端的转变是数字化转型带给每一位读者最直观的感受。纸质媒体所呈现的期刊是单一的，即统一印制、同一开本大小的出版物。

而在数字化时代，不同的终端所展现的形式不同。PC、手机、平板电脑以及电子阅读器是目前常见

的数字阅读载体。数字出版延展性强，发布渠道多元，可移植到多种个人终端进行阅读，由于终端的不同以及呈现技术的多样性，期刊编辑应在具体的编辑和排版上从单一向多元转变．按照读者的需求和关注点进行个性化定制，灵活安排内容篇幅和文稿序列，使不同的终端设备配有相对应的文档格式和处理技术。如屏幕较大的 PC 和平板电脑可以使用完整扫描期刊的 PDF 版本，而手机、电子阅读器等移动设备因屏幕相对较小，更多的是采用 APP、RSS、碎片化 XML 处理等方式。纸媒时代，一期期刊一次排版。数字化时代，一期期刊可能需要做几个版本。不但排版不同，甚至内容也可以不同。

3. 读者时间碎片化要求编辑思路做出改变

数字阅读已渐渐改变了我们的阅读习惯，不少人完成了从读纸向读屏的跨越。手机等终端的便携性符合现代人群利用碎片化时间阅读的特点，传统纸质阅读的整片化、深度化正在向数字阅读的碎片化、浅显化转变。因而这就对数字化转型下的期刊编辑提出了新的挑战，编辑思路须相应地完成一种跨越。期刊内容的数字化加工要考虑人们的数字阅读特征，文字应摒弃冗长、繁琐，力求凝练、明晰，使读者能短时间内明白我所讲、找到他所需。

语言风格上应追求平实、易懂（甚至是网络化），这种改变并不意味着期刊品质的下降。相反，用读者更易于接受的语言去适应读者的阅读体验，更能拉近数字期刊与读者的距离培养忠实读者。

此外，期刊编辑在选取文章时，应该更加注重对文章长度和深度的把握。短小精悍的文章、摘要更符合读者需求。因此期刊编辑在选择内容进行加工时，应控制文章字数，避免长篇大论，尽量做到观点清晰、简明易懂。

（二）期刊编辑职能的新挑战

1. 内容展现方式多样，编辑须掌握全媒体技能

信息有五种外在表达形式，它们分别是文字、图像、声音、视频和动画。数字出版则可以囊括信息的全部五种表达形式。在数字化转型中，期刊编辑应摆脱原有束缚，拥有全媒体思想，展开手脚，将信息展现形式扩大到信息的全部五种表现形式。利用数字期刊的无限延展性，可插入超链接，植入视频、动画，丰富期刊内容。这就要求数字化转型下的期刊编辑必须掌握多媒体使用技能，利用这五种信息表现形式，让原本单调的文本活泼生动起来，从而改善读者的阅读体验，形成一种很享受的阅读方式。

2. 数字阅读方式改变，编辑须注重读者阅读体验

随着技术的发展，数字阅读终端日新月异，期刊编辑应该满足不同读者的体验需求，针对不同终端、不同版本的受众定制适应屏幕的版面风格，为不同区域、不同语言的受众设计符合阅读习惯的传播风格，从内容载体、内容量等方面给读者提供更为自由丰富的阅读体验。期刊编辑可以利用数字出版优势，通过建立读者资料数据库，统计一段时间内读者登陆次数和内容的生产量，了解读者使用习惯。根据读者需求对期刊图文、音视频信息的选择、编写进行适时调整，使读者阅读体验感得到提升。结合期刊的实际情况和对读者阅读体验的研究，满足细分需求的同时注重打造优质内容，是数字期刊及其编辑必须做到的基本要求。

此外，比起纸质阅读，数字阅读优势之一在于它通过数据平台，提供查询功能，读者在大信息中可以通过关键字快速搜索到自己需要的内容。数字化转型中的期刊编辑需要学习新的技能，运用技术使信息更容易被受众检索和浏览，提供方便的阅读功能。

3. 资源海量且同质化，编辑须提升内容精编能力

数字期刊借助计算机极大地提高了信息的数量和传播速度，面对爆炸的大量信息，为避免与其他期刊的内容同质化，期刊编辑须在信息汪洋里打捞精华，并进行深度整合。期刊编辑还应对信息内容进行横向拓展，纵向延伸，创造同样全面的附加信息资源，提供高附加值的信息服务，向读者推送个性化内容。只有经过对内容的精编加工和精心经营，一本数字期刊才能脱颖而出，不至于沦为同质化内容下的普通一员。

二、期刊编辑职能的不变

（一）编辑思路仍然是内容为王

1. 数字期刊编辑对期刊品质的坚守

无论纸质媒体还是数字媒体，向读者最终展现的是出版物的内容。没有好内容，再好的技术手段也只能算是空架子。内容的深耕可以说是数字期刊差异化的唯一路径，期刊的品质是稳定读者群的有力保障，是出版物生生不息的最终力盆。数字化转型下，期刊编辑应该传承纸质期刊原有的品质，不可因为随大流而随意更改期刊的风格和定位。编辑虽说要力求创新，但一本期刊灵魂的东西不能轻易更改。期刊编辑应坚守期刊品质不动摇，用技术对内容做最好的美化、对阅读做最好的优化，在保持特色的基础上追求创新。

2. 数字期刊编辑对内容深度的坚守

作为数字期刊的编辑人员，不能将自己混同于一般的文化受众，仅局限于对信息的广泛涉猎是远远不够的，应该主动进行深度阅读和思考，提升学识修养和思辨能力。如果期刊编辑自身对阅读毫无敬畏之心，疏于主动阅读，投入到仅仅只为撷取信息的行列中，那么带来的结果只能是期刊编辑在进行创作加工时运用浅显的原料、素材，并局限于自身的思考，创造缺乏深度的内容。所以，期刊编辑应坚持与期刊内容相关的思考以及更深层次的相关研究，传承期刊原有的内容深度，避免数字阅读使读者养成阅读的功利化心态。

（二）编辑须保有传统编辑的基本素养

编辑活动与文化传播相辅相成，数字出版下的期刊编辑不仅是技术平台的操作者，也是信息人文价值的传播者。数字化转型下的期刊编辑仍要坚守文化传播者的责任，常怀人文素养，应对阅读新趋势。除了扎实的文字功底和创作能力，还要掌握各种新媒体出版知识，学习多媒体编辑工具，创造符合新媒体传播规律的作品。并且时刻记住自己的职业理想和专业精神，有高度的事业心、责任感和甘为他人做嫁衣的奉献精神。

（作者单位：山东工商学院政法学院）

摘编自《编辑学刊》2014年第1期

新"把关人"：数字时代编辑的角色调适

张文鸯

伴随着以互联网技术为代表的高科技迅猛发展，自媒体逐渐兴起，它号召每个人成为记者、编辑、发言人，自媒体打破了原有那种独占渠道、一元化结构、由上至下的单一传播局面，于是"碎片"产生，媒体被解构。从表面上看，"数字化阅读"产生的碎片似乎是非线性、非系统、非逻辑的传播结构。

一、数字化时代更需要好编辑

即使是碎片化的阅读依然存在着一定规律，读者会在某几个特定的时间段产生大量的阅读需求。笔者坚信：编辑的职业行为，就是把复杂留给了自己，将简单和便利交给了读者。与其由读者在海量信息中筛选可读信息，不如由编辑推荐那些经过加工、整理、归纳的优质信息。好的编辑就应该让读者越来越"舒适"，不再漫无目的地浏览。碎片化对于传统编辑来说，可能是个巨大的挑战，在数字化时代，编辑只有转变思路，才能真正学会从阅读者的角度思考问题，让阅读者在有限的时间里产生最高的阅读效率，满足他们的个性化阅读要求。从这个意义上说，编辑不是消失了，而是对其要求更高了。

（一）阅读的碎片化更需要专业编辑

数字化阅读的3个主要特征体现为：①阅读时间碎片化，读者利用的是零散时间；②阅读行为的碎片化，它不同于传统深度、系统性的阅读；③阅读的内容以轻松、娱乐、消遣为主。大量的碎片化时间通过各种阅读终端最大限度地被利用，尤其是通过移动阅读终端获取信息，地铁上、公交车上、床上、饭桌上，甚至洗手间都可能成为阅读的场所。

（二）高科技人才不能取代编辑

有出版界的专家指出："数字时代的编辑需要有高超的数字技术能力、综合的信息处理能力、全媒体的综合技能。"首先，笔者并不否认这些能力在数字时代对于编辑的重要性，但追根溯源，任何技术都是在不断推陈出新，一种阅读产品无论是表达内容还是营销策划，其本质变化总是细微的，也是有章可循的。

数字时代的出版产品，其内涵依然要回归于编辑的基本职能。"事实上，科技只是信息的工具与载体，信息只有经过人工的、专业化的选取、筛选、整理这样一个系统化的编辑后才可以成为'知识'，才可以用起来。信息应用正在取代信息获取成为互联网核心！只有'真正有用'才会'真正持久'。"

那些迷信高科技的媒体人认为，凭借技术实力，通过对大数据的挖掘，完全可以向用户推荐最为精准的信息。其实，信息传播效果仍然有高低优劣之分。相信任何人都会有一个判断。完全通过计算机进行信息推荐与排序，在笔者看来这是一种无态度、无思想内涵的编辑行为。这种行为会给读者带来很大的困扰，因为每个读者关注的领域各不相同，也都有着各自不同的知识结构与价值判断标准，这种行为本身就是抹平读者的个性化差异。每个读者的阅读倾向是多年形成的，每个人都会构建一套独特的最符合自身信息需求的筛选机制。简单地对大数据进行数理统计分析，并据此进行精准的信息推送，这只是一种简单的自我想象，结果只会令读者的阅读体验变得糟糕，"这不是我需要的内容，尽管它是目前的热点"。一味地通过计算机分析阅读者的喜好、倾向，往往最终推送的只是一连串热门的垃圾信息。编辑只有经过事先筛选，尽可能关注信息内容本身的优劣，剔除劣质的内容，最后再基于用户个人行为数据进行个性化推送，这样才是真正意义上的信息推送。在这样的背景下，加强编辑对信息个性化的推荐是不可或缺的，这也是机器替代不了人脑的工作。

二、数字时代编辑的角色调适

在数字化浪潮中，各个媒体行业间的边界将进一步模糊，内容提供商（ICP）、互联网服务提供商（ISP）和电子渠道运营商之间的融合程度会更加深入。数字出版的本质依然是"出版"，只是各自的终端设备、数字科技、互联网传播取代了原有的纸张笔墨及印刷。数字化编辑工作意味着对现有的知识体系进行整合、加工、改造，以适应数字时代的需求，完成编辑角色的转化。

(一)编辑应成为传播中的网络意见领袖

数字出版时代对编辑的要求将更加全面,传统编辑需要实现自我角色定位的转变——编辑将从传统意义上的"把关人"过渡到网络意见领袖。意见领袖的涌现是互联网发展的必然产物,它符合互联网发展的逻辑,即最终的传播效果取决于众多用户和阅读者、转发者的集体合力,而非传统媒体的资本和权力;同时,信息的传播不再是单向的,而呈现多向性、互动性,信息在这种自由传播的过程中才能转化为知识和共享。传统编辑在向网络意见领袖转化的过程中具有先天优势。一名优秀的编辑,大多已经是某个领域的专家,而编辑的职能也要求其具有较强的社会交往能力、较强的媒介素养。编辑角色的转变,除了有助于策划选题、自我宣传,还能在准确引导舆论方面发挥重要的作用。未来数字出版物的核心竞争力来自以下 3 个方面:一是足够大的覆盖范围以及足够数量的读者群体;二是读者的舒适阅读体验;三是读者群体的用户"黏性"。而社交关系就是实现扩大读者群体、"黏住"用户的重要手段,读者肯定作品,并愿意与朋友分享,这种"黏性"就能长久地维持下去;当编辑与读者的互动性增强时,社会化媒体的倾向性也会同时得以增强,个人的独特性更能得以体现,编辑专业化的推荐将备受重视与青睐。在信息泛滥的时代,读者需要精准的推荐与引导,无论专业编辑还是网络意见领袖,将更能体现自身价值。

(二)编辑应成为数字产品架构者

数字时代,编辑最需要掌握的技能就是学会如何从纸张时代的单向入口,转向 APP、程序或网页的多向入口。

脱离纸张实体之后,编辑虽然会失去过去在纸张上发挥的空间,但在数字化方面却获得了极大的解放。读者转化为用户,传播介质变得智能,写作结合编程,编辑的某些技能将被计算机算法化。编辑的工作方式不再局限于单纯地使用文字,而是逐渐应用代码来制作新形式的内容,管理信息流。因此,在数字化出版中,编辑自由发挥的空间前所未有地扩大。人类阅读的主要方式依然是手持阅读,从竹简到纸制图书都是手持阅读,而数字出版在借助移动互联网之后依然保持这一方式,只不过这种方式将由原来单向性转变成互动形态的多向性。

(三)编辑应成为数字内容深度加工者

编辑应成为知识生产过程中的设计组织者。从题材选择上看,传统编辑的核心工作就是组织、选择、整理、归纳各式各样的信息,这项工作在数字化时代也得到提升。由于数字产品无实体特征,当它被制作完成之后,就永远留在网络平台上。因此,在资源有限的情况下,那些具备长尾效应的内容会比时效性的内容更适合制作成数字化产品。从这个角度来看,编辑应该注意分辨何种题材能经得起时间考验。

出版的核心是内容,出版的本质是选择。数字出版的本质是整个流程的数字化,包括在这个过程中衍生出的新产品,如数据库、互动和体验等。对出版人而言,如果以文化为追求,那么出版上游的核心问题只能是提供优质内容,要保证优质内容就必须作回归选择。数字化仅仅是出版的一种传播形式,它的核心价值与传统出版一样,仍然是依靠编辑行为才能得以体现;数字出版和传统出版的不同只在于,数字出版通过新的技术手段可以提升常规作品流程化处理的工作效率,数字化产品更易满足用户的全面阅读体验。在新的媒体生态环境下,如何创造舒适的用户体验,将信息向适合的阅读群体推广,数字技术提供了可能。好的编辑是信息的搜集者与深度加工者,合理使用各种社交软件、搜索引擎、信息发布平台,借助强大的互联网、数字化技术,充分满足读者个性化与私人定制化的需求。

(作者单位:宁波大学学报)
摘编自《科技与出版》2014 年第 3 期

云出版条件下编辑角色行为的思考

刘治超　张君浩

一、云技术与云出版

云出版首先是一种理念，一种基十无库存、无退货、无欠款的人性化、经济化理念；其次，云出版是一种技术，一种可以实现无限存储、随时获取、按需使用、个性自山的出版方式的技术；再次，云出版是一种商业模式，一种格式标准统一、产业链完整，内容、终端、渠道齐司其职，赢利方式和利益分成明晰的商业模式；并且，云出版还是一种解决方案，是帮助传统出版社实现数字化转型、解决数字出版发展过程中的短板问题的一整套时效解决方案。与出版企业齐自为政的数字化转型不同，云出版致力十建立一个内容资源多元十富、平台服务开放自山、行业标准健全公正、版权保护充足到位、产业管规范自动、交易结算可靠透明的统一的、在线数字出版综合服务云出版平台。这一平台的建立将有效弥合传统出版行业与数字出版行业的鸿沟，也将填补数字出版在发展过程中隐现的难以产生规模效应的短板。

从内涵角度而言，云出版无法脱离出版的核心，即信息传播。因此，信息资源的全而共享即是云出版作为出版业态发展高级阶段的本质特征，也是区别于传统出版和数字出版的典型特征。同时，尽管云出版的出版物形态更为自由灵活，存储更为广阔无限，但云出版也具有仟何种类出版所具有的目的，即社会知识的积累与社会整体的进步。因此，云出版依旧而且更加注重而向受众（或者说是在新出版环境下的用户），重视他们的阅读体验。在基于分析用户体验而进行广泛信息共享的过程中，云出版就自己独特的出版、复制、发行流程构建了完整统一有机的服务平台，形成了云出版的特质。据此，刘成勇提出：聚合出版内容云，借助出版技术云，而向出版渠道云，提供出版服务云——形成完整的"云出版"。

二、云出版为编辑角色行为带来的挑战

作为人类出版业发展进程中的一个阶段，云出版的实现程度及实践效果仍然离不开编辑工作的质量和水平。尽管随着云平台不断完善，数字出版物不断涌现，编辑工作的具体内容已经发生了变化，但编辑作为出版发行活动的基础地位并没有改变。编辑在不断挖掘优质的内容资源、创造新的出版物形态的同时，也应对着云出版为编辑角色行为的实现带来的如下挑战：

（一）云出版生态环境的变化增加了编辑工作的不确定性因素

与传统出版的编辑、复制、发行的工作流程不同，也异十数字出版集成、共享、复用数字内容的业务流程，云出版致力十扫造集数字化内容产、供、销十一体的综合服务平台，因此，云出版环境是一种有机的生态环境，这种有机性表现在，第一，云出版具有多向性，其产品发行而向十多种渠道，适合十有多元阅读需求和视觉体验的受众，可以应用十多种阅读终端；第一，云出版具有立体性，其扫通了产业链上中下游，利用分布式计算、效用计算等网络融合技术，实现从平台到应用齐个层而都可以按需付费、享受服务的立体出版模式；第三，云出版具有动态性，数字版内容不仅从制作、加工、管理、发布多个层而实现在线实时操作，还可以动态控制产品交易、反馈用户数据、多方互动沟通，甚至实现整合行销传播；第四，云出版具有开放性，数字出版物的版权信息、受众用户的阅读偏向数据、产业链齐企业的交易方式及信用记录等数据均公开平等的提供给平台上有服务需求的客户，出版企业不需要很高的技术门槛就可以在云出版平台上出售或购买产品及服务；第五，云出版具有安全性，云平台本身作为技术服务商，可以提供诸如第三方监管等保证数字产品交易、云平台运行安全、出版社版权和用户个人信息安全等的技术保障。

云出版生态环境的有机性依赖十云技术的实现程度，但归根结底取决于编辑的综合监测和内容管理。云出版条件下，编辑的工作内容和所而临的工作环境均产生了诸多不确定性因素，促使了编辑角色行为的变化。

（二）用户体验的个性化和多元化提高了编辑思想的难度和高度

云出版条件下，受众本身的角色定位发生了变化——由传统传播学中的信息接收者变为营销学中技术、产品、服务的使用者——用户。用户时代的开启表明出版物的发行对象或是服务的享受者再不是被动消极的受众，而是具有不同价值取向、审关要求和阅读体验的多元独立卡体。这些用户可能是企业客户，如享有云出版平台内容创作资源的上游出版社和发行渠道资源的下游运营商，也可能是作为个体的数字出版内容及服务的享有者。只有充分满足用户体验，实现其市场价值，才有可能真正实现云出版的经济效益和社会价值。

随着主体意识的觉醒，用户在云出版在线综合服务平台中，对所需资源的要求越来越个性而多元。只有优质而海量的内容才能获得用户的青睐，进而获得较好的用户体验。而这一过程更加要求编辑提高对内容资源整合的思想深度及高度，充分地满足用户的体验需求，开发、整合和创造更优质、更十富、更宜阅读、更为个性化的数字出版物。编辑不仅如往日一样需要选择资源、组织整理，审读纠错，加工修改，而且需要在考量用户体验效果的基础上，增强数字产品阅读效果维护，增进数字出版物的终端适应性、多元性和延展性，提升云出版服务水平，这些工作难度的提高均使编辑的角色山单一转向多元合一。

（三）大数据、海量资源的压力影响了编辑选择、加工的自主性

相较于编辑本人对市场信息和用户体验的把握，大数据模式的出版资源直接来源十行业自身向互联网传达的信息；相较十编辑本人根据自身素养和职业技能进行内容整合，云出版条件下的搜索引擎将自动对大数据进行综合处理；相较十编辑本人在工作中完全贯彻编辑思想以表达个人的出版偏向，云出版条件下的大数据挖掘、处理、分析、分享将更具客观性、精准性。可以说，大数据和海量资源为编辑的选择加工提供了更多有用参考，但与此同时，也对编辑的自主性和自我意识的实现产生了巨大挑战，进而使编辑对自身原本较为主观的角色定位产生一定影响。

（四）云技术手段的创新、应用深化了编辑完善阅读体验的方法

作为一项宏大工程的云技术平台，将为读者提供多元化、互动式、精准的云服务，用户可以自主选择云应用，自主建立个人的数字图书馆，还可以在各种终端上自主切换。这种云技术带来的巨大便利感逐渐优化了用户的个人体验，甚至使阅读和出版行为发生翻天覆地的变化。据此，云出版时代的编辑将借助云技术平台支持各出版单位自主主导数字出版，共享内容、技术和客户资源，从而策划、组织、编辑、出版具有出版社价值的特色产品，同时可以通过规范化、集约化、智能化数据加工的处理流程，实现产品的标准化，并基于云出版的可访问性、便携性、随时性、个性化定制、社会化功能等特征，为用户的阅读体验提供"更大的自由度"和"更高的人性化"，使出版活动和阅读体验真正受益于"云"。

（五）同质化和独创性的博弈提高了对编辑创造优质内容的要求

就云出版而言，编辑缺少的并不是海量资源，而是对海量资源的解读、消化和运用；提倡的并不是传统单纯的"内容为王"，而是在提高内容质量基础上的阅读体验的全方位提升。真正优质的内容不仅是内容上的创新，也是服务上的精进，并将更加契合用户个性而多元的阅读体验。借助于云技术平台的动态性和开放性；编辑可以通过已有出版物的数据采集、分析、共享，有效避免内容同质化；同时采用云技术为用户提供便十获取、内容优质多元、服务高效个性的数字产品，提升出版物的独创性，充分体现其经济价值和用户的品牌忠诚度。在云技术时代，真正优质的内容不仅是出版发行活动的前提，也是市场规律作用下赢利和分配得以实现的基础，更是云出版时代编辑活动满足读者阅读体验的核心。

（六）云出版条件下商业模式的完善增加了编辑把握市场的强度

云出版服务平台的赢利模式和利益分配机制致力十突破数字出版难以做大做强的瓶颈，在协调出版商、渠道商、技术服务商三个主要环节的基础上，探索符合市场规律的运营机制及产业价值链，不断完善商业模式。

据此，编辑市场意识的增强将更为有章可循。与过去编辑选题策划和市场营销完全依赖亲入市场、人工搜索和人力统计不同，云出版条件下的编辑将会更有效地利用大数据带来的定量分析便利，借助云出版发行的商业模式，随时在线控控、参考各个环节产生的数据量，依据出版物的动态交易过程，分析出版发行偏好，对读者访问、停留时间进行归纳、分析、跟踪，采集用户体验效果信息，从而达到出版物的精准覆盖全球发行，增加了编辑把握市场的强度。

三、云出版条件下编辑角色行为的实现

(一)准确定位角色

云出版山概念走向实践,传统出版向云出版转型,无不为编辑提出了新的要求和挑战。当前,传统出版与数字出版并存,云出版大行其道,已经在悄悄地改变着已有的出版格局。在这样一种全新的出版环境下,传统出版与云出版是对立统一的关系,编辑所要做的并不是抛弃传统出版行业,栖身于云出版公司,而是作传统出版的领路人和云出版传播的掌舵手,用全新的出版思维、广阔的文化视野、超前的编辑意识和科学的改革方法,高效的完成传统出版与云出版在作者、用户、技术、渠道、服务等方面的对接,突破传统出版在市场条块分割、数字化受阻等方面的困境,为传统出版做大做强提供数字化实效解决方案;同时,编辑应顺应出版发展大潮,以较高的眼光、思想和视野帮助完成云出版的战略制定与出版企业的转型改制,在云平台上海量的大数据中解读信息,发现商机,分析问题,完善服务,推进云出版向着良性的轨道和广阔的空间发展,促进出版工作和社会文化传播的全而进步。

(二)改变工作流程

区别十传统编辑"登记、审核、编辑、加工、打印、发排、发行"的工作流程,云出版时代的编辑工作趋向十综合和智能,编辑流程大体上分为以下步骤:

策划组稿→数字编校→发布管理→动态维护。

策划组稿,即基十云平台提供的大数据对数字内容产品、受众偏好、市场调研、广告投放等一系列信息进行搜集、整理、分析和应用,策划选题,网上约稿。

数字编校,即在原始出版物基础上,通过应用最新、最广的云技术对数字内容进行图片、文字、声音、影像等全方位的视觉改进与体验升级,延长服务链。

发布管理,即数字内容的发行工作,需要在平台内协调内容、终端、渠道,完成市场推广和产品推送,实现便捷、安全的交易结算,管理内容、平台资源。

动态维护,基于云平台的社会化和开放性,实时监控、参考出版产业齐个环竹产生的数据,基十平台内私有云的个性化和多元化,改进数字产品,提升服务水平,维护用户关系,提高数字出版物质量。

云出版条件下编辑工作流程的改变需要出版商战略的调整、编辑意识的更新和工作环竹的改进,而这些都依赖于编辑在云出版实践中不断地探索和精进,需要云出版商灵活而机敏的调整。

(三)精进工作内容

云出版时代,编辑工作流程的改变也引发了工作内容、职责的变革。区别十先前传统编辑平而单一的文宇编校工作,云出版时代的编辑工作趋于多维、立体、即时、综合、智能。编校不再局限于纸上或文档,而是在有机的云平台内根据实时信息对个性化的定制进行全方位的服务提升,编辑工作越来愈富有创造性。这要求编辑学会利用大数据带来的便利,智能地进行市场运作和用户需求分析,增大对出版数据的研判,增强出版企业决策的科学性,精准策划、精准营销,在满足和提升受众阅读体验这一核心要义的支配下,不断完善编辑工作,寻找机遇和挑战,提升出版赢利,审时度势、未雨绸缪,从根本上促进云出版产业良性发展。

(四)培养复合能力

云技术条件下,编辑越来越需要十八般武艺样样精通;同时,云出版环境下的全能型编辑人才短缺将成为出版企业走向云端过程中的短板。这意味着,复合型编辑人才的培养和云出版企业的人才储备将成为云出版未来发展的当务之急。

为提升复合能力,首先,编辑要拥有并能够灵活调用多学科的交互知识,提升个人的编辑涵养和作品品质;其次,编辑应掌握包括互联网、移动终端、软件应用、大数据等在内的多种技术技能,探索、优化受众的阅读体验;再次,编辑应树立更高的服务意识和更强的编辑能力,将特定的优质内容通过特定的渠道方式向特定的受众用户推送销售,产生数字出版物和信息的消费;最后,编辑应具有开放的心态和包容一切的视野,在出版产业不断发展、读者用户不断成长、产业链条不断完善的今天,增强学习能力、合作能力、创新能力和运作能力,以更高的眼界和更独到的日光,洞悉云出版时代企业的发展,提升整个社会的阅读热情和创作水平,促进社会文化传播。

(作者单位:内蒙古大学文学与新闻传播学院)

摘编自《前沿》2014 年 3 月

按 需 出 版

凤凰新华印务:创新商业模式迎接"云印刷"时代

张冬黎　李 溪

一、定位云印刷

随着数字印刷技术的发展,云印刷"商业模式伴随着云计算时代"给印刷业带来了新的变革。从技术角度而言,"云印刷"是基于互联网络、计算机、印刷设备、印刷技术、物流体系建立起来的一种远程网络印刷服务。是基于云计算商业模式应用的印刷加工、管理、云平台的总称。这是一种电子信息化的印刷营销与生产模式,它的诞生是源于上游客户印刷需求的快速发展。人们的设想是:通过网络服务器接收和优化大量的碎片化的印刷需求,通过平台服务软件与印刷设备硬件的配合,提高印刷作业的处理效率、处理质量,形成新的商业模式,为客户提供新价值服务。

凤凰新华用其互联网思维找到了问题的关键:云印制发展的外在活力来自于数字信息技术的发展,内在动力来自于现实中客户需求的变化,如图书订单的碎片化。单靠引进数字印刷机,或建立一个电子商务网站是远远不够的,与互联网结合,建设"云印刷平台"、寻求新的商业模式才是根本的解决之道。这就是"凤凰印"的精准定位:通过建立云印刷平台,利用技术创新改变传统产业链生产运作方式,提供颠覆性的用户体验,利用"开放、共享、共赢"的平台整合资源、为客户提供创造性的价值服务,充分发挥传统印刷与数字印刷的成本优势,彻底改变传统印刷传播的价值链,形成新的产业链运作模式。

二、全媒体运营

2011 年 11 月 28 日,被誉为亚洲第一条连续喷墨全连线数码 POD(Print On Demand)生产系统在凤凰正式启动。这是凤凰出版传媒集团数字化战略释放出的重要冲击波,吹响了凤凰数字化深度转型升级的号角,也开启了"凤凰印"品牌的新征程。以 POD 数码印刷设备的小连线为起点,凤凰新华联合芬兰 Flowman 公司、北大方正电子公司开始共同建设"凤凰印"云印刷服务平台系统,2013 年 8 月,"凤凰印"一期工程重络平台的搭建,以及与印刷生产线的连接(包括数字印刷机和传统印刷机),打通了云印刷平台的关键路径,开启了全媒体之路。

以"凤凰印"首先试水运行的"零距离"数字印前系统为例,利用这一系统,印前处理更为简化,客户可以在线跟踪订单,电子资源直接上传,从而实现零距离排版、制作标准化文件。身处世界任何地点的编辑和设计制作人员全程无需见面即可以在网上进行批改编校互动、自动校错、版本更替、色彩校正,实现零距离审校。通过"零距离"数字印前系统在客户内部的试运行,凤凰新华不断征求客户试用反馈,并且根据客户要求不断改进版本,简化设置,使这一系统更加符合客户的操作习惯。据了解,目前正在运行的已是第三个版本,改进之后在线编校功能比原来使用更加简便,并且易上手。凤凰新华的努力没有白费,"零距离"数字印前系统已经让客户切身地感受到了它带来的便利与效率。

目前,已有 200 本国内图书和海外图书 400 本在线上运行。全流程数字化的互动平台,使客户与印企联系更紧密,使空间不再是联系的障碍,从而改变了业务承接模式,极大地拓展了业务范围。尤其值得一提的是,凤凰新华的国际海外单承接能力显著增强,2013 年,凤凰新华对外加工贸易额达到了 2000 万元。完善的"零距离"印前系统对吸引海外订单发挥了出决定性作用。

三、标准化管理

根据"凤凰印"的整体架构,数字内容加工是重中之重,可以说是整个项目成功运转的基础与前提,这是凤凰新华基于对数字印刷发展的又一瓶颈——标准化文件来源的考虑。这一平台包括了印前资源数据库管理、电子胶片加工系统、"零距离"数字印前系统、出版物结构化数据加工等多方面的功能。

"凤凰印"数字内容加工平台能够全方位整合印前文件处理流程，帮助出版单位简化印前工序，并且直接形成标准一致的数字化文件，既可随时付印，也同时完成数据储存与管理电子胶片数据格式结合了PDF和点阵数据的优点，避免了PDF点阵这两种数据格式的缺点，帮助完成统一的标准化的印刷文件；出版物结构化数据加工为出版社提供针对性的数据管理与服务：包括大量历史资源的处理，对老旧版本重新进行标准化处理，以满足将来的印刷与多媒体生产需要，而且所有的资源都集中于平台之上，可供客户随时浏览、搜索和利用，大大提高了出版流程的运作效率，彻底解决了传统出版流程多数据源、多人工、多工序的弊端。

四、开放式聚合

"凤凰印"平台远不止此，以数字内容加工平台为入口，统一工作平台、印刷及跨媒体服务也是整个平台的关键组成。其中，统一工作平台涵盖电子商务网站、订单生成分发平台、运营管理平台、运维管理平台、云端印刷资源数据库管理、印刷自动报价系统、支付结算系统、第三方电商接口、物资公司接口、发行系统接口、ERP接口；印刷及跨媒体服务包括云印刷系统（获取云端订单、订单与资源审核、订单生产跟踪、订单物流跟踪）、桌面客户端（查看订单、下载订单、获取授权、上传工艺）、合版印刷、混合印刷等。在凤凰新华的设想里，平台将是一个开放式的端口，既能实现印刷订单的汇集，也能实现印刷产能、物流以及更多第三方资源的聚合。

以数字内容加工、统一工作平台、印刷及跨媒体服务三大板块共同组成的"凤凰印"平台以资源、订单、客户为中心，以"出版零距离、印刷零差异、发行零库存、版权零担忧"为目标，颠覆传统出版的"编印发"边界，将消费者、渠道商、出版社、发行商、印刷厂、物流配送等服务对象紧密联系在一起，提供订单、生产、结算、物流全流程不间断的服务体系，最终形成资源共建、利益共享的新型印刷联盟。"凤凰印"云平台上游将依托于凤凰出版传媒集团丰富的出版内容资源，下游联合多家印企和连锁印点，旨在建立全球范围内的数字网络服务平台，实现数字出版服务、异地按需印刷服务。

因为"凤凰印"是一个拥有跨界创新性思维的云服务平台，它所建立的一系列流程为全新的出版、印刷生态系统设计了更加合理的路径，提供了不间断的服务。通过各个平台的协同工作，不仅提高了效率，并有序地控制内容的生产、发布、应用的全过程，对于进入这一平台的所有使用者未说，所有的资源是可以共享的，而且可以实现最大利用率的分配，其足迹都是可追踪、可延伸的。通过这一平台，无论是客户还是印刷企业，都能够有效地管理资源流、订单流、资金流和物流，通过对资源、业务、生产能力的整合实现跨地域调配，这已不仅仅是一个IT系统，而是整个产业链的资源重新整合利用，是全新的商业模式的基础。

五、增值化发展

这是一个极具开创意义的数字化转型项目，同时也是一个投资大、周期长、涉及面极广的系统工程，因为"多媒体时代下的印刷不再是纯粹的工业生产，而是一种产业链边界大幅延伸的一体化商业市场"。这意味着"凤凰印"必须完成大量的前期准备工作，才有可能使这一平台真正发挥出超越印刷边界的连锁效应。

海量、繁杂、多变的数据正在考验着"凤凰印"平台的生命力，如何实现现有内部资源的有效转化与增值是第一步。依托凤凰出版传媒集团的庞大资源，凤凰新华人非常了解自身的优势，他们以内部资源的整合为突破口，以服务好自己的客户为出发点，采集了出版社庞大的旧资源，利用"凤凰印"云资管理平台，将旧资源整理入库，并提供检索下载功能。在消费者与客户的检索过程中，这些资源在网络上得以重新组合，使自有资源变为共享资源，并生成新的小批量订单，再进入"凤凰印"印刷流程处理平台，变成全新的商品，从而让旧的资源得以再利用，产生出新的价值，同时完成内部云向外部云的扩散。在外界看来，这一系列过程正在创造一种全新的体验、一个没有边界的新市场：于客户而言，他们得到了更有价值与针对性的印刷服务；于印刷企业而言，他们以更有效率的方式获得了更多的碎片化订单。在这里，无论是买方还是卖方，都可以进行顺畅的低成本互动，并满足各自的需求。

（作者单位：江苏凤凰新华印务有限公司）

摘编自《中国印刷》2014年第7期

网络自助出版物的呈缴与长期保存

赵豪迈

一、网络自助出版物的呈缴制度

电子出版物呈缴制度是网络环境下保存和利用国家数字化科学文化遗产的重要制度。目前,国外的电子出版物呈缴制度主要有 3 种,即"法定呈缴""协议呈缴"和"自愿呈缴"。"法定呈缴"是指国家通过立法的方式强制要求出版社将电子出版物纳入呈缴范围;"协议呈缴"是指相关机构通过与出版社协商并以签署协议的方式对电子出版物进行保存;而"自愿呈缴"完全根据出版社的意愿,由出版社自愿向相关机构呈缴电子出版物。目前世界上绝大多数国家采用"法定呈缴"和"协议呈缴"的方式保存电子出版物,只有少数国家采用"自愿呈缴"的方式。从电子出版物呈缴管理过程来看,其涉及因素主要包括法规政策、呈缴方式和过程、知识产权、经济补偿、电子出版物利用等。与这些因素相结合就形成了电子出版物有效良好运行的保障机制。

网络自助出版物作为电子出版物之一,呈缴制度是解决其长期保存问题的法律制度保障,只有建立了科学规范的呈缴制度,网络自助出版物的长期保存才能得到可靠保证。网络自助出版物与电子出版物有相似的地方,但亦有其独特性。网络自助出版物以单一版本在线形式存于计算机或者互联网中,其缴存问题比较复杂,实际操作中还有不少技术和法律问题尚待解决。目前仅有少数国家在立法中规定了在线出版物的缴存,且多为概念性规定,缺乏实质性的、可操作的规定。

在宏观管理层面上,网络自助出版物呈缴制度应涉及网络自助出版物的管理者(包括法律法规制定机关和网络自助出版物管理机构);生产者或拥有者(即网络自助出版物呈缴方)和长期保存者(网络自助出版物的受缴方和长期保存机构)三个方面。网络自助出版物的呈缴制度必须围绕这三方关系设计相关的法律机制、组织机制、经济补偿机制和事务协调机制。

(一)法律机制

我国应及时修改《出版管理条例》和《电子出版物管理规定》,把网络自助出版物明确纳入其管理和呈缴范围,指定网络自助出版物的管理者和受缴方,明确管理者、生产者和受缴方各自的权利、责任和义务,并开发专门呈缴系统以管理和长期保存网络自助出版物。

(二)组织机制

网络自助出版物的呈缴应建立明确的组织机制,以强制缴存和自愿缴存的方式纳入规范管理的轨道,并保证以后能被公众依法检索利用。应明确:网络自助出版物受缴方有义务利用系统接收和存储法律规定的对公众开放使用的网络自助出版物;网络自助出版者应确保在网络环境下对公众开放获取的网络自助出版物可以被检索和存储;出版者可以根据自身需要自愿向受缴方提供该出版物,以保证该出版物可被公众在不同时间获取;如果网络自助出版物不能被检索和存储,出版者应从接到受缴方通知之日起一定期限内呈缴该出版物,除非该受缴方与出版者另有约定。

(三)经济补偿机制

网络自助出版物的缴存管理和长期保存管理服务费用巨大,除了动员国家力量外,必须积极动员社会力量,参与网络自助出版物的长期保存和利用服务。一方面,国家必须通过立法规定保证网络自助出版物法定受缴方的经费问题,并对各类网络自助出版物实行强制缴存。可以指定国家图书馆为国家网络自助出版物的法定受缴方,所有网络自助出版物出版方和呈缴方必须依法向国家图书馆缴存网络自助出版物。为便于不同地区和不同使用类型的读者方便获取网络自助出版物,可设立若干专业和由社会运营的网络自助出版物专门缴存机构,由出版者自愿缴存或者由各专门缴存机构以协议形式购买缴存,这类缴存机构可以通过收费服务的形式补偿其高昂的业务运营成本。同时,应该尽快完善出版物呈缴过程中的权益保障机制,以维护缴存方权益,妥善解决在市场经济环境中,追求经济效益最大化的目标与出版物无偿呈缴所占用的成本之间的矛盾。

（四）事务协调机制

网络自助出版物缴存制度技术复杂，相关参与者利益多元，且方兴未艾，我国政府应该借鉴南非和加拿大的电子出版物管理经验，建立网络自助出版物的综合协调机制，由作者、出版方、图书馆、政府主管部门和其他利益相关者代表组成跨部门、跨行业的行业协会组织，负责就我国网络自助出版物缴存的法律政策、经济补偿政策以及缴存制度执行过程中出现的问题向政府主管部门提供咨询和政策建议。

二、网络自助出版物的长期保存机制

解决网络自助出版物的长期保存问题，不但需要建立网络自助出版物的呈缴制度，从制度上保障其长期保存问题，还需建立网络自助出版物的长期保存技术框架，才能达到长期保存网络自助出版物的目的。OAIS 模型是构建数字资源长期保存系统的经典参考模型，OAIS 参考模型将数字资源长期保存系统分解为摄入、保存、访问和管理 4 个管理模块，每一管理模块都由相应的标准组成，这些标准管理模块为数字资源长期保存系统提供了高质量的技术支撑。OAIS 模型已在电子出版物研究和实践中得以证明，因此，我们可以依据 OAIS 模型尝试构建网络自助出版物长期保存系统的标准化技术框架，以指导网络自助出版物长期保存应用研究。

网络自助出版物长期保存系统所涉及的问题本身是一个包含具体技术操作层面的较为复杂的系统性问题。涉及网络自助出版物内容存储数据格式、元数据、工作流信息，以及编码、格式、标记、结构、压缩、加密、内容校验、版本演变、知识产权管理等数据信息，还涉及软硬件系统、利用与服务环境等。因此必须以系统控制的方法解决网络自助出版物的长期保存机制问题。

（1）制定网络自助出版物长期保存系统标准体系模型，包括出版物基本数据信息的输入、获取、处理、传输、保存、检索、利用和服务及相关的元数据标准规范和技术体系，为网络自助出版相关应用系统提供基本需求框架。

（2）建立一体化网络自助出版物信息管理系统，有效集成内容编撰系统、内容管理系统、内容发布系统、元数据管理系统、工作流系统等，并长期保存、检索和提供利用网络自助出版物平台上的综合性业务信息，避免网络自助出版物重要信息丢失。

（3）加强网络自助出版物长期保存系统需求分析，建立操作性较强，符合系统一致性测试要求的网络自助出版物长期保存系统，充分考虑网络自助出版物呈缴系统、信息管理系统与长期保存系统的集成需求，且能满足网络自助出版物呈缴系统的通用功能需求、元数据处理需求以及其他选择性需求。

（4）加强网络自助出版物管理系统、呈缴系统和长期保存系统之间的互操作性，创建一个互联、互通、互操作的开放环境，充分实现信息共享，实现管理方、呈缴方和受缴方关于网络自助出版物信息的协调和标准化，有效保证网络自助出版物呈缴、管理、检索和提供利用的安全性、便捷性。

（作者单位：陕西师范大学出版总社有限公司）
摘编自《出版发行研究》2014 年第 3 期

美国按需出版的运营机制与启示

肖叶飞

按需出版是利用先进的数字储存技术、数码印刷技术和网络传播技术，把出版信息储存在计算机系统中，在需要的时候直接印制成印刷文本的形式，做到"一册起印，即需即印"，满足用户的个性化需求，实现无库存的绿色出版。目前，按需出版主要针对小印数的出版市场，而传统出版针对高印数市场，按需出版成为传统出版的有益补充和功能延伸，同时也促进了出版产业的健康发展。

一、美国按需出版的业态类型

美国按需出版业态具有两种类型,一是按需印刷服务,解决短版书和断版书的印刷问题,通过数字传输技术和数码印刷技术,直接将数字文本制成纸质文本,面向出版社、零售商、读者服务。二是帮助作者实现自助出版,提供出版和编辑加工服务等,满足作者出版的个性化需求。这两种按需出版业态具有各自不同的市场空间和核心竞争力,按照主导者和服务对象不同又可分为不同的业态类型。

(一)发行商主导模式,发行商为出版社、书店和图书馆提供按需印刷和按需发行服务,图书先订购,后出版

例如美国最大图书发行商英格拉姆公司(Ingram)1997年投资建立了闪电之源(Lightning Source)按需印刷公司,该公司定位为图书印刷商,而不是图书出版商或者图书销售商。其业务流程就是先发行,后印刷,将转化好的图书储存在数字图书馆,通过内容交换中心向用户提供各种数字版权的图书,实现按需印刷,利用母公司英格拉姆以及巴诺连锁店、亚马逊的发行渠道和完善的物流系统,覆盖美国、欧洲许多地区,可以直接发货到仓库、出版社或者出版社的自办发行系统。

(二)印刷商和零售商主导按需出版业务模式,主要服务读者

例如,美国出版界元老、前兰登书屋编辑主任杰生·爱泼斯坦创立了按需出版公司,该公司是一个出版新技术公司,拥有专利产品“图书快印机”(Espresso Book Machine),2008年与闪电之源签订战略合作协议,并与英国的图书馆供应商布莱克维尔(Blackwell)和学术图书连锁店签订独家代理协议,在英国有60多家分店。图书快印机成为实体书店和网络书店之外第3种图书销售模式,即实体网络混合模式。

(三)自助出版的按需出版模式,主要服务对象和收入来自作者

作者可得到高质量的出版服务、快速地进入图书市场和取得更高比例的版税收入。例如,Xlibris网站是美国著名出版社兰登书屋投资的按需出版机构,以定制自费服务作为核心业务,将网络出版、传统出版和电子商务有机地结合于一体,作者提供电子文本,网站提供编辑加工和出版发行服务。“基本服务”要收取500美金的费用,而“个性化服务”收费则高达

1600美金,完全按照作者的要求出版图书,至今已为3.5万名作者按需出版了4万种图书。针对作者不同的出版需求实行分级服务,作者个性化程度越高,出版费用也越高,这些服务包括提供书号和条形码;提供文字编辑服务,包括语法、标点、句法和拼写的编辑服务,以及不同形式的封面和内文格式;在出版社网站上或者网络书店进行营销、提供图书的电子光盘,以及其他的营销服务,帮助作者实现出版梦想。

另外,美国出版社也建立了按需出版平台,开展按需出版业务。例如兰登书屋就建立了专门的按需出版部门,搭建自己的销售平台,开展电子商务活动,在自己的网站上为作者开设个人页面或图书页面,附上图书内容介绍、书评及其他的信息,并与亚马逊、英格拉姆、巴诺书店等大型图书销售商建立良好的合作关系,链接到它们的书目数据库,在零售书店安装POD设备,随时为读者印制图书。

二、美国按需出版的运营机制

美国按需出版的内容提供商、技术商、发行商、零售商都积极参与按需出版业务,在技术、资本和内容方面相互融合,形成了立体网状的按需出版产业链。

(一)定制性、个性化、小批量、即时性是美国按需出版的基本特征,同时按需出版依靠网络平台完成交易

例如,美国自助出版服务公司目前已经有100多家,如Xlibris、Universe、Authorhouse、LuLu、Infinity等,这些公司的从业人员大多来自出版、印刷和设计公司。图书内容的编排、字体、字号、装帧等都可以按照客户的需要来进行个性化的设计。作者自助出版的书通过按需印刷来完成,从印刷到装订切边仅需5～10分钟,没有最低印数的限制。按需出版依靠按需印刷平台、自助出版平台、图书销售平台等完成。首先将图书目录在网上发布,读者订购后在网上以电子商务的形式完成结算,然后通过网上商务平台完成部分营销活动、业务往来和读者反馈等工作。

(二)美国的图书批发等中间商主导了按需出版

因为中间商一头连着出版社,一头连着零售商,可以在自己的营销网络中向众多的客户提供按需印刷业务,若出版社或零售商单独实现按需出版业务则需求量有限。图书批发商可以积极将数字印刷技术引入图书流通领域中,建立强大的数据库资源、畅通的销售渠道和稳定的客户资源,促进按需出版的发展。另外,美国各类出版机构、图书批发商、零售商和印刷机构也都

积极介入按需出版业务,图书的品种也开始从学术出版向大众出版转换。按需出版通过建立高效率的数字印制中心,通过小印数、多品种和大规模相结合的方式,提高设备的利用率,降低生产成本。

(三)网络出版与按需出版形成了良性互动,促进了按需出版的发展

随着网络出版的发展,图书的种类不断增多,而印刷量却不断减少,但是网络出版的繁荣反过来也在一定程度上促进了按需出版业务。

三、美国按需出版的启示

美国按需出版业务发展迅猛,其优势是传统的胶印出版无法替代的。其经济性在于利用较高的单位成本和较低的印刷质量来换取较低的单位成本和较高的管理成本,并消除库存。建立一个按需出版平台,要集成出版社、发行商、书店、图书馆、作者和读者等信息资源于一体,如此才能满足按需出版的市场需求。

(一)按需出版是未来发展的必然趋势,是传统出版的优势互补与功能延伸

第一,零库存,可远程传递数据,能够异地小批量出版,减少了运输成本,延长了图书的生命周期。从"先印后卖"到"先卖后印"的转变,可解决我国图书出版业库存大、退货多、回款难、起印数高等问题。另外,按需出版能够满足出版社、作者和读者的特殊需求,使图书不再绝版、断版,当长尾部分图书的按需印刷可以实现赢利,印量较小的图书的经济价值就发挥出来了,这就成为长尾理论的应用典型。

第二,按需出版采取即需即印的操作方式,将编审、录入、编排、印刷和装订等结合为一体,省去了传统出版过程中的征订、制版等中间环节,按照不同的时间、地点、数量和内容的需求,通过网络传播和数字印刷技术为用户提供快速的、高度个性化的新型出版服务。

第三,按需出版缓解了出版社的压力,平衡了图书市场上的供求关系,为著作权人、出版者和读者提供了更多选择,拉动了出版需求。第四,按需出版可以满足受众的个性化需求,受众根据个人的爱好选择自己喜欢的开本、字体、字号、封面、色彩、装帧和版式等。第五,我国每年出版40万种图书,55%在流通后逐渐退出流通市场,特别是学术专著、专业教材、艺术作品等,其中许多具有学术价值、史料价值,按需出版可以通过虚拟数字技术和数字印刷技术使所有图书处于流通状态,从而起到知识传承和文化传播的作用。

(二)出版企业的管理理念应从"产品导向"向"顾客导向"转变,使顾客成为营销的中心

按需出版是一种定制营销模式,可满足多品种、小批量、个性化和即时性的需求,要生产、出版、仓储和零售相结合,重新整合出版价值链。按需出版企业的营销部门通过各种渠道获取读者需求信息,编辑部门对定制图书的内容进行策划、组织和加工,财务部门根据图书定制的成本状况制订参考价格。

(三)建立按需出版数据库,使数据库成为按需出版的平台和窗口

按需出版首先要保证图书数字化,并对内容资源进行深入的开发和管理。如商务印书馆利用按需印刷网,实现了《商务印书馆图书目录(1897~1949)》中1.5万余种现存纸书的按需印刷,使绝版书重现光彩。其次,要提高按需出版的信息服务系统和管理系统,加强作者、出版单位、发行单位、印刷商和读者之间的联系,保证信息链的沟通和共享,同时要协调利益分配机制。例如,知识产权出版社的按需印刷业务包括新书出版、图书复版、寻找断版、按需印刷、网上书店和分类专利文献订阅,分属编辑出版、发行营销和印刷印制等不同部门,它们开展了断版书与短版书的寻找和销售工作,计划3年内使5万种断版书按需出版。再次,按需出版要建立3个平台,即数字资产平台、在线交易平台和按需印刷平台。数字资产平台是"数据之源",主要用于对数字资产的数字化、资源化和版式化处理,实现数字资产的标引、检索和分类管理,并加强对数字资产的保护。在线交易平台是为方便用户通过网络浏览、检索和查看数字资源,对感兴趣的内容在线下订单。按需印刷平台就是根据用户的订单状态和印刷任务实现有效管理,为在线交易提供有效的交互信息。

(四)创新按需出版的商业模式,建立合理的利益分配机制

第一,社店合作模式。新华书店和快印店安装按需印刷系统,出版社提供数字内容资源,书店根据读者的需求与出版社合作,配备专业的按需出版系统,这种模式无需物流系统,节约了成本,及时满足了读者的需求。第二,出版社一条龙服务模式。例如商务印书馆按需印刷网,知识产权出版社"中国按需出版网","超印速"按需印刷网等,作为出版社的网络书店和网络出版的增值服务而存在,专门提供断版书和短版书的按需出版服务和按需印刷服务,不仅集中于本社的业务,且可以兼营其他的按需印刷业务。第三,出版网站的自助出版模式。开设图书的定制服务,帮助作者实行自助出版,如上海世纪出版集团的易文网开设的"我的书定做工场"。第四,出版社和大型按需印刷公司合作模式。这类模式主要适合短版书、样书和无库存的书,例如北大方正的印捷网、印客网,商务印书馆的按需印刷网。第五,出版社与发行商合作模式。出版社将授权的图书数字化存档,跟发行商合作,使图书资源实现共享,促进短版书的按需印刷。

(作者单位:安徽师范大学传媒学院)

摘编自《编辑之友》2014年第2期

我国按需出版的现状和问题

周茹茹

一、我国目前按需出版的现状

按需出版并未适用于所有图书领域在我国,按需出版主要应用在以下几个领域。

(一)新书、样书出版

新书的市场预测难度较大,如果没有很大的把握,一次性印刷大量的图书,会有一定的风险。借助按需印刷先印一部分在市场上进行铺货或请部分读者试读,根据看样征订印数,以提高起印数的准确度。如果征订情况良好,可以采用传统印刷方式大批量印制来集中投放市场。这样不仅能减少新书出版的库存风险,而且能精准地判断市场的实际需求和方向。

(二)短版、断版图书的出版

按需出版还可以在市场基本饱和后发挥作用,如少批量的补货。还有无法达到传统印刷的起印数量的短版图书,其中包括学术性著作、专亚性图书等,受传统印刷方式的印数限制,无法得以出版;面对图书进人市场的衰退期,如已经退出销售市场的断版图书,其中不乏具有学术价值、参考价值、研究价值的图书。而按需出版能够实现一册起印,对已经出版的短版、断版图书根据读者的需要随时随地按需出版印刷。不但能够满足读者的多样化需求,还能不受市场周期的影响,降低库存,减少浪费。

(三)小众图书的出版

有许多有价值的学术图书在全球范围内可能只有极少的专业人员需要阅读和学习,但由于经济成本的考虑,大多出版社不愿出版此类图书。这些被传统出版方式所放弃的精英文化不再受"起印量"的限制,正在从传统出版向按需出版倾斜。

(四)个性化图书的出版

按需出版的图书以数字格式存储,能够为读者提供个性化的定制服务,图书的封面、版式、字体、字号、纸张、装订形式等都可以根据不同需求加以调整。

二、亟须解决的几个问题

(一)如何打造真正意义上的按需出版

按需出版在我国的发展还处于初级阶段,与国外面向大众的图书市场需求不同,我国按需出版的应用还是传统出版补缺的角色,主要应用于样书、学术著作、古籍整理类等短版图书的出版需求,只承担了"长尾理论"中的很小一部分,业务范围相对还很窄。出版社应当不断开发市场,将按需出版服务小众化、个性化市场做到位,做到家。出版社可以在那些有需求但达不到传统"起印量"的断版书市场不断开拓,以满足读者需求。此外,按需出版还可以在文化保护传承方面,加大规模开发挖掘价位高昂的礼品书市场、精品书收藏市场、古籍文献整理类等市场。按需出版只有开辟更多的传统印刷市场以外的市场,将以前人们认为无法实现的出版需求,通过按需出版来解决实现,承担"长尾理论"的不同分工,从而开辟出一片新天地。

(二)如何让出版社赢利、打造赢利模式

在西方,因减少了人员和库存等,数码印刷成本上并不比传统胶印上升很多。而我国却不一样。主要是由于按需印刷的设备、技术和耗材等均由国外进口,生产规模较小,效率不高并缺乏连续纸印刷生产线等原因造成的,从而导致按需印刷的图书单册印制成本过高。由于按需印刷设备寿命短,昂贵的供应商

服务费和设备折旧成本,使初期难以赢利,只有规模化方能赢利。由于国内图书定价偏低,目前出版社的印刷工价是印刷行业中最低的,甚至还要打折扣,导致按需印刷成本凸显,彩色数码印刷价格更高,但出版社还会习惯性地以传统印刷的标准来衡量成本,这样就凸显了按需印刷的高成本和传统印刷图书低定价之间的差距。

古籍类的、学术类的高定价图书本身定价就高,采用按需出版后仍有一定的赢利空间,能给出版社带来一定的经济效益。但要保证引进的高昂的按需印刷设备能赢利就必须扩大规模方能赢利,除了高定价的学术书、古籍整理类图书外,其他普通图书按需出版后的定价,既要让读者接受,又要让出版社赢利,形成良胜模式是最需解决的问题。

当前我国传统印刷的图书定价相对偏低,一般图书都是按照内容、作者、市场、受众等因素根据印张定价。在传统出版中利润的分配通常是:发行费用占定价的15%,批发商分得定价的15%,零售商分得定价的30%,出版社只得定价的40%,而其中还包括了印制成本、运作成本和作者的版税。如果印制的图书全部卖完的话,出版社可以获得10%的利润。而按需印刷一般都根据实际制作成本来定介。虽然按需出版可省去发行和批发环节,但还需要付给零售商30%~40%的折扣。而现在的按需印刷成本偏高,彩色按需印刷价格更高,同样内容的图书按需出版后要多支付1.5~2.5倍的价格,按需出版图书高定价让读者望而却步。而且读者会与原书定价进行比较,会有心理落差,影响购买,转而会选择有同样内容但定价相对便宜的e-book。尽管按需出版图书没有了库存,但高书价提高了市场需求的门槛,使得按需出版较难赢利,这也是许多出版社对之观望的重要原因。

三、解决之道

(一)技术革新

出版模式的变革始终是与技术创新紧紧联系在一起的。技术先进、生产高效、性价比高的按需印刷设备及相关辅助材料决定着按需出版物的质量、成本与利润。现今,世界出版市场对按需出版印刷设备的需求量逐年陡增,但是按需印刷设备的主要生产商大多为国外大型数码印刷设备制造企业,国内的生产厂家较少且技术、资金与国外还有较大差距。方正研发的国产高速喷墨轮转设备已正式投产,业界寄希望于它能进一步降低印刷成本。方正唯有打破技术壁垒,

自主研发具有知识产权的数字印刷设备与耗材,技术水平与欧美等国家同步,才能不受制于人,把印刷成本降下来。

(二)观念革新

我国的出版业一直受政策保护,虽然2010年底前大多数企业已完成转企改制,但市场化运营程度和开放程度仍然很低,相关人员普遍缺乏市场竞争意识,经营理念相对保守落后,创新意识不足。对新技术、新观念的接受较为被动;粗放式的经营管理模式、销售模式在短期内较难改变,出版企业要转变经营理念实现真正意义上的按需出版,还有较长的路要走。

虽然有些出版机构在一定印量以下会采用按需印刷来完成,但这只是印刷工艺的变化,仅仅解决了库存问题,并不是真正意义上的按需出版。真正的按需出版应该是出版单位主动策划尖端的学术专著或者小众化的读物,通过网络传输,根据读者需求的订单,再印刷,通过物流到达读者手上。因此是否主动策划的关键还是要出版企业打开思路,认识到开展真正按需出版的意义。

(三)政策扶持

第一,2009年,我国书号管理制度作了调整,从总量宏观调控到实名网上申领,国家一级出版机构已经放开书号限制,对国有出版社来说书号不再是"稀缺资源"。短版、断版、重版书不存在书号问题,但对于一本起印的个性定制、学术小众类新书的书号问题如果得不到较好的解决的话,按需出版的前景将仍不明朗。

第二,政府应该加大出版业体制改革的力度,让中间商具有图书出版资格,发挥其渠道优势和中盘优势,担当起按需出版的重任,成为推动按需出版市场发展的主导力量。中间商的加人给出版企业提供更多的信息资源、渠道资源和资本资源,有利于出版社收集多方信息资料来了解读者需求,更好地为读者服氡。

第三,国家管理部门应该制定按需出版的具体相关标准,并制定完善的著作权保护法律体系。随着按需出版的不断深入发展,政府相关部门的标准制定刻不容缓。要加强国内存储批量图书信息数据库的计算机自动化管理软件系统开发,建立格式转换标准,只有解决出版机构按需出版中的数据库标准、版次标准、用纸规格标准等一系列的实际问题,才能让按需出版既节约成本又便于实际操作,才能使按需出版进入良性循环。解决按需出版个性化定制图书的定价

问题、版权问题、版次问题、印刷质量标准问题等实际操作问题，消除出版企业和作者的版权安全顾虑，才能帮助按需出版走出困局，这些基础性的工作鱼待政府来组织完成。

第四，建立按需出版示范工程。按需出版在实际工作中很多目前政策不能突破的地方，可以在示范区里先行先试，摸索出一套适合中国国情的按需出版的经验、技术和发展模式，再扩大推广的范围。可以在文件存储数字化、生产过程数字化、销售渠道网络化、管理过程信息化等全方位做更多的推动工作。

（作者单位：上海外语教育出版社）
摘编自《编辑学刊》2014 年第 6 期

动漫网游

"大动漫"：推动动漫教育转型升级

苏锋　罗小艺

2004 年以来，发展动漫产业已上升为国家战略，动漫教育亦随之得到了快速发展。目前开设动漫类专业的高校已达到 447 所，在校学生达到 46 万人。从考生的角度看，动漫专业曾经是最热门最难考的高校专业之一。但从 2010 年起，大量高校动漫类专业毕业生难以就业，连续三年高校动漫类专业被亮起了红牌。尽管如此，动漫企业在招聘人员的过程中，很难寻觅到合适的人选。这种怪异的现象其实就是动漫教育的人才供给与动漫产业的人才需求之间产生了结构性矛盾。那么，是什么原因导致了这样的困境？如何解决这样的供需矛盾就成为摆在政府、业界和学术界面前的一个焦点问题。本文从"大动漫"概念的视角出发，剖析我国动漫教育问题的表象和成因，提出我国高等动漫教育的发展对策，以此契合产业发展对动漫人才的需求。

一、表象：结构性矛盾

近年来，从我国一些地区动漫专场招聘会传达的信息来看，我国动漫教育脱离产业需求的问题愈显突出，一边是动漫企业无法招到急需人才，一边是动漫专业应届毕业生无人问津。

如果我们进一步分析动漫教育与动漫产业之间的关系，可以发展二者之间存在着"三个不适应"。

（一）高等动漫教育的毕业人数与动漫产业的整体消化能力不适应

我国高等动漫教育的毕业生数量已经严重超出了当前我国动漫产业的实际消化能力。而动漫公司的在职培训进一步加剧了动漫专业毕业生数量与动漫产业消化能力之间的紧张程度。

（二）高等动漫教育的模式结构与动漫产业的目前人才需求不适应

当前我国 90% 以上的动漫公司仍然以制作阶段的外包加工为主要利润来源，需求的人才也以技能型制作人才为主。而现阶段我国高等动漫教育所提供的动漫人才与此需求不相吻合。几乎所有人才的特点均不突出，既无法降低成本，提高制作质量，又无法提高原创能力，创作出市场欢迎的作品。

上述问题导致的结果是：一方面动漫专业的毕业生毕业即失业，毕业即转行的现象比比皆是，即使北京电影学院动画学院的毕业生转行率也达到 30% 以上，有些大学动漫专业的毕业生几乎成建制转行；另一方面，很多本科动漫专业毕业生为了提高自己的动漫专业水平，报名参加社会上举办的各类动漫技术培训班。虽然学费不菲，但对于一心想到动漫公司求职的毕业生来说也会不惜重金和时间，有针对性地去补齐自身短板之处，陷入了"先上本科后上专科"的动漫教育怪圈。

（三）高等动漫教育的学科体系与动漫产业的未来转型升级不适应

中国高等动漫教育和动漫产业都处于发展的初级阶段，都处于经验探索时期，都经历了"井喷"式增长，由此带来了双方重心的不吻合。因此，我国高等动漫教育的毕业生既不能有利于提升目前中国动漫产业的外包加工国际竞争力，也无助于培育动漫产业的未来可持续发展能力。这样的状况使产业界对我国高等动漫教育产生了失望，结构性矛盾就成为必然出现的结果，动漫教育与动漫产业人才需求之间形成了恶性循环，挟制了毕业生的个人成长和产业发展。

二、成因：发展中错位

如何化解结构性矛盾，我们还要从动漫教育和动漫产业的各自发展历程，以及二者之间的相互关系入手，找出问题存在的根源。

（一）供给方：高校动漫人才培养局限于"小动漫"范畴

当前动漫教育聚焦于"小动漫"范畴，实际上只是为"动漫产品"的制作培养人才，无形中放弃了其他产品制作和营销人才的培养市场，且各高校动漫类专业课程体系和目标定位高度雷同，全国动漫专业整体办学规模迅速膨胀，形成了"千军万马过独木桥"的壮观景象。从个人层面看，造成了毕业生就业的压力，无益于毕业生个人的职业生涯成长。从宏观经济层面看，不利于开拓更为广阔的动漫教育市场，造成社会教育资源的不合理配置。

（二）需求方："大动漫"概念尚未深入到产业界的经营

鉴于动漫产业发展的初级阶段和管理水平的稚嫩，导致了对动漫人才的理解和要求在一定程度上的误读，对动漫教育以及动漫人才的培养起到了误导作用。同时，产业整体规模的增长速度与动漫专业毕业生的增长速度不匹配，所以很难在短期内将过剩的毕业生消化到产业中去，致使动漫人力资源整体失衡。

从上述动漫人才供给和需求两方面可以清晰地看出，造成目前动漫教育与动漫产业之间"结构性矛盾"的关键原因在于教育界和企业界对于动漫概念的理解过多局限于"小动漫"概念，将动漫类专业的课程体系和培养目标局限于纯粹的艺术教育范畴，落后于时代的要求。

而创办众多动漫专业的初衷是适应和促进动漫产业发展，这就形成了动机与结果的错位。

三、对策："大动漫"中成长

"大动漫"概念的历史性出场为动漫教育开阔了视野，也迫使我们的办学理念转型升级。

因此，我们必须跳出动漫看动漫，将目光投向整个社会经济生活，在宏观经济的背景下考量动漫教育，在宏观经济的动态发展中为我国动漫教育寻找市场，以此促进动漫教育与产业发展的良性互动。

（一）高等动漫教育的时代背景：产业升级与第三次工业革命

有两个基本事实需要引起我们的注意，以此作为我国现阶段高等动漫教育"顶层设计"的背景和起始点。

1. 产业升级

无论是企业层面的企业升级，还是产业层面的结构调整，都对产品设计和品牌营销等方面的人才提出更多的要求。而对现有动漫专业的课程体系稍加改造或增添有关课程，就可以使毕业生掌握相应的技能和方法，适应企业升级和产业结构调整的需要，为动漫专业的毕业生开辟极为广阔的就业市场。

2. 3D 打印技术

可以看出，3D 打印技术的应用正从两个方面颠覆着传统制造业的经营模式。从制造企业的角度看，可以使产品研发周期和上市时间大大缩短，产品成本降低；从消费者的角度看，可以增加用户的选择范围，满足用户个性化需求，并极大缩短从下单订购到接收货物的时间周期，提高消费者的满意度。可以预见，随着 3D 打印技术的不断成熟，3D 打印技术将大幅度提升在各行业中应用的深度和广度。当打印技术、材料和法律问题逐步得到解决，实施小批量、多品种、个性化的敏捷制造模式成为常态，企业的竞争就从技术和成本的竞争转向产品设计的竞争，以便满足消费者个性化需求，从而进一步加大了对产品设计和设计人才的需求，为动漫专业的毕业生找到了新的创意用武之地。

为此，基于上述我国未来产业结构转型升级的需要和第三次工业革命的发展趋势，我国高等动漫教育必须适应动漫概念内涵的动态变化，与宏观经济增长相互融合，相伴发展。如果说，"大动漫"的特别之处在于"动漫技术辐射产品"为其他产业起到广告、演示和教育等辅助功能，那么，产业升级和第三次工业革命的来临，将动漫创意和动漫技术更加深刻地嵌入到各种新产品的研发和营销等企业升级活动中，为转变经济发展方式贡献了力量。因此，有理由相信，未来的时代是大动漫的时代，如同当年计算机技术融入到各个行业迎来信息时代一样，一旦到来将遍地开花。

（二）高等动漫教育的指导思想：服务社会生活的各行业

根据"大动漫"概念，依据不同院校的教学资源情况，针对不同目标市场，采取不同层次定位，培养不同类型的动漫人才，改变当前动漫教育目标市场单一、定位单一的状况。

（三）高等动漫教育的学科体系：面向产业链条的全过程

基于不同定位，依照产业链条，开展多学科的研究和教学活动，弥补学科短板，形成学科间互补，共同促进产业发展，改变目前单一学科的教学体系。

针对"动漫技术辐射产品"：除了在技术、管理和法律等多学科角度开展教学和研究，还需增加对目标产业的介绍，使学生了解特定产业的产品特点、技术发展趋势、经营模式和国际市场竞争状况，为毕业生参与产品设计和品牌营销奠定基础。

（四）高等动漫教育的人才结构：面向产业发展的动态性

动漫教育应紧紧盯住动漫产业的发展态势，敏感把握动漫产业对人才的需求，及时调整对动漫人才培养的计划，由此带动动漫教育的动态跟进。

对于中国动漫产业来说，技能型制作人才的培养是为了满足当前动漫产业外包出口的需要，原创人才的培养是为了迎接产业升级阶段的到来，而管理型人才的培养对于动漫产业的现在和将来都将起到至关重要的作用。

（五）高等动漫教育的办学方式：面向教学资源的整合性

在师资力量匮乏的情况下，开展多种形式的办学方式，充分挖掘优质教学资源的潜力。例如，我国在以往近40年的时间里，创作了从《大闹天宫》到《山水情》等优秀作品，形成了享誉全球的"中国学派"，培育了一批世界顶级的动漫艺术大师，成为世界动漫艺术的宝贵财富。同时，改革开放以来，通过外包出口培养了大量熟悉国际市场，掌握国际惯例的动漫产业艺术家和企业家。

因此，我们要充分利用好这些宝贵资源，积极开展在线课程和远程教育，聆听到著名学者和专家的授课。有条件情况下，还可以促成大师见面会，使学生得到大师的亲自点拨和启迪，以此实现艺术上的洗礼和技艺上的跨越。

综上所述，技术进步使动漫产业完成了革命性突破，动漫技术和动漫创意将迎来崭新的未来。它将和我们的生活必需品一样，渗透到社会活动和日常生活的各个角落，发挥着前所未有的作用和影响。由此，我们未来的工作与生活将更加丰富多彩，将更加便捷，将更加有品质。所有的这些归纳起来就是"大动漫"时代将至。与此相适应，"大动漫"的概念将对我国动漫教育提出了严峻的挑战，如何解决目前动漫教育与动漫产业之间的"结构性矛盾"是不可回避的重要命题。这就要求政府、学校和产业三方强强联手，努力打造我国动漫教育的整体转型与升级，形成多学科、多目标和多层次的教学体系，进而引导各类教学资源依据不同院校的培养目标向不同院校集聚，以此提高动漫教学水平和动漫专业毕业生的核心竞争力，有力契合动漫产业的动态发展。使之中国特色的动漫教育模式扎根于世界动漫教育之林。

（作者单位：东北大学工商管理学院　东北大学秦皇岛分校动画产业研究所　中国电视艺术家协会卡通艺术委员会　日本九州大学）

摘编自《西南民族大学学报（人文社会科学版）》2014年第7期

中国神话在电子游戏中的运用与表现

——以国产单机游戏《古剑奇谭：琴心剑魄今何在》为例

包媛媛

当前国内学术界关于神话在电子游戏中的运用的研究并不多见，大多是在论述电子游戏融入中国传统文化的同时简略地提及神话，并不做具体的分析。由此可见，已有的研究多着眼于梳理电子游戏中的神话，初步概括其利用特征，而对神话在电子游戏文本中的功能和意义问题则缺乏深入的探讨。有鉴于此，本文将通过具体的个案，细致梳理电子游戏中的神话故事及元素的呈现和利用特征，并在此基础上进一步探讨神话在电子游戏这一新兴电子媒介中的功能转换和意义再生。本文将集中解决如下问题:电子游戏中的神话是如何呈现的?神话被重塑和利用的具体方式有哪些?神话在电子游戏文本中承担着怎样的功能?具有怎样的意义?

一、文字与图像:《古剑奇谭:琴心剑魂今何在》中神话的呈现方式

在游戏中,神话虽然散落在游戏的每一个设定中,但以呈现的方式来概括,可以将其分为两类:一是以文字的形式讲述游戏故事背景,比如在游戏开始之初的视频动画中,一幅古朴的画卷缓缓展开,逐字逐画地显示《太古纪事》,围绕伏羲、女娲、祝融、共工等神话人物讲述游戏剧情的源起,神话故事天柱倾塌和女娲补天也被融入其中。二是以图像的形式融入游戏场景的设计之中,比如在游戏的重要场景"乌蒙灵谷"中,游戏设计者在场景的中心置入了一个人首蛇身、左手持规、右手托小人的女娲神像,再现了神话人物女娲的特征和功绩。本文的个案分析将以电子游戏中神话两种不同的呈现方式为线索,分析神话故事及元素被利用和重塑的方式,及其在游戏文本中承担的功能。由于游戏衍生产品是游戏设计者对游戏文本的进一步演绎,与游戏系统文本重合较多,因此在本文的分析中主要以呈现游戏系统的材料为主,游戏的周边衍生作品仅作参考,在分析过程中将不具体列出。

二、个性化的"世界观":游戏叙事中的神话重构

通过梳理电子游戏中以文字形式出现的神话,可以看到电子游戏吸收和利用了诸多的中国神话故事。盘古开天地并化生万物、天柱倾塌、伏羲缘天梯建木登天、女娲以五色石补天及并在洪水之后以泥土造人等神话故事被完整挪用进电子游戏。这个由诸多中国神话故事杂糅而成的叙事文本阐释了游戏虚拟世界的起源,各色生灵的来历及世界秩序的奠定,是游戏设计者对游戏世界"世界观"的完整描述。所谓的"世界观",是指由游戏设计者所设计和建构的对虚拟世界设定及规则的系统化描述,是游戏世界中各个角色设定及故事发展的依据。在电子游戏中,神话作为一种"解释宇宙、人类(包括神祇和特定族群)和文化的最初起源以及现时世间秩序的最初奠定"的叙事资源,被电子游戏设计者所吸收和利用,用于叙述虚拟世界的起源和秩序设定,建构游戏世界的"世

界观"。这是神话的叙事功能在虚拟世界的延续。在"琴心剑魄"中,游戏设计者挪用了流传久远且为人熟知的神话故事,并做逻辑化的整合,形成了一个具有明确谱系的神话体系,建构了虚拟世界的"世界观",系统地阐释了"泛中国古代"游戏世界的设定。游戏设计者在建构游戏"世界观"的过程中不仅延续了神话的叙事功能,同时也借用了现实世界的基本模式和结构,使玩家能够尽快地熟悉虚拟世界进入游戏,并产生强烈的文化认同感,使游戏获得持久的生命力。

另一方面,电子游戏对于神话的吸收和利用并不是原封不动的搬用,而是经过游戏设计者艺术性的创作和阐释,对神话故事予以重建。"人们会在不同的社会、文化、历史的语境中,出于各自不同的需求,主动地、创造性地重新利用和阐释神话,并赋予它们不同的功能和意义。"电子游戏一方面挪用神话故事建构为玩家所熟悉的"世界观",避免产生文化冲突,同时又对神话故事进行艺术性的创作,置入与游戏故事情节紧密联系的要素,形成"个性化的世界观",从而与现实世界和其他的电子游戏相区别。

在电子游戏中,神话故事作为阐释世界起源和世界秩序奠定的叙事资源被吸收和利用,用于建构游戏虚拟世界的"世界观"。电子游戏不仅挪用和整合诸多为流传甚广的神话故事建构具有文化认同感的"世界观",同时又通过细节的艺术性加工和系统的逻辑化整合对神话故事和体系予以重建,形成个性化的"世界观",为玩家提供不同于现实世界和其他电子游戏的世界图景和生命活动体验。

三、奇幻的异域:游戏场景中的神话元素拼贴

通过细致梳理和呈现游戏中以图像形式出现的神话元素,可以看出在游戏场景中神话以"碎片化"的形式出现。游戏设计者从庞大的神话资源库中筛选出一个地名或一个形象加以利用,各种标志性的神话元素被从日常生活中抽离出来,从神话典籍中截取出来,成为一个个文化碎片被拼贴进电子游戏的虚拟世界中。在"乌蒙灵谷"这个游戏场景中,游戏设计者就是通过拼贴各种与女娲相关的神话元素来展现设定。一个与山同高的女娲神像,PC特殊的姓氏以及在游戏进程中所挪用的苗人女娲信仰祭祀的名称,都是与女娲神话及其信仰相关的标志性元素。游戏设计者通过拼贴这些标志性神话元素,构建具有明确指向的场景体验。因此,在游戏场景中,从各种形

式的神话叙事中抽离出来的神话元素,脱离了原有的叙事文本与语境,成为一种文化象征符号,以"碎片化"的形式被拼贴进游戏的场景设置之中。

此外,通过考察游戏场景中所呈现的神话元素,我们可以探究游戏设计者选取神话元素拼贴游戏场景的动机及其对游戏文本的作用。在神话的世界中,既拥有千变万化的时空观念,又有光怪陆离的殊方绝域和诡谲多变的神怪形象,充满了神秘性和未可知性。游戏设计者通过在游戏场景中置入大量极富幻想色彩的神话元素,并借助现代科技手段予以夸张地再现,是为了给予玩家奇幻异域的游戏体验。无论是奇异的时空地貌,还是形象各异的精怪灵兽,这些与现实世界距离遥远、充满想象力的神话元素,被逼真地呈现在近在咫尺的屏幕之上,强烈冲击着玩家的感官,给予玩家探索未知神秘虚拟世界的欲望。

从以上的分析可知,在电子游戏中,神话的另外一种呈现方式是以图像的形式被置入到游戏场景之中。在游戏场景中,标志性的神话元素被从各种形式的神话叙事中抽取出来,以"碎片化"的形式拼贴进游戏的场景设置之中,给予玩家探索奇幻异域世界的游戏体验。

四、结　语

在对电子游戏《古剑奇谭:琴心剑魄今何在》中神话的呈现及利用特点进行梳理和分析之后,我们可以看出电子游戏对神话有两种不同的利用方式。在游戏叙事中,神话故事往往被用于建构游戏的"世界观",游戏设计者通过重建神话故事,形成"个性化的世界观",为玩家提供不同于现实世界和其他电子游

戏的世界图景和生命活动体验。在游戏场景中,游戏设计者则是从各种形式的神话叙事中选取标志性的神话元素,使之成为一种象征符号,以"碎片化"的形式拼贴进游戏的场景设置之中,给予玩家以探索奇幻异域世界的游戏体验。

通过《古剑奇谭:琴心剑魄今何在》的个案,可以鲜明地看到:神话并不是远古文明的遗留物,在现代社会中"神话经过功能的转换而存在人们的现代生活语境中。"神话在电子游戏这一现代媒介形式中得以运用便是神话在现代社会的传承方式之一。在虚拟的游戏世界中,神话不仅以文字的方式呈现,更可以借助科技的手段,以图像形式逼真地再现奇异的神话世界。在电子游戏中,神话脱离具体的社会语境,作为具有民族传统指向的叙事资源和文化象征被重新运用。

另一方面,神话在电子游戏这一现代媒介所限定的社会语境中发生功能性转变的同时也获得新的意义。以中国神话故事为叙事资源所建构的游戏世界观具有鲜明的民族文化特色,可以使玩家产生强烈的文化认同,对抗以西方的神话和其他文化为基础所建立的游戏世界观,成为反抗西方文化倾销和全球化的重要力量。此外,神话极富幻想色彩,充满了神秘性和未可知性,在电子游戏中运用神话元素能够给予玩家,尤其是身处在现代都市生活中的青年,不同于工业文明社会的另类生存体验,满足他们探索奇幻异域世界的欲望。

(作者单位:北京师范大学)

摘编自《云南师范大学学报(哲学社会科学版)》2014 年第 4 期

从原产到原创

——我国动漫产业发展的必经之路

肖昕

一、原创与原产

在国家对民族动漫产业的鼓励和支持下,特别是在国家对原创动漫的扶持政策鼓舞下,我国不少动漫企业不再满足于"来料加工",而要做拥有独立知识产权的原创动漫。但在调查中我们发现,一些动漫企业把"原产"当做"原创",拿"原创"作为宣传的噱头,

动辄拿"原产"当"原创"说事,而根本没有理解"原产"与"原创"的内涵。动漫作品的原产是指动漫生产者按照创意提供者的旨意首次加工、制作出的产品。原产强调的是生产制作,而不是创作,与产品的知识产权没有必然的联系,这种按要求依葫芦画瓢制作出来的产品,生产制作者无法拥有其独立的知识产权。所谓原创指最早创作或称之为首创,从实质内容

到外在形式没有任何抄袭模仿痕迹、独具特色,艺术创作只有符合这一标准,才能称之谓原创。由此可见,原产是很容易实现的,该产品是由谁首先制造生产出来的,谁就是该产品的原产者,产品的设计理念、设计思想不是从他们头脑中产生的,设计创作也不是由他们完成的,都不影响其成为原产者。"原创动漫是指动漫作者通过对生活的直接体验、理解与评价,运用电影思维及表现手段进行的艺术创作。包括直接用画面分镜头构思故事和用文学的叙述方法描写具有动态视觉以及时空变化特点的事件。"原创动漫的作品设计思想、设计理念全是由生产者完成的,版权属于他们。"原产"与"原创"看是相似,实则相差甚远。

二、我国动漫产品的生产现状

从 2004 年国家大力扶持动漫产业以来,随着国家政策支持力度的加强,我国动漫产量逐年增加,据原广电总局通报,2011 年全国制作完成的电视动画片共 435 部 26 万分钟,已取代日本成为世界第一动画生产大国。2012 年我国已有 80 多万家动漫企业,全国制作完成的国产电视动画片共 395 部 22 万分钟,有超过百万的从业人员。从数量上看,中国动漫产品已经超越动漫大国美国和日本,但产品质量不高,也不够丰富,产生世界影响力的作品不多,产业效益不高,没有几个能够叫得响的原创动漫品牌。动漫产业的现状不尽如人意,未来的发展道路任重道远。

"大而不强"可谓是对时下中国动漫产业最好的概括。近几年国家出台原创动漫扶持计划,意在鼓励原创,但实际效果不佳。一些动漫企业拿模仿抄袭的产品冒充原创,竟然打着原创旗号到政府部门要补贴,并以侵权经营行为获取高额利润。其实这些作品充其量只能称之为原产产品,从而严重影响原创动漫产品的生产积极性。原创动漫生产才是动漫产业的发展方向,我国的动漫制造业只有从动漫加工转向原创动漫生产,才能获得更大的发展。但是现在我们不少动漫作品的生产者不是在学习,而是在模仿,甚至在抄袭,从剧情、人物设置、背景,有些还整体照搬,包括不少在业界很有名气的产品。这些产品只能算原产,谈不上原创。

三、多原产、少原创的缘由

我国已经是动漫生产大国,但还不是动漫创作强国,动漫产量上来了,但动漫质量跟美、日、韩等动漫

强国还有不少差距,其直接体现是我国动漫产品多原产、少原创,缺乏具有国际响力的动漫产品,形成这一状况的原因主要有以下几个方面。

(一)认识误区

首先是概念的认识误区。混淆"原产"和"原创"的概念,拿"原产"当做"原创",从而损害了原创者利益,这不利于动漫质量的提高和动漫产业的发展。其次,误把抄袭模仿当原创。动漫属于艺术,核心价值在于其创意,优秀的作品都不是通过简单模仿就得来的。

(二)不会讲故事

当前,中国动漫普遍存在的问题是:喜好说教,不会讲故事,不会让事情按逻辑发展、水到渠成;有原创故事,却缺乏创新内容;注重产业投入,却少了讲故事的能力,故事不生动,人物行为很做作。

(三)动漫人才缺乏

我国动漫人才缺乏主要是指缺乏前期创意、规划和后期合成、营销,特别是创意研发人才,而不是中期线描、上色人员。

(四)急功近利

从事原创动漫创作,需要摆正心态、耐得住寂寞,不能心浮气躁,不能急功近利。因为原创工作绝非一朝一夕可以成功,它需要积累和耐心,然而,国内动画生产只注意最后的结果,忽视了前期的付出。

(五)代加工耗费精力太多

因遇到海外动画产品的倾销,中国大部分企业不得不承接美国和日本的动画产品代加工,以此解决企业的基本生存问题,这使得绝大多数的动画制作公司充当海外产品来料加工的角色,导致他们无精力从事原创动漫创作,原创作品因此减少。

(六)原创作品被

"盗版、侵权"现象严重中投顾问产业研究中心发布的《2009～2012 年中国动漫产业投资分析及前景预测报告》相关数据显示,在我国动漫行业的衍生品市场上,盗版经营者的利润通常都是正版经营商的几倍。

四、发展原创动漫的意义

原创是动漫产业的灵魂,是动漫产业的核心竞争力,动漫创作应该具有鲜明的个性风格和民族特点,没有原创产品做支撑,衍生产业也难以维系。目前,我国是一个动漫消费和生产大国,却不是动漫强国,

国产动漫缺乏竞争优势，其原因就在于动漫原创性不足。发展原创动漫产业，不仅可以调整经济发展结构，促进经济发展，而且可以提升国家文化影响力。动漫作为文化软实力的一部分，受到西方动漫强国普遍重视，美、日、韩等动漫强国都制订了相应的政策和措施，推动本国动漫产业的发展和动漫产品的对外传播，从而传播自己的观念与文化，影响他国民众的价值观念、意识形态和审美情趣，提高本国文化的国际影响力。

我国作为一个动漫弱国，在动漫文化交流中处于劣势地位，难免不受动漫强国的文化影响，它们会在受众，尤其是年幼孩子中产生潜移默化的影响，长此以往，会严重影响国家文化安全。

艺术品的真正价值就在其创意，作为艺术产品代表的动漫产品，其核心价值理所当然也应该是创意，动漫产品一旦没有创意，就没有自身价值，就没有存在的必要，也就失去了生命力。不少国家将动漫产业定义为创意产业是很有道理的。原创是动漫企业的立足之本，也是大势所趋，是我国动漫发展的必经之路，只有经历原创阶段，我国动漫才会逐渐走向成熟。

五、发展原创动漫的举措

（一）积极进行市场运作

动漫制作出来是一件作品，要快速有效地将作品转化为产品，从而给企业带来经济效益，就需要有效的市场运作。动漫市场就是个金矿，成功的市场运作是将作品转化为产品的强大推动力，是使动漫艺术成为动漫文化的有力保障。只有进行有效的市场运作，才能进一步完善动漫产业市场，从而能够对动漫产品进行公平、公开、有序的交易，为企业带来应有的经济效益。

（二）加快人才培养

我国现在开设动漫相关专业的院校众多，但专业人才不足，创意、设计、策划和市场推广人才更是奇缺。动漫属于创意产业，其中创意是其灵魂。没有一流的人才，就没有一流的作品；要做出优秀的产品，必须有优秀的人才作保证。

（三）加强知识产权保护

技术含量高、创意成本高、复制成本低是动漫产品的特点，动漫产业是高回报、高风险的产业，因此，必须有知识产权保护为它保驾护航，否则很难使其持续发展。因此，注重知识产权保护，加强知识产权立法，加大打击版权侵权力度，对于鼓励原创、让原创企业利益得到很好保护，具有重要的现实意义。

（四）提升动漫内涵

动漫是一种文化，它之所以吸引人，是因为其丰富的内涵。要提高动漫的关注度和社会影响力，就必须想方设法丰富动漫的内涵。动漫是以视觉形象为中心的，它主要凭借视觉图像传递文化信息。发展中国原创动漫，内涵比技术重要，内涵才是动画的灵魂所在。

总之，我们应该正确区分"原产"与"原创"的概念，别再误把"原产"当"原创"，抱着积极认真的态度，跨跃动漫生产从"原产"到"原创"这一步，提高我国动漫产品质量，提升动漫产品市场竞争力，只有这样，才能够促进我国动漫产业良性健康地发展。

（作者单位：重庆邮电大学传媒艺术学院）

摘编自《民族艺术研究》2014年第2期

大数据、网络技术与现代动漫产业发展体系建构

解学芳

一、大数据时代推动我国动漫产业步入跃迁发展新阶段

2012年初，《华尔街日报》发表《科技变革即将引领新的经济繁荣》一文，指出"人类社会处于三大技术变革的开端，即大数据、智能制造和无线网络革命。

可以预见，大数据时代动漫产业与新技术变革的交融将开创动漫产业新的发展阶段。

在大好局势与产业兴盛的背后，我国动漫产业发展还存在诸多问题。如产业链短，处于非均衡状态：漫画、动画等上游创意行业以及衍生品业尚未完全发展起来，而作为动漫产业链下游的游戏业较为发达；动漫企业分散、综合实力不强，以承接国外动画

OEM 为主，内容原创和技术研发实力不强，能进行产业化运作的动漫精品较少；动漫市场规模大、表面繁荣，但与日本、美国、韩国相比，在技术、创意、营销等方面还存有很大落差。基于目前动漫产业发展现状及困境，在大数据时代网络技术的深刻影响下，我们应转变观念，利用大数据挖掘、深度分析与可视化结果重塑我国动漫产业。

二、网络技术与动漫产业的互动共生：基于大数据进行变革与重塑

大数据时代给动漫产业发展带来的变革，不仅停留在网络技术层面，而主要是实现动漫产业从创作到生产、流通、营销全产业链与大数据信息挖掘和智能分析的高度精准融合。具体表现在以下三个维度(图1)。

(一)利用技术创新大造"大动漫"：大数据驱动"小边界"到"大边界"

大数据时代的到来，为动漫产业发展提供了一个开放式空间与开放性思维。特别是网络技术的开放性，创造了一个开放的、包容性的多维网络文化空间，助推动漫产业的内容创新与技术创新的高度交融，不仅有助于动漫生产效率与动漫含金量的提升，还带来了动漫产业外延的无限拓展——动漫与网络文化形态的融合，实现了动漫形态、展现方式与衍生的多态化。

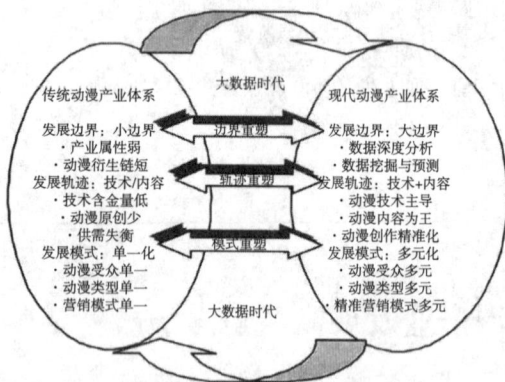

图1 大数据时代动漫产业的变革和重塑

基于大数据的可视化应用，推动动漫产业由"小边界"跨越到"大边界"。动漫产业作为文化、艺术与新科技高度结合的产业，借助网络技术在游戏、其他网络文化业态、移动通信增值服务以及相关制造业、服务业事先快速发展，表现出很强的产业关联度。特别是随着数字技术、网络技术和信息通讯技术在动漫领域的应用，动漫产业链条拓展、发展边界越来越宽。

实际上，在网络时代，动漫产业的边界是由"想象"来量度的，有多大的"想象"，动漫产业的发展边界就应该有多大。而这一"想象"就要求动漫企业诉诸于技术创新新导向的动漫产品及其衍生品之上形成一个环环相扣的价值增值链。

当然，鉴于技术价值的双面性，在大数据时代要实现动漫产业边界的可持续拓展，必须诉诸建议一个完善的版权保护体系，提高动漫版权保护意识，不仅要掌控玩具、文具、服装等抵挡消费领域的衍生产品授权，还要把控在网络游戏、电影、网络文学、移动多媒体等高端领域的版权。

(二)推动技术与内容的融合：大数据主导"技术＋内容"的双轨发展

网络技术与漫画艺术的完美融合，催生了网络动漫这一新形态，动漫作品按照网络传播的特色进行选题、制作与出版，在更高层次上实现了动漫产业价值的升华。伴随3D技术、云计算、虚拟现实技术、数字影视技术、高清采集技术等的兴起，需积极推动新型核心技术与关键技术在动漫产业的应用，提高3D动漫建模、动作捕捉、运动处理、后期渲染合成等技术的应用水平。

实际上，无论是美国迪斯尼还是日本动漫，其动漫发达的动力还在于有一大批动漫内容创作大师。动漫是一种视觉艺术，光有华丽外表并不能打动观众，还必须有内容。技术是动漫产业的基础，但内容是灵魂。

从大数据价值的挖掘以及在动漫内容创新层面的应用来看，动漫企业需通过收集动漫图书购买数量、动漫视频点击率、动漫网站访问量与访问时段、动漫论坛聊天信息等购买、观看评价数据，深度解析动漫爱好者的购买偏好、观看偏好与需求，作为动漫产品精准创作的基础。一方面，根据浏览观看的数据挖掘情况创作不同特点的动漫作品，满足动漫爱好者的差异化偏好，这就需要精准实施"差异化"策略，将多元化的动漫设计、文化理念、精神和创意融入动漫产品生产流程之中，凸显个性化和差异化，有针对性地动漫企业爱好者提供与众不同的新体验，建构动漫企业难以模仿的差别化竞争与非同质化的核心能力。另一方面，将评价数据动态性的可视化结果与整个动漫创作产业链条融合在一起，对动漫作品的点击率与下载率、动漫论坛与社交网站对其发帖量与转载情况等相关评价进行挖掘与精准预测，系统全面了解动漫受众对动漫作品的评价，并根据其评价结果调整动漫作品的内容和大结局，以此符合动漫爱好者的需求。

（三）网络新媒体的应用；大数据助推动漫产业向多元模式跨越

网络新媒体与动漫产品的携手是未来动漫业发展的必然趋势。根据 CNNIC 的统计，2012 年年底，我国互联网普及率攀升至 42.1%，网民规模达到 5.64 亿人，习惯通过网络观看动漫的用户规模越来越多。伴随以交互性为特点的网络新媒体的出现与应用，对个性化定制内容的需求越来越大，动漫产业发展模式发生了根本性变革，推动着动漫运营模式从"单一化"过渡到"多元化"，即动漫载体、受众多元化，动漫类型多元化与动漫营销模式多元化。一是动漫载体与受众走向多元化。二是动漫类型衍生趋向多元化。三是基于大数据动漫营销模式实现多元化。

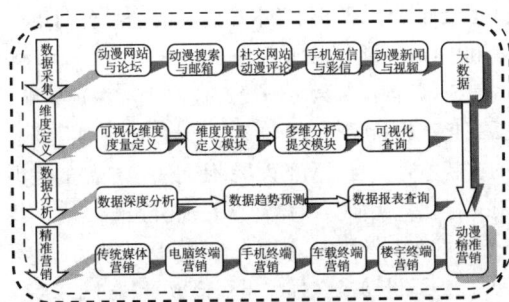

图 2　基于大数据的动漫精准营销架构

三、大数据时代现代动漫产业发展体系的建构

从海量数据存贮进入"让数据说话"的新发展时代，现代动漫体系将是一个有能力基于动漫用户需求提供最接近的匹配需求体系。这一体系的形成不是单方努力可以实现的，是多元要输的集合和共生。具体而言，主要涵盖以下相互联系、不可分割的四大方面：技术创新是现代动漫体系形成的基础，原创是现代动漫体系形成的核心，基于数据驱动进行精准营销是现代动漫体系 的制胜法宝，而政策创新是现代动漫体系形成的制度保障。

（一）在技术层面，动漫产业应重视多维技术的开发，掌握关键领域的核心技术

加快动漫设计所需要的仿真技术、人工智能技术、三围技术、实时渲染、计算机图形技术、数据传输技术、虚拟现实技术等的应用。这也意味着政府和企业需共同协作，为"动漫产业技术创新"设置物理平台——创立动漫研发中心、三维技术服务平台、动漫设计和制作平台、动漫产品测试与互动平台等等，通过高新技术成果的快速转移突破动漫产业发展的技术瓶颈，增加动漫作品的科技含量；同时，要积极培育能够综合运用与精通数学、统计学、数据分析与商业分析能力的数据科学家与数据架构师等大数据人才。

（二）在原创层面，要加紧培养掌握动漫创意与创新的原创人才

动漫企业必须加快原创动漫人才的培养和引进，实现数字技术环境下的三维技术人才、数字软件开发人才与具有驾驭大数据能力的数据深度分析人才、动漫创作人才的无缝协作，这是动漫企业持久发展到动力之源。与此同时，要充分挖掘开启"用户中心"时代的社会化媒体的价值，实现动漫原创内容的生产与有价值的碎片化 SNS、微博、微信、即时通讯数据的深度融合，打造全新的动漫创作模式。

（三）基于大数据的挖掘实现动漫营销与创作的有机衔接以及营销的精准化

对于动漫运营商而言，首要的前提是将动漫作品的创作、生产、传播与推广整合在一个大数据平台之上，利用与动漫相关数据的迪昂期采集、整合、关联、挖掘与分析，系统地为动漫作品从创作到营销的全过程提供精准服务。

（四）在政策层面，积极制定和实施鼓励动漫原创、加强动漫版权保护以及助推产业链拓展的相关政策

目前，政府对动漫产业原创的鼓励与支持正处于上升时期，为动漫产业发展创造了良好的制度生态。同时，要积极在制度层面加强动漫版权保护，让版权保护意识与行为贯穿动漫产业各个环节。另外，需建构起动漫政策的协调机制，允许不同区域、不同产业领域间进行渗透。

（作者单位：同济大学人文学院）
摘编自《学术论坛》2014 年第 3 期

国际数字动漫产业现状、趋势及对我国的启示

熊澄宇　刘晓燕

我国数字动漫产业与以美国和日本为代表的动漫强国相比,存在较大差距。了解国际数字动漫产业的发展趋势有利于把握我国数字动漫产业的趋势和发展方向。动漫产业强国美国和日本的成功经验以及动漫新兴国家印度的有益做法值得我们国家学习和借鉴。

一、数字动漫产业概念和发展趋势

(一)概念界定

动漫是动画和漫画的一个缩略称谓。中国近些年提出的"动漫"产业的概念,是对西方国家近百年来发展起来的漫画、动画、游、电影动画等产业的整体的概括性描述,在英文中最接近的相对应单词是"animation industry"。

动漫产业是以"创意"为核心,以动画、漫画为表现形式,包含动漫图书、报刊、电影、电视、音像制品、舞台剧和基于现代信息传播技术手段的动漫新品种等动漫直接产品的开发、生产、出版、播出、演出和销售,以及与动漫形象有关的服装、玩具、电子游戏等衍生产品的生产和经营的产业。动漫产业具有消费群体广,市场需求大,产品生命周期长,高成本,高投入,高附加值,国际化程度高等特点。当代动漫产业是一个高技术含量的产业,它的研发与生产需要投入大量的最新技术设备与高素质技术与艺术创意人才。

动漫产业各层次赢利模式,与动漫内容密切相关的核心层变现模式以内容销售(如图书、报刊销售,电影票房等)以及通过电视、网络等媒体播出的广告收入为主;基于动漫形象进行多元开发的外围层和相关层产品则拓展出更多与产品形态直接相关的商品、服务销售,旅游、授权等赢利模式。数字动漫,是动漫在数字时代的新产物,它突破了传统的动漫制作方法与传播渠道,以手机、网络、数字电视等新型平台向观众进行展示。

(二)国际数字动漫产业发展趋势

第一,从目标受众方面来说,动漫的目标受众从少儿向大众拓展。动漫目标受众还包括青少年、成人。这样,对于动漫生产公司来说,要充分考虑到这一趋势,准确把握市场变化及动态,在动漫的创作内容方面,要考虑到"大众"的需求,而不仅仅局限于少儿。

第二,从动漫的制作和生产模式方面来说,国际间的合作已经成为一种较为流行的方式。在许多国家,动漫公司联合制作及生产动漫已经成为一种流行方式。受此影响,欧洲、日本和北美的动漫公司更倾向于和中国以及印度的动漫公司合作。

第三,新科技对数字动漫产业产生了深远影响,包括文化产品和服务的新形态,同时也促使动漫产业链的重新整合。互联网的发展,使得动漫产品的播出渠道多样化。比如新媒体动漫表现引人注目。在我国,土豆网 2012 年底宣布国内首部 3D 武侠动画《秦时明月之万里长城》在优酷土豆播放量超过 1.2 亿,日本唱片动漫巨制《火影忍者》在土豆的播放量超过 10 亿,分别刷新了国产动漫和日本动漫在视频网站的播放记录。

二、国际动漫产业分析

2012 年全球动漫产业规模约达 2070 亿美元。主要的动漫市场包括美国、加拿大、日本、中国、法国、英国、韩国以及德国。多数国家的动漫产业的复合年增长率为 7%。中国和印度是动漫产业的新兴国家。

总体来说,美国和日本具有完整的动漫产业链。美国的动漫产业主要由产业链完整的集团主导,而日本动漫产业体系完善,产业链中各环节公司分工明确。

(一)美　国

以电影动画为主的美国动漫,依托于成熟的好莱坞电影基地,形成了独具美国特色、与日本等其他国家截然不同的产业模式和动画特点。

产业模式:美国的数字动漫产业主要由产业链完整的集团主导,以迪斯尼和孩之宝为代表。迪斯尼的经营业务包括媒体网络、主题公园、影视制作、消费品、互动媒体几大领域,全面覆盖了动画制作、传播、

衍生品授权和生产销售各个环节；但在收入与利润结构中，媒体网络与主题公园最为重要，体现出具有优势媒体渠道的迪斯尼集团依托强大的媒体运营能力，使影视作品塑造的品牌形象深入人心，并在旅游等衍生项目中获得丰厚收益的赢利特点。

制作技术：美国走在世界前列。美国的动漫技术主要体现为电脑技术和电影特技的全方位运用。美国动漫的电脑制作之路始于 1991 年。是年，在娱乐领域具有无可比拟地位和强大发行策划能力、创造了无数经典动画片的美国娱乐巨头迪士尼与苹果公司创始人史蒂夫·乔布斯旗下拥有最先进电脑技术的皮克斯动画工作室结为合作伙伴，签订了制作电脑动画长片的协议，迈出了美国动漫具有历史意义的一步。当年 11 月 22 日，世界上第一部全电脑制作的动画长片《玩具总动员》在美上映，自此电脑特技迅速融入动画创作领域。电脑技术的研发使用，开启了美国动画创作的崭新天地，也进一步形成了美国动画的特色。正如迪士尼和皮克斯动画影业首席创意官约翰·雷斯特所说："进一步采用 3D 技术和电脑特效能帮助我们以最好的方式讲述故事。"

资本投入：美国动漫资本运用大资本运作模式。美国的大资本运作主要体现在制作成本高和宣传推广耗资巨大两方面。美国动画的制作成本很高，动画影片动辄耗资几千万甚至上亿美元。凭借完善的产业模式、高科技的运用以及大资本的投入，美国电影动漫产业发展良好。

（二）日　本

日本素有"动漫王国"之美誉，是全球最大的动漫输出国，据称其动漫产品的产量占世界产量的 60%，在电视节目中播出过日本动画片的国家超过 100 个，年营业额超过 90 亿美元。日本由于动漫产业体系完善，产业链各环节分工明确，共享产业庞大规模。

1. 日本动画电影

从总的票房收入统计上来看，日本电影的票房占到总票房收入的 65.7%，海外电影票房占总票房收入的 34.2%，本土电影以压倒性的优势占据了总票房收入三分之二的份额。这是自 2000 年以来，日本本土电影票房收入首次占到总电影票房收入的 60%以上。种种迹象表明，日本电影正在走向复苏，尤其在日本国内，呈现出一种"亲本土疏洋化"的倾向。

2. 日本动漫产业特点

形成以动漫为核心的文化产业结构：由于游戏软件的开发多来源于动漫作品，日本动漫所取得的国际影响力大大推动了日本游戏软件的出口，并进一步带动了游戏硬件产品的海外市场扩张。日本的文化产业出口逐渐形成了以动漫产品为核心，带动游戏、图书、音像制品和特许经营商品等形成的产业链出口的态势。

完整的产业结构链："漫画出版—动画制作播出—版权授权—衍生品生产及销售—部分动漫作品外销授权—成功动漫产品的深度开发及新动漫产品开发—良性再循环"，极具品牌价值的可以开发具备混合消费模式的主题园区或主题店。以上模式是日本已经形成的产业模式，也是典型的以漫画为基础发展产业的模式。

"全民动漫"：与其他国家不同的是，动漫已经成为日本大众生活的重要组成部分，可以说日本全民都爱动漫。日本动漫产业面向全民开发各类内容与衍生产品，动画播出、漫画销售、衍生品销售、动漫广告在日本随处可见。动漫已经深深影响到日本整个的经济和社会生活和文化，形成了巨大的规模。

（三）印　度

动漫产业虽然在印度起步较晚，但已经成为印度媒体和娱乐业最有前途的产业之一。印度已经成为当今动漫和游戏产业增长最快的国家之一。经验丰富的从业人员和显著的成本优势，使印度动漫产业在世界的地位日渐重要。

在过去几年中，印度动漫和游戏行业呈现出了可喜的发展势头，为该产业人才提供了发展上升的空间。从 2005 年到 2009 年，印度动画和游戏产业价值增长到 7.39 亿美元，复合年均增长率（CAGR）在 32%左右。根据该产业在过去几年中良好的发展势头，可以预计其在未来几年内发展形势乐观。

印度动漫产业独具特色，而在动漫内容和题材方面尤具特色，主要就是主打本土神话和文化题材。印度第一部 3D 动漫《流浪狗罗密欧》是宝莱坞电影公司亚什拉吉与迪斯尼的首次合作。这部电影推出之后，若干制片商受到鼓励，开始投身到动漫电影的浪潮中，目前印度动漫电影的主题之一便是印度神话与文化。

印度工商联与 KPMG 印度公司于 2011 年联合发布的报告显示，印度动漫产业到 2015 年产值将达 4.7 亿美元。麦赫塔认为，考虑到影片摄制者可以在电影中加入经典神话，展现印度传统，并且调动劳动力优势，这个目标是完全可以实现的。麦赫塔说："印度是故事的宝藏，这些故事都可以通过动漫的方式讲述出来，因此，我找不到印度动漫产业不发展的理由。"

去年，麦赫塔摄制了 3D 版本的《罗摩耶那史诗》，被认为是有史以来最好的动漫电影之一。他认为，整体来说印度动漫质量是一直在提升的。

三、国际数字动漫产业发展对中国的启示

（一）中国动漫产业现状

动漫衍生产业和动漫主题公园贡献了动漫产业的较大部分产值；漫画、动画电视、动画电影正处于结构调整时期；手机（移动终端）动漫为代表的新媒体动漫日益成为我国动漫产业发展的重要突破口。同时，在政策引导和市场调节的双重作用下，品牌取代产品成为企业投入的重点。

纵观近 5 年动画电影市场，整个电影市场总票房增幅趋势较为稳定，近年来涨幅在 30% 左右，而动画票房的增幅变动较大，目前未呈现出稳定的态势，除了 2011 年，其余年份增幅均低于电影总票房。2011 年动画电影的爆发增长主要是因为进口动画票房大幅提高（如图 4）。

（二）国际数字动漫产业发展的启示

根据国际数字动漫产业的整体发展趋势和主要动漫产业大国美国和日本以及新兴动漫产业国家印度的发展发展经验和做法，结合我国动漫产业的发展现状，我们来思考我国动漫产业发展的路径和未来。在当今时代，动漫产业的发展尤其要注重创意、科技和文化资源的有机结合。

（1）动漫内容：动漫产业以"创意"为核心，内容的原创性是动漫最核心的部分。这也符合文化产业的共性。在动漫内容方面，能够得到用户满意的就是原创性、差异性、不可替代性。因此我们要充分挖掘中华文化，用独特而又博大精深的中华文化作为动漫产业源源不断的题材。如印度一样，中国也拥有悠久的历史，也是故事的宝藏，这些富有中国文化和符号的故事都可以通过动漫的方式讲述出来。如前所述，

动漫新兴国家印度在动漫题材方面，主打本国的神话和文化题材，这也给我们提供给了有益的示范。同时，我们也要注意全球动漫的目标受众变化，即从少儿向大众拓展。这也要求我们在动漫的内容方面要考虑到受众的需求，进行一定调整。

（2）科学技术：要促进高新技术和动漫产业的深入融合。高新技术对动漫产业产生了深远影响，主要包括动漫产品和服务的新形态。美国充分利用高科技为动漫产业服务。新技术为美国动漫产业的发展注入了新的活力，成为不断发展的动力。科技和通信技术的进步带动了新媒体动漫的发展。另一方面，新科技促进动漫产业链的重新整合。美国的动漫产业主要由产业链完整的集团主导，以迪斯尼和孩之宝为代表；日本动漫产业体系完善，产业链各环节公司分工明确。两国在动漫产业庞大的生态体系下，依靠不同领域的优势均能打造产品与赢利体系。我国应参照美国与日本市场经验，适当调整动漫产业模式，无形从产品向产业拓展。

（3）资本：要关注无形资本的作用。资本影响动漫产业市场规模，其中尤值得关注的就是无形资本，无形资本主要包含品牌和知识产权，它们的价值有时比有形资本更值得关注。赢利模式从产品向知识产权过度，世界的经营趋势都朝向知识产权发展，我国也要加大对动漫产业的知识产权保护。

（4）国际合作：我们还必须加强动漫制作和生产模式的国际间合作。我国目前的动漫产业仍然是产量高，质量和影响力弱，所以我们要学习动漫强国的制作和生产模式。我国动漫产业的发展要坚持扩大对外交流，借鉴和吸收如美国和日本等动漫强国的优秀成果，引进有利于我国动漫发展的新技术和经营管理经验。

（作者单位：清华大学 国家文化产业研究中心）
摘编自《东岳论丛》2014 年第 1 期

基于用户价值的网络游戏营销策略

欧阳昌海

网络游戏作为典型的体验消费，强调用户长时、重复地在线操作，因而网络游戏的市场营销具有一定的特殊性。近年来，网络游戏市场营销所遇到的困难和挑战越来越严峻。《2013 年度中国游戏产业调查

报告》指出众多企业在游戏类型、题材内容和经营模式上纷纷模仿成功的产品,从游戏设计、制作到市场营销都进行模仿以夺取市场份额,急功近利的同质化竞争极大缩短了网络游戏产品的生命周期。用户是网络游戏产业赖以生存和发展的根本,网络游戏市场的竞争归根结底是获取用户的竞争。长期以来,网络游戏市场营销依赖网民数量的快速上升,粗放的经营模式造成营销能力积弱的现状。随着市场营销成本的成倍上涨,游戏产品赢利不足、开发成功率过低已然成为网络游戏产业发展的瓶颈,亟须提升网络游戏产品市场营销的层次,助推网络游戏产业健康发展。

一、用户市场贡献价值

对于客户价值的探讨存在两种逻辑路径,一是从企业角度出发探讨客户为企业贡献的利润,二是从客户角度出发探讨产品或服务为客户创造的价值。依据用户市场贡献对用户群体进行细分和产品定位成为当前重要的市场操作依据。网络游戏市场营销受到许多因素影响,而设计开发之初对用户群体的细分和游戏产品的定位成为市场操作的关键;即可以让游戏开发商和发行商差异化产品以避免激烈的市场竞争。这不仅体现在游戏类型和内容上,而且体现在游戏营销以及服务上。

美国知名学者穆里根(Mulligan)和帕彻斯凯(Patrovsky)对游戏用户群体进行研究,依据用户的消费特征和市场贡献,提出游戏市场可分为三个大范围的用户群体:核心用户群体、中级用户群体和大众用户群体。

针对不同的用户群体的特点,可以采取相应的推广策略。对于核心用户群体,其用户数量少而消费比重大,构成重点市场营销目标。因此,可以整合游戏官方网站、玩家论坛、微博、微信、网吧终端、游戏展会、电子竞技赛事、线下广告等多种手段推广宣传,实现对核心用户群体的吸引。对于中级用户群体,鉴于他们理性、审慎的消费态度,需要通过高品质体验与较低消费成本来形成吸引,口碑营销、试玩体验有利于开发这一群体的市场潜力。大众用户群体用户数量庞大而消费占比很低,他们对网络游戏关注度低,需要借助大众化的广告媒体打造游戏市场品牌,才能形成强势刺激引发关注,可以采取影视广告、户外广告、异业合作等形式推广宣传,而其高昂的推广成本仅适用于大型的开发商和发行商。

二、用户感知价值要素

网络游戏用户的感知价值是用户对网络游戏产品性能操作、文化体验的反映,以及使用前或使用后接受或拒绝重复使用的好恶感和评价。网络游戏用户感知价值分为游戏前的期望价值和游戏后体验价值两个阶段,期望价值和体验价值与用户满意度高度相关,对用户游戏行为存在重要影响。

(一)用户期望价值

用户对网络游戏形式、内容、风格、服务等方面的需求构成用户期望价值,期望价值是导致用户选择并消费的主要驱动力量。因此,网络游戏的制作和营销需建立在理解和把握用户期望价值的基础上,才能开发出用户真正满意的游戏。全面、细致地获取用户期望价值信息对网络游戏营销能够提供重要指导,尽可能避免开发商和发行商的主观臆断和自我陶醉。

(二)用户体验价值

游戏机制、游戏行为、游戏反馈之间的相互作用所产生的一系列内在的印象即构成游戏体验,游戏体验生成环节如图1所示。游戏不但具备了感官认知层面的体验,而且指向了意志、情感、思想层面的体验。实际上,用户体验价值是游戏过程中产生的心理经验和主观认识,包含感官经验层面和思维经验层面,具有复杂的元素和构成形态。

游戏机制 ➡ 游戏行为 ➡ 游戏反馈 ➡ 游戏体验

图1 网络游戏体验生成环节

不同的游戏或不同的游戏环节,用户除了获得轻松、惊喜、荣誉、感动、尊重、成就、满足等积极体验之外,因为多种复杂的原因会产生各种消极体验,如困惑、紧张、焦虑、受挫、无聊、厌倦、痛苦等。引发消极体验的原因众多,诸如:游戏难度过高、内容陈旧、存在安全漏洞、错误频出、舞弊行为泛滥等。关注用户体验价值不仅提供了一种游戏制作和营销的视角,而且运用用户体验模型可以厘清游戏体验的产生形态和生成机制,从而掌控积极体验和消极体验的出现。

(三)用户满意度

游戏市场领域70%的消费来自10%的核心用户群体,而获取新用户比保留已有用户需要耗费数倍的成本,所以提高用户满意度已经成为维持市场份额的基本途径。当用户下意识地将体验与期望进行比较时,便形成了对于满意度的测量。满意度是选择游戏和体验游戏之后的结果,低期望值与高体验值引发高满意度,并决定用户持续消费游戏的动机,相反,高期望值与低体验值引发低满意度,甚至促使用户放弃游戏。

高度体验是用户在自我实现和超越自我时所感受的一种广阔而极度兴奋的心情。在这种体验中,用户趋向积极的追求往往达到满意度的顶峰,高满意度将促成消费忠诚度,有利于延长游戏产品的生命周期。

三、用户感知价值的市场作用

从用户消费行为整体来看,用户期望价值、用户消费成本、用户体验价值三者共同作用于用户满意度,构成影响用户消费的主要变量。提升网络游戏设计质量和服务质量是增加用户体验价值的基本手段,在设计和服务中,通过对用户期望和偏好进行分析,提供高质量的产品和服务,实现体验与期望的吻合,创造远超过用户期望的体验,让用户在惊喜中高度满意,促成其持续消费的行为。

此外,提高用户体验价值的另一途径就是降低用户消费成本。网络游戏的用户消费成本主要由游戏费用、游戏时长和游戏频率等要素构成。在保证用户体验价值不受损失的条件下,降低消费成本无疑是提高用户满意度的有效方法。降低用户消费成本可以通过降低游戏产品或服务的实际获得价格、提高消费便利性来实现。例如,提高在线数据流量缩短下载时间,强化在线人工服务积极提供反馈和帮助等。

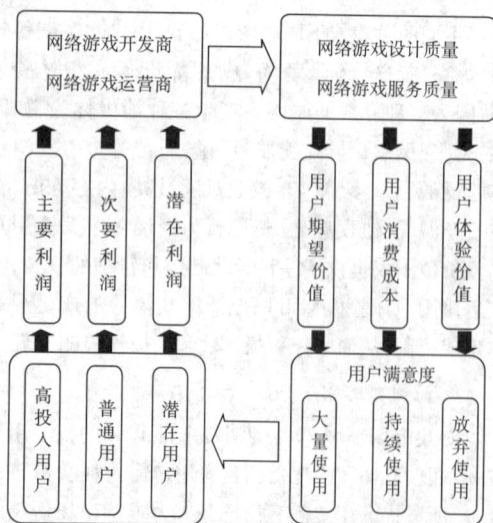

图2　网络游戏用户感知价值的影响

四、提升用户体验价值拓展营销手段

用户参与设计强化产品与市场连接。用户参与设用户参与设计是指将用户的意愿和创造力作为宝贵的创新资源,不仅强调用户期望和游戏产品的连接,更强调用户与营销团队在市场推广方面的互补,通过用户与营销团队的协同工作实现游戏产品更精准的市场营销操作。

用户建模与自适应技术应用。大量的用户存在个体差异,需要解决用户模型的具体差异与类型化的统一。通过大量收集用户的信息,并引入设计和开发环节,推动用户模型与游戏风格的结合。建立用户模型后,运用游戏人工智能自适应系统执行动态调整难度等级、提供多样化游戏风格等。自适应技术涉及大量的计算机人工智能运算,标志着用户体验价值引领产品形态的发展方向。

开放性游戏开发。开放性游戏类型在早期网络游戏时期就已经出现,表现为文字MUD游戏(Multiple UserDomain多用户虚拟空间游戏)。当前,大部分网络游戏系统是封闭的,开放性游戏的前提是游戏具有系统开放性,即实现"用户即设计者"的模式。创造可自由改造的游戏环境,意味着用户自由创造游戏方式和游戏系统,可以丰富、调整和改变游戏体验。在网络游戏类型中已经出现用户制作元素,用户设计游戏角色、道具和物品等。开放性游戏类型中还包括开源游戏,面向用户群体免费开放开源代码软件或提供游戏源代码,最终发展成用户自由参与游戏设计、制作和营销的模式。

用户体验导向与口碑营销。对网络游戏而言,用户群体在游戏发展中一直产生强大的客观影响,良好的用户体验可以创造口碑营销效应。传统营销模式是大众传播式的单向传达,而网络游戏用户间的在线沟通有利于口碑效应的发酵。因此,在网络游戏市场营销过程中通过提升用户体验,促成用户的满意有利于实现口碑传播。

用户信息数据营销。网络游戏在线服务还包括在线帮助、游戏更新、游戏社区、论坛等辅助业务,这些辅助性业务对于维护用户体验、丰富游戏文化、吸纳用户起到重要作用。

采纳用户反馈激励持续消费。在网络游戏发布后,游戏产品依然处于生命周期的重要阶段,需要持续从用户征求反馈信息,进行可用性改进、修正错误、进一步调整游戏平衡等。

玩具制造、出版传媒、影视动画等相关衍生产品可以创造多个利润增长点,增强了产品的赢利能力。同时,衍生产品的开发能够有效延伸游戏体验,扩大游戏产品的市场影响力,其品牌效应有助于游戏产品的持续营销操作,游戏产品生命周期可以通过推出游戏新版本而获得成倍的延长。

五、结　语

用户价值成为网络游戏开发和市场营销的关注重点,提升用户体验价值有利于拓展游戏产品的市场份额,并延长游戏产品生命周期,从而提高游戏产品的赢利能力。在日益激烈的市场竞争中,网络游戏市场营销势必将整合更多营销手段,推动游戏开发商和发行商与用户的连接互动,实现网络游戏市场营销模式的创新。

(作者单位:中央财经大学)

摘编自《中国出版》2014年12月下

美日公共图书馆动漫阅读推广活动探析

李芙蓉　李常庆

日本和美国是世界上动漫文化发达的国家。近十多年来,两国的一些公共图书馆将动漫资料纳入图书馆的馆藏资源建设体系中,将动漫爱好者视为一类具有自身特点和需求的用户群体。图书馆不仅开始着力发展动漫类馆藏资源,还围绕动漫开展了一系列推广活动。从这些图书馆的实践来看,图书馆通过提供动漫资源、空间和服务,一方面吸引了包括儿童、青少年和成人在内的很多动漫爱好者,拓宽了服务范围和用户规模;另一方面也促进了公众对动漫资料的阅读和消费,成为动漫文化最有力的推动者之一。

有研究者将公共图书馆阅读推广的途径分成两种:一种是依托公共图书馆的传统服务开展阅读推广,如导读、书目推荐、图书展览等;一种是以项目形式开展的阅读推广活动,如暑期阅读俱乐部、阅读节、书友会、主题阅读推广、展示区推广等。本文借鉴这种分类方式,将动漫阅读推广活动也区分成两类:第一类是依托传统服务开展的动漫阅读推广活动,包括动漫推荐书目、动漫主题展览等活动;第二类是以项目形式开展的动漫阅读推广活动,包含动漫俱乐部、漫画讲座、漫画大赛等项目。

一、依托传统服务开展的动漫阅读推广活动

许多图书馆利用访谈或问卷调查的方式,做过类似的研究,以回答同一个问题:"用户来图书馆的目的究竟是什么?"他们得到的答案在细节上有所差别,但大体是一致的。整体上而言,人们来图书馆主要是阅览和借还图书资料,其次是自习(利用图书馆的物理空间)、上网、咨询信息,或是参加图书馆举行的各种活动等。图书的流通与阅览是图书馆为用户提供的最为传统和常规的服务项目。在这些传统的服务环节中,用户接触到图书馆的资源和信息,但用户之间不发生关联。图书馆利用这些传统的服务项目,也可以进行动漫推广活动,扩大图书馆的影响力,让更多的人了解和参与图书馆的各种服务与活动。

(一)动漫推荐书目

1. ALA的漫画推荐书目

比较权威的推荐书目是ALA的漫画推荐书目。2007年,美国ALA下属青少年图书馆服务协会(YALSA)建立了高品质青少年漫画书委员会(The Great Graphic Novels for Teens Committee)。该委员会共有11名工作人员,包括学校和公共图书馆的馆员,成员被要求有选择和使用动漫资料的背景和经验。该委员会花一年的时间挑选、阅读和评价被提名的漫画书,并最终评选出年度最佳漫画书,在其网站以书目的形式公开评选结果。这个推荐书目被命名为"高品质青少年漫画书"(Great Graphic Novels for Teens,GGNT)。在GGNT的基础之上,再评选出年度十佳漫画书榜单,供图书馆和其他有需要的机构参考。该委员会有自己的选书标准,除了不要与ALA颁布的《图书馆权利法案》相违背之外,委员会

还给出了专门的选书准则。他们不仅重视漫画书的品质，更关注它们对青少年读者的吸引力。自从这个委员会产生以来，它每年公布的榜单对青少年服务馆员在选择漫画资料方面，都有很重要的参考价值。

2. 图书馆制定的漫画推荐书目

ALA一年只发布一次漫画推荐书目。它由专业人员经历严格的选拔过程，充分考虑了读者的需求和漫画本身的可获取性。该书目严谨、权威，对图书馆采集动漫资料有重要的参考价值，但其所选图书数量有限，不够多元和实用。除了这种由专门机构、专业人员制定的漫画推荐书目之外，图书馆根据自身的实际情况制定出多种多样的推荐书目。此类漫画推荐书目的评选标准更加多元，例如漫画新书目录、借阅量靠前的漫画书目、评价最高的前十名漫画书单等。利用网络媒体，图书馆漫画推荐书目的更新也更加频繁。

（二）动漫主题展览

所谓动漫主题展览，就是图书馆在某个物理空间内，向用户公开展示动漫相关的书籍、杂志、CD、图片、手办等作品的活动。它是图书馆常见的一项活动，图书馆立足于自身的馆藏资源，通过展览向用户传达信息，收集反馈，营造文化氛围。

二、以项目形式开展的动漫阅读推广活动

前文介绍和分析的推广活动，具有某些显著特征：一是这些活动是基于图书馆传统的借阅、书目等服务展开，依赖的是图书馆自身的资源；二是它们针对数目不确定的图书馆用户，参与者在人数上并不受到严格的限制；三是参与活动的用户之间，并没有直接形成交流的小圈子，也少有互动关系。下文要介绍和讨论的这一类推广活动，称之为"以项目形式开展的动漫阅读推广活动"。开展这些活动，需要图书馆不仅利用自身的资源，还要尽量借助外部的社会资源。它们通常以项目的形式开展，有可统计的参与人数，有基本固定的活动时间和频率。参与者不仅仅是个体意义上的图书馆用户，他们之间互相讨论，分享观点，交换意见，有很强的互动性。

（一）动漫俱乐部

动漫俱乐部是把一群爱好动漫的人集中到一起，分享和讨论与动漫相关话题的组织。这样的俱乐部，有个人维持运营的，有学校社团管理的，也有由图书馆组织的。有公益性的，也有商业性的。

这些俱乐部，有一些共性的地方：第一，它们都由公共图书馆运营，俱乐部的活动场所和内容由图书馆决定；第二，这些俱乐部的活动内容有很多都是围绕日本动画、漫画开展，也从侧面反映了日本动漫在美国的影响力；第三，与传统俱乐部会员制的管理模式不一样，这些俱乐部不采用会员制或者没有固定的会员，参与者都是图书馆的用户，俱乐部也不会收取用户会员费，完全是免费经营的；第四，有些俱乐部的活动比较单一，但有的俱乐部，除了给用户提供社交和娱乐场地之外，也搜集用户的建议，成为图书馆了解用户需求的渠道；第五，这些活动的参与主体多是中学生，活动充分利用了学生的课余时间和假期。

（二）漫画讲座

讲座对于用户了解漫画的相关知识，接触自己喜爱的作者，参与图书馆的文化活动具有特殊的意义。讲座的水平和丰富程度，受到动漫产业发展的宏观环境的影响，也取决于图书馆的策划能力、用户参与的积极性等因素。

可归纳出图书馆动漫讲座的几个特点。第一，它不光注重理论性的讲述，更强调培养未成年用户的动手能力，希望通过讲座教会他们如何学习制作漫画。第二，主讲人不仅有漫画家，也有美术专业的学生、老师、漫画研究者。图书馆为用户、漫画研究者、漫画制作者等主体之间的交互搭起一座桥梁。第三，图书馆按照服务对象的不同，将讲座区分成不同的层次。对于以漫画技法的讲授和实践为主的讲座，对象一般都以中小学生为主。第四，这些活动一般都是免费的，不存在商业目的。

美国没有像广岛市漫画图书馆这样的专门漫画图书馆，但是很多公共图书馆收藏漫画，同时也围绕漫画开展一些活动。风靡北美的"漫画免费日"，使图书馆有机会集中开展一些活动。在这一天，图书馆会组织漫画家与读者见面，请名家来演讲。"漫画免费日"对于北美地区的漫画迷而言，是一年一度的节日。除了每年固定的这一天之外，各个地区的图书馆还有着自己的传统。它们利用地区的资源，和当地的漫画家协会等团体保持联系，在图书馆的日程安排中，偶尔也会有与漫画相关的讲座。但这些活动没有广岛市漫画图书馆这样集中和系统。

（三）漫画大赛

漫画大赛是动漫爱好者展示自己才能的一个机

会。如果有条件,这项活动的主办方可以是各种机构。从1998年开始,广岛市漫画图书馆每年定期主办一届漫画大赛,征集以当年发生的事件或话题为灵感而创作的滑稽漫画。该大赛设立四个奖项,每年都能征集到几百幅作品。根据广岛市漫画图书馆的网站显示,中学生参与大赛的积极程度是最高的(见图1)

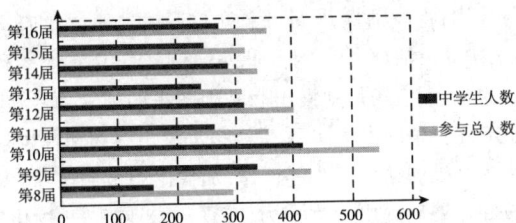

图1 广岛市漫画图书馆主办的历次漫画
大赛参与人数

美国也有类似的由图书馆主办的比赛项目。美国爱达荷州首府博伊西公共图书馆2014年8月30日办了一届动漫节,而画画比赛(Library Comic Con Drawing Contest)是动漫节的一项活动,参与这项活动非常自由,既无主题的限制,也无年龄的限制,所有获奖作品将在随后图书馆举办的动漫节上予以展示。俄亥俄州辛辛那提市图书馆也有类似的比赛,但不是每个公共图书馆都热衷于举办此类比赛。

(四)动漫节

世界上许多地方都有花样繁多的动漫文化节,我国也不例外,但是由图书馆举办的动漫节就不多见。

FCBD是由北美最大的钻石漫画分销商(Diamond Comics Distributors)引领的,一年一度向读者免费赠送漫画资料的活动,其下属漫画专卖店自愿参加。该项活动始于2002年,此后固定在每年五月份的第一个周六举行。

这个活动对于不同的群体有不同的意义。对于参加漫画免费日的个人而言,他们不仅有可能得到一本或数本免费的漫画,也能够有机会参与到相关的活动中去,得到娱乐和享受。对于出版商、发行商、零售商等动漫行业中的人而言,他们以免费的名义,实际上是在为未来的商业利益留住和发现消费者。而对于图书馆来说,这是一次将用户吸引至图书馆的机会。有了来自业界、图书馆和漫画爱好者的支撑,这个活动成为常规活动,年年举办。

实践证明,图书馆建设动漫馆藏,开展相应服务,是向青少年尤其是动漫爱好者宣传图书馆资源、理念和活动的行之有效的方法。一方面,用户围绕动漫的文献需求和文化诉求得到尊重和满足,他们愿意投入时间和精力获取、利用动漫资源,借此养成阅读习惯。另一方面,这一类用户可能因为对动漫的热爱,对图书馆形成依赖,产生归属感,可以促使他们更加频繁、多元而深入地使用图书馆的其他资源和服务,能够增加到馆率、流通率。动漫资源的采集和利用,为公共图书馆开发新资源,吸引少年儿童,减少用户流失率,推动阅读提供了新的方向和思路。

(作者单位:北京大学信息管理系)
摘编自《中国图书馆学报》2014年第6期

全媒体时代下我国动漫出版产业的发展策略

秦宗财

动漫产业是一种文化创意产业,是指以内容创意为核心,以数字技术为支撑,以动画、漫画为表现形式,以版权交易为产业运作模式,借助影视、网络、图书报刊、新媒体等信息传播载体,并延伸至同动漫形象有关的衍生产品的开发和经营的产业。动漫创意作为一种文化内容,具有很强的融合性,能借助各种载体和表现平台实现有效传播。全媒体技术的快速发展为动漫产业的快速发展创造了条件,也显示了动漫产业旺盛的生机。

一、"大动漫产业观"下日本动漫出版产业的发展经验

日本是在大动漫产业观下发展动漫出版产业较为成功的国家,其动漫出版产业有着特殊的链式运营

模式,动漫图书的版权交易做到了极致,形成了庞大的动漫版权产业链。其版权产业链运营模式如下:

日本动漫出版囊括了广播、电视、电影、杂志、图书、录像、电游等诸多媒体领域。业界曾总结日本动漫产业的七大优势明确的合作机制,成熟的创作队伍,细分明确的动漫市场,用心培养的动漫受众,普及的动漫传播销售,到位的动漫主题公园管理,强势的动漫外交交流。

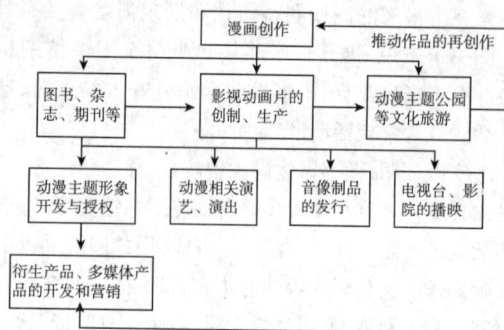

二、我国动漫出版产业发展现状

近些年来,我国动漫出版业坚持自主创新,动漫产品日益丰富,逐步形成了具有民族特色、时代特色的发展理念,步入了健康有序、可持续的产业化发展道路。

但在新媒体技术快速发展的形势下,我国动漫出版仍存在诸多问题,如缺乏战略性的产业眼光、新媒体动漫出版关注度不高、"政产学研用"的互动渠道不够畅通、新媒体动漫出版缺乏科学监管、人才缺口极大等。随着新媒体动漫出版与相关产业的融合度越来越高,动漫产业与出版、影视、网络、新媒体等媒介产业的协同互促关系日趋紧密。因此,要发展动漫产业,就需要树立"大动漫产业观",重在内容创意和版权开发,拓展动漫产业发展空间。

三、全媒体时代下动漫出版产业的发展策略

(一)鼓励故事原创,加强原创能力的培养

内容是王道。因此,为加强故事原创,应提高动漫故事创作者编剧的报酬,提升创作者的积极性。如日本畅销漫画《金田一少年事件簿》脚本作家和漫画家的稿酬比例是5:5,各有几亿日元的收入;韩国富川国际漫画奖把最高大奖授予编剧,奖金高达万韩元,绘画奖只有万韩元。同时,在学校教育上,动漫专业应在注重技术能力培养的同时,加强脚本创作、造型能力的培养,从根本上改变重技巧、轻原创能力培养的局面。

(二)加大国家政策的扶持和改革力度

为充分利用新媒体技术的优势,推动动漫出版产业快速发展,国家仍然要加大扶持力度,将规范性政策与鼓励性政策并重,营造良好的产业发展环境。将规范性政策的制定重心放在中央政府层面,顶层设计要具有科学性、前瞻性,同时不乏权威性、全局性的指导作用;将鼓励性政策制定重心下放到地方政府层面,提高灵活性、针对性。此外,商品经济讲求效率和回报,因而市场是动漫出版必须考虑的因素,必须建立有序竞争的市场体系,完善以动漫出版物和音像制品为基础的动漫产业链运作;加快出版体制改革,解放和发展动漫出版生产力,实现动漫业的"开放化"和"市场化";根据动漫出版机构的发展战略和市场需求对资源进行重新配置、优化,寻求与受众需求的最佳结合点;建立以大城市为重心,小城市为辅助,贯通城乡的动漫出版发行和销售网络;建立覆盖全国的区域动漫产品物流中心等。

(三)打造全产业链格局,实施立体化出版

在产业结构和产业规划方面,针对我国动漫出版产业的发展,通过政府引导、企业主导、市场运作,重点扶持龙头动漫出版企业,培育一批充满活力、专业性强的中小型动漫出版企业,完善产业链,加强动漫出版基地和服务平台建设,逐步形成产业体系相对完整、结构布局日趋合理、整体技术水平先进、市场竞争有序、社会效益与经济效益显著的动漫出版产业格局。

(四)设立市场化基金,解决企业融资问题

当前我国动漫产业总体实力不强,全国近万家动漫企业中,绝大多数为中小企业,企业在融资渠道上面临较大的压力。近些年来,我国多地多单位设立了各类动漫出版扶持基金,但显然,上述基金大都是政府设立的公益性基金,其出版难有经济效益,且与行业发展总需求相比而言,依然是杯水车薪。除公益性基金之外,还需有市场化基金,在国家的引导下,可以为民营资本介入动漫出版行业提供顺畅渠道,解决资本市场对接动漫游戏产业的瓶颈问题、产业风险规避问题,帮助动漫出版行业充分吸收其他行业的资本,实现快速发展。

(五)创新产业管理机制,关注一化经营

加大动漫数字出版资源的积累和开发,建立新媒体动漫内容的质量保障机制,摸索适宜的利益分配机制,是动漫出版机制创新过程中需要关注的。在新媒体环境下,动漫出版一体化经营不仅是一种发展趋

势,也是适应新媒体动搜发展的策略。我们可以尝试整合动漫出版价值链下游环节(如电子漫画)的前向一体化经营,可以考虑整合动漫出版价值链上游环节(如动漫作者)的后向一体化经营,或者通过占有动漫出版价值链的各个环节而采用纵向一体化经营。

(六)分层培养产业人才,积累发展后劲

当前动漫出版产业逐渐发展为团队创作、产业运营层次化、流程化,这决定了层次化、流程化的产业人才体系建设成为当前及今后动漫人才培养的方向。第一,要加强培养动漫原创作者。第二,要注重动漫编辑出版人才的培养。优秀的动漫编辑人才是必不可少的,他们在整个动漫的出版过程中起着举足轻重的作用。第三,培养动漫出版产业经营管理人才。

全媒体产业链发展形势下,我国急缺动漫出版产业运作的高端人才。因此,加大动漫出版产业经营管理人才的培养力度,是今后我国动漫类高等院校及相关教育机构主要的努力方向之一。

(七)建立科学的行业监测,健全产业管理规范

国家相关部门仅仅对新媒体动漫出版的相关产品与市场设立了监管机构,缺少全面、系统、灵活、协调的组合搭配。因此政府、院校与业界需要对新媒体动漫出版产业的理论与实践工作进行深入调研、分析和研判;依据新媒体动漫出版特有的产业发展规律,制定科学的行业监测与管理规范,不断在实践中探索适合我国国情的新媒体动漫出版的产业发展机制。

(八)重视动漫出版品牌建设实施"走出去"战略

品牌是将物质文明转化为精神文明的纽带,用动漫品牌整合动漫产业,才能使中国原创动漫闻名世界。文化产品的核心竞争力来自于文化品牌。动漫作品一诞生,就自动拥有了相应的各种版权,但是只有通过各种传播手段和媒介,以至具备了品牌效应,这样的版权才有较大的价值。要推动动漫出版"走出去",就要注重打造民族动漫文化品牌。要实施动漫"精品"战略和"走出去"战略,积极在海外推广民族动漫文化品牌,增强我国动漫文化的国际影响力,展示中华民族文化的自信和风采。

(作者单位:安徽师范大学传媒学院)

摘编自《文化产业研究》2014 年第 1 期

探索期中国新媒体动漫的发展与前景

佟 婷 彭 乔

一、新媒体动漫的外延与内涵

常规意义上的新媒体动漫,一是指动漫产品在新媒体领域以互联网为载体,以数字形式为表现方式,以数据为贮存方式的重新演绎。主要是以互联网为传播平台的传统漫画与动画作品以及为迎合新媒体领域消费者的新的阅读娱乐习惯而改编的数字漫画与动画。这类新媒体动漫产品还没有脱离传统动漫产品的束缚。二是广义的新媒体动漫产品,比如 flash 动画短片、具备互动性的互联网广告、论坛与 QQ 等各种及时通讯软件的表情回复、互动电子书,手机彩信、利用了动漫形象的各种智能手机应用与手机的 UI(用户界面)等等。虽然这类产品的设计与开发处于起步阶段,赢利模式还不清晰,但却是未来新媒体动漫的发展方向。首先,它具有"互动性",这是新媒体赖以生存并有别于其他媒体的属性,只有充分运用"互动性"才能保证新媒体动漫产品不会反被传统动漫产品所替代;其次,此类产品都结合了较高的网络技术,保证其拥有很强的不可复制性。因此新媒体动漫的内涵是"可与消费者进行互动的动漫形象在新媒体的传播",只要保有这个核心内涵,新媒体动漫便可以外延成多种多样的产品形式。

二、政府在新媒体动漫发展中的职能

(一)国家关注并出台相关政策扶持新媒体动漫发展

动漫产业作为文化产业的重要组成部分,得到了国家的大力扶持。但是政府的扶持只是产业发展中的一个重要组成部分,整个新媒体动漫行业能否开发并创作出大量符合受众审美趣味的优良产品才是能否获得发展的根本因素。

（二）政府与企业的信息不对等与过度监管

政府与企业在市场经济中立场不同、职能不同、任务不同。政府是在宏观上关注新媒体动漫，注重行业的整体走向以及其对其他产业的影响，以发展可持续经济、保护国人精神文化生活健康发展为任务，并以此为出发点制定可以影响全行业的政策法规。企业则是站在一个相对微观的角度关注新媒体动漫，更加贴近产品与一线消费者，更加注重如何联系新媒体动漫与其他产业，如何创造经济效益并使之最大化，以此为基点制定企业的发展目标和发展规划。政府与企业不同的立场决定了二者对待新媒体动漫的不同方式，因此有可能导致两的信息不对等，造成不必要的损失。

（三）未来的发展战略与措施

1. 实现政府与企业之间的信息交流，加强政府在新媒体领域的服务职能

我国的新媒体动漫企业存在成本与收益失衡、资本与人才匮乏等探索期的突出问题。政府需要通过自身在资源调配与政策制定上的优势，在新媒体动漫的企业创立、融资立项、产品审查、跨界合作、税费交付等环节给予便利与优惠，吸引资本与人才的进入，提高市场活力，改善新媒体动漫的发展环境，使资本、企业、人才多方平衡，让资本有相当的安全感与信心投入新媒体动漫领域，让人才在新媒体动漫的各个岗位上保持着自己的热忱，让企业能够顺畅发展，并在企业尝试失败后仍能够为其提供支持和保障。

2. 明确、细化新媒体动漫领域的法律法规，促进版权保护

我国在文化产业发展的历史过程中一直对版权保护不足，相关法律条文要么缺失要么实施力度不大。

一是侵权成本低回报高；二是搜索引擎企业与内容产品企业的合作不稳定，消费者可以轻易通过搜索引擎找到侵权的动画漫画资源。而根本原因仍是相关法律条文缺失，企业无法有效利用法律武器维护自我的经济利益。

3. 搭建新媒体动漫公共技术服务平台

开发制作一个品质优良的新媒体动漫产品是件投入大、费时长、回报慢、运营难的工作，需要充足资金，同时产品的设计、传播、营销方面都会涉及新媒体领域相关的各种技术。动漫企业除非在传统动漫产业方面已经积累了数量巨大的人力、财力并拥有相对先进的技术，否则很难独自负担这样投资巨大、技术类型要求广泛的工作。

三、现阶段用户在新媒体动漫中的体验与消费

中国新媒体领域方面的发展得益于改革开放与国家对互联网发展的支持，各种新媒体网络终端产品已经融入国民的生活。

（一）新媒体动漫潜在用户市场巨大

新媒体领域的硬件终端如平板电脑、智能手机在拥有如高互动性等传统媒体没有的特性的同时，还保有过去传统的平面媒体的阅读与娱乐功能。越来越多的消费者使用新媒体的终端产品替代以前的书籍、电视、手机等等，与这种替代行为相对应的是，消费者的消费习惯与娱乐习惯会受到新媒体终端产品的影响，最直接的结果便是转变成新媒体动漫的消费者。

需求决定市场，而消费者的需求越明显，欲望越强烈，市场行为就越容易开展，促使国内的新媒体动漫业逐步形成成熟的市场体系。

（二）新媒体技术的进步扩大了用户体验

新媒体动漫领域消费者选择面的扩大是横向与纵向双方面的。横向来说，消费者选择新媒体动漫产品的数量与种类日益增多，仅仅是 2012 年电视动画与漫画向新媒体的移植数量就远超 2011 年的总量。再加上继承互动特性出现的新兴动漫产品，使新媒体动漫的数量与种类都在不断攀升；纵向来说，消费者的新媒体娱乐手段也在不断发展，原有的新媒体网络终端技术一直在更新换代，市场上还不断出现新型的终端器材。

（三）消费者消费时微付费逐渐成为趋势

数字时代推动了免费经济学，互联网为用户提供了很多免费观看和下载的渠道。近几年来，互联网和移动互联网领域都在尝试付费观看的商业模式。大多实行的是差异化定价策略，即免费产品和付费产品并存。在付费产品中，又分为几种不同的方式：一是包月制；二是会员制；三是根据产品的设计进行前端的收费和后端的收费。比如一部动画片，前几集免费，后面收费。总的来说，就是通过设计不同的节目套餐组合，在免费的大环境中进行小额收费的尝试。这些尝试，使得用户的消费行为从单纯的免费使用向"微收费，大基数"的方向发展。

四、国内新媒体动漫企业的生存突围与未来发展

(一)新媒体动漫企业在稳定利好的前提下应增强探索精神

目前大多数动漫企业对于新媒体动漫的基本态度——培育市场远胜于大规模的赢利。他们试图让自己在新媒体动漫上的业务继承其在传统动漫产业的优势,当然就收益前景与规避风险来说,这是一个稳妥的方法,发挥企业的优势业务资源在新领域开拓也是一个安全的选择,但这只能说是在适应新媒体动漫,并成为新媒体动漫领域的一个普通受益者,而不是领军者。传统动漫企业不愿意冒险,资金雄厚的网络巨头们又在动漫作品与形象的设计经验上略有不足,新媒体动漫企业与网络巨头公司合作开发创新型动漫产品的合作是未来值得期待的模式。

另一方面,移动互联网的内容制造商尽管在分成与结算方面处于被动地位,但赢利情况尚可,而这绝不是长久之计。至少对新媒体动漫的发展和进化来说,移动互联网的动漫是新媒体动漫的一环,作为使用人数最多的网络,它更应该促进新媒体动漫表达形式与类型设计的进化、动漫形象品牌价值的提升,成为新媒体动漫全面商业战略不可或缺的关键因素,而不是目前这种消极安乐的赢利状态。也许在探索期,这只是一个资金积累、制作经验积累与运营经验积累的过程。未来的中国移动互联网上的新媒体动漫和网络运营会因为更多民营资本的进入而产生更多的活力。

(二)手机动漫企业收益可观,但生产优秀作品仍是关键

相对于传统动漫和其他新媒体动漫,手机动漫的赢利模式相对比较清晰。根据手机系统的不同,动漫作品在手机平台的投放主要是在运营商的动漫基地和APP store,对应的也就是内容创作方和运营商、苹果公司、内容集成商之间的收入分成模式。一般来说,内容方的分成比例在三成左右。虽然分成比例不高,但是手机用户基数大,所以目前在手机动漫市场上少数作品取得了一定的收益。如果作品在平台上能够受到用户的喜爱和热捧,取得高额收益并不是一件很困难的事情。

不可回避的一个现状是目前新媒体动漫缺少原创内容作品,国内对蕴含新媒体特点与高新技术的新型动漫产品投入过少,传统的内容动画与漫画在国内新媒体动漫产品方面还占据着绝对的主力。缺少原创作品的根本原因是创意脱离市场,衍生产品更是无从谈起,不能形成完整的产业链,这成了中国动画的普遍现象,直接制约了中国动画的发展。

(三)产品需要差异化、层次化、多样化,引导用户循序渐进式付费

"微收费,大基数"的赢利模式是现阶段我国新媒体动漫选择的最优方式。在这个赢利模式的基础上企业需要充分研究商品的特点与消费者的消费心理,以引导消费者的消费行为。

处于网络虚拟环境下的新媒体动漫产品不同于一般的实体商品那样只进行一次性的商品贩卖,它更加接近于服务业的"服务交易",而且它仅能存在于特定平台中才能产生使用价值,一旦失去平台作为载体,产品的功能将不复存在,所以此类产品实现差异化、层次化、多样化的前提是引导消费者进入平台。

(四)设计专门化支付方式,虚拟与现实联动

人们通过电子商务在互联网上进行电子化交易,无论是第三方支付系统还是网银,每笔交易的背后都存在着货币的流通。新媒体动漫企业可以尝试在自己旗下运营的网络社区或新型的商品内增加独有的虚拟流通货币,利用新型的新媒体动漫商品打造互联网或移动互联网环境下的动漫生活社区,使消费者的生活融入其中,把在动漫生活社区的活动作为生活的一部分,首先是生活的虚拟化,继而推动所有消费行为的虚拟化。

(五)增强用户与内容间的互动性,用户既是消费者也是制作者与传播者

新媒体产品的互动性主要体现在用户可以借助网络发布信息,互相交流,对产品的体验进行回馈。更多的新兴新媒体动漫产品完全可以促使消费者寻找产品的二次娱乐方式来完善产品并得到体验升华,同时以网络回馈的方式把这种二次娱乐的产物公布于众,和其他人进行交流与传播,吸引更多的人参加到体验这种二次娱乐方式的队伍中来。二次娱乐,就是用户为了满足自我的精神需求而对已有的精神文化产品进行二次创作,用户再对这些二次创作的作品进行娱乐的过程。这种行为从前一直都只是用户自娱自乐的做法,但在网络产生之后,二次娱乐的行为被公开、分享、扩大,使用户成为精神娱乐产品的再加工者和传播者。同时,内容生产者可以对用户的二次娱乐行为作出迅速反应,既节省了内容创作和维护成本,又可以把其中合适的方案转为新的成业项目,获得经济效益。这种循环互动才是新媒体动漫产品的

应有特性。这种创作行为在日本叫作"同人创作"，在日本新媒体迅速发展的大环境下，"同人创作"经济在动漫产业中所占比重逐年上升。

这种产品的设计制作尝试需要具备一系列成熟条件，开发难度相当大，同时对知识产权的保护环境要求很高，但它能够带给整个产业良性循环和经济效益，值得我们去研究和尝试。

（六）新媒体动漫内容应用领域广泛，应开阔视野，开发多样化产品

新媒体动漫作为精神娱乐产品的表现手段，不再独立存在于单一的产业之中，而是随着网络的发展成为与任何服务和产品不可分割的一部分。不要把新媒体动漫的表现手法、依附客体、支付手段想得过于单一，在新媒体这个由众多网络构成的虚拟世界中，"动漫"本身作为虚拟形象的表现手段一定能产生更加多样和创新的变化。

五、结　语

新媒体动漫是我国新媒体产业成熟后市场细分而出现的分支，在这个领域，无论是硬件制作商，软件开发商还是平台运营商都呈现集群现象，我国的网络消费者也在新媒体互动产品消费上呈现细分化趋势，这种细分趋势寻求新的网络精神文化消费品。新媒体动漫领域的未来发展被动漫产业与互联网产业所共同看重，所以笔者认为研究现阶段新媒体动漫的探索与发展，需要考虑动漫产业与互联网产业的两方面因素。我们看到新媒体动漫产业在探索时期的艰难，也不能忽视它在不断变化中所展现出的活力和希望，它或被称为中国动漫崭新的亮点和增长点。

（作者单位：中国传媒大学艺术学部动画与数字艺术学院）

摘编自《现代传播》2014 年第 6 期

网游行业联合运营问题研究

徐江帆　张硕楠　谢雅洁

一、关于联合运营

郝志伟认为，目前大多数联合运营还只能是粗糙合作的一种表现，网游联运中双方的输赢难预料，营运是一次赌博，营运不好同样会赔本。陈永东对网游联运分析更为全面，提出了网游联运的三种模式，同类网游企业的"强强联合型"、不同特长企业的"优势互补型"和新旧媒体企业的"业务拓展型"；同时提出网游成败关键的观点并对联合运营模式的风险防范提出建议，作者更为客观地对联合运营进行了分析，看到联合运营优势的同时也找到了联合运营的潜在危险。本文从网游行业的联合运营状况入手，分析其存在的问题，提出相应的解决对策。

二、联合运营的发展状况

（一）网游行业联合运营的首创成功

企业在进入市场初期都将对市场形势进行分析，了解消费需求、销售需求等一系列问题，营销手段便成为了企业创业之初的关键。较早进入市场的盛大网络凭借陈天桥网吧联销模式的营销创意为企业培养了属于自己的市场，并使盛大网络在网游行业占有重要的地位。网吧联销模式指的是以网吧为点卡的销售终端，实现盛大游戏《传奇》的运营推广，同时增加网吧业主的利润。这一模式的成功之处在于利用跨平台的产业嫁接，达成双方共赢的战略目的。

（二）网游联运的风靡

盛大和金山两大公司选择共创未来，一家凭借游戏起家而另一家是以软件起家的。两家有着不同的发展着重点却选择了联姻。金山擅长研发而对市场的运营能力较弱，而盛大则有着极强的运营能力。根据要素禀赋理论分析，两家具有差异的企业并有着比较优势，两者的结合有助于提高双方效率从而使一加一大于二。双方都致力于本企业的优势通过联运模式的结合，优势的互补也许能为双方带来比单枪匹马创造的更多经济效益。利益的趋势使得两大公司走到一起。

三、联合运营为网游行业带来了什么

（一）网页游戏爆发式增长

1. 网页游戏与联合运营的关系

网页游戏就是用浏览器玩的游戏，不需安装庞大

的客户端。这类游戏更为方便能吸引更多的用户,网页游戏联合运营顺应了网络与网游发展的趋势。这种网页游戏联合运营的新模式能够培养老用户的忠实度和吸引新用户的加入,使之汇聚更多的用户,多款游戏的联合可供用户选择,增加了用户的选择范围,使用户黏性也有所增加,用户的增加也势必影响收入的增加。由此看来联合运营是适合网页游戏的,联合使它们彼此间有所依靠。

2. 网页游戏的增长态势

2012年中国的网页游戏呈爆发式的增长,不同题材不同分类的游戏充斥了网游市场,网页游戏市场的销售收入不断地攀升。

(二)新型运营模式影响网游行业

1. 联合运营共创佳绩

(1)强强联手共创未来。对的网游巨头来说,它们在游戏的研发上没有突出的表现,但它们有着具有优势的运营平台。另一些网游巨头则是在研发上有着卓越的成绩而营运能力往往略逊一筹。联合运营的出现将国内的网游企业划分成了两个派别－游戏开发商和游戏运营商。选择合作伙伴共创未来成了那段时间网游行业内最为关注的话题之一。与单打独斗相比,联合运营仿佛更具吸引力。这种联运模式的合作仿佛像家族联姻一般,为稳定家族势力或达到利益互补使得双方结成姻亲关系,携手合作。

(2)弱弱牵手抵御风雨。在这个科技发展如此迅速,互联网如此发达的时代,那些存活于大型网游企业之下的中小型网游公司在这样一个环境下处境岌岌可危。联合运营的出现似乎对中小网游企业更为重要,联合关系到了它们的生存。联运为它们节约了开支亦为它们找一个共担风雨的伙伴,降低了经营风险。

2. 合作终有摩擦

(1)痛失良机何等可惜。在这个适者生存弱者淘汰的时代,不能抓住时机的企业和不能适应环境变化的企业自然处于弱势。在盛大和金山确认合作《剑侠情缘3》之前,金山的合作伙伴还有另一个选择——九城。九城在那年仿佛也特别倒霉,先是失去了《魔兽世界》大陆的代理权,后来又失去与金山合作的良机。九城与其竞争对手盛大相比没有那么重视联合运营,在谈判过程中并不主动所以失去了此次与金山合作的机会。没有敏锐的市场洞察力,使得九城的这次失利显得十分可惜。

(2)联运也有弊端。既然联合运营后的利益是双方共同的,那么如果联运后产生亏损这样的结果自然应该由双方共同承担,联运使双方荣辱与共。联合双方某方的失利会影响另一方,而在合作中也会有分歧,如何处理这个问题也是影响联运成败的因素之一。尽管双方是合作关系,但是同处网游行业合作运营的两家公司也是对方的竞争者,合作中的相互信任能否合理处理双方的竞争地位也是影响因素之一。双方毕竟是不同的企业,在管理理念和市场定位中都有着差异,文化冲突和管理水平的高低也是影响联运的因素。

四、联合运营存在问题的解决

利用好联合运营的优势,使成本降低,运营思路变广并拓宽了运营平台,利益的捆绑制约了恶性的竞争,面对国外强大的网游公司联运保护了本国的产业,最重要的是合理分工的优势互补推动双方的发展。同时也要看清联合运营的缺陷,联合为企业取得高收益创造了机遇也为之带来了高风险,联合中双方针对合作时又存在定位的纠纷、文化冲突等问题。联运只要运用得好,做到趋利避害,将会是很好的方式。

五、结 论

联合运营在网游行业的浪潮中使有的企业赢得利益,也使有的企业难以适应这一潮流而失去机会。联运模式究竟是好是坏还要看联运双方能否很好地趋利避害。总而言之,联合运营模式有优点同样也存在着缺点,两者之间相辅相成。在网游市场快速发展的今天,联合运营模式不失为一个推动市场同时带动自己发展的好方法。每个公司都有各自擅长的专注点,为了扩大产品线或营销渠道,选择联合运营已经成为一种潮流,其中游戏开发商与游戏运营商之间的联合运营将是主流。在将来,联合运营模式还将会是网游行业的趋势。各合作企业间需要不断磨合,力求通过高水平的管理、合理的竞争定位及技术与文化的良好融合来保证合作的效果,同时防范各类风险和缺点,将自己的成果展示出来,推动并带领网游经济的发展。企业也还需通过努力不断地完善这一商业模式,使联合运营能发挥更大的积极作用,带来更多的经济效益

(作者单位:云南大学旅游文化学院)
摘编自《现代物业·现代经济》2014年第2~4期

中国动漫产业发展模式与路径创新探析

石德生

21世纪以来,随着大众文化的快速发展,数码特技与媒体传播技术不断创新,以动画影视、漫画卡通、动漫画游戏、多媒体动漫产品等为代表的动漫产业得到迅速发展,逐步成为继IT产业后的又一个新兴朝阳产业。在美国、日本、韩国等发达国家,动漫产业不仅成为推动经济结构转型的重要支柱产业,也成为彰显和提升文化软实力与竞争力的重要标志、文化扩张的重要渠道。于此,动漫产业在全球政治、文化与经济发展格局中的位置得到迅速提高,积极发展动漫产业也成为诸多国家提升国家经济实力与文化竞争力的最佳途径。

一、当前中国动漫产业发展模式与路径

2006年4月以来,我国陆续出台政策、规划、制度,鼓励动漫产业发展,并力争在5～10年内跻身世界动漫大国和强国行列。此后经过七八年的努力,我国动漫产业不仅规模总量突飞猛进,而且产业结构脱胎换骨,日益成为我国经济发展、产业升级的新增长点。

(一)政府主导型发展模式

(1)国家主导制定动漫产业发展规划与计划。

(2)国家设立专项资金支持原创动漫发展。

(3)地方政府设立资金项目推动动漫发展。

总之,国家发布动漫产业发展规划及其计划,地方政府颁布关于动漫产业的扶持制度、政策、专项资金,都为我国动漫产业发展起到了巨大推动作用,也使我国动漫产业发展模式呈现浓厚的国家主导性的色彩,而且逐步形成了以下发展路径。

(二)产业基地(园区)集聚发展路径

通过政府政策、规划和资金支持,我国动漫产业也逐步形成了产业基地(园区)中心集聚发展路径,推进了产业园区内产学研公共技术服务平台建立,实现了基地(园区)资源与信息共享、人才互动,降低了动漫企业研发与制作成本,逐步形成产业集聚效应、成本与技术优势、人才与市场优势。同时,动漫产业园区(基地)建设也使杭州、无锡、沈阳、深圳、广州、苏州、宁波、北京、郑州、合肥等城市成为我国动漫产业发展中心和原创动漫创作中心,形成了长三角地区、华南地区、华北地区、东北地区、西南地区、华中地区6个动漫产业集聚带,促进了我国动漫原创、代加工影视动画产量增长。

(三)投资主体多元化路径

随着动漫产业规模总量迅速提升,我国动漫产业投资主体呈现多元化趋势,从发展初期以国营企业为主体,向国有、民营、合资等多元化结构过渡。尤其是民间动漫企业、动漫画制作机构的大量增加,推进了动漫产业投资主体的社会化、市场化、商业化。

(四)衍生产业渐次发展路径

随着国产原创动漫形象的逐步出现,通过原创动漫形象授权、品牌授权,我国动漫产业发展逐步走上动漫衍生品渐次发展路径。2012年,我国动漫(画)衍生产业市场规模达到220亿元,保持30%的增长率,在整个动漫产业链中,动漫(画)衍生产业市场规模是出版和播出市场的10倍。再加上动漫书刊出版业持续发展,网络动漫、手机动漫等新媒体动漫蓬勃发展,动漫主题公园逐步建成,延伸、整合了我国动漫产业价值链,逐步建构成动漫衍生产业渐次发展、新媒体动漫逐步推进模式。

二、中国动漫产业发展模式与路径存在的问题

(一)欣赏动漫的社会氛围与文化理念缺乏

由于我国传统文化中庸思想、抑制个性发展的社会意识影响,我国社会运行机制与文化意识中缺少欣赏动漫的文化理念与习惯,也未能形成良好的动漫发展社会空间与文化环境,使动漫难以获得应有的社会地位与认同,未能培育出一定数量的消费者群体与市场,以及一批执着于动漫产业发展的企业家与专家,致使我国动漫产业发展缺乏多元化的形象创新、市场开拓意识,只是针对某些特定群体,沿袭传统发展理

念、代加工思维惯性,生产、运营机制严重偏离市场规律。

(二)产业发展定位与目标不准确

由于我国动漫文化与社会理念缺乏,产业发展尚处在模仿、学习阶段,缺少科学合理的发展定位与目标,出现盲目跟风、一哄而起、低层次、粗加工的现象,只能在世界动漫产业格局与产业链下游徘徊,不能在世界市场获取更多的市场份额。

(三)品牌形象缺少,产业链与市场脱节

总览当前我国动漫产业发展的进程、格局、路径会发现较为缺少具有创意新颖、形象独特、内蕴丰富且适合国内市场与世界动漫市场发展潮流的原创性、民族化动漫形象与品牌,致使产业与企业难以扩大价值空间,陷入只增长、不发展怪圈,使我国动漫产品在国内外市场受到国外动漫产品与品牌的挤压,处于十分尴尬的位置;也致使我国动漫企业不能延伸产业链与价值链,无法开发高品质的动漫衍生品,不能进行较大规模的产业运作、整合、拆分,动漫产业链上下游之间及与市场脱节。

(四)企业经营管理机制落后,缺少大型龙头企业

经营管理机制落后是我国动漫产业难以发展壮大的瓶颈之一。我国动漫产业发展历史较短,大多数动漫企业负责人是艺术家、文化大师,只有少数企业家具有企业经营管理能力。由于高级领军人才、高级经营管理人才、高级创意人才的缺少,我国动漫企业经营管理机制、商业运营模式落后,产业化、市场化经营水平较低,精品动漫形象创新乏力,企业核心竞争力不足,经常陷入同质化、低水平竞争,赢利水平偏低。由此,动漫企业运作模式简单化,资金回笼缓慢,限制了企业做大做强,整体上处在小、散、弱的初级发展状况。

(五)行业结构雷同,基地布局不够合理

一是动漫企业经营行业雷同,不能相互配合、协调发展,行业布局有待完善。如大部分企业从事初加工、代加工生产,产业创新发展能力缺乏。二是动漫产业基地与园区功能雷同,动漫主题公园建设过多,缺乏经典动漫主题。三是动漫产业基地大都分布在经济较为发达的地区。不仅先进地区动漫产业基地与园区不能取得协同发展,从而陷入同质化竞争,而且国字号动漫产业基地的龙头引领作用发挥不够,导致落后地区的动漫产业难有跨越式发展的机会和

可能。

(六)政策制度建设不完善,动漫知识产权保护不足

我国动漫产业发展进程中知识产权与动漫形象保护乏力问题相当突出。首先,由于动漫产业的核心构成要素——动漫形象本身不是纯粹传统的知识产权保护的权利客体,使动漫产品与形象的知识产权保护难以实施,或者难以保护到位。其次,动漫产业知识产权保护制度与法律建设也存在一些疏漏,更增加了动漫知识产权保护的难度。第三,动漫形象具有很高的商业应用价值,我国动漫领域中盗版产品肆意泛滥,使从业者无法得到应有报酬,产业经营成本无法回收,导致动漫原创工作者与企业的经营、生存压力增加,影响动漫行业良性发展。

(七)高端人才稀缺,人才培养体系不健全

我国动漫产业总体发展进程滞后,人才培养工作起步较晚,人才培养目标、内容、制度、模式粗放、滞后,人才培养体系尚不健全,与国内外动漫产业发展实践脱节,不能培养出我国动漫产业发展亟须的大批基础性人才;高级经营管理、领军人才管理、激励、选用机制落后,引领动漫产业发展潮流的高端人才难以脱颖而出。

三、中国动漫产业发展模式与路径创新

(一)产业发展理念创新

第一,培育欣赏动漫、发展动漫的文化与社会理念、价值认同意识,培养、提升各年龄段受众欣赏动漫的能力与兴趣,形成促进动漫产业发展的良好社会氛围与环境。第二,建立科学、合理、前瞻性的动漫产业发展理念,坚持动漫"中国创造"、"民族化"、"国际化"品牌意识,重点打造具有鲜明民族特性的原创动漫品牌与形象,提升我国动漫产品的文化品位与时代意涵。

(二)企业组织模式创新

需要充分分析、梳理我国现有动漫企业组织模式及其弊端,创新核心企业与龙头企业的组织管理模式,建立现代企业制度,通过动漫产业组织的产业化、市场化、科技化及产学研一体化,打造具有强大自主品牌与形象创新能力、市场运营意识与主导能力的动漫研发与创造企业、动漫市场运营企业,逐步实现动漫品牌与形象的"原创化"、"民族化"、"国际化",扩大市场占有率,在激烈的国际市场竞争中分得应

有的利益。

（三）产业集聚发展模式创新

首先，通过产业集聚，提升产业园区与基地的产业规模效应，使分散式园区建设模式逐步向核心园区建设模式转变；并积极打造园区核心企业，充分利用园区内的服务、人力资源，降低企业运营成本，培养重点核心企业，提升核心企业的原创力和品牌经营力。其次，通过集聚发展，努力打造国家级核心动漫产业园区与基地、产学研动漫人才教育与培训体系、技术研发与服务平台，并在现有公共技术服务研发、共享平台基础上，发展动漫传播与衍生产品开发环节，使企业技术优势逐渐向创意研发优势、市场营销优势转化；积极发挥园区、基地与大型龙头企业的引领作用，使中小企业不断孵化、发展。三是，促使产业集聚逐渐转向园区、基地为核心的产业集聚地，逐渐发展为以动漫产业为主的产业集群带，实现动漫产业向产业上下游的延伸，完善产业价值链与空间链，进而以动漫产业为龙头，引领、带动周边产业发展，逐步建成以动漫产业为支柱的多元化、集群化巨型产业带。

（四）商业模式创新

一是树立原创、民族品牌意识，创新原创性、民族性品牌研发，创造具有中华传统文明的动漫形象与品牌，弘扬我国传统文化，塑造民族精神家园。二是形成动漫产品、形象多元化开发模式，创造针对不同年龄段、不同性别消费者的多元化动漫产品、形象，积极开拓、挖掘国内市场。三是打造多功能动漫产品传播平台体系，使国产动漫品牌、形象能得以及时传播，并步深入受众，牢固占据国内市场。四是积极树立国际化营销意识、理念与商业运营发展模式，积极开拓海外市场。

（五）科技与制度创新

科技创新与动漫产品融合是动漫产业发展的助推器。政府要鼓励动漫产业科技创新，加大动漫产品与科技的融合度，提高动漫产品科技含量，实现动漫产业更新换代，推进我国从动漫大国向动漫强国的转变。

（六）人才培养模式创新

我国动漫产业的跨越式发展离不开领军人才、创意人才、经营管理人才。必须强化人才培养理念，推进人才培育体系的创新，培养紧跟时代潮流的创新型、领军型、基础型、技术型人才，为我国动漫产业发展提供强大的科研技术支撑和人才队伍支持。

（作者单位：南京大学经济学院　河海大学公共管理学院）

摘编自《现代经济探讨》2014 年第 9 期

中国原创网游的语言变异与英译

张　义

由于原创网游的英译缺陷，产品的商业价值和文化内涵均受到了不良影响。目前，国内学术界尚未对中国原创网游的语言变异现象进行研究。一方面，国内研究多集中在网络语言变异现象及其成因和规范等方面，鲜有涉足网络游戏语言的变异问题。另一方面，有部分学者研究网游语言的特点，但关注的是网游玩家使用的网络语言，而非网游语言本身。鉴于此，本文将从原创网游的语言变异入手，重点分析原创网游在语音、词汇、语义和句法四个层面的语言变异现象，以期提出切实可行的英译策略。

一、语言变异：中国原创网游的重要表现手段

（一）语言变异

语言变异是原创网游实现特殊表达效果的重要手法，也是网游语言的重要特色和魅力。相比之下，"语言变体"则是截然不同的概念。简而言之，"语言变异"是一种打破语言常规和惯例的变通做法，而"语言变体"则是指由教育程度、社会地位、交际目的和语境等客观因素的差异造成的语言表现形式的变化。

（二）语言变异与中国原创网游

原创网游的语言信息主要涵盖"操作说明、网游

术语、任务介绍和人物对白"。除了有关游戏指令、鼠标、快捷键和任务状况等的操作说明之外,网游术语、任务说明和人物对白都存在大量的语言变异。事实上,语言变异已成为原创网游的一种突出的语言现象。这一点主要体现在以下4个方面:

1. 语言变异与传统文化

作为年轻人,网游玩家崇尚创新,蔑视传统,追求自由开放的生活。在网游环境中,网游玩家希望能摆脱语言规范和标准的制约,真正拥有一种无拘无束的游戏体验。因此,作为一种新奇独特的语言表达方式,语言变异可吸引游戏玩家对传统文化的关注,逐渐使他们了解并喜爱传统文化。因此,在原创网游中,语言变异成为传统文化得以传承与创新的有效手段。

2. 语言变异与网游语境

原创网游吸收了大量的网络语言并运用了独特的语言变异手段,这一切让游戏玩家置身于一种虚拟的语言环境之中,而虚拟的语境便成为虚拟世界的重要组成部分。显然,语言变异有效地服务于游戏玩家所处的虚拟游戏环境,为玩家营造出一种亦真亦假、虚实相济的网游语境。

3. 语言变异与口语化风格

口语化风格是原创网游最突出的语言特点。相对于书面语,口语包含着很多反常规、不规范的语言用法,即语言变异。在原创网游中,语言变异成为实现口语化语言风格的重要手段。这方面的例子可谓俯拾皆是。语言变异手段生动形象地表现了口语化的语言风格。

4. 语言变异与幽默效果

在原创网游中,风趣幽默的网游语言更能吸引年轻的网游玩家,而幽默的语言效果往往离不开突破常规、出人意料的语言表达形式。

上述分析表明,语言变异是原创网游重要的语言表达手段,直接影响原创网游的游戏内容和语言效果。因此,在原创网游的英译过程中,认清和分析语言变异技巧就显得格外重要。

二、中国原创网游的语言变异

原创网游的语言变异主要体现在以下四个层面:语音变异、词汇变异、语义变异和句法变异。

(一)语音变异

1. 谐音法

原创网游的谐音变异主要有两个来源:常见的网络语言和特有的网游语言。就前者而言,网络语言

中的谐音变异渗透到原创网游之中。至于后者,不同的网游会有其独特的谐音变异方式。至于后者,不同的网游会有其独特的谐音变异方式。

2. 叠音法

相对于谐音变异,叠音变异的数量较少,但具有更鲜明的特点。

(二)词汇变异

在原创网游中,词汇变异无疑是最突出、比重最大的一种语言变异现象。具体来说,词汇变异主要表现为违反常规的词汇搭配。这既有对约定俗成的成语、俗语和谚语进行颇具创意的套用和改动,也有将毫无逻辑关系的词语进行特殊的组合。

(三)语义变异

就语义变异而言,原创网游借用了大量存在词义变异的网络用语。这些网游词语在网游玩家之中大量使用,并成为原创网游语言的重要组成部分。

(四)句法变异

句法变异充分体现了原创网游语言对于传统语言规范的颠覆和背叛,达到了意想不到的语言效果。

三、中国原创网游的语言变异与英译策略

在英译过程中,译者需对语言变异现象给予足够的重视,采用多种灵活有效的英译技巧,努力在英译本里重现这种语言变异手段所传递的信息和内涵。

(一)语言变异的英译原则

1. 认清语言变异

英译时,译者应重视原创网游中的语言变异现象,及时发现并认清语言变异。同时,译者还需深入分析原创网游使用语言变异的真实意图,将语言变异置于特定的语境之中,搞清语言变异在原创网游中发挥的特殊语言作用。

2. 再现语言效果

鉴于中西文化和英汉语言之间的固有差异,在英语中重现汉语的语言变异实属不易。因此,译者应将再现语言变异所负载的内涵作为主要关注对象,通过灵活运用不同的翻译技巧,力争实现译文与原文在语言表达效果上的对等。

3. 注重语言简洁

简洁易懂的口语化风格是原创网游的主要语言风格。英译时,译者需充分考虑非语言传播手段,例如视频、图像和声音等的作用,尽量确保语言变异经英译后简洁明了、清晰易懂,从而使游戏玩家能在最

短时间内获取充分有效的语言信息。

(二)语言变异的英译策略

语言变异是一种背离传统和常规的语言表现手法。英译时,译者既可采用常规的翻译方法,也可运用一些灵活变通、创意十足的技巧。笔者认为,译者可运用下列翻译技巧来处理原创网游的语言变异。

1. 错译错法

所谓"错译错法",此处是指"采用某些项变异来翻译原文的语言变异现象"。为了重现语言变异表达的特殊语言效果,例如诙谐幽默的语气、生动形象的语感、口语化的风格,译者可尽量保持汉语的语言变异形式不变,通过使用英语中的某些变项,从而实现译文和原文在语言形式和语言效果两方面的对等。

2. 修正法

所谓"修正法",此处是指"使用常规语言来翻译原文的语言变异现象"。具体来说,当原文的语言变异很难或无法在译文中再现,且采用常规的语言手段来翻译这种语言变异,并不会对语言效果造成不利影响时,译者便可采用修正法进行翻译。

3. 融入法

在分析文学作品中人物的非标准语言的翻译技巧时,刘荣和周江林提出了"融入法"这一翻译技巧。

他们认为,"融入法是指采用各种手法,如搭配变异、逻辑混乱等将原文中非标准言语化入译文,再现原文的要旨。"显然,"化入"乃为该技巧的要义所在。笔者以为,"化入"是指,在译文无法或很难通过对应的变项或常规性语言来重现原文的语言变异时,转而借助于间接的语言表现方式,力争重现原文的语言效果。这种翻译技巧也适用于原创网游的语言变异。

当然,针对原创网游的语言变异现象,译者有必要视具体情况而采用合适的译法。有时,译者需综合运用上述的两种,甚至三种翻译技巧,才能达到重现原文语言效果的目的。

四、结 语

作为原创网游重要的语言表现手段,语言变异的英译直接关系到原创网游的商业价值和文化内涵。在处理原创网游的语言变异现象时,译者可充分发挥英语的各种变异手段,不拘泥于原文中具体的语言变异状况,采用灵活变通的英译技巧,最大限度地再现原文的深层内涵和语言效果。

(作者单位:东北财经大学 国际商务外语学院)

摘编自《重庆工商大学学报(社会科学版)》2014年第4期

数 字 报 纸

从资讯类网站的发展看报业转型路径

张 伟 黄升民 吴殿义

从根本上讲,报纸转型所面对的不是资源挑战,而是受众需求的变化,在这一转型过程中,资讯类网站的做法对报业具有较大的借鉴意义,因为两者的定位相同,面对的是同一类人群的同一类需求。笔者认为,受众的需求在发生三种变化,而这三种变化实际上也指明了报业转型的三个方向。

一、从精品到海量——平台化聚拢内容

在大众传播的时代,媒体的内容运营方式是记者、编辑进行加工采编,随着互联网的出现,内容渠道的丰富、多元,刺激了受众对内容的海量需求,而这种需求意味着长尾内容的积累,这显然是传统的采编流程所不能完全满足的。与此同时,互联网的开放性为传受双方的转化提供了可能,越来越多的受众开始主动创作内容,早期的博客即是典型。正是在这样的自媒体形态基础上,资讯类网站通过设计良好的商业模式、分成机制,对采编流程进行重新整理,从而实现了对海量、长尾内容的聚合,以满足受众多元的需求。

如搜狐在 2012 年通过搭建自媒体平台，作为门户新闻转型的重要布局。在这一平台上，汇聚了各类传统纸媒网站和虎嗅、钛媒体等新兴的科技博客，以及大量的自媒体创作人。为了鼓励自媒体创作，搜狐设定了三种模式：内容奖励模式、类经纪人模式以及原生广告模式。通过内容奖励模式，搜狐会设定诸如文章点击量、原创数量等不同标准，每月对内容贡献者提供奖励。类经纪人形式则是搜狐作为自媒体平台代表，与企业洽谈宣传活动，通过自媒体人进行营销传播。原生广告模式直接对接广告主和自媒体作者，广告主以 CPM 的形式向创作原生广告的自媒体作者分成。

纸媒也在试水平台化运营的形式。如上海报业集团改革后的第一个成果——澎湃新闻，其口号是"专注时政与思想的互联网平台"，主打时政新闻与思想分析，生产并聚合中文互联网世界中优质的时政思想类内容。澎湃新闻的新闻追问功能，正是平台理念的展现。在澎湃新闻，用户可以针对每一条新闻提出自己的任何疑问并获得其他用户的解答。这一互助方式使得用户可以真正读懂读透每一条新闻。同时，只要某一位用户生产出了精彩的问答，就可以被海量用户看到。为了最大限度的鼓励用户进行追问与回答，澎湃新闻客户端设置了一个热门追问页面，优质的追问与回答在这里得到展现。

表面上看来，无论搜狐新闻或者澎湃新闻，都在做平台化的重新定位，而平台意味着从直接面对受众的内容生产者，转变成为内容生产、消费双方的桥梁，同时还要发挥原有的媒体优势，确保对内容的把控。这种转变背后，需要对采编流程进行重整，通过商业模式的探索刺激更多内容生产者的积极性，并通过技术将内容、商务打通。这无疑需要较长时间的积累和摸索。

当前在百度、搜狐、今日头条等内容平台的挤压下，众多纸媒网站已经开始成为下游的内容提供者，逐渐失去话语权，这是值得警醒的。

二、从大众到个性——利用数据实现内容定制化

传统的一对多、点对面的单向传播方式必须改变，要根据受众需求的差异性，面向特定的受众群体或大众的某种特定需求，提供特定的信息与服务，把新闻"百货商场"变成信息"专卖店"，"在合适的时间和地点，把合适的信息传递给合适的人"。这一理想的实现，则必须依赖大数据。

今日头条是一款基于数据化挖掘的个性化信息推荐引擎，自 2012 年 8 月份上线以来，截止到 2014 年 Q3，已经累计用户达 1.6 亿以上，目前在今日头条上，已经聚集了包括新华网、人民网、财经网、《参考消息》等上千家媒体的内容。今日头条迅猛发展的根基，就是通过对用户和内容多个维度的处理以达到精确推荐的效果，满足用户个性化需求。其技术主要包括以下几方面：社交和用户行为分析；自然语言处理和图像识别技术；基于机器学习的推荐引擎；实时海量数据处理构架等。通过这些技术，今日头条可以做到根据每个人的兴趣、职业、性别、位置等多达千万个维度的个性化推荐。

在大数据时代，数据的掌握和处理能力已经成为左右媒体格局的重要因素，传统的报业运营者自身已经积累了相当多的信息和数据，如果能够将已有数据和第三方数据结合，必然能够盘活更多的资源。

三、从信息到服务——立足原有优势，扩展增值应用

正如章宏法所提出的，未来的报纸要超越传统的告知时代，不再单纯地将信息传播放在第一位，而是更加重视信息传播效果，实现从专业性的新闻内容提供商到全业务的综合信息运营商转型。报业要想实现从专业性的新闻内容提供商到全业务的综合信息运营商转型，必须要在强化内容制造的基础上，更新理念，在开发信息载体、推动信息多元增值、拉长信息传播链条、开展信息营销等方面拓展路径。

通过这种转型，媒体经营者既可以建立起与市场更紧密的关联，同时以多个触角接触受众，获得更多的忠诚度，而且多种赢利来源也远比单纯依赖广告收入更加健康和稳定。

虽然从内容提供者到服务提供者的转型过程中不乏成功案例，但有两点值得注意：其一，向服务转型必须要立足于原有的受众人群和受众需求，而不是盲目延伸；其二，内容是服务的基础，失去了优质内容所建立的品牌优势，服务也将无从谈起。时常听闻报业集团进入房地产领域、网络游戏行业，号称多元化经营。笔者认为，这种无的放矢的多元经营，只是无根之水，绝对不是健康、合理的发展模式。

（作者单位：中国传媒大学广告学院）
摘编自《新闻界》2014 年第 24 期

纸媒转型的移动化尝试

——《纽约时报》新闻客户端 NYT Now 的探索与启示

王之月　彭　兰

近年来,为顺应移动互联网技术的汹涌大潮和读者习惯的改变,《纽约时报》不断推出基于智能移动终端的 APP,以探索传统媒体内容与移动媒体形式的有效结合方式,及纸媒在移动互联网时代的全新商业模式。2014 年 4 月 2 日,《纽约时报》推出新闻客户端 APP——NYT Now,并试图以之探索全新商业模式。本文以这一重点开发的移动应用 NYT Now 为例,从产品内容、用户体验、赢利模式等三个方面对其进行总结和分析,试图得出传统媒体在开发移动新闻客户端时可以借鉴的经验。

一、挑选和精缩的新闻内容

在产品发布前团队负责人列维就曾表示,NYT Now 的初衷是通过编辑的挑选和精缩,让读者了解到当下最重要的新闻,打造一个"迷你移动新闻直播间"。首次使用 NYT Now 时,用户将会看到欢迎界面(图 1):"《纽约时报》的编辑正在夜以继日地不停更新新闻。我们亲手挑选了《纽约时报》最重要的新闻故事以及其他来源的优质新闻。早上我们会为您呈现简报,您将在第一时间获知新闻。"

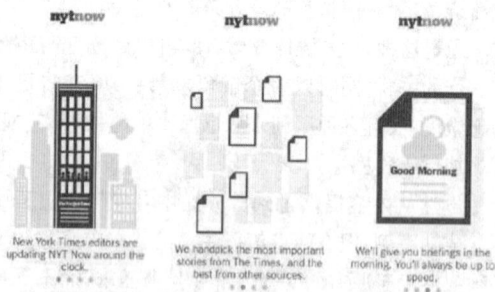

图 1　NYT Now 的欢迎界面截图

NYT Now 界面设计简洁大方,由要闻(News)、精选(Our Picks)和存档文章(Saved)三个版块组成。

(一)要闻版块

要闻版是 NYT Now 的重心(图 2)。在内容上,要闻版与网站首页内容完全一致,编辑按照重要性每次推送 10~15 篇"硬新闻"(Hard News),每篇文章都会配有高清图片或视频;硬新闻下方则放置"更多新闻"、"观点"、"不可错过"等栏目。在排版上,NYT Now 将网站文章的标题进行重新表述,而正文内容不做任何改动。NYT Now 与网站的不同之处在于,每条新闻标题的下方都会附上 1~2 条简短的内容要点,长度在 2~3 行左右。通过标题和新闻要点,读者即使不点击进入原文,也可以大致了解报道内容。一旦点进原文阅读,文章标题前方会标识一个"√",提醒读者此篇已经读过。

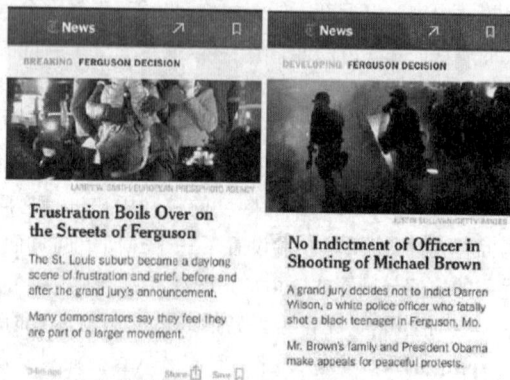

图 2　News 版块,标题之下附有摘要。同一事件的报道会被组织在同一主题之下,并用横幅标识

在这一版块中,每篇文章都会归纳出一个相应的主题,这个主题会以横幅形式停留在文章上方、页面顶端,提醒读者正在阅读的内容,直到该篇文章完全滑出页面。如果是突发新闻,则用红色标明 Breaking。如果是跟踪式报道,则会橙色标明"Developing",并会第一时间更新报道内容及相应的标题和摘要。同一事件的报道会被组织在同一主题横幅之下,构成新闻包,方便读者追踪阅读新闻事件的后续发展动态。

一个有趣的部分是 NYT Now 推出的"早间简报"(Morning Briefing)。这个部分会在每天早上用户打开 APP 时随着一句"早安"和由地理位置信息获取的天气预报一起出现在页面上,其内容是前一夜或是当天重大新闻提要的集合(图 3)。

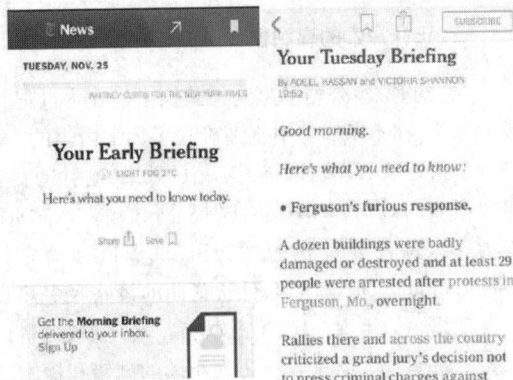

图 3　Morning Briefing 的标题和原文截图

（二）精选版块

这一版块为读者提供编辑精选的其他新闻网站的优质新闻内容，点击标题后跳转到其他闻网站。它们由 NYT Now 的编辑人员亲自选编，在形式和风格上类似于新闻机构发在的 Facebook 上的帖子。这一版块中的新闻来自许多其他的新闻源，既有传统媒体网站如《卫报》《经济学人》、BBC 新闻等，也包括新媒体网站、社交网站如 Twitter、Buzz Feed 等（图 4）。

图 4　Our Picks 版块截图

这些被编辑选中的聚合新闻内容不仅品质较高，而且内容丰富：除了硬新闻外，还包括了来自《国家地理》、雅虎科技、《时尚先生》等潮流刊物上的专栏文章，甚至还有来 Instagram 的照片。将这一功能整合在 APP 中说明《纽约时报》开始承认其他媒体也存在优秀的新闻内容，同时，它也可以通过这种兼容并包的模式获益。

（三）存档文章

由于 NYT Now 全天滚动更新，过时的新闻在页面中将不能再被找到。因此，NYT Now 为读者开辟了一个储存自己喜欢文章的空间。在要闻和精选两个版块中，每篇文章标题之下都有两个按钮：分享（Share）和储存（Saved），通过这两个按钮均可实现储存文章的目的。被储存的文章跟原文章同步更新。在存档文章版块中，可以看到所有被储存过文章的阅读列表。《纽约时报》内容的储存具有跨平台的特点，用户保存过的文章不仅可以在手机 APP 上查看，该阅读列表也可以在网页上找到。

二、基于移动终端的用户体验

越来越多的用户使用智能手机，有些人甚至全天手机不离身。NYT Now 是专门针对手机用户而创建的产品，其呈现方式、操作模式等也是适应手机媒体的特点。手机上的《纽约时报》以不同于网站的方式提供给读者，更具"对话性"、更加"人性化"。

（一）操作方式简洁，去除垃圾信息

人们在 Facebook 或 Twitter 等社交网站上搜索信息时，难免会对其汪洋大海般的信息量感到不知所措。这些信息中存在大量他们所不需要的垃圾信息，而 NYT Now 所做的就是替读者去掉这类多余的信息。NYT Now 精心挑选新闻内容并编写摘要，并对每一条人工挑选的文章进行定制，使之达到最佳表现效果。

在 NYT Now 上，用户只需一直下拉页面就可以浏览完推送的全部文章，甚至可以在不打开原文的情况下通过提要直接了解文章主要内容。这种简便的操作方式和阅读形式使 NYT Now 推送的内容很适合手机用户的碎片化、浅化的阅读习惯，同时也不妨碍喜爱深度阅读的用户享受优质的新闻原文。同时，文章标题下设有 Share 和 Saved 两个按钮，可以在不打开原文的情况下将文章直接分享到社交网站。

（二）定时推送，人性化服务

另一个突出特点是按照时间点提供性质不同的阅读内容和服务形式。NYT Now 能够定位用户所在的位置和区时（目前主要针对美国用户），早上用户打开 APP 时就会收到 6 点钟准时推送的"早上好"的问候和所在区域的天气预报，以及汇集当日新闻要点的"早间简报"（Morning Briefing）。中午，该 APP 推出"午餐时间阅读"（Lunchtime Read），主要提供一些有趣话题的短小文章。而在晚上 9 点到午夜之间的"夜间阅读"(Nighttime Read)时段,一些较长的、更具可读性的新闻报道会出现在文章列表的顶端,还会标出阅读时间的长短。在傍晚人们普遍有更多空闲时间,此时 NYT Now 不再提示人们可能感兴趣的文章。

(三)以"新闻包"模式进行推送

NYT Now 编辑团队认为及时获取最新消息的最好途径不是 Facebook 或 Twitter,而是单一的、整体的、持续的新闻包(Packaging News)。这种新闻包既不同于网站新闻推送,也有别于传统的新闻专题。新闻网站常常按照政治、经济、文化等索引进行分类呈现,同一事件可能被拆分到不同的板块进行报道。NYT Now 则根据相同主题将内容整合成新闻包供读者阅读,如果读者对某一主题的新闻事件进展很感兴趣,那么通过 NYT Now 就可以追踪其后续动态,省却在新闻网站上靠关键词追踪新闻的麻烦。而与传统的周期长、信息量大的新闻专题相比,NYT Now 新闻包的优势在于实时更新和精选信息,能让读者第一时间迅速而全面地了解事件发展。

以 NYT Now 对美国密苏里州当地时间 2014 年 11 月 24 日白人警察威尔逊枪杀黑人布朗案宣判一事的报道为例。当地时间 23 日晚,NYT Now 开始报道弗格森市民等待陪审团裁定结果。此时,该新闻的主题为"弗格森判决(Ferguson Decision)",并标注橙色的 Developing 字样。该条新闻随着事件的进展不断更新标题和摘要。最终判决白人警官免予起诉的结果引起弗格森(Ferguson)市民的大规模抗议示威活动,随后抗议活动又扩展到纽约等其他多个城市。在弗格森的抗议活动爆发时,NYT Now 在该主题中增添了突发新闻"Frustration Boils Over on the Streets of Ferguson(挫败感让弗格森街头沸腾)",并在主题横幅中标注红色的 Breaking 字样。随后该篇文章也被不断更新,报道弗格森市民抗议活动的最新动态。此外,随着事件发展的深入,NYT Now 还添加了一些背景和细节的报道,如"The transcript of the grand jury proceedings(大陪审团审判过程一览)"等。在对事件的持续报道过程中,"弗格森审判"新闻包一直位于页面最顶端。想要追踪弗格森最新情况的读者打开 NYT Now,最先映入眼帘的就是经过精选的、不断发展的实时动态报道,不必靠关键词搜索,也不必翻阅、整合大量信息,就可以迅速掌握有关这一事件的最新动态,使用十分方便快捷。

三、正在探索的赢利模式

《纽约时报》公司的赢利模式探索早在本世纪初就开始了,在不断试验中逐渐确立了数字内容的"多孔计量付费墙"模式,取得了不俗的效果,也引起了全世界报业的效仿。2014 年,时报公司又将 NYT Now 作为探索新商业模式的试验田,试图以移动先行(Mobile First)、精选内容、低价订阅的策略吸引热衷于移动终端的年青一代,将"浏览者"转变成"付费订阅者"。但目前,NYT Now 仍在不断的试错和探索之中,并没有形成成熟的新赢利模式。

NYT Now 的创收主要靠付费订阅来实现。目前,这款 APP 可以在苹果应用商店免费下载,浏览文章标题不需付费,每月可免费阅览 10 篇全文。若想阅读 NYT Now 提供的全部内容则需要订阅,价格为 8 美元/月。纸质版或数字版订户可以免费浏览该 APP 内提供的所有内容。除此之外,NYT Now 也尝试了原生广告(Native Advertisement)这一全新的广告形式。

然而在 10 月初,《纽约时报》公司为了缩减成本进行了一次大规模裁员,而官方给出的理由就包括"新产品收入未能达到预期"。与 NYT Now 同期推出的另一个 APP——NYT Opinion 由于未能吸引到足够的订户而于 10 月底被彻底关闭。NYT Now 主要吸引了那些原本付费订阅网站内容的忠实粉丝,但同时也部分实现了目标:用户年龄集中在 35 岁以下,是《纽约时报》所有平台中年龄结构最年轻的一个。NYT Now 团队负责人列维认为将相同的内容拆分在两个不同的平台发布也容易造成内部管理的紧张和混乱,因此该 APP 的收费模式将作出调整,即重新制定一套价格体系来区分 APP 和网页版的内容,这实际上是打破了过去统一一打包出售的方式,给每一篇新闻都制定合适的价格。

四、NYT Now 的经验与启示

(一)结合移动终端特点,转变信息传播方式

"媒介即讯息",移动 APP 不仅仅是在传递内容,如何传递也同等重要。智能移动终端这种媒介形式结合了较多的新媒体技术,也决定了移动用户的阅读行为,因此在设计移动 APP 时必须充分考虑智能终端媒体及移动用户的特点:移动化、社交化、碎片化、简便化。NYT Now 妙处在于用内容提要、新闻包等简便而直接的方式提供新闻内容,使用户可以花很少的

精力就可以读到有价值的新闻动态。这在互联网时代纷繁杂乱的信息中未尝不是一种取胜之道，值得其他媒体借鉴。

然而 NYT Now 主要使用文字，配以图片和视频，并没有应用网站上颇具开创性的多媒体、交互性新闻呈现形式，这是该 APP 受到诟病的一点。在更新速度越来越快的智能手机和平板上，运用多媒体手段呈现的交互式新闻报道并不存在过多的技术障碍，媒体可以将适合于大型触屏终端的制作精良的互动报道在 APP 中推出，以提升多样化报道形式、吸引受众眼球。

（二）内容生产方式和流程的变革

媒介融合并不是简单地将报纸内容移植到网站和移动终端上，产品开发的规划建立在掌握和熟悉终端特点的基础上。报纸的编辑部门和其他部门通常都是各自独立的，但移动 APP 的性质决定其需要跨部门合作，因为技术、产品、营销等部门对读者和受众的了解往往胜过编辑部，他们更多地从技术和操作层面构建和完善读者阅读数字内容和使用 APP 的体验。NYT Now 作为《纽约时报》跨部门合作的试验从这种合作中获益颇多，比如针对不同时区提供定时服务由技术部门帮助实现，而营销经理力图使快速浏览和深度阅读两类用户均对 APP 内容满意。报纸应该革新内容生产流程，加强编辑部门与经营、技术部门的合作，使技术和形式同内容紧密结合并更好地呈现内容。除了原创内容的优化展示，聚合内容也是移动 APP 内容生产的一个重要方式。有评论认为 NYT Now 的聚合内容都由编辑挑选，并非个性化的定制，而建立在用户兴趣之上的内容定制是移动新闻 APP 的一个趋势，也是更精准地到达用户、提升黏度的重要举措。这一点可以参考 Flipboard，它是一款为手机和平板设计的视觉化新闻聚合 APP，其特点是运用独特的逻辑算法将各大媒体或个人的 Facebook 与 Twitter 个人账号的内容进行整合成为更为详细的文字、图片与视频，并利用技术手段排版成精致的杂志版面呈献给读者。这样的呈现模式需要有先进的新媒体作为支撑，意欲发展移动 APP 的媒体也需要引进和培养技术开发人才、重视技术的开发与使用。

（三）受众开发和赢利模式的新探索

付费新闻客户端通过订阅创收的前提是受众愿意为内容付费。使用移动设备的用户中年轻人居多，而 24～35 岁人群最愿意为移动或在线内容支付。开发新闻客户端时，媒体需要通过定位明确的细分内容来吸引目标受众。需要注意的是，由于传统媒体的网站和客户端内容较为相通，容易出现网站与客户端受众相互转化的状况，客户端的新用户很可能是受低价的吸引而从网站迁移过去的，就连 NYT Now 也不可避免地分流了部分《纽约时报》数字订户。然而这却导致数字订户的流失，进而降低报纸的营收。对此，媒体应该在设计客户端时与网站做出内容、形式或是定价上的区分以开拓更多的受众。在赢利模式上，报纸的移动客户端与互联网上的数字报纸存在较大区别。互联网用户可以通过搜索引擎方便快捷地找到自己需要的信息，相比之下移动设备在查找信息的方面有其局限性。因此，移动终端用户最看重的是内容获取的便利性，而非"是否付费"，这与传统报纸的售卖有些相似，用户因为想阅读其内容，所以付钱购买。报纸在建设新闻客户端时应设法在精确定位受众的基础上，尽可能全面地提供制作精良的新闻内容，让受众能够便捷地找到其所需要的信息，从而提高付费的意愿。与此同时，也可以尝试将多元化的收费模式相结合，为新闻客户端增加收入。

（作者单位：中国人民大学新闻学院）
摘编自《新闻界》2014 年 23 期

报业数字化现状及趋势研究

——基于全国主要报纸的调查

杨根福

本次调查依据清华大学新闻与传播学院、CTR 市场研究公司等机构发布的《2012～2013 年全国报业排行数据》，选取全国省级日报 10 强、全国城市日报 10 强、全国都市报 30 强、全国晚报 20 强、全国开拓创新媒体 10 强,共 80 家报纸。此外还选取了影响力较大但不在排行榜中的《人民日报》和《南方周末》作为补充。由于全国开拓创新媒体 10 强中的《孕妈咪》属于期刊类出版物,因此不作为本次调查样本。如此,本调查共选择 81 家报纸进行数据采集、研究和分析。

一、样本数据采集

通过对报业数字化相关文献的深入梳理,并结合当前报业数字化发展的实际情况,本文从数字报服务、报纸网站发展、网站与读者互动方式、社会化媒体应用、移动客户端应用五个维度进行数据采集。

(一)数字报服务

数字报服务是传统报纸在其网站上为读者提供与纸报相同版式和内容的新闻服务,也称电子报或多媒体数字报。本文数字报服务的数据来源为各大报纸数字报平台和中国知网中文文献库。在数字报平台中,有 3 家数字报因收费原因无法浏览,未能获得有效数据,其余 78 家数字报均完成了取样工作。在中国知网中,全部 81 家报纸均完成了取样。

往期报纸数字化。报纸历史数据数字化程度是衡量报纸企业数据库建设的重要指标,也是报纸提升增值服务能力的关键因素。从数字报平台上反映的数据来看,78 家报纸中,数字化完成最好的是《苏州日报》和《姑苏晚报》,分别可以查阅到 1949 年 5 月 5 日和 1994 年 1 月 1 日以后的报纸,在众多报纸中分列第一、二位。

数字报阅读格式。目前数字报的阅读格式主要有 html、PDF、Flash 等几种。其中有 97.4% 的数字报提供 html 网页格式供浏览,且有 6.2% 的 html 数字报采用了声音播报。如《海南日报》有普通话新闻读报,《广州日报》有女声、男声、粤语三种声音供读者选择。有 69.2% 的数字报为 PDF 格式,读者可以在线或离线阅读,且 PDF 版本具有页面缩放、检索、下载和打印等功能。在 78 个调查样本中,同时提供 html 和 PDF 格式的有 66.7%。另有 14.1% 的数字报提供 Flash 格式,如《湖北日报》《陕西日报》等。Flash 数字报可实现动画翻页、缩放、链接效果,也可加入背景音乐,让读者获得更好的阅读体验。

数字报赢利模式。数字报赢利模式考虑数字报收费方式和数字报广告两个方面。在调查的 81 家报纸中,数字报的收费方式可以归纳为免费、会员制和付费三种。一是免费。在此次受查的样本中,有 86.4% 的数字报允许免费阅读当期和往期所有数字报。二是会员制模式。采用会员制模式的数字报较少,它们要求用户注册登录后才能阅读。如《南方周末》《重庆时报》等。三是付费模式,可以分为三种类型。其一是在数字报平台上只允许浏览新闻标题,详细内容需要阅读当天的印刷报纸,此模式的代表有《重庆商报》《春城晚报》及《武汉晚报》等;其二是限时免费,限时免费主要是对当期或近期数字报免费,对历史数据收费,有按时间(月、季、年)或按量(篇)收费两种方式。在此次调查的样本中共有 5 家(6.2%)报纸采用限时免费的模式。如《姑苏晚报》《辽沈晚报》《潇湘晨报》等。其三是通过与中国知网等大型数据库平台合作,将数字报放在第三方平台上销售,比如全国省市级日报。

在数字报的增值服务方面,推广数字报广告是最常见的形式。调查发现,有 38.5%(30 家)数字报在其数字报平台上推出数字报广告,广告的形式主要有平面广告、Flash 广告和视频广告,其中平面和 Flash 形式的占比为 33.3%,视频形式的有 5.2%。如《海南日报》在平台上推出视频广告,《苏州日报》《都市快报》则推出平面类数字报广告。

(二)报纸网站的发展

(1)报纸网站开办模式。报纸独立网站的开发与经营能力,是衡量一家报纸报网融合、品牌延伸的重要指标之一。目前,在调查的 81 家报纸中有 49.7% 建立了独立经营的网站,而其余 50.3% 则将网站挂靠在所属报业集团网站名下。此外,也有部分报纸与门户网站合作建站。其中最为典型的就是我国多家地方报纸与腾讯网合作建立的"大"字系列新闻网站。比如腾讯在浙江选取浙江日报业集团作为合作对象,建立"腾讯·大浙网",在上海选择《解放日报》《新闻晨报》等报纸作为合作对象,建立"腾讯·大申网"。

(2)滚动新闻与视频应用。滚动更新、视频播报等应用被大多数报纸网站采用。其中 81.5% 报纸网站设置了即时播报或滚动新闻的板块。比如杭报集团官网杭州在线网的"滚动新闻"板块,该板块用"新闻地图"的形式播报当地新闻热点——以时间为节点标示新闻事件,点击某一新闻后可以通过地理位置定位功能,动态展现新闻发生的具体地点以及该新闻的详细报道,具有立体化、形象、直观的特点。另有 61.7% 的网站采用了视频新闻。

(3)新闻排行榜、频道推荐。通过浏览次数来衡量新闻内容的受关注程度,是各大新闻网站获取用户信息反馈的重要方式。调查发现,有 79.0% 的报纸网站设置了新闻排行榜,如日排行榜、周排行榜和月排行榜等。报纸网站获取了新闻页面的点击次数后,在网站后台进行数据处理与分析,并生成新闻排行榜,进一步反映出近期人们关注的热点新闻事件或话题。有 82.7% 的网站采用频道精选、新闻热点或每日推荐的方式为用户推荐近期的热点新闻事件。

(4)新闻搜索、订阅与便民服务。为用户提供更多服务,有利于网站提高用户黏性、提升广告价值。在报纸网站中,为便于用户快速找到新闻信息,有 88.9% 的网站提供了"站内搜索"服务,另有 19.8% 的网站有"站外搜索"功能。"订阅"服务是目前报纸网站为用户提供的特色服务之一。用户可以通过网站订阅印刷报纸、手机报、数字报、微信公众号等,订阅的方式有短信、邮件、RSS、二维码等多种方式。

(三)报纸网站与用户互动的方式

(1)会员注册、评论、满意度评价。有 64.2% 的网站使用了"会员注册"这一形式。注册成为会员后,用户可以享有更多的权限与服务,如阅读更多内容、发表评论、论坛发帖、微博爆料等。占 71% 的网站允许用户在新闻页面上发表评论,其中 55.6% 的网站允许"游客"直接发表评论,另有 15.4% 的网站只允许会员发表评论。报纸网站通过"发表评论"的方式,建立起用户与报纸媒体之间沟通互动的平台,从而调动用户参与新闻制作的积极性。满意度评价是指用户浏览页面后,对内容进行打分,或以简单的赞、顶、喜欢等方式表达满意程度的互动方式。这种方式比发表评论更加快捷方便,符合互联网时代快节奏的阅读习惯。调查发现,81 家报纸网站中,只有 11.1% 的网站具有此功能,可见这一方式还未受到重视。

(2)分享工具。当前的社交热潮激发了用户信息分享的需求,用户在阅读新闻的同时可以随时随地进行分享,发挥网络的互动性、扩散性和人际传播的重大影响力,形成用户社交图谱,从而聚拢用户。目前,在受调查的报纸网站中,有分享工具的占 92.6%。分享工具在报纸网站中有诸多选项,如分享到微博、QQ 空间、百度云收藏、天涯社区等。可见随着各种社会化媒体、社交网络的日渐成熟,报纸网站与社会化媒体的技术融合也渐入佳境。

(3)在线调查、投诉与报料。在调查的报纸网站中,有 22.2% 的网站使用了在线调查服务,针对老百姓关心的热点问题进行调查,以便能及时了解舆情,

更好地为大家服务。与传统纸质报纸读者来信等方式相比较,在线调查具有方便、快捷、灵活等特点,具有一定的优势。比如《海南日报》官网《南海网》的《海南民调》板块,针对国际、国内以及当地的一些时事政策、公共服务、生活服务等热点问题展开调查。用户可以发表自己的看法,网站在获得调查数据后,对数据进行分析整理后在线公布结果,受众可以围绕热点问题作进一步讨论,报纸则可进行更深入的后续报道,对于某些公共服务问题也可敦促相关管理部门进行整改。

投诉、报料是报纸网站记者采集新闻材料的重要途径,也是报纸网站与用户互动的主要方式之一。在调查的样本中,有 74.1% 的报纸网站设置了投稿、报料、投诉等互动平台。其中使用最多的是"报料平台",包括 QQ 报料、论坛报料、微博报料、微信报料等多种形式。而微博因为采用媒体官方实名认证、用户规模大等因素,逐渐超过博客、论坛专区和 QQ 等网络报料方式,成为网络报料的最佳平台。

(四)报纸网站社交媒体使用

(1)社区与论坛。在 81 个调查样本中,建立社区论坛的占 86.4%,未建立的占 13.6%。可以看出,网上社区应用受到绝大多数网站的重视。社区应用对报纸网站培养用户黏性、积聚用户有重要作用。其中一些论坛影响力颇大,比如《杭州日报》旗下的《都市快报》创建的"19 楼"社区,以本地资讯消费、生活和情感问题的交流作为特色,为用户提供分类信息、交流分享等多方面的服务,在 2012 年实现营业收入约 1.4 亿元,目前更是发展为全国最大的地方生活服务社区。

(2)微博、微信平台。在统计的 81 个调查样本中,共有 78 家(占比 96.3%)报纸网站建立了官方微博。其中有 87.7% 在新浪网上建立了官方微博,有 44.4% 在腾讯网上建立了官方微博,另有 6% 的报纸网站选择自建微博。在微信平台的使用方面,有 71.6% 的报纸网站建立了微信平台。报纸网站通过微博、微信平台,使得报纸新闻产品传播空间得以延伸,报纸的品牌在网络平台得以拓展,同时也为用户提供互动交流的平台,并为记者采写提供新闻素材。

(五)报纸移动客户端应用

在调查的 81 家报纸中,有 80.2% 的报纸开发了 APP 应用,客户端涵盖了 Android、iPad、iPhone、Windows 等众多平台。其中有 72.9% 为 Android 应用,67.9% 为 iPhone 和 iPad 应用,而 Windows 平台的报

纸 APP 较少。例如浙报传媒集团开发了浙江在线新闻、住在杭州、浙江挂号等多个 APP,其中浙江挂号 APP 能为老百姓提供全省 200 多家二级以上医院预约挂号服务。此外,《广州日报》在数字化新媒体矩阵策略的实施中,基于众多平台为用户提供原版数字报、新闻客户端等全方位的移动信息服务。如 2012 年《广州日报》60 周年活动中,利用 APP 开展"聚潮行动",在活动开展的 20 天时间内,仅广州地区 APP 参与用户数达 11.4 万人次,且有近 60% 的用户在线使用"聚潮行动"APP 5 天以上,有较高的用户黏性。

二、我国报业数字化现状及问题

目前,尽管各大报纸均在其网站上推出一种或多种格式的数字报服务,但仍存在不少问题。

首先,在音、视频、动画等多媒体元素的使用上比较少,只有 14.1% 的数字报纸采用了 Flash 格式,6.2% 的使用了音频。其次,各报纸数据库建设进度差异较大,且总体上偏慢。目前,全国省级日报 10 强、城市日报 10 强完成了近 10～15 年报纸数字化工作,完成较好,而其他报纸大多只完成 2～6 年的数字化,不够理想。只有 21.3% 的报纸实现在其数字报页面上提供关键字或主题的新闻检索服务,可见各报纸历史数据库的建设任重道远。再次,数字报的赢利模式上仍不清晰,增值服务开展不够。目前,尽管省级和市级日报等部分报纸和中国知网建立了合作关系,但大部分报纸同时又在其数字报平台上为用户提供免费阅读,这对培养用户付费习惯极为不利。虽然已有少数报纸开始对历史数据进行付费服务,并尝试在数字报平台上推广数字报广告,但总体上占比较低,报业应在数字报赢利模式上进行更大胆的探索。

此外,自从 2006 年报网互动概念正式提出后,经过近七八年的发展,报纸网站越趋成熟、报网融合日渐深入。但仍存在一些问题,如报业全媒体流程再造不够系统,全媒体新闻报道仍欠火候等。容偏多,如此对微博长远的发展极为不利。微博应加强原创内容的开发,提高文章被转发的数量及用户的关注度,扩大报纸微博影响力。

三、报业数字化发展对策

从 2007 年起,我国已有《温州日报》《人民日报》等多家报纸尝试数字报收费,但是效果并不理想。其主要原因有数字报内容同质化严重、用户免费阅读惯性、个性化增值服务不够等因素。报业应在优质内

容、增值服务及付费策略上积极探索。

(一)进行数字报赢利模式探索

在内容方面,应结合自身地区、背景等特色,采集和筛选特色内容。如日报类党报应专注于国家、党政大事的报道,都市类、晚报类则应以本地受众为服务对象,关注地区新闻事件。此外,报纸应注重原创内容的开发,建立强大的采编队伍,发挥微博、微信、社区论坛等社会化媒体用户生成内容的优势,挖掘特色新闻素材,形成独到新闻。在增值服务方面,可以开发传统报纸数字版之外的延伸新闻产品,培养用户网络读报的习惯,集聚用户。

(二)通过流程再造实现全媒体新闻报道

尽管我国报业在网站建设、微博、微信、移动客户端等新媒体的使用上已经达到了较高的比例,但真正能够将各种媒体整合在一起,实现全媒体 24 小时不间断新闻报道的还为数不多。大多数报纸只是完成了传播渠道的建设,尚未实现全媒体的融合。随着报业数字化的不断深入,不同媒体需要多元化新闻内容的支撑,也需要不同的内容生产流程与模式,因此报业要构建一个集内容采编、管理与发布为一体的全媒体集成平台,实现新闻资源的统一管理与媒体业务的整合,内容资源在这个平台上顺畅流通,不同媒介之间相互渗透、互动与融合,实现一次采集、多次利用、多次发布、多次传播,形成良好的传播机制。

实现上述目的,需要对媒体内部组织结构、内容生产流程进行再造,打造全媒体新闻内容生产平台。在这个平台上,记者编辑在完成新闻内容的采集工作后,可以根据报纸、网站、手机等媒体的特性,进行全媒体设计、编辑加工和新闻产品发布。

(三)建设内容与用户数据库实现定制化服务

数据库的建设有助于报业进行资源整合,有利于提升报业增值服务能力。特别是在当前大数据背景下,数据库更是一个企业生存与发展的关键。报业数据库建设包括内容数据库和用户数据库两个方面。

首先,报业可以采用数据库技术,构建自己的内容数据库。将报纸历史数据、相关媒体新闻报道、特色数据等资源经过数字化后,分类、整理并利用相关算法进行深度加工与提取,通过开发内容管理系统实现资源的检索、下载、阅读等应用服务,呈现给不同用户。内容数据库的建设应重点关注数据库的深度数据挖掘、检索功能、特色数据建设等几个方面。强大的数据挖掘和检索功能有利于报业内部人员和用户

在互联网海量数据中快速找到所需信息,提高效率。特色资源数据库则是在这样一个信息高度共享的时代,报业通过专业性、权威性、独家性来提升报业新闻卖点,从而提高赢利能力。

其次,用户数据库的建设。根据美国 PEJ 的研究发现,2011 年美国有一半以上的报纸为个人、商家用户等提供数据服务。虽然赢利不多,但是成功赢利的比例却很高。报纸若要依靠数据库获得赢利,则需要建立用户数据库,收集用户年龄、性别、收入、地区等

基本情况,以及用户的阅读习惯、消费习惯、爱好和购买记录等信息,建立用户分析模型,细分目标群体,分析用户的需求。这些信息一方面对广告主有很大的吸引力,另一方面用于报纸对用户开展新闻定制和推送服务。国内报业也意识到了用户对企业的重要性,开始尝试积累发展用户数据库,构建用户平台。

(作者单位:杭州电子科技大学数字媒体与艺术设计学院)

摘编自《中国出版》2014 年 12 月下

以"创新扩散"理论分析报纸类 APP 发展

张一弛

本文试图运用"创新扩散"理论,对报纸类 APP 接受"创新扩散"的条件进行分析,进而探讨报纸类 APP 如何更好地实现创新的扩散,扩大用户群、提升影响力。

"创新扩散"理论为我们考察创新从产生到推广提供了一个有力的理论框架与模型。罗杰斯还认为社会成员是否接受采用创新由创新的属性所决定,经过大量的研究,他提出相对优势、相容性、复杂性、可试性、可观察性是影响"创新扩散"的五大因素。

一、报纸类 APP 接受创新扩散的条件

将智能手机、平板电脑等移动终端和报纸这种传统媒体结合起来的应用程序,报纸类 APP 属于一种新产品、新技术,具有以下 5 个创新条件与因素:

(一)相对优势

相对优势是指一项创新相对于以往同类所具有的优势程度。与传统报纸相比较,报类 APP 的优势是显而易见的:首先,手机、平板电脑的随身携带性也决定了报类 APP 的移动性,受众不受时间、空间的限制,接触起来比纸质报纸更便捷;其次,报纸 APP 的所有内容都以数字化形式存在,不仅可以传播海量信息并实时更新,还使文字、图像、视频、音频等各种媒体形式都能呈现在受众面前,丰富了阅读感受,外加超链接性的内容组织形式,受众可以根据自己的兴趣选择进入到相关的新闻阅读中;最后,其互动性更强,用户可对内容即时发表评论、进行分享,媒体与受众之间具有更大的融合性与平等性。

(二)相容性

相容性指一项创新与现存价值观、潜在接受者过去的经历以及个体需要的符合程度,相容性越高就意味着采用创新的确定性越大。报纸类 APP 这一创新符合了现存社会价值取向,当今,互联网代表了时代科技发展的前沿,并为我们营造出了"新科技都应该接纳"的价值观,作为移动互联网、移动终端等高新科技的结合品,报类 APP 也被贴上了"先进"、"现代"、"潮流"等标签,不懂使用就会跟不上时代潮流。报纸 APP 在问世之前,传统报业已发展了电子报、手机报等一系列数字化产品,受众对数字化报纸并不陌生,受众的过去接触作为一种减少不确定的经历能使之逐渐接受报类 APP。另外,世界发展日新月异,人们有着随时监测环境、获取新闻信息的需要,报纸 APP 创新正是迎合了这种需求。

(三)复杂性

复杂性是一项创新被理解或被使用的难易程度,简单易懂的创新通常扩散速度也就快。尤其针对报纸 APP 这种新产品、新技术而言,创新如果脱离了主客观所允许的条件,那么这项创新往往难以激发或调动人们的积极性,从而阻碍创新的扩散。移动互联网飞速发展的同时移动终端也在迅速普及,使用智能手机、平板电脑的用户直线上升,使用报纸 APP 这一创新的复杂性也并不高,只要懂得进入"应用商店"(例如苹果手机的 APPSTORE)并会下载应用程序的用户就能毫无障碍地享受报类 APP 的内容。

（四）可试性

可试性是在某些特定条件下一项创新能够被实验的可能性，一项具有可试性的创新对采用它的人来说具有更大的说服力。对于报类APP而言，这一点毋庸置疑。当前国内报纸类新闻客户端鲜有收取下载费用的，这也就意味着使用报纸APP的用户只需付出极少的手机流量费并不再需要其他额外费用，只要用户感兴趣就完全可以免费使用。同时用户具有极大的自由性，若用户在使用过程中发现APP并不能满足所想要获得的新闻信息或觉得体验不满意，可随时随地卸载停止使用。

（五）可观察性

可观察性是指在多大程度上个体可以看到一项创新的结果。个体越容易观察到一项创新的结果，就越容易采用它。报纸APP自问世以来，报纸媒体为了进行自我宣传，曝光率较高。近两年报类APP也如雨后春笋般涌现，传播学和计算机技术领域的相关学者与专家进行了大量的研究与讨论。除了大众传播外，有关报纸APP的人际传播也比较有力，作为传统媒体的新型传播形式必然成为了广大受众之间的谈资。报纸APP的可观察性可见一斑。

二、报纸类APP实现创新扩散的策略

当前，报类APP可以说是报纸行业里的最新创新，从其产生至今也在不断的完善与发展，但是对广大受众而言其普及度还远远未及传统纸质报纸。报纸APP的发展现状表明，报纸APP作为一项创新还处于发展的开始阶段，即"S"形曲线的初始阶段，其快速发展和被广大受众所接受的阶段还未到来。依据报纸APP的发展特性，本文试图从内容、体验、传播渠道三方面提出一些发展策略，希望对报纸APP创新的扩散有所裨益。

（一）"内容为王"，提升用户黏性，展示相对优势

报纸类APP更多承担着本媒体延伸的功能，在这一迁徙过程中，毋庸置疑，内容是其灵魂，是展示报风与沟通受众的最重要手段。相较于互联网媒体，报纸媒体拥有更完整的采编机构与流程，具有更广阔的信源，还有高素质的采编队伍进行高效的新闻生产，提供更好的内容是报纸类APP的竞争优势。首先，整合UGC进行多元化编辑。web2.0时代，UGC（User Generated Content的简称，用户生产内容）一直备受关注，尤其对于新型媒介平台，整合UGC能够吸引受众

并增强受众的黏性。然而据浙江日报报业集团传媒梦工场研究人员的统计，只有16.7%的报纸客户端整合了UGC，仅17.9%整合了本媒体的社交内容。由此可见，当前报纸客户端主要还是通过"PUSH"的方式传播新闻，整合UGC与社交性内容进行多元化编辑，报纸类APP还具有很大的发展空间；其次，结合LBS开展本地化信息服务。LBS（Location Based Services）简单来说就是基于位置的服务功能，对于面向全国发行的报纸而言，LBS功能可以根据用户所在的位置推送本地新闻，利用新闻接近性原则来提升用户的使用兴趣，对于地方性报纸尤其是都市报来说，LBS功能还能提供信息服务，如路况、公交、地铁等本地化应用功能。统计数据显示，90%以上的报纸类APP还不具备LBS这一功能，结合当地属性为用户创造价值，是未来报纸类APP发展的一大优势；最后，根据用户阅读行为提供个性化新闻。大数据时代，用户的阅读历史也成为了重要的数据，通过考察可以分析出用户的阅读需求与阅读习惯，据其报社可为用户智能推荐新闻，实现用户个性化新闻定制，这也将会成为报纸APP的最大亮点。

（二）重视阅读体验，将更多主动权交给用户，降低复杂性

传播学者施拉姆提出了信息选择或然率公式，选择的或然率＝报偿的保证/费力的程度，由于手机、平板电脑等移动终端在屏幕尺寸、操作上等都存在着一定的局限性，这就需要报类APP要努力减少用户在使用时所花费的时间与精力，提升阅读体验。

当前技术被认为已不再是现阶段APP开发的主要瓶颈，但是在阅读模式、夜间模式、离线模式、新闻推送与搜索等用户体验指标上，报纸类APP并没有做到最好。根据浙江日报报业集团统计数据显示，只有19%的报纸客户端提供了可选择阅读模式，6%的具有夜间模式功能，仅五分之一的客户端支持离线阅读，不到30%的报纸APP能进行新闻推送与搜索，这些指标所占比都远远落后于网络媒体新闻客户端，使报类APP不能有效提高用户获取新闻的效率。然而，当报类APP将更多主动权交给用户的同时还需降低复杂性，例如设置新手指导页面以帮助用户熟悉功能，尽量以多媒体形式呈现内容让受众加深理解，栏目布局清晰且风格统一以便用户进行查找。总的来说，报纸APP需以受众为本位，设计凸显人性化。

（三）拓宽传播渠道，线上线下双向互动

实现可视性与可观察性不同于网络媒体，报纸媒

体在其长期发展过程中,已经积累了一定的受众群体,并且具有相当一部分的固定受众,因此,报纸媒体在向移动终端转移培养用户的过程中,有着先天的优势。报纸媒体可以依靠自身的线下产品宣传与推广新闻客户端。《华西都市报》就是一个成功的例子,《华西都市报》推出了扫描二维码看新闻的业务,读者只需用手机对二维码进行扫描,就能获取这条新闻的文字、图片、视频等,但是扫描二维码和获取新闻的前提是必须安装《华西都市报》的手机新闻客户端,这样就可以将线下的报纸受众群体转化成为了客户端上的用户,实现线上线下双向互动的同时也提升了APP的可视性与可观察性。同时,报纸类 APP 还应拓宽分享渠道,基于受众乐于与他人进行分享的心理,分享功能的重要性逐渐凸显出来,这也应该是新闻客户端不可或缺的功能之一。分享功能不仅仅是增加了新闻信息与受众的接触率,更重要的是在无形之中提升了客户端的传播力与影响力。

(作者单位:湖南大学新闻传播与影视艺术学院)

摘编自《传媒观察》2014 年第 4 期

示范案例篇

报业集团

河北日报报业集团

2014 年初,河北日报报业集团以"创新融合传播、党报无处不在"为建设目标启动了"融媒体建设工程"。目前,集团新媒体发展的多项指标居全国省级党报前列。2015 年,河北日报报业集团以及集团下属《糖烟酒周刊》被国家新闻出版广电总局列为全国数字出版第二批转型示范单位。2015 年 4 月 25 日,中共中央政治局委员、书记处书记、中宣部部长刘奇葆到河北日报报业集团调研时,现场考察了集团融合发展的有关情况并给予肯定。

一、坚持新老媒体优势互补、一体发展、共兴共荣

一方面强基固本,坚持内容为王,办好传统媒体。河北日报、燕赵都市报都完成了近年来较大规模的改版,坚持"新闻立报""民生立报"宗旨,在进一步提升办报质量的同时,顺应互联网时代的传播特性,河北日报增设"观点""深读"和"网报",燕赵都市报增设"周末深读"等专版或专栏,引入音频、视频报道,给读者提供更加立体丰富的阅读感受。目前,河北日报的"融媒体"报道模式、燕赵都市报"三媒一体"新型办报模式均在业界产生一定影响,中宣部《内部通信》专题给予介绍和表扬。

另一方面开疆拓土,积极布阵新兴媒体。2015 年 7 月 2 日,河北日报报业集团正式启动"新媒体联动机制",建立统一的新媒体用户聚集平台,对外形成统一的规模传播效应,抱团发展、合作共赢。截至目前已有 25 个微博、微信,2 个手机报,3 个网络论坛加盟,总粉丝量达 1700 多万。与此同时,集团还鼓励用多种方式加速构建社会化的微众传播阵群。8 月 2 日,由新浪河北、河北日报共同发起的"J·Media 自媒体联盟"正式成立。该自媒体联盟是省内唯一一家从整合自媒体人优质行业内容到内容整体包装打造,再到广泛媒体渠道推广的自媒体人联盟。目前已拥有近千名成员,覆盖粉丝上千万。燕赵都市报冀中版一方面通过政策、资金扶持鼓励全体员工建立、做大自己的微信、QQ 朋友圈,一方面通过版权合作等形式,取得当地一些有影响力的自媒体的内容终审权。对一些高质量的个人圈,冀中版还进行评估入股合作,如"保定全攻略""房探007""一号教室""保定闺蜜圈"在当地很有影响力,粉丝量达 10 万。此外,燕赵都市报买房网发起的"河北自媒体"联盟,粉丝量达到了 420 万。

二、坚持内容技术并重,以移动互联新技术引领融合发展

集团投资 300 多万元建设融媒体采编平台,对原有采编系统进行了升级,转型为可以让稿件实现在多个平台审签、能够处理音频视频的全媒体采编平台,为"新闻一次生产、信息多次传播"的"中央厨房"式的全新新闻生产方式提供了技术支撑。这是北大方正技术公司在全国省级党报中最早开发并运行的融媒体采编平台。

在移动互联技术开发方面,集团积极开发拥有自主知识产权的新技术、新应用。去年 9 月,河北日报新闻客户端上线,"书香河北"全国第一家公共移动数字图书馆也同步上线。集团还自主开发了"云端河北"党政客户端集群云服务平台,也将于近日上线,它将实现"多项全省统一":全省统一的技术研发和更新平台,全省统一的供稿和采编管理平台,全省统一的便民服务平台。2015 年 4 月 25 日,中共中央政治局委员、中央书记处书记、中宣部部长刘奇葆到河北日报报业集团调研时,对"云端河北"的探索给予充分肯定。

三、坚持可持续发展,努力探索融合发展的赢利模式

2014 年集团的新媒体项目总收入超过 3000 万元,其中河北日报的大数据舆情服务、燕赵都市报和华糖传媒积极布局电子商务和专业化商业网站等成为新的收入增长点。

一是组建集团大数据舆情中心,积极开拓大数据社会化应用市场。瞄准和利用大数据和云计算技术推进新闻生产和经营方式的改变,通过对集团优势的新闻、用户等资源挖掘、整合,建设专业化、规模化、现代化的内容数据库和应用平台。今年重点完成新闻源数据库、舆情及大数据数据库及媒体用户数据库的基础建设。同步进行社会化大数据舆情服务的探索,向党政机关、企事业单位提供大数据辅助决策参考服务。目前,已组建了近 30 人的专业团队,累计收入 600 万元,预计全年可实现收入 2000 万。

二是大力发展专业化垂直网站建设,深耕行业市场资源。燕赵都市报、华糖传媒利用自身的资源、渠道优势,探索从"经营媒体"向"经营资源"的转型。华糖传媒致力于建设中国糖酒食品行业的全服务链,深度整合了受众资源、品牌资源、行业资源、社会资源等,凝聚了近十万家经销商和三千多家客户资源,建成了国内最大的中国糖酒食品行业招商服务数据库。在此基础上不断优化组织架构,打造了一批网站、微博、微信、电商等集群,搭建了数字化媒体互动平台、移动终端服务平台、糖酒食品行业数字化推广平台、糖酒食品行业培训服务平台等,保持了新媒体的快速发展,2014 年新媒体经营收入达到 485 万元,预计 2015 年将达到 1500~2000 万元。

作为燕赵都市报首个商业化运作的垂直行业网站,买房网自 2012 年 9 月份筹备、2013 年 1 月正式上线公测,并实现了"当年上线、当年运营、当年赢利",当年营收近 200 万;2014 年团队和产品都再次升级,并实现了营收翻番,达 600 万。2015 年以来,买房网经过再次内部资源整合和产品创新,以 4G 手机网站、微营销和房产电商为主导,重磅出击,快速打开市场。

(作者:赵兵 李建春)

湖南日报报业集团

湖南日报报业集团在 2009 年就成立了数字化和新媒体转型工作领导小组,且在国内较早提出并实施了"多介质、全流程"的全媒体理念。湖南日报报业集团全力打造的以互联网为核心的新传媒公司——

华声传媒集团,借此打开数字化之路上的新篇章。华声传媒旗下包括湖南在线、华声在线、华声论坛、华声杂志和华声手机报等子品牌。在数字化转型之路上,湖南日报整合旗下新媒体,吸纳风险投资,拉长产业链条,积极探求新旧媒体赢利模式的对接。

湖南日报报业集团将旗下的《湖南日报》、《三湘都市报》、华声在线、每天传播网整合打通,搭建了集报纸、网络、户外新媒体、移动新媒体于一体的内容生产"中央厨房"架构。内容、形式与手段"三叉戟"优势日渐显露。新旧媒体交融,线上线下两栖,更让湖南日报大步奔向 E 聚变时代大门,数字化轨迹日渐清晰。

此外,集团还建立了全媒体采编业务平台以《湖南日报》《三湘都市报》为基础,华声在线为主体,《华声》杂志、户外新媒体和手机报群、华声微应用、无线湖南等移动新媒体为终端,通过数字化技术的系统融合,将同一资讯,按不同媒体特征,以图、文、音频、视频等不同形态,多层次、多形式、多时段、多区域发布,形成集团各媒体内容"一次采集,多次生成,多重发布"的生产流程,实现了主流媒体传播价值和舆论引导能力的最大化。在线上,湖南日报造就了湖南在线、华声在线一南一北两张网,凭借独步国内的技术优势,以技术创新带动内容创新,网站影响力一路攀升。

杭州日报报业集团

在打造"新媒体、融媒体、多媒体"思路指导下,杭州日报报业集团共建有网站 20 余个,其中,"19楼"全国注册用户达到 4665 万,2014 年营收突破 1.29 亿元;快房网 2014 年营收 7684 万元,今年一季度营收 3330 万元;集团各媒体运营着 50 余个官方微博账号、160 余个官方微信账号和 17 个移动客户端,新媒体总用户数已突破 6000 万。

杭州日报报业集团顺应"互联网+"发展趋势,重点培育了会展活动、户外广告、商务印刷、物流配送、艺术品展销、文化综合体六大产业。以会展活动为例,2014 年,集团的会展业总体收入已经超过 1 亿元,电商博览会、艺博会、老博会、童博会、家博会、婚博会、市民摄影节、西湖音乐节等已形成品牌影响力。《杭州日报》承办的中国(杭州)国际电子商务博览会,吸引了阿里巴巴、微软、亚马逊、思科等众多国内外企业参加,参会人数超过 13 万,首届实现营收 2200 余万元。

江西日报传媒集团有限公司

江西日报传媒集团是国内较早开展数字化转型的报业单位，近年更是大力推动数字化全媒体转型，制定了数字化转型整体战略，从战略定位、组织架构、资源配置、重点项目等各方面加快集团的数字化步伐。近三年，集团综合投入6000多万元用于数字出版转型和新媒体发展业务，成功地由传统单一的纸质媒体演变成融合报纸、杂志、网站、微博、微信、手机报、移动客户端等7种媒介形态的现代传媒集团。2014年2月，集团打造的移动传播新媒体《江西手机报》上线，运行一年来已发展到400万用户规模，其中客户端用户近百万，在全省省级新闻客户端中排名第三。

在数字转型升级过程中，江西日报传媒集团不仅做大做强新媒体的主干——中国江西网，而且借助全媒体影响，打造两大互联网电商平台——景瓷网和大江直购网，同时还布局大数据产业，先后成立专业舆情研究机构和专业大数据研究机构，启动利用大数据技术的产业创新项目，这在全国省级新闻门户网站、省级报业集团中都走在前列。

围绕媒体融合，江西日报传媒集团在资源数字化、业务流程整合再造、技术平台建设方面也积极探索，启动"江西日报传媒集团'中央厨房'数字化转型升级项目"、规划设计大江"漫生活"智慧旅游文化创意平台、规划建设文化园区。目前，江西日报传媒集团数字化已粗具规模，媒体融合平台建设在深度和广度上不断推进。

广西日报传媒集团

以文化体制改革促进报业转型。体制机制是报业转型话题中的热词。体制改革是自上而下的，而机制可以是自里而外的。通过文化体制改革促进报业转型升级，报业集团转型升级表现出体制转型和产业转型相互交织的"双转型"特征。广西日报传媒集团按照现代企业制度要求，逐步完善传媒集团公司的法人治理结构和企业管理制度、内部控制制度建设，组建股份有限公司。在"转企"改制工作中，从印刷、广告、发行等传统产业破题，建立精细的企业化管理机制，然后逐步消解体制改革出现的系列问题，解放传媒生产力，逐步将传媒集团公司打造成为"管治先进、制度健全、内控严密、品牌杰出、发展和谐、实力雄厚"的国有大型文化经济实体。2012年，集团实现经营收入6.6亿元，集团母公司实现经营收入5.79亿元，资产总额达到12.2亿元。

构建报业多维度空间。报业空间应包括地盘空间、市场空间、辐射空间、虚拟空间。报纸是区域性媒体，全国性报纸广告效果一般不及区域性的报纸，赢了本区域就相当于赢了天下。广西日报传媒集团的地盘空间约为1000亩，这是报社的"根据地"；市场空间要随着全国新一轮城镇化引爆的商业热流，在区域内向二三线城市甚至县城一级纵深延展，如设立了梧州(岑溪)新媒体发展中心项目等；辐射空间从局部延伸到全国和东盟，先后设立了广州办事处、北京办事处和上海办事处，着力打造有区域性国际影响力的传媒集团；有计划有步骤地开拓新媒体及媒介融合带来的虚拟空间。

以加速度投资新媒体。报业集团创办新媒体未必赢得现在，但不办新媒体则会输掉未来。广西日报传媒集团构建传统媒体与新兴媒体并举的立体传播格局，以广西新闻网为龙头实施网群战略，力争在全区超百个县市区建立广西新闻网分站和县市手机报，打造广西网群、手机报群。近日，《广西日报》还开设了法人微博、微信，向全媒体建设上迈出重要一步。

"反弹琵琶"营销巧实力。报业巧实力是报业硬实力与报业软实力的巧妙结合体。营销巧实力源自"异想天开"的独特思维。广西日报传媒集团以"反弹琵琶"思维编著《我们错了》一书产生全国性影响，荣获全国"2011年全行业优秀畅销书品种"奖，成为"将坏事变好事"著名案例，大大提升了报业巧实力。商界有句新名言："一切行业都是娱乐业"。电影《泰囧》卖出10多亿票房给我们启示：寻找产业突围，不妨用娱乐化、游戏化的方式重启。

探索资本运作之道。为谋求更快更好发展，广西日报传媒集团积极谋划与索芙特重组上市，虽然目前尚未取得成功，但这是一次深化传媒体制改革、向资本市场进军进而做强做大的重要尝试，从中也积累了经验与教训。据估算，如能上市，集团公司的资产将由目前的10亿元变成市值80亿元，通过资本市场的巨大融资能力，进一步扩大对会展、文化产权交易及其他项目的投资，通过三五年发展，集团公司发展规模将大幅度扩张。

多元化拓展非报产业。报业要多元化拓展就要寻找新引擎，将报业的"触须"伸入非报领域的沃野。非报产业的探索是摸着石头过河，从最有基础的试验性项目开始，找到最适合报业发展优势的关联项目，做成非报产业新支柱。比如,广西日报传媒集团在向文交所、电子商务、生态农业等方面拓展,但目前最有基础的是会展业,本集团主办的广西(南宁)房地产博览会已成功举办了12届,成了广西家喻户晓的品牌展会,被喻为广西最大的"购房节"。还成功举办了多届广西(南宁)汽车博览会、广西(南宁)家装建材博览会、广西(南宁)儿童用品博览会等。力争自治区政府把广西展览馆划归传媒集团连片开发,全面盘活广西展览馆的资产,让居于首府黄金地段的广西展览馆生发出"钻石价值",再将会展业与物联网相结合,做成中国–东盟大市场的会展业格局中的新一极。

湖北日报传媒集团

2013年,湖北省稳步推进报刊体制改革及产业发展,报刊整体实力得到增强。其中包括,做好第一批非时政类报刊出版单位转企改制的收尾工作,基本完成第二批非时政类报刊出版单位体制改革;实施集团化、集约化发展战略,批准组建今古传奇传媒集团、长江报刊传媒集团、孝感日报传媒集团等3家报刊集团,截至目前,湖北省报刊集团已发展到12家。

2014年,在继续推动报刊体制改革方面,湖北省将推动报刊出版单位大力发展全媒体,支持知音传媒集团探索实行特殊管理股制度,实行股份制改造;鼓励非公资本进入报刊出版的一些环节,在境外办报办刊;继续推动第一、第二批非时政类报刊出版单位转企改制到位,并确定第三批非时政类报刊转企改制方案;下大力气整合资源、优化结构,推动跨地区、跨行业、跨所有制兼并重组;公益性报刊出版单位结合事业单位分类改革,进一步深化劳动人事、收入分配、社会保障等内部改革。

此外,在加快转型、推动发展方面,2014年,湖北省将进一步巩固报刊发展的传统优势,顺应大数据时代,构建传统报刊与新媒体融合发展的产业格局。同时,着力推动报刊出版数字化转型,支持报刊集团实施数字化出版传播项目,加快网络出版、手机出版、云出版等数字出版新业态发展,推动传统报刊与新型媒体融合;研究支持一批具有战略性影响的数字化转型项目,推动"全省报刊数据库"建设,推动传统报刊单位存量内容资源数字化。

2014年,湖北省新闻出版广电局还将继续推动公共阅报栏等公共服务设施建设,在全省15个市州党报社已建成1600余个公共阅报栏(屏)基础上,加快电子阅报屏建设及传统阅报栏改造速度。同时,推动5家全国公共阅报栏(屏)示范单位发挥引领作用。

贵阳日报传媒集团

为推动传统出版单位数字出版转型升级工作向更大范围、更高层次发展,国家新闻出版广电总局在2014年开展省一级转型示范评估的基础上,于2015年2月启动第二批转型示范评估工作。经过单位申报、资格审查、数据采集转换、专家评估、主管部门审核、公示等流程,贵阳日报传媒集团正式入选第二批转型示范单位名单。

近年来,贵阳日报传媒集团高度重视数字产业转型和新媒体发展,将2013年作为集团的"新媒体发展元年",从集团层面启动新媒体发展的战略布局。集团先后制定《中长期数字化业务布局纲要》《"十二五"新媒体发展规划纲要》《关于加快推进新媒体发展的工作意见》等一系列数字化转型整体战略规划,并成立新媒体运营中心,作为统一推进集团传统报业数字化转型的战略机构,从战略定位、组织架构、资源配置、重点项目等各方面加快集团的数字化步伐。

通过不懈努力,集团已由过去的"单一传统纸质媒体"逐步打造为全方位多数字化媒介形态的现代传媒集团,形成了集新闻门户网站、数字报、APP移动客户端、移动互联网媒体集群、电商平台、互联网信息采集加工平台、政务信息互动平台、网络及微博政务发布平台等于一体的多样化数字内容生产和发布产品体系,媒体影响力迅速提升,产业竞争力不断增强。

目前,"贵阳网"综合浏览量排名、日均ZP访问量大幅提升,是贵州每日新闻更新量最大最快的网站;以贵阳日报、贵阳晚报、贵阳网为核心的微信矩阵粉丝量已超过50万人,其中《贵阳晚报》微信号长期稳居全省纸媒公众号排行榜第一;同时,集团还积极进军电子商务领域,创办"吃客汇"网上美食商城平台和"黔酒在线"网上酒类商城。为了给用户提供"更全的本土新闻、更快的资讯报道",集团更整合旗下资源,在全省首次开创"中央式新闻厨房"——媒体融合采编指挥调度平台,并推出"贵阳头条"手机新闻客户端,使传统媒体和新兴媒体融合发展,实现新闻24小时持续更新。

在数字转型升级工作中,集团还积极"接轨"大数据产业,先后成立全省专业舆情研究机构和专业大数据研究服务机构,筹建上线"中国大数据产业观察网",启动集团数字化资料库建设、党报网络视频联播平台、"贵阳发布"政务大厅平台等一系列基于数字化技术的项目,力争在打造全媒体多元化产品形态的同时,积极构建立足贵州、面向全国的数字化内容生产与媒体终端运营体系,实现整个集团生产经营的转型升级。

出 版 集 团

陕西新华出版传媒集团有限责任公司

陕西新华出版传媒集团是于 2014 年 4 月,按照陕西省委、省政府的统一安排部署,由原陕西出版传媒集团与陕西新华发行集团于融合而成的大型国有文化产业集团,是陕西省文化传媒行业的龙头企业之一,出版服务能力西部前列。集团始终把数字化转型工作作为一项重点工作来抓,并取得了长足的进展。

一、数字化转型主要工作

(一)大力推进信息化建设,为转型升级打下了良好的基础

集团从 2009 年开始,用两年时间打造完成了数据信息中心、集团财务核算管理系统、ERP 出版信息管理系统和网站站群系统,助推集团现代化信息技术管理、资源整合、集约运作等方面迈上了新的台阶,从而实现了编印发、人财物等领域的全面信息化;实现了对业务和财务全面系统的信息查询、汇总和监控;实现了信息在单位之间、部门之间的流动与共享,并为集团传统出版与新兴技术的融合及数字出版转型升级,提供了必要的技术支持。

(二)努力建设内容多样、资源丰富的资源数据库及资源平台

在集团的指导和支持下,各出版社结合自身实际,积极完成数字化转型升级,策划、开发了涵盖文化资源数据库、在线教育平台项目、文学资源数据库等不同类型的数字出版项目及产品,多种产品及项目入选国家出版基金及新闻出版总署改革发展项目库。如《红色档案——延安时期文献档案汇编》数据资源库、入选新闻出版总署改革发展项目库的"教育出版数字资源库与电子书包平台""未来童话馆"项目、依托国家出版基金资助项目《中国蜀道》开发的中国蜀道文化资源数字平台、"西部文学数据资源库"项目等。

(三)积极开发寓教于乐的数字动漫及游戏作品

近些年集团不断加大对数字动漫及游戏作品开发的投入,取得了巨大的社会反响和良好的市场口碑。比如:畅销书《举一反三》动漫课件项目、入选新闻出版总署改革发展项目库的《秦腔动漫》《快乐宝贝语音故事》《少儿安全与求生》等项目;数字出版基地开发的红色经典手机游戏《延安英雄传》、《地道尖兵》等,曾被评为陕西省委宣传部评为陕西重大文化精品项目,并获得"宣传思想文化工作一等奖"及"第九批中国民族网络游戏出版工程"金奖;大型编年体史诗动画纪录片《帝陵》目前完成第一部《西汉帝陵》,荣获 2013 年第二届中国西部(国际)电影节最佳动画奖,计划于 2015 年第四季度在央视 10 套《探索与发现》栏目首播,同时与中国国际电影电视总公司签约全球代理发行。

(四)持续推动电子图书制作与开发,满足读者跨平台、多模式阅读需求

目前集团各出版社纸质图书数字转化率超过80%,累计向中国移动、中国电信、中国联通、各电商平台上架电子图书超过 10500 本次,实现利润 330 余万元。数字出版基地的"书海网"系列项目完成了黄金链的协议、优化了网站世界排名;完成了"书海阅读"手机客户端的专利申请;书海海外阅读平台已在30 多个国家和地区试运营,并取得了外汇收入。

(五)大力发展 MPR 复合数字出版

经过五年多努力,集团先后被确定为国家 MPR国家标准推广应用三个试点省份之一,以及首批MPR 应用示范单位。目前,集团累计发布 MPR 复合出版物 70 余种,涵盖教材教辅、少儿、生活、农业科技、旅游、历史文化、双语教学、少数民族等多方面内容。2014 年 11 月至 2015 年 3 月,集团成功组织了陕西 MPR 教材、教辅教学试验,为国家 MPR 应用推广提供重要实践基础,优化基础教育教学模式,更为传统出版与新兴技术融合发展积累宝贵经验,促进传统出版业数字化转型升级。

二、数字化转型的一些经验

(一)认识到位

集团上下始终认真学习贯彻党和国家关于出版

单位数字化转型升级与两媒融合的各项方针政策,充分认清数字化转型工作的重要性和紧迫性。2012年,集团成立了数字出版重大项目办公室,负责数字出版项目的评审及资助工作;同时设立了重大数字出版项目基金,制定了集团《重大数字出版项目资助管理办法》,每年拿出不少于200万元资金用于扶持数字出版项目。2014年集团融合后,成立了数字出版部,对集团数字出版工作进行独立管理与考核。各出版社纷纷建立起数字出版部门,配备专人进行数字出版工作,逐步完善了组织与人才建设。

(二)领导重视

只有领导高度重视,才能确保组织到位、统筹到位、分工到位、责任到位。集团领导始终把数字化转型工作作为集团的重点工作来抓,多次召开会议,制定和完善数字化转型实施方案及配套制度,身体力行,督导各项措施落到实处,为数字化转型工作的推进创造良好的条件。

(三)先行先试,抢抓机遇

集团始终紧跟政策形势,积极转变观念,先行先试,抢抓机遇,不断修炼内功,积极申报国家及地方数字化转型示范单位,努力探索数字出版的产品研发与营销模式之路,抢占新技术、新应用的新高地,争做数字化转型工作领头羊。经过多年努力,集团于今年成功入选国家"第二批"转型升级示范单位。集团下属陕西人民教育出版社、太白文艺出版社成功入选国家数字复合出版工程应用试点单位;陕西人民教育出版社、陕西科学技术出版社、太白文艺出版社、陕西旅游出版社成功入选陕西省出版单位数字化转型示范单位。

(四)构建产业体系

通过制定集团数字化转型工作五年规划与实施方案,实现集团整体推动、各子公司分类实施,实现集团信息化基础、经营管理、出版业务、数字化加工与管理、发型物流、电子商务等全方位、多维度、立体化的数字化转型升级,构建完整的数字化生态体系。

(供稿人:李洋)

中文天地出版传媒股份有限公司

公司认真贯彻"创新发展、优质发展、加快发展"的总体发展战略,坚持"文化与科技、文化与金融、文化与市场"融合的发展要求,不断提升传统业务的核心竞争力,注重用互联网思维聚合内部资源,深挖经营潜力,强化机制创新,优化商业模式,形成价值链。注入互联网基因,拓展国际化市场,引导经营管理团队由产品思维转向产业思维,由产业思维转向互联网平台思维,做强经营平台,做优经营质地,做强赢利能力,不断提升传统业务核心竞争力,推动公司由内容提供商向"全方位、全媒体、全产业链文化产品及文化服务运营商"战略目标的转型。大力实施"内外兼修、双轮驱动"的发展具体举措,对内夯实经营基础,对外加快在互联网领域推进并购重组,整体推进动产品形态和产业结构的转型升级和新兴媒体的融合发展。传统主业稳中有升,新业态持续发力,平台优势正在形成。主要经营数据呈现稳健增长的态势。

通过资源叠加和价值重构积极开拓新项目,布局基于全省校园的新华壹品校园超市,基于中型城市的小型自助式高清数字院线,基于全省的幼儿连锁教育机构,基于全省新华书店的OTO数字体验平台,基于江西、辐射中部的现代出版物流港等项目的建设,有效推动发行物流等传统产业的转型升级。积极进军新媒体新业态领域,加快数字出版的运营和销售渠道的布局,新兴业态呈现快速增长态势。加大并购重组力度,正在谋划和布局基于移动互联领域的重大项目和平台建设,全面注入互联网基因,加快推进与新兴媒体和互联网的融合发展,跨入互联网国际化平台业务领域,推动公司向"内容为主、平台为王"的大型出版传媒集团和互联网经营平台转型。

江苏凤凰出版传媒集团有限公司

江苏省教育厅与凤凰出版传媒集团签署了《关于共同开发江苏省职业教育数字化教学资源的备忘录》。江苏省38所国家示范中职校将与凤凰出版传媒集团开展合作,积极探索数字化教学资源开发,推进数字化校园建设。

早在2008年5月,凤凰出版传媒集团(以下简称凤凰出版集团)就成立了数字化中心,同时投资3000万,注册成立凤凰信息技术有限公司,并将二者合二为一,重点发展数字出版工作。

凤凰出版集团的数字化发展由数字化中心统领,除成立统一的数字化中心外,凤凰出版集团所属的各个出版社也成立了数字出版部。经过几年的发展,凤凰出版集团已经形成了数字化中心的专业化队伍与出版社专业部相结合的数字化建设机制。数字化中心主要承担两项任务:一方面,为集团做好信息化服务,推进OA、ERP等管理系统的建设;另一方面,作为专业机构，探索并具体运营数字出版项目。为了进一步推进数字出版转型，凤凰出版集团在2009年又将数字化中心同江苏电子音像出版社进行了整合，整合之后的数字化中心，具备了较强的网站、多媒体研发运营能力。

凤凰出版集团通过2009年和江苏电子音像社的整合，形成了一支100多人的数字出版专业队伍，为整个凤凰出版集团提供技术支持，并且投资1000多万元建设了数据中心，添置了服务器等各种硬件设备；为了健全完整的数字化生产系统，凤凰出版集团下属的教育出版社正在进行中小学试题库建设，科技出版社正在进行农业、中医等专业资源库建设；为了适应数字化发展的需求，凤凰出版集团对管理系统进行了升级，建设了包含出版工作主要流程的协同办公系统。

通过内容、网络平台、终端建设，快速推进教育出版数字化。在内容方面，凤凰出版集团已开发了凤凰版高中数字化教材，该套教材在2011年已有较大销量；网络平台方面，凤凰出版集团建成凤凰学习网、中学学科网、凤凰教育网、电视教育网四大网站平台，为教育行业提供全新的网络化教学环境。目前，中学学科网拥有注册会员800万，是全国最大的教育资源网站；为推进电子书包项目的普及，数字化中心与硬件公司进行合作，试制了多款电子书包样品。

通过凤凰享听网、智能终端应用程序建设、凤凰读书报等项目，扎实推进大众出版数字化。凤凰享听网是整合凤凰集团及其他出版单位优质内容资源，为读者提供听书服务的大型网站平台；在智能终端应用程序建设方面，科技社、少儿社、文艺社都结合自身内容资源开发了基于智能手机、平板电脑的应用程序；《凤凰读书报》是凤凰集团结合出版、发行优势，所开发的读书类手机报。

凤凰出版集团在POD数字印刷、职业教育虚拟实训软件、游戏出版与运营、IDC云计算服务等方面的多元化拓展卓有成效。据宋吉述介绍，凤凰出版集团在POD数字印刷方面，走在了行业的前沿，目前已成功实施亚洲第一条数码印刷连线；通过并购厦门创壹软件公司，拓展职业教育虚拟实训软件开发的业务。

未来凤凰出版集团在数字出版方面将会重点推进三方面的工作。

首先，一如既往地加强数字化专业队伍的建设，一方面继续扩大数字化中心人才规模，另一方面，加强各出版社的数字出版队伍，同时加强两支队伍的配合与协作。

其次，将加大对数字化的投资力度。去年凤凰出版集团成功上市，募投项目中很多是数字出版项目。凤凰出版集团将以此为契机，加大投资，通过这些龙头项目的实施，带动整体数字出版产业的发展。

第三，加强对出版社人才的培训，加大对重点数字出版项目的扶持。集团将通过培训班等形式，加强对各出版社数字出版部人员的培训，提高数字出版技能。同时，集团及股份公司将评选出重点数字出版项目，加大资金及资源扶持力度，从而推动各出版社数字出版产业的发展。

重庆出版集团公司

2003年，网络出版部成立；2005年，天健互联网出版有限责任公司成立；2013年，集团成立信息与新技术发展部……电纸书、点读笔、RFID等产品项目的问世和推进，见证了集团在推动传统出版转型升级迈出的重要步伐。

一、纸质＋网络：打造新载体

天健互联网出版有限责任公司首期打造的天健网已成为一个集图书宣传、图书销售、小说阅读、原创代理出版等多位一体的出版网站，连续多年荣获全国新闻出版业网站百强称号，被评为重庆市优秀网站、重庆市文明网站、重庆市文化体制改革先进单位，成为国内出版单位少数实现赢利的网站之一，实现了社会效益和经济效益双丰收。目前，天健公司正着力打造天健原创网、巴渝非物质文化网，并吸引了外部投资方的参与。未来，天健原创网将建设成原创门户网站，成为文学、影视、艺术、民俗的一个重要展示窗口。通过项目的运营与发展，将扩大集团在互联网以及整个出版行业的影响力，同时也为数字出版转型储备数字资源和宝贵经验。

纸媒向网络拓展，是目前媒体数字化转型的趋势。2010年6月，由集团《农家科技》杂志社主办的中国城乡统筹发展网正式上线，为《农家科技》打造了数字化新平台，成为国内唯一一家由省级政府参与并冠以"中国"字头的城乡统筹领域官方门户网站，上线后受到国家农业部和市发改委、市农委、市新闻出版局等部门肯定。近年来，《旅游新报》投入人力物力积极打造新媒体平台。目前《旅游新报》已利用官方网站、电子版、APP、微博等新媒体渠道有效推广，读者今后将以在线阅读为主。

二、内容+技术:开发新项目

2012年,天健网络公司推出了"出版物云终端(RFID)"项目,该项目先后进入重庆市云计算服务试点项目、新闻出版总署改革发展项目库、重庆市新闻出版业十二五重大项目RFID项目以云计算和云服务为核心技术,以终端RFID智能芯片为载体,覆盖从审批、生产、物流、销售、应用整个新闻出版产业链。目前产品已经基本定型,申报了发明专利和适用新型专利各一项,参与制定的《新闻出版领域中RFID技术应用规范》行业系列标准即将出台,与合作伙伴正在积极筹建中国出版物物联网工程技术中心。2013年,RFID项目被第五届中国数字出版博览会专家委员会评为2013年年度新闻出版业最新技术奖。

三、线上+线下:开辟新渠道

为了拓展图书发行销售渠道,集团发行公司与当当网、卓越网等电商建立战略合作伙伴关系,并在淘宝网等电子商务网站设立了网上书店。据统计,2013年网络回款比值已经占到了集团图书发行整个回款的40%。

此外,集团出资与市有关单位联合打造中国出版发行交易云平台项目。该项目基于云计算和物联网技术,实现对各类出版物、设备、原料的交易、交收、结算等全过程的信息化和自动化管理。项目建成后,将在云端为出版社、经销商、消费者提供实体出版物电子商务服务,以及数字出版物内容的投放服务。

长江出版传媒股份有限公司

继2011年成功上市后,"楚天文化第一股"开始持续向数字出版发力,在数字化转型和融合发展方面始终坚持务实创新,引领湖北数字出版业探索前行,走出了一条具有长江传媒特色的传统媒体与新兴媒体相融合的发展之路,形成了数字化创新与转型的三大组织体系、四个梯队。

一、依托实际不断修正目标

2011年,长江出版传媒股份有限公司专门制订了"'十二五'数字出版战略规划",希望到"十二五"末,数字出版收入能占到公司总营收的10%~15%。2013年,按照实际发展状况,公司对战略规划进行了中期调整,调整了收入与利润比例。"十二五"规划中期调整后,长江传媒的数字出版业务方向进一步明

确为重点发展教育与大众两个领域,并确立了两个发展原则:一是坚持同心多元化,数字板块以内容为核心资源、为圆心,寻求服务的多元化发展;二是坚持战略并购合作,着眼产业链布局。2015年,结合行业环境和数字出版现状,长江传媒对于数字出版的规划发展目标再度深化,提出重点以"数字教育集成信息服务项目"与"大众数字内容营运平台项目"为主要抓手,加速推动与新媒体的融合发展。

目前公司已经完成了"湖北省教育资源公共服务平台""第一教育网""长江幼教云服务平台""多多教育社区""长江中文网""二维码服务平台"6大基础运营平台的建设与推广运营,数字内容资源建设容量累计达到10T,分步启动了"数字内容资源管理库""协同编撰系统""出版ERP系统""数字内容加工系统""数据交换中心"五大基础类工程建设,为管理流程化、资源数字化提供了基础应用。在电子书分销平台上已建立了11家渠道,其中与小米、中国移动阅读基地等进行了TOP级战略合作,并构建"多个入口,一个出口,齐抓共建,统一运营"的数字资源运营体系。

二、科学布局三大体系、四个梯队

调整数字出版发展目标后,长江传媒的数字出版布局逐渐形成了数字化创新与转型的三大组织体系。其中,下属的湖北长江传媒数字出版有限公司、湖北长江教育研究院(盘古公司)有限公司、湖北博盛数字教育服务有限公司作为数字出版创新发展的突击队,是公司探索数字化转型的先头部队,拓展新兴领域,为传统出版单位的数字化探索积累经验。传统出版单元中的少儿集团、报刊集团、科技社、教育社、九通电子音像社五家单位为数字转型示范的主力军,摸索和尝试具体数字出版项目。其他单位为数字化转型的后续大部队,为公司的多元化发展转型随时做好准备。

在具体的职责分工上,公司数字化转型进程分为四个梯队——公司总部为第一梯队,主要做好体制机制和业绩考核规则的顶层设计与数字出版项目孵化器的底层设计,动态协调内、外部资源,重点建立内容资源中心和用户中心两个中心,建好基础平台,制定一套企业应用的技术标准;数字板块湖北长江传媒数字出版有限公司、湖北长江教育研究院(盘古公司)有限公司、湖北博盛数字教育服务有限公司为第二梯队,主要抢滩互联网领域,落脚、扎根,接应后续部队,加大新技术新应用,做好示范应用;五家转型示范单位为第三梯

队,主要强化专业特色,聚焦传统优势,采用"互联网+"的微创新方式小步快跑;其他单位为第四梯队,重点发展互联网营销、平台运营、大数据服务。

尽管数字出版转型中普遍存在的传统体制机制与新兴产业发展所需不配套、人才培养与引进难、数字化转型项目业绩考核方式不适应、激励机制、创业环境与氛围不匹配等诸多问题依然没有得到有效的解决,但长江传媒的数字转型探索从未停滞。针对发展现状与发展困境,结合自身的优势,长江传媒探索出自己的"独家秘籍":一是小步快跑,分步投入。"同时踢10块石头,踢不动的就是我们所不能掌控的,重点要去踢能踢动的",万智告诉记者,他们采用"互联网+"的微创新方式,已经做了一些积极有效的尝试,如:微学堂、二维码图书、微投影、点读系列、儿童玩教具、微信书店等。二是找回用户,培养粉丝。充分利用互联网寻找用户群,通过全天候、全方位的服务锁定并粘住用户,为用户提供贴心的、个性化的增值服务来点燃赢利增长的爆发点,未来还将进一步加强用户管理。三是融合发展,借力突破。公司各个成员单位发挥各自优势,依靠创新驱动,实现融合发展。

以发展为主题,以项目建设为抓手,以改革创新为动力,以依法治企为保障,着力开拓产品与资本两个市场,着力提升产品与服务两种质量,着力拓展新兴业务和资本营运两个"蓝海",做到主业突出、多元发展。而数字出版的发展将紧密结合公司总体战略,按照"分兵突击,集成服务,逐步融合,构建完整产业链"的思路,建立有效的信息、资源、数据"共享"机制,建立传统出版与数字出版合理的利益"分享"机制和整体联动的"引导"机制。

未来一个阶段,长江传媒将把握湖北省作为国家教育信息化试点省份建设的重要发展契机,围绕"傍大款、傍名牌"的思路,充分发挥三家数字教育公司的带动作用,加强与各出版单位的内容、产品融合,加强与外部关联公司的融合,构建数字教育资源公共服务平台、第一教育网、多多教育社区和地方课程支撑平台。围绕"互联网+、小步快跑"的发展思路,积极推进教育产品微创新并向移动终端扩展,打造教师PAD、微学堂等,形成分工明确、领域互补、多层次、多应用的网络平台服务集群。

未来长江传媒在数字化转型发展中,将继续坚持"传统媒体与新兴媒体、实体与资本、内部要素与外部资源"深度融合的发展思路,以先进理念引领、以重点项目支撑、以改革创新推动、以依法治企保障,打造公司融合发展的"新常态",力争取得发展"新业绩"。

报 纸 单 位

《英语周报》社有限公司

《英语周报》的数字化发展萌芽可以追溯到本世纪初2000年,报社开始筹建网站,并成立了专门的信息管理部门——网络中心,从此开始了数字出版及信息化管理方面的研究工作。2005年,《英语周报》根据当时英语教学发展的需要,以服务一线英语教师、教学为己任,创建了"英语教师网"。截止到目前,网站注册用户已超过200万,日活跃用户超过3万人,是国内英语教学资源类网站中最受老师欢迎的网站之一。同时,为紧跟国家英语课程改革的步伐、更好地服务报纸的读者,我们还组建了多媒体教学课件部,专门编辑出版初高中各种教材不同版本的课件光盘。十年来,我们的课件得到了广大一线英语教师的认可,英语教师网与周报多媒体教学光盘成了一线英语教师备课授课不可或缺的助手。

2010年,《英语周报》正式将数字化发展纳入报社长远战略,集中报社精锐力量研发"英海源"智能题库及在线测评系统和"天星"基础教育线上线下互动平台。"英海源"智能题库不但顺利获得软件著作权证,《英语周报》也因此获省高新技术开发区高新企业称号,并连续四年获高新区创新基金支持。"天星"基础教育平台为《英语周报》全面的数字出版搭建了一个稳固的发展平台,并顺利进入新闻出版总署重点项目库。

2011年,在K12教育平台及电子书包火热之际,报社研发了一套全媒体资源管理平台,把纸质报纸内容全部离散数字化入库,形式包含:Word文档、PDF版式再现、MP3听力文件。到目前,已收录全部历史报纸内容,并已同步入库新报纸内容。全媒体资源管理平台的主要功能是存储管理报纸内容,而"英海源"智能题库系统则致力于收录报纸套题、中高考模拟试题及真题的精加工内容。我们对所有试题都系统进行了属性、话题、考查类型、难易度、解析等全方位标注入库,为以后的在线测试学习、个性化出题等数字产品奠定了良好的基础。

2011年《英语周报》官方微博正式开通,2013年官方微信正式开通,截止到目前,微博粉丝数达15万,微信关注数量达34万。2013年4月,腾讯官方微博公布了全国教育类媒体微博影响力排行榜,《英语周报》官方微博以396189的综合得分位居全国教育类媒体微博首位。同年《英语周报》也荣获了国家互联网出版许可证,为英语周报社发展互联网产品作好了最基本的资质保障。

2012年,报社与安徽科大讯飞公司签订战略合作协议,确定在K12教育领域的数字化产品研发目标,其间共同研发了针对广东高考口语考试、温州、重庆中考口语考试模拟练习产品,市场反响很好。

2015年,《英语周报》与科大讯飞共同出资成立合资公司——飞英数媒教育科技有限公司,主要目标是开拓移动互联网教育产品及智能测评与评价系统项目,借助移动互联网及手机终端,进行报网互动。用互联网思维做指导,借助讯飞顶尖的语音识别技术与图像识别技术,借助《英语周报》高质量的内容、完善的发行渠道及1600万的终端用户,发展数字化产品,全方位服务K12基础教育。

2015年7月,《英语周报》被国家新闻出版广电总局评为第二批"全国数字出版转型示范单位"。

在数字出版发展的道路上,成果是丰硕的,但也积累了一些经验与大家分享。

一是开展产品创新。《英语周报》确立"视读者为用户,让服务更增值"的互联网思维,借助新媒体技术平台,在内容生产上向"一次采集、多次发布、多层次生成、多媒体传播"的全媒体生产模式转型。"数字报仓储系统"实现了《英语周报》历史内容的数字化,为全媒体出版铺垫基础,以达到数据与平台的衔接。"英海源智能题库系统"收录了《英语周报》近几年的原创试题、中高考真题及优质模拟试题内容共3万多套,并且对试题内容进行了精准标注入库,下一步将推出在线练习与测试产品。"掌上周报移动互联网系统"是《英语周报》报网融合的第一个数字化出版转型的前台平台,是所有优质资源的应用出口,是报社与科大讯飞联合打造的一款产品,该产品以人工智能、云计算、语音合成和语音识别等技术为支撑,提供配套APP,学生通过扫描报纸上的二维码就可以实现通过手机练听力、学口语,加强人机对话,实现可听可练可读可测评,服务高考英语听说改革。

二是机制创新。要积极适应融合发展要求,体制机制是根本保障。党的十八届三中全会对文化企业深化改革做出指示,将继续推进国有经营性文化单位转企改制,加快公司制、股份制改造,并推动文化企业实现跨地区、跨行业、跨所有制改革,提高文化产业规模化、集约化、专业化水平。2015年4月20日,英语周报社与科大讯飞有限公司共同出资成立的"飞英数媒"教育科技有限公司完成注册并正式启动,新公司参照上市公司的绩效管理体制及股权激励机制,建立起顺畅高效、适应市场竞争和一体化发展的公司内部运行机制,有效地激发了报网融合发展的活力和创造力。

三是服务提升。报网融合的实质是要以"互联网+出版"的形式提升教育教学辅导类报刊为读者提供"信息与内容"的服务能力,让服务属性慢慢渗透进来,发展成为"产品+服务"的融合状态。英语周报社在以内容为本技术为用、内容为体技术为翼的融合原则下,已确立了从做教育"平媒"到做教育"平台"的转型思路,完成了从内容资源提供商向教育服务提供商的角色转变,积极寻求与新媒体在内容、渠道、经营、管理等方面的深度融合,并努力构建立体、互动、实时的复合型教育传媒新形态。

(供稿人:李静)

十堰日报社

近年来,集团在切实履行新闻媒体政治责任和社会责任的同时,利用传媒文化属性,全面推进报业战略转型,大力发展新兴媒体,加快融合发展,集团逐步从传统的报纸出版到全媒体发展、从单一广告经营到多元化产业布局、从单纯新闻生产到提供新闻+信息服务的跨界融合,初步形成以《十堰日报》和《十堰晚报》传统媒体为基础,以秦楚网、十堰政府网、手机报、客户端、微信等新媒体矩阵和以湖北小蜜蜂电商、湖北当当旅游、湖北神农蜂语、神农鸡血梅花玉等多元化产业布局为两翼的现代传媒新格局。

一、基本做法

(一)应时而动,精心谋划新媒体发展战略

集团于2006年8月18日创办了十堰市新闻门户网站——秦楚网,秦楚网成为集团战略转型的前沿阵地和媒体融合发展的试验区。网站在发展初期,就提出了"三年打基础、四年大发展、五年成为主流强势媒体"的发展战略,制定了"三年内定额投入、第四年实行断奶、第五年开始上交"的发展目标。

(二)顺势而为,全面打造移动新媒体矩阵

为抢占新媒体发展制高点,秦楚网在巩固 PC 端的同时,积极抢占手机屏,已经形成"2 手机报 + 2 客户端 + 4 官方微信 + WAP 网站"的移动新媒体业务矩阵。2009 年 8 月,我社与十堰移动和电信公司合作创办了《十堰手机报》。2012 年 5 月,与市农业局和移动公司合作,创办了面向农村发行的《十堰惠农手机报》。2013 年初,秦楚网谋划手机客户端建设,于当年底推出拥有源代码的十堰新闻客户端。同年,秦楚网与市旅游局联合开发建设"游十堰"手机客户端,于 2014 年 1 月正式上线。2014 年 2 月,秦楚网官方微信创立。3 月,十堰晚报官方微信开通。5 月,秦楚网创立手机 WAP 网。年底十堰政府网官方微信"十堰发布"正式创立。2015 年初十堰旅游微信开通。

(三)创新机制,推行"一频道一公司"制

"让专业的人做专业的事"。随着新媒体集群的形成和品牌影响力的提升,秦楚网以资讯频道为基础,以品牌影响力为支撑,整合社会资源,大胆推行"一频道一公司"制。公司实行预算管理,采取定额上缴,或利润分成、超收奖励的办法。"一频道一公司"为新媒体快速发展注入了活力,开创了新媒体赢利的新模式,去年全年,新媒体上交报社纯利润 249 万元。

(四)进军电商,积极探索新媒体跨界经营

为打造新媒体未来赢利点,秦楚网结合十堰发展战略和生态优势,抢抓电商发展机遇,大力进军农特产品电商和旅游电商。经过积极探索和精心布局,以湖北小蜜蜂电商公司为首的"一馆一网一站"秦巴区域农特产品电商平台和以当当旅游网为基础、以"游十堰"客户端为核心、以 12301 旅游热线为支撑的旅游电商平台初步建成,秦楚网电商发展布局业已形成。

(五)多元经营,构筑集团转型发展的新支点

集团在全力推进新媒体建设、加快媒体融合发展的同时,按照"集团式运作、多元化经营、全媒体发展"的思路,以自身资源和品牌为基础,延伸产业链条,跨行业、跨地域大力发展文化产业,全力构筑集团转型发展的新支点。2014 年 6 月,集团与宜昌兴发集团旗下的湖北神农架旅游发展股份有限公司实行战略合作,共同注册成立神农架林区灵秀玉业文化旅游有限公司,联合开发神农鸡血玉项目。集团从宣传

"神农蜂语"到入股成为"神农蜂语"股东,实现了社会效益和经济效益的双丰收,探索出跨行业发展的新路子,为集团转型发展奠定了坚实的基础。

二、基本经验

(一)媒体转型融合一定要解决好体制机制

转型融合体制机制是关键,一定要给予新媒体、新项目灵活的管理体制和市场机制,充分吸收社会资本,激活内在潜力,调动员工积极性,解决好市场主体地位问题。如湖北小蜜蜂电商公司、湖北当当旅游开发公司、神农架林区灵秀玉业公司、十堰神农蜂语有限公司等,均有员工持股,也有管理层持股,还有社会资本,成为混合所有制体制,但集团必须控股。如秦楚网旗下的"一频道一公司",都是混合所有制,有的占 51%,有的占 49%,真正激活了生产要素。

(二)媒体转型融合一定要依托地方资源优势

媒体根植于地方。在各种可能的转型融合路径中,传统媒体应该根据区域优势和自身特点选择合适的转型战略,加强产业链的整合能力,并根据自身能力的不断变化而动态调适,只有这样,才能找到适合自己的转型融合之路。如我们根据十堰旅游资源富集的特点,成立旅行社和湖北当当文化旅游开发有限公司,建设智慧旅游,发展旅游电子商务;如我们根据十堰农特产品丰富的特点和市委、市政府打造新的千亿级农产品加工产业的战略布局,成立湖北小蜜蜂电商公司,大力发展农特产品电商平台。

(三)媒体转型融合一定要充分运用互联网思维

在媒体转型融合过程中,必须打破原有的思维定势,打破行为习惯,打破路径依赖,按照全新的理念来谋划媒体的生产、传播和经营模式,要用互联网思维,以客户终极需求为导向,以专业传播技术为手段,以最佳营销效果为目标,为客户量身定做优质服务。如我们与"神农蜂语"的合作,从一开始在传统媒体上的宣传,到后来用组合媒体打包服务客户,再到联合策划三次大型公益活动,解决蜂农和消费者两难问题,到最后入股联合建设神农蜂语生态产业园,我们完全站在客户的立场上解决问题,从而实现经济效益和社会效益的双丰收。

(作者:李东晖 王世昌 邓红波)

衢州日报社

近日,衢报数字化传播产业平台建设项目获得财

政部2015年度文化产业发展专项资金支持600万元。据悉,全国新闻出版业共有98个项目入选,其中地市报仅衢报集团和大连报业集团两家入选。此前,7月17日,国家新闻出版广电总局正式公布全国第二批数字出版转型示范单位名单——衢州日报报业传媒集团榜上有名,全国2000多家报纸出版单位仅40家报业集团(报纸)入选。

近年来,集团党委高度重视数字产业转型和新媒体发展,制定了《新媒体建设五年规划》,从战略定位、组织架构、资源配置、重点项目等各方面加快集团的数字化步伐。通过不懈努力,集团已由过去的"单一传统纸质媒体"逐步打造为全方位多数字化媒介形态的现代传媒集团,形成了集新闻门户网站(衢州新闻网)、APP移动客户端(掌上衢州)、移动互联网媒体集群(集团微信公众号矩阵)、电商平台(大衢网)、公众声讯服务平台(96811)、政务信息互动平台(通衢政民沟通平台)、政务发布平台(衢州发布)等于一体的多样化数字内容生产和发布产品体系,媒体影响力迅速提升,产业竞争力不断增强。

集团在数字化转型从以下几个方面展开:

一是拓展全媒体平台,实现信息传播全覆盖。在原有日报、晚报、农家报、新闻网、手机报等媒体平台外,今年6月28日,集团新媒体平台全新上线,平台包括大衢网、新版"掌上衢州"、集团微信矩阵、衢报线下生活体验平台。其中大衢网有衢淘、空中菜场、96811家政、行业资讯、游戏应用等频道,是衢州市首个综合性生活服务门户网站。经过四个月的运行,大衢网注册用户达到2万多人,日均页面浏览量达到8.6万人次;新版掌上衢州下载安装用户2.4万户,日均页面浏览量达到5.8万人次。这些平台建成后,将全方位打通信息互通屏障,实现信息传播的全覆盖,集团作为媒体的权威性、影响力和话语权将进一步巩固提升,核心读者(客户)将从传统的30万人增至150万人。

二是强化技术支撑,推进新旧媒体融合。报社目前的软、硬件系统于2007年大楼搬迁时投入使用,已经陈旧老化,特别是软件自身缺陷和功能不足直接影响到整个集团各个系统的数据融合。根据实际功能需求以及具体调研情况,集团投入开发全媒体采编平台,主要有四大部分组成:一是全媒体新闻生产系统,为报纸、网站、新媒体(APP客户端、微信、微博)提供统一信息采集,统一编辑流程管理、跨媒体选题策划管理、多渠道新闻发布管理的多媒体新闻资源管理系统,为新闻媒体实现读编互动、采编分离、报网互动、新媒体应用提供了高效、互动的工作模式;二是全媒体资源服务平台,实现文字、图片、音频、视频、多媒体资源,以及数字内容加工环节所积累下来的过程资产的集中、永久性存储;三是报刊版面管理系统,应用于广告、编采、排版、校样、传版、印前制版等报纸出版各个环节,并在各个环节之间实现统一的流程管理和安全控制,提高报纸出版整体流程的稳定性和可靠性,全面提升纸出版的整体效率和印刷质量;四是虚拟化统一存储系统,为报社所有信息数据建立一个统一存储数据库,在集团内部共享。为未来对数据进行统一开发和分析,为大数据背景下的统一营销、数字出版打基础。依托,大数据平台报社长年积累下来的包括读者资源、广告资源、社会关系资源、公信力资源、品牌资源等资源实施整体性迁移,实施保持衢州日报社品牌基业常青行动。

三是再造商业模式,增强报业整体实力。除建设线上的全媒体平台外,集团还积极布局建设衢报线下生活体验平台,计划在全市乡镇、街道、社区、居民小区建设衢报生活体验馆和衢报生活便民驿站500家,实现线上传播与线下体验的无缝对接,构建一个"平台+内容+广告+终端(实体)+应用(体验)"的全新媒体生态模式和全能的公共服务平台。未来,依托全媒体传播平台,汇聚信息流;通过信息流整合汇集人流;通过人流创造商业流,彻底颠覆传统纸媒卖版面的商业模式,形成传统收入以外的"互联网+"为主要内容的商业模式。随着全媒体平台影响力的提升和线上线下全平台互动,以及云数据库平台的深度开发利用,其"互联网+"的新型商业模式将使集团的收入结构发生根本性改变,传统的广告、发行、印务等单一收入结构,将变为"服务收入+三产收入+传统收入(广告发行印务)"等多元收入格局。

(供稿人:王业成)

三峡日报社

近年来,三峡日报社秉持"市场在本地、生命在服务、使命在新闻"的核心理念,大力发展新兴媒体、积极推进转型融合,已发展成"三报五刊一社、七网两微一端"全媒体集群,形成立体多样、融合发展的良好格局。

一、报社基本情况

报社"三报五刊一社、七网两微一端"全媒体集群:"三报"即三峡日报,三峡商报,三峡手机报;"五刊"即新闻选刊、中国地市报人、好生活、TOP宜昌、三峡文化;"一社"即三峡电子音像出版社。"七网"即三峡宜昌网、中国宜昌政府网、宜昌文明网、宜昌社区服务网、三峡视觉网、爱淘珠网、商报潮网;"两微"即报社各媒体微博微信"两微"集群,以及以宜昌发布为龙头的宜昌云移动网络公共信息服务平台"两微"集群(1000多个);"一端"即宜点通APP客户端。业务已涵盖报纸、期刊、网络出版、音像出版、微博微信、手机出版、网络视频、电子商务、户外广告等众多领域。日信息更新量1万多条,日访问总量突破500万人次。今年,报社被评为全国第二批数字出版转型示范单位。

二、转型融合实践

报社"跳出媒体、立足本地,重在服务、落在新闻",加快推进数字出版和转型融合。

一是跳出媒体。跳出媒体本位,把媒体转型融合放到国民经济信息化、人民群众信息消费多样化和政府治理和服务智能化等多维度去定位,瞄准媒体转型融合与经济社会发展的契合点,更深层面融入中心工作去抢抓政策机遇、整合多方资源、探寻发展路径。报社抓住宜昌信息惠民、智慧城市等试点机遇,依托专业优势,先后竞标承接了政府门户网、社区服务网、宜昌发布双微等大量项目的建设和运维,推动了党报传播内容、载体、方式的转型,也使得离报纸而去的读者在享受信息服务的过程中依然聚集在党报周围,党报在服务党委政府中心工作中推动了媒体转型融合,在实施政府治理信息化的项目中强化了喉舌地位。

二是立足本地。现代传播体系是立体化、分层级的传播,不同区域群众都有不少地域性、个性化的需求,这为地方党报留下立足区域分众传播的存在基础和发展空间。报社对各媒体内容再定位,摒弃"小而全"的做法,不断弱化国际国内等全国性同质化内容,集中力量专注做本地化、差异化的内容,用更深更细更接地气的服务,吸引住大量本地受众。宜昌地处中西部,涵盖平原、丘陵、山区多种地貌,农业人口占65%,如何有效解决农民信息需求、因时因地指导生产成为难题。2011年,报社抓住湖北省"三万"活动机遇,开通三峡手机报·惠农版,对接100名涉农专家团队,及时为广大农民生产生活提供个性化、针对性的信息服务,很短时间订户发展到30多万,每天解决群众诉求300多条,成为全国信息惠农典型,湖北省两办发文全省推广。

三是重在服务。纸媒时效容量的局限性与群众信息海量需求的矛盾,是数字出版、融合转型的社会基础和发展空间。报社定位于区域性信息服务商,紧贴本地群众信息需求,推出新闻网、政府网、社区网、商务网等系列网站和手机报、市民e家、宜点通APP、双微集群等移动端应用,研发了微政务、互动平台等一系列软件产品,确保群众信息需求能随时随地解决。与纠风办合办网上"政风行风热线",覆盖全市790多个单位,每天实时处理群众咨询和投诉200多件,6年已累计处理15万件诉求,办结率和满意率都在95%以上,2009年被评为十年来中国电子政务(地市级)优秀应用案例,成为报社媒体融合的代表性栏目。

四是落在新闻。各项实践和探索,出发点和落脚点都是立足媒体本职、落在新闻传播。报社坚持"服务+新闻"核心理念,以服务集聚用户群,用新闻传播价值观。系列转型融合的举措,使得报社从10万级别的发行量,很快聚集形成百万量级的用户群,新传播环境下区域宣传引导的主阵地得到巩固和壮大。依托区域内庞大的用户群和强大的影响力,报社纸媒和新媒体联动传播,开展了推荐身边的好人、寻找最美宜昌符号等一批互动活动,推出了"诚信楷模"李国楚、"农民义工"李文英等一批走向全省、全国的先进典型,形成了独特的宜昌"群星"现象。湖北省委宣传部、省新闻工作者协会在宜昌举行"三峡日报典型报道研讨会",首次为市州媒体主办新闻业务专题研讨会。有效的新闻宣传和舆论引导,为当地经济社会发展营造出良好氛围。

东亚经贸新闻报社

为了适应互联网对现代媒体传播方式和电子商务运营的改变,吉林东亚经贸新闻有限公司在倾力办好《东亚经贸新闻》的基础上,于2012年4月全资打造了吉和网(网址为365jilin.com)。这是吉林省唯一一家集网络媒体传播和电子商务交易为一体的平台,也是目前吉林地区最大的互联网综合信息服务网站,2014年8月获得由国家网信办认定的吉林省唯一具备商业新闻资质的网站。

一、转型发展的艰辛历程

东亚经贸新闻报社成立于1993年。东亚经贸新闻第一次"触网"是在2003年,作为报纸新闻的电子版媒介——东亚网上线。2009年,东亚网全面升级打造吉林门户网站。这是报社在报网融合工作上的一次有益尝试。但几年下来,东亚网站无论是从浏览阅读,还是经营创收均乏善可陈,我们也陷入迷茫和彷徨之中。

我们深刻地意识到,报业此时已经进入生死存亡时期,如果不改革只能被一步步地拖死。在充分借鉴国外同行先进经验的基础上,经过调研和考察,我们将目光又重新转向报网融合。通过向南方广东、安徽等地区先进的商业网站学习和调研,我们认识到,报纸所办的网站只有紧紧抓住互联网的精髓,实现由"静"媒体到"动"媒体的转变,即从报纸的电子版到互动性网络媒体的平台转变。才能有新的发展舞台和生存空间。

于是,我们另起炉灶,重新打造一个符合互联网时代鲜明特征的网站。2012年,由东亚经贸新闻报社组建的长春羿尧网络有限公司,投入2000万元启动资金,于2012年4月28日建成了吉林省地方综合门户网站——吉和网。

在吉和网建设过程中,我们积极引进国内最先进的网站运营系统和管理团队,努力探索互联网多屏、互动、分享、社交的特点,大力发展以智能手机为代表的移动互联网。吉和网在建立一年多一点的时间里,便在全球艾瑞统计中达到全国地方网站排名第12位,名列东北第一。经过两年多的建设,网站现有38个频道,237名员工,形成了都市新媒体、O2O电子商务、电子政务、移动互联四大平台,并为传统企业提供O2O电子商务综合运营服务。目前,网站日均浏览量达到200万次,注册核心网友突破92万人。2015年8月中央网信办《网络传播》杂志正式发布"中国地方城市新闻网站传播力"榜单。在综合传播力和PC端传播力的榜单中,吉和网均稳居前三名。一举成为国内区域网络媒体的领先者。

二、几点体会

(一)受众群体要实现从"读者"向"粉丝"的转变

在全媒体平台打造上,突破了传统媒体受众人群的限制,强调人人皆是网友,人人都有"麦克风"。在吉和网的发展过程中,我们发现,现在市民获取新闻的渠道很多,但发表观点的渠道并不多,由于以前报纸的单一性且时效性较差,无法做到与市民时时互动。现在的全媒体平台的报网互动让我们很好地达到了这一目的。我们大力发展社交媒体平台,倾力打造吉和网微博和微信,争夺掌上舆论阵地。特别是我们办的"长春社区微信"一经推出后,就成为社区与居民的互动平台,市民有什么事情都可以在其平台上留言,社区帮其解决。而社区也乐于在上面发布信息和公告,吉和网已经成为政府和民众之间加强联系和沟通的桥梁。我们旗下的微博、微信矩阵也成为省内最大和最有影响力的微平台。

(二)要在报网融合中寻求经营突破

一是加强互联网合作,扩大全媒体广告传播效果。2012年吉和网与百度、360等国内著名搜索引擎网站、新浪、搜狐、腾讯、网易等全国门户站以及百余家地方网站建立了战略合作关系,我们已成为吉林省重点搜索新闻源,其转载的数量和频次均位居省内网络媒体的首位。2013年,我们与百度联盟、阿里巴巴、京东等互联网电商企业建立合作关系,实现地方媒体、地方网站与全国门户的联动,在扩大新闻宣传渠道的同时,加大广告流量的转化与变现。

二是积极拓展线下资源,加大民生服务。我们同吉林大学第一、第二、第三医院,推出吉和网上预约挂号系统,方便广大市民网上直接挂号,2014年我们将完成省内医疗资源的整合工作,同时推出私人医生服务体系。我们还积极深入到互联网金融服务中,与建设银行建立了战略合作关系,联合推出"吉和网龙卡",为客户提供金融功能的同时还为广大客户提供"吃、住、行、游、购、娱、汽车、家装、婚庆、医疗、购房"等全面的商业优惠服务。

(三)要通过报网融合促进报纸管理体制的改革和创新

一是整合不同内容资源,创建信息终端平台。我们在全媒体采编中心建立一个集报纸、网站、手机、微博、微信等为一体化的"组合信息终端"平台,并为此进行一体化的内容设计和生产,而不再将每个终端视为各自独立的媒体,单纯进行内容设计和生产。不管是记者,还是通讯员,所有传来的信息,都通过"全媒体采编系统"这个技术平台发布。这个系统支持文图、音视频、微博等多种信息录入和远程写稿。全媒体采编中心人员可以共享这个平台,采编中心在平台选稿、分发稿件。

二是建立一支全媒体人才团队,提升采编人员复合作战能力。在媒体融合的环境下,新媒体人才要具有复合型的媒体能力和素养,与传统媒体强调的专项技能相比,更强调全方面发展,我们要求全媒体记者既拿笔、相机,也扛摄像机,可采写文字、拍摄图片,也可录制视频。同时,根据媒体的不同定位和不同需求,策划采写不同稿件。采写的稿件由媒体采编中心确定其新闻价值,并最终决定以一种或几种媒介形式将产品呈现出来。

(供稿人:石岩)

青年报社

2014年,青年报社在报社新媒体转型中迈出了关键的一步,不仅坚持以先进技术为支撑、内容建设为根本,初步形成了包括网站、微博、微信、APP等产品在内的新媒体矩阵,而且立足传统媒体和新兴媒体的优势互补、一体发展,由以前的单一模式逐步向多元化模式过渡,为真正实现传统媒体和新媒体的融合发展奠定了良好基础。今年,报社又获得全国数字化转型示范单位的机遇,这也是对我们一年多来工作的一点鼓励。

一、重点打造 引领青年网络舆情

2014年2月18日,团市委和青年报社共同打造"青春上海"媒体中心。一年以来,平台秉承"勇立潮头,可亲可近"的宗旨,重点打造"青春上海"官方微信公众号、微博、视频空间等上海青年媒体舆论场,不仅成为了全国共青团系统名列前茅的新媒体品牌,也成为了青年报社新媒体产品的领头羊。

"青春上海"媒体中心坚持站在思想高点,以新媒体化语言发布服务青年群体的权威信息,以互联网思维模式创新服务青年的方式。一方面,中心紧跟共青团工作思路,深入团市委的各项工作,对共青团重点推出的项目在活动的准备、进行、结束三个阶段做到宣传全覆盖,凸显了"青春上海"团的属性;另一方面,中心努力优化原先的共青团宣传模式,打造特色品牌栏目,其所制作的新媒体产品一改传统信息发布的严肃与枯燥,让青年人爱看、想看,具有独特的青年个性。

平台成立伊始,"青春上海"微博转发了团中央"新学期,欢迎'00后'入团"的微博内容,10天时间内,该条微博在新浪平台上的阅读量达162.5万次,转发20537次,评论4188条,分别占到当时@共青团中央微博全国总转发量和评论量的34.4%和38.8%。五四期间,"青春上海"微信通过"锐评·改革与青年"栏目,独家推出6篇高质量评论,从创新、敢为等多方面激扬青年,此外还通过4篇"我的路·五四生人"充满情感地讲述人与时代的变迁,在传播及口碑上获得双丰收。"十一"前后,"青春上海"又围绕"十一小小升旗手征集"、"青春上海青年梦想分享会"电视节目、"带着国旗去旅行"与国旗合影征集、"五星升旗手"主题游戏等几个活动项目,在微信、微博平台上打出传播组合拳。截止到2015年6月,"青春上

海"新浪与腾讯微博的粉丝数达到52万人,"青春上海"微信公众号的粉丝数量近10万,其运作模式和内容架构逐渐得到了基层团组织和青年群体的广泛好评,影响力不断扩大。

二、全面升级 提升青年传媒素养

2014年5月,作为"青年智慧港"——上海青年共享型信息化服务平台的组成模块,"智慧媒介线上平台"通过验收。

"智慧媒介线上平台"是由上海青年电子社区网站(上青网)、青年报移动客户端应用(iPhone版、Android版)、生活周刊移动客户端应用(iPhone版、iPad版)以及青年报社下属品牌新媒体应用(官方微博、微信公共众号等)等共同组成的青年资讯传播服务媒体平台。

平台的实施,实现了上青网内容结构、服务功能的升级改造,完成了青年报、生活周刊品牌移动客户端应用的建立和改建。其中,开设至今已有十多年的"上青网",实现了青年报社下属子报子刊内容的整合发布,通过全面观照城市和青年状态,挖掘社会资源,对接青年生活,提供快速、详尽、服务性强的各类新闻和资讯,满足了用户对资讯的全方面需求。同时,平台融合新闻资讯发布、社会公共服务、青年互动体验于一体,形成了青年报社多媒体、多介质的报刊产品和信息增值服务产品体系,成为国内首家青年传媒与青年文化相融合的共享型信息化服务平台。

三、创意互动 对接青年时尚生活

2014年,生活周刊代表青年报社通过积极申请,获得2014上海市文创扶持基金100万元启动"青年优质生活汇"项目,这也是继2012年"青年创意岛"获得政府扶持资金后,生活周刊跨入文化创意领域的再一次收获。

作为创意青年的展示平台,也是创意项目、创意产业的孵化平台,"青年创意岛项目线上平台(icland. why. com. cn)"集信息共享、广告媒介、展示推广、交流交易、互动体验及项目拓展这6大功能于一体,形成了一个全市青年创意互动体验的立体平台。而"青年优质生活汇"则是一个基于O2O的时尚生活互动服务平台,是依托《青年报》《生活周刊》等报刊在媒体方面的影响力及运营经验打造的一个服务于上海青年群体,以城市优质时尚生活方式为核心

的商业生态圈。

目前,"青年优质生活汇"项目正处于建设期间,项目将通过"生活汇"服务系统开发、时尚产品策划设计支持中心、"最生活大奖"评选、商家O2O合作为主的建设内容,实现基于青年报刊集群长久以来以对社会热点的及时追踪,对时代精神的深度剖析,对生活品质的热忱服务,进一步倡导优质生活,彰显时代气质,发现城市精神,展示上海特色,从衣、食、住、行到娱乐、休闲、情感、健康等方面,以敏锐的视角、时尚的态度、体贴的服务全方位关怀青年群体的时尚生活。"青年优质生活汇"不仅提供新鲜有趣的时尚生活资讯,使青年群体与时尚资讯之间的信息通畅无阻,更要打造出一种时尚生活方式,提供优质生活一站式解决方案,引领上海时尚生活风向标。

未来,报社的新媒体发展依然将秉持"用创新服务引领青年成长成才"的思路,不断探索更多媒介平台、服务形态,力求在青年这一巨大人群的细分领域获得报社更多的"立足之地"。

(作者:殷启明)

新民晚报

新民晚报创刊于1929年,迄今已有86年历史,在国内传媒界有着广泛影响力和知名度。而作为我国连续出版时间最长的报纸,新民晚报在数字化转型方面也是提早布局,积极推进,形成了富有特色的媒体融合发展经验与成果。经过8年的努力,以网站、微博、微信与移动应用为四大抓手,基本完成了"新民"品牌在新媒体领域的布局。

网站:2006年成立的新民网是一家拥有全资质的新闻网站,在上海传统媒体主办的网站中,最有影响力的一家。历史最高Alexa排名在500名左右,目前Alexa排名稳定在4000~5000名,日均PV访问量150万,月均PV访问量4500万。新民网在上海本地突发新闻报道上首屈一指,成为国内各网站这一领域最主要的信息源。今年以来加强了上海新闻的覆盖力度和广度。

微博:新民晚报新民网在新浪微博的官方账号"入场"较晚(2011年),粉丝量260万左右。新民晚报官方微博重点推送上海新闻和突发新闻,单条微博多次创下同城记录(单条转发最高达28万次,单条视频点击达360万次)。

微信:新民晚报与报系目前共有20个公众微信号,其中包括2个服务号。新民晚报的微信策略是:先走分众精准传播之路,聚集到一定影响力后,再集纳形成合力。现在这20个公众号的内容,基本涵盖了新闻资讯的方方面面,在各个领域中都有不小的影响力,主微信号新民晚报官方微信遵循"有益、有用、有趣"的原则,力求给习惯掌上阅读的用户(尤其是年轻人)一个不一样的"新民晚报"。目前用户近十万。

2013年6月推出的微信公号"侬好上海",聚焦本地生活资讯服务,以沪语为传播载体,目前已有25万粉丝,成为新上海人、年轻白领阶层了解上海、亲近上海、热爱上海的第一微信平台。2014年底被腾讯公司评为上海生活服务类微信公号十强第一名。

移动客户端:新民晚报从今年开始,并在接下来的"十三五"期间,按照"聚焦移动客户端、聚焦上海"思路,定位"内容+服务",实施"一体两翼"发展战略——一体:新民晚报媒体融合发展整体转型;两翼:一是打造新民晚报手机客户端+新民网为主的新用户平台,以"阅读上海的第一选择"为目标,产生重要影响力、传播力,二是打造"侬好上海"引领的移动生活社群,以"爱上海、爱生活"为理念,探索O2O新媒体赢利模式。

而这中间,新民晚报手机客户端是重中之重,将承担起新民晚报从纸媒向新媒整体转型的最主要平台作用,2015年3月上线,半年下载量超过30万次,明年计划达到100万次。

新民晚报传统上是个平面媒体,但互联网技术的发展大大拓展了人们对视觉传播的需求,新民晚报新媒体为此加强了视频新闻和自制视频的生产,组建专门团队,将优质内容生产能力从平面向立体延伸。目前已推出"街谈巷议"微信公号,每周三次拍摄街访视频。同时,定期在新民晚报客户端和新民网上发布自己团队拍摄的视频新闻和短片。

(供稿人:李颖)

苏州日报社

为推动传统出版单位数字出版转型升级工作向更大范围、更高层次发展,近年来,苏州日报社主动应对新兴媒体发展带来的挑战,启动数字化转型升级,加快建设形态多样、手段先进、具有强大传播力和竞争力的新型主流媒体,从传统单一的纸质媒体,演变成融合报纸、刊物、网站、微博、微信、移动客户端、电子阅报栏、二维码、手机报、网络电视等多种传播形态的现代化全媒体矩阵,全面提升主流媒体在互联网舆论场的传播力和影响力。2014年9月,苏报集团全媒体中心挂牌成立后,进一步加快传统媒体与新媒体在内容、渠道、经营、管理等方面的融合发展,从架构重组入手,为数字化转型和融合发展注入了新活力。

重庆时报社

重庆时报社立足数字化社区,以社区实体店为依托,探索线下项目聚拢用户、融合发展的方式。报社通过成立爱达生活网络科技有限公司,依托已在重庆开设的100余家直营社区实体店,利用传统的报纸发行队伍,参与外卖配送,并尝试进入互联网整体装修业务与互联网养车业务,通过一个个具体的线下项目,探索转型升级发展道路。重庆时报社计划在3年内将社区实体店做到500家。

海南日报社

近年来,海南日报报业集团在数字出版转型方面进行了许多探索,先后建设了海南综合新闻门户"南海网"、全媒体数字化生产平台、全媒体数字化联动平台、海南日报社新媒体部、数字化卫星直播车平台、海南新闻数据库、"掌中海南"移动新闻客户端、系列媒体官方微博微信集群等多个主要项目。从1999年至今,南海网已从最初单一的新闻网站,成长成一个平台众多、产品丰富、业务多样、内容多元的综合型门户网站,是海南三大主流媒体中唯一的网络媒体。海南日报、南国都市报官方微博微信影响力日渐扩大。报业集团内容生产、传播、数字化转型成效初显。

做大做强南海网。1999年1月1日,南海网正式运营,目前网站日均最高访问量为1404万,日均最高网民数超过190万人,与海南日报、海南广播电视总台共同形成了"一报一台一网"的海南主流媒体格局。2014年自营总收入3000多万元。

2014年1月,成立了海南日报社新媒体部,主要负责数字化转型阶段发展新媒体战略规划、制度设计、政策研究制定、资源统筹、部门协调、项目监管等工作,负责运营海南日报微博、微信等官方新媒体,形成常态化运作。今年3月,成立了集团新媒体中心,主要负责整个集团新媒体群的发展规划,统筹管理集团新媒体的平台建设、内容运营、技术研发保障、增值经营,使整个集团的新媒体发展形成合力,加强集团新媒体矩阵的协调统一。据此,打造中央厨房全媒体编辑部,全面整合集团人才资源,做到新

闻内容一次采集、多次发布、多元呈现、多媒传播,达到传播效应叠加和效果最大化。

通过构建全媒体数字化系统工程,结合传统报业优势和新媒体特点,打造一个以数字化管理平台、生产平台和传播平台为核心的数字出版综合大平台。该系统工程建设包括:内容发布管理系统,新媒体传播平台一体化,全媒体发布厅(演播室)、云数据中心平台软硬件、直播采编设备、户外卫星直播转播等平台。实现图文、音视频等多语种同步输出的信息制作与传播平台,实现24小时以多种方式发布等功能,实现微博、微信、客户端等全媒体矩阵既统一协调又个性纷呈的新传播态势。

当前,海南日报报业集团在全力推动传统媒体与新媒体的融合发展,要做好这项工作,一是解放思想,创新机制;二是筑巢引凤吸引人才;三是主动与资本市场对接,寻求社会资金的注入。

半岛都市报社

半岛都市报社随着对发行、采编和经营模式的改造,一改原来主要靠纸质广告发行获利,基本确定了"报纸订户+零售,重点开拓手机用户"的赢利思路。据半岛都市报社总经理支英珉介绍,以用户量逾100万的"掌上半岛"客户端为例,该客户端除了能在线阅读《半岛都市报》之外,更多的是突出和读者的互动以及即时新闻发布。据悉,"掌上半岛"主打本地餐饮娱乐、出行服务等功能,向居民提供生活、娱乐等各方面的一体化服务。报社搭建这一"手持"平台,使商户能够精准地将自己的活动信息、打折信息传递给消费者,报纸也相当于把当年流失的广告客户找了回来。"这其实是用一种互联网的思维和模式捆绑读者。"支英珉表示,把客户和消费者通过手机进行联结,大家对于这种模式都比较满意。他们准备将青岛地区的用户拓展到1000万,目前进展顺利。

半岛都市报社随着对发行、采编和经营模式的改造,一改原来主要靠纸质广告发行获利,基本确定了"报纸订户+零售,重点开拓手机用户"的赢利思路。据半岛都市报社总经理支英珉介绍,以用户量逾100万的"掌上半岛"客户端为例,该客户端除了能在线阅读《半岛都市报》之外,更多的是突出和读者的互动以及即时新闻发布。据悉,"掌上半岛"主打本地餐饮娱乐、出行服务等功能,向居民提供生活、娱乐等各方面的一体化服务。报社搭建这一"手

持"平台,使商户能够精准地将自己的活动信息、打折信息传递给消费者,报纸也相当于把当年流失的广告客户找了回来。"这其实是用一种互联网的思维和模式捆绑读者。"支英珉表示,把客户和消费者通过手机进行联结,大家对于这种模式都比较满意。他们准备将青岛地区的用户拓展到1000万,目前进展顺利。半岛都市报社随着对发行、采编和经营模式的改造,一改原来主要靠纸质广告发行获利,基本确定了"报纸订户+零售,重点开拓手机用户"的赢利思路。据半岛都市报社总经理支英珉介绍,以用户量逾100万的"掌上半岛"客户端为例,该客户端除了能在线阅读《半岛都市报》之外,更多的是突出和读者的互动以及即时新闻发布。据悉,"掌上半岛"主打本地餐饮娱乐、出行服务等功能,向居民提供生活、娱乐等各方面的一体化服务。报社搭建这一"手持"平台,使商户能够精准地将自己的活动信息、打折信息传递给消费者,报纸也相当于把当年流失的广告客户找了回来。"这其实是用一种互联网的思维和模式捆绑读者。"支英珉表示,把客户和消费者通过手机进行联结,大家对于这种模式都比较满意。他们准备将青岛地区的用户拓展到1000万,目前进展顺利。

温州日报社

未来几年,温州日报报业集团将着眼云计算、移动互联网等新技术的运用与开发,加快向新媒体转型。做大做强集团门户网站。温州网是集团门户网站,也是温州本地最强势的新闻资讯门户、互动社区门户和生活服务门户。作为集团数字化转型、全媒体扩张的一个主要平台和重要据点,集团出台相关扶持政策,整合新闻资源,加大投入力度,积极探索网站赢利模式,使温州网的影响力和知名度大幅提高,成为集团"全媒体"运营的核心构架。经过几年的运作,温州网的发展态势良好,自2007年开始已连续5年赢利。

大力研发基于云计算的应用产品。在应对报业数字化变局中,温州日报报业集团一直致力云端技术的基础软硬件建设,已建成比较完备的云计算软硬件平台。集团在2006年就投入了800多万元改造了计算机网络系统,建设了全集团的数字化平台,实现了统一管理,资源共享;2007年,建成集团历史资料数据库;2010年,建成集团数据存储备份中心;2011年,投资250多万元,统一升级集团各报网刊

的采编和照排系统。温州日报业集团的数字化平台建设项目为集团的新媒体转型奠定了重要的平台基础。

目前,集团技术研发部门正在这一平台上开发部署报业云应用系统,已初步实现云编辑平台,实现采编远程发稿办公;开发了基于云端的调查与投票系统、订报系统以及移动互联网内容管理系统,并实现基础云端应用的市场推广,实现了温州报业云应用集群。未来,集团将在为报业行业提供云端服务的基础上,致力于研发直接面向用户的云端应用,通过这些应用的开发与部署,实现用户各类信息的整合,为用户提供更优质的新闻资讯类服务。

加大力度,建设温州"网络电视"平台。温州日报报业集团于2008年开始对"网络电视"项目进行一期投资,建设高清视频演播室,购置网络视频直播设备和高清非编系统以及视频分享和高清视频点播软件系统,在传统媒体领域之外探索新的业务增长模式,有效实现传统媒体资源的网络增值,扩大媒体资源的合作渠道和赢利空间,打造"网络电视"品牌。2012年,集团投资500万元升级温州日报报业集团"网络电视"硬软件系统,包括网络电视存储系统、网络卫星直播车、3G单兵直播、虚拟演播室、P2P视频直播点播平台等系统。未来温州日报报业集团全媒体平台将和电信开展战略合作,成为电信IPTV内容供应商,为用户提供优质全媒体资讯。

抢抓机遇,进入移动互联网领域。无线移动终端一定是未来媒体的必争之地,温州日报报业集团充分抓住移动互联网快速发展的机遇,和移动运营商合作开发了许多拳头产品。目前已经研发上线了包括温州报业、温州网络电视、温州金融周刊、财富温商、温州资本、博客周刊等多个产品多个系列的移动客户端,产品线包含iPhone、iPad、Android等各个系统,积极创建全方位一体化的数字阅读平台。近几年,温州日报报业集团在大力拓展手机报综合新闻版业务的基础上,先后陆续推出了法院手机报、农行手机报、企业手机报、交通小秘书、财富温商手机报等分众产品,并开发基于二维码应用的温州票务网等多种产品,拓展年轻人市场。2012年前9个月,在同行手机报业务普遍下滑的背景下,实现逆势增值,实现营收700万元,同比增长120%。

另外,温州日报报业集团充分挖掘温州华侨在海外较多的优势,积极研发针对海外华人的文化出口产品。目前,温州日报报业集团连续两次获商务

部、中宣部、文化部、广电总局和新闻出版总署五部委联合授予的"国家文化出口重点企业"称号。温州数字报纸和温州海外手机报获得"国家文化出口重点项目"称号。温州日报报业集团首创的数字报纸收费订阅模式，使数字报纸成为集团重要的文化出口项目，目前在欧洲拥有3.2万收费用户。2011年，温州日报报业集团针对海外华人用户的信息消费习惯，开发海外手机报，与意大利天天电信公司、法国泛欧传媒有限公司合作，在意大利和法国分别发行中文手机报。目前仅在意大利就已发展10多万体验用户。温州日报报业集团的数字报纸和海外手机报产品已成为40万旅意华侨华人了解国内新闻和文化的重要渠道。

总之，传媒业正处于快速变化中，颠覆性的技术和创新应用不断涌现，新兴媒体的快速发展，给传统媒体带来了一波未平一波又起的威胁和挑战，在这种大变局的时期，传媒集团寄希望于数字化转型中找到自身可持续发展的新路子。

银川日报社

为推动传统出版单位数字出版转型升级工作向更大范围、更高层次发展，去年以来，银川日报社全力打造"2+4"立体传播体系，《银川日报》和《银川晚报》继续发挥银川主流媒体作用的同时，银川日报社强势打造银川新闻网、手机移动客户端、微信微博矩阵、多媒体党报阅报屏四个新媒体平台，为广大读者搭建多平台、多终端、即时互动传播矩阵，构建主流舆论全媒体覆盖体系。目前，银川新闻网已成为银川市重要外宣平台；"银川发布"在推出微博微信基础上，将于近日推出手机客户端；银川晚报微信在宁夏众多媒体微信公众号中名列前茅，并跻身全国前列。

"2+4"立体传播体系的建设，强化了舆论引导力。针对银川市中心工作、重大活动、重点项目，《银川日报》《银川晚报》和四大新媒体平台即时发布，做到"先微后网再报纸"；对于重大主题报道，《银川日报》《银川晚报》、银川新闻网和新媒体平台共同策划，实现互动。银川日报社将进一步推动报网融合，实现信息内容、技术应用、平台终端、人才队伍的共享融通，形成一体化的组织结构、传播体系和管理体制，做到一次采集，多次生成，多元发布。

湛江日报社

2014年5月26日上午，湛江日报社"粤西城市全媒体联播网"正式启播，这标志着湛江日报社由传统媒体向现代文化全媒集团战略转型发展跨出了重要的一步，也标志湛江日报社踏上了全媒体发展的新征程。市委宣传部、市文广新局领导、报社党组成员及受邀嘉宾出席启播仪式。"粤西城市全媒体联播网"是湛江日报社积极响应广东省建设文化强省的战略部署，顺应媒介整合的发展趋势，面向粤西的新媒体拓展项目，也是广东省文化产业专项资金的重点扶持项目。该项目以湛江新闻网、楼宇电视、户外LED大屏、LCD落地广告机等作为传播平台，融合新闻内容、生活资讯和商业信息，实现立体传播、全方位覆盖，在创新和扩展主流媒体的传播渠道、增强舆论引导能力和辐射力的同时，还有效参与城市建设和公共文化服务体系构建。

当前，传统报业正处在迎接挑战与转型升级的大变革时代。面对时代潮流和报业形势，湛江日报社积极探索报业转型发展的新路径，构建以报为核心资源，以人才、新科技为支撑，以数字化、数据化、网络化、多媒体化兼备的现代传媒体系，推进传统媒体向现代文化全媒集团的战略转型。

目前湛江日报社已打造出庞大的全媒体集群，除传统的报纸外，还拓展了新闻网、手机报、楼宇电视、户外LED大屏、LCD落地广告机、灯箱广告、三面翻广告牌、微博、微信和着手打造"掌上湛江APP客户端"、电子阅报屏、网络电视等12种新媒体传播平台，从空中到地下，从平面媒体到各种数字化终端，立体覆盖市民的生活圈。

此外，湛江日报社成立的全媒体工作室还购置了网络直播车、航拍设备，通过整合湛江日报社强大的采编力量，把新闻触角伸到城市的每个角落，将报纸的信度、深度和高度与新媒体的宽度、速度和互动度，通过流程重组、全媒体生产、全介质传播，通过不同的媒体形式，以全媒体的方式打造"好人好报"的升级版，实现"好人好报"立体播报，使得新闻内容通过不同传播形态实现区域立体化覆盖，影响力进一步延伸，实现全方位运营。

中国保险报业股份有限公司

中国保险报业股份有限公司（简称"保险报业"）的前身是中国保险报社。《中国保险报》创刊于1994年1月5日，是中国保险监督管理委员会指定披露保险信息媒体。

保险报业是国内第一家整体完成股份制改革的

行业媒体。公司将实现数字化转型作为战略发展方向,2014年4月建成验收了在目前全国行业报领先的全媒体新闻采编平台,全面融合报纸、网站及移动终端等多媒体形态,实现了全媒体内容采集、编辑、发布以及经营管理业务的应用。在大数据时代到来之际,与数据专业公司开展系列业务合作,这是保险报业加快从传统报业向现代新型传媒企业转型的重要一步。公司现已建成在全国行业报领先的全媒体一体化采编平台,初步形成了报纸、网站、手机报、微博、微信、高端资讯移动平台"六维联动"的多元化传播格局,并探索新媒体增值服务,从一家传统报纸逐步向保险专业资讯服务平台转变。

浙江《体坛报》社有限责任公司

体坛报社数字化媒体转型历经三阶段,呈现出"起步早、高门槛、市场化"的显著特点。

第一阶段,自主摸索期。本世纪初互联网刚刚兴起,报社就尝试建设报社数字化平台,功能包括体育资讯发布、电子报阅读以及手机报订阅。

第二阶段,借船出海期。2009年报社实施开门办网策略,一方面根据体育新闻资讯的直观性要求,与浙江省广电集团官网新蓝网合作,担纲承建其浙江网络广播电视台体育频道,主打体育视频,现月点击量达5000万;另一方面也与浙江在线开展合作,为其体育板块提供浙江体育新闻原创资讯,有效扩大了受众面。

第三阶段,高举高打期。报社一批"90后"组成的新媒体事业部担负起体坛报微信公众平台、体坛报微博的内容运维,按照互联网思维推送体育资讯和活动策划,将热爱体育的年轻人群作为目标受众,以趣味十足的方式为体育爱好者构筑交友平台,多个自创栏目深受粉丝喜爱,并获业界普遍好评。尤其值得一提的,今年9月报社抓住时机,果断将报社网站进行彻底转型,与省人大常委会审议要求建立的浙江全民健身网完全融合,并将市场推广名称定为好动网,响应国务院46号文件精神将全民健身上升为国家战略的新形势,打造具有广阔市场前景的体育网上社区,主要功能为体育视频教学、线下体育活动及论坛、网上体育商城,突出用户交互与服务性。

中国妇女报

创刊31年来,《中国妇女报》的社会影响力不断提高,综合实力不断增强,形成了以二报二刊和网微端等新媒体矩阵为基础的事业发展格局,初步具备了全媒体传播能力,显示出蓬勃向上的发展态势。

《中国妇女报》一直走在数字化转型的前列:1998年就建立了官方新闻网站——中华女性网,涉足互联网传播;2004年7月创建中国第一家手机报被载入中国新闻史。在传统媒体与新媒体融合发展的今天,中国妇女报社制订了报刊数字化发展战略,通过中华女性网、官方微博、微信、客户端以及个性化定制产品等新媒体形式,初步形成了可以立体化、全天候信息发布的全媒体业态,努力打造最具权威性的新型主流妇女舆论阵地。

为了进一步适应业态的变化,走好媒体融合发展之路,《中国妇女报》拟对原有出版流程进行了融媒体整合,将分散在传统媒体和新媒体部门的内容资源、人力资源、采编资源、采编发流程、产品形态、传播渠道、技术解决方案、市场对接等,融合到一个统一的平台上来解决。将人员从工作性质上分成三类:制造影响力的人、销售影响力的人以及为制造和销售影响力服务的人。

在流程再造上,《中国妇女报》社按照数字媒体采集、传播规律,根据具体情况,拟制定"三端"制采编流程,分为新闻采集端(前端)、编辑分发端(中端)、产品运营端(后端)的生产传播模式。即由新闻记者、数据挖掘师及分析师等人员组成的前端负责有价值的信息采集;中端编辑在指导前端进行选题策划的同时,对前端发回的各类信息进行分发、粗加工;将纸媒和网站、移动新闻客户端、微博、微信、舆情同时变为产品运营端,对由中端组织、发送过来的信息、数据,按照各媒介和输出端的不同风格和要求进行深加工,并最终制作完成输出。

目前,全社对媒体融合有了更为深刻的认识,对互联网思维有了更深的理解。截至2014年年底,已完成两次对中华女性网的大规模升级改造,从报纸电子版升级成综合型网站,又从综合型网站升级成为具有音视频、互动、移动端分享等功能的综合类新闻网站,制作了具有自适应功能的手机版,完成了向全媒体平台的跨越转型。在五大微博平台开通了@中国妇女报;开通了官方微信;开通了《中国妇女报》独立客户端,入驻了多家大型移动平台的新闻客户端,拥有了可独立开发基于H5语言的互动技术。

桂林日报社

桂林日报社在纸质媒体还处于鼎盛时期时,就已经着眼于数字化新媒体尝试,在 2002 年创办桂林生活网,开始新媒体领域的经营和探索。桂林生活网经过十多年发展,已经成为拥有 10 多个专业频道的桂林门户网站,也是广西 3 大网站之一。2008 年,桂林日报、桂林晚报数字报在桂林生活网正式上线。桂林晚报微信、微博、桂林生活网触屏版等新媒体也逐步投入应用。此外,桂林日报社还打造立体传媒平台,创新全新媒体运作模式,在旅游、教育、体育、文化、养生等多方面进一步加强产业融合。

江门日报社

近年来,江门日报社逐步完善数字化转型战略,扎扎实实开展相关工作,在对传统纸媒《江门日报》不断进行优化的同时,全力以赴构筑"权威大报 + TV 端 + PC 端 + APP 端"的大数据文化产业平台,并大力整合资源,打通各平台间的内容、用户,实现报纸、网站、移动端的全媒体运营。

本报的大数据文化产业平台包括基础数据平台、全媒体新闻生产平台、影视节目播放平台、五邑图片中心、客户精准营销平台、婚庆产业平台。借助该平台,本报将实现从传统的报业经营,向互联网大数据产业平台的转型。今后,报社所有的经营模式、行为,都将基于这个平台进行,比如全媒体推广营销、线上聚集 + 线下交易的"O2O"经营模式、客户精准营销、信息私人收费定制、数据决策分析、微电商等。

目前,中国江门网资讯已经实现 24 小时全覆盖,每日点击量接近 30 万人次,单日最高点击量超过 80 万人次;同时,中国江门网也是江门地区唯一一家被百度和谷歌快速收录新闻的网站。

值得一提的是本报微信矩阵。近年来,本报投入大量人力物力,打造以江门日报官方微信为主账号的微信矩阵,通过不断推广,扩大粉丝群体,已形成强大的信息推送和舆论引导力。目前,本报具有良好吸附力和影响力的微信号有:江门日报官方微信、邑街坊、邑本政经、江门置业宝、江门日报好生活、亲子大本营以及各记者站微事等。其中,江门日报官方微信用户总量超过 11.5 万,成为江门最具公信力和影响力的公众号之一;根据第三方排名,近年来,该公众号跻身全国纸媒公众号 50 强;在广东省内,长期居全省纸媒公号前 5 名,排在一些省级大报前列。该公众号推送的一系列优质内容,得到了社会广泛关注并转发,不少还引起了强烈反响,极大地提升了《江门日报》的传播力和影响力。

微信矩阵全线"飘红",江门日报官方微博也"不甘示弱",发展粉丝近百万人。与此同时,江门日报"掌上江门"、"五邑侨风"电子杂志、电子阅报栏等,也通过技术创新、内容创新,不断扩大传播影响力。

此外,本报还利用现有的直播室、演播厅、直播车以及采编人员采集的视频,同时采取合作、购买等形式获得的视频资源,全力打造一个基于互联网的江门网络电视台,用户可以在中国江门网、手机客户端、电信 IPTV、户外屏等多平台选择有偿观看、下载等;每年承办几十场政府部门和企业的重要活动,如直播"市长访谈"节目、举办"家园文学创作大赛"、承办"急中生智"应急知识大赛、网络直播法治在线、诚信金融在线访谈、国学小达人大赛等,取得了良好的社会效益。

市场星报社

目前,市场星报社已从单纯的报纸媒介,变成拥有报纸、杂志、网站、微博、微信、演艺、微影视、手机客户端、电视栏目、电子大屏、网络商城、第三方支付等多形态的全媒体平台。

兵马未动,粮草先行,市场星报社数字化转型早在 2005 年就启动,建立了网站、电子版。转型发展,制度保证,2012 年,抽调精兵强将,成立新媒体中心。2014 年,制定星报传媒数字出版转型的融合发展规划;2015 年 5 月,启动"中央厨房制"采编运作模式。

市场星报社数字出版转型,重点围绕转变思维、产品形态、立体传播、广泛合作、机制创新等方面,深度整合媒体资源,积极创新传播方式,以多元化产业发展为利润增长点,实现"星报传媒"影响力提升和经济效益增长并驾齐驱的良性发展格局。

目前,市场星报社主要子产品包括"市场星报 + 安徽财经网网站 + 星空艺术网 + 微博(信)矩阵 + 微电影工作室 + 户外电子屏 + 电视栏目 + '家门口'智慧社区(手机 APP 项目) + 星报网络商城 + 第三方支付"等,用立体式的全覆盖传播方式,提供权威、及时、贴心的资讯和服务。

新安晚报

合肥新安晚报社高度重视并积极探索报刊数字化转型发展;资源实力较突出,人才资源、专业资源、技术实力等资源得到有效整合利用,成立新安传媒公司与全媒体新闻中心;新闻产品形态多样,安徽网、新安晚报官方微博、移动客户端等满足用户多渠道的资讯需求,传播力、影响力突出;市场表现较好,在用户覆盖、投入产出等方面有较好表现。自2010年新安晚报实施全媒体战略时,就将移动传播列为议事日程,在建设新闻门户网站新安传媒网(后改为安徽网)的同时,便于2011年在安徽平面媒体中第一个推出iPhone(苹果)智能手机客户端和Android(安卓)系统的智能手机客户端以及iPad阅读终端,迈出了新安晚报从PC端向移动端发展的第一步。

2009年微博刚刚兴起,新安晚报就在安徽纸媒中较早开通官方微博,目前粉丝已超过190多万,安徽网官方微博粉丝也已超过70万。2013年全国纸媒最具影响力排名时,已位居33位,在安徽纸媒中占据第一位。新安晚报移动传播进入"全国报纸50强",与扬子晚报、羊城晚报、新民晚报、辽沈晚报等一起,进入全国晚报官方微博十强。目前新安晚报和安徽网共拥有微博账号20多个,其中@安徽网、@安徽网99度社区、@安徽吃货联盟、@安徽教育新闻、@合肥楼市等官方微博均在网民中有一定的知名度,形成了以@新安晚报、@安徽网、@安徽吃货联盟为主要阵地的新安微博矩阵,总计粉丝数达300多万。

后来,微信兴起,越来越多的人关注微信。新安晚报官方微信起步于2012年9月28日。目前在总阅读数、总点赞数的平均阅读量上遥遥领先于安徽所有平面媒体,日平均阅读人数在4000人至12000人,日平均阅读次数在8000至20000次。已开通的微信订阅号和服务号有"新安晚报微管家"(服务号),"新安晚报爱情号""新安晚报吃货团""皖山皖水""安徽房地产""新安晚报汽车"等,形成了粗具规模的微信矩阵。

经过5年的建设和布局,新安晚报现已基本构建了以微博、微信、APP为主干的移动传播矩阵,为新安晚报的进一步融合发展,提升报纸影响力和传播力起到了重要的作用。

值得一提的是,新安晚报数字化转型,并没有仅仅着眼于网络平台建设,而是注意多介质平台建设。目前除报纸、网络、移动客户端的平台建设以外,新安晚报也建立了户外屏等数字化平台。如在合肥拥有公交站台站牌72块,独家经营安徽省客运汽车站联播网,在49个公路客运站有313个电视点位、157个刷屏机等等。

河池日报社

近年来,河池日报社紧紧把握媒体发展新趋势,在报业数字化转型发展中大胆探索,取得了初步成效。先后在全区同级媒体中率先建设河池手机报、河池网、河池日报数字报、河池视屏报、广西书法网,形成了"三报两网"全媒体发展格局。同时,报社还对新闻办公统一平台系统进行全面升级改造,变单一采编系统为集采编、资料检索等六大系统于一体的综合统一平台,成为继广州日报之后,综合采编办公等运用系统最多的地市报。目前,报社数字化资源配置已涵盖媒介技术、新闻内容采编和检校、内部办公、绩效考评、广告经营管理和报纸数字传输等多个层面。

在数字化播发方面,河池日报社报网互动成为新常态,开办"网络问政""舆论监督台""记者观察"等著名新闻栏目,促进媒体融合呈现新特点,使重大时政和民生新闻报道分量更足,实现报纸、网络、手机报、视屏报策划同步、新闻共享、传播方式互补,打通官方舆论场和民间舆论场,形成宣传效果的最大化。此外,报社还适时推出官方微博、"二维码"读报服务,并注册"惠民号"和"悦读号"两个微信公众账号,进一步有效扩大党报舆论阵地,提升党管媒体的影响力。

亳州晚报社

亳州晚报社早在2007年就成立了信息网络部,开通了中国亳州网,同年在安徽省较早地开通数字报版;2009年4月在安徽省第一批开通地市级手机报——《亳州手机报》;2011年6月开通亳州晚报、中国亳州网官方微博;2012年开通亳州晚报社、中国亳州网官方微信,亳州晚报官方微信综合影响力一直保持在安徽纸媒官微排名前列。

经过多年发展,亳州晚报社现已建成了以中国亳州网为核心,亳州晚报数字报、亳州新报数字报、亳州摄影网、亳州论坛、亳州房产网、亳州汽车网等子网站群;以亳州晚报、中国亳州网官方微博为主的微博发布群;以亳州晚报手机应用APP为核心,《亳州手机报》《亳州晚报》《亳州晚报——聚惠同城》和亳州摄影网等公众微信组成的移动阅读平台。在移动互联网背景下,亳州晚报社已建成新媒体矩阵,成为宣传亳州、美誉亳州的靓丽平台,并成为2014年全省数字出版转型十家示范单位之一。

亳州晚报社为进一步做好传统媒体的数字化转型发展,正在积极搭建网络、掌媒、户外与传统媒体统一融合的全媒体新闻采编发布平台,为亳州晚报社提供从资讯发布、组织、传播、互动、数据挖掘到赢利的一体化解决方案,实现信息产品向印刷厂、网络、移动设备终端、户外广告牌等多种展示渠道的一键发布,真正做到全天候、全媒体、全平台采集并发布新闻和信息,实现24小时无缝有效传播,推动真实可靠、权威可信的新闻内容迅速占领舆论阵地。

珠海特区报社

珠海特区报社将报刊数字化作为报业转型的核心战略。2008年注资1000万元创立珠海新闻网。经过7年发展,珠海新闻网已经成为珠海、澳门地区最受欢迎的本地新闻门户网站。目前珠海新闻网拥有二十多个网站频道、一个网络论坛、一个手机客户端,数个微信和微博社交平台账号。

去年以来,珠海特区报社以创新驱动加快数字化转型,旗下各单位在推动传统媒体与新兴媒体融合方面"全面开花",珠海特区报、珠江晚报、珠海杂志等,都开设了自己的官方微博和微信公众号,并代理了一批珠海政务微信,覆盖用户达到数十万。由此组成的微矩阵媒体传播大量新闻、政务、生活资讯,满足不同用户的信息消费需求。

珠海特区报社将站在牢牢掌握本地区信息传播制高点的战略高度,巩固报纸的舆论引导能力,重点打造一批形态多样,手段先进,具有竞争力和影响力的新型主流媒体。全方位布局新闻网站、手机客户端、报业微矩阵、政务(商务)微矩阵等新媒体项目,探索建设"融媒实验室"和"数码创意谷"等,加快成为区域性的新型传媒与文化产业航母舰队。

绥化日报社

自2009年起,绥化日报社应时而动,将发展重心向传统媒体与新媒体融合发展方向倾斜,连续7年将发展新兴媒体作为报社的一号工程,投入资金、设备、场所,配置人员组建专门队伍,全力开展新媒体业务。2009年自主研发了采编系统平台,当年投入使用,使报社编审工作实现了无纸化办公,走出了用现代化手段提升传统媒体的第一步。随后,又借助外部技术和资金力量,先后与东北网络台、生活报、杭州尚维科技有限公司、杭州千智信息技术有限公司、上海东方购物等合作,用5年多的时间,打造出绥化新闻网、绥化商务网、绥化新闻手机客户端、绥化日报、晚报官方微博、微信等新型媒体平台,初步形成了全媒体发展格局。2015年初,又启动了"数字新闻乡乡通"和"电子阅报栏"两个项目,组建了电子新闻中心、成立了新媒体事业部,强化人员配备,更新完善设备,扩大办公场所,办公面积由原来的110平方米增扩到430平方米,制定了《绥化日报社"十三五"数字化转型发展规划》,计划借助国家、省支持传统媒体与新媒体融合发展的契机,以"数字化转型"为引领,实现各种媒介资源、生产要素的有效整合,信息内容、技术应用、管理制度、人才队伍等共享融通,力争再用5年时间,把绥化日报社打造成为以新媒体为核心的新型传媒集团。

期 刊 单 位

糖烟酒周刊

在媒体转型升级的过程中,糖烟酒周刊以大数据库为基础,从"经营媒体"向"经营资源"转型,全面推进两个融合——传统媒体与新媒体的融合、新媒体与现代服务业的融合,走出了一条独具特色的发展之路。

2014年,《糖烟酒周刊》实现新媒体经营收入近500万元,2015年预计在千万元以上。同时,新媒体平台的建设也有力支撑了《糖烟酒周刊》的招商、培训等经营活动的开展。两融模式让《糖烟酒周刊》打破了传统媒体的天花板,发展优势不断增强。

一、建设需求数据库

经过多年努力,《糖烟酒周刊》建设形成了中国糖酒食品行业最大的动态厂商需求数据库,该数据库涵盖我国所有的地级市和中东部省份的所有县城,覆盖商贸企业销售规模万亿左右。《糖烟酒周刊》数据库中不仅有厂商的静态要素,如经销商目前代理的产品、辐射区域、通联方式,生产企业的产品结构、主销区域等,还对厂商群体的动态信息进行了汇总,如经销商寻找产品、经营管理方面的需求,企业的开发新产品及拓展新市场的规划等。

大数据库的建立,一方面有效促进了杂志发行量和客户群体的扩大,另一方面,通过科学有效的数据库管理,专人跟踪回访和引导,及时沟通客户需求,保证了《糖烟酒周刊》的发展与客户诉求协同。

二、组建新媒体矩阵

在保持传统媒体竞争优势的基础上,《糖烟酒周刊》积极投身网络媒体和新媒体建设,形成了新媒体与传统媒体比翼齐飞的媒体传播格局。

一是微信平台建设。《糖烟酒周刊》先后建立起"酒说""糖烟酒周刊食品版""食业家"等十余个微信公众服务账号,吸收专业粉丝二十多万人。微信集群与《糖烟酒周刊》平面媒体形成了互相促进、互相补充的良好局面,平面媒体为微信提供源源不断的素材,微信成为平面媒体凝聚资源、提升影响力的新通路。

二是垂直网站建设。《糖烟酒周刊》建设有糖烟酒周刊官网、中国食品招商网等垂直网站,网站每天发布大量产品信息和行业信息,被誉为"永不落幕的糖酒会",有效弥补了纸质媒体空间拓展有限的弊端。

三、推动新媒体与服务平台融合

新媒体发展如火如荼,但是也存在赢利模式不清晰的难题。对此,《糖烟酒周刊》积极推动新媒体和现代服务业融合,让新媒体为服务平台导流,让服务产品增强新媒体和粉丝的黏性,让无数粉丝变成了用户。

《糖烟酒周刊》旗下有中国糖酒食品经销商发展论坛、全国糖酒食品营销论坛、招商外包、中国酒业营销金爵奖、中国食品产业成长之星等服务项目,过去,这些服务项目主要依靠工作人员点对点邀请,运营成本高,组织难度大。酒说、食品版微信等平台建成之后,不断组织线上活动,为线下活动筛选导流用户,大大降低了活动的组织成本,提升了服务产品的服务效力。

新媒体的交互作用大大强于传统媒体,根据数据库和新媒体留言中所反映的用户需求,《糖烟酒周刊》打造形成的数字商学院、线上招商等新型服务产品,也正在成为《糖烟酒周刊》新的增长点。

四、组织创新确保"两融"功效

为了促进新媒体建设和媒体融合发展,《糖烟酒周刊》做了大量组织保障和考核创新工作。一是由《糖烟酒周刊》总编辑牵头成立新媒体开发领导小组,带领全体人员学习新媒体知识,探索新媒体模式;二是成立了新媒体事业部,调配精兵强将,主导关于新媒体的技术研发和新型平台孵化工作。三是推出了内部创客模式,改变了传统的多层级开发管理模

式,鼓励在职编采人员搭建新媒体平台。

2015年2月,《糖烟酒周刊》杂志社被河北省新闻出版广电局评为首批传统出版单位数字化转型示范单位(评审总分第一),2015年8月,被新闻出版广电总局评为"第二批"数字出版转型示范单位。

(供稿人:车海全)

江苏农村经济杂志社

2007年开始,江苏农村经济杂志社积极进行数字化转型探索,尝试将传统产品与数字产品融合。

一、总体情况

为加快新媒体发展,尽快实现"深度融合,一体发展"目标,江苏农村经济杂志社由社长亲自挂帅,主抓手机报、微信平台和网站等新兴媒体业务拓展,抽调杂志社骨干力量组建专门的农家致富手机报编辑部、网络部编辑部等新媒体部门,专门负责手机报、网站和微信平台运作,累计投入1889万元用于新媒体建设。

截止到目前,江苏农村经济杂志社旗下有3本纸质期刊(《江苏农村经济》《农家致富》《品牌农资》)、1份手机报(《农家致富手机报》)、4个网站(江苏为农服务网、江苏优质农产品营销网、中国惠农网、品牌农资推广应用网)、3个微信平台(江苏农村经济、江苏为农服务网、绿邦农业),正在由传统媒体向数字化媒体转变,最终实现传统产品与数字产品深度融合,一体发展的目标。在新兴数字化媒体中,《农家致富手机报》、江苏为农服务网、江苏优质农产品营销网是江苏省重点打造的农业信息化建设三大平台。

二、三大平台数字化转型均取得积极进展

(一)《农家致富手机报》稳定前行

《农家致富手机报》创办于2010年,是江苏农村经济杂志社创办早较成熟的数字化产品。自创办以来,依托现代信息技术和科技手段,为广大读者提供及时有效的信息、技术服务。目前拥有读者20多万个,覆盖全省76个涉农县(市、区),读者对象包括科技示范户、专业大户、家庭农场主、专业合作社社长、农业龙头企业负责人、农业技术指导员、大学生村官、涉农部门领导干部及其他涉农工作者。分综合信息版、规模种植版、畜禽养殖版、水产养殖版和园艺栽培版5个版本,每周一、三、五早上8:00分类发送。截止到目前,已为广大读者提供信息720多期3600多版,累计文字近1440多万字。为方便与广大读者

互动,手机报还开通读者免费热线电话和信息服务平台,不定期为读者举办专家在线咨询服务活动和免费技术培训活动。

5年时间的发展,《农家致富手机报》建立了成熟的运作模式、稳定的读者群、专业的编辑队伍和固定的合作伙伴,拥有专家优势、编辑优势、品牌优势和集群优势,当前,一方面致力于提升内容质量,一方面扩大覆盖范围,在原来与江苏移动合作的基础上,新发展与江苏电信、江苏联通的合作关系,实现全网覆盖。同时积极谋划新表现形式,主要是探索有声手机报、动画手机报、视频链接、专家远程视频咨询、手机 APP 终端。

(二)江苏为农服务网得到不断提升

江苏为农服务网也是江苏省农业信息化建设三大平台之一,于2010年与《农家致富手机报》同时在全省农业信息工作会议上开通。主要功能是发布农业科技动态,推广普及农业新品种、新技术、新模式,提供视频诊断与远程教育,是农业运用新技术的重要推广阵地,网站设置新品种、新技术、新模式、科技动态、科技成果、农民课堂等十几个栏目,并依托现代科技手段,建有在线咨询、视频诊断等特色栏目。目前网站的浏览量超过23万,已逐渐成为服务新农民、推广新技术的重要新型农业信息服务平台。

(三)江苏优质农产品营销网市场化运作取得积极进展

江苏优质农产品营销网以"展示江苏农业产业化发展成就、拓展优质农产品销售渠道"为宗旨,突出"优质""特色"农产品网销定位,探索网络营销的市场化运行机制,创新打造具有江苏特色的农产品电商模式和服务品牌,构建一条优质农产品的"绿色"消费通道,引导安全、优质、特色农产品生产与消费。

江苏优质农产品营销网在前期实施基础上,目前正在进行升级改造,在营销网架构下建设"绿邦农业"微商城,达到年内展示258家企业,379种产品,77个产品上线销售的目标任务。现阶段,选择具备优质农产品生产、加工、仓储条件和现代营销能力较强的农业企业、农民合作组织代表,组建区域联盟,整合各自的产品、渠道及客户资源优势,建立统一的产品采购标准、价格体系、物流配送、结算方式等网销机制,结合网站、微信、移动 APP 以及天猫、邮政电商、市民卡、主流媒体及省自驾游行业协会等多种渠道,开展线上线下的推广销售服务。

三、数字化转型过程中的创新手段

一是逐步扩展微信平台影响力。江苏农村经济杂志社先后创办江苏为农服务网、江苏农村经济、江苏优质农产品营销网3个微信平台,利用新型传播渠道,传递信息,推广技术,展销产品,真正实现带着农民种,帮着农民销,促进农民富的目的。

二是充分利用新技术整合传播资源。江苏农村经济杂志社目前拥有的3本纸质期刊,都在逐渐向数字化方向发展,各自有了电子期刊,发布在江苏农村经济杂志社的门户网站——中国惠农网上。此外,《江苏农村经济》期刊创办了微信平台,《品牌农资》期刊创办了品牌农资推广应用网和品牌农资 APP,《农家致富》期刊创办了《农家致富手机报》,成立了专门的编辑部,负责手机报的运作。此外,杂志社还拥有江苏为农服务网、江苏优质农产品营销网2个专业网站,同时具备摄影摄像、视频诊断、专家网上在线等多种数字化手段,视频音像室正在更新升级中。

(作者:赵松娥)

《中外医疗》杂志社有限公司

《中外医疗》是国家卫生和计划生育委员会主管,国家卫生计生委医院管理研究所、二十一世纪联合创新(北京)医药科学研究院联合主办,是中国核心数据期刊(遴选)数据库收录期刊、中国期刊全文数据库收录期刊、中文科技期刊数据库收录期刊。2015年7月,《中外医疗》杂志社有限公司被国家新闻出版广电总局确定为第二批中央文化出版企业数字出版转型示范单位之一。

近年来,《中外医疗》杂志社积极响应中央关于媒体融合发展的重大部署,顺势而为,科学谋划,主动进行数字化转型,自主构建了技术服务平台,根据不同介质和受众的特点对信息内容需求进行分类加工,将内容同时在网络在线平台、电子期刊、书籍和移动客户端中使用,实现"一次制作,多元发布",形成多样化产品,满足用户个性化需求。《中外医疗》杂志社有限公司从平台建设入手,积极探索数字化转型新模式,将重点实施以下三个平台。

一、中文学术智慧出版全媒体平台

中文学术智慧出版全媒体平台是《中外医疗》杂志社探索跨界融合,构建大数据出版与可视化全媒体相结合的新型模式。该项目将运用大数据出版的概念,将现有的海量的出版物资源转化为可制表分析的量化形式,通过建立数据库使信息产生相关关系,并借助计算机对其中的任何文本进行挖掘和分析。平台注重对出版资源的重新整合与最大化,通过建立数据库实现数据的可视化呈现,让人们随意利用数据去发现"数据关系"。例如,针对一篇临床治疗的学术研究文章,可以通过智慧出版全媒体平台,对该文章引用的原始数据、涉及的相关图片、视频、历史研究成果等所有资源进行整合,争取实现该项数据的最完整梳理。

智慧出版是近年来随着科学技术的发展以及数字化转型的提出而产生的出版概念,北大方正电子有限公司为此提出了智慧出版解决方案,即通过融入数据化、移动化、社交化、数据分析、云平台等相关技术和应用,在专业信息知识服务、在线教育、移动学习、数字教材、自助出版、按需出版、跨终端跨平台数字阅读平台、移动APP等产品服务平台和内容资源进行整合管理。《中外医疗》杂志社也将与北大方正电子有限公司进行技术合作,争取这一平台的早日落地并投入使用。

中文学术智慧出版全媒体平台的核心技术是数据化,在数据化之前,所有出版的产品都是一个个地"信息孤岛",无法被集成和参与运算;而在实现了数据化之后,这些信息孤岛就被海底的大陆架做连接,虽然其呈现方式可以是一本书籍,可以是一篇文章,但是其内在结构却是一个可被分析的大数据库。这种大数据出版方式是出版行业的资源整合和服务方式的更新,以资源共享的方式获取更多的数据库资源,不仅是在医疗领域,而且在其他学术领域都可以应用;不仅在全国,最终有可能会在全球范围内形成一个将各种主题的出版数据库联系起来的出版资源,即"云平台"的诞生,这也是这一出版平台的未来发展愿景。中文学术智慧出版全媒体平台的构建,将实现医疗、科技、农业、艺术、工业等各个学科及其领域学术文献的整合与可视化呈现,形成一个关联的信息网,有助于某一领域的学术研究梳理。

目前,基于全媒体、可视化、大数据出版、智慧出版等的特点和优势,发展智慧出版,整合数据资源已经成为出版行业发展的大势所趋。从社会实践层面来看,出版业既有引进大数据理念和技术并与之全方位融合的迫切需要,也有对大数据进行利用的行业底蕴与先发优势,因为出版业在过去积累了大量的文献资料,现在要做的,就是从大数据的拥有者变成大数

据的使用者。因此,我们通过把有意义的每一条数据及其数据关系,都看成是一个出版产品提供给用户,这样会使每个数据体现其自身的价值,并且对于促进资源的重新整合及最大化利用有一定的积极影响力。

二、构建数字出版平台

1. 电子期刊。基于纸质期刊的按需出版项目,该杂志社拓展电子期刊业务,引进电子期刊的先进编辑、出版等技术,增加音频、视频等多媒体形式,对现有资源进行数字化继承与再度融合利用,制作了《中外医疗电子刊 + 光盘版》。构建自主的技术服务平台,利用多媒体技术将文字、声音、图片、图像和 Flash 集于一体,开发优质的立体化内容产品,期刊网络阅读平台具有内容的集成性、阅读的便捷性、服务的多样性等特点,深受用户欢迎。

2. 复合数字出版。采用 MPR 关联密码,把纸制出版、音像出版、电子出版和网络出版相结合,成为可使读者听、读、看同步进行的一种全新的全媒体数字出版方式。推进采编流程集约化、数字化,形成稿件信息一次采集,信息产品多种生成的业务模式,实现出版内容、渠道、平台、经营和管理方面的深度融合,加大专业内容集成。致力于 PC 和移动终端个性定制功能的开发,使得用户能够方便地订阅本刊某个栏目的论文,延伸本社的信息产业链,成为先进的学术交流与再教育平台,最大限度地开拓市场空间,形成线上与线下互动(O2O)的出版内容投送新模式。针对互联网以及 3G、4G 移动通信技术创新发行和经营模式,进一步强化自己的内容优势,深度挖掘特色资源,构筑 PC 与移动终端的数字技术平台,实现了内容资源价值的最大化,经济效益和社会效益得到较大提高,形成可持续的赢利模式。

3. 数字动态展示。医学论文中大量图表需要数字动态展示以增强其表达效果。为此我们开展了数字动态展示技术及应用的研发,以数字图像为核心,将信息可视化,无论是文字信息资料,还是一个构想,都可转化成三维数字图像直观展现出来,强调展现、体验、互动的功能性。使人以最快的方式获取信息,为广大用户利用视觉图像建立起虚拟信息和现实世界沟通的高速通道。杂志社微信号的开通增进了与用户的互动效果,期刊网站拓展了各类在线服务。

三、中外医学远程继续教育平台

随着信息和网络技术的发展,产生了以互联网技

术为基础的新一代现代远程教育。中外医疗远程教育平台采用多种现代技术，包括先进的数字化音频、视频技术，实现文字、图像和声音的实时以及非实时传输，方便有效地实现交互式教学，代表了教育模式的现代化变革趋势。

中外医疗远程继续教育平台的建立，不仅大幅提高了教育工作者与广大医疗卫生工作者、医院等医疗机构的密切互动，而且更能深入了解外在环境对继续教育的需求，从而缩短医疗卫生从业者与医学科技与教育界的距离，使得终身学习的观念在医疗卫生领域得到贯彻落实与拓展；打破时间与空间的束缚，架起无限开放的医疗卫生教育信息平台，开拓了崭新而广阔的学习空间；采取多种媒体方式进行系统教学和通信联系，深度辅导和在线服务创造了适应新时代的教学模式，为医疗卫生教育资源的重新分配提供了强有力的支撑。同时，中外医疗远程继续教育平台的建立，将科研学术、人才培养和医学应用融为一体，既拓展了发展空间，也提升了期刊的影响力传播力。

技术长新，出版长兴。科技创新、智慧出版、跨界合作是数字出版可持续发展的最佳途径。未来，我们将继续探索同类期刊数字化转型的新模式，加大数字出版技术研发及应用力度，通过产业化运作和跨界合作，努力成为先进的学术交流与再教育平台，最大限度开拓市场空间。基于用户数据分析技术开展个性化定向投送平台建设（B2C 模式），基于集团化学习的出版资源投送平台建设（B2B 模式），进一步完善数字网站、移动终端 APP 和期刊数字阅读平台，促进互联网医疗、智慧医院、医疗大数据、医药与医疗设备产业发展。《中外医疗》杂志社将为引领我国卫生类期刊的数字化转型进程，为我国卫生事业的进一步发展作出有益的可行性探索。

（供稿人：金取）

《科技资讯》杂志社有限公司

《科技资讯》是由北京市科学技术研究院主管，北京国际科技服务中心、北京合作创新国际科技服务中心主办的科技期刊。作为第二批中央文化出版企业数字出版转型示范单位之一，《科技资讯》杂志社有限公司在期刊数字化转型和与新兴媒体融合发展方面起到了一定的示范与引领作用。

近年来，《科技资讯》杂志社积极响应中央关于媒体融合发展的重大部署，认真贯彻《关于推动传统出版和新兴出版融合发展的指导意见》文件精神，落实国家新闻出版广电总局促进传统出版物数字化转型的实施意见，主动探索数字化转型，强化互联网思维与大数据服务，坚持以先进技术为支撑、以内容建设为根本，充分运用新技术，创新出版方式，提高出版效能，进一步提高了期刊的影响力、传播力和竞争力，在 2015 年北京市举办的科技期刊综合评比中受到各方好评，获得综合评比第一名的不俗成绩。

一、利用云存储，构建中文学术云数据库平台

云存储是在云计算（cloud computing）概念上延伸和发展出来的一个新的概念，是一种新兴的网络存储技术，是指通过集群应用、网络技术或分布式文件系统等功能，将网络中大量各种不同类型的存储设备通过应用软件集合起来协同工作，共同对外提供数据存储和业务访问功能的一个系统。中文学术云数据库平台，正是在此技术上产生的，也是《科技资讯》杂志社被确定为数字出版转型示范单位之后的重点建设项目。该平台是利用云计算、云存储及云数据库的技术，将国内各出版机构通过统一的标准联结起来，形成一个数据库平台。该数据库平台是参考云状的网络结构，创建一个新型的云状结构的存储系统，这个存储系统由多个存储设备组成，通过集群功能、分布式文件系统或类似网络计算机等功能联合起来协同工作，将散布在全国各个地方的出版机构统一起来，并通过一定的应用软件或应用接口，对用户提供一定类型的存储服务和访问服务，可以方便地浏览或者下载所需要的文献资源。

该平台创新了知识服务数据库的经营模式，不需要将各出版机构的数据资源收录进来，再进行整合入库，而是通过云存储的技术，将以上的数据资源进行网络连接，用户通过统一的端口和口令就可以直接进行下载和浏览，保证了出版机构的所有权。同时，该平台还首次提出了公司、出版机构与作者的"三方分账"模式，将出版机构和作者都纳入到利润分配体系当中，体现了尊重作者权益，确保作者利益最大化以及确保期刊社稳定发展的原则，顺应时代发展的需要，也符合党和国家政策的号召精神。"三方分账"的运营模式在出版行业尚属首例，在目前的知识服务数据库平台运营中也是首创，这也是该项目的创新点所在。

中文学术云数据库平台不同于一般的数据知识服务平台要将文章收录进库，而是通过制定统一的存储标准、硬件标准及转换标准，将各出版机构的数据

联结起来,通过云存储技术将储存资源放到云上供人存取,使用者可以在任何时间、任何地点、透过任何可联网的装置连续到云上方便地存取数据。

二、合办互联网出版机构,实现期刊数字化

该杂志社与有关单位联合组建了互联网出版机构——中文视讯有限公司,采用我国权威的万方软件操作系统,构建期刊融合出版新模式,将期刊内容进行数字化处理,引领期刊数字化转型。部署了大数据下的学术出版与信息服务,推动行业服务与联合创新,服务行业万众创新。以互联网出版和学术数据服务为核心,引入了优先出版、开放存取、数据仓储等先进学术出版理念,为作者建立独立的个人学术出版空间,充分重视作者劳动成果并将作者权益最大化。该杂志社创新了一整套学术出版经营模式,很有价值。

该杂志社致力于突破媒体属性、企业属性和行业属性,推进横向资源整合与纵向产业链拓展,加大对互联网出版领域的投资力度,努力建成国际著名数字出版企业。

三、实现刊网合一,建立数据库,传统出版和新兴出版互相促进、融合发展

建立期刊网站,实现采稿、编审、发表和阅读网上同步进行,拓展各类在线服务,从数字内容网络支付阅读平台向手机、手持阅读器、iPad 平板电脑等移动阅读终端拓展,加快了传播效率,扩大了期刊影响力。

该杂志社采用适合自身情况的媒体融合发展方式,加快建设具有国际影响力的科学文献索引与数据库,制作电子期刊《科技资讯电子刊+光盘版》与《科技资讯外文学术数据库》,共同构成全方位科学知识服务体系:外文学术知识发现资讯平台、学术数字联合出版平台、出版资源融合服务平台。

打造动态发展的学术数据生态圈,构筑集学术数据资源供应、数据整合加工和多元化数据服务为一体的媒体融合开放平台,通过数据库的特色资源稳定获利。截至 2015 年 8 月,该杂志社已与 230 余家专业性的学术杂志社达成合作协议,具有合作意向的杂志社近千家,打造按需出版与数字知识服务体系。同时,该杂志社也积累了数十万的活跃作者用户群体,专家顾问团与技术顾问团成员数百人,微信号的开通增进了与用户的互动,平面内容的数字化、多媒体化进程进入了新的发展阶段。

四、开展复合出版工程

该杂志社推进采编流程集约化、数字化,形成稿件信息一次采集,信息产品多种生成的业务模式,实现出版内容、渠道、平台、经营和管理方面的深度融合,加大专业内容集成,提升科研评价水平、学术出版生产力和产品竞争力。在对现有期刊资源数字化的基础上,实现"一个内容、多种载体、复合出版",即一个内容多个创意,一个创意多次开发、一次开发多种产品、一种产品多个形态、一次销售多条渠道、一次投入多次产出和增值,2015 年复合出版已达数千种,实现了内容资源价值的最大化,经济效益和社会效益大幅提高。

五、实施"走出去"战略,提升科技期刊国际影响力

该杂志社响应国家"科技期刊国际影响力提升计划",积极拓展国际市场,建立了科技资讯外文学术数据库,应用云计算等先进信息技术,提供各类电子解决方案,创办刊配盘中英文电子期刊,构建电子学术发表平台,力争成为一家期刊领域国内外领先的科技信息产品和服务提供商。

构建立体化知识服务体系,建设全方位数字出版环境,是该杂志社的发展愿景。通过"碎片化组装"开启数字化转型新模式,实现以立体化、个性化、碎片化和组装性为特征的产品升级,引领行业数字化转型升级进程,实现内容为王与技术创新的深度融合,带领全行业迈向数字化时代。

六、未来发展重点

未来,杂志社将积极利用云计算技术,提高知识利用率,加快知识服务体系的大转型大提升,以崭新的姿态迎接期刊 3.0 时代的到来。同时,将实施期刊域出版工程,借助互联网出版技术和移动社交手段,集多媒体功能和全终端多屏互动功能为一体,对最能体现刊物特色的优质文献以网络专栏的组织形式,进行最大范围的快捷传播,助力刊物提高影响力和数字经营能力。

此外,我们还计划将群智感知和定位信标等先进技术用于期刊的定制推广。开发期刊用户客户端APP,实现定向推送、精准投放,同时开展移动出版业务,使知识服务更便捷、更有效,进一步提高用户的满意度和美誉度,更好地服务于科技强国战略。

(供稿人:金取)

中国报道杂志社

近年来,中国报道杂志社积极推进传统期刊社向数字化转型,在理念和实践上不断创新,致力于打造传统媒体与新兴媒体融合的多语种全媒体对外传播机构。在进一步认真学习领会中央领导《加快推动传统媒体和新兴媒体融合发展》讲话精神的基础上,进一步统一思想、提高认识,切实增强推动媒体融合发展的紧迫感、责任感、使命感。

中国报道杂志社为推动数字化转型发展,打破了原有的部门结构,搭建了全媒体采编平台,采取中央厨房式信息采集,做到了"一次采集,多种生成,多渠道传播"的传播方式。利用全媒体、微传播等手段,结合国内外受众的需求,重点开拓微博、微信及国外社交平台,实现国内外读者的个性、精准、互动化阅读体验,进一步提升对外传播影响力,品牌价值,并整合营销资源,提升数字产品商业运营能力。现将转型经验总结如下:

一、转变思想观念,强化互联网思维

传统媒体与新兴媒体融合发展是大势所趋,在媒体融合的条件下,新兴媒体对传统媒体的冲击不仅是对期刊内容,更是对新兴媒体客户端、发行、广告、媒体影响力等多方面的挑战。破除陈旧观念,改变惯性思维,不能再用传统媒体的措施解决媒体融合面临的问题。要改变过去单向传播、传播渠道单一的做法。推进传统媒体与新兴媒体融合发展,树立一体化发展观念,增强借力发展意识,发扬攻坚破难精神。强调微传播的重要价值和意义,做好微博、微信等社交媒体的推广,增强受众客户粘度和忠实度,扩大读者规模,树立产品品牌形象,提高产品的影响力。

二、整合现有优势资源,培养技术复合型人才

统筹社内的现有数字化出版技术力量,整合中国报道中文网、世界语网、流媒体影视部、《中国文摘》中、英文网站以及手机移动阅读版、iPad 多语种版等新媒体形态出版产品的优势资源和技术力量。通过培养社内所拥有复合型技术人才掌握现有的技术特性,并根据当下所处市场的技术形式来制定改进目标。以节约人力、物力资源为基础,根据产品类别聘任相关可塑型专项技能人员,针对不同的数字类别进行"领域性规划"的方式进行划分后重构框架。

将现有产品规划为三块内容:分别为网络数字出版、移动终端阅读出版、新兴媒体阅读出版。依据三大板块的独有数字特性,优先利用现有的、具备技术优势的人员负责符合自身职能的数字板块,逐步调整、改进、更新,迎合数字化的大趋势。

三、应用大数据等先进技术,稳中推进数字化产品

在媒体融合发展过程中,我社重视和用好大数据和云计算两种先进技术,优化媒体内容制作、存储、分发流程,提升数据处理能力,为内容生产和传播提供强大支撑。以内容为基础,中国报道杂志社与具备技术优势的技术提供商结成联盟,挖掘在数字环境中技术的全部价值,提高内容出版的技术能力。组建技术团队,并充分挖掘市场中的特色产品,与符合自身发展需求的技术供应商合作并形成联盟,共同搭建并改进现有数字出版产品的不足,多方位掌握数字出版市场的技术趋势,并节约数字化转型成本。

四、掌握移动互联网技术,打造独特的数字平台产品

随着移动互联网技术的发展,智能手机、平板电脑等移动终端已成为人们上网获取信息的最主要手段。近两年,国外很多大型传媒机构都在向移动互联网方面发展,但总体来说,大家起步的时间、相互的差距并不大。从目前来看,客户端是访问移动互联网主要入口,也是比较成熟的技术应用。要加强手机网站建设,丰富信息内容,完善服务功能,着力打造移动互联网上的新闻门户。掌握新形势下的技术优势,应用于社内的全部数字化产品,进行技术实现与优化,在不同功能、不同介质、不同平台之间使内容有效互动,进而达到国内各平台之间具备有很强的共享与互动性,并且更大程度与国际平台达到最大范围的兼容。同时,努力实现对新兴技术的快速掌握能力,具备自主的研发能力,使数字平台产品逐步做到独家性与权威性。

五、提高内容质量,增强文章可读性和实效性

整合资源,共享采编资源和稿件信息。全媒体采编中心的各新闻平台加强互动、共享选题资源,建立统一指挥调度的多媒体采编平台,切实实现新闻信息一次采集、多种生成、多元传播。无论是传统媒体时代,还是新兴媒体出现,内容建设始终是最重要的方面。要以深度权威报道为主,挖掘文章的深度,推出思想性强、观点鲜明的深度报道和评论言论,进一步提升信息内容的品质。加强与相关部委、协会及行业

的沟通,关注时政财经类的动态发展,挖掘及时、权威、独家内容。

六、建立监督机制,杜绝问题出现

我社现在拥有六大内容数字出版源,分别是:中国报道中文官网和"两微一端"、世界语官网及其微传播终端、中国文摘中英文官网、中国文摘 iPad APP（客户端）、中国文摘 iPhone APP（客户端）及中国文摘 Android APP（客户端）。我社充分发掘与遵循数字出版发行的特点及规律,严格遵守出版相关的法律法规。同时,加强监督自查机制,在服务器端设定敏感词库,自动筛选及删除官网与 APP 评论中的敏感内容;建立编辑部人员对选题、内容的每日审核机制,各部门编辑每日对所发布内容进行自检及交叉检查;总编室人员对数字出版内容进行抽查,以确保社内所有数字刊物的内容不出现政治、民族、色情、侮辱、暴力及常识性错误。

（供稿人:苏游军）

云南画报社有限责任公司

《云南画报》始创于1959年,是云南唯一由省委省政府主管主办、向海内外公开发行的权威、精美画刊。56年来,先后由省委宣传部、省新闻出版局、云南出版集团主管,一直由云南画报社主办,现已拥有《云南画报·人文旅游》《金桥时代·数字化金融》两个主刊和《祥鹏航空》《瑞丽航空》《昆明航空》三个副刊以及微信、网站、微博互动平台及"七彩云南精品汇"传媒电商平台。

一、发展历程

第一阶段是"大家搞我也搞"阶段,建设了初级网站,与龙源、知网等结成内容版权合作关系,效益不明显。

第二阶段是"纸媒新媒联合拓展广告市场"阶段,升级了网站,建设了官方微信、微博,实现了每日推送,纸媒新媒联合发布精品广告,平台扩展、服务增值、收益开始显现。

第三阶段是"传媒电商融合发展"阶段,网站、微信、微博全面改造升级,搭建成为互联互通互动的传媒电商平台,宣传功能与产品营销功能、企业孵化功能一体化,助推了第三届南博会影展及云南多次节庆活动,产业链延伸,效益显现。具体来说,2014年,云南画报社对网站、微信、微博进行了初步升级改造,实现内容转换选择性发布,并开始植入精品广告;2015年初,对网站、微信、微博全面升级改造,实现了一个数据中心带动"品牌宣传官网"+"微商平台""PC"+"移动"的两种终端接口,WEB、WAP、微信、微博四种接入方式的三网联动促宣传、促广告、促销售的新媒体平台。目前,自建的新媒体网站、微信、微博平台已实现互联互通互动,拥有了20多万粉丝,每日推送简洁明快精美的人文旅游及文产产品专题,平均每日点击读者近千人,已实现数字化传播、广告经营、产品推广营销一体化。

二、主要成就

近年来,云南画报社以"人文旅游主流、航机杂志专家、摄影图文航标、传媒电商新锐"为目标,出版的纸媒系列期刊每月印刷发行4万余册,主要在人文旅游界、政商圈、金融领域传播,还全面覆盖了祥鹏航空、昆明航空、瑞丽航空所有飞机100多条国际国内航线50余架飞机的全部坐席;数字化新媒体微信、微博、官方网站"三网"经过多次升级改造,拥有了逐渐成熟的一体化每日推送宣传营销平台,忠实粉丝已达20多万人,设置有专门的新媒体营销中心,培育了一个"线上线下立体化宣传"+"专业化采编推广"+"电商销售服务"的业务闭环,在延长纸媒宣传产业链接入电商营销方面探索出了"广告营销"+"媒体电商"两个赢利点及有效的赢利模式,线上宣传与销售收入逐年增长,纸媒、新媒、特色电商融合发展,近年来实现了年收入从几百万元到近千万元、从亏损到赢利的转变,在职职工从10几人发展到近30人,线上线下每年深度有效阅读人群达到约3000万人次。2014年被云南省新闻出版广电局评为云南省数字出版转型示范单位,2015年,被国家新闻出版广电总局评为全国数字出版转型示范单位,被中国画报协会评为2014年度最佳画报。

自主投资建设的新媒体"三网"、纸媒"四刊"一体化联动打造传媒电商平台"七彩云南精品汇"的格局已进入试运行,将主要通过云南画报社人文旅游媒体、系列航机媒体及官方网站、微信、微博,以及中国期刊网、中国旅游网、云游网等媒介推广发布。致力于"云南文产:金木土石布产品""精品云南·一县一品""云南地理标志产品""云南画报社合作商家特惠产品"的线上线下、纸媒新媒一体化宣传营销,专业化记者团队摄影采编推广,以云南画报社56年主流媒体信誉为号召,以典型的"互联网+"方式,提供一个产品宣传营销转化平台。

2014年以来,云南画报社新媒纸媒互动推出了一批高质量的区域人文与旅游大专题,《云南少数民族历史影像记忆》《云南大河之旅》等系列专题受到读者喜爱,新媒体粉丝不断增加,尤其以"金、木、土、石、布"产品为重点开辟了线上线下"精品云南·文产"专栏,用精美摄影、精彩解读、精品广告与产品二维码线上线下链接销售相结合的方式,帮助云南文化产业多个商家实现了部分产品线上推广销售。尤其在云南旅游产品和建水紫陶系列产品方面切实提高了合作商家市场占有率,云南文冶等一批文产企业已从中受益。如今云南画报社"精品云南·文产"在新媒纸媒都已形成常态化固定栏目,相关产品转化为图文信息每月在我社所有纸质期刊平台发布和新媒体三网每日推送平台营销,效果良好。

(作者:李银和)

农村百事通杂志社

《农村百事通》始终坚持正确的舆论导向,自觉模范执行党的路线、方针、政策,严格遵守出版纪律,始终坚持以"为农民生产生活当参谋,为读者经营致富当顾问"为办刊宗旨,突出"一看就懂、一学就会、一用就灵、一点就通"的办刊特色,以"做中国农业期刊第一品牌"为追求目标。坚持"贴近农业、贴近农村、贴近农民"的"三贴近"原则,广覆盖、宽视角为农民提供通俗易懂、科学实用的信息和技术;坚持经常下乡聆听读者声音和了解读者需求,传授读者想掌握的技术,传送读者关心的信息;用农民的语言讲述"三农"问题,始终做到文字"通俗易懂",内容"科学实用";文章内容追求短、精、易(懂),被全国广大农民朋友称为"农民的贴心人"。近年来,《农村百事通》迈出了数字化转型、立体办刊的步伐。

一、建好体现农百特色的网站

农村百事通网站于2006年开始上线运行,并于2011年进行了全面改版,开设了新频道让读者及时了解最新政策和农业资讯,弥补了纸媒农业百科知识内容容量有限、时效性稍差的问题;在线远程教学培训让读者足不出户就可学到各种农业技术;读者可在网站上免费发布农产品供求信息,帮助读者解决农产品买难卖难的问题;在线阅读同步展现纸媒原版内容;网站的商城板块与淘宝网进行对接,可进行农产品销售与农业相关图书销售,是读者了解和购买产品

的重要窗口。

二、自建农村百事通手机WAP网

2014年4月,由《农村百事通》自行开发的手机网正式上线,与纸刊内容完全匹配并同步发行,同时更多地融入了丰富的视频资源和图片素材资源,利用微信端口接入,使读者关注官方微信的同时即可订阅农村百事通手机WAP版。

三、开通农村百事通微信订阅号及微信服务号

订阅号以传播最新农业资讯为主,同时还以纸刊内容为基础,以二维码为桥梁,利用刊与微信进行联合互动,制作访谈视频,延伸了纸刊的访谈阅读,还在纸刊上放了"央视农经"二维码,读者扫描即可实现微信观看对应视频,此举得到了读者的高度认可与关注。开设微店,方便读者在线上下单订阅《农村百事通》。利用微信丰富的接口功能和简捷的支付方式,农村百事通杂志社搭建起了一个集书刊阅读、销售,农副产品销售等诸多服务功能的收费服务平台。目前在服务号里可以很方便地订购纸质期刊、农业类图书和数字期刊,同时还可以购买优质生态农副产品。

四、与中国移动平台合作推出手机版《农村百事通》

自2012年3月起,在中国移动的"和阅读"平台推出了手机版《农村百事通》,并与纸版同步上线。2013年年底,再次和中移动平台达成深度合作,创建全新的《农村百事通》5元品牌包,以《农村百事通》内容为基础,整合期刊、图书资源,组合成以资讯、农技、致富、创业、种养、法律、生活、婚姻、健康、育儿、休闲等13个手机版《农村百事通》栏目。并组织可用书刊稿源,实现农村百事通品牌包平台每月更新12期,每期不少于25篇文章。目前用户达12万多人。

五、与江西手机台展开合作建农村百事通手机台

在中文天地出版传媒股份有限公司江西手机台的大力协助下,2013年4月开始着手建设农村百事通手机台,精心设计制作了一款适合在移动互联平台阅读的数字新产品——农村百事通手机台,可实现手机阅读和在线咨询。农村百事通手机台已于2013年7月正式上线。手机用户通过该平台可以实现在线阅读"农闻""百问""精华版数字农村百事通"和在线咨询。

六、与国内知名数字运营商有着长期的深入合作

长期与中国知网、龙源期刊网、万方数据、重庆维普等数字出版运营平台合作，既扩大了纸媒的影响，延伸了杂志社数字出版产业链，也为杂志社取得了一定的经济效益。据不完全统计，2010 年至 2014 年，电子版《农村百事通》在中国知网的下载量累计达到 110 多万篇（次），在龙源期刊网的付费阅读量达 260 万篇（次）。电子版《农村百事通》在龙源期刊网的阅读下载量连年进入"期刊网络传播海外付费阅读 TOP100 期刊""期刊网络传播国内付费阅读 TOP100 期刊"和"手机网移动阅读 TOP100 期刊"。

七、建设农村百事通出版产业基地

2009 年，农村百事通杂志社投资兴办了"农村百事通出版产业基地"，分编辑出版中心、数字发行中心、远程教育中心、农业科技示范中心等四大板块，旨在落地式服务于农民读者，使之成为集农业技能培训、养殖示范、种植示范、新产品技术推广、都市人员农事体验、休闲旅游为一体的综合型农业科技服务基地。该项目已入选新闻出版总署新闻出版改革发展项目，列为"南昌市十大成长性农业企业"。经过几年的打造，已粗具规模，也引来了众多的创业者慕名参观和学习，取得了良好的社会效益，并产生了一定的经济效益。基地的发展为杂志社的品牌延伸发展产生了巨大的社会效益与经济效益。今后我们还将继续科学合理地利用好这一示范基地，指导培训出更多的致富农人，培育更多的优质产品。

八、大力打造农副产品电子商务平台

农村百事通杂志社在 2014 年年底的农业高峰论坛上提出拥抱互联网、搭建生态农业电商平台，完成第二次创业的宏伟计划。将农村百事通电子商务平台打造成全国最有影响的农副产品交易平台，为大众推荐绿色生态的农副产品。以挖掘本省、立足本地、辐射周边的战略规划逐步推进，通过阿里巴巴诚信通、淘宝、微信等销售平台实现线上销售，同时在同城通过系统行业渠道进行线下批量配送销售，并推出会员定制高端农副产品销售、基地实地观摩、线下体验试吃等多种经营模式，把优质农副产品送到千家万户。目前该计划已逐步启动，各平台也在顺利建设中。

（供稿人：叶春林）

风机技术杂志

《风机技术》杂志 1959 年创刊，是我国风机行业唯一且在行业中最具专业权威影响力的科技杂志。作为一家老牌的专业技术期刊，《风机技术》一直坚持其技术权威性的办刊定位和办刊优势，服务于我国广大风机行业科技工作者。同时，《风机技术》高度重视期刊的数字出版转型工作，在 2005 年成功建立了中国风机技术网，这是中国风机行业首家最大的门户网站。当时，该网站也是国内机械工业领域率先运营的门户网站，网站整合了全国行业信息、专业技术、市场动态、B2B 企业电子商务、网络版杂志等各项高精尖内容。该网站的建立和运营为全国性同类专业类科技期刊向数字化转型发展提供了一个参考样本。基于此，《风机技术》将数字出版转型作为重点发展战略，充分利用当下数字技术的快速发展，以传播专业技术为根本，服务行业，推动行业技术进步的理念，以出版品质为保证，建立行业大数据库网络信息平台，实现全媒体运营。并于 2014 年获得了辽宁省传统出版单位数字化转型示范单位。

一、目前标志性项目

（1）中国风机企业及产品数据库网络平台。风机是流体机械的一种，它包含压缩机、鼓风机、通风机和暖通空调。每类产品都有上百种产品，每种产品有几十个系列，每个系列有几十个型号。不同系列型号的产品应用不同领域的使用条件。对于一般的使用者来说，选择哪种型号是一个技术难度很高的工作，往往需要风机设计人员进行大量专业计算，才能求得应该使用哪种型号的产品。面对此行业特点，我刊建立一个包含全国所有风机企业（及部分国外企业）的所有产品信息的网络平台数据库，每种产品有非常详细的结构、图纸、性能参数及使用案例介绍。《风机技术》充分利用本身隶属于中国风机协会的行业优势，调研了全国及部分国外企业 4000 家的产品情况，统计出一个非常庞大的系统数据库，非专业的用户只需要输入简单的使用条件，即可求得其所需要的产品，该产品的企业情况，同时可以找出国内所有同类产品，进行单项技术对比，询价，沟通，并逐步实现在线交易。同时每种产品还包括该产品配套的下游配件的企业及产品情况。用户在选择对比风机产品的同时，也能够对相应使用的配套件如轴承、联轴器、电机、密封、润滑油等一系列配套产品进行对比了解。

这些信息和查询功能系统，同时还将在 APP 移动客户端同步使用。

（2）风机行业国内外技术资源数据平台。除风机企业及产品的数据库之外，《风机技术》一直是风机行业权威技术的发布者和传播者。所以，我们进一步完善国内外技术资料数据平台。其中包括：《风机技术》杂志自 1959 年创刊至今的全部期刊文章，《风机技术》自编的专业技术书籍，国内外专家信息库，期刊社自己调研的国外专利技术信息，自办学术会议论文等内容……这些庞大的技术资源是我国风机行业一笔宝贵的技术财富，有非常实用的学习价值，这些资料全部能够实现受众 PC 端及掌上的细分查询及下载阅读。

同时，该数据平台还将与各相关学科建立产业联盟，风机相关的空气动力学、转子动力学等这些其下游涉及的配套产品密封、控制理论、材料学……选择跟风机相关的重点学科，共同建立集约化发展之路。形成一个庞大、权威的技术资料数据平台。

（3）信息技术数据服务。利用《风机技术》的上述内容，我们还将数据平台的信息细分，不同的高端客户可以利用该平台特别定制一些信息服务。如某企业想了解某一类产品的市场前景，投资分析，国内外当前产品情况，用户可以利用我们高端客户数据库，选择定制自己需要的调研报告分析，这项内容又开辟了在信息市场特别是咨询服务市场中的数字服务内容。

（4）专业书籍网络出版平台。《风机技术》半世纪以来拥有了丰富的作者人脉，不少作者都是行业内的翘楚和专家。当前国内出版社对某些专业书籍的出版采取自费出版方式，这无疑中影响了不少老作者的出书积极性。针对这种情况，《风机技术》建立专业书籍网络出版平台，集中优秀作者，对其著作进行网络出版，读者可分章节付费阅读，这种数字出版实现了快速，小成本，宽渠道的传播，也是为传播技术做出很大贡献。同时数字网络出版还将与各类各相关学科期刊社建立广泛合作和联盟，通过建立数字出版基地联合发展，都是为了实现资源整合和共享，从而为读者提供规模化、专业化的科技类信息和个性化增值服务。

二、未来数字化转型的基本路径

《风机技术》将数字转型作为未来 5～10 年工作的重中之重，在组织架构、人才储备上加大投入力度，

培养人才、引进人才，并成立了网络数据库运营中心，运营中心的工作重点是企业产品数据库、国内外技术资源数据库以及专业定制化的信息服务。

作为科技期刊，其生存根本是专业优势和特色内容，所以《风机技术》始终坚持内容为王的前提 8 下，服务行业，传播技术，开展线下活动，并与数字技术充分结合。建立行业特色的小型图书馆，网络出版、手机出版、信息服务等多渠道服务。在杂志社经营方面，利用这场数字盛宴，转变科技期刊以单一广告收入为主的经营模式，开辟了科技期刊的创新模式和转型升级的一个新途径。

（供稿人：王宏）

江苏教育报刊总社

江苏教育报刊总社所属的"两报六刊"，传统的运营模式相当成熟，也取得了令人骄傲的业绩。江苏教育报刊总社所属的报刊在办好纸质报刊的同时，早就谋划电子报刊的出版，《江苏教育》《早期教育》《小学生数学报》尝试电子报刊的出版，出版的规模、订阅的人数、社会效益和经济效益取得长足的发展，为总社事业发展决策、应对数字化出版时代的发展做了有益的探索。

江苏教育报刊总社的《江苏教育》《初中生世界》专注教育云产品的研究和发展，立足江苏、辐射全国，建立涵盖教育资讯、课程资源、教学辅导、数字出版等全品类的信息化服务平台，打造具有鲜明江苏特色的教育云资源库，为江苏乃至全国的师生服务，无限度地拓展和放大江苏的教育优质资源，将传统教育报刊出版和数字化、信息化的出版方式高度有机地融合，实现信息化时代教育报刊跨越式的发展。

无论是教育报刊的纸质出版，还是数字化的教育云产品，都是教育报刊主业的延伸和飞跃，教育报刊要做强、做大，增强抗御风险的能力，还是要努力走多元化发展之路。教育报刊开拓新的经营领域，发展新的经营项目，丰富事业发展的新业态，有助于教育报刊走向规模化经营，实现不同产业之间的优势互补，将教育报刊的事业做大做强，形成有特色、有实力、一业为主、多业发展的教育报刊传媒集团。

山西科技新闻出版社传媒集团有限责任公司

近年来，山西科技传媒集团加快推进传统出版向数字化转型工作，通过从运用互联网思维推进转型、加强转型项目建设力度、探索数字化产品和服务的赢

利模式、培养数字化转型人才几方面着力,以数字化转型升级为突破口,由内容生产向信息服务转变,通过项目引领,带动集团实现转型升级。

据了解,山西科技传媒集团旗下三报八刊都实现了原版在线,并开通山西科普网、科普惠农网等17个网站,日点击量40000人次。山西科技传媒集团于2008年率先在全国创办了科技手机报,现已形成了四大类四十多种科技手机报刊群,用户最多时近100万。山西科技传媒集团是中国移动"农信通"业务主要的内容提供商,移动12582农信通语音信息库及百事易业务中95%的信息由集团提供,目前已为中国移动提供500万条涉农信息。

山西科技传媒集团建成了山西科普资源库,拥有原创挂图600余套,数据存储量突破1000G。每年编创科普挂图100余套,编创动态挂图5套;制作时长800分钟的科普光盘20套;编辑出版图书20余部。每年制作《科普大篷车》节目48期,每期15~20分钟。山西科技传媒集团旗下山西省科教影视中心入选中国科协科普部"科普传播之道"项目制作单位之一。

山西科技传媒集团自2010年开通官方微博后,陆续开通新浪、腾讯各类领域微博17个,开通微信公众账号24个,开通山西联播、中科云媒、种子科技等手机手机客户端5个。手机客户端其中《爱时尚》被腾讯微博时尚频道收录,粉丝数量已达106万。山西科技传媒集团官方微博矩阵极具规模,覆盖粉丝突破300万。连续荣获2012、2013年度全国十佳政务微博单位。

山西科技传媒集团目前与山西省人防办、山西省委防范办、中国科技馆、中国反邪教协会、腾讯、万科等多家政府单位及企业形成合作,并制作多部科普动漫作品,已完成新兴科普示范团队项目中电子课件56套,电子杂志9本,完成中国数字科技馆二级子站点山西数字科技馆项目,地方优质科普资源项目中国古代木结构建筑。

中科云媒是山西科技传媒集团倾力打造的第一个跨平台科普服务媒介,是数字化出版的又一新尝试,它集纳了报纸、电视、网络等媒体的多种手段,拥有文字、图片、音频、视频、富媒体等全媒体传播方式,通过互联网向用户传送科普知识,提供个性化科普服务。中科云媒自2013年2月启动后,已在全省农村安装303块,被国家财政部列入我国农村公共文化服务体系扶持项目,荣获国家新闻出版广电总局"全国

城乡公共阅报屏(栏)示范项目"及2013中国报业户外媒体技术创新奖。依托中科云媒科普惠农信息终端,在全国首家探索搭建O2O科普惠农电商平台——益民易购,已在农村建成30个益民易购店,这成为山西科技传媒集团数字化产品和服务赢利模式探索的又一新尝试。

家庭期刊集团有限公司

改内容。读者需求的变化,要求我们进行报道内容和报道形式的创新,使《家庭》由情感类刊物向家庭生活类主流杂志转变,增强家庭生活领域的舆论引导力和话语权。据了解,在明确"回归家庭、回归新闻、回归主流"的办刊理念后,集团对《家庭》的内容进行了全面改版提升,在刊物内容上引入分板块的运作方式,强调重点选题策划,着力打造刊物社会影响力,所策划采写的重大题材频频出彩。

在内容质量提升的同时,集团通过增张提价的策略缓解成本压力,并大力拓展发行市场。自2011年起,《家庭》成功进入陕西、内蒙古、贵州、四川、广东等省区的农家书屋项目;海外的发行渠道方面,除原有的东南亚、加拿大市场外,新辟欧美、澳洲市场。

改方式。在做好主营业务的同时,集团在多元化发展上努力盘活存量、培育增量,一方面想方设法提高现有项目的赢利能力,另一方面积极拓展新项目,争取更大的生存发展空间。新创办的《赢未来》作为省文化产业发展专项资金扶持项目和广东第一本全媒体杂志,全力为大学生就业打造平面杂志、网络、手机、视频等跨媒体同步宣传服务平台。

集团在数字出版、移动媒体和品牌延伸方面也作了许多有益的探索和尝试。比如,策划推出《家庭》《孩子》的活媒体应用——亲子文化立体传播平台项目,成功申报了2012年广东省文化产业基金项目。此外,先后达成老人手机、音箱和睡眠枕头的贴牌销售项目。目前,已经与中国移动达成协议,还将与手机生产商合作手机软件,开发亲子文化立体传播数字平台以及服务于家庭用户的"家家网"跨媒体家庭新文化服务平台。此外,集团将充分利用上级主管部门广东省妇联的丰富资源和特有优势,借助家庭的品牌影响力,在家庭教育、家政婚庆服务等方面进行开发拓展,实现第三次售卖,并利用自己的资本优势进行对外股权投资。在内部改革上,家庭集团将进一步健全现代企业管理运行机制和目标责任考核机制,深化内部机制体制改革,形成高效、科学、民主的管理体

系,为全面推动集团改革与发展提供强大动力。

今古传奇传媒集团有限公司

湖北今古传奇传媒集团于 2014 年获国家新闻出版广电总局批准组建,由今古传奇、书法报社、湖北画报社、戏剧之家杂志社组建而成,拥有 8 种报刊。创刊于 1981 年的《今古传奇》,刚一上市即深受市场欢迎,至 1985 年期发行量高达 278 万册,创造了大型文学期刊的传奇。今古传奇传媒集团在"互联网＋"时代,不断推进数字化转型升级,找到传统媒体与新媒体的最佳融合点,奋力书写融合发展新传奇。

今古传奇传媒集团提出"固本强身,重塑传奇"的发展理念,纸媒和数媒的融合便是升级转型的最关键一环:依托集团旗下 8 种报刊,研发网络原创、电子报刊、手机阅读等数字产品,涵盖手机、手持终端、互联网等;建设运营传奇中文网,开发传奇系列 APP 集群,包括"听书"APP;打造原生电子刊《蜜爱》《秘史》《热段子》等数字刊集群。

这几年,今古传奇传媒集团在数字化转型中,先后接入移动、联通、电信三大无线阅读基地,与掌阅、亚马逊、当当、京东、腾讯、小米等 20 余家运营商展开合作。

今古传奇微信一体化项目整合了集团的内容资料库、数字版权库、传奇中文网、传奇系列 APP 及微信等移动端平台,将成为一个全媒体、立体化的文化传播体系。这是今古传奇传媒公司数字化转型又一项大工程。在移动互联网的高速推进背景下,今古传奇传媒公司积极探索传统企业数字化转型之道,成立了数字新媒体公司和传奇映像影视公司;建立数字版权平台,提供数字增值服务,打造精品出版物的全媒体产业链;传奇中文网一期、二期建设;传奇系列 APP 集群的开发,包括"幻想译界""传奇听书"APP 等 APP 的开发及上线;打造原生电子刊《蜜爱》《秘史》《热段子》等数字刊集群;制作原创动漫《武当虹少年·太极学院》等等。

安徽恋爱婚姻家庭传媒有限公司

合肥《恋爱婚姻家庭》杂志社转型发展战略目标路径较明确,建立起与转型发展相适应的制度与保障;人力、专业等资源得到有效整合利用,资金、技术等实力较突出,成立了相应的营运机构,配备了专业人员,落实了设备保障和资金保障;产品形态得到丰富发展,对原有的官方网站进行了改版和升级,积极建设女性发展在线培训平台、家庭教育在线咨询平台、家庭教育综合信息库等重点项目和产品;市场表现较好。

安徽少年博览杂志社

《安徽少年博览》杂志社转型战略定位与目标路径明确,面向广大青少年读者,以数字出版业务为核心,开展多种经营,走科技与文化相融合的道路;人力、专业等资源得到整合利用;数字化产品形态多样,移动终端、杂志网络版,以及基于先进的多媒体技术,集 Flash 动漫、视频短片、背景音乐和 3D 特效于一体,内容丰富生动,实现智能手机、平板电脑、笔记本电脑等多终端阅读;市场表现较好。

《四川党的建设》杂志社

通过近几年的转型发展,四川党的建设杂志社初步形成了城市版、农村版、藏文版、手机版、四川党建网、藏地阳光网 6 种形态有机联动、互为补充的生动格局,为进一步提升党刊宣传功能,扩大宣传覆盖面和影响力打下了坚实的平台基础。

《四川党的建设》选择了"两条腿走路"的方式推动党刊的转型发展,一是在平面媒体建设方面,通过优化、拓展宣传平台,不断提升党刊质量、扩大宣传覆盖面;二是在新媒体建设方面,不断打造新的宣传平台,并与原有的平面媒体实现高度互补和融合。

在平面媒体方面,从 2009 年年初开始,杂志社便对城市版、农村版分别进行了较大规模改版、扩容和定位调整,大力优化平面媒体。2013 年 1 月,创办了《四川党的建设》藏文版,填补了四川省无党刊藏文版的空白。

在新媒体方面,继 2012 年 10 月推出四川党建手机版,以手机阅读形式为基层党组织和广大党员提供优质高效的党建服务后,2013 年 7 月 1 日,由杂志社主办的四川党建网也正式上线。网站的诞生弥补了党刊时效性不强、容纳量小以及投送限制大的缺陷,及时准确、大容量、全方位、全地域地报道时政新闻、党建动态。

四川党建网充分利用网络技术,开设了四川党的建设官方微博、微信平台等,快速报道热点新闻,同步更新精彩原创,及时传播党建动态,不断提高党网的知名度。据了解,截至 2014 年 6 月,《四川党的建设》腾讯微博粉丝接近 5 万;网站还经常开展各类活动,吸引全省广大基层干部群众积极参与,最高日点击量超过 1.2 万次,现在日平均点击量保持在 3000 次左右。

2014 年 7 月 1 日,在中国共产党成立 93 周年之际,由四川党的建设杂志社主管主办的藏地阳光网正式开通运行,成为全国首家藏汉双语移动桌面多端适配的大型综合性门户网站。该网站在上线之初便以其丰富的内容和新颖的多终端界面体验受到四川藏区及全国其他藏区的重点关注,上线当日藏文网点击量突破 3700 人次,汉文网点击量突破 2600 人次,搭建了藏区宣传工作的新平台。

读者出版传媒股份有限公司数字化转型概况

读者出版传媒股份有限公司是一家有着六十多年历史和重要影响的出版企业,在长期的发展历史中,积累了非常丰厚的出版资源。面对出版业从传统出版向数字出版转型的形势,股份公司积极探索数字化出版的道路,制定了公司数字出版的方针——以打造国内一流的期刊出版、全媒体运营的出版传媒企业为目标,以品牌为依托,以资本为纽带,以文化与科技、旅游结合为切入点,以重点项目为主要抓手,以依靠机制创新和技术革新,加强对外合作,大力调整出版结构,努力完善产业布局,在巩固壮大以《读者》为核心的传统期刊图书出版、强化核心竞争力的基础上,加速发展数字出版、网络传媒等新兴文化业态。

具体到数字化转型工作,公司拟定了五步走规划:一、尽快完成数字出版内部支撑环境建设,主要包括传统图书数字化和数字化工作机制和工作平台建设,从而拥有数字出版的内容资源和工作平台;二、建立数字出版的销售平台,同有实力的经销商和运营商合作实现数字内容的销售,从而实现传统图书数字化的增值效应;三、逐步形成数字出版领域的品牌产品或项目体系;四、逐步实现数字出版领域技术和人才的储备;五、逐步探索数字出版的商业模式。

在以上规划的指导下,2010 年初,公司成立数字出版中心(现改名为信息中心),作为公司数字出版专门工作机构,主要职能和工作任务之一是整合数字出版资源,进行数字资源库建设、数字出版平台搭建,同时对门户网站进行改版和升级。中心成立之后,立即在原有"读者网"的基础上重新建设了自己的门户网站,整体上迈出从传统出版走向数字化出版的第一步。公司的优秀图书和十一种期刊的电子版在门户网站上都能得到展示和介绍。并初步实现了电子商务平台的功能。用户可以通过网上订阅图书和期刊或者付费下载电子版进行阅读。目前电子商务平台的功能还在不断地完善中。近一两年除了完成传统图书数字化工作之外,还研发了少数民族语言文字数字化产品及地方特色社交游戏产品,均取得了不俗的社会反响及市场表现。

2010 年 3 月,读者出版传媒股份有限公司在天津设立全资子公司读者新媒体发展有限公司,成为首批入驻天津中新生态城国家动漫产业园的出版企业之一。同年 5 月,读者出版传媒股份有限公司控股子公司读者甘肃数码科技有限公司成立,由该公司推出的"读者电纸书"同年首次亮相深圳文博会。10 月,《读者》网络电子版在"读者网"和"读者电纸书"上首先发布。随后 2011 年,《读者》杂志 iPhone 版、iTouch 版入驻 APP Store,在苹果商城图书类长时间位列畅销软件前列。2012 年《读者》接入中国移动通信业三大运营商阅读基地,此后又先后与亚马逊、龙源、搜狐等电商平台完成接入。读者甘肃数码科技有限公司成立后,先后推出"读者电纸书"、平板电脑、手机等电子产品,建成读者云图书馆并已上线运营。公司还获得了国家首批电子书产品出版、复制和发行的牌照及互联网出版资质,成为制定电子书内容标准的发起单位之一,经甘肃省发改委批准成立了"省级数字出版工程研究中心"。

目前,以《读者》和《读者原创版》为代表的一批手机杂志,相继在中国移动、联通和电信全网平台上线或接入手机阅读基地。2014 年《读者》杂志数字版月均发行 44.5 万册,同比增长 46.2%;目前《读者》安卓版客户端,爱听读者客户端已全部上线。

图书业务方面,公司下属的甘肃人民出版社、甘肃人民美术出版社、敦煌文艺出版社、甘肃教育出版社、甘肃科技出版社等先后获得国家电子出版物出版资质及互联网出版资质,并与中文在线、北京世纪超星、万方数据、北京同方知网、方正帕比等数字业务公司以及中国移动、联通、电信阅读基地合作开展电子版图书国内外销售业务。

2013 年 9 月,公司申报的《网络有声阅读关键技术研究与应用示范》项目入选科技部 2013 年"国家科技支撑计划",获得国家科技部专项资金 799 万元支持。该项目目前正在建设中。

2014 年,公司投资 1000 万元,设立北京读者天元文化传播有限公司,承担新媒体转型试验工作。此举可看作是天使轮投资。

公司在推动数字出版工作的同时,也在同步加快建设"纵向贯通、横向集成"的出版资源信息化管理平台,促进公司的市场化改革和管理模式调整,优化业务流程,加快信息流动,提高公司市场化管理和运营能力。

(供稿人:杨帆)

图 书 单 位

中央广播电视大学出版社有限公司

中央广播电视大学出版社有限公司(以下简称我社)由教育部主管、国家开放大学主办,主要业务是为国家开放大学远程教育建设配套资源和服务。我社紧随国家经济社会发展需求,紧跟新一轮科技革命和产业变革步伐,植根于职业教育、远程教育领域,大力发展数字出版业务。依托国家开放大学,为构建终身教育体系和建设学习型社会、学习型行业,提供基于互联网、移动互联网的全媒体数字化学习资源建设以及学习支持服务。我社立足于350万国家开放大学在校学生和每年600多万非学历继续教育学生,并积极向职业教育、社区教育、老年教育等领域和其他社会学习人群拓展业务。

我社从2006年开始探索数字业务,逐步探索出适合我社的数字出版业务发展模式,就是要建立从内容复合开发、多媒体呈现、多媒介出版、多渠道传播到支持服务的全产业链有效运营模式;实现从内容规划、内容设计与制作、资源聚集、出版、传播(发布)、交易和支持服务的整条业务链的数字化贯通;集聚、整合社会各类优质学习资源,为终身教育、学习型社会服务。通过国家开放大学的"一费制"模式、"学习资源包"形式,以及拓展点击收费、答疑、测试、提供有关信息咨询等增值服务,实现可持续发展。

为此,我社在国家开放大学的支持下,整合中央广播电视大学音像出版社和《中国远程教育》杂志社的优势,成立了国开出版传媒集团,创新机制,统一业务,统筹规划基于互联网、移动互联网的数字出版、数字传媒及远程在线教育培训三大业务板块,建立基于互联网、移动互联网的支持服务体系,打造包含互联网、移动互联网、卫星电视、有线电视和数字电视的立体传播体系。

经过近十年的持续实践,我社现已拥有对多形态、多终端的数字教材,数据库产品,基于互联网及移动互联网的网络课程,移动端阅读器及APP开发,远程培训平台等各类产品的建设能力,具体建设成果表现在以下几个方面:

一是整合优质资源,研发多种形态的数字化学习资源产品。以国家开放大学教材为基础,以课程为中心,整合图书教材3万多种、音视频160万分钟、各类电子出版物1200多种等各类优质学习资源,运用新技术,开发新的数字产品。包括上百种全媒体数字教材、1万余门微课程、2万余种各类网络课程,并建设了配套的数据库、教学及培训平台、动态数字出版系统,移动端应用等发布渠道,初步具备了服务学历教育和非学历培训的数字化学习资源供给能力。

二是积极参与国家项目建设,用科研引领数字出版转型升级。我社紧随国家出版行业战略发展布局,积极参与其项目试点和建设,多个项目入选国家新闻出版广电总局新闻出版改革发展项目库、财政部文化产业发展专项资金支持项目、国家数字复合出版系统工程项目、国家级数字出版转型示范单位等。在这些国家级项目的带动下,动员全社力量,热情投入到数字业务的转型发展中来。

三是开发数字出版服务平台,实现全业务链的数字化贯通。经过近3年的筹备,2015年初,我社开发的数字化学习资源服务平台投入试运营。该平台包括开放云书院学习资源服务平台、开放云书院客户端和数字资源库三部分。开放云书院的客户端有Android和iOS两个版本,用户可以在开放云书院商城选购数字教材、五分钟课程和试题等商品,并可下载并实现离线阅读。平台设计强化了资源配送服务模式,支持数字与纸质图书的融合资源服务。

四是打造在线学习平台,探索在线学习服务模式。我社针对非学历和一般培训项目,开发建设了国家开放大学非学历教育在线学习平台,具有在线学习、在线评测、教务管理、在线支付等功能,可实现学习资源的全媒体、数字化、可选择、易利用。该平台具有较强的拓展性,可随时提供新增项目的对接入口,并迅速为新增项目提供模块化服务,满足新增项目所需的支持与服务。目前,该平台支撑了国家开放大学社会工作学院、富士康集团及清华万博轨道交通等在线学习项目。

五是重视新媒体运营推广,树立良好品牌形象。

充分利用微信、微博等新媒体平台,打造我社数字出版品牌。创建了出版社官方网站、开放云书院、英语部落、童媒等多个微信公众号及官方微博,充分利用粉丝经济,通过向开放大学在校生、英语学习者、家长及少儿读者、教育从业者等目标群体精准推送信息,进行编读互动,极大的提高了我社数字出版品牌的知名度。

在我社数字化转型发展的探索中,我们认为首先产品与服务的策划要有针对性,只有瞄准了目标用户的精准需求,才有市场效应。其次要注重创新。要紧跟技术发展的新趋势、新动态,积极探索新技术与出版的结合点,不断研发数字出版产品新形态,探索数字产业新业态。最后数字产品开发要注重规范化,严格执行国家标准,可大大降低各方沟通和改造成本。

在国家大力推进"互联网+"发展模式及中国制造2025的经济发展大潮中,特别是国家提出传统媒体与新兴媒体融合发展的政策支持下,数字出版必将与传统出版深度融合,我社将奋力扬起远程教育的风帆,勇往直前。

(供稿人:郭振欣)

哈尔滨出版社股份有限公司

一、单位基本情况

哈尔滨出版社成立于1988年,是由市委宣传部主管、市政府主办的正局级事业单位,2008年成功转企改制,目前的体制是股份有限公司,为全国数字出版转型示范单位。

哈尔滨出版社属城市出版社范畴,以出版大众类综合出版物为主,所出图书主要面向全国市场,以社科、助学读物、儿童读物、版权图书居多,同时也出版一部分为地方服务的图书。建社至今已出书6000余种(套),获奖图书300余种。

目前,哈尔滨出版社下设黑龙江龙华数字出版有限公司、哈尔滨蜜蜂鸟文化发展有限公司、哈尔滨蜜蜂鸟科技有限公司、黑龙江易出书文化传媒有限公司等子公司。

哈尔滨出版社有三个特点:

一是全省文化体制改革典型。1999年率先实行三项制度改革,走在全省前面。2008年我们又作为全省文化体制改革试点单位,率先转企改制,一步到位实行股份制。2010年6月,中共中央政治局常委李长春同志亲临视察,对我们的改革、发展给予充分肯定。2010年省委办公厅调研组将哈尔滨出版社典型经验材料发至全省。

二是市场化程度高。我们80%以上的图书都走市场。据开卷公司统计,在全国582家出版社市场占有率排名中,哈尔滨出版社始终位居前列,2011年最好成绩时名列第36名。

三是率先转型升级。为应对数字化浪潮的冲击,哈尔滨出版社在六年前就开展转型业务。目前,转型升级业务比例逐渐提高,利润逐年增加。

二、转型板块介绍

(一)数字出版板块

由于我们探索数字出版业务早,积累了一些经验和资源。2011年7月,我们把数字出版业务单独拿出来成立了黑龙江龙华数字出版有限公司。这也是黑龙江省第一家数字出版公司,主要产品和服务包括手机游戏、数字阅读和在线教育。

手机游戏方面。公司现有自主研发产品22款,自有网站——"冰火游戏网",年集合渠道游戏能力在900款左右。

数字阅读方面。公司从2011年开始发展基于移动互联网及手持终端应用的手机出版项目,主要包括手机阅读及手机听书业务。现共累积出版物5000余册,成功推出了《后厨》《第七感》《原来爱情并非姹紫嫣红》《实习书记》等影视作品及名家名作。录制音频资源4000余小时。

在线教育方面。2013年10月开始,公司进行数字教育领域的业务开发与探索。方向是配合全国教育信息化的推进,服务于"三通两平台"建设,搭建在线教育平台、省内市内区域教育云,推广普及云课堂产品。

通过近4年的发展,我们觉得这块业务潜力大、市场广、概念新,所以准备今年在"新三板"挂牌,目前已经进入实质操作阶段。

(二)电子商务板块

哈尔滨出版社于2008年试水图书网络化营销,自建蜜蜂鸟B2C网上书城,开我省出版业电子商务先河。2012年,随着电子商务平台化,我们入驻天猫平台开设首个图书专营店。截至2014年,已入驻包括天猫、亚马逊、京东、当当在内的四大主流平台,共开设5家图书专营店。

为了实现电子商务规模化、专业化运营,优化出版社产业结构,形成新的经济增长点,哈尔滨出版社于2013年成立了哈尔滨蜜蜂鸟文化发展有限公司。公司改变了传统的图书供销模式,以先进的图书在线分销系统为基础,实现了供应链系统、电子采购系统、电子商务系统、物流系统的集成。

经过多年市场培育,浙江省新华书店集团、凤凰传媒出版集团、青岛出版集团等多家发行集团、出版集团成为"蜜蜂鸟"的战略合作伙伴。

（三）个性出版板块

"自出版"这一概念源于欧美,它又叫个性出版、自助出版。近几年来,自出版正在成为数字时代发展最迅猛的新兴出版业态之一。

2009年哈尔滨出版社的个性出版项目就被列入新闻出版总署改革发展项目库。经过5年探索,于2014年年底正式成立黑龙江易出书文化传媒有限公司。

易出书采用目前比较流行的O2O模式,采用线上线下同步运营,即将线下商业机会与互联网结合。

易出书初期线上主要是通过百度营销来吸引流量,将有出书需求的消费者引导到易出书网站,通过注册、消费、记录、分析以及循环引导这样一个闭环完成线上交易的全过程。同时,将业务交给线下具体操作,形成线上有网络,线下有服务,从而达到线上导流量,易出书做品牌,同时线下做扩展的目的。

目前,易出书能根据作者的要求,提供纸质图书的出版、印刷等全流程服务,同时将纸质图书电子化,以EPUB、PDF、TXT、翻页书等各种格式,植入安卓、苹果等各种系统,手机、平板、PC端等各种载体。

（供稿人：陈将鹏）

重庆大学出版社有限公司

重庆大学出版社于2009年完成转企改制。改制后作为一家大学出版社如何发展?结合国家政策、技术发展和市场需求,重庆大学出版社决定把数字出版作为企业转型升级的方向。社领导班子充分认识到新形势下加强数字出版工作的重要性和紧迫性。2009年5月我社就制定了《关于加强我社数字出版工作的若干指导意见》,明确了我社数字出版工作的基本原则、工作目标和具体措施。

我社的数字出版管理根据业务形态展开。首先是职教领域的数字出版,由我社下属公司重庆迪帕数字传媒有限公司负责;第二是传统出版资源的数字化及其加工出版,以及对纸质出版的数字化支撑资源的开发,由多媒体出版部负责;第三是我社信息化管理系统的开发、维护,由网络信息中心负责。

我社的数字出版发展思路是以项目来带动发展,以项目实施整合各部门资源。我们把政府支持项目作为第一个轮子,市场项目作为第二个轮子。首先,数字出版项目融合度大,在科技、教育、文化、出版大融合的背景下,各部委都可能给予支持。近几年我社先后获得科技部、财政部、重庆市文化委、重庆市北部新区共计1295万元的数字出版资金支持,大大加快了我社数字出版的发展步伐。其次,我社立足于为职业院校提供数字化教学综合解决方案,着力抓好市场项目。我们的数字产品和技术服务得到包括安徽、湖北、云南、海南、四川、重庆在内许多省份的院校的好评,逐渐建立起了企业的美誉度。同时政府支持项目建成落地之后逐渐转化为运营平台,成为中长期运营的市场项目。目前我们打造的职业知识与技能学习云平台"库课网"www.cooc365.com正在试运行中。

参与市场的竞争,是做大做强的基石,是成功转型的根本保证。除了继续争取政府支持外,我社将进一步加强市场这个轮子的"转速",从而提升驱动力。主要措施包括:

一是练好内功,增强实力。在完善内容运营平台的同时,进一步加大平台内容建设的步伐,为市场化打下坚实的基础。

二是进一步加强市场项目的开拓。尽可能参与各级职业院校的数字化、信息化项目的投标竞标和项目建设,以增强自身实力,同时提升知名度。

三是加强跟教育主管部门的合作,开展市场化的教育云服务工作。

进一步拓展业务范围。在公共文化服务（含图书馆站）、数字农家书屋、在线培训、企业内训等方向进行大胆探索和尝试。

我社的战略发展规划是以职业教育的数字出版为重点、突破点,以教学资源+云平台+在线服务的模式,为职教院校师生提供助教助学,以及职业后人士提供不断更新的知识和技能。具体措施有:

一是逐步加大力度建设重点专业的优质数字资源,一方面为院校数字化教学服务,另一方面为我社教材出版提供有力支撑。

二是在数字资源建设的基础上开发数字出版产品,并逐渐树立品牌。

三是搭建并逐步完善数字出版相关平台。包括出版流程数字化管理平台、数字资源加工平台、数字资源管理平台、数字资源多渠道发布平台,以及职业技术教育在线运营平台。

四是培养一支专业的数字出版队伍。继续引进或培养数字出版各个环节的人才。同时,以出版社现有人员为基础,通过各种方式包括参加培训学习、自我学习、调研等,建设一支"复合型"的数字出版人才队伍。

五是以出版社为主体,适时对外合作,引进社会资本,加快数字出版转型步伐。

通过近6年的努力,我社数字出版工作得到了较快的发展,为企业转型升级奠定了较好的基础。2014年我社数字出版相关收入达到1702万元,占我社总收入的17%,并在2014年、2015年先后被评为重庆市数字出版转型示范单位、全国数字出版转型示范单位。

回顾我社数字出版发展之路,可以概括为"两轮驱动,提速数字出版转型"。

(作者:刘茂林 董康 晏国轩)

广西师范大学出版社集团有限公司

出版社数字化转型是一个复杂的系统工程。广西师范大学出版社的传统出版业务领域涉及大众出版、教育出版、专业出版等众多不同的领域,为了形成数字化全面转型的思想意识和良好局面,切实推进文化与科技融合发展,2008年,出版社成立了数字出版独立部门,规划我社的数字出版发展及转型,制定了集团公司的数字出版工作十二五年战略规划,确立了一系列的相关工作制度和机制,有力的推动相关数字出版工作的顶层设计与贯彻执行。

一、转型发展的基本思路

明确科技创新和体制创新相结合原则,重视科技创新对推动产业发展的作用,不断提高数字出版技术水平,不断深化我社体制改革,激发企业发展活力,以资源、资产、业务为纽带,探索跨地区、跨行业、跨媒体、跨所有制的发展模式。

二、积极稳妥、分步实施

根据战略总体规划,分步实施数字出版转型工作:

第一步,建立出版社数字化转型的基础支撑体系,为传统出版向全媒体出版转型奠定基础。

一是构建全媒体内容资源管理平台。通过将集团已有的图书、电子音像等出版物进行数字化加工,形成可再生的内容资源,即实现了碎片化内容资源入库,也实现了数字成品资源入库,达到集团及所属各出版单位的数字资产统一集中式管理目标,实现功能通用的服务系统:包括图书资源库、版权信息库、稿件资源库等等。

二是构建网络协同编撰平台。通过发挥互联网技术的特点及优势,对选题策划、投约稿、编、审、校等整个传统出版业务流程的再造,实现了集团及所属各出版单位的作者、编辑、校对、排版等角色的在线协同异地办公,建立标准化的数字化编辑加工流程:文件结构化处理、标引标注、条目编辑、智能客户端、协同编审等等。

第二步,结合集团及所属各出版单位自身的内容优势与内容整合能力,在特定数字内容领域中成为具有一定区域竞争优势的数字内容服务提供商,选择内容运营、平台运营和终端运营相互支持的立体模式,由传统的内容提供商逐步向内容运营服务商转变,实现"内容+服务"的发展定位。而实施的策略则是以具体项目带动整体转型,选取符合出版社实际情况和未来发展方面的项目为切入点,由点及面,既保证了企业的正常生产和运作,又可以带动整个企业逐步向数字化出版流程过渡和转型,培养了实战型的互联网思维相关人才。

一是构建区域文化服务平台。中华文化东盟多语种全媒体传播平台是集团经过多年酝酿探索,结合集团资源及地源优势,积极响应中华文化"走出去"的号召,充分发挥广西面向东盟的地缘优势、华文教育优势、小语种人才交流优势而积极运作的一个重点项目。打造一个基于互联网的多媒体数字内容的管理、传播和交流平台,将中华文化典籍以及其他反映中华文化精髓的汉语、汉字、书法等专题内容制作成融文字、图片、动漫、音频、视频等多媒介于一体的优质数字文化资源,译成东盟十国各主要官方语言,结合在线社区互动,兼顾东南亚各国非华人学习、了解中华文化和东南亚华人学习祖国文化的两种需求,实现中华文化走向东盟的富有生命力的长久传播。

二是打造专业文献数据库出版。结合集团自身资源与能力特点,规划集团在专业出版的数字化项目上的文献专题板块,将这些数据库组合起来,形成文献数据库群,建立跨库检索平台,向图书馆、研究单位、学者为主要对象的用户提供包库、按量、按年等不同收费方式的收费服务。

三是开拓数字阅读增值服务。通过B2C开展电子书的互联网平台投放和商业运营，重点着眼于盘活集团的存量及新增数字资源，实现来自数字出版方面短平快的收益；将已具备优势并形成规模的产品线进行整体数字化开发，形成具有一定整合性、权威性的数据包，并以 B2B 的形式向图书馆、大中专院校、科研院所、企事业单位以及政府部门营销；通过对重点图书的内容再设计、再加工，延伸原有的内容、引用音、视频等多媒体，加入用户的交互功能等，形成创新形态的数字产品，来提升其内容价值性、信息丰富性以及阅读的体验性，达到内容的升华与增值，实现重点图书的独立运作；建立广西师范大学出版社大众阅读平台，实现集团资源的聚合，增加用户对我集团品牌的黏性，具有更强的主动性及营销灵活性，满足出版社自身对图书产品推广、广告服务、增值服务以及商业运营等多层次需求。

（供稿人：赖志文）

天津大学出版社有限责任公司

天津大学出版社（以下简称天大社）是国家"第二批"数字出版转型示范单位、国家"专业数字内容资源知识服务模式"试点单位、天津市首批传统出版数字化转型示范单位。天大社的专业化数字出版经历了两个阶段：

一、整合资源，多方探索

天大社从 2002 年开始启动对图书电子排版的整理工作，使该社的电子化资源有了丰富的积累。首先，对天大社的图书资源进行数字化加工并建立数据库。其次，2011 年该社投资近 200 万元购入按需印刷机及配套设备，建设了"天津大学出版社数字印刷基地"，成为天津市唯一一家开展数字印刷业务并拥有资质的出版单位。再次，为更好地服务高校教学科研，天大社注重数字教材的出版工作。2013 年制作完成的《液压与气动》数字教材得到教育部中央电化教育馆、职业教育教学资源部以及评审专家的肯定，并获得"国家级教学成果奖二等奖""山东省教学成果一等奖"。最后，以项目驱动促进数字转型。2012至今，先后申报了"中国建筑文化遗产数字资源服务平台""中国学术专著六位一体绿色出版云服务平台""卓越大学联盟高校数字教材协同出版平台"等国家及天津市的文化产业发展项目，并共计获得 350万元的专项资金支持。

二、立足优势，打造品牌

作为建筑类出版为特色的专业性出版社，天大社依靠自身的建筑设计优势资源，深入研究建筑文化遗产的保护课题，建立了"中国建筑文化遗产数字资源服务平台等服务平台"，获得国家 200 万元支持，特别是出版社 2012 年开始，自筹资金重点建设了以提供知识服务为立足点的建筑邦全媒体出版平台。

建筑设计类图书是天大社的优势出版品牌，为其数字出版转型提供了编辑、内容、合作商等资源基础。经过市场调研分析，建筑设计专业领域有着丰富的优质读者群体，读者对象为全国建筑设计院的设计师、高校建筑设计院校老师和学生、建筑摄影爱好者及建筑产品供应商等。出版社通过周密的市场调查意识到其读者对象——建筑设计师的阅读需求和习惯在发生变化，传统的纸质建筑图书太过笨重，不易携带等诸多影响设计师阅读的因素，于是，天大社主动适应市场需求，以专业化群体阅读、便捷高效阅读为研究方向，投资 300 余万元建设了建筑设计互动平台——建筑邦全媒体出版平台，致力于为建筑、室内、景观、城市规划领域的设计师、设计公司、设计院提供专业的设计作品阅读、展示、分享、互动等知识服务，该平台包括建筑设计类资源数据库、建筑设计领域社会化阅读社区、移动互联网 APP 书城、微信出版、电子书出版按需出版等，2013 年建筑邦平台被中国出版协会、中国新闻出版研究院授予"出版业最具商业价值网站"称号。该平台整合了上游地产商、建筑设计院以及下游的建筑产品商，为建筑产业链上的专业读者提供专业化知识服务，将是一个拥有巨大商业价值的出版平台。

建筑邦全媒体出版平台依靠市场化运作方式，整合了国内外优秀的建筑设计作品资源，同时该平台上有关建筑作品的版权协议保证了在开放平台上的建筑设计作品上传、在线编辑整理、在线审核发布的合规性和便捷性，使该平台在短短两年多的时间里收集整理了 22 万多张建筑设计图片，上万个建筑设计项目，15 万多专业用户，阅读人数每月 50 余万人次，天大社走出了一条适合自身发展的专业化数字出版转型之路。

（供稿人：李洪健）

大连理工大学出版社有限公司

大连理工大学出版社成立于 1985 年。30 年来，出版社坚持教育服务战略和学术精品出版战略,积累了丰厚的内容资源,练就了强大的内容原创能力,为数字出版和媒体融合发展奠定了坚实的基础。

作为国家第二批数字出版转型示范单位,2010年初,出版社制定了明确的传统出版转型的任务和目标:以融合发展为主题,以深化改革为动力,以传统出版产业的升级转型为契机,在内容资源建设、整合的基础上,做好数字资产的管理工作。同时,结合本社传统出版产业的优势内容资源和出版特色,培育数字出版重点项目。力争实现数字出版的社会效益和经济效益的双丰收。在此基础上组织实施,切实推进,实现我社"数字化"环境下的产品创新、发展模式创新和业态创新。

为实现数字出版的战略目标落地,2008年,出版社自己筹资搭建大连理工大学出版社教材资源网,开始数字教育和数字课程的探索。截止到目前,平台已有1800余种不同版本教材的不同形式的优质配套数字化教学资源。包括数字化课程标准、授课计划、整体设计、单元设计、多媒体教学课件、电子教案、习题库、音视频库、案例库、课程网络教学平台等。该资源平台集教学资源、模拟试验系统、学习评测系统、教材销售管理系统为一体,作为高等教育纸质教材的有力支撑,为全国高校提供优质的教学服务,取得了非常好的口碑。2014年,出版社有419种教材获得"十二五"国家规划教材的称号。教材资源网的数字化资源做了最有力的支撑。

2013年,为配合国家"十二五"规划教材《点击职业英语》重点项目,出版社再次筹资搭建"点击职业英语"教学平台,实现教学管理、学生学习管理、教学互动、考试测评、个性化学习方案推送等功能,结合时下在线教育的很多新兴技术,为教育出版社在线教育做了非常有益的探索。

2013年,出版社在原有基础教育资源基础上,积极争取,获得财政部800万文化产业专项资金的支持,搭建了"好家长"系列图书立体化出版平台。该项目是以纸质出版以及移动通讯、互联网、广播电视"三网"为渠道,以手机、电脑、电视为学习终端,集文字、音频、视频、动画、游戏等多媒体的家庭教育知识的创新型立体出版的系统工程。"好家长"项目的成功推动,表明出版社迈出了全媒体发展的坚实步伐。

在互联网出版方面,出版社与上海邮通科技有限公司合作,推出的大型网络游戏"跑跑卡丁车"项目,市场反响良好。2014年,出版社与全国在线教育的优秀网站沪江网合作,推出在线题库,取得了较好的经济效益。

2014年底,出版社建立自己的官微,开始了"与实体店面同步营销,以品牌为导向开展活动,多样化话题互动营销"等微信营销的新尝试。

在这些年的具体出版实践中,出版社一直坚持把数字出版作为传统出版转型和发展的最重要的战略目标,把数字技术作为出版社实施教育服务和精品出版的最重要的手段。设立了"项目带动,创新驱动,渠道拉动"的发展思路。在出版社内积极开展"提一个创意,做一件大事"的活动。结合出版社的发展战略和各个出版中心的实际需求,组建专业团队,研究新型的数字技术,开发有价值的数字产品,最终实现每件大事的结局都能演变成一个创新项目的目的。从而在传统出版升级改造,培育新型的数字出版业态,逐步实现从对内容、技术、形态、渠道"打基础"的数字化建设向数字化服务方向的全面转型等方面做出了积极努力。

这些年的出版实践还使我们认识到,传统出版向数字出版转型的关键是思维模式的转型,融合发展的关键是思维模式的融合。思维融合是搭建融合平台的基础,在此基础上才能打造融合发展的生态环境。同时我们还必须要有理性的思考,要有创新的思路,要有求变的决心,数字出版工作才会做好、做实。

(供稿人:逯东敏)

《中国学术期刊(光盘版)》电子杂志社有限公司

同方知网数字出版集团,由中国清华大学创办于1995年,包括中国学术期刊(光盘版)电子杂志社有限公司、同方知网数字出版技术股份有限公司、同方知网(北京)技术有限公司等5个企业,是专业从事我国学术、教育等文献资源的集成化数字出版与内容增值服务的高科技文化产业集群。旗下设立的"中国知网"已经成为全球获取中文知识资源的最大知识服务门户网站。2015年,中国知网拥有45个国家与地区的最终用户约5000多万人,国内机构用户27000多个,下载总量超过30亿篇次,涵盖国内党政机关、高校、科研院所、医院、高科技企业、军队、新闻出版单位、公共图书馆、情报信息服务机构与中小学等。

一、取得的主要成就

在公共知识创新服务平台(CNKI)上,20年来,采用各种先进的数字出版、知识发现、知识管理、知识传播技术与标准,规范、系统、持续地集成整合了近百年来国内外各学科领域的研究成果与各类知识文化内容,对文献及其碎片、各类知识元进行了深度加工与挖掘,形成了当今世界上规模最大的权威性文献检索与知识发现系统。此外,在 CNKI 基础上,同方知网细分需求,开发了能源、交通、通讯、电子、材料、机械制造、航空、航天、医疗、预防、制药、种植、养殖等数百种行业的 I - CNKI,并提供了个人用户的 P - NKI 定制平台。

在组织机构知识基础设施 O - NKI 建设方面,针对各类机构战略决策与执行需求,同方知网研发了用户可定制的私有云机构知识管理与服务系统(OKMS)。该系统支持公共知识、机构知识、个人知识的深度加工与整合,创建机构知识的协同创新与学习平台,通过机构内部上下互动,实现隐性知识的开发管理,为决策制定与决策执行提供针对性的知识服务。

在软件与互联网服务技术方面,同方知网可以为数字出版、数字图书馆、数字化教学、信息情报管理与服务、知识管理等各相关领域,提供由自主核心技术构成的各种全面解决方案。

二、数字出版转型经验

同方知网成立 20 年来,多次荣获国家、省部委各级奖项,创下了多个行业第一,包括创立第一部全文电子期刊——《中国学术期刊(光盘版)》、首个全文电子出版系统"《中国学术期刊(光盘版)》全文检索管理系统"、国内首部"博硕士学位论文数据库"连续型电子出版物,研发首个"学术不端文献检测系统",发布国内首个"中国学术期刊影响因子年报"、"中国学术期刊国际引证报告"等等。其以 NKI 体系为基础,将"数字出版、行业服务、知识服务"全面融合,实现了传统出版与数字出版产业的对接,为公司的数字出版转型升级发展提供了巨大动力,也为业内提供了一个参考的样本。

第一,围绕学术文献数字出版和知识服务主业,以先进的增值出版模式和信息技术打造了我国最大的学术文献网络出版平台,构成了国家知识基础设施的重要组成部分。基于《中国学术文献网络出版总库》项目建设,以先进的内容整合模式、文献检索系统与知识挖掘系统为支撑,在标准化、规范化数据加工与出版质量体系控制下,制作了 40 多种大规模集成整合知识资源的连续数字出版物,文献总量达 2 亿多

篇,约占我国同期产出的同类文献总量的 95%,日制作新文献 2 万多篇。其中,中国知网博士学位论文数字出版及传播取得了良好的效果,已具特色和规模。

第二,实现了学术期刊"走出去"与"国际化"战略目标。同方知网海外的期刊数据库出口额占全国同类出版物出口的 75% 左右,每年出口期刊与其他各类出版物销售出口额达 1300 多万美元。自 2012年开始发布学术期刊国际引证报告,并每年评选"最具国际影响力学术期刊"及"国际影响力优秀学术期刊"。2014 年,同方知网"世界科学文献定性评价统计数据库"荣获中央文化产业发展专项资金资助。2015 年,同方知网首创"中文精品学术期刊外文版数字出版工程",将 100 种国内优秀期刊进行翻译传播,以全新的数字出版与传播模式,打造一批具有较强国际影响力的中国学术期刊。该项目被纳入 2015 年文化产业发展专项资金骨干工程。

第三,以"腾云"系列数字出版系统助力传统出版机构实现数字化转型。"腾云期刊数字复合出版系统"支持各类期刊在多种办刊模式下,集"作、编、审、校、发"服务为一体,实现了平面出版、多媒体出版、全过程出版、双语出版、碎片化出版和知识元出版,目前已有《中国法学》《清华大学学报》《协和医学》等2000 家用户。"腾云全媒体数字复合系统"提供出版社数字化转型全流程整体解决方案,以先进的数字出版技术与海量优质资源为出版社图书选题策划、内容审校、设计排版、多元发布、数字出版、整合营销全过程提供专业技术与平台支撑。

第四,利用大数据、云计算等核心技术打造独有的数字出版产业链生态系统与经营模式,构建国际化出版运营及服务平台。同方知网利用多年积累的核心技术成功打造了一个含资源采集、数字出版、多载体终端服务的国际化数字出版平台,在上游产业合作模式方面有传统出版物的数字化、传统出版物的优先数字出版、独立的数字出版、数据库集成出版等模式;在用户群与下游产业开发方面,主要针对机构用户、个人用户科技创新、决策创新等提供知识服务。其拥有 20 余家全球营销伙伴,B2B 数字出版物定向投送平台,B2C 数字出版商城以及的全球 10 大互联网站点一体化服务等,为全球各行各业的知识创新、教育教学、科技文化普及和管理决策创新等起到了重要的推动作用。

(供稿人:高源)

人民卫生出版社

人民卫生出版社 20 年的转型之探索,一是摸索出一条数字出版转型之路,二是探索出一种特色数字经营模式。合二为一,即真正实现了一个内容多个创意、一个创意多次开发、一次开发多个产品、一个产品多个形态、一次销售多个渠道、一次投入多次产出、一次产出多次增值。在人民卫生出版社转型的风风雨雨中,有 3 个词至关重要:理念、战略、实践。

出版转型,理念为要。作为国内出版界综合实力较强的中央级医学专业出版社,人卫社的理念很清晰,就是"秉承'健康中国,数字人卫'的发展理念,以'围绕专业,服务终身'的长期发展目标为导向,充分发挥资源品牌优势,创新体制机制,在有自身特色的出版转型、全面推动出版产业转型升级方面一路前行"。这是人民卫生出版社 20 年来坚持不懈推进实施数字化发展的最重要因素之一。

改革未动,战略先行。人民卫生出版社一贯重视做好数字出版的长远规划,以良好的顶层设计作为发展业务的战略指引。为了优化战略规划顶层设计,稳步推进整体数字化,2013 年,人民卫生出版社制定了《人民卫生出版社数字出版战略规划(2013 ~ 2020年)》。战略规划的核心内容可概括为"1,2,4,8,11":一个引领,以"健康中国,数字人卫"为引领;两大目标,紧紧围绕国内领先、国际有影响两大战略目标;四大发展战略,实施全领域战略、整体转型战略、公司化战略和持续创新战略;八大工程,即落实中国医学数字出版和国际化信息平台工程、中国医学教育数字出版平台工程、中国健康科普数字出版平台工程、人卫医学百科数据库工程、人卫医学电子书城工程、人卫内容生产与管理平台工程、人卫数字印刷基地工程和人卫云工程 8 个重点数字出版工程建设;十一大领域,即推动医学学术、医学教育、医学考试、健康科普、电子书与 APP 出版、报刊出版、数字印刷、国际化、创新拓展、技术和营销领域的业务布局。

数字升级,重在实践。其实,人民卫生出版社的数字出版探索早在 1995 年就开始了,至今大致走过了 3 个阶段,可概括为"1351":1995 年 ~ 2007 年,这13 年为电子音像出版阶段,其承担了全部"卫生部医学视听教材和 CAI 课件"的出版工作,出版了 1000 多种视听教材和数百种 CAI 课件;2008 年 ~ 2013 年,这5 年为数字出版起步阶段,其启动了 E - learning(数字化学习)、数据库、网络增值服务、数字教材、电子书、APP、健康网站等众多数字出版项目,研发了一批有影响力的数字产品和服务;从 2013 年 9 月至今,这一年为数字出版转型升级阶段。在原有"人民卫生电子音像出版社"副牌的基础上,人民卫生出版社成立了自主经营的全资子公司——人民卫生电子音像出版社有限公司,全面开展数字出版和电子音像出版业务。

上海外语教育出版社有限公司

1997 年,该社前瞻性地开始开发数字产品,第一套产品用的还是如今已经绝迹的三寸软盘。1998年,该社率先尝试在教材后附光盘,在外语教学界产生了很大的影响,教师对这一新的教学辅助手段非常欢迎,该社研发的多媒体教学光盘也获得了教育部"国家级教学成果二等奖"(一等奖空缺)。据统计,在光盘鼎盛时期,该社每年的光盘印制量为 2500 万张。2003 年,外教社又开始做多媒体网络教学平台,开辟了"五车道"的信息高速公路。在"新理念大学英语网络教学系统"通过教育部评审在全国各高校推广使用以后,又不断加入了新的模块,如今这个平台已建成了教学中心、测试中心和备课中心,全国有上千万的注册用户在登记使用。经过几年的努力,如今外教社已经自主研发了有声资源网等十余个网站组成的教学资源网站群,为外教社实施"去光盘化"工程打下了坚实的基础。

外教社于 2002 年获批《电子出版物许可证》,2009 年获批《互联网出版许可证》,是我国较早开展数字出版业务转型的图书出版单位。近十年来,外教社高度重视和积极推进内容开发与新技术、新媒体融合发展,全面推进和落实《外教社数字化建设与数字出版发展方案》,加快推进传统出版数字化、内容传播网络化和移动化转型,用数字和网络思维开展产品研发、生产制作、营销推广、服务提供和运营管理,初步探索出了一条教社特色的数字出版转型之路。

高等教育出版社有限公司

高等教育出版社在数字化建设和数字出版方面的探索起步早、投入大、影响广泛、成果丰富,一直处于出版行业的领先地位。20 世纪 80 年代,高等教育出版社开始从事音像制品的出版工作,1989 年在国内率先进行电子出版物的研发,随后承担并顺利完成国家"九五"国家重点科技攻关项目——计算机辅助教学软件研制开发与应用项目,"新世纪网络课程建设工程"等项目。这些成果对推动我国高等学校数字化教学资源的建设和应用、提高教学质量,发挥了积极作用。

进入新世纪,随着数字技术和网络技术的不断发展、中国对外开放步伐的不断加快,高等教育出版社以敏锐的战略眼光,抓住机遇,迎难而上。在数字化方面,高教社将"数字化兴社"作为高教社未来发展的三大战略之一,提出建设数字化"五大体系"——数字化产品体系、数字化业务支撑体系、数字化运营服务体系、数字化管理服务体系、版权业务管理和开发体系,并于2013年9月发布了《高等教育出版社加强数字化业务,推动出版转型升级工作要点(2013~2015)》,全面提升在数字技术、信息网络技术条件下开展教育教学资源研发、生产、营销、服务的能力和水平,数字化转型升级工作迈出了坚实的步伐。

人民法院出版社

在新媒体环境下,中国审判杂志要确立全功能思维,不断改革创新,实现突破,在互联网时代的大背景下,在媒介融合中取得更好的新闻宣传实效。2014年12月,为落实江必新副院长的讲话精神,应对新媒体给传统媒体带来的冲击和挑战,根据国家财政部有关文件精神,人民法院出版社向财政部正式申报了2015年国有资本经营预算资金项目——"审判"新媒体。目前该项目已经顺利通过专家答辩,获得国家立项,待申报的国有资本金划拨到位,即全面启动"审判"新媒体的建设。

人民教育出版社有限公司

20世纪末以来,随着信息技术、网络技术、数字技术的发展,以此为依托的数字出版和教育信息化呈星火燎原之势。为了适应国内外数字出版和教育信息化的发展形势,实现产业升级和转型,人教社在总结以往在数字化方面的工作和探索之后,提出了加快数字化建设步伐的战略。

2011年6月,在进行社内外广泛调研的基础上,人教社制订了"十二五"时期数字出版发展规划。之后,在人教社的"十二五"发展规划中,又把"数字化"和"精品化、国际化"作为未来发展的三大战略重点,进一步明确了人教社发展数字出版的决心和目标。

"十二五"期间,人教社集中精力建设好内容资源管理平台、数字教辅和人教网及其集群网、人教中小学数字教育商务平台三大平台,着手开发电子书

包、学生数字资源中心、人教数字校园、教师网络培训和服务平台等核心项目和重点项目。人教社充分发挥自身品牌优势和资源优势以及人教版中小学教材的市场优势,统筹协调社内外资源,加大对数字出版的技术引进和各项投入,不断推出优质数字教学资源和其他精品数字产品,从而实现人教版基础教育教材和教学资源立体化,为基础教育提供全方位服务。

早在10多年前,人教社就基本实现了编、印、发诸环节管理的数字化,并开展了手持式电子教科书、基础教育网络教材等方面的基础研究和实验,积累了建设立体化教材所必需的大量文字、图片、音频、视频等教学资源。据统计,目前已开发149个大类、1000多个品种的数字音频和视频出版物以及网络教材《新目标-英语互动趣学堂》、服务性网站人教网、经营性网站人教学习网等多种类型的数字产品。此举并不意味着人教社数字出版将代替纸质出版,纸介质教材在很长时间内依然是人教社中心工作和核心竞争力所在。当然,在果断推进数字出版进程的同时,人教社将坚持边试验、边完善、边推广原则,积极稳妥地推出有真正市场要求的各个项目。传统纸质人教版中小学教材市场和代理合作模式,将依旧是人教社数字产品市场化的基础和重要依托,即以人教社作为研发中心,各省代理单位作为营销中心和服务中心的经营模式,大家共同构建未来基础教育数字出版发展新格局、新秩序。

人教社发展数字出版的战略包括创新战略、聚焦战略和落地战略。"创新战略"是指,数字出版作为出版产业新业态,作为人教社产业升级和转型的方向,要在产品研发、技术应用、工作模式、管理流程、市场渠道、运营服务等多方面进行创新;"聚焦战略"是指,要充分发挥和利用人教社在基础教育传统出版方面的品牌、资源和市场优势,在产品研发和服务上,聚焦基础教育、聚焦优质数字资源建设、聚焦核心产品和服务;"落地战略"是指,将发展人教社的数字出版和教育信息化推进要求相结合,开发真正适应教师教学和学生学习的数字化教育产品,提供完善的服务,适应学生个性化、自主性学习的需要,适应学生全面成长的需要。发展数字出版,实现产业升级和转型是人教社既定战略。如何推动发展,是首先必须思考的问题。在制订人教社"十二五"发展规划过程中,我们对数字出版特别是教育数字出版的过去、现状和未来进行了认真的梳理和分析,从国家政策、技术环境、教育信息化推进,以及遵循教育、教学规律等因素考

虑,明确提出人教社数字化发展的思路,即"紧跟信息技术和数字技术的发展,稳步推进数字出版工作,奠定内容生产数字化、管理过程数字化、产品形态数字化和传播渠道网络化的发展基础,开发适应教育和市场需求的多媒体数字产品,探索建立有效的商业模式和赢利模式,实现我社产业升级和战略转型。"

人教社本着"开发优质数字教育资源,全方位服务教育信息化"的使命,以及"让教学更生动,让学习更有效,让成长更全面"的理念,通过深度市场调研,确定了人教社的数字产品和服务开发体系。人教社数字出版发展的"32字"方针是:"一个中心,两条主线,教师为先,学生重点,外围快上,核心稳健,打好基础,合作发展。""一个中心"就是以服务基础教育信息化为中心,来开展数字出版工作;"两条主线"一是学生、一是教师,也就是以教师和学生的需求为两条主线,研发数字产品;"教师为先"是因为根据教学课程改革规律,任何教学模式的改变,教学方式的提升都是从教师开始的,人教社的教育数字产品开发也要先考虑教师,比如,最先推出的"人教数字校园",就是专门针对教师的备课和课堂教学而开发的;"学生重点"是指虽然在产品研发上先考虑教师,但最终还要把落脚点、重点放在学生上,这是教育的根本目标,通过提供优质的数字产品,让学生更加有效地学习,更加全面地成长,比如,人教社"十二五"规划中的重点项目"人教数字教辅""人教学生资源中心"等都是专门为学生开发的;"外围快上""核心稳健"是人教社的产品策略,对于基础教育教学来说,核心产品是教材,其他则可归于外围。从教育信息化角度考虑,核心产品就是电子书包,一定要配合国家政策和教学课程改革,以及我国教育信息化进程,稳步开发、实验和推进;而相对于核心产品而言的资源、工具和教学辅助类的数字产品,比如,人教社"十二五"规划中的重点项目"人教点读笔""人教数字教辅"等,在技术条件成熟的情况下,则应加紧研发,快速进行市场推广;"打好基础"是指要发展好数字出版,必须重视基础工程的建设,比如,人教社"十二五"规划中,将"建设基础教育数字资源库,搭建全社统一的内容资源管理平台"作为一项重点工作,并优先考虑;"合作发展"是指必须按照数字出版的特点和规律,既要注意国内外先进技术的引进和合作,还要与那些走在数字出版前沿的出版机构和其他合作伙伴优势互补、互惠共赢,当然还要与教育部门、教育信息化相关的机构和单位合作,共同发展。

针对人教社主要从事基础教育数字声品开发,主要服务于广大中小学师生的教学和学习的特点,人教社提出建立"一库三平台"的技术服务体系,即:构建基础教育数字资源库及基础教育数字出版平台、教学应用平台、电子商务平台,以统一的资源管理、用户管理、版权管理、安全管理等为基础,建立集生产、应用、销售、服务为一体的技术支撑体系。

人教社在2012年专门辟出空间,建立了人教数字实验室。实验室可为大家研究、学习、体验、创作数字产品提供硬件支持和技术服务,又可以展示人教社数字产品。实验室建成以来,已经组织了人教社所有编辑科研部门的编辑人员学习研讨,同时还接待了来社参访的教育部门、新闻出版部门的领导和专家。目前,人教社已经推出和即将推出的主要产品和服务有:人教数字校园、人教数字教材和人教电子书包、人教网、教师网络培训和服务平台、人教学习网、人教数字教辅、人教电子书等数字产品,初步形成了覆盖中小学各个年级、各门学科的数字教育产品体系,基本能满足目前中小学数字化教、学的需要。这些项目中有的被列入"十二五"规划重点项目,有的已在全国各地的中小学示范推广,受到了广泛欢迎,取得了良好的效益。

武汉大学出版社有限责任公司

武汉大学出版社以"武汉大学国家教育信息大数据实验室""中国教育大数据平台""依法治国地方实践复合出版工程"等重点项目得到专家和主管部门的一致肯定,被确定为第二批国家数字出版转型示范单位。全国获此殊荣的图书单位(含音像电子)仅26家。

在强者如林的激烈竞争中,武汉大学出版社何以脱颖而出成为国家数字出版转型示范单位?

(1)未雨绸缪,高端定位。随着信息化、互联网的迅猛发展,数字技术、数字媒体、数字化生存、"互联网+"等正在迅速改变人们的生产生活方式,人们的阅读需求日趋向数字阅读转换,传统的印刷出版必然面临严峻挑战。春江水暖鸭先知,诞生于1981年的武汉大学出版社,迎着改革开放的浪潮练就了识辨水性的感知能力。新世纪初叶,当数字化刚泛涟漪之时,其决策者们就敏感地意识到数字化浪潮将快速涌起,便开始谋划迎接新常态的战略发展规划。出版社把转型的"坐标"定位在与出版直接相关的计算机技术、通讯技术、网络技术、流媒体技术、电子文档技术、数据权利管理技术、存储技术、显示技术等前沿科技领域，并不断地扫描出版信息科技前沿，以便决策与时俱进。

（2）项目接地气，显大气。武汉大学出版社依托的是教育单位，教育领域的出版需求是其生存的土壤，选项必须"接地气"。武汉大学出版社已有数字出版跨学科创新研究平台、新媒体信息技术教材服务平台、数字长江白鱀豚国家自然保护、中国古籍善本影像志、中国语义文库、基于语义出版的 O2O 教学资源平台建设、基于 O2O 模式的武汉大学在线教育综合服务、天线出版网建设、基于云计算的学习型社区互联网公共服务平台、依法治国的地方实践复合出版工程等近 30 个优质数字出版项目。

武汉大学出版社在国内最早提出"教育大数据出版"的概念，得到国家教育部大力支持，并与教育部教育管理信息中心合作立项。教育大数据已经成为国家教育信息化的核心发展战略。大数据出版对教育出版来说尤为重要，教育出版商需要从出版商转换成为教育服务商，从教育内容的提供商向教育服务商的转型。教育出版利用教育大数据最重要的是教育内容的创新和系统化，实现数字出版转型升级，这也是数字教育出版成功的关键。

武汉大学出版社从顶层设计教育大数据，倾力打造国家教育大数据服务平台，为国家教育信息化服务，为企业的成功转型以及一系列的项目发展，打下了坚实的基础。

目前，中国教育大数出版平台已经进入测试运行阶段。

（3）内容创新，运营模式个性化。在转型过程中，出版社始终注重创新，注重实效，避免跟风冒进、简单重复和短视行为，开辟了符合自身条件并可持续发展的转型路径。武汉大学出版社依托武汉大学的资源，在测绘、测量和北斗导航等特色国家重点学科的数字教材、在线教育及教育大数据应用方面取得了突出的成绩。本着以大数据服务需求为指导、以信息技术与人文精神融合为重点、以自主创新与共享协作为机制、以新型知识服务模式的应用示范为目的之思路，探索数据集成创新，构建教育大数据分析模型，为全国师生提供个性化的教学和学习解决方案；探索建立以网络平台为核心的商业模式，构建教与学的个性化学习互动平台。提高了数字化学习资源利用率，将分散化、碎片化的服务形式转变为精准服务。2014 年 4 月 24 日，财政部、国家新闻出版广电总局共同出台《关于推动新闻出版业数字化转型升级的指导意见》，将新闻出版业数字化转型升级项目作为重大项目纳入中央文化产业发展专项资金扶持范围，分步实施、逐年推进。发挥财政资金杠杆作用，推动示范企业的转型升级工作，引导示范企业实施转型升级项目。

武汉大学出版社从传统出版转型，正在形成重点项目酝酿一批、策划一批、申报一批、建设一批的持续运行局面，进入标准化的轨道运行，为全国出版行业做出数字出版改革创新的示范。

清华大学出版社有限公司

2010 年 5 月，清华社 ERP 管理系统已部分上线测试，目前，正在进行系统功能的修改和优化，以确保各子系统的易用性、功能适用性和在系统的效率等方面有较大提升。预计 2013 年年底将全面调试完毕。三年的 ERP 管理系统建设，也让清华社遇到很多难题。不仅是全社员工，包括出版社决策层，都面临着改变传统思维方式和管理模式的考验，经过一段时期的磨合以及相关制度的完善，尤其是从管理需求向业务需求的转变，极大地提高了编辑的积极性，从而使得 ERP 管理系统建设的进度大大提前。

此外，在清华大学出版社建社 30 周年庆典大会上，清华社数字出版门户网站——文泉书局正式开通。他介绍，文泉书局是清华大学出版社在新的时代背景下开拓创新，推进全媒体出版的成果，截至目前，文泉书局教师服务平台、图书馆服务平台、数字资源阅读平台陆续完成测试并正式上线，上线图书多达 10334 种，合作出版社共计 26 家，访问读者遍及 52 个国家、地区；同时，还在近 700 所院校建立了 900 多个样书专架，为全国 2000 余所院校的 20000 多名教师服务，注册图书馆服务平台的用户约 300 余人，电子样书传送为出版社节约样书码洋 469 万元。

中国水利水电出版社

1956 年成立的中国水利水电出版社（以下简称水利社）在新世纪又焕发了新的生机。随着数字出版渐成趋势，水利社紧抓时代潮流，于 2011 年 5 月成立了数字出版中心。其实，在数字出版中心成立之前，水利社在数字化方面已经开始了相关的准备工作。正在开展的"数字水利出版平台"项目对水利社而言，不仅仅是一个数字出版项目，更是升级转型战略的一项枢纽工程。围绕项目做转型 2011 年 5 月，数字出版中心刚一成立，就肩负了水利社数字出版规划、数字产品开发的重任。水利社数字出版中心负责人闫翔对记者表示，目前数字出版中心将主要的精力放在了"数字水利出版平台"项目的建设上。"数字水利出版平台"项目是水利社的重头工作，筹建于2010年11月。2011年5月，该项目经新闻出版总署批准，成为新闻出版改革发展项目库入库项目；2011年年底该项目获得了中央文化产业发展专项资金的资助。

社会科学文献出版社

信息化建设是数字出版顺利开展的必要前提。社科文献出版社在信息化委员会的指导下，实施信息化战略，扎实推进出版社信息化建设。早在几年之前出版社便利用ERP系统整合了编辑、印刷、销售等生产流程，实现了包括绩效评估系统、书目管理系统、发行系统、OA办公系统在内的数据对接和一体化管理。在内容发布系统方面，出版社已建成功能强大、内容丰富的网站群，包括社科文献出版社网站、中国皮书网、中国社工教育网等内容发布平台。中国皮书网整合资讯发布、皮书数据库、产品销售、论坛等功能，成为最快捷、最有效的信息发布窗口和网络出版平台。在刚刚结束的出版社网站建设年会上，中国皮书网被评为最具商业投资价值网站。

目前，社会科学文献出版社正在打造数字出版内容管理系统平台，其将与信息管理系统平台、网站发布系统平台一并构成完整的数字出版平台。

北京希望电子出版社

北京希望电子出版社是专业从事计算机、科技类图书和电子出版物的开发、出版和发行单位，为新闻出版总署首批"盘配书"跨媒体出版试点单位。以信息技术的职业教育、技能培训、能力培养为业务方向，重点发展高新技术考试教材服务和数字艺术两大领域。

出版社在数字出版方面做了大量的工作，内容资源不断丰富，技术能力不断增强。在数字出版加工平台基础上，推出富媒体教育产品，搭建教材云服务平台，为广大信息技术教学、学习人员提供高质量、多形态的数字服务产品，取得了良好的社会效益和经济效益。

山西春秋电子音像出版社

山西出版传媒集团在2008年确定春秋社进行全面的数字化出版转型，要求出版社成为集团的数字出版探索者。

在集团的支持下，出版社获取了山西省地方文化产业资金200万元，用于搭建集团内容资源库与电子样书库，同时集团将各社大众化数字内容的经营也一并收回，交予春秋社经营。以此为基础，春秋社开始了数字化转型的探索。

如何转型？春秋社一是努力踏入数字出版的门槛，迅速完成量的积累。二是探索数字板块的赢利模式，努力实现质的跨越。三是坚持拥有自主知识产权的内容资源。四是输出与引进并重，将优质数字资源引入山西。

2008年出版社与北大方正合作，搭建集团内容资源库，在盘点集团家底的同时，整理出一批有清晰数字版权的内容资源。春秋社便以与北大方正和中文在线公司的合作为起点，正式进入数字出版门槛。2010年，出版社又进入移动阅读平台。随后，与中国联通、中国电信签订了合作协议，与当当、京东、淘花等网站签订电子书销售协议，使集团的内容资源在数字时代有了销售出口。

中国铁道出版社

中国铁道出版社作为原中国铁道部唯一的一家以出版铁路科学技术书刊为主的出版机构，担负着铁路大、中专教材、职工学习用书、铁路科技图书、各类规章规范、期刊、电子音像出版物及旅客列车时刻表的出版任务，为铁路运输生产、科研教学服务，为铁路两个文明建设服务，为铁路二百多万职工服务。体现了其在铁道科学技术方面出版的权威性和垄断性。

随着计算机技术和互联网技术的发展，中国铁道出版社的数字出版市场需求潜力巨大，新的形式下铁路科技信息的传播、铁路科学知识的普及、铁路职工的职业培训、各类规章规范的及时发布，铁路大、中专的数字化学习和数字图书馆的应用等需求旺盛，应抓住机遇建立起在铁路专业的数字出版系列产品，保持我社在铁路专业出版的龙头地位，并取得良好的经济效益。

一、情况概览

实事上复合出版的概念早在2003年就已经提出，当时复合出版系统是指用计算机排版印刷的同时，产生可用于计算机检索、浏览的电子书（eBook），还产生可向全社会提供服务的标准化元数据。很显然当时它是建立在计算机技术应用排版和印刷上的一个延伸。而后在 2008 年 4 月,国家新闻出版总署全面展开了国家数字复合出版工程,作为"十一五"计划之一,当时它是与 1974 年 8 月汉字数字系统处理工程("748"工程)列为同等重要地位的工程。在 2010 年 10 月此工程由国家新闻出版总署正式对外招标,于 2011 年 3 月 25 日对外公布十余家中标单位,系统工程包括十四大类,七十八个课题。时至今日,复合出版的很多构想实际上在当前的数字出版各方面都有了实际的应用和长足的发展,但是复合出版所提倡的新型的数字出版运营体系却少之又少的在实际当中应用,而如今,数字出版与利用数字出版技术优化的传统出版业务的机构匹配和运营优化,而且出版产品除了图书还有数量巨大的不同产品形式,它们有的与内容有关,它们有的与传播发行途径有关,有的与硬软件环境有关,这就需要我们建立全面的复合出版体系,它是数字出版的一个重要实践模式的应用。数字出版偏重于技术的体现,复合出版更多的是建立起新的出版体系和出版方式。

复合出版除了包括跨媒体出版"内容与形式分离"的特点,还重点强调"内容与内容之间的关联",其实质可以概括为"一份内容、结构化加工、分层次表达、全媒体发布、按需服务"。形象地说,复合出版就是要实现内容资源的"一虾多吃"。其中,"结构化处理"是基础,"分层次表达"是功能,"全媒体发布"是形式,"按需服务"是目的。

"复合出版系统"在接受内容时,首先对内容进行结构化处理。例如,对每一知识单元,如书名、标题、段落、图片、引文、注释、音频、视频等进行标识,结构化处理的结果可产生文摘数据库、索引数据库、引文数据库等。结构化处理的主要技术是 XML 语言。XML 语言作为知识管理的标记语言,与 XSL 样式技术或其他知识管理技术结合后,可快速实现"分层次表达"和"全媒体发布"。例如,一本综合性的英汉双语词典在经过结构化处理后,可自动生成不同版式的排版文件,从而能以各种开本和版式印刷输出;可生成带音频、视频的网络版;可生成简明 PAD 版;可生成学生词典,如四、六级学习词典;可生成特色词典,如英汉词典、动词词典、名词词典、同反义词词典、搭配词典等;甚至可生成汉英词典的母本供加工。复合出版强调知识管理和知识复用,是比跨媒体出版更高层次的出版模式,复合出版将带来出版的革命性变革,大大提高了知识传播的效率。

发展复合出版顺应国家政策、符合市场趋势,从国家公布的几个重要规划和数字出版收入增长趋势能很好的印证这一点。发展复合出版不仅仅为我们未来开拓市场,也是对我们现在生产模式和市场的整合和优化。

研发复合出版流程,优化排版过程,既节省了时间又减少了资源的浪费。复合出版流程中产生的数字化资源,直接导入数字资源管理数据库,这样既掌握了丰富而又完整的数字资源,又掌握了未来发展的资本。

本质上,在数字出版中所有的技术均是为了提供更好的产品的服务,更大限度的降低生产成本,缩短生产周期,从而提高社会和经济效益。

二、主要做法

(一)"以我为主"

数字出版工作有其普遍发展的共性,但须结合企业自身的情况,找到一条适合自己的道路,才是制胜法宝。对于好的经验做法,考虑自身基础情况和发展状况,要有所取舍,加以分析判断,才能形成自己的特色,才能形成"以我为主我"的工作思路。

(二)"一把手"工程

大家常说数字出版是所谓的"一把手"工程,实际上它反映的是出版社在开展数字出版工作时能有一个稳定的机构平台,并匹配相应的配套资源(包括软硬件和人力资源),出台相应的专项政策,给予其他方面工作条件的保障。持续不变的政策和思想统一的执行能力,最终转化为工作成果。

(三)团队建设

人的因素是数字出版工作的决定性因素。要找到合适的人,给予充分的平台,以及相应稳定的政策。作为社领导集体和相关部门,应对于敢于担当,勇于创业的人以充分的肯定、关爱、保护和珍惜,让他们安心、持续、稳定的工作,发挥中层干部的能力和作用,充分开发基层工作者的精神和能力(人力资源成本物尽其用的原则)。

(作者:李军)

(注:除署名作者和供稿人之外的文章皆由公开媒体报道摘编而成)

学术指南篇

互联网数字出版研究论文索引

产业观察

1. 产业链视角下的数字出版产业发展/邓佳佳/南昌大学学报,2014.6

2. 传统出版社"数字化"热下的冷思考/杨绍婷/新闻世界,2014.10

3. 传统媒体与新媒体的融合路径/曹继东/科技传播,2014.10

4. 当前我国数字图书出版过程中的几类限制性因素/沈岗/新闻研究导刊,2014.12

5. 杜拉拉"升值"记:一本书带动一条产业链——好故事彰显文化产业的源头活水/梁春芳/中国出版,2014.4 上

6. 基于 DEA – Tobit 模型的股权特征对出版企业运营效率影响的研究/姚德权,张宏亮/现代传播,2014.11

7. 基于 SWOT 分析的我国电子图书产业发展探讨/王茂强/齐鲁师范学院学报,2014.5

8. 经济学视角下我国数字出版"走出去"的策略研究/张炯/新闻知识,2014.11

9. 云出版:数字出版发展的方向探索/李联林/探索与争鸣,2014.11 下

10. 媒介融合:图书出版业独特融合之道/聂震宁/科技与出版,2014.9

11. 全媒体冲击下传统出版生存模式探寻/胡懿/出版广角,2014.6 上

12. 探索如何推进传统出版与新媒体融合发展/杨西京/科技出版,2014.11

13. 深度参与多元开拓——2014 中国出版业走出去分析/唐立馨,王秦伟/出版广角,2014.12

14. 数字出版产业生命周期研究/肖洋,谢红焰/中国出版,2014.10 下

15. 数字出版业生态特质与优势构建/杨树弘/新闻研究导刊,2014.6

16. 数字出版与传统出版融合模式探讨——对韩寒从《ONE》到《很高兴见到你》出版的思考/李晓莉/潍坊工程职业学院学报,2014.5

17. 数字化转型是传统出版业的必由之路——中国出版集团数字化的思考和探索/周清华/出版科学,2014.2

18. 探索具有商业价值的图书"走出去"模式——以化学工业出版社为例/吴刚/出版广角,2014.9 下

19. 图书出版产业数字化转型的现存问题与对策/祖湘莎/商业研究,2014.13

20. 图书出版与众筹模式/罗显华/出版参考,2014.7 下

21. 网络自出版的兴起对传统图书编辑价值的挑战/雷少波,谭熠/编辑之友,2014.8

22. 我国数字出版产业市场结构现状分析——基于产业组织理论视角/尹达,杨海平/出版发行研究,2014.11

23. 我国图书出版业面临的困境与突破/刘昱彤/四川文理学院学报,2014.2

24. 我看当前数字出版热点/聂震宁/现代出版/2014.6

25. 新型主流媒体的内涵及打造路径/陈国权/青年记者,2014.12

26. 阅读方式变革与出版业格局嬗变/杨毅/中国出版,2014.12 上

27. 云出版面临的挑战及其应对策略/王利明/浙江海洋学院学报,2014.4

28. 云计算时代的数字出版新策略/可婷婷/现

传 播 理 论

大 数 据

区域发展

吴晓霞/东南亚纵横,2014.8

模 式 研 究

1. 北京印刷业:加快转型发展创新商业模式/任玉成/今日印刷,2014.12

2. 产业联盟助推出版产业转型发展/林清发/出版科学,2014.1

3. 大学出版社开展第三方物流环境和策略分析/戎炜/学理论 2014.33

4. 地域文化出版物发行营销模式初探——以徽文化出版物为例/黄安琪,关丽楠/新闻研究导刊,2014.11

5. 改革与出格——出版业资本化趋势与坚守文化追求的辩证关系探微/林茂/大众文艺,2014.22

6. 关于大型立体化教材出版项目运作的思考——以《新时代交互英语》为例/刘细珍/出版广角,2014.11

7. 互联网逻辑下传媒发展的进路与关键/喻国明/广告人,2014.11

8. 互联网时代下出版业"免费"商业模式研究/黄海珠,熊伟/传播与版权,2014.7

9. 媒介技术演进与社会构建:内在逻辑与实践机制/施威,李蓓蓓/湖南社会科学,2014.1

10. 媒介融合背景下的移动媒体出版平台研究——以"云端读报"为例/朱小阳,朱冰倩/编辑学刊,2014.3

11. 媒体融合的模式探索:三层交互架构的原理与实践——以腾讯娱乐信息平台的实践逻辑为例/喻国明,姚飞/新闻爱好者,2014.11

12. 强化互联网思维推进媒介融合发展/喻国明,姚飞/前线,2014.10

13. 融合式手机媒体赢利模式研究/张爱虎/新闻前哨,2014.12

14. 手机新闻媒体用户满意度模型构建及实证研究——基于对上海某高校学生的调查分析/董开栋,谢文金/新闻与传播研究,2014.3

15. 数字出版物的赢利模式研究/高端鸿,袁勤俭/图书馆理论与实践,2014.8

16. 数字出版转型:立足当下放眼未来——北京语言大学出版社数字出版转型的行为阐释及未来研判/张健/出版参考,2014.10 下

17. 微信息环境下的图书馆"微"服务模式探讨/郭海明/山东图书学刊,2014.6

18. 消费者视角下数字出版物定价的影响因素研究/王骅琪,侯治平,包金龙,袁勤俭/情报理论与实践,2014.4

19. 新媒介环境下产品市场竞争扩散模型/霍良安,张刚,马凯迪/上海理工大学学报,2014.5

20. 新媒体语境下的数字出版和谐生态建设研究/庄莹/青岛科技大学学报(社会科学版),2014.9

21. 学术期刊数字出版集约化研究/赵文义/出版发行研究,2014.11

22. 英文科技期刊数字出版平台的构建——以NML为例/付国乐,张丽英/中国科技期刊研究,2014.12

23. 中国出版业数字化转型:腾笼换鸟?/沈水荣/科技与出版,2014.2

24. 中国现行图书价格制度弊端与改革路径分析/吴赟/中国出版,2014.3 下

25. 数字出版的商业模式:研究述评与展望/顾金亮/出版印刷,2014.1

26. 文化遗产数字化与互动性推广模式——基于新媒介载体的文化产业开发/闵祥鹏/东方论坛,2014.4

27. 基于碎片重组的动态数字出版模型研究/温有奎/数字图书馆论坛,2014.4

28. 社交出版:数字化出版的新模式——以Wattpad为例/朱煜/出版发行研究,2014.7

29. 数字出版产业赢利模式的创新——基于产业链维度的考量/朱云/南京社会科学,2014.9

国 外 研 究

1.《纽约时报》付费墙对我国报业的启示/冷春雨/中国报业,2014.8 下

2. 2013年的美国大众出版业/练小川/出版参考,2014.1 上

3. 从发达经济体出版产业视角看我国图书出版产业结构升级途径/代周阳/北京印刷学院学报,2014.10

4. 德国中小学教材出版业现状与发展困境/毛小红/中国出版,2014.2 上

5. 俄罗斯联邦书业近五年的发展及影响因素/

45. 美国电子书馆配研究/蒋璐/出版科学,2014.2

46. 数字时代新型出版文化的构建——以亚马逊公司数字出版产业为例/杨娟/广西职业技术学院学报,2014.2

47. 寻求双赢:美英公共图书馆电子书借阅机制探索/杨岭雪/中国图书馆学报,2014.1

电子书

1. 大数据背景下电子书出版困局及其突围/周子渊/编辑学刊,2014.6

2. 电子书 PDA 优劣势分析/廖利香/合作经济与科技,2014.23

3. 电子书阅读客户端的发展及其出版传播特点/朱小阳/编辑学刊,2014.6

4. 高校图书馆电子书服务存在的问题分析及对策研究/郑文晖,林映红/图书馆学研究,2014.6

5. 高校学生对电子书的认知、使用和态度研究:以浙江大学为例/王素芳,白雪,崔灿/大学图书馆学报,2014.5

6. 国外电子书馆际互借经验与启示/马昱/图书馆研究,2014.6

7. 国外图书馆界拓展电子书服务权利空间的新进展/樊佳怡/图书馆杂志,2014.12

8. 基于云端环境的 EPUB3.0 电子书学习系统设计与实现/胡畔,王冬青/现代教育技术,2014.1

9. 论移动图书馆的现状及未来发展趋势——电子书的借阅服务/李婷/才智,2014.31

10. 浅论电商平台的电子书营销策略/韩璐,王志刚/今传媒,2014.12

11. 浅谈 4R 营销理论下的电子书营销/李愈华/出版广角,2014.10

12. 浅谈儿童电子书多媒体的开发模式——以《谁偷走了月亮?》为例文/魏琳秦/出版广角,2014.12

13. 盛大公司电子商务应用分析/卓锋/企业导报,2014.20

14. 数字环境下的阅读教育新模式——学前儿童电子书应用带来的启示/许莹/中国电化教育,2014.10

15. 图书馆学术电子书采购诉求与出版商利益的矛盾与平衡/齐东峰/国家图书馆,2014.3

16. 图书馆在电子书市场博弈中的策略初探/任民锋/内蒙古科技与经济,2014.20

17. 外国电子阅读器大战三大模式分析/翁心源/文教资料,2014.36

18. 我国电子书定价的影响因素及方法探析/刘银娣/华南理工大学学报,2014.6

19. 小学生对电子书的感知有用性和感知易用性实证研究/沈海娇,骆力明,孙众/中国电化教育,2014.8

20. 需求驱动采购电子书的实践与思考——以香港中文大学图书馆为例/刘丽芝,吴玉珍/图书馆论坛,2014.4

21. 一种基于 PKI 的电子书版权保护系统设计/刘志坚/数字技术与应用,2014.11

22. 中国电子书发展商业模式类型分析/安小兰/出版发行研究,2014.2

23. 数字化机遇——电子书为出版业呈现的新选择/[美]汉娜·贝内特著,龚楚麒译/出版科学,2014.3

数 字 教 育

1. MOOCs 时代传统高等教育应对措施研究/魏莹/中国教育学刊,2014.7

2. 电子书包——我国教材出版数字化现状及趋势分析/汪萍/编辑之友,2014.4

3. 电子书包的核心价值及认识误区/郭文波/软件导刊,2014.5 下

4. 电子书包发展现状的研究综述/刘云,马秀涛/中小学电教,2014.1

5. 电子书包环境下的好课创设——初中语文《对联》教学设计/吕靖,陈明/中国信息技术教育,2014.13

6. 电子书包在高校专业教育教学中的开发应用新构想/刘志刚/中国成人教育,2014.24

7. 高等教育 MOOC 的发展路径、战略影响及理性思考/赵海霞,谢舒潇,刘永贵,黄雅/现代教育技术,2014.7

8. 路径探析积极参与教育数字化,传统出版社应着力向产业链两端延伸/李忠孝,闫晓宇/科技与出版,2014.8

9. 基于 MOOC 理念的微课资源网站设计/周艳,李育泽,徐义东/现代教育技术,2014.1

10. 基于 VR 互动平台的职业教育出版数字化转型/刘坚，韦汇余/科技与出版，2014.7

11. 基于微课的"翻转课堂"教学模式设计和实践/刘锐，王海燕/现代教育技术，2014.5

12. 基于学习者视角的国外 MOOC 平台比较研究及启示/王美静，王海荣/现代教育技术，2014.7

13. 基于云平台的电子书包构想/杨晓新/中国教育信息化，2014.21

14. 技术推动教育变革——海淀区从数字教育到智慧教育发展探析/傅首清/现代教育技术，2014.1

15. 教育出版策划的守与变——以传统出版资源聚合和教育出版数字化为例/张燕宁/宁夏大学学报，2014.6

16. 教育出版社的数字出版探索之路/徐强/科技传播，2014.5 下

17. 教育类出版资源的碎片化管理/司昌伟/齐齐哈尔大学学报（哲学社会科学版），2014.4

18. 近十年我国电子书包研究热点与发展趋势——基于共词矩阵的知识图谱分析/王佑镁，陈慧斌/理论与争鸣，2014.5

19. 数字教材的理论探索与实践——以第二代"人教数字教材"为例/康合太，沙沙/课程·教材·教法，2014.11

20. 数字教育出版的编辑特色探析/彭小年，苟世祥/出版发行研究，2014.7

21. 他山之石：媒介生态学及其对教育技术研究的启示/罗九同，李恒平/现代远距离教育，2014.4

22. 我国电子课本与电子书包标准的制定与发展/吴永和，余云涛/信息技术与标准化，2014.9

23. 我国智慧教育发展战略与路径选择/杨现民，刘雍潜，钟晓流，宋述强/现代教育技术，2014.1

24. 现代移动学习出版物发行平台之我见/江山岳/出版发行研究，2014.3

25. 现实与超越：电子书包发展的人文之路/张少元/编辑之友，2014.4

26. 新技术与电子书包融合构建智慧学习环境的研究/崔惠萍，傅钢善/现代远距离教育，2014.6

27. 中国媒介生态学研究的知识结构与学术视野/徐钱立/湖州师范学院学报，2014.5

28. 对教育出版数字化的思考——以人民邮电出版社为例/张孟玮/出版发行研究，2014.4

29. 电子书包中基于教育大数据的个性化学习评价模型与系统设计/牟智佳/远程教育杂志，2014.5

30. 积极参与教育数字化，传统出版社应着力向产业链两端延伸/李忠孝，闫晓宇/科技与出版，2014.8

数 字 期 刊

1. DOAJ 中开放获取期刊的研究与应用——以语言与文学类学科为例/周静怡/图书馆理论与实践，2014.11

2. ISI 引文索引收录开放获取期刊现状分析/刘锦宏，聂银，卢芸/图书情报知识，2014.4

3. 大数据时代科技期刊发展变革断想/贾晓青，王淑华/编辑学报，2014.6

4. 电子期刊"微媒体"传播策略分析/李雪峰，王超/山西高等学校社会科学学报，2014.9

5. 多媒体融合环境下学术期刊数字出版质量提升策略/赵宇，赵锡平，丁嘉羽/中国科技期刊研究，2014.2

6. 高校文科学报的数字化出版问题探析/罗远航/文教资料，2014.32

7. 高校学报数字出版的制约因素及其对策思考/禤展图/惠州学院学报（社会科学版），2014.4

8. 国内开放存取领域的研究热点和作者合作团体透析——基于共现分析和社会网络分析/徐迎迎，魏瑞斌，张文琴/现代情报，2014.8

9. 国内图书馆开放获取期刊利用情况实证研究/廖思琴，周宇，魏太亮/图书馆建设，2014.12

10. 国外开放获取政策最新动态述评/孟辉/科技与出版，2014.9

11. 基于 4G 网络的科技期刊手机出版发展探讨/林明和，高志祥/学院编辑论丛，2014

12. 基于数字化出版角度看传统科技期刊面临的机遇与挑战/侯文，李秋菊/科技传播，2014.9 下

13. 集约型期刊社数字化转型发展策略——以上海大学期刊社为例/刘志强，张芳英，孟庆勋，王婧/学报编辑论丛，2014.1

14. 近年来我国开放存取研究的文献计量分析/张立/情报科学，2014.1

15. 近五年我国科技期刊运营模式研究综述/闫群，张晓宇/中国科技期刊研究，2014.8

16. 开放获取期刊资源分析及其应用研究/李爽/农业图书情报学刊，2014.12

17. 科技期刊开放获取出版的趋势及存在的问题/刘桂玲,刘伟,郝俊勤/中国医学图书情报杂志,2014.5

18. 科技期刊数字出版编创人员能力素质模型研究/张秀梅,冯蕊,程煜华,雷婷,汪颖/编辑学报,2014.6

19. 科技期刊数字出版及相关问题的思考/龙亮,郭建秀,冷怀明/编辑学报,2014.12

20. 利用 PC 制作并利用 Android 平板电脑阅读电子科技期刊/马云彤/中国科技期刊研究,2014.10

21. 论学术期刊数字出版同台化/余树华/中国科技期刊研究,2014.25

22. 数字出版环境下学术期刊发展刍议/黄江华/重庆师范大学学报(哲学社会科学版),2014.5

23. 数字出版驱动下的综合性医学期刊发展策略/陆荣展,闫娟,魏杰,杨云华/中国科技期刊研究,2014.9

24. 数字出版视角下我国体育学术期刊发展研究/高昌英/中国体育科技,2014.6

25. 体育学术期刊数字出版现状探析/李国立/出版发行研究,2014.6

26. 我国图书馆参与学术信息资源开放获取的调查研究/张新鹤/国书与情报,2014.5

27. 新媒体融合下科技期刊数据库模式探究/赵璐/中国出版,2014.9 下

28. 新媒体时代期刊数字化生存与转型探微以数字技术为视角/刘鑫,朱宝林/学报编辑论丛,2014

29. 学术期刊数字出版的价值反思与改革取向/赵文义/河南大学学报,2014.6

30. 学术期刊数字出版集约化研究/赵文义/出版发行研究,2014.11

31. 学术期刊数字出版赢利模式探讨/李贞/新闻世界,2014.1

32. 学术期刊数字出版与编辑的身份重构/刘建朝/编辑学报,2014.6

33. 学术期刊数字化出版架构探析/祁刚/沈阳工程学院学报,2014.1

34. 学术期刊优先数字出版刍议/康军,陈磊/出版广角,2014.2

35. 学术性期刊数字出版云平台应用研究/胡前进/编辑学报,2014.4

36. 中国科技期刊开放获取实现路径探析——基于成本收益视角/柴玥,杨中楷/中国科技期刊研究,2014.11

37. 中国科技期刊运营模式探析——以中国科协科技期刊为例/张晓宇,闫群,刘培,彭斌/科技与出版,2014.7

38. 中文社会科学期刊开放获取现状调查与分析/刘洧颖,姚长青,潘云涛/中国科技期刊研究,2014.9

39. 浙江省科学技术协会期刊数字化品牌建设现状及发展对策/张韵,袁醉敏,陈华平,吴益伟/科技通报,2014.6

40. 全媒时代学术期刊编辑信息素养提升的SWOT分析/韩芳/四川理工学院学报(社会科学版),2014.12

41. 开放获取出版的新进展/陈丹,刘华坤/科技与出版,2014.9

42. 高校学报自然科学版网络出版现状调查与思考/洪鸥,姜春明,王宁/中国科技期刊研究,2014.7

43. 国外专业期刊经营理简析/李禹/传播与版权,2014.5

数 字 版 权

1. DCI 体系下数字版权管理服务平台的设计/吴洁明,周倩,许传祥/计算机应用与软件,2014.4

2. 版权资产的金融化——文化与科技融合的投融资政策体系构建探讨/黄玉波,刘欢/深圳大学学报(人文社会科学版),2014.11

3. 传媒技术发展与著作权演变的内在机理分析兼及著作权的未来/刘铁光/求索,2014.1

4. 电影版权证券化的融资模式选择/王锦慧,晏思雨/重庆社会科学,2014.6

5. 电子课本数字版权管理方案设计与技术验证/傅伟,葛鑫,屈劲,顾洁/现代远程教育研究,2014.1

6. 电子数据库专门立法保护的必要性研究/菅成广/苏州教育学院学报,2014.2

7. 工具书盗版现状及出版社维权对策/兰月/出版参考,2014.11 下

8. 加框链接的著作权法规制/崔国斌/政治与法律,2014.5

9. 近十年版权纠纷诉讼实证分析/张健/中国出版,2014.2

10. 开放式网络环境下著作权侵权问题探析/彭兴源/法制与社会,2014.4

11. 论"互联网专条"——理解与适用/杨吉/厦门大学法律评论,2014.11

12. 论网络作品提供行为/詹启智/法学杂志,2014.4

13. 论信息存储服务中提供商主观过失的认定——以"百度文库"侵权案判决为切入点/徐函修/重庆电子工程职业学院学报,2014.9

14. 美国"云计算""数据流"技术的数字娱乐版权保护及其启示/马驰升/中南大学学报(社会科学版),2014.12

15. 浅析网络环境中著作权的利益平衡原则/梁艳华/法制与社会,2014.3 上

16. 浅析我国网络环境下著作权的司法保护与完善/邓伟/法治与社会,2014.2 上

17. 试论网络环境下电子出版物的版权问题——以谷歌侵权门和百度文库侵权门为例/张雅寒/传播与版权,2014.9

18. 数字版权保护技术对行业的影响初探/王哲/中国版权,2015.5

19. 数字化出版中的著作权法定许可/陈媛/传播与版权,2014.8

20. 数字网络环境下著作权默示许可制度研究/冯晓青,邓永泽/南都学坛(人文社会科学学报),2014.9

21. 数字网络环境中著作权实现的困境与出路——基于P2P技术背景下美国音乐产业的实证分析/梅夏英,姜福晓/北方法学,2014.2

22. 网络服务提供者的信息网络传播权侵权责任研究/陈煜/云南警官学院学报,2014.5

23. 网络环境下的著作权民事法律保护/权威/法制博览,2014.3 中

24. 网络环境下我国著作权限制制度之完善研究/孟雅丹/邵阳学院学报,2014.1

25. 网络环境下著作权合理使用制度的困境及对策/吴昊天/法制与社会,2014.3 下

26. 网络环境下著作权侵权判定的若干问题/赵娟/法制与经济,2014.12

27. 网络时代我国著作权刑事立法缺陷及改良刍议/黄亮/净月学刊,2014.3

28. 网络文学:盗版猖獗维权路漫漫/王志婷/神州,2014.11

29. 网商知识产权保护对图书馆资源共享与著作权保护的启示/吴江/情报探索,2014.2

30. 我国版权法律制度的历史演进和未来发展/李晶晶/中国编辑,2014.1

31. 我国版权市场建设存在的问题及其成因研究/朱静雯,雷阳/中州大学学报,2014.12

32. 我国图书馆用户对国外商业数据库版权保护的认知调查/刘兹恒,董舞艺,温欣/国家图书馆学刊,2014.5

33. 我国网络知识产权犯罪制裁体系检视与未来建构/于志强/中国法学,2014.3

34. 信息化环境下的著作权保护措施分析/刘增仪/法制与社会,2014.7 中

35. 信息时代侵权作品传播行为的定罪处罚标准/于志强/政法论坛,2014.1

36. 云计算背景下的软件复制权问题探析/姚泓冰/南开法律评论,2014.10

37. 云计算环境下数字图书馆的版权保护研究/邱洪华,郭宇/图书馆,2014.1

38. 云计算环境中支持隐私保护的数字版权保护方案/黄勤龙,马兆丰,傅镜艺,杨义先,钮心忻/通信学报,2014.2

39. 知识产权系列案的司法应对措施研究——以损害赔偿问题为中心/广州市南沙区人民法院课题组/法律论坛,2014.2

40. 中国数字版权输出发展路径/曹雨凡/中国出版,2014.6 下

41. 著作权默示许可的法律性质分析/尹卫民/西南石油大学学报(社会科学版),2014.1

42. 美国出版商与高校数字版权纠纷判例解析与启示/张晓龙/出版科学,2014.1

43. 电子书产业升级引发的版权挑战及应对/杨延超/知识产权,2014.7

44. 大数据时代的微版权战略/孙赫男/出版广角,2014.4

45. 版权现实困境与未来发展研究——以云计算技术为研究视角/杜健/出版广角,2014.5

数字营销

1. "微"时代出版企业营销模式的选择/冯秀果/河北北方学院学报(自然科学版),2014.12

2. 4P 视角下数字出版的网络营销策略/许建礼/出版广角,2014. 3

3. 报纸官方微信的编辑特色与提升路径/谢征/中国编辑,2014. 5

4. 出版企业微信 CRM 建设研究/付小苏,沈阳/现代出版,2014. 4

5. 出版社的微博、微信营销/罗显华/传媒,2014. 10 上

6. 出版社如何借力微博营销? /欧阳菲/出版广角,2014. 8 上

7. 出版社使用微信现状调查与分析/汪全莉,张玉/中国出版,2014. 4 上

8. 出版社微博图书营销现状和思路/马驰原/中国出版,2014. 8 下

9. 出版社微信营销和宣传的可行策略/武秀峰/江苏科技信息,2014. 2

10. 二维码在传统出版业中的应用探析/王磊/科技与出版,2014. 2

11. 学术期刊微博应用的困境与进路——基于《浙江大学学报(人文社会科学版)》新浪微博的案例研究/曾润喜,孙艳,尚悦/中国科技期刊研究,2014. 7

12. 基于"4P 理论"下零陵图书市场的营销策略/唐红艳,祁雪春/湖南科技学院学报,2014. 10

13. 基于 AISAS 模型视角下的出版企业微博营销/陈桂香/湖南师范大学社会科学学报,2014. 5

14. 基于社会化媒体时代的事件营销传播策略分析和优化探索/黄勇/新闻知识,2014. 12

15. 基于市场特征的数字出版物销售商的产品组合策略/赵静/编辑之友,2014. 5

16. 基于案例分析的社会化媒体时代的事件营销策略/张会新,社江/教育教学论坛,2014. 8

17. 基于微信 5.0 的大学出版社品牌形象塑造与传播/段淳林,李倩文/中国出版,2014. 7 上

18. 基于智能手机的手机出版策略探讨/毛润政/科技与出版,2014. 3

19. 技术革新与内容为王——数字化时代科技期刊办刊问题的思考/曾伟明,钟晓红/编辑学报,2014. 12

20. 浅析微信出版/张聪,刘晓宇,张志成/科技与出版,2014. 7

21. 浅析微信平台上的个性化出版营销/孙祺/辽宁经济,2014. 5

22. 社会化媒体时代的口碑营销模式研究——基于社会网络理论视角/王德胜,韩旭/东岳论丛,2014. 8

23. 社会化媒体语境下的品牌文化传播策略研究/张继周/钦州学院学报,2014. 1

24. 社交媒体与学术出版深度融合的应用研究——以中国激光杂志社社交媒体服务架构为例/殷建芳,邓迎,王晓琰,史敏,杨蕾/科技与出版,2014. 9

25. 数字时代下的图书营销/未翠霞/传播与版权,2014. 11

26. 数字书报刊的网络分销渠道类型及其激励机制研究/张一涵,袁勤俭/科技与出版,2014. 5

27. 图书产品的网络口碑传播/周丽玲/出版科学,2014. 2

28. 图书的微博营销方式与策略/王丹阳/传媒,2014. 3 下

29. 图书馆的微信营销/原丽娜,刘华/图书情报工作,2014. 12

30. 挖掘口碑传播特性——对微信在教材营销中应用的再思考/郭海雷/编辑学刊,2014. 6

31. 网络环境下图书营销的探讨/柳欣欣/中国商贸,2014. 17

32. 网络时代背景下图书出版社营销策略探析/苗晋诚/创新科技导报,2014. 26

33. 微信营销,数字时代出版营销渠道探析/李晶/新闻界,2014. 20

34. 消费者增权下的广告主社会化媒体运作策略分析与展望/杜国清,邵华冬,吴亚博/现代传播,2014. 1

35. 新媒体环境下小说类图书的创意营销研究/冯玲玲/出版与印刷,2014. 2

36. 新媒体与档案文化传播研究/张新,徐珂,胡明浩/论苑,2014. 11

37. 新制度经济学视角下学术期刊的微博经营与管理策略研究/出版广角,2014. 6 下

38. 医学期刊微信公众平台的运营现状及影响力提升的分析/郑辛甜,毛文明/中国科技期刊研究,2014. 5

39. 中国跨文化广告研究现状和发展趋势/姜智彬,黄羲煜/广告大观,2014. 6

40. 数字书报刊的网络分销渠道类型及其激励机制研究/张一涵,袁勤俭/科技与出版,2014. 5

41. 论微信公众平台在教辅出版中的应用/杨宁/编辑之友,2014. 1

42. 从一本书到一个品牌——网络自媒体环境下的《读库》传播策略探析/张东美/出版发行研究,2014.2

43. 24小时书店:数字时代实体书店的经营转型/刘社瑞,陈程/出版广角,2014.12

44. "微时代"出版微博营销的战略选择/王微微/出版广角,2014.2

45. 4P视角下数字出版的网络营销策略/许建礼/出版广角,2014.3上

移动互联网

1.《机电工程》杂志手机互联网移动平台的开发/洪炜娜,罗向阳/学报编辑论丛,2014.21

2. 3G阅读时代下我国数字出版产业链整合模式研究——以盛大文学与凤凰出版传媒集团为例/郭新茹,王诗晴,唐月民/科技与出版,2014.2

3. 拆掉思维的墙——数字化时代如何重新审视大众图书出版/蔡欣/编辑学刊,2014.4

4. 从"今日头条"的成功突围看新闻APP的生存法则/陆璐/江苏科技信息,2014.4

5. 从内容服务到品牌影响——手机阅读营销思路的创新/赵鑫/出版广角,2014.9上

6. 手机阅读的功能特点看手机出版的未来发展/原平方,王蓉/中国报业,2014.4

7. 大数据环境下出版社内容客户端应用/段淳林,吕行/中国出版,2014.11下

8. 大学生手机阅读特征与手机出版策略/雷鸣,周雅蕾/现代出版,2014.3

9. 互联网时代辽宁文化产业创新发展对策研究/姜晓秋/理论界,2014.12

10. 互联网思维在大学物理教材出版中的应用实践和思考/邹开颜/科技与出版,2014.12

11. 价值传播:基于移动互联网平台的图书营销策略/李倩文/理论观察,2014.1

12. 科技创新冲击下文化产业的适应力与发展路径探析——以图书出版业为例/陈英武/中共南京市委党校学报,2014.1

13. 澎湃新闻的移动战略研究/郭泽德/新闻研究导刊,2014.9

14. 浅谈手机出版与传统出版/黄玲/新闻传播,2014.8

15. 浅谈手机阅读环境下发展手机图书馆的必要性和方向/史蕊/信息系统工程,2014.10

16. 三网融合下我国两络电视发展格局及趋势/赵璐/西部广播电视,2014.22

17. 试论智能手机新闻类APP对报纸经营的影响/冀佳佳/今传媒,,2014.6

18. 手机阅读平台发展策略探究/姚旭/长沙航空职业技术学院学报,2014.12

19. 手机阅读应用软件持续使用行为研究/曾李,丛挺,曾元祥/出版科学,2014.1

20. 手机阅读与著作权保护/苏明强/青年记者,2014.13

21. 手机阅读在全民阅读中的发展趋势及因应策略/顾斌/现代管理,2014.10

22. 通过掌阅iReader探知我国手机阅读平台的发展前景/王川川/新闻传播,2014.11

23. 我国高校图书馆推广手机阅读的SWOT分析/戴艳清/现代情报,2014.3

24. 新媒体时代我国手机阅读的发展/张秋生/内蒙古科技与经济,2014.12

25. 新闻类APP设计存在的问题个解决方法/王艾莎,刘梅/西部广播电视,2014.18

26. 移动互联时代手机阅读的问题与对策/赵建明/记者摇篮,2014.5

27. 移动互联网——传统出版业转型的新"蓝海"/文静/长春教育学院学报,2014.6

28. 移动互联网时代下知识产权管理问题研究/朱强/商业经济,2014.12

29. 移动互联网时代综合类新闻APP的发展/曹阳/新闻世界,2014.7

30. 移动纸媒探索——以"人民APP集群"为例/张聪,李婷,肖倩/科技与出版,2014.5

31. 中国报刊APP转型之路的反思与展望/孙琳/甘肃社会科学,2014.2

32. 基于中国知网文献计量与阅读的国内手机出版研究分析/王军/中国出版,2014.3

33. 3G手机媒体与传统媒体比较及发展探析/赵桐羽/东南传播,2014.1

34. APP的媒介使命演变/邓逸钰/现代传播,2014.3

信息技术

1. 出版产业环境创新驱动要素及实施路径研究/吴道友,廖中举/中国出版,2014.4 下

2. 国内图书馆联盟云计算服务研究现状与问题分析/单伟,陈淑平/现代情报,2014.11

3. 互联网思维下高等教育教材出版营销新思维/伊静波/现代出版,2014.6

4. 基于云计算的知识资源服务系统的设计与实现/李弘/软件,2014.9

5. 计算机图书出版的网络化管理研究/田虓/价值工程,2014.29

6. 论数字出版业的信息咨询云服务/刘灿姣,叶翠/科技与出版,2014.1

7. 浅谈编辑出版系统信息化存在的问题及措施/徐雅金/传播与版权,2014.11

8. 浅析中国青年出版总社的数字化探索/卜祥维/品牌,2014.9 上

9. 融媒体时代出版媒介融合发展的多元路径选择/曹继东/图书情报工作,2014.1

10. 图书出版媒介的融合与发展策略/李梁/产业与科技论坛,2014.17

11. 图书馆与出版社新型互动合作研究/陈大莲/农业图书情报学刊,2014.12

12. 我国科普出版企业创新发展的理念、路径和战略选择/曹继东/科技传播,2014.1 下

13. 信息技术条件下的知识资源开发/沈水荣/中国传媒科技,2014.7

14. 信息技术在专业出版中的作用/齐畅/科技传播,2014.11 上

15. 云计算的知识产权侵权风险与应对/王鑫/科技管理研究,2014.9

16. 云计算知识产权问题研究/董少平/科技进步与对策,2014.9

学科教学与研究

1. "内容为王"抑或"技术至上"——数字出版产业链二元结构分析/管兆宁/传播与版权,2014.6

2. 编辑人才培养机制/张敬亚/新闻传播,2014.12

3. 产学研合作教育下的高职数字出版人才培养/唐乘花,周蔡敏/科技与出版,2014.5

4. 产学研一体化视角下编辑出版学专业课程教学改革模式探索/陈洁,陈佳/中国出版,2014.1

5. 大数据时代"网络与新媒体"教育的拼图/王威/采写编,2014.6

6. 非线性编辑网络中 Web 服务技术的应用分析/杨熹/电脑知识与技术,2014.22

7. 共有媒介环境下网络编辑素养探析/王昭启/经济与社会科学研究,2014.10

8. 互联网时代编辑的坚守与创新/郎婧,周建军,常涛/河南科技,2014.20

9. 基于 SECI 模型的数字出版人才培养路径研究/张秀梅,郑鹏,潘春玲/编辑学报,2014.2

10. 教辅编辑的数字化转型/陶振伟/科技与出版,2014.4

11. 近年高校数字出版人才培养研究综述/王东霞/内蒙古师范大学学报,2014.4

12. 论数字出版时代科技期刊复合型青年编辑的培养/院金谒,严秀丽,张巍,艾尼瓦尔·买买提,戴俊生,马建荣/农业图书情报学刊,2014.9

13. 论新媒体时代高校培养美术编辑人才应遵循的原则/钱默/长春教育学院学报,2014.21

14. 全媒体背景下我国新闻人才培养模式创新研究——以上海地区高校特色培养为例/文琼,郝红霞/新闻传播,2014.11

15. 全媒体时代背景下新闻专业人才培养/黄芳/湖南大众传媒职业技术学院学报,2014.6

16. 试论互联网时代的网络编辑工作/郭婷婷/陕西师范大学学报,2014.5

17. 数字出版时代传统编辑的思维转型/胡卫华/传播与版权,2014.7

18. 数字化时代编辑出版学的变革之道/张照富/中国报业,2014.4 下

19. 数字化时代出版人才的能力与素质/王欢,董晓慧/科技传播,2014.16

20. 数字化转型的人才之困/袁超,唐乘花/出版参考,2014.5 上

21. 数字化转型下期刊编辑职能的变与不变/吴嘉蒋,张子中/编辑学刊,2014.1

22. 数字时代背景下的新闻编辑工作特点分析/

蔡亮/新闻传播,2014.9

23. 我国数字出版产业市场行为现状分析及规范机制构建研究——基于产业组织理论视角/尹达/中国出版,2014.3 上

24. 我国网络与新媒体人才需求调研与专业培养/余红,李婷/现代传播,2014.2

25. 我国网络与新媒体专业教育探索与思考——对华中科技大学网络传播专业十七年"试错"的反思/余红,吴琼/东南传播,2014.5

26. 新媒体专业教育定位研究——以媒介形态创新为视角/鲍立泉,胡佩延/现代传播,2014.8

27. 新时期教育期刊编辑素养提升的"三大要务"/赵建春/江苏经贸职业技术学院学报,2014.6

28. 新闻采编与制作专业的网络编辑方向应用趋势分析/高婕/西南广播电视,2014.24

29. 训练思维还是训练技能?美国新媒体教育的理论和实践/邵国松/新闻大学,2014.6

网 站 建 设

1. Nature、Science 及 PLoS ONE 网络出版现状分析/吴卓晶,刘君,王应宽/中国科技期刊研究,2014.5

2. 版权保护基准下视频网站生存困局及破局对策研究/包丹沁/艺术科技,2014.2

3. 传统出版如何利用网站优势实现创新发展/陈卉/科技与出版,2014.1

4. 从数字出版产业链的角度探究电子杂志的运营策略——以《ONE:一个》为例/毛霏/新闻世界,2014.11

5. 大数据背景下 UGC 的价值研究和出版应用/张博,任殿顺/科技与出版,2014.3

6. 当前出版运营管理机制创新/刘细珍/现代出版,2014.5

7. 高校学报数字化运营存在的问题及对策/黄小妹,李登叶,陆学莉/四川理工学院学报,2014.5

8. 关于在线书店管理系统的设计的探讨/周纯然/计算机光盘软件与应用,2014.17

9. 国外科技期刊网站主页设计的分析和思考/李博,程琴娟/中国科技期刊研究院,2014.12

10. 实践探索互联网思维与传统教育出版转型——基于淘师湾网站运营的思考/余庆,彭文波/科技与出版,2014.8

11. 基于 Android 平台的手机图书服务系统设计/钟萍,安占峰,温敬朋/中国现代教育装备,2014.15

12. 基于品牌传播的视频网站受众研究——以搜狐视频为例/林刚,吴益知/重庆工商大学学报,2014.6

13. 基于期望确认模型的视频网站用户持续使用的实证分析/刘虹,裴雷,孙建军/国书情报知识,2014.3

14. 科技期刊网站的内容设置与定位思考/于孟晨,张立新,潘秋岑/理论导刊,2014.12

15. 媒介融合下省报网站发展中的问题与对策/刘铮/新闻界,2014.20

16. 内容差异化:我国视频网站自制剧的突围之路/王玉玮/现代传播,2014.8

17. 盛大文学向平台运营商转型之路——浅析盛大文学"云中书城"运营模式/倪一鸣/出版科技,2014.3

18. 视频网站内容生产模式比较/张博,葛文燕/中国报业,2014.7 下

19. 视频网站自制节目的内容特色与生存之道/李翔/当代传播,2014.1

20. 数字出版环境下网络书店的发展趋势/王琼/新闻世界,2014.5

21. 网络时代的公共图书馆与新型实体书店:危机、转型与共生/郑丽芬/图书馆,2014.6

22. 网络时代的图书营销策略研究——以微博和当当网为例/张雅寒/文化传播,2014.5

23. 网络书店营销并非简单的卖场/刘晨,荣西/出版广角,2014.7 下

24. 网络文学网站的现实建构语境/李鸿珍/江汉大学学报,2014.1

25. 我国视频网站发展态势与前瞻/程美华,史帅/重庆社会科学,2014.7

26. 在线视频网站的现状与发展趋势/艾师伟,周优/新闻前哨,2014.1

27. 专业社数字出版平台建设实践与阶段分析/江波,袁泽轶,项翔/海南广播电视大学学报,2014.3

28. Springer Link 数字出版物平台特点浅析/杨锐/科技与出版,2014.12

29. 全媒体出版平台的理想型建构/崔恒勇/中国出版,2014.11 上

30. 中国视频网站发展研究报告/中国视频网站

3. 当代中国移动手机阅读健康发展的创新思路/胡琳玉/清远职业技术学院学报,2014.6

4. 国内数字阅读研究领域的计量分析/余波,李伶思,赵兴/浙江传媒学院学报,2014.4

5. 国内外老年人数字阅读研究述评/肖雪/国书情报工作,2014.8

6. 基于5W模式的我国高校图书馆数字阅读推广研究/吴高/现代情报,2014.9

7. 基于移动网络环境的手机数字阅读研究梁爱东,钱兴彦/科技情报开发与经济,2014.8

8. 基于云服务的高校数字阅读推广研究黄志琴/图书馆学研究,2014.3

9. 价值链视角下我国网络文学产业化模式研究——以盛大文学为例/郭新茹,王桢,巢丽/文化产业研究,2014.2

10. 近年来我国数字阅读发展研究/高立/图书馆学研究,2014.22

11. 可穿戴设备对数字阅读的影响及未来发展趋势探析/张博,李宇辰/新闻传播,2014.1

12. 全媒体时代的图书馆数字阅读环境的构建/金钰/实事求是,2014.6

13. 全媒体时代下的数字阅读与经典阅读推广/姜丰伟,顾朝兵/四川图书馆学报,2014.2

14. 全媒体时代用户数字阅读服务创新/刘景昌/图书馆学刊,2014.2

15. 数字出版产业发展中传统出版社在移动阅读方面的尝试及探索/戚雪/出版广角,2014.9下

16. 数字化阅读的概念纷争与统整:一个分类学框架及其研究线索/王佑镁/远程教育杂志,2014.1

17. 数字阅读出版产业链分析/史建农/科技与出版,2014.7

18. 我国国民数字阅读付费行为研究/李新祥/科技与出版,2014.1

19. "碎片化"时代的"陌生化"阅读/张永锐/教育实践与研究,2014.15

20. 新媒体对青少年阅读的影响研究/赵霞/中国青年研究,2014.2

21. 移动互联网用户阅读利用行为研究/何琳,魏雅雯,茆意宏/图书情报工作,2014.9

22. 大学生移动阅读的使用动机和用户评价研究——基于中日韩三国的跨国比较/李武,刘宇,张博/出版科学,2014.6

23. 当前我国大学生手机阅读的特征、缺陷与对策/刘畅/浙江传媒学院学报,2014.6

24. 手机阅读应用软件持续使用行为研究/曾李,丛挺,曾元祥/出版科学,2014.1

标 准 规 范

1. ePUb3.0电子图书格式标准应用研究/李金城/中国印刷与包装研究,2014.6

2. 电子课本国际标准的发展与追踪调研/许哲,顾小清/现代远程教育研究,2014.1

3. 电子课本与电子书包标准规范、关键技术及应用创新的研究/吴永和,何超,杨瑛,马晓玲,余云涛,刘晓丹,祝智庭/华东师范大学学报2014.2

4. 电子书包领域数字教育出版标准化探析/施勇勤/标准科技,2014.12

5. 基于云端环境的EPUB3.0电子书学习系统设计与实现/胡畔,王冬青/现代教育技术,2014.1

6. 浅谈构建中国数字出版产业发展新模式/魏婷,于甜甜/北方经贸,2014.8

7. 浅析我国数字出版标准化现状与出路/黄玉寅,陈思/中国出版,2014.4下

8. 生物医学期刊ePub3的应用展望/邹强,袁庆,康林,盛晓阳,王永武/中国科技期刊研究,2014.3

9. 使用jQuery Mobile框架的移动阅读解决方案——以金陵图书馆掌上阅读为例/刘福祥,蒋蓓蓓/图书馆学研究,2014.20

10. 探讨数字出版标准化工作的策略/李琴萍/新闻传播,2014.12

11. 一种支持EPUB3.0标准的电子书阅读软件/胡畔,王冬青/华南师范大学学报,2014.1

经 营 管 理

1. 从"事业化"到"企业化":中共对党报经营管理的探索/陈龙/暨南学报(哲学社会科学版),2014.2

2. 国外专业期刊经营管理简析/李禹/传播与版权,2014.5

3. 后体制改革时期出版社经营风险问题探索/赵跃进,姚晓梅,杨莉,高玲/科技与出版,2014.1

4. 后转制时期大学出版社困境与对策/刘坚/中

国出版,2014.3下

5. 论韬奋先生媒介经营管理理念对现代媒介产业的启示/郭燕荣/科技世界,2014.8

6. 浅谈大学出版社经营思路的转变/任振国/出版广角,2014.11

7. 浅析稿酬支付方式及出版社纳税要点/靳琼/科技与出版,2014.4

8. 商业智能在出版社的应用研究/秦必瑜/科技与出版,2014.4

9. 新时期出版企业经营管理"五全"模式探讨与实践/郝阳/科技与出版,2014.12

10. 以科技的力量点燃科技出版之圣火——2013我国科技出版社经营动态分析/高萍,黄新华,张冰冰/科技与出版,2014.4

11. 出版社数字资源管理平台构建方法之管见/秦新利/新闻研究导刊,2014.10

12. 传统出版和数字化出版并存时期出版社图书档案数字化管理工作探讨/陆红/城建档案,2014.6

数 字 编 辑

1. 出版数字化转型中总编室职能定位的思考/匡罗均/科技与出版,2014.10

2. 基于政策制度影响力的传媒编辑框架探讨——从框架分析理论和韦斯特利-麦克莱恩模式谈起/李艳中,古明加/岭南学刊,2014.6

3. 论大数据时代高校学报编辑的职业素养/黄燕/南京晓庄学院学报,2014.7

4. 论数字出版转型期学报编辑的创新意识/郭常斐/新闻传播,2014.12

5. 媒介融合时代新闻编辑素养的新思考/李曾真/新闻传播,2014.9

6. 数字出版技术与编辑出版工作的数字化/陆晟/出版广角,2014.1下

7. 数字出版人才策划能力构成及其培养模式分析/杨明,陈少志/出版科学,2014.6

8. 数字出版时代学报编辑能力的提升/杨晓芳/陇东学院学报,2014.11

9. 数字化出版趋势下编辑的文化责任和角色转换/徐梅/传播与版权,2014.10

10. 探讨在数字媒体制作中编辑角色的转变与作用/刘丽,高润泉/软件工程师,2014.9

11. 新媒体环境下的高校图片编辑研究/张莺/大众文艺,2014.19

12. 专业期刊编辑在校对工作中的角色转换/李禹/新闻传播,2014.8

13. APP与传统图书编辑的数字出版/戴涛/出版广角,2014.6上

14. 新"把关人":数字时代编辑的角色调适/张文莺/科技出版,2014.3

15. 云出版条件下编辑角色行为的思考/刘治超,张君浩/前沿,2014.2

按 需 出 版

1. 论自助出版的泡沫化与法律规制/韩仁哲,王仕平/出版广角,2014.1下

2. 浅谈自助出版对传统出版的影响及对策/王淑洁/出版发行研究,2014.12

3. 浅析微信出版/张聪,刘晓宇,张志成/科技与出版,2014.7

4. 浅析我国自助出版的发展现状/肖冉,李晓芳/新闻世界,2014.8

5. 网络自助出版物的呈缴与长期保存/赵豪迈/出版发行研究,2014.3

6. 中国自助出版政策与法规环境分析/安小兰/现代出版,2014.6

7. 自助出版平台社区研究——以企鹅集团图书国社区为例/刘俏/长江大学学报(社科版),2014.4

8. 按需出版:理想终将变为现实/韩丽/全国新书目,2014.12

9. PKI体系下的地图按需出版CA模型研究/苏强,史瑞芝,周啸,刘恒/中国印刷与包装研究,2014.1

10. 按需出版:发动未来出版的"绿色引擎"——以知识产权出版社为例/蔡玉沛,姚怡云/编辑学刊,2014.2

11. 按需出版存在的问题的及解决方法/陈红/今日印刷,2014.2

12. 按需出版的发展路径微探/姜军/新闻传播,2014.6

13. 按需出版的瓶颈探析/齐丽华/科技传播,2014.5下

14. 数字印刷与出版物"私人定制"发展趋势探析/刘敏/出版与印刷,2014.4

15. 我国按需出版的现状和问题/周茹茹/编辑

学刊,2014.6

16. 美国按需出版的运营机制与启示/肖叶飞/编辑之友,2014.2

17. 凤凰新华印务:创新商业模式迎接"云印刷"时代/张冬黎,李湲/中国印刷,2014.7

动漫网游

1. "大动漫":推动动漫教育转型升级/苏锋,罗小艺/《西南民族大学学报》(人文社会科学版),2014.7

2. "中国动漫梦"理论研究与实践探索/魏三强/聊城大学学报(社会科学版),2014.3

3. 2014年互联网语境下的动漫产业新趋势/张文倩/中国电视(动画)2014.12

4. 大数据、网络技术与现代动漫产业发展体系建构/解学芳/学术论坛,2014.3

5. 动漫产业在传播河南历史文化中存在的问题与对策/蔡黎/河南机电高等专科学校学报,2014.5

6. 国产动漫出版如何实现产业化发展/陈旭姣/新闻世界,2014.12

7. 国际数字动漫产业现状、趋势及对我国的启示/熊澄宇,刘晓燕/东岳论丛,2014.1

8. 论网游Age Of Titan中的暴力美学/李强/长春教育学院学报,2014.2

9. 媒介角力与新世纪儿童文学图书出版格局之变/崔昕平/编辑之友,2014.6

10. 美日公共图书馆动漫阅读推广活动探析/李芙蓉,李常庆/中国图书馆学报,2014.11

11. 全媒体时代下我国动漫出版产处的发展策略/秦宗财/文化产业研究,2014.3

12. 日本漫画走向海外的途径分析/诸葛蔚东/对外传播,2014.11

13. 少儿电视频道与动漫产业融合发展的模式/徐福荫,付俊/电化教育研究,2014.1

14. 实施精品战略是动漫产业发展的必由之路/邢红梅,谢士法/河北经贸大学学报,2014.7

15. 视觉文化时代动漫的育人价值研究——基于小学生动漫活动现状调查/张杰夫/教育研究,2014.10

16. 探索期中国新媒体动漫的发展与前景/佟婷,彭乔/现代传播,2014.6

17. 网游行业联合运营问题研究/徐江帆,张硕楠,谢雅洁/现代物业,2014.13

18. 中国动漫产业发展模式与路径创新探析/石德生/现代经济探讨,2014.9

19. 中国动漫产业现状与发展策略分析/王丹/改革与战略,2014.1

20. 从原产到原创——我国动漫产业发展的必经之路/肖昕/民族艺术研究,2014.2

21. 中国神话在电子游戏中的运用与表现——以国产单机游戏《古剑奇谭:琴心剑魄今何在》为例/包媛媛/云南师范大学学报(哲学社会科学版),2014.4

22. 基于用户价值的网络游戏营销策略/欧阳昌海/中国出版,2014.12下

23. 中国原创网游的语言变异与英译/张义/重庆工商大学学报(社会科学版),2014.10

数字报纸

1. 报业的数字化转型中生产方式的转型/李明,王骞/新闻知识,2014.11

2. 从资讯类网站的发展看报业转型路径/张伟,黄升民,吴殿义/新闻界,2014.24

3. 大数据思维与报纸媒体重塑/崔瀚文/新闻传播,2014.10

4. 计算机网络背景下的数字媒体与纸质媒体的博弈研究/兰继明,张明阁/电子制作,2014.19

5. 计算机网络的冲击与传统纸质传媒的生存发展研究/宋国际,兰继明/电子制作,2014.17

6. 军队报网融合的特点与前景展望——以《解放军报》和中国军网融合为例/王迪/传播与版权,2014.10

7. 媒介融合时代报纸版面设计的创新路径/蔡妮娜/传媒,2014.11下

8. 媒体时代背景下版面设计的创新思路研究/唐瑶瑶/美术教育研究,2014.13

9. 浅谈大数据时代报纸数据图表运用/吴水桂/才智,2014.28

10. 浅析新媒体时代下报纸编辑的角色转型/张明珍/东南传播,2014.12

11. 数字媒体时代中国报业的危机与应对策略研究/江晨睿/新闻传播,2014.12

12. 用互联网思维拓展报纸发展未来/刘冰峰/新闻传播,2014.10

13. 纸媒转型的移动化尝试——《纽约时报》新闻客户端 NYT Now 的探索与启示/王之月,彭兰/新闻界,2014.23

14. 中美报纸数字化转型之赢利模式评析/郝香,李荣/传播与版权,2014.10

15. 以"创新扩散"理论分析报纸类 APP 发展/张一弛/传媒观察,2014.4

互联网与数字出版相关论著

年度报告类

2013 ~ 2014 中国数字出版产业年度报告
张立等著　2014 年 7 月 1 日
中国书籍出版社

在研究方法上,张立主编的《2013 ~ 2014 中国数字出版产业年度报告》依然采用数据实证分析与文本分析相结合的方式。在《报告》的撰写过程中,研究人员运用产业组织经济理论着力从产业主体、产业行为、产业绩效等方面对数字出版产业进行了分析,主要通过对各领域从业企业规模、生产规模、用户规模、运营及赢利状况等方面的大量数据的梳理、解析,用图表形式呈现。同时,本《报告》对我国数字出版产业的环境加以阐析,以求对我国数字出版产业的脉动进行追溯。这些努力可能会有利于读者较好地把握我国数字出版产业现状,同时,也便于了解到发展的来龙去脉及其因果联系。

中国新兴媒体融合发展报告 2013 ~ 2014
新华社新媒体中心编　2014 年 7 月 1 日
新华出版社

在中国社会发展进程中,新兴媒体的正能量日益显现,传媒在新旧媒体的融合中焕发出勃勃生机,微传播催生出丰富的网络文化,网络问政日益制度化,新兴媒体已经全面融入中国社会政治、经济、文化发展中。

本书是国内第一部全面梳理新兴媒体在新媒体市场大勃兴背景下,加快融合发展的产业报告。它通过立足于全球视野和中国特色两个视角,提供了新兴媒体融合发展方面极为丰富的内容和案例。全书共分为概况篇、媒体篇、社会篇、创新篇、技术篇、应用篇、产业篇、金融篇、安全篇、管理篇、展望篇、建议篇等 12 个部分,全面记录了 2013 年以来中国新兴媒体融合发展的历程,解析新兴媒体与技术、产业和市场交互融合中出现的新热点,展望未来中国新兴媒体融合发展的走向,并对促进中国新兴媒体产业的健康发展提出了建议。

产业研究类

跨界:开启互联网与传统行业融合新趋势
腾讯科技频道编　2014 年 10 月 25 日
机械工业出版社

《跨界:开启互联网与传统行业融合新趋势(全彩)》内容简介:移动互联网是当前的时代趋势,已经势不可挡,物联网更是未来 10 年的产业趋势。互联网时代的黎明已经到来,世界将告别我们刚刚熟悉的信息时代。工业革命、第四次科技革命带来的世界产业格局的剧烈变化正在席卷全球。这种变化让我们身边的每个人都身临其境,同时也身处迷雾。互联网对传统企业的改造在碰撞和融合中悄然发生,企业间、产业间跨界合作将会无远弗届。

在中国以 BAT 为首的巨头已经开始一系列应对跨界趋势的并购,其中甚至包括我们熟悉的文化产业。阿里巴巴已经开始众筹电影了,你能想象今后的电影是大家喜欢什么,就能演什么吗? 这只是变化的冰山一角。互联网金融迎来春天,智能硬件成为创富新动力,在线教育发芽,吃喝玩乐都在拥抱互联网……移动互联网大潮正以前所未有之势席卷传统行业。在融合与碰撞之间,行业的横向整合和纵向重塑正在进行。《跨界:开启互联网与传统行业融合新趋势(全彩)》为你解读当下中国移动互联网产业格局和变化趋势,助你拨云见日,把握发展机会。

数字时代的图书
约翰·B·汤普森著　张志强等译2014年3月25日

译林出版社

《数字时代的图书》讲述五百多年来,书籍一直都是现代文化的重要特征,是教育和学术所依赖的基础。如果没有以书籍为形式一代代保存、传播、传承下来的资源财富,很难想像西方文化乃至当今世界文明将会是怎样的。但是最近几年,却涌现出这样的猜想,那就是我们熟知并重视的这个五百多年的文化是否有消失的可能。今天,图书出版业正在经历一场变革,其变化之深刻就如同谷腾堡开始用传统的螺旋压印机来生产印刷文本那样。这个变革的动因之一是由数字化引领的科技革命,还没有人能准确知道这个变革将会在图书出版领域怎样演绎。尽管,以书的形式被包装起来的内容还是会以各种形式传播,仍有很多人在思考,印刷书籍是否会重蹈黑胶唱片的覆辙,最后变成收藏家的藏品,成为已逝岁月的古怪遗物。书籍会继续作为重要的形式存在于以电脑、电视为普遍文化形态的世界中吗?

谷登堡星汉璀璨:印刷文明的诞生
马歇尔·麦克卢汉著　杨晨光译　2014年3月1日

北京理工大学出版社

《谷登堡星汉璀璨:印刷文明的诞生》奠定了马歇尔·麦克卢汉作为传媒理论家和新媒体预见家的地位。

1962年出版的《谷登堡星汉璀璨:印刷文明的诞生》最早提出电子时代"地球村"的概念,这本书也是麦克卢汉经典巨著《认识媒体》的前奏。《认识媒体》谈论的是电子时代的人类,而《谷登堡星汉璀璨:印刷文明的诞生》则分析围绕在印刷术出现时的人类哲学问题,两本书完整串联起了人类传统线性的以及当代非线性的思维模式。在《谷登堡星汉璀璨:印刷文明的诞生》中,麦克卢汉以其博学的艺术和历史知识,分析了西方文明从口语、手抄书到印刷术出现时期,人类如何从听觉文化过渡至视觉文化,以及印刷术最后如何促成人类意识的同质性、民族主义,以及个人主义的诞生。

《谷登堡星汉璀璨:印刷文明的诞生》以麦克卢汉特有的"马赛克风格"写作,是麦克卢汉最难阅读的经典。全书由多则看似独立又环环相扣的短文组成,篇篇都闪耀着麦克卢汉先知般的智慧火花和洞见,即使在原版书出版半个世纪的今天来看,这本经典依然散发着预言的魅力。

制胜数字时代——科技期刊的网络出版
李明德著　2013年12月1日

西安交通大学出版社

网络的兴起,使得科研环境发生了巨大的变化,数字信息逐渐成为科学研究的主流信息,作为数字资源重要的提供者——网络化科技期刊也日益受到重视并处于飞速发展的过程中。科技期刊的网络化是我国期刊出版界近几年热烈讨论的问题,并在积极付诸于编辑过程之中。

传统媒体和新兴媒体融合发展的愿景与路径
中央人民广播电台提升中国互联网国际传播力课题组编　2014年10月1日

社会科学文献出版社

全书以传统媒体和新兴媒体融合发展为主线,从国家软实力、互联网对国际舆论话语权影响、新闻网站赢利模式、复合型传媒人才培养、新媒体战略等角度,针对中国互联网国际传播的理论研究和相关硬件设施现状,做了问卷调查,对我国互联网状发展状况和当今国际互联网行业发展趋势做了较为系统地研究,展望了传统媒体和新兴媒体融合发展的愿景,并提出了具体的路径选择。

数字新媒体版权管理
张文俊等著　2014年6月1日

复旦大学出版社

本书名为"数字新媒体版权管理"是为了凸显当下数字技术及数字权益保护对新媒体产业发展的强大影响力。《数字新媒体版权管理》系统地综合了新媒体产业领域中数字版权管理的技术发展、市场运作与法规建设的成果,着重从数字新媒体版权管理的技术应用与发展、商业运营模式、法律法规建设等方面就数字版权管理技术与数字新媒体产业发展的相互关系进行了系统与深入的全面论述与探讨,且尽可能考虑到数字新媒体版权管理技术的发展与应用特点,颇具系统性和前沿性。

本书由张文俊、倪受春、许春明著,适合从事数字版权管理、新媒体产业、知识产权保护等研究的学者、学生阅读,同时也适合从事数字媒体管理和数字版权管理的技术应用与商业运作、新媒体产业运营等从业人员或对相关知识感兴趣的广大读者做扩展阅读与深度阅读。

数字化时代的出版学

陈洁著　2014年10月1日

北京大学出版社

数字化时代的出版学》既体现理论性、实践性的要求，又体现与时俱进的时代特征，做到与数字化时代出版业发生的变革相结合，贴近社会需要，贴近学生实际，将数字出版实务编入教材，使学生通过这些理论的学习和实践教育，启发和引导学生明确自己身为出版人社会责任，拥有国际化和宏观的视野，对当前日新月异的科技发展之下，出版技术变革有所了解。并将出版学理论中增加案例，做到既有理论又有实践，通俗易懂、生动活泼，便于教师的教学和学生的学习，有助于促进教学质量的提高。

实 务 指 导 类

编辑人的世界

杰拉尔德·格罗斯编　齐若兰译　2014年4月4日

新星出版社

《编辑人的世界》自1962年问世，分别于1985年，1993年进行了两次修订，本版据1993年第三次完全修订版翻译。收录了美国当代最杰出的出版人撰写的38篇文章，从编辑行业性质、职业素养，到如何策划选题、编辑稿件、打造畅销书；从编辑大众市场类图书，到专门化类型读物……《编辑人的世界》将为你揭开编辑的神秘面纱，带你领略千变万化的出版行业。

数字出版启示录——西方数字出版经典案例分析

刘银娣著　2014年7月1日

世界图书出版公司

数字化浪潮席卷出版业已逾20年，我国出版业也在积极推进数字化转型。然而，目前，我国出版人尚未走出一条合适的道路。它山之石，可以攻玉。国外出版业在数字化转型方面积累了比我们更丰富的经验，也有更多成功的案例，因此对国外数字出版案例进行选编具备较强的教学价值和实践价值。本书将会分别选取国外传统大众出版、教育出版、科技出版行业成功进行数字化转型的企业以及新兴数字出版企业包括苹果、亚马逊、谷歌、露露等，对这些企业在数字出版方面的成功经验进行分析，试图为数字出版教学和我国出版企业数字化发展提供帮助和参考。

实用数字报纸版面编辑

亓怀亮等编　2014年8月1日

西南交通大学出版社

亓怀亮主编的《实用数字报纸版面编辑（数字时代影视传媒系列教材）》一书，是2013年四川省教育厅批准立项研究的教改项目——"数字出版时代'全能型'编辑人才培养的实践教学方法研究"的重要研究成果。本书侧重于对于数字报纸版面编辑的编辑意识培养和设计意识的塑造。从版面编辑的编辑思想与素质、版面文字稿件、图片稿件、版面语言、编排手段、版式设计六个主要方面展开讲述，所涉及的内容，都紧密围绕着"数字"概念，所选择的案例，均考虑到"数字"效果。

数字出版产业理论与实践

张新华著　2014年1月1日

知识产权出版社

本书从产业经济学、信息经济学等角度探讨数字出版的产业特征和经营模式，从全球、地区和企业等不同维度透视出版业的数字化转型以及数字出版产业发展的路径、特点、经验等，建设性地提出我国数字出版产业发展的定位、原则、目标和路径。

本书主要面向数字出版从业者、教育者和学生，对于数字出版产业的研究、学习和实践都有一定的借鉴意义。

数字出版物的营销模式研究

袁勤俭等著　2014年11月1日

清华大学出版社

本书从界定数字出版物的概念入手，以数字图书、数字期刊、数字报纸、数字音像制品、软件、数据库产品六大类数字出版物为研究对象，将结构方程分析法、灰关联分析法、模糊层次分析法等前沿研究方法引入数字出版物营销研究，使其研究深入研究对象内部联系层次。本书还从数字出版物生产商、分销商和消费者的视角，将传统营销理论和网络营销理论融入数字出版物的营销研究，结合国内外数字出版物营销实践，对数字出版物的目标市场和市场定位、消费者行为、产品策略、价格策略、分销策略、促销策略、赢利模式、国际化策略等进行了全面的、深入的研究,力求将数字出版物营销的最新实践成果提升到理论层次,并构建了完善的数字出版物营销体系,这对数字出版物生产商和分销商的营销实践具有重要的指导和参考价值。

用户至上的数字媒体设计

(美)杰森·泽林提斯著　傅江、张茫茫译　2014年4月1日

中国青年出版社

《用户至上的数字媒体设计》一书尝试将创意设计和数字化理念相结合,内容涵盖了台式电脑、平板电脑和智能手机等当今人们常用的数字设备,并以此平台具体讲解了数字媒体设计必备的知识。从平视觉设计的角度,帮助平面设计师掌握了数字媒体的管理方式,知晓了视觉设计原则与数字技术特点,了解了用户体验与交互式界面的应用技术。本书绝对称得上是一本"数字媒体设计指导手册",会带你领略到数字媒体世界与平面设计领域的跨界与整合。

数字出版数据库基础与实训教程

陈志文主编　2014年8月1日

上海大学出版社

《数字出版数据库基础与实训教程》以碎片化的数字出版物内容管理为案例,以SQL Server 2005为数据库管理工具,介绍了基于数字出版的数据库基础知识与应用。本教程体现了编者陈志文多年数字出版研究与软件工程的工作经验,以及在数字出版教学改革与校企深度合作中形成的"案例教学,理论与实践相结合"的教学方法。教程以高职高专院校数字出版专业学生为读者对象,以碎片化的数字出版物管理为完整实例,讲解数据库的基础与应用。针对其他相关出版专业学生,本教程辅以出版物销售管理系统为例。通过本教程,出版专业学生可以快速全面地掌握基于SQL Server 2005的关系型数据库知识,为未来走上数字出版数据库相关岗位奠定坚实的基础。教程还可以作为基于SQL Server 2005的职业培训教材和各类高职高专院校的数据库教材,也适合作为SQL Server 2005的自学用书和参考用书。

自媒体营销实战全攻略

刘瑞军著　2014年6月1日

人民邮电出版社

《自媒体营销实战全攻略》首先介绍了自媒体和自媒体营销的概念及相关背景,接着对自媒体营销的操作要领进行了概述,然后详细介绍了在微信、微博、QQ、博客及微淘上进行自媒体营销的技巧及注意事项。《自媒体营销实战全攻略》所提供的内容能让读者充分了解自媒体营销的相关要点,了解各个自媒体平台的优势及劣势,帮助自媒体营销的实践者们获得更好的营销效果。

《自媒体营销实战全攻略》适合广大对自媒体感兴趣、想尝试自媒体营销的各行业人士以及自媒体人阅读和参考。

新媒体营销

肖凭、文艳霞等著　2014年1月1日

北京大学出版社

新媒体时代完全改变了人们接触、参与信息的方式,颠覆了人们的生存方式和生活方式;本书从企业营销的视觉囊括网络媒体、手机媒体、数字电视、户外新媒体等所有新媒体种类,对新媒体营销进行较为系统的论述,具有系统性、实战型、通俗性、针对性等特点。

数字印刷300问

刘文平、高晶、曹帅编　2014年1月1日

文化发展出版社(原印刷工业出版社)

本书为"500问"系列套书中的一本,主要针对数字印刷涉及的各方面常识、技术、工艺等角度设问并进行解答。内容较全面,从数字印刷流程、业务种类、文件格式、色彩管理、输出预检、印刷成像技术、质量控制、印后加工及常见故障、可变数据印刷、设备保养、数字印刷领域的其他应用等均进行分析及阐述。适合数字印刷从业人员查阅。

应用技术类

数字媒体技术导论(21世纪高等学校数字媒体专业规划教材)

詹青龙、董雪峰等编　2014年8月1日

清华大学出版社

詹青龙、董雪峰主编的《数字媒体技术导论》对数字媒体技术涉及的各方面内容进行较为全面的介绍,包括数字媒体技术、设备、艺术、设计、产品等,共计8章。第1章介绍数字媒体技术的基本特征、传播

分析、研究与应用领域;第 2~3 章介绍数字媒体技术设备和关键技术,包括数字媒体技术的输入、输出、存储设备,图像、动画、视频、虚拟现实等关键技术;第 4~5 章侧重数字媒体技术的艺术与设计,包括艺术构成、形态设计和界面设计;第 6 章主要讲述数字媒体产品的设计与制作;第 7~8 章介绍数字媒体技术产品的出版与产业链。本书穿插了大量实用高效的制作实例,提供了拓展性学习内容,设计了练习和实践环节。

本书主要作为高等院校数字媒体专业、新闻学专业的教学用书,也可作为媒体制作爱好者的自学参考书以及数字媒体技术培训班的教学资料。

DITA 数字出版技术

高昂等著 2014 年 1 月 1 日
电子工业出版社

DITA 是面向主题的文档类型定义规范,是针对结构化数字出版内容拆分与重组需求而设计的技术标准。DITA 在 XML 基础上拓展了面向数字出版物描述的各项元素,覆盖数字出版物信息组织、编写、生成和交付等各个流程,并允许使用者根据不同领域技术出版物的需求进行扩展和定制。DITA 的使用能够有效减少数字化出版过程中的信息冗余,为内容深加工和多渠道发布提供新的模式。

本书围绕 DITA 标准展开,详细介绍了 DITA 标准的设计思想和体系架构,并从多个层面对 DITA 标准的基础内容进行梳理和介绍,同时对 DITA 标准的重点内容如主题、映射、领域专门化和样式渲染等内容进行详细分析,引导读者深入了解 DITA 标准的各项细节。

本书还结合国家标准规范、词典辞书等有针对性的典型应用分析,配合 DITA 的行业应用实例,帮助数字出版从业者了解 DITA 的出版流程和应用领域,让更多的数字出版从业者了解 DITA、深入 DITA,并灵活使用 DITA 来编排创作各类数字出版物。

数字出版元数据基础

孙广芝、邢立强、张保玉著 2014 年 1 月 1 日
电子工业出版社

数字出版产业的发展,需要规模化的数字出版内容资源。作为内容组织和管理的有效工具,元数据对于出版内容资源整合及出版产业的可持续发展具有重要意义,按照元数据标准的要求对内容资源进行规范化描述,可以有效地促进内容资源的处理、交换、共

享和开发利用。

本书首先介绍了数字出版元数据的基本概念、作用及其在国内外的发展状况,然后针对数字出版全流程所涉及的元数据标准的内容、功能和特点给出了详细的介绍和分析,包括用于出版物及其内容资源标识的 ISBN、ISSN 和 DOI 等标准,以及用于出版物及其内容资源描述的 DC 元数据、机读目录格式和图书 ON-IX 等标准,并给出一些元数据标准的应用示例。本书还对不同元数据的转换技术进行了介绍。

云端创意——数字出版解密

晏琳著 2014 年 5 月 1 日
电子工业出版社

本书作者利用丰富的时尚类杂志设计和宝贵的数字出版方面(iPad 交互杂志)的经验为我们展示了不需要编程的知识,如何使用平面软件设计制作 iPad 交互杂志以及其他数字出版物,从技术方面详尽地讲述如何一步一步实现交互方法,运用大量实例图解技术过程。另一方面,作者从设计角度讲述了如何实现从平面到数字的设计思路转换,运用完整实例分解设计思路过程,详尽讲述从制作到上传的各个过程,让新手可以成功地实现从设计、制作到上传到 Apple APP Store 去出售的全部过程。同时读者还可以在 APP Store 中免费下载作者同步上线的应用程序,供读者查看书中提及的动态实例。

数字出版中的语言服务——自然语言处理技术帮助阅读

孙继兰著 2014 年 8 月 1 日
机械工业出版社

本书提出了数字出版中语言服务的理念,并介绍了一种简单实用的数字出版语言服务新形式,即词汇和难句抽取服务,以辅助人们更轻松地进行诸如外文书籍和文献阅读、观看外文视频和动漫,以及通过游戏学习外语等。本书的初衷是向读者介绍数字出版语言服务理念和数字出版中基于自然语言处理技术和云计算技术的词汇与难句抽取服务的策略实现,因此本书在写作中主要从理念和观点而非技术的角度进行阐述。

本书作为一本从技术和语言实现角度,探讨现代技术帮助人们阅读和语言学习的书,面向所有关注技术对人类阅读和语言学习产生影响的专业人士、普通的语言学习与研究人员、阅读爱好者、广大的外语和语文教师、学生等。也可供关注数字出版服务、自然语言处理应用和云计算应用的人士学习参考。本书

也可作为编辑出版类专业的课外参考书。

媒介传播类

网众传播

何威著　2014年5月27日

清华大学出版社

《网众传播：一种关于数字媒体、网络化用户和中国社会的新范式》提出"网众"与"网众传播"的概念并围绕它们展开系列探讨，包括网众传播的语境、行为主体、媒介，以及其中的信息流动、群体行为和权力博弈。通过对近年来一系列典型案例的分析，《网众传播：一种关于数字媒体、网络化用户和中国社会的新范式》意在考察新媒介生态环境中的媒介（数字媒体）、人（网络化用户）与社会（中国社会）三者间充满张力的互动关系，以求更好地理解我们身处的这个冲突与机遇并存的世界。

重新理解媒介

陈世鸿著　2014年3月12日

中信出版社

醒客宝典，解开传播、社会网络与群体秩序之谜。《重新理解媒介》清晰地描述了全新商业时代的人际关系和传播逻辑，揭示了新媒体高速更迭的背景下媒介的本质——媒介即是行动。作者将计算机、传播学、人类学、心理学、逻辑学以及未来学等学科融会贯通，用理性和缜密的思维将隐藏在日常传播事件和社会现象下的人际关系和新商业模式抽象为可推演的数学模型，在个人生活、传播以及商业应用范畴内均有较强的实用价值。

在极速变化的新商业社会中，《重新理解媒介》将与传统企业与创新企业的产品推广、品牌打造、价值观传播甚至思维方式等方面产生很强的交互关系，是人类在信息社会中构建新话语体系和开启全新生活的重要思想武器，也是重建社交关系和群体秩序的生存指南。

致命的转化率：全媒体转型的陷阱

赵曙光著　2014年9月1日

复旦大学出版社

互联时代，传统媒体都走在全媒体转型的路上，无论愿不愿意。然而，绝大多数媒体没有找到成功的

秘钥。

赵曙光所著的《致命的转化率——全媒体转型的陷阱》以严谨的理论推演、科学的实证精神、翔实的数据和分析，指明了全媒体转型的互联网逻辑——聚焦转化率而不是注意力、塑造产品思维而不是作者思维，才是传统媒介复兴的根基。

相信本书提供的系统化思维和令人信服的证据，将为全媒体转型困境中的人士开启新的视野。

网络舆论波研究

廖卫民著　2014年10月1日

浙江大学出版社

《网络舆论波研究》系统阐述了网络舆论波的理论体系，从基本概念、理论模型、类型图谱、议题演化、传播动力等多方位全面论证，并且系统地进行了六大案例的深度研究，最后有针对性地提出了"善治"理念下的综合治理对策。全书以事实说话，以数据说话，通过大量的实证案例和内容分析，呈现了当代中国网络舆论变化的内在规律和丰富细节。

全书创新性地对网络舆论波的类型进行系统分类，从能量、持续时间、策动力源泉等多角度观察分析，发现了"舆论风浪""舆论涌浪""舆论内波""舆论潮波""舆论风暴""舆论海啸""舆论汇流"等多种舆论波形态，并提出了对症下药、分而治之的应对思路。还指出了网络舆论演化当中"长期暗涌"与"一时引爆"的困惑，"自然流变"与"人为操控"的纠结，并对此进行传播学理论探讨。

全书还充分运用了社会网络分析和可视化模型呈现了舆论波运动的复杂形态，并用自然科学中的共振、衍射、折射等原理进行了比较分析。全书文理兼容，说理透彻，图文并茂，可读性强，适合党政机关、科研院校等各类组织机构参考，适合关注舆论舆情的在校学生和各界人士阅读。

新媒体环境下的网络舆情研究与传播

《图书情报工作》杂志社编　2014年4月1日

海洋出版社

图书情报工作杂志社编著的《新媒体环境下的网络舆情研究与传播》分为基础篇、应用篇和传播篇三部分，收录了：《我国网络舆情信息工作现状及对策思考》《新媒体技术发展对网络舆情信息工作影响的研究》《公共危机事件中政务微博的舆情信息工作理念与策略探析——以雅安地震为例》《定量网络舆情危机预警模型构建》《网络舆情信息传播视域中传播效

果理论的嬗变与思考》《网络社交现状及对现实人际交往的影响研究》等论文。

全媒体时代的新闻发布和媒体关系管理

史安斌著　2014年10月1日

五洲传播出版社

本书从新闻发布制度的理论和机制创新、新闻发言人角色的重构、全媒体时代新闻发布和媒体关系管理的实务等三个方面，全面而系统地梳理西方近百年来和我国近十年来政府新闻发布的实践探索之演进脉络，为提升全媒体时代政府新闻发布工作的品质和有效性提供一些实践和政策上的指导，并对今后新闻发布工作的改革作出前瞻性的分析和展望。本书力图做到理论和实践、方法和案例、全球与本土的有机统一，既可以作为政府官员、企业管理者、社会组织负责人和新闻发言人案头的参考书，也可作为高校开设相关课程和进行培训选用的教科书，亦可供关注中国政治与社会变革的读者深入了解相关理论和实践的演进脉络之用。

移动新媒体时代的舆论引导研究

雷霞著　2014年1月1日

中国广播影视出版社

《移动新媒体时代的舆论引导研究》认为，我们要辩证认识和理解移动中的新媒体特征及新媒体时代的舆论引导，提出用开放和包容的态度应对新媒体上的信息创造、分享与传播，用尊重和理解用户需求的软性方式来引导舆论，并提出促进大众科技素养和媒体素养的提升、利用组织文化的正能量来影响舆论等等具有现实针对性和可操作性的对策建议，以理性视角看待和开展舆论引导工作，展望一个更加理性、客观、健康和欣欣发展中的新媒体舆论场。

大 事 记

1月

1月20日,我国新闻出版领域最高奖——第三届中国出版政府奖正式揭晓,236个出版物、先进出版单位和优秀出版人物(优秀编辑)获奖。此次评选是对近三年来我国新闻出版行业体制改革发展成绩的一次集中检阅,对鼓励、繁荣、发展新闻出版行业,推动文化强国建设具有重要的意义。

1月27日,由中国新闻出版研究院和中国出版协会主办的第八届全国新闻出版业网站年会暨新闻出版业互联网发展大会在京召开。本届年会以"融合发展,互补共荣"为主题,旨在促进新闻出版业互联网管理人的交流,加强业内外研究者与实践者的合作,推动行业互联网的融合发展。会上中国新闻出版研究院院长魏玉山发布了《2014全国新闻出版业网站运营分析报告》。

2月

2月25日,北京出版集团与德国梅尔杜蒙公司共同投资组建的京版梅尔杜蒙(北京)文化传媒有限公司在北京成立。新公司经营范围横跨出版、旅游、互联网三个领域。作为衔接中国与国际出版产业双向发展的平台,新成立的合资公司将把优秀的国际出版资源引进中国,也将把中国文化和丰富的旅游资源呈现给世界。京版梅尔杜蒙公司是北京出版集团"走出去,请进来"的一次有益尝试。

2月28日,由中国民间文艺家协会主办的中国口头文学遗产数字化工程(一期)成果演示会在京举行。该工程(一期)录入中国口头文学遗产资料4905本,8.878亿字,是迄今为止人类最大的口头文学遗产数据库,被誉为借助当代高科技手段构建的民间文化长城。

3月

3月,国家新闻出版广电总局2014年"出版物质量专项年"活动启动。活动着重从3个方面对出版单位进行检查:在选题审核方面,坚持正确的出版导向,着力提高出版物的思想价值和文化内涵,重点抓好年度选题和日常选题的审核工作,鼓励优秀原创出版,压缩质量不高的选题,减少重复出版的选题;在成书质量检查方面,重点检查市场上群众反映强烈的少儿出版物、教辅读物、低俗类和跟风炒作出版物的内容质量与编校质量;在质量保障体系建设方面,重点检查重大选题备案制度、"三审三校"制度等规章制度的执行情况,进一步加强教辅读物、辞书、地图、养生保健类读物等专业性较强的出版物的资质管理,完善资质准入和退出机制。

3月10日,国家新闻出版广电总局下发通知,决定在多年倡导并组织开展全民阅读活动建设"书香中国"的基础上,2014年继续深入开展全民阅读活动。通知从八个方面做了部署:一是围绕重大主题,推出一批优秀主题出版物。二是充分发挥优秀出版物的引领作用。三是培育巩固一批"书香中国"活动品牌。四是充分利用农家书屋、职工书屋、社区书屋等平台开展各种形式的读书活动,深入推动全民阅读七进活动。五是加强全民阅读公共服务体系建设。六是继续推动全民阅读立法和规划工作。七是努力营造"书香中国"浓厚氛围。八是加强对全民阅读的组织协调。

3月27日,中宣部、国家新闻出版广电总局、国家互联网信息办公室、全国"扫黄打非"工作小组办公室、中国记协等九部门联合印发通知,决定在全国范围内开展打击新闻敲诈和假新闻专项行动。

4月

4月2日，国家新闻出版广电总局在京召开出版物质量管理专题座谈会。会议要求重点抓好6个方面工作：一是抓好出版导向，履行出版职责。二是抓好选题管理，把好质量源头。三是抓好质量检查，明确工作重点。四是抓好资质管理，建立退出机制。对教辅、养生保健、辞书、地图等专业性较强的出版物实施重点管理。五是抓好制度建设，完善长效机制。各出版单位要尽快建立健全出版物质量管理的各项规章制度。六是抓好队伍建设，筑牢出版根基。要落实质量管理责任制。

4月10日，国家新闻出版广电总局在上海召开实体书店发展推进会，提出2014年体书店扶持试点将由12个城市扩展到北京、上海、江苏、浙江等12个省份，专项扶持资金可重复申请，并重点支持小微和民营文化企业。

4月11日，由国家新闻出版广电总局和北京市委宣传部指导，北京市新闻出版广电局和中国全民阅读媒体联盟主办的"书香中国万里行"活动启动，目前已走进北京、苏州、青岛、福州、贵阳、襄阳、三门峡等全国7个城市。

4月13日，全国"扫黄打非"工作小组办公室、国家互联网信息办公室、工业和信息化部、公安部等四部门向全社会发出公告，采取坚决行动，依法严厉打击网上传播淫秽色情信息行为。全国关闭上万家传播淫秽色情信息网站，删除数百万条涉黄信息，快播、新浪、腾讯、百度等行业巨头受到查处。

4月21日，中国新闻出版研究院公布了第11次全国国民阅读调查结果。其中，数字化阅读呈现持续增长。具体来看，2013年有44.4%的成年国民进行过网络在线阅读，较2012年的32.6%上升了11.8个百分点；41.9%的国民进行过手机阅读，较2012年的31.2%上升了10.7个百分点；5.8%的国民在电子阅读器上阅读，较2012年的4.6%上升了1.2个百分点；0.9%的国民用光盘阅读，比2012年的1.6%下降了0.7个百分点；有2.2%的国民使用PDA/MP4/MP5等进行数字化阅读，比2012年的2.6%下降了0.4个百分点。

4月22日，在杭州万松书院，氧气听书、央广之声、央视国际、国视通讯、盛大文学、浙江电子音像出版社等单位联合全国听书作品版权各方权利人以及广大听书作品作者和播音者，发起建立"中国听书作品反盗版联盟"。中国听书作品反盗版联盟旨在向盗版侵权行为宣战，推进听书行业的正版化进程，构筑听书行业的新秩序，有效保护听众权益。

4月22日，世界读书日前夕，国务院总理李克强给北京三联韬奋书店全体员工回信，称赞三联书店创建24小时不打烊书店，为读者提供"深夜书房"很有创意，是对全民阅读的生动践行，希望把24小时不打烊书店打造成为城市的精神地标，让不眠灯光陪护守夜读者潜心前行，引领手不释卷蔚然成风。

5月

5月4日，"2014福布斯中国名人榜"发布，盛大文学白金作家唐家三少首度上榜，他也是唯一入选的中国网络作家。盛大文学董事长邱文友说，唐家三少在网络文学领域影响力的不断提升与盛大文学的3D全版权运营（原创小说、衍生版权、作家品牌三个维度）不无关系。

5月25日，中国出版集团公司与中国移动集团公司在中国移动手机阅读基地（杭州）签署战略合作协议，双方将在数字阅读内容形态创新、模式探索、运营推广等领域深入合作，共同推动数字阅读产业的发展繁荣。双方在深化内容合作、联合模式创新以及面向移动互联网联合开展运营推广等方面达成合作战略。

6月

6月12日，国家版权局等四部门联合召开"全国版权执法监管工作座谈会"，"剑网2014"专项行动正式启动。此次专项行动将打击部分网站未经授权大量转载传统媒体作品，严重侵害权利人合法权益的侵权行为纳入重点任务之中，并通过规范网络转载行为，推动传统媒体与网络媒体建立合作机制，引导权利人采取多种渠道进行维权等方式，促进互联网产业健康持续发展。

6月23日，中央宣传部组织编写了《习近平总书记系列重要讲话读本》。该书由学习出版社、人民出版社联合出版，分十二个专题，全面准确阐述了习近平总书记系列重要讲话的重大意义、科学内涵、精神实质和实践要求，阐述了讲话提出的一系列重大战略思想和重大理论观点。7月3日，仅一周多时间，《读本》全国发行超过200万册；7月21日，出版仅一个月，发行突破500万册；8月18日，出版不到两个月，发行即突破1000万册。12月，《读本》总发行量达到

1511.4万册(含少数民族文字版9.5万册),创改革开放以来同类图书发行的新纪录。

6月26日,国家新闻出版广电总局在京召开2014年"出版物质量专项年"少儿图书质量检查情况通报会,公布10种编校质量不合格的少儿图书。这些不合格少儿图书,主要存在的差错包括一般性字词差错、不符合相关标准的文字差错、知识性和逻辑性及语法性差错等。总局依据相关规定,对出版不合格图书的10家出版社分别处以警告的行政处罚,同时责令10家出版社自检查结果公布之日起30天内,全部收回不合格少儿图书。

7月

7月3日,"2014中文数字出版与数字图书馆国际研讨会"(CDPDL)在山东济南举行,来自美国、德国、日本、香港、台湾等二十多个国家和地区的近五百名出版界和图书情报界专家学者参加。本届研讨会围绕"知识服务"这一主题,就出版业数字化转型的路径、方向和各类机构深化图书情报服务的具体措施展开研讨,共同探讨云出版模式下的中文数字资源建设和服务。会上,多位图书馆界专家学者作了精彩报告,内容专深翔实,引起了与会人员的强烈反响。

7月4日,《2014年中国数字阅读用户行为研究报告》发布,该报告分析了中国数字阅读用户的选择偏好、使用行为、付费行为等。根据调研数据可以看到,用户经常使用新闻聚合类和图书平台类APP,最常阅读的内容类型为新闻资讯和文学小说,而内容质量及性价比成为用户是否愿意付费的主要原因。

7月15日,中国新闻出版研究院发布了《2013~2014中国数字出版产业年度报告》,报告指出,2013年我国数字出版产业继续保持强势增长势头,全年收入规模达2540.35亿元。其中,互联网广告、手机出版与网络游戏依然占据收入榜前三位。值得注意的是,过去的一年,互联网期刊、电子图书均保持了高速的增长势头,增长幅度均超过12%。

7月29日,由11家书店组成的全国24小时书店联盟在京成立,并发布《打造"深夜书房",力推全民阅读宣言》,提出要坚持把社会效益放在首位,把读者利益放在首位,不断提高服务水平和服务技能,增加吸引力和辐射力,努力把24小时书店建设成城市精神地标和所在区域的文化风景线。

8月

8月18日,中央全面深化改革领导小组第四次会议审议通过了《关于推动传统媒体和新兴媒体融合发展的指导意见》。习近平总书记在会上强调,推动传统媒体和新兴媒体融合发展,要遵循新闻传播规律和新兴媒体发展规律,强化互联网思维,坚持传统媒体和新兴媒体优势互补、一体发展,坚持先进技术为支撑、内容建设为根本,推动传统媒体和新兴媒体在内容、渠道、平台、经营、管理等方面的深度融合,着力打造一批形态多样、手段先进、具有竞争力的新型主流媒体,建成几家拥有强大实力和传播力、公信力、影响力的新型媒体集团,形成立体多样、融合发展的现代传播体系。要一手抓融合,一手抓管理,确保融合发展沿着正确方向推进。

8月28日,由中国印刷技术协会、北京印刷学院和全国高等学校出版专业教育指导委员会联合主办,中国图书进出口(集团)总公司、北京印刷学院新闻出版学院联合承办的"数字出版与数字印刷新业态发展国际学术研讨会"在北京召开。研讨会上,国内外数字出版和数字印刷领域的专家学者就数字出版新业态发展热点、数字出版企业的探索与实践问题、数字印刷新业态发展的一些前沿学术、科技问题作了主旨发言。

8月31日,中共中央政治局常委、中央书记处书记刘云山参观第21届北京国际图书博览会,中共中央政治局委员、中央书记处书记、中宣部部长刘奇葆一同参观。此前,中共中央政治局委员、国务院副总理刘延东代表中国政府向获得第八届中华图书特殊贡献奖的外国专家颁奖。

9月

9月11日,京东与哈珀·柯林斯出版集团签订电子书合作合同,京东成为哈珀·柯林斯出版集团在中国大陆地区首家电子书合作商。此次合作,进一步丰富了京东图书在原版电子书领域的产品品类,为广大读者带来更多选择。此次合作中,最吸引哈珀·柯林斯出版集团的当属京东电子书的加密技术。目前,哈珀·柯林斯出版集团的近千种电子书已在京东上架。

9月13日,第十三届精神文明建设"五个一工程"奖获奖名单出炉,《兴国之魂——社会主义核心价值体系释讲》等28部图书获得"优秀作品奖"。

9月16日,正在斯里兰卡进行国事访问的中国国家主席习近平与斯里兰卡总统马欣达·拉贾帕克萨在总统府共同为第16届科伦坡国际书展中国主宾国活动揭幕,这是国家最高领导人第一次为国际书展中国主宾国活动揭幕。

9月26日,由浙江省作家协会、中共宁波市委宣传部、宁波市文联、中共慈溪市委宣传部和慈溪市文联共同设立的首届华语网络文学双年奖在浙江慈溪启动。据了解,首届华语网络文学双年奖的评选范围是2013年1月1日至2014年12月31日在中国大陆、港澳台地区及海外各地以汉语公开发表的网络文学作品,在5个月的时间里,出版人、网站、媒体人、评论家和作家5个界别将向双年奖执委会推选100部作品,每个月20部。

10月

10月,国家新闻出版广电总局出台《深化新闻出版体制改革实施方案》。《方案》就完善新闻出版管理体制、增强新闻出版单位发展活力、建立健全多层次出版产品和要素市场、推进出版公共服务体系标准化均等化、提高新闻出版开放水平5个重点方面的改革任务提出政策措施,并制定了23项具体措施。

10月10日至11日,国家新闻出版广电总局召开出版传媒集团主要负责人座谈会,加快推动传统出版和新兴出版融合发展。10月,总局出台《深化新闻出版体制改革实施方案》。《方案》就完善新闻出版管理体制、增强新闻出版单位发展活力、建立健全多层次出版产品和要素市场、推进出版公共服务体系标准化均等化以及提高新闻出版开放水平5个重点方面的改革任务提出政策措施,并制定了23项具体措施。此外,多媒体印刷读物(MPR)、中国出版物在线信息交换(CNONIX)国内标准应用取得实质性进展。由我国专家任召集人的国际标准关联标识符(ISLI)标准获国际标准化组织高票通过。

10月16日,上海市高级人民法院对上海玄霆娱乐信息科技有限公司与北京幻想纵横网络技术有限公司侵害作品信息网络传播权纠纷上诉案件作出终审判决,被告纵横网络赔偿原告玄霆公司经济损失300万元及合理费用3万元。这也是目前国内法院对单部文字作品信息网络传播权侵权作出的最高额判决。

10月29日,国家互联网信息办公室和国家新闻出版广电总局联合下发《关于在新闻网站核发新闻记者证的通知》。通知要求,在全国新闻网站正式推行新闻记者证制度。全国范围内的新闻网站采编人员由此正式纳入统一管理。

10月30日,第十二届韬奋出版奖在京揭晓,人民出版社社长黄书元等20位优秀出版人获奖。韬奋出版奖是我国出版行业个人的最高荣誉奖项,于1987年开始设立,至今共有168人获奖。

10月31日,党的十八届四中全会文件及学习辅导读物首发,全国各地新华书店都设立专柜进行展示展销。辅导读物由全会文件起草组组织编写,为广大党员、干部、群众深入学习和了解党的十八届四中全会全面推进依法治国的实质性内涵和具体举措,提供了最权威、最准确的解读材料。

11月

11月1日,国家版权局与国家发展和改革委员会联合发布的《使用文字作品支付报酬办法》开始施行。《办法》将原创作品的基本稿酬标准,由1999年《出版文字作品报酬规定》的每千字30~100元提高到80~300元,而原创作品的版税率并未提高,依然为3%~10%。《办法》将使用文字作品付酬标准的适用范围从出版领域扩大到数字网络等领域。

11月24日,湖北省政府常务会议审议并原则通过《湖北省全民阅读促进办法》。条例涉及阅读设施规划建设、阅读资源保障、阅读推广制度、未成年人阅读指导服务、全民阅读保障等方面。

11月27日,我国首个全民阅读地方性法规——《江苏省人大常委会关于全民阅读的决定》出台,于2015年1月1日起正式实施。《决定》将阅读公共设施建设纳入城乡建设规划,工作经费纳入本级财政预算,将促进全民阅读工作作为江苏基本实现现代化指标体系考核、社会主义精神文明建设和现代公共文化服务体系建设的内容。

11月27日,百度文学成立发布会于北京王府井金茂万丽酒店隆重举行。本次大会以"跨界破局"为主题,是百度文学这一品牌在业内的第一次高调亮相,公布了包括"纵横中文网""91熊猫看书""百度书城"等子品牌在内的完整架构,并现场签约游戏、影视等多家合作伙伴。

12月

12月3日,中宣部、国家新闻出版广电总局、国家互联网信息办公室召开专题会议,就深入开展中央新闻单位驻地方机构清理整顿工作作出部署。计划关闭、停办、合并一批驻地方机构,清退一批违规聘用的驻地方机构人员。

12月5日,丝路书香工程正式启动实施,列入国家"一带一路"战略重大项目。丝路书香工程规划设计到2020年。重点项目包括5大类8项,分别是重点翻译资助项目、丝路国家图书互译项目、汉语教材推广项目、境外参展项目、出版物数据库推广项目等。

12月15日,中宣部、国家新闻出版广电总局在京召开全国少儿出版工作会。会议指出,改革开放以来,我国少儿出版事业持续快速发展,整体实力不断增强,但同时,也存在有数量缺质量、有"高原"缺"高峰",机械化生产、快餐式消费等问题,与新形势的要求还有差距。会议提出下一步要重点做好10个方面的工作:坚持不懈地抓好出版导向;进一步抓好社会主义核心价值观的主题出版;着力推出一批大力弘扬中华优秀传统文化的少儿读物;努力打造更多的少儿读物精品力作;深入开展少儿阅读推广活动;积极推动少儿出版的融合发展;继续深化少儿出版物市场专项整治;进一步加强少儿读物的质量管理;大力实施少儿出版走出去战略;进一步加快少儿出版人才队伍建设。

出版服务机构篇

北大方正信息产业集团有限公司

北大方正信息产业集团有限公司（简称"北大方正信产集团"）是中国 IT 行业的领军企业，是方正集团下属五大产业集团之一，控股经营方正集团旗下所有 IT 业务，拥有十多家高新技术企业，包括 2 家上市公司，下设机构遍布全国近 30 个省市，员工 12000人，技术研发人员 4500 多人。截至 2014 年底，方正信产已经累计申请国内发明专利超过 2650 项，取得国内发明专利授权 903 项。拥有国际 PCT 基础申请专利 195 项，取得国际发明专利 52 项。

紧密围绕"智慧城市"建设和运营，北大方正信产集团的业务贯通 Founder Inside（提供覆盖云、管、端关键核心终端的电子线路板及封装基板）、Founder Connect（提供互联网宽带接入服务）、Founder Solution（提供包括智慧医疗、政府、公安、交通、金融、教育、媒体等垂直行业解决方案）以及 Founder Big Data（基于智慧城市公共信息共享平台以及大数据分析技术、提供面向行业的大数据分析及运营服务）四大层面，从而实现了从互联互通到顶层设计的全产业链覆盖。

东软集团股份有限公司

东软是一家面向全球提供 IT 解决方案与服务的公司，致力于通过创新的信息化技术来推动社会的发展与变革，为个人创造新的生活方式，为社会创造价值。公司创立于 1991 年，目前拥有 20000 名员工，在中国建立了 8 个区域总部，10 个软件研发基地，16个软件开发与技术支持中心，在 60 多个城市建立营销与服务网络；在美国、日本、欧洲、中东、南美设有子公司。东软是中国第一个上市的软件公司，也是最先通过 CMM5 和 CMMI（V1.2）5 级认证的中国软件公司。

东软提供行业解决方案和产品工程解决方案以及相关软件产品、平台及服务。行业解决方案涵盖领域包括：电信、能源、金融、政府、制造业、商贸流通业、医疗卫生、教育与文化、交通、移动互联网、传媒、环保等。在汽车电子、智能终端、数字家庭产品、IT 产品等产品工程领域，东软嵌入式软件服务于众多全球知名品牌产品，同时，拥有自有品牌的医疗和网络安全产品。在服务领域，东软提供包括应用开发和维护、ERP 实施与咨询服务、专业测试及性能工程服务、软件全球化与本地化服务、IT 基础设施服务、业务流程外包（BPO）、IT 教育培训等。

潍坊北大青鸟华光照排有限公司

潍坊北大青鸟华光照排有限公司系我国跨媒体信息传播领域技术、产品和服务的资深专业厂商，高新技术企业，已获软件产品、软件企业"双软认定"，首批"山东省软件工程技术中心"、"山东省重点服务外包企业"，潍坊市首批"鸢都学者"（中文信息处理）岗位设立单位。国家语言文字标准化委员会、国家信息技术标准化委员会、国家新闻信息标准化委员会成员单位，多家高等院校教学科研基地。"金海工程"、"863 计划"、"火炬计划"、新闻出版重大科技工程等国家级项目承担者，荣获全国科技进步一等奖、国务院重大技术装备特等奖、全国十大专利金奖等。

公司主要从事中文信息处理、云计算版权交易相关软件的产品和项目研发，作为国家"七四八工程"（汉字信息处理系统工程）研发核心成员之一，从事电子出版系统研发已逾 35 年，华光激光照排电子出版系统开辟电子出版先河，在国内占据重要地位。荣获中国报协电子技术工作委员会颁发的"中国报业信息化建设推动奖"，广泛参与制定国际、国家标准，截至目前正式发布 56 项。相关产品和项目获中国中文信息处理领域最高科学技术奖——钱伟长中文信息处理科学技术奖、中国新闻出版业最高科学技术奖——

王选新闻科学技术奖、中国国际软件博览会金奖、中国报协技术进步一等奖、电子信息科学技术二等奖等。

作为中文信息处理的先行者和报业传媒技术的提供商，华光始终站在信息技术发展前沿；近几年，公司承担了国家电子信息产业发展基金、国家技术创新基金、国家火炬计划、山东省信息产业发展专项资金等项目，正实施《国家数字复合出版系统工程》《"中华字库"工程》等国家新闻出版总署重大科技工程项目研发。公司最新的前沿产业产品培育包括印刷行业云服务平台、数字出版一体化加工系统、中文信息大数据分析处理、移动终端应用服务框架、移动内容创作系统、数字内容创作系统、数字内容版权服务相关系统及服务、传统媒体在线服务平台。

北京拓尔思信息技术股份有限公司

北京拓尔思信息技术股份有限公司是国家规划布局内重点软件企业，公司注册资本4.65亿元，2011年6月在深圳证券交易所创业板上市，股票代码300229，公司资产超过人民币10亿元，拥有5家全资或控股子公司，并在全国设立了20多个分支机构。

拓尔思是中国领先的大数据技术和服务提供商，在信息检索、大数据管理和挖掘等方面具有国内外领先的自主核心技术和尖端产品；在内容管理、知识管理、互联网舆情分析等领域具有先进成熟的软件产品线；在新一代电子政务、信息安全、新媒体、智慧城市、企业互联网创新、金融电信等垂直行业提供了具有独特价值的解决方案。公司产品和服务已被国内外4000多家机构用户广泛使用。

天闻数媒科技(北京)有限公司

天闻数媒科技有限公司是中南出版传媒集团股份有限公司与华为技术有限公司的合资公司，是中南传媒和华为公司数字内容资源的唯一运营主体和数字资源对外合作的唯一窗口。注册资本3.2亿元，在北京、长沙设立两家公司，属于科技与文化融合的国家高新技术企业、中关村高新技术企业。

作为目前国内最大、技术最领先的数字学习解决方案研究、开发及服务提供商，公司致力为数字教育及数字出版产业提供最专业的营销、咨询和技术解决方案，汇聚了来自出版、教育、互联网及IT行业的精英，并与科研机构、高校等单位开展了广泛合作，设立了数字教育及数字出版研究院和博士后流动站，承担

了电子书、电子书包行业标准的制定工作，建立了政产学研用一体化的创新服务模式，构建了专业化国际化的运营体系，为产业发展营造良好的业态环境。

公司依托中南传媒深厚的内容积淀及内容策划生产实力和华为雄厚的技术力量，以数字内容整合应用为基础打造泛在数字资源运营平台，从数字内容传播及数字学习市场需求出发，形成数字教育、数字文化两大产业应用。

江苏睿泰教育科技有限公司

上海睿泰企业管理集团有限公司(Retech Group，简称睿泰集团)成立于2007年，总部位于上海复旦科技园，是中国领先的"知识服务提供商"，致力于整合全球范围内优质的教育、培训和阅读资源，创新知识管理方式，建立知识交换平台，帮助组织和个人持续成长。集团涵盖三大业务：在线培训、数字教育和数字出版，是目前中国最大的数字课件和超媒体图书制作机构，也是中国最优秀的E-learning、在线教育和数字出版整体解决方案提供商之一。

集团拥有国内最大规模的教学和内容设计师、数字媒体工程师及研发管理专家，各类专业人才超过1300人，业务覆盖大中华和亚太地区，累积客户超过700家。中国教育科学出版社、北京青年报社、人民邮电出版社、电子工业出版社、河南出版集团、凤凰传媒集团、联合利华、SEPHORA(丝芙兰)、上汽集团、梅赛德斯－奔驰、中国平安、交通银行、招商银行、海底捞等著名企业是我们的客户与合作伙伴。

集团旗下拥有科睿星、博见学习在线、时光阅读网等互联网产品，在江苏镇江建有"睿泰数字产业园"。

北京捷成世纪科技股份有限公司

北京捷成世纪科技股份有限公司(以下简称本公司)成立于2006年8月23日，于2011年2月22日在深圳证券交易所成功上市，现有注册资本4.71亿元人民币，致力于音视频生态圈的跨网跨屏信息技术创新和数字内容增值服务，目标市场涵盖广电领域、国防领域、科研院校、政府机关、事业单位及其他音视频应用领域，公司的多个产品和实施项目先后荣获了国家广电总局、中国广播电视设备工业协会、中国电子学会等多个奖项，是业内"广播电视十大民族品牌奖"、"科技创新优秀企业奖"等多项大奖的获得者。公司还积极参与多个国标和行业标准的起草和制定，

是国家广电总局标准化工作委员会成员单位,中国广播影视数字版权管理论坛执行委员单位,国家新闻出版总署标准化技术委员会成员单位。

经过多年的发展与积累以及上市以来持续收并购战略的成功实施,本公司已发展成为拥有分、子公司20余家、聚焦音视频生态圈的空间广阔的企业集团,业务覆盖音视频创新科技、影视内容制作和版权交易,具备为音视频生态圈提供跨网跨屏的全价值链服务和运营能力。同时,公司基于自身信息技术和音视频技术的深厚积累,正在进一步研发智慧教育、智慧医疗、智慧水务等技术和产品,把市场拓宽到智慧城市服务领域。

公司未来的战略是继续聚焦音视频生态圈,提供跨网跨屏的全价值链服务和运营,为所有音视频相关的机构用户和数亿家庭用户提供最高质量的娱乐、休闲、教育、健康、电子商务等各类增值服务。

版云(北京)科技有限责任公司

版云(北京)科技有限责任公司由国际版权交易中心发起,于2013年在北京成立,是国内领先的版权资产管理及运营解决方案与专业服务提供商。

公司根植于文化(创意)产业,致力于研究和创新版权管理与运营模式,开发版权管理、版权交易、版权保护相关的软件及解决方案,促进文化与科技融合,助推新型文化产业发展。

公司在国内率先提出了"版权控制架构(CMA)"的标准、版权资产管理的理论与方法,主导研发了国内首套版权资产管理系统。公司为用户提供的解决方案与服务包括:版权资产管理系统、版权交易系统、版权托管系统、著作权登记系统、版权监测系统、软件正版化管理系统等,这些解决方案不仅能够有效帮助各类文化企业实现版权的"规范化管理、深度化开发与精细化运营",而且还可以实现与第三方版权交易运营平台无缝对接,扩展版权运营渠道。目前,公司为几十家客户提供了创新性的解决方案与服务,取得了良好的应用效果。典型客户包括:国家新闻出版广电总局、新华社、电子工业出版社、作家出版社、中国摄影出版社、中国美术出版总社、中国恒天集团等新闻出版、传媒、互联网、时尚设计领域的众多客户。

同方知网(北京)技术有限公司

同方知网(北京)技术有限公司是同方股份有限公司全资子公司,其经营目标是在数字出版、知识服务、数字图书馆领域成为世界一流的资源、技术供应商和知识服务企业。中国学术期刊(光盘版)电子杂志社是由教育部主管、清华大学主办,国家新闻出版总署批准成立的首批互联网出版机构之一。同方知网公司与中国学术期刊(光盘版)电子杂志社、同方光盘股份有限公司共同组成同方数字出版集团(如下图示),编辑出版《中国知识资源总库》,旨在囊括中国80%以上的公共知识信息资源;连续出版了《中国期刊全文数据库》《中国优秀博硕士论文全文数据库》《中国重要报纸全文数据库》《中国重要会议论文全文数据库》《中国年鉴全文数据库》《中国工具书网络出版总库》《中国基础教育文献资源总库》《中小学多媒体教育教学资源库》等系列数据库,文献总量现超过5200万篇,拥有科技、教育、文化等知识界和大众读者已逾2000万人,成为全球著名的专业互联网与电子出版机构。

天朗时代科技有限公司

天朗时代科技有限公司(简称天朗时代),于2005年11月在深圳市注册成立,注册资金为4420万元人民币,是民营中外合资企业(外资5%,低于25%)。公司具有国家级高新技术企业、国家火炬计划重点高新技术企业、"文化+科技"型示范企业、全球首创发明MPR出版物种、国家电子书标准制定全权成员单位、全球首创并参与制定ISLI&MPR标准等资质。

公司定位于:复合数字技术系统方案供应商。为全世界信息内容产业、信息技术产业提供ISLI&MPR底层技术应用方案。复合数字出版网络运营商。以ISLI&MPR标准底层技术知识产权专有者和主要技术服务商的地位优势,利用构建、管理、运维ISLI/MPR复合数字内容投送交易范式网络平台与ISLI&MPR国际数据中心(总库)所持海量数据资源的优势,成为汇集全球有价内容交易的运营网络提供商。终端电子阅读产品开发商。以拥有核心关键技术自主知识产权而所处的"被开发"者地位的优越条件,针对市场与用户需求,有选择地研发、生产和销售某种MPR产品,从而成为终端产品开发商。

公司的核心业务有:复合数字出版整体解决方案;复合数字出版全流程技术支持;复合数字内容网络平台运营;网络终端电子阅读设备开发与经营;ISLI&MPR拓展至相关产业的应用服务;特种应用技术研发与服务业务;对文化、教育素材进行采撷、整合、创意制作,进行数字化关联标识与结构化集成及其经营。

北京版银科技有限责任公司

北京版银科技有限责任公司(以下简称:北京版银)是一家注册于北京中关村科技园区的高新技术企业。公司注册资金 500 万元,是国内首家服务于文化企业、传媒机构与个人的版权资产管理与运营一站式服务提供商。公司致力于突破版权作品流通过程中诸多环节上的业务和技术瓶颈,在文化创作和媒体发行之间建立一条无障碍的快速通道,实现版权资产的高效流动和增值。

针对数字化、网络化环境下的数字内容版权资产管理困境,北京版银设计了面向数字内容的版权资产管理与运营方法和机制,并在国内率先推出了版权银行服务,帮助各类文化机构及个人用户实现版权资产的规范化管理和精细化运营。即将推出的版联平台基于云计算架构和北京版银首创的版权描述与流通框架,将对数字化、网络化环境下的版权资产管理与流通产生巨大的影响。

中科软科技股份有限公司

中科软件科技股份有限公司依托中国科学院雄厚的人才优势和领先的科研成果,十几年一直活跃在中国行业信息化建设的前列,是一家集行业解决方案设计、自主软件产品研发、大型行业应用软件开发、系统集成与服务、技术支持和培训于一体的综合型高科技股份有限公司。公司成立于 1996 年,2000 年 10 月经国家经贸委、财政部和中国科学院批复改制成为股份有限公司,现有注册资本 11250 万股。长期以来公司本着踏实稳健的企业作风,诚信务实的经营理念,在业内树立了良好的公司信誉和品牌形象,企业信用等级达到 AAA 级,并或得了中关村企业信用等级最高级 ZC1 级。

十年发展中,中科软科技不断开拓创新,调整企业管理机制,丰富自助研发产品内容,增强优质的服务理念,建立了极具竞争力的技术体系。公司拥有多项资助研发的核心产品。中科软科技为邮政、媒体、能源、银行、国际合作、政府、公共卫生、呼叫中心等众多领域提供及时体系建设、行业解决方案及咨询服务等业务,并取得了卓越的成绩。通过承接这些全国范围的大型政务工程项目,公司积累了丰富的项目实施经验,取得了信息产业部颁发的计算机信息系统集成

一级资质、国家保密局颁发的涉及国家秘密的计算机信息系统集成佳绩资质。公司凭借自身的及时优势和全国性运行维护的服务经验,通过了 ISO9001 质量管理体系认证和 CMMI5 级认证,同时还承担了国家"实务科技攻关项目、科技部 863 项目等多项国家级科技攻关项目,行业应用解决方案得到了国家应用软件产品质量监督检验中心的权威测评与认证。

中新金桥数字科技(北京)有限公司

中新金桥致力于成为国内一流的数字内容产品及技术服务解决方案提供商,是北京市认证的高新技术企业及双软企业,通过了 ISO9001 质量体系认证。公司将数字出版及数字图书馆核心技术有机结合,面向多个行业提供数字内容开发技术服务及网络教育视频资源的研究和开发。

公司拥有文献数字化技术和视频数据库方面的顶级行业专家,承担了多项新闻出版领域行业标准的制定,自主研发了内容资源数字化技术及大规模数字化协同作业流程管理技术、全文数据库发布及全文检索引擎技术、课件资源开发、视频采编、视频 DRM 数字版权管理、视频资源自建库系统、视频发布管理平台等核心技术,并形成了一系列企业标准和技术规范。

随着计算机网络的不断发展和教育教学理念的不断创新,中新金桥也在积极探索如何将抽象知识与形象实践完美结合在一起的方法,并付诸系统实现。目前中新金桥已成功推出首个学习型网络教育视频资源数据库——"软件通"。"软件通"是通过计算机视频快速学习和精通掌握各种主流软件操作技能的自助式网络学习系统,也是目前国内唯一一个面向实践的大规模学习型视频数据库系统。

武汉科信达科技有限公司

武汉科信达科技有限公司创建于 2004 年,湖北省软件企业、武汉市高新技术企业。其主营业务为中文出版领域生产经营系统(软件)的研发、技术服务及信息增值业务。2013 年 2 月 7 日更名为武汉科信达致力科技有限公司。

公司立足新闻出版质量效率效益管理,联合国防科学技术大学等知名院校和新闻媒体,在行业研究和系统开发上一路创新,公司的研究成果及信息系统,屡获业内的认可和支持:2004 年,获武汉市重大科技成果奖。2005 年,获武汉市科技攻关计划无偿基金。

2006年,国家和武汉市中小企业科技创新基金支持。2007年,获国家科技部成果推广基金支持——2008年,质效管理系统通过新闻出版署验收。2011年,承接国家数字复合出版系统工程。

公司产品已在长江日报、新华社中国证券报、深圳特区报、人民日报、上海证券报、广州日报、潇湘晨报、湖南日报等全国知名媒体使用,以其全国领先的创新理念及先进技术为中文出版的各类用户提供高性比价的周到服务。

北京方正阿帕比技术有限公司

北京方正阿帕比技术有限公司(以下简称"方正阿帕比公司")是北大方正信产集团旗下专业的数字出版技术及服务提供商。方正阿帕比公司自2001年起进入数字出版领域,在继承并发展方正传统出版印刷技术优势的基础上,自主研发了数字出版技术及整体解决方案,已发展成为全球领先的数字出版技术提供商。

Apabi分别代表着Author(作者)、Publisher(出版者)、Artery(流通渠道)、Buyer(读者,即购买者)以及Internet(网络)。作者、出版社、发行商和读者是传统出版产业链的有机组成部分,也就是说,Apabi是以因特网为纽带,将传统出版的供应链有机地连结起来,实现完全数字化的出版。Apabi技术用原版式和流式结合的阅读体验和安全稳妥的版权保护技术,数据挖掘和知识标引等作为自己的核心竞争力。Apabi在网络上还原了出版流程,可以使出版社、报社、杂志社以低成本迅速进入数字出版;网站则可以迅速建立数字阅读电子商务平台;图书馆可以迅速建成数字图书馆,从而充分发挥各个角色在产业链中的优势和特点,实现多方共赢。

方正阿帕比公司为出版社、报社、期刊社等新闻出版单位提供全面的数字出版和发行综合服务解决方案。目前,方正数字出版系统提供包括电子书、数字报、数字博物馆、各类专业数据库及移动阅读的技术解决方案,并提供丰富多样的数字资源产品的运营服务。

北京万方数据股份有限公司

万方数据股份有限公司是国内较早家以信息服务为核心的股份制高新技术企业,是在互联网领域,集信息资源产品、信息增值服务和信息处理方案为一体的综合信息服务商。公司目前有六家股东单位:中国科技信息研究所、中国文化产业投资基金、中国科技出版传媒有限公司、北京知金科技投资有限公司、四川省科技信息研究所和科技文献出版社。

经过十余年快速稳定的发展,万方数据公司目前拥有在职员工近千人,其中硕士以上学历约占25%,专业技术人员占70%,已经发展成为一家以提供信息资源产品为基础,同时集信息内容管理解决方案与知识服务为一体的综合信息内容服务提供商,形成了以"资源+软件+硬件+服务"为核心的业务模式。

公司以客户为导向,依托强大的数据采集能力,应用先进的信息处理技术和检索技术,为科技界、企业界和政府部门提供高质量的信息资源产品。在丰富信息资源的基础上,万方数据还运用先进的分析和咨询方法,为用户提供信息增值服务,并陆续推出万方医学网、万方视频知识服务系统、中小学数字图书馆等一系列信息增值产品,以满足用户对深度层次信息和分析的需求,为用户确定技术创新和投资方向提供决策。

在为用户提供信息内容服务的同时,作为国内较早批开展互联网服务的企业之一,万方数据坚持以信息资源建设为核心,努力发展成为中国较早的信息服务供应商,开发独具特色的信息处理方案和信息增值产品,为用户提供从数据、信息到知识的全面解决方案,服务于国民经济信息化建设,推动中国全民信息素质的成长。

方正国际软件(北京)有限公司

北大方正信息产业集团有限公司旗下方正国际软件有限公司,立足"产学研用"发展模式,坚持走自主创新之路,目标成为世界一流的软件与信息技术服务提供商。

以"智慧城市"为牵引,方正国际整合物联网实时信息处理、地理信息、服务总线(ESB)、流程引擎(BPM)、大数据技术,构建一套"智慧城市公共服务产品体系"。围绕智慧城市智慧IT基础设施建设、智能建筑、绿色数据中心、平安城市,方正国际提供IT基础设施(物联网)、弱电、安防监控等三大基础设施集成服务。以互联、共享的智慧城市公共信息平台为基础,方正国际拓展智慧金融、公安、交通、媒体、城市管理等五大智慧行业应用解决方案,致力于成为"智慧城市实践者"。

方正国际是国家认定的高新技术企业和国家规划布局内重点软件企业,连续多年被评为专利试点先进单位,先后荣获"2011 寻找中国智慧城市'技术创新奖'""2012 中国智慧城市最具实践价值奖""2013中国方案商二十强""2013 中国金服务十大杰出服务商""2013 中国智能公交行业十大优秀企业"等荣誉。

方正国际已成功通过 CMMI ML5 级(国际上软件能力成熟度集成模型的最高级别)评估,并与 Microsoft、Oracle、IBM、HP 等国际知名企业建立了战略合作关系,正快速成长为有影响力的一站式解决方案提供商。

灵玖中科软件(北京)有限公司

灵玖中科软件(北京)有限公司(LING–JOIN),专注于大数据搜索与挖掘的技术创新与服务,提供大数据搜索、大数据挖掘与大数据应用解决方案,以应对大数据的管理、处理、分析并从大数据中获知识与智慧,将用户的大数据困境转变为大数据宝藏。灵玖软件大数据搜索与挖掘技术已经应用于全球二十余万家机构,包括国家统计局、中国证监会、中国邮政集团、国家气象局、国家新闻办公室、最高人民法院等国家单位,中国上市公司协会、中国对外承包工程商会、北京市园林局、解放军某部等事业与机关,以及海航集团、上海电信、中国网、富基融通 eFuture、四维图新、缔元信等大中型企业。灵玖软件作为大数据搜索挖掘技术创新的领导者,拥有国家知识产权局颁发的著作权十余项,是国家高新技术企业。灵玖软件与中国科学院、北京理工大学与新疆大学等知名科研机构建有联合科研开发基地,汇聚了国际管理专才与技术专家。灵玖软件定位为大数据搜索挖掘技术服务商,提供大数据搜索、大数据挖掘与大数据管理解决方案,成为大数据时代技术与服务的创新引领者。

北京博云易讯科技有限公司

博云科技以用户需求为核心,以全流程、全要素的集成产品开发理念为指导思想,致力于为出版企业及内容服务企业提供面向数字化运营的整体解决方案。

博云科技秉承"博识、精思、诚臻、惠致"的创新与服务宗旨,为数字出版业务运营企业提供面向技术、产品、服务、运营等过程的业务应用平台,贯穿内容采集、数字加工、数字出版、数字发行、新兴渠道运营、数字产品购买、阅读使用及用户反馈采集与分析等业务全过程。

博云科技业已形成体系化产品创新机制,在以自有关键技术部件为内核的产品架构指导下,辅以通用技术构建技术平台,进而结合行业需求形成通用产品平台,以此为基础,针对特定用户的需求进行快速定制与部署,在满足用户对于应用、产品与解决方案的个性化需求的同时,保证质量、缩短周期、降低成本。

博云科技以严格的全流程项目管理和以用户为中心的业务管理体系保证开发进度与质量要求,产品通过概念、设计、原型验证、开发、试点、发布的完整IPD(集成式产品开发)流程,确保开发周期短,市场成功率高,以高效的技术执行力助力客户实现时间、质量和成本的高度统一和业务成功。

山东斯麦尔数字出版技术有限公司

山东斯麦尔数字出版技术有限公司位于山东省济南市高新技术开发区齐鲁文化创意基地,是一家专业出版类 BPO 服务提供商。拥有大量的成功欧美出版集团图书、期刊的数字化实施经验。

公司的员工多年来一直从事德国施普林格、荷兰爱思唯尔、英国泰格弗朗西斯、美国哈佛大学图书馆等众多欧美多家出版集团的期刊、图书数字化工作,累计处理法、德、西、荷兰语等期刊、图书达百万余册。通过多年与国外大型出版集团合作,积累了当前出版行业最先进的国际 XML 技术标准程序来进行 XML文件的生产和检测。

在国内,我公司承接中国出版集团大佳网的图书XML 化工作,中国少年儿童新闻出版总社从建社以来的历史期刊、图书的碎片化工作,中国外文出版发行事业局中国对外书刊宣传统一资源库平台项目中的图片、期刊数字化拆解、标引工作,承担亚马逊、当当网、京东商城、番薯网、中国移动、中国电信阅读基地的电子书加工工作。

公司严格按照 ISO9001 质量管理体系认证组织生产,数字加工与质量检验业务分离,使得公司在项目实施过程中更准确、先进、更规范。公司拥有多年的国外大型出版集团数字化外包加工经验、国外出版集团 DTD 标准,强大的 IT 技术支持、数字出版运营经验以及专业化的项目管理团队。我公司将国外出版集团的数字出版技术、数字化标准、项目经验引入到国内,成为中国出版业的数字化转型的得力助手。

武汉理工大学数字传播工程研究中心

武汉理工大学数字传播工程研究中心 2011 年 6月 20 日成立,是武汉理工大学文化科技融合、学科融合发展的重要基地。中心目前承担了国家科技支撑计划、文化产业专项资金等纵向项目 8 项,累计经费 3000 多万元。与长江出版传媒股份有限公司、电子工业出版社、中国地图出版社、外语教学与研究出版社、时代出版传媒股份有限公司等国内新闻出版骨干企业,中国新闻出版研究院、国家多媒体数字出版实验室等业内权威研究机构,北京大学、武汉大学等高校,建立了战略合作关系,联合开展项目研究、产品开发和人才培养工作。中心立足新闻出版行业,针对新闻出版大数据、大用户和大系统,开展应用及基础研究;以数字出版、数字传播、文化资源数字化、计算语言学、知识管理为特色,是数字出版、数字传播领域的重要研究基地、高层次人才汇聚和培养基地、高水平学术交流平台。

北京凤凰学易科技有限公司

北京凤凰学易公司成立于 2007 年,注册资金 1500 万元,是一家专门从事教育科研、提供教育资源、教学服务与网络技术的实体性高新科技企业。公司总部位于北京房山,下设北京良乡、海淀、江苏宿迁、苏州、山东济南分部,是国家双软认定企业、北京市高新技术企业。以变革传统的学习方式和教育方式为己任,依托于国内最大的教育门户网站——学科网,旨在教育资源、互联网教育产业等行业引领方向!

凤凰学易以变革传统的学习方式和教育方式为己任,始终秉承创新与服务理念,结合当前教育实际,将现代教育理念与信息技术融为一体,实现教育管理信息化、学习方式便捷化、资料分享现代化等三大创新建设,并已在短短几年时间内获得巨大成功和良好口碑。

目前为止,凤凰学易已经吸引全国名校、顶级名校著名教师、学科带头人,一起加入旗下产品研发与管理。针对当前国内教育实情以及现阶段教育发展所遇到的问题,凤凰学易发挥国内数千名顶尖名校名师团队和科技人才队伍力量,研究个案逐层分析,制定具有针对性的改革方案和建设方案,依托公司庞大的数据库,融合领先技术,从根本上解决目前国内教育发展不平衡,教育教学质量参差不齐的现状,全方位贴近各地实际教育实情,为学校、教师和学生提供多种普通以及中高端的教育科技产品,为国家输送一流人才而竭诚服务。

北京中科院软件中心有限公司

1984 年,在国家计委支持下,科技部(原国家科委)开始筹建软件实验室,同时科技部委托北京大学培养了 100 名研究生,这些研究生成了最早的软件实验室人员。

经过 20 多年的发展,北京软件实验室已经发展壮大为北京中科院软件中心有限公司,成为中国软件和信息产业的一支国家队,在人才队伍、科研实力和产品服务经验等方面具有强大的优势。

多年来公司承担了多项国家科技和产业项目,获得很多国家及、院部级科技进步奖及重大成果奖等奖项,并拥有一大批可转化的科技成果。受到党和国家领导人的高度重视。

目前,北京中科院软件中心有限公司已经和中国国内外知名企业建立了合作伙伴关系,与美国、日本、澳大利亚、新加坡、相关等国家和地区建立了广泛的业务联系。

(注:以上文章来源于企业官网和媒体公开报道,经编辑加工而成)

致谢及说明

经过近一年的整理编辑,研究指南将付梓出版,在此特别感谢中国互联网协会、艾瑞咨询以及收入本指南的研究报告、论文的作者、研究者及首次出版的编辑单位。

由于出版时间紧,我们与大部分作者和机构取得了联系,并获得授权许可,但很遗憾仍有少部分作者未取得联系。

本研究指南希望为行业研究交流提供帮助,原则上不额外支付稿酬,赠送作者样书一本和论文入选证书,如未收到样书、证书或有其他疑义,请拨打电话010－52257247,我们会竭力解决。

编　者

2015 年 12 月 31 日